# Kroatien & Slowenien Superatlas

Croatia & Slovenia Superatlas | Hrvatska & Slovenija Superatlas | Hrvaška & Slovenija Superatlas
Croatie & Slovénie Superatlas | Croazia & Slovenia Superatlas | Kroatië & Slovenië Superatlas
Croacia & Eslovenia Superatlas | Chorvatsko & Slovínsko Superatlas | Chorvatsko & Szlovénia Superatlas
Horvátország & Szlovénia Superatlas | Chorwacja & Słowenia Superatlas

## Kartenteil Kroatien & Slowenien

Road map Croatia & Slovenia
Autokarta Hrvatska & Slovenija
Avtokarta Hrvaška & Slovenija
Carte routière Croatie & Slovénie
Carta stradale Croazia & Slovenia
Autokaart Kroatië & Slovenië
Mapa de rutas Croacia & Eslovenia
Automapa Chorvatsko & Slovínsko
Automapa Chorvatsko & Szlovénia
Autótérkép Horvátország & Szlovénia
Mapa samochodowa Chorwacja & Słowenia

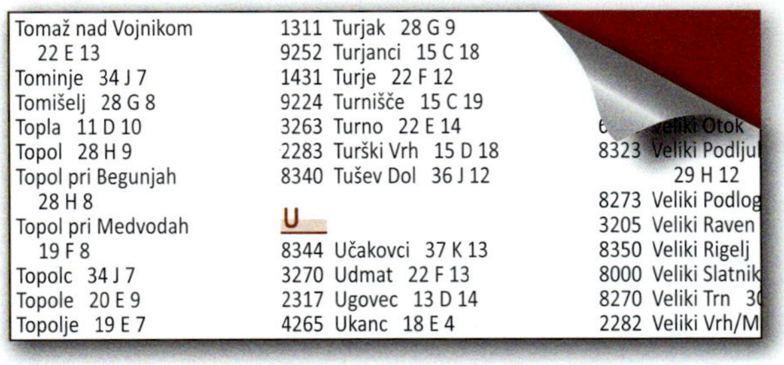

Tomaž nad Vojnikom 22 E 13
Tominje 34 J 7
Tomišelj 28 G 8
Topla 11 D 10
Topol 28 H 9
Topol pri Begunjah 28 H 8
Topol pri Medvodah 19 F 8
Topolc 34 J 7
Topole 20 E 9
Topolje 19 E 7

1311 Turjak 28 G 9
9252 Turjanci 15 C 18
1431 Turje 22 F 12
9224 Turnišče 15 C 19
3263 Turno 22 E 14
2283 Turški Vrh 15 D 18
8340 Tušev Dol 36 J 12

U

8344 Učakovci 37 K 13
3270 Udmat 22 F 13
2317 Ugovec 13 D 14
4265 Ukanc 18 E 4

Veliki Otok
8323 Veliki Podljul
29 H 12
8273 Veliki Podlog
3205 Veliki Raven
8350 Veliki Rigelj
8000 Veliki Slatnik
8270 Veliki Trn 3
2282 Veliki Vrh/M

## Ortsregister Kroatien & Slowenien

Index Croatia & Slovenia
Indeks naselja Hrvatska & Slovenija
Seznam krajev Hrvaška & Slovenija
Index Croatie & Slovénie
Indice Croazia & Slovenia
Plaatsnaamenregister Kroatië & Slovenië
Indice Croacia & Eslovenia
Rejstřík míst Chorvatsko & Slovínsko
Zoznam obcí Chorvatsko & Szlovénia
Névmutató Horvátország & Szlovénia
Indeks Chorwacja & Słowenia

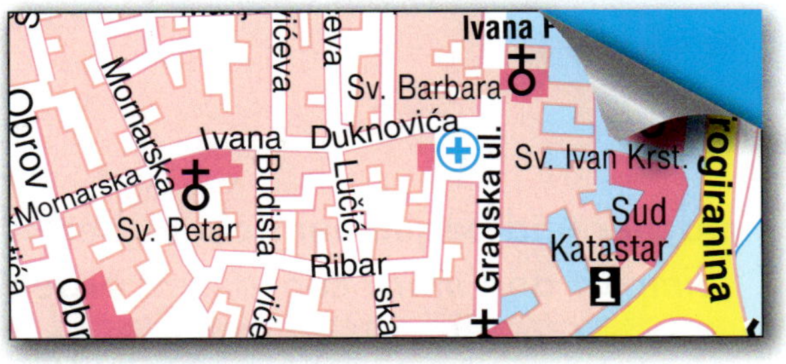


## Stadtpläne

City maps
Planovi gradova
Mestni načrti
Plans de ville
Piante delle città
Plattegronden
Planos de ciudad
Plány města
Plány miest
Várostérképek
Plany miasta

## Kartenteil Europa

Road map Europe
Autokarta Europa
Avtokarta Evrope
Carte routière Europe
Carta stradale Europa
Autokaart Europa
Mapa de rutas Europa
Automapa Evropa
Automapa Európa
Autótérkép Európa
Mapa samochodowa Europa

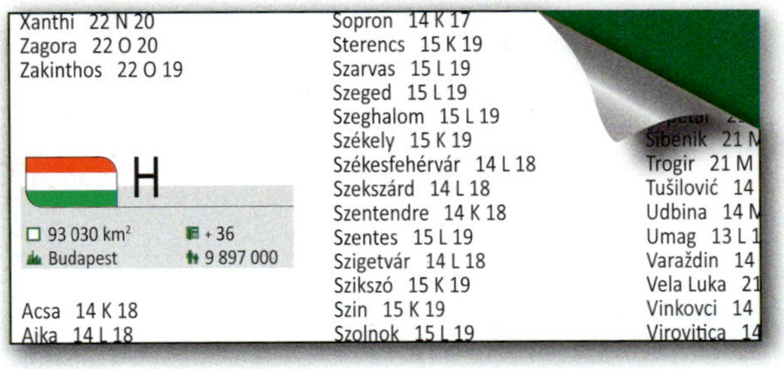

Xanthi 22 N 20
Zagora 22 O 20
Zakinthos 22 O 19

H

93 030 km²
Budapest
+36
9 897 000

Acsa 14 K 18
Ajka 14 L 18

Sopron 14 K 17
Sterencs 15 K 19
Szarvas 15 L 19
Szeged 15 L 19
Szeghalom 15 L 19
Székely 15 K 19
Székesfehérvár 14 L 18
Szekszárd 14 L 18
Szentendre 14 K 18
Szentes 15 L 19
Szigetvár 14 L 18
Szikszó 15 K 19
Szin 15 K 19
Szolnok 15 L 19

Šibenik 21 M
Trogir 21 M
Tušilović 14
Udbina 14 M
Umag 13 L 1
Varaždin 14
Vela Luka 21
Vinkovci 14
Virovitica 14

## Ortsregister Europa

Index Europe
Indeks naselja Europa
Seznam krajev Evrope
Index Europe
Indice Europa
Plaatsnaamenregister Europa
Indice Europa
Rejstřík míst Evropa
Zoznam obcí Európa
Névmutató Európa
Indeks Europa

freytag & berndt
www.freytagberndt.com


2017B - 14239 • 2020
ISBN 978-3-7079-0423-9
Printed in Austria

# Inhaltsverzeichnis

Content | Kazalo | Vsebina | Sommaire | Sommario | Inhoud | Contenido | Obsah | Obsah | Tartalom | Treść

**4 – 5** Übersicht Europa
Map of Europe | Panoramska karte Europa | Pregledna karta Evrope | Vue générale de l'Europe | Panoramica d'Europa
Overzicht Europa | Vista general de Europa | Přehled Evropa | Prehľad Evropa | Áttekintés Európa | Przeglądowa Europy

**6 – 7** Verkehrsübersicht Europa
Road map of Europe | Panoramska karte Europa | Pregledna karta Evrope | Principaux axes européens | Panoramica del traffico in Europa
Verkeersoverzicht Europa | Vista general de vías de comunicación en Europa | Dopravní přehled Evropa | Dopravný prehľad Evropa
Európa áttekintő térképe | Przeglądowa komunikacyjna Europy

**8** Staateninformation Europa
Information of states Europe | Informacija državama Europa | Informacije o državah Evrope | Information des États Europe
Informazioni dello stato Europa | Informatie van de Staat Europa | Información de los estados Europa | Informace o státech Evropy
Informácie o štátoch Európy | Országinformációk Európa | Informacje o państwach Europy

## Kroatien

Croatia Hrvatska Hrvaška Croatie Croazia Kroatië Croacia Chorvatsko Chorvátsko Horvátország Chorwacja

**2 – 3** Blattübersicht
Key Plan | Pregledni list | Pregled kart | Tavola riassuntiva delle pagine | Tableau d'assemblage | Bladoverzicht
Vista de la página | Klad listů | Prehľad kladu listov | Áttekintés | Skorowidz arkuszy

**4 – 5** Legende
Legend | Legenda | Legenda | Légende | Legenda | Legende | Leyenda | Vysvětlivky | Vysvetlivky | Jelmagyarázat | Legenda

**6 – 97** Kartenblätter 1:150 000
Road map | Autokarta | Avtokarta | Carte routière | Carta stradale | Autokaart | Mapa de rutas | Automapa | Automapa | Autótérkép | Mapa samochodowa

**98 – 116** Ortsregister mit Postleitzahlen
Index with postal codes | Indeks neselja s poštanskim brojem | Seznam krajev s poštnimi številkami | Index avec codes postaux | Indice con codici postali
Plaatsnaamregister met postcode | Indice con códigos postales | Rejstřík míst s PSČ | Zoznam obcí s PSČ | Postai irányítószámos névmutató

**117** Blattübersicht
Key Plan | Pregledni list | Pregled kart | Tavola riassuntiva delle pagine | Tableau d'assemblage | Bladoverzicht
Vista de la página | Klad listů | Prehľad kladu listov | Áttekintés | Skorowidz arkuszy

**117** Legende
Legend | Legenda | Legenda | Légende | Legenda | Legende | Leyenda | Vysvětlivky | Vysvetlivky | Jelmagyarázat | Legenda

**118 – 126** Stadtpläne
City maps | Planovi gradova | Mestni načrti | Plans de ville | Piante delle città | Plattegronden | Planos de ciudad | Plány města
Plány miest | Várostérképek | Plany miasta

## Slowenien

Slovenia Slovenija Slovenija Slovénie Slovenia Slovenië Eslovenia Slovinsko Szlovénia Szlovénia Słowenia

**2 – 3** Blattübersicht
Key Plan | Pregledni list | Pregled kart | Tavola riassuntiva delle pagine | Tableau d'assemblage | Bladoverzicht
Vista de la página | Klad listů | Prehľad kladu listov | Áttekintés | Skorowidz arkuszy

**4 – 5** Legende
Legend | Legenda | Legenda | Légende | Legenda | Legende | Leyenda | Vysvětlivky | Vysvetlivky | Jelmagyarázat | Legenda

**6 – 37** Kartenblätter 1:150 000
Road map | Autokarta | Avtokarta | Carte routière | Carta stradale | Autokaart | Mapa de rutas | Automapa | Automapa | Autótérkép | Mapa samochodowa

**38 – 52** Ortsregister mit Postleitzahlen
Index with postal codes | Indeks neselja s poštanskim brojem | Seznam krajev s poštnimi številkami | Index avec codes postaux | Indice con codici postali
Plaatsnaamregister met postcode | Indice con códigos postales | Rejstřík míst s PSČ | Zoznam obcí s PSČ | Postai irányítószámos névmutató

**53** Blattübersicht
Key Plan | Pregledni list | Pregled kart | Tavola riassuntiva delle pagine | Tableau d'assemblage | Bladoverzicht
Vista de la página | Klad listů | Prehľad kladu listov | Áttekintés | Skorowidz arkuszy

**53** Legende
Legend | Legenda | Legenda | Légende | Legenda | Legende | Leyenda | Vysvětlivky | Vysvetlivky | Jelmagyarázat | Legenda

**54 – 58** Stadtpläne
City maps | Planovi gradova | Mestni načrti | Plans de ville | Piante delle città | Plattegronden | Planos de ciudad | Plány města
Plány miest | Várostérképek | Plany miasta

## Europa

Europe Europa Evrope Europe Europa Europa Europa Evropa Európa Európa Europa

**1** Blattübersicht
Key Plan | Pregledni list | Pregled kart | Tavola riassuntiva delle pagine | Tableau d'assemblage | Bladoverzicht
Vista de la página | Klad listů | Prehľad kladu listov | Áttekintés | Skorowidz arkuszy

**1** Legende
Legend | Legenda | Legenda | Légende | Legenda | Legende | Leyenda | Vysvětlivky | Vysvetlivky | Jelmagyarázat | Legenda

**2 – 23** Kartenblätter 1:3 500 000
Road map | Autokarta | Avtokarta | Carte routière | Carta stradale | Autokaart | Mapa de rutas | Automapa | Automapa | Autótérkép | Mapa samochodowa

**24 – 39** Ortsregister
Index | Popis mjesta | Seznam krajev | Index | Indice | Plaatsnaamregister | Indice | Rejstřík míst | Zoznam obcí | Névmutató

# Übersicht Europa

Map of Europe | Panoramska karte Europa | Pregledna karta Evrope | Vue générale de l'Europe
Panoramica d'Europa | Overzicht Europa | Vista general de Europa | Přehled Evropa | Prehľad Evropa
Áttekintés Európa | Przeglądowa Europy

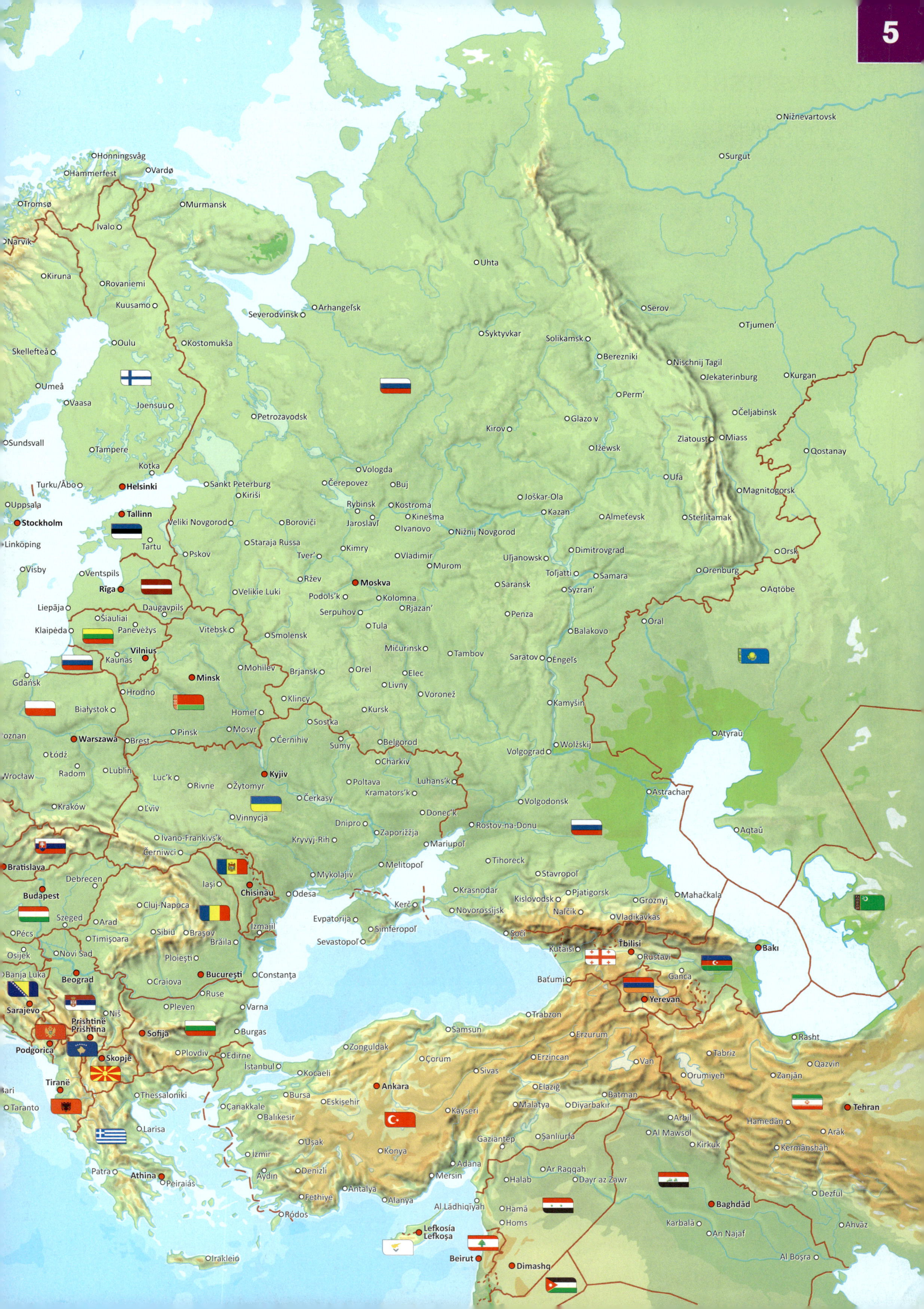

Nižnevartovsk
Surgut
Honningsvåg
Hammerfest
Vardø
Tromsø
Murmansk
Narvik
Ivalo
Kiruna
Rovaniemi
Uhta
Kuusamo
Arhangeľsk
Severodvinsk
Serov
Syktyvkar
Tjumen'
Oulu
Kostomukša
Skellefteå
Solikamsk
Berezniki
Nischnij Tagil
Jekaterinburg
Kurgan
Umeå
Perm'
Vaasa
Joensuu
Petrozavodsk
Čeljabinsk
Kirov
Glazo v
Sundsvall
Zlatoust
Miass
Tampere
Iževsk
Qostanay
Kotka
Vologda
Turku/Åbo
Helsinki
Sankt Peterburg
Čerepovez
Buj
Ufa
Kiriši
Magnitogorsk
Uppsala
Joškar-Ola
Rybinsk
Kostroma
Tallinn
Stockholm
Veliki Novgorod
Boroviči
Jaroslavľ
Kinešma
Kazan
Almeťevsk
Sterlitamak
Ivanovo
Nižnij Novgorod
Linköping
Tartu
Staraja Russa
Kimry
Dimitrovgrad
Pskov
Tver'
Vladimir
Uljanowsk
Orsk
Visby
Murom
Ventspils
Toljatti
Samara
Orenburg
Ržev
Moskva
Riga
Saransk
Velikie Luki
Syzran'
Aqtöbe
Podols'k
Kolomna
Liepāja
Daugavpils
Rjazan'
Serpuhov
Šiauliai
Penza
Klaipėda
Panevėžys
Vitebsk
Tula
Oral
Balakovo
Smolensk
Vilnius
Mičurinsk
Tambov
Kaunas
Saratov
Engeľs
Mohilev
Brjansk
Orel
Gdańsk
Minsk
Elec
Livny
Hrodno
Voronež
Klincy
Kamyšin
Białystok
Homeľ
Kursk
Sostka
oznan
Pinsk
Mosyr
Atyrau
Warszawa
Brest
Černihiv
Sumy
Belgorod
Volgograd
Wolžskij
Łódź
Charkiv
Radom
Lublin
Kyjiv
Wrocław
Luc'k
Rivne
Žytomyr
Poltava
Luhans'k
Kramators'k
Astrachan
Čerkasy
Kraków
Ľviv
Volgodonsk
Doneck
Vinnycja
Dnipro
Rostov-na-Donu
Aqtaū
Zaporižžja
Ivano-Frankivs'k
Kryvyj-Rih
Mariupoľ
Černiwci
Bratislava
Tihoreck
Melitopoľ
Stavropoľ
Debrecen
Iaşi
Mykolajiv
Chisinău
Budapest
Odesa
Krasnodar
Pjatigorsk
Kislovodsk
Mahačkala
Groznyj
Cluj-Napoca
Kerč
Szeged
Arad
Evpatorija
Novorossijsk
Nalčik
Vladikavkas
Izmajil
Pécs
Sibiu
Braşov
Simferopoľ
Timişoara
Brăila
Soči
Sevastopoľ
Tbilisi
Osijek
Novi Sad
Kutaisi
Baki
Ploieşti
Rustavi
Banja Luka
Beograd
Bucureşti
Constanța
Ganca
Craiova
Baťumi
Ruse
Yerevan
Sarajevo
Pleven
Niš
Varna
Trabzon
Prishtinë
Prishtina
Samsun
Sofija
Burgas
Erzurum
Rasht
Podgorica
Skopje
Zonguldak
Plovdiv
Edirne
Çorum
Erzincan
Tabriz
Van
İstanbul
Qazvin
Tiranë
Kocaeli
Sivas
Orumiyeh
Zanjān
Bari
Thessaloniki
Ankara
Elaziğ
Bursa
Eskişehir
Batman
Taranto
Çanakkale
Tehran
Malatya
Diyarbakir
Kayseri
Balıkesir
Arbil
Larisa
Hamedān
Gaziantep
Şanlıurfa
Al Mawsol
Arāk
Uşak
Izmir
Konya
Kirkuk
Kermānshāh
Adana
Ar Raqqah
Aydın
Denizli
Patra
Athina
Mersin
Halab
Dayr az Zawr
Peiraiás
Antalya
Al Lādhiqiyah
Fethiye
Alanya
Dezful
Hamā
Baghdād
Homs
Ródos
Lefkosía
Lefkoşa
Karbalā
Ahvāz
An Najaf
Beirut
Irakleio
Al Boşra
Dimashq

# Verkehrsübersicht Europa

Road map of Europe | Panoramska karte Europa | Pregledna karta Evrope | Principaux axes européens
Panoramica del traffico in Europa | Verkeersoverzicht Europa | Vista general de vías de comunicación en Europa
Dopravní přehled Evropa | Dopravný prehľad Evropa | Európa áttekintő térképe
Przeglądowa komunikacyjna Europy

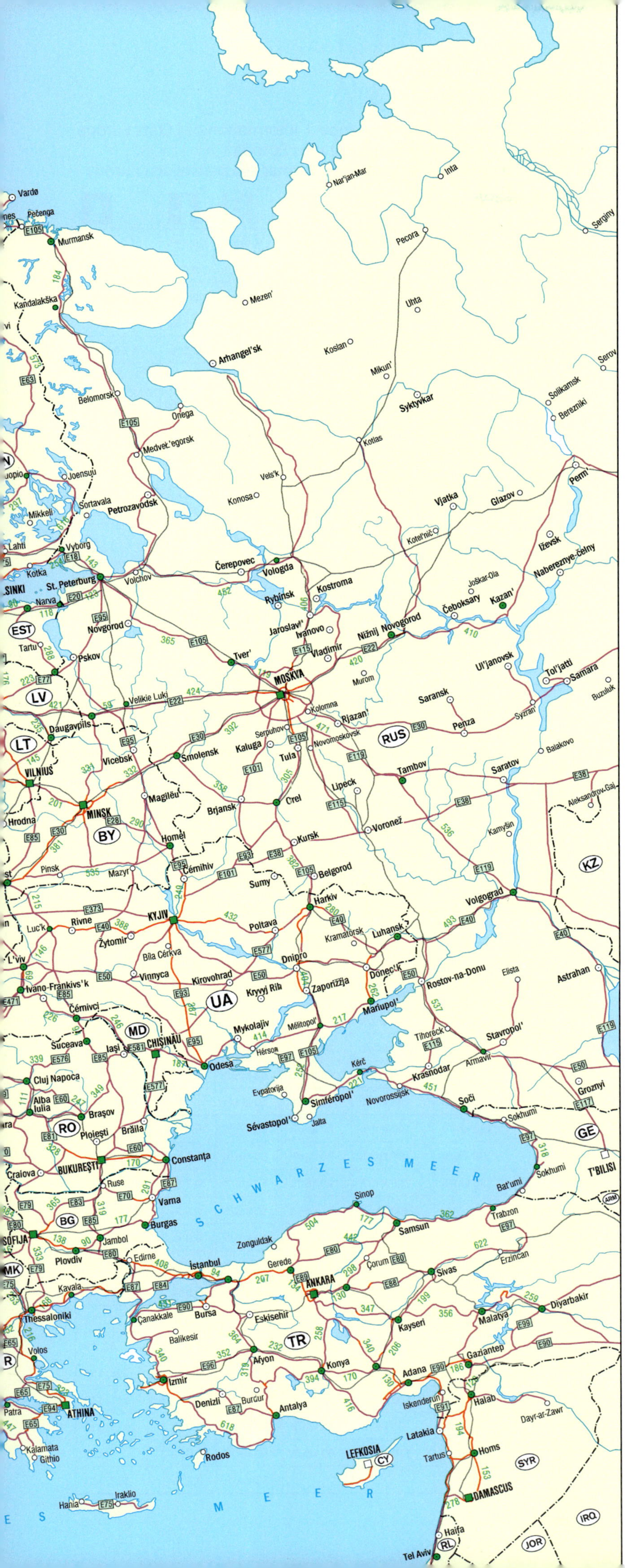


## Autobahn

Motorway
Autocesta
Avtocesta
Autoroute
Autostrada
Autosnelweg
Autopista
Dálnice
Diaľnica
Autópálya
Autostrady

## Fernverkehrsstraße

Primary route
Magistralna
Magistralna cesta
Route à grande circulation
Strada di grande comunicazione
Autoweg
Carretera nacional
Dálková silnice
Diaľková cesta
Összekötő út
Drogi główne

## Eisenbahn

Railway
Željéznićar
Željéznica
Chemin de fer
Ferrovia
Spoorweg
Ferrocarril
Železnic
Železnica
Vasúti
Koleje

E05

## Europastraße mit Straßennummer

European route with road numbers
Europska cesta s brojem ceste
Evropska cesta s cestnimi številkami
Route européenne avec numérotation des routes
Strada Europea con numerazione delle strade
Europaweg met wegnummers
Vía europea con su numeración
Silnice s mezinárodním označením
Európska cesta s číslami ciest
Európa-út útszámmal
Droga europejska z numeracją dróg

193

## Entfernungen in km

Distances in kilometres
Duljine u km
Razdalje v km
Distance en kilomètres (km)
Distanze in km
Afstanden in km
Distancias en km
Vzdálenosti v kmčč
Vzdialenosti v km
Távolságok km-ben
Odległości w km

## Staatsgrenze

National boundary
Državna granica
Državna meja
Frontière d'État
Confine di Stato
Staatsgrens
Frontera nacional
Státní hranice
Štátna hranica
Államhatár
Granica państwa

Berichtigungshinweise werden mit Dank entgegengenommen.
Unaprijed se zahvaljujemo na eventualnim ispravcima.
V naprej se zahvaljujemo za morebitne popravke.
Hints for correction will be appreciated.
Des renseignement éventuels de correction seront acceptés avec gratitude.
Indicazioni per le eventuali correzioni sono gradite.
Ontvangstbevestiging met dank ontvangen.
Las referencias de la corrección se reciben con gracias.
Opravy vezmeme s díky na vědomi.
Opravy prijmeme s vďakou na vedomie.
Helyesbítő figyelmeztetéseket köszönettel elfogadunk.
Sprostowania i wskazówki bę dą chętnie uwzględnione.

# Staateninformation Europa

Information of states Europe | Informacija državama Europa | Informacije o državah Evrope | Information des États Europe
Informazioni dello stato Europa | Informatie van de Staat Europa | Información de los estados Europa
Informace o státech Evropy | Informácie o štátoch Európy | Országinformációk Európa | Informacje o państwach Europy

| |  | | | | | | | |
|---|---|---|---|---|---|---|---|---|
| A | Österreich<br>Austria \| Autriche \| Austria \| Austria | | 130 km/h | 100 km/h | 100 km/h | 50 km/h | 0,5 ‰ | 133, 144 |
| AL | Albanien<br>Albania \| Albanie \| Albania \| Albania | | 110 km/h | 90 km/h | 80 km/h | 40 km/h | 0,0 ‰ | 00355/17, 19 |
| AND | Andorra<br>Andorra \| Andorre \| Andorra \| Andorra | | | | 50 km/h | 40 km/h | 0,5 ‰ | 110, 118 |
| B | Belgien<br>Belgium \| Belgique \| Belgio \| Bélgica | | 120 km/h | 90 km/h | 90 km/h | 50 km/h | 0,5 ‰ | 100, 101 |
| BG | Bulgarien<br>Bulgaria \| Bulgarie \| Bulgaria \| Bulgaria | | 130 km/h | 90 km/h | 90 km/h | 50 km/h | 0,5 ‰ | 166, 150 |
| BiH | Bosnien-Herzegowina<br>Bosnia-Hercegovina \| Bosnie-Hercégovine \| Bosnia-Hercegovina \| Bosnia-Herzegovina | | 100 km/h | 100 km/h | 80 km/h | 50 km/h | 0,5 ‰ | 92, 94 |
| BY | Weißrussland<br>Belarus \| Biélorussie \| Russia Bianca \| Bielorrusia | | 110 km/h | 90 km/h | 90 km/h | 60 km/h | 0,0 ‰ | 02 |
| CH | Schweiz<br>Switzerland \| Suisse \| Svizzera \| Suiza | | 120 km/h | 100 km/h | 80 km/h | 50 km/h | 0,5 ‰ | 117, 144 |
| CY | Zypern<br>Cyprus \| Chypre \| Cipro \| Chipre | | 100 km/h | 80 km/h | 80 km/h | 50 km/h | 0,4 ‰ | 199 |
| CZ | Tschechische Republik<br>Czech Republic \| République Tchèque \| Repubblica Cecca \| República Checa | | 130 km/h | 130 km/h | 90 km/h | 50 km/h | 0,0 ‰ | 112 |
| D | Deutschland<br>Germany \| Allemagne \| Germania \| Alemania | | – | – | 100 km/h | 50 km/h | 0,5 ‰ | 110 |
| DK | Dänemark<br>Denmark \| Danmark \| Danimarca \| Dinamarca | | 130 km/h | 80 km/h | 60 km/h | 50 km/h | 0,5 ‰ | 112 |
| E | Spanien<br>Spain \| Espagne \| Spagna \| España | | 120 km/h | 100 km/h | 90 km/h | 50 km/h | 0,5 ‰ | 092, 112 |
| EST | Estland<br>Estonia \| Estonie \| Estonia \| Estonia | | 110 km/h | 110 km/h | 90 km/h | 50 km/h | 0,0 ‰ | 110, 112 |
| F | Frankreich<br>France \| France \| Francia \| Francia | | 130 km/h | 110 km/h | 90 km/h | 50 km/h | 0,5 ‰ | 17, 15, 112 |
| FIN | Finnland<br>Finland \| Finlande \| Finlandia \| Finlandia | | 120 km/h | 100 km/h | 80 km/h | 50 km/h | 0,5 ‰ | 112 |
| FL | Liechtenstein<br>Liechtenstein \| Liechtenstein \| Liechtenstein \| Liechtenstein | | | 100 km/h | 80 km/h | 50 km/h | 0,8 ‰ | 117, 144, 112 |
| GB | Vereinigtes Königreich<br>United Kingdom \| Royaume Unie \| Regno Unito \| Reino Unido | | 112 km/h | 112 km/h | 96 km/h | 48 km/h | 0,8 ‰ | 99, 112 |
| GR | Griechenland<br>Greece \| Grèce \| Grecia \| Grecia | | 120 km/h | 110 km/h | 90 km/h | 50 km/h | 0,5 ‰ | 100, 166 (Athina) |
| H | Ungarn<br>Hungary \| Hongrie \| Ungheria \| Hungaría | | 130 km/h | 110 km/h | 90 km/h | 50 km/h | 0,0 ‰ | 107, 104 |
| HR | Kroatien<br>Croatia \| Croatie \| Croazia \| Croacia | | 130 km/h | 110 km/h | 90 km/h | 50 km/h | 0,0 ‰ | 112 |
| I | Italien<br>Italy \| Italie \| Italia \| Italia | | 130 km/h | 110 km/h | 90 km/h | 50 km/h | 0,5 ‰ | 112, 118 |
| IRL | Irland<br>Ireland \| Irlande \| Irlanda \| Irlanda | | 120 km/h | 80 km/h | 80 km/h | 50 km/h | 0,8 ‰ | 112, 999 |
| IS | Island<br>Iceland \| Islande \| Islanda \| Islandia | | | 90 km/h | 90 km/h | 50 km/h | 0,5 ‰ | 112 |
| L | Luxemburg<br>Luxembourg \| Luxembourg \| Lussemburgo \| Luxemburgo | | 130 km/h | 90 km/h | 90 km/h | 50 km/h | 0,8 ‰ | 113, 112 |
| LT | Litauen<br>Lithuania \| Lithuanie \| Lituania \| Lithuania | | 110 km/h | 110 km/h | 90 km/h | 50 km/h | 0,49 ‰ | 112 |
| LV | Lettland<br>Latvia \| Lettonie \| Lettonia \| Letonia | | 100-130 km/h | 100-130 km/h | 90 km/h | 50 km/h | 0,4 ‰ | 112 |
| M | Malta<br>Malta \| Malte \| Malta \| Malta | | | | 80 km/h | 50 km/h | 0,8 ‰ | 191, 196, 112 |
| MC | Monaco<br>Monaco \| Monaco \| Monaco \| Mónaco | | 130 km/h | 100 km/h | 90 km/h | 50 km/h | 0,5 ‰ | 17, 15, 112 |
| MD | Moldawien<br>Moldova \| Moldavie \| Moldavia \| Moldavia | | 90 km/h | 90 km/h | 90 km/h | 60 km/h | 0,0 ‰ | 902, 903 |
| MK | Mazedonien<br>Macedonia \| Macédonie \| Makedonia \| Macedonia | | 120 km/h | 100 km/h | 80 km/h | 60 km/h | 0,5 ‰ | 192, 194 |
| MNE | Montenegro<br>Montenegro \| Monténégro \| Montenegro \| Montenegro | | 120 km/h | 100 km/h | 80 km/h | 60 km/h | 0,5 ‰ | 92, 94 |
| N | Norwegen<br>Norway \| Norvège \| Norvegia \| Noruega | | 90 km/h | 80 km/h | 80 km/h | 50 km/h | 0,2 ‰ | 112, 113 |
| NL | Niederlande<br>The Netherlands \| Pays Bas \| Paesi Bassi \| Países Bajos | | 130 km/h | 100 km/h | 80 km/h | 50 km/h | 0,5 ‰ | 112 |
| P | Portugal<br>Portugal \| Portugal \| Portugallo \| Portugal | | 120 km/h | 100 km/h | 90 km/h | 50 km/h | 0,5 ‰ | 112 |
| PL | Polen<br>Poland \| Pologne \| Pologna \| Polonia | | 140 km/h | 120 km/h | 90 km/h | 50 km/h | 0,2 ‰ | 997, 999 |
| RKS | Kosovo<br>Kosovo \| Kosovo \| Kosovo \| Kósovo | | – | 100 km/h | 80 km/h | 60 km/h | 0,5 ‰ | – |
| RO | Rumänien<br>Romania \| Roumanie \| Romania \| Rumania | | 120 km/h | 90 km/h | 90 km/h | 50 km/h | 0,0 ‰ | 955, 961 |
| RSM | San Marino<br>San Marino \| Saint-Marin \| San Marino \| San Marino | | 130 km/h | 110 km/h | 90 km/h | 50 km/h | 0,5 ‰ | 113, 118, 112 |
| RUS | Russische Föderation<br>Russian Federation \| Russie \| Russia \| Rusia | | 110 km/h | 90 km/h | 90 km/h | 60 km/h | 0,0 ‰ | 02, 03 |
| S | Schweden<br>Sweden \| Suède \| Svezia \| Suecia | | 110 km/h | 110 km/h | 70-90 km/h | 50 km/h | 0,2 ‰ | 112 |
| SRB | Serbien<br>Serbia \| Serbie \| Serbia \| Serbia | | 120 km/h | 100 km/h | 80 km/h | 60 km/h | 0,5 ‰ | 92, 94 |
| SK | Slowakei<br>Slovakia \| République Slovaque \| Repubblica Slovacca \| Eslovaquia | | 130 km/h | 130 km/h | 90 km/h | 50 km/h | 0,0 ‰ | 158, 155 |
| SLO | Slowenien<br>Slovenia \| Slovénie \| Slovenia \| Eslovenia | | 130 km/h | 100 km/h | 90 km/h | 50 km/h | 0,5 ‰ | 113, 112 |
| TR | Türkei<br>Turkey \| Turquie \| Turchia \| Turquía | | 130 km/h | 90 km/h | 90 km/h | 50 km/h | 0,0 ‰ | 155, 112 |
| UA | Ukraine<br>Ukraine \| Ukraine \| Ucraina \| Ucrania | | 130 km/h | 110 km/h | 90 km/h | 60 km/h | 0,0 ‰ | 112 |
| V | Vatikanstadt<br>Vatican City \| Cité du Vatican \| Città del Vaticano \| Ciudad del Vaticano | | | | | 30 km/h | 0,5 ‰ | 112, 113 |

# Kroatien

Croatia Hrvatska Hrvaška Croatie Croazia Kroatië Croacia Chorvatsko Chorvátsko Horvátország Chorwacja

Th. Reinhardt | PIXELIO

**HR**

- 56 594 km²
- Zagreb
- +385
- 4 267 000
- 112

**6 - 97** Kartenblätter
Road map | Autokarta | Avtokarta | Carte routière | Carta stradale | Autokaart
Mapa de carreteras | Automapa | Automapa | Autótérkép | Mapa samochodowa

**98 - 116** Ortsregister mit Postleitzahlen
Index with postal codes | Indeks naselja sa s poštanskim brojem | Seznam krajev s poštnimi številkami
Index avec codes postaux | Indice con codici postali | Plaatsnaamregister met postcode
Indice con códigos postales | Rejstřík míst s PSČ | Zoznam obcí s PSČ | Postai irányítószámos névmutató

**117 - 126** Citypläne
Citymaps | Planovi gradova | Mestni načrti | Plans de ville | Piante delle città | Plattegronden
Planos de ciudad | Plány města | Plány miest | Várostérképek | Plany miasta

# Blattübersicht

Key Plan | Pregledni list | Pregled kart | Tavola riassuntiva delle pagine | Tableau d'assemblage
Bladoverzicht | Vista de la página | Klad listů | Prehľad kladu listov | Áttekintés | Skorowidz arkuszy

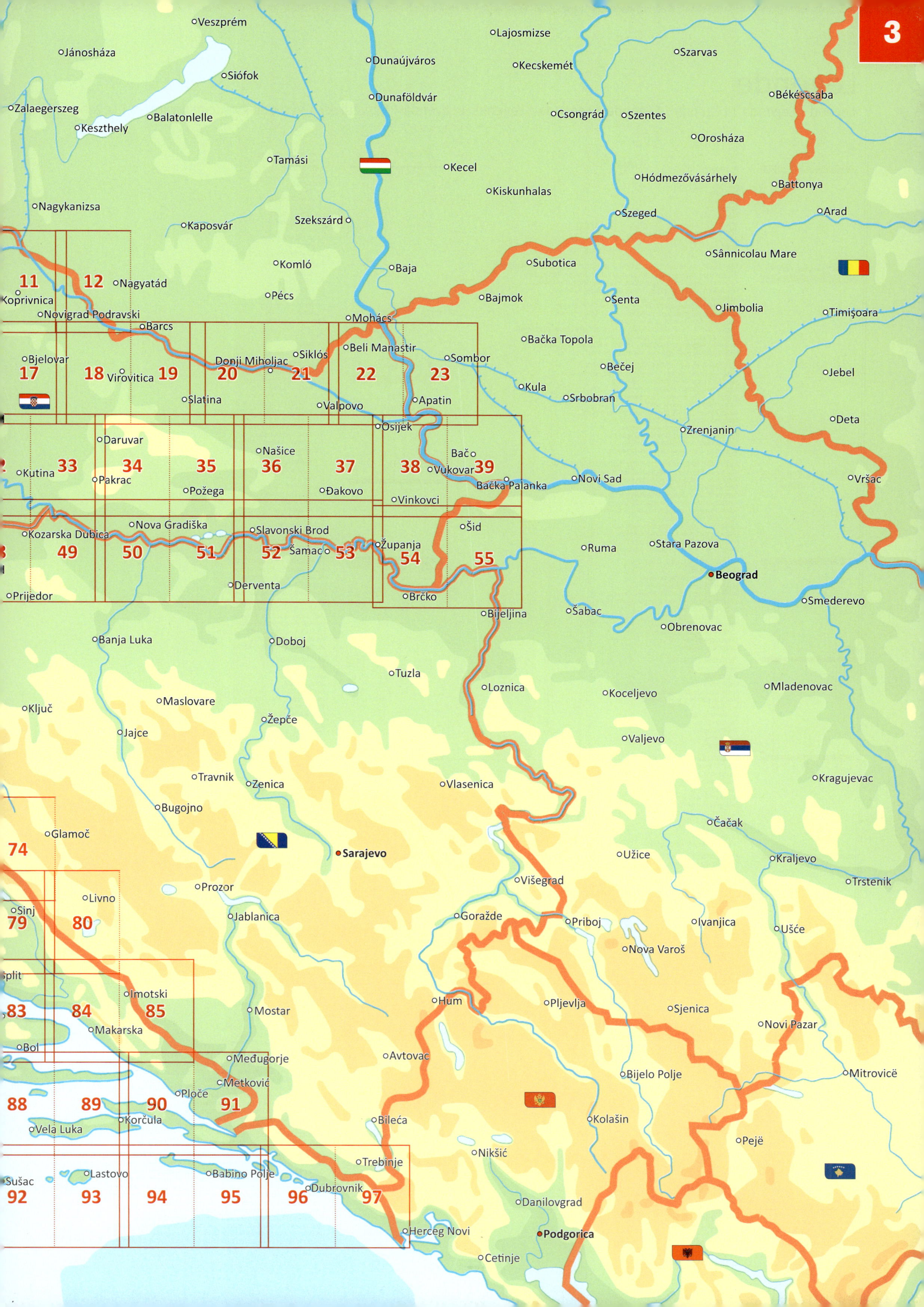
3
Veszprém
Jánosháza
Siófok
Zalaegerszeg
Balatonlelle
Keszthely
Dunaújváros
Dunaföldvár
Lajosmizse
Kecskemét
Szarvas
Békéscsaba
Csongrád
Szentes
Orosháza
Tamási
Kecel
Kiskunhalas
Hódmezővásárhely
Battonya
Nagykanizsa
Kaposvár
Szekszárd
Szeged
Arad
Komló
Baja
Subotica
Sânnicolau Mare
Nagyatád
Koprivnica
Pécs
Bajmok
Senta
Jimbolia
Timişoara
Novigrad Podravski
Mohács
Barcs
Beli Manastir
Bačka Topola
Bjelovar
Siklós
Sombor
Bečej
Jebel
Virovitica
Donji Miholjac
Kula
Srbobran
Slatina
Valpovo
Apatin
Deta
Osijek
Zrenjanin
Daruvar
Našice
Bač
Kutina
Pakrac
Vukovar
Požega
Đakovo
Bačka Palanka
Novi Sad
Vršac
Vinkovci
Nova Gradiška
Kozarska Dubica
Slavonski Brod
Šid
Šamac
Županja
Ruma
Stara Pazova
Beograd
Derventa
Prijedor
Brčko
Bijeljina
Šabac
Smederevo
Obrenovac
Banja Luka
Doboj
Tuzla
Loznica
Koceljevo
Mladenovac
Ključ
Maslovare
Žepče
Jajce
Valjevo
Travnik
Zenica
Vlasenica
Kragujevac
Bugojno
Čačak
Glamoč
Sarajevo
Užice
Kraljevo
Višegrad
Trstenik
Prozor
Livno
Sinj
Jablanica
Goražde
Priboj
Ivanjica
Ušće
Nova Varoš
Split
Imotski
Mostar
Hum
Pljevlja
Sjenica
Novi Pazar
Makarska
Bol
Međugorje
Avtovac
Bijelo Polje
Mitrovicë
Metković
Ploče
Korčula
Bileća
Kolašin
Vela Luka
Nikšić
Pejë
Trebinje
Lastovo
Babino Polje
Sušac
Dubrovnik
Danilovgrad
Herceg Novi
Podgorica
Cetinje
11
12
17
18
19
20
21
22
23
33
34
35
36
37
38
39
49
50
51
52
53
54
55
74
79
80
83
84
85
88
89
90
91
92
93
94
95
96
97

# Legende

Legend | Legenda | Legenda | Légende | Legenda | Legende | Leyenda | Vysvětlivky | Vysvetlivky | Jelmagyarázat | Legenda

**Autobahn**
Motorway
Autocesta
Avtocesta
Autoroute
Autostrada
Autosnelweg
Autopista
Dálnice
Diaľnica
Autópálya
Autostrady

T R Bregana M P

**Tankstelle, Autobahnraststation – mit Übernachtung, Parkplatz**
Filling station, Service area – with overnight accomodation, Parking area
Benzinska stanica, Postaja na autocesti – sa prenočištem, Parkiralište
Bencinska črpalka, Počivališče z restavracijo – motel, Parkirišče
Station service, Relais routier – Motel, Parking
Distributore di benzina, Area di servizio con motel, Parcheggio
Tankstation, Wegrestaurant met overnachting, Parkeerterrein
Gasolinera, Área de servicio, Aparcamiento
Čerpací stanice, Dálniční odpočívadlo – s možností přenocování, Parkoviště
Čerpacia stanica, Areál autoslužieb s možnosťou prenocovania
Benzinkút, Autópálya pihenőhely – szálláslehetőséggel, Parkolóhely
Miejsca obsługi podróżnych – z noclegiem, Parkingi

2020

**Autobahn in Bau mit Fertigstellungstermin**
Motorway under construction with scheduled opening date
Autocesta u izgradnji s datumom završetka
Avtocesta v gradnji z izdelavnim terminom
Autoroute en construction avec date de mise en service
Autostrada in costruzione con data di apertura
Autosnelweg in aanleg (datum openstelling bekend)
Autopista en construcción (fecha de apertura)
Dálnice ve stavbě s termínem dokončení
Rozostavaná diaľnica s termínom dokončenia
Épülő autópálya az átadási határidővel
Autostrady w budowie z terminem otwarcia

Brinje

**Autobahn mit Anschluss- und Halbanschlussstelle**
Motorway with interchange and half interchange
Autocesta s priključkom, polovičan priključak
Avtocesta s priključkom, in polovičnim priključkom
Autoroute avec échangeur et échangeur partiel
Autostrada con raccordo e punto del semiraccordo
Autosnelweg Aansluitingen volledig, Gedeeltelijk
Intersección de autopista
Dálnice s nájezdem a polovičním nájezdem
Diaľnica s nájazdom - a s čiastočným nájazdom
Autópálya csomóponttal és félcsomóponttal
Autostrady z węzłami i węzłami częściowymi

**Fernverkehrsstraße, 4-spurig**
Dual carriageway
Četverotračna magistralna cesta
Magistralna cesta, štiripasovna
Route à grande circulation, 4 chaussées séparées
Strada di grande comunicazione a quattro corsie
Autoweg, 4 rijstroken
Autovia de 4 carriles
Dálková silnice, čtyřproudová
Diaľková cesta štvorpruhová
4 sávos gyorsforgalmi út
Drogi dwujezdniowe

**Fernverkehrsstraße**
Primary route
Magistralna
Magistralna cesta
Route à grande circulation
Strada di grande comunicazione
Autoweg
Carretera nacional
Dálková silnice
Diaľková cesta
Gyorsforgalmi út
Drogi główne

**Hauptstraße 1. Ordnung**
Class "A" road
Glavna ulica 1. red
Glavna cesta 1. reda
Route principale
Strada principale 1. categoria
Belangrijke verkeersader
Carretera principal, cat. 1
Hlavní silnice 1. třídy
Hlavná cesta 1. triedy
Elsőrendű főút
Droga główna pierwszorzędna

**Hauptstraße 2. Ordnung**
Class "B" road
Glavna ulica 2. red
Glavna cesta 2. reda
Route secondaire
Strada principale 2. categoria
Belangrijke hoofdweg
Carretera principal, cat. 2
Hlavní silnice 2. třídy
Hlavná cesta 2. triedy
Másodrendű főút
Droga główna drugorzędna

**Straße in Bau**
Road under construction
Cesta u izgradnji
Cesta v gradnji
Route en construction
Strada in costruzione
Weg in aanleg
Carretera en construcción
Silnice ve stavbě
Rozostavaná hlavná cesta
Út építés alatt
Droga w budowie

**Nebenstraße**
Secondary road
Sporedna ulica
Stranska cesta
Autre route
Strada secondaria
Zijstraat
Carretera secundaria
Místní komunikace
Vedľajšia cesta
Mellékút
Drogi lokalne

**Fahrweg**
Local road
Kolni put
Pot
Chemin carrossable
Tratto di strada
Secundaire weg
Carretera local
Vozová cesta
Vozová cesta
Kocsiút
Droga gruntowa

**Karrenweg**
Cart track
Stara cesta
Slabša cesta
Chemin d'exploitation
Carrareccia
Landweg
Camino de carreta
Úvoz
Spevnená cesta
Szekérút
Droga gruntowa

**Fußweg**
Footpath
Pješačka staza
Steza za pešce
Sentier
Sentiero
Voetpad
Camino de peatones
Cesta pro pěší
Chodník
Gyalogút
Ścieżka

3 6 3

**Autobahnentfernungen in km**
Distances in kilometres on motorways
Cestovne udaljenosti u km
Avtocestne razdalje v km
Autoroute: distance in km
Distanze delle autostrade in km
Afstanden in km (op autosnelwegen)
Distancias en km en autopista
Vzdálenosti v km na dálnici
Diaľničné vzdialenosti v km
Autópályatávolságok km-ben
Odległości na autostradach w km

4 8 4

**Entfernungen in km**
Distances in kilometres
Duljine u km
Razdalje v km
Distance en kilomètres (km)
Distanze in km
Afstanden in km
Distancias en km
Vzdálenosti v km
Vzdialenosti v km
Távolságok km-ben
Odległości w km

A1 A9 E50

**Autobahn – Europastraße**
Motorway – European route
Autocesta – Europska cesta
Avtocesta – številka evropske ceste
Autoroute – route euopéenne
Autostrada – strada europea
Autosnelweg – Europaweg
Autopista – autopista europea
Dálnice – mezinárodní silnice
Diaľnica – európska cesta
Autópálya – Európa-utak
Autostrada – droga europejska

17

**Straßennummer**
Road number
Broj ceste
Številka ceste
Numérotation des routes
Numerazione delle strade
Wegnummer
Numeración de las carreteras
Číslo silnice v zahraničí
Číslo cesty
Útszámozás külföldön
Numeracja dróg

10–15% 15–20% 30%

**Steigungen**
Gradients
Nagibi
Vzponi
Montée
Pendenze
Stijging
Pendiente
Stoupání
Stúpania
Emelkedés
Strome podjazdy

**Mautstraße**
Toll road
Cestninska cesta
Cesta s plačilom cestnine
Route à péage
Strada a pedaggio
Tolweg
Carretera de peaje
Silnice s poplatkem
Cesta s mýtnym poplatkom
Fizetős útszakaszok
Droga płatna

**Straße für Kfz gesperrt**
Road closed to motor traffic
Cesta zatvorena za teretna vozila
Cesta, zaprta za motorna vozila
Route interdite aux véhicules à moteur
Strada bloccata ai veicoli
Weg, afgesloten voor automobilisten
Carretera cerrada al tráfico
Zákaz vjezdu motorových vozidel
Cesta uzavretá pre motorové vozidlá
Gépjármű elől elzárt útszakasz
Droga zamknięta dla ruchu samochowego

I – IV

**Wintersperre (auf Fern- und Hauptstraßen)**
Road closed during the cold season (Primary routes class "A" and "B" roads)
Cesta zatvorena zimi (na magistralnim i regionalnim cestama)
Zimska zapora (na magistralnih in glavnih cestah)
Route interdite en hiver (routes à grande circulation et routes principales)
Chiusura invernale (di strade di grande comunicazione e principali)
In de winter afgesloten (auto- en hoofdwegen)
Carretera puede estar cerrada durante nevadas
Zimní uzavírka (Na dálkových a hlavních silnicích)
Zimné uzávery (na diaľkových a hlavných cestách)
Télen lezárt (összekötő- és főutakon)
Droga zamknięta w zimie (dot.dróg dalekobieżnych i dróg głównych)

**Für Wohnanhänger nicht empfehlenswert (auf Fern- und Hauptstraßen)**
Road not recommended for caravans (Primary routes, class "A" and "B" roads only)
Cesta nije preporučlijiva za vuču kampprikolica (na magistralnim i regionalnim cestama)
Cesta nepriporočljiva za stanovanjske prikolice (na magistralnih in glavnih csestah)
Route non recommandée aux caravanes (routes à grande circulation et routes principales)
Non consigliabile per roulotte (su strade di grande comunicazione e principali)
Voor caravans niet aan te bevelen (auto- en hoofdwegen)
Carretera no recomendada para caravanas
Nevhodné pro obytné přívěsě (na dálkových a hlavních silnicích)
Úsek pre obytné prívesy neodporúèaný (diaľková cesta a hlavná cesta)
Lakókocsi számára nem ajánlott (összekötő- és főutakon)
Droga nie zalecana dla przyczep campingowych (dot.dróg dalekobieżnych i dróg głównych)

1:150 000

1 km

15 km

07

ZADAR

N

Jadranska magistrala

Sahat kula    Košljun

Dvorac

HAK    AMZS    BIHAMK

ZAGREB

**Für Wohnanhänger gesperrt**
Closed for caravans
Zatvoreno za prikolice
Za stanovanjske prikolice prehod zaprt
Interdite aux caravanes
Bloccata alle roulotte
Afgesloten voor caravans
Carretera cerrada a caravanas
Zákaz pro obytné přívěsy
Úsek pre obytné prívesy uzavretý
Lakókocsi elől elzárt
Droga zamknięta dla przyczep campingowych

**Weitwanderweg**
Long-distance hiking trail
Pješačka staza
Daljša pešpot
Sentier de grande randonnee
Sentiero a lunga distanza
Pelgrim route
Sendero de largo recorrido
Dálková turistická cesta
Diaľková turistická cesta
Nemzetközi túraútvonal
Szlak turystyczny daleki

**Hauptbahn, Bahnhof – Bahnstation – Nebenbahn**
Main-railway line, station – stop – subsidiary railway
Glavna željeznička pruga, kolodvor – postaja – sporedna željeznička pruga
Glavna železniška proga, železniška postaja – postajališče – stranska železniška proga
Chemin de fer, grande ligne, gare – station – chemin de fer, ligne secondaire
Linea ferrovia principale, stazione – fermata – linea ferrovia secondaria
Hoofdspoorweg met station – secundaire spoorweg
Ferrocarril principal, estación – parada – ferrocarril secundario
Hlavní trať, nádraží – železniční stanice – vedlejší trať
Hlavná železnica, železničná stanica – zastávka – vedlajšia železnica
Fővonal, pályaudvar – állomás – vasúti mellékvonal
Kolej, dworzec kolejowy – stacja kolejowa – kolej lokalna

**Zahnradbahn, Standseilbahn – Seilschwebebahn, Sessellift**
Rack-railway, funicular – cable railway, chair-lift
Željeznica na zupčanik, uspinjača – žičara sa kabinama, žičara sa sjedalima
Zobata železnica, vzpenjača – gondolska žičnica, sedežnica
Chemin de fer à crémaillère, funiculaire – téléphérique, télésiège
Ferrovia a cremagliera, funicolare – funivia, seggiovia
Tanradspoor, skilift – kabelspoorweg – kabelbaan, stoeltjeslift
Linea de cremallera, funicular – teleférico, telesilla
Ozubená dráha, kolejová lanovka – visutá lanovka, sedačková lanovka
Ozubnicová železnica, pozemná lanovka – visutá lanová dráha, sedačková lanovka
Fogaskerekű vasút, álló felvonó – függővasút, ülőlift
Kolej zębata, kolejka linowo-torowa – kolejka linowa, wyciąg krzeselkowy

**Autofähre, Personenfähre, Schifffahrtslinie**
Car-ferry, passenger-ferry, shipping route
Trajekt za prijevos automobila, trajekt za prijevoz osoba, plovidbena linija
Trajekt, brod, linija plovbe
Bac pour autos, bac pour piétons, ligne de navigation
Traghetto per il automobile, traghetto per passeggeri, linea di navigazione
Veerdienst, ook voor auto's, veerboot
Ferry, ferry para coches, ruta maritima
Trajekt pro automobily, převoz, lodní linka
Autokompa, kompa, lodná dopravná linka
Autókomp, személykomp, hajóútvonal
Prom samochodowy, prom osobowy, linia żeglugi

**Naturschutzgebiet**
Nature reserve
Prirodni rezervat
Naravni rezervat
Reserve naturelle
Area naturale protetta
Natuurbeschermingsgebied
Reserva natural
Přírodní rezervace
Chránená krajinná oblast
Természetvédelmi terület
Rezerwat przyrody

**Landschaftlich besonders schöne Strecke – Wald**
Scenic route – forest
Naročito lijep krajolik – šuma
Slikovita cesta – gozd
Parcours pittoresque – forêt
Tratto di paesaggio particolarmente bello – foresta
Schilderachtig traject – bos
Ruta pintoresca – bosque
Trasa vedoucí obzvlášť krásnou krajinou – les
Zvlášť pekná prírodná cesta – les
Tájképileg különösen szép útszakasz – erdő
Krajobrazowo szczególnie ładny odcinek – las

**Staatsgrenze, internationaler –, zwischenstaatlicher Grenzübergang**
National boundary, international border-crossing, local border-crossing
Državna granica, međunarodni granični prijelaz, međudržavni granični prijelaz
Državna meja, mednarodni mejni prehod, meddržavni mejni prehod
Frontière d'État, bureau de douane, poste de douane
Confine di Stato, posto di frontiera internazionale, – nazionale
Staatsgrens, internationale –, nationale grensovergang
Frontera nacional, paso fronterizo internacional, Regional
Státní hranice, mezinárodní – mezistátní hraniční přechod
Štátna hranica, medzinárodný – medzištátny hraničný priechod
Államhatár, nemzetközi határátkelő, határátkelőcsak a szomszédos ország állampolgárai részére
Granica państwa, przejście graniczne międzynarodowe – przejście graniczne międzypaństwowe

**Touristenstraße**
Tourist route
Turistička cesta
Turistična cesta
Route touristique
Strada turistica
Toeristische route
Ruta turística
Turistická cesta
Turistická cesta
Turistaút
Droga turystyczna

**Besonders sehenswertes Objekt, sehenswertes Objekt**
Place of particular interest, place of considerable interest
Naročito znamenit objekt, znamenit objekt
Posebno zanimiv objekt, znamenitost
Site remarquable, site intéressant
Località di grande interesse, oggetto molto interessante
Bijzondere bezienswaardigheden, bezienswaardigheden
Lugar de especial interés, lugar de mucho interés
Obzvlášť zajímavý objekt, pozoruhodný objekt
Mimoriadne pozoruhodný objekt, pozoruhodný objekt
Különlegesen figyelemre méltó látnivaló, érdekes látnivaló
Szczególnie ciekawy objekt, ciekawy objekt

**Bemerkenswertes Objekt**
Place of interest
Vrijedan objekt
Zanimiv objekt
Curiosité
Oggetto degno di nota
Opmerkelijk object
Lugar de interés
Pozoruhodný objekt
Povšimnutiahodný objekt
Érdekes látnivaló
Objekt godny szczególnej uwagi

**Marina, Leuchtturm**
Yacht supply station, lighthouse
Marina, svjetionik
Marina, svetilnik
Station d'approv de yachts, phare
Marina, faro
Jachthaven, vuurtoren
Marina, faro
Přístav, maják
Prístav, maják
Kikötő, világítótorony
Port jachtowy, latarnie morskie

**Malerisches Stadtbild, schöner Ausblick**
Picturesque town, scenic viewpoint
Naselje slikovitog izgleda, lijep vidik
Slikovito naselje, razgled
Ville pittoresque, panorama
Immagine pittoresca della città, vista panoramica
Schilderachtig stadsbeeld, uitzichtpunt, panorama
Población de interés, vista panorámica
Malebné panorama mesta, krásný výhled
Malebný pohľad na mesto, pekný výhľad
Festői városkép, szép kilátás
Malowniczy widok miasta, punkt widokowy

**Kirche, Kloster, Kapelle**
Church, monastery, chapel
Crkva, samostan, crkvica
Cerkev, samostán, kapela
Eglise, abbaye, chapelle
Chiesa, convento, cappella
Kerk, klooster, kapel
Iglesia, monasterio, capilla
Kostel, klášter, kaple
Kostol, kláštor, kaplnka
Templom, kolostor, kápolna
Kościół, klasztor, kaplica

**Schloss, Burg – Ruine, Aussichtswarte**
Manor-house, castle – ruin, look-out tower
Dvorac, grad – ruševina, vidikovac
Grad, graščina – razvalina , razgledni stolp
Château, château – fort, ruine, tour avec point de vue panoramique
Castello, fortezza – rovine, panoramica
Kasteel, burcht – ruïne, uitzichttoren
Castillo, fortaleza – ruinas, torre panoramica
Zámek, hrad – zřícenina, vyhlídkové místo
Zámok, hrad – ruiny, vyhliadková veža
Kastély, vár – várrom, kilátóhely
Zamek, ruina zamku warownego, wieża widokowa

**Antike Ruinenstätte, Sender, Kraftwerk**
Antique sites, telecommunications tower, power station
Antička razvalina, odašiljač, električna centrala
Arheološko najdišče, oddajnik, elektrarna
Site archéologique, tour de télécomunications, centrale électrique
Luoghi con rovine, stazione trasmittente, centrale elettrica
Antieke ruïne, zendstation, elektrische centrale
Yacimieneto archeológico, transmisor, central eléctrica
Antické zříceniny, vysílač, elektrárna
Antické zrúcaniny, vysielač, elektráreň
Ókori rom, adótorony, erőmű
Ruina antyczna, nadajnik, elektrownia

**Hotel – Gasthof – Schutzhütte, Höhle, Höhenpunkt**
Hotel – inn – mountain cabin, cave, altimetric point
Hotel – gostionica – sklonište, spilja, vrh
Hotel – gostilna – planinska postojanka, jama, vrh
Hôtel – auberge – refuge de montagne, grotte, points culminants
Albergo – trattoria – rifugio, grotta, quota altimetrica
Hotel – gasthuis – schuilhut, grot, hoogste punt
Hotel – posada – refugio de montaña, cueva, altura acotada
Hotel – hostinec – horská chata, jeskyně, výškový bod
Hotel – penzión – horská chata, sprístupnená jaskyňa, výškový bod
Hotel – vendéglő – menedékház, barlang, magassági pont
Hotel – zajazd – schronisko górskie, jaskinia, punkt wysokociowy

**Campingplatz, Jugendherberge, Golfplatz**
Camping site, youth hostel, golf-course
Kamp-teren, prenoćište za mladež, igralište za golf
Prostor za kampiranje, mladinsko prenočišče, igrišče za golf
Terrain de camping, auberge de jeunesse, terrain de golf
Campeggio, ostello, campo da golf
Kampeerterrein, jeugdherberg, golfterrein
Parque de campismo, albergue juvenil, campo de golf
Kemping, mládežnická ubytovna, golfové ihrisko
Kempink, ubytovňa pro mládež, hostinec
Kempinghely, ifúsági szálló, golfpálya
Camping, schronisko młodzieżowe, plac golfowy

**Wildpark – Tiergehege, Museum, Heilbad**
Game park, museum, spa
Zvjerinjak – lovište, muzej, toplice
Rezervat za divjad – ograda za živali, muzej, toplice
Réserve à Gibier, musée, station thermale
Riserva di caccia, museo, località termale
Dierentuin, museum, kuurbad
Reserva de caza, museo, estación termal
Zoo – obora, muzeum, lázni
Zoo – obora, múzeum, kúpele
Zoo – obora, múzeum, gyógyfürdő
Zwierzyniec – wybieg dla zwierząt, museum, zdrojowisko

**Internationaler Flughafen, Flughafen, Sportflugplatz**
International airport, airport, landing strip
Međunarodna zračna luka, zračna, športska zračna luka
Mednarodno letališče, letališče, športno letališče
Aéroport international, aéroport, aérodrome
Aeroporto internazionale, aeroporto, aerodromo
Internationale vliegveld, vliegveld, sportvliegveld
Aeropuerto internacional, aeropuerto, avioneta
Mezinárodní letiště, letiště, sportovní letiště
Medzinárodné letisko, letisko, športové letisko
Nemzetközi repülőtér, repülőtér, sportrepülőtér
Międzynarodowy port lotniczy, port lotniczy, port lotniczy sportowy

**Pannendienst der Automobilclubs**
Technical assistance post of the automobil clubs
Služba pomoći autokluba
Avtomoto, pomoč, informacije
Service de dépannage des clubs automobiles
Servizio soccorso stradale dei club automobilistici
Pechhulp
Automóvil club
Havarijní a nouzová služba autoklubů
Záchranná služba automotoklubov
Autóklub Segélyszolgálat
Pomoc drogowa

**Bundeshauptstadt**
Seat of the federal government
Glavni grad države
Glavno mesto
Capitale
Capitale federale
Hoofdstad
Capital nacional
Spolkové hlavní město
Hlavné mesto štátu
Főváros
Stolica państwa

MURSKA SOBOTA
(190)
Cernelavci
Dobrovnik
(Dobronak)
(174)
Radenci
Rakičan
Lipovci
Gančani
Beltinci
(179)
Lipa
Turnišče
Nedelica
Gomilica
Bakovci
(189)
Bratonci
Krog
Tišina
Petanjci
Murski Petrovci
Šratovci
Mele
Boračeva
Gradišče
Murski Črnci
Satahovci
Tropovci
Vanča vas
Rihtarovci
Turjanci
Hrastje Mota
(196)
Mura
Vučja vas
Murski Vrh
Dokležovje
Bunčani
Veržej
(183)
Ižakovci
Odranci
(173)
Črenšovci
Melinci
Krapje
Trnje
Žižki
Bučečovci
Stara Nova vas
Iljaševci
Sončni gaj
Banovci
Križevci pri Ljutomeru
Grlava
Boreci
Kokoriči
Ključarovci pri Ljutomeru
Šalinci
Lukavci
Babinci
Cven
Mota
G. Bistrica
Sr. Bistrica
D. Bistrica
(170)
Ljutomer
(177)
Pristava
Razkrižje
Šafarsko
Gibina
Banfi
Štrigova
Stročja vas
Podgradje
Radomerje
Logarovci
SLO
Ščavnica
Bolehneči
Berkovci
Slaptinci
Jamna
Sv. Jurij ob Ščavnici
Cogetinci
Grabonoš
Sv. Jurij ob. Š.
Dragotinci
Okoslavci
(204)
Oceslavci
Sp. Ivanjci
Kunova
Stara gora
Terbegovci
Drakovci
Precetinci
Radoslavci
Gajševsko jezero
Branoslavci
Grabe pri Ljutomeru
Noršinci pri Ljutomeru
Cezanjevci
Zg. Kamenščak
Sp. Kamenščak
Vogričevci
Bučkovci
Moravci v Slov. goricah
Zagorci
Slavšina
Novinci
Hvaletinci
Gomila
352
Bodislavci
Godemarci
Stara cesta
Tičnica
264
Žerovinci
Cerovec Stanka Vraza
Slamnjak
Leskovec
Grabrovnik
Železna Gora
Prekopa
Vugrišinec
Bodkovci
Rucmanci
Rakovci
Koračice
Lahonci
Sveti Tomaž
Desnjak
Ilovci
Kajžar
Vuzmetinci
Kog
Sv. Urban
Jeruzalem
Bratislavci
Savci
Runeč
Ključarovci
Spodnji
Ivanjkovci
Mihalovci
Miklavž pri Ormožu
Brebrovnik
Veliki - Pavlovski Vrh
Jastrebci
Stanetinec
Prhovec
Gornja Dubrava
Polenci
Bresnica
Vičanci
Prerad
Tibolci
Podgorci
Litmerk
Lešnica
Hum pri Ormožu
Šalovci
Godeninci
Bogdanovec
Dornava
Mezgovci ob Pesnici
Zamušani
Sodinci
Velika Nedelja
ORMOŽ
(220)
Moškanjci
Gorišnica
Cvetkovci
Trgovišče
Miheljci pri Vel. Nedelji
Loperšice
Obrež
Središče ob Dravi
Pušenci
Frankovci
Macinec
Trnovec
Formin
Oslušovci
Zagojiči
Placerovci
Gajevci
Zavrč
Dubrava Križovljanska
Grad Križovljan
Virje Križovljansko
Ormoško jezero
Drava
Muretinci
Stojnci
Nova vas pri Markovcih
Bukovci
Grad Borl
Hrastovec
Veliki Lovrečan
Brezje Dravsko
Babinec
Cestica
Gornje Vratno
Strmec Podravski
Družbinec
182
Svibovec Podravski
Ragozno
177
Veliki Vrh
Dolane
Turški Vrh
Korenjak
Selci Križovljanski
Natkrižovljan
Radovec
Donje Vratno
Petrijanec
Majerje
Sračinec
Hrašćica
Vinica
Zelendvor
Nova Ves Petrijanečka
(173)
VARAŽDIN
Repišće
Cirkulane
Pestike
Gruškovec
Križanče
Gorenja Voća
Maršan
Gornje Ladanje
Donje Ladanje
Arboretum Opeka
Medribnik
Paradiž
Rijeka Voćanska
356
Furkov bg.
Donja Voća
Zlogonje
Donja Višnjica
Gornja Višnjica
Cvetlin
Zalužje
Mali Okić
Slivarsko
Plemenščina
Koretinec
Čalinec
Maruševec
Bikovec
Kapelec
Jurketinec
Vidovec
Cargovec
Nedeljanec
Gojanec
Zamlača
Jalkovec
Poljana
Ravna gora
Jurišina kuća
686
Vuković
Brodarovec
Vušćak
A5
E653
16°00'
16°10'
16°20'
46°30'
46°20'

HR
SLO
H
Lenti
(165)
Mumor
Lentiszombathely
Iklódbördőce
Csömödér
Páka
(167)
Rédics
Bödeháza
Zalaszombatfa
Szijártóháza
Gáborjánháza
Belsősárd
Külsősárd
Žitkovci (Zsitkóc)
Kamovci (Kámaháza)
Genterovci (Göntérháza)
Radmožanci (Radamos)
Mostje (Hidvég)
Banuta (Bánuta)
Dolga vas (Hosszúfalu)
razcep Dolga vas
Lendava (Lendva)
Lendavske gorice (Lendvahegy)
Gaberje (Gyertyános)
G. Lakoš (Alsólakos)
D. Lakoš (Felsőlakos)
Čentiba (Csente)
Lipa
Trimlini (Hármasmalom)
Dolina pri Lendavi (Völgyifalu)
Pince (Pince)
Pince Marof
Petišovci (Petesháza)
Kapca (Kapca)
Kot (Kót)
Mala Polana
Polana
Marof
Vratišnjan
Hlapičina
Mursko Središće
Benica
Gosztola
Lentihegy
Máhomfa
Lendvakecskés
Lendvadedes
Nagy-Tenke 332
326
Kerkateskánd
Szécsisziget (158)
Kútfej
Lovászi
Tornyiszentmiklós
Dobri
Tormafölde
Kerkaszentkirály
Lenti/Tornyiszentmiklós
Csörnyeföld
Szentmargitfalva
Muraszemenye
Alsószemenye
Murarátka
Letenye
Egyeduta
Bécs
Zajk
Kiscsehi
Budafapuszta
Lispeszentadorján
Bázakerettye
Lispe
Maróc
Lasztonya
Kányavár
Dömefölde
Dömeföldi-h. 313
Pördefölde
Kurjapuszta
Kámaházapuszta
Zalaszentiván
Vétyemi ősbükkös
Ortaháza
Kissziget
Hernyék
Zebecke
Csertalakos
Nápradfa
Zajda
Bárhely
Lentikápolnai major
Tagipsz.
Öveges prof.sz.háza
Csitári-erdő
Józsefhegy
Gradiščak
Kapelščak
Selnica
Donji Koncovčak
Gornji Zebanec
Zebanec Selo
Donji
Plešivica
Štrukovec
Vratišinec
Peklenica
Križovec
Miklavec
Ferketinec
Podturen
Celine
Novakovec
Gornji Kraljevec
Merhatovec
Frkanovec
Pleškovec
Zasadbreg
Žiškovec
Slemenice
Sivica
Dekanovec
Domašinec
Lopatinec
Mali Mihaljevec
Križanovec
Knezovec
Okrugli Vrh
Novo Selo Rok
Mačkovec
Vincekov breg 166
Gardinovec
Turčišće
Donji Hrašćan
Goričan (146)
Hodošan
Palinovec
Belica (163)
Brezje
Šenkovec
Mihovljan
Pribislavec
Držimurec
Palovec
Slakovec
Dunjkovec
ČAKOVEC (165)
Nedelišće
Strahoninec
Savska Ves
Mala Subotica
Donji Pustakovec
Sv.Juraj u Trnju
Čehovec
Donji Kraljevec
Hemuševec
Čukovec
Donji Mihaljevec
Stefanec
Ivanovec
Rakitje 152
Čakovec
Preloge
162
Totovec
Orehovica
Sveti Križ
Podbrest
Otok
Prelog (151)
Cirkovljan
Draškovec
Oporovec
Pušćine
Šandrovec
Vularija
Kuršanec
Gornji Kuršanec
Novo Selo na Dravi
Varaždinsko j.
Dubravsko jezero
Trnovec-Bartolovečki (164)
Šemovec
Bartolovec
Štefanec
Kučan Marof
Zbelava
Donji Kučan
Gornji Kučan
Ludbreg
Zamlaka
Čičkovina
Hrženica
Karlovec Ludbreški
Struga
Dubovica
Bukovec
Veliki
Sveti Đurđ
Sesvete Ludbreške
Kapela Podravska
Novo Selo Podravsko
Hrastovljan
Ludbreška
Priles
Obrankovec
Selnik
Sigetec Ludbreški
Slokovec
Novakovec
Vrbanovec
Martijanec
Poljanec
Jalžabet
Župa
Međimurje
Zala
Mura
Ledava
Kerka
Trnava
Drava
Bednja
Plitvica
16°30'
16°40'
46°30'
46°20'
M70 Ljubljana/Tornyiszentmiklós
Goričan
Letenye
Muraszemenye
Lendava
Pince
HAK
19
20
21
10
11

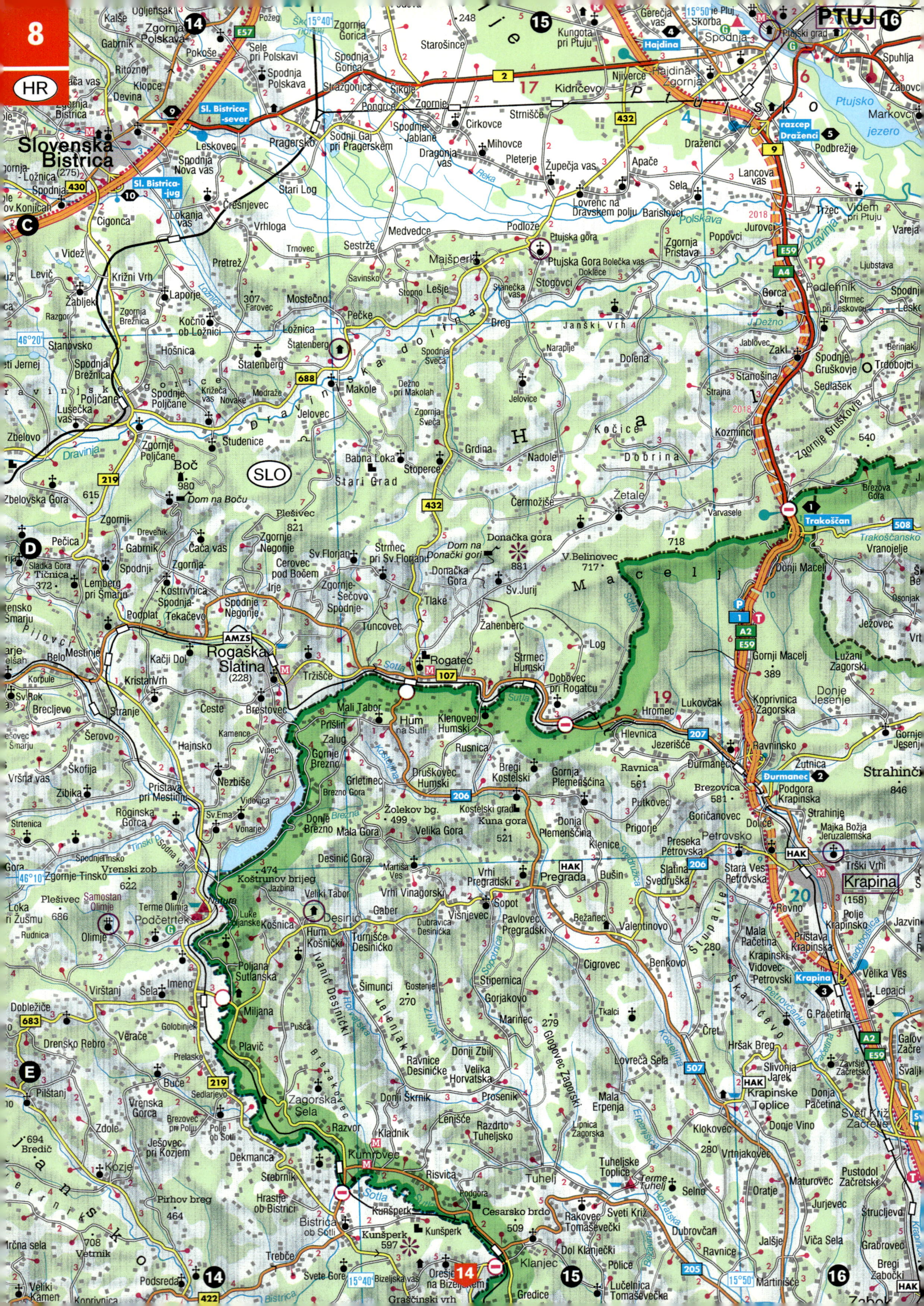
PTUJ
Slovenska Bistrica
Rogaška Slatina
Krapina
Rogatec
Poljčane
Makole
Pragersko
Kidričevo
Hajdina
Ptujsko jezero
Ptujska Gora
Majšperk
Stoperce
Boč
Dom na Boču
Donačka gora
Dom na Donački gori
Macelj
Trakoščan
Đurmanec
Pregrada
Hum na Sutli
Klanjec
Kumrovec
Desinić
Podčetrtek
Terme Olimia
Olimje
Kozje
Bistrica ob Sotli
Kunšperk
Krapinske Toplice
Zabok
Strahinčica
Sotla
Dravinja
Haloze
Ptujsko polje
Slovenske gorice
Kostel
Tuhelj
Zagorska Sela
Miljana
Hrašće
Lupinjak
Plešivec
Sl. Bistrica-sever
Sl. Bistrica-jug
razcep Draženci
SLO
HR
AMZS
HAK
E57
E59
A2
A4
14
15
16
17
19
20

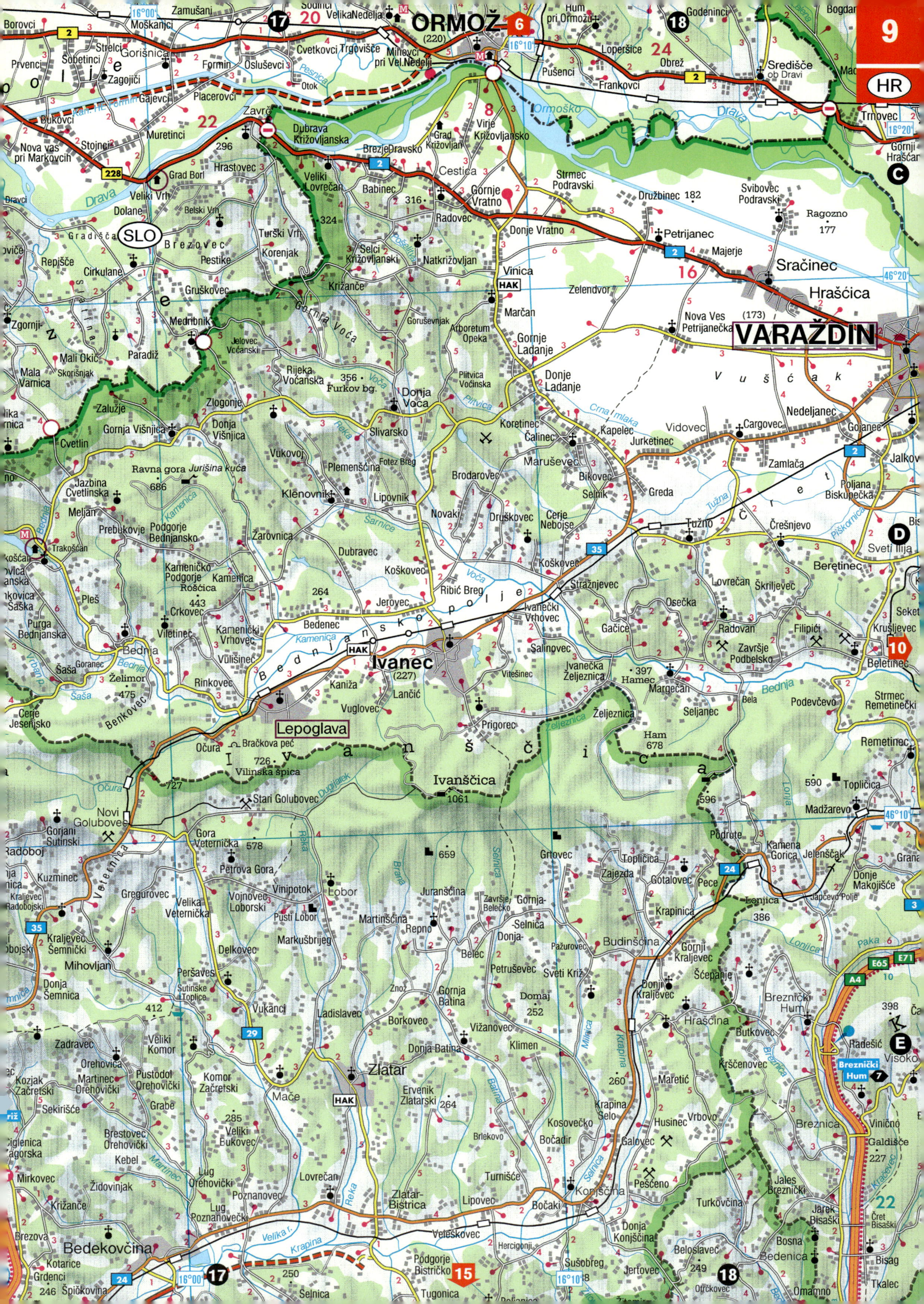
HR
SLO
ORMOŽ
Sodinci
Velika Nedelja
Zamušani
Borovci
Moškanjci
Strelci
Gorišnica
Sobetinci
Prvenci
Zagojiči
Formin
Oslušovci
Cvetkovci
Trgovišče
Mihovci pri Vel. Nedelji
Hum pri Ormožu
Godeninci
Bogdan
Loperšice
Obrež
Središče ob Dravi
Pušenci
Frankovci
Trnovec
Gornji Hraščan
Placerovci
Gajevci
Bukovci
Nova vas pri Markovcih
Stojnci
Muretini
Zavrč
Dubrava Križovljanska
Grab Križovljan
Virje Križovljansko
Brezje Dravsko
Cestica
Hrastovec
Veliki Lovrečan
Babinec
Gornje Vratno
Strmec Podravski
Družbinec 182
Svibovec Podravski
Ragozno 177
Grad Borl
Veliki Vrh
Dolane
Drava
Gradišča
Brezovec
Belski Vrh
Turški Vrh
Pestike
Korenjak
Repišče
Cirkulane
Radovec
Donje Vratno
Petrijanec
Majerje
Sračinec
Hrašćica
Selci Križovljanski
Natkrižovljan
Vinica
Križanče
Gruškovec
Zelendvor
Medribnik
Zgornji
Gornja Voća
Jelovec Voćanski
Goruševnjak
Arboretum Opeka
Marčan
Gornje Ladanje
Nova Ves Petrijanečka
VARAŽDIN
Vušćak
Mali Okič
Skorišnjak
Paradiž
Mala Varnica
Rijeka Voćanska
Furkov bg.
Plitvica Voćinska
Donje Ladanje
Donja Voća
Zaluže
Zlogonje
Gornja Višnjica
Cvetlin
Donja Višnjica
Slivarsko
Koretinec
Čalinec
Kapelec
Jurketinec
Vidovec
Cargovec
Nedeljanec
Gojanec
Vukovoj
Plemenšćina
Fotez Breg
Maruševec
Bikovec
Greda
Zamlača
Poljana Biškupečka
Jalkov
Jazbina Cvetlinska
Ravna gora
Jurišina kuća
Klenovnik
Lipovnik
Brodarovec
Selnik
Meljan
Prebukovje
Podgorje Bednjansko
Novaki
Druškovec
Cerje Nebojse
Tužno
Črešnjevo
Čret
Sveti Ilija
Trakošćan
Žarovnica
Dubravec
Koškovec
Kamenica
Kameničko Podgorje
Rošćica
Voća
Ribić Breg
Straženjevec
Lovrečan
Škriljevec
Beretinec
Pleš
Crkovec
Jerovec
Bednjansko polje
Ivanečki Vrhovec
Osečka
Seketin
Purga Bednjanska
Viletinec
Kamenički Vrhovec
Bedenec
Gačice
Radovan
Filipići
Kruševec
Bednja
Šaša
Goranec
Želimor
Vulišinec
Rinkovec
Ivanec
Salinovec
Ivanečka Železnica
Hamec
Margečan
Završje Podbelsko
Beletinec
Benkovec
Kaniža
Lančić
Vitešinec
Seljanec
Bela
Podevčevo
Strmec Remetinečki
Cerje Jesenjsko
Lepoglava
Vuglovec
Prigorec
Železnica
Ham 678
Remetinec
Očura
Bračkova peć
Vilinska špica
Ivanščica
Topličica
Madžarevo
Novi Golubovec
Stari Golubovec
Podrute
Gorjani Sutinski
Radoboj
Gora Veternička
Grtovec
Topličica
Zajezda
Gotalovec
Pece
Kamena Gorica
Jelenščak
Donje Makojišće
Kuzminec
Petrova Gora
Lobor
Juranšćina
Završje Belečko
Gornja Selnica
Lonjica
Japčevo Polje
Kraljevec Radobojski
Gregurovec
Velika Veternička
Vojnovec Loborski
Vinipotok
Pusti Lobor
Martinšćina
Repno
Krapinica
Kraljevec Šemnički
Mihovljan
Markušbrijeg
Delkovec
Donja Selnica
Belec
Pažurovec
Budinšćina
Gornji Kraljevec
Šćepanje
Donja Šemnica
Peršaves
Sutinske Toplice
Gornja Batina
Petruševec
Sveti Križ
Domaj
Donji Kraljevec
Breznički Hum
Vukanci
Ladislavec
Borkovec
Višanovec
Hrašćina
Butkovec
Zadravec
Veliki Komor
Donja Batina
Klimen
Radešić
Visoko
Orehovica
Martinec Orehovički
Pustodol Orehovički
Komor Začretski
Zlatar
Maretić
Kršćenovec
Brezničko
Kozjak Začretski
Sekirišće
Grabe
Mače
Ervenik Zlatarski
Krapina Selo
Veliki Bukovec
Brestovec Orehovički
Kosovečko
Bočadir
Husinec
Vrbovo
Breznica
Viničnо
Galdišće
Jalovec
Kebel
Brlekovo
Galovec
Mirkovec
Lug Orehovički
Židovinjak
Lovrečan
Turnišće
Pešćeno
Jales Breznički
Križanče
Poznanovec
Zlatar-Bistrica
Lipovec
Bočaki
Konjšćina
Turkovčina
Jarek Bisaški
Čret Bisaški
Brezova
Lug Poznanovečki
Veleškovec
Donja Konjšćina
Bosna
Bedenica
Bedekovčina
Krapina
Hercigonji
Beloslavec
Kotarice
Grdenci
Podgorje Bistričko
Sušobreg
Jertovec
Bisag
Šelnica
Tugonica
Otrčkovec
Omamno
Tkalec
Špičkovina
HAK
Brezn. Hum

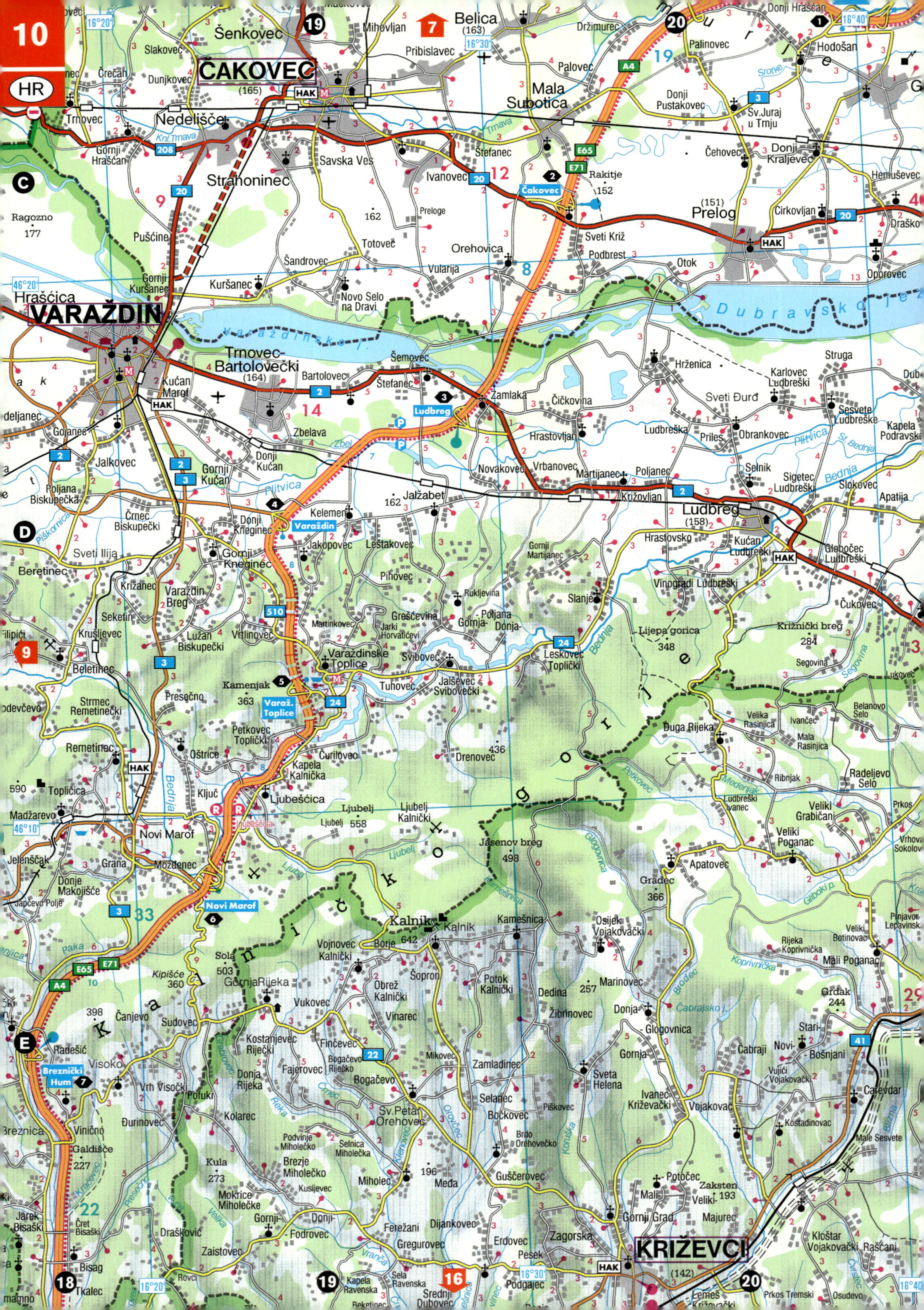
HR
Čakovec
(165)
Šenkovec
Mihovljan
Belica
(163)
Držimurec
Palinovec
Donji Hrašćan
Hodošan
Slakovec
Dunjkovec
Pribislavec
Palovec
Mala Subotica
Donji Pustakovec
Sv. Juraj u Trnju
Trnovec
Nedelišće
Gornji Hrašćan
Strahoninec
Savska Ves
Štefanec
Ivanovec
Rakitje
152
Čehovec
Donji Kraljevec
Hemuševec
Ragozno
177
Pušćine
162
Preloge
Totovec
Orehovica
Sveti Križ
Podbrest
(151)
Prelog
Cirkovljan
Draško
Šandrovec
Vularija
Otok
Oporovec
Gornji Kuršanec
Kuršanec
Novo Selo na Dravi
Hrašćica
VARAŽDIN
Varaždinsko j.
Dubravsko j.
Trnovec-Bartolovečki
(164)
Bartolovec
Šemovec
Štefanec
Zamlaka
Čičkovina
Hrženica
Karlovec Ludbreški
Struga
Sveti Đurđ
Sesvete Ludbreške
Kapela Podravska
Kučan Marof
Zbelava
Ludbreg
Hrastovljan
Ludbreška
Priles
Obrankovec
Plitvica
Bednja
Gojanec
Jalkovec
Gornji Kučan
Donji Kučan
Novakovec
Vrbanovec
Martijanec
Poljanec
Selnik
Sigetec Ludbreški
Slokovec
Apatija
Poljana Biskupečka
Črnec Biskupečki
Donji Kneginec
Kelemen
162
Jalžabet
Križovljan
Ludbreg
(158)
Hrastovsko
Kučan Ludbreški
Globočec Ludbreški
Sveti Ilija
Beretinec
Gornji Kneginec
Jakopovec
Leštakovec
Gornji Martijanec
Pihovec
Vinogradi Ludbreški
Slanje
Čukovec
Križanec
Varaždin Breg
Rukljevina
Seketin
Lužan Biskupečki
Martinkovec
Greščevina
Gornja-Poljana
Donja-
Lijepa gorica
348
Križnički breg
284
Kruščjevec
Vidinovec
Jarki Horvatićevi
Beletinec
Varaždinske Toplice
Svibovec
Leskovec Toplički
Segovina
Strmec Remetinečki
Presečno
Kamenjak
363
Tuhovec
Jalševec Svibovečki
Petkovec Toplički
Duga Rijeka
Velika Rasinjica
Ivančec
Belanovo Selo
Remetinec
Oštrice
Čurilovec
Kapela Kalnička
Drenovec
436
Mala Rasinjica
590
Toplička
Ključ
Ljubešćica
Ribnjak
Radeljevo Selo
Madžarevo
Ljubelj
558
Ljubelj Kalnički
Ludbreški Ivanec
Veliki Grabičani
Novi Marof
Veliki Poganac
Jelenščak
Grana
Možđenec
Jasenov breg
498
Apatovec
Donje Makojišće
Japcevo Polje
Gradec
366
Kalnik
642
Kamešnica
Osijek Vojakovački
Veliki Botinovac
Sola
503
Vojnovec Kalnički
Borje
Rijeka Koprivnička
Mali Poganac
Kipišće
360
Gornja Rijeka
Obrež Kalnički
Šopron
Potok Kalnički
Dedina
257
Marinovec
Grdak
244
398
Čanjevo
Sudovec
Vukovec
Vinarec
Žibrinovec
Donja
Glogovnica
Stari-Bosnjani
Radešić
Kostanjevec Riječki
Finčevec
Novi-
Visoko
Fajerovec
Bogačevo Riječko
Mikovec
Zamladinec
Sveta Helena
Gornja
Čabraji
Vujići Vojakovački
Breznički Hum
Vrh Visočki
Donja Rijeka
Bogačevo
Carevdar
Pofuki
Sv. Petar Orehovec
Selanec
Ivanec Križevački
Vojakovac
Breznica
Viničnо
Đurinovec
Kolarec
Bočkovec
Piškovec
Kostadinovac
Galdišće
227
Podvinje Miholečko
Selnica Miholečka
Brdo Orehovečko
Male Sesvete
Kula
273
Brezje Miholečko
196
Miholec
Meda
Guščerovec
Potočec
Kusijevec
Zaksten
193
Mokrice Miholečke
Mali-
Veliki-
Jarek Bisaški
Čret Bisaški
Gornji-
Donji-
Fodrovec
Gornji Grad
Majurec
Draškovič
Ferežani
Dijankovec
Zagorska
Križevci
(142)
Erdovec
Kloštar Vojakovački
Rašćani
Zaistovec
Gregurovec
Pesek
Bisag
Tkalec
Kapela Ravenska
Sela Ravenska
Sredinji Dubovec
Podgajec
Lemeš Križevački
Prkos Tremski
Osudevo
Ludbreg
Varaždin
Varaž. Toplice
Novi Marof
Čakovec
Kalnička gora
Međimurje
Topličica
Bednja
Plitvica
Glogovnica
Koprivnica
Segovina
Medenjak
Petkovec
Kamešnica
Trnava
A4
E65
E71
HAK
16°20'
16°30'
16°40'
46°20'
46°10'

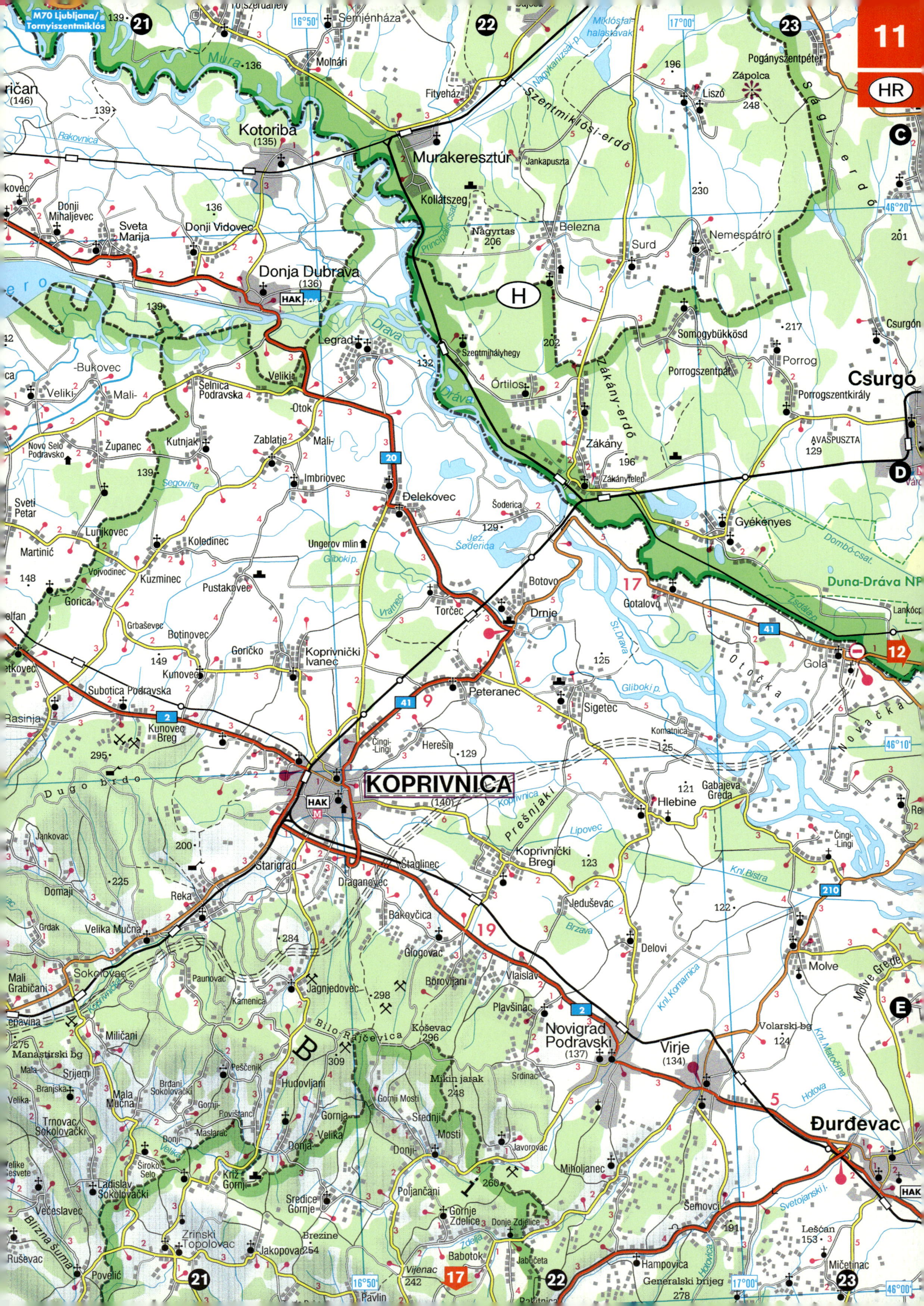
M70 Ljubljana/ Tornyiszentmiklós
Semjénháza
Molnári
Mura
Kotoriba
(135)
Murakeresztúr
Fityeház
Szentmiklósi-erdő
Pogányszentpéter
Zápolca
Liszó
Sagi erdő
Kollátszeg
Jankapuszta
Donji Mihaljevec
Sveta Marija
Donji Vidovec
Donja Dubrava
(136)
HAK
Nagyrtas
Belezna
Surd
Nemespátró
Csurgó
Legrad
Drava
Szentmihályhegy
Őrtilos
Somogybükkösd
Porrogszentpál
Porrog
Porrogszentkirály
Zákány-erdő
Zákány
Zákányfelep
AVASPUSZTA
Gyékényes
Duna-Dráva NP
Bukovec
Veliki
Mali
Šelnica Podravska
Otok
Novo Selo Podravsko
Županec
Kutnjak
Zablatje
Imbriovec
Segovina
Sveti Petar
Lunjkovec
Martinić
Koledinec
Ungerov mlin
Đelekovec
Šoderica
Jez. Šoderica
Gliboki p.
Botovo
Gotalovo
Drnje
Torčec
Vratnec
Vojvodinec
Kuzminec
Pustakovec
Gorica
Grbaševec
Botinovec
Goričko
Koprivnički Ivanec
Kunovec
Subotica Podravska
Kunovec Breg
Rasinja
Peteranec
Sigetec
Gliboki p.
Otočka
Gola
Novačka
Komatnica
Heréšin
Čingi-Lingi
Dugo brdo
KOPRIVNICA
(140)
Prešnjaki
Koprivnica
Lipovec
Hlebine
Gabajeva Greda
Kopnivnički Bregi
Jankovac
Starigrad
Štaglinec
Draganovec
Domaji
Reka
Jeduševac
Brzava
Knl. Bistra
Grdak
Velika Mučna
Bakovčica
Glogovac
Delovi
Molve
Molve Grede
Sokolovac
Mali Grabičani
Paunovac
Jagnjedovec
Borovljani
Vlaislav
Kamenica
Plavšinac
Novigrad Podravski
(137)
Virje
(134)
Volarski bg
Bilo Rajčevica
Koševac
Miličani
Manastirski bg
Srijem
Pešćenik
Hudovljani
Mikin jarak
Srdinac
Đurđevac
Hotova
Mala Mučna
Brdani Sokolovački
Gornji Mosti
Gornja Velika
Srednji Mosti
Donji Mosti
Javorovac
Trnovac Sokolovački
Maslarac
Donja Velika
Mihoijanec
Široko Selo
Križ Gornji
Ladislav Sokolovački
Večeslavec
Sredice Gornje
Poljančani
Gornje Zdelice
Donje Zdjelice
Šemovci
Svetojanski j.
Lešćan
Bližna šuma
Zrinski Topolovac
Brezine
Jakopovac
Babotok
Hampovica
Generalski brijeg
Mičetinac
Ruševac
Povelić
Vijenac
Pavlin
Jabučeta
HAK

12
HR
Pádpuszta
Iharosberény
Iharos
Mahomoki-erdő
Jolántapuszta
Darvaspuszta
Kaszó
Balata-tó TT
Szentai-erdő
Csicsópuszta
Somogycsicsó
Csurgónagymarton
Porrogszentkirály
Avaspuszta
Csurgó
Városi Múz.
Szenta
Bolhás
Nagybarátipuszta
Segesd
Felsősegesd
Lászlómajor
Kozmapuszta
Felsőbogátpuszta
Bertalanpuszta
Beleg
Somogyszob
Ötvöskónyi
Jánosmajor
Henész
NAGYATÁD
Szentlászlópuszta
Dobrögpuszta
Hókamalom
Bodvica
Újkútpuszta
Erzsébetpuszta
Kispuszta
Kivadár
Taranyi-Rinya
Görösdi-halastavak
Felsőgóla
Tarany
Alsógóla
Berzence
Dombó-csat.
Duna-Dráva NP
Lankócpuszta
Gola
Homok-hegy
Nagy-erdő
Somogyudvarhely
Pepelara
Novačka
Ždala
Repaš
Štvanja
Telek
Čingi-Lingi
Bélavár
Rinya-szentkirály
Görgeteg
Bakháza
Gyógyfürdő
Háromfa
Rinyaújlak
Rinyaújnép
Drava
Vízvár
Újtelep
Molve
Molve Grede
Medvedička
Novo Virje
Drenovica
Grkine
Severovci
Ferdinandovac
Hereszyne
Somogyaracs
Erdőcs
Ereg-hegy
Babócsa
Basa kert
Bolhó
Hlادna Voda
Bistra
Hrastje
Štorgač
Đurđevac
HAK
Batinske
Čivičevac
Kalinovac
Molvice
Brodić
Komlósd
Péterhida
Aracsi-domb
Lešćan
Mičetinac
Podravske Sesvete
Hotova
Krl. Maročina
17°10'
17°20'
46°20'
46°10'
46°00'
E661
681
210

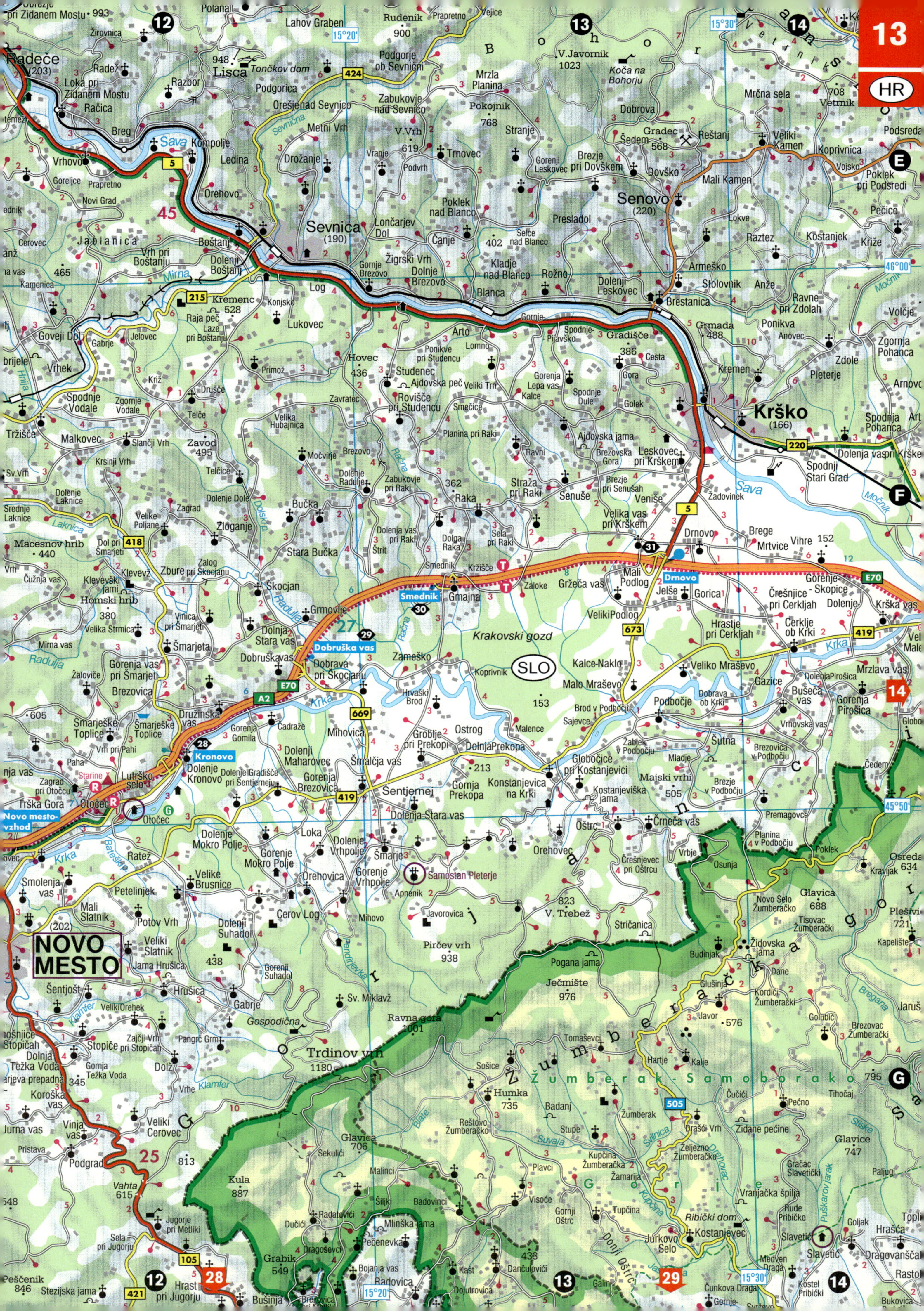
Radeče
Lisca
Sevnica
Senovo
Krško
Brestanica
Sava
Krka
Mirna
Jablanica
Boštanj
Kompolje
Ledina
Tržišče
Malkovec
Bučka
Škocjan
Šmarjeta
Šmarješke Toplice
Dobruška vas
Smednik
Drnovo
Veliki Podlog
Kostanjevica na Krki
Šentjernej
Otočec
Kronovo
NOVO MESTO
Novo mesto-vzhod
Krakovski gozd
SLO
Samostan Pleterje
Trdinov vrh
Žumberak-Samoborsko gorje
Gorjanci
Ravna gora
Ječmište
Sošice
Humka
Kostanjevac
Slavetić
Podgrad
Vahta
Stopiče
Gabrje
Orehovec
Prekopa
Zdole
Pleterje
Cerklje ob Krki
Veliko Mraševo
Bizeljsko
E70
A2

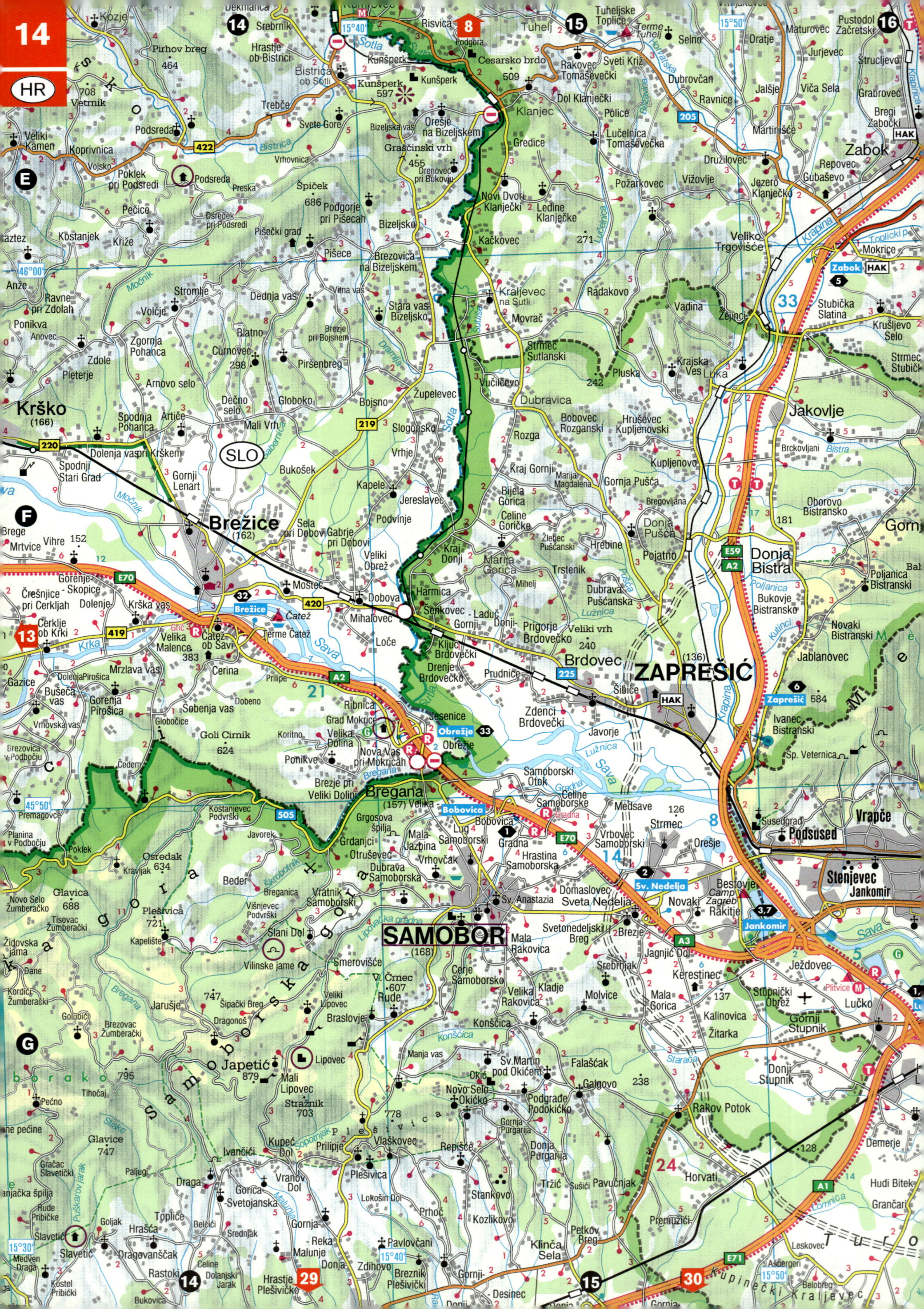
Krško
Brežice
SLO
Samobor
Zaprešić
Zabok
Klanjec
Kumrovec
Risvica
Tuhelj
Terme Tuhelj
Pustodol Začretski
Kozje
Pirhov breg
Podsreda
Koprivnica
Veliki Kamen
Kostanjek
Bistrica ob Sotli
Kunšperk
Cesarsko brdo
Dol Klanječki
Bizeljsko
Novi Dvori Klanječki
Kačkovec
Pišece
Brezovica na Bizeljskem
Kraljevec na Sutli
Pluska
Vadina
Žeinci
Veliko Trgovišće
Jakovlje
Donja Bistra
Gornja Pušća
Donja Pušća
Pojatno
Hrebine
Dubravica
Rozga
Bobovec Rozganski
Hruševec Kupljenovski
Kupljenovo
Oborovo Bistransko
Bukovje Bistransko
Poljanica Bistranska
Novaki Bistranski
Jablanovec
Ivanec Bistranski
Brdovec
Prigorje Brdovečko
Šibice
Harmica
Laduč
Kraj Donji
Dobova
Mihalovec
Mostec
Čatež
Terme Čatež
Čatež ob Savi
Cerklje ob Krki
Krška vas
Velika Malence
Cerina
Sobenja vas
Goli Cirnik
Ribnica
Obrežje
Jesenice
Bregana
Grdanjci
Otruševec
Dubrava Samoborska
Mala Rakovica
Cerje Samoborsko
Konšćica
Sv. Martin pod Okićem
Novo Selo Okićko
Podgrade Podokićko
Galgovo
Falašćak
Rakov Potok
Kerestinec
Mala Gorica
Kalinovica
Žitarka
Donji Stupnik
Gornji Stupnik
Lučko
Ježdovec
Jankomir
Stenjevec
Podsused
Vrapče
Sveta Nedelja
Sv. Nedelja
Strmec
Orešje
Novaki
Rakitje
Bestovje
Samoborski Otok
Celine Samoborske
Bobovica
Gradna
Hrastina Samoborska
Rude
Smerovišće
Braslovje
Lipovec
Japetić
Šipački Breg
Slani Dol
Vilinske jame
Plešivica
Vlaskovec
Prilipje
Kupeć Dol
Ivančići
Gorica Svetojanska
Hrašća
Slavetić
Rastoki
Dragovanšćak
Hrastje Plešivičko
Zdihovo
Breznik Plešivički
Pavlovčani
Klinča Sela
Kozlikovo
Stankovo
Repišće
Donja Purgarija
Pavučnjak
Hudi Bitek
Grančari
Demerje
Horvati
Premužići
Leskovec
Desinec
Žumberak
Samoborska gora
Plešivica
Sava
Sutla
Krka
Krapina
A2
A3
A1
E70
E59
E71
205
225
220
419
420
422
505
219
15°40'
15°30'
15°50'
46°00'
45°50'
8
13
14
15
16
24
29
30
33

ZAGREB
VELIKA GORICA
Dugo Selo
Sesvete
Dubrava
Maksimir
Pešćenica
Trešnjevka
Trnje
Jarun
Novi Zagreb
Žitnjak
Črnomerec
Bedekovčina
Oroslavje
Donja Stubica
Stubičke Toplice
Gornja Stubica
Marija Bistrica
Zlatar-Bistrica
Donja Konjšćina
Konjšćina
Sv. Ivan Zelina
Sljeme
Markuševac
Šestine
Granešina
Kašina
Vugrovec
Popovec
Kraljevečki Novaki
Ivanja Reka
Sveta Helena
Vrhovec
Rugvica
Jakuševec
Odra-Mlaka
V. Gorica-s.
V. Gorica-jug
Kosnica
Bistra
Mikulići
Zavrtnica
Lukavec
Pisana bukva
Park prirode Medvednica
Turopolje
Sava
Krapina
Lonja
E65
E70
E71
A3
A4
16°00
16°10
45°50
45°40
46°00
9
15
16
17
18
30
31

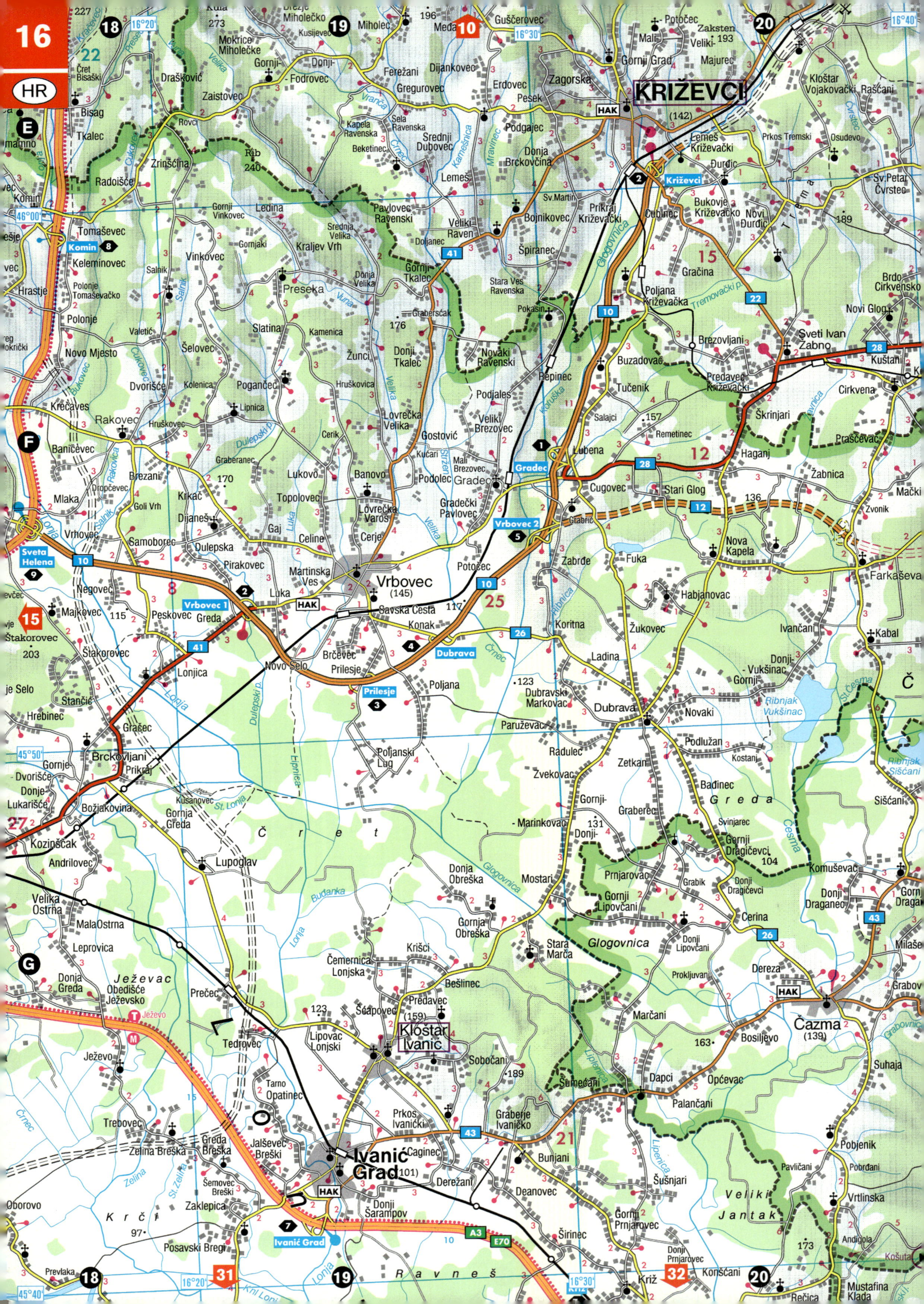
HR
KRIŽEVCI
(142)
Vrbovec
(145)
Čazma
(139)
Ivanić Grad
(101)
Kloštar Ivanić
(159)
Dubrava
Gradec
Sveti Ivan Žabno
Farkaševac
Brckovljani
Rakovec
Sveta Helena
Komin
Vrbovec 1
Vrbovec 2
Dubrava
Prilesje
Križevci
Ivanić Grad
Lubena
Cugovec
Stari Glog
Haganj
Žabnica
Novaki
Zetkan
Glogovnica
Lupoglav
Tedrovec
Prečec
Graberje Ivaničko
Bunjani
Deanovec
Šarampov
Posavski Bregi
Zaklepica
Trebovec
Ježevo
Leprovica
Andrilovec
Kozinščak
Božjakovina
Gornja Greda
Luka
Martinska Ves
Peskovec
Greda
Lonjica
Novo Selo
Poljana
Konak
Savska Cesta
Potočec
Koritna
Ladina
Žukovec
Habjanovac
Fuka
Zabrđe
Nova Kapela
Kabal
Ivančani
Buzadovac
Tučenik
Remetinec
Škrinjari
Cirkvena
Kuštani
Prašćevac
Mački
Zvonik
Predavec Križevački
Brezovljani
Poljana Križevačka
Gračina
Lemeš Križevački
Đurđic
Bukovje Križevačko
Novi Đurđic
Cubinec
Prikraj Križevački
Bojnikovec
Špiranec
Veliki Raven
Gornji Tkalec
Donji Tkalec
Novaki Ravenski
Repinec
Podjales
Veliki Brezovec
Gostović
Lovrečka Velika
Lovrečka Varoš
Banovo
Cerje
Celine
Gaj
Topolovec
Lukovo
Krkač
Dijaneš
Samoborec
Dulepska
Pirakovec
Brezani
Mlaka
Baničevec
Krečaves
Dvorišće
Novo Mjesto
Polonje
Hrastje
Keleminovec
Tomaševec
Radoišće
Zrinščina
Tkalec
Bisag
Draškovič
Zaistovec
Fodrovec
Gornji Grad
Zagorska
Mali
Veliki
Majurec
Potočec
Zaksten
Kloštar Vojakovački
Rašćani
Prkos Tremski
Osudevo
Sv.Petar Čvrsteo
Brdo Cirkvensko
Novi Glog
Lemeš
Podgajec
Pesek
Erdovec
Dijankovec
Gregurovec
Ferežani
Miholec
Meda
Guščerovec
Majkovec
Šakorovec
Negovec
Štakorovec
Stančić
Hrebinec
Gračec
Gornje Dvorišće
Donje Lukarišće
Velika Ostrna
MalaOstrna
Donja Greda
Ježevac
Obedišće Ježevsko
Lipovac Lonjski
Čemernica Lonjska
Krišci
Bešlinec
Predavec
Sobočani
Prkos Ivanički
Caginec
Derežani
Jalševec Breški
Tarno
Opatinec
Zelina Breška
Greda Breška
Šemovec Breški
Oborovo
Krči
Prevlaka
Ravneš
Veliki Jantak
Širinec
Gornji Prnjarovec
Donji Prnjarovec
Križ
Konščani
Rečica
Mustafina Klada
Vrtlinska
Andigola
Pobjenik
Pavličani
Suhaja
Bosiljevo
Dapci
Opčevac
Palančani
Šumećani
Marčani
Dereza
Prokljuvani
Cerina
Donji Lipovčani
Gornji Lipovčani
Prnjarovac
Stara Marča
Mostari
Gornja Obreška
Donja Obreška
Marinkovac
Zvekovac
Radulec
Paruževac
Dubravski Markovac
Podlužan
Badinec
Gornji Dragičevci
Donji Dragičevci
Komuševac
Donji Draganec
Siščani
Ribnjak Vukšinac
Poljanski Lug
Čret
Greda
Česma
Lonja
Zelina
Črnec
HAK
Ježevo
Ivanić Grad
A3
E70
16°20'
16°30'
16°40'
45°40'
45°50'
46°00'
18
19
20
10
31
32
15
27
E
F
G

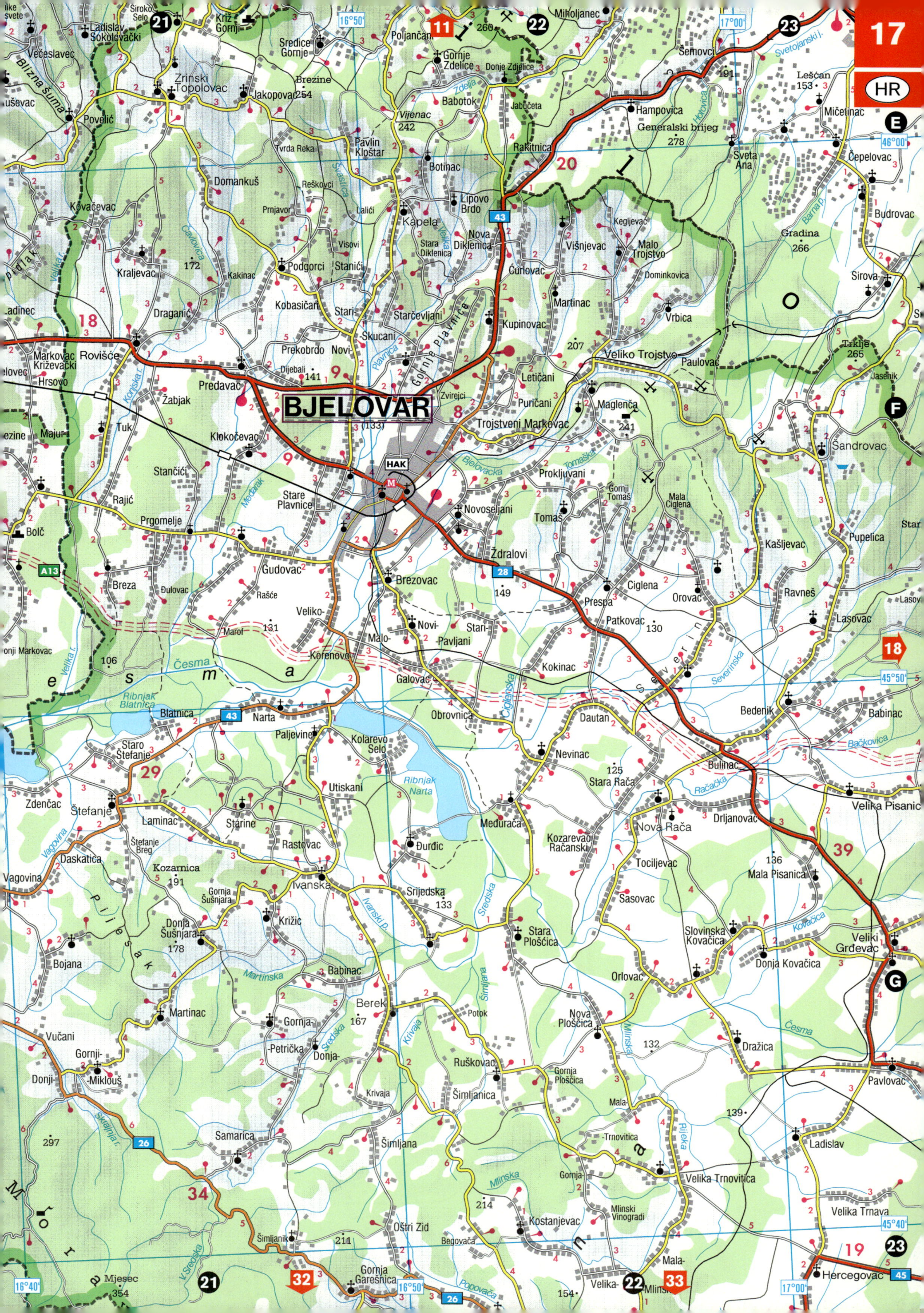
BJELOVAR
HAK
Ladislav Sokolovački
Sredice Gornje
Poljančani
Gornje Zdelice
Donje Zdjelice
Miholjanec
Semovci
Lešćan
Večeslavec
Zrinski Topolovac
Jakopovac
Brezine
Babotok
Jabučeta
Hampovica
Mičetinac
Povelić
Vijenac
Pavlin Kloštar
Tvrda Reka
Rakitnica
Generalski brijeg
Sveta Ana
Čepelovac
Domankuš
Reškovci
Botinac
Lipovo Brdo
Kovačevac
Prnjavor
Kapela
Stara Diklenica
Nova Diklenica
Višnjevac
Kegljevac
Malo Trojstvo
Gradina
Budrovac
Kraljevac
Kakinac
Podgorci
Stanići
Ćurlovac
Dominkovica
Sirova
Draganić
Kobasičari
Stari
Starčevljani
Gornje Plavnice
Martinac
Vrbica
Kupinovac
Markovac Križevački
Rovišće
Hrsovo
Prekobrdo
Novi
Skucani
Veliko Trojstvo
Paulovac
Trklje
Jasenik
Predavac
Dijebali
Žabjak
Letičani
Puričani
Zvirejci
Maglenča
Tuk
Klokočevac
Trojstveni Markovac
Šandrovac
Majur
Stančići
Prokljuvani
Gornji Tomaš
Mala Ciglena
Rajić
Stare Plavnice
Novoseljani
Tomaš
Prgomelje
Bolč
Kašljevac
Pupelica
Ždralovi
Gudovac
Breza
Đulovac
Brezovac
Rašće
Prespa
Ciglena
Orovac
Ravneš
Lasovac
Veliko
Novi
Stari Pavljani
Patkovac
Maroi
Malo Korenovo
Kokinac
Galovac
Česma
Ribnjak Blatnica
Blatnica
Narta
Obrovnica
Dautan
Bedenik
Babinac
Staro Štefanje
Paljevine
Kolarevo Selo
Nevinac
Stara Rača
Bulinac
Zdenčac
Štefanje
Utiskani
Ribnjak Narta
Nova Rača
Drljanovac
Velika Pisanica
Laminac
Starine
Međurača
Kozarevac Račanski
Daskatica
Štefanje Breg
Rastovac
Đurđic
Tociljevac
Mala Pisanica
Vagovina
Kozarnica
Gornja Šušnjara
Ivanska
Srijedska
Sasovac
Donja Šušnjara
Križic
Stara Ploščica
Slovinska Kovačica
Veliki Grđevac
Bojana
Donja Kovačica
Babinac
Orlovac
Martinac
Berek
Potok
Nova Ploščica
Gornja
Vučani
Gornji Miklouš
Donji
Petrička
Donja
Dražica
Krivaja
Ruškovac
Gornja Ploščica
Šimljanica
Mala
Pavlovac
Samarica
Šimljana
Trnovitica
Ladislav
Velika Trnovitica
Gornja
Kostanjevac
Mlinski Vinogradi
Velika Trnava
Šimljanik
Oštri Zid
Begovača
Mala
Mjesec
Gornja Garešnica
Velika
Mlinski
Hercegovac
Moravica
Česma
Bjelovacka
Severinska
Račačka
Kovačica
Bačkovica
Mlinska
Ilova
Pijesak
Moslavačka gora
Bilogora
A13
43
28
26
45
11
17°00'
16°50'
16°40'
46°00'
45°50'
45°40'
18
19
20
21
22
23
29
32
33
34
39
E
F
G

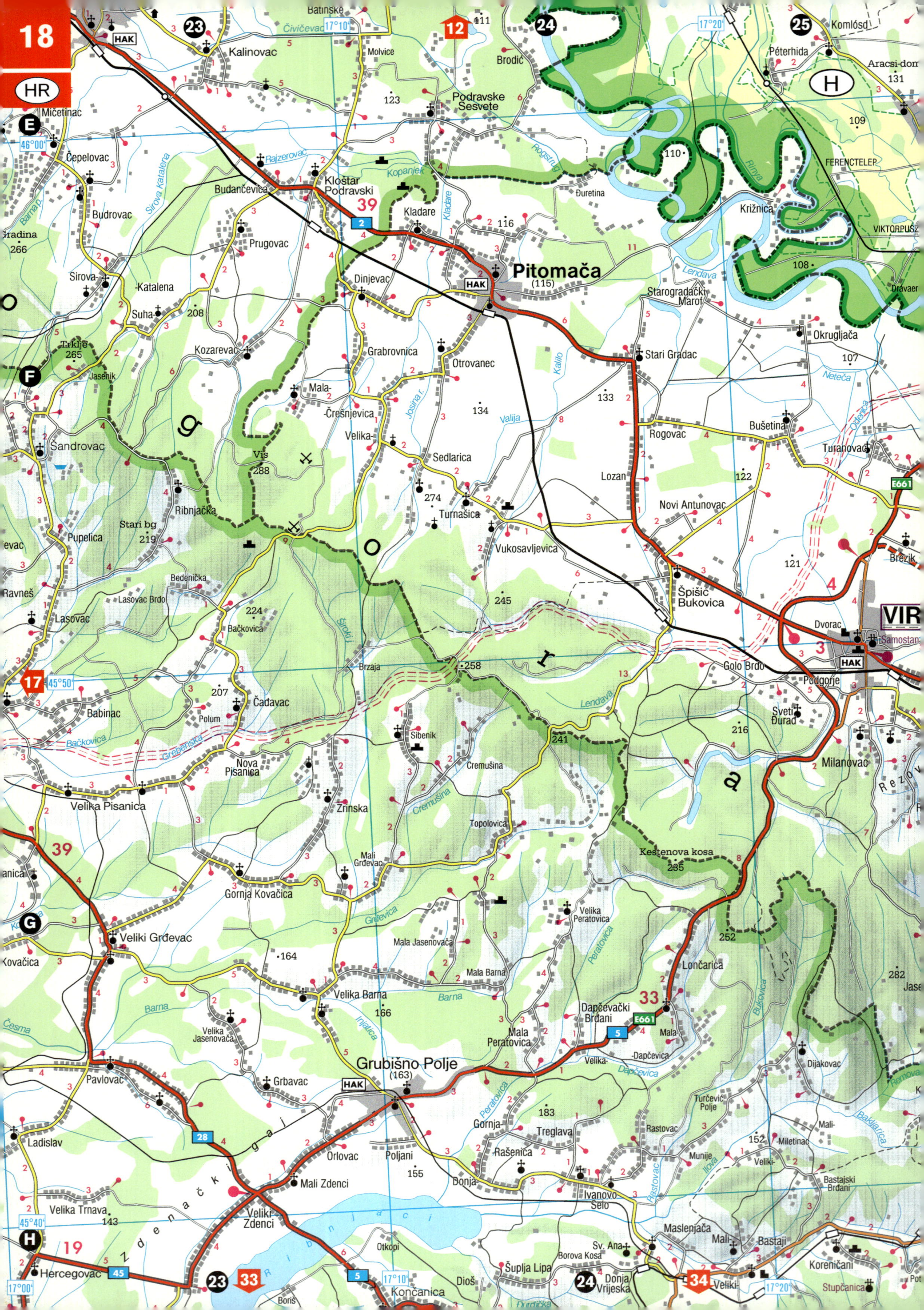

18
HR
Kalinovac
Batinske
Čivičevac
Molvice
Brodić
Podravske Sesvete
Komlósd
Péterhida
Aracsi-dom
H
Mičetinac
Čepelovac
Budančevica
Kloštar Podravski
Kladare
Pitomača
Budrovac
Prugovac
Dinjevac
Starogradački Marof
Sirova Katalena
Suha Katalena
Kozarevac
Grabrovnica
Otrovanec
Stari Gradac
Okrugljača
Ferencetelep
Križnica
Viktorpusz
Drávaer
Trklje
Jasenik
Šandrovac
Mala Črešnjevica
Velika Črešnjevica
Sedlarica
Rogovac
Bušetina
Turanovac
Lozan
Vis
Ribnjačka
Stari bg
Pupelica
Turnašica
Vukosavljevica
Novi Antunovac
Brezik
Špišić Bukovica
Bedenička
Lasovac Brdo
Bačkovica
Lasovac
Ravneš
Dvorac
VIR
Samostan
Golo Brdo
Podgorje
Brzaja
Babinac
Polum
Čadavac
Šibenik
Sveti Đurađ
Milanovac
Nova Pisanica
Cremušina
Velika Pisanica
Zrinska
Topolovica
Mali Grđevac
Kestenova kosa
Gornja Kovačica
Veliki Grđevac
Velika Peratovica
Mala Jasenovača
Mala Barna
Lončarica
Velika Barna
Velika Jasenovača
Dapčevački Brdani
Mala Peratovica
Mala Dapčevica
Velika Dapčevica
Grubišno Polje
Pavlovac
Grbavac
Dijakovac
Gornja Rašenica
Treglava
Turčević Polje
Rastovac
Ladislav
Orlovac
Poljani
Mali Zdenci
Donja Rašenica
Ivanovo Selo
Munije
Miletinac
Bastajski Brđani
Velika Trnava
Veliki Zdenci
Maslenjača
Mali Bastaji
Koreničani
Hercegovac
Otkopi
Sv. Ana
Borova Kosa
Šuplja Lipa
Donja Vrijeska
Veliki Bastaji
Stupčanica
Končanica
Dioš
Boris
Bilogora
Zdenački gaj
Ribnjaci

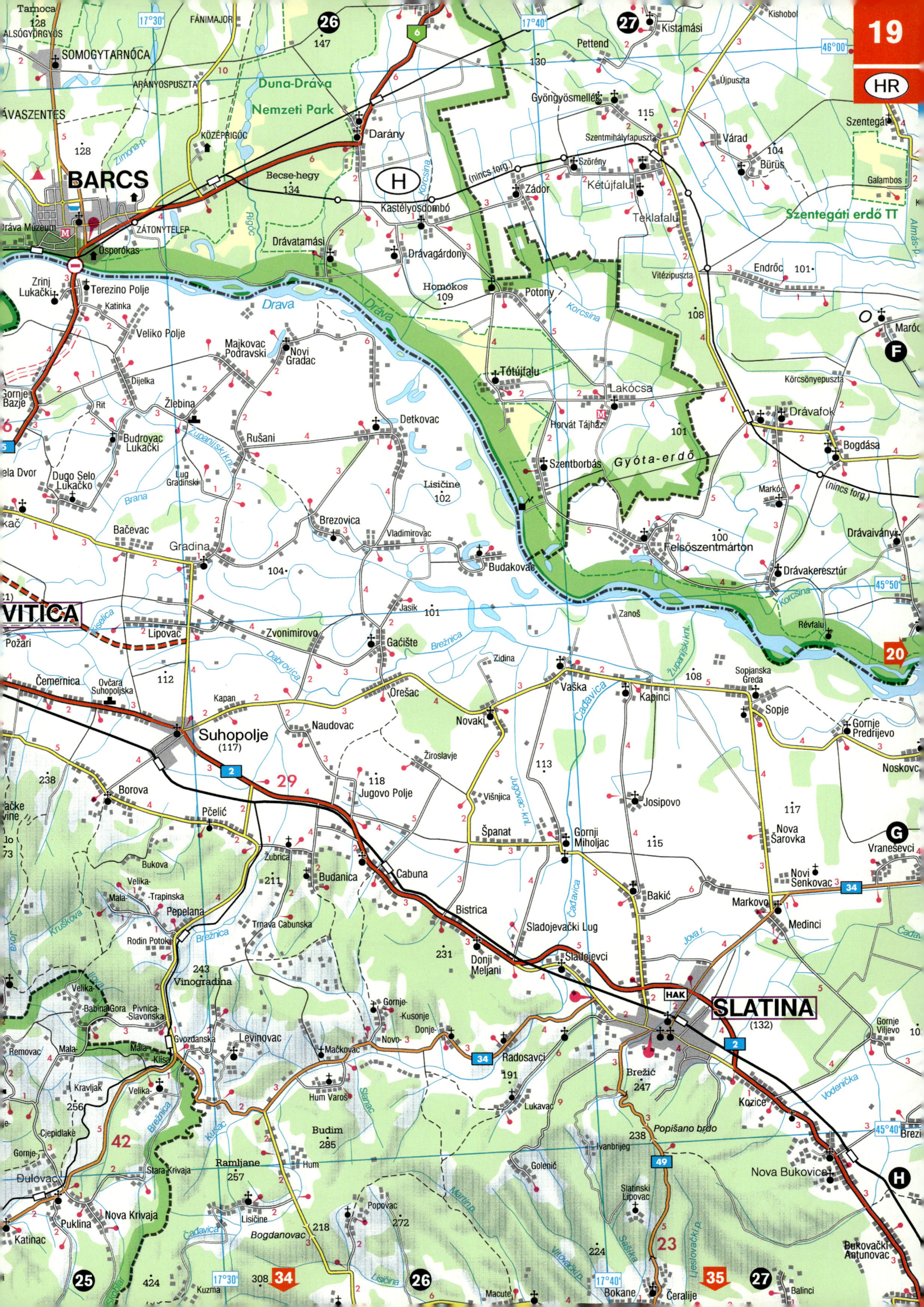
HR
BARCS
SLATINA
(132)
SOMOGYTARNÓCA
ALSÓGYÖRGYÖS
Tarnóca
ÁVASZENTES
ARANYOSPUSZTA
FÁNIMAJOR
Duna-Dráva
Nemzeti Park
KÖZÉPRIGÓC
Darány
Becse-hegy
134
ZÁTONYTELEP
Dráva Múzeum
Ósporókás
Drávatamási
Kastélyosdombó
Drávagárdony
Homokos
109
Potony
Pettend
Kistamási
Kishobol
Újpuszta
Gyöngyösmellék
Szentmihályfapuszta
Szörény
Zádor
Kétújfalu
Teklafalu
(nincs forg.)
Várad
Bürüs
Szentegát
Galambos
Szentegáti erdő TT
Endrőc
Vitézipuszta
Korcsina
Tótújfalu
Lakócsa
Horvát Tájház
Szentborbás
Gyóta-erdő
Felsőszentmárton
Drávakeresztúr
Drávaiványi
Drávafok
Bogdása
Markóc
Kőrcsönyepuszta
Révfalu
Maróc
Drava
Dráva
Zrinj Lukački
Terezino Polje
Katinka
Veliko Polje
Majkovac Podravski
Novi Gradac
Dijelka
Rit
Žlebina
Gornje Bazje
Budrovac Lukački
Rušani
Detkovac
Dugo Selo Lukačko
Lug Gradinski
Brana
Županijski kn.
Lisičine
102
Brezovica
Vladimirovac
Budakovac
Bačevac
Gradina
104
VIRVITICA
Lipovac
Požari
Zvonimirovo
Jasik
101
Gaćište
Breznica
Dabrovica
Zanoš
Čemernica
Ovčara Suhopoljska
112
Kapan
Orešac
Zidina
Vaška
Kapinci
Sopjanska Greda
Sopje
Gornje Predrijevo
Noskovci
108
Suhopolje
(117)
Naudovac
Novaki
Čađavica
Žiroslavje
118
Jugovo Polje
113
Višnjica
Borova
Pčelić
238
Josipovo
117
Nova Šarovka
Vraneševci
Španat
Gornji Miholjac
115
Žubrica
Budanica
Cabuna
Bukova
Velika-Trapinska
Mala-
Pepelana
211
Novi Senkovac
Bakić
Markovo
Medinci
Bistrica
Sladojevački Lug
Kruškova
Jova
Rodin Potok
Trnava Cabunska
231
Donji Meljani
Sladojevci
Jova r.
243
Vinogradina
Velika-
Babina Gora
Pivnica-Slavonska
Gornje-Kusonje
Donje-
Novo-
Mačkovac
Radosavci
HAK
Gornje Viljevo
Removac
Mala-
Mala-Klisa
Gvozdanska
Levinovac
191
Brežić
247
Kozice
Kravljak
256
Velika-
Hum Varoš
Slatinac
Lukavac
Vodenička
Cjepidlake
Budim
285
Popišano brdo
238
Ivanbrijeg
Brezik
Gornje-
Dulovac
Stara Krivaja
Ramljane
257
Hum
Golenić
Nova Bukovica
Puklina
Nova Krivaja
Lisičine
Popovac
272
Slatinski Lipovac
Katinac
Čađavica
Bogdanovac
218
Bukovački Antunovac
224
424
Kuzma
308
Macute
Bokane
Čeralije
Balinci
17°30'
17°40'
46°00'
45°50'
45°40'
26
27
6
2
34
49
20
29
42
23
25
35
F
G
H

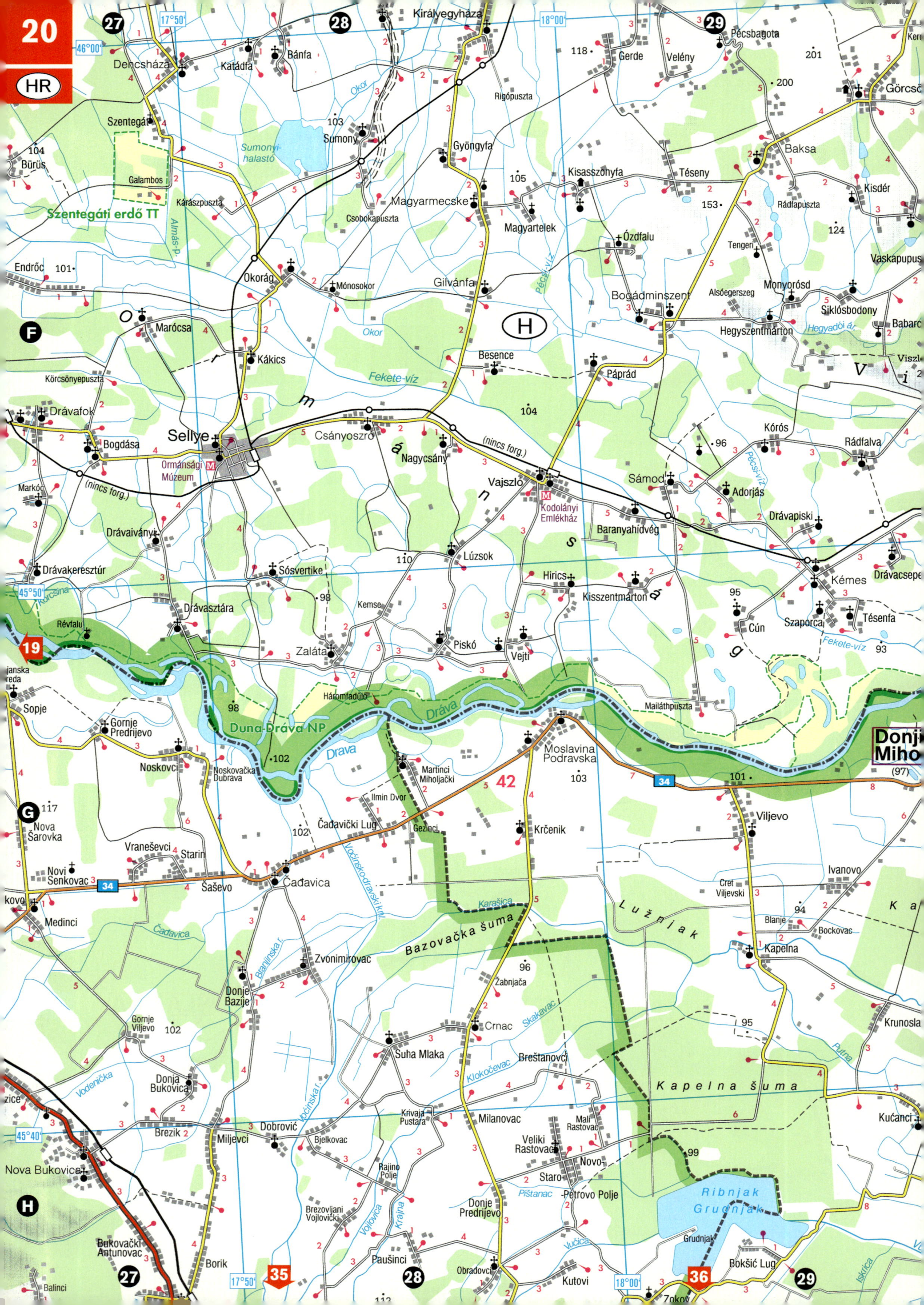
Királyegyháza
Dencsháza
Katádfa
Bánfa
Gerde
Pécsbagota
Velény
Görcsöny
Rigópuszta
Szentegát
Sumony
Sumonyi halastó
Gyöngyfa
Bürüs
Galambos
Szentegáti erdő TT
Kárászpuszta
Csobokapuszta
Magyarmecske
Magyartelek
Kisasszonyfa
Téseny
Baksa
Kisdér
Rádfapuszta
Tengeri
Vaskapupuszta
Ózdfalu
Endrőc
Okorág
Mónosokor
Gilvánfa
Bogádmindszent
Alsóegerszeg
Monyoród
Siklósbodony
Babarc
Hegyszentmárton
Hegyadói ár.
Marócsa
Kákics
Körcsönyepuszta
Besence
Páprád
Okor
Fekete-víz
Drávafok
Bogdása
Sellye
Ormánsági Múzeum
Csányoszró
Nagycsány
(nincs forg.)
Vajszló
Kodolányi Emlékház
Baranyahídvég
Sámod
Adorjás
Kórós
Rádfalva
Drávapiski
Pécsi-víz
Markóc
Drávaiványi
Lúzsok
Drávakeresztúr
Sósvertike
Hirics
Kisszentmárton
Kémes
Drávacsepely
Drávasztára
Kemse
Cún
Szaporca
Tésenfa
Révfalu
Zaláta
Piskó
Vejti
Háromfadůlő
Mailáthpuszta
Sopje
Gornje Predrijevo
Duna-Dráva NP
Dráva
Drava
Moslavina Podravska
Donji Miholjac
Noskovci
Noskovačka Dubrava
Martinci Miholjački
Ilmin Dvor
Čađavički Lug
Gezinci
Krčenik
Viljevo
Nova Šarovka
Vraneševci
Starin
Novi Senkovac
Šaševo
Čađavica
Cret Viljevski
Ivanovo
Medinci
Lužnjak
Blanje
Bockovac
Kapelna
Bazovačka šuma
Karašica
Zvonimirovac
Donje Bazije
Žabnjača
Crnac
Skakavac
Krunoslav
Gornje Viljevo
Suha Mlaka
Breštanovci
Donja Bukovica
Klokočevac
Kapelna šuma
Putna
Kučanci
Brezik
Miljevci
Dobrović
Bjelkovac
Krivaja Pustara
Milanovac
Mali Rastovac
Veliki Rastovac
Novo
Staro
Petrovo Polje
Pištanac
Nova Bukovica
Rajino Polje
Ribnjak Grudnjak
Brezovljani Vojlovički
Donje Predrijevo
Grudnjak
Bukovački Antunovac
Borik
Paušinci
Obradovci
Kutovi
Bokšić Lug
Balinci
Zokov
34
42
19
27
28
29
35
36
F
G
H
17°50'
18°00'
46°00'
45°50'
45°40'

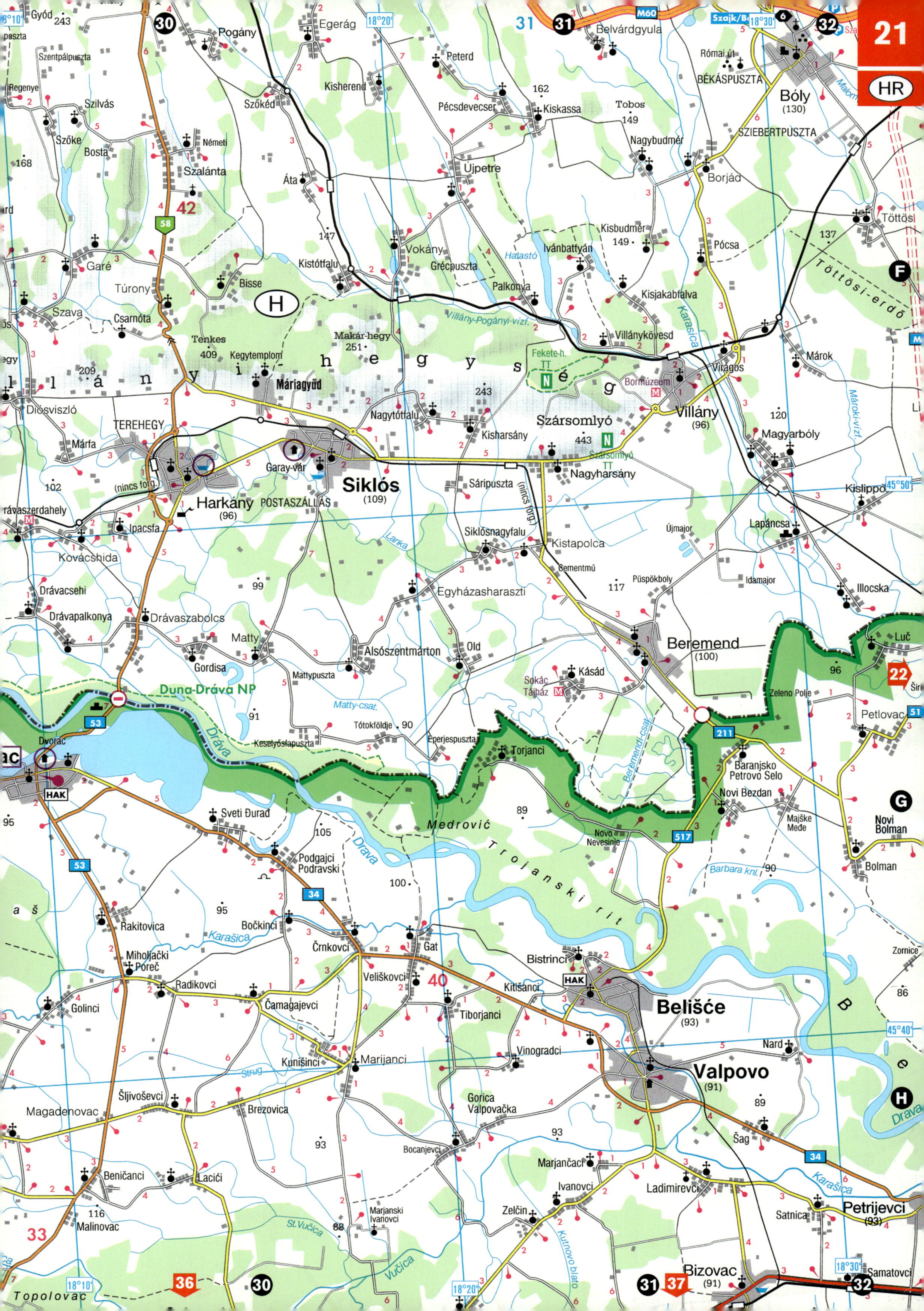
HR
Gyód
Pogány
Egerág
Belvárdgyula
Római út
Bóly
(130)
Szentpálpuszta
Regenye
Peterd
Kisherend
BÉKÁSPUSZTA
Szilvás
Szőke
Bosta
Szőkéd
Pécsdevecser
Kiskassa
Tobos
SZIEBERTPUSZTA
Németi
Szalánta
Nagybudmér
Újpetre
Borjád
Áta
Tóttös
Kisbudmér
Iványbattyán
Pócsa
Garé
Vokány
Grécpuszta
Kistótfalu
Hatastó
Tóttősi-erdő
Bisse
Túrony
Szava
Csarnóta
Palkonya
Kisjakabfalva
Karasica
Villány-Pogányi-vízf.
Villánykövesd
Tenkes
Kegytemplom
Makár-hegy
Fekete-h.
Márok
Virágos
Máriagyűd
Bormúzeum
Villány
(96)
Diósviszló
Nagytótfalu
Szársomlyó
Magyarbóly
TEREHEGY
Márfa
Kisharsány
Nagyharsány
Garay-vár
Siklós
(109)
Sáripuszta
Kislippó
Harkány
(96)
POSTASZÁLLÁS
(nincs forg.)
Kovácshida
Ipacsfa
Siklósnagyfalu
Kistapolca
Újmajor
Lapáncsa
Cementmű
Püspökbóly
Idamajor
Illocska
Egyházasharaszti
Drávacsehi
Drávapalkonya
Drávaszabolcs
Beremend
(100)
Luč
Matty
Alsószentmárton
Old
Gordisa
Kásád
Sokác Tájház
Mattypuszta
Duna-Dráva NP
Zeleno Polje
Petlovac
Matty-csat.
Tótokföldje
Dráva
Keselyősfapuszta
Eperjespuszta
Torjanci
Dvorac
Beremendi-csat.
Baranjsko Petrovo Selo
HAK
Novi Bezdan
Sveti Đurađ
Medrović
Majške Međe
Novi Bolman
Novo Nevesinje
Trojanski rit
Podgajci Podravski
Bolman
Barbara knl.
Rakitovica
Bočkinci
Karašica
Zornice
Črnkovci
Gat
Miholjački Poreč
Bistrinci
Veliškovci
Kitišanci
Radikovci
Golinci
Čamagajevci
Tiborjanci
Belišće
(93)
Vinogradci
Nard
Kunišinci
Marijanci
Strug
Valpovo
(91)
Šljivoševci
Gorica Valpovačka
Magadenovac
Brezovica
Šag
Bocanjevci
Marjančaci
Benićanci
Laćići
Ivanovci
Ladimirevci
Malinovac
Satnica
Petrijevci
(93)
Zelčin
Marjanski Ivanovci
St. Vučica
Vučica
Kutnovo blato
Bizovac
(91)
Samatovci
Topolovac

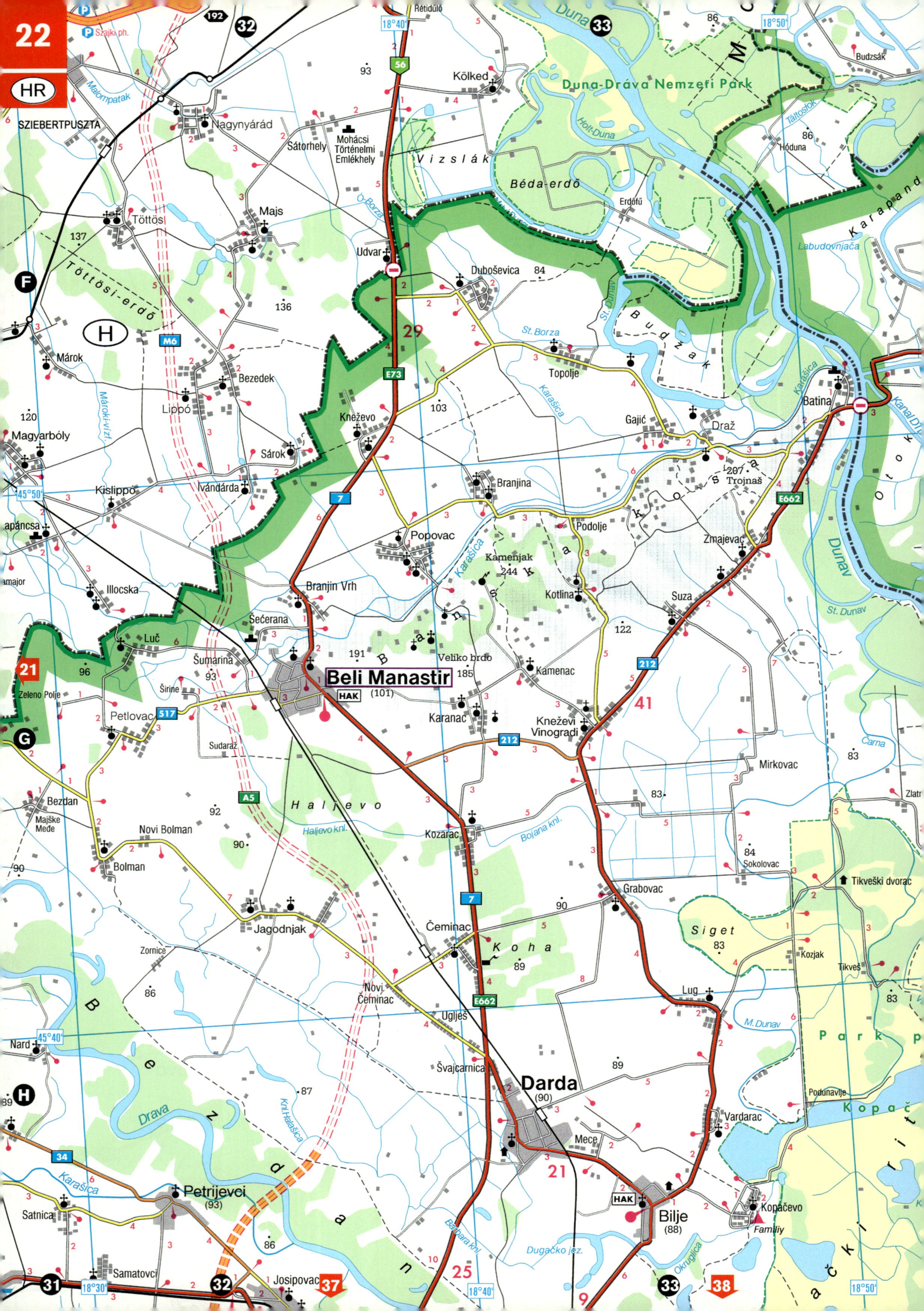
HR
Szajki ph.
Rétidůlő
Duna
Budzsák
Duna-Dráva Nemzeti Park
Kölked
Malompatak
SZIEBERTPUSZTA
Nagynyárád
Sátorhely
Mohácsi Történelmi Emlékhely
Vizslák
Holt-Duna
Táltosfok
Hóduna
Béda-erdő
Erdőfű
Karapand
Labudovnjača
Ó-Borza
Majs
Töttös
Töttösi-erdő
Udvar
Duboševica
St. Dunav
Budžak
St. Borza
Márok
Bezedek
Lippó
Topolje
Karašica
Kneževo
Batina
Kanal Dunav
Gajić
Draž
Magyarbóly
Sárok
Kislippó
Ivándárda
Branjina
Trojnaš
Kosa
Popovac
Podolje
Zmajevac
Kamenjak
Kotlina
Banska Kosa
Illocska
Branjin Vrh
Suza
Dunav
Šećerana
Luč
Veliko brdo
Šumarina
Beli Manastir
HAK
Kamenac
Zeleno Polje
Širine
Karanac
Kneževi Vinogradi
Petlovac
Sudaraž
Mirkovac
Carna
Bezdan
Majške Međe
Halјevo
Haljevo knl.
Novi Bolman
Kozarac
Bojana knl.
Bolman
Sokolovac
Tikveški dvorac
Grabovac
Jagodnjak
Čeminac
Siget
Zornice
Koha
Kozjak
Tikveš
Novi Čeminac
Lug
Uglješ
M. Dunav
Nard
Park prirode
Baranja
Švajcarnica
Darda
Drava
Knl. Halasica
Podunavlje
Vardarac
Kopački rit
Mece
Karašica
Petrijevci
Satnica
Bilje
Kopačevo
Family
Barbara knl.
Dugačko jez.
Okruglica
Samatovci
Josipovac
Zlatna
18°40'
18°50'
18°30'
45°50'
45°40'

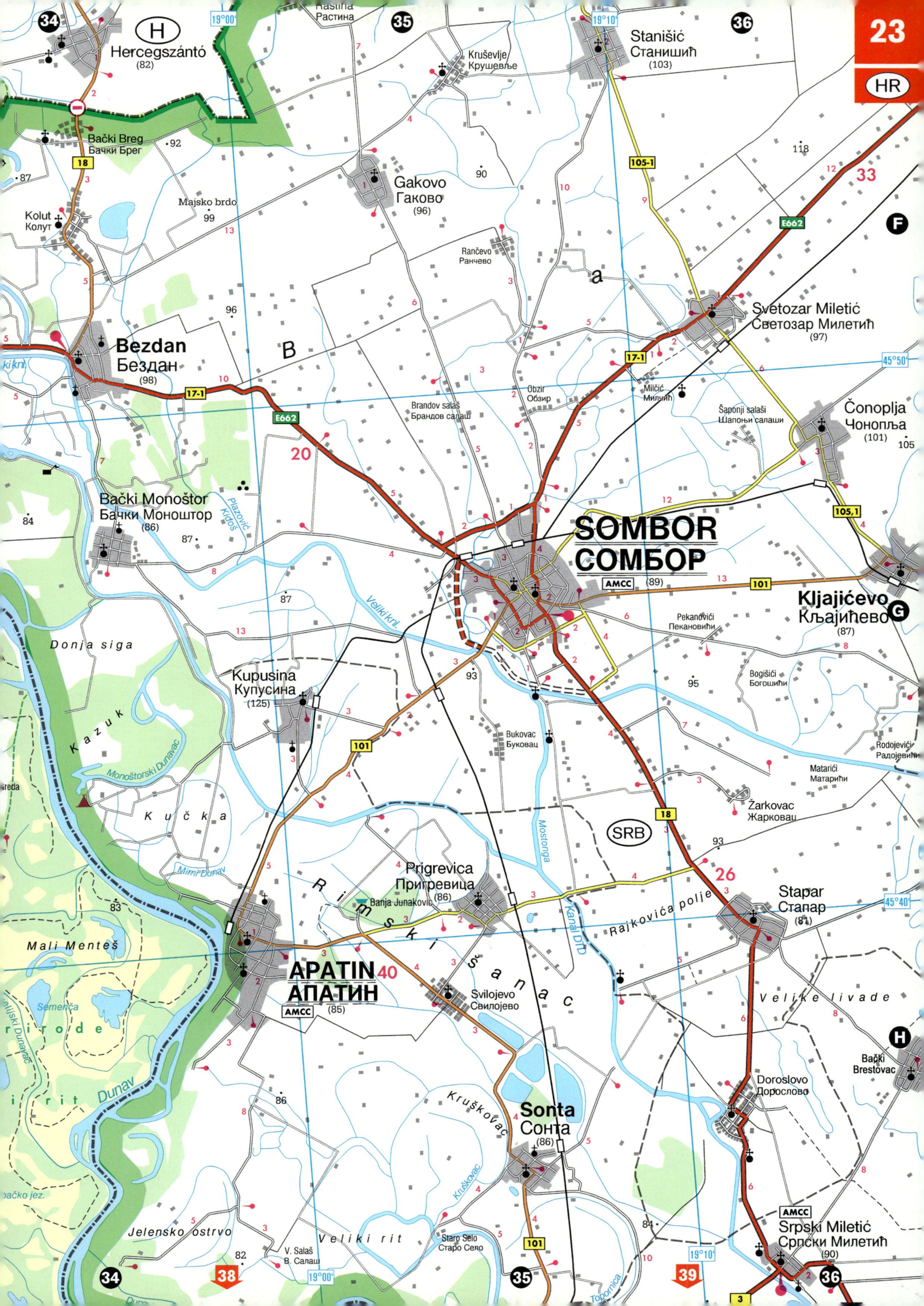
HR
H
Hercegszántó
(82)
Bački Breg
Бачки Брег
Kolut
Колут
Majsko brdo
Gakovo
Гаково
(96)
Kruševlje
Крушевље
Rastina
Растина
Stanišić
Станишић
(103)
Rančevo
Ранчево
Svetozar Miletić
Светозар Милетић
(97)
Bezdan
Бездан
(98)
Obzir
Обзир
Milčić
Милчић
Brandov salaš
Брандов салаш
Šaponji salaši
Шапоњи салаши
Čonoplja
Чонопља
(101)
Bački Monoštor
Бачки Моноштор
(86)
Plazović
Kiđoš
SOMBOR
СОМБОР
AMCC
(89)
Kljajićevo
Кљајићево
(87)
Pekanovići
Пекановићи
Veliki knl.
Donja siga
Kupusina
Купусина
(125)
Bogišići
Богошићи
Bukovac
Буковац
Rodojevići
Радојевићи
Kazuk
Monoštorski Dunavac
Matarići
Матарићи
Kučka
Žarkovac
Жарковац
SRB
Mostonga
Mrtvi Dunav
Prigrevica
Пригревица
(86)
Banja Junaković
Rimski šanac
Stapar
Стапар
(81)
Rajkovića polje
Kanal DTD
Mali Menteš
APATIN
АПАТИН
AMCC
(85)
Svilojevo
Свилојево
Velike livade
Semenča
Dunav
Kruškovac
Sonta
Сонта
(86)
Bački Brestovac
Doroslovo
Дорослово
Jelensko ostrvo
Veliki rit
Staro Selo
Старо Село
V. Salaš
В. Салаш
Srpski Miletić
Српски Милетић
(90)
Topornica
E662
17-1
101
18
105-1
105,1
19°00'
19°10'
45°50'
45°40'
34
35
36
38
39
33
20
26
40

HR
I.d.Cona
Isonzo
Foce dell' Isonzo
Fossalon di Grado
Valle Cavanata
Golometto
Tenuta Primero
Bocca di Primero
Villagio Europa
Golfo di Trieste
Tržaški zaliv
TRIESTE
Castello
Sgonico
Monrupino
Rupinpiccolo
Rupingrande
Gabrovizza
Borgo Grotta Gigante
Grotta di Gigante
Prosecco
Grignano
Cast. di Miramare
Ris.Nat.Marina di Miramare
Villa Opicina
Barcola
Faro della Vittoria
Banne
Trebiciano
Fernetti
Opicina
Basovizza
Padriciano
Longera
Báia di Múggia
MÚGGIA
San Rocco
San Bartolomeo
Lazaretto
S.Michele
Aquilinia
Santa Barbara
Caresana
Rabuise
Hrvatini (Crevatini)
Spodnje Škofije
Plavje (Valmarin)
Študent
Adria
Ankaran (Ancarano)
Koprski zaliv
KOPER (CAPODISTRIA)
AMZS
Zgornje Škofije
Tinjan
Dekani
Rižana
Črni Kal
Bertoki (Bertocchi)
IZOLA (ISOLA)
Jadranka
Semedela
Predor Markovec 2144m
Dobrava (Dobrava)
Strunjan (Strugnano)
Sv.Jurij
Piran (Pirano)
Belvedere
Jagodje
Segadici
Gažon
Škocjan (San Canziano)
Prade
Pobegi
Čežarji
Sv. Anton
Lucija (Lucia)
Portorož (Portorose)
Piranski zaliv
Sv. Jakob
Šmarje
SLO
Pomjan
Vanganel
Marezige
Babiči
Seča (Sezza)
Malija
Padna
Letališče Portorož
Sečovlje (Sicciole)
Korte
Nova vas
Koštabona
Sveti Peter
Puče
Labor
Dragonja (Dragogna)
Krkavče
Kučibreg (Cucibrech)
Brič
Praponjik
Sv.Ivan
Veli Jože
Savudrija (Salvore)
Pineta
Bašanija (Bassania)
Crveni vrh
Kanegra
Mazurija
Zambratija (Zambrattia)
Valica (Valizza)
Murine (Morno)
Kmeti (Metti)
Stella Maris
Umag
Sv.Marija na Krasu (Madonna del Carso)
Kaštel (Castelvenere)
Merišće (Merischie)
Brda (Collalto)
Vrnjak (Vrgnac)
Umag (Umago)
Vilanija (Vilania)
Vardica
Kaldanija (Caldania)
Momjan (Momiano)
Kuberton (Cuberton)
Sv.Kocjan
HAK
Petrovija (Petrovia)
Buje (Buie)
Marušići (Marusici)
Čepić (Ceppich)
V. Repava
Sv.Pelegrin (S.Pelegrino)
Čepljani (Cipiani)
Materada (Matterada)
Triban (Tribano)
Sv.Florijan
Šterna (Sterna)
Sv.Ivan (S.Giovanni)
Finida
Babići (Babici)
Juricani (Gjurizzani)
Kršete (Carsette)
Buroli
Martinčići (Martincici)
Makovci
Lovrečica (S.Lorenzo)
Brtonigla (Verteneglio)
Krasica (Kras)
Grožnjan (Grisignana)
Vižintini vrhi
Sv. Lucija
Oprtalj (Portole)
Istrien Istra
Park Umag
Karigador (Carigador)
Marinčići
Baredine
Sv.Ivan
Kostanjica (Castagna)
Završje (Piemonte)
Antonci
Luka Dajla
St.Gosana
Fiorini
Dajla (Daila)
Nova Vas (Villanova)
Stupariċ
Lozari
Sv.Anton
Srbanj
Livade (Levade)

HR
SLO
I
Sežana
(Sesana)
Senožeče
Divača
Dolnje Ležeče
Škocjanske jame
Kozina
Hrpelje
Veliko Gradišče
Basovizza
Grozzana
Vrhpolje
Rodik
Golački hrib
768
Obrov
Podgrad
Račice
Ilirska Bistrica
Pivka
Prestranek
Koče
Slavina
Narin
Prem
Knežak
Šembije
Jelšane
Rupa
V. Plešivica
908
M. Plešivica
Goli vrh
914
Vele Mune
Male Mune
Žejane
Orljak
1104
Vršić
1036
Žbevnica
1014
Slum
Kavčič
879
Rakitovec
Stražnica
493
Buzet
Roč
Lupoglav
Učka
Gomila
1240
Pliščetak
1035
V. Planik
1271
Brgudac
Lanišće
Vodice
Jelovice
Dane
Trstenik
Raspor
Podgaće
Račja Vas
Prapoće
Kropinjak
Klenovšćak
Gornja Nugla
Krkuški vrh
630
Hum
Kras
Ročko Polje
453
Semić
Dižni vrh
784
Štrped
Krbavčići
Sv. Martin
Sv. Ivan
Juričići
Kajini
Črnica
Perci
Sočerga
Movraž
V. Gradež
507
Smokvica
Dol pri Hrastovljah
Hrastovlje
Sveta Trojica
Kubed
Loka
Črni Kal
Reber
459
Podgorje
Vrženca
Koča na Slavniku
V. Gobovica
912
Prešnica
Petrinje
Gaber
444
Kastelec
(Castelletto)
Očizla
Klanec pri Kozini
Materija
Markovščina
Dimnice
Hotična
Slivje
Tublje pri Hrpeljah
Brezovica
Artviže
Vatovlje
Misliče
Kozjane
Barka
Kazomer
652
Ostrožno Brdo
Preloże
Tatre
Rjavče
Huje
Reber
640
Jezerina
Javorje
Male Loče
Hrušica
Stari grad
Podbeže
Harije
Tominje
Zarečica
Koseze
Velika Bukovica
Mala Bukovica
Soze
Studena Gora
Pavlica
Veliko Brdo
Starod
Dolenje
Brdce
Pasjak
Račiška pečina
Kal
Neverke
Nova Sušica
Nadanje selo
Šmihel
Ribnica
Suhorje
Zavrhek
Vremski Britof
Gornje Vreme
Buje
Čepno
Gornja Košana
Dolnja Košana
Stara Sušica
Osojnica
821
Davganov vrh
832
Slatna
914
Volče
Vremščica
1027
Gabrče
Potoče
Senadole
Čebulovica
642
Brestovica pri Povirju
Potnjak
Povir
Merče
Plešivica
593
Lokev
(Corgnale)
Lipica
(Lipizza)
Vilenica
Divaška jama
Gradišče pri Divači
Brežec pri Divači
Goriče
Dolnje Ležeče
Kačiče-Pared
Dujčeva Domačija
Vareje
Podgrad pri Vremah
Slope
Brezovo Brdo
Velike Loče
Kovčice
Ritomeče
Gradišče pri Materiji
Skadanščina
Pregarje
Zalesje
Celje
Smrje
Topolc
Zarečje
Dobro Polje
Brce
Sabonje
Janeževo Brdo
Dolnja Bitnja
Grad Turn
Podstenje
Grad
Tinovek
Zagorje
754
Kalec
Bač
Parje
Drskovče
Vrhak
628
Klenik
Trnje
552
Petelinje
Slovenska vas
Selce
Gradec
Velika Pristava
Bisernica
Jančarija
699
709
740
Laže
Dolenja vas
Dane pri Sežani
Repentabor
S.Antonio in Bosco
Bagnoli d. Rosandra
M.Carso
458
S.Dorligo della Valle
Pese di Grozzana
Sv.Elija
Crnotiče
Praproče
Podpeč
Zazid
Ugrini
Sależ
Škuljari
Seljaci
Reparec
Brezovica pri Gradinu
Butari
Zonti
Mala Huba
Mali Mlun
Veli Mlun
Zrenj
(Stridone)
Žnjidarići
(Znidarici)
Istarske toplice
Gradinje
(Gradigne)
Pračana
Sovinjak
Sirotići
Sovinjsko Polje
Sovinjska Brda
Bartolići
Krti
Senj
Marčenegla
Vrh
Klarići
Rimnjak
Račice
Paladini
Medveje
Kosariga
Oslići
Krušvari
Kotli
Brnobići
Blatna vas
Forčići
Prodani
Martinci
Marinci
Pengari
Peničići
Sv. Donat
Selca
Čiritež
Stanica Roč
Cunj
Kompanj
Krkuž
284
395
Zvoncev
Lisina
Osapna
1075
Paredine
708
Žankana jama
Jenčarija
881
837
883
842
657
981
796
699
737
729
804
741
641
Sežana vzh.
Senožeče
razc. Gabrk
Divača
Kozina
Lupoglav
HAK
Reka
Mirna
Bračana
Draga
Klivnik
Mola
Pivka
Kolpa
E70
E61
A1
A3
14°00'
14°10'
45°40'
45°30'
4
5
6
G
H
J
15
16
13
22
32
39
26
41
9
409
445
444
205
622
405
404
623
208
201
44
45
46
47
7
6
10
1
2
3
8
20

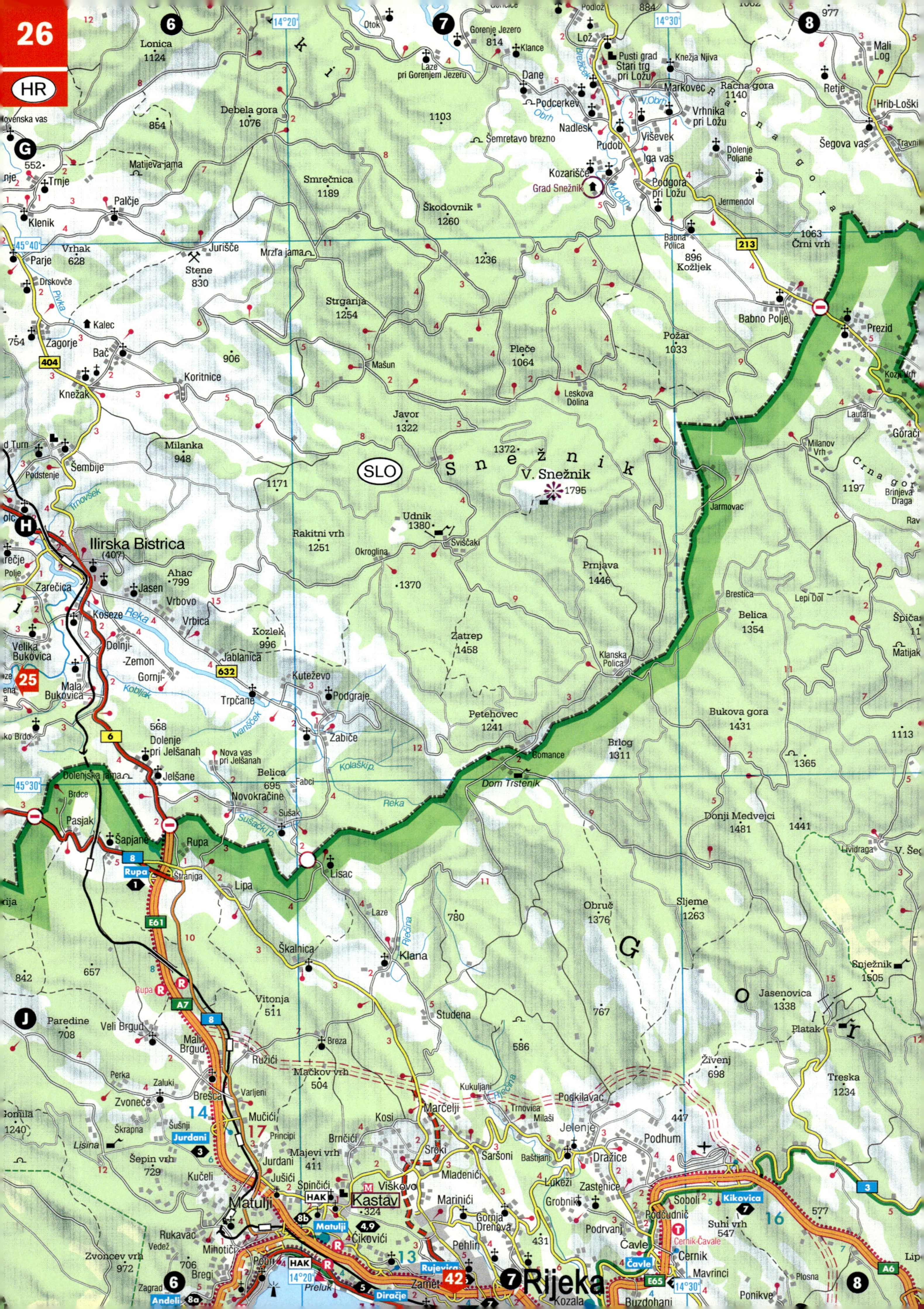

HR
6
Lonica
1124
14°20'
Otok
7
Gorenje Jezero
814
Klance
Laze
pri Gorenjem Jezeru
Podlož
884
14°30'
8
977
Mali
Log
Lož
Pusti grad
Stari trg
pri Ložu
Knežja Njiva
Dane
Podcerkev
Markovec
Racna gora
1140
Vrhnika
pri Ložu
Retje
Hrib-Loški
G
Debela gora
1076
854
1103
Nadlesk
Pudob
Viševek
Iga vas
Šegova vas
Šemretavo brezno
Dolenje
Poljane
552
Trnje
Matijeva jama
Smrečnica
1189
Kozarišče
Grad Snežnik
Podgora
pri Ložu
Palčje
Škodovnik
1260
Jermendol
Klenik
45°40'
Vrhak
628
Parje
Jurišče
Mrzla jama
Stene
830
1236
Babna
Polica
896
Koźljek
213
1063
Črni vrh
Drskovče
Kalec
Strgarija
1254
Babno Polje
Prezid
754
Zagorje
404
Bač
906
Mašun
Pleče
1064
Požar
1033
Koritnice
Leskova
Dolina
Knežak
Javor
1322
Lautari
Gorači
Milanka
948
1372
Šembije
Podstenje
SLO
Sneźnik
V. Snežnik
1795
1171
Milanov
Vrh
Crna gora
1197
Brinjeva
Draga
Jarmovac
Trnovšek
H
Ilirska Bistrica
(407)
Udnik
1380
Sviščaki
Rakitni vrh
1251
Okroglina
Ahac
799
Jasen
Vrbovo
1370
Prnjava
1446
Zarečica
Koseze
Reka
Vrbica
Brestica
Belica
1354
Lepi Dol
Špičast
Matijak
Kozlek
996
Zatrep
1458
Velika
Bukovica
Dolnji-
-Zemon
Gornji
Jablanica
632
Klanska
Polica
25
Mala
Bukovica
Kutežovo
Trpčane
Podgraje
Petehovec
1241
Bukova gora
1431
568
Dolenje
pri Jelšanah
Zabiče
1113
6
Nova vas
pri Jelšanah
Brlog
1311
Gomance
1365
Jelšane
Belica
695
Dolenjska jama
45°30'
Fabci
Kolaški p.
Dom Trstenik
Novokračine
Brdce
Sušak
Reka
Donji Medvejci
1481
1441
Pasjak
Šapjane
Lividraga
V. Še
Rupa
8
Rupa
1
Stranja
Lipa
Lisac
Laze
Obruč
1376
Sljeme
1263
E61
780
10
Škalnica
Klana
G
842
657
Rupa
A7
Snježnik
1505
Vitonja
511
Jasenovica
1338
O
Paredine
708
Veli Brgud
8
Mali
Brgud
Studena
767
Platak
586
J
Breza
Ružići
Živenj
698
Perka
Zaluki
Mačkov vrh
504
Kukuljani
Treska
1234
Zvoneće
Brešca
Varljeni
Rječina
Podkilavac
Trnovica
Gomila
1240
Šušnji
Mučići
Kosi
Marčelji
Milaši
447
14
17
Principi
Jelenje
Lisina
Škrapna
Jurdani
Brnčići
Podhum
3
Jurdani
Majevi vrh
411
Sroki
Saršoni
Bastijani
Dražice
Šepin vrh
729
Kučeli
Jušići
Spinčići
Viškovo
Mladenići
Zastenice
HAK
Kastav
Lukeži
Soboli
Kikovica
3
Matulji
324
Marinići
Grobnik
Podčudnić
7
577
Gornja
Drenova
Rukavac
8b
Matulji
4.9
Čikovići
Podrvanj
Suhi vrh
547
16
Vedež
431
Cernik-Čavle
Zvoncev vrh
972
Minotići
13
Pehlin
Čavle
Cernik
Lip
Poliri
HAK
Rujevica
Čavle
6
Bregi
706
14°20'
42
7
Rijeka
E65
Mavrinci
Plosna
A6
Zagrad
Preluk
Diračje
Zamet
Kozala
14°30'
Buzdohanj
Ponikve
8
Andeli
8a

HR
SLO
Kočevje
AMZS
(464)
Delnice
(699)
Veliki Rog
1098
Kočevska Mala gora
Velika gora
Goteniška gora
Stojna
Goteniška dolina
Borovška gora
Dragarska dolina
Goteniški Snežnik
1288
Goteniški vrh
1157
Slovenski vrh
1039
Prigorica
Nemška vas
Dolenja vas
Rakitnica
Gornje Ložine
Koblarji
Stara Cerkev
Slovenska vas
Breg pri Kočevju
Mlaka pri Kočevju
Mahovnik
Šalka vas
Cvišlerji
Dolga vas
Livold
472
Mestni vrh
1035
Ledenik
1072
Grič
756
Koče
Kočevska Reka
Novi Lazi
Štalcerji
Morava
Črni Potok pri Kočevju
Mozelj
Kaptol
Ajbelj
Puc
Briga
Banja loka
Vršič
820
Fara
Brod na Kupi
Osilnica
Čabar
Gornji Žagari
Donji Žagari
Plešce
Mandli
Trava
Parg
1096
Stari Kot
Podpreska
Debeli vrh
1254
Turn
1252
Solniški vrh
1020
Veliki vrh
1134
Gerovo
Hrib
Gerovski Kraj
Kalić
Jazvić
1014
Razloški Okrug
Biljevina
V. Drgomalj
1154
Risnjak
1526
Nacionalni park Risnjak
Crni Lug
V. Tomac
1039
Lokve
Homer
Lokvarsko jez.
Kostinski vrh
1062
Mrzla Vodica
1071
Lučice
Lokvarka
Sopač
Debeli vrh
1145
Petehovac
Ravna Gora
Stari Laz
Kupjak
Skrad
Zeleni vir
Brod Moravice
Donja Dobra
Moravice
Bukov Vrh
V. Kicelj
901
Kocijani
Podstene
701
Gotenc
Nova Sela
Žaga
Levešni vrh
734
Grgelj
Spodnja Bilpa
645
Gorščak
Vele Drage
Kolpa
Kupa
Čabranka
Rinža
Ribnica
Bosljiva Loka
Mirtoviči
Srobotnik ob Kolpi
Sedalce
Gašparci
Kočičin
Zagolik
Kuželj
Grbajel
Gusti Laz
Raskrižje
Iševnica
500
Velika Lešnica
Gornje Tihovo
Raskrižje Tihovo
Marija Trošt
Gornji Turni
Radočaj Brodski
Planina Skradska
Mužева hiža
996
Zalesina
Leskova Draga
Dedin
Poljana
Kosa
Stari Laz
Hlevci
Ravna Gora
HAK
Delnice
Sljeme
Maj
965
Lisina
1174
Kolpa
9
10
G
H
J
20
21
28
38
41
43
214
106
217
305
32
203
3
A6
14°40'
14°50'
15°00'
45°40'
45°30'
45°20'

Kočevske Poljane
Sušice
Uršna sela
Dobindol
Podstenice
Sokolski vrh
716
Baza 20
Občice
Stare Žage
Travni Dol
Laze
548
Vahta
615
Kula
887
Jugorje pri Metliki
Sela pri Jugorju
Pešćenik
846
Stezijska jama
Hrast pri Jugorju
Veliki Rog
1098
Črmošnjice
Rožni Dol
Brezje pri Rožnem Dolu
Preloge
Osojnik
337
Bereča vas
Dragomlja vas
Gornja Lokvica
Grabrovec
Bušinja vas
Radovica
Slamna vas
Trnovec
Metlika
Rosalnice
Komarna vas
Srednja vas
Potoki
Bodreber
Vrtača pri Semiču
Črešnjevec pri Semiču
Krvavčji Vrh
755
Brezovica pri Črmošnjicah
Vrčice
Semič
Vavpča vas
Malikovec
289
Gornje Dobravice
Krivoglavice
204
Križevska vas
Travnik
Vinica
1020
1009
Rajhenav
Kopa
1077
Vidrov vrh
938
Planina
Stranska vas pri Semiču
Vinji Vrh pri Semiču
Primostek
Jurovski Brod
Mišinci
Gradac
Lahinja
Podzemelj
Bribovo
Žakan
Zaluka Lipnička
Pravutina
Kohanjac
Laze pri Oneku
Grič
953
Koprivnik
Sredgora
540
Rodine
Lokve
Vranoviči
183
Boršt
Boginja vas
Staro Brezje
Ovčjak
852
Stražnji Vrh
Otovec
Tušev Dol
(156)
Črnomelj
AMZS
Jurinovka
Jelenja jama
Krasinec
Cerkvišče
Gribjle
Pezdirc
Mala Paka
Velika Paka
Ribnik
Sopčić Vrh
Suhi Potok
Kačji Potok
836
Bistrica
Mavrlen
Dobliče
Kanižarica
Bezgovka
Desinec
216
Stračak
Mošanci
Jadrići
Gubački vrh
464
217
Straža
834
Nemška Loka
Miklarji
SLO
Jerneja vas
660
Tribuče
Butoraj
Bedenj
Dolenjski zdenec
Knežja Lipa
Brezovica pri Predgradu
Čeplje
Dragovanja vas
Golek
Velika Lahinja
Kuzmetova jama
Francetova jama
Pribinci
Dolenjci
Purga
Adlešići
Mrzljaki
Podlesje
Ilija
856
Kralji
Poljanska dolina
Dolenja Podgora
Gorenja Podgora
Zagozdac
864
Debeli vrh
218
Tanča Gora
Breznik
Podlog
Brdarci
Dragatuš
Izgornik
373
Janković
Vrhovci
Bogovci
27
Spodnji Log
Spodnja Bilpa
645
Jelenja vas
Paka pri Predgradu
Predgrad
601
Zapudje
Veliki Nerajec
Mali
251
Knežina
Bojanci
Laze pri Predgradu
748
Stari trg ob Kolpi
Kovači
Dolenji Suhor pri Vinici
Belčji Vrh
Petrišina jama
Izgornik
330
Goršeti
Konda
Mahvić
Štefanci
Sodevci
V. Kolečaj
691
Stara Lipa
Hrast pri Vinici
Zjot
Gornji Šajn
604
Kupa
Blaževci
Zapeč
V. Glavića
709
Mihčeva jama
Nova Lipa
Lesina
Perudina
Podklanec
Preloka
Delači
Makleni
Gornji Kuti
Male Drage
Vele Drage
Razdrto
Litorić
Plemenitaš
Srednji Radenci
Krtina
567
Drenovec
Vinica
Katra
Kolpa
Zilje
Brod Moravice
Donja Dobra
Okrugljak
885
Zaumol
919
Špeharji
Sinji Vrh
Jelenja glava
Sečje selo
Sela Bosiljevska
Jančani
Milani
Kasuni
Radigojna
871
Gorica
Učakovci
Pribanjci
3
Novi Lazi
Tomići
Bunjevci
41
Dalnje Njive
475
Damelj
Fratrovci
Bosanci
194
Dugače
A1
E71
Vukelići
Nikšići
Jakšići
Topolovica
Lukovdol
Vukovci
Gornji Vučkovići
Moravice
Gorenci
Bosiljevo 1
Laslavići
819
Petrovići
Ričić
678
Dolenci
Draga Lukovdolska
Klanac
Rim
Zdihovo
310
Varoš Bosiljevski
Potok Bosiljevski
Bukovska Dobra
Žakule
Donji Vukšić
Vučinići
Nadvučnik
Severin na Kupi
Plešivica
Bosiljevo 2
468
Bosiljevo
Tići
Milinari
22
607
Srednja gora
Močile
Smišljak
Veliki Jadrč
Liplje
Hrsina
Krč Bosiljevski
Novo Selo Bosiljevsko
Radoševići
Komlenići
Presika
Lovnik
902
Mali Jadrč
Lipovšćaki
Podrebar
Oštri vrh
960
Dobra
Hajdine
Kamensko
Osojnik
Rendulići
Privis
460
Poljana
Senjsko
Stubica
Tuk
Medari
Bašići
Ponikve
Stara Sušica
Jablan
14
Šehari
Tomašići
A6
E65
28
Vujnovići
Vrbovsko
Hambarište
Ivkovići
Skukan
Vrbovsko
596
Vrh
750
Umol
Podumol
Soline
Gorinci
1174
993
Brezova Poljana
Hajdučka peć
Kuštrovka
Dani
Ribnjak
344
Duga
Malik
Mateše
Otok na Dobri
Kuštrovka
630
Munjasi
Musulini
44
Dobra
42
10
11
12
15°00'
15°10'
15°20'
45°40'
45°30'
G
H
J

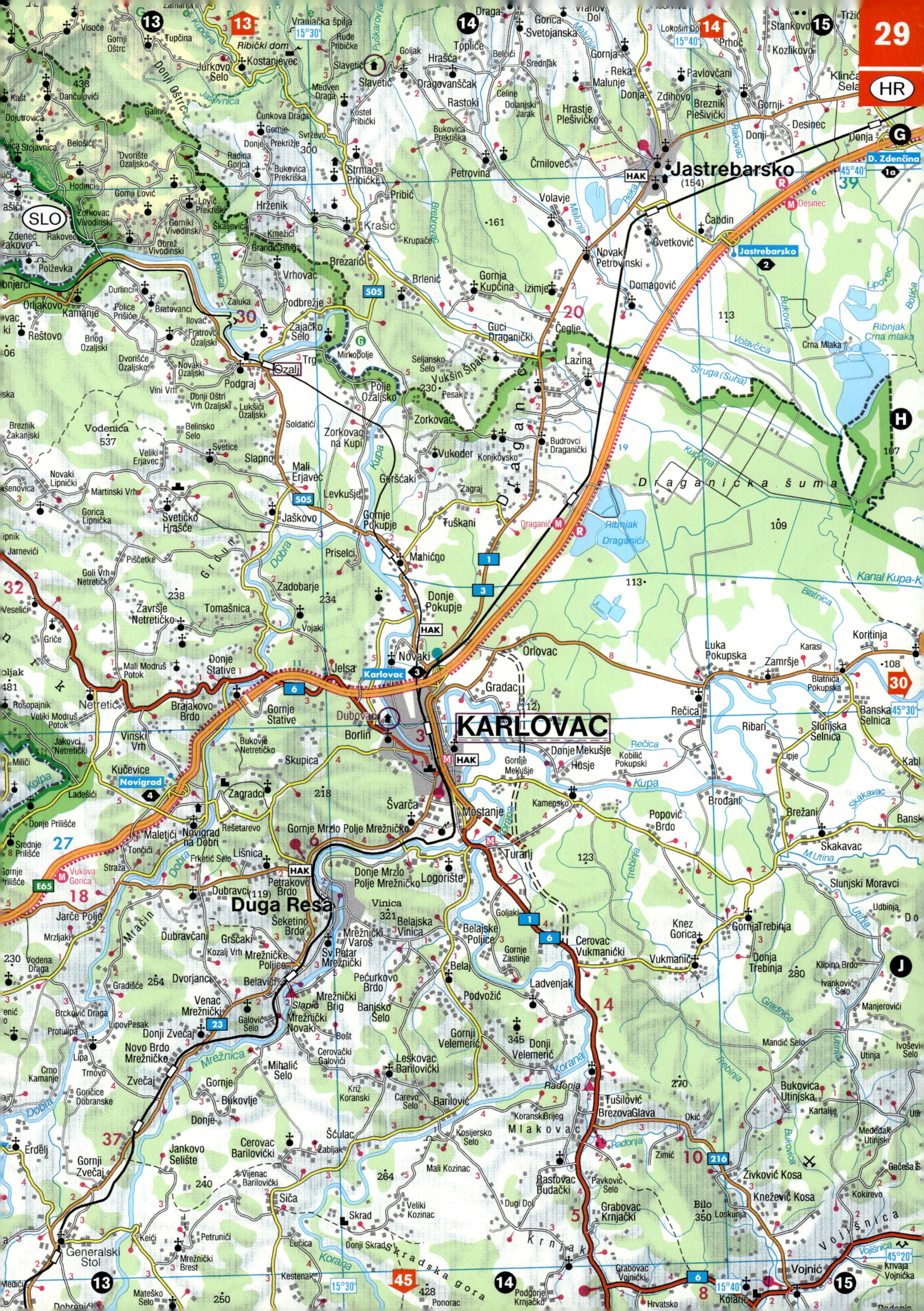
HR
SLO
Jastrebarsko
(154)
KARLOVAC
Duga Resa
Ozalj
Krašić
Vrhovac
Podbrežje
Zajačko Selo
Trg
Mirkopolje
Polje Ozaljsko
Zorkovac
Vukšin Šipak
Guci Draganički
Čeglje
Lazina
Domagović
Cvetković
Čabdin
Novaki Petrovinski
Volavje
Petrovina
Črnilovec
Hrastje Plešivičko
Desinec
Donja
D. Zdenčina
Jastrebarsko
Ribnjak Crna mlaka
Crna Mlaka
Volavčica
Struga (Suha)
Draganička šuma
Draganić
Ribnjak Draganići
Kanal Kupa-Kupa
Budrovci Draganički
Konjkovsko
Vukoder
Zagraj
Tuškani
Mahićno
Donje Pokupje
Gornje Pokupje
Levkušje
Mali Erjavec
Jaškovo
Priselci
Zadobarje
Vojaki
Tomašnica
Zorkovac na Kupi
Slapno
Soldatići
Gorščaki
Novaki
Orlovac
Gradac
Karlovac
Dubovac
Borlin
Donje Mekušje
Husje
Gornje Mekušje
Kobilić Pokupski
Rečica
Ribari
Luka Pokupska
Zamršje
Karasi
Koritinja
Blatnica Pokupska
Banska Selnica
Slunjska Selnica
Brodani
Brežani
Skakavac
Popović Brdo
Kamensko
Mostanje
Turanj
Švarča
Gornje Mrzlo Polje Mrežničko
Donje Mrzlo Polje Mrežničko
Logorište
Vinica
Belajska Vinica
Belajske Poljice
Belaj
Podvožić
Ladvenjak
Cerovac Vukmanički
Vukmanić
Knez Gorica
Gornja Trebinja
Donja Trebinja
Slunjski Moravci
Skradska gora
Krnjak
Mlakovac
Rastovac Budački
Grabovac Krnjački
Tušilović
Brezova Glava
Radonja
Živković Kosa
Knežević Kosa
Loskunja
Bilo
Vojnić
Vojšnica
Kolarić
Generalski Stol
Mrežnica
Korana
Kupa
Dobra
Kolpa
Mrežnički Brig
Slapno
Mrežnički Novaki
Banjsko Selo
Pećurkovo Brdo
Leskovac Barilovićki
Barilović
Carevo Selo
Šćulac
Cerovac Barilovićki
Siča
Skrad
Donji Skrad
Veliki Kozinac
Dugi Dol
Koranski Brijeg
Jankovo Selište
Gornji Zvečaj
Donji Zvečaj
Zvečaj
Novo Brdo Mrežničko
Venac Mrežnički
Belavići
Dvorjanci
Mrežničke Poljice
Sv. Petar Mrežnički
Mrežnički Varoš
Šeketino Brdo
Petrakovo Brdo
Dubravci
Grščaki
Dubravčani
Jarče Polje
Mračin
Erdelj
Lipa
Trnovo
Protulipa
Lisnica
Fkrtić Selo
Tončići
Straža
Vukova Gorica
Maletići
Novigrad na Dobri
Novigrad
Kučevice
Zagradci
Skupica
Bukovje Netretičko
Gornje Stative
Donje Stative
Brajakovo Brdo
Jelsa
Netretić
Vinski Vrh
Mali Modruš Potok
Završje Netretičko
Svetičko Hrašće
Grdun
Podgraj
Vini Vrh
Belinsko Selo
Veliki Erjavec
Vodenica
Kamanje
Orljakovo
Reštovo
Polževka
Gornji Ostrc
Tupčina
Jurkovo Selo
Kostanjevec
Ribički dom
Vranjačka špilja
Slavetić
Medven Draga
Goljak
Hrašća
Dragovanščak
Topliče
Gorica Svetojanska
Rastoki
Bukovica Prekriška
Strmac Pribički
Pribić
Hrženik
Brezarić
Brlenić
Krupače
Gornja Kupčina
Izimje
Lokošin Dol
Prhoć
Kozlikovo
Stankovo
Pavlovčani
Zdihovo
Breznik Plešivički
Malunje
505
1
3
6
23
216
E65
15°30'
15°40'
45°40'
45°30'
45°20'
13
14
15
30
45
G
H
J
HAK

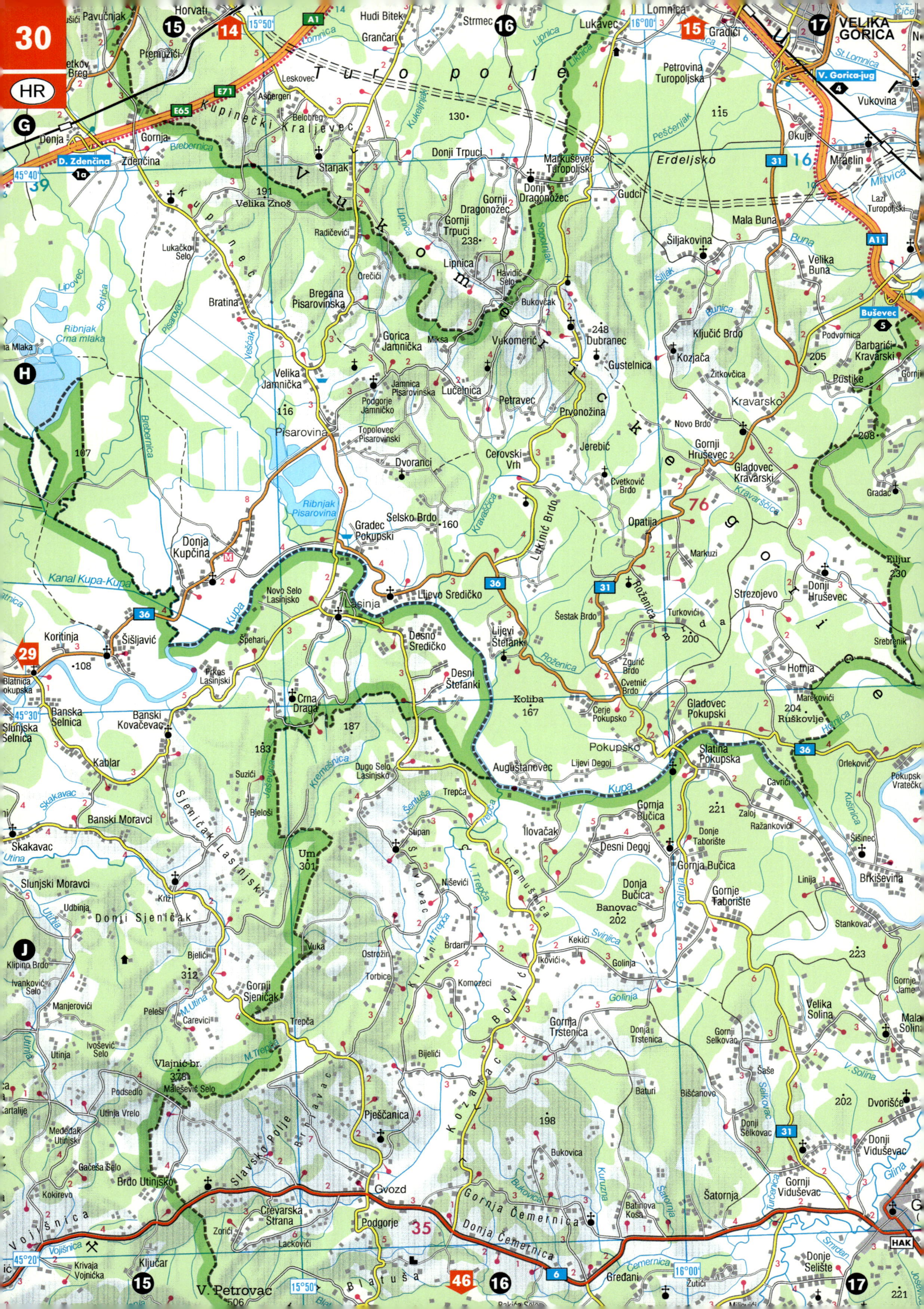
HR
Turopolje
Vukomeričke gorice
Kupinečki Kraljevec
VELIKA GORICA
V. Gorica-jug
Horvati
Pavučnjak
Hudi Bitek
Strmec
Lukavec
Lomnica
Gradići
Petrovina Turopoljska
Vukovina
Okuje
Mraclin
Erdeljsko
Donja
Gornja
Zdenčina
D. Zdenčina
Leskovec
Aspergeri
Belobreg
Starjak
Donji Trpuci
Markuševec Turopoljski
Donji Dragonožec
Gornji Dragonožec
Gornji Trpuci
Gudci
Velika Znoš
Kupinec
Radičevići
Lukačko Selo
Mala Buna
Šiljakovina
Velika Buna
Lipnica
Havidić Selo
Orečići
Bregana Pisarovinska
Bratina
Bukovčak
Dubranec
Gustelnica
Ključić Brdo
Kozjača
Bušavec
Podvornica
Barbarići Kravarski
Pustike
Gorica Jamnička
Vukomerić
Velika Jamnička
Jamnica Pisarovinska
Podgorje Jamničko
Lučelnica
Petravec
Prvonožina
Kravarsko
Novo Brdo
Gornji Hruševec
Gladovec Kravarski
Pisarovina
Topolovec Pisarovinski
Dvoranci
Cerovski Vrh
Jerebić
Cvetković Brdo
Ribnjak Pisarovina
Ribnjak Crna mlaka
Gradec Pokupski
Selsko Brdo
Lukinić Brdo
Opatija
Markuzi
Donja Kupčina
Kanal Kupa-Kupa
Novo Selo Lasinjsko
Lasinja
Lijevo Sredičko
Rožanica
Donji Hruševec
Strezojevo
Filjur
Koritinja
Šišljavić
Desno Sredičko
Lijevi Štefanki
Šestak Brdo
Turkovići
Srebrenik
Pokos Lasinjski
Crna Draga
Desni Štefanki
Koliba
Zgurić Brdo
Cvetnić Brdo
Hotnja
Blatnica Pokupska
Banska Selnica
Banski Kovačevac
Čerje Pokupsko
Gladovec Pokupski
Markovići
Ruškovlje
Slunjska Selnica
Kablar
Dugo Selo Lasinjsko
Augustanovec
Lijevi Degoj
Pokupsko
Slatina Pokupska
Orleković
Pokupsko Vratečko
Kupa
Skakavac
Banski Moravci
Sjeničak Lasinjski
Trepča
Šupan
Ilovačak
Gornja Bučica
Donje Taborište
Zalug
Ražankovići
Šišinec
Brkiševina
Um
Niševići
Desni Degoj
Donja Bučica
Banovac
Gornje Taborište
Linija
Slunjski Moravci
Udbinja
Donji Sjeničak
Križ
Bjelići
Vuka
Ostrožin
Brdari
Ikovići
Kekići
Golinja
Stankovac
Klipino Brdo
Ivanković Selo
Torbice
Gornji Sjeničak
Komozeci
Gornja Trstenica
Donja Trstenica
Velika Solina
Gornji Selkovac
Manjerovići
Peleši
Carevići
Ivoševič Selo
Utinja
Vlajnić-br.
Malešević Selo
Podsedlo
Utinja Vrelo
Bijelići
Pješčanica
Slavsko Polje
Kozarac
Batinova Kosa
Biščanovo
Donji Selkovac
Dvorišće
Donji Vidušević
Gornji Vidušević
Medeđak Utinjski
Gaćeša Selo
Brdo Utinjsko
Kokirevo
Crevarska Strana
Gvozd
Podgorje
Zorići
Lackovići
Gornja Čemernica
Donja Čemernica
Šatornja
Bukovica
Vojšnica
Krivaja Vojnićka
Ključar
V. Petrovac
Blatuša
Gređani
Žutići
Donje Selište
HAK
Glina
Utinja
Golinja
Svinjica
Šatornja
Kuzuna
A1
A11
E71
E65
31
35
36
6
15°50'
16°00'
45°40'
45°30'
45°20'

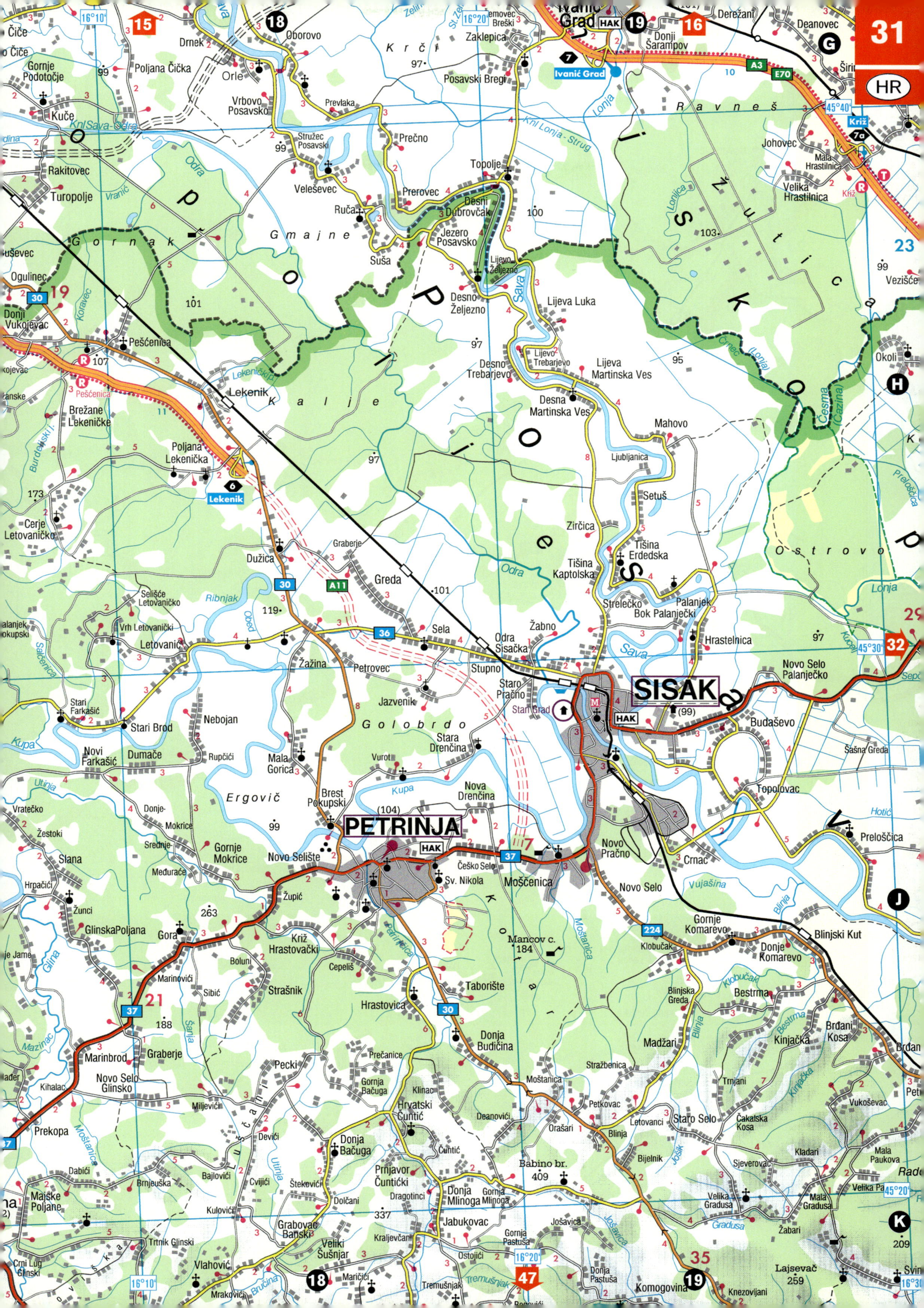
HR
SISAK
PETRINJA
HAK
Ivanić Grad
Lekenik
Odra
Kupa
Sava
Lonja
Ravneš
Gornak
Gmajne
Odransko polje
Lonjsko polje
Žutica
Ostrovo
Golobrdo
Ergovič
Kotar
Čiče
Gornje Podotočje
Kuće
Rakitovec
Turopolje
Drnek
Poljana Čička
Oborovo
Orle
Vrbovo Posavsko
Stružec Posavski
Veleševec
Ruča
Suša
Prevlaka
Prečno
Topolje
Prerovec
Desni Dubrovčak
Jezero Posavsko
Lijevo Željezno
Desno Željezno
Lijeva Luka
Desno Trebarjevo
Lijevo Trebarjevo
Lijeva Martinska Ves
Desna Martinska Ves
Mahovo
Ljubljanica
Setuš
Zirčica
Tišina Erdedska
Tišina Kaptolska
Strelečko
Bok Palanječki
Palanjek
Hrastelnica
Novo Selo Palanječko
Budaševo
Šašna Greda
Topolovac
Preloščica
Crnac
Novo Pračno
Novo Selo
Gornje Komarevo
Donje Komarevo
Blinjski Kut
Klobučak
Blinjska Greda
Bestrma
Kinjačka
Brđani Kosa
Mađari
Stražbenica
Trnjani
Staro Selo
Čakalska Kosa
Vukoševac
Kladari
Mala Paukova
Sjeverovac
Velika Gradusa
Mala Gradusa
Žabari
Lajsevac
Knezovijani
Komogovina
Donja Pastuša
Gornja Pastuša
Jošavica
Blinja
Letovanci
Bijelnik
Babino br.
Petkovac
Orašari
Moštanica
Deanovići
Donja Mlinoga
Gornja Mlinoga
Jabukovac
Dragotinci
Prnjavor Čuntićki
Čuntić
Hrvatski Čuntić
Klinac
Gornja Bačuga
Donja Bačuga
Prečanice
Donja Budičina
Taborište
Hrastovica
Mancov c.
Moščenica
Češko Selo
Sv. Nikola
Nova Drenčina
Stara Drenčina
Vurot
Brest Pokupski
Novo Selište
Župić
Križ Hrastovački
Cepeliš
Strašnik
Boluni
Gora
GlinskaPoljana
Žunci
Hrpačići
Slana
Žestoki
Vratečko
Donje Mokrice
Srednje
Gornje Mokrice
Međurače
Mala Gorica
Rupčići
Nebojan
Dumače
Novi Farkašić
Stari Farkašić
Stari Brod
Letovanić
Vrh Letovanički
Selišće Letovaničko
Žažina
Petrovec
Jazvenik
Stupno
Staro Pračno
Stari Grad
Odra Sisačka
Žabno
Sela
Greda
Graberje
Dužica
Cerje Letovaničko
Poljana Lekenička
Brežane Lekeničke
Pešćenica
Donji Vukojevac
Ogulinec
Marinbrod
Novo Selo Glinsko
Kihalac
Graberje
Marinovići
Sibić
Pecki
Miljevići
Prekopa
Dabići
Majske Poljane
Brnjeuška
Bajlovići
Cvijići
Devići
Šekovići
Dolčani
Kulovići
Grabovac Banski
Veliki Šušnjar
Kraljevčani
Trtnik Glinski
Vlahović
Crni Lug Glinski
Mrakovića
Maričići
Tremušnjak
Ostojići
Zaklepica
Posavski Bregi
Donji Šarampov
Deanovec
Derežani
Johovec
Mala Hrastilnica
Velika Hrastilnica
Križ
Vezišće
Okoli
A3
E70
A11
30
36
37
224
15
16
18
19
21
23
29
32
35
47
45°40'
45°30'
45°20'
16°10'
16°20'
16°30'

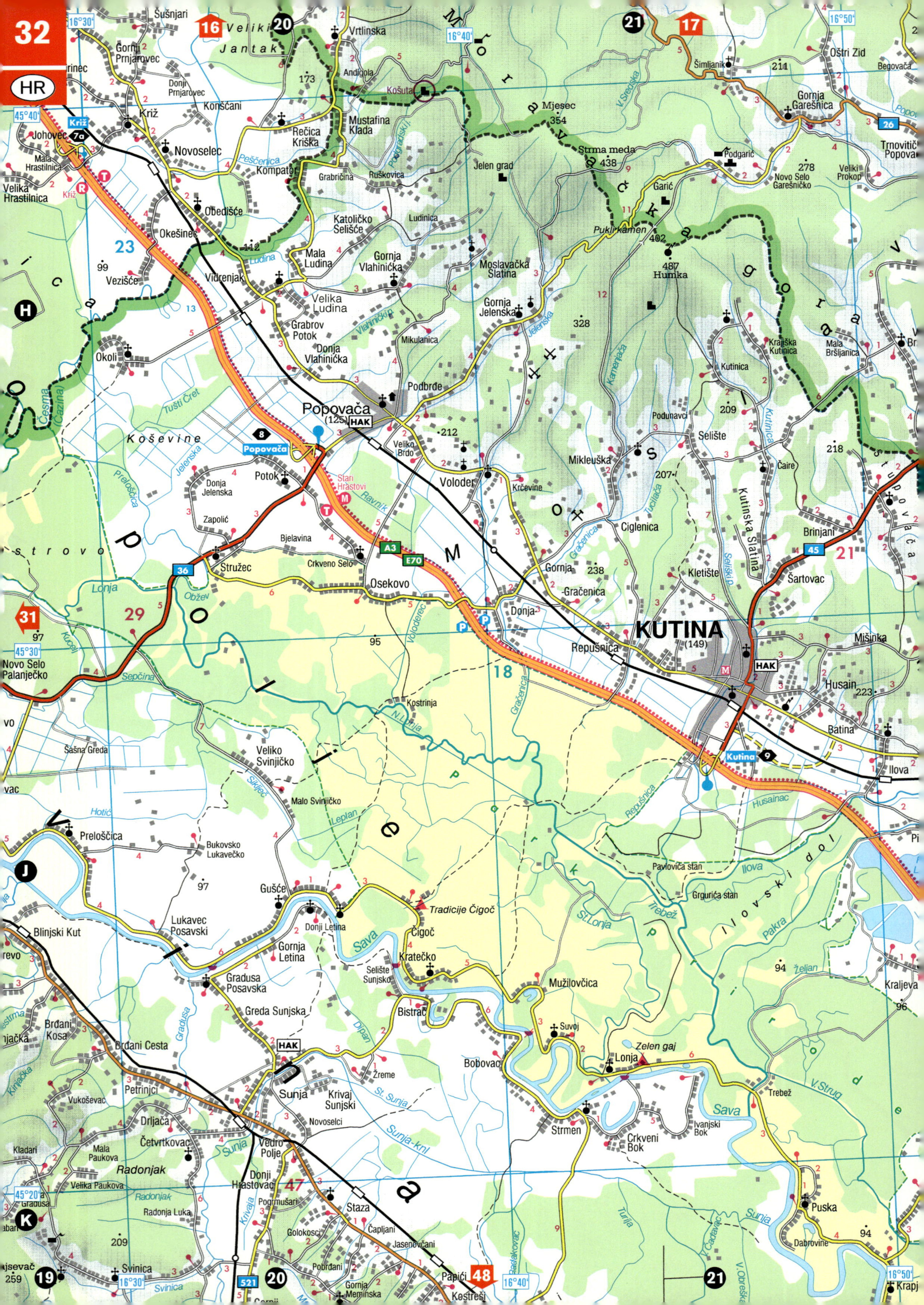
HR
16
Veliki Jantak
20
21
17
Šušnjari
Gornji Prnjarovec
Donji Prnjarovec
Vrtlinska
Andigola
Košuta
Moslavačka gora
Mjesec 354
Strma meda 438
Šimljanik
Ostri Zid
Begovača
Gornja Garešnica
Podgarić
Trnovitički Popovac
Novo Selo Garešničko
Veliki Prokop
26
Križ
Konšćani
Johovec
Mala Hrastilnica
Velika Hrastilnica
Novoselec
Rečica Kriška
Mustafina Klada
Kompator
Grabričina
Ruškovica
Jelen grad
Garić
Obedišće
Okešinec
Katoličko Selišće
Ludinica
Pukli kamen
402
487 Humka
23
99
Vezišće
Vidrenjak
Mala Ludina
Gornja Vlahinićka
Moslavačka Slatina
Velika Ludina
Grabrov Potok
Donja Vlahinićka
Gornja Jelenska
Mikulanica
328
Kutinica
Krajiška Kutinica
Mala Bršljanica
Okoli
Tušti Čret
Podbrđe
Popovača
(125)
HAK
Veliko Brdo
212
Podunavci
209
Selište
218
Koševine
Popovača
8
Donja Jelenska
Potok
Stari Hrastovi
Voloder
Krčevine
Mikleuška
207
Čaire
Zapolić
Ravnik
Ciglenica
Kutinska Slatina
Brinjani
Bjelavina
A3
E70
Kletište
Šartovac
21
Stružec
36
Crkveno Selo
Osekovo
Gornja Gračenica
238
Donja Gračenica
Lonja
Obžev
29
31
97
45°30'
Novo Selo Palanječko
Sepčina
Voloderec
95
18
Repušnica
KUTINA
(149)
HAK
Mišinka
Husain
223
Kostrinja
N. Lonja
Batina
Šašna Greda
Veliko Svinjičko
Kutina
9
Ilova
Malo Svinjičko
Leplan
Husainac
Hotić
Preloščica
Bukovsko Lukavečko
97
Pavlovića stan
Ilova
Gurgurića stan
Ilovski dol
Gušće
Tradicije Čigoč
Blinjski Kut
Lukavec Posavski
Donji Letina
Gornja Letina
Čigoč
St. Lonja
Trebež
Pakra
Sava
Selište Sunjsko
Kratečko
94
Željan
Kraljeva
96
Gradusa Posavska
Mužilovčica
Greda Sunjska
Bistrač
Brđani Kosa
Brđani Cesta
Suvoj
Zelen gaj
Lonja
Bobovac
HAK
Žreme
Petrinjci
Sunja
Krivaj Sunjski
St. Sunja
Trebež
V. Strug
Vukoševac
Novoselci
Strmen
Sava
Drljača
Četvrtkovac
Vedro Polje
Sunja-knl
Crkveni Bok
Ivanjski Bok
Kladari
Mala Paukova
Radonjak
Donji Hrastovac
47
Velika Paukova
Radonja Luka
Pogorušari
Staza
Puska
Gradusa
Golokosci
Čapljani
Jasenovčani
Turija
209
Dabrovine
94
Svinica
Pobrđani
Papići
48
Kostreši
Gornja Meminska
521
20
19
21
Krapje
16°30'
16°40'
16°50'
45°40'
45°20'
H
J
K
Česma (Cazina)
Lonja
Sava

Kostanjevac
Mlinski Vinogradi
Velika Trnava
Mali Zdenci
Veliki Zdenci
Hercegovac
Mala-
Velika-
-Mlinska
Mali-
Veliki-
-Pašijan
Zdenčac
Palešnik
Ilovski Klokočevac
Stražanac
Daruvarski Brestovac
Boriš
Končanica
Otkopi
Šuplja Lipa
Dioš
Đurđička
Donja Vrijeska
Batinjani
Lipovac Majur
Donji Daruvar
Ljudevit Selo
Daruvar
(157)
Daruvar Vinogr.
Vrbovac
Gornji Daruvar
Toplica
HAK
Ivanovo Polje
Dišnik
Garešnički Brestovac
Tomašica
Imsovac
Brestovačka Brda
Kajgana
Garešnica
Sokolovac
Krštelovac
Dežanovac
Doljani
Rtovi
Kapelica
Ciglenica
Golubinjak
Šibovac
Hrastovac
Blagorodovac
Kaštel Dežanovački
M. Čavlovica
V. Čavlovica
Drlež
Romića brdo
Kip
Rogoža
Garešnica
Ribnjak
Gornji Uljanik
Trojeglava
Donji-
Gornji-
-Sredani
Miljanovac
Kaniška Iva
Uljanik
Uljanički Brijeg
Ribnjaci
Čavlovica
Goveđe Polje
Badljevina
Veliko-
Malo-
-Vukovje
Duhovi
Bijela
Kapetanovo Polje
Donji Obrijež
Ribnjak
Poljana
Pakračka
Marino Selo
Antunovac
Brekinska
Ploštine
Omanovac
Dereza
Gojlo
Striježevac
Orlovac
Veliki Banovac
Gornji Obriježje
Toranj
Gaj
Miletina
Mali Banovac
Batinjani
Stari Majur
Pakračka gora
Kusonje
Dišnica
Ilova
Poljana
Kukunjevac
Novi Majur
Zbjegovača
Međurić
Banova Jagura
Janja Lipa
Brezine
Iškovac
Pakrac
(178)
Prekopakra
Klisa
Dobrovac
Raminac
Filipovac
Kraguj
Jamarica
Bujavica
Pakra
Krivaj
Jagma
Japaga
Lipik
(154)
Omanovac
Brdašce
Jamarički l.
Novi Grabovac
Lovska
Korita
Skenderovci
Lipovljani
Subocka
Donji Čaglić
Bukovčani
Brezovac
Livađani
Kozarice
Gornji Čaglić
Čardak
Nova Subocka
Bair
Popovac
Kovačevac
Bjelanovac
Kričke
Gornji-
Rogolji
Stara Subocka
Brestača
Lještani
Donji-
Bobare
Bijela Stijena
Sigetac
Novska
(124)
Kričko brdo
Rajčići
Stari Grabovac
Voćarica
Milisavci
Trnakovac
Čaprginci
Hrastina
Lonja
Paklenica
Jazavica
Bjelovac
Benkovac
Bročice
Roždanik
Rajić
Borovac
Ladevac
Cage
Krndija
Mo
Novska
45°30'
45°20'
17°00'
17°10'

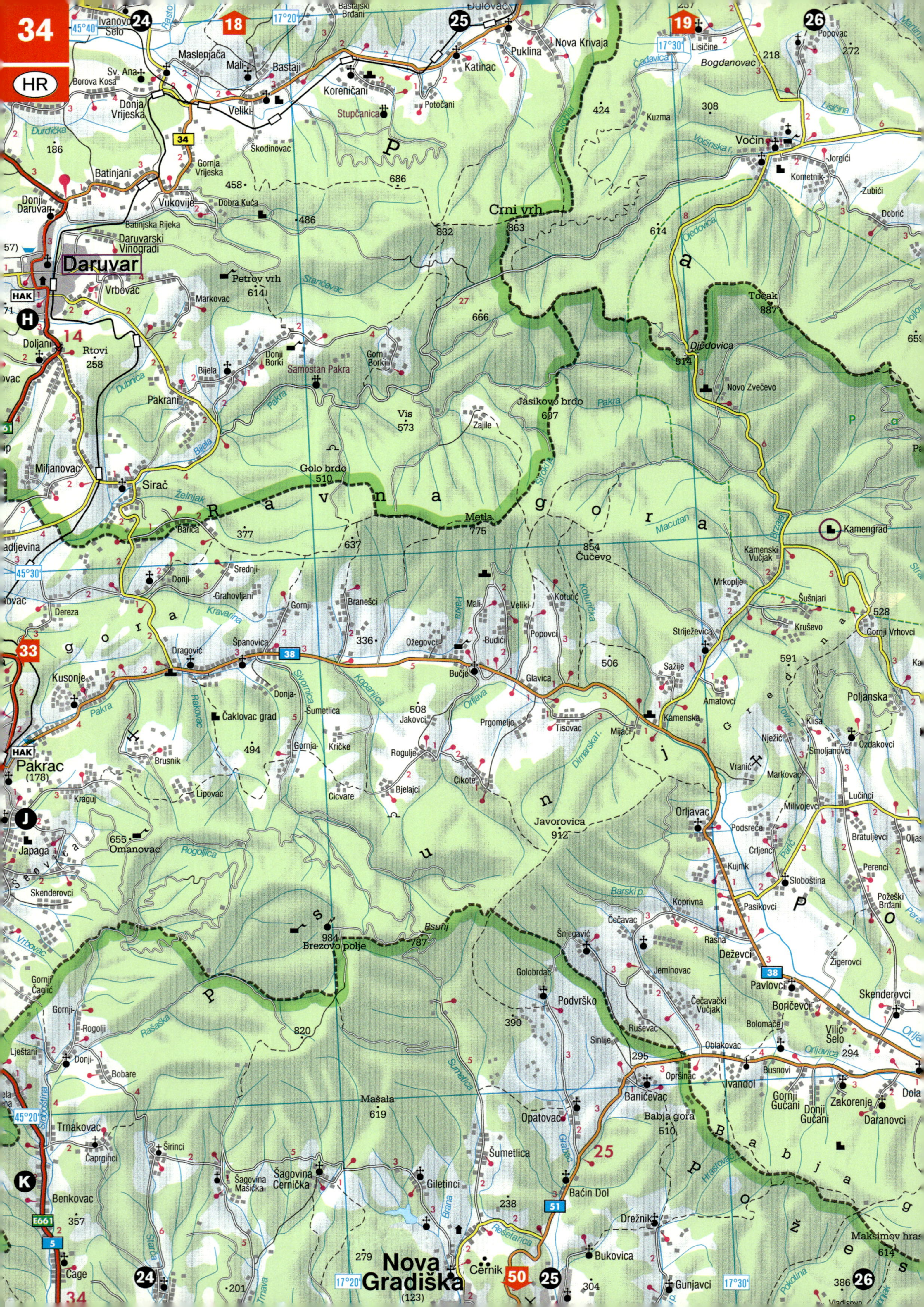
Daruvar
Pakrac
(178)
Nova Gradiška
(123)
Ravna gora
Psunj
Papuk
Požeška gora
Babja gora
Crni vrh
863
Točak
887
Petrov vrh
614
Golo brdo
510
Metla
775
Vis
573
Jasikovo brdo
607
Brezovo polje
984
Mašala
619
Javorovica
912
Omanovac
655
Čaklovac grad
Samostan Pakra
Kamengrad
Ivanovo Selo
Maslenjača
Bastaji
Koreničani
Katinac
Puklina
Nova Krivaja
Đulovac
Lisičine
Bogdanovac
Popovac
Voćin
Jorgići
Kometnik
Zubići
Dobrić
Stupčanica
Potočani
Veliki
Mali
Sv. Ana
Borova Kosa
Donja Vrijeska
Gornja Vrijeska
Škodinovac
Batinjani
Donji Daruvar
Vukovije
Dobra Kuća
Batinjska Rijeka
Daruvarski Vinogradi
Vrbovac
Markovac
Doljani
Rtovi
258
Bijela
Donji Borki
Gornji Borki
Pakrani
Zajile
Đeđevica
Novo Zvečevo
Miljanovac
Sirač
Barica
Dereza
Donji
Sredjni
Grahovljani
Dragović
Španovica
Kusonje
Branešći
Ožegovci
Bučje
Budići
Popovci
Koturić
Kamenski Vučjak
Čučevo
854
Mrkoplje
Šušnjari
Kruševo
Gornji Vrhovci
528
Striježevica
Sažije
Glavica
Tisovac
Mijači
Kamenska
Amatovci
Poljanska
Ozdakovci
Smoljanovci
Nježić
Markovac
Vranić
Orljavac
Lučinci
Bratuljevci
Podsreće
Crljenci
Kujnik
Sloboština
Perenci
Požeški Brđani
Pasikovci
Koprivna
Čečavac
Šnjegavić
Rasna
Deževci
Pavlovci
Boričevci
Skenderovci
Vilić Selo
Bolomače
Golobrdac
Podvrško
Jeminovac
Čečavački Vučjak
Ruševac
Sinlije
Oblakovac
Busnovi
Ivandol
Opršinac
Banićevac
Gornji Gučani
Donji Gučani
Zakorenje
Daranovci
Babja gora
510
Opatovac
Šumetlica
Bačin Dol
Drežnik
Bukovica
Gunjavci
Cernik
Giletinci
Šagovina Cerničká
Šagovina Mašićka
Širinci
Trnakovac
Čaprginci
Benkovac
Cage
Bobare
Rogolji
Gornji Čaglić
Lještani
Skenderovci
Japaga
Kraguj
Lipovac
Brusnik
Jakovci
Roguljе
Bjelajci
Cicvare
Cikote
Prgomelje
Gornja
Donja
Krićke
Sumetlica
Maksimov hrast
614
Vladisovo
HAK
45°40'
45°30'
45°20'
17°20'
17°30'
18
19
24
25
26
33
34
38
50
51
E661

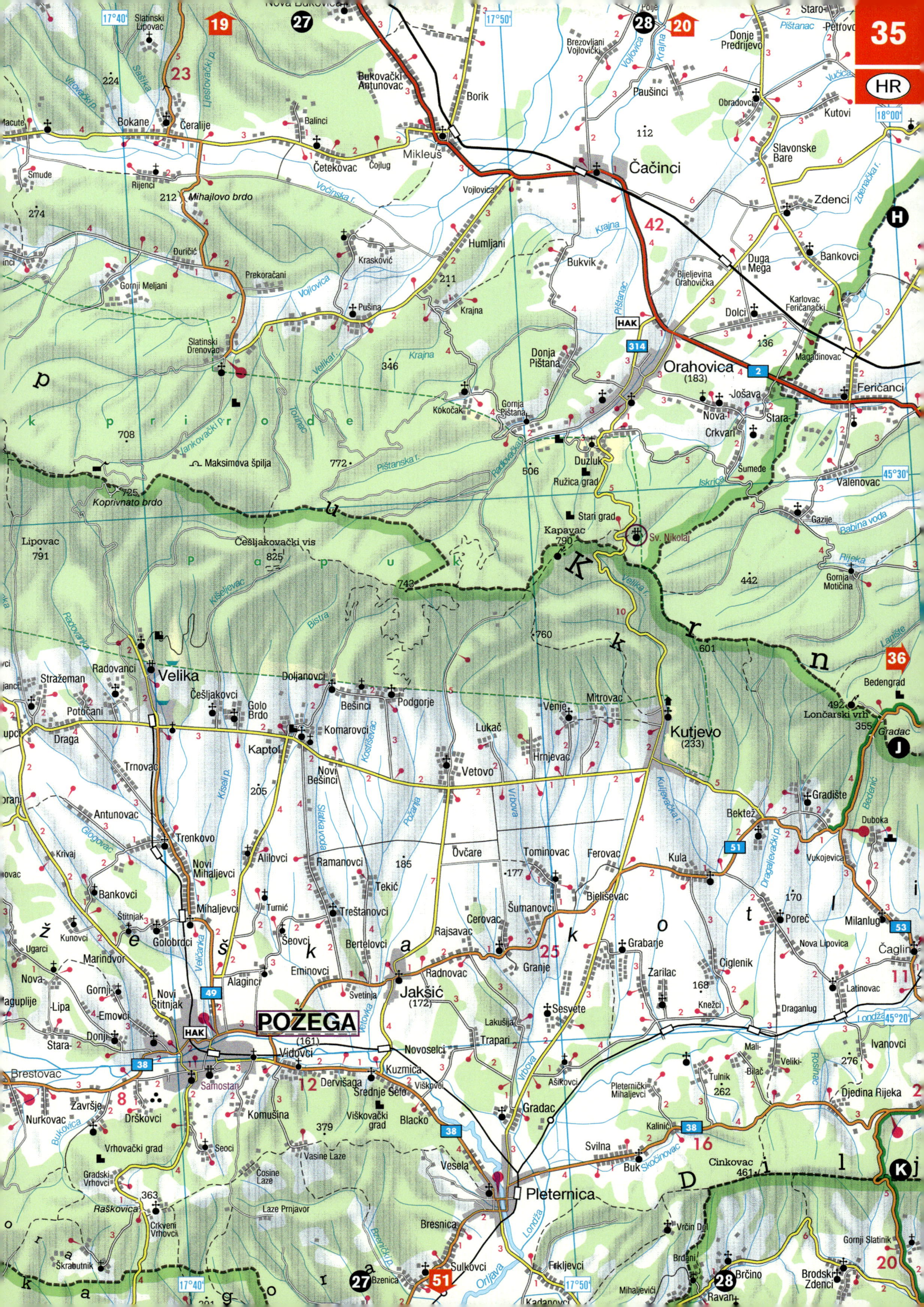
HR
Slatinski Lipovac
Nova Bukovica
Bukovački Antunovac
Borik
Brezovljani Vojlovički
Paušinci
Donje Predrijevo
Staro Petrovo
Obradovci
Kutovi
Bokane
Čeralije
Balinci
Četekovac
Čojlug
Mikleuš
Čačinci
Slavonske Bare
Zdenci
Smude
Rijenci
Mihajlovo brdo
Vojlovica
Humljani
Bukvik
Bankovci
Duga Mega
Đuričić
Krasković
Gornji Meljani
Prekoračani
Pušina
Krajna
Bijeljevina Orahovička
Karlovac Feričanački
Dolci
Slatinski Drenovac
Donja Pištana
Orahovica
(183)
Magadinovac
Feričanci
Jošava
Nova
Stara
Crkvari
Gornja Pištana
Kokočak
Maksimova špilja
Duzluk
Ružica grad
Sumeđe
Valenovac
Koprivnato brdo
Stari grad
Kapavac
Sv. Nikola
Gazije
Babina voda
Lipovac
Češljakovački vis
Gornja Motičina
Papuk
Krndija
Radovanci
Velika
Straženan
Češljakovci
Doljanovci
Bešinci
Podgorje
Mitrovac
Venje
Bedengrad
Lončarski vrh
Potočani
Golo Brdo
Draga
Komarovci
Kaptol
Lukač
Kutjevo
(233)
Trnovac
Novi Bešinci
Vetovo
Hrnjevac
Gradište
Antunovac
Bektež
Duboka
Trenkovo
Krivaj
Novi Mihaljevci
Alilovci
Ramanovci
Ovčare
Tominovac
Ferovac
Kula
Vukojevica
Bankovci
Tekić
Biđeševac
Mihaljevci
Turnić
Treštanovci
Šumanovci
Poreč
Milanlug
Štitnjak
Kunovci
Golobrdci
Šeovci
Cerovac
Rajsavac
Grabarje
Bertelovci
Nova Lipovica
Čaglin
Ugarci
Marindvor
Eminovci
Radnovac
Granje
Zarilac
Ciglenik
Nova Lipa
Gornji
Novi Štitnjak
Alaginci
Svetinja
Jakšić
(172)
Latinovac
Knežci
Draganlug
Emovci
Lakušija
Sesvete
Stara
Donji
POŽEGA
(161)
Trapari
Novoselci
Ivanovci
Vidovci
Brestovac
Samostan
Dervišaga
Kuzmica
Srednje Selo
Viškovci
Ašikovci
Tulnik
Veliki
Djedina Rijeka
Završje
Pleternički Mihaljevci
Nurkovac
Drškovci
Komušina
Viškovački grad
Blacko
Gradac
Kalinić
Vrhovački grad
Seoci
Vasine Laze
Svilna
Buk
Cinkovac
Gradski Vrhovci
Ćosine Laze
Vesela
Pleternica
Raškovica
Crkveni Vrhovci
Laze Prnjavor
Bresnica
Vrčin Dol
Gornji Slatinik
Škrabutnik
Sulkovci
Fikljevci
Brčino
Brodski Zdenci
Bzenica
Ravan
Kadanovci
Mihaljevići
Brđani
Požeška kotlina
Dilj
Kjj
17°40'
17°50'
18°00'
45°30'
45°20'
HAK

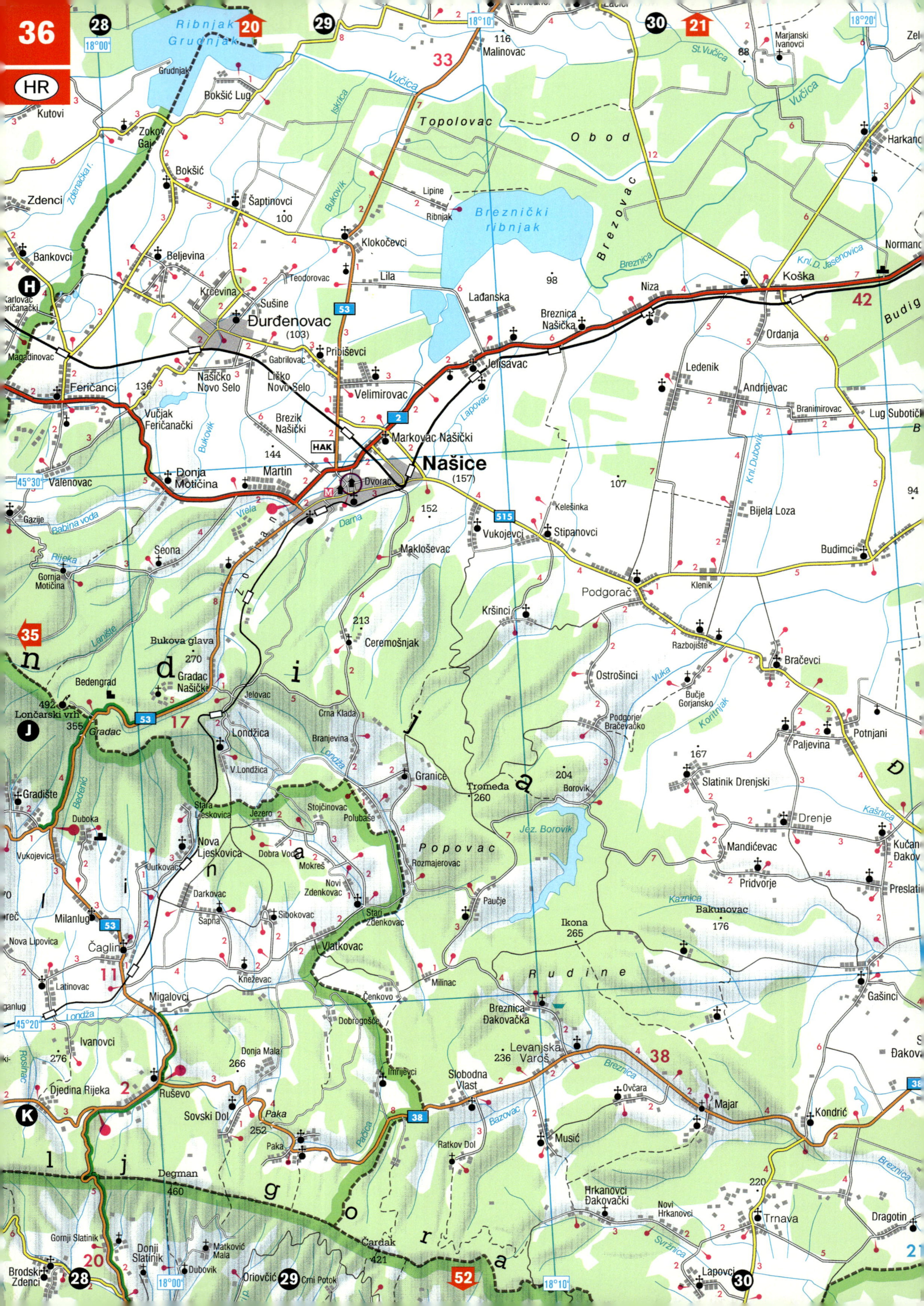
HR
Ribnjak Grudnjak
Grudnjak
Bokšić Lug
Kutovi
Zokov Gaj
Bokšić
Zdenci
Šaptinovci
Bankovci
Beljevina
Krčevina
Sušine
Teodorovac
Đurđenovac
(103)
Pribiševci
Magadinovac
Feričanci
Našičko Novo Selo
Ličko Novo Selo
Gabrilovac
Velimirovac
Vučjak Feričanački
Brezik Našički
Markovac Našički
Našice
(157)
Dvorac
Martin
Donja Motičina
Valenovac
Gazije
Babina voda
Seona
Rijeka
Gornja Motičina
Topolovac
Obod
Brezovac
Malinovac
Vučica
Klokočevci
Lipine
Ribnjak
Breznički ribnjak
Lila
Lađanska
Breznica Našička
Jelisavac
Niza
Koška
Ordanja
Normanci
Harkanovci
Marjanski Ivanovci
St. Vučica
Ledenik
Andrijevac
Branimirovac
Lug Subotički
Bijela Loza
Budimci
Kelešinka
Stipanovci
Vukojevci
Makloševac
Podgorač
Klenik
Kršinci
Ceremošnjak
Bukova glava
Gradac Našički
Bedengrad
Lončarski vrh
Gradac
Jelovac
Londžica
Crna Klada
Branjevina
V. Londžica
Granice
Tromeđa
Borovik
Jez. Borovik
Ostrošinci
Razbojište
Bračevci
Bučje Gorjansko
Podgorje Bračevačko
Paljevina
Potnjani
Slatinik Drenjski
Drenje
Mandićevac
Pridvorje
Kućanci Đakovački
Preslatinci
Bakunovac
Gradište
Duboka
Vukojevica
Stara Lješkovica
Jezero
Stojčinovac
Polubaše
Nova Lješkovica
Jurkovac
Dobra Voda
Mokreš
Popovac
Rozmajerovac
Novi Zdenkovac
Stari Zdenkovac
Darkovac
Šapna
Sibokovac
Paučje
Ikona
Milanlug
Nova Lipovica
Čaglin
Vlatkovac
Kneževac
Rudine
Latinovac
Migalovci
Čenkovo
Milinac
Breznica Đakovačka
Gašinci
Londža
Dobrogošće
Ivanovci
Donja Mala
Levanjska Varoš
Imrijevci
Slobodna Vlast
Ovčara
Majar
Kondrić
Đakovo
Djedina Rijeka
Ruševo
Sovski Dol
Paka
Ratkov Dol
Musić
Degman
Hrkanovci Đakovački
Novi Hrkanovci
Trnava
Dragotin
Gornji Slatinik
Donji Slatinik
Matković Mala
Dubovik
Čardak
Orlovčić
Crni Potok
Brodski Zdenci
Lapovci
Krndija
Dilj gora
Zoljan
Vrela
Darna
Vuka
Breznica
Kaznica
Kašnica
18°00'
18°10'
18°20'
45°30'
45°20'

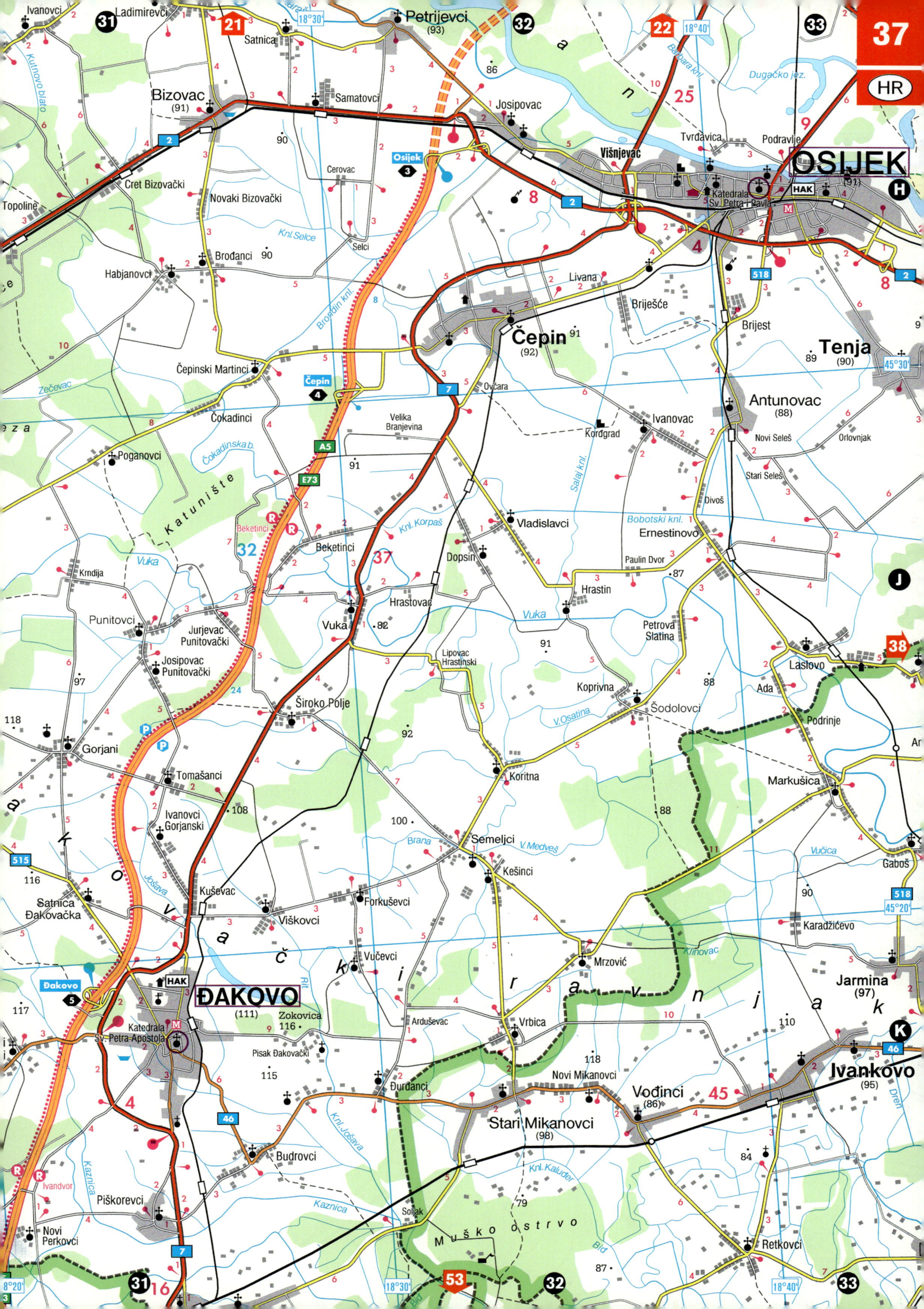
37
HR
OSIJEK
(91)
ĐAKOVO
(111)
Čepin
(92)
Tenja
(90)
Antunovac
(88)
Ivankovo
(95)
Vođinci
(86)
Stari Mikanovci
(98)
Jarmina
(97)
Bizovac
(91)
Petrijevci
(93)
Ivanovci
Ladimirevci
Satnica
Samatovci
Josipovac
Višnjevac
Tvrđavica
Podravlje
Katedrala Sv. Petra i Pavla
HAK
Cret Bizovački
Novaki Bizovački
Topoline
Cerovac
Selci
Brođanci
Habjanovci
Livana
Briješće
Brijest
Čepinski Martinci
Čokadinci
Poganovci
Velika Branjevina
Ovčara
Kordgrad
Ivanovac
Novi Seleš
Orlovnjak
Stari Seleš
Divoš
Vladislavci
Ernestinovo
Paulin Dvor
Hrastin
Dopsin
Beketinci
Hrastovac
Vuka
Krndija
Punitovci
Jurjevac Punitovački
Josipovac Punitovački
Lipovac Hrastinski
Petrova Slatina
Koprivna
Šodolovci
Laslovo
Ada
Podrinje
Široko Polje
Gorjani
Tomašanci
Ivanovci Gorjanski
Koritna
Markušica
Semeljci
Kešinci
Kušević
Viškovci
Forkuševci
Satnica Đakovačka
Vučevci
Mrzović
Gaboš
Karadžićevo
Katedrala Sv. Petra Apostola
Zokovica
Pisak Đakovački
Arduševac
Vrbica
Novi Mikanovci
Đurđanci
Budrovci
Ivandvor
Piškorevci
Novi Perkovci
Soljak
Retkovci
Muško ostrvo
Katunište
Vukovačka ravnjak
Knl. Selce
Brođin knl.
Čokadinska b.
Zečevac
Knl. Korpaš
Salaj knl.
Bobotski knl.
Vuka
V. Osatina
Brana
V. Medveš
Vučica
Krinovac
Jošava
Rit
Knl. Jošava
Kaznica
Knl. Kaluđer
Bid
Barbara knl.
Dugačko jez.
Kutnovo blato
Dren
Osijek
Čepin
Đakovo
A5
E73
2
7
46
515
518
18°30'
18°40'
45°30'
45°20'
31
32
33
21
22
25
38
53
16
45
H
J
K

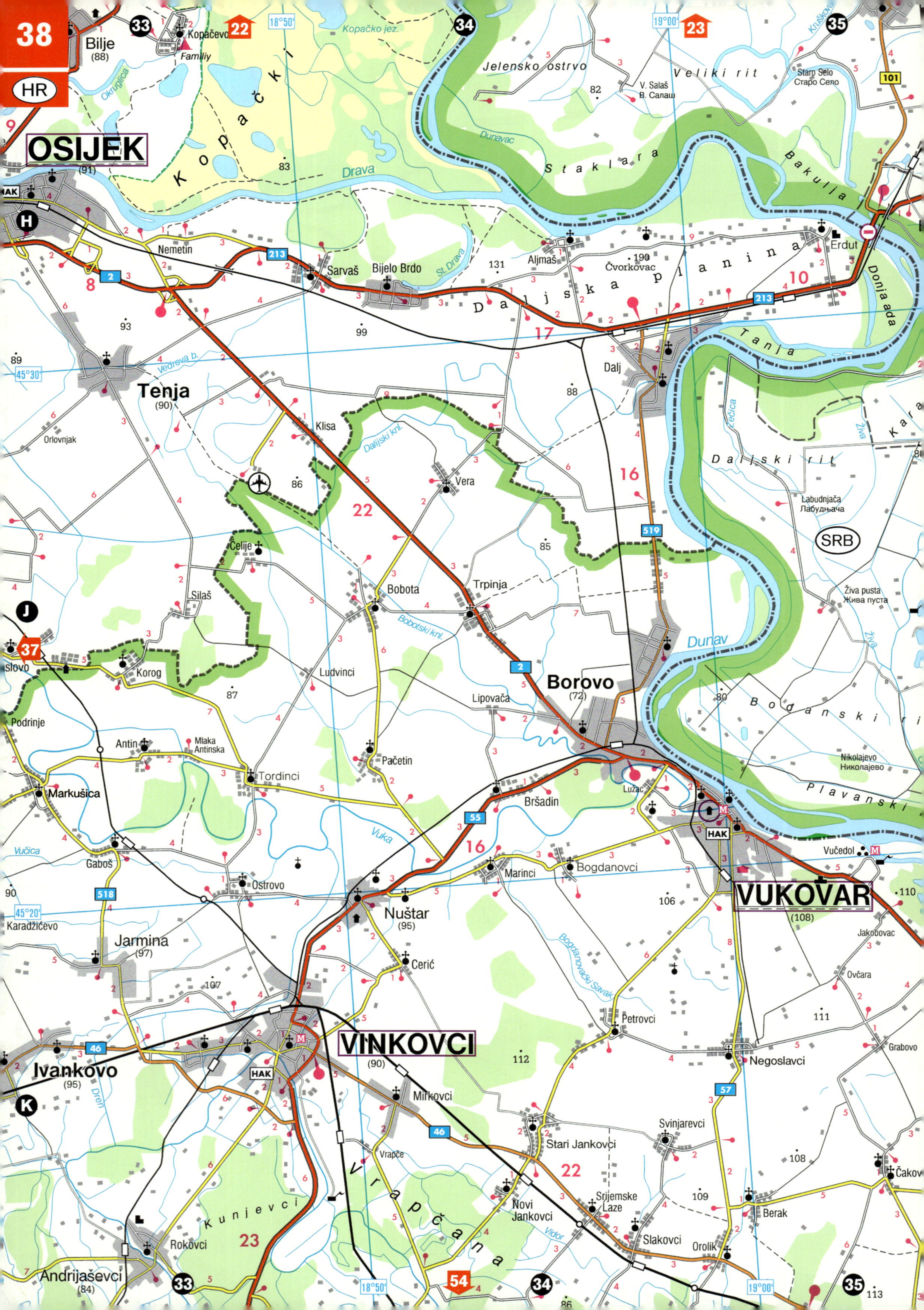
HR
OSIJEK
(91)
Bilje
(88)
Kopačevo
Family
Kopački rit
Kopačko jez.
Okruglica
Drava
Jelensko ostrvo
Veliki rit
V. Salaš
В. Салаш
Staro Selo
Старо Село
Dunavac
Staklara
Bakulja
Nemetin
Sarvaš
Bijelo Brdo
St. Drava
Aljmaš
Čvorkovac
Erdut
Daljska planina
Donja ada
Tanja
Dalj
Tenja
(90)
Vedrova b.
Orlovnjak
Klisa
Daljski knl.
Vera
Dalјski rit
Labudnjača
Лабудњача
SRB
Čelije
Bobota
Trpinja
Silaš
Živa pusta
Жива пуста
Bobotski knl.
Dunav
Korog
Ludvinci
Borovo
(72)
Lipovača
Bođanski rit
Podrinje
Antin
Mlaka Antinska
Pačetin
Tordinci
Markušica
Lužac
Bršadin
Nikolajevo
Николајево
Plavanski
Vuka
Vučica
Gaboš
Marinci
Bogdanovci
Vučedol
Ostrovo
Nuštar
(95)
VUKOVAR
(108)
Karadžićevo
Jarmina
(97)
Cerić
Jakobovac
Bogdanovački Savak
Ovčara
Petrovci
VINKOVCI
(90)
Ivankovo
(95)
Negoslavci
Grabovo
Dren
Mirkovci
Svinjarevci
Stari Jankovci
Vrapče
Vrapčana
Srijemske Laze
Čakovci
Berak
Novi Jankovci
Kunjevci
Vidor
Slakovci
Orolik
Rokovci
Andrijaševci
(84)
45°30'
45°20'
18°50'
19°00'

HR
Srpski Miletić
Српски Милетић
(90)
Bački Gračac
Бачки Грачац
(82)
Ruski Krstur
Руски Крстур
(84)
Osmak majur
Осмак мајур
Lalić
Лалић
Odžaci
Оџаци
(89)
Šaranac
Jegrički knl.
Karavukovo
Каравуково
(87)
Kovački rit
Pivnice
Пивнице
(86)
Knl. Brzava
Ratkovo
Ратково
(91)
Branjevina
Deronje
Дероње
(91)
Golodobra
Lug
Parage
Параге
Selenča
Селенча
(94)
Ribnjak Bač
Bač
Бач
(92)
Sv. Pavla
Silbaš
Силбаш
(85)
SRB
Panickog salaš
Паницког салаш
Tilingerov salaš
Тилингеров салаш
Manastir Bođani
Đurđevo
Ђурђево
Bođani
Бођани
Mostonga
Štukavica
Gajdobra
Гајдобра
(91)
Vranjak
Tovariševo
Товаришево
(89)
Plavna
Плавна
Nova Gajdobra
Нова Гајдобра
Kanal Karavukovo - Bački Petrovac
Obrovac
Обровац
(87)
Mladenovo
Младеново
(86)
Knl. Morgaš
Morgaš
Gornji Majur
Горњи Мајур
Knl. Mostonga
Bačko Novo Selo
Бачко Ново Село
Karađorđevo
Карађорђево
Novi Majur
Нови Мајур
Knl. Begej
Donji Majur
Доњи Мајур
Mladenovski rit
Dunavac
Dunav
BAČKA PALANKA
БАЧКА ПАЛАНКА
Donji rit
Opatovac
Mohovo
Mikluševci
Tompojevci
Bečka
Šarengrad
Stari Grad
HAK
Ilok
(133)
Neštin
Нештин
Dubokip.
Lovas
Bapska
Molovin
Моловин
AMCC

HR
Istrien
Istra
Novigrad
(Cittanova)
Poreč
(Parenzo)
ROVINJ
(ROVIGNO)
Tarski zaljev
Limski kanal
Park Umag
Karigador
(Carigador)
Luka Dajla
St.Gosana
Dajla
(Daila)
Mareda
Kastanija
Fiorini
Marinčići
Buzinija
(Buzinia)
Aquapark Istralandia
Nova Vas
(Villanova)
Baredine
Sv.Ivan
Lozari
Sv.Anton
Stuparić
Srbani
Kostanjica
(Castagna)
Završje
(Piemonte)
Antonci
Livade
(Levade)
Motovun
(Montona)
Sveti Stjepan
Žudetići
Brdo
Vranje Selo
Sv.Marija
Čuki
Sabadin
Vižinada
(Visinada)
Crklada
Ferenci
Mirna
Sirena
Lanterna
Tar
(Torre)
Rogovići
Krančići
Kaštelir
(Castelliere)
Lašići
Rakotule
Karojba
Brig
Baškoti
Solaris
Vabriga
Perci
Labinci
(S. Domenica)
Markovac
Dvori
Kolumbera
Višnjan
(Visignano)
Štuti
Barići
Vranići
Prhati
Praščari
Škropeti
Luka Červar
T.N. Červar-Porat
Rošini
Gedići
Baredine
Jama
Bucalovići
Žužići
Stranići
Farini
Rapavel
Ulika
Kukci
Radoši
Veli Maj
Mali Maj
Nova Vas
Radovani
Materada
Košinožići
Bačva
Fabci
Vranići
T.N. Špadići
Sv.Ivan
Majkusi
Muntrilj
Šurani
Veleniki
HAK
T.N. Pical
Katun
Brečevići
Sv. Nikola
Bazilika
Vrvari
Jehnići
Baderna
Butori
Tinjan
Mušalež
Žbandaj
Ladrovići
Jadranska magistrala
Jakovići
T.N. Brulo
Radmani
Sušnjići
Zelena Laguna
Mugeba
Bijela Uvala
Dračevac
Kringa
Fuškulin
Sv.Rok
Jasenovica
Montižana
Sv.Lovreč
Pazenatički
Mofardini
Puntica
Istra
Dinopark
Funtana
Sv.Andrija
Begi
Valkanela
Flengi
Gradina
Stranići
Radetići
Orsera
Sculpture Park
Tina
Marasi
Selina
Barat
Vrsar
(Orsera)
Kloštar
Medaki
Porto Sole
Koversada
T.N. Blesić
Sv. Mihovil
Krunčići
Dubravci
Mrgani
Dvigrad
Koreniči
Sv. Feliks
Sv.Bartol
Munter
Sv.Martin
Bubani
Valalta
Rovinjsko Selo
Sošići
Kanfanar
Amarin
Šorići
Porton Biondi
Turnina
U. Valdebora
Sv.Eufemija
Franjevački samostan
Madona
Juršova st.
Golaš
Krmed
Sv.Katarina
Zlatni rat
Kokuletovica
Ulika
Polari
Sv.Andrija
U. Pulari
Pulari
Orbanići
Veštar
Monsporke
Mon Paradiš
L. Veštar
Rt Babo
Sv.Ivan
Bale
(Valle)
Forke
Bembo
V.Vrh
Dvije Sestrice
Gustinja
Rt Gustinja
V.Majan
Mon Perin
U. Sv. Pavao
Colone
Rt Datule
Negrin
Gajana
(Gaiano)
Fort Forno
T.N. Barbariga
Rt Barbariga
Golubove
Medjan
24
56

Pazin
Labin
Lupoglav
Cerovlje
Gračišće
Žminj
Svetvinčenat
Barban
Kršan
Plomin
Rabac
Pićan
V. Planik
1271
Vojak
1401
Park prirode Učka
Čepićko polje
Jadranska magistrala
Raša
Vozilići
Plomin-Luka
Rt Mašnjak
Rt Sv.Andrija
Rt Sv.Juraj
Rt Prklog
Rt Sv.Marina
Rt Baćeva
Brestova
Zaljev Raša
Raška Draga
Jez. Butoniga
Beram
Tupljak
Podpićan
Čambarelići
Šumber
Sveti Bartul
Krapan
Kapelica
Ripenda Kras
Dubrova
Štrmac
Nedešćina
Santalezi
Vrećari
Martinski
Mali Golji
Marceljani
Presika
Rogočana
Most Raša
Hrboki
Rebići
Trget
Brgod
Polje
Goli
538
Ravni
Viškovići
Skitača
Puntera
Melnica
Prhati
Koromani
Juričev Kal
Mandalenčići
Montovani
Kukurini
Sv. Katarina
Zajci
Jakomići
Lindar
Lovrin
Heki
Trviž
Zarečje
Novaki Pazinski
Gologorica
Barevica
333
Kontuši
Šušnjevica
Boljunsko Polje
Vranja
Bobići
Straževica
460
Tenčići
Borut
Kašćerga
Finida
420
Zamaski Dol
Grimalda
Pagubice
St. Dragué
503
Humi
Kras
Ročko Polje
Račice
Kosariga
Tomišići
Krculi
Juršići
Butkovići
Orbanići
Goli Vrh
245
Filipana
Divšići
Šajini
Bibići
Pusti
Raponji
Gradina
373
Rojnići
Cere
Benčići
Rudani
Gromača
399
Batlug
Savinjovica
Laginji
Milotski Breg
Bazgalji
Funčići
433
Zabreganj
Križanci
Juršići
Pamići
Rogovići
Ivoli
Cerovlje
Vranja
Lupoglav
A8
E751
64
66
421
500
42
48
44
17
18
22
23
25
57
14°00'
14°10'
45°20'
45°10'
45°00'
J
K
L
M
4
5
6

HR
Rijeka
(3)
Opatija
(5)
Lovran
(17)
Kraljevica
Omišalj
Krk
Malinska
Cres
Plavnik
Riječki zaljev
Srednja vrata
Vela vrata
Veli bok
Matulji
Kastav
Marinići
Grobnik
Zastenice
Podčudnić
Kikovica
Suhi vrh
547
577
Čavle
Cernik
Mavrinci
Ponikve
Plosna
Podrvanj
Pehlin
Gornja Drenova
431
Čikovići
Rujevica
Zamet
Kozala
Buzdohanj
Orehovica
Kukuljanovo
386
Škrljevo
Sv. Kuzam
Krasica
Praputnjak
Bakar
Bakarac
Rožmanići
Kostrena Sv. Barbara
Kostrena Sv. Lucija
Šoići
Perovići
Paveki
Plešići
Doričići
Rožići
Sodići
Vrh Martinšćice
Sušak
G. Vežica
Trsat
Stara vrata
Kantrida
Škurinje
Diračje
Preluk
Pobri
Bregi
706
Mihotići
Rukavac
Vedež
Zvoncev vrh
972
Zagrad
Anđeli
Brložnik
1092
Veprinac
Poljane
Strmica
Ičići
Opatija Ika
Ika
Dobreć
Liganj
Tuliševica
Lovranska Draga
Medveja
Jadranska magistrala
Sv. Anton
Donji Kraj
Obrš
Sv. Petar
Draga
Mošćenička Draga
Grabrova
Kalac
Mošćenice
U. Uboka
827
Sv. Jelena
Golovic
Martina
Brseč
U. Sepriš
Zagore
Rt Baćeva
Brestova
U. Bobina
Rt Mašnjak
Učka
Oštro
Lipica
Tihi kanal
Šmrika
Križišće
Pušća
Omišaljski z.
Livire
111
Njivice
68
29
Jezero
Čižići
Rt Čuf
U. Kijac
Sužan
135
Tribulje
T.N. Haludovo
Sveti Vid-Miholjice
Radić
Bogovići
Rasopasno
Gabonjin
Turčić
Sveti Anton
Sveti Ivan
Zgombići
Oštrobradić
Strilčići
Rt Pelova
Porat
106
Glavotok
U. Čavlena
U. Bujina
L. Glavotok
Poljica
Milohnići
Brzac
Nenadić
Bajčići
238
Vrhure
Linardići
202
Žgaljići
Brusići
Kosići
Polača
103
Marta
Škrbčići
Vrh
238
Salatići
Lakmartin
Pinezići
L. Torkul
U. S. Fuska
Valbiska
Munčal
119
Bor
Ježevac
Rt Crnika
Kula
U. Lagdimor
Rt Sv.Mikula
Rt Veli Pin
Rt Mali Pin
Rt Kosminj
124
Rt Starganac
U. Banja
U. Jablanac
M. bok
Konec
Papratni rt
Ivanje
Rosulje
322
Važminec
Rt Grota
Uvala Dol
Frantin
Porozina
U. Porozina
455
Rt Prestenice
Niska
Beli
U. Stivanjska
Lučica
Brajdi
Filozići
U. Komarčić
Rt Pečen
Orline
604
Dragozetići
Sveti Petar
Gorice
648
639
528
U. Tiha
Rt Kobij
Rt Kalafati
U. Smokvina
U. Jarjacul
U. Potpredošćića (U. Sarska)
Predošćica
U. Dupalna
V. Gračište
562
Vodice
Rt Sv.Blaž
U. Draženj
Rt Žakenj
U. Papina
45°20'
45°10'
45°00'
14°20'
14°30'
J
K
L
M
6
7
8
A8
A7
A6
E65
66
100
102
104
501
58
41
26
39
11
13
16
18
15
25
9
14
HAK
101

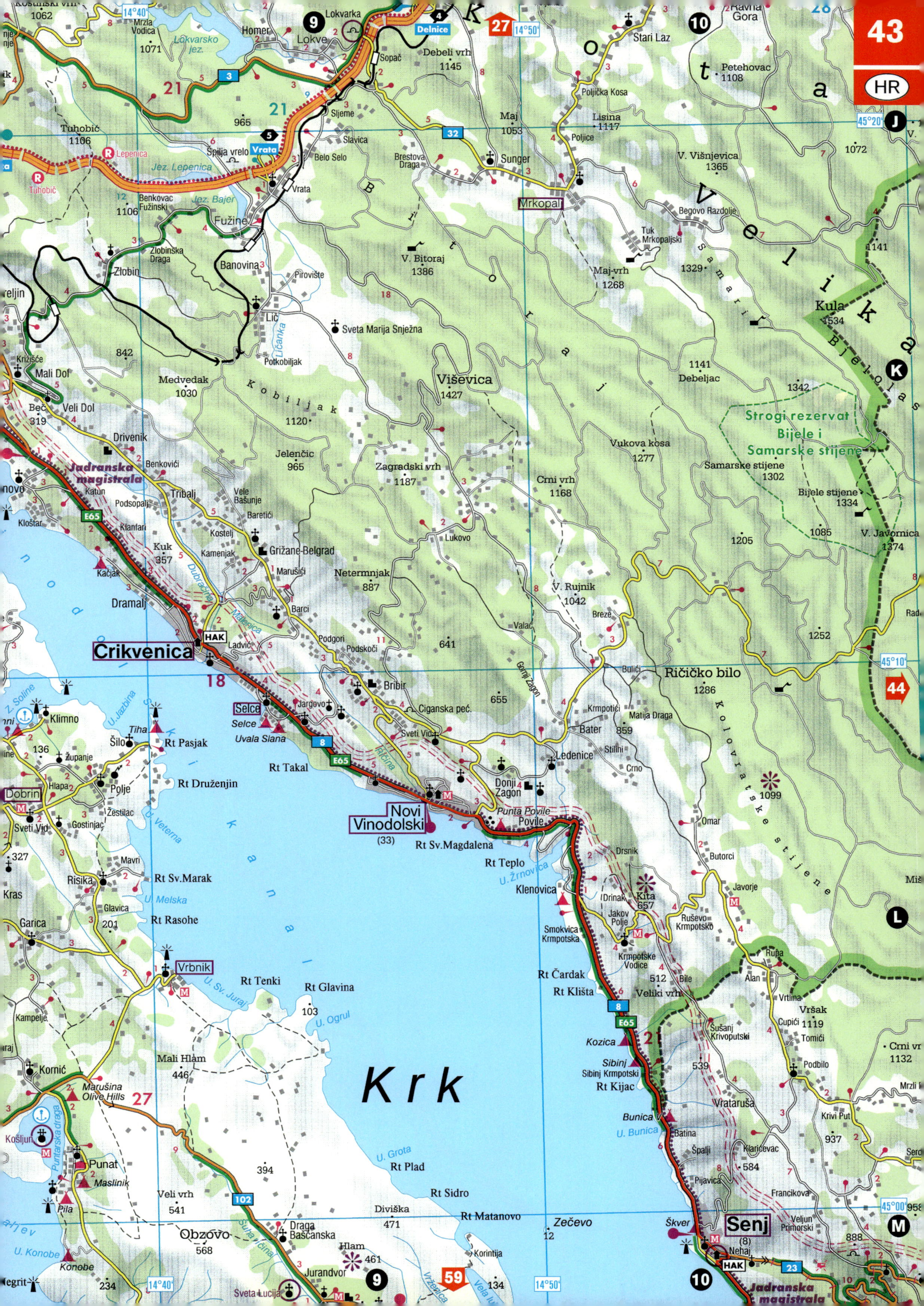
Lokvarka
Mrzla Vodica
1071
Lokvarsko jez.
Homer
Lokve
Delnice
Sopač
Debeli vrh
1145
Stari Laz
Ravna Gora
Petehovac
1108
Poljička Kosa
Lisina
1117
Poljice
Maj
1053
Sljeme
Slavica
Tuhobić
1106
Lepenica
Špilja vrelo
Vrata
Jez. Lepenica
Belo Selo
Brestova Draga
Sunger
Mrkopalj
V. Višnjevica
1365
1072
Benkovac Fužinski
1106
Jez. Bajer
Fužine
Begovo Razdolje
Tuk Mrkopaljski
Zlobinska Draga
Zlobin
Banovina
Pirovište
V. Bitoraj
1386
Maj-vrh
1268
1329
1141
Kula
1534
Lič
Ličanka
Sveta Marija Snježna
Potkobiljak
842
Križišće
Mali Dol
Medvedak
1030
Viševica
1427
1141
Debeljac
1342
Bič
319
Veli Dol
Kobiljak
1120
Strogi rezervat Bijele i Samarske stijene
Drivenik
Jelenčić
965
Zagradski vrh
1187
Vukova kosa
1277
Samarske stijene
1302
Jadranska magistrala
Benkovići
Tribalj
Crni vrh
1168
Bijele stijene
1334
Katun
Podsopalj
Vele Bašunje
Baretići
Klanfari
Kostelj
Griżane-Belgrad
Lukovo
1085
V. Javornica
1374
1205
Kloštar
Kuk
357
Kamenjak
Kačjak
Marušići
Netermnjak
887
V. Rujnik
1042
Dramalj
Barci
Breze
Crikvenica
HAK
Ladvić
Podgori
Podskoči
641
Valać
1252
Gornji Zagon
18
Bulići
Ričičko bilo
1286
Bribir
Selce
Jargovo
Ciganska peć.
655
Krmpotići
Matija Draga
Klimno
Tiha
Rt Pasjak
Selce
Uvala Slana
Sveti Vid
Bater
859
136
Šilo
Županje
Ledenice
Stilini
Rt Takal
Crno
Polje
Hlapa
Rt Druženjin
Donji Zagon
1099
Dobrinj
Žestilac
Novi Vinodolski
(33)
Punta Povile
Povile
Sveti Vid
Gostinjac
Rt Sv.Magdalena
Omar
327
Mavri
Rt Teplo
Drsnik
Butorci
Risika
Rt Sv.Marak
U. Žrnovica
Klenovica
Kras
U. Melska
Glavica
201
Rt Rasohe
Drinak
Kita
657
Javorje
Garica
Jakov Polje
Smokvica Krmpotska
Ruševo Krmpotsko
Vinodolski kanal
Krmpotske Vodice
Vrbnik
U. Sv. Juraj
Rt Tenki
Rt Glavina
Rt Čardak
Rt Klišta
512
Bile
Alan
Rupa
Veliki vrh
103
U. Ogrul
Kampelje
Vrtlina
Vršak
1119
Cupići
Tomići
Šušanj Krivoputski
Kozica
Crni vr
1132
Mali Hlam
446
539
Kornić
Sibinj
Sibinj Krmpotski
Rt Kijac
Podbilo
Krk
Marušina Olive Hills
27
Vratаruša
Krivi Put
937
Bunica
U. Bunica
Batina
Košljun
Špalji
Klarićevac
Punat
394
U. Grota
Rt Plad
584
Maslinik
Pijavica
Francikovac
Pila
Veli vrh
541
Rt Sidro
Diviška
471
Rt Matanovo
Zečevo
12
Veljun Primorski
888
Škver
Senj
(8)
Nehaj
Obzovo
568
Draga Baščanska
Hlam
461
U. Konobe
Korintija
Konobe
Jurandvor
234
Sveta Lucija
134
Jadranska magistrala
44
45°20'
45°10'
45°00'
14°40'
14°50'
59

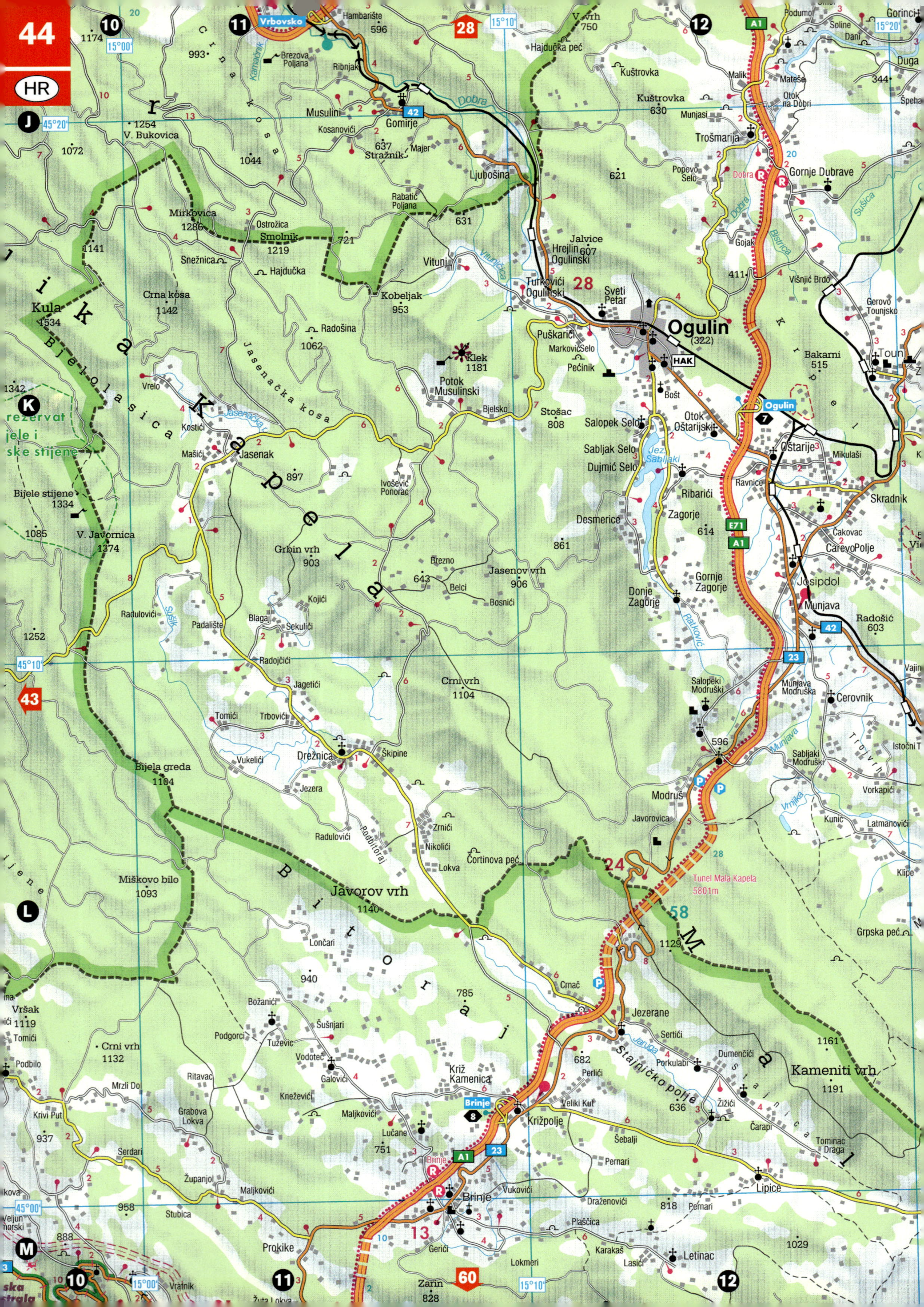
Vrbovsko
Hambarište
596
Brezova Poljana
Ribnjak
Musulini
Kosanovići
Gomirje
637
Stražnik
Majer
Dobra
Ljubošina
Rabatić Poljana
631
V. vrh
750
Hajdučka peć
Kuštrovka
Kuštrovka
630
Munjasi
Trošmarija
Popovo Selo
621
Dobra
Gornje Dubrave
Podumol
Soline
Dani
Gorinci
Duga
344
Malik
Mateše
Otok na Dobri
Gojak
Bjelica
Višnjić Brdo
411
Gerovo Tounjsko
Bakarni
515
Toun
1174
993
Crna kosa
1254
V. Bukovica
1072
1044
Mirkovica
1286
Ostrožica
Smolnik
1219
721
Snežnica
Hajdučka
1141
Crna kosa
1142
Kula
1534
Radošina
1062
Jalvice
607
Hrejlin
Ogulinski
Vitunj
Vitunjčica
Turkovići Ogulinski
Kobeljak
953
Sveti Petar
Ogulin
(322)
HAK
Puškarići
Markovič Selo
Pečinik
Klek
1181
Potok Musulinski
Bjelsko
Stošac
808
Bošt
Salopek Selo
Otok Oštarijski
Oštarije
Mikulaši
Sabljak Selo
Dujmić Selo
Jez. Sabljaki
Ravnice
Skradnik
Ribarići
Zagorje
614
Desmerice
861
Čakovac
Carevo Polje
Josipdol
Munjava
Radošić
603
Gornje Zagorje
Donje Zagorje
Lika
Kapela
Bjelolasica
Vrelo
Jasenačka kosa
Kostići
Jasenak
Mašići
897
Ivošević Ponorac
1342
rezervat
Bijele stijene
1334
1085
V. Javornica
1374
Grbin vrh
903
Brezno
643
Belci
Jasenov vrh
906
Bosnići
Kojići
Radulovići
Sušik
Padalište
Blagaj
Sekulići
1252
Radojčići
Jagetići
Crni vrh
1104
Salopeki Modruški
596
Munjava Modruška
Cerovnik
Tomići
Trbovići
Vukelići
Drežnica
Škipine
Bijela greda
1104
Jezera
Sabljaki Modruški
Vorkapići
Modruš
Javorovica
Kunić
Latmanovići
Radulovići
Zrnići
Nikolići
Lokva
Čortinova peć
Tunel Mala Kapela
5801 m
Miškovo bilo
1093
Bitoraj
Javorov vrh
1140
1129
Mala Kapela
Grpska peć
Lončari
940
785
Crnač
Jezerane
Vršak
1119
Tomići
Božanići
Podgorci
Tužević
Šušnjari
Sertići
1161
Crni vrh
1132
Vodoteč
Galovići
Stajničko polje
Jaruga
682
Perlići
Perkulabi
Dumenčići
Kameniti vrh
1191
Podbilo
Mrzli Dol
Ritavac
Križ Kamenica
Kneževići
Grabova Lokva
Maljkovići
Brinje
Veliki Kut
Križpolje
636
Žižići
Čarapi
Krivi Put
937
Lučane
751
Šebalji
Tominac Draga
Serdari
Županjol
Pernari
Brinje
Maljkovići
958
Stubica
Vukovići
Draženovići
818
Pernari
Lipice
888
Plaščica
1029
Prokike
Gerići
Karakaš
Lasići
Letinac
Lokmeri
Žuta Lokva
Vratnik
Zarin
828
28
43
60
A1
E71
42
23
15°00'
15°10'
15°20'
45°20'
45°10'
45°00'

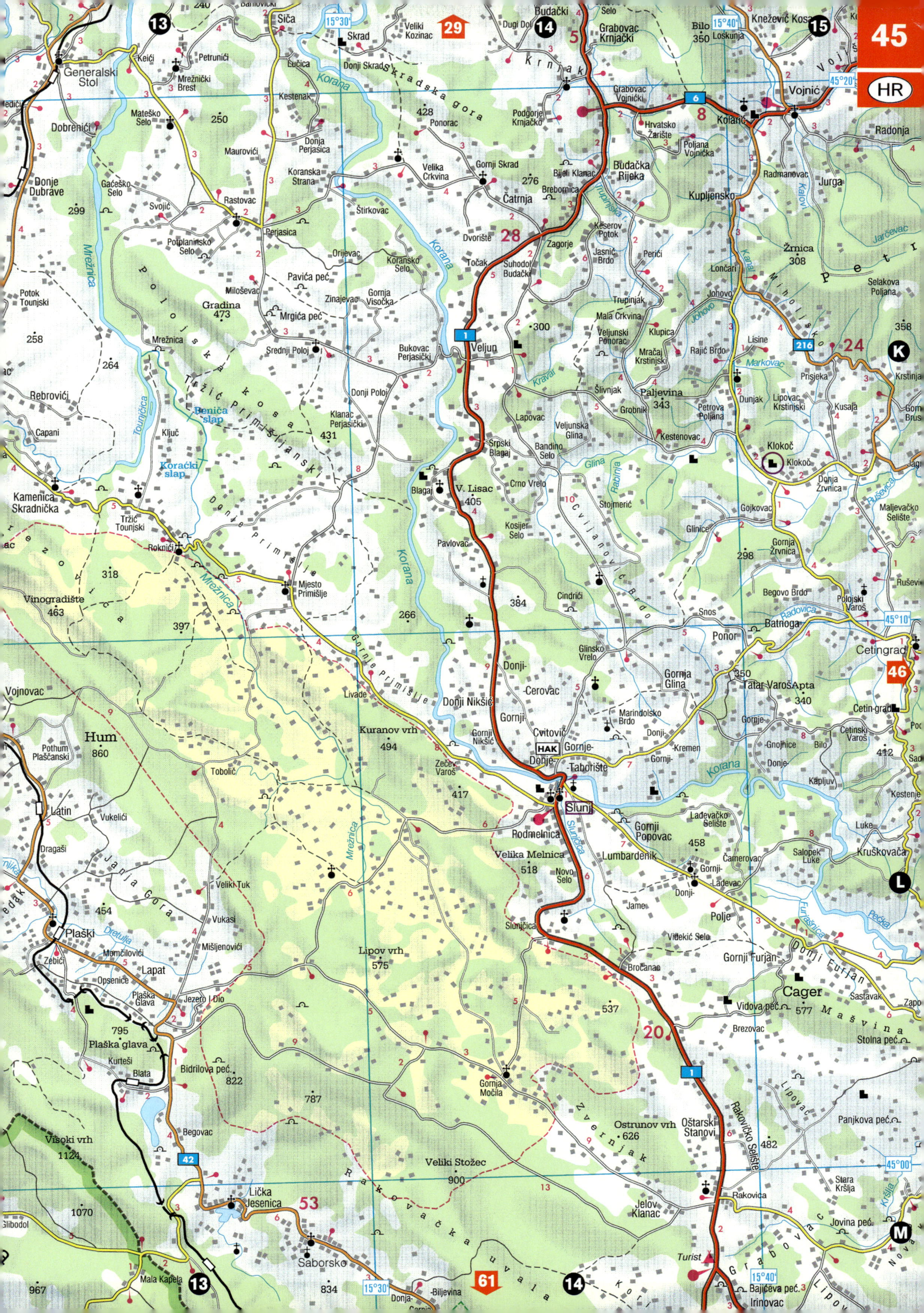
13
Siča
15°30'
Skrad
Veliki Kozinac
29
Budački
Dugi Dol
14
5
Selo
Grabovac Krnjački
Bilo 350
15°40'
Loskunja
Knežević Kosa
15
Keići
Petrunići
Generalski Stol
Lučica
Donji Skrad
Skradska gora
Krnjak
Vojnić
45°20'
Mrežnički Brest
Kestenak
428
Ponorac
Podgorje Krnjačko
Grabovac Vojnički
6
8
Kolarić
Dobrenići
Mateško Selo
250
Donja Perjasica
Hrvatsko Žarište
Poljana Vojnička
Radonja
Maurovići
Koranska Strana
Velika Crkvina
Gornji Skrad
276
Bijeli Klanac
Budačka Rijeka
Radmanovac
Jurga
Donje Dubrave
Gaćeško Selo
Svojić
Rastovac
Čatrnja
Brebornica
Kupljensko
299
Štirkovac
Perjasica
Dvorište
28
Zagorje
Keserov Potok
Popplaninsko Selo
Orijevac
Koransko Selo
Točak
Suhodol Budački
Jasnić Brdo
Perići
Žrnica 308
Potok Tounjski
Mrežnica
Pavića peć
Gornja Visočka
Zinajevac
Miloševac
Gradina 473
Mrgića peć
Loncari
Johovo
Petr
Selakova Poljana
258
Mrežnica
Srednji Poloj
Bukovac Perjasički
Veljun
300
Trupinjak
Mala Crkvina
Veljunski Ponorac
Klupica
Rajić Brdo
Lisine
358
216
24
K
264
Donji Poloj
Kravar
Šlivnjak
Mračaj Krstinjski
Paljevina 343
Markovac
Prisjeka
Krstinja
Rebrovići
Beniča slap
Tržić Primišljanski
Klanac Perjasički
431
Lapovac
Grobnik
Petrova Poljana
Dunjak
Lipovac Krstinjski
Kusaja
Capani
Ključ
Tounjčica
Veljunska Glina
Srpski Blagaj
Bandino Selo
Kestenovac
Klokoč
Korački slap
Glina
Rabinja
Kamenica Skradnička
Blagaj
V. Lisac 405
Crno Vrelo
Stojmerić
Donja Žrvnica
Tržić Tounjski
Cvijanović Brdo
Gojkovac
Maljevačko Selište
Rokinići
Pavlovac
Kosijer Selo
Glinice
Gornja Žrvnica
318
298
Vinogradište 463
Mjesto Primišlje
384
Cindrići
Begovo Brdo
Poljski Varoš
Ruševica
Korana
266
Snos
Batnoga
Radovica
45°10'
397
Gornje Primišlje
Glinsko Vrelo
Ponor
Cetingrad
46
Vojnovac
Livade
Donji Nikšić
Donji-Cerovac
Gornja Glina
350
Tatar Varoš Apta
340
Hum 860
Kuranov vrh 494
Gornji-
Cvitović
Marindolsko Brdo
Cetin-grad
Pothum Plaščanski
Gornji Nikšić
HAK
Gornje-Taborište
Donje-
Gornje
Gnojnice
Bilo
Cetinski Varoš
412
Tobolić
Zečev Varoš
417
Donji-
Kremen
Donje
Kapljuv
Latin
Slunj
Kestenje
Vukelići
Mrežnica
Rodmelnica
Gornji Popovac
Ladevačko Selište
Luke
Dragaši
Velika Melnica 518
Lumbardenik
458
Čamerovac
Salopek Luke
Kruškovača
Slunjčica
Novo Selo
Gornji-Ladevac
Donji-
L
Janja Gora
Velik Tuk
454
Jame
Polje
Furjašnica
Pećka
Vukasi
Plaški
Dretulja
Mišljenovići
Slunjčica
Videkić Sela
Momčilovići
Lipov vrh 575
Broćanac
Gornji Furjan
Donji Furjan
Zebić
Opsenice
Lapat
Cager
Sastavak
Plaška Glava
Jezero
Dio
Vidova peć
577
Mašvina
Zapo
537
Brezovac
795
Plaška glava
Bidrilova peć.
822
20
Stolna peć.
1
Kurteši
Blata
787
Gornja Močila
Lipovac
Zvernjak
Ostrunov vrh 626
Oštarski Stanovi
Rakovičko Selište
Pankova peć
Begovac
Visoki vrh 1124
482
42
Veliki Stožec 900
45°00'
Lička Jesenica
53
Rakovačka uvala
Jelov Klanac
Rakovica
Stara Kršlja
Kršlja
1070
Glibodol
Grabovac
Jovina peć
M
Saborsko
Turist
967
Mala Kapela
13
834
15°30'
61
14
Bijelvina
Donja-
15°40'
Bajčeva peć
Irinovac

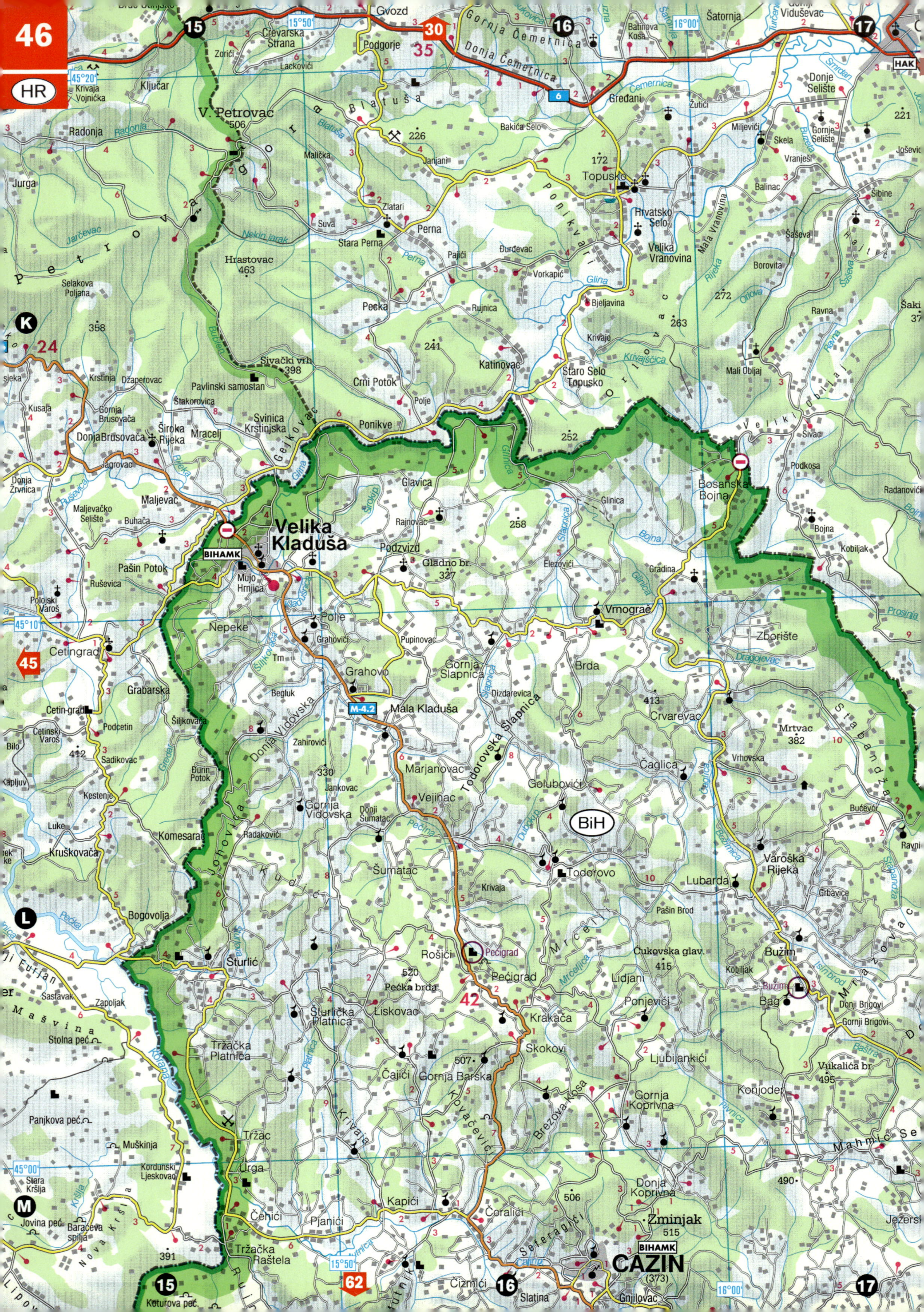
HR
BiH
Velika
Kladuša
CAZIN
(373)
BIHAMK
HAK
V. Petrovac
506
Gvozd
Podgorje
Crevarska
Strana
Gornja Čemernica
Donja Čemernica
Šatornja
Viduševac
Topusko
172
Gređani
Hrvatski
Selo
Velika
Vranovina
Perna
Stara Perna
Zlatari
Hrastovac
463
Pecka
Katinovac
Staro Selo
Topusko
Crni Potok
Sivački vrh
398
Pavlinski samostan
Svinica
Krstinjska
Ponikve
Glavica
Rajnovac
Podzvizd
Gladno br.
327
258
Glinica
Bosanska
Bojna
Bojna
Vrnograd
Zborište
Brda
Crvarevac
413
Mrtvac
382
Čaglica
Golubovići
Mala Kladuša
Grahovo
Marjanovac
Vejinac
Šumatac
Todorovo
Lubarda
Varoška
Rijeka
Bužim
Pećigrad
Rošići
520
Pećka brda
Liskovac
Krakača
Skokovi
507
Čajići
Gornja Barska
Ljubijankići
Gornja
Koprivna
Donja
Koprivna
Zmijnjak
515
Ćoralići
Kapići
506
Šturlić
Šturlička
Platnica
Tržačka
Platnica
Tržac
Urga
Čehići
Pjanići
Tržačka
Raštela
Cetingrad
Grabarska
Maljevac
Pašin Potok
Ruševica
Kruškovača
Bogovolja
Komesarac
Slatina
Gnjilovac
Cizmići
Vukalica br.
495
Konjoder
Jezerski
490
Cukovska glav.
415
Ponjevići
Lidjani
Bag
Gornji Brigovi
Donji Brigovi
Koturova peć
Stara Kršlja
Jovina peć
391
Kordunski Ljeskovac
Panjkova peć
Muškinja
Stolna peć
Zapolják
Sastavak
Podcetin
Cetin-grad
Sadikovac
412
Luke
Kusaja
Krstinja
Džaperovac
Donja Brdsovača
Široka Rijeka
Mracelj
Šakojevica
Selakova Poljana
358
Jurga
Radonja
Ključar
Krivaja
Vojnićka
Zorići
Lackovići
Bakića Selo
Janjani
Malička
Suva
226
Pajići
Đurđevac
Vorkapić
Rujnica
Bjeljavina
Krivaje
263
272
Borovita
Ravna
Mali Obljaj
Šaki
Podkosa
Radanovići
Kobiljak
Miljevići
Skela
Vranješ
Balinac
Šibine
Šaševa
Donje
Selište
Gornje
Selište
221
Bahinova Kosa
Žutići
Nepeke
Polje
Grahovići
Pupinovac
Gornja
Slapnica
Dizdarevica
Begluk
Zahirovići
330
Jankovac
Gornja
Vidovska
Donja
Sumatac
Radakovići
Krivaja
Grbavice
Pašin Brod
Bućevci
Vrhovska
Elezovići
Gradina
Mujo
Hrnjica
15
16
17
24
30
35
42
45
62
M-4.2
45°20'
45°10'
45°00'
15°50'
16°00'

HR
NOVI GRAD
НОВИ ГРАД
BiH
Š a m a r i c a
Z r i n s k a g o r a
Majske Poljane
Brnjeuška
Cvijići
Šteković
Dolčani
Cuntić
Dragotinci
Donja Mlinoga
Gornja Mlinoga
Velika Gradusa
Mala Gradusa
Kulovići
Grabovac Banski
Veliki Šušnjar
Jabukovac
Kraljevčani
Gornja Pastuša
Jošavica
Gradusa
Žabari
Trtnik Glinski
Crni Lug Glinski
Vlahović
Mrakovići
Maričići
Tremušnjak
Ostojići
Donja Pastuša
Komogovina
Lajsevac
Knezovljani
Ravno Rašće
Kačari
Drenovac Banski
Martinovići
Dodoši
Begovići
Borojevići
Umetić
Gornji Bjelovac
Kostreši Bjelovački
Dolnjaki
Majski Trtnik
Bijele Vode
Mandići
Mačkovo Selo
Marjanovići
Sunja
Donji Bjelovac
Maja
Veliki Gradac
Vidjelo
Mečenčani
Prevršac
Grad Prekovršac
Prijeka
Svračica
Momčilovića Kosa
Miočinovići
Babina Rijeka
Donji Kukuruzari
Dragotina
Jamari
Likari
Mali Gradac
Trnjnići
Lovča
Lukači
Dabrina
Kozaperovica
Gruborovići
Ramanovo
Barakovac
Gornja Velešnja
Donji Klasnić
Gornji Klasnić
Trnovac Glinski
Gornja Lovča
Stara straža
Čukur
Rijeka
Kamešnica
Brestik
Janoševac
Vješala
Bulati
Piramida
Volinja
Brubno
Zrin
Rogulje
Lotine
Brezovo Polje
Dangube
Kamenica
Zrinski Brdani
Zrinska Draga
Bunjski Rijećani
Brajinovići
Sladojevići
Dikavac
Lješkovac
Janoska
Švrakarica
Jovac
Bunjja
Šakanlije
Stupnica
Zuberi
Zlatovići
Grabovica
Gornja Oraovica
Vratnik
Brdani
Čavlovica
Kapija
Kukići
Gorička
Segestin
Kozibrod
Galijaši
Đurasinovići
Maljkovići
Adamovići
Donja Oraovica
Dobrljin
Donji Žirovac
Gornja Stupnica
Paukovac
Draškovac
Divuša
Komora
Dupale
Pedalj
Kepčije
Golubovac Divuški
Gornje Vodičevo
Mračaj
Kokirna
Gvozdansko
Rujevac
Miletići
Glavičani
Katarine
Unčani
Udetin
Mardanski p.
Donja Stupnica
Gornji Javoranj
Donje Vodičevo
Gornji Žirovac
Majdan
Šerbule
Žirovnica
Gage
Bansko Vrpolje
Donji Javoranj
Ravnice
Carica Brdo
Trgoki
Struga Banska
Muljača
Hrtić
Una
Kosna
Čore
Zamlača
Pavlovo br.
Stambolije
Grmušani
Javoštica
Mala Žuljevica
Velika Žuljevica
Vanići
Velebitski p.
Ljubina
Dvor
Zdenaća
Poljavnice
Mazić
Rakov
Radač
Čorkovača
Zakopa
Čemernica
Matijevići
Blagaj Rijeka
Rudići
Sočanica
Nesvanulice
Javnica
Mijatova pošta
Čerkezovac
Novi
Jablanica
Blagaj Japra
Bilečani
Zut
Kotarani
Glodina
Japra
Sufa
Glodina
Maslovare
Klepale
Santračeva glav.
Bjelajci
Gornji Dobretin
Donji Dobretin
Salkića glav.
Dolovljani
Bastra
Rudice
Suhača
Bučkovac
Blatna
Gornji Rakani
Hožići
Donji Agići
Otoka
Ljusina
Srednji Buševič
Matavazi
Vedovica
16°10'
16°20'
16°30'
45°20'
45°10'
45°00'
M-14
M-4

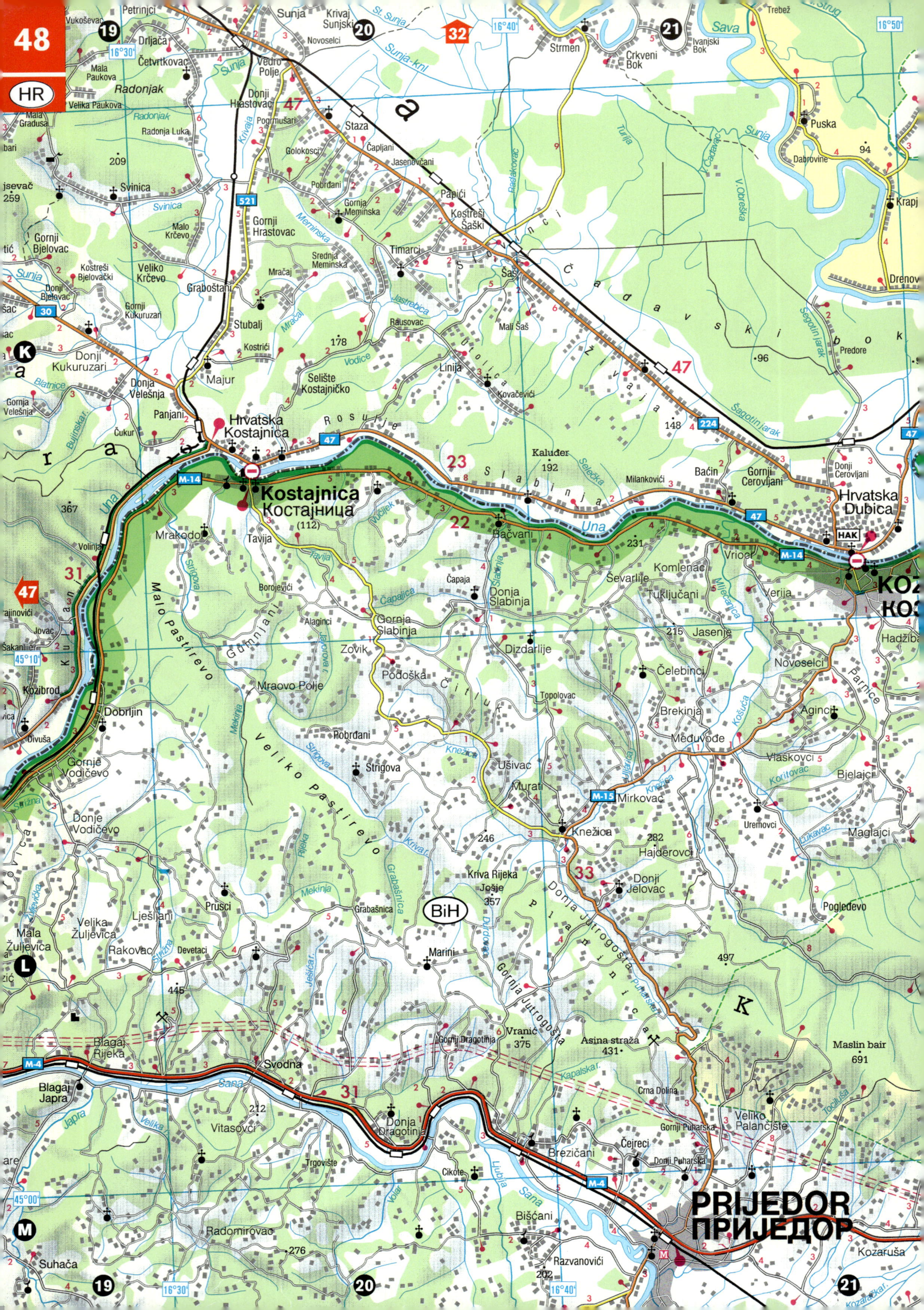
HR
BiH
19
20
21
32
16°30'
16°40'
16°50'
45°10'
45°00'
18°30'
K
L
M
47
Sava
Sunja
Strmen
Crkveni Bok
Ivanjski Bok
Trebež
Puska
Dabrovine
Krapj
Drenov
Petrinjci
Vukoševac
Drljača
Četvrtkovac
Mala Paukova
Radonjak
Velika Paukova
Mala Gradusa
Radonja Luka
Svinica
Sunja
Krivaj Sunjski
Novoselci
Veuro Polje
Donji Hrastovac
Pogrmušari
Staza
Čapljani
Golokosci
Jasenovčani
Pobrđani
Gornji Meminska
Papići
Kostreši Šaški
Gornji Hrastovac
Srednja Meminska
Timarci
Šaš
Mali Šaš
Mračaj
Grabošani
Malo Krčevo
Veliko Krčevo
Gornji Bjelovac
Kostreši Bjelovački
Donji Bjelovac
Gornji Kukuruzari
Donji Kukuruzari
Stubalj
Kostrići
Rausovac
Majur
Selište Kostajničko
Linija
Kovačevići
Donja Velešnja
Gornja Velešnja
Panjani
Čukur
Hrvatska Kostajnica
Kostajnica
Костајница
(112)
Tavija
Mrakodol
Volinja
Kaluđer
192
Milankovići
Bačin
Gornji Cerovljani
Donji Cerovljani
Hrvatska Dubica
HAK
Bačvani
231
Vrioci
Komlenac
Ševarlije
Tuključani
Jasenje
215
Čapaja
Donja Slabinja
Gornja Slabinja
Borojevići
Alaginci
Zovik
Dizdarlije
Čelebinci
Novoselci
Podoška
Mraovo Polje
Topolovac
Brekinja
Međuvođe
Aginci
Pobrđani
Strigova
Ušivac
Murati
Mirkovac
Vlaškovci
Bjelajci
Uremovci
Knežica
Hajderovci
Maglajci
Kriva Rijeka
Jošje
357
246
282
Donji Jelovac
Pogledevo
Jovac
Sakanlije
Kozibrod
Divuša
Dobrljin
Gornje Vodičevo
Donje Vodičevo
Velika Žuljevica
Mala Žuljevica
Rakovac
Ljeskani
Pruscí
Devetaci
Grabašnica
Marini
445
497
Blagaj Rijeka
Blagaj Japra
Svodna
Gornji Dragotinja
Vranić
375
Asina straža
431
Maslin bair
691
Crna Dolina
Gornji Puharska
Veliko Palančište
Donja Dragotinja
Brezičani
Čejreci
Donji Puharska
Vitasovci
212
Trgovište
Cikote
Bišćani
Radomirovac
276
Suhača
Razvanovići
202
PRIJEDOR
ПРИЈЕДОР
Kozaruša
Una
Sana
Malo Pastirevo
Veliko Pastirevo
Gumnjani
Čitluk
Donja Jutrogošta
Gornja Jutrogošta
Planinica
Čadavski bok
Slabinja
Rosulje
M-14
M-15
M-4
47
521
30
224
22
23
31
33
148
178
94
96
209
259

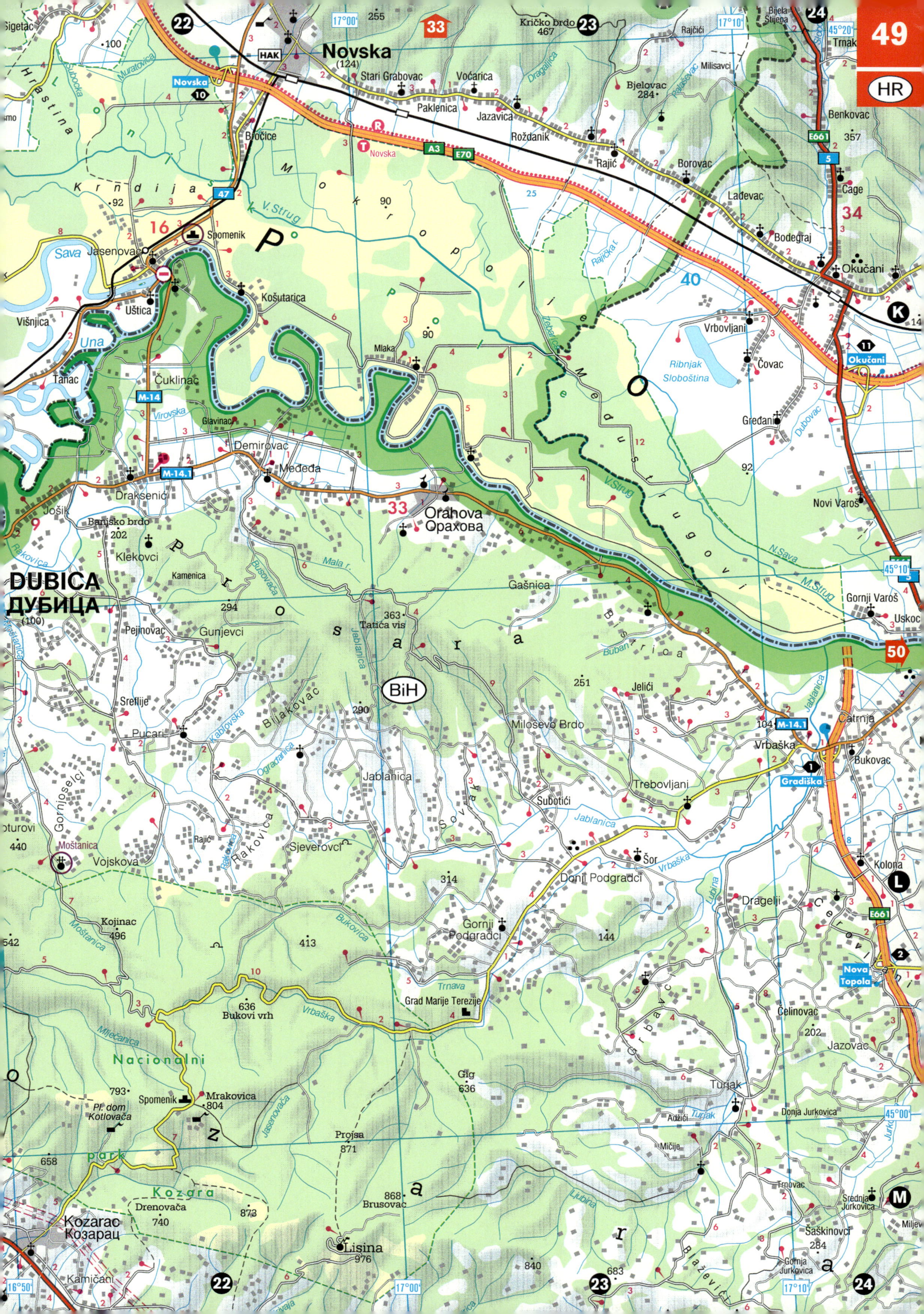
HR
Novska
(124)
Stari Grabovac
Voćarica
Paklenica
Jazavica
Roždanik
Rajić
Borovac
Bjelovac
284
Milisavci
Rajčići
Kričko brdo
467
Bijela Stijena
Trnak
Benkovac
357
Cage
Ladevac
Bodegraj
Okučani
Okučani
Vrbovljani
Čovac
Ribnjak Slobоština
Gređani
Novi Varoš
Gornji Varoš
Uskoc
Bročice
Krndija
Hrastina
Sava
Jasenovac
Spomenik
Košutarica
Višnjica
Uštica
Una
Tanac
Čuklinac
Glavinac
Demirovac
Međeđa
Drakseniċ
Jošik
Banjsko brdo
202
Klekovci
Kamenica
Orahova
Орахова
Mlaka
90
Mokro polje
Međustrugovi
DUBICA
ДУБИЦА
(100)
Pejinovac
Gunjevci
294
Prosara
363
Tatića vis
Gašnica
BiH
Sreflije
Pucari
Bijakovac
290
Jablanica
Miloševo Brdo
Jelići
251
Vrbaška
104
Gradiška
Bukovac
Čatrnja
Trebovljani
Subotići
Šor
Donji Podgradci
Gornji Podgradci
314
144
Sjeverovci
Rakovica
Rajić
Vojskova
Moštanica
Gornjoselci
440
Kojinac
496
542
413
Dragelji
Kolona
Nova Topola
Čelinovac
202
Jazovac
636
Bukovi vrh
Grad Marije Terezije
Nacionalni park
Kozara
793
Spomenik
Mrakovica
804
Pl. dom Kotlovača
Gig
636
Turjak
Adžići
Donja Jurkovica
Mičije
Projsa
871
868
Brusovac
658
Drenovača
740
873
Kozarac
Козарац
Lisina
976
840
683
Kamičani
Trnovac
Srednja Jurkovica
Šaškinovci
284
Gornja Jurkovica
Miljev
M-14
M-14.1
A3
E70
E661
17°00'
17°10'
45°20'
45°10'
45°00'
16°50'

HR
BiH
Nova Gradiška
Gradiška
Градишка
Srbac
Србац
Okučani
Staro Petrovo Selo
Rešetari
Nova Topola
Нова Топола
Dubrave
Дубраве
Glamočani
Гламочани
Bosanski Aleksandrovac
Davor
Sava
Vrbas
Mašala
Opatovac
Baničevac
Babja gora
Gornji Gučani
Donji Gučani
Zakorenje
Daranovci
Širinci
Capraginci
Šagovina Mašićka
Šagovina Cernička
Giletinci
Šumetlica
Baćin Dol
Benkovac
Cage
Bodegraj
Medari
Mašić
Kovačevac
Cernik
Bukovica
Gunjavci
Drežnik
Adžamovci
Brđani
Tisovac
Vladisovo
Maksimov hrast
Godinjak
Oštri Vrh
Dragalić
Poljane
Prvča
Donji Bogićevci
Gorice
Ljupina
Zapolje
Gornji-
Crnogovci
Donji-
Laze
Visoka Greda
Bodovaljci
Vrbje
Šičice
Štivica
Pivare
Savski Bok
Novi Varoš
Gornji Varoš
Stara Gradiška
Uskoci
Mačkovac
Dolina
Orubica
Gornja-
Donja-
Brestovčina
Obradovac
Catrnja
Liskovac
Mokrice
Bukovac
Bardača
Bajinci
Čikule
Kolona
Rovine
Rogolji
Krajišnik
Razboj Lječanski
Prijebljezi
Povelić
Lokvari
Elezagići
Berek
Gornja Topola
Petrovo Selo
Čelinovac
Jazovac
Mašići
Kukulje
Nožičko
Lužani
Selište
Poljaši
Stari Martinac
Donja Jurkovica
Vilusi
Srednja Jurkovica
Miljevići
Šaškinovci
Gornja Jurkovica
Gornji Bakinci
Kobatovci
Petoševci
Papažani
Šeškovci
Kriškovci
Međunarodni aerodrom
Romanovci
Lamanci
Crnac
Poljana
A3
E70
E661
M-14.1
M-16
Aleksandrovac
Nova Topola
Gradiška
Okučani
Nova Gradiška
St. Petrovo Selo
HAK
45°20'
45°10'
45°00'
17°10'
17°20'
17°30'

HR
BiH
Pleternica
Sibinj
Oriovac
Nova Kapela
Batrina
Lužani
Brodski Stupnik
Slobodnica
S. Brod-zapad
Ribnjaci Jasinje
Slavonski Kobaš
Bosanski Kobaš
Bebrina
Kaniža
Šumeće
Zbjeg
Korače
Kopaňe
Dubočac
Bosanski Dubočac
Bijelo Brdo
Kostreš
Begluci
Agići
Omeragići
DERVENTA
ДЕРВЕНТА
(150)
Donji Detlak
Gornji Palačkovci
Jadovica
Miškovci
Pečeneg Ilova
Zasjeka
Korovi
Grabići
Nova Ves
Vlaknica
Gradina
Čapljak
Donja Lepenica
Gornja Lepenica
Srđevići
Pjevalovac
Markovac
Kuljenovci
Sređeljani
Vrhovi
Živinic
Stupnički Kuti
Banovci
Radovanje
Kujnik
Malino
Ciglenik
Bečić
Kasonjski vrh
Stari Slatinik
Gornji Andrijevci
Bartolovci
Gromačnik
Završje
Lovčići
Krajačići
Grižići
Jakačina Mala
Grgurevići
Čelikovići
Glogovica
Brčino
Brodski Zdenci
Ravan
Gornji Slatinik
Vrčin Dol
Cinkovac
Svilna
Buk
Kalinić
Gradac
Blacko
Kovački grad
Komušina
Vasine Laze
Vesela
Bresnica
Sulkovci
Frkljevci
Kadanovci
Zagrade
Bučje
Bilice
Mihaljevići
Brodski Drenovac
Ratkovica
Dragovci
Komorica
Požečka Koprivnica
Bzenica
Poloje
Stara Kapela
Pavlovci
Gornji-
Srednji-
Lipovac
Donji-
Bili Brig
Blažević Dol
Škrabutnik
Raškovica
Crkveni Vrhovci
Gradski Vrhovci
Vrhovački grad
Drškovci
Nurkovac
Seoci
Cosine Laze
Laze Prnjavor
Magić Mala
Seoce
Siče
Živike
Pričac
Orljava
Sava
Crnac
Svraka
Lepenica
Ukovija
Bišnja
Lupljanica
Kalenderovci
Velika Ilova
Grabik
Smrtići
Borovčani
Vrpolje
Radinje
Motajica
Jelas polje
Dilj
Krndija gora
M-14.1
M-16.1
A3
E70
HAK
Brodski Stupnik
Lužani
17°40'
17°50'
45°10'
45°00'

SLAVONSKI BROD
BROD
БРОД
DERVENTA
ДЕРВЕНТА
(150)
(90)
BiH
Degman
460
Čardak
421
Ruševo
Sovski Dol
Paka
252
Ratkov Dol
Music
Majar
Kondrić
Hrkanovci Đakovački
Novi Hrkanovci
Trnava
Dragotin
Gornji Slatinik
Donji Slatinik
Matković Mala
Dubovik
Oriovčić
Crni Potok
Brodski Zdenci
Lapovci
Glogovica
Kindrovo
Podcrkavlje
Vrhovina
Klokočevik
Korduševci
Ježevik
Šušnjevci
Grabarje
Rastušje
Tomica
NovoTopolje
Lateralni knl.
Staro Topolje
202
266
90
Jez.Petnja
Kapraljevac
Završje
253
Podvinje
Bukovlje
Vranovci
Trnjani
Selna
Garčin
Sapci
Donji Andrijevci
(89)
Bartolovci
Gromačnik
S.Brod-istok
Donja Vrba
Zadubravlje
Bicko Selo
Bistra
Sredanci
HAK
Brodski Varoš
S. Brod-zapad
Slobodnica
A3
E70
Gornja Vrba
Ruščica
Oprisavci
Sredanci
Stružani
Svilaj
Poljanci
Trnjanski Kuti
Gornja Bebrina
Klakar
Donja Bebrina
Gornji Svilaj
Donji Svilaj
204
Kadar
Točak
Sava
Donja Močila
Kričanovo
Donje Kolibe
Sijekovac
Сијековац
Gornja Mala
Gornje Kolibe
Novo Selo
НовоСело
Mala Brusnica
Vrbovac
Velika Brusnica
Donji Klakar
Vinska
Unka
Zborište
Korače
Кораће
Mitrića brdo
240
Drenovac
286
Potočani
Jošava
Donje Vrela
Kruščik
Kostreš
Bosanski Lužani
o Brdo
185
Žeravac
Jošavica
Gnionica
Lipa
276
Srnava
Begluci
Dobra Voda
368
Pećnik
Jakeš
212
Polje
297
Kulina
292
Botajica
E73
Dobor
Zelenike
226
228
Živinice
Tarevci
264
Glogovica
245
Podnovlje
M-17
Bosna
278
M-17.2
Modran
Koprivna
Vranjak
Skok
310
347
Trnjani
M-14.1
A1
45°10'
45°00'
18°00'
18°10'

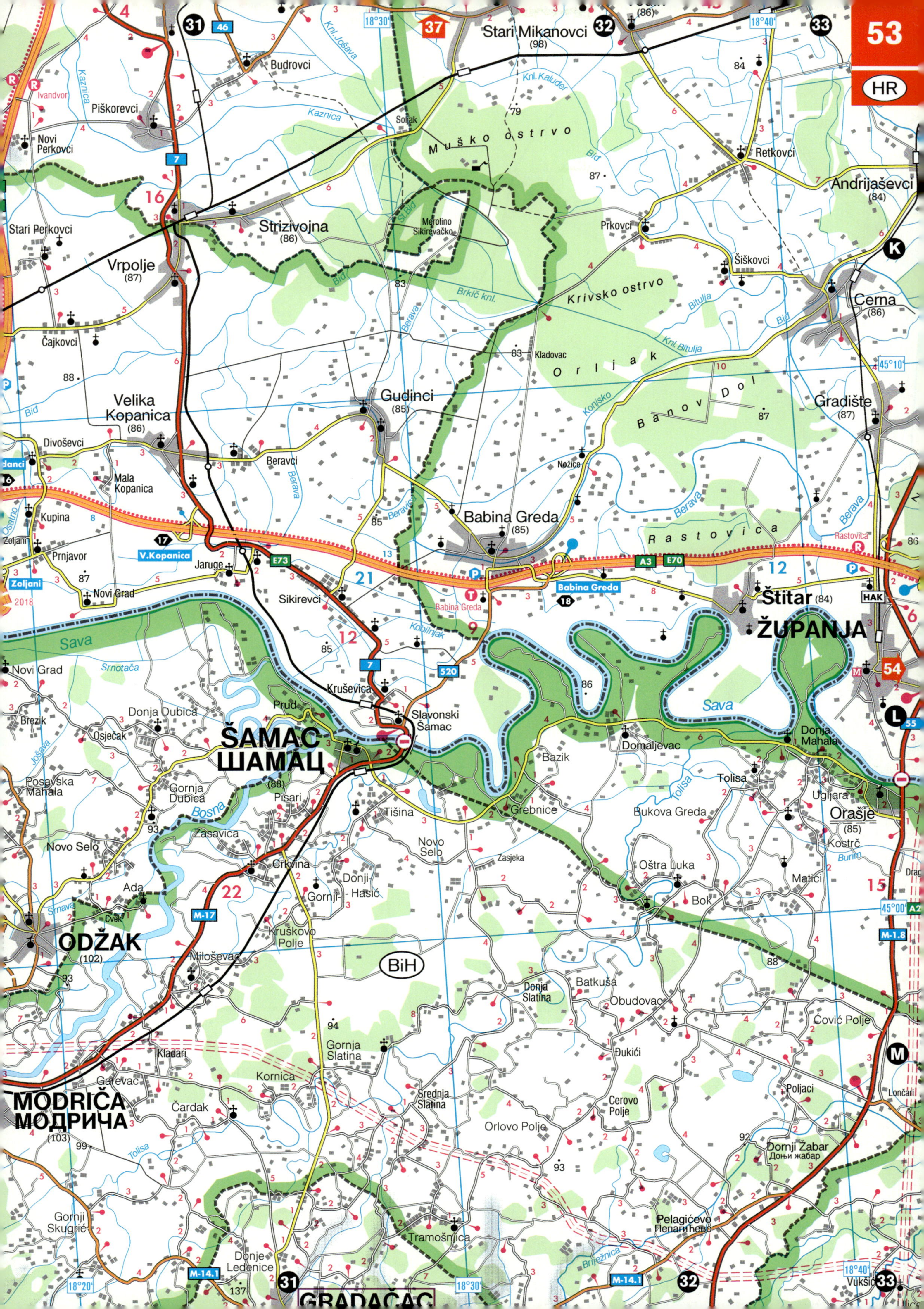
Stari Mikanovci
(98)
Budrovci
Piškorevci
Ivandvor
Novi Perkovci
Stari Perkovci
Strizivojna
(86)
Vrpolje
(87)
Čajkovci
Velika Kopanica
(86)
Divoševci
Mala Kopanica
Kupina
Prnjavor
Novi Grad
Zoljani
V.Kopanica
Jaruge
Beravci
Gudinci
(85)
Sikirevci
Kruševica
Slavonski Šamac
Babina Greda
(85)
Retkovci
Andrijaševci
(84)
Prkovci
Šiškovci
Cerna
(86)
Gradište
(87)
Nožice
Kladovac
Muško ostrvo
Krivsko ostrvo
Orljak
Banov Dol
Rastovica
Štitar (84)
ŽUPANJA
Soljak
Merolino Sikirevačko
Sava
Novi Grad
Brezik
Donja Dubica
Osječak
Prud
ŠAMAC
ШАМАЦ
(88)
Posavska Mahala
Gornja Dubica
Pisari
Zasavica
Novo Selo
Crkvina
Ada
Cvek
ODŽAK
(102)
Donji Hasić
Gornji
Kruškovo Polje
Miloševac
Tišina
Novo Selo
Zasjeka
Grebnice
Bazik
Domaljevac
Bukova Greda
Tolisa
Donja Mahala
Ugljara
Orašje
(85)
Kostrč
Matići
Oštra Luka
Bok
BiH
Donja Slatina
Batkuša
Obudovac
Ćović Polje
Đukići
Kladari
Garevac
MODRIČA
МОДРИЧА
(103)
Čardak
Kornica
Gornja Slatina
Srednja Slatina
Orlovo Polje
Cerovo Polje
Poljaci
Dornji Žabar
Доњи Жабар
Pelagićevo
Пелагићево
Gornji Skugrić
Donje Ledenice
Tramošnjica
Vukšić
Lončari
GRADAČAC
Bosna
Bid
Biđ
Berava
Kozarica
Kaznica
Tolisa
Brežnica
A3
E70
E73
M-17
M-14.1
M-1.8
18°30'
18°40'
18°20'
45°10'
45°00'

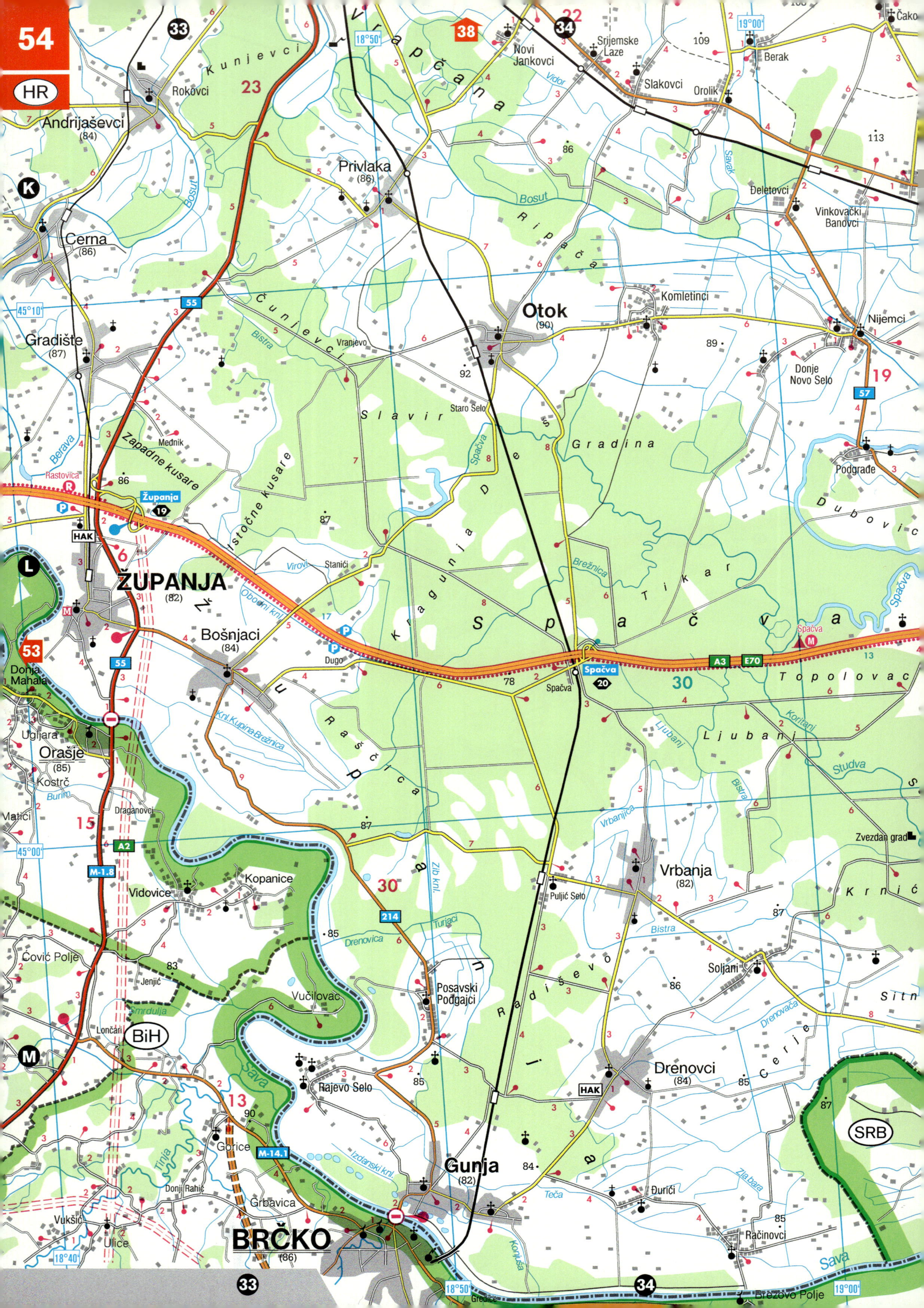
HR
Andrijaševci
(84)
Rokovci
Kunjevci
23
Vrapčana
38
Novi Jankovci
Srijemske Laze
Slakovci
Orolik
Berak
Čako
109
113
19°00'
18°50'
Privlaka
(86)
Bosut
Ripača
Deletovci
Vinkovački Banovci
Cerna
(86)
K
45°10'
55
Otok
(90)
Komletinci
Nijemci
Gradište
(87)
Vranjevo
Čunjevci
Bistra
92
Donje Novo Selo
19
57
Slavir
Staro Selo
Mednik
Zapadne kusare
Istočne kusare
Berava
Gradina
Podgrađe
Rastovica
Županja
19
86
87
HAK
Dubovica
L
ŽUPANJA
(82)
Virovi
Stanići
Obodni knl.
Brežnica
Tikar
Spačva
Bošnjaci
(84)
Dugo
Spačva
53
Donja Mahala
Kragunja
Spačva
20
A3
E70
30
Topolovac
78
Ugljara
Orašje
(85)
Kostrč
Burim
Rašćica
Knl.Kupina-Brežnica
Ljubanj
Koritanj
Studva
Matići
15
Draganovci
87
Vrbanjica
Zvezdan grad
45°00'
A2
M-1.8
Kopanice
Vidovice
Zlb knl.
Vrbanja
(82)
Puljić Selo
Krnić
214
Turjaci
85
Drenovica
Bistra
87
Ćović Polje
83
Jenjić
Vučilovac
Posavski Podgajci
Radiševo
Soljani
86
Sitn
Smrdulja
Lončari
BiH
M
Rajevo Selo
Drenovci
(84)
Drenovača
Cerje
85
Sava
13
90
Gorice
M-14.1
Izdanski knl.
Gunja
(82)
84
SRB
87
Tinja
Donji Rahić
Grbavica
Teča
Đurići
Zlabara
Vukšić
Ulice
BRČKO
(86)
Račinovci
85
18°40'
Konjuša
Sava
33
34
Gredice
Brezovo Polje

Tompojevci
Lovas
Šarengrad
Ilok
(133)
Bapska
Molovin
Моловин
Liska
297
Vizić
Визић
Ilača
Tovarnik
(89)
Kanal Boris
ŠID
ШИД
АМСС
(113)
Sot
Сот
Bikić Do
Бикић До
Berkasovo
Беркасово
Privina Glava
Привина Глава
Man. Privina Glava
Ljuba
Љуба
Erdevik
Ердевик
(124)
Bingula
Бингула
Gibarac
Гибарац
Ilinci
Илинци
Vašica
Вашица
Adaševci
Адашевци
(85)
Bačinci
Бачинци
Kukujevci
Кукујевци
(93)
Apševci
Lipovac
Batrovci
Батровци
Spomen-park Sremski front
SRB
Kuzmin
Кузмин
(95)
Martinci
Мартинци
(85)
Naprečava
Morović
Моровић
(79)
Malovanci
Nakło
Višnjičevo
Вишњичево
Debrnja
Vinična
Varadin
Bosut
Босут
Ravnje
Равње
Sava
Sremska Rača
Сремска Рача
Strošinci
Ornjak
Crna Bara
Црна Бара
(80)
BiH
Velino Selo
Salaš
Balatun
Jamena
Јамена
D. Crnjelovo
Д. Црњелово
(78)
G. Crnjelovo
Donji Burum
Batković
Gornji-
Donji-
Brodac
Dobra Voda
Glogovac
Глоговац
Drina
Studva
Bosut
Šarkudin
Generalni kn.
Jelizavetin kn.
Kanal Daščica
Sidina
Baračut
Remeta
Mohorac
Dubokija
M1
E70
103
18-1
18
46
19°10'
19°20'
45°10'
45°00'
35
36
37
39
K
L
M

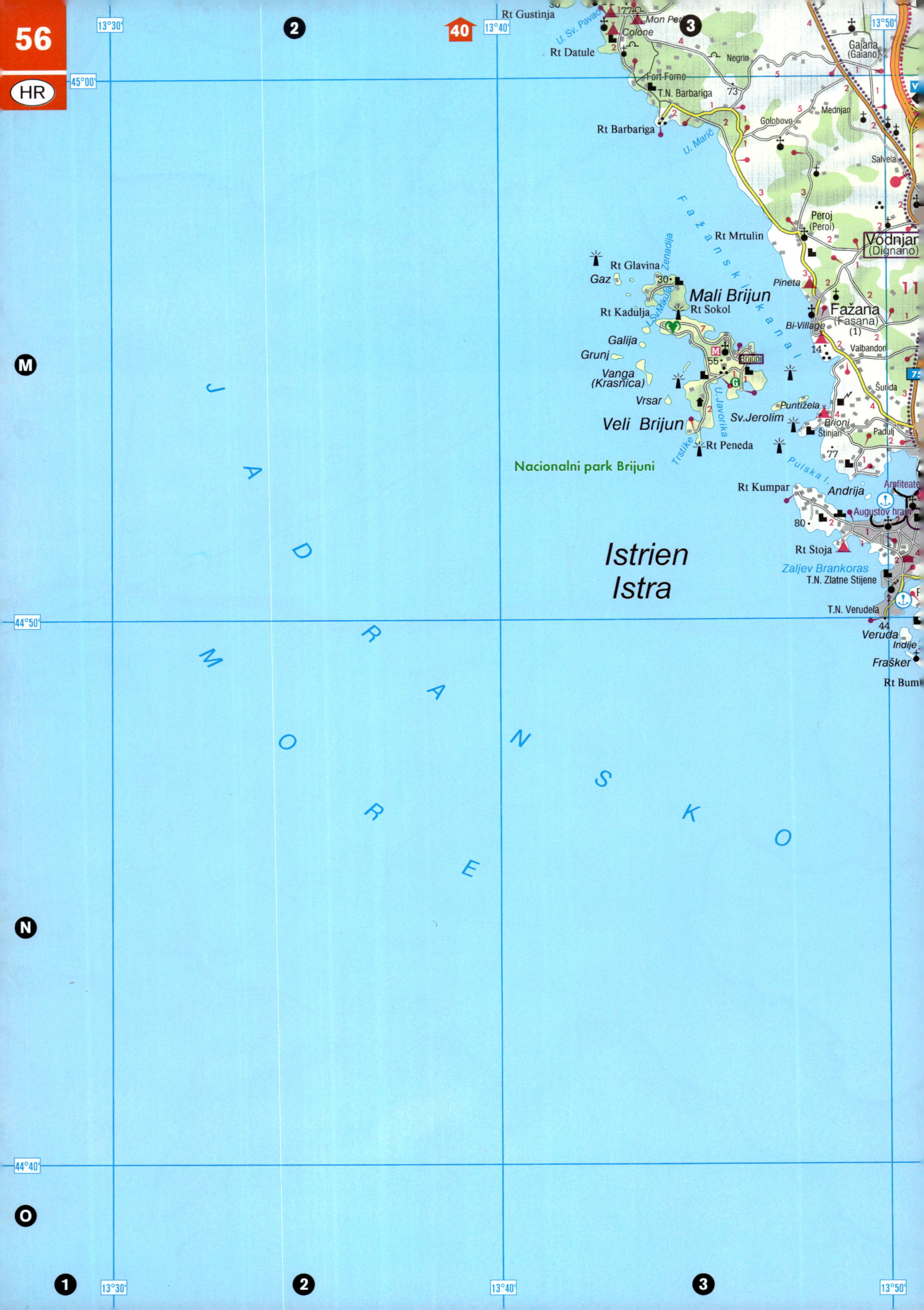
13°30'
2
40
13°40'
Rt Gustinja
U. Sv. Pavao
Mon Perin
3
Colone
Rt Datule
Negrin
13°50'
Gajana
(Gaiano)
45°00'
Fort Forno
T.N. Barbariga
73
Rt Barbariga
U. Marič
Golobovo
Mednjan
Salvela
Fažanski kanal
Peroj
(Peroi)
Vodnjan
(Dignano)
Rt Mrtulin
Rt Glavina
Zenadija
Gaz
Pineta
Mali Brijun
Rt Sokol
Rt Kadulja
U. Sv. Mikula
Fažana
(Fasana)
Bi-Village
Valbandon
Galija
Grunj
Brijuni
Vanga
(Krasnica)
Šurida
Vrsar
U. Javorika
Puntižela
Veli Brijun
Sv.Jerolim
Brioni
Štinjan
Padulj
Trstike
Rt Peneda
Nacionalni park Brijuni
Pulska l.
Rt Kumpar
Andrija
Amfiteatar
Augustov hram
Rt Stoja
Istrien
Istra
Zaljev Brankoras
T.N. Zlatne Stijene
T.N. Verudela
44°50'
Veruda
Indije
Frašker
Rt Bumbište
JADRANSKO MORE
M
N
O
44°40'
1
13°30'
2
13°40'
3
13°50'

Butkovići
Orbanići
Manjadvorci
Goli Vrh
245
Rebići
Hreljići
Bratulići
Belavići
Trgetari
Zaljev Raša
Stanišovi
538
Drenje
14°00'
14°10'
45°00'
255
Majmajola
Divšići
Filipana
232
Prodol
Kacana
220
Krnjelka
Šarići
22
Škabići
208
Buršići
Rakalj
Krnica
Sveti Lovreč Labinski
449
Viškovići
Ravni
Brovinje
475
Skitača
Skvaranska
Koromačno
Tunarica
Ubac
91
Crna punta
U. Vošćice
Pinezići
Mutvoran
Cokuni
Luka Krnička
Rt Ubac
Vodnjan-jug
194
Marčana
172
Jadranska magistrala
Peruški
Mali Vareški
Veliki Vareški
Šegotići
183
Pavićini
Cvrčak
Galižana
(Gallesano)
13
162
Glavica
Radeki
Muntić
(Monticchio)
Nesactium
Rt Arne
L. Vinjole
Loborika
66
157
Kavran
Valtura
(Altura)
83
Pula
10
Rt Seka
Zračna luka Pula
75
L. Budava
Rt Cuf
107
Šandalj
89
Ušićovi Dvori
HAK
PULA
(POLA)
U. Mezoporat
Jadreški
(Giadreschi)
Rt Sv.Stipan
Valdebek
Šikići
9
Šišan
(Sissano)
Valbonaša
91
Svetica
U. Kale
Vela draga
Kaštijun
66
Ližnjan
(Lisignano)
Banjole
Pomer
L. Kuj
Rt Uljeva
Diana
Medulin
(34)
57
Tašalera
74
Runke
Gomila
68
Medulin
L. Medulin
U. Bijeca
Kažela
Rt Debela
U. Kuvišeja
Rt Marlera
Rt Volam
Valun
Kranjski
Rt Kašteja
Premantura
Stupice
Bodulaš
Levan
Bodulski potić
Kamenjak
U. Polje
Medulinski zaljev
22
Ceja
U. Debeljak
Fenera
40
Fenoliga
Rt Kamenjak
Porer
Kvarner
44°50'
58
41
63
Galijola
44°40'
Rt Vele stijene
Rt Male stijene
U. Unije
Rt Nart
4
5
6
M
N
O

42
57
63
Cres
Plavnik
Mali Plavnik
Kormat
Lošinj
Unije
Zeča
Mišar
Visoki
Samunćel
Televrina
Rt Sv.Mikula
Ježevac
Vodice
562
Rt Sv.Blaž
U. Draženj
Rt Žakenj
U. Papina
Rt Gavza
T.N. Gavza
Gavza
HAK
U. Gavza
Kovačine
Rt Kovačine
Rt Križice
Creski zaljev
Garbujev
352
Merag
221
101
10
Dragarski
Rt Kosminj
Rt Veli Pin
Rt Mali Pin
194
Plavnik
Tenka punta
Rt Madona
Rt Tarej
U. Krušija
Kanal Krušija
Rt Pernat
Vela draga Grabrovica
Rt Škara
Grabrovica
309
Zaglav
U. Zaglav
Rt Zaglav
Rt Miračine
U. Miračine
Pernat
Rt Abis
Draga Nedomisle
Rt Behtin
Betkav
341
Lovreski
324
Rt Banja
U. Kruščica
Rt Arcič
Loznati
U. Zela
U. Dovica
Rt Crnikova
Rt Travnica
Zdovice
Draga Buc
340
U. Mezulin
Rt Pržuni
Valun
Zbičina
Lubenice
Zlostan
428
Orlec
Mali Podol
M. Bok
Rt Brkljač
U. Žanja
Bartulčići
Helm
482
Veli Podol
Zbišina
U. Kraj
Rt Fratar
U. Vrutek
Vransko jez.
Stanić
292
Vidovići
393
Vrana
U. Lokovac
Grmov
Rt Koludar
U. Vela Slatina
Slatina
Martinšćica
Hrasta
Oštroj
200
Rt Tiha
Rt Kijac
U. Martinšćica
Miholašćica
Padova
U. Trstena
100
Tanki rt
19
Rt Lučica
Stivan
Rt Sv.Duh
Belej
U. Koromačna
Pregaznik
U. Slanci
9
U. Strakačine
Bojnak
222
65
Ustrinski porić
Debeli rt
Rt Bela
Pizin
199
Srem
U. Časarov
Rt Zaglav
Ustrine
Plat
Rt Ustrine
U. Ustrine
Sveti Mihovil
Rt Županja
Rt Meli
Verin
U. Galboka
Veli Čutin
Tanki rt
Osorski zaljev
U. Balalta
176
Rt Osor
U. Zakolo
Majka Božja od Loze
Konopičje
157
Bijar
Rt Kolo
Katedrala
U. Ridifuntana
Osor
Loze
68
U. Lupeška
Rt Lokunji
Preko mosta
U. Goličina
Veliki Tržić
Marinska
Vela straža
154
Grmožaj.
Matalda
U. Toveršćica
Malondarski
Rt Glavina
Lopari
95
589
Halmac
U. Sonte
Sveti Ivan
U. Vela Javorna
Rt Pejni
Rt Seka
Rapoča
U. Zejavori
Drakovac
Tanki rt
Murtovnik
Rt Vele stijene
Veli Dvor
Nerezine
Artac
80
Rt Trstena
Rt Mišnjak
U. Vognišća
Rt Male stijene
Ograde
Rt Kolo
Smrečje
U. Ul
U. Majiška
Križ
109
Rt Tomožina
Rt Maračol
Sveti Jakov
Bučanje
Rt Kalk
Punta Križa
Rt Zaklopica
U. Unije
Unije
U. Maračol
U. Tomožina
U.Kaldonta
Rt Sv.Damjan
Rt Nart
Kalk
132
Veli Bok
Peski
38
Lusare
U. Meli
Rt Plantur
Pogana
Rt Pličina
Vela draga
Kvarner
Unijski kanal
Osorščica

Maslinik
Pila
Veli vrh
541
Obzovo
568
U. Konobe
Konobe
234
Škrila
U. Drenova
U. Stara Baška
Stara Baška
Rt Klobučac
Galun
Zala draga
Crikveni rt
Rt Bracol
Draga Bašćanska
Hlam
461
Jurandvor
Sveta Lucija
Batomalj
Mali
389
Jasenova
Baška
Zablaće
Bunculuka
Bašćanska draga
Diviška
471
Rt Sidro
Rt Matanovo
Zečevo
12
Korintija
134
Vela luka
Rt Sokol
Rt Rebica
Krk
Rt Škuljica
Rt Stražica
Senjska vrata
U. Kita
Prvić
U. Gladni potok
Debeli rt
354
Zakantun
Rt Samonjin
Rt Duševe
U. Pečna
Grgurov kanal
Rt Kosača
U. Sv. Grgur
Zadublje
Sveti Grgur
Rt Plitvac
Standarac
225
U. Zadbadnja
Rt Smokova
Goli otok
Rt Stojan
Rapski kanal
Zidine
Šilo
Rt Sajalo
Rt Markonj
Glavina
227
Rt Saramič
Rt Sorinj
Rt Sv.Nikola
U. Lopar
Lopar
Suriči
Matahlići
Mikolaci
Sorinj
126
Rajska Plaža
San Marino
U. Crnika
145
Maman
Supetarska draga
Kamporska draga
Medova Buža
Vela draga
Rt Blažna
Mala Senjska
Galebovi otok
Rt Kalifront
Dumići
Buzići
Donja Draga
Staničići
Supetarska Draga
Lando Resort
Macolići
Kampor
Rab
22
Mundanije
Kamenjak
410
Palit
94
Šurline
U. Sv. Mara
U. Planka
T.N. Suha Punta
Suha Punta
U. Sv. Fumija
Sveta Marija
U. Matovica
Padova III
Banjol
Sv. Damjan
Barbat na Rabu
Barbatski kanal
Lukovac (Mag)
U. Mag
Mišnjak
Rt Glavina
Rt Gabar
U. Mišnjak
117
Dolin
Veliki Laganj
Mali Laganj
Dolfin
Mali Dolfin
Rt Lun
Sv. Martin
Tovarnele
Lun
Perićev Kanat
U. Jurjevica
Dudići
Gager
Jakišnica
Staniše
Gradac
135
U. Melnica
Rt Sakarata
Gramače
U. Trimali
Borovići
Potočnica
Bonaparte
Paški kanal
Velebitski kanal
Pijavica
Francikovo
Škver
Senj
(8)
Nehaj
Veljun Primorski
Jadranska magistrala
Senjska Draga
U. Ujča
Ujča
U. Vlaška
T.N. Kalić
Kalić
Nekići
Turine
Hrmotine
Otinja
Sveti Juraj
Burnjak
1065
U. Malin
Rt Zaglave
Eurocamp Rača
Žrnovnica
Lopci
360
Klenove Seline
Bilopolje
Matešić Pod
Rozbojište
Volarice
U. Ždralova
Seline
Skorupov Dolac
Tomaić-Draga
Rt Malta
Lukovo
Panos
33
Ažić-Lokva
Babić-Dolac
U. Vlaška
1386
Biluća
Gornji Zagon
Pl.dom Zavižan
Separovača
Donja Klada
Gornja Klada
Dolac
U. Grabačka
Starigrad
Modrići
Bralići
Rogići
Zavižan
1676
Ivanča
Velike Brisniče
U. Vela Ivanča
Nacionalni
Rossijeva klb.
Jurkuša
Miškovići
Vlaka
Male Brisnice
Sjeverni Ve
1638
U. Vlaka
Živi Bunari
U. Krivača
Stinica
Šegote
Dundović-Pod
Dundović-Podkuki
Jablanac
Donji Bileni
Zavratnica
U. Zavratnica
U. Burnjača
Gornji Bileni
Barićević-Pod
Rupčići
Duširkrava
Vranjak
U. Krivača
Borovački Pod
Rt Vrutak
226
Marinci
U. Badnjina
Podić
Bačvica
U. Bilančevica
330
Seline
Lenik
14°40'
14°50'
45°00'
44°50'
44°40'
102
105
23
8
43
60
64
9
10
M
N
O
HAK

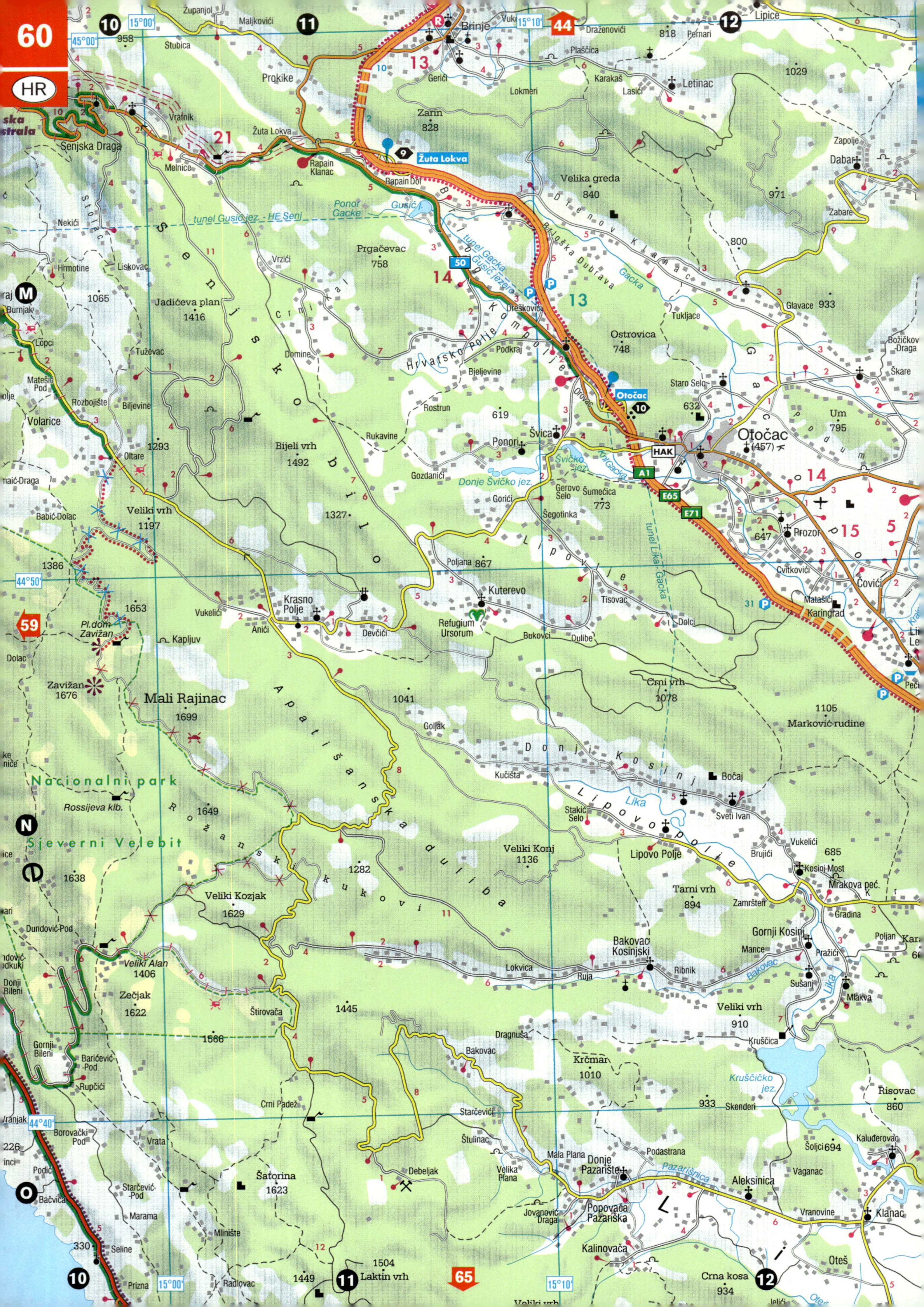
Senjska Draga
Prokike
Stubica
Brinje
Žuta Lokva
Rapain Klanac
Melnice
Zarin
828
Lokmeri
Letinac
Dabar
Velika greda
840
tunel Gusić jez. - HE Senj
Ponor Gacke
Gusić j.
Prgačevac
758
Nekići
Hrmotine
Liskovac
1065
Jadićeva plan
1416
Senjsko bilo
Crni kal
Vrzići
Domine
Tuževac
Hrvatsko Polje
Bjeljevine
Podkraj
Drenov Klanac
Brloška Dubrava
Gacka
Ostrovica
748
Tukljace
Glavace
933
Staro Selo
Otočac
Um
795
Lopci
Matešić Pod
Rozbojište
Biljevine
Volarice
Oltare
1293
Bijeli vrh
1492
Rukavine
Rostrun
619
Švica
Ponori
Gozdanići
Donje Švičko jez.
Šumečica
773
Gerovo Selo
Šegotinka
Goriči
Prozor
647
Babić-Dolac
Veliki vrh
1197
1327
1386
1653
Pl.dom Zavižan
Kapljuv
Vukelići
Krasno Polje
Anići
Devčići
Poljana
867
Kuterevo
Refugium Ursorum
Bukovci
Dulibe
Lipovlje
Tisovac
Dolci
Cvitkovići
Matašići
Karingrad
Čovići
Zavižan
1676
Dolac
Mali Rajinac
1699
Apatišanska duliba
1041
Goljak
Crni vrh
1078
1105
Marković-rudine
Donji Kosinj
Bočaj
Kučišta
Lika
Lipovo polje
Stakić Selo
Sveti Ivan
Nacionalni park Sjeverni Velebit
Rossijeva klb.
1649
Rožanski kukovi
1638
Veliki Kozjak
1629
1282
Veliki Konj
1136
Lipovo Polje
Brujići
Vukelići
685
Kosinj-Most
Mrakova peć.
Tarni vrh
894
Zamršten
Gradina
Gornji Kosinj
Dundović-Pod
Veliki Alan
1406
Zečjak
1622
1566
Štirovača
1445
Lokvica
Ruja
Bakovac Kosinjski
Ribnik
Mance
Pražići
Sušanj
Mlakva
Bakovac
Veliki vrh
910
Donji Bileni
Gornji Bileni
Barićević-Pod
Rupčići
Dragnuša
Bakovac
Krčmar
1010
Kruščica
Kruščičko jez.
Risovac
860
Crni Padež
933
Skenderi
Starčević
Štulinac
Borovački Pod
Vrata
Mala Plana
Velika Plana
Donje Pazarište
Podastrana
Pazarišnica
Šoljci
694
Kaluđerovac
Vaganac
Aleksinica
Debeljak
Šatorina
1623
Starčević-Pod
Podić
Bačvica
Marama
Jovanović Draga
Popovača Pazariška
Vranovine
Klanac
Mlinište
Seline
Prizna
1504
Laktin vrh
1449
Radlovac
Kalinovača
Crna kosa
934
Oteš
44
59
65
10
11
12
45°00'
44°50'
44°40'
15°00'
15°10'

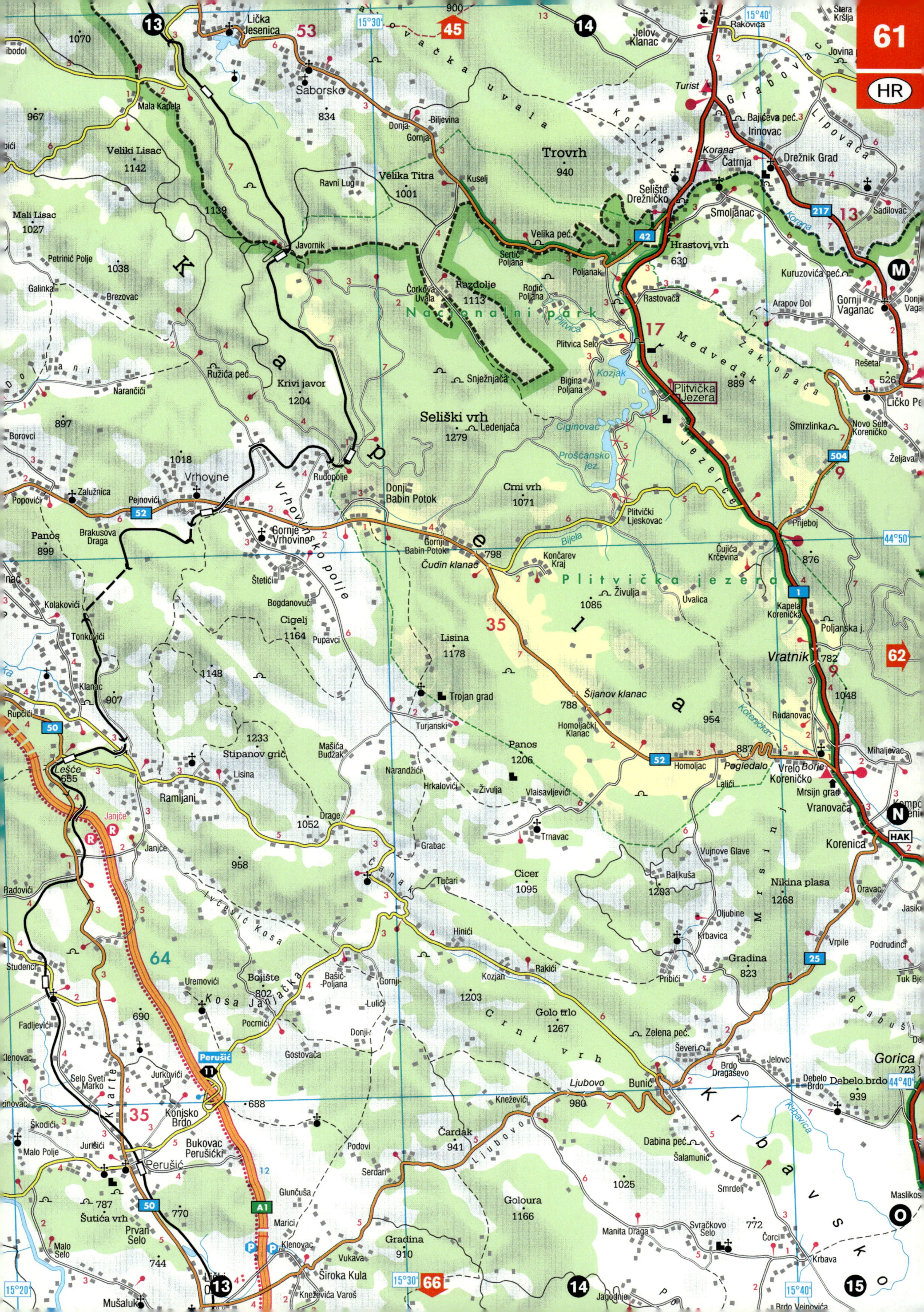
Lička Jesenica
53
45
14
Jelov Klanac
Rakovica
Stara Kršlja
Jovina
Saborsko
834
Donja- Gornja
-Biljevina
Trovrh
940
Turist
Bajčeva peć
Irinovac
Korana
Čatrnja
Drežnik Grad
Grabovac
Lipovača
Mala Kapela
967
Veliki Lisac
1142
Velika Titra
1001
Ravni Lug
Kuselj
Selište Drežničko
Smoljanac
217
13
Sadilovac
Mali Lisac
1027
1139
Javornik
Velika peć
42
Hrastovi vrh
630
Petrinić Polje
1038
Galinka
Brezovac
Čorkova Uvala
Razdolje
1113
Nacionalni park
Sertić Poljana
Rodić Poljana
Poljanak
Rastovača
Kuruzovića peć
Arapov Dol
Gornji Vaganac
M
Plitvica Selo
17
Medvedak
889
Zaklopača
Rešetar
526
Ličko Pe
Ružića peć
Krivi javor
1204
Narančići
Snježnjača
Bigina Poljana
Kozjak
Plitvička Jezera
Seliški vrh
1279
Ledenjača
897
Borovci
Ciginovac
Smrzlinka
Novo Selo Koreničko
504
Željava
Proščansko jez.
Jezerce
1018
Vrhovine
Zalužnica
Popovići
Pejnovići
52
Rudopolje
Donji Babin Potok
Crni vrh
1071
Plitvički Ljeskovac
Prijeboj
Vrhovinsko polje
Gornje Vrhovine
Panos
899
Brakusova Draga
Gornji Babin Potok
Čudin klanac
798
Bijela
Končarev Kraj
Čujića Krčevina
876
44°50'
Plitvička jezera
Živulja
1085
Uvalica
Kapela Koreničko
Šteticí
Kolakovići
Bogdanovići
Cigelj
1164
Pupavci
Lisina
1178
35
Poljanska j.
Tonkovići
Vratnik
782
62
1148
Trojan grad
Šijanov klanac
788
1048
Klanac
907
Rupčići
50
Turjanski
Homoljački Klanac
954
Rudanovac
1233
Stipanov grič
Mašića Budžak
Panos
1206
887
52
Homoljac
Pogledalo
Vrelo Korenica
Vrelo Korenicko
Mihaljevac
Lešće
655
Lisina
Ramljani
Narandžići
Hrkalovići
Živulja
Vlaisavljevići
Laliči
Mrsinj grad
Vranovača
Janjče
Drage
1052
N
HAK
Korenica
Trnavac
Janjče
958
Grabac
Vujnove Glave
Radovići
Tučari
Cicer
1095
Baljkuša
1203
Nikina plasa
1268
Oravac
Ivčević Kosa
Čanak
Oljubine
64
Hinići
Krbavica
Vrpile
Podrudnici
Studenci
Uremovići
Bojište
802
Bašić-Poljana
Gornji-
Kozjan
Rakići
Pribići
Gradina
823
25
Tuk Bje
Kosa Janjačka
-Lulići
1203
Golo brdo
1267
Crni vrh
Zelena peć
Grabuš
690
Fadljevići
Pocrnići
Donji-
Ševeri
Brdo Dragaševo
Jelovci
Gorica
723
Klenovac
Gostovača
Perušić
11
Jurkovići
Ljubovo
980
Bunić
Debelo Brdo
Debelo brdo
939
44°40'
Selo Sveti Marko
Kvarte
Konjsko Brdo
688
Kneževići
Krbava
Krbavsko
Žinovac
Škodići
35
Jurišići
Čardak
941
Ljubovo
Dabina peć
Šalamunić
Malo Polje
Bukovac Perušićki
Podovi
Perušić
12
Serdari
Gluničuša
1025
Smrdelj
Maslikos
787
Šutića vrh
50
770
A1
Goloura
1166
Prvan Selo
Marići
Manita Draga
Svračkovo Selo
772
O
Malo Selo
744
Klenovac
Vukava
Gradina
910
Čorci
Krbava
Široka Kula
15°30'
66
14
15
15°20'
13
Mušaluk
Kneževića Varoš
Jagodnje
15°40'
Brdo Vejnovića

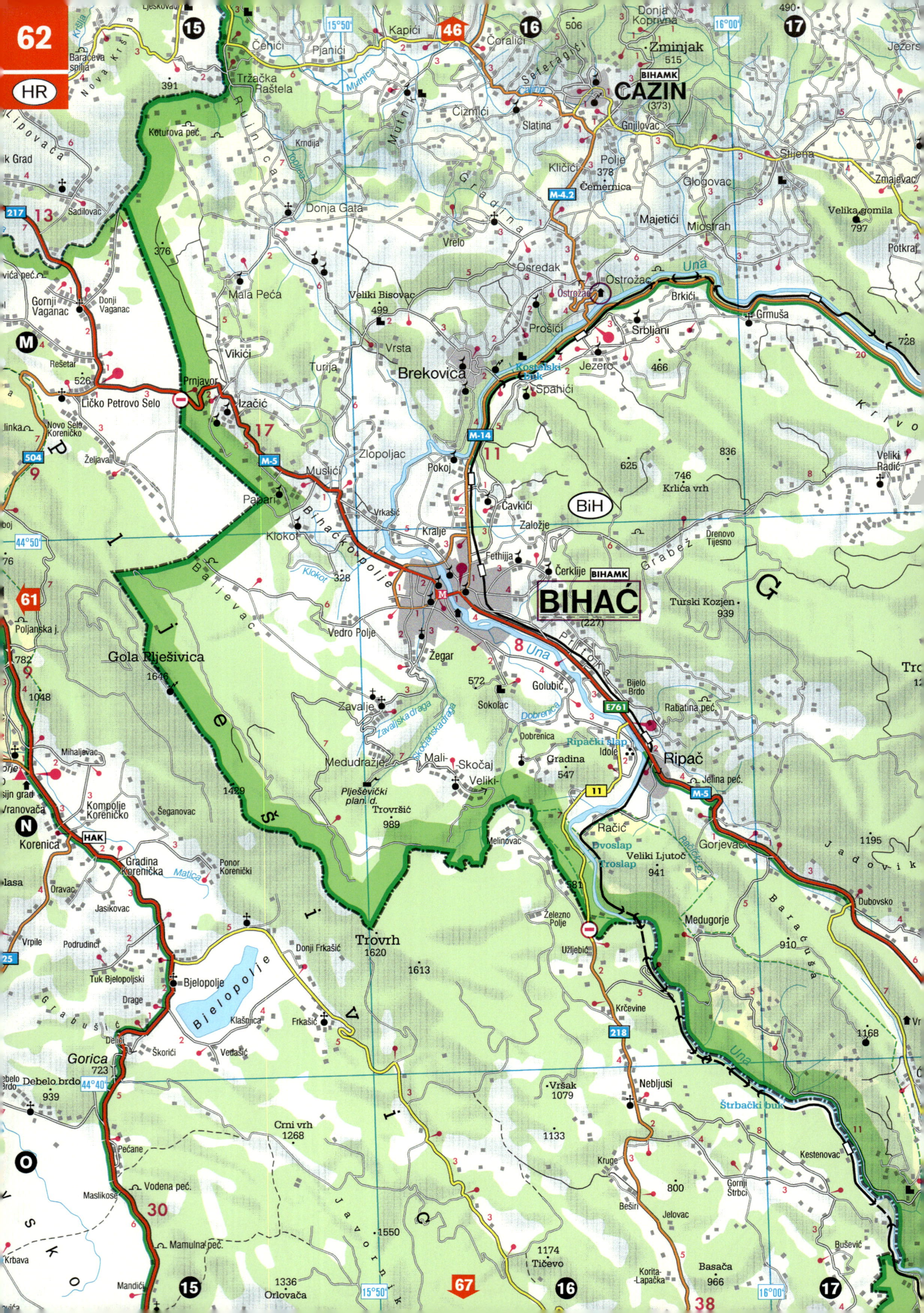
HR
BiH
CAZIN
(373)
BIHAMK
BIHAĆ
(227)
BIHAMK
Ripač
Brekovica
Kapići
Čoralići
Pjanići
Ćehići
Tržačka Raštela
Koturova peć.
Krndija
Cizmići
Slatina
Gnjilovac
Stijena
Zmajevac
Zminjak
515
Donja Koprivna
Seferagići
Kličići
Polje
378
Čemernica
Glogovac
Majetići
Miostrah
Velika gomila
797
Potkraj
Donja Gata
Vrelo
Osredak
Ostrožac
Brkići
Grmuša
Srbljani
Prošići
Jezero
466
Spahići
Kostelski buk
Veliki Bisovac
499
Vrsta
Turija
Vikići
Mala Peća
Prnjavor
Izačić
Ličko Petrovo Selo
Novo Selo Koreničko
Željava
Donji Vaganac
Gornji Vaganac
Rešetar
Sadilovac
391
376
526
Zlopoljac
Pokoj
Muslići
Cavkići
Založje
Kralje
Vrkašić
Klokot
Pabari
Bihačko polje
Fethija
Čerkljije
Drenovo Tijesno
Grabež
836
625
746
Krlića vrh
Veliki Radić
Turski Kozjen
939
328
Klokot
Vedro Polje
Žegar
Privilica
Una
Golubić
572
Sokolac
Zavalje
Zavaliska draga
Škočajska draga
Dobrenica
Bijelo Brdo
Rabatina peć.
Ripački slap
Idole
Gradina
547
Jelina peć.
Mali-Skočaj
Veliki-
Međudražje
Plješevički plan.d.
Trovršić
989
Gola Plješevica
1646
1048
782
Poljanska j.
Mihaljevac
Kompolje Koreničko
Šeganovac
Korenica
HAK
Gradina Korenička
Matica
Ponor Korenički
Oravac
Jasikovac
Vrpile
Podrudnica
Tuk Bjelopoljski
Drage
Bjelopolje
Bjelopolje
Klašnica
Frkašić
Donji Frkašić
Trovrh
1620
1613
Melinovac
Račić
Dvoslap
Troslap
Veliki Ljutoč
941
Gorjevac
Željezno Polje
Užljebić
581
Međugorje
Dubovsko
1195
910
Baraćuša
Jadovik
1168
Krčevine
Nebljusi
Vršak
1079
Štrbački buk
Kestenovac
1133
Kruge
800
Gornji Štrbci
Beširi
Jelovac
Bušević
Basača
966
Korita-Lapačka
1174
Tičevo
Orlovača
1336
1550
Javornik
Crni vrh
1268
Gorica
723
Debelo brdo
939
Delići
Škorići
Vedašić
Pećane
Vodena peć.
Maslikose
Mamulna peć.
Krbava
Mandići
Plješevica
Baljevac
Krivoj
Una
Mutnica
Nova Krsija
Baraćeva spilja
Ljeskovac
Ripač
1429
E761
M-5
M-14
M-4.2
218
217
504
11
15
16
17
46
61
67
38
30
13
9
8
20
28
44°50'
44°40'
15°50'
16°00'
Trc

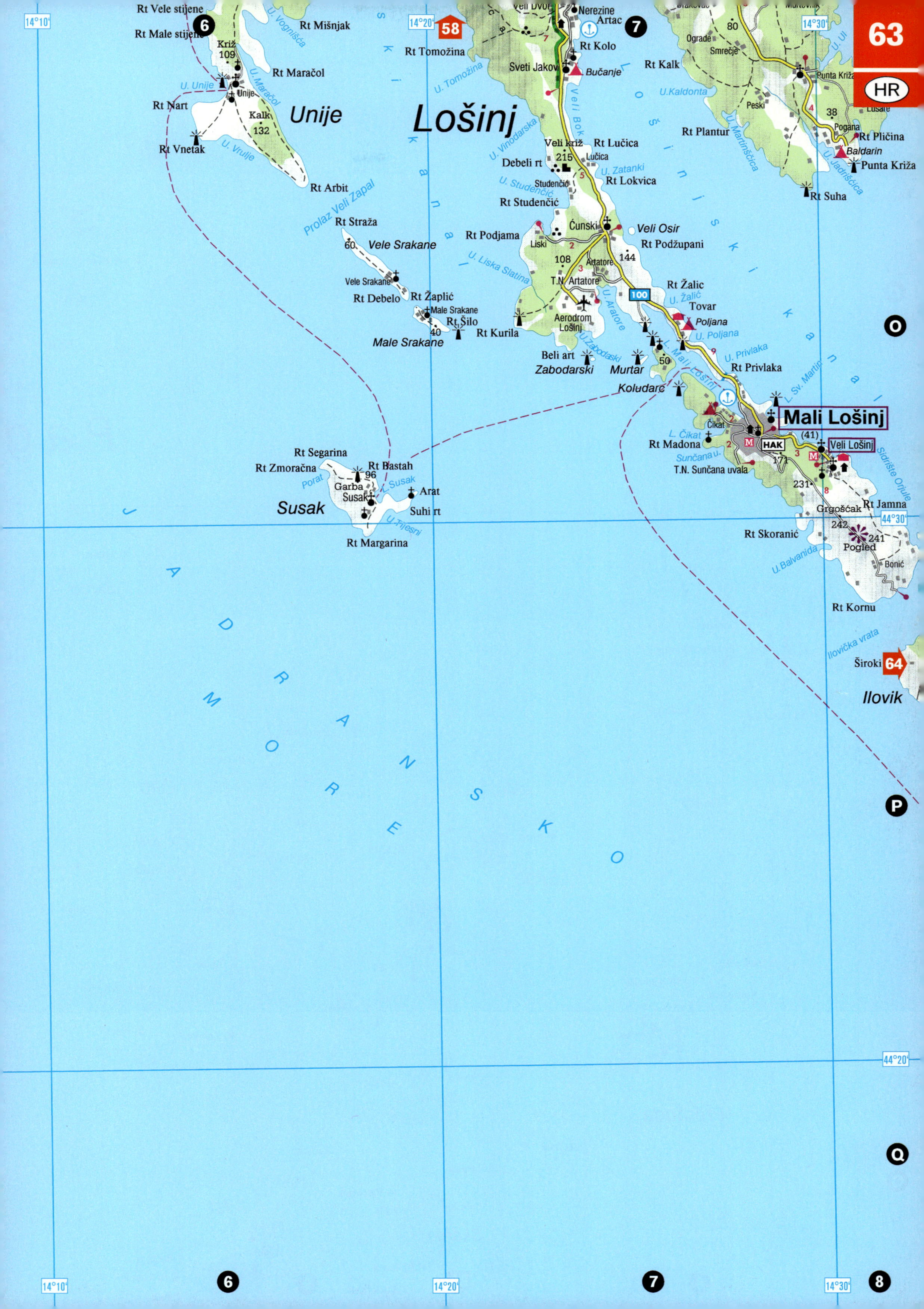
14°10'
14°20'
14°30'
58
64
6
7
8
O
P
Q
44°30'
44°20'
Rt Vele stijene
Rt Male stijene
Rt Mišnjak
U. Vognišća
Križ
109
Rt Maračol
U. Maračol
U. Unije
Unije
Rt Nart
Kalk
132
Unije
Rt Vnetak
U. Vrulje
Rt Arbit
Rt Tomožina
U. Tomožina
Lošinj
Nerezine
Artac
Rt Kolo
Sveti Jakov
Bučanje
Veli Bok
Rt Kalk
U.Kaldonta
80
Ograde
Smrečje
Punta Križa
Peski
U. Martinšćica
38
Pogana
Rt Pličina
Baldarin
Punta Križa
U. Jadrišćica
Rt Suha
Rt Plantur
U. Vinodarska
Veli križ
Rt Lučica
215
Lučica
Debeli rt
U. Zatanki
Rt Lokvica
U. Studenčić
Studenčić
Rt Studenčić
Prolaz Veli Zapal
Rt Straža
60
Vele Srakane
Rt Podjama
Čunski
Veli Osir
Rt Podžupani
Liski
108
144
Artatore
U. Liska Slatina
T.N. Artatore
Vele Srakane
Rt Debelo
Rt Žaplić
Male Srakane
Rt Šilo
40
Male Srakane
Rt Kurila
Aerodrom Lošinj
U. Artatore
100
Rt Žalic
U. Žalić
Tovar
Poljana
U. Poljana
U. Privlaka
Rt Privlaka
Beli art
Zabodarski
U. Zabodarski
Murtar
50
L. Mali Lošinj
Koludarc
L. Sv. Martin
Mali Lošinj
Čikat
L. Čikat
Rt Madona
HAK
(41)
Veli Lošinj
Sunčana u.
T.N. Sunčana uvala
171
231
Sidrište Orjule
Grgošćak
Rt Jamna
242
241
Rt Skoranić
Pogled
U. Balvanida
Bonić
Rt Kornu
Ilovička vrata
Široki
Ilovik
Rt Segarina
Rt Zmoračna
Rt Bastah
96
Porat
Garba
Susak
L. Susak
Arat
Susak
Suhi rt
U. Tiješni
Rt Margarina
J A D R A N S K O
M O R E

8
14°40'
59
9
14°50'
Rt Zaklopica
U. Majiška
Rt Sv.Damjan
Lusare
U. Meli
14°30'
Pogana
Rt Pličina
Baldarin
Punta Križa
U. Jadrišćica
Rt Suha
Gager
Jakišnica
Stanišće
Gradac
135
U. Melnica
U. Trimalj
Rt Sakarata
Gramače
Dražica
Borovići
Potočnica
Bonaparte
U. Potočnica
Vidasi
Rt Deda
Dabove
131
U. Kanić
U. Stara Novalj
Rt Crnotinac
Škunca
Rt Ogradice
Sankovi
U. Baba
Rt Gaj
Rt Vrtlić
Straško
Rt Straško
O
K v a r n e r i ć
Oruda
13
Palacol
Pag
Veli Lošinj
Sidrište Orjule
Rt Glavičina
Rt Jamna
Vele Orjule
Grgošćak
44°30'
242
30
241
Pogled
Bonić
Male Orjule
Rt Cirka
Kanal Orjule
Kozjak
Miš
Rt Sadina
54
Škrda
Juž
Rt Kornu
Supetarski rt
Sv.Petar
Rt Glavina
63
Ilovička vrata
Ilovik
62
Rt Južna Glavina
Široki rt
Rt Sućadrija
Did
88
Ilovik
U. Prišlige
Rt Ugradica
U. Paržine
Rt Radovan
Rt Ši
6
Morovnik
P
Rt Garmina
Šip
Draga
34
Olib
Grujica
K v a r n e r i č k a v r a t a
Rt Samotvorac
U. Pernestica
Varh
83
Rt Borci
Hr.Kurjak
Arat
Rt Karf
Rt Obinj
U. Slatina
Rt Slanac
P o h l i p s
Rt Glavica
Silba
S i l b a n s k i k a n a l
O l i p s k i k a n a l
L. Papranica
Silba
L. Olib
Olib
U. Slatnica
Planik
37
Rt Tale
Rt Pocukmarak
74
Kalac
Lutrošnjak
19
39
Nozdre
Rt Medvijak
Kamenjak
L. Sv. Ante
Arat
Rt Kvoško
Premuda
Rt Ploće
Rt Zubinin
U. Južna Slatina
44°20'
Krijal
Vrh
Hr.Masarine
88
U. Kaplič
48
Zapadni-
-Greben
Srednji-
U. Premuda
Premuda
Pečena u.
38
Južni-
49
Rt Bale
Dobra u.
Križica
Q
Rt Lopata
P r e m u d s k a v r a t a
Rt Kok
U. Trate
Rt Varšovnik
Ist
Suhi rt
Škarda
U. Kosirača
Škardska vrata
Straža
175
Škarda
102
U. Turtula
U. Lojišće
Ist
Jabučni rt
Rt Satrin
163
Rt Vranač
Širokau.
Zaputnel
14°30'
8
14°40'
69
Vodenjak
9
14°50'
Rižnjak
Porat

HR
Novalja
Komorovac
Caska
Kolan
Mandre
Šimuni
Suhi rt
Sveti Vid
Maun
Lukar
Plitka punta
Rt Srećnica
Rt Koromačna
Rt Maun
Pohlib
Pag
Veli brig
Stari grad
HAK
Bela punta
Hr.Šestakovci
Rt Pričinac
Rt Krištofor
Rt Sv.Nikola
Južni rt
Rt Sušak
Metajna
Panos
Zubovići
Kustići
Osapnik
Rt Kantarište
Rt Pešća
Rt Tvrduša
Zali rt
Rt Glavina
Rt Lokva
Kruna-Zaglav
Rt Zaglav
Rt Tihovac
Košljun
Gorica
Vrčići
Stara Vas
Pere Dinjiška
Dinjiška
Tusta
Miškovci
Vlašići
Smokvica
Mrtvi rt
Rt Santiš
Čisti rt
Gornji rt
Rt Zminka
Rt Dubrovnik
Porat
Povljana
Rt Rastovac
Malo blato
Veliko blato
Vir
Rt Vrulja
Bandira
Lozice
Patarinka
Torovi
Rt Kozjak
Rt Pedinka
Rt Stinice
Privlačko zaton
Školjić
Rt Kulina
Rt Jasenovo
Mišjak
Zečevo
Gospa od Zečeva
Vrsi
Mulo
Škoblari
Kurtić
Privlaka
Dalmatie
Artić
Velebitski kanal
Paški kanal
Kanal Povljana
Virsko more
Jadranska magistrala
Karlobag
Rt Nova pošta
Rt Zavratna
Cesarina
Ribarica
Staništa
Lukovo Šugarje
Rudelinka
Tomljenović-Žal
Križac
Baške Oštarije
Oštarijska vrata
Velebit
Sušanj Cesarički
Vidovac Cesarički
Konjsko
Sladovačka j.
Veliki Sadikovac
Brušane
Ramino korito
Panos
Gubovača
Suhi vrh
Metla
Jadovno
Stupačinovo
Rusovo
Dabar
Budakovo brdo
Laktin vrh
Šatorina
Veliki vrh
Crna kosa
Kalinovača
Popovača Pazariška
Aleksinica
Bužim
Pavičići
Obljajac
Rastoka
Jelići
Vrbas
Miljković-Selina
Kovačevo
Devčić-Draga
Baric-Draga
Sugarje
Devčići
10
11
12
25
60
66
69
70
106
108
306
8
O
P
Q
15°00'
15°10'
44°30'
44°20'

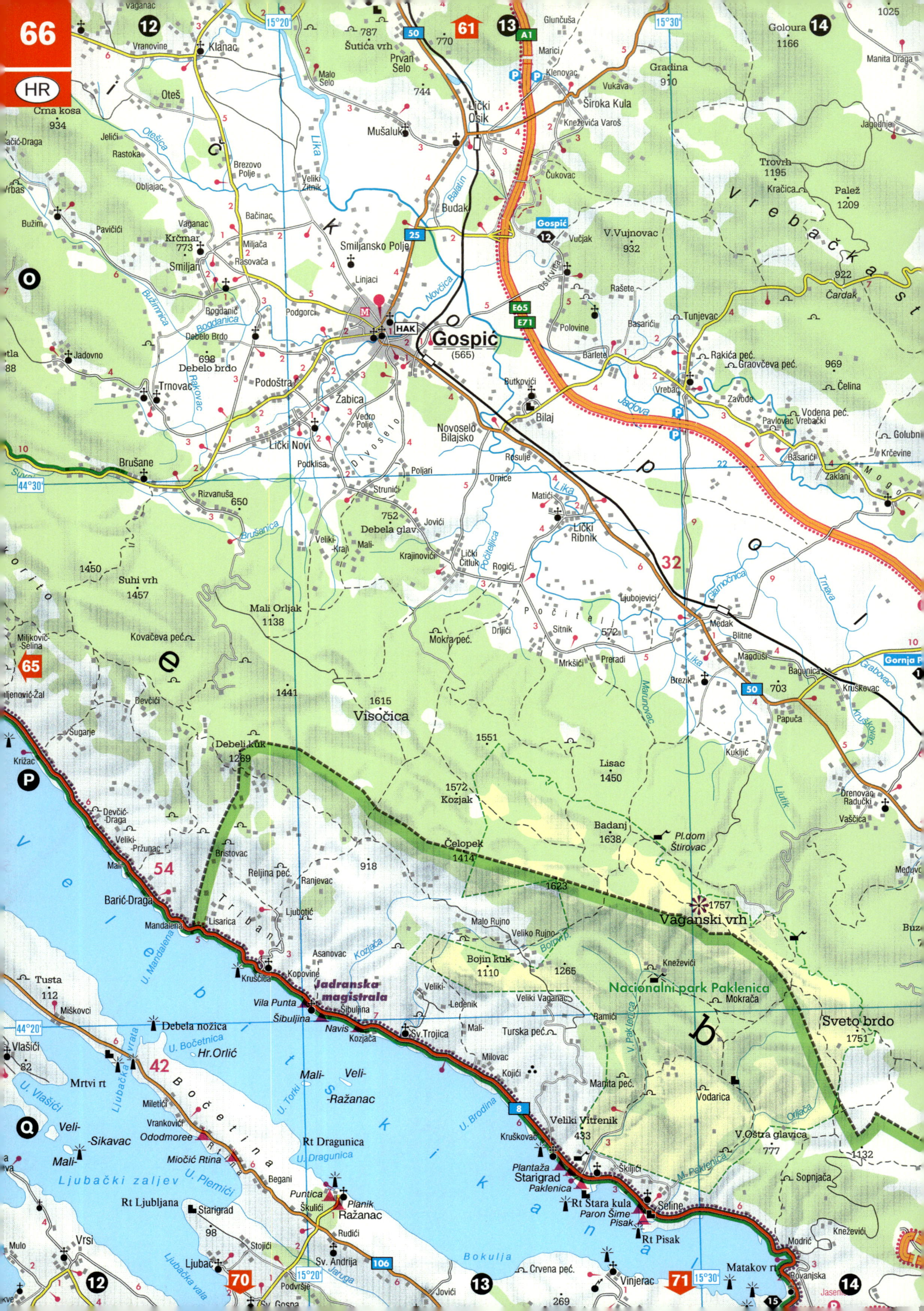
Vaganac
Klanac
Vranovine
787
Šutića vrh
770
61
13
A1
Glunčuša
Goloura
1166
1025
Manita Draga
Marići
Prvan Selo
Malo Selo
744
Lički Osik
Klenovac
Vukava
Gradina
910
Široka Kula
Kneževića Varoš
Jagodnje
Oteš
Crna kosa
934
Jelići
Rastoka
Otešica
Brezovo Polje
Veliki Žitnik
Lika
Mušaluk
Ćukovac
Trovrh
1195
Kračica
Palež
1209
Obljajac
Budak
Balatin
Bačinac
Vaganac
Krčmar
773
Miljača
Smiljan
Rasovača
Smiljansko Polje
25
Gospić
12
Vučjak
V.Vujnovac
932
922
Čardak
Buzim
Pavičići
Linjaci
Novčica
Oštrvica
Rašete
Tunjevac
Bogdanić
Bogdanica
Podgorci
E65
E71
Polovine
Basarići
Debelo Brdo
698
Debelo brdo
Jadovno
HAK
(565)
Barlete
Rakića peć.
Graovčeva peć.
969
Čelina
Trnovac
Rakovac
Podoštra
Žabica
Vedro Polje
Butkovići
Bilaj
Vrebac
Zavođe
Jadova
Vodena peć.
Pavlovac Vrebački
Golubnj
Krčevine
Bašarići
Zaklani
Brušane
Lički Novi
Podkilsa
Novoselo Bilajsko
Rosulje
Poljari
44°30'
Rizvanuša
650
Brušanica
Strunići
752
Debela glav.
Jovići
Ornice
Matići
Lički Ribnik
32
Veliki Kraj
Mali-
Krajinovići
Lički Čitluk
Počiteljica
Rogići
1450
Suhi vrh
1457
Mali Orljak
1138
Ljubojevići
Medak
Glamočnica
Trnava
Kovačeva peć.
Mokra peć.
Drljići
Sitnik
572
Blitne
Miljković-Selina
65
Mrkšići
Preradi
Mađduši
Bagunica
Gornja P
Grabovac
Devčići
1441
1615
Visočica
Brezik
50
703
Kruškovac
Papuča
Sugarje
Debeli kuk
1269
1551
Lisac
1450
Kukljić
Križac
1572
Kozjak
Drenovac Radučki
Vaščica
Devčić-Draga
Veliki-Pržunac
Čelopek
1414
Badanj
1638
Pl.dom Štirovac
54
Bristovac
Reljina peć.
Ranjevac
918
1623
Barić-Draga
Ljubotić
1757
Vaganski vrh
Mandalena
Lisarica
Triban
Malo Rujno
Veliko Rujno
Bojin kuk
1110
1265
Kneževići
Tusta
112
Kruščica
Asanovac
Kozjača
Jadranska magistrala
Nacionalni park Paklenica
Mokrača
Miškovci
Vila Punta
Šibuljina
Veliki-
Ledenik
Veliki Vaganac
Ramići
Sveto brdo
1751
44°20'
Debela nožica
Navis
Kozjača
Sv.Trojica
Mali-
Turska peć.
Vlašići
82
U. Bočetnica
Hr.Orlić
Milovac
Kojići
42
Mrtvi rt
Mali-
Veli-
-Ražanac
Manita peć.
Vodarica
Miletići
Vrankovići
Veli-Sikavac
Ododmoree
Rt Dragunica
U. Dragunica
8
Kruškovac
Veliki Vitrenik
433
V.Oštra glavica
777
1132
Mali-
Miočić Rtina
Ljubački zaljev
U. Plemići
Begani
Plantaža
Starigrad
Paklenica
Škiljići
Sopnjača
Rt Ljubljana
Starigrad
Puntica
Planik
Ražanac
Rt Stara kula
Paron Šime
Pisak
Seline
98
Rudići
Rt Pisak
Mulo
Vrsi
Stojići
Kneževići
Ljubač
Sv. Andrija
Jaruga
106
Bokulja
Crvena peć.
Modrić
Matakov rt
Rovanjska
12
70
15°20'
13
Vinjerac
71
15°30'
14
Podvršje
Jovići
269
Jasenice
Sv. Gospa
15

Smrdelj
15°40'
Maslikose
Vodena peć
15
30
62
Javornik
15°50'
1550
16
800
Beširi
Jelovac
Svračkovo Selo
772
Čorci
Krbava
Mamulna peć
Krbavsko polje
Mandići
1336
Orlovača
1174
Tičevo
Korita-Lapačka
Basa
966
16°00'
38
Birovača
775
Birovača
Brdo Vejnovića
Tolić
Karamanuša
Podlapac
Ljutica
948
Donji Mekinjar
Ozeblin
1657
Dnopolje
Veliki Brusnić
1371
Opačića Dolina
1122
Brestane
Suvaja
Gornji Mekinjar
Šakići
Ledenice
Rudi Lisac
1608
Zobeničin Gaj
Donji Lapac
Lapačko polje
Rebić
Gečet
Selište
Tišmin Varoš
Krbava
Obljaj
666
Momčilovići
Rebićka gradina
960
Udbina
852
Šarić Brdo
Vijevac
Oraovac
Kuk
1142
Starčevići
Gornji Lapac
Srednja Gora
Kurjak
Čojluk
Vrba
Mutilić
Veljun
Podkuk
Gluva peć
Potkrčana
Jelovi vrh
985
Baste
Matići
1282
44°30'
Đukići
Januga
Krčava
1390
959
1
Dakovići
Kurjak
Ondić
Podselo
Tulić
Kremen
1590
Skadar
Donja Ploča
Opalići
522
15
Mirkovići
17
Mazin
Zir
692
Tušice
Klanac
Jadova
Komić
Poljice
Krtinići
Kovačevići
506
Vojnović Draga
26
68
1289
958
Gornja Ploča
Jelovi vrh
1233
Bošnjaci
Klapavica
Guteše
Pokrajci
Čerovac Bruvanjski
Mandiča Draga
850
Žegarci
1131
Paklarić
Vranik
P
Radmanovići
970
Bruvno
Otuča
Veliki Urljaj
1295
Parčići
Vagan
6
1141
Draga Krtinića
Rudopolje Bruvanjsko
Radakovići
14
Sveti Rok
Smokrić
Ristići
Jasenar
1176
Radakovića
Plećaši
Lovinac
Doseni
Blanuše
Poljice Miljuševo
Grumila
1005
Miljuš
762
Rasoja
Šarići
Tupale
Lipac
Radučki
Ličko Cerje
Matovinovići
988
Vrh Matovinovića
Ričica
13
Tojagići
Miljuši
Deringaj
Omsica
Petrovići
Kuburići
1125
Sveti Rok
Opsenica
Palanka
Tomingaj
Staro Selo
Ričice
Resnik
1176
Soviji
Gubačevo Polje
Čankovići
Mrđalji
Surle
Šulentići
Novoselci
Tomašev vrh
1155
44°20'
745
Mrkobradi
Poljana
20
Razbojine
Samardžija
Otuča
Bašunica
Crni vrh
1011
Surle
Lotići
Brničevo
50
Štikada
Brčinovo
Rastovići
A1
Miletići
Potkosa
Vrh bukovi
830
Glogovo
Veliki Golić
1371
Balenova Plana
Štikada jez.
Gračac
(560)
Razvršje
847
Q
934
Đekić Glavica
Gradina
Jerkovići
Radusini
Dropci
Šarica peć
Mali Alan
1044
Tunel Sveti Rok
5768m
Žižinka
33
1
18
Malovan
Oščenica
1182
894
Četinarica
1179
Vrace
Cerovačke pećine
Vučipolje
802
27
Veliki Crnopac
1402
Jabukovac
Vučjak
Oklinak
1187
Panoga
1064
15
Prezid
766
15°50'
72
16
Jovančevići
71
15°40'
Marune
584

HR
BiH
Orašac
Gornji Štrbci
Bušević
Basača
966
Birovača
775
Mišljenovac
Opačića Dolina
1122
Donji Lapac
Obljaj
666
Starčenići
Boričevac
Gornji Lapac
Kalati
667
Klisa
Ostrovica
Kulen Vakuf
Una
Čovka
Laktin vrh
1194
Velike Stenjani
Busije
Bjelaj
Cimeše
Bjelajsko
Bjelajski Vaganac
655
Suvaja
644
Medeno Polje
Medenopolje
Kolunić
Todorčević
Baranova pećina
Runjevac
1088
Osječenica
V. Osječenica
1795
Lisac
997
807
Priseka
652
Dobroselo
Babin Kraj
Prljevo
Miljuši
Donji Varoš
Man. Rmanj
Martin Brod
Martinbrodski slap
Unac
Očigrije
1278
Jasenov vrh
Podselo
Tulić
Skadar
Mazin
Brezovac Dobroselski
Kozjača
1057
Medići
Pilje
Brotnja
Vojnović Draga
974
1289
Zaklopac
Sjenica
1113
Bobolijusa
Nacionalni park Una
Jezerine
Veliki Cvjetnić
Hirnjadi
953
1426
Rastoka
Gruborski Naskin
1328
Krka
Potok
Mali Cvjetnić
Gornja Suvaja
Donja Suvaja
Begluci
Gutešin vrh
1416
Veliki Urljaj
1295
Skadar
Studeni p.
683
Ljaljinovac
Bosenski Osredci
Podvučjak
1097
Bobara
Župa
Bastasi
Plećaši
Miljuš
Grumila
1005
M. Stražbenica
1183
Dabašnica
Ajderovac
Donji srb
Grbići
Osredci
Trubar
Dolovi
V. Metla
1267
Vaganj
Petrovići
Kuburići
1125
Dabašnica
Gornji Srb
Nadurljaj
Gubačevo Polje
Orozovac
1399
Kunovac Kupirovački
Bogutovac
1005
Dugopolje
Novoselci
Lisac
1335
Crni vrh
1225
Potkraj
Kupirovo
Kunovac
Zavlaka
Kaldrma
Surle
Korita
985
1184
Glogovo
Potklanac
Resanovci
Brkljačeva pećina
Donji Labusi
Vrpolje
Podljut
Srbski klanac
793
Sredica
Panos
1329
Veliki vrh
1654
Uilica
Dinara
1186
Dropci
Velika Popina
Babića jez.
Tiškovac Lički
Bauci
Gornji Tiškovac
Malovan
1179
Poštak
1421
Kučina kosa
Kozja j.
1239
Crni vrh
802
662
Oklinak
1187
Otrić
Vugonje
Bijeli vrh
1446
Drenovac
Zakošani
Goli bat
1523
Butišnica
Bužnica
Mandrča Draga
38
26
18
17
16
62
67
72
218
506
M-14.2
M-6.1
44°30'
44°20'
16°00'
16°10'
16°20'

Rt Kok
9
10
65
11
14°50'
15°00'
Ist
Straža
175
Ist
163
Jabučni rt
Rt Vranač
Rt Benuš
Porat
141
Zapuntel
Rižnjak
Solinski rt
33
Kamenjak
Molat
Tovarnjak
Beli rt
148
Lokardenik
Obljak
Brgulje
Rt Glavica
Bivošćak
51
Tramerka
Tramerčica
Brguljski o.
96
Molat
83
66
U. Konopljika
Rt Stopanj
Trata
Rt Križ
Rt Žaplo
Tanki rt
Brguljski zaljev
127
Rt Bonaster
Prolaz Maknare
Sedmovraće
(Sedmoro usta)
Golac
Tun Mali
Tun Veli
Veli vrh
122
Brščak
Sridnji
185
Sestrica
Rivanj
Vir
Virsko more
Torovi
Rt Kozjak
Rt Peđinka
U. Sapovac
Artić
Privlaka
Nina
Dalm.
Mletak
Stanov
Q
100
Zverinac
Lagnići
Veli rat
Rt Shajanje
Grajenica
132
111
Zverinac
Južni rt
Sestrunj
Sestrunj
Gračina
145
Rivanj
82
Idula
Rt Sv. Petar
Veli vrh
76
Porat
Sušica
Mekelenic
Batalaža
Ugljan
Selo
Guduće
Ćeprljanda
Ivanac
35
Veli Rat
Verunić
Soline
Božava
Sparušnjak
Rt Ovčjak
Paranak
Rt Marovica
Magarčić
Gospa od Dumbovice
V. Planatak
Rt Lopata
U. Sakarun
219
Šušolina
Dragove
U. Bukašin
Tatišnjak
Rt Kobiljak
16
Rt Zaglav
U. Prtljug
Zlata
232
Mežanj
Utra
Zaglav
70
Rt Osiljinac
Veli o.
43
R
124
Brbinj
Srednji o.
Sv. Pelegrin
Glurović
Iž
Korinjak
168
Drage
Rutnja
Veli Iž
Savar
Ripnjak
208
U. Brbišćica
44
M. Rava
67
Mrtvonjak
Rava
Kudica
Mali Iž
Dugi otok
109
Rava
97
Ravski kanal
Fulija
Veli vrh
328
Maslino
44°00'
44°10'
Kozja pećina
V. Straža
337
28
Luški o.
Strašna pećina
Luka
U. Televišćica
Žman
Sv. M.
Rt Lopata
202
S
9
10
75
11

ZADAR
Nin
Privlaka
Ugljan
Iž
Rava
Pašman
Dugi otok
Lavdara
Sit
Gangarol
Bokanjačko blato
Rt Kozjak
Rt Stinice
Privlački zaton
Artić
Dalmatie
Nina
U. Mostine
Mletak
Stanovi
Glavan
Stanovi
Rt Brtalić
Zaton
Sv. Nikola
U. Bilotinjak
Peros
U. Dražnik
Rt Pešina
U. Viševica
Rt Skala
T.N. Punta Skala
Punta Skala
Rt Radman
Pineta
Petrčane
Sv. Bartul
Primorje
Kožino
Diklo
Suha u.
Borik
Bokanjac
Ošttri
Sv. Donat
HAK
Crno
Pucari
Zemunik Donji
Zemunik Gornji
Ploče
Dračevac
Babin dub
Zračna luka Zadar
Bibinje
Sv. Petar
Križ
154
Sv. Martin
Galovac
Maslinovi dvori
Matea
Zlatna luka
Sv. Kasijan
Sukošan
Makarska
Rt Podvara
Oliva
Malenica
Debeljak
Podvršje
Vrčevo
212
G. Raštane
D. Raštane
Tustica
Sv. Petar na Moru
Filko
Rt Krmčine
Buta
Jadranska magistrala
Turanj
Antonio
Babac
Galešnjak
Garmenjak
Komornik
Cimera
Arboretum
Barotul
Mrljane
M. Pašman
Lučina
Pašman
Biograd na
Kraj
Sv. Franciska
Brist
Ugrinići
Sv. Ante
U. Soline
Sv. Benedikt
Sv. Kuzma i Damjan
V. Prvenj
Košarica
Ščitna
Neviđane
V. Bokolj
272
Dobropoljana
Banj
Daleka Obala
Ždrelac
Škara
Martinjak
139
M. Ždrelac
U. Čerenje
Mišjak
Kukljica
152
Kobiljak
199
Sv. Pelegrin
Kali
Rt Otrić
Ošljak
Preko
Galovac
Poljana
Sutomušćica
Rt Sv. Grgur
Punta
Lukoran
Ščah
286
Sv. Mihovil
238
Rt Kobiljak
Rt Zaglav
U. Prtljug
Ivanac
Čeprljanda
Ugljan
Guduće
Batalaža
Mekelenic
Porat
Sušica
Selo
Rt Ovčjak
Paranak
Veli vrh
76
Rt Sv. Petar
Idula
Rt Osiljinac
Veli o.
Srednji o.
Glurović
Korinjak
168
Drage
Rutnjak
Veli Iž
U.V. svežina
Mali Iž
Makovac
Mučel
Knežak
Kudica
109
Kozjak
Fulija
M. Rava
Rava
97
Ravski kanal
Maslinovac
Luški o.
Veli vrh
328
pećina
V. Straža
337
Strašna pećina
Luka
Rt Žman
Žman
Sv. Mihovil
Zaglav
Rt Lopata
202
Sali
199
Škoji
Park prirode
Telašćica
U. Teveišćica
Krknata
Krava
Tukošćak
Mrtonjak
Zadarski kanal
Srednji kanal
Iški kanal
Lavdarski kanal
Pašmanski kanal
Sitski kanal
Škoj Veli
Bisage
U. V. Sabuša
Mrtovnjak
Karantunić
Tomešnjak
Rt Parda
V. Balabra
Kurba Mala
Lavdara M.
V. Skala
M.
Brušnjak
V. Trimulići
Glamoč
Rt Jasenovo
Školjić
Rt Kulina
U. Sapovac
U. Jasenovo
Ninski zaljev
Mulo
Vrsi
Sabunike
Ninska Laguna
Sv.Križ
Dispet
Nick
Zukve
Aenona
Grbe
Rakići
Rašković-straža
58
Ninski Stanovi
Prorokovići
Miljašić-jaruga
Žerava
Poljaci
Gradina
66
Brig
Poljica
Brdarići
Ljubački zaljev
Rt Ljubljana
Starigrad
Ljubač
Ljubačka vala
Ljubač Stanovi
Sv. Gospa Krneza
U. Plemići
Begani
Punta
Škulići
Planik
Ražanac
Rudići
Stojići
Sv. Andrija
Jaruga
Podvršje
Colaci
Radovin
Bokulja
Jovići
Zekići
Dogja Slivnica
Slivn
Kneževići
Bašica
Visočane
Lovinac
Grgurica
Dračevac Ninski
Gruse
Poličnik
Rupalj
Milovac
Briševo
Paleka
Suhovare
Murvica
Opačići
Smokovići
Potkosa
Goleš
Smrdelj
Ravni Kotari
Mostar
Jošani
Gorica
Crvena
Plantaže
Pak
Ravni
u
Tu
Rečina
Glava
Rt Otrić

HR
Rt Stara kula
Paron Šime
Pisak
Rt Pisak
Seline
Sopnjača
Vinjerac
Matakov rt
Rovanjska
Modrič
Knežević
Maslenica
Jasenice
Vulića Dolac
Žrdilo
Vučjak
Umac
248
Posedarje
Kapetan-Stan
Kristina
Novigradsko more
Maslenica
Šarlići
Zrmanja
Marune
584
Oščenica
1182
Cetinarica
1179
894
Panoga
1064
766
Prezid
Vranjača
Dragiće
Modrići
Zaton Obrovački
Varoš
Muškovci
Jasenovac
Drage
Golubić
Obrovac
Velika grdina
268
Otišina
208
Donje Polje
Zrmanja
Župani
Srdo-Selo
Bilišane
Berberi
Dramotići
Visoki buk
331
Guglete
Dolovi
Kruševo
Kobljani
Brkići
566
Bukovica
Adriasol
Novigrad
Ladin
U. Dumičina
Karinsko ždrilo
Ribnica
Nekići
Islam Latinski
165
Žužići
Podgradina
Islam Grčki
Režani
Paljuv
Pedići
Pridraga
Culine
Vrkića Stan
Karinsko more
Karin-Slana
Karin-Plaža
Franjevački samostan
Dubraja
Mlinari
628
Jurišinka
674
Mitrovići
551
Ilina glava
585
Klanac
425
Bogatnik
D. Kašić
Mandići
Smilčić
Donje Biljane
G. Biljane
339
Debelo br.
Korlat
Donji Karin
Gornji Karin
Corinum
Alavanje
Kum
416
Medviđa
Bruška
442
288
Popovići
Čačići
545
Škabrnja
Nadin
Malbaše
Nedinum
Zagrad
Sv. Nikola
Kula Atlagić
414
Rodaljice
490
Gračak
Nadinsko blato
Raštević
175
Benkovačko Selo
Benkovac
(179)
HAK
Dvorac
Brgud
Vinterinci
Lišane Tinjske
Prtenjača
Polača
G. Jagodnja
D. Jagodnja
Tinj
Šopot
Benkovac
Zapužane
Podlug
Perušić Benkovački
Podgrade
Asseria
Lisičić
Kožlovac
V. Mejanica
414
Šaponje
Dobrići
Kakma
253
Petrim
206
G. Miranje
D. Miranje
G. Ceranje
189
D. Ceranje
Kolarina
Kulina
G. Lepuri
D. Lepuri
Bulić
Lišane Ostrovičke
Ostrovica
Gologuz
425
Vransko polje
Sv. Roko
Sv. Filip i Jakov
Jankolovica
Stari grad
Pristeg
Drče
253
Vukšić
285
Jaruga
Glavni kanal
Vrbina
Opatijski Torovi
Biograd
Diana & Jesip
Park Soline
39
Crkvine
Pakoštane
Crvena Luka
Kozarica
V. Školj
Nordsee
Marin
Vransko jezero
Park prirode
Ravni kotari
Dobra Voda
Potkosa
Radošinovci
Standarac
303
Budak
Bila Vlaka
Stankovci
327
Morpolača
Provići
Žažvić
Međare
Cicvare
181
Ladevci
Čista Velika
Pirovac
Velim
Banjevci
Drage
Crljenik
15°30'
15°40'
44°10'
44°00'
E65
E71
A1
66
67
72
76

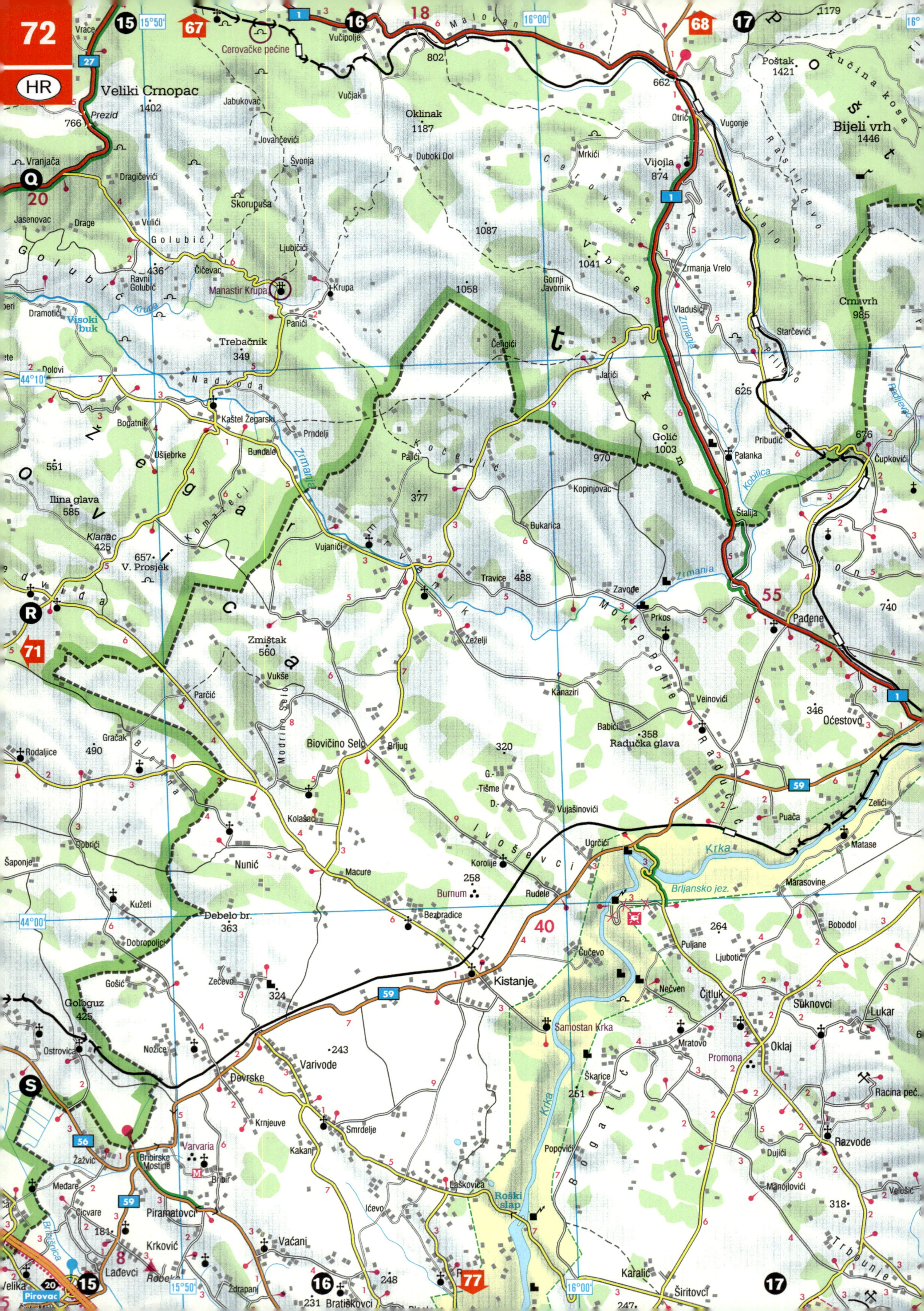
Veliki Crnopac
1402
Vrace
Prezid
766
Vranjača
Jasenovac
Drage
Dragičevići
Jabukovac
Jovančevići
Šovonja
Skorupuša
Cerovačke pećine
Vučipolje
Malovan
802
Vučjak
Oklinak
1187
Duboki Dol
Cerovac
Mrkići
Vijojla
874
662
Otrić
Vugonje
Poštak
1421
Kučina kosa
Bijeli vrh
1446
Rastičevo
Nadvrelo
1179
Vulići
Golubić
Ravni Golubić
436
Čičevac
Ljubičići
Manastir Krupa
Krupa
Paniči
Dramotići
Visoki buk
1087
1041
Vrbica
Gornji Javornik
1058
Zrmanja Vrelo
Vladušići
Zrmanja
Crnivrh
985
Starčevići
Trebačnik
349
Dolovi
Nadvoda
Čengići
Jarići
625
Kaštel Žegarski
Prndelji
Bogatnik
Bundale
Uštjebrke
551
Žegar
Golić
1003
Pribudić
Palanka
676
Čupkovići
Pajići
Koćević
970
Kopinjovac
Kobilica
377
Ilina glava
585
Komazeći
Klanac
425
657
V. Prosjek
Bukarica
Štalija
Vujanići
Ervenik
Travice
488
Zavođe
Prkos
Mokro polje
Padene
740
Žeželji
Zmištak
560
Vukše
Parčić
Kanaziri
Veinovići
346
Oćestovo
Modrino Selo
Biovičino Selo
Brijug
320
Babići
358
Radučka glava
Radučić
Rodaljice
Gračak
490
Bjelina
G.-Tišme
D.-
Vujašinovići
Zelići
Puača
Kolašac
Ivoševci
Korolije
258
Burnum
Ugrčići
Krka
Matase
Dobrići
Šaponje
Nunić
Macure
Rudele
Brljansko jez.
Marasovine
Kuželi
Debelo br.
363
Bezbradice
40
264
Bobodol
Puljane
Dobropoljci
Čučevo
Ljubotić
Gošić
Zečevo
324
Kistanje
Nečven
Čitluk
Suknovci
Lukar
Gologuz
425
Samostan Krka
Mratovo
Oklaj
Ostrovica
Nožice
243
Varivode
Promona
Racina peć.
Đevrske
Škarice
251
Krnjeuve
Smrdelje
Bogatić
Razvode
Žažvić
Varvaria
Bribir
Kakanj
Popovići
Dujići
Bribirske Mostine
Medare
Piramatovci
Laškovica
Roški slap
Manojlovići
Velušić
Cicvare
181
Krković
Ićevo
318
Vaćani
Bribišnica
Ladevci
Robel
Zdrapanj
248
231
Bratiškovci
Karalić
Širitovci
247
Trbounje
Velika
Pirovac
15°50'
16°00'
44°10'
44°00'
55
18
20

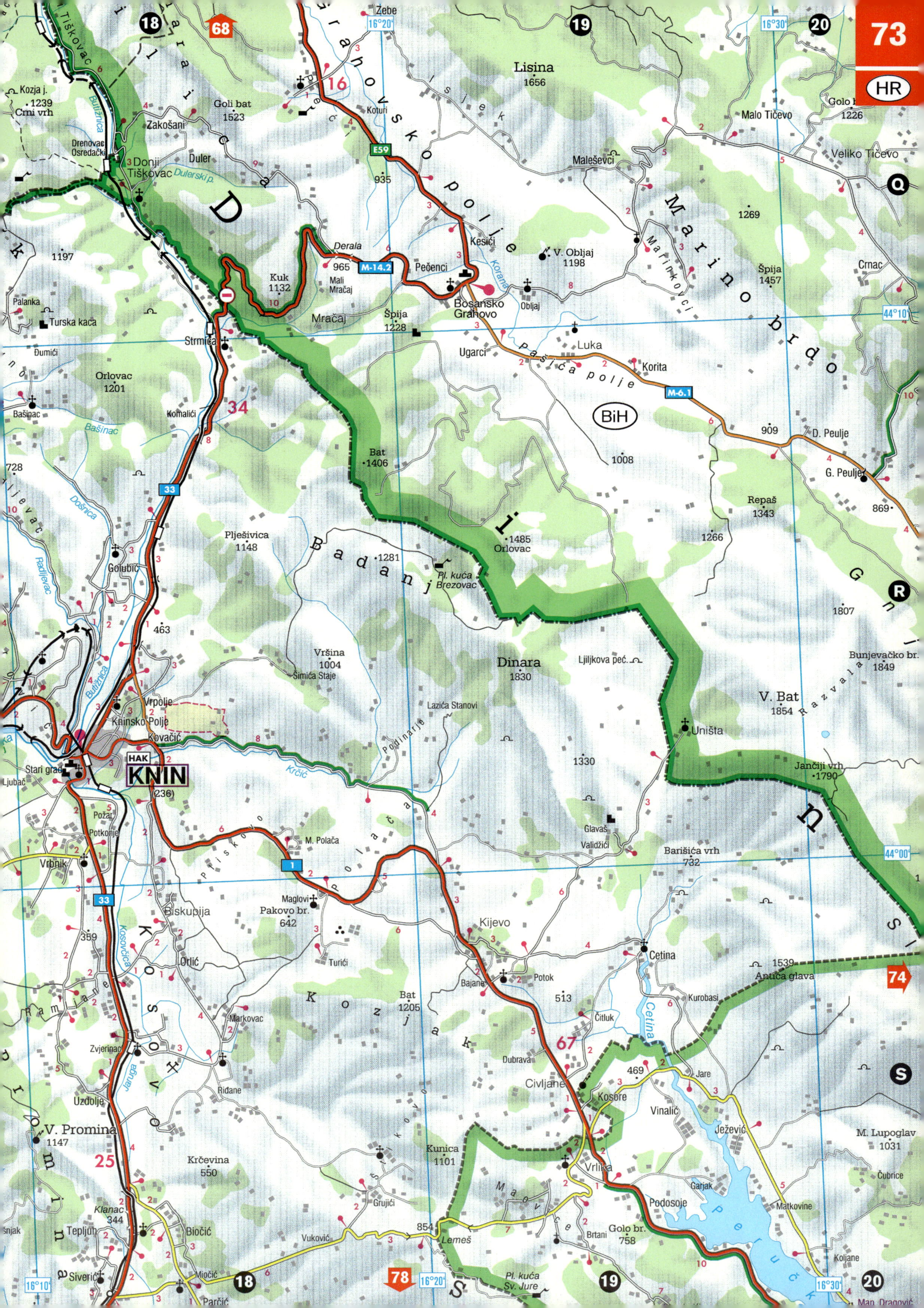
HR
BiH
KNIN
(236)
HAK
Lisina
1656
Goli bat
1523
Zakošani
Donji
Tiškovac
Duler
Kuk
1132
Derala
965
Mali
Mračaj
Mračaj
Pečenci
Kesići
Bosansko
Grahovo
Obljaj
V. Obljaj
1198
Špija
1228
Ugarci
Luka
Korita
Strmica
Orlovac
1201
Komalići
Bašinac
Bat
1406
Pliješivica
1148
Badanj
1281
Pl. kuća
Brezovac
1485
Orlovac
Golubić
463
Vršina
1004
Šimića Staje
Dinara
1830
Ljiljkova peć.
Lazića Stanovi
Vrpolje
Kninsko Polje
Kovačić
Stari grad
Požar
Potkonje
Vrbnik
M. Polača
Maglovi
Pakovo br.
642
Turići
Biskupija
Orlić
Markovac
Zvjerinac
Ridane
Uzdolje
V. Promina
1147
Krčevina
550
Klanac
344
Tepljuh
Biočić
Siverić
Miočić
Parčić
Vuković
Lemeš
854
Grujići
Kunica
1101
Bat
1205
Kozjak
Kijevo
Bajane
Potok
513
Cetina
Čitluk
Dubrava
Civljane
Kosore
469
Vrlika
Podosoje
Golo br.
758
Brtani
Pl. kuća
Sv. Jure
Vinalić
Ježević
Garjak
Matkovine
Koljane
Peruča
M. Lupoglav
1031
Čubrice
Jare
Kurobasi
1539
Antića glava
Uništa
1330
Glavaš
Validžići
Barišića vrh
732
Jančiji vrh
1790
V. Bat
1854
Bunjevačko br.
1849
1807
1266
Repaš
1343
G. Peulje
D. Peulje
909
869
1008
Marino brdo
Marinkovci
Špija
1457
Crnac
1269
Maleševci
Malo Tičevo
Veliko Tičevo
Golo br.
1226
Zebe
Koturi
935
Grahovsko polje
Paščа polje
Turska kaca
Palanka
Đumići
1197
Kozja j.
1239
Crni vrh
Drenovac Osredački
E59
M-14.2
M-6.1
16
34
33
1
67
25
18
19
20
68
74
78
Q
R
S
16°20'
16°30'
16°10'
44°10'
44°00'
Man. Dragović

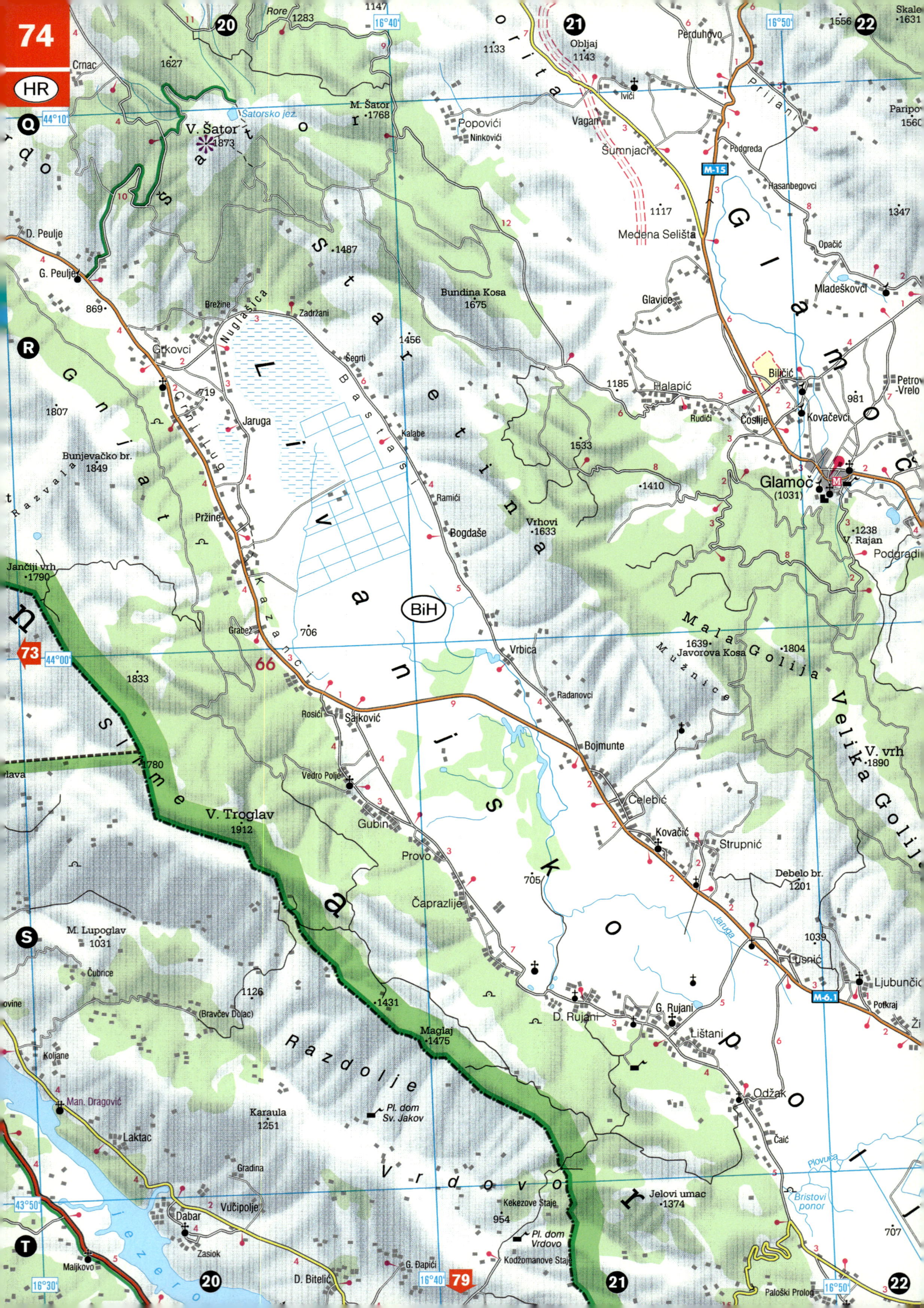

HR
BiH
20
21
22
73
79
Q
R
S
T
44°10'
44°00'
43°50'
16°30'
16°40'
16°50'
Crnac
1627
Rore
1283
1147
V. Šator
1873
Šatorsko jez.
M. Šator
1768
Staretina
D. Peulje
G. Peulje
869
1487
Nuglašica
Brežine
Zadržani
Grkovci
Crni lug
719
Jaruga
1807
Gnjat
Bunjevački br.
1849
Razvala
Pržine
Kazanci
Grabež
Jančiji vrh
1790
1833
Šimme
1780
V. Troglav
1912
Dinara
M. Lupoglav
1031
Čubrice
1126
(Bravčev Dolac)
Koljane
Man. Dragović
Laktac
Karaula
1251
Gradina
Dabar
Vučipolje
Zasiok
Maljkovo
D. Bitelić
G. Đapići
Peručko jezero
Razdolje
1431
Maglaj
1475
Pl. dom Sv. Jakov
Vrdovo
Kekezove Staje
954
Pl. dom Vrdovo
Kodžomanove Staje
Livanjsko polje
Bastasi
Šegrti
1456
Kalabe
Ramići
Bogdaše
Vrhovi
1633
706
66
Rosići
Šajković
Vedro Polje
Gubin
Provo
Čaprazlije
705
Vrbica
Radanovci
Bojmunte
Čelebić
Kovačić
Strupnić
Debelo br.
1201
Jaruga
1039
Lusnić
Ljubunčić
M-6.1
Potkraj
D. Rujani
G. Rujani
Lištani
Odžak
Čaić
Plovuča
Bristovi ponor
Jelovi umac
1374
707
Paloški Prolog
Orlovica
Obljaj
1143
1133
Perduhovo
1556
Skale
1631
Ivići
Vagan
Prijani
Popovići
Ninkovići
Šumnjaci
Podgreda
M-15
Hasanbegovci
1347
1117
Medena Selišta
Bundina Kosa
1675
Glamočko polje
Opačić
Mladeškovci
Glavice
1185
Halapić
Rudići
Bilčić
Kovačevci
Ćoslije
981
Petrovo-Vrelo
Paripovac
1560
1533
1410
Glamoč
(1031)
1238
V. Rajan
Podgradina
Mala Golija
1639
Javorova Kosa
1804
Mužnice
Velika Golija
V. vrh
1890

HR
Dugi otok
Sali
Park prirode
Telašćica
Luka Telašćica
Lavdara
Lavdarski kanal
Katina
Aba Vela
G. Aba
V. Sestrica
V. Šilo
Prolaz Proversa
M.-Garmenjak
V.-
G.-Školj
D.-
Kurba Mala
Lavdara M.
V. Balabra
Brušnjak
Sit
Šćitna
Gangarol
V. Trimulići
Glamoč
V.-Skala
M.-
V.-Buč
M.-
Bizikovica
Papeži
Gubavac
Pristanišće
Žut
Žutski kanal
Sitski kanal
Rt Strunac
Bikarijica
Tovarnjak
Gustac
Košara
Košarica
Kraj
Sv. Ante
Sv. Benedikt
Sv. Kuzma i D.
V. Prvenj
U. Soline
U. Landin
Spraljin Stan
U.D. Statival
V. Svršata
Ježinov stan
Žutska Aba
Kamenar
V. Dajna
V. Dajnica
Nacionalni park
Lučica
Toreta
Sv. Marija
Metlina
Kravljačića
V. Obručan
Mrtovac
Veli vrh
Levrnaka
Borovnik
Mana
Vrulje
Lovričev Stan
Markov Stan
Kornat
Kornatski kanal
M. Rašip
V. Rašip
Rt Cuf
Gustac
Piškera
V. Panitula
Rt Krugov
Lavsa
Klobučar
Gustac
Kasela
V. Prišnjak
Vodenjak
Gominjak
J A D R A N S K O   M O R E
15°10'
15°20'
43°50'
43°40'
11
12
13
S
T
U
70
76

Biograd na Moru
Sv. Katarina
Diana & Josip
Park Soline
Crvena Luka
Kozarica
Pakoštane
Crkvine
71
14
Skorobić
Potkosa
Dobra Voda
15°40'
22
15
26
Budak
Bila Vlaka
Radošinovci
Stankovci
Standarac
303
Vransko jezero
Park prirode Vransko jez.
Marin
Nordsee
V. Školj
Drage
Paradiso
U. Dugovača
Oaza Mira
Banjevci
Crljenik
Velim
Kašić
Putičanje
Čubrići
Tkon
Adriana
Sovinje
Calovi
V. Prvenj
U. Landin
Triluke
Košarica
Košara
Žižanj
Rt D. Borovnjak
Gangaro
V. Kotula
Kozina
Artina
Rt Glavčina
Vrgada
Obun
Šipnata
Vrgadski kanal
Roko
Maslina
-Artica
V.-
M.-
Arta V.
M. Arta
Radelj
Zminjak
Tegina
V. Vinik
Murvenjak
Visovac
Prišnjak
43°50'
Žutska Aba
Kamenar
V. Dajnica
Lasatka
Slanica
Murter
Raduč
Betina
Marija
Pirovački zaljev
Dalmacija
Jazina
Tisno
Hostin
Rastovac
Pirovac
Tustica
Miran
Dubrava kod Tisna
Dazlina
59
121
Ivinj
Ljutac
Bisaga
Murterski kanal
Kosirina
Matija
Plitka vala
Jezera-Lovišća
Jezera
Tužbina
Rt Murterić
Murtersko more
Telengrad
Sovlje
Tribunj
Rt Obinuš v.
M.-
-Dražemanski
V.-
Prišnjak
Lukovnik
Logorun
Vodnjak
Kukuljari
Lavsa
Gustac
Kasela
V. Prišnjak
Lunga
Ravni Žakan
Opatska vrata
Smokvica
V. Smokvica
Vodenjak
75
Gominjak
Kameni Žakan
Kornati
M.-
-Garmenjak
V.-
Kurba Vela
Mrtovnjak
V. Skrižanj
Vrtlić
Purara
Oključ
Lucmarinjak
Rt Mede
Samograd
Čavlin
V.-
-Tetovišnjak
M.-
Dužac
Rt Kaprije
Prčevac
Kaprije
Kakanski kanal
Kaprijski kanal
Bavljenac
Rt Kakan
V.-
-Borovnjak
M.-
Kakan
Žirjanski kanal
Samogradska vrata
Rt Žirje
Rt Muna
Vodeni Puh
43°40'
Sedlo
Straža
Žirje
Kapić
Žirje
U. Stupnica vela
Kosmerka
Škrovada
Blitvenica
Bakul
Rt Rasc
S
T
U
13
14
15
15°30'
15°40'

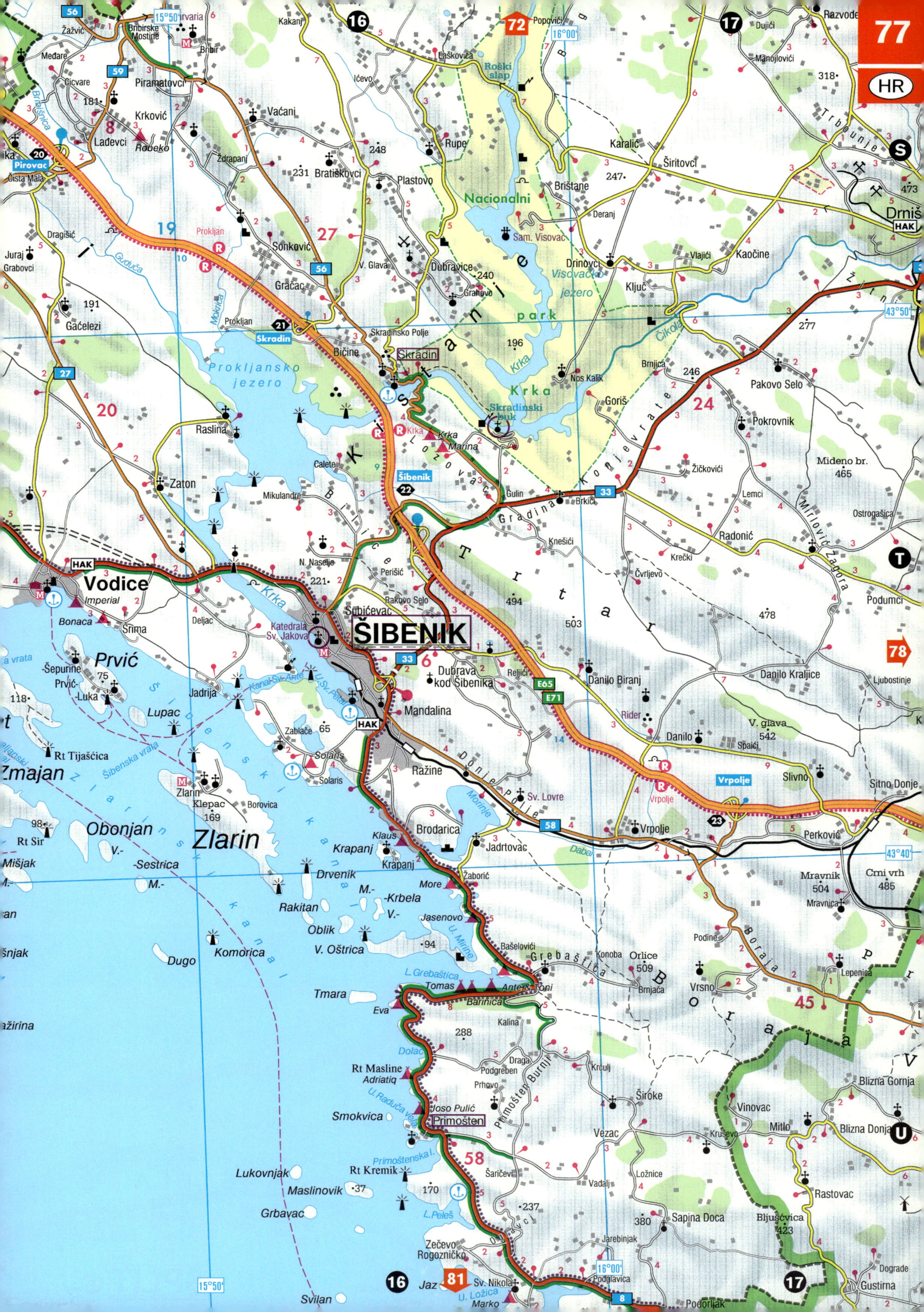
Šibenik
Vodice
Skradin
Primošten
Drniš
Pirovac
Prokljansko jezero
Nacionalni park Krka
Visovačko jezero
Roški slap
Skradinski buk
Zlarin
Prvić
Obonjan
Zmajan
Kaprije
Krapanj
Brodarica
Jadrtovac
Grebaštica
Rogoznica
Dubrava kod Šibenika
Mandalina
Ražine
Zaton
Raslina
Bilice
Lozovac
Gradina
Konjevrate
Pakovo Selo
Pokrovnik
Mideno br. 465
Radonić
Ostrogašica
Podumci
Danilo Biranj
Danilo Kraljice
Danilo
V. glava 542
Slivno
Sitno Donje
Vrpolje
Perković
Mravnik 504
Crni vrh 485
Lepenica
Vrsno
Orlice 509
Konoba
Boraja
Široke
Vinovac
Blizna Gornja
Blizna Donja
Mitlo
Rastovac
Sapina Doca
Bljušćevica 423
Gustirna
Podorljak
Vadalj
Ložnice
Vezac
Kruševo
Šaričevi
Prhovo
Podgreben
Draga
Kalina
Barinica
Žaborić
Sv. Lovre
Donje Polje
Solaris
Jadrija
Zablaće
Srima
Bonaca
Imperial
Tribunj
Piramatovci
Vaćani
Krković
Rupe
Plastovo
Bratiškovci
Gračac
Sonković
Dubravice
Bičine
Skradinsko Polje
Karalić
Širitovci
Brištane
Drinovci
Kaočine
Vlajići
Ključ
Goriš
Brnjica
Nos Kalik
Žičkovići
Lemci
Brkići
Gulin
Knešići
Krečki
Čvrljevo
Mirlović Zagora
Perišić
Rakovo Selo
Subićevac
N. Naselje
Mikulandre
Calete
Gaćelezi
Juraj
Grabovci
Dragišić
Lađevci
Rabeko
Ždrapanj
Medare
Žažvić
Bribirske Mostine
Bribir
Kakanj
Laškovica
Ićevo
Popovići
Dujići
Manojlovići
Razvode
Čista Mala
Katedrala Sv. Jakova
Šibenski kanal
Zlarinski kanal
Kanal Sv. Ante
Rakitan
Drvenik
Oblik
V. Oštrica
Komorica
Dugo
Tmara
Eva
Rt Masline
Adriatiq
Smokvica
Rt Kremik
Lukovnjak
Maslinovik
Grbavac
Zečevo
Svilan
Jaz
Sv. Nikola
Marko
Rt Tijašćica
Rt Sir
Mišjak
Sestrica
Klepac 169
Borovica
Lupac
Luka
Šepurine
Jasenovo
Krbela
More
Klaus
Tomas
Arte Antoni
Jarebinjak
Podglavica
Joso Pulić
Dolac
L. Peleš
Primoštenska I.
Krka
Čikola
Guduča
Dubrava
E65
E71
HAK
15°50'
16°00'
43°50'
43°40'
16
17
72
78
81
Nacionalni park Krka
Kistanje
Bilice
Trtar
Boraja

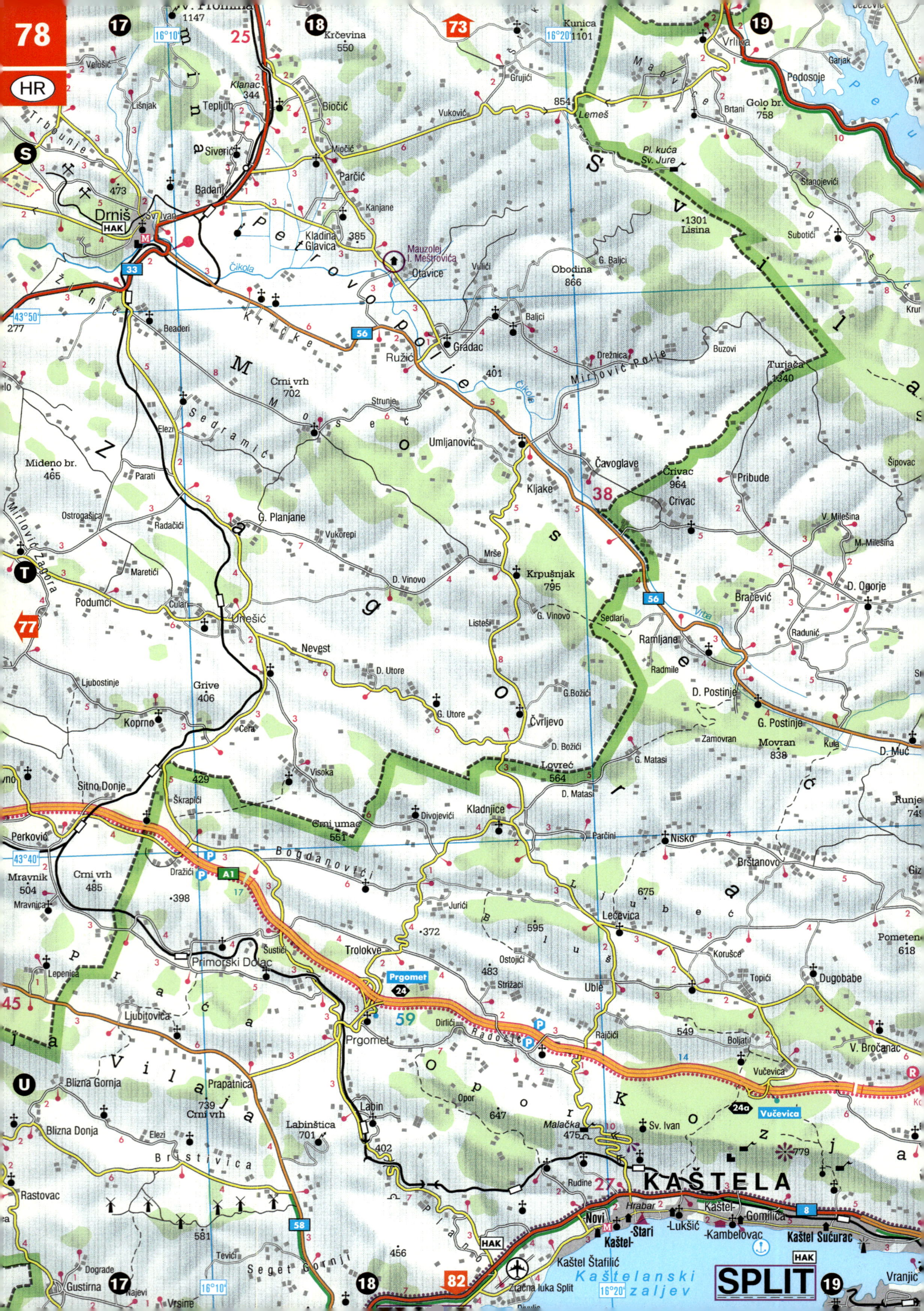
17
18
19
25
73
16°10'
16°20'
Krčevina
550
Kunica
1101
Vrlika
Podosoje
Garjak
Peruća
Golo br.
758
Brtani
Veljušić
Klanac
344
Lišnjak
Tepljuh
Biočić
Vuković
854
Lemeš
Miočić
Siverić
Parčić
Pl. kuća
Sv. Jure
Badanj
Drniš
Sv. Ivan
HAK
473
Kanjane
Kladina
Glavica
385
Mauzolej
I. Meštrovića
Otavice
Obodina
866
G. Baljci
Vulići
1301
Lisina
Stanojevići
Subotići
Petrovo polje
Čikola
33
56
43°50'
277
Beaderi
Ključke
Gradac
Ružić
Baljci
Drežnica
Mirlović Polje
Buzovi
Turjača
1340
401
M
Crni vrh
702
Strunje
Umljanović
Sedramić
Moseć
Mideno br.
465
Parati
Elezi
Kljake
Čavoglave
38
Crivac
964
Crivac
Pribude
Šipovac
Ostrogašica
Radačići
G. Planjane
Vukorepi
V. Milešina
M. Milešina
Mirlović Zagora
Maretići
D. Vinovo
Mrše
Krpušnjak
795
Bračević
D. Ogorje
Podumci
Čulari
Unešić
Lišteš
G. Vinovo
Sedlari
Ramljane
Radunić
77
Nevest
D. Utore
Radmile
D. Postinje
Ljubostinje
Grive
406
G. Božići
G. Utore
Čvrljevo
G. Postinje
Koprno
Cera
D. Božići
Zamovran
Movran
838
Kula
D. Muć
Sitno Donje
429
Visoka
Lovreć
564
G. Matasi
D. Matasi
Runje
Škrapići
Crni umac
551
Divojevići
Kladnjice
Perković
Parčini
Nisko
Brštanovo
43°40'
Dražići
A1
Bogdanovići
Mravnik
504
Crni vrh
485
Mravnice
398
Jurići
675
Lećevica
Pometeno
618
372
595
Primorski Dolac
Sušići
Trolokve
Ostojići
Korušce
Lepenica
Prgomet
24
483
Strižaci
Uble
Topići
Dugobabe
45
Ljubitovica
59
Dirlići
Radošić
Rajčići
549
Boljati
V. Broćanac
Prgomet
Vučevica
Blizna Gornja
Prapatnica
739
Crni vrh
Opor
Labin
647
24a
Vučevica
Blizna Donja
Labinština
701
Malačka
475
Sv. Ivan
Elezi
402
779
Brstivica
Rudine
27
KAŠTELA
Rastovac
Hrabar
Kaštel-Gomilica
8
Novi
Kaštel-
Stari
-Lukšić
-Kambelovac
Kaštel Sućurac
58
581
HAK
Kaštel Štafilić
HAK
Tevići
456
Kaštelanski zaljev
SPLIT
Vranjic
Dograde
Seget Gornji
Gustirna
Najevi
Vršine
82
Zračna luka Split
Divulje

HR
M. Lupoglav
1031
Čubrice
1126
(Bravčev Dolac)
Koljane
Man. Dragović
Karaula
1251
Laktac
Gradina
Razdolje
Pl. dom Sv. Jakov
Maglaj
1475
1431
Vrdovo
Kekezove Staje
954
Pl. dom Vrdovo
Kodžomanove Staje
Jelovi umac
1374
Dabar
Vučipolje
Zasiok
Maljkovo
Peruča
jezero
D. Bitelić
G. Bitelić
G. Đapići
Kužnjak
Trnova Poljana
Vaganj
1173
Paloški Prolog
Prolog
Orguz
Tribić
G. Rujani
D. Rujani
Lištani
BiH
Odžak
Čaić
Plovuća
Bristovi ponor
707
Polje
G. Kunci
Kanaeti
Potravlje
Satrić
Rumin
Cetina
Bili Brig
D. Kamešnica
1645
1773
Kamešnica
Hrvace
Bajagić
Zelovo
Čitluk
Aequum
Obrovac Sinjski
Han
Sv. Jerko
Gljev
Gljevske Staje
1308
Plišivica
986
G. Ogorje
Zelovo Sutinsko
Beare
Jasensko
Karakašica
Gala
Tokići
Lučane
439
Glavice
296
Živinići
G. Korita
D. Korita
SINJ
(326)
Suhač
HAK
Sutina
Glavica
941
G. Muć
Neorić
Radošić
892
Brnaze
Sinjsko polje
Baniđ
Otok
Bitunjac
Ruda
Varda
924
347
Udovičić
Botice
Rože
Krivi Dolac
Maretići
Sičane
Bujakovac
736
Vrabač
Podi
Kundid
Krivodol
Gornji Krn
Ruda
Grab
Jabuka
Turjaci
Korita
Sušci
Kraj
Osoje
Radinje
Dicmo polje
Čemernica
Prisoje
Bučani
Košute
Donji Krn
Velić
Jelinak
923
Vedrine
Lisac
761
Prugovo
Boban
667
Krušvar
Vojnić Sinjski
Gardun
Trilj
Čačvina
Vrpolje
731
Vukić
615
Dugopolje
Kapela
Koprivno
Rakičani
Čaporice
Strmendolac
Jagodnik
782
Konjsko
Ercegovci
Bisko
Liska
Koštak
641
Grlo-Klis
Klis
(360)
Dugopolje
Kotlenice
Bisko
Kraj
Cetina
Vučijak
425
Vinine
Budimir
Vranjača jama
Rošca
Mosor
695
Kadanj
613
Babići
Čerenpolje
Jurišići
Bijopolje
Ugljane
1044
Debelo br.
Osoje
Salona
SOLIN
Kučine
Mravince
Veliki Kabal
1339
Dom na Mosoru
Donji Dolac
Nečaj
Čikota
Nova Sela
751
G. Sitno
Desisevići
Srijane
Korešnica
16°30'
16°40'
16°50'
43°50'
43°40'

HR
BiH
Livno
(736)
Sahat kula
Tomislavg
(903)
Buško jezero
Krug planina
Tušnica
Kamešnica
Kovač planina
Cincar
2005
Bukvensko jezero
Dragnjić
Pl. dom Kruzi
Mrdenovac
1249
Osin glavica
1720
Šuica
Bogdašić
Galečić
Žirović
Priluka
Dolac
Ploča
Prisap
V. Kablići
Sušača
Bistrica
Žabljak
V. Guber
Rapovine
Komorani
Grborezi
Prolog
Orguz
Tribić
Ćosanlije
Čuklić
Lipa
Bazen Lipa
Zabrišće
Karijani
Držanlije
Bila
Karačić
Srđevići
Potok
Odžak
Tribanj
Drinova Međa
927
Dobro
Vidoši
Lopatice
Potočani
Zagoričani
Borova glava
1288
Oštrulj
1312
Jelovača
1541
Potkraj
Mandek jez.
Podhum
Vržerala
Bužanin
1022
Vitrenik
1697
Miši
Golinjevo
Dučići
Prisoje
Stipanjići
Privala
991
Vrilo
Ponor
Grabovica
Čurića Staje
Beljani
954
Korita
V. Poslušac
942
Bukova Gora
Kazaginac
Renića
Mijakovo Polje
886
Pasić
Vinica
Zaljuče
Rasko Polje
Zavelim
Kolokovac
1347
Gološija
723
Studenci
Bitić
Cera
Podbila
Ričice
Jez. Ričice
Konj
1855
Podgradina
G. Korita
1773
Varda
924
Rože
Poduba
Voštane
Ošljar
1082
Tovarnica
1265
Liskovača
Ljut
Blaževići
Jelinak
923
Matići
Kamensko
D. Tijarica
Vukić
Vrpolje
731
Tarabnik
Aržano
G. Tijarica
Strizirep
Rimnica
840
867
Budimir
Dobranje
Maglaj
926
Svib
M. Svib
Jurišići
Cista Velika
Kurtovići
Burazin Donji
751
Udiljak
753
M-16
M-15
M-6.1
220
39
60
79
84
8
21
33
15
13
26
19
22
23
24
16°50'
17°00'
17°10'
43°50'
43°40'

HR
15
16
17
15°50'
16°00'
43°30'
43°20'
77
82
86
58
8
U
V
W
Lukovnjak
Maslinovik
37
Grbavac
Rt Kremik
Primoštenska l.
170
L. Peleš
Zečevo
Rogozničko
Jaz
Svilan
Sv. Nikola
U. Ložica
Marko
Rogoznica
M.-
Smokvica
V.-
Rogoznička l.
U. Movar
Rt Movar
120
Ražanj
Rt Ploča
Šaričevi
237
Vadalj
Vezac
Ložnice
Kruševo
Mitlo
Rastovac
380
Sapina Doca
Bljušćvica
423
Jarebinjak
Podglavica
156
Podorljak
Jadranska magistrala
Svinca
210
Pozorac
193
Dograde
Gustirna
Poljica
Marina
Dvornica
Sevid
Zaglavice
190
Bašići
Vinišće
U. Sićenica
U. St. Trogir
Lisičine
112
Voluja
167
80
Arkandel
Murvica
Drvenički kanal
Rt Teketa
79
M. Drvenik
Drvenik Mali
Petomavar
Rt Kalafat
Rt Širan
84
JADRANSKO MORE

HR
KAŠTELA
SPLIT
TROGIR
Kaštel Sućurac
Kaštel Štafilić
Kaštel-Novi
Kaštel-Stari
Kaštel-Lukšić
Kaštel-Kambelovac
Kaštel-Gomilica
Kaštelanski zaljev
Zračna luka Split
Divulje
Rudine
Vranjic
Dioklecijanova palača
Rt Marjan
Kaštelet
Seget Gornji
Seget Donji
Seget
Seget Vranjica
T.N. Medena
Vranjica Belvedere
Brstivica
Dograde
Gustirna
Najevi
Vrsine
Poljica
Pozorac
Marina
Zaljev Marina
Vinišće
Velo
Bašići
Voluja
Rt Artatur
Kluda
Trogirski zaljev
Trogirski kanal
Katedrala Sv. Lovre
Okrug Donji
Okrug Gornji
Zaljev Saldun
Rožac
Mastrinka
Arbanija
Sv. Križ
Žedno
Slatine
Domic
Rt Čiova
Gospa Prizidnica
Piveta
Labaduša
Kraljevac
Sv. Fumija
U. Moravštica
Čiovo
Drvenički kanal
Rt Teketa
Drvenik Veli
Buhaj
V. Drvenik
Kačine
M. Drvenik
Petomavar
Rt Širan
Rt Novica
Orud
Splitski kanal
Šoltanski kanal
Stipanska
Rudula
Polebrnjak
Maslinica
Balkun
D. Selo
D. Krušica
Sr. Selo
Rogač
L. Rogač
T.N. Banje
Grohote
Straža
U. Podgarica
U. Tatinja
Rat
U. Nečujam
Nečujam
Šolta
Oblik
Mido
Stomorska
Gospa od Stomorina
G. Krušica
V. Straža
G. Selo
Senjska u.
Splitski rat
Stračinska u.
Rt Motika
Rt Gomilica
U. Stiniva
Mrduja
Zaglav
Rt Ražanj
Sv. Josip
Splitska vrata
Osibova u.
Rt Zaste
Hvar
Rt Pelegrin
U. Spilica
Duga
Markova špilja
U. Pribinja
Vira
Debeli
43°30'
43°20'
16°10'
16°20'
78
81
87
17
18
19
U
V
W

HR
Klis
SOLIN
Kučine
Mravince
Sv. Jure
Žrnovnica
Kamen
Dulovo
Stobreč
Podstrana
Tamaris
Sv. Martin
Jesenice
Krilo
Sumpetar
Dugi Rat
Dugi rat
Omiš
Duće
Zakučac
Naklice
Tugare
Srinjine
Gata
Čisla
Ostrvica
Zvečanje
Lišnica
Seoca
Kostanje
Cetina
Borak
Kula
Čelina
Lokva Rogoznica
Mimice
Vela luka
Danijel
Ruskamen
Sirena
Dubrava
D. Sitno
G. Sitno
Gornji Dolac
Gornja poljica
Mosor
Veliki Kabal
Dom na Mosoru
Osoje
Nova Sela
Kadanj
Jadranska magistrala
Brač
Splitska
Postira
Supetar
Rendićev mauzolej
T.N. Palma
Waterman Beach Village
Mirca
Škrip
Dol
Pučišća
Rt Sv. Nikola
Crni rat
Ložišća
Sv. Martin
Donji Humac
Dračevica
Nerežišća
Čisti dol
Pražnica
Klinje glava
Zagvozd
Novo Selo
Gornji Humac
Brkata
Smrčevik
Sv. Kuzma
Sv. Mihovil
Podgažul
V. Hrastovik
Oštri vrh
Blaca
Obršje
Vidova gora
Zračna luka Brač-Bol
Draževac
Murvica
Aloa
Bol
Zlatni rat
Dominikanski samostan
Griževi rt
Rt Blacina glava
Rt Smočiguzica
Rt Kabal
Kabal
Dugi rat
Rt Tatinja
Rt Žukova
Plani rat
Starigradski zaljev
Hvar
Rudina
Vrbanjske Rudine
Lučišće
Gračišće
Brusje
Vića gl.
Stari Grad
Tvrdalj
Vrboska
Zečevo
Nudist
Glavica
Viternja
88
84
20
21
E71
A1
E65

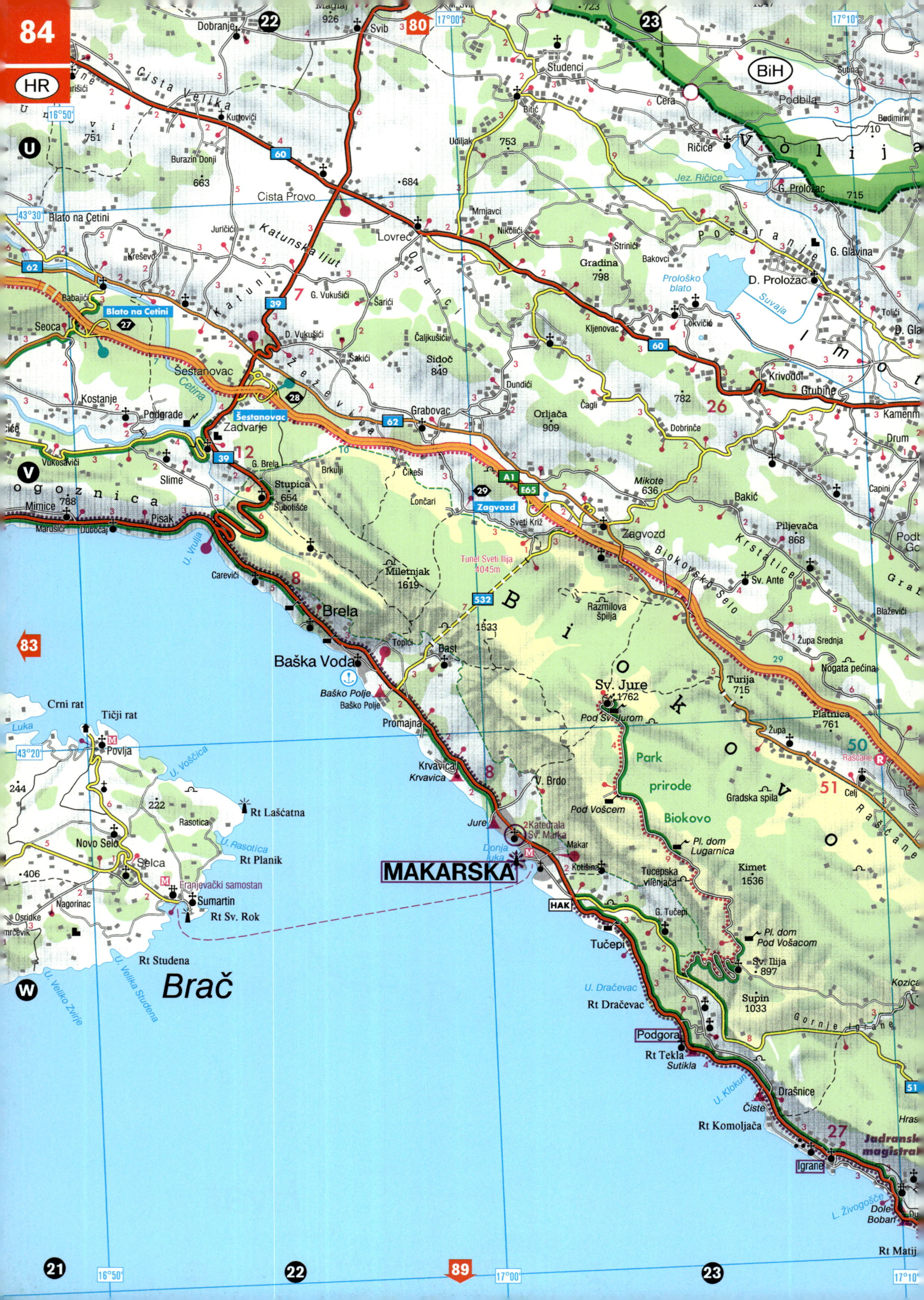
HR
BiH
Dobranje
Svib
Cista Velika
Kurtovići
Burazin Donji
Cista Provo
Blato na Cetini
Lovreć
Katunska ljut
Katuni
Opanci
Studenci
Bitić
Udiljak
Cera
Podbila
Ričice
Jez. Ričice
G. Prološac
Vrlika
Mrnjavci
Nikolići
Gradina
798
Strinići
Bakovci
Posuranje
G. Glavina
Prološko blato
D. Prološac
Suvaja
Imotski
Kljenovac
Lokvičići
Krivodol
Grubine
Kamenmost
Drum
Babajići
Seoca
Šestanovac
Cetina
Kostanje
Podgrade
Zadvarje
Žeževica
Grabovac
Čaljkušići
Sidoč
849
Dundići
Orljača
909
Čagli
Dobrinče
782
Vukosavići
Slime
Stupica
654
Subotišće
G. Brela
Brkulji
Čikeši
Lončari
Mimice
Marušići
Dubočaj
Pisak
Omiška Dinara
U. Vrulja
Carevići
Brela
Baška Voda
Baško Polje
Topići
Bast
Miletnjak
1619
Tunel Sveti Ilija 4045m
Zagvozd
Sveti Križ
Mikote
636
Bakić
Biokovsko Selo
Krstatice
Piljevača
868
Sv. Ante
Razmilova špilja
Biokovo
1533
Sv. Jure
1762
Pod Sv. Jurom
Turija
715
Župa Srednja
Nogata pećina
Platnica
761
Župa
Rašćane
Celj
Promajna
Krvavica
V. Brdo
Pod Voščem
Park prirode Biokovo
Gradska spila
Jure
Katedrala Sv. Marka
Donja luka
Makar
MAKARSKA
Kotišina
Tucepska vilenjača
Pl. dom Lugarnica
Kimet
1536
HAK
G. Tučepi
Tučepi
Pl. dom Pod Vošacom
Sv. Ilija
897
U. Dračevac
Rt Dračevac
Supin
1033
Podgora
Rt Tekla
Sutikla
Gornje Igrane
U. Klokun
Drašnice
Čiste
Rt Komoljača
Igrane
Jadranska magistrala
L. Živogošće
Dole
Bobari
Rt Matij
Crni rat
Tičji rat
Luka
Povlja
U. Vošćica
244
222
Rt Lašćatna
Rasotica
U. Rasotica
Rt Planik
Novo Selo
Selca
406
Franjevački samostan
Sumartin
Rt Sv. Rok
Nagorinac
Osridke
Rt Studena
U. Velika Studena
U. Veliko Zvirje
Brač
Blato na Cetini
Šestanovac
Zagvozd
Kapinji
Blaževići
Kozica
Hrast
21
22
23
83
89
80
16°50'
17°00'
17°10'
43°30'
43°20'
U
V
W

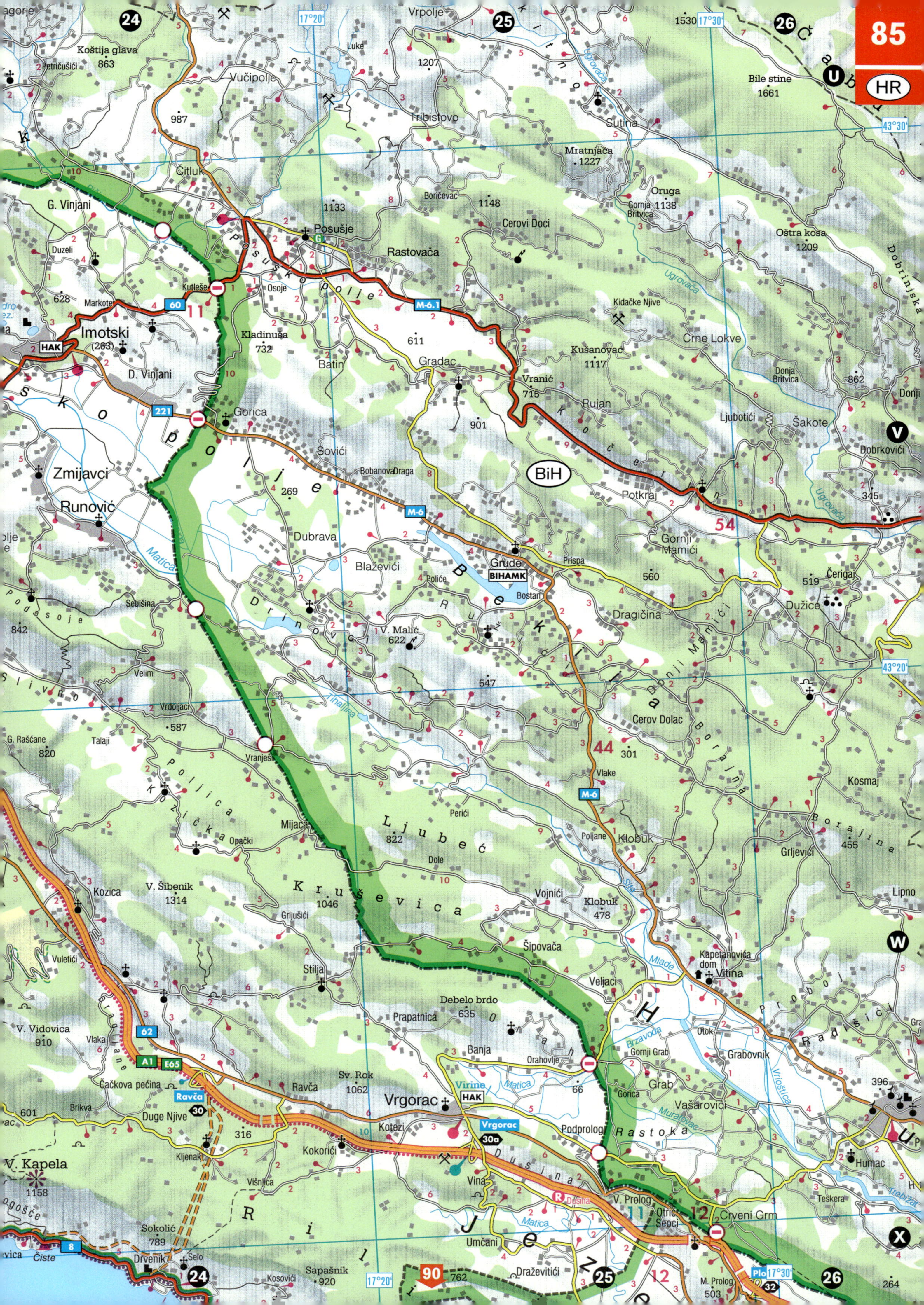
HR
BiH
Posušje
Imotski
HAK
Zmijavci
Runović
Grude
BIHAMK
Vrgorac
Vitina
Humac
Čitluk
Vučipolje
Tribistovo
Vrpolje
Rastovača
Kladinuša
Gorica
Sovići
Dubrava
Blaževići
Drinovci
Posuško polje
Imotsko polje
Bekija
Kruševica
Ljubeč
Rastoka
Jezero
Rilić
Poljica Kozička
Cerov Dolac
Dragičina
Klobuk
Vojnići
Šipovača
Veljaci
Kapetanovića dom
Grabovnik
Grab
Otok
Podprolog
V. Prolog
Crveni Grm
Kokorići
Ravča
Kozica
Vuletići
V. Šibenik 1314
V. Vidovica 910
V. Kapela 1158
Sokolić 789
Drvenik
Sapašnik 920
Debelo brdo 635
Prapatnica
Sv. Rok 1062
Stilja
Mijaca
Vranješ
Opački
Vrdoljaci
G. Raščane 820
Talaji
Velim
Sebišina
Matica
Tihaljina
Mlade
Vrioštica
Ugrovača
Koštija glava 863
Bile stine 1661
Mratnjača 1227
Oruga 1138
Oštra kosa 1209
Kušanovac 1117
Crne Lokve
Ljubotići
Šakote
Dobrkovići
Potkraj
Gornji Mamići
Donji Mamići
Dužice
Čerigaj
Kosmaj
Grljevići
Borajina
Lipno
Proboj
Radišići
Vasarovići
Gradac
Vranić
Rujan
Batin
Osoje
Kutleše
D. Vinjani
G. Vinjani
Markote
Duzeli
Kotezi
Vina
Umčani
Draževitići
M. Prolog
Kljenak
Višnjica
Brikva
Duge Njive
Čačkova pečina
M-6
M-6.1
A1
E65
60
221
62
17°20'
17°30'
43°30'
43°20'
24
25
26
90
U
V
W
X

15
16
17
81
15°50'
16°00'
W
X
Y
43°10'
43°00'
V.-
-Barjak
M.-
514
M
Komiža
Sv.
Zaljev Komiža
2
3
Biševski kanal
Rt Stupišće
Stupišće
209
Rt Trepina
Rt Šijabod
Sv. Andrija
Svetac
Rt Zlatna glava
Brusnik
Rt Pernikoza
Salbunara
Modra špilja
Porat
U. Batun
Biševo
Biševo
U. Duga
Stražbenica
239
Rt Biskup
Rt Gatula
J A D R
M O

18
82
19
16°10'
16°20'
16°30'
43°10'
43°00'
42°50'
W
X
Y
88
Debeli brig
U. Stiniva
U. Pribinja
U. Spilica
Duga
Markova špilja
Rt Pelegrin
149
37
Vira
Hvar
373
Vica gl.
Fort Napoleon
Katedrala Sv. Stjepan
Paklenski kanal
Rt Močiguzica
V. Vodnjak
Rt Klobuk
94
Vlaka
Borovac
Sv. Klement
L.Soline
Palmižana
Rt Perna
Jerolim
Marinkovac
Dobri otok
51
U. Vinogradišće
Pakleni otoci
Mala Milna
129
Milna
U. Milna
U.Slatine
Rt N. Pošta
Host
Rt Stačine
Rt Stončica
Rogačić
Velington
Češka Vila
209
Oključna
Vis
Viška luka
V. Smokova u.
Stončica
Greben
Koštirna
Sv. Kuzma
Podselje
Milna
M.-
-Paržan
V.-
Titova špilja
Žena Glava
Plisko Polje
Podstražje
Podšpilje
117
Dračevo Polje
Marinje Zemlje
Rukavac
V. Budikovac
Zelena špilja
Ravnik
Rt Polivalo
U. Travna
U. Smričevica
Vis
A N S K O
R E

Hvar
Stari Grad
Starigradski zaljev
Jelsa
Vrboska
Vrbanj
Svirče
Vrisnik
Pitve
Humac
Selca kod Starog Grada
Dol
Brusje
Vića gl.
Fort Napoleon
Milna
Mala Milna
Zaraće
Dubovica
Gospa od Zdravlja
Sv. Nikola
628
Sv. Nedjelja
Lili
Jagodna
Ivan Dolac
Hum
604
Zavala
Rt Križ
Gromin Dolac
Grapčeva špilja
Humac
Križišće
404
Poljica
M. Stiniva
V. Stiniva
179
M. Prapatna
V. Prapatna
U. Prapatna
Rt Makarac
Grebišće
Holiday
Sv. Ivana
Kapela
Mala Mina
Viternja
Glavica
Nudist
Zečevo
Plani rat
U. Basina
Rt Žukova
L. Tiha
Rudina
Vrbanjske Rudine
117
125
Tvrdalj
Jurjevac
Lučišće
Gračišće
389
373
Grablje
Malo
Velo
Humac
395
U. Milna
U. Dubovica
HAK
116
Šćedrovski kanal
L. Lovišće
Rt Gornje Kurilo
Moster
Šrida
Vela gl.
112
Podšćedro
Vrhšćedro
Šćedro
U. Portoruša
Lukavci
Korčulanski kanal
Proizd
23
U. Tarita
Mindel
U. Žukova
Rt Ložić
U. Badnjena
152
Borov rt
U. Bristva
U. Mela
Vela špilja
Vela Luka
226
Prigradica
Zaljev Vela Luka
Ošjak
Blatsko polje
Hum
376
Svi Sveti
Blato
HAK
350
258
U. Poplat
Poplat
Krnji rat
Potrina
U. V. Trstena
Sv. Petar
Rt V. dance
114
Tribuke
Brnistrova
Karbuni
Gršćica
Prižba
Rt Ključ
Trstenik
Zvirinovik
M.-Pržnjak
V.-
Lukovac
Kosor
Crklica
Vrhovnjak
Sridnjak
43°10'
43°00'
42°50'
16°30'
16°40'
19
20
21
W
X
Y
83
87
92

22
17°00'
84
23
Igrane
V. Ka
17°10'
24
Živogošće
L. Živogošće
Dole
Boban
Duba
Rt Matijaševica
Čiste
U. Dubac
Tanki rat
Rt Zaraće
U. Pobij
Zastražišće
Pokrivenik
Sv. Ivan
327
Likova glava
417
U. Bristova
U. V. Moševčica
U. Mlaska
Rt Bad
Mlaska
Grudac
317
Seca
116
Dugi Dolac
Gdinj
Bonkovići
Bristova
Bogomolje
Selca kod Bogomolja
Zaglav
Ublina
246
Sućuraj
Rt Sućuraj
Puhova špilja
Lučica
Kozja u.
L. Mrtinovik
U. Rasovatica
U. V. Črvanj
U. Medvidina
U. Torac
U. Smrska
U. Smokvina
X
Rt Lovište
Pelješac
U. Rascha
60
Mirce
Lupis
Luka
U.V. Bezdija
U. Perna
90
Duba
Pliješka
Lovište
Pelinovjak
773
čica
k i k a n a l
Rt Osičac
Nakovanj
Sv. Ilija
960
43°00'
Goč
400
Viganj
Kučište
Gospa od Karmena
Stanko
Antony Boy
Franjevački samostan
Karmena
Maestral
Palme
Perna
Podgorje
Orebić
Ne
Z. Tr
P e l j e š k i k a n a l
Kneža
Oskorus
Tri Zala
U. Babina
Račišće
Kneža
Piske
Vrbovica
Katedrala Sv.Marka
Majsan
Gnjilanski rat
Babina
Badija
Rt Blaca
555
Gradina
Pupnat
Brdo
Kalac
Sv. Antun
Planjak
Sutvara
327
118
569
Žrnovo
Korčula
Vrnik
Kom
508
Sv. Petar
Čara
181
Pupnatska Luka
Hom
442
Postrana
Javić
Jurjević
Vela Postrana
Lumbarda
77
Smokvica
308
U. Givna
U. Bačva
U. Pržina
Zavalatica
Dugi rat
Bili rat
Y
Brna
184
U. Stiniva
Korčula
U. Pavja luka
jak
Rt V. Zaglav
U. Stračinščica
42°50'
L a s t o v s k i k a n a l
Z
16°50'
22
V. Tajan
17°00'
93
23
17°10'

Drvenik
Sokolić 789
Višnjica
Sapašnik 920
Kosovići
Zaostrog
Franjevački samostan
Viter Matutinović
Dalmacija
U. Zaostrog
Uvala Borova
Podaca
Brist
Krvavica
Gradac
Crvene stine
Sv. Ilija 773
Rt Kokuljica
Ričevica
Rudine
Baćinska jezera
Peračko Blato
Ploče
HAK
Stablina
Šarić Struga
Banja
Rogotin
Komin
Jezero Desne
Neretva
Rt Višnjica
Luka Ploče
Jezero Parila
Tanki rt
Vina
Dusina
V. Prolog
Otrić Seoci
Crveni Grm
BiH
Umčani
Draževitići
Pasičina
Staševica
M. Prolog 503
Ploče
Dubrave
Pozla Gora
Kula Norinska
Pojezerje
Struge
Metković
Plina Jezero
Borovci
Jerkovići
Radalji
Resna Kosa
Rilić
Jezero
Rujan
Neretvanski kanal
Rt Sućuraj
Sućuraj
Pelješac
U. Perna
U. Blečica
Divna
D. Vručica
Veli vrh 474
Trpanj
Vrila
G. Vručica
U. V. Prapratna
Viter 629
Oskorušno
Stanković
Gospa od Karmena
Nevio
Z. Trstenica
Mokalo
Supine 695
Šišovića špilja
D. Banda
Ponta Adriatic Paradiso Vala
Podstup
Orebić
Kuna Pelješka
Crkvice
Župa
Rota
Osobjava
713
Majsan
Sestrice
Badija
Planjak
Sutvara
Vrnik
Bisače
Lumbarda
Rt Ražnjić
U. Pržina
Borje
502
Podobuće
Sv. Juraj 554
Potočine
Potomje
Pijavičino
HAK
Čućin 615
Dingač
Borak
Trstenik
Rt Ruzmarin
U. Žuljana
U. Zaglavak
Sreser
Sv. Juraj
Janjina
Drače
Lubovac
Galičak
Tajan
Lovorikovac
Popova Luka
332
159
Blaževo
Žuronja
Zaton Žuljana
Sunce
Vučine
Žuljana
Lirica
Sv. Ivan 468
Dubrava
Tomislavovac
Zagorje
Malo more
Mljetski kanal
Buk Vlaka
Opuzen
Blace
M. Neretva
Mihalj
Orlić
Pižinovac
U. Duba
Raba 395
Kremena
Komarna
Rt Međed
Rt Blace
Glavat
Pomeštak
Kobrava
43°10'
43°00'
42°50'
17°10'
17°20'
17°30'
85
89
94

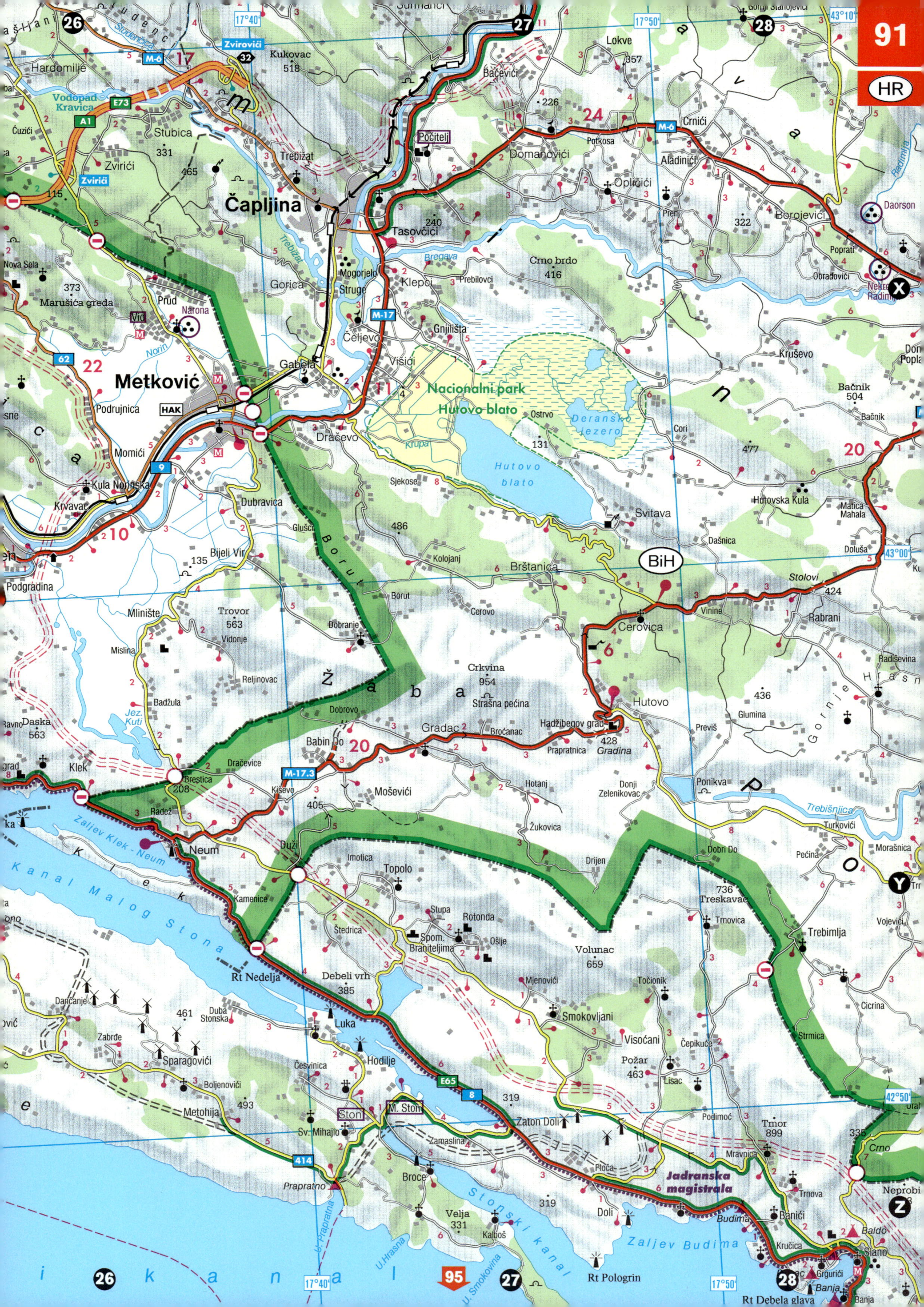
Hardomilje
Vodopad Kravica
Kukovac
518
Zvirovići
Čuzići
Stubica
331
Zvirići
465
115
Trebižat
Čapljina
Počitelj
Bačevići
Domanovići
Lokve
357
Crnići
Aladinići
Opličići
Potkosa
226
24
Tasovčići
240
Bregava
Crno brdo
416
Prenj
322
Borojevići
Daorson
Poprati
Obradovići
Nekro Radimlja
Nova Sela
373
Marušića greda
Prud
Vid
Narona
Gorica
Mogorjelo
Struge
Klepci
Prebilovci
M-17
Čeljevo
Gnjilišta
Norin
Metković
22
Podrujnica
HAK
Gabela
Višići
Nacionalni park
Hutovo blato
Deransko jezero
Ostrvo
131
Kruševo
Bačnik
504
Cori
477
20
Dračevo
Krupa
Momići
Kula Norinska
Krvavac
10
Sjekose
Hutovo blato
Svitava
Hutovska Kula
Matica Mahala
Dubravica
Glušci
Borut
486
Bijeli Vir
135
Kolojanj
Brštanica
BiH
Dašnica
Doluša
Stolovi
424
Podgradina
Mliništa
Trovor
563
Vidonje
Borut
Cerovo
Cerovica
Vinine
Rabrani
Dobranje
Mislina
Reljinovac
Žaba
Crkvina
954
Strašna pećina
Hutovo
436
Radiševina
Hrasno
Badžula
Jez. Kuti
Daska
563
Dobrovo
Gradac
Babin Do
Bročanac
Hadžibegov grad
428 Gradina
Praprатnica
Glumina
Previš
Gornje Hrasno
Klek
Dračevice
Brestica
208
M-17.3
Kiševo
Moševići
Hotanj
Donji Zelenikovac
Ponikva
Popovo
Radež
405
Žukovica
Trebišnjica
Turkovići
Zaljev Klek - Neum
Klek
Neum
Duži
Imotica
Topolo
Drijen
Dobri Do
Pećina
Morašnica
Kanal Malog Stona
Kamenice
Stupa
Rotonda
Štedrica
Spom. Braniteljima
Ošlje
736
Treskavac
Trnovica
Trebimlja
Vojevići
Volunac
659
Rt Nedelja
Debeli vrh
385
Mjenovići
Točionik
Dančanje
461
Duba Stonska
Smokovljani
Višoćani
Luka
Zabrđe
Sparagovići
Hodilje
Čepikuće
Požar
463
Lisac
Cicrina
Strmica
Boljenovići
493
Česvinica
E65
319
Metohija
Ston
M. Ston
Zaton Doli
Podimoć
Tmor
899
Sv. Mihajlo
Zamaslina
414
Broce
Ploča
Jadranska magistrala
Mravnica
Trnova
Crno
Neprobić
Praprutno
Velja
331
Kalboš
319
Doli
Budima
Banići
Baldo
Stonski kanal
Zaljev Budima
Kručica
Slano
Grgurići
Rt Pologrin
Banja
Rt Debela glava
Neretvanski kanal
95
26
27
28
17°40'
17°50'
43°10'
43°00'
42°50'

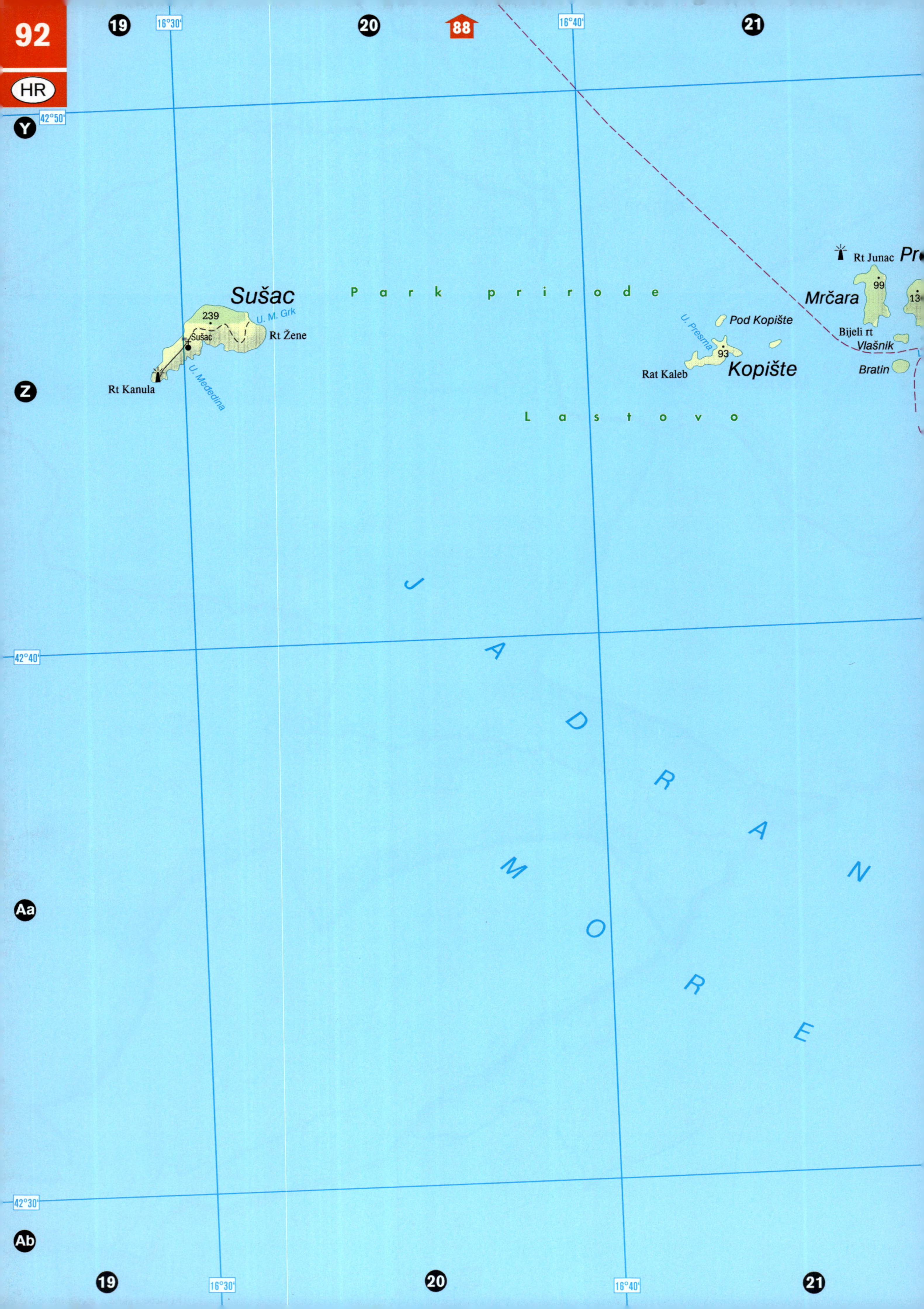
19
16°30'
20
88
16°40'
21
Y
42°50'
Z
Aa
Ab
42°40'
42°30'
Rt Junac
Pr
Mrčara
99
13
Sušac
Park prirode
239
U. M. Grk
Sušac
Rt Žene
Rt Kanula
U. Međedina
U. Presma
Pod Kopište
93
Rat Kaleb
Kopište
Bijeli rt
Vlašnik
Bratin
Lastovo
JADRANSKO MORE
JADRAN
MORE
19
16°30'
20
16°40'
21

16°50'
22
89
17°00'
23
17°10'
42°50'
Lastovski kanal
V. Tajan
Arženjak
Saplun
Stomorina
Rt Čanj
V. Maslovnjak
Lučica
230
Zaklopatica
2
Lastovo
Sv. Kuzma i Damjan
204
Češvinica
Kručica
•46
Donji školji
Pasadur
119
Sv. Ilija
Hum
415
Prgovo
Petrovac
Park prirode
Lastovsko otočje
Uble
Skrivena Luka
180
Skriveni
U. Uska
U. Hrvaska
Rt Struga
G. rt Veljeg mora
Lastovo
Vrhovnjaci
Vlašnik
Glavat
Velja Sestrica
Z
42°40'
94
S
K
O
Aa
42°30'
Ab
16°50'
22
17°00'
23
17°10'

42°50'
17°10'
17°20'
17°30'
24
25
90
Z
93
Aa
Ab
23
42°40'
42°30'
Glavat
Moračnik
Kobrava
Pomeštak
149
Sikjerica
Pomena
Polače
Goli rat
Govedari
Veliko jez.
Soline
Benediktinski samostan
392
V. Planjak
U. Tatinice
Lovor
Kozarica
347
Blato
Ropa
120
Nacionalni park Mljet
Rt Lenga
L. Gonoturska
Rt Tojsti
Mljet
U. Vela
M l j e t
J A D R A
M O R

26
27
28
17°40'
17°50'
91
Broce
Velja
331
Kaboš
Stonski kanal
319
Doli
Jadranska magistrala
Budima
Banići
Trnova
Zaljev Budima
Kručica
Rogać
Grgurići
Banja
Rt Pologrin
Rt Debela glava
Prdenić
U. Praprtna
U. Hrasna
U. Smokovina
Rt Vratnik
263
M. Vratnik
Olipa
V. Vratnik
Tajan
Rt Stari brod
Koločep
63
Crkvine
222
Jakljan
234
Šipanska Luka
Sv. Spas
Rt Sokoliæ
Prelaz Harpoti
222
Z
122
Šipan
Mljetski kanal
Ostašević špilja
Pusti rt
Galičnjak
Borovac
Klačna
Rt Maharac
Veliki grad
512
Babino Polje
Sobra
Prožura
Okuklje
Sv. Vlaho
360
Gradac
377
Ponta Odinara
U. Pištet
Sv. Antun
Maranovići
Korita
Planjak
361
Veli Školj
U. Saplunara
147
Dugi rat
Rt Gruj
42°40'
96
Aa
N
S
K
O
E
42°30'
Ab

HR
Neprobić
963
28
29
18°00'
18°10'
Dobromani
Mesari
Kovačina
Lug
Rapti
Bobani
Diklići
Gojšina
Đedići
Kučići
Jasenica Lug
Krnjevići
M-6
Čopice
733
657
Grgurići
Banja
Kljunak
857
Ridica
Prdenići
Mravinjac
Bukanje
Nevada
BiH
Dubravica
63
730
Mrčevo
Grebci
Vlaka
Kutina
Mionić
Hum
8
Z
Koločepski kanal
(Ratački kanal)
Brsečine
Gromača
Začula
Šipanska
Luka
594
Ljubač
Srnjak
Cerovac
222
Arboretum
Slavogostići
Suđurađ
Ruda
Trsteno
Osojnik
122
Trsteno
Orašac
Vukovići
Klikovići
Zaplanik
Orah
Gola Glav
Ray
Kaluđerovići
Rt Prtuša
Šipan
Lopudska vrata
Pod Maslinom
Polje
Ostra glava
616
Lopud
Močiljska Špilja
Zaton
Vlaštica
Koločep
910
Mokošica
Rožat
216
Lozica
N. Mokošica
M-20
Franjevački samostan
Koločepska vrata
Gornje
Čelo
125
R. Dubrovačka
Komolac
Sparo
Lopud
Koločep
Daksa
Knežica
Ivanica
Visočnik
404
42°40'
Solitudo
Luka Gruž
Rt Bezdanj
Velika vrata
Šumet
Martinovići
Makoše
Grebeni
HAK
Brgat
Donji
Bosanka
Buići
Rt Petka
M
Gornji
223
628
DUBROVNIK
Lovrijenac
E80
Brašina
Dominikanski
samostan
E65
HAK
Čibača
Agava
97
Srebreno
Mlini
Lokrumski prolaz
8
Lokrum
Kupari
Kupari
Rt Bačela
Soline
Rt Pelegrin
Župski zaljev
Plat
95
Supetar
Cavtat
Mauzolej Račić
Aa
Cavtavski otoci
Rt Zarub
42°30'
Ab
28
18°00'
29
18°10'

TREBINJE
ТРЕБИЊЕ
Leotar
1227
Iliino brdo
826
Gornji Tvrdoš
Tvrdoš
Tvrđava Kličanj
Zasad
Gorica
Police
Dolovi
Golo brdo
Tvrđava Petrina
Tvrđava Strač
Volujac
Ljubovo
Bihovo
Čičevo
BiH
Mosko
Vrpolje Ljubomir
Jasen
Orlujak
757
G. Vrbno
D. Vrbno
Glumina
951
Gornje
Grančarevo
Donje
Necvijeće
Lastva
Trebišnjica
M-6
Crvena Stijena
Petrovići
Man. Kosijerovo
Broćanac
980
Vilusi
M6
Donja
Dolovi
Župa
Aranđelovo
Babljak
1180
Zebljak
Grahova
Zaslap
Skočigrm
Gornji Orahovac
Donji Orahovac
Željevo
Nudo
Grahovsko
947
Gradine
42°40'
Škuljevac
1089
Turmenti
Oraše Zupci
Zupci
Korjsko
678
Ljekova
Zgonjevo
Gradina
Slivnica
Poljice Čičevo
Velja gora
843
Kraj
Bogojević Selo
Ubla
1337
Lisac
1590
Gumbar
1608
Glavska
Grab
Ograde
Štirovnik
1651
V. Jastrebica
1865
Bunjeva gr
1440
Velje leto
1603
Orjen
726
Stravča
Duba Konavoska
Jasenice
Brotnice
Snježnica
Šilješki
Ilijin vrh
1234
1165
Javor
Jablan Do
845
Podštirovnik
Pazua
1769
Orjen
1893
Pl.dom Orjen sedlo
1596
Orjenovo sedlo
Uskoplje
Gabrili
Drvenik
Vrbanje
Pl. dom Žerijelo
Jelovica
1411
Kriva glav.
Konavle
Močići
Airport Dubrovnik
Kopačica
Mihanići
Kuna Konavoska
Pridvorje
Jadranska magistrala
Čilipi
Lovorno
Ljuta
Dunave
Velika pećina
Kruševice
MNE
Komaji
Dubravka
Zastolje
Vučji Do
Subra
1679
Dobraštica
Poljice
Petijevići
Rt Veliky Pač
Popovići
Gruda
Palje Brdo
Vodovađa
1571
Odijevo
Rubodo
1452
42°30'
Radovčići
Kovači
Full Monte
Prijevor
Mojdež
Mandići
Dragomar
559
Poljice
Pločice
Đurovići
Bunovići
Sv. Nikola
Debeli Brijeg
Zupcovići
Kameno
Žlijebi
Sasovići
Rt Krastavac
Mikulići
Sutorina
Trebesinj
Suscepan
Kuti
Đuriniči
465
Podi
Španjola
Meljine
Rt Lokvica
L. Donji Molunat
Molunat
Igalo
Forte Mare
Man. Savina
Zelenika
Kumbo
Rimsko Kazalište
Monika
Herceg Novi
E80
E65
Veliki Školj
U. Lučica
Vitaljina
Zvinje
Hercegnovski zaliv
Njivice
Gornji Kraj
Rt Kobila
Rose
Mandegaj
Klinci
Mrkovi
Tići
Luštica
Boka Kotorska
U. Prevlaka
Mamula
Radovanovići
U. Žanjica
Žanjice
Oštri rt
Rt Mirišta
516
8
18°20'
18°30'
30
31
32
25
40
34
20
12
Z
Aa
Ab

A
B

## HR

56 594 km² +385
Zagreb 4 267 000

**A**

31214 Ada 37 J 33
10363 Adamovec 15 F 17
44435 Adamovići 47 L 19
35422 Adžamovci 50 K 25
23445 Ajderovac 68 P 17
34000 Alaginci 35 J 27
53271 Alan 43 L 10
23452 Alavanje 71 R 15
53212 Aleksinica 60 O 12
34334 Alilovci 35 J 27
31205 Aljmaš 38 H 34
34320 Amatovci 34 J 26
43240 Andigola 32 G 20
32271 Andrijaševci 54 K 33
31224 Andrijevac 36 H 30
10370 Andrilovec 16 G 18
53274 Anići 60 N 11
32214 Antin 38 J 33
52428 Antonci 24 J 3
34543 Antunovac/Lipovljani 33 J 22
31216 Antunovac/Osijek 37 J 33
34330 Antunovac/Velika 35 J 26
42230 Apatija 10 D 21
48260 Apatovec 10 E 20
32246 Apševci 55 L 35
53233 Arapov Dol 61 M 15
21224 Arbanija 82 U 18
32284 Arduševac 37 K 32
51564 Artatore 63 O 7
21246 Aržano 80 U 22
23245 Asanovac 66 P 13
34310 Ašikovci 35 K 28
10257 Ašpergeri 30 G 15
10414 Auguštanovec 30 J 16
53285 Ažić-Lokva 59 M 10

**B**

21254 Babajići 84 V 22
53284 Babić-Dolac 59 M 10
22304 Babići/Mokro Polje 72 R 17
21243 Babići/Ugljane 79 U 21
52470 Babići (Babici) 24 J 2
53252 Babin Kraj 68 P 17
20271 Babina 89 Y 22
32276 Babina Greda 53 L 32
44432 Babina Rijeka 47 K 19
43232 Babinac/Berek 17 G 21
43273 Babinac/Velika Pisanica 18 G 23
23000 Babindub 70 R 12
42208 Babinec 6 C 17
20225 Babino Polje 95 Z 26
43532 Babotok 17 E 22
33411 Bačevac 19 F 25
53211 Bačinac 66 O 12
43271 Bačkovica 18 F 23
52463 Bačva 40 K 3
53287 Bačvica 59 O 10
44250 Baćin 48 K 21
35404 Baćin Dol 34 K 25
20340 Baćina 90 X 25
22320 Badanj 78 S 18
52445 Baderna 40 K 3
34552 Badljevina 33 H 24
47284 Badovinci 13 G 13
20353 Badžula 91 Y 26
10342 Bađinec 16 G 20
53205 Bagunica 66 P 14
44330 Bair 33 J 23
21241 Bajagić 79 T 21
22310 Bajane 73 S 19
51511 Bajčići 42 L 8
44205 Bajlovići 31 J 18
51222 Bakar 42 K 8
51261 Bakarac 42 K 8
21272 Bakić/Poljica 84 V 23
33520 Bakić/Slatina 19 G 27
44410 Bakića Selo 46 K 16
53213 Bakovac 60 N 11
53203 Bakovac Kosinjski 60 N 12
21264 Bakovci 84 V 23
48000 Bakovčica 11 E 22
52211 Bale (Valle) 40 L 3
53244 Balenova Plana 67 Q 15
52341 Balići 41 L 4
44401 Balinac 46 K 17
33517 Balinci 35 H 27
22322 Baljci 78 T 18
53235 Baljkuša 61 N 14
47243 Bandino Selo 45 K 14
40312 Banfi 6 B 18
10347 Baničevec 15 F 18
35404 Banićevac 34 K 25
21238 Banići/Otok 79 T 21
20232 Banići/Slano 91 Z 28
33513 Bankovci/Orahovica 35 H 28
34000 Bankovci/Požega 35 J 26
44321 Banova Jagura 33 J 22
35254 Banovci/Bebrina 51 L 27
32247 Banovci/Tovarnik 54 K 35
51323 Banovina 43 K 9
10340 Banovo 16 F 19
47212 Banska Selnica 29 H 15
47206 Banski Kovačevac 30 J 15
47212 Banski Moravci 30 J 15
44440 Bansko Vrpolje 47 L 18
49245 Banšćica 15 E 17
23263 Banj 70 S 12
20343 Banja/Ploče 90 X 25
20232 Banja/Slano 95 Z 28
21276 Banja/Vrgorac 85 W 25
10382 Banje Selo 15 F 18
23422 Banjevci 76 S 14
51280 Banjol 59 N 9
52100 Banjole 57 N 4
47250 Banjsko Selo 29 J 14
10410 Bapča 15 G 17
32235 Bapska 55 K 36
31322 Baranjsko Petrovo Selo 21 G 31
52352 Barat 40 L 3
52207 Barban 41 L 5
10413 Barbarići Kravarski 30 H 17
51280 Barbat na Rabu 59 N 9
52220 Barbići 41 L 5
51244 Barci 43 K 9
52460 Baredine 24 J 2
51244 Baretići 43 K 9
43541 Barica 34 H 24
52434 Baričko Selo 41 K 5
53289 Barić-Draga 66 P 12
53287 Barićević-Pod 60 N 10
52463 Barići 40 K 3
47252 Barilović 29 J 14
53000 Barlete 66 O 13
52402 Baroni 41 K 5
23262 Barotul 70 S 13
52220 Bartići 41 L 5
52427 Bartolići 41 J 4
35252 Bartolovci 51 K 28
42202 Bartolovec 10 D 19
51557 Bartulčići 58 M 7
53000 Basarići/Gospić 66 O 13
53205 Basarići/Mogorić 66 O 14
21320 Bast 84 V 22
43531 Bastajski Brđani 18 G 25
53234 Baste 67 O 15
52475 Bašanija (Bassania) 24 J 2
22010 Baševići 77 U 16
53202 Bašić-Poljana 61 N 13
21226 Bašići 81 V 17
22317 Bašinac 73 R 18
51523 Baška 59 M 9
21320 Baška Voda 84 V 22
53206 Baške Oštarije 65 O 12
21320 Baško Polje 84 V 22
52463 Baškoti 40 K 3
51218 Baštijani 26 J 7
52402 Baštini 41 J 5
51251 Bater 43 L 10
31306 Batina/Draž 22 F 34
44320 Batina/Kutina 32 J 21
51252 Batina/Senj 43 L 10
44415 Batinova Kosa 30 J 16
48356 Batinske 12 E 24
43500 Batinjani/Daruvar 34 H 24
34550 Batinjani/Pakrac 33 J 23
43500 Batinjska Rijeka 34 H 24
52341 Batlug 41 L 4
47222 Batnoga 45 K 15
51523 Batomalj 59 M 9
35410 Batrina 51 K 26
44400 Baturi 30 J 16
52000 Bazgalji 41 K 4
22320 Beaderi 78 T 17
21247 Beare 79 T 20
35254 Bebrina 51 L 27
47251 Beč 28 J 13
35257 Bečic 51 K 27
49221 Bedekovčina 15 E 16
42240 Bedenec 9 D 17
10381 Bedenica 15 E 18
43271 Bedenička 18 F 23
43273 Bedenik 17 G 23
10432 Beder 14 G 14
42253 Bednja 9 D 16
23248 Begani 66 Q 12
52450 Begi 40 K 3
23445 Begluci 68 P 17
47305 Begovac 45 L 13
43233 Begovača 32 G 22
44204 Begovići 47 K 18
47222 Begovo Brdo 45 K 15
51315 Begovo Razdolje 43 K 10
31403 Beketinci 37 J 31
48267 Beketinec 16 E 19
34343 Bektež 35 J 28
42242 Bela 9 D 18
51317 Bela Vodica 27 J 9
47250 Belaj/Duga Resa 29 J 14
52434 Belaj/Letaj 41 K 5
47250 Belajska Vinica 29 J 14
47250 Belajske Poljice 29 J 14
48312 Belanovo Selo 10 D 20
52207 Belavići/Barban 57 L 5
47250 Belavići/Duga Resa 29 J 13
47300 Belci 44 K 11
10453 Belčići 29 G 14
49254 Belec 9 E 17
51555 Belej 58 N 7
42214 Beletinec 9 D 18
51557 Beli 42 L 7
31300 Beli Manastir 22 G 32
40319 Belica 7 C 20
47280 Belinsko Selo 29 H 13
31551 Belišće 21 G 31
51321 Belo Selo 43 K 9
10257 Belobreg 30 G 16
10381 Beloslavec 15 E 18
47283 Belošići 29 G 13
10363 Belovar 15 F 18
31511 Beljevina 36 H 29
52428 Bencani 24 J 4
52341 Benčići 41 L 4
31542 Beničanci 21 H 30
23420 Benkovac/Biograd na Moru 71 R 14
35430 Benkovac/Nova Gradiška 33 K 24
51322 Benkovac Fužinski 43 K 9
23420 Benkovačko Selo 71 R 14
42253 Benkovec 9 D 16
51242 Benkovići 43 K 8
49218 Benkovo 8 E 15
32243 Berak 38 K 35
52000 Beram 41 K 4
35221 Beravci 53 L 31
23450 Berberi 71 Q 15
43232 Berek 17 G 21
42201 Beretinec 9 D 18
34308 Bertelovci 35 J 27
52000 Bertoši 41 K 4
10437 Bestovje 14 G 15
44211 Bestrma 31 J 19
34334 Bešinci 35 J 27
53251 Beširi 62 O 16
10312 Bešlinec 16 G 19
22244 Betina 76 T 14
22305 Bezbradice 72 S 16
52460 Bibali 24 J 3
52342 Bibići 41 L 4
23000 Bibinje 70 R 12
35212 Bicko Selo 52 L 30
52207 Bičići 41 L 4
22222 Bičine 77 T 16
53231 Bigina Poljana 61 M 14
43500 Bijela 34 H 24
10299 Bijela Gorica 14 F 15
31433 Bijela Loza 36 J 30
35430 Bijela Stijena 33 J 24
44406 Bijele Vode 47 K 18
47242 Bijeli Klanac 45 K 14
20353 Bijeli Vir 91 X 26
44414 Bijelići 30 J 16
44231 Bijelnik 31 J 19
31204 Bijelo Brdo 38 H 34
33522 Bijeljevina Orahovička 35 H 28
42243 Bikovec 9 D 18
23422 Bila Vlaka 71 S 15
53000 Bilaj 66 O 13
51252 Bile 43 L 10
21241 Bili Brig/Sinj 79 T 21
35410 Bili Brig/Staro Petrovo Selo 51 K 26
34310 Bilice/Sibinj 51 K 28
22000 Bilice/Šibenik 77 T 16
21317 Bilići 83 V 21
23450 Bilišane 71 Q 15
47222 Bilo 45 L 15
53284 Bilopolje 59 M 10
53285 Biluća 59 M 10
31327 Bilje 22 H 33
51317 Biljevina 27 J 9
53284 Biljevine 60 M 10
22321 Biočić 78 S 18
23210 Biograd na Moru 71 S 13
21270 Biokovsko Selo 84 V 23
21244 Biorine 79 U 21
22305 Biovičino Selo 72 R 16
53250 Birovača 67 O 16
42226 Bisag 16 E 18
21232 Bisko 79 U 21
22300 Biskupija 73 S 18
44214 Bistrač 32 J 20
33520 Bistrica 19 G 26
31551 Bistrinci 21 G 31
44400 Biščanovo 30 J 17
21485 Biševo 86 Y 17
34330 Biškupci 35 J 26
10380 Biškupec Zelinski 15 F 18
21265 Bitić 80 U 23
21238 Bitunjac 79 T 21
22242 Bizikovica 75 S 12
31222 Bizovac 37 H 31
34553 Bjelajci 34 J 25
34551 Bjelajevac 33 J 24
44317 Bjelavina 32 H 20
47213 Bjelići 30 J 15
23421 Bjelina 72 R 15
34340 Bjeliševac 35 J 28
33518 Bjelkovac 20 H 28
53230 Bjelopolje 62 N 15
47213 Bjeloši 30 J 15
43000 Bjelovar 17 F 22
47300 Bjelsko 44 K 11
44415 Bjeljavina 46 K 16
53226 Bjeljevine 60 M 11
21231 Blaca 78 U 19
20357 Blace 90 X 25
34310 Blacko 35 K 27
47313 Blagaj/Brezno 44 K 11
47243 Blagaj/Veljun 45 K 14
43507 Blagorodovac 33 H 23
10362 Blaguša 15 F 17
23440 Blanuše 67 P 16
33410 Blanje 20 G 29
10382 Blaškovec 15 F 18
52232 Blaškovići/Kršan 41 K 5
52232 Blaškovići/Labin 41 L 5
47305 Blata 45 L 13
52425 Blatna vas 25 J 5
43246 Blatnica 17 G 21
47204 Blatnica Pokupska 29 H 15
20225 Blato/Mljet 94 Z 25
20271 Blato/Vela Luka 88 Y 21
10020 Blato/Zagreb 15 G 16
21254 Blato na Cetini 83 U 21
44410 Blatuša 46 K 16
51328 Blaževci 28 J 11
10380 Blaževdol 15 F 18
35414 Blažević Dol 51 K 26
21245 Blaževići/Donja Tijarica 80 U 22
21272 Blaževići/Runović 84 V 23
20246 Blaževo 90 Y 25
44231 Blinja 31 J 19
44211 Blinjska Greda 31 J 19
44211 Blinjski Kut 31 J 19
53205 Blitne 66 P 14
21228 Blizna Donja 77 U 17
21228 Blizna Gornja 77 U 17
21232 Boban 79 U 20
35430 Bobare 34 J 24
53222 Bobići 60 M 13
22303 Bobodol 72 S 17
32225 Bobota 38 J 34
44214 Bobovac 32 J 20
10293 Bobovec Rozganski 14 F 15
10430 Bobovica 14 G 15
21404 Bobovišća 83 V 19
31550 Bocanjevci 21 H 30
31540 Bockovac 20 G 29
49282 Bočadir 9 E 17
49282 Bočaki 9 E 17
31552 Bočkinci 21 G 30
48267 Bočkovec 10 E 19
35430 Bodegraj 49 K 24
35422 Bodovaljci 50 K 25
48267 Bogačevo 10 E 19
48268 Bogačevo Riječko 10 E 19
22324 Bogatić 72 S 17
23451 Bogatnik 72 R 15
53000 Bogdanić 66 O 12
32000 Bogdanovci 38 J 34
40306 Bogdanovec 6 C 18
21227 Bogdanovići 78 U 18
53223 Bogdanovući 61 N 13
21468 Bogomolje 89 X 22
47271 Bogovci 28 H 13
51511 Bogovići 42 L 8
47222 Bogovolja 46 L 15
43245 Bojana 17 G 21
44402 Bojna 46 K 17
48265 Bojnikovec 16 F 19
44000 Bok Palanječki 31 H 19
33522 Bokane 35 H 27
23000 Bokanjac 70 R 12
52342 Bokordići 41 L 4
31511 Bokšić/Đurđenovac 36 H 29
32238 Bokšić/Tovarnik 54 K 35
31511 Bokšić Lug 36 H 29
21420 Bol 83 W 20
10344 Bolč 17 F 21
42230 Bolfan 10 D 21
31323 Bolman 22 G 32
34322 Bolomače 34 J 26
44251 Boluni 31 J 18
21202 Boljati 78 U 19
20230 Boljenovići 91 Y 26
52232 Boljevići 41 L 5
52434 Boljun 41 K 5
52434 Boljunsko Polje 41 K 5
53291 Bonaparte 64 O 9
51551 Bonić 64 P 8
21467 Bonkovići 89 X 22
22206 Boraja 77 U 17
21310 Borak/Omiš 83 V 21
20245 Borak/Potomje 90 Y 25
53250 Boričevac 68 O 17
34322 Boričevci 34 J 26
33517 Borik/Čačinci 35 H 27
23000 Borik/Zadar 70 R 12
52207 Borinići 41 L 4
43505 Boriš 33 H 23
48269 Borje/Kalnik 10 E 19
20244 Borje/Orebič 90 Y 24
49250 Borkovec 9 E 17
47000 Borlin 29 J 14
44432 Borojevići 47 K 19
33410 Borova 19 G 25
43531 Borova Kosa 34 H 24
44323 Borovac 49 K 23
53287 Borovački Pod 60 O 10
20278 Borovci/Metković 90 X 26
53221 Borovci/Otočac 61 M 13
22232 Borovica 77 T 16
53291 Borovići 64 O 9
31418 Borovik 36 J 30
44401 Borovita 46 K 17
48324 Borovljani 11 E 22
32227 Borovo 38 J 34
52402 Borut 41 K 5
47251 Bosanci 28 J 12
20207 Bosanka 96 Aa 29
43240 Bosiljevo/Čazma 16 G 20
47251 Bosiljevo/Duga Resa 28 J 12
10381 Bosna 15 E 18
47300 Bosnići 44 K 11
23250 Bošana 65 P 11
52342 Boškari 41 L 4
53234 Bošnjaci/Komič 67 P 15
32275 Bošnjaci/Županja 54 L 33
47250 Bošt/Duga Resa 29 J 13
47300 Bošt/Ogulin 44 K 12
21242 Botice 79 U 21
43203 Botinac 17 F 22
10020 Botinec 15 G 16
48311 Botinovec 11 D 21
48322 Botovo 11 D 22
44414 Bović 30 J 16
53260 Božanići 44 L 11
23286 Božava 69 R 10
53221 Božičković-Draga 60 M 12
10370 Božjakovina 16 G 18
31423 Bračevci 36 J 30
21203 Bračević 78 T 19
47271 Brajakovo Brdo 29 H 13
44435 Brajinovići 47 K 19
52000 Brajkovići 41 K 4
53223 Brakusova Draga 61 M 13
53286 Bralići 59 N 10
34553 Branešci 34 J 25
31224 Branimirovac 36 H 30
31500 Branjevina 36 J 29
31301 Branjin Vrh 22 G 32
31303 Branjina 22 G 33
10430 Braslovje 14 G 14
20207 Brašina 96 Aa 30
47284 Brašljevica 28 G 13
10451 Bratina 30 H 15
22222 Bratiškovci 77 S 16
47282 Bratovanci 29 H 13
52207 Bratulići 57 L 4
34320 Bratuljevci 34 J 26
52000 Bravari 41 K 4
21236 Bravčev Dolac 74 S 20
23285 Brbinj 69 R 10
47261 Brcković Draga 29 J 13
10370 Brckovljani/Dugo Selo 16 G 18
10297 Brckovljani/Jakovlje 14 F 16
10340 Brčevec 16 F 19
35252 Brčino 51 K 28
23440 Brčinovo 67 Q 16
44443 Brdani/Rujevac 47 L 18
44414 Brdari 30 J 16
23235 Brdarići 70 Q 12
44321 Brdašce 33 J 22
51214 Brdce 26 J 6
20275 Brdo/Korčula 89 Y 23
52447 Brdo/Vranje Selo 40 J 3
48214 Brdo Cirkvensko 16 F 20
53235 Brdo Dragaševo 61 N 14
48267 Brdo Orehovečko 10 E 19
47220 Brdo Utinjsko 30 J 15
53236 Brdo Vejnovica 67 O 14
10291 Brdovec 14 F 15
44443 Brđani/Brezovo Polje 47 L 17
34310 Brđani/Pletemca 51 K 28
35422 Brđani/Rešetari 50 K 25
44211 Brđani Cesta 32 J 19
44211 Brđani Kosa 32 J 19
48306 Brđani Sokolovački 11 E 21
47242 Brebornica 45 K 14
52444 Brečevići 41 K 3
52220 Breg 41 L 5
10380 Breg Mokrički 15 F 18
10432 Bregana 14 F 15
10451 Bregana Pisarovinska 30 H 16
10432 Breganica 14 G 14
51211 Bregi 42 J 6
49218 Bregi Kostelski 8 D 15
49224 Bregi Radobojski 8 E 16
49210 Bregi Zabočki 14 E 16
10294 Bregovljana 14 F 15
34543 Brekinska 33 H 23
21322 Brela 84 V 22
34310 Bresnica 35 K 27
52421 Brest 25 J 5
44250 Brest Pokupski 31 J 18
52426 Brest pod Učkom 41 K 5
44330 Brestača 33 J 22
51307 Brestica 26 H 8
44405 Brestik 47 K 18
52234 Brestova 41 L 6
51315 Brestova Draga 43 K 9
34322 Brestovac 35 K 26
43505 Brestovačka Brda 33 H 23
49228 Brestovec Orehovički 9 E 16
51213 Brešca 26 J 6
53234 Breštane 67 O 14
33507 Breštanovci 20 G 28
43252 Breza/Bjelovar 17 F 21
51213 Breza/Kastav 26 J 7
49296 Brezakovec 8 E 14
10347 Brezani 16 F 19
10454 Brezarić 29 H 14
51251 Breze 43 K 10
53205 Brezik/Počitelj 66 P 14
33518 Brezik/Slatina 20 G 27
33406 Brezik/Virovitica 18 F 25
31500 Brezik Našički 36 H 29
34543 Brezine/Kukunjevac 33 J 23
10344 Brezine/Rovišće 17 F 21
10431 Brezje/Sveta Nedelja 14 G 15
40311 Brezje/Šenkovec 7 C 19
51311 Brezje Dobransko 27 J 10
42208 Brezje Dravsko 6 C 17
48268 Brezje Miholečko 10 E 19
42225 Breznica 9 E 18
31416 Breznica Đakovačka 36 K 29
31225 Breznica Našička 36 H 30
42225 Breznički Hum 9 E 18
10450 Breznik Plešivički 29 G 15
47276 Breznik Žakanjski 29 H 13
47300 Brezno 44 K 11
49231 Brezno Gora 8 D 14
49223 Brezova 15 E 16
47241 Brezova Glava 29 J 14
42253 Brezova Gora 8 D 16
51327 Brezova Poljana 28 J 11
43000 Brezovac/Bjelovar 17 F 22
53221 Brezovac/Doljani 61 M 13
47245 Brezovac/Donji Furjan 45 L 14
44330 Brezovac/Lipik 33 J 23
53252 Brezovac Dobroselski 68 P 17
10453 Brezovac Žumberački 14 G 14
10257 Brezovica/Novi Zagreb 15 G 16
33411 Brezovica/Suhopolje 19 F 26
31542 Brezovica/Valpovo 21 H 30
8331 Brezovica pri Metliki 28 G 12
48214 Brezovljani 16 F 20
33514 Brezovljani Vojlovički 20 H 28
44404 Brezovo Polje/Donji Klasnić 47 K 17
53211 Brezovo Polje/Gospić 66 O 12
44272 Brežane Lekeničke 31 H 17
47212 Brežani 29 J 15
44272 Brežanske 31 H 17
20207 Brgat Donji 96 Aa 30
20207 Brgat Gornji 96 Aa 29
52224 Brgod 41 L 5
23420 Brgud 71 R 15
52422 Brgudac 25 J 5
23292 Brgulje 69 Q 10
51253 Bribir/Novi Vinodolski 43 L 9
22223 Bribir/Piramatovci 72 S 16

22223 Bribirske Mostine 72 S 15
52462 Brič 24 J 3
52342 Bričanci 41 L 4
23235 Brig/Poljica 70 Q 12
52447 Brig/Višnjan 40 K 3
47276 Brihovo 28 H 12
31000 Brijest 37 H 33
20248 Brijesta 90 Y 26
31000 Briješće 37 H 32
52212 Brijuni 56 M 3
21275 Brikva 85 W 24
44320 Brinjani 32 H 21
53260 Brinje 44 M 11
51305 Brinjeva Draga 26 H 8
21335 Brist 90 X 24
21228 Bristivica 78 U 17
21468 Bristova 89 X 23
23245 Bristovac 66 P 12
23000 Briševo 70 R 12
22324 Brištane 77 S 16
52424 Brkač (Bercaz) 40 K 3
22221 Brkići/Gradina 77 T 16
23450 Brkići/Kruševo 71 R 15
44271 Brkiševina 30 J 17
21255 Brkulji 84 V 22
49282 Brlekovo 9 E 17
10454 Brlenić 29 H 14
53226 Brlog 60 M 11
47282 Brlog Ozaljski 29 H 13
53226 Brloška Dubrava 60 M 12
22305 Brljug 72 R 16
20272 Brna 89 Y 22
21230 Brnaze 79 T 20
51215 Brnčići 26 J 7
53244 Brničevo 67 Q 15
20271 Brnistrova 88 Y 21
52425 Brnobići 41 J 5
22010 Brnjača 77 U 17
44410 Brnjavac 30 J 16
44400 Brnjeuška 31 J 18
22221 Brnjica 77 T 17
20230 Broce 91 Z 27
47245 Bročanac 45 L 14
44330 Bročice 33 K 22
51312 Brod Moravice 27 J 10
51301 Brod na Kupi 27 J 10
22010 Brodarica 77 T 16
42243 Brodarovec 9 D 17
48363 Brodić 12 E 24
34315 Brodski Drenovac 51 K 27
35253 Brodski Stupnik 51 K 27
35000 Brodski Varoš 52 K 28
35201 Brodski Zdenci 51 K 28
31223 Brođanci 37 H 31
47212 Brođani 29 J 15
20210 Brotnice 97 Aa 30
23445 Brotnja 68 P 17
52222 Brovinje 57 M 5
51418 Brseč 42 K 6
20234 Brsečine 96 Z 28
32222 Bršadin 38 J 34
21202 Brštanovo 78 U 19
21236 Brtani 78 S 19
52474 Brtonigla (Verteneglio) 24 J 2
44404 Brubno 47 K 17
53203 Brujići 60 N 12
51511 Brusići 42 L 8
21454 Brusje 88 W 19
34550 Brusnik 34 J 24
53206 Brušane 66 O 12
23421 Bruška 71 R 15
23441 Bruvno 67 P 16
51557 Brzac 42 L 7
43273 Brzaja 18 F 23
52352 Bubani 40 L 3
47282 Bubnjarci 28 H 13
52463 Bucalovići 40 K 3
21240 Bučani 79 U 21
34553 Bučje/Glavica 34 J 25
34315 Bučje/Pleternica 51 K 27
31423 Bučje Gorjansko 36 J 30
47242 Budačka Rijeka 45 K 14
53201 Budak/Gospić 66 O 13
23422 Budak/Stankovci 71 S 15
33411 Budakovac 19 F 26
48362 Budančevica 18 F 23
33412 Budanica 19 G 26
44202 Budaševo 31 J 19
10360 Budenec 15 F 18
31433 Budimci 36 J 30
21243 Budimir 79 U 21
49284 Budinšćina 9 E 18
10456 Budinjak 13 G 13
48350 Budrovac 18 F 23
33406 Budrovac Lukački 19 F 25
31400 Budrovci 37 K 31
47201 Budrovci Draganički 29 H 14
47222 Buhača 46 K 15
20207 Buići 96 Aa 30
44435 Buinja 47 K 19
44435 Buinjski Riječani 47 K 19
44330 Bujavica 33 J 23
52460 Buje (Búie) 24 J 2
34310 Buk 35 K 28
20350 Buk Vlaka 90 X 26
22306 Bukarica 72 R 16
10382 Bukevje/Majkovec 15 F 18
10411 Bukevje/Velika Gorica 15 G 18
51311 Bukov Vrh 27 J 10
33410 Bukova 19 G 25
47253 Bukovac Perjasički 45 K 14
53202 Bukovac Perušićki 61 O 13
33517 Bukovački Antunovac 35 H 27
53225 Bukovci 60 N 12
10253 Bukovčak 30 H 16
34551 Bukovčani 33 J 24
40314 Bukovec 6 C 19
10382 Bukovec Zelinski 15 F 18
44415 Bukovica/Gornja Čemernica 30 J 16
35403 Bukovica/Rešetari 50 K 25
10454 Bukovica Prekriška 29 G 14
47211 Bukovica Utinjska 29 J 15
23420 Buković 71 R 14
10298 Bukovje Bistransko 14 F 16
48260 Bukovje Križevačko 16 F 20
47250 Bukovje Netretićko 29 J 13
35209 Bukovlje 52 K 29
44202 Bukovsko Lukavečko 32 J 20
33514 Bukvik 35 H 28
44405 Bulati 47 K 18
23420 Bulić 71 S 15
51251 Bulići 43 L 10
43273 Bulinac 17 G 22
23451 Bundale 72 R 16
53235 Bunić 61 N 14
10382 Bunjak 15 F 18
10314 Bunjani 16 G 19
51325 Bunjevci 28 J 11
21244 Burazin Donji 84 U 22
53284 Burnjak 59 M 10
52474 Buroli 24 J 2
52208 Buršići 57 M 4
51329 Busići 28 J 12
34322 Busnovi 34 J 26
33404 Bušetina 18 F 25
10417 Buševec 30 H 17
53250 Bušević 68 O 17
49218 Bušin 8 E 15
42225 Butkovec 9 E 18
53000 Butkovići/Gospić 66 O 13
52342 Butkovići/Vodnjan 41 L 4
52000 Butoniga 41 K 4
51252 Butorci 43 L 10
52444 Butori 40 K 3
10345 Buzadovac 16 F 20
51219 Buzdohanj 42 J 7
52420 Buzet 25 J 4
44401 Buzeta 47 K 17
51280 Buzići 59 N 9
22322 Buzovi 78 T 19
53211 Bužim 65 O 12
52466 Bužinija (Buzinia) 40 J 2
34310 Bzenica 51 K 27

C

33412 Cabuna 19 G 26
35430 Cage 49 K 24
10313 Caginec 16 G 19
22000 Calete 77 T 16
23212 Calovi 76 S 13
47264 Capani 45 K 13
21262 Capini 84 V 24
48264 Carevdar 10 E 20
47213 Carevici 30 J 15
21322 Carevići 84 V 22
47303 Carevo Polje 44 K 12
47252 Carevo Selo 29 J 14
42205 Cargovec 9 D 18
44443 Carića Brdo 47 L 17
53296 Caska 65 O 10
44412 Cavrići 30 J 17
20210 Cavtat 96 Aa 30
10453 Celine/Dragovanšćak 29 G 14
40317 Celine/Podturen 7 C 20
10340 Celine/Vrbovec 16 F 19
10299 Celine Goričke 14 F 15
10430 Celine Samoborske 14 G 15
21273 Celj 84 W 23
44251 Cepeliš 31 J 18
48213 Cepidlak 17 F 21
21267 Cera/Postranje 80 U 23
22323 Cera/Unešić 78 T 18
52341 Cere 41 L 4
31500 Ceremošnjak 36 J 29
32221 Cerić 38 K 34
10340 Cerik 16 F 19
43240 Cerina 16 G 20
10361 Cerje/Dugo Selo 15 G 18
10340 Cerje/Vrbovec 16 F 19
49233 Cerje Jesenjsko 9 D 16
44272 Cerje Letovaničko 31 H 17
42243 Cerje Nebojse 9 D 18
10414 Cerje Pokupsko 30 J 16
10430 Cerje Samoborsko 14 G 15
32272 Cerna 53 K 33
35404 Cernik/Nova Gradiška 50 K 25
51219 Cernik/Rijeka 42 J 7
23441 Cerovac 72 Q 17
31222 Cerovac/Bizovac 37 H 32
34308 Cerovac/Jakšić 35 J 27
23440 Cerovac/Nadvrelo 72 Q 17
47252 Cerovac Barilovićki 29 J 13
23441 Cerovac Bruvanjski 67 P 16
47241 Cerovac Vukmanićki 29 J 14
47250 Cerovački Galovići 29 J 13
52402 Cerovlje 41 K 5
47303 Cerovnik 44 L 12
10418 Cerovski Vrh 30 H 16
53288 Cesarina 65 O 11
42208 Cestica 6 C 17
22310 Cetina 73 S 19
47222 Cetingrad 46 L 15
47222 Cetinski Varoš 46 L 15
52000 Ciburi 41 K 4
22223 Cicvare/Piramatovci 71 S 15
34553 Cicvare/Rogulje 34 J 25
43000 Ciglena 17 F 22
43280 Ciglenica/Garešnica 33 H 22
44320 Ciglenica/Kutina 32 H 21
49223 Ciglenica Zagorska 9 E 16
34343 Ciglenik/Čaglin 35 J 28
35257 Ciglenik/Oriovac 51 K 27
49218 Cigrovec 8 E 15
34553 Cikote 34 J 25
23264 Cimera 70 S 13
47240 Cindrići 45 K 14
40323 Cirkovljan 7 C 20
48213 Cirkvena 16 F 20
21256 Cista Provo 84 U 22
21244 Cista Velika 80 U 22
22310 Civljane 73 S 19
52208 Cokuni 57 M 4
43270 Cremušina 18 G 24
51557 Cres 58 M 7
31222 Cret Bizovački 37 H 31
31531 Cret Viljevski 20 G 29
44410 Crevarska Strana 30 J 15
51260 Crikvenica 43 K 9
21229 Crivac 78 T 19
52447 Crklada 40 K 3
42250 Crkovec 9 D 17
33522 Crkvari 35 H 28
44214 Crkveni Bok 32 J 21
34000 Crkveni Vrhovci 35 K 26
44317 Crkveno Selo 32 H 20
20243 Crkvice 90 Y 25
34320 Crljenci 34 J 26
23422 Crljenik 76 S 15
47206 Crna Draga 30 J 16
31500 Crna Klada 36 J 29
10450 Crna Mlaka 29 H 15
33507 Crnac/Čačinci 20 G 28
44010 Crnac/Sisak 31 J 19
53262 Crnač 44 L 12
52220 Crni 41 L 5
53206 Crni Dabar 65 O 11
53273 Crni Kal 60 M 11
51317 Crni Lug 27 J 9
44400 Crni Lug Glinski 47 K 17
53213 Crni Padež 60 O 11
35201 Crni Potok/Slavonski Brod 52 K 29
44415 Crni Potok/Velika Kladuša 46 K 16
51251 Crno/Novi Vinodolski 43 L 10
23000 Crno/Zadar 70 R 12
47262 Crno Kamanje 29 J 13
47243 Crno Vrelo 45 K 14
23210 Crvena Luka 71 S 13
52475 Crveni vrh 24 J 2
48260 Cubinec 16 F 20
10345 Cugovec 16 F 20
52342 Cukrići 41 L 4
22323 Culari 78 T 17
52420 Cunj 25 J 5
53271 Cupići 43 L 10
10382 Curkovec 15 F 18
48312 Cvetkovec 11 D 21
10450 Cvetković 29 H 14
10418 Cvetković Brdo 30 H 16
42255 Cvetlin 9 D 16
10414 Cvetnić Brdo 30 H 16
47243 Cvijanović Brdo 45 K 14
44205 Cvijići 31 J 18
52341 Cvitići 41 L 5
53220 Cvitkovići 60 M 12
47240 Cvitović 45 L 14

Č

51306 Čabar 27 H 8
10450 Čabdin 29 H 15
48264 Čabraji 10 E 20
52342 Čabrunići 41 L 4
53211 Čačić-Draga 65 O 12
53206 Čačići/Cesarina 65 O 11
23421 Čačići/Popovići 71 R 15
33514 Čačinci 35 H 28
21240 Čačvina 79 U 21
43271 Čađavac 18 G 23
33523 Čađavica 20 G 28
33523 Čađavički Lug 20 G 28
21271 Čagli 84 V 23
34350 Čaglin 36 J 28
44320 Čaire 32 H 21
35210 Čajkovci 53 K 31
44212 Čakalska Kosa 31 J 19
47302 Čakovac 44 K 12
32238 Čakovci 38 K 35
40000 Čakovec 7 C 19
42243 Čalinec 9 D 18
21257 Čaljkušići 84 V 22
31543 Čamagajevci 21 G 30
52232 Čambarelići 41 K 5
47240 Čamerovac 45 L 15
53235 Čanak 61 N 13
23440 Čankovići 67 P 15
42224 Čanjevo 10 E 19
44210 Čapljani 32 K 20
21240 Čaporice 79 U 21
35430 Čaprginci 34 K 24
20273 Čara 89 Y 22
53262 Čarapi 44 L 12
21252 Čatići 83 V 20
47242 Čatrnja/Budačka Rijeka 45 K 14
47246 Čatrnja/Rakovica 61 M 14
51219 Čavle 26 J 7
44443 Čavlovica 47 L 18
22322 Čavoglave 78 T 19
43240 Čazma 16 G 20
34320 Čečavac 34 J 25
34320 Čečavački Vučjak 34 J 25
10450 Čeglje 29 H 14
40323 Čehovec 7 C 20
35252 Čelikovići 51 K 28
21317 Čelina 83 V 21
44440 Čemernica/Dvor 47 L 18
33000 Čemernica/Virovitica 19 G 25
10312 Čemernica Lonjska 16 G 19
31325 Čeminac 22 G 33
20223 Čemprijesi 96 Z 28
23443 Čengići 72 Q 16
31416 Čenkovo 36 J 29
48350 Čepelovac 17 F 23
52428 Čepić (Ceppich) 24 J 3
20231 Čepikuće 91 Y 28
31431 Čepin 37 H 32
31431 Čepinski Martinci 37 H 31
52470 Čepljani (Cipiani) 24 J 2
23275 Čeprljanda 70 R 11
33522 Čeralije 35 H 27
21244 Čerenpolje 79 U 21
40313 Čestijanec 6 B 18
20230 Česvinica 91 Y 26
52403 Češići 41 K 4
21480 Češka Vila 87 X 18
44250 Češko Selo 31 J 18
34334 Češljakovci 35 J 27
33517 Četekovac 35 H 27
44210 Četvrtkovac 32 J 20
20207 Čibača 96 Aa 30
23451 Čičevac 72 Q 16
42232 Čičkovina 10 D 20
44213 Čigoč 32 J 20
51550 Čikat 63 O 7
21271 Čikeši 84 V 22
21205 Čikota 83 U 21
20213 Čilipi 97 Aa 30
48000 Čingi-Lingi/Koprivnica 11 D 22
48327 Čingi-Lingi/Virje 11 E 23
21253 Čisla 83 V 21
22223 Čista Mala 77 S 15
10361 Čista Mlaka 15 G 18
22214 Čista Velika 77 S 15
52425 Čititež 25 J 5
22303 Čitluk/Bogatić 72 S 17
22310 Čitluk/Civljane 73 S 19
21230 Čitluk/Sinj 79 T 20
51514 Čižići 42 L 8
52402 Čohilji 41 K 5
33517 Čojlug 35 H 27
53234 Čojluk 67 O 15
31431 Čokadinci 37 H 31
23248 Čolaci 70 Q 13
53236 Čorci 67 O 14
53231 Čorkova Uvala 61 M 14
35430 Čovac 49 K 24
53224 Čovići 60 N 12
40306 Črečan/Čakovec 6 C 19
10380 Črečan/Sveti Ivan Zelina 15 F 18
44414 Čremušnica 30 J 16
42201 Črešnjevo 9 D 18
49217 Čret 8 E 15
42226 Čret Bisaški 10 E 18
10411 Čret Posavski 15 G 18
42204 Črnec Biskupečki 10 D 19
10370 Črnec Dugoselski 15 G 18
52420 Črnica 25 J 4
10450 Črnilovec 29 G 14
31553 Črnkovci 21 G 30
10410 Črnkovec 15 G 17
10000 Črnomerec 15 G 16
52403 Čubanići 41 K 4
21236 Čubrice 74 S 20
22213 Čubrići 76 S 15
10040 Čučerje 15 F 17
22305 Čučevo 72 S 17
10456 Čučići 13 G 13
53231 Čujića Krčevina 61 N 14
52447 Čuki 40 K 3
53201 Čukovac 66 O 13
40325 Čukovec/Goričan 7 C 21
42230 Čukovec/Ludbreg 10 D 20
44430 Čukur 48 K 19
23226 Čuline 71 R 14
10455 Čunkova Draga 29 G 14
44204 Čuntić 31 J 18
23443 Čupkovići 72 R 17
42222 Čurilovec 10 D 19
22221 Čvrljevo/Radonić 77 T 17
22323 Čvrljevo/Unešić 78 T 18

Ć

32225 Ćelije 38 J 33
51215 Ćikovići 26 J 7
44440 Ćore 47 L 18
34000 Ćosine Laze 35 K 27
51564 Ćunski 63 O 7
43000 Ćurlovac 17 F 22
52402 Ćusi 41 K 5

D

53222 Dabar/Otočac 60 M 12
21233 Dabar/Vučipolje 79 T 20
23445 Dabašnica 68 P 17
44400 Dabići 31 J 17
53291 Dabove 64 O 10
44403 Dabrina 47 K 17
2732 Dabrovine 48 K 21
52466 Dajla (Daila) 40 J 2
53244 Dakovići 67 P 14
32225 Dalj 38 J 34
51329 Damalj 28 J 12
20248 Dančanje 91 Y 26
47284 Dančulovići 29 G 13
10456 Dane/Kordići Žumberački 13 G 14
52421 Dane/Male Mune 25 J 5
47251 Dani 28 J 12
52444 Danijeli 40 K 3
22205 Danilo 77 T 17
22000 Danilo Biranj 77 T 16
22205 Danilo Kraljice 77 T 17
10040 Dankovec 15 F 17
43240 Dapci 16 G 20
43290 Dapčevački Brđani 18 G 24
34322 Daranovci 34 K 26
31326 Darda 22 H 33
34350 Darkovac 36 J 29
43500 Daruvar 33 H 24
43505 Daruvarski Brestovac 33 H 23
43500 Daruvarski Vinogradi 34 H 24
43246 Daskatica 17 G 21
43272 Dautan 17 G 22
35425 Davor 50 L 26
22240 Dazlina 76 S 15
10313 Deanovec 16 G 19
44204 Deanovići 31 J 18
53000 Debelo Brdo/Gospić 66 O 12
53235 Debelo Brdo/Grabušić 61 O 15
53213 Debeljak/Donje Pazarište 60 O 11
23206 Debeljak/Sukošan 70 R 13
51313 Dedin 27 J 10
48269 Dedina 10 E 20
10040 Degidovec 15 F 17
40318 Dekanovec 7 C 20
51312 Delači 27 J 10
53230 Delići 62 N 15
49251 Delkovec 9 E 17
51300 Delnice 27 J 9
48325 Delovi 11 E 22
22211 Deljac 77 T 16
10251 Demerje 14 G 16
22324 Deranj 77 S 17
43240 Dereza/Čazma 16 G 20
34552 Dereza/Pakrac 33 J 24
10313 Derežani 16 G 19
23440 Deringaj 67 P 16
34000 Dervišaga 35 K 27
49216 Desinić 8 E 14
49216 Desinić Gora 8 E 15
47307 Desmerice 44 K 12
44201 Desna Martinska Ves 31 H 19
20344 Desne 90 X 26
44425 Desni Degoj 30 J 16
44201 Desni Dubrovčak 31 H 19
47206 Desni Štefanki 30 H 16
47206 Desno Sredičko 30 H 16
44201 Desno Trebarjevo 31 H 19
44201 Desno Željezno 31 H 18
21205 Dešiševići 83 U 21
33411 Detkovac 19 F 26
53289 Devčić-Draga 66 P 12
53274 Devčići/Kuterevo 60 N 11
53289 Devčići/Tribanj 66 P 12
44205 Devići 31 J 18
43506 Dežanovac 33 H 23
34320 Deževci 34 J 26
43531 Dijakovac 18 G 25
10340 Dijaneš 16 F 19
48260 Dijankovec 10 E 19
43211 Dijebali 17 F 21
33407 Dijelka 19 F 25
23000 Diklo 70 R 12
20245 Dingač 90 Y 25
48362 Dinjevac 18 F 24
23249 Dinjiška 65 P 12
43505 Dioš 33 H 24
21202 Dirlići 78 U 18
43280 Dišnik 33 H 22
51311 Divjake 27 J 10
52424 Divjaki 40 K 3
21202 Divojevići 78 T 18
53000 Divoselo 66 O 13
31215 Divoš 37 J 32
35214 Divoševci 53 L 31
52206 Divšići 57 M 4
21220 Divulje 82 U 18
44435 Divuša 47 L 19
34350 Djedina Rijeka 35 K 28
53250 Dnopolje 67 O 16
44204 Doboši 47 K 18
43500 Dobra Kuća 34 H 24
34350 Dobra Voda/Nova Ljeskovica 36 J 29
23422 Dobra Voda/Pakoštane 71 S 14
21244 Dobranje/Cista Velika 80 U 22
20353 Dobranje/Metković 91 Y 27
51415 Dobreć 42 K 6
47262 Dobrenići 45 K 13
33522 Dobrić 34 H 26
23421 Dobrići 71 R 15
21263 Dobrinče 84 V 23
51514 Dobrinj 43 L 8
10360 Dobrodol 15 F 17
34350 Dobrogošće 36 K 29
23263 Dobropoljana 70 S 12
23421 Dobropoljci 72 S 15
53252 Dobroselo 68 P 17
34551 Dobrovac 33 J 23
33518 Dobrović 20 H 28
21222 Dograde 82 U 17
47283 Dojutrovica 29 G 13
21460 Dol/Stari Grad 88 X 20
21410 Dol/Supetar 83 V 20
49290 Dol Klanječki 14 E 15
34322 Dolac/Požega 35 K 26
53284 Dolac/Starigrad 59 N 10
10453 Dolanjski Jarak 29 G 14
53225 Dolci/Lipovlje 60 N 12
33522 Dolci/Orahovica 35 H 28
44205 Dolčani 31 J 18
51328 Dolenci 28 J 11
52426 Dolenja Vas 41 K 5
20231 Doli 91 Z 27
49000 Doliće 8 D 16
35423 Dolina 50 L 25
44403 Dolnjaki 47 K 17
23451 Dolovi 71 R 15
34330 Doljanci 35 J 26
48265 Doljanec 16 F 19
43500 Doljani 68 O 17
43500 Doljani/Daruvar 33 H 24
53252 Doljani/Gajine 68 O 17
53221 Doljani/Otočac 61 M 13
34334 Doljanovci 35 J 27
10450 Domagović 29 H 14
48306 Domaji 11 E 21
43212 Domankuš 17 F 21
10430 Domaslovec 14 G 15
40318 Domašinec 7 C 20
52341 Domijanići 41 L 4
53273 Domine 60 M 11
43226 Dominkovica 17 F 22
44205 Donja Bačuga 31 J 18

20242 Donja Banda 90 Y 24
49250 Donja Batina 9 E 17
35208 Donja Bebrina 52 L 30
47306 Donja Biljevina 61 M 14
10298 Donja Bistra 14 F 16
48260 Donja Brckovčina 16 E 20
47221 Donja Brusovača 46 K 15
44425 Donja Bučica 30 J 16
44250 Donja Budičina 31 J 18
33518 Donja Bukovica 20 G 27
44410 Donja Čemernica 46 K 16
51312 Donja Dobra 27 J 10
51280 Donja Draga 59 N 9
10382 Donja Drenova 15 F 18
40328 Donja Dubrava 11 D 21
21260 Donja Glavina 84 V 24
48260 Donja Glogovnica 10 E 20
44318 Donja Gračenica 32 H 21
10370 Donja Greda 15 G 18
23423 Donja Jagodnja 71 R 14
44317 Donja Jelenska 32 H 20
53286 Donja Klada 59 N 10
49282 Donja Konjščina 9 E 18
21238 Donja Korita 79 T 21
43270 Donja Kovačica 17 G 22
21430 Donja Krušica 82 V 18
10451 Donja Kupčina 30 H 15
10412 Donja Lomnica 15 G 17
34350 Donja Mala 36 K 29
44204 Donja Mlinoga 31 J 18
31513 Donja Motičina 36 J 29
10312 Donja Obreška 16 G 19
44435 Donja Oraovica 47 L 19
49223 Donja Pačetina 8 E 16
44204 Donja Pastuša 47 K 19
47253 Donja Perjasica 45 K 13
43232 Donja Petrička 17 G 21
33522 Donja Pištana 35 H 28
49218 Donja Plemenšćina 8 D 15
53244 Donja Ploča 67 P 14
42223 Donja Poljana 10 D 20
10450 Donja Purgarija 14 G 15
10290 Donja Pušća 14 F 15
43290 Donja Rašenica 18 G 24
10450 Donja Reka 29 G 14
48268 Donja Rijeka 10 E 19
49254 Donja Selnica 9 E 17
23247 Donja Slivnica 70 Q 13
49240 Donja Stubica 15 F 16
44437 Donja Stupnica 47 L 18
23445 Donja Suvaja 68 P 17
49252 Donja Šemnica 9 E 16
34550 Donja Šumetlica 34 J 24
43246 Donja Šušnjara 17 G 21
21245 Donja Tijarica 80 U 22
47212 Donja Trebinja 29 J 15
44400 Donja Trstenica 30 J 16
44433 Donja Velešnja 48 K 19
48265 Donja Velika/Preseka 16 F 19
48000 Donja Velika/Zrinski Topolovac 11 E 21
42255 Donja Višnjica 9 D 17
44316 Donja Vlahinićka 32 H 20
42245 Donja Voća 9 D 17
35207 Donja Vrba 52 L 29
43531 Donja Vrijeska 34 H 24
20240 Donja Vručica 90 X 24
10450 Donja Zdenčina 30 G 15
10382 Donja Zelina 15 F 18
47222 Donja Žrvnica 45 K 15
33523 Donje Bazije 20 G 28
23424 Donje Biljane 71 R 13
49231 Donje Brezno 8 D 14
47261 Donje Bukovlje 29 J 13
23420 Donje Ceranje 71 S 14
43532 Donje Cjepidlake 18 G 25
47262 Donje Dubrave 45 K 13
10370 Donje Dvorišće 15 G 18
47222 Donje Gnojnice 45 L 15
44412 Donje Jame 31 J 17
49233 Donje Jesenje 8 D 16
44211 Donje Komarevo 31 J 19
33520 Donje Kusonje 19 G 26
42243 Donje Ladanje 9 D 18
42220 Donje Makojišće 9 E 18
47000 Donje Mekušje 29 J 14
23420 Donje Miranje 71 S 14
44273 Donje Mokrice 31 J 18
47250 Donje Mrzlo Polje Mrežničko 29 J 14
32245 Donje Novo Selo 54 L 35
21206 Donje Ogorje 78 T 19
10380 Donje Orešje 15 F 18
53213 Donje Pazarište 60 O 12
47000 Donje Pokupje 29 H 14
23450 Donje Polje/Kruševo 71 Q 14
22020 Donje Polje/Šibenik 77 T 16
21203 Donje Postinje 78 T 19
33513 Donje Predrijevo 20 H 28
10454 Donje Prekrižje 29 G 13
47273 Donje Prilišće 29 J 13
47244 Donje Primišlje 45 K 13
10380 Donje Psarjevo 15 F 18
23207 Donje Raštane 70 R 13
44400 Donje Selište 46 K 17
21430 Donje Selo/Šolta 82 V 18
23275 Donje Selo/Ugljan 69 R 11
21251 Donje Sitno 83 U 20
47271 Donje Stative 29 H 13
44425 Donje Taborište/Gornje Taborište 30 J 17
47240 Donje Taborište/Slunj 45 L 14
22305 Donje Tišme 72 R 16
22323 Donje Utore 78 T 18
49217 Donje Vino 8 E 16
22323 Donje Vinovo 78 T 18
42208 Donje Vratno 6 C 17
47307 Donje Zagorje 44 K 12
48326 Donje Zdjelice 17 E 22
35214 Donji Andrijevci 52 K 30
53223 Donji Babin Potok 61 M 13
53287 Donji Bileni 59 N 10
21233 Donji Bitelić 79 T 20
44432 Donji Bjelovac 47 K 19
35428 Donji Bogićevci 50 K 24
43500 Donji Borki 34 H 24
22323 Donji Božići 78 T 18
47282 Donji Bukovac Žakanjski 28 H 13
47240 Donji Cerovac 45 L 14
44450 Donji Cerovljani 48 K 21
35422 Donji Crnogovci 50 K 25
34551 Donji Čaglić 33 J 23
10020 Donji Čehi 15 G 16
43500 Donji Daruvar 33 H 24
10450 Donji Desinec 29 G 15
44440 Donji Dobretin 47 L 18
21205 Donji Dolac 83 U 21
43245 Donji Draganec 16 G 20
43240 Donji Dragičevci 16 G 20
10253 Donji Dragonožec 30 H 16
34000 Donji Emovci 35 J 26
48267 Donji Fodrovec 10 E 19
53230 Donji Frkašić 62 N 15
47240 Donji Furjan 45 L 15
34550 Donji Grahovljani 34 J 24
34322 Donji Gučani 34 J 26
44221 Donji Hrastovac 32 K 20
40320 Donji Hrašćan 7 C 20
10413 Donji Hruševec 30 H 17
21423 Donji Humac 83 V 20
44440 Donji Javoranj 47 L 19
23452 Donji Karin 71 R 14
23424 Donji Kašić 71 R 13
44404 Donji Klasnić 47 K 18
42204 Donji Kneginec 10 D 19
40314 Donji Koncovčak 7 C 19
53203 Donji Kosinj 60 N 12
51417 Donji Kraj 42 K 6
49283 Donji Kraljevec/Breznički Hum 9 E 18
40320 Donji Kraljevec/Prelog 7 C 20
47240 Donji Kremen 45 L 14
42000 Donji Kućan 10 D 19
44431 Donji Kukuruzari 48 K 19
23442 Donji Labusi 68 Q 17
47240 Donji Ladevac 45 L 14
10292 Donji Laduč 14 F 15
53250 Donji Lapac 67 O 16
23420 Donji Lepuri 71 S 15
2732 Donji Letina 32 J 20
35410 Donji Lipovac 51 K 26
43240 Donji Lipovčani 16 G 20
53202 Donji Lulići 61 N 13
49225 Donji Macelj 8 D 16
10342 Donji Marinkovac 16 G 20
10344 Donji Markovac 17 F 21
48306 Donji Maslarac 11 E 21
21202 Donji Mosti 78 T 19
53236 Donji Mekinjar 67 O 15
33520 Donji Meljani 19 G 26
40326 Donji Mihaljevec 7 C 21
31540 Donji Miholjac 21 G 29
43240 Donji Miklouš 17 G 21
43203 Donji Mosti 11 E 22
21203 Donji Muć 78 T 19
47240 Donji Nikšić 45 L 14
34552 Donji Obrijež 33 H 23
51317 Donji Okrug 27 J 9
10455 Donji Oštrc 29 G 13
47280 Donji Oštri Vrh Ozaljski 29 H 13
47243 Donji Poloj 45 K 14
10314 Donji Prnjarovec 32 G 20
21264 Donji Prološac 84 V 23
40323 Donji Pustakovec 7 C 20
35430 Donji Rogolji 33 J 24
44400 Donji Selkovac 30 J 17
47213 Donji Sjeničak 30 J 15
47252 Donji Skrad 29 J 14
35201 Donji Slatinik 52 K 28
43506 Donji Sređani 33 H 23
10255 Donji Stupnik 14 G 16
23445 Donji srb 68 P 17
10310 Donji Šarampov 16 G 19
49295 Donji Škrnik 8 E 15
48265 Donji Tkalec 16 F 19
10253 Donji Trpuci 30 H 16
53233 Donji Vaganac 62 M 15
53252 Donji Varoš 68 P 17
47252 Donji Velemerić 29 J 14
40327 Donji Vidovec 11 D 21
44400 Donji Viduševac 30 J 17
21260 Donji Vinjani 85 V 24
44272 Donji Vukojevac 31 H 17
51325 Donji Vukšići 28 J 11
10342 Donji Vukšinac 16 F 20
21250 Donji Vukušići 84 V 22
51251 Donji Zagon 43 L 9
49216 Donji Zbilj 8 E 15
40314 Donji Zebanec 7 C 19
47261 Donji Zvečaj 29 J 13
51303 Donji Žagari 27 H 9
44443 Donji Žirovac 47 L 17
31404 Dopsin 37 J 32
51221 Doričići 42 K 8
53206 Došen Duliba 65 O 11
53206 Došen Plana 65 O 11
23441 Došeni 67 P 15
20246 Drače/Janjina 90 Y 25
23424 Drače/Zemunik Donji 70 R 13
52440 Dračevac/Sveti Lovreč Pazenatički 40 K 3
23000 Dračevac/Zadar 70 R 12
23241 Dračevac Ninski 70 Q 12
21423 Dračevica 83 W 20
21483 Dračevo Polje 87 X 18
22202 Draga/Primošten 77 U 16
34330 Draga/Velika 35 J 26
51522 Draga Bašćanska 59 M 9
23441 Draga Krtinića 67 P 15
51329 Draga Lukovdolska 28 J 11
10453 Draga Svetojanska 14 G 14
35428 Dragalić 50 K 24
47201 Draganić/Karlovac 29 H 14
43212 Draganić/Rovišće 17 F 21
34343 Draganlug 35 J 28
48000 Draganovec 11 E 22
51557 Dragarski 58 M 7
47304 Dragaši 45 L 13
53235 Drage/Čanak 61 N 13
23450 Drage/Golubić 71 Q 15
53230 Drage/Grabušić 62 N 15
23211 Drage/Pakoštane 76 S 14
23284 Drage/Veli Iž 70 R 11
23451 Dragičevići 72 Q 15
22223 Dragišić 77 S 15
22202 Dragljane 85 W 24
53213 Dragnuša 60 N 11
10430 Dragonoš 14 G 14
40311 Dragoslavec 6 C 19
47285 Dragoševci 28 G 12
31411 Dragotin 36 K 30
44403 Dragotina 47 K 18
44204 Dragotinci 31 J 18
10450 Dragovanšćak 29 G 14
35410 Dragovci 51 K 27
23286 Dragove 69 R 10
34550 Dragović 34 J 24
51557 Dragozetići 42 L 6
52402 Draguć 41 K 5
52207 Draguzeti 41 L 4
51554 Drakovac 58 O 7
51265 Dramalj 43 K 9
23450 Dramotići 71 Q 15
10455 Drašći Vrh 13 G 13
44435 Draškovac 47 L 19
40325 Draškovec 7 C 21
48267 Drašković 16 E 19
21328 Drašnice 84 W 23
31305 Draž 22 F 33
53260 Draženovići 44 M 12
21277 Draževitići 90 X 25
43270 Dražica 17 G 22
51218 Dražice 26 J 7
22205 Dražići 78 U 17
23422 Drče 71 S 15
10361 Drenčec 15 F 18
44325 Drenov Bok 48 K 21
53226 Drenov Klanac 60 M 12
44406 Drenovac Banski 47 K 18
53205 Drenovac Radučki 66 P 14
32257 Drenovci 54 M 34
42223 Drenovec 10 D 19
48355 Drenovica 12 E 23
31418 Drenje/Đakovo 36 J 30
52220 Drenje/Viškovići 41 L 5
10291 Drenje Brdovečko 14 F 15
10410 Drenje Šćitarjevsko 15 G 17
47313 Drežnica/Brezno 44 L 11
22322 Drežnica/Mirlović Polje 78 T 19
35422 Drežnik 34 K 25
47246 Drežnik Grad 61 M 15
51252 Drinak 43 L 10
22324 Drinovci 77 S 17
51242 Drivenik 43 K 8
43506 Drlež 33 H 23
44210 Drljača 32 J 20
43272 Drljanovac 17 G 22
53205 Drljići 66 P 13
10411 Drnek 15 G 18
22320 Drniš 78 S 17
48322 Drnje 11 D 22
23440 Dropci 67 Q 16
10347 Dropčevec 16 F 18
51252 Drsnik 43 L 10
34000 Drškovci 35 K 26
21262 Drum 84 V 23
42243 Druškovec 9 D 17
49231 Druškovec Humski 8 D 15
42206 Družbinec 6 C 18
49214 Družilovec 14 E 15
20213 Drvenik/Cavtat 97 Aa 30
21333 Drvenik/Vrgorac 90 X 24
40321 Držimurec 7 C 20
21329 Duba 84 W 24
20210 Duba Konavoska 97 Aa 31
20240 Duba Plješka 89 X 24
20230 Duba Stonska 91 Y 26
35254 Dubočac 51 L 28
21318 Dubočaj 84 V 22
34350 Duboka 36 K 29
23440 Duboki Dol 72 Q 16
31304 Duboševica 22 F 33
49245 Dubovec 15 E 17
21465 Dubovica/Hvar 88 X 20
42231 Dubovica 10 D 21
35201 Dubovik 52 K 29
23452 Dubraja 71 R 14
10418 Dubranec 30 H 16
22310 Dubrava/Civljane 73 S 19
21252 Dubrava/Donji Dolac 83 U 20
20248 Dubrava/Putniković 90 Y 26
10342 Dubrava/Vrbovec 16 F 20
10040 Dubrava/Zagreb 15 G 17
49210 Dubrava Zabočka 15 E 16
42208 Dubrava Križovljanska 6 C 17
22000 Dubrava kod Šibenika 77 T 16
22240 Dubrava kod Tisna 76 T 15
10294 Dubrava Pušćanska 14 F 15
10430 Dubrava Samoborska 14 G 15
47250 Dubravci/Duga Resa 29 J 13
52352 Dubravci/Selina 40 L 3
47250 Dubravčani 29 J 13
20278 Dubrave 90 X 25
42244 Dubravec 9 D 17
10293 Dubravica/Jakovlje 14 F 15
20355 Dubravica/Metković 91 X 26
20234 Dubravica/Mrčevo 96 Z 28
49216 Dubravica Desinićka 8 E 15
22222 Dubravice 77 S 16
20216 Dubravka 97 Aa 31
10342 Dubravski Markovac 16 F 20
52220 Dubrova 41 L 5
49214 Dubrovčan 14 E 15
20000 Dubrovnik 96 Aa 29
47285 Dučići 13 G 12
21315 Duće 83 V 21
53294 Dudići 59 O 9
47262 Duga Gora 44 J 13
52220 Duga Luka 41 L 5
33513 Duga Mega 35 H 28
47250 Duga Resa 29 J 14
48312 Duga Rijeka 10 D 20
47251 Dugače 28 J 12
21275 Duge Njive 85 W 24
47242 Dugi Dol 29 J 14
21467 Dugi Dolac 89 X 22
21315 Dugi Rat 83 V 20
32275 Dugo 54 L 33
10370 Dugo Selo 15 G 18
44410 Dugo Selo Lasinjsko 30 J 16
33406 Dugo Selo Lukačko 19 F 25
21202 Dugobabe 78 U 19
23446 Dugopolje/Kupirovo 68 Q 18
21204 Dugopolje/Solin 79 U 20
52444 Duhići 40 K 3
43507 Duhovi 33 H 23
22303 Dujići 72 S 17
47307 Dujmić Selo 44 K 12
10341 Dulepska 16 F 19
53225 Dulibe 60 N 12
21000 Dulovo 83 U 19
44273 Dumače 31 J 18
53262 Dumenčići 44 L 12
51280 Dumići 59 N 9
10361 Dumovec 15 G 17
20216 Dunave 97 Aa 31
21271 Dundići 84 V 23
53287 Dundović-Pod 59 N 10
53287 Dundović-Podkuki 59 N 10
47221 Dunjak 45 K 15
40305 Dunjkovec 7 C 19
44437 Dupale 47 L 18
52402 Duričići 41 J 5
47282 Durlinci 29 H 13
21277 Dusina 85 W 25
53287 Duškirava 59 N 10
21260 Duzeli 85 V 24
33522 Duzluk 35 H 28
44272 Dužica 31 H 18
44440 Dvor 47 L 19
10451 Dvoranci 30 H 16
52464 Dvori 40 K 3
44400 Dvorišće/Glina 30 J 17
10347 Dvorišće/Sveti Ivan Zelina 16 F 19
47280 Dvorišće Ozaljsko 29 H 13
47242 Dvorište 45 K 14
47283 Dvorište Ozaljsko 29 G 13
47261 Dvorjanci 29 J 13
22203 Dvornica 81 U 17
47221 Džaperovac 46 K 15

Đ

31400 Đakovo 37 K 31
23440 Đekić Glavica 67 Q 16
48316 Đelekovec 11 D 22
32244 Đeletovci 54 K 35
22319 Đevrske 72 S 16
53234 Đukići 67 P 15
43252 Đulovac/Bjelovar 17 F 21
43532 Đulovac/Daruvar 19 H 25
22317 Đumići 73 R 18
44443 Đurasinovići 47 L 17
32284 Đurđanci 37 K 32
10362 Đurđekovec 15 F 17
31511 Đurđenovac 36 H 29
44415 Đurđevac/Ponikvari 46 K 16
48350 Đurđevac/Virje 12 E 23
43231 Đurđic/Berek 17 G 22
48260 Đurđic/Križevci 16 E 20
33405 Đuretina 18 F 24
33522 Đuričić 35 H 27
32263 Đurići 54 M 34
47222 Đurin Potok 46 L 15
20218 Đurinići 97 Ab 31
42224 Đurinovec 10 E 19
49225 Đurmanec 8 D 16

E

21228 Elezi/Bristivica 78 U 17
22323 Elezi/Konjevrate 78 T 17
34308 Eminovci 35 J 27
21232 Ercegovci 79 U 20
47262 Erdelj 29 J 13
48260 Erdovec 16 E 19
31206 Erdut 38 H 35
52425 Erkovčići 41 J 5
31215 Ernestinovo 37 J 32
22306 Ervenik 72 R 16
49247 Ervenik Zlatarski 9 E 17
52231 Eržišće 41 L 5

F

52463 Fabci 40 K 3
53202 Fadljevići 61 N 13
48268 Fajerovec 10 E 19
52000 Fakini 41 K 4
10435 Falašćak 14 G 15
52463 Farini 40 K 3
10344 Farkaševac 16 F 20
21423 Farska 83 W 20
52212 Fažana (Fasana) 56 M 3
48356 Ferdinandovac 12 E 24
52447 Ferenci 40 K 3
48265 Ferežani 16 E 19
31512 Feričanci 35 H 28
40316 Ferketinec 7 C 20
34340 Ferovac 35 J 28
52206 Filipana 57 M 4
52434 Filipići/Letaj 41 K 5
42242 Filipići/Varaždin 9 D 18
34551 Filipovac 33 J 24
51557 Filozići 42 L 6
48267 Finčevec 10 E 19
52470 Finida 24 J 2
52474 Fiorini 40 J 2
52450 Flengi 40 L 2
52333 Florčići 41 K 5
52342 Foli 41 L 4
52425 Forčići 25 J 5
31401 Forkuševci 37 J 31
42245 Fotez Breg 9 D 17
53270 Francikova 43 L 10
52000 Francovići 41 K 4
52423 Frankovići 40 K 4
51557 Frantin 42 L 7
47251 Fratrovci 28 J 12
47280 Fratrovci Ozaljski 29 H 13
40311 Frkanovec 7 C 19
53230 Frkašić 62 N 15
47250 Frketić Selo 29 J 13
34310 Frkljevci 51 K 27
10343 Fuka 16 F 20
52000 Funčići 41 K 4
52452 Funtana 40 K 2
52440 Fuškulin 40 K 2
51322 Fužine 43 K 9

G

48323 Gabajeva Greda 11 E 23
49216 Gaber 8 E 15
51511 Gabonjin 42 L 8
32212 Gaboš 38 J 33
20213 Gabrili 97 Aa 30
31511 Gabrilovac 36 H 29
47211 Gačeša Selo 30 J 15
42242 Gačice 9 D 18
22215 Gaćelezi 77 S 15
47253 Gaćeško Selo 45 K 13
33410 Gaćište 19 G 26
44437 Gage 47 L 18
53291 Gager 59 O 9
34543 Gaj/Kukunjevac 33 J 23
10340 Gaj/Vrbovec 16 F 19
53291 Gajac 65 O 10
52215 Gajana (Gaiano) 40 L 3
10362 Gajec 15 F 17
31305 Gajić 22 F 33
53250 Gajine 67 O 16
21241 Gala 79 T 21
10435 Galgovo 14 G 15
44443 Galijaši 47 L 17
47283 Galin 29 G 13
53221 Galinka 61 M 13
52215 Gallžana (Gallesano) 57 M 4
43000 Galovac/Bjelovar 17 F 22
23222 Galovac/Sukošan 70 R 13
49282 Galovec 9 E 18
49224 Galovec Začretski 8 E 16
47250 Galović Selo 29 J 13
53260 Galovići 44 L 11
35212 Garčin 52 K 30
40319 Gardinovec 7 C 20
21240 Gardun 79 U 21
43280 Garešnica 33 H 22
43280 Garešnički Brestovac 33 H 22
51516 Garica 43 L 8
21236 Garjak 73 S 19
31421 Gašinci 36 J 30
51302 Gašparci 27 H 9
31554 Gat 21 G 30
21253 Gata 83 V 21
51557 Gavza 58 M 7
31512 Gazije 35 J 28
21467 Gdinj 89 X 22
53234 Gečet 67 O 15
52446 Gedići 40 K 2
47222 Gejkovac 46 K 15
47262 Generalski Stol 45 J 13
53260 Gerići 60 M 11
51304 Gerovo 27 H 8
53225 Gerovo Selo 60 M 12
47264 Gerovo Tounjsko 44 K 12
51304 Gerovski Kraj 27 J 8
31530 Gezinci 20 G 28
35404 Giletinci 34 K 25
21247 Gizdavac 78 U 19
10413 Gladovec Kravarski 30 H 17
10414 Gladovec Pokupski 30 J 17
53221 Glavace 60 M 12
23232 Glavan Stanovi 70 Q 11
52207 Glavani 41 L 4
22310 Glavaš 73 R 19
47251 Glavica/Bosiljevo 28 J 12
34553 Glavica/Orijevac 34 J 25
51516 Glavica/Vrbnik 43 L 8
21230 Glavice 79 T 20
44440 Glavičani 47 L 19
10363 Glavnica Donja 15 F 17
10361 Glavničica 15 F 18
51511 Glavotok 42 L 7
21233 Glavurdići 79 S 20
53261 Glibodol 45 M 13

44400 Glina 30 J 17
47222 Glinice 45 K 14
44251 Glinska Poljana 31 J 17
47240 Glinsko Vrelo 45 L 14
49246 Globočec 15 E 18
42230 Globočec Ludbreški 10 D 20
48324 Glogovac 11 E 22
49215 Glogovec Zagorski 8 E 15
35201 Glogovica 52 K 28
23440 Glogovo 67 Q 16
53201 Glunčuša 61 O 13
20350 Glušci 91 X 27
10456 Glušinja 13 G 13
21241 Gljev 79 T 21
21241 Gljevske Staje 79 T 21
52404 Gljuščići 40 K 4
35422 Godinjak 50 K 25
47263 Gojak 44 K 12
42205 Gojanec 9 D 18
47222 Gojkovac 45 K 15
44320 Gojlo 33 J 22
48331 Gola 11 D 23
52352 Golaš 40 L 3
33520 Golenić 19 H 26
23222 Goleš 70 R 13
10257 Goli Breg 15 G 16
10347 Goli Vrh 16 F 18
47271 Goli Vrh Netretički 29 H 13
51301 Golik 27 J 10
31543 Golinci 21 G 29
44414 Golinja 30 J 16
34334 Golo Brdo/Velika 35 J 27
33000 Golo Brdo/Virovitica 18 G 24
52215 Golobovo 56 M 3
35404 Golobrdac 34 J 25
34000 Golobrdci 35 J 26
52402 Gologorica 41 K 5
52402 Gologorički Dol 41 K 5
44221 Golokosci 48 K 20
51418 Golovic 42 K 6
22301 Golubić/Knin 73 R 18
23451 Golubić/Obrovac 72 Q 16
10456 Golubići 13 G 14
43500 Golubinjak 33 H 24
44435 Golubovac Divuški 47 L 19
53203 Goljak/Donji Kosinj 60 N 11
10450 Goljak/Hrašća 14 G 14
47250 Goljaki 29 J 14
51327 Gomirje 44 J 11
52220 Gondolići 41 L 5
44251 Gora 31 J 18
49255 Gora Veternička 9 E 17
51306 Gorači 26 H 8
42253 Goranec/Bednja 9 D 16
10360 Goranec/Zagreb 15 F 17
51311 Gorani 27 J 10
51328 Gorenci 28 J 11
48312 Gorica/Koprivnica 11 D 21
52341 Gorica/Orič 41 L 5
23249 Gorica/Pag 65 P 11
23222 Gorica/Sukošan 70 R 13
10451 Gorica Jamnička 30 H 16
47272 Gorica Lipnička 29 H 13
51311 Gorica Skradska 27 J 10
10453 Gorica Svetojanska 14 G 14
31550 Gorica Valpovačka 21 H 31
35428 Gorice 50 K 24
40324 Goričan 7 C 21
10382 Goričanec 15 F 18
49225 Goričanovec 8 D 15
47262 Goričice Dobranske 29 J 13
44441 Gorička 47 L 19
48311 Goričko 11 D 21
53225 Gorići 60 M 11
47262 Gorinci/Generalski Stol 28 J 13
52233 Gorinci/Kršan 41 K 5
22221 Goriš 77 T 17
49218 Gorjakovo 8 E 15
31422 Gorjani 37 J 31
49232 Gorjani Sutinski 9 D 16
47283 Gorniki Vivodinski 29 H 13
44205 Gornja Bačuga 31 J 18
49254 Gornja Batina 9 E 17
35208 Gornja Bebrina 52 L 29
47306 Gornja Biljevina 61 M 14
10298 Gornja Bistra 14 F 16
21255 Gornja Brela 84 V 22
47221 Gornja Brusovača 46 K 15
44425 Gornja Bučica 30 J 16
44410 Gornja Čemernica 30 J 16
51000 Gornja Drenova/Rijeka 26 J 7
10382 Gornja Drenova/Sveti Ivan Zelina 15 F 18
40306 Gornja Dubrava 6 C 18
43233 Gornja Garešnica 32 H 21
21260 Gornja Glavina 84 V 24
47240 Gornja Glina 45 L 14
48260 Gornja Glogovnica 10 E 20
44318 Gornja Gračenica 32 H 21
10370 Gornja Greda 16 G 18
23423 Gornja Jagodnja 71 R 14
44317 Gornja Jelenska 32 H 21
53286 Gornja Klada 59 N 10
21238 Gornja Korita 79 T 22
43270 Gornja Kovačica 18 G 23
21432 Gornja Krušica 82 V 19
10454 Gornja Kupčina 29 H 14
44210 Gornja Letina 32 J 20
44432 Gornja Lovča 47 K 19
44434 Gornja Meminska 48 K 20
44204 Gornja Mlinoga 31 J 18
47245 Gornja Močila 45 L 14
31513 Gornja Motičina 36 J 28
52425 Gornja Nugla 25 J 5
10312 Gornja Obreška 16 G 19
44435 Gornja Oraovica 47 L 19
49224 Gornja Pačetina 8 E 16
44204 Gornja Pastuša 47 K 18
43232 Gornja Petrička 17 G 21
33515 Gornja Pištana 35 H 27
49218 Gornja Plemenšćina 8 D 15
53244 Gornja Ploča 67 P 14
43285 Gornja Ploščica 17 G 22
21314 Gornja Podstrana 83 V 20
42223 Gornja Poljana 10 D 19
10450 Gornja Purgarija 14 G 15
10294 Gornja Pušća 14 F 15
43290 Gornja Rašenica 18 G 24
10450 Gornja Reka 14 G 14
48268 Gornja Rijeka 10 E 19
49254 Gornja Selnica 9 E 17
23247 Gornja Slivnica 71 Q 13
49245 Gornja Stubica 15 F 16
44437 Gornja Stupnica 47 L 18
23445 Gornja Suvaja 68 P 17
49232 Gornja Šemnica 8 E 16
34550 Gornja Šumetlica 34 J 24
43246 Gornja Šušnjara 17 G 21
21245 Gornja Tijarica 80 U 22
10380 Gornja Topličica 15 F 18
47212 Gornja Trebinja 29 J 15
43285 Gornja Trnovitica 17 G 22
44414 Gornja Trstenica 30 J 16
44433 Gornja Velešnja 47 K 19
48000 Gornja Velika 11 E 21
51000 Gornja Vežica 42 K 7
47243 Gornja Visočka 45 K 14
42255 Gornja Višnjica 9 D 17
44316 Gornja Vlahinička 32 H 20
42245 Gornja Voća 9 D 17
35207 Gornja Vrba 52 L 29
43531 Gornja Vrijeska 34 H 24
20240 Gornja Vrućica 90 Y 24
10450 Gornja Zdenčina 30 G 15
47222 Gornja Žrvnica 45 K 15
10346 Gornjaki 16 F 19
33407 Gornje Bazje 19 F 25
23424 Gornje Biljane 71 R 14
49231 Gornje Brezno 8 D 14
47261 Gornje Bukovlje 29 J 13
23420 Gornje Ceranje 71 S 14
43532 Gornje Cjepidlake 19 G 25
20223 Gornje Čelo 96 Z 29
47263 Gornje Dubrave 44 K 12
10370 Gornje Dvorišće 16 G 18
42222 Gornje Gnojnice 45 L 15
21329 Gornje Igrane 84 W 23
44412 Gornje Jame 30 J 17
51317 Gornje Jelenje 27 J 8
49233 Gornje Jesenje 8 D 16
44211 Gornje Komarevo 31 J 19
33520 Gornje Kusonje 19 G 26
42207 Gornje Ladanje 9 D 17
47000 Gornje Mekušje 29 J 14
23420 Gornje Miranje 71 S 14
44273 Gornje Mokrice 31 J 18
47250 Gornje Mrzlo Polje Mrežničko 29 J 13
21206 Gornje Ogorje 79 T 19
10380 Gornje Orešje 15 E 18
22323 Gornje Planjane 78 T 18
43000 Gornje Plavnice 17 F 22
10419 Gornje Podotočje 31 G 17
47286 Gornje Pokupje 29 H 14
21203 Gornje Postinje 78 T 19
33525 Gornje Predrijevo 20 G 27
10454 Gornje Prekrižje 29 G 13
47273 Gornje Prilišće 29 J 13
47244 Gornje Primišlje 45 L 14
10380 Gornje Psarjevo 15 F 18
21273 Gornje Rašćane 85 W 24
23207 Gornje Raštane 71 R 13
44400 Gornje Selište 46 K 17
21432 Gornje Selo/Šolta 82 V 19
23275 Gornje Selo/Ugljan 69 R 11
21251 Gornje Sitno 83 U 20
47000 Gornje Stative 29 H 13
44425 Gornje Taborište/Donje Taborište 30 J 17
47240 Gornje Taborište/Slunj 45 L 14
51301 Gornje Tihovo 27 J 10
22305 Gornje Tišme 72 R 16
22323 Gornje Utore 78 T 18
33518 Gornje Viljevo 20 G 27
22323 Gornje Vinovo 78 T 18
42208 Gornje Vratno 6 C 17
53223 Gornje Vrhovine 61 M 13
47307 Gornje Zagorje 44 K 12
47250 Gornje Zastinje 29 J 14
43203 Gornje Zdelice 11 E 22
35252 Gornji Andrijevci 51 K 28
53223 Gornji Babin Potok 61 M 14
22322 Gornji Baljci 78 S 19
53287 Gornji Bileni 59 N 10
21233 Gornji Bitelić 79 T 20
44432 Gornji Bjelovac 47 K 19
43500 Gornji Borki 34 H 25
22323 Gornji Božići 78 T 18
47240 Gornji Cerovac 45 L 14
44450 Gornji Cerovljani 48 K 21
35422 Gornji Crnogovci 50 K 25
34551 Gornji Čaglić 33 J 24
10020 Gornji Čehi 15 G 16
43500 Gornji Daruvar 33 H 24
10450 Gornji Desinec 29 G 15
44440 Gornji Dobretin 47 L 18
21205 Gornji Dolac 83 V 21
43245 Gornji Draganec 16 G 20
43240 Gornji Dragičevci 16 G 20
10253 Gornji Dragonožec 30 H 16
21233 Gornji Đapići 79 T 20
34000 Gornji Emovci 35 J 26
48267 Gornji Fodrovec 10 E 19
47240 Gornji Furjan 45 L 15
48260 Gornji Grad 10 E 20
34550 Gornji Grahovljani 34 J 24
34322 Gornji Gučani 34 J 26
44434 Gornji Hrastovac 48 K 20
40306 Gornji Hrašćan 7 C 19
10413 Gornji Hruševec 30 H 17
21424 Gornji Humac 83 W 21
44440 Gornji Javoranj 47 L 19
23443 Gornji Javornik 72 Q 17
23452 Gornji Karin 71 R 15
44404 Gornji Klasnić 47 K 17
42204 Gornji Kneginec 10 D 19
40315 Gornji Koncovčak 6 C 19
53203 Gornji Kosinj 60 N 12
20219 Gornji Kraj 97 Ab 31
49284 Gornji Kraljevec/Breznički Hum 9 E 18
40316 Gornji Kraljevec/Vratišinec 7 C 19
47240 Gornji Kremen 45 L 14
42000 Gornji Kućan 10 D 19
44431 Gornji Kukuruzari 48 K 19
21233 Gornji Kunci 79 T 20
40305 Gornji Kuršanec 10 D 19
51312 Gornji Kuti 27 J 10
47240 Gornji Ladevac 45 L 14
10292 Gornji Laduč 14 F 15
53250 Gornji Lapac 68 O 16
23420 Gornji Lepuri 71 S 15
35410 Gornji Lipovac 51 K 26
43240 Gornji Lipovčani 16 G 20
47283 Gornji Lović 29 H 13
53202 Gornji Lulići 61 N 13
49225 Gornji Macelj 8 D 16
10342 Gornji Marinkovac 16 G 20
42232 Gornji Martijanec 10 D 20
48306 Gornji Maslarac 11 E 21
21202 Gornji Matasi 78 T 19
53236 Gornji Mekinjar 67 O 15
33522 Gornji Meljani 35 H 26
40306 Gornji Mihaljevec 6 C 18
33520 Gornji Miholjac 19 G 26
43240 Gornji Miklouš 17 G 21
43203 Gornji Mosti 11 E 22
21203 Gornji Muć 79 T 19
47240 Gornji Nikšić 45 L 14
34552 Gornji Obriež 33 J 24
51317 Gornji Okrug 27 J 9
10455 Gornji Oštrc 13 G 13
47240 Gornji Popovac 45 L 14
10314 Gornji Prnjarovec 32 G 20
21264 Gornji Proložac 84 V 23
52221 Gornji Rabac 41 L 5
35430 Gornji Rogolji 34 J 24
44400 Gornji Selkovac 30 J 17
47213 Gornji Sjeničak 30 J 15
47242 Gornji Skrad 45 K 14
35201 Gornji Slatinik 52 K 28
23445 Gornji Srb 68 P 17
43506 Gornji Sređani 33 H 23
10255 Gornji Stupnik 14 G 16
34433 Gornji Svilaj 52 L 30
51312 Gornji Šajn 27 J 10
53251 Gornji Štrbci 62 O 16
48265 Gornji Tkalec 16 F 19
43000 Gornji Tomaš 17 F 22
10253 Gornji Trpuci 30 H 16
21325 Gornji Tučepi 84 W 23
51300 Gornji Turni 27 J 9
43507 Gornji Uljanik 33 H 23
53233 Gornji Vaganac 61 M 15
35435 Gornji Varoš 50 L 24
47252 Gornji Velemerić 29 J 14
44400 Gornji Viduševac 30 J 17
10346 Gornji Vinkovec 16 F 19
21260 Gornji Vinjani 85 V 24
34330 Gornji Vrhovci 34 J 26
51325 Gornji Vučkovići 28 J 10
44272 Gornji Vukojevac 30 H 17
10342 Gornji Vukšinac 16 F 20
21250 Gornji Vukušići 84 V 22
51251 Gornji Zagon/Novi Vinodolski 43 L 9
53285 Gornji Zagon/Starigrad 59 N 10
40314 Gornji Zebanec 7 C 19
47261 Gornji Zvečaj 29 J 13
51306 Gornji Žagari 27 H 9
44443 Gornji Žirovac 47 L 17
47286 Goršćaki 29 H 14
51312 Goršeti 28 J 10
42207 Goruševnjak 9 D 17
53000 Gospić 66 O 13
52402 Gospodi 41 K 5
49216 Gostenje 8 E 15
51514 Gostinjac 43 L 8
53202 Gostovača 61 N 13
10340 Gostović 16 F 19
23421 Gošić 72 S 15
49284 Gotalovec 9 E 18
48331 Gotalovo 11 D 22
20226 Goveđari 94 Z 25
43506 Goveđe Polje 33 H 23
53225 Gozdanići 60 M 11
23440 Grab/Gračac 67 Q 16
21242 Grab/Trilj 79 U 21
53235 Grabac 61 N 14
34312 Grabarje/Kutjevo 35 J 28
35201 Grabarje/Slavonski Brod 52 K 29
47222 Grabarska 46 L 15
49228 Grabe 9 E 16
10340 Graberanec 16 F 19
10342 Graberec 16 G 20
44273 Graberje/Greda 31 H 18
44251 Graberje/Petrinja 31 J 18
10313 Graberje Ivaničko 16 G 19
48265 Grabersćak 16 F 19
43240 Grabik 16 G 20
44434 Graboštani 48 K 20
53261 Grabova Lokva 44 L 11
31309 Grabovac/Čeminac 22 G 33
47245 Grabovac/Rakovica 61 M 14
47246 Grabovac/Slunj 61 M 15
21271 Grabovac/Žeževica 84 V 22
44205 Grabovac Banski 47 K 18
47242 Grabovac Krnjački 29 J 14
47242 Grabovac Vojnićki 45 K 14
22215 Grabovci 77 S 15
44441 Grabovica 47 L 18
43240 Grabovnica 16 G 20
32232 Grabovo 38 K 35
44316 Grabričina 32 H 20
10345 Grabrić 16 F 20
44316 Grabrov Potok 32 H 20
51417 Grabrova 42 K 6
49210 Grabrovec 14 E 16
51557 Grabrovica 58 M 6
33405 Grabrovnica 18 F 24
40312 Grabrovnik 6 C 18
53230 Grabušić 62 N 15
23440 Gračac/Grab 67 Q 16
22222 Gračac/Skradin 77 S 16
10454 Gračac Slavetički 13 G 14
23421 Gračak 72 R 15
10370 Gračec 16 F 18
48260 Gračina 16 F 20
21454 Gračišće/Hvar 88 W 20
52403 Gračišće/Pazin 41 K 5
44272 Gradac/Gladovec Kravarski 30 H 17
47000 Gradac/Karlovac 29 H 14
34310 Gradac/Pleternica 35 K 27
21330 Gradac/Ploče 90 X 25
22322 Gradac/Ružić 78 T 18
31500 Gradac Našički 36 J 29
10345 Gradec 16 F 19
10451 Gradec Pokupski 30 H 16
10345 Gradečki Pavlovec 16 F 19
10410 Gradići 15 G 17
53287 Gradina/Cesarina 65 O 10
53203 Gradina/Krš 60 N 12
22221 Gradina/Šibenik 77 T 16
33411 Gradina/Virovitica 19 F 26
52450 Gradina/Vrsar 40 L 3
53230 Gradina Korenička 62 N 15
52427 Gradinje (Gradigne) 25 J 4
40313 Gradiščak 7 B 19
47261 Gradišće/Duga Resa 29 J 13
52341 Gradišće/Žminj 41 L 4
32273 Gradište/Cerna 54 L 33
34343 Gradište/Kutjevo 35 J 28
10430 Gradna 14 G 15
34000 Gradski Vrhovci 35 K 26
44210 Gradusa Posavska 32 J 20
22222 Grahovo 77 S 16
53291 Gramače 64 O 9
42220 Grana 10 E 18
10257 Grančari 14 G 16
47280 Grandić Breg 29 H 13
52207 Grandići 41 L 4
10040 Granešina 15 F 17
31500 Granice 36 J 29
34308 Granje 35 J 27
51302 Grbajel 27 J 9
48312 Grbaševec 11 D 21
43290 Grbavac 18 G 23
23235 Grbe 70 Q 12
23446 Grbići 68 P 17
48306 Grdak 11 E 21
10432 Grdanjci 14 G 14
49210 Grdenci 15 E 16
52000 Grdoselo 41 K 4
47281 Grdun 29 H 13
22010 Grebaštica 77 U 16
44273 Greda/Sisak 31 H 18
42243 Greda/Varaždin 9 D 18
10341 Greda/Vrbovec 16 F 19
10311 Greda Breška 16 G 19
44210 Greda Sunjska 32 J 20
49290 Gredice 14 E 15
35430 Gređani/Okučani 49 K 24
44415 Gređani/Topusko 46 K 16
49252 Gregurovec/Krapina 9 E 16
48265 Gregurovec/Križevci 16 E 19
42223 Grešćevina 10 D 19
35252 Grgurevići 51 K 28
23242 Grgurica 70 Q 13
44320 Grgurića stan 32 J 21
20232 Grgurići 95 Z 28
47272 Griče 29 H 13
52402 Grimalda 41 K 4
51244 Grižane-Belgrad 43 K 9
35252 Grižići 51 K 28
48350 Grkine 12 E 23
49231 Grletinec 8 D 15
21231 Grlo-Klis 79 U 20
21276 Grljušići 85 W 24
51556 Grmov 58 N 7
51554 Grmožaj 58 N 7
44440 Grmušani 47 L 18
47243 Grobnik/Cvijanović Brdo 45 K 14
52233 Grobnik/Gologorica 41 K 5
51219 Grobnik/Rijeka 26 J 7
21430 Grohote 82 V 18
20234 Gromača 96 Z 29
35000 Gromačnik 52 K 28
21465 Gromin Dolac 88 X 21
52429 Grožnjan (Grisignana) 24 J 3
20271 Gršćica 88 Y 21
47250 Gršćaki 29 J 13
49284 Grtovec 9 E 18
21262 Grubine 84 V 23
52000 Grubiši 41 K 4
43290 Grubišno Polje 18 G 24
44405 Gruborovići 47 K 18
20215 Gruda 97 Aa 31
21466 Grudac 89 X 22
33513 Grudnjak 36 H 29
22310 Grujića Staje 73 S 19
22321 Grujići 73 S 18
23000 Gruse 70 Q 12
52000 Gržani 41 K 4
23440 Gubačevo Polje 67 P 16
49214 Gubaševo 14 E 16
10450 Guci Draganički 29 H 14
51302 Guče Selo 27 J 9
10253 Gudci 30 H 16
43251 Gudovac 17 F 21
23275 Guduće 69 R 11
23450 Guglete 71 Q 15
22221 Gulin 77 T 16
35222 Gundinci 53 L 31
32260 Gunja 54 M 33
35422 Gunjavci 50 K 25
49245 Gusakovec 15 E 17
10418 Gustelnica 30 H 16
51301 Gusti Laz 27 J 9
21222 Gustirna 81 U 17
52404 Gušani 41 K 4
48267 Guščerovec 10 E 19
44203 Gušće 32 J 20
23441 Guteše 67 P 16
44410 Gvozd 30 J 16
33533 Gvozdanska 19 G 25
44437 Gvozdansko 47 L 18

## H

10343 Habjanovac 16 F 20
31223 Habjanovci 37 H 31
44400 Hađer 31 J 17
10343 Haganj 16 F 20
51326 Hajdine 28 J 11
44401 Hajtić 46 K 17
51554 Halmac 58 N 7
51326 Hambarište 28 J 11
48350 Hampovica 17 E 22
21241 Han 79 T 21
31227 Harkanovci 36 H 30
10292 Harmica 14 F 15
10456 Hartje 13 G 13
10253 Havidić Selo 30 H 16
52000 Heki 41 K 4
40325 Hemuševec 7 C 21
43284 Hercegovac 33 H 23
49282 Hercigonji 15 E 17
48000 Herešin 11 D 22
53235 Hinići 61 N 14
48361 Hladna Voda 12 E 23
51514 Hlapa 43 L 8
40313 Hlapičina 7 B 19
48323 Hlebine 11 E 22
51314 Hlevci 27 J 10
49225 Hlevnica 8 D 15
52444 Hlistići 40 K 3
20230 Hodilje 91 Y 27
47283 Hodinci 29 G 13
40320 Hodošan 7 C 20
51316 Homer 27 J 9
53230 Homoljac 61 N 14
53230 Homoljački Klanac 61 N 14
10436 Horvati 14 G 15
51311 Hosnik 27 J 10
10414 Hotnja 30 H 17
51556 Hrasta 58 N 7
44000 Hrastelnica 31 H 19
31404 Hrastin 37 J 32
10430 Hrastina Samoborska 14 G 15
48356 Hrastje/Ferdinandovac 12 E 24
10380 Hrastje/Sveti Ivan Zelina 15 F 18
10450 Hrastje Plešivičko 29 G 14
43280 Hrastovac/Garešnica 33 H 22
31403 Hrastovac/Vuka 37 J 32
44250 Hrastovica 31 J 18
42232 Hrastovljan 10 D 20
42230 Hrastovsko 10 D 20
10450 Hrašća 29 G 14
10020 Hrašće Turopoljsko 15 G 17
18019 Hrašćica 9 D 18
49283 Hraščina 9 E 18
52207 Hrboki 41 L 5
10294 Hrebine 14 F 15
10370 Hrebinec 15 F 18
47300 Hrejlin Ogulinski 44 K 12
52207 Hreljići 41 L 4
51226 Hreljin 42 K 8
51304 Hrib 27 H 9
51311 Hribac 27 J 10
53223 Hrkalovići 61 N 14
31411 Hrkanovci Đakovački 36 K 30
53284 Hrmotine 59 M 10
10382 Hrnjanec/Sveti Ivan Zelina 15 F 18
34335 Hrnjevac/Kutjevo 35 J 27
49225 Hromec 8 D 15
44273 Hrpačići 31 J 17

47251 Hrsina 28 J 12
48213 Hrsovo 17 F 21
49217 Hršak Breg 8 E 16
44440 Hrtić 47 L 19
49240 Hruševec 15 E 16
10295 Hruševec Kupljenovski 14 F 15
10347 Hruškovec 16 F 19
10340 Hruškovica 16 F 19
21233 Hrvace 79 T 20
44450 Hrvatska Dubica 48 K 21
44430 Hrvatska Kostajnica 48 K 20
44204 Hrvatski Čuntić 31 J 18
10251 Hrvatski Leskovac 14 G 16
53226 Hrvatsko Polje 60 M 11
44415 Hrvatsko Selo 46 K 16
47242 Hrvatsko Žarište 45 K 14
52462 Hrvoji 24 J 3
42233 Hrženica 10 D 20
10454 Hrženik 29 H 13
10257 Hudi Bitek 14 G 16
48000 Hudovljani 11 E 21
52425 Hum/Lupoglav 41 J 5
33520 Hum/Slatina 19 G 26
49246 Hum Bistrički 15 E 17
49216 Hum Košnički 8 E 14
49231 Hum na Sutli 8 D 15
49245 Hum Stubički 15 F 17
33520 Hum Varoš 19 G 26
49210 Hum Zabočki 15 E 16
21465 Humac 88 X 21
33514 Humljani 35 H 27
44320 Husain 32 J 21
49283 Husinec 9 E 18
47000 Husje 29 J 14
21450 Hvar 87 W 19

I

51414 Ičići 42 K 6
22222 Ićevo 72 S 16
21329 Igrane 84 W 23
51414 Ika 42 K 6
44414 Ikovići 30 J 16
32248 Ilača 55 K 35
33523 Ilmin Dvor 20 G 28
32236 Ilok 39 K 37
44320 Ilova 32 J 22
47280 Ilovac 29 H 13
44425 Ilovačak 30 J 16
51552 Ilovik 64 P 8
43284 Ilovski Klokočevac 33 H 23
48316 Imbriovec 11 D 21
20205 Imotica 91 Y 27
21260 Imotski 85 V 24
34350 Imrijevci 36 K 29
43506 Imsovac 33 H 23
52427 Ipši 24 J 4
47246 Irinovac 61 M 14
23424 Islam Grčki 71 Q 13
23242 Islam Latinski 71 Q 13
23293 Ist 69 Q 9
20343 Istočna Plina 90 X 26
47303 Istočni Trojvrh 45 L 13
23222 Istok 70 R 13
51301 Iševnica 27 J 10
21465 Ivan Dolac 88 X 20
23275 Ivanac 70 R 11
33520 Ivanbrijeg 19 G 26
53286 Ivanča 59 N 10
10344 Ivančani 16 F 20
48312 Ivančec 10 D 20
10453 Ivančići 14 G 14
34322 Ivandol 34 J 26
42240 Ivanec 9 D 17
10290 Ivanec Bistranski 14 F 16
48260 Ivanec Križevački 10 E 20
42240 Ivanečka Željeznica 9 D 18
42240 Ivanečki Vrhovec 9 D 17
49216 Ivanić Desinićki 8 E 14
10310 Ivanić Grad 16 G 19
47211 Ivanković Selo 29 J 15
32281 Ivankovo 37 K 33
31216 Ivanovac 37 J 32
34350 Ivanovci/Čaglin 36 K 28
31227 Ivanovci/Valpovo 21 H 31
31400 Ivanovci Gorjanski 37 J 31
40000 Ivanovec 7 C 19
31540 Ivanovo 20 G 29
43500 Ivanovo Polje 33 H 23
43290 Ivanovo Selo 18 G 24
43231 Ivanska 17 G 21
10373 Ivanja Reka 15 G 17
51559 Ivanje 42 L 6
44214 Ivanjski Bok 32 J 21
53224 Ivčević Kosa 61 N 13
22240 Ivinj 76 T 15
51329 Ivkovići 28 J 11
22305 Ivoševci 72 R 16
47300 Ivošević Ponorac 44 K 11
47211 Ivošević Selo 30 J 15
10450 Izimje 29 H 14

J

51326 Jablan 28 J 11
53287 Jablanac 59 N 10
10298 Jablanovec 14 F 16
43203 Jabučeta 17 E 22
21240 Jabuka 79 U 21
44204 Jabukovac/Donja Mlinoga 31 K 18
23451 Jabukovac/Gračac 72 Q 16
53000 Jadovno 65 O 12
51264 Jadranovo 43 K 8
52100 Jadreški (Giadreschi) 57 M 4
47272 Jadrići 28 H 12
22211 Jadrija 77 T 16
22010 Jadrtovac 77 T 16
47313 Jagetići 44 L 11
34551 Jagma 33 J 23
48000 Jagnjedovec 11 E 21
10431 Jagnjić Dol 14 G 15
21465 Jagodna 88 X 20
10415 Jagodno 15 G 17
31324 Jagodnjak 22 G 32
53236 Jagodnje 66 O 14
47221 Jagrovac 46 K 15
34322 Jaguplije 35 J 26
35252 Jakačina Mala 51 K 28
53291 Jakišnica 59 O 9
32232 Jakobovac 38 K 35
52333 Jakomići 41 K 5
43202 Jakopovac 17 E 21
42204 Jakopovec 10 D 19
51252 Jakov Polje 43 L 10
34553 Jakovci 34 J 25
47271 Jakovci Netretički 29 J 13
52444 Jakovici 40 K 3
10297 Jakovlje 14 F 16
34308 Jakšić 35 J 27
51325 Jakšići 28 J 11
10020 Jakuševec 15 G 17
42226 Jales Breznički 9 E 18
42000 Jalkovec 10 D 18
10310 Jalševec Breški 16 G 19
10370 Jalševec Nartski 15 G 18
42223 Jalševec Svibovečki 10 D 19
49214 Jalšje 14 E 16
42203 Jalžabet 10 D 19
44401 Jamari 47 K 17
44321 Jamarica 33 J 22
47240 Jame 45 L 14
10451 Jamnica Pisarovinska 30 H 16
42255 Jamno 9 D 16
47251 Jančani 28 J 12
23210 Jankolovica 71 S 13
10090 Jankomir 14 G 16
48306 Jankovac 11 E 21
47262 Jankovo Selište 29 J 13
47304 Janja Gora 45 L 13
44321 Janja Lipa 33 J 22
44415 Janjani 46 K 16
53224 Janjče 61 N 13
20246 Janjina 90 Y 25
34550 Japaga 33 J 24
42220 Japčevo Polje 9 E 18
47250 Jarče Polje 29 J 13
21236 Jare 73 S 19
22203 Jarebinjak 81 U 17
42226 Jarek Bisaški 9 E 18
51253 Jargovo 43 L 9
23443 Jarići 72 R 17
42223 Jarki Horvatićevi 10 D 19
32280 Jarmina 38 K 33
51307 Jarmovac 26 H 8
47272 Jarnevići 29 H 13
35216 Jaruge 53 L 31
10000 Jarun 15 G 16
10432 Jarušje 14 G 14
47314 Jasenak 44 K 11
23441 Jasenar 67 P 15
43532 Jasenaš 19 G 25
20210 Jasenice/Cavtat 97 Aa 30
23450 Jasenice/Obrovac 71 Q 14
43227 Jasenik 18 F 23
44324 Jasenovac/Novska 49 K 22
23450 Jasenovac/Obrovac 71 Q 15
53288 Jasenovača 65 O 11
44210 Jasenovčani 48 K 20
47272 Jasenovica/Ribnik 29 H 13
52440 Jasenovica/Vrsar 40 K 2
52233 Jasenovik 41 K 6
21230 Jasensko 79 T 20
33410 Jasik 19 F 26
53230 Jasikovac 62 N 15
47242 Jasnić Brdo 45 K 14
10450 Jastrebarsko 29 G 14
52341 Jašići 41 L 4
47281 Jaškovo 29 H 13
20263 Javić 89 Y 23
44440 Javnica 47 L 18
10456 Javor 13 G 13
10432 Javorek 14 G 14
51252 Javorje/Ledenica 43 L 10
10291 Javorje/Zaprešić 14 F 15
44440 Javornik 47 L 19
47306 Javornik/Saborsko 61 M 13
48325 Javorovac 11 E 22
47303 Javorovica 44 L 12
44323 Jazavica 33 K 23
49216 Jazbina 8 E 14
42255 Jazbina Cvetlinska 9 D 16
44273 Jazvenik 31 J 18
49232 Jazvine 8 E 16
48324 Jeduševac 11 E 22
52440 Jehnići 40 K 3
42220 Jelenščak 9 E 18
49216 Jelenjak 8 E 15
51218 Jelenje 26 J 7
53211 Jelići 66 O 12
31225 Jelisavac 36 H 29
10360 Jelkovec 15 G 17
47245 Jelov Klanac 45 M 14
31500 Jelovac/Našice 36 J 29
53251 Jelovac/Nebljusi 62 O 16
53235 Jelovci 61 N 14
42245 Jelovec Voćanski 9 D 17
52421 Jelovice 25 J 4
21465 Jelsa/Hvar 88 X 21
47000 Jelsa/Karlovac 29 H 14
34320 Jeminovac 34 J 25
10418 Jerebić 30 H 16
23440 Jerkovići/Gračac 67 Q 16
20340 Jerkovići/Ploče 90 X 25
42240 Jerovec 9 D 17
49282 Jertovec 15 E 18
21314 Jesenice 83 V 20
10363 Jesenovec 15 F 17
47313 Jezera/Drežnica 44 L 11
22242 Jezera/Murter 76 T 14
53262 Jezerane 44 L 12
53231 Jezerce 61 M 14
49225 Jezerišće 8 D 15
34350 Jezero 36 J 29
47304 Jezero I Dio 45 L 13
49214 Jezero Klanječko 14 E 16
44201 Jezero Posavsko 31 H 18
10250 Ježdovec 14 G 16
52000 Ježenj 41 K 4
21236 Ježević 73 S 19
35209 Ježevik 52 K 29
10370 Ježevo 16 G 18
22242 Ježinov stan 75 S 13
42253 Ježovec 8 D 16
47251 Johi 28 J 12
10314 Johovec 31 H 19
47220 Johovo 45 K 15
47303 Josipdol 44 K 12
31221 Josipovac 37 H 32
31424 Josipovac Punitovački 37 J 31
33520 Josipovo 19 G 27
53234 Jošan 67 O 15
23222 Jošane 70 R 13
44231 Jošavica 31 K 19
44400 Joševica 47 K 17
44440 Jovac 47 K 19
23451 Jovančevići 72 Q 16
53213 Jovanović Draga 60 O 12
53000 Jovići/Gospić 66 P 13
23248 Jovići/Ražanac 70 Q 13
33412 Jugovo Polje 19 G 26
52460 Juki 24 J 3
52404 Jukini 41 K 4
52420 Juradi 41 J 4
51523 Jurandvor 59 M 9
49254 Juranšćina 9 E 17
51213 Jurdani 26 J 6
47220 Jurga 45 K 15
52470 Juricani (Giurizzani) 24 J 2
21250 Juričići/Cista Provo 84 V 22
52420 Juričići/Vodnjan 25 J 4
52207 Juričev Kal 41 L 4
21202 Jurići/Lećevica 78 U 18
52341 Jurići/Žminj 41 L 4
21244 Jurišići/Biorine 79 U 21
53202 Jurišići/Kvarte 61 O 13
52352 Jurišova stancija 40 L 3
31424 Jurjevac Punitovački 37 J 31
49217 Jurjevec 8 E 16
42243 Jurketinec 9 D 18
34350 Jurkovac 36 J 28
53202 Jurkovići 61 N 13
10455 Jurkovo Selo 29 G 13
53287 Jurkuša 59 N 10
40313 Jurovčak 6 B 19
47276 Jurovo 28 H 12
47276 Jurovski Brod 28 H 12
52342 Juršići 41 L 4
51213 Jušići 26 J 6

K

10344 Kabal 16 F 20
47212 Kablar 30 J 15
52215 Kacana 57 M 4
44405 Kačari 47 K 18
21225 Kačine 82 V 17
51265 Kačjak 43 K 8
49294 Kačkovec 14 E 15
34310 Kadanovci 51 K 27
43280 Kajgana 33 H 22
52420 Kajini 25 J 4
22319 Kakanj 72 S 16
43212 Kakinac 17 F 21
23423 Kakma 71 S 13
51417 Kalac 41 K 6
20230 Kalboš 91 Z 27
52460 Kaldanija (Caldania) 24 J 2
52424 Kaldir (Caldier) 40 K 4
23446 Kaldrma 68 Q 18
23272 Kali 70 R 12
51302 Kalić/Hrib 27 H 9
53284 Kalić/Senj 59 M 10
22202 Kalina 77 U 16
34310 Kalinić 35 K 28
48361 Kalinovac 12 E 23
53213 Kalinovača 65 O 12
10436 Kalinovica 14 G 15
10380 Kalinje 15 F 18
48269 Kalnik 10 E 19
53202 Kaluđerovac 60 O 12
10456 Kalje 13 G 13
47282 Kamanje 29 H 13
21000 Kamen 83 U 20
42220 Kamena Gorica 9 E 18
31309 Kamenac 22 G 33
48000 Kamenica/Koprivnica 11 E 21
42250 Kamenica/Lepoglava 9 D 17
10346 Kamenica/Preseka 16 F 19
47264 Kamenica Skradnička 45 K 13
42250 Kamenički Vrhovec 9 D 17
42250 Kameničko Podgorje 9 D 17
21262 Kamenmost 84 V 24
34320 Kamenska 34 J 25
51303 Kamenski Hrib 27 H 9
34320 Kamenski Vučjak 34 J 26
21246 Kamensko/Aržano 80 U 22
47000 Kamensko/Karlovac 29 J 14
51326 Kamensko/Vrbovsko 28 J 11
51244 Kamenjak 43 K 9
44404 Kamešnica/Donji Klasnić 47 K 18
48269 Kamešnica/Kalnik 10 E 20
51516 Kampelje 43 L 8
51280 Kampor 59 N 9
21233 Kanaeti 79 T 20
22306 Kanaziri 72 R 16
52352 Kanfanar 40 L 4
43283 Kaniška Iva 33 H 22
35254 Kaniža/Bebrina 51 L 28
42240 Kaniža/Lepoglava 9 D 17
51000 Kantrida 42 J 7
34310 Kantrovci 35 J 26
22321 Kanjane 78 S 18
22324 Kaočine 77 S 17
33410 Kapan 19 G 26
43203 Kapela/Bjelovar 17 F 22
21204 Kapela/Dugopolje 79 U 20
33406 Kapela Dvor 18 F 25
42222 Kapela Kalnička 10 D 19
53230 Kapela Korenička 61 N 15
42231 Kapela Podravska 11 D 21
48265 Kapela Ravenska 16 E 19
42243 Kapelec 9 D 18
43280 Kapelica/Garešnica 33 H 22
52220 Kapelica/Labin 41 L 5
10432 Kapelište 14 G 14
31531 Kapelna 20 G 29
40313 Kapelščak 7 B 19
23242 Kapetan-Stan 71 Q 14
34552 Kapetanovo Polje 33 H 23
33520 Kapinci 19 G 27
47222 Kapljuv 45 L 15
52403 Kapovići 41 K 4
22235 Kaprije 76 T 15
34334 Kaptol 35 J 27
32280 Karadžićevo 37 K 33
53260 Karakaš 60 M 12
21230 Karakašica 79 T 20
22324 Karalić 77 S 17
31315 Karanac 22 G 33
22312 Karanovac 73 S 18
47203 Karasi 29 H 15
53287 Karaula 65 O 10
20271 Karbuni 88 Y 21
52474 Karigador 40 J 2
23452 Karin-Plaža 71 R 14
23452 Karin-Slana 71 R 14
49245 Karivaroš 15 F 17
53288 Karlobag 65 O 11
47000 Karlovac 29 J 14
33522 Karlovac Feričanački 35 H 28
42233 Karlovec Ludbreški 10 D 20
20250 Karmena 89 Y 23
52423 Karojba 40 K 3
47211 Kartalije 29 J 15
52466 Kastanija 40 K 2
51215 Kastav 26 J 7
47251 Kasuni 28 J 12
52000 Kašćerga 41 K 4
52341 Kašćergani 41 K 4
22213 Kašić 76 S 15
10362 Kašina 15 F 17
43273 Kašljevac 17 F 23
47284 Kašt 29 G 13
53291 Kaštel 65 O 10
43506 Kaštel Dežanovački 33 H 23
21213 Kaštel Gomilica 82 U 19
21214 Kaštel Kambelovac 78 U 19
21215 Kaštel Lukšić 78 U 19
21216 Kaštel Novi 82 U 19
21216 Kaštel Stari 78 U 19
21212 Kaštel Sućurac 82 U 19
21216 Kaštel Štafilić 82 U 18
23451 Kaštel Žegarski 72 R 16
52460 Kaštel (Castelvenere) 24 J 2
21216 Kaštela 78 U 19
21000 Kaštelet 82 U 19
52464 Kaštelir (Castelliere) 40 K 3
44440 Katarine 47 L 19
43532 Katinac 19 H 25
33407 Katinka 19 F 25
44415 Katinovac 46 K 16
44316 Katoličko Selišće 32 H 20
52403 Katun/Gračišće 41 K 4
51264 Katun/Jadranovo 43 K 8
52233 Katun/Kršan 41 K 6
52445 Katun/Višnjan 40 K 3
21250 Katuni 84 V 22
52208 Kavran 57 M 4
49221 Kebel 9 E 16
43226 Kegljevac 17 F 22
47262 Keići 29 J 13
21233 Kekezove Staje 79 T 21
44414 Kekići 30 J 16
42203 Kelemen 10 D 19
10383 Keleminovec 15 F 18
31433 Kelešinka 36 J 30
48213 Kenđelovec 17 F 21
44440 Kepčije 47 L 19
10431 Kerestinec 14 G 15
47242 Keserov Potok 45 K 14
47253 Kestenak 45 K 13
47221 Kestenovac/Cvijanović Brdo 45 K 14
53251 Kestenovac/Nebljusi 62 O 17
47222 Kestenje 46 L 15
31402 Kešinci 37 J 32
44400 Kihalac 31 J 17
23440 Kijani 67 P 16
22310 Kijevo 73 S 19
53244 Kik 67 P 14
35201 Kindrovo 52 K 29
44211 Kinjačka 31 J 19
43500 Kip 33 H 24
44414 Kirin 30 J 16
22305 Kistanje 72 S 16
31554 Kitišanci 21 G 31
33405 Kladare 18 F 24
44212 Kladari 31 J 19
22321 Kladina Glavica 78 S 18
10430 Kladje 14 G 15
49295 Kladnik 8 E 15
21202 Kladnjice 78 T 18
32276 Kladovac 53 K 32
35208 Klakar 52 L 29
51217 Klana 26 J 7
53224 Klanac/Ličko Lešće 61 N 13
53212 Klanac/Oteš 60 O 12
51329 Klanac/Veliki Jadrč 28 J 12
47253 Klanac Perjasički 45 K 14
51265 Klanfari 43 K 8
51514 Klanice 42 L 8
49290 Klanjec 14 E 15
23441 Klapavica 67 P 16
53270 Klarićevac 43 L 10
52420 Klarići 41 J 4
53230 Klašnjica 62 N 15
20356 Klek 91 Y 26
49218 Klenice 8 D 15
2732 Klenik 36 J 30
53202 Klenovac/Kvarte 61 N 13
53201 Klenovac/Široka Kula 66 O 13
53284 Klenove Seline 59 M 10
49231 Klenovec Humski 8 D 15
51252 Klenovica 43 L 10
42244 Klenovnik 9 D 17
52421 Klenovšćak 25 J 5
51312 Klepeće Selo 27 J 10
44320 Kletište 32 H 21
49282 Klimen 9 E 17
52341 Klimni 41 L 4
51514 Klimno 43 L 8
44204 Klinac 31 J 18
10450 Klinča Sela 29 G 15
47304 Klipe 44 L 13
47211 Klipino Brdo 29 J 15
21231 Klis 79 U 20
34550 Klisa/Lipik 33 J 23
34320 Klisa/Poljanska 34 J 26
31000 Klisa/Tenja 38 J 33
44211 Klobučak 31 J 19
47221 Klokoč 45 K 15
43211 Klokočevac 17 F 21
31500 Klokočevci 36 H 29
35211 Klokočevik 52 K 29
49217 Klokovec 8 E 16
51264 Kloštar/Jadranovo 43 K 8
52450 Kloštar/Rovinj 40 L 3
10312 Kloštar Ivanić 16 G 19
48362 Kloštar Podravski 18 F 23
48264 Kloštar Vojakovački 16 E 20
47221 Klupica 45 K 14
22322 Kljake 78 T 18
21276 Kljenak 85 W 24
21263 Kljenovac 84 V 23
22324 Ključ/Drniš 77 S 17
42220 Ključ/Novi Marof 10 E 19
47264 Ključ/Tržić Primišljanski 45 K 13
10292 Ključ Brdovečki 14 F 15
47220 Ključar 46 K 15
10413 Ključić Brdo 30 H 17
20232 Ključnak 96 Z 28
52470 Kmeti (Metti) 24 J 2
22221 Krešići 77 T 16
47205 Knez Gorica 29 J 14
40311 Knezovec 7 C 19
44432 Knezovljani 47 K 19
20264 Kneža 89 Y 23
34312 Knežci 35 J 28
34350 Knežavac 36 J 29
31309 Kneževi Vinogradi 22 G 33
23248 Knežević 70 Q 13
47220 Knežević Kosa 29 J 15
53201 Kneževića Varoš 66 O 13
23244 Kneževići/Jesenice 66 Q 14
53260 Kneževići/Križ Kamenica 44 L 11
53235 Kneževići/Ljubovo 61 O 14
23244 Kneževići/Starigrad 66 P 13
31302 Kneževo 22 F 32
20236 Knežica 96 Aa 29
22300 Knin 73 R 18
22300 Kninsko Polje 73 R 18
43211 Kobasičari 17 F 21
47000 Kobilić Pokupski 29 J 14
10410 Kobilići 15 G 17
44402 Kobiljak 46 K 17
10361 Kobiljak Sesvetski 15 G 17
23450 Kobljani 71 Q 15
51312 Kocijani 27 J 10
22306 Kočević 72 R 16
51302 Kočičin 27 J 9
21233 Kodžomanove Staje 79 T 21
47276 Kohanjac 28 H 12
47313 Kojići/Brezno 44 K 11
23244 Kojići/Starigrad 66 Q 13
43000 Kokinac 17 F 22
47220 Kokirevo 29 J 15
33515 Kokočak 35 H 27
21276 Kokorići 85 W 24
52210 Kokuletovica 40 L 3
53224 Kolakovići 61 N 13
23251 Kolan 65 P 10
48268 Kolarec 10 E 19
43247 Kolarevo Selo 17 G 22
47220 Kolarić 45 K 15
23420 Kolarina 71 S 14
22305 Kolašac 72 R 16
48312 Koledinec 11 D 21
10347 Kolenica 16 F 19
20223 Koločep 96 Z 29
52463 Kolumbera 40 K 3
21236 Koljane 79 S 20
20213 Komaji 97 Aa 30
22311 Komalići 73 R 18
52434 Komarija 41 K 5
20356 Komarna 90 Y 26
35420 Komarnica 50 K 26
34334 Komarovci 35 J 27
48323 Komatnica 11 D 22
23451 Komazeci 72 R 16
47222 Komesarac 46 L 15
33522 Kometnik-Jorgići 34 H 26

H I J K

33522 Kometnik-Zubići 34 H 26
53234 Komić 67 P 15
20344 Komin/Opuzen 90 X 26
10383 Komin/Sveti Ivan Zelina 15 E 18
21485 Komiža 86 X 17
51325 Komlenići 28 J 11
32253 Komletinci 54 L 34
44432 Komogovina 47 K 19
20236 Komolac 96 Z 29
49223 Komor Začretski 9 E 17
44443 Komora 47 L 18
34315 Komorica 51 K 27
44414 Komozeci 30 J 16
52425 Kompanj 25 J 5
44316 Kompator 32 H 20
53226 Kompolje 60 M 11
53230 Kompolje Koreničko 62 N 15
43245 Komuševac 16 G 20
34000 Komušina 35 K 27
10340 Konak 16 F 19
43505 Končanica 33 H 23
53231 Končarev Kraj 61 N 14
31411 Kondrić 36 K 30
51559 Konec 42 L 6
22010 Konoba 77 U 17
10315 Konšćani 32 H 20
10435 Konšćica 14 G 15
52233 Kontuši 41 K 5
22221 Konjevrate 77 T 17
47286 Konjkovsko 29 H 14
53288 Konjsko/Karlobag 65 O 11
21231 Konjsko/Klis 79 U 19
53202 Konjsko Brdo 61 N 13
49282 Konjščina 9 E 18
31327 Kopačevo 22 H 33
10370 Kopčevec 15 G 18
22306 Kopinjovac 72 R 17
23245 Kopovine 66 P 12
34320 Koprivna/Orljavac 34 J 25
31215 Koprivna/Šodolovci 37 J 32
48000 Koprivnica 11 E 21
49225 Koprivnica Zagorska 8 D 16
48324 Koprivnički Bregi 11 E 22
48314 Koprivnički Ivanec 11 D 21
21231 Koprivno 79 U 20
22323 Koprno 78 T 17
47253 Koranska Strana 45 K 13
47241 Koranski Brijeg 29 J 14
47253 Koransko Selo 45 K 14
20264 Korčula 89 Y 23
10457 Kordići Žumberački 13 G 14
47245 Kordunski Ljeskovac 46 M 15
35211 Korduševci 52 K 29
52402 Korelići 41 J 4
53230 Korenica 62 N 15
43531 Koreničani 34 H 25
47251 Korenić Brdo 28 J 13
52352 Korenići 40 L 3
21251 Korešnica 83 U 20
42243 Koretinec 9 D 18
51523 Korintija 59 M 9
47245 Korita/Grabovac 61 M 14
34551 Korita/Lipik 33 J 23
20224 Korita/Mljet 95 Z 27
21232 Korita/Sušci 79 U 20
53250 Korita-Lapačka 67 O 16
47204 Koritinja 30 H 15
10342 Koritna/Dubrava 16 F 19
31402 Koritna/Šodolovci 37 J 32
23420 Korlat 71 R 14
51517 Kornić 43 L 8
31214 Korog 38 J 33
22305 Korolije 72 R 16
52222 Koromačno 57 M 5
52207 Koromani 41 L 4
21202 Korušce 78 U 19
51314 Kosa 27 J 10
53202 Kosa Janjačka 61 N 13
51327 Kosanovići 44 K 11
52420 Kosariga 41 J 4
51216 Kosi 26 J 7
51500 Kosići 42 L 8
47243 Kosijer Selo 45 K 14
47252 Kosijersko Selo 29 J 14
53203 Kosinj-Most 60 N 12
44437 Kosna 47 L 18
21236 Kosore 73 S 19
49282 Kosovečko 9 E 18
21334 Kosovići 90 X 24
48263 Kostadinovac 10 E 20
10342 Kostanj 16 G 20
21207 Kostanje 84 V 22
43233 Kostanjevac 33 G 22
10455 Kostanjevec 29 G 13
10432 Kostanjevec Podvrški 14 G 14
48268 Kostanjevec Riječki 10 E 19
52429 Kostanjica (Castagna) 24 J 3
10454 Kostel Pribićki 29 G 14
51244 Kostelj 43 K 9
47314 Kostići 44 K 11
21485 Kostirna 87 X 17
52233 Kostrćani 41 K 5
51221 Kostrena Sveta Barbara 42 K 8
51221 Kostrena Sveta Lucija 42 K 7
44432 Kostreši Bjelovački 48 K 19
44222 Kostreši Šaški 48 K 20
44433 Kostrići 48 K 20
44320 Kostrinja 32 J 20
52440 Košinožići 40 K 2
31224 Koška 36 H 30
42243 Koškovec/Cerje Nebojse 9 D 17
42243 Koškovec/Ivanec 9 D 17
23250 Košljun 65 P 11
49216 Košnica 8 E 14
44324 Košutarica 49 K 22
21240 Košute 79 U 21
44440 Kotarani 47 L 18
49223 Kotarice 15 E 16
21276 Kotezi 85 W 25
21325 Kotišina 84 W 23
21204 Kotlenice 79 U 20
52425 Kotli 25 J 5
31309 Kotlina 22 G 33
40329 Kotoriba 11 C 21
34553 Koturić 34 J 25
34551 Kovačevac/Lipik 33 J 23
35400 Kovačevac/Nova Gradiška 50 K 25
43212 Kovačevac/Rovišće 17 F 21
44450 Kovačevići/Kozarska Dubica 48 K 20
23441 Kovačevići/Udbina 67 P 16
22300 Kovačić 73 R 18
51000 Kozala 42 J 7
47261 Kozalj Vrh 29 J 13
44405 Kozaperovica 47 K 18
10413 Kozarac 30 J 16
44414 Kozarac/Bović 30 J 16
31325 Kozarac/Čeminac 22 G 33
48362 Kozarevac 18 F 23
43272 Kozarevac Rački 17 G 22
20225 Kozarica 94 Z 25
44320 Kozarice 33 J 22
44435 Kozibrod 47 L 19
21274 Kozica 85 W 24
33520 Kozice 19 G 27
10370 Kozinšćak 15 G 18
10413 Kozjača/Kravarsko 30 H 17
23244 Kozjača/Starigrad 66 Q 13
31309 Kozjak 22 G 33
49223 Kozjak Začretski 9 E 16
53235 Kozjan 61 N 14
51307 Kozji Vrh 26 H 8
10450 Kozlikovo 14 G 15
23231 Kožino 70 Q 12
23420 Kožlovac 71 R 15
52233 Kožljak 41 K 6
52207 Kožljani 41 L 4
34550 Kraguj 34 J 24
21232 Kraj/Dugopolje 79 U 20
23212 Kraj/Pašman 70 S 13
21232 Kraj/Trilj 79 U 21
10299 Kraj Donji 14 F 15
52231 Kraj Drage 41 L 5
10293 Kraj Gornji 14 F 15
35252 Krajačići 51 K 28
52341 Krajcar Breg 41 L 4
52428 Krajići (Craici) 24 J 3
53000 Krajinovići 66 P 13
44320 Krajiška Kutinica 32 H 21
33514 Krajna 35 H 27
10296 Krajska Ves 14 F 15
10297 Kraljev Vrh/Jakovlje 14 F 16
10346 Kraljev Vrh/Preseka 16 F 19
51305 Kraljev Vrh/Tršće 27 H 8
44322 Kraljeva Velika 32 J 22
43212 Kraljevac 17 F 21
44204 Kraljevčani 31 K 18
49294 Kraljevec na Sutli 14 F 15
49224 Kraljevec Radobojski 9 E 16
10361 Kraljevec Sesvetski 15 G 18
49252 Kraljevec Šemnički 9 E 16
51262 Kraljevica 42 K 8
52464 Krančići 40 K 3
52220 Kranjci 41 L 5
52403 Kranjčići/Gologorica 41 K 5
52342 Kranjčići/Sentvinčenat 41 L 4
52223 Krapan 41 L 5
22010 Krapanj 77 T 16
49000 Krapina 8 E 16
49282 Krapina Selo 9 E 18
49284 Krapinica 9 E 18
49217 Krapinske Toplice 8 E 16
44325 Krapje 48 K 21
51514 Kras/Dobrin 42 L 8
52425 Kras/Lupoglav 41 J 5
51224 Krasica 42 K 8
52460 Krasica (Kras) 24 J 3
33514 Krasković 35 H 27
53274 Krasno Polje 60 N 11
10454 Krašić 29 H 14
44213 Kratečko 32 J 20
10413 Kravarsko 30 H 17
22243 Kravljačica 75 T 12
10432 Kravljak/Beder 14 G 14
33533 Kravljak/Đulovac 19 G 25
53236 Krbava 67 O 15
52420 Krbavčići 25 J 4
53235 Krbavica 61 N 14
52402 Krbune 41 K 5
52341 Krculi 41 L 4
47251 Krč Bosiljevski 28 J 12
53234 Krčava 67 P 15
31530 Krčenik 20 G 28
31511 Krčevina 36 H 29
53205 Krčevine/Mogorić 66 O 14
53251 Krčevine/Nebljusi 62 N 16
44318 Krčevine/Voloder 32 H 21
22204 Krčulj 77 U 16
10380 Krečaves 15 F 18
22221 Krečki 77 T 17
20356 Kremena 90 Y 25
21250 Kreševo 84 V 22
43506 Kreštelovac 33 H 23
44330 Kričke/Lipik 33 J 23
34553 Kričke/Pakrac 34 J 25
22320 Kričke/Ružić 78 T 18
23294 Krijal 64 P 8
21314 Krilo 83 V 20
52444 Kringa 40 K 3
10312 Krišci 16 G 19
40316 Krištanovec 7 C 19
44321 Krivaj/Lipovljani 33 J 22
34000 Krivaj/Velika 35 J 26
44210 Krivaj Sunjski 32 J 20
43232 Krivaja 17 G 21
33507 Krivaja Pustara 20 H 28
47220 Krivaja Vojnićka 46 K 15
44415 Krivaje 46 K 16
21247 Krivi Dolac 79 T 20
53271 Krivi Put 43 L 10
21242 Krivodol/Grab 79 U 21
21263 Krivodol/Imotski 84 V 23
47213 Križ/Donji Sjeničak 30 J 15
10314 Križ/Ivanić Grad 32 H 20
43202 Križ Gornji 11 E 21
44251 Križ Hrastovački 31 J 18
53261 Križ Kamenica 44 L 11
47252 Križ Koranski 29 J 14
53289 Križac 65 P 12
52341 Križanci 41 L 4
49221 Križanče/Bedekovčina 9 E 16
42208 Križanče/Vinica 9 C 17
42204 Križanec 10 D 19
48260 Križevci 16 E 20
10382 Križevčec 15 F 18
43231 Križic 17 G 21
51241 Križišće 43 K 8
33405 Križnica 18 F 25
40316 Križovec 7 C 19
42230 Križovljan 10 D 20
53261 Križpolje 44 L 11
51500 Krk 42 L 8
10340 Krkač 16 F 19
22223 Krković 77 S 15
52425 Krkuž 25 J 5
52352 Krmed 40 L 3
51251 Krmpotići 43 L 10
51252 Krmpotske Vodice 43 L 10
31424 Krndija 37 J 31
23248 Krneza 70 Q 12
10454 Krnežići 29 H 13
52208 Krnica 57 M 5
47242 Krnjak 45 J 14
22319 Krnjeuve 72 S 16
52421 Kropinjak 25 J 5
21272 Krstatice 84 V 23
47221 Krstinja 46 K 15
53203 Krš 60 N 12
52232 Kršan 41 K 5
42225 Krščenovec 9 E 18
52474 Kršete (Carsette) 24 J 2
52000 Kršikla 41 K 4
31433 Kršinci 36 J 29
52427 Krti 41 J 4
23441 Krtinići 67 P 16
20232 Kručica 95 Z 28
53251 Kruge 62 O 16
52448 Krunčići 40 L 3
21236 Krunići 78 T 19
31543 Krunoslavje 20 G 29
23451 Krupa 72 Q 16
10454 Krupače 29 H 14
53203 Kruščica/Gornji Kosinj 60 N 12
23245 Krušćica/Tribanj 66 P 12
35220 Kruševica 53 L 31
23450 Kruševo/Novigrad 71 Q 14
34320 Kruševo/Poljanska 34 J 26
22204 Kruševo/Vinovac 77 U 17
53205 Kruškovac/Bagunica 66 P 14
23244 Kruškovac/Starigrad 66 Q 13
47222 Kruškovača 46 L 15
42214 Krušljevec 10 D 18
49243 Krušljevo Selo 14 F 16
21232 Krušvar 79 U 20
52420 Krušvari 41 J 5
20341 Krvavac 91 X 26
21322 Krvavica 84 W 22
52462 Kuberton (Cuberton) 24 J 3
23440 Kuburići 67 P 16
10419 Kuče 31 G 17
51211 Kučeli 26 J 6
47271 Kučevice 29 J 13
52462 Kučibreg (Cucibrech) 24 J 3
21208 Kučiće 83 V 21
52444 Kučići 40 K 3
10362 Kučilovina 15 F 17
21209 Kučine 83 U 20
53203 Kučišta 60 N 11
20267 Kučište 89 Y 23
42230 Kućan Ludbrečki 10 D 20
42000 Kućan Marof 10 D 19
31542 Kućanci 20 H 29
31418 Kućanci Đakovački 36 J 30
10340 Kućari 16 F 19
53288 Kućišta Cesarička 65 O 11
35250 Kujnik/Oriovac 51 K 27
34320 Kujnik/Orljavac 34 J 26
47264 Kukača 45 K 13
52446 Kukci 40 K 2
44441 Kukići 47 L 18
23271 Kukljica 70 R 12
53205 Kukljić 66 P 14
51218 Kukuljani 26 J 7
51223 Kukuljanovo 42 K 8
34551 Kukunjevac 33 J 23
52332 Kukurini 41 K 5
21203 Kula/Donji Muć 78 T 19
34343 Kula/Kutjevo 35 J 28
23420 Kula Atlagić 71 R 14
20341 Kula Norinska 91 X 26
23420 Kulina 71 S 15
42205 Kulovići 31 J 18
44435 Kuljani 48 K 19
49295 Kumrovec 8 E 15
20217 Kuna Konavovska 97 Aa 31
20243 Kuna Pelješka 90 Y 25
21242 Kundid 79 U 21
53291 Kunera 64 O 10
47304 Kunić 44 L 12
47271 Kunići Ribnički 28 H 13
31555 Kunišinci 21 G 30
23445 Kunovac Kupirovački 68 P 17
34000 Kunovci 35 J 26
48311 Kunovec 11 D 21
48000 Kunovec Breg 11 D 21
52220 Kunj 41 L 5
20430 Kupari 96 Aa 30
10455 Kupčina Žumberačka 13 G 13
10453 Kupeć Dol 14 G 14
35216 Kupina 53 L 31
10450 Kupinec 30 H 15
10257 Kupinečki Kraljevec 30 G 16
43000 Kupinovac 17 F 22
23445 Kupirovo 68 Q 17
51313 Kupjak 27 J 10
10295 Kupljenovo 14 F 15
47220 Kupljensko 45 K 15
53234 Kurjak 67 P 15
22310 Kurobasi 73 S 19
40000 Kuršanec 10 D 19
47305 Kurteši 45 L 13
23233 Kurtići 70 Q 11
21244 Kurtovići 84 U 22
47221 Kusaja 45 K 15
10370 Kusanovec 16 G 19
47306 Kuselj 61 M 14
48268 Kusijevec 10 E 19
34550 Kusonje 34 J 24
53296 Kustići 65 O 10
31400 Kuševac 37 J 31
48213 Kuštani 16 F 20
53225 Kuterevo 60 N 11
44320 Kutina 32 J 21
44320 Kutinica 32 H 21
44320 Kutinska Slatina 32 H 21
34340 Kutjevo 35 J 28
21260 Kutleše 85 V 24
48317 Kutnjak 11 D 21
33513 Kutovi 35 H 28
33522 Kuzma 34 H 25
34311 Kuzmica 35 K 27
48312 Kuzminec/Koprivnica 11 D 21
49255 Kuzminec/Krapina 9 E 16
51302 Kuželj 27 J 9
23421 Kužeti 72 R 15
21241 Kužnjak 79 T 21
53202 Kvarte 61 N 13

L

21201 Labin/Prgomet 78 U 18
52220 Labin/Rabač 41 L 5
52464 Labinci (Santa Domenica) 40 K 3
31542 Lacići 21 H 30
44410 Lackovići 30 J 15
47271 Ladešići 29 J 13
31550 Ladimirevci 21 H 31
10342 Ladina 16 F 20
48213 Ladinec 17 F 21
43284 Ladislav 17 G 23
48306 Ladislav Sokolovački 11 E 21
49250 Ladislavec 9 E 17
52440 Ladrovići 40 K 3
47241 Ladvenjak 29 J 14
51260 Ladvić 43 K 9
31225 Lađanska 36 H 29
35430 Lađevac 49 K 23
47240 Lađevačko Selište 45 L 14
22223 Lađevci 77 S 15
52341 Laginji 41 L 4
51517 Lakmartin 42 L 8
52423 Lakošelci 40 K 4
21233 Laktac 79 S 20
10382 Laktec 15 F 18
34310 Lakušija 35 J 27
43203 Lalići/Kapela 17 F 21
53230 Lalići/Vrelo Koreničko 61 N 14
43246 Laminac 17 G 21
42240 Lančić 9 D 17
52422 Lanišće/Kršan 25 J 5
52232 Lanišće/Lupoglav 41 K 5
47304 Lapat 45 L 13
47243 Lapovac 45 K 14
31411 Lapovci 52 K 30
53260 Lasići 60 M 12
47206 Lasinja 30 H 16
47251 Laslavići 28 J 13
31214 Laslovo 37 J 33
43273 Lasovac 17 F 23
43273 Lasovac Brdo 18 F 23
20290 Lastovo 93 Z 22
52447 Lašići 40 K 3
22222 Laškovica 72 S 16
47304 Latin 45 L 13
34350 Latinovac 35 J 28
47304 Latmanovići 44 L 12
51307 Lautari 26 H 8
22243 Lavsa 75 T 13
49246 Laz Bistrički 15 F 17
49246 Laz Stubički 15 F 17
51316 Lazac Lokvarski 27 J 9
52232 Lazarići 41 K 5
51217 Laze/Klana 26 J 7
35422 Laze/Staro Petrovo Selo 50 K 25
34000 Laze Prnjavor 35 K 27
10410 Lazi Turopoljski 30 H 17
22302 Lazića Stanovi 73 R 19
47201 Lazina 29 H 14
10415 Lazina Čička 15 G 17
21202 Lećevica 78 U 18
51251 Ledenice/Novi Vinodolski 43 L 10
53234 Ledenice/Podlapača 67 O 14
31224 Ledenik 36 H 30
53288 Ledenik Cesarički 65 O 11
10346 Ledina 16 F 19
49290 Ledine Klanječke 14 E 15
48317 Legrad 11 D 22
44272 Lekenik 31 H 18
10410 Lekneno 15 G 17
22323 Lemci 77 T 17
48265 Lemeš 16 E 19
48260 Lemeš Križevački 16 E 20
49215 Lenišće 8 E 15
49240 Lepa Ves 15 E 16
49224 Lepajci 8 E 16
48306 Lepavina 10 E 21
22206 Lepenica 77 U 17
51307 Lepi Dol 26 H 8
42250 Lepoglava 9 D 17
10370 Leprovica 15 G 18
52426 Lesišćina 41 J 5
51317 Leska 27 J 9
51313 Leskova Draga 27 J 10
47252 Leskovac Barilovički 29 J 14
40312 Leskovec/Gornji Mihaljevec 6 C 18
10257 Leskovec/Kupinečki Kraljevec 30 G 16
42223 Leskovec Toplički 10 D 20
42203 Leštakovec 10 D 19
52233 Letaj 41 K 5
52220 Letajac 41 L 5
43000 Letičani 17 F 22
53260 Letinac 60 M 12
44231 Letovanci 31 J 19
44271 Letovanić 31 H 18
31416 Levanjska Varoš 36 K 30
33533 Levinovac 19 G 26
47286 Levkušje 29 H 14
51323 Lič 43 K 9
47305 Lička Jesenica 45 M 13
53000 Lički Čitluk 66 P 13
53000 Lički Novi 66 O 12
53201 Lički Osik 66 O 13
53000 Lički Ribnik 66 P 13
53244 Ličko Cerje 67 P 15
53224 Ličko Lešće 60 N 12
31511 Ličko Novo Selo 36 H 29
53233 Ličko Petrovo Selo 62 M 15
51415 Liganj 42 K 6
44201 Lijeva Luka 31 H 19
44201 Lijeva Martinska Ves 31 H 19
10414 Lijevi Degoj 30 J 16
10414 Lijevi Štefanki 30 H 16
10451 Lijevo Sredičko 30 H 16
44201 Lijevo Trebarjevo 31 H 19
44201 Lijevo Željezno 31 H 19
44405 Likari 47 K 18
31500 Lila 36 H 29
51511 Linardići 42 L 7
52000 Lindar 41 K 4
52341 Lindarski 41 K 4
44412 Linija/Petrinja 30 J 17
44450 Linija/Hrvarska Dubica 48 K 20
53000 Linjaci 66 O 13
47261 Lipa/Duga Resa 29 J 13
51214 Lipa/Rupa 26 J 6
53244 Lipac Radučki 67 P 14
51262 Lipica 42 K 8
53261 Lipice 44 L 12
34551 Lipik 33 J 23
31500 Lipine 36 H 29
47212 Lipje/Karlovac 29 J 15
51329 Liplje/Severin na Kupi 28 J 12
10253 Lipnica/Gornji Trpuci 30 H 16
10347 Lipnica/Rakovec 16 F 19
49215 Lipnica Zagorska 8 E 15
47272 Lipnik 28 H 13
47261 Lipov Pesak 29 J 13
34550 Lipovac/Pakrac 34 J 24
47245 Lipovac/Rakovičko Selište 45 L 15
33411 Lipovac/Suhupolje 19 G 26
32246 Lipovac/Vrbanja 55 L 35
31403 Lipovac Hrastinski 37 J 32
47221 Lipovac Krstinjski 45 K 15
43500 Lipovac Majur 33 H 24
32010 Lipovača/Borovo 38 J 34
47246 Lipovača/Grabovac 61 M 15
49282 Lipovec 9 E 17
10312 Lipovec Lonjski 16 G 19
44322 Lipovljani 33 J 22
53225 Lipovlje 60 N 12
42244 Lipovnik 9 D 17
43203 Lipovo Brdo 17 F 22
53203 Lipovo Polje 60 N 12
47251 Lipovšćaki 28 J 12
51217 Lisac/Klana 26 J 7
20231 Lisac/Visočani 91 Y 27
23245 Lisarica 66 P 12
23420 Lisičić 71 R 15
33520 Lisičine 19 H 26
53224 Lisina 61 N 13
47221 Lisine 45 K 15
21232 Liska 79 U 20
51564 Liski 63 O 7
53270 Liskovac 60 M 10
22323 Listeši 78 T 18
23420 Lišane Ostrovičke 71 S 15
23423 Lišane Tinjske 71 R 13
47250 Lišnica 29 J 13
22320 Lišnjak 78 S 17
47244 Livade 45 L 14
52427 Livade (Levade) 40 J 3
34551 Livađani 33 J 23

K

L

31431 Livana 37 H 32
53291 Livić 65 O 10
51304 Lividraga 26 J 8
52100 Ližnjan (Lisignano) 57 N 4
49253 Lobor 9 E 17
52206 Loborika 57 M 4
47000 Logorište 29 J 14
53260 Lokmeri 60 M 11
10450 Lokošin Dol 14 G 14
47313 Lokva 44 L 11
21317 Lokva Rogoznica 83 V 21
51316 Lokve 27 J 9
53203 Lokvica/Bakovac Kosinjski 60 N 11
51312 Lokvica/Brod Moravice 27 J 10
21263 Lokvičić 84 V 23
21270 Lončari/Grabovac 84 V 22
53260 Lončari/Križ Kamenica 44 L 11
47220 Lončari/Miholjsko 45 K 15
43290 Lončarica 18 G 24
31500 Londžica 36 J 29
44213 Lonja 32 J 21
10341 Lonjica 16 F 18
51281 Lopar 59 N 9
40311 Lopatinec 7 C 19
53284 Lopci 59 M 10
20222 Lopud 96 Z 28
47220 Loskunja 29 J 15
53244 Lotići 67 Q 14
44435 Lotine 47 K 19
32237 Lovas 39 K 36
44432 Lovča 47 K 19
35253 Lovčići 51 K 27
47283 Lović Prekriški 29 H 13
23241 Lovinac/Poličnik 70 Q 13
53244 Lovinac/Smokric 67 P 15
20269 Lovište 89 X 23
20217 Lovorno 97 Aa 31
51415 Lovran 42 K 6
51415 Lovranska Draga 42 K 6
49217 Lovreća Sela 8 E 15
42242 Lovrečan/Beretinec 9 D 18
49247 Lovrečan/Zlatar 9 E 17
52470 Lovrečica (San Lorenzo) 24 J 2
52402 Lovrečići 41 K 5
10340 Lovrečka Varoš 16 F 19
10340 Lovrečka Velika 16 F 19
21257 Lovreć 84 V 22
22243 Lovrićev Stan 75 T 13
52000 Lovrin 41 K 4
44330 Lovska 33 J 23
33404 Lozan 18 F 24
52460 Lozari 40 J 3
51554 Loze 58 N 7
20236 Lozica 96 Z 29
23234 Lozice 65 Q 11
51557 Loznati 58 M 7
22221 Lozovac 77 T 16
21404 Ložišća 83 V 19
22204 Ložnice 77 U 17
10345 Lubena 16 F 20
51557 Lubenice 58 M 6
31300 Luč 22 G 32
21230 Lučane/Sinj 79 T 20
53260 Lučane/Senj 44 L 11
10451 Lučelnica 30 H 16
49290 Lučelnica Tomaševečka 14 E 15
21467 Lučica/Gdinj 89 X 22
22243 Lučica/Kornat 75 S 12
47252 Lučica/Siča 29 J 13
51564 Lučica/Sveti Jakov 63 O 7
51300 Lučice 27 J 9
34320 Lučinci 34 J 26
21454 Lučišće 83 W 20
10250 Lučko 14 G 16
42230 Ludbreg 10 D 20
48312 Ludbreški Ivanec 10 E 20
44316 Ludinica 32 H 20
32225 Ludvinci 38 J 33
53222 Lug/Dabar 60 M 12
31328 Lug/Darda 22 H 33
33411 Lug Gradinski 19 F 26
49228 Lug Orehovički 9 E 17
49222 Lug Poznanovečki 15 E 17
10432 Lug Samoborski 14 G 15
31224 Lug Subotički 36 H 30
23282 Luka/Dugi Otok 70 S 11
10296 Luka/Jakovlje 14 F 15
20230 Luka/Ston 91 Y 27
10340 Luka/Vrbovec 16 F 19
52208 Luka Krnička 57 M 5
42233 Luka Ludbreška 10 D 20
47203 Luka Pokupska 29 H 15
34335 Lukač/Kutjevo 35 J 27
33406 Lukač/Virovitica 19 F 25
44403 Lukači 47 K 17
52402 Lukačići 41 K 5
10450 Lukačko Selo 30 H 15
22303 Lukar 72 S 17
10370 Lukarišće 15 G 18
33520 Lukavac 19 G 26
10412 Lukavec 15 G 16
44203 Lukavec Posavski 32 J 20
47222 Luke 46 L 15
49296 Luke Poljanske 8 E 14
51218 Lukeži/Čavle 26 J 7
52332 Lukeži/Gračišće 41 K 5
10414 Lukinić Brdo 30 H 16
23274 Lukoran 70 R 11
49225 Lukovčak 8 D 15
51328 Lukovdol 28 J 11
48312 Lukovec 10 D 21
51253 Lukovo/Grižane-Belgrad 43 K 9
53285 Lukovo/Sveti Juraj 59 M 10
10340 Lukovo/Vrbovec 16 F 19
53289 Lukovo Šugarje 65 P 12
47280 Lukšići Ozaljski 29 H 13
20263 Lumbarda 89 Y 24
47240 Lumbardenik 45 L 14
53294 Lun 59 N 9
42231 Lunjkovec 11 D 21
10370 Lupoglav/Dugo Selo 16 G 19
52426 Lupoglav/Pazin 41 J 5
51554 Lusare 64 O 8
44205 Luščani 31 J 18
32222 Lužac 38 J 34
10363 Lužan 15 F 18
42204 Lužan Biskupečki 10 D 19
35257 Lužani 51 L 27
49233 Lužani Zagorski 8 D 16

Lj

44437 Lјeskovac 47 K 18
35430 Lještani 33 J 24
20234 Ljubač/Dubrovnik 96 Z 29
22300 Ljubač/Knin 73 R 18
23248 Ljubač/Ražanac 70 Q 12
23248 Ljubač Stanovi 70 Q 12
42222 Ljubelj 10 E 19
42222 Ljubelj Kalnički 10 E 19
42222 Ljubešćica 10 D 19
23451 Ljubičići 72 Q 16
44437 Ljubina 47 L 18
21201 Ljubitovica 78 U 17
44000 Ljubljanica 31 H 19
53205 Ljuboljevići 66 P 13
22323 Ljubostinje 78 T 17
51327 Ljubošina 44 K 11
22303 Ljubotić/Čitluk 72 S 17
23245 Ljubotić/Tribanj 66 P 12
53235 Ljubovo 61 O 14
43500 Ljudevit Selo 33 H 24
35400 Ljupina 50 K 25
21245 Ljut 80 U 22
20217 Ljuta 97 Aa 31

M

40306 Macinec 6 C 18
51280 Macolići 59 N 9
22305 Macure 72 R 16
33522 Macute 35 H 26
49251 Mače 9 E 17
10344 Mački 16 F 20
35423 Mačkovac/ Nova Gradiška 50 L 25
33520 Mačkovac/Slatina 19 G 26
40000 Mačkovec 7 C 19
44204 Mačkovo Selo 47 K 18
52210 Madona 40 L 3
42220 Madžarevo 10 E 18
44231 Madžari 31 J 19
31542 Magadenovac 21 H 30
33522 Magadinovac 35 H 28
35410 Magić Mala 51 K 26
43226 Maglenča 17 F 22
22302 Maglovi 73 S 18
47286 Mahićno 29 H 14
44201 Mahovo 31 H 19
44403 Maja 47 K 17
31416 Majar 36 K 30
44437 Majdan 47 L 18
51327 Majer 44 K 11
42206 Majerje 6 C 18
33411 Majkovac Podravski 19 F 26
10382 Majkovec 15 F 18
52463 Majkusi 40 K 3
52215 Majmajola 57 M 4
44400 Majske Poljane 31 J 17
44403 Majski Trtnik 47 K 17
31323 Majške Međe 21 G 31
44433 Majur/Hrvatska Kostajnica 48 K 20
10344 Majur/Rovišće 17 F 21
48260 Majurec 10 E 20
21325 Makar 84 W 23
21300 Makarska/Baška Voda 84 W 23
23206 Makarska/Sukošan 70 R 12
51312 Maklen 27 J 10
31500 Makloševac 36 J 29
20207 Makoše 96 Aa 30
51305 Makov Hrib 27 H 8
23284 Makovac 70 R 11
52429 Makovci 24 J 3
10000 Maksimir 15 F 17
43532 Mala Babina Gora 19 G 25
43290 Mala Barna 18 G 24
48306 Mala Branjska 11 E 21
43282 Mala Bršljanica 32 H 21
10413 Mala Buna 30 H 17
43000 Mala Ciglena 17 F 22
47242 Mala Crkvina 45 K 14
33405 Mala Črešnjevica 18 F 23
43290 Mala Dapčevica 18 G 24
49217 Mala Erpenja 8 E 15
49218 Mala Gora 8 D 15
10431 Mala Gorica/Gornji Stupnik 14 G 15
44250 Mala Gorica/Petrinja 31 J 18
44212 Mala Gradusa 31 J 19
10314 Mala Hrastilnica 31 H 19
52420 Mala Huba 25 J 4
43290 Mala Jasenovača 18 G 24
10432 Mala Jazbina 14 G 15
47306 Mala Kapela 61 M 13
33533 Mala Klisa 19 G 25
35221 Mala Kopanica 53 L 31
10410 Mala Kosnica 15 G 17
44316 Mala Ludina 32 H 20
21206 Mala Milešina 78 T 19
10020 Mala Mlaka 15 G 16
43285 Mala Mlinska 33 H 22
48306 Mala Mučna 11 E 21
10370 Mala Ostrna 15 G 18
49234 Mala Pačetina 8 E 16
47276 Mala Paka 28 H 12
44212 Mala Paukova 32 J 19
43290 Mala Peratovica 18 G 24
43270 Mala Pisanica 17 G 23
53213 Mala Plana 60 O 11
22302 Mala Polača 73 R 18
21465 Mala Prapatna 88 X 21
10430 Mala Rakovica 14 G 15
48312 Mala Rasinjica 10 D 20
23283 Mala Rava 69 R 11
44412 Mala Solina 30 J 17
21466 Mala Stiniva 88 X 21
40321 Mala Subotica 7 C 20
33410 Mala Trapinska 19 G 25
43285 Mala Trnovitica 17 G 22
51414 Mala Učka 41 K 6
44415 Mala Vranovina 46 K 17
23420 Malbaše 71 R 14
53287 Male Brisnice 59 N 10
51312 Male Drage 28 J 11
51212 Male Mune 25 J 5
48264 Male Sesvete 10 E 20
51550 Male Srakane 63 O 6
47211 Malešević Selo 30 J 15
47250 Maletići 29 J 13
34550 Mali Banovac 33 J 23
43531 Mali Bastaji 34 H 24
34310 Mali Bilač 35 K 28
10345 Mali Brezovec 16 F 19
51213 Mali Brgud 26 J 6
34553 Mali Budići 34 J 25
42231 Mali Bukovec 11 D 21
51241 Mali Dol 43 K 8
21225 Mali Drvenik 81 V 17
47281 Mali Erjavec 29 H 13
52220 Mali Golji 41 L 5
48306 Mali Grabičani 11 E 21
44405 Mali Gradac 47 K 18
43270 Mali Grđevac 18 G 24
23284 Mali Iž 70 R 11
51329 Mali Jadrč 28 J 12
47252 Mali Kozinac 29 J 14
53000 Mali Kraj 66 P 13
23244 Mali Ledenik 66 Q 13
10430 Mali Lipovec 14 G 14
51550 Mali Lošinj 63 O 7
51304 Mali Lug 27 H 8
52440 Mali Maj 40 K 2
40311 Mali Mihaljevec 7 C 19
43531 Mali Miletinac 18 G 25
52420 Mali Mlun 25 J 4
47271 Mali Modruš Potok 29 H 13
44402 Mali Obljaj 46 K 17
48317 Mali Otok 11 D 21
43280 Mali Pašijan 33 H 22
23264 Mali Pašman 70 S 13
51557 Mali Podol 58 M 7
48306 Mali Poganac 10 E 20
48260 Mali Potočec 10 E 20
20278 Mali Prolog 90 X 25
53289 Mali Pržunac 66 P 12
33507 Mali Rastovac 20 H 28
20230 Mali Ston 91 Y 27
21256 Mali Svib 80 U 23
44222 Mali Šaš 48 K 20
49231 Mali Tabor 8 D 15
52220 Mali Turini 41 L 5
52208 Mali Vareški 57 M 5
43293 Mali Zdenci 18 G 23
44410 Malička 46 K 16
47251 Malik 44 J 12
47285 Malinci 13 G 13
35257 Malino 51 K 27
31542 Malinovac 21 H 29
51511 Malinska 42 L 8
21450 Malo Grablje 88 W 20
43000 Malo Korenovo 17 F 21
44434 Malo Krčevo 48 K 20
53202 Malo Polje 61 O 13
23245 Malo Rujno 66 P 13
51311 Malo Selce 27 J 10
51317 Malo Selo/Crni Lug 27 J 9
53201 Malo Selo/Prvan Selo 66 O 13
44203 Malo Svinjičko 32 J 20
43226 Malo Trojstvo 17 F 22
43283 Malo Vukovje 33 H 22
23440 Malovan 68 Q 16
10450 Malunje 29 G 14
47222 Maljevac 46 K 15
47222 Maljevačko Selište 46 K 15
44441 Maljkovići/Gorička 47 L 18
53260 Maljkovići/Križ Kamenica 44 L 11
53260 Maljkovići/Prokike 44 L 11
21233 Maljkovo 79 T 20
53203 Mance 60 N 12
23245 Mandalena 66 P 12
52403 Mandalenčići 41 K 4
22000 Mandalina 77 T 16
47211 Mandić Selo 29 J 15
23441 Mandića Draga 67 P 16
31418 Mandićevac 36 J 30
52434 Mandići/Boljunsko Polje 41 K 5
23424 Mandići/Donje Biljane 71 R 13
53234 Mandići/Jošan 67 O 15
44405 Mandići/Veliki Gradac 47 K 18
51303 Mandli 27 H 9
23251 Mandre 65 P 10
53236 Manita Draga 61 O 14
22320 Manojlovići 72 S 17
10430 Manja vas 14 G 15
52207 Manjadvorci 41 L 4
47211 Manjerovići 29 J 15
53205 Maoduši 66 P 14
21236 Maovice 73 S 19
53287 Marama 60 O 10
20224 Maranovići 95 Z 27
52450 Marasi 40 L 3
22300 Marasovine 72 R 17
52220 Marceljani 41 L 5
42207 Marčan 9 D 17
52206 Marčana 57 M 4
43240 Marčani 16 G 20
51216 Marčelji 26 J 7
52420 Marčenegla 41 J 4
10414 Marekovići 30 H 17
49283 Maretić 9 E 18
21232 Maretići/Sićane 79 U 20
22323 Maretići/Unešić 78 T 17
42242 Margečan 9 D 18
53201 Marici/Široka Kula 66 O 13
44205 Maričići 47 K 18
52220 Marići/Mali Golji 41 L 5
49246 Marija Bistrica 15 E 17
10299 Marija Gorica 14 F 15
10294 Marija Magdalena 14 F 15
51300 Marija Trošt 27 J 9
31555 Marijanci 21 G 30
21222 Marina 82 U 17
44400 Marinbrod 31 J 17
32221 Marinci/Bogdanovci 38 J 34
52420 Marinci/Buzet 25 J 4
53287 Marinci/Jablanac 59 O 10
52474 Marinčići 24 J 2
47240 Marindolsko Brdo 45 L 14
34000 Marindvor 35 J 26
49218 Marinec 8 E 15
51216 Marinići 26 J 7
34543 Marino Selo 33 J 22
48260 Marinovec 10 E 20
10380 Marinovec Zelinski 15 F 18
44251 Marinovići 31 J 18
51554 Marinska 58 N 7
21480 Marinje Zemlje 87 X 18
31227 Marjančaci 21 H 31
44204 Marjanovići 47 K 18
31555 Marjanski Ivanovci 21 H 30
52220 Markoci 41 L 5
21260 Markote 85 V 24
22243 Markov Stan 75 T 13
22312 Markovac/Biskupija 73 S 18
43500 Markovac/Daruvar 34 H 24
34320 Markovac/Orljavac 34 J 26
52463 Markovac/Višnjan 40 K 3
43212 Markovac Križevački 17 F 21
31500 Markovac Našički 36 H 29
47300 Marković Selo 44 K 12
33520 Markovo 19 G 27
10360 Markovo Polje 15 F 17
49253 Markušbrijeg 9 E 17
10000 Markuševec 15 F 17
10253 Markuševec Turopoljski 30 H 16
32213 Markušica 37 J 33
10414 Markuzi 30 H 17
43251 Marof/Bjelovar 17 F 21
40313 Marof/Hlapičina 7 B 19
42232 Martijanec 10 D 20
31500 Martin 36 J 29
51418 Martina 41 K 6
43240 Martinac/Berek 17 G 21
43226 Martinac/Veliko Trojstvo 17 F 22
52420 Martinci 25 J 4
31530 Martinci Miholjački 20 G 28
52429 Martinčići (Martincici) 24 J 3
49228 Martinec Orehovički 9 E 16
42231 Martinić 11 D 21
49210 Martinišće 14 E 16
42223 Martinkovec 10 D 19
20207 Martinovići/Dubrovnik 96 Aa 30
44405 Martinovići/Grabovac Banski 47 K 18
10340 Martinska Ves 16 F 19
52231 Martinski 41 L 5
47272 Martinski Vrh 29 H 13
51556 Martinšćica 58 N 7
49250 Martinšćina 9 E 17
49218 Martiša Ves 8 E 15
23450 Marune 71 Q 14
42243 Maruševec 9 D 18
21317 Marušići 83 V 21
51244 Marušići 43 K 9
52462 Marušići (Marusici) 24 J 3
52352 Maružini 40 L 4
23450 Maslenica 71 Q 14
43531 Maslenjača 34 H 24
53235 Maslikose 62 O 15
21430 Maslinica 82 V 18
21224 Mastrinka 82 U 18
35429 Mašić 50 K 24
53223 Mašića Budžak 61 N 13
47314 Mašići 44 K 11
51281 Matahlići 59 M 9
51554 Matalda 58 N 7
22300 Matase 72 R 17
53224 Matašići 60 N 12
49240 Matenci 15 F 16
52470 Materada (Matterada) 24 J 2
47251 Mateše 44 J 12
53284 Matešić Pod 59 M 10
47262 Mateško Selo 45 K 13
53288 Matić-Podi 65 O 11
21246 Matići/Kamensko 80 U 22
53000 Matići/Lički Ribnik 66 P 13
53234 Matići/Udbina 67 O 15
51251 Matija Draga 43 L 10
52341 Matijaši 41 L 4
44440 Matijevići 47 L 19
35201 Matković Mala 52 K 29
21233 Matkovići 79 S 20
21236 Matkovine 73 S 19
53244 Matovinovići 67 P 15
51211 Matulji 26 J 6
49217 Maturovec 8 E 16
47253 Maurovići 45 K 13
51516 Mavri 43 L 8
51219 Mavrinci 42 J 8
23441 Mazin 67 P 16
52460 Mazurija 24 J 2
53288 Mažuranski stanovi 65 P 11
31326 Mece 22 H 33
52000 Mečarići 41 K 4
44432 Mečenčani 47 K 19
53205 Medak 66 P 14
52341 Medančići 41 L 5
35432 Medari/Dragalić 50 K 24
51329 Medari/Ponikve 28 J 12
47304 Mededak 45 L 13
53252 Medići/Donji Varoš 68 P 17
47262 Medići/Generalski Stol 45 K 13
33520 Medinci 19 G 27
52215 Mednjan 56 M 3
21271 Medovdolac 84 V 23
10430 Medsave 14 G 15
52100 Medulin 57 N 4
48327 Medvedičko 12 E 23
51415 Medveja 42 K 6
52420 Medveje 41 J 4
10455 Medven Draga 29 G 14
23450 Medviđa 71 R 15
48267 Međa 10 E 19
22223 Međare 72 S 15
47211 Međeđak Utinjski 29 J 15
32273 Međnik 54 L 33
43272 Međurača 17 G 22
44273 Međurače 31 J 18
44321 Međurić 33 J 22
53244 Međuvođe 66 P 14
53251 Melinovac 62 N 16
52207 Melnica 41 L 5
53273 Melnice 60 M 11
42253 Meljan 9 D 16
51557 Merag 58 M 7
40314 Merhatovec 7 C 19
52462 Merišće (Merischie) 24 J 3
31410 Merolino Sikirevačko 53 K 32
53296 Metajna 65 O 11
20350 Metković 91 X 26
20230 Metohija 91 Y 26
53202 Mezinovac 61 N 13
48350 Mičetinac 17 E 23
10410 Mičevec 15 G 17
34350 Migalovci 36 K 29
47250 Mihalić Selo 29 J 13
20357 Mihalj 90 Y 25
53230 Mihaljevac 62 N 15
34000 Mihaljevci 35 J 27
34310 Mihaljevići 51 K 28
20217 Mihanići 97 Aa 30
10299 Mihelj 14 F 15
51556 Miholašćica 58 N 7
48267 Miholec 10 E 19
31543 Miholjački Poreč 21 G 30
48326 Miholjanec 11 E 22
47221 Miholjsko 45 K 15
51211 Mihotići 42 J 6
40000 Mihovljan/Čakovec 7 C 19
49252 Mihovljan/Krapina 9 E 16
21272 Mijaca 85 W 24
34320 Mijači 34 J 25
40316 Miklavec 7 C 20
33517 Mikleuš 35 H 27
44320 Mikleuška 32 H 21
32238 Mikluševci 39 K 35
51281 Mikolaci 59 N 9
48267 Mikovec 10 E 19
10451 Miksa 30 H 16
22000 Mikulandre 77 T 16
44317 Mikulanica 32 H 20
47302 Mikulaši 44 K 12
20219 Mikulići/Đurinići 97 Ab 31
10000 Mikulići/Zagreb 15 F 16
47251 Milani 28 J 12
44450 Milankovići 48 K 21
34350 Milanlug 36 J 28
51307 Milanov Vrh 26 H 8
33507 Milanovac/Crnac 20 H 28
34320 Milanovac/Toranj 34 J 26
33000 Milanovac/Virovitica 18 G 25
43240 Milaševac 16 G 20
51218 Milaši 26 J 7
49240 Milekovo Selo 15 F 17
44440 Miletići/Bansko Vrpolje 47 L 18
53244 Miletići/Poljana 67 Q 15
23248 Miletići/Rtina 66 Q 12
48306 Miličani 11 E 21
52000 Milići 41 K 4
31416 Milinac 36 J 29
44323 Milisavci 33 K 23
34320 Milivojevci 34 J 26
21405 Milna/Brač 82 W 19
21450 Milna/Hvar 88 X 19
21480 Milna/Vis 87 X 18
51511 Milohnići 42 L 7
47253 Miloševac 45 K 13
52341 Milotski Breg 41 K 4
23241 Milovac/Poličnik 70 R 12
23244 Milovac/Starigrad 66 Q 13
53211 Miljača 66 O 12
49296 Miljana 8 E 14
43541 Miljanovac 33 H 24
33518 Miljevci/Nova Bukovica 20 H 27
44415 Miljevići/Hrvatske Selo 46 K 17
44205 Miljevići/Luščani 31 J 18
53289 Miljković-Selina 65 P 12
23440 Miljuš 67 P 16
53252 Miljuši/Donji Varoš 68 P 17
23440 Miljuši/Omsica 67 P 16
21317 Mimice 83 V 21

L
Lj
M

23440 Miljuši/Omsica 67 P 16
21317 Mimice 83 V 21
22321 Miočić 78 S 18
44204 Miočinovići 47 K 18
21400 Mirca 83 V 20
20269 Mirce 89 X 23
10454 Mirkopolje 29 H 14
31309 Mirkovac 22 G 33
32271 Mirkovci 38 K 34
49223 Mirkovec 9 E 16
53234 Mirkovići 67 P 15
22322 Mirlović Polje 78 T 19
22323 Mirlović Zagora 77 T 17
20353 Mislina 91 Y 26
47276 Mišinci 28 H 12
44320 Mišinka 32 J 21
23249 Miškovci 65 P 12
53287 Miškovići 59 N 10
53250 Mišljenovac 68 O 17
47304 Mišljenovići 45 L 13
51280 Mišnjak 59 N 10
52000 Mišoni 41 K 4
21228 Mitlo 77 U 17
34340 Mitrovac 35 J 28
23450 Mitrovići 71 R 15
20231 Mjenovići 91 Y 27
47244 Mjesto Primišlje 45 K 13
51216 Mladenići 26 J 7
44324 Mlaka/Košutarica 49 K 23
10347 Mlaka/Rakovec 16 F 18
32214 Mlaka Antinska 38 J 33
47241 Mlakovac 29 J 14
53203 Mlakva 60 N 12
23232 Mletak Stanovi 70 Q 11
23452 Mlinari/Gornji Karin 71 R 14
51325 Mlinari/Moravice 28 J 11
20207 Mlini 96 Aa 30
20353 Mlinište/Opuzen 91 Y 26
53287 Mlinište/Prizna 65 O 11
43285 Mlinski Vinogradi 17 G 22
20213 Močići 97 Aa 30
51329 Močile 28 J 11
23450 Modrić 71 Q 14
23450 Modrići/Obrovac 71 Q 15
53286 Modrići/Starigrad 59 N 10
22305 Modrino Selo 72 R 16
49245 Modrovec 15 F 17
47303 Modruš 44 L 12
52341 Modrušani 41 L 4
52444 Mofardini 40 K 3
53205 Mogorić 66 P 14
32234 Mohovo 39 K 36
20250 Mokalo 90 Y 24
20236 Mokošica 96 Z 29
34350 Mokreš 36 J 29
49243 Mokrice 14 F 16
48268 Mokrice Miholečke 10 E 19
22306 Mokro Polje 72 R 17
23292 Molat 63 Q 10
20219 Molunat 97 Ab 31
48327 Molve 11 E 23
48327 Molve Grede 12 E 23
48356 Molvice/Podravske Sesvete 12 E 24
10430 Molvice/Samobor 14 G 15
44405 Momčilovića Kosa 47 K 18
47304 Momčilovići/Plaški 45 L 13
53234 Momčilovići/Udbina 67 O 15
20341 Momići 91 X 26
52462 Momjan (Momiano) 24 J 3
52440 Montižana 40 K 3
52332 Montovani 41 K 5
52460 Montrin 24 J 2
10363 Moravče 15 F 18
51325 Moravice 28 J 11
51312 Moravička Sela 27 J 10
52233 Morovići 41 K 5
23422 Morpolača 71 S 15
22320 Moseć 78 T 18
44317 Moslavačka Slatina 32 H 21
31530 Moslavina Podravska 20 G 28
52223 Most Raša 41 L 5
47000 Mostanje 29 J 14
23222 Mostar 70 R 13
10342 Mostari 16 G 19
47272 Mošanci 28 H 12
44253 Moščenica 31 J 19
51417 Mošćenice 42 K 6
51417 Mošćenička Draga 42 K 6
44231 Moštanica 31 J 19
52424 Motovun (Montona) 40 J 3
49294 Movrač 14 F 15
42220 Možđenec 10 E 19
47221 Mracelj 46 K 15
10410 Mraclin 30 H 17
44443 Mračaj/Donji Žirovac 47 L 17
44434 Mračaj/Graboštani 48 K 20
47221 Mračaj Krstinjski 45 K 14
47250 Mračin 29 J 13
44406 Mrakovići 47 K 18
22303 Mratovo 72 S 17
21209 Mravince 83 U 20
20234 Mravinjac 96 Z 28
20232 Mravnica/Banići 91 Z 28
22206 Mravnica/Boraja 77 U 17
20234 Mrčevo 96 Z 28
23440 Mrdalji 67 P 16
47253 Mrežnica 45 K 13
47250 Mrežničke Poljice 29 J 13
47262 Mrežnički Brest 45 J 13
47250 Mrežnički Brig 29 J 13
47250 Mrežnički Novaki 29 J 13
47250 Mrežnički Varoš 29 J 14
52352 Mrgani 40 L 3
23440 Mrkići 72 Q 17
53244 Mrkobradi 67 Q 15
51315 Mrkopalj 43 K 10
34320 Mrkoplje 34 J 26
53205 Mrkšići 66 P 13
23264 Mrljane 70 S 13
21257 Mrnjavci 84 V 23
22323 Mrše 78 T 18
51317 Mrzla Vodica 27 J 9
53271 Mrzli Dol 44 L 10
47250 Mrzljaki/Jarče Polje 29 J 13
47271 Mrzljaki/Netretić 28 H 12
32284 Mrzović 37 K 32
23284 Mučel 70 R 11
51213 Mučići 26 J 6
52440 Mugeba 40 K 2
23235 Mulo 70 Q 12
51280 Mundanije 59 N 9
43290 Munije 18 G 24
52206 Muntić (Monticchio) 57 M 4
52444 Muntrilj 40 K 3
47263 Munjasi 44 K 12
47303 Munjava 44 K 12
47303 Munjava Modruška 44 L 12
51517 Muraj 43 L 8
52470 Murine (Morno) 24 J 2
40315 Mursko Središće 7 B 19
22243 Murter 76 T 14
51554 Murtovnik 58 O 7
21420 Murvica/Brač 83 W 20
23000 Murvica/Zadar 70 R 12
31416 Musić 36 K 29
44316 Mustafina Klada 32 H 20
51327 Musulini 44 J 11
52440 Mušalež 40 K 2
53201 Mušaluk 66 O 13
23450 Muškovci 71 Q 15
53234 Mutilić 67 O 15
21312 Mutogras 83 V 20
52208 Mutvoran 57 M 4
44213 Mužilovčica 32 J 21

## N

23420 Nadin 71 R 13
23445 Nadurljaj 68 P 17
23451 Nadvoda 72 R 16
23442 Nadvrelo 72 Q 17
51328 Nadvučnik 28 J 11
21425 Nagorinac 83 W 21
21222 Najevi 82 U 17
21252 Naklice 83 V 21
20267 Nakovanj 89 Y 23
53221 Narančići 61 M 13
53223 Narandžići 61 N 14
31550 Nard 21 H 31
43247 Narta 17 F 21
31500 Našice 36 J 29
31511 Našičko Novo Selo 36 H 29
42208 Natkrižovljan 6 C 17
33410 Naudovac 19 G 26
53251 Nebljusi 62 O 16
44273 Nebojan 31 J 18
21205 Nečaj 83 U 21
21430 Nečujam 82 V 18
22303 Nečven 72 S 17
40305 Nedelišće 7 C 19
42205 Nedeljanec 9 D 18
52231 Nedešćina 41 L 5
32239 Negoslavci 38 K 34
10341 Negovec 16 F 18
52215 Negrin 40 L 3
23242 Nekići/Islam Latinski 71 Q 13
53284 Nekići/Stolac 59 M 10
31000 Nemetin 38 H 33
51511 Nenadići 42 L 7
21247 Neorić 79 T 20
51554 Nerezine 58 O 7
21423 Nerežišća 83 W 20
10382 Nespeš 15 F 18
44440 Nesvanulice 47 L 18
47271 Netretić 29 H 13
22323 Nevest 78 T 18
23264 Neviđane 70 S 13
43272 Nevinac 17 G 22
32245 Nijemci 54 L 35
47313 Nikolići/Drežnica 44 L 11
21257 Nikolići/Opanci 84 V 23
51325 Nikšići 28 J 11
23232 Nin 70 Q 12
23232 Ninski Stanovi 70 Q 12
51557 Niska 42 L 6
21202 Nisko 78 U 19
44414 Niševići 30 J 16
31224 Niza 36 H 30
31224 Normanci 37 H 31
22324 Nos Kalik 77 T 16
33523 Noskovačka Dubrava 20 G 27
33523 Noskovci 20 G 27
33518 Nova Bukovica 19 H 27
43203 Nova Diklenica 17 F 22
44250 Nova Drenčina 31 J 18
35400 Nova Gradiška 50 K 25
33522 Nova Jošava 35 H 28
10343 Nova Kapela/Farkaševac 16 F 20
35410 Nova Kapela/Oriovac 51 K 26
43532 Nova Krivaja 19 H 25
47245 Nova Kršlja 46 M 15
34000 Nova Lipa 35 J 26
34343 Nova Lipovica 35 J 28
34350 Nova Ljeskovica 36 J 29
43271 Nova Pisanica 18 G 23
43285 Nova Ploščica 17 G 22
43272 Nova Rača 17 G 22
21243 Nova Sela/Ugljane 83 U 21
20278 Nova Sela/Vid 91 X 26
44330 Nova Subocka 33 J 22
33520 Nova Šarovka 19 G 27
52233 Nova Vas/Jasenovik 41 K 5
52446 Nova Vas/Poreč 40 K 2
52474 Nova Vas (Villanova) 40 J 2
42206 Nova Ves Petrijanečka 9 D 18
48331 Novačka 12 D 23
10342 Novaki/Dubrava 16 F 20
42243 Novaki/Ivanec 9 D 17
47000 Novaki/Karlovac 29 H 14
33520 Novaki/Suhopolje 19 G 26
10431 Novaki/Sveta Nedelja 14 G 15
10040 Novaki/Zagreb 15 F 17
10298 Novaki Bistranski 14 F 16
31223 Novaki Bizovački 37 H 31
47272 Novaki Lipnički 29 H 13
52423 Novaki Motovunski 40 K 4
10372 Novaki Oborovski 15 G 18
47280 Novaki Ozaljski 29 H 13
52402 Novaki Pazinski 41 K 4
10450 Novaki Petrovinski 29 H 14
48265 Novaki Ravenski 16 F 19
10410 Novaki Ščitarjevski 15 G 17
40318 Novakovec/Podturen 7 C 20
42203 Novakovec/Trnovec 10 D 20
53291 Novalja 64 O 10
33404 Novi Antunovac 18 F 24
34334 Novi Bešinci 35 J 27
31322 Novi Bezdan 21 G 31
31323 Novi Bolman 22 G 32
48264 Novi Bošnjani 10 E 20
31325 Novi Čeminac 22 G 32
49290 Novi Dvori Klanječki 14 E 15
48260 Novi Đurđic 16 F 20
44273 Novi Farkašić 31 J 17
48214 Novi Glog 16 F 20
49255 Novi Golubovec 9 D 16
44320 Novi Grabovac 33 J 22
35216 Novi Grad 53 L 31
33411 Novi Gradac 19 F 26
31411 Novi Hrkanovci 36 K 30
32241 Novi Jankovci 38 K 34
51312 Novi Lazi 27 J 10
34550 Novi Majur 33 J 23
42220 Novi Marof 10 E 19
34000 Novi Mihaljevci 35 J 27
32283 Novi Mikanovci 37 K 32
43000 Novi Pavljani 17 F 22
31417 Novi Perkovci 37 K 31
31216 Novi Seleš 37 J 33
33520 Novi Senkovac 19 G 27
43203 Novi Skucani 17 F 21
34000 Novi Štitnjak 35 J 26
35435 Novi Varoš 50 K 24
51250 Novi Vinodolski 43 L 9
10020 Novi Zagreb 15 G 16
34350 Novi Zdenkovac 36 J 29
23312 Novigrad 71 Q 14
47250 Novigrad na Dobri 29 J 13
48325 Novigrad Podravski 11 E 22
52466 Novigrad (Cittanova) 40 K 2
10413 Novo Brdo 30 H 17
47261 Novo Brdo Mrežničko 29 J 13
10415 Novo Čiče 15 G 17
33520 Novo Kusonje 19 G 26
10380 Novo Mjesto 15 F 18
22000 Novo Naselje 77 T 16
31322 Novo Nevesinje 21 G 31
33507 Novo Petrovo Polje 20 H 28
44010 Novo Pračno 31 J 19
44250 Novo Selište 31 J 18
21425 Novo Selo/Selca 84 W 22
44010 Novo Selo/Sisak 31 J 19
47240 Novo Selo/Slunj 45 L 14
10340 Novo Selo/Vrbovec 16 F 19
47251 Novo Selo Bosiljevsko 28 J 12
43233 Novo Selo Garešničko 32 H 21
44400 Novo Selo Glinsko 31 J 17
53233 Novo Selo Koreničko 62 M 15
47206 Novo Selo Lasinjsko 30 H 15
40000 Novo Selo na Dravi 10 D 19
10450 Novo Selo Okićko 14 G 15
44202 Novo Selo Palanječko 31 J 19
42231 Novo Selo Podravsko 11 D 21
40000 Novo Selo Rok 7 C 19
10456 Novo Selo Žumberačko 13 G 14
35214 Novo Topolje 52 K 30
48355 Novo Virje 12 E 23
34320 Novo Zvečevo 34 H 26
34310 Novoselci/Jakšić 35 K 27
44210 Novoselci/Krivaj Sunjski 32 J 20
23440 Novoselci/Omsica 67 P 16
10315 Novoselec/Križ 32 H 20
10040 Novoselec/Zagreb 15 F 17
53000 Novoselo Bilajsko 66 O 13
43000 Novoseljani 17 F 22
44330 Novska 33 J 22
32276 Nožice/Babina Greda 53 L 32
22319 Nožice/Lišane Ostrovičke 72 S 15
22305 Nunić 72 R 16
34322 Nurkovac 35 K 26
32221 Nuštar 38 K 34

## Nj

34320 Nježić 34 J 26
51512 Njivice 42 L 8

## O

10411 Obed 15 G 18
10315 Obedišće 32 H 20
10370 Obedišće Ježevsko 16 G 18
34322 Oblakovac 34 J 25
53211 Obljajac 66 O 12
20210 Obod 96 Aa 30
10372 Oborovo 15 G 18
10298 Oborovo Bistransko 14 F 16
33513 Obradovci 35 H 28
42233 Obrankovec 10 D 20
10410 Obrezina 15 G 17
48269 Obrež Kalnički 10 E 19
47283 Obrež Vivodinski 29 H 13
23450 Obrovac 71 Q 15
21241 Obrovac Sinjski 79 T 21
43000 Obrovnica 17 G 22
51417 Obrš 42 K 6
21423 Obršje 83 W 20
42250 Očura 9 D 17
22318 Oćestovo 72 R 17
10020 Odra 15 G 16
44000 Odra Sisačka 31 H 19
10020 Odranski Obrež 15 G 16
22203 Oglavci 81 U 16
51554 Ograde 58 O 7
47300 Ogulin 44 K 12
10417 Ogulinec 31 H 17
10315 Okešinec 32 H 20
47241 Okić 29 J 14
21412 Oklade 83 V 21
22303 Oklaj 72 S 17
21485 Okljućna 87 X 17
44316 Okoli 32 H 20
51303 Okrivje 27 H 9
21223 Okrug Donji 82 V 18
21223 Okrug Gornji 82 V 18
40311 Okrugli Vrh 7 C 19
33404 Okrugljača 18 F 25
35430 Okučani 49 K 24
10410 Okuje 30 G 17
20224 Okuklje 95 Z 27
10370 Okunšćak 15 G 18
23296 Olib 64 P 9
53284 Oltare 60 M 10
34320 Oljasi 34 J 26
53235 Oljubine 61 N 14
10381 Omamno 15 E 18
34552 Omanovac 33 J 24
51252 Omar 43 L 10
21310 Omiš 83 V 21
51513 Omišalj 42 K 8
52402 Omošćice 41 K 4
23440 Omsica 67 P 16
53234 Ondić 67 P 15
53250 Opačića Dolina 67 O 16
23000 Opačići 70 R 12
21273 Opački 85 W 24
53234 Opalići 67 P 15
21257 Opanci 84 V 22
51410 Opatija/Rijeka 42 J 6
10413 Opatija/Roženica 30 H 16
23210 Opatijski Torovi 71 S 13
10310 Opatinec 16 G 19
32233 Opatovac/Lovas 39 K 36
35404 Opatovac/Nova Gradiška 34 K 25
43240 Općevac 16 G 20
21216 Opor 78 U 18
40325 Oporovec 7 D 21
35213 Oprisavci 52 L 30
35404 Opršinac 34 J 25
52428 Oprtalj (Portole) 24 J 3
47304 Opsenice 45 L 13
20350 Opuzen 91 X 26
21276 Orah 85 W 25
33522 Orahovica 35 H 28
21276 Orahovlje 85 W 25
53250 Oraovac 67 O 16
20234 Orašac 96 Z 29
44231 Orašari 31 J 19
49217 Oratje 8 E 16
53230 Oravac 62 N 15
52210 Orbanići/Rovinj 40 L 3
52201 Orbanići/Vodnjan 41 L 4
31224 Ordanja 36 H 30
20250 Orebić 89 Y 24
10451 Orečići 30 H 16
40322 Orehovica/Mala Subotica 7 D 20
49228 Orehovica/Mihovljan 9 E 16
33410 Orešac 19 G 26
10434 Orešje 14 G 15
53226 Oreškovići 60 M 12
52332 Orič 41 L 5
52207 Orihi 41 L 4
47253 Orijevac 45 K 13
35250 Oriovac 51 L 27
35201 Oriovčić 52 K 29
10411 Orle 31 G 18
51557 Orlec 58 M 7
44271 Orleković 30 J 17
22312 Orlić 73 S 18
43293 Orlovac/Grubišno Polje 18 G 23
47000 Orlovac/Karlovac 29 H 14
43272 Orlovac/Nova Ploščica 17 G 22
31207 Orlovnjak 37 J 33
47282 Orljakovo 29 H 13
34320 Orljavac 34 J 25
53000 Ornice 66 P 13
32243 Orolik 54 K 34
49243 Oroslavje 15 E 16
53226 Orovac/Otočac 60 M 12
43274 Orovac/Severin 17 F 22
35424 Orubica 50 L 25
42242 Osečka 9 D 18
44317 Osekovo 32 H 20
21252 Osić 83 V 20
31000 Osijek 37 H 33
48260 Osijek Vojakovački 10 E 20
20242 Oskorušno 90 Y 24
52402 Oslići 41 L 5
20246 Osobjava 90 Y 25
21205 Osoje/Donji Dolac 79 U 21
21232 Osoje/Dugopolje 79 U 20
20236 Osojnik/Dubrovnik 96 Z 29
51329 Osojnik/Veliki Jadrč 28 J 12
42253 Osonjak 8 D 16
51554 Osor 58 N 7
23446 Osredci 68 P 17
21425 Osridke 83 W 21
44443 Ostojići/Donji Žirovac 47 L 17
44204 Ostojići/Jakubovac 47 K 18
21202 Ostojići/Lećevica 78 U 18
22323 Ostrogašica 78 T 17
31433 Ostrošinci 36 J 30
23420 Ostrovica 72 S 15
32211 Ostrovo 38 J 33
51327 Ostrožica 44 K 11
44414 Ostrožin 30 J 16
53201 Ostrvica/Gospić 66 O 13
21253 Ostrvica/Omiš 83 V 21
48214 Osudevo 16 E 20
10456 Osunja 13 G 13
20205 Ošlje 91 Y 27
47302 Oštarije 44 K 12
47245 Oštarski Stanovi 45 L 14
35420 Oštri Vrh 50 K 26
43233 Oštri Zid 17 G 21
42220 Oštrice 10 D 19
51511 Oštrobradić 42 L 8
22322 Otavice 78 S 18
53212 Oteš 66 O 12
53284 Otinja 59 M 10
21236 Otišić 78 S 19
23450 Otišina 71 Q 14
43505 Otkopi 33 H 24
53220 Otočac 60 M 12
48331 Otočka 11 D 23
40323 Otok/Prelog 7 D 20
32252 Otok/Privlaka 54 L 34
21238 Otok/Sinj 79 T 21
10361 Otok Nartski 15 G 17
47251 Otok na Dobri 44 J 12
47302 Otok Oštarijski 44 K 12
10361 Otok Svibovski 15 G 17
22318 Oton 72 R 17
10381 Otrčkovec 15 E 18
23442 Otrić 72 Q 17
20342 Otrić Seoci 90 X 25
33405 Otrovanec 18 F 24
10430 Otruševec 14 G 15
31431 Ovčara/Čepin 37 H 32
31416 Ovčara/Levanjska Varoš 36 K 30
32232 Ovčara/Vukovar 38 K 35
33410 Ovčara Suhopoljska 19 G 25
34335 Ovčare 35 J 27
47280 Ozalj 29 H 13
34320 Ozdakovci 34 J 26
34553 Ožegovci 34 J 25

## P

32222 Pačetin 38 J 34
47313 Padalište 44 K 11
51556 Padova 58 N 7
2732 Padulj 56 M 4
22318 Pađene 72 R 17
23250 Pag 65 P 11
52402 Pagubice 41 K 4
22306 Pajići/Kočev 72 R 16
44415 Pajići/Perna 46 K 16
52342 Pajkovići 41 L 4
34350 Paka 36 K 29
53234 Paklarić 67 P 15
44330 Paklenica 33 K 23
23211 Pakoštane 76 S 14
22320 Pakovo Selo 77 T 17
34550 Pakrac 33 J 24
43500 Pakrani 34 H 24
52420 Paladini 41 J 4
43240 Palančani 16 G 20
23440 Palanka/Deringaj 67 P 15
23443 Palanka/Oton 72 R 17
22317 Palanka/Plavno 73 Q 18
44000 Palanjek 31 H 19
44271 Palanjek Pokupski 31 H 17
23241 Paleka 70 R 13
43284 Palešnik 33 H 22
40320 Palinovec 7 C 20
51280 Palit 59 N 9
21450 Palmižana 87 X 19
40321 Palovec 7 C 20
20218 Palje Brdo 97 Aa 31
31423 Paljevina 36 J 30
43247 Paljevine 17 G 21
10453 Paljugi 14 G 14
23312 Paljuv 71 R 14
52341 Pamići 41 L 4
23451 Panići 72 Q 16
53285 Panos 59 M 10
44433 Panjani 48 K 20
22242 Papeži 75 S 12
44222 Papići 48 K 20
53205 Papuča 66 P 14
52231 Paradiž 41 L 5
22323 Parati 78 T 17
22305 Parčić/Bjelina 72 R 16
22321 Parčić/Drniš 78 S 18
53244 Parčići 67 P 15
21202 Parčini 78 T 18
51306 Parg 27 H 8

10342 Paruževac 16 F 19
10362 Paruževina 15 F 17
20290 Pasadur 93 Z 21
20345 Pasičina 90 X 25
34320 Pasikovci 34 J 26
51214 Pasjak 26 J 6
47222 Pašin Potok 46 K 15
23262 Pašman 70 S 13
23234 Patarinka 65 Q 11
43000 Patkovac 17 F 22
31416 Paučje 36 J 29
44441 Paukovac 47 L 19
10382 Paukovec 15 F 18
31215 Paulin Dvor 37 J 32
43226 Paulovac 17 F 22
48306 Paunovac 11 E 21
33514 Paušinci 35 H 28
51221 Paveki 42 K 8
53211 Pavičići 66 O 12
52208 Pavićini 57 M 4
47241 Pavković Selo 29 J 14
43240 Pavličani 16 G 20
43203 Pavlin Kloštar 17 E 21
47240 Pavlovac/Cviljanović Brdo 45 K 14
43270 Pavlovac/Grubišno Polje 18 G 23
53205 Pavlovac Vrebački 66 O 14
35410 Pavlovci/Gornji Lipovac 51 K 27
34322 Pavlovci/Požega 34 J 26
10450 Pavlovčani 29 G 15
49218 Pavlovec Pregradski 8 E 15
48265 Pavlovec Ravenski 16 F 19
44320 Pavlovića stan 32 J 21
10450 Pavučnjak 14 G 15
52434 Paz 41 K 5
52000 Pazin 41 K 4
49284 Pažurovec 9 E 18
33410 Pčelić 19 G 26
49284 Pece 9 E 18
44415 Pecka 46 K 16
44205 Pecki 31 J 18
53235 Pećane 62 O 15
53224 Pećina 60 N 12
51311 Pećišće 27 J 10
10456 Pećno 13 G 14
47250 Pećurkovo Brdo 29 J 14
44437 Pedalj 47 L 18
23226 Pedići 71 R 14
51000 Pehlin 42 J 7
53288 Pejakuša 65 O 11
53223 Pejnovići 61 M 13
40315 Peklenica 7 C 19
47213 Peleši 30 J 15
52444 Peljaki 40 K 3
52420 Pengari 25 J 4
52420 Peničići 25 J 4
33533 Pepelana/Suhopolje 19 G 25
48332 Pepelara/Novačka 12 D 23
20340 Peračko Blato 90 X 25
52420 Perci/Buzet 25 J 4
52465 Perci/Kaštelir 40 K 2
34320 Perenci 34 J 26
52342 Peresiji 41 L 4
53294 Perićev Kanat 59 N 9
47242 Perići 45 K 14
22000 Perišić 77 T 16
47253 Perjasica 45 K 13
51213 Perka 26 J 6
22205 Perković 77 T 17
53261 Perlići 44 L 12
44415 Perna 46 K 16
53261 Pernari/Križpolje 44 L 12
53260 Pernari/Letinac 44 M 12
51557 Pernat 58 M 6
52212 Peroj (Peroi) 56 M 3
51221 Perovići 42 K 8
49251 Peršaves 9 E 17
21233 Peruća 79 T 20
53202 Perušić 61 O 13
23420 Perušić Benkovački 71 R 14
52208 Peruški 57 M 5
10454 Pesak 29 H 14
48260 Pesek 16 E 20
51554 Peski 63 O 7
10341 Peskovec 16 F 18
48000 Peščenik 11 E 21
44272 Pešćenica/Lekenik 31 H 17
10000 Pešćenica/Zagreb 15 G 17
49282 Pešćeno 9 E 18
52207 Petehi 41 L 4
48321 Peteranec 11 D 22
10450 Petkov Breg 30 G 15
44231 Petkovac 31 J 19
42223 Petkovec Toplički 10 D 19
31321 Petlovac 22 G 32
21225 Petomavar 81 V 17
47250 Petrakovo Brdo 29 J 13
10418 Petravec 30 H 16
23231 Petrčane 70 Q 11
42206 Petrijanec 6 C 18
31208 Petrijevci 22 H 32
53221 Petrinić Polje 61 M 13
44250 Petrinja 31 J 18
44210 Petrinjci 32 J 20
49253 Petrova Gora 9 E 17
47221 Petrova Poljana 45 K 14
31215 Petrova Slatina 37 J 32
32229 Petrovci 38 K 34
44273 Petrovec 31 H 18
51325 Petrovići/Moravice 28 J 10
23440 Petrovići/Omsica 67 P 16
52470 Petrovija (Petrovia) 24 J 2
10450 Petrovina 29 G 14
10410 Petrovina Turopoljska 30 G 17
49234 Petrovsko 8 D 16
47262 Petrunići 29 J 13
10040 Petruševec/Velika Gorica 15 G 17
49254 Petruševec/Zlatar 9 E 17
52332 Pićan 41 K 5
42203 Pihovec 10 D 19
53270 Pijavica 43 L 10
20243 Pijavičino 90 Y 25
49244 Pila 15 F 16
23445 Pilje 68 P 17
44321 Piljenice 33 J 22
51500 Pinezići/Krk 42 L 7
52206 Pinezići/Marčana 57 M 4
10341 Pirakovec 16 F 19
22223 Piramatovci 77 S 15
52427 Pirelići (Perelici) 40 J 3
22213 Pirovac 76 T 15
51323 Pirovište 43 K 9
21318 Pisak 84 V 22
31400 Pisak Đakovački 37 K 31
10451 Pisarovina 30 H 16
20264 Piske 89 Y 23
47271 Piščetke 29 H 13
31417 Piškorevci 37 K 31
48267 Piškovec 10 E 20
33405 Pitomača 18 F 24
21465 Pitve 88 X 21
35435 Pivare 50 K 24
21223 Piveta 82 V 18
33410 Pivnica Slavonska 19 G 25
51555 Pizin 58 N 7
20357 Pižinovac 90 Y 26
52100 Pješčana Uvala 56 M 4
44410 Pješčanica 30 J 16
10362 Planina Donja 15 F 17
10362 Planina Gornja 15 F 17
51311 Planina Skradska 27 J 10
21220 Plano 82 U 18
22222 Plastovo 77 S 16
53260 Plaščica 44 M 12
47304 Plaška Glava 45 L 13
47304 Plaški 45 L 13
20207 Plat/Cavtat 96 Aa 30
51555 Plat/Cres 58 N 7
10457 Plavci 13 G 13
49296 Plavič 8 E 14
51557 Plavnik 58 M 8
22317 Plavno 72 Q 17
48325 Plavšinac 11 E 22
23441 Plećaši 67 P 16
51328 Plemenitaš 28 J 11
42244 Plemenšćina 9 D 17
2732 Plesmo 32 K 22
10410 Pleso 15 G 17
42253 Pleš 9 D 16
51303 Plešce 27 H 9
51221 Plešići 42 K 8
10450 Plešivica/Jastrebarsko 14 G 14
40314 Plešivica/Selnica 7 C 19
51329 Plešivica/Severin na Kupi 28 J 12
40311 Pleškovec 7 C 19
34310 Pleternica 35 K 27
34310 Pleternički Mihaljevci 35 K 28
20340 Plina Jezero 90 X 25
21480 Plisko Polje 87 X 18
22300 Pliskovo 73 R 18
53231 Plitvica Selo 61 M 14
42245 Plitvica Voćinska 9 D 17
53231 Plitvička Jezera 61 M 14
53231 Plitvički Ljeskovac 61 M 14
20231 Ploča 91 Z 27
20340 Ploče/Opuzen 90 X 25
23000 Ploče/Zadar 70 R 12
20218 Pločice 97 Ab 31
52234 Plomin 41 L 6
52234 Plomin-Luka 41 L 6
51223 Plosna 42 J 8
34552 Ploštine 33 J 23
10296 Pluska 14 F 15
43240 Pobjenik 16 G 20
43240 Pobrđani/Čazma 16 G 20
44221 Pobrđani/Staza 48 K 20
51211 Pobri 42 J 6
53202 Pocrnići 61 N 13
52420 Počekaji 25 J 4
53205 Počitelj 66 P 13
21335 Podaca 90 X 24
53213 Podastrana 60 O 12
21208 Podašpilje 83 V 21
21262 Podbablje Gornje 84 V 24
53271 Podbilo 43 L 10
47313 Podbitoraj 44 L 11
44317 Podbrđe 32 H 20
40322 Podbrest 7 D 20
47280 Podbrežje 29 H 13
47222 Podcetin 46 L 15
35201 Podcrkavlje 52 K 29
51219 Podčudnič 26 J 7
42220 Podevčevo 9 D 18
52422 Podgaće 25 J 5
31552 Podgajci Podravski 21 G 30
48260 Podgajec 16 E 19
43233 Podgarić 32 H 21
21423 Podgažul 83 W 20
22203 Podglavica 81 U 16
21327 Podgora/Tučepi 84 W 23
49295 Podgora/Tuhelj 8 E 15
49000 Podgora Krapinska 8 D 16
51302 Podgora Turkovska 27 H 9
31433 Podgorač 36 J 30
43211 Podgorci/Bjelovar 17 F 21
53000 Podgorci/Gospić 66 O 13
53260 Podgorci/Kriż Kamenica 44 L 11
51253 Podgori 43 K 9
44410 Podgorje/Gvozd 30 J 16
34335 Podgorje/Kaptol 35 J 27
20250 Podgorje/Orebić 89 Y 24
33000 Podgorje/Virovitica 18 G 25
42253 Podgorje Bednjansko 9 D 16
49247 Podgorje Bistričko 15 E 17
31423 Podgorje Bračevačko 36 J 30
10451 Podgorje Jamničko 30 H 16
47242 Podgorje Krnjačko 45 K 14
23420 Podgrade/Benkovac 71 R 15
49247 Podgrade/Marija Bistrica 15 E 17
21207 Podgrađe/Šestanovac 84 V 22
20355 Podgradina/Opüzen 91 X 26
23242 Podgradina/Posedarje 71 Q 13
32245 Podgrađe 54 L 35
10435 Podgrađe Podokićko 14 G 15
47280 Podgraj 29 H 13
22202 Podgreben 77 U 16
51218 Podhum 26 J 7
21483 Podhumlje 87 X 17
21242 Podi 79 U 21
53287 Podić 59 O 10
20231 Podimoć 91 Z 27
22302 Podinarje 73 R 18
22206 Podine 77 U 17
10345 Podjales 16 F 19
51218 Podkilavac 26 J 7
53000 Podklisa 66 O 13
44402 Podkosa 46 K 17
53226 Podkraj 60 M 11
53234 Podkuk 67 O 16
53236 Podlapac 67 O 14
53236 Podlapača 67 O 14
23420 Podlug 71 R 14
10342 Podlužan 16 G 20
23442 Podljut 68 Q 17
47240 Podmelnica 45 L 14
20244 Podobuče 90 Y 24
10340 Podolec 16 F 19
31303 Podolje 22 G 33
22203 Podorljak 81 U 17
21261 Podosoje/Runović 85 V 24
21236 Podosoje/Vrlika 73 S 19
53000 Podoštra 66 O 12
53201 Podovi 61 O 13
52333 Podpićan 41 K 5
21277 Podprolog 85 W 25
31327 Podravlje 37 H 33
48363 Podravske Sesvete 18 E 24
47251 Podrebar 28 J 12
32213 Podrinje 37 J 33
53230 Podrudinci 62 N 15
20250 Podrujnica 91 X 26
42220 Podrute 9 E 18
51219 Podrvanj 26 J 7
47211 Podsedlo 30 J 15
23441 Podselo 68 P 16
21480 Podselje 87 X 18
51253 Podskoči 43 K 9
21425 Podsmrčevik 83 W 21
51243 Podsopalj 43 K 9
34320 Podsreće 34 J 26
51312 Podstene 27 J 10
21312 Podstrana 83 V 20
21480 Podstražje 87 X 18
20250 Podstup 90 Y 24
10090 Podsused 14 G 16
21483 Podšpilje 87 X 17
40317 Podturen 7 C 20
21245 Poduba 80 T 22
53221 Podum 60 M 12
22323 Podumci 78 T 17
47251 Podumol 28 J 12
44320 Podunavci 32 H 21
31327 Podunavlje 22 H 33
35107 Podvinje 52 K 29
48267 Podvinje Miholečko 10 E 19
10413 Podvornica 30 H 17
47250 Podvožić 29 J 14
23248 Podvršje/Krneza 70 Q 12
23206 Podvršje/Sukošan 70 R 13
35404 Podvrško 34 J 25
48268 Pofuki 10 E 19
51554 Pogana 63 O 8
10346 Pogančec 16 F 19
31432 Poganovci 37 J 31
44221 Pogrmušari 32 K 20
10294 Pojatno 14 F 15
10345 Pokasin 16 F 20
10432 Poklek 13 G 14
23441 Pokrajci 67 P 16
21467 Pokrivenik 89 X 22
22221 Pokrovnik 77 T 17
10414 Pokupsko 30 J 16
44271 Pokupsko Vratečko 30 J 17
23423 Polača/Benkovac 71 R 14
22302 Polača/Knin 73 R 18
20226 Polače 94 Z 25
49290 Police 14 E 15
47282 Police Prišiće 29 H 13
23241 Poličnik 70 Q 13
34310 Poloje 51 K 27
47222 Polojski Varoš 45 K 15
10383 Polonje 15 F 18
10383 Polonje Tomaševačko 16 F 18
53201 Polovine 66 O 13
31500 Polubaše 36 J 29
43271 Polum 18 G 23
23235 Poljaci 70 Q 12
53203 Poljan 60 N 12
23441 Poljana/Gračac 67 Q 15
51313 Poljana/Delnice 27 J 10
34543 Poljana/Gaj 33 J 22
53225 Poljana/Kuterevo 60 M 11
23274 Poljana/Preko 70 R 12
53244 Poljana/Ričice 67 Q 15
10340 Poljana/Vrbovec 16 F 19
51326 Poljana/Vrbovsko 28 J 11
42201 Poljana Biskupečka 10 D 18
10415 Poljana Čička 31 G 18
48260 Poljana Križevačka 16 F 20
44272 Poljana Lekenička 31 H 18
49296 Poljana Sutlanska 8 E 14
47242 Poljana Vojnićka 45 K 14
53231 Poljanak 61 M 14
35213 Poljanci 52 L 30
43203 Poljančani 11 E 22
51414 Poljane/Lovran 42 K 6
35428 Poljane/Nova Gradiška 50 K 24
42230 Poljanec 10 D 20
43290 Poljani 18 G 24
10298 Poljanica Bistranski 14 F 16
49246 Poljanica Bistrička 15 E 17
52402 Poljanice 41 K 5
34330 Poljanska 34 J 26
10340 Poljanski Lug 16 G 19
53000 Poljari 66 O 13
52224 Polje/Brgod 41 L 5
44415 Polje/Crni Potok 46 K 16
51515 Polje/Dobrinj 43 L 8
47240 Polje/Slunj 45 L 14
52232 Polje Čepić 41 K 5
49000 Polje Krapinsko 8 E 16
47280 Polje Ozaljsko 29 H 14
23235 Poljica/Dračevac Ninski 70 Q 12
21466 Poljica/Jelsa 88 X 21
21222 Poljica/Marina 82 U 17
51511 Poljica/Sveti Anton 42 L 7
21263 Poljica/Zmijavci 84 V 23
21273 Poljica Kozička 85 W 24
53234 Poljice/Komič 67 P 15
20215 Poljice/Mikulići 97 Ab 31
51315 Poljice/Mrkopalj 43 K 10
23440 Poljice Miljuševo 67 P 16
51314 Poljička Kosa 43 J 10
20226 Pomena 94 Z 25
52100 Pomer 57 N 4
44415 Ponikvari 46 K 16
51329 Ponikve/Bosiljevo 28 J 12
51223 Ponikve/Cernik 42 J 8
44415 Ponikve/Velika Kladuša 46 K 16
47222 Ponor 45 L 14
53230 Ponor Korenički 62 N 15
47242 Ponorac 45 K 14
53225 Ponori 60 M 11
20270 Poplat 88 Y 20
20246 Popova Luka 90 Y 25
31303 Popovac/Beli Manastir 22 G 32
44330 Popovac/Novska 33 J 23
33522 Popovac/Voćin 19 H 26
44317 Popovača 32 H 20
53213 Popovača Pazariška 60 O 12
34553 Popovci 34 J 25
10360 Popovec 15 F 17
47212 Popović Brdo 29 J 14
23420 Popovići/Benkovac 71 R 15
22324 Popovići/Bogatić 72 S 17
20215 Popovići/Komaji 97 Aa 30
53223 Popovići/Vrhovine 61 M 13
47263 Popovo Selo 44 K 12
51511 Porat 42 L 7
21485 Porat/Biševo 86 Y 17
23292 Porat/Molat 69 Q 9
34343 Poreč 35 J 28
52440 Poreč (Parenzo) 40 K 2
53262 Porkulabi 44 L 12
51557 Porozina 42 L 6
10311 Posavski Bregi 31 G 19
32258 Posavski Podgajci 54 M 33
23242 Posedarje 71 Q 13
21410 Postira 83 V 20
20275 Postrana 89 Y 23
21264 Postranje 84 V 23
47304 Pothum Plaščanski 45 L 13
20270 Potirna 88 Y 21
23445 Potklanac 68 Q 17
51323 Potkobiljak 43 K 9
22300 Potkonje 73 R 18
23210 Potkosa/Pakoštane 71 S 14
53244 Potkosa/Štikada 67 Q 15
23222 Potkosa/Zemunik Donji 70 R 13
23445 Potkraj 68 P 17
53234 Potkrčana 67 O 15
31423 Potnjani 36 J 30
43532 Potočani/Katinac 34 H 25
34330 Potočani/Velika 35 J 26
10345 Potočec 16 F 19
20245 Potočine 90 Y 24
53291 Potočnica 64 O 9
43232 Potok/Berek 17 G 22
22310 Potok/Kijevo 73 S 19
44317 Potok/Popovača 32 H 20
47251 Potok Bosiljevski 28 J 12
48269 Potok Kalnički 10 E 19
47300 Potok Musulinski 44 K 11
47264 Potok Tounjski 45 K 13
20244 Potomje 90 Y 24
47253 Potplaninsko Selo 45 K 13
21233 Potravlje 79 T 20
48260 Povelić 17 E 21
51250 Povile 43 L 9
21413 Povlja 84 W 22
23249 Povljana 65 P 11
20278 Pozla Gora 90 X 26
49222 Poznanovec 9 E 17
21222 Pozorac 81 U 17
51302 Požar/Hrib 27 H 9
22300 Požar/Knin 73 R 18
33000 Požari 19 F 25
49214 Požarkovec 14 E 15
51303 Požarnica 27 H 9
34310 Požečka Koprivnica 51 K 27
34000 Požega 35 J 27
34320 Požeški Brđani 34 J 26
52420 Pračana 25 J 4
21201 Prapatnica/Primorski Dolac 78 U 18
21276 Prapatnica/Vrgorac 85 W 25
52422 Prapoće 25 J 5
51225 Praputnjak 42 K 8
52463 Praščari 40 K 3
10344 Praščevac 16 F 20
47276 Pravutina 28 H 12
53203 Pražići 60 N 12
21424 Pražnica 83 W 21
42253 Prebukovje 9 D 16
44205 Prečanice 31 J 18
10370 Prečec 16 G 19
10372 Prečno 31 H 18
43211 Predavac 17 F 21
10312 Predavec 16 G 19
48214 Predavec Križevački 16 F 20
44450 Predore 48 K 21
51557 Predošćica 42 L 7
49218 Pregrada 8 E 15
23274 Preko 70 R 12
43211 Prekobrdo 17 F 21
44400 Prekopa/Glina 31 J 17
40312 Prekopa/Gornji Mihaljevec 6 C 19
34550 Prekopakra 33 J 24
33514 Prekoračani 35 H 27
10362 Prekvršje 15 F 17
40323 Prelog 7 C 20
40322 Preloge 7 C 19
44202 Prelošćica 32 J 19
52100 Premantura 57 N 4
23294 Premuda 64 P 8
10450 Premužići 30 G 15
10362 Prepuštovec 15 F 17
53205 Preradi 66 P 13
10316 Prerovec 31 H 18
42220 Presečno 10 D 19
40306 Preseka/Gornji Mihaljevec 6 C 18
10346 Preseka/Kraljev Vrh 16 F 19
10372 Preseka Oborovska 15 G 18
49234 Preseka Petrovska 8 E 15
52220 Presika/Labin 41 L 5
51326 Presika/Vrbovsko 28 J 11
31418 Preslatinci 36 J 30
43000 Prespa 17 F 22
52402 Previž 41 K 5
10372 Prevlaka 31 G 18
44432 Prevršac 47 K 19
51307 Prezid 26 H 8
43252 Prgomelje/Bjelovar 17 F 21
34553 Prgomelje/Tisovac 34 J 25
21201 Prgomet 78 U 18
20290 Prgovo 93 Z 22
52207 Prhati/Barban 41 L 4
52463 Prhati/Višnjan 40 K 3
51305 Prhci 27 H 8
10450 Prhoć 14 G 15
40312 Prhovec 6 C 18
22202 Prhovo 77 U 16
47251 Pribanjci 28 J 12
10454 Pribić 29 H 14
53235 Pribići 61 N 14
40000 Pribislavec 7 C 19
31511 Pribiševci 36 H 29
21206 Pribude 78 T 19
23443 Pribudić 72 R 17
35257 Pričac 51 L 27
23226 Pridraga 71 R 14
31418 Pridvorje/Drenje 36 J 30
20217 Pridvorje/Mihanići 97 Aa 31
42240 Prigorec 9 D 17
49225 Prigorje 8 D 15
10291 Prigorje Brdovečko 14 F 15
20271 Prigradica 88 Y 21
53231 Prijeboj 61 M 15
44403 Prijeka 47 K 17
10370 Prikraj 16 G 18
48260 Prikraj Križevački 16 F 20
42233 Priles 10 D 20
10340 Prilesje 16 F 19
10450 Prilipje 14 G 14
23231 Primorje 70 R 12
21227 Primorski Dolac 78 U 17
22202 Primošten 77 U 16
22202 Primošten Burnji 77 U 16
51213 Principi 26 J 6
47286 Priselci 29 H 14
47221 Prisjeka 45 K 15
21232 Prisoje 79 U 20
22242 Pristanišće 75 S 12
49000 Pristava Krapinska 8 E 16
23420 Pristeg 71 S 14
49231 Prišlin 8 D 14
23233 Privlaka/Nin 70 Q 11
32251 Privlaka/Otok 54 K 34
53287 Prizna 65 O 10
20271 Pržiba 88 Y 21
52341 Prkačini 41 L 4
22306 Prkos/Mokro Polje 72 R 17

P

48312 Prkos/Radeljevo Selo 10 E 21
23222 Prkos/Škabrnja 70 R 13
10312 Prkos Ivanićki 16 G 19
47206 Prkos Lasinjski 30 H 15
48214 Prkos Tremski 16 E 20
32282 Prkovci 53 K 32
20232 Prljevići 96 Z 28
23451 Prljevo/Plavno 72 R 17
53252 Prljevo/Donji Varoš 68 P 17
23443 Prljevo/Plavno 72 R 17
23451 Prndelji 72 R 16
43240 Prnjarovac 16 G 20
43211 Prnjavor/Domankuš 17 F 21
35216 Prnjavor/Velika Kopanica 53 L 31
44204 Prnjavor Čuntićki 31 J 18
48306 Prnjavor Lepavinski 10 E 21
52420 Prodani 25 J 4
52208 Prodol 57 M 4
53260 Prokike 60 M 11
22222 Prokljan 77 S 16
43000 Prokljuvani/Bjelovar 17 F 22
43240 Prokljuvani/Čazma 16 G 20
21320 Promajna 84 V 22
23232 Prorokovići 70 Q 12
49215 Prosenik 8 E 15
47261 Protulipa 29 J 13
23422 Prović 71 S 15
53220 Prozor 60 M 12
10370 Prozorje 15 G 18
20224 Prožura 95 Z 26
23423 Prtenjača 71 R 14
20352 Prud 91 X 26
10291 Prudnice 14 F 15
48362 Prugovac 18 F 23
21231 Prugovo 79 U 19
53202 Prvan Selo 61 O 13
35400 Prvča 50 K 25
22233 Prvić Luka 77 T 15
22234 Prvić Šepurine 77 T 15
10418 Prvonožina 30 H 16
22304 Puača 72 R 17
51311 Pucak 27 J 10
23000 Pucari 70 R 12
21412 Pučišća 83 V 21
10370 Puhovo 15 G 18
43532 Puklina 19 H 25
52100 Pula (Pola) 57 M 4
52404 Pulići 41 K 4
22303 Puljane 72 S 17
32254 Puljić Selo 54 M 34
51521 Punat 43 L 8
31424 Punitovci 37 J 31
23274 Punta 70 R 11
51554 Punta Križa 63 O 7
23231 Punta Skala 70 Q 11
52207 Puntera 41 L 5
53223 Pupavci 61 N 13
43227 Pupelica 17 F 23
20274 Pupnat 89 Y 23
20274 Pupnatska Luka 89 Y 22
42253 Purga Bednjanska 9 D 16
52232 Purgarija Čepić 41 K 5
43000 Puričani 17 F 22
44325 Puska 32 K 21
48314 Pustakovec 11 D 21
52342 Pusti 41 L 4
10413 Pustike 30 H 17
49240 Pustodol 15 F 16
49228 Pustodol Orehovički 9 E 16
49223 Pustodol Začretski 8 E 16
51513 Pušća/Omišalj 42 K 8
49296 Pušća/Zagorska Sela 8 E 14
40305 Puščine 7 C 19
33514 Pušina 35 H 27
47300 Puškarići 44 K 12
22213 Putičanje 76 S 15
21205 Putišići 83 U 21
49225 Putkovec 8 D 15
20248 Putniković 90 Y 26

R

51280 Rab 59 N 9
20356 Raba 90 Y 26
52221 Rabac 41 L 5
51327 Rabatić Poljana 44 K 11
52420 Račice 41 J 4
32262 Račinovci 54 M 34
20264 Račišće 89 Y 23
52422 Račja Vas 25 J 5
21292 Račnik 83 V 20
22323 Radačići 78 T 17
23441 Radakovića 67 P 16
23441 Radakovići 67 P 16
49294 Radakovo 14 F 15
20340 Radaljci 90 X 25
44404 Radanovići 46 K 17
47285 Radatovići 13 G 12
52206 Radeki 57 M 4
48312 Radeljevo Selo 10 D 20
42225 Radešić 9 E 18
52352 Radetići 40 L 3
10257 Radičevići 30 H 16
51511 Radići 42 L 8
51325 Radigojna 28 J 11
31543 Radikovci 21 G 30
10454 Radina Gorica 29 G 13
52474 Radini 24 J 2
21232 Radinje 79 U 20
53288 Radlovac 65 O 11
22317 Radljevac 73 R 18
52440 Radmani 40 K 3
47220 Radmanovac 45 K 15
23441 Radmanovići 67 P 16
21203 Radmile 78 T 19
34308 Radnovac 35 J 27
49232 Radoboj 8 E 16
51301 Radočaj Brodski 27 J 10
47262 Radočaji 29 J 13
10383 Radoišće 16 E 18
47313 Radojčići 44 L 11
22221 Radonić 77 T 17
47220 Radonja 45 K 15
44210 Radonja Luka 32 K 20
33520 Radosavci 19 G 26
51325 Radoševići 28 J 11
52463 Radoši 40 K 3
21202 Radošić/Prgomet 78 U 18
21230 Radošić/Sinj 79 T 20
23422 Radošinovci 71 S 14
42242 Radovan 9 D 18
34330 Radovanci 35 J 26
52463 Radovani 40 K 3
35250 Radovanje 51 L 27
20215 Radovčići 97 Aa 31
42208 Radovec 6 C 17
53203 Radovići 61 N 13
23248 Radovin 70 Q 13
22304 Radučić 72 R 17
10342 Radulec 16 G 20
47313 Radulovići/Drežnica 44 L 11
47313 Radulovići/Padalište 44 K 11
21206 Radunić 78 T 19
23440 Radusini 67 Q 16
44323 Rajčići/Borovac 33 J 23
21202 Rajčići/Uble 78 U 18
32261 Rajevo Selo 54 M 33
43252 Rajić/Bjelovar 17 F 21
44323 Rajić/Novska 33 K 23
47221 Rajić Brdo 45 K 15
33514 Rajino Polje 20 H 28
52207 Rajki 41 L 4
34308 Rajsavac 35 J 27
52208 Rakalj 57 M 5
21240 Rakičani 79 U 21
53235 Rakići/Kozjan 61 N 14
23232 Rakići/Nin 70 Q 12
10437 Rakitje 14 G 15
48350 Rakitnica 17 F 22
10419 Rakitovec 31 H 17
31543 Rakitovica 21 G 30
52423 Rakotule 40 K 3
10436 Rakov Potok 14 G 15
10347 Rakovec 16 F 18
49290 Rakovec Tomaševečki 8 E 15
47245 Rakovica 45 M 14
47245 Rakovičko Selište 45 L 14
22000 Rakovo Selo 77 T 16
34334 Ramanovci 35 J 27
23244 Ramići 66 Q 13
22312 Ramljane/Biskupija 73 S 18
21203 Ramljane/Bračević 78 T 19
53224 Ramljani 61 N 13
23245 Ranjevac 66 P 12
53260 Rapain Dol 60 M 11
53260 Rapain Klanac 60 M 11
52463 Rapavel 40 K 3
52342 Raponji 41 L 4
48312 Rasinja 11 D 21
51301 Raskrižje 27 J 10
51300 Raskrižje Tihovo 27 J 9
22215 Raslina 77 T 16
34320 Rasna 34 J 26
51301 Rasohe 27 J 10
53244 Rasoja 67 P 15
51511 Rasopasno 42 L 8
21425 Rasotica 84 W 22
53211 Rasovača 66 O 12
52422 Raspor 25 J 5
23442 Rastičevo 72 Q 17
53211 Rastoka 66 O 12
10450 Rastoki 29 G 14
47253 Rastovac/Generalski Stol 45 K 13
43504 Rastovac/Grubišno Polje 18 G 24
43231 Rastovac/Ivanska 17 G 21
21228 Rastovac/Marina 77 U 17
47242 Rastovac Budački 29 J 14
53231 Rastovača 61 M 14
23440 Rastovići 67 Q 16
35107 Rastušje 52 K 29
52223 Raša 41 L 5
21273 Raščane 84 W 23
48264 Raščani 16 E 20
43251 Rašće 17 F 21
53000 Rašete 66 O 13
23420 Raštević 71 R 14
31416 Ratkov Dol 36 K 29
34315 Ratkovica 51 K 27
44430 Rausovac 48 K 20
23283 Rava 69 R 11
35252 Ravan 51 K 28
21276 Ravča 85 W 24
44401 Ravna 46 K 17
51314 Ravna Gora 27 J 10
43274 Ravneš 17 F 23
52220 Ravni 57 M 5
53206 Ravni Dabar 65 O 11
23451 Ravni Golubić 72 Q 15
47306 Ravni Lug 61 M 13
51305 Ravnice/Čabar 27 H 8
47302 Ravnice/Ogulin 44 K 12
21310 Ravnice/Omiš 83 V 21
49214 Ravnice/Zabok 14 E 15
49216 Ravnice Desiničke 8 E 15
49225 Ravninsko 8 D 16
52434 Ravno Brdo 41 K 5
44403 Ravno Rašće 47 K 17
53244 Razbojine 67 Q 15
31433 Razbojište 36 J 30
51312 Razdrto 28 J 11
49295 Razdrto Tuheljsko 8 E 15
51317 Razloge 27 J 9
51317 Razloški Okrug 27 J 9
22303 Razvode 72 S 17
49295 Razvor 8 E 14
23248 Ražanac 66 Q 13
44412 Ražankovići 30 J 17
22203 Ražanj 81 U 16
22020 Ražine 77 T 16
53234 Rebić 67 O 15
52207 Rebići 41 L 5
47264 Rebrovići 45 K 13
47203 Rečica 29 H 14
10315 Rečica Kriška 32 H 20
48000 Reka 11 E 21
22000 Reljići 77 T 16
20353 Reljinovac 91 Y 26
42220 Remetinec/Novi Mraf 10 D 18
10345 Remetinec/Tučenik 16 F 20
43532 Removac 19 G 25
47251 Rendulići 28 J 12
48327 Repaš 12 E 23
10345 Repinec 16 F 19
10450 Repišće 14 G 15
49254 Repno 9 E 17
49210 Repovec 14 E 16
44320 Repušnica 32 J 21
20340 Resna Kosa 90 X 25
10040 Resnik 15 G 17
53233 Rešetar 62 M 15
47250 Rešetarevo 29 J 13
35403 Rešetari 50 K 25
43211 Reškovci 17 F 21
47282 Reštovo 29 H 13
10457 Reštovo Žumberačko 13 G 13
32282 Retkovci 53 K 32
33000 Rezovac 18 G 25
33000 Rezovačke Krčevine 18 G 25
52342 Režanci 41 L 4
23424 Režani 71 R 13
47212 Ribari 29 J 15
53288 Ribarica 65 O 11
47307 Ribarići 44 K 12
42240 Ribić Breg 9 D 17
23450 Ribnica/Novigrad 71 Q 14
10415 Ribnica/Velika Gorica 15 G 17
53203 Ribnik/Bakovac Kosinjski 60 N 12
47272 Ribnik/Žakanje 28 H 13
43283 Ribnjaci 33 H 22
43273 Ribnjačka 18 F 23
31225 Ribnjak/Đurđenovac 36 H 29
48312 Ribnjak/Radeljevo Selo 10 D 20
51327 Ribnjak/Vrbovsko 44 J 11
52402 Ricmani 41 K 5
53244 Ričice/Gračac 67 P 15
21267 Ričice/Cera 84 U 23
53244 Ričice/Lovinac 67 P 15
20234 Ridica 96 Z 28
22312 Riđane 73 S 18
44404 Rijeka/Glina 47 K 17
51000 Rijeka/Opatija 42 K 7
48306 Rijeka Koprivnička 10 E 20
42245 Rijeka Voćanska 9 D 17
33522 Rijenci 35 H 27
51329 Rim 28 J 12
52332 Rimanići 41 K 5
52420 Rimnjak 41 J 4
42253 Rinkovec 9 D 17
52220 Ripenda Kosi 41 L 6
52220 Ripenda Kras 41 L 5
52220 Ripenda Verbanci 41 L 5
51516 Risika 43 L 8
53244 Ristići 67 P 15
49295 Risvica 8 E 15
33407 Rit 19 F 25
53261 Ritavac 44 L 11
23291 Rivanj 69 R 11
53206 Rizvanuša 66 P 12
52425 Roč 25 J 5
52425 Ročko Polje 25 J 5
23421 Rodaljice 71 R 15
53231 Rodić Poljana 61 M 14
33410 Rodin Potok 19 G 25
21430 Rogač 82 V 18
21480 Rogačić 87 X 18
51301 Rogi 27 J 10
53000 Rogići/Lički Ribnik 66 P 13
53286 Rogići/Starigrad 59 N 10
52220 Rogoćana 41 L 5
20343 Rogotin 90 X 25
33404 Rogovac 18 F 24
52464 Rogovci 40 K 2
22203 Rogoznica 81 U 16
43282 Rogoža 32 H 22
34553 Rogulje/Jakovci 34 J 25
44441 Rogulje/Zrin 47 K 19
52207 Rojnići/Barban 41 L 4
52342 Rojnići/Sentvinčenat 41 L 4
47264 Roknići 45 K 13
32271 Rokovci 54 K 33
21236 Romića Torine 74 S 20
20225 Ropa 94 Z 25
47271 Rosopajnik 29 H 13
53226 Rostrun 60 M 11
51559 Rosulje/Cres 42 L 6
53000 Rosulje/Gospić 66 O 13
44430 Rosulje/Hrvatska Kostajnica 48 K 20
21232 Rošca 79 U 21
52446 Rošini 40 K 2
23244 Rovanjska 71 Q 14
48267 Rovci 16 E 19
52210 Rovinjsko Selo 40 L 3
52210 Rovinj (Rovigno) 40 L 2
43212 Rovišće 17 F 21
44400 Roviška 47 K 17
48000 Rovištanci 11 E 21
49234 Rovno 8 E 16
53284 Rozbojište 60 M 10
10293 Rozga 14 F 15
31500 Rozmajerovac 36 J 29
20236 Rožat 96 Z 29
44323 Roždanik 33 K 23
21245 Rože 80 U 22
10414 Roženica 30 H 16
51221 Rožići 42 K 7
51221 Rožmanići 42 K 8
23248 Rtina 66 Q 12
10411 Ruča 31 H 18
21242 Ruda 79 T 21
52341 Rudani 41 L 4
53230 Rudanovac 61 N 15
10430 Rude 14 G 15
10454 Rude Pribićke 13 G 14
22305 Rudele 72 R 16
53289 Rudelinka 65 P 12
44437 Rudići/Ljubina 47 L 18
23248 Rudići/Ražanac 70 Q 13
21460 Rudina 83 W 20
21205 Rudine/Gornji Dolac 83 U 21
21216 Rudine/Novi Kaštel 78 U 18
51514 Rudine/Omišalj 43 K 8
20340 Rudine/Ploče 90 X 25
53223 Rudopolje 61 M 13
23441 Rudopolje Bruvanjsko 67 P 15
10370 Rugvica 15 G 18
53203 Ruja 60 N 12
44437 Rujevac 47 L 18
44415 Rujnica 46 K 16
51211 Rukavac/Matulji 26 J 6
21480 Rukavac/Vis 87 X 18
53225 Rukavine 60 M 11
42223 Rukljevina 10 D 19
21233 Rumin 79 T 20
52402 Runkovci 41 K 5
21261 Runović 85 V 23
53271 Rupa/Klenovica 43 L 10
51214 Rupa/Lipa 26 J 6
23241 Rupalj 70 Q 13
53287 Rupčići/Jablanac 59 N 10
53224 Rupčići/Ličko Lešje 61 N 13
44273 Rupčići/Petrinja 31 J 18
22222 Rupe 77 S 16
21317 Ruskamen 83 V 21
49231 Rusnica 8 D 15
33411 Rušani 19 F 26
35208 Ruščica 52 L 29
48260 Ruševac/Križevci 17 E 21
34320 Ruševac/Potvrško 34 J 25
47222 Ruševica 46 K 15
34350 Ruševo 36 K 29
51252 Ruševo Krmpotsko 43 L 10
43232 Ruškovac 17 G 22
44316 Ruškovica 32 H 20
52424 Rušnjak 40 K 3
22322 Ružić 78 T 18
51213 Ružići/Matulji 26 J 6
52231 Ružići/Županići 41 L 5

S

52464 Sabadin 40 K 3
47307 Sabljak Selo 44 K 12
47303 Sabljaki Modruški 44 L 12
47306 Saborsko 61 M 13
23233 Sabunike 70 Q 11
47222 Sadikovac 46 L 15
47246 Sadilovac 62 M 15
10345 Salajci 16 F 20
52220 Salakovci 41 L 5
52342 Salambati 40 L 4
51500 Salatići 42 L 8
21485 Salbunara 86 Y 17
52420 Salež 25 J 4
23281 Sali 70 S 11
42240 Salinovec 9 D 17
10383 Salnik 16 F 19
47240 Salopek Luke 45 L 15
47307 Salopek Selo 44 K 12
47303 Salopeki Modruški 44 L 12
52215 Salvela 56 M 4
23440 Samardžije 67 Q 15
43232 Samarica 17 G 21
31222 Samatovci 37 H 32
49245 Samci 15 F 17
10430 Samobor 14 G 15
10347 Samoborec 16 F 18
10430 Samoborski Otok 14 F 15
53291 Sankovci 64 O 10
52231 Santalezi 41 L 5
35212 Sapci 52 K 30
22203 Sapina Doca 77 U 17
34350 Sapna 36 J 29
51216 Saršoni 26 J 7
31204 Sarvaš 38 H 34
10410 Sasi 15 G 17
43272 Sasovac 17 G 22
47240 Sastavak 46 L 15
31222 Satnica 21 H 31
31421 Satnica Đakovačka 37 J 31
21233 Satrić 79 T 20
23285 Savar 69 R 11
10340 Savska Cesta 16 F 19
40000 Savska Ves 7 C 19
35423 Savski Bok 50 K 24
52475 Savudrija (Salvore) 24 J 2
34320 Sažije 34 J 25
21272 Sebišina 85 V 24
21467 Seca 89 X 22
51302 Sedalce 27 H 9
21203 Sedlari 78 T 19
33405 Sedlarica 18 F 24
22323 Sedramić 78 T 18
21218 Seget Donji 82 U 18
21218 Seget Gornji 82 U 18
21220 Seget Vranjica 82 U 18
42230 Segovina 10 D 20
42204 Seketin 10 D 19
49223 Sekirišće 9 E 16
47313 Sekulići/Drežnica 44 K 11
47285 Sekulići/Malinći 13 G 12
33522 Sekulinci 35 H 26
44273 Sela 31 H 18
47251 Sela Bosiljevska 28 J 12
48265 Sela Ravenska 16 E 19
47276 Sela Žakanjska 28 H 13
47221 Selakova Poljana 46 K 15
48267 Selanec 10 E 19
21425 Selca/Brač 84 W 22
52420 Selca/Buzet 25 J 4
21468 Selca kod Bogomolja 89 X 23
21460 Selca kod Starog Grada 88 X 20
51266 Selce 43 L 9
31222 Selci 37 H 32
31415 Selci Đakovački 37 K 31
42208 Selci Križovljanski 6 C 17
52448 Selina 40 L 3
53287 Seline/Prizna 65 O 10
23244 Seline/Starigrad 66 Q 13
53285 Seline/Volarice 59 M 10
44271 Selišće Letovaničko 31 H 18
44320 Selište/Kutina 32 H 21
53234 Selište/Udbina 67 O 15
47246 Selište Drežničko 61 M 14
44430 Selište Kostajničko 48 K 20
44214 Selište Sunjsko 32 J 20
35212 Selna 52 K 29
49246 Selnica/Bedekovčina 15 E 17
40314 Selnica/Mursko Središće 7 C 19
48267 Selnica Miholečka 10 E 19
48317 Selnica Podravska 11 D 21
42230 Selnik/Ludbreg 10 D 20
42243 Selnik/Maruševec 9 D 18
49217 Selno 8 E 15
21333 Selo/Drvenik 90 X 24
51305 Selo/Tršće 27 H 8
53202 Selo Sveti Marko 61 N 13
10451 Selsko Brdo 30 H 16
52420 Seljaci 25 J 4
42242 Seljanec 9 D 18
10454 Seljansko Selo 29 H 14
31402 Semeljci 37 J 32
52426 Semić 25 J 5
52342 Sentvinčenat 41 L 4
52420 Senj/Motovun 41 J 4
53270 Senj/Novi Vinodolski 43 M 10
53270 Senjska Draga 60 M 10
51326 Senjsko 28 J 11
21254 Seoca 83 V 21
35410 Seoce 51 K 26
34000 Seoci 35 K 27
31513 Seona 36 J 29
53271 Serdari/Senj 44 L 10
53201 Serdari/Široka Kula 61 O 13
52434 Sergovija 41 K 5
53231 Sertić Poljana 61 M 14
53262 Sertići 44 L 12
23291 Sestrunj 69 R 10
34312 Sesvete/Jakšić 35 J 28
10360 Sesvete/Zagreb 15 G 17
42233 Sesvete Ludbreške 10 D 20
44000 Setuš 31 H 19
43274 Severin 17 F 22
51329 Severin na Kupi 28 J 12
48350 Severovci 12 E 23
21222 Sevid 81 U 17
43270 Sibenik 18 G 24
44251 Sibić 31 J 18
35252 Sibinj 51 K 28
51252 Sibinj Krmpotski 43 L 10
34350 Sibokovac 36 J 29
47252 Sića 29 J 13
21232 Sićane 79 U 20
35410 Siće 51 L 26
35423 Sičice 50 K 25
44330 Sigetac 33 J 22
48321 Sigetec 11 D 22
42230 Sigetec Ludbreški 10 D 20
35216 Sikirevci 53 L 31
23207 Sikovo 71 S 13
31214 Silaš 38 J 33
23295 Silba 64 P 9
53224 Sinac 60 N 12
35404 Sinlije 34 J 25
21230 Sinj 79 T 20
43541 Sirač 34 H 24
52420 Sirotići 25 J 4
48350 Sirova Katalena 18 F 23
44000 Sisak 31 J 19
43245 Siščani 16 G 20
53205 Sitnik 66 P 13
22205 Sitno Donje 78 T 17
44402 Sivac 46 K 17
22321 Siverić 78 S 18
40317 Sivica 7 C 20
47213 Sjeničak Lasinjski 30 J 15
44212 Sjeverovac 31 J 19
23445 Skadar/Dabašnica 68 P 17
23441 Skadar/Mandiča Draga 68 P 16
47212 Skakavac 29 J 15
51304 Skednari 27 H 9
44400 Skela 46 K 17
53212 Skenderi 60 N 12
34551 Skenderovci/Lipik 33 J 24
34322 Skenderovci/Požega 34 J 26
52222 Skitača 57 M 5
23233 Skoblari 70 Q 11
21253 Skočibe 83 V 21
53206 Skorpovac 65 O 11
53285 Skorupov Dolac 59 M 10
51311 Skrad 27 J 10
22222 Skradin 77 T 16
22222 Skradinsko Polje 77 T 16
47302 Skradnik 44 K 12
47272 Skradsko Selo 28 H 13
21410 Skrip 83 V 20

P

R

S

20290 Skrivena Luka 93 Z 22
47262 Skukani 29 J 13
47250 Skupica 29 J 13
52222 Skvaranska 57 M 5
44450 Slabinja 48 K 21
33520 Sladojevački Lug 19 G 26
33520 Sladojevci 19 G 26
44404 Sladojevići 47 K 17
32242 Slakovci 54 K 34
40305 Slakovec 7 C 19
44273 Slana 31 J 17
10430 Slani Dol 14 G 14
49245 Slani Potok 15 F 17
20232 Slano 95 Z 28
10040 Slanovec 15 F 17
42230 Slanje 10 D 20
47281 Slapno 29 H 13
10346 Slatina/Preseka 16 F 19
33520 Slatina/Suhopolje 19 G 27
44425 Slatina Pokupska 30 J 17
49234 Slatina Svedruška 8 E 15
21224 Slatine 82 V 18
31418 Slatinik Drenjski 36 J 30
33516 Slatinski Drenovac 35 H 27
33522 Slatinski Lipovac 19 H 27
10450 Slavetić 29 G 14
51321 Slavica 43 K 9
33513 Slavonske Bare 35 H 28
35000 Slavonski Brod 52 L 29
35255 Slavonski Kobaš 51 L 27
35220 Slavonski Šamac 53 L 31
44410 Slavsko Polje 30 J 15
51311 Sleme Skradsko 27 J 10
40000 Slemenice 7 C 19
21255 Slime 84 V 22
42245 Slivarsko 9 D 17
23247 Slivnica 71 Q 13
21272 Slivno/Runović 85 V 24
22205 Slivno/Sitno Donje 77 T 17
20356 Slivno Ravno 90 Y 26
49217 Slivonja Jarek 8 E 16
31416 Slobodna Vlast 36 K 29
35252 Slobodnica 51 L 28
34320 Sloboština 34 J 26
42230 Slokovec 10 D 20
44222 Slovinci 48 K 20
43272 Slovinska Kovačica 17 G 22
52421 Slum 25 J 5
47240 Slunj 45 L 14
47240 Slunjčica 45 L 14
47212 Slunjska Selnica 29 J 15
47212 Slunjski Moravci 29 J 15
51321 Sljeme 43 J 9
10430 Smerovišće 14 G 14
23424 Smilčić 71 R 14
53211 Smiljan 66 O 12
53211 Smiljansko Polje 66 O 13
51329 Smišljak 28 J 12
23222 Smokovići 70 R 13
20231 Smokovljani 91 Y 27
53244 Smokrić 67 P 15
20272 Smokvica/Blato 89 Y 22
22243 Smokvica/Vela Smokvica 76 T 13
23249 Smokvica/Vlašići 65 Q 12
51252 Smokvica Krmpotska 43 L 10
21203 Smolčići 79 T 19
21253 Smolonje 83 V 21
47246 Smoljanac 61 M 14
52342 Smoljanci 40 L 4
34320 Smoljanovci 34 J 26
53235 Smrdelj/Podlapača 61 O 14
23222 Smrdelj/Zemunik Donji 70 R 13
22319 Smrdelje 72 S 16
51554 Smrečje/Punta Križa 58 O 7
51304 Smrečje/Tršće 27 H 8
21405 Smrka 83 W 19
33522 Smude 35 H 26
52220 Snašići 41 L 5
47243 Snos 45 K 14
10360 Soblinec 15 F 17
10312 Sobočani 16 G 19
51219 Soboli 26 J 7
20225 Sobra 95 Z 26
44440 Sočanica 47 L 18
51305 Sokoli 27 H 8
43506 Sokolovac/Garešnica 33 H 23
31309 Sokolovac/Grabovac 22 G 33
48306 Sokolovac/Koprivnica 11 E 21
22030 Solaris 77 T 16
47280 Soldatići 29 H 13
21210 Solin 83 U 19
20207 Soline/Cavtat 96 Aa 30
51514 Soline/Dobrinj 43 L 8
23287 Soline/Dugi Otok 69 R 10
47251 Soline/Gorinci 28 J 12
20226 Soline/Mljet 94 Z 25
32284 Soljak 37 K 32
32255 Soljani 54 M 34
22222 Sonković 77 S 16
10361 Sop 15 G 17
10411 Sop Bukevski 15 G 18
51316 Sopač 27 J 9
47272 Sopčić Vrh 28 H 13
33525 Sopjanska Greda 19 G 27
33525 Sopje 19 G 27
49218 Sopot 8 E 15
10457 Sošice 13 G 13
52352 Šošići 40 L 3
32232 Sotin 39 K 35
23440 Sovilji 67 P 16
52420 Sovinjak 25 J 4
52420 Sovinjska Brda 41 J 4
52420 Sovinjsko Polje 25 J 4
22212 Sovlje 76 T 15
34350 Sovski Dol 36 K 29
32254 Spačva 54 L 34
22205 Spaići 77 T 17
20230 Sparagovići 91 Y 26
51215 Spinčići 26 J 6
21000 Split 82 U 19
21410 Splitska 83 V 20
22243 Spraljin Stan 75 S 12
47272 Sračak 28 H 12
42209 Sračinec 9 D 18
52474 Srbanj 40 J 2
48325 Srdinac 11 E 22
10413 Srebrenik 30 H 17
20207 Srebreno 96 Aa 30
10431 Srebrnjak 14 G 15
35215 Sredanci 52 L 30
43203 Sredice Gornje 11 E 21
53234 Srednja Gora 67 O 14
51317 Srednja Krašićevica 27 J 9
44434 Srednja Meminska 48 K 20
48265 Srednja Velika 16 F 19
10453 Srednjak 29 G 14
44273 Srednje Mokrice 31 J 18
47273 Srednje Prilišće 29 J 13
34310 Srednje Selo/Požega 35 K 27
21430 Srednje Selo/Šolta 82 V 18
48265 Srednji Dubovec 16 E 19
34550 Srednji Grahovljani 34 J 24
35410 Srednji Lipovac 51 K 26
43203 Srednji Mosti 11 E 22
47253 Srednji Poloj 45 K 13
51555 Srem 58 N 7
20246 Sreser 90 Y 25
21465 Srida 88 X 21
23450 Srido-Selo 71 Q 14
21205 Srijane 83 U 21
43231 Srijedska 17 G 22
48306 Srijem 11 E 21
32242 Srijemske Laze 38 K 34
22211 Srima 77 T 15
21292 Srinjine 83 V 20
51216 Sroki 26 J 7
47243 Srpski Blagaj 45 K 14
20340 Stablina 90 X 25
53262 Stajnica 44 L 12
53203 Stakić Selo 60 N 12
44437 Stambolije 47 L 18
52466 Stancija Gosana 40 J 2
10370 Stančić 16 F 18
43252 Stančići 17 F 21
40312 Stanetinec 6 C 18
52425 Stanica Roč 25 J 5
51280 Staničići 59 N 9
51557 Stanić 58 M 7
43203 Stanići/Bjelovar 17 F 21
32275 Stanići/Bošnjaci 54 L 33
21310 Stanići/Omiš 83 V 21
53291 Stanišće 59 O 9
52224 Stanišovi 41 L 5
53288 Staništa 65 O 11
44412 Stankovac 30 J 17
23422 Stankovci 76 S 15
20250 Stanković 90 Y 24
10450 Stankovo 14 G 15
21236 Stanojevići 78 S 19
51521 Stara Baška 59 M 9
43203 Stara Diklenica 17 F 22
44273 Stara Drenčina 31 J 18
35435 Stara Gradiška 50 L 24
33522 Stara Jošava 35 H 28
35410 Stara Kapela 51 K 27
43532 Stara Krivaja 19 H 25
47245 Stara Kršlja 45 M 15
34000 Stara Lipa 35 J 26
34350 Stara Ljeskovica 36 J 29
10312 Stara Marča 16 G 19
53291 Stara Novalja 64 O 10
43232 Stara Plošćica 17 G 22
43272 Stara Rača 17 G 22
44330 Stara Subocka 33 J 22
51314 Stara Sušica 28 J 11
23249 Stara Vas 65 P 11
49234 Stara Ves Petrovska 8 E 16
48265 Stara Ves Ravenska 16 F 19
53250 Starcenići 68 O 16
35420 Starci 50 K 26
53287 Starčević-Pod 60 O 10
53213 Starčevići/Donje Pazarište 60 O 11
23443 Starčevići/Prijevo 72 Q 17
43203 Starčevljani 17 F 22
43000 Stare Plavnice 17 F 21
48264 Stari Bošnjani 10 E 20
44271 Stari Brod 31 J 17
44271 Stari Farkašić 31 J 17
10343 Stari Glog 16 F 20
49255 Stari Golubovec 9 D 17
44330 Stari Grabovac 33 K 23
21460 Stari Grad 88 W 20
33405 Stari Gradac 18 F 24
32241 Stari Jankovci 38 K 34
51314 Stari Laz 27 J 10
34550 Stari Majur 33 J 24
32284 Stari Mikanovci 37 K 32
43000 Stari Pavljani 17 F 22
35210 Stari Perkovci 53 K 31
31216 Stari Seleš 37 J 33
43203 Stari Skucani 17 F 21
35253 Stari Slatinik 51 K 28
34350 Stari Zdenkovac 36 J 29
48000 Starigrad/Koprivnica 11 E 21
23244 Starigrad/Ražanac 66 Q 13
53286 Starigrad/Rogići 59 N 10
33523 Starin 20 G 27
43246 Starine 17 G 21
10257 Starjak 30 H 16
10419 Staro Čiče 30 G 17
33507 Staro Petrovo Polje 20 H 28
35420 Staro Petrovo Selo 50 K 26
44000 Staro Pračno 31 J 19
53244 Staro Selo/Ličko Cerje 67 P 14
44212 Staro Selo/Mađari 31 J 19
53220 Staro Selo/Otočac 60 M 12
32252 Staro Selo/Otok 54 L 34
44415 Staro Selo Topusko 46 K 16
43246 Staro Štefanje 17 G 21
35214 Staro Topolje 52 K 30
33405 Starogradački Marof 18 F 24
20345 Staševica 90 X 25
44221 Staza 32 K 20
51304 Steklice 27 J 9
10090 Stenjevec 14 G 16
52231 Stepčići 41 L 5
51251 Stilini 43 L 10
21276 Stilja 85 W 24
53287 Stinica 59 N 10
44414 Stipan 30 J 16
31433 Stipanovci 36 J 30
49218 Stipernica 8 E 15
51555 Stivan 58 N 7
21311 Stobreč 83 U 20
47283 Stojavnica 29 G 13
34350 Stojčinovac 36 J 29
23248 Stojići 70 Q 12
47243 Stojmerić 45 K 14
53270 Stolac 60 M 10
21432 Stomorska 82 V 19
20230 Ston 91 Y 27
21480 Stončica 87 X 18
49000 Strahinje 8 D 16
40000 Strahoninec 7 C 19
52446 Stranići/Poreč 40 K 2
52440 Stranići/Sveti Lovreč Pazenatički 40 L 3
44251 Strašnik 31 J 18
20210 Stravča 97 Aa 30
47250 Straža 29 J 13
43505 Stražanac 33 H 23
44231 Stražbenica 31 J 19
34330 Stražeman 35 J 26
42242 Stražnjevec 9 D 18
44000 Strelečko 31 H 19
10414 Strezojevo 30 H 17
34320 Striježevica 34 J 26
51511 Strilčići 42 L 8
21263 Strinići 84 V 23
21245 Strizirep 80 U 22
31410 Strizivojna 53 K 31
21202 Strižaci 78 U 18
34543 Strižičevac 33 J 23
10454 Strmac Pribićki 29 G 14
10020 Strmec/Odranski Obrež 15 G 16
10434 Strmec/Samobor 14 G 15
10410 Strmec Bukevski 15 G 17
49231 Strmec Humski 8 D 15
42206 Strmec Podravski 6 C 18
42220 Strmec Remetinečki 10 D 18
49244 Strmec Stubički 15 F 16
49294 Strmec Sutlanski 14 F 15
44214 Strmen 32 J 21
21240 Strmendolac 79 U 21
22311 Strmica 73 Q 18
51414 Strmice 42 K 6
32256 Strošinci 55 M 35
21314 Strožanac 83 V 20
42233 Struga 10 D 20
44440 Struga Banska 47 L 19
10361 Struga Nartska 15 G 18
20278 Struge 90 X 26
53000 Strunići 66 P 13
22320 Strunje 78 T 18
35216 Stružani 52 L 30
44317 Stružec 32 H 20
10411 Stružec Posavski 31 H 18
44433 Stubalj 48 K 20
53260 Stubica/Senj 44 L 11
51326 Stubica/Vrbovsko 28 J 11
49243 Stubička Slatina 14 F 16
49244 Stubičke Toplice 15 F 16
51217 Studena 26 J 7
21265 Studenci/Cera 80 U 23
53202 Studenci/Krš 61 N 13
51564 Studenčić 63 O 7
20205 Stupa 91 Y 27
53206 Stupačinovo 65 O 11
52460 Stuparić 40 J 3
10455 Stupe 13 G 13
21483 Stupišće 86 X 17
35254 Stupnički Kuti 51 L 27
10255 Stupnički Obrež 14 G 15
44000 Stupno 31 H 18
44320 Stupovača 32 H 22
22000 Subićevac 77 T 16
34551 Subocka 33 J 23
48311 Subotica Podravska 11 D 21
21236 Subotići 78 S 19
21255 Subotišće 84 V 22
21469 Sućuraj 89 X 24
31300 Sudaraž 22 G 32
48268 Sudovec 10 E 19
20223 Suđurađ 96 Z 28
48362 Suha Katalena 18 F 23
33507 Suha Mlaka 20 G 28
51280 Suha Punta 59 N 9
21230 Suhač 79 T 20
43240 Suhaja 16 G 20
47242 Suhodol Budački 45 K 14
33410 Suhopolje 19 G 25
23241 Suhovare 70 R 13
22303 Suknovci 72 S 17
23206 Sukošan 70 R 12
34310 Sulkovci 51 K 27
21426 Sumartin 84 W 22
21315 Sumpetar 83 V 20
51315 Sunger 43 K 9
44210 Sunja 32 J 20
21400 Supetar 83 V 20
51280 Supetarska Draga 59 N 9
51281 Surići 59 M 9
52233 Surjani 41 K 6
23440 Surle/Gračac 68 Q 16
23440 Surle/Kijani 67 P 16
51561 Susak 63 O 6
10411 Suša 31 H 18
20290 Sušac 92 Z 20
51000 Sušak 42 K 7
53203 Sušanj 60 N 12
53288 Sušanj Cesarički 65 O 11
21232 Sušci 79 U 20
23275 Sušica 69 R 11
10450 Sušići 14 G 15
31511 Sušine 36 H 29
49282 Sušobreg 15 E 17
21247 Sutina 79 T 20
49251 Sutinske Toplice 9 E 16
21403 Sutivan 83 V 19
23274 Sutomušćica 70 R 12
44415 Suva 46 K 16
44213 Suvoj 32 J 21
31308 Suza 22 G 33
47213 Suzići 30 J 15
51514 Suzan 42 L 8
48350 Sveta Ana 17 E 22
21485 Sveta Andrija 86 X 15
48260 Sveta Helena/Križevci 10 E 20
10382 Sveta Helena/Sveti Ivan Zelina 15 F 18
51418 Sveta Jelena 42 K 6
52332 Sveta Katarina 41 K 5
10020 Sveta Klara 15 G 16
52428 Sveta Lucija (Santa Lucia) 24 J 3
40326 Sveta Marija 7 D 21
52470 Sveta Marija na Krasu (Madonna del Carso) 24 J 2
52220 Sveta Marina 41 L 5
10431 Sveta Nedelja 14 G 15
21465 Sveta Nedjelja 88 X 20
51511 Sveti Anton/Malinska 42 L 8
51417 Sveti Anton/Mošćenička Draga 42 K 6
52424 Sveti Bartol (San Bartolo) 41 J 4
52220 Sveti Bartul 41 L 5
52420 Sveti Donat 25 J 4
31552 Sveti Đurađ/Donji Miholjac 21 G 30
33000 Sveti Đurađ/Virovitica 18 G 25
42233 Sveti Đurđ 10 D 20
23207 Sveti Filip i Jakov 70 S 13
42214 Sveti Ilija 10 D 18
52463 Sveti Ivan/Baderna 40 K 3
52420 Sveti Ivan/Buzet 25 J 4
53203 Sveti Ivan/Lipovo Polje 60 N 12
51511 Sveti Ivan/Malinska 42 L 8
51514 Sveti Ivan Dobrinski 42 L 8
10380 Sveti Ivan Zelina 15 F 18
48214 Sveti Ivan Žabno 16 F 20
51554 Sveti Jakov 63 O 7
53284 Sveti Juraj 59 M 10
40323 Sveti Juraj u Trnju 7 C 20
49284 Sveti Križ/Budinščina 9 E 18
40321 Sveti Križ/Mala Subotica 7 C 20
49215 Sveti Križ/Tuhelj 8 E 15
21270 Sveti Križ/Zagvozd 84 V 23
49223 Sveti Križ Začretje 8 E 16
52222 Sveti Lovreč Labinski 57 M 5
52448 Sveti Lovreč Pazenatički 40 K 3
52420 Sveti Martin/Buzet 25 J 4
48260 Sveti Martin/Križevci 16 F 20
21312 Sveti Martin/Podstrana 83 V 20
40313 Sveti Martin na Muri 7 B 19
10435 Sveti Martin pod Okićem 14 G 15
49245 Sveti Matej 15 F 17
52440 Sveti Nikola 40 K 2
52470 Sveti Pelegrin (San Pelegrino) 24 J 2
51559 Sveti Petar/Cres 42 L 7
42231 Sveti Petar/Ludbreg 11 D 21
51417 Sveti Petar/Mošćenička Draga 42 K 6
47300 Sveti Petar/Ogulin 44 K 12
48260 Sveti Petar Čvrstec 16 E 20
47250 Sveti Petar Mrežnički 29 J 13
23207 Sveti Petar na Moru 70 S 13
48267 Sveti Petar Orehovec 10 E 19
52404 Sveti Petar u Šumi 41 K 4
53244 Sveti Rok 67 P 14
40312 Sveti Urban 6 C 18
51253 Sveti Vid 43 L 9
51511 Sveti Vid-Miholjice 42 L 8
47281 Svetice 29 H 13
47281 Svetičko Hrašće 29 H 13
34308 Svetinja 35 J 27
10431 Svetonedeljski Breg 14 G 15
21256 Svib 80 U 22
10361 Svibje 15 G 18
42223 Svibovec 10 D 19
42209 Svibovec Podravski 6 C 18
35215 Svilaj 52 L 30
34310 Svilna 35 K 28
21222 Svinca 81 U 17
44212 Svinica 48 K 19
47221 Svinica Krstinjska 46 K 15
21208 Svinišće 83 V 21
10342 Svinjarec 16 G 20
32242 Svinjarevci 38 K 34
21462 Svirče 88 X 20
47253 Svojić 45 K 13
44403 Svračica 47 K 17
53236 Svračkovo Selo 67 O 14
10454 Svrževo 29 G 14

Š

31550 Šag 21 H 31
35404 Šagovina Cernička 34 K 24
35429 Šagovina Mašićka 34 K 24
49245 Šagudovec 15 F 17
52207 Šajini 41 L 4
44435 Šakanlije 47 K 19
53236 Šakići/Udbina 67 O 15
21250 Šakići/Žeževica 84 V 22
53235 Šalamunić 61 O 14
10380 Šalovec 15 F 18
43227 Šandrovac 17 F 23
40000 Šandrovec 7 D 19
51214 Šapjane 26 J 6
23420 Šaponje 71 R 15
31511 Šaptinovci 36 H 29
32234 Šarengrad 39 K 36
22202 Šaričevi 77 U 16
53234 Šarić Brdo 67 O 15
20343 Šarić Struga 90 X 25
53244 Šarići/Lovinac 67 P 15
21257 Šarići/Lovreć 84 V 22
52206 Šarići/Marčana 57 M 4
23450 Šarlići 71 Q 14
44320 Šartovac 32 H 21
44222 Šaš 48 K 21
42253 Šaša 9 D 16
44400 Šaše 30 J 17
44401 Šaševa 46 K 17
33523 Šaševo 20 G 27
10360 Šašinovec 15 F 18
44202 Šašna Greda 32 J 19
44400 Šatornja 30 J 17
10312 Šćapovec 16 G 19
42225 Šćepanje 9 E 18
10410 Šćitarjevo 15 G 17
47252 Šćulac 29 J 14
52420 Šćulci 41 J 4
53261 Šebalji 44 L 12
31300 Šećerana 22 G 32
53230 Šeganovac 62 N 15
44435 Šegestin 47 L 19
53287 Šegote 59 N 10
52208 Šegotići 57 M 4
53225 Šegotinka 60 M 12
47250 Šeketino Brdo 29 J 13
10347 Šelovec 16 F 19
48350 Šemovci 11 E 22
42202 Šemovec 10 D 19
10311 Šemovec Breški 16 G 19
10292 Šenkovec/Brdovec 14 F 15
40000 Šenkovec/Čankovec 7 C 19
34000 Šeovci 35 J 27
34550 Šeovica 33 J 24
44437 Šerbule 47 L 18
10414 Šestak Brdo 30 H 16
52000 Šestani 41 K 4
21250 Šestanovac 84 V 22
10000 Šestine 15 F 16
51302 Ševalj 27 J 9
53235 Ševeri 61 N 14
22000 Šibenik 77 T 16
10290 Šibice 14 F 15
44401 Šibine 46 K 17
43500 Šibovac 33 H 24
23245 Šibuljina 66 P 13
51313 Šije 27 J 10
52100 Šikići 57 M 4
51515 Šilo 43 L 8
10413 Šiljakovina 30 H 17
20210 Šilješki 97 Aa 30
47285 Šiljki 13 G 12
47222 Šiljkovača 46 L 15
51312 Šimatovo 27 H 10
22300 Šimića Staje 73 R 18
43232 Šimljana 17 G 21
43232 Šimljanica 17 G 22
43233 Šimljanik 32 G 21
49216 Šimunci 8 E 15
10360 Šimunčevec 15 F 17
23251 Šimuni 65 P 10
42253 Šinkovica Bednjanska 9 D 16
42253 Šinkovica Šaška 9 D 16
10430 Šipački Breg 14 G 14
20223 Šipanska Luka 95 Z 28
21206 Šipovac 78 T 19
35429 Širinci 34 K 24
31300 Širine 22 G 32
10314 Širinec 31 G 19
22324 Širitovci 77 S 17
53201 Široka Kula 66 O 13
47221 Široka Rijeka 46 K 15
22204 Široke 77 U 17
31403 Široko Polje 37 J 31
48306 Široko Selo 11 E 21
52100 Šišan (Sissano) 57 M 4
44271 Šišinec 30 J 17
32272 Šiškovci 53 K 32
47204 Šišljavić 30 H 15
23222 Škabrnja 71 R 13
51217 Škalnica 26 J 7
47280 Škaljevica 29 H 13
23263 Škara 70 R 12
23293 Škarda 64 Q 9
53221 Škare 60 M 12
22324 Škarice 72 S 17
49224 Škarićevo 8 E 16
23244 Škiljići 66 Q 13
47313 Škipine 44 L 11
53202 Škodići 61 O 13
43531 Škodinovac 34 H 24
52403 Škopljak 41 K 5
53230 Škorići 62 N 15

S

Š

34000 Škrabutnik 51 K 26
22205 Škrapići 78 T 17
51213 Škrapna 26 J 6
51500 Škrbčići 42 L 7
42242 Škriljevec 9 D 18
48214 Škrinjari 16 F 20
51223 Škrljevo 42 K 8
52423 Škropeti 40 K 4
23248 Škulići 66 Q 12
52420 Škuljari 25 J 4
53291 Škunca/Novalja 64 O 10
53291 Škunca/Stara Novalja 65 O 10
47243 Šlivnjak 45 K 14
31542 Šljivoševci 21 H 30
44414 Šljivovac 30 J 16
51263 Šmrika 42 K 8
34320 Šnjegavić 34 J 25
48316 Šoderica 11 D 22
51221 Šodići 42 K 7
31215 Šodolovci 37 J 32
51221 Šoići 42 K 8
53212 Šoljci 60 O 12
23420 Šopot 71 R 14
48269 Šopron 10 E 19
52428 Šorgi 24 J 4
52352 Šorići 40 L 3
53270 Špalji 43 L 10
33520 Španat 19 G 26
34550 Španovica 34 J 24
47251 Špehari/Bosiljevo 28 J 12
47206 Špehari/Crna Draga 30 H 15
47262 Špehari/Generalski Stol 44 J 13
49210 Špičkovina 15 E 16
48265 Špiranec 16 F 20
33404 Špišić Bukovica 18 F 24
52403 Šporari 41 K 4
48000 Štaglinec 11 E 22
10370 Štakorovec 16 F 18
47221 Štakorovica 46 K 15
23443 Štalija 72 R 17
52223 Štalije 41 L 5
20205 Štedrica 91 Y 27
51328 Štefanci 28 J 11
40000 Štefanec/Mala Subotica 7 C 19
42202 Štefanec/Trnovec 10 D 19
43246 Štefanje 17 G 21
43246 Štefanje Breg 17 G 21
44205 Štekovići 31 J 18
52428 Šterna (Sterna) 24 J 3
53223 Štetići 61 N 13
53244 Štikada 67 Q 15
22321 Štikovo 73 S 18
52212 Štinjan 56 M 3
47253 Štirkovac 45 K 14
53213 Štirovača 60 N 11
32274 Štitar 53 L 32
34000 Štitnjak 35 J 26
35420 Štivica 50 K 26
52342 Štokovci 41 L 4
48356 Štorgač 12 E 24
51214 Štranjga 26 J 6
40312 Štrigova 6 B 18
52220 Štrmac 41 L 5
52420 Štrped 25 J 4
49223 Štrucljevo 8 E 16
40314 Štrukovec 7 C 19
53213 Štulinac 60 O 11
49234 Štuparje 8 E 15
52463 Štuti 40 K 3
53289 Šugarje 65 P 12
53244 Šulentići 67 P 14
10380 Šulinec 15 F 18
34308 Šumanovci 35 J 27
31300 Šumarina 22 G 32
52231 Šumber 41 K 5
10313 Šumećani 16 G 20
35254 Šumeće 51 L 28
53225 Šumećica 60 M 12
33522 Šumeđe 35 H 28
20236 Šumet 96 Aa 29
35404 Šumetlica 34 K 25
43505 Šuplja Lipa 33 H 24
52444 Šurani 40 K 4
52212 Šurida 56 M 3
51280 Šurline 59 N 9
21227 Šuštići 78 U 18
51252 Šušanj Krivoputski 43 L 10
10314 Šušnjari/Križ 16 G 20
53260 Šušnjari/Križ Kamenica 44 L 11
34320 Šušnjari/Poljanska 34 J 26
35211 Šušnjevci 52 K 29
52233 Šušnjevica 41 K 5
51213 Šušnjići 26 J 6
52448 Šušnjići 40 K 3
31326 Švajcarnica 22 H 33
49223 Švaljkovec 8 E 16
47000 Švarča 29 J 14
53225 Švica 60 M 12
23451 Švonja 72 Q 16
44441 Švrakarica 47 K 19

T

44250 Taborište 31 J 18
21272 Talaji 85 W 24
44324 Tanac 49 K 22
52465 Tar 40 K 2
21245 Tarabnik 80 U 22
10310 Tarno 16 G 19
47222 Tatar Varoš 45 L 14
10370 Tedrovec 16 G 19
34308 Tekić 35 J 27
52402 Tenčići 41 K 5
31224 Tenja 38 J 33
31511 Teodorovac 36 H 29
22321 Tepljuh 78 S 18
33407 Terezino Polje 19 F 25
21218 Tevići 82 U 18
31554 Tiborjanci 21 G 31
51325 Tići 28 J 11
10453 Tihočaj 14 G 14
31309 Tikveš 22 G 34
44222 Timarci 48 K 20
23423 Tinj 71 R 13
52444 Tinjan 40 K 4
22240 Tisno 76 T 14
53225 Tisovac/Lipovlje 60 N 12
34553 Tisovac/Mljaći 34 J 25
35420 Tisovac/Staro Petrovo Selo 50 K 26
10456 Tisovac Žumberački 13 G 14
44000 Tišina Erdedska 31 H 19
44000 Tišina Kaptolska 31 H 19
23446 Tiškovac Lički 68 Q 18
53234 Tišmin Varoš 67 O 15
49000 Tkalci 8 E 15
42226 Tkalec 16 E 18
23212 Tkon 70 S 13
47304 Tobolić 45 L 13
43272 Tociljevac 17 G 22
47243 Točak 45 K 14
20231 Točionik 91 Y 27
23440 Tojagići 67 P 16
21247 Tokići 79 T 20
53236 Tolić 67 O 14
21260 Tolići 84 V 24
53285 Tomaić-Draga 59 M 10
43000 Tomaš 17 F 22
31422 Tomašanci 37 J 31
10456 Tomaševci 13 G 13
10383 Tomaševec 16 F 18
43280 Tomašica 33 H 22
47262 Tomašići 28 J 13
47281 Tomašnica 29 H 13
35107 Tomica 52 K 29
47313 Tomići/Drežnica 44 L 11
51325 Tomići/Moravice 28 J 11
53271 Tomići/Vrataruša 43 L 10
53262 Tominac Draga 44 L 12
23440 Tomingaj 67 P 16
34340 Tominovac 35 J 28
20248 Tomislavovac 90 Y 26
52341 Tomišići 41 L 4
53289 Tomljenović-Žal 65 P 12
32238 Tompojevci 39 K 35
47250 Tončići 29 J 13
53224 Tonkovići 61 N 13
21320 Topići/Baška Voda 84 V 22
21202 Topići/Dugobabe 78 U 19
52220 Topid 41 L 5
10453 Toplice 14 G 14
49284 Topličica/Budinščina 9 E 18
42220 Topličica/Novi Marof 10 D 18
31224 Topoline 37 H 31
20205 Topolo 91 Y 27
44202 Topolovac 31 J 19
10340 Topolovec 16 F 19
10451 Topolovec Pisarovinski 30 H 16
51325 Topolovica/Moravice 28 J 11
43270 Topolovica/Zrinska 18 G 24
31304 Topolje/Draž 22 F 33
10311 Topolje/Ivanić Grad 31 H 19
44415 Topusko 46 K 16
34543 Toranj/Pakrac 33 J 23
34330 Toranj/Velika 34 J 26
44414 Torbice 30 J 16
48322 Torčec 11 D 22
32214 Tordinci 38 J 33
31322 Torjanci 21 G 31
23234 Torovi 65 Q 11
40000 Totovec 7 C 19
47264 Tounj 44 K 12
53294 Tovarnele 59 N 9
32249 Tovarnik 55 L 35
42253 Trakošćan 9 D 16
34310 Trapari 35 K 27
22306 Travice 72 R 16
22320 Trbounje 77 S 17
47313 Trbovići 44 L 11
44325 Trebež 32 J 21
10311 Trebovec 16 G 18
43290 Treglava 18 G 24
48214 Trema 16 F 20
44204 Tremušnjak 47 K 18
34330 Trenkovo 35 J 27
44410 Trepča/Gornji Sjeničak 30 J 15
44410 Trepča/Pokupsko 30 J 16
10000 Trešnjevka 15 G 16
34308 Treštanovci 35 J 27
47280 Trg 29 H 14
52224 Trget 41 L 5
52224 Trgetari 41 L 5
44437 Trgoki 47 L 18
51243 Tribalj 43 K 9
52460 Triban (Tribano) 24 J 3
23245 Tribanj 66 P 12
51514 Tribulje 42 L 8
22212 Tribunj 76 T 15
21240 Trilj 79 U 21
35430 Trnakovac 33 K 24
31411 Trnava/Donji Andrejevci 36 K 30
10040 Trnava/Zagreb 15 F 17
33412 Trnava Cabunska 19 G 26
53230 Trnavac 61 N 14
21254 Trnbusi 83 V 21
44432 Trninići 47 K 19
20232 Trnova 91 Z 28
53000 Trnovac/Gospić 66 O 12
34330 Trnovac/Velika 35 J 26
44405 Trnovac Glinski 47 K 18
48306 Trnovac Sokolovački 11 E 21
40306 Trnovec/Nedelišće 6 C 18
42202 Trnovec-Bartolovečki/Varaždin 10 D 19
51218 Trnovica/Jelenje 26 J 7
20231 Trnovica/Visočani 91 Y 28
43233 Trnovitički Popovac 33 H 22
47261 Trnovo 29 J 13
35211 Trnjani/Garčin 52 K 29
44212 Trnjani/Staro Selo 31 J 19
35213 Trnjanski Kuti 52 L 30
10410 Trnje/Velika Gorica 15 G 17
10000 Trnje/Zagreb 15 G 16
21220 Trogir 82 U 18
43506 Trojeglava 33 H 23
43000 Trojstveni Markovac 17 F 22
47303 Trojvrh 44 L 12
53288 Trolokve/Cesarina 65 O 10
21201 Trolokve/Primorski Dolac 78 U 18
47263 Trošmarija 44 K 12
52000 Trošti 41 K 4
20240 Trpanj 90 X 24
32224 Trpinja 38 J 34
20245 Trstenik/Janjina 90 Y 25
52421 Trstenik/Male Mune 25 J 5
10291 Trstenik/Marija Gorica 14 F 15
10040 Trstenik/Zagreb 15 F 17
10361 Trstenik Nartski 15 G 18
20400 Trsteno 96 Z 28
51305 Tršće 27 H 8
49000 Trški Vrhi 8 E 16
44400 Trtnik Glinski 47 K 18
47242 Trupinjak 45 K 14
52000 Trviž 41 K 4
10450 Tržić 14 G 15
47244 Tržić Primišljanski 45 K 13
47264 Tržić Tounjski 45 K 13
53235 Tučari 61 N 14
10345 Tučenik 16 F 20
21325 Tučepi 84 W 23
21252 Tugare 83 V 20
49247 Tugonica 15 E 17
49215 Tuhelj 8 E 15
49215 Tuheljske Toplice 8 E 15
42223 Tuhovec 10 D 19
43212 Tuk/Bjelovar 17 F 21
51326 Tuk/Vrbovsko 28 J 11
53230 Tuk Bjelopoljski 62 N 15
51315 Tuk Mrkopaljski 43 K 10
53226 Tukljace 60 M 12
23441 Tulić 67 P 16
51415 Tuliševica 42 K 6
34310 Tulnik 35 K 28
23440 Tupale 67 P 15
10455 Tupčina 13 G 13
52333 Tupljak 41 K 5
33406 Turanovac 18 F 25
23207 Turanj/Biograd na Moru 70 S 13
47000 Turanj/Karlovac 29 J 14
43531 Turčević Polje 18 G 24
51511 Turčić 42 L 8
40318 Turčišće 7 C 20
22302 Turići 73 S 18
53284 Turine 59 M 10
52450 Turisticke naselje Blesić 40 L 2
52440 Turisticke naselje Brulo 40 K 2
52449 Turisticke naselje Červar - Porat 40 K 2
52440 Turisticke naselje Pical 40 K 2
52440 Turisticke naselje Špadići 40 K 2
21230 Turjaci 79 U 21
53223 Turjanski 61 N 14
51302 Turke 27 H 9
10381 Turkovčina 9 E 18
10414 Turkovići 30 H 17
47300 Turkovići Ogulinski 44 K 12
33405 Turnašica 18 F 24
34000 Turnić 35 J 27
49282 Turnišće 9 E 17
49216 Turnišće Desinićko 8 E 14
10417 Turopolje 31 H 17
51311 Tusti Vrh 27 J 10
53234 Tušice 67 P 15
47241 Tušilović 29 J 14
47286 Tuškani 29 H 14
53284 Tuževac 60 M 10
53260 Tuževic 44 L 11
42242 Tužno 9 D 18
43202 Tvrda Reka 17 E 21
31000 Tvrđavica 37 H 33

U

20290 Uble/Lastovo 93 Z 21
21202 Uble/Lećevica 78 U 19
53234 Udbina 67 O 15
47211 Udbinja 29 J 15
44440 Udetin 47 L 18
21257 Udiljak 84 U 23
21242 Udovičić 79 U 21
34000 Ugarci 35 J 26
23275 Ugljan 70 R 11
21243 Ugljane 79 U 21
31326 Uglješ 22 H 33
22305 Ugrčići 72 R 17
52420 Ugrini 25 J 4
23212 Ugrinići 70 S 13
43507 Uljanički Brijeg 33 H 23
43507 Uljanik 33 H 23
52470 Umag (Umago) 24 J 2
21277 Umčani 90 X 25
44432 Umetić 47 K 19
22322 Umljanović 78 T 18
47251 Umol 28 J 12
44435 Unčani 47 L 19
22323 Unešić 78 T 18
51562 Unije 63 O 6
53202 Uremovići 61 N 13
35435 Uskoci 50 L 24
20210 Uskoplje 97 Aa 30
51555 Ustrine 58 N 7
52100 Ušićovi Dvori 57 M 4
23451 Ušljebrke 72 R 15
44324 Uštica 49 K 22
47211 Utinja 29 J 15
47211 Utinja Vrelo 30 J 15
43231 Utiskani 17 G 21
44222 Utolica 48 K 20
53231 Uvalica 61 N 14
22312 Uzdolje 73 S 18
53251 Užljebić 62 N 16

V

52465 Vabriga 40 K 2
22222 Vaćani 77 S 16
22204 Vadalj 77 U 16
10296 Vadina 14 F 15
52207 Vadrež 41 L 4
53244 Vaganac 67 P 15
53212 Vaganac/Aleksinica 60 O 12
53211 Vaganac/Smiljan 66 O 12
43245 Vagovina 17 G 21
47303 Vajin Vrh 44 L 13
51251 Valać 43 K 9
52212 Valbandon 56 M 3
51500 Valbiska 42 L 7
52100 Valbonaša 57 M 4
52100 Valdebek 57 M 4
31512 Valenovac 35 H 28
49218 Valentinovo 8 E 15
10347 Valetić 16 F 18
52470 Valica (Valizza) 24 J 2
22310 Validžići 73 R 19
31550 Valpovo 21 H 31
52100 Valtura (Altura) 57 M 4
51557 Valun 58 M 7
44440 Vanići 47 L 19
42000 Varaždin 10 D 19
42204 Varaždin Breg 10 D 19
42223 Varaždinske Toplice 10 D 19
31327 Vardarac 22 H 33
52470 Vardica 24 J 2
22319 Varivode 72 S 16
51213 Varljeni 26 J 6
23450 Varoš 71 Q 15
47251 Varoš Bosiljevski 28 J 12
34000 Vasine Laze 35 K 27
53205 Vaščica 66 P 14
33525 Vaška 19 G 26
51559 Važminec 42 L 7
48264 Većeslavec 11 E 21
53230 Vedašić 62 N 15
51414 Vedež 42 J 6
21240 Vedrine 79 U 21
53000 Vedro Polje/Gospić 66 O 13
44210 Vedro Polje/Sunja 32 J 20
22304 Veinovići 72 R 17
20270 Vela Luka 88 Y 21
21465 Vela Prapatna 88 X 21
21466 Vela Stiniva 88 X 21
52000 Vela Traba 41 K 4
51414 Vela Učka 41 K 6
51317 Vela Voda 27 J 9
51244 Vele Bašunje 43 K 9
51312 Vele Drage 28 J 10
51212 Vele Mune 25 J 5
51550 Vele Srakane 63 O 6
52440 Veleniki 40 K 2
10411 Veleševec 31 H 18
49247 Veleškovec 9 E 17
51213 Veli Brgud 26 J 6
51241 Veli Dol 43 K 8
51554 Veli Dvor 58 O 7
52220 Veli Golji 41 L 5
23284 Veli Iž 70 R 11
51551 Veli Lošinj 63 O 8
52440 Veli Maj 40 K 2
52420 Veli Mlun 25 J 4
51557 Veli Podol 58 M 7
23287 Veli Rat 69 R 10
52220 Veli Turini 41 L 5
21240 Velić 79 U 21
34330 Velika 35 J 26
33533 Velika Babina Gora 19 G 25
43290 Velika Barna 18 G 23
31431 Velika Branjevina 37 J 32
48306 Velika Branjska 11 E 21
43282 Velika Bršljanica 32 H 22
10413 Velika Buna 30 H 17
47242 Velika Crkvina 45 K 14
33405 Velika Črešnjevica 18 F 24
43290 Velika Dapčevica 18 G 24
22222 Velika Glava 77 S 16
49218 Velika Gora/Hum na Sutli 8 D 15
10380 Velika Gora/Sveti Ivan Zelina 15 F 18
10410 Velika Gorica 15 G 17
44212 Velika Gradusa 31 K 19
49216 Velika Horvatska 8 E 15
10314 Velika Hrastilnica 31 H 19
10451 Velika Jamnička 30 H 16
43290 Velika Jasenovača 18 G 23
10432 Velika Jazbina 14 G 15
33533 Velika Klisa 19 G 25
35221 Velika Kopanica 53 L 31
10410 Velika Kosnica 15 G 17
51301 Velika Lešnica 27 J 10
31500 Velika Londžica 36 J 29
44316 Velika Ludina 32 H 20
21206 Velika Milešina 78 T 19
10408 Velika Mlaka 15 G 17
43285 Velika Mlinska 33 H 22
48306 Velika Mučna 11 E 21
10370 Velika Ostrna 16 G 18
47276 Velika Paka 28 H 12
44212 Velika Paukova 31 J 19
43290 Velika Peratovica 18 G 24
43271 Velika Pisanica 18 G 23
53213 Velika Plana 60 O 11
23442 Velika Popina 68 Q 17
10430 Velika Rakovica 14 G 15
48312 Velika Rasinjica 10 D 20
44400 Velika Solina 30 J 17
33410 Velika Trapinska 19 G 25
43284 Velika Trnava 18 G 23
43285 Velika Trnovitica 17 G 22
49224 Velika Ves 8 E 16
49252 Velika Veternička 9 E 17
44415 Velika Vranovina 46 K 16
53286 Velike Brisnice 59 N 10
48264 Velike Sesvete 10 E 21
34552 Veliki Banovac 33 J 23
43531 Veliki Bastaji 34 H 24
34350 Veliki Bilač 35 K 28
48306 Veliki Botinovac 10 E 20
10345 Veliki Brezovec 16 F 19
21231 Veliki Broćanac 78 U 19
34553 Veliki Budići 34 J 25
42231 Veliki Bukovec/Donja Dubrava 11 D 21
49251 Veliki Bukovec/Zlatar 9 E 17
21225 Veliki Drvenik 82 V 17
47281 Veliki Erjavec 29 H 13
48312 Veliki Grabičani 10 E 20
44405 Veliki Gradac 47 K 18
43270 Veliki Grđevac 18 G 23
51329 Veliki Jadrč 28 J 12
49251 Veliki Komor 9 E 16
47252 Veliki Kozinac 29 J 14
53000 Veliki Kraj 66 P 13
53261 Veliki Kut 44 L 12
23244 Veliki Ledenik 66 P 13
10430 Veliki Lipovec 14 G 14
42208 Veliki Lovrečan 6 C 17
43531 Veliki Miletinac 18 G 25
47271 Veliki Modruš Potok 29 H 13
44402 Veliki Obljaj 46 K 17
48317 Veliki Otok 11 D 21
43280 Veliki Pašijan 33 H 22
48312 Veliki Poganac 10 E 20
48260 Veliki Potočec 10 E 20
43233 Veliki Prokop 32 H 22
21277 Veliki Prolog 85 W 25
53289 Veliki Pržunac 66 P 12
33507 Veliki Rastovac 20 H 28
48265 Veliki Raven 16 F 19
44205 Veliki Šušnjar 47 K 18
51554 Veliki Tržić 58 N 7
47304 Veliki Tuk 45 L 13
23244 Veliki Vaganac 66 P 13
52208 Veliki Vareški 57 M 4
43293 Veliki Zdenci 33 H 23
53211 Veliki Žitnik 66 O 13
21325 Veliko Brdo/Makarska 84 W 23
44317 Veliko Brdo/Popovača 32 H 20
43000 Veliko Korenovo 17 F 21
44434 Veliko Krčevo 48 K 20
33407 Veliko Polje 19 F 25
23244 Veliko Rujno 66 P 13
44203 Veliko Svinjičko 32 J 20
49214 Veliko Trgovišće 14 E 16
43226 Veliko Trojstvo 17 F 22
43282 Veliko Vukovje 33 H 22
21272 Velim/Slivno 85 V 24
23422 Velim/Stankovci 76 S 15
31500 Velimirovac 36 H 29
31554 Veliškovci 21 G 30
21450 Velo Grablje 88 W 20
22320 Velušić 72 S 17
52232 Veljaki 41 K 5
47243 Veljun/Lapovac 45 K 14
53234 Veljun/Udbina 67 O 15
53271 Veljun Primorski 43 M 10
47243 Veljunska Glina 45 K 14
47243 Veljunski Ponorac 45 K 14
47261 Venac Mrežnički 29 J 13
34340 Venje 35 J 28
51414 Veprinac 42 J 6
32225 Vera 38 J 34
51555 Verin 58 N 7
23287 Verunić 69 R 10
34310 Vesela 35 K 27
52220 Veselići/Labin 41 L 5
47272 Veselići/Ribnik 29 H 13
49255 Veternica 9 E 16
34335 Vetovo 35 J 27
22204 Vezac 77 U 17
10315 Vezišće 32 H 20
49217 Viča Sela 14 E 16
20352 Vid 91 X 26
53291 Vidasi 64 O 9
47240 Videkić Selo 45 L 14
20353 Vidonje 91 Y 26
53288 Vidovac Cesarički 65 O 11
34000 Vidovci 35 K 27
42205 Vidovec/Varaždin 9 D 18
10040 Vidovec/Zagreb 15 F 17
49000 Vidovec Krapinski 8 E 16
49224 Vidovec Petrovski 8 E 16
51556 Vidovići 58 M 7
44316 Vidrenjak 32 H 20
20267 Viganj 89 Y 23
47252 Vijenac Barilovićki 29 J 13
53234 Vijevac 67 O 16
52470 Vilanija (Vilania) 24 J 2
42250 Viletinec 9 D 17
34322 Vilić Selo 34 J 26
31531 Viljevo 20 G 29
21276 Vina 85 W 25
21236 Vinalić 73 S 19
48267 Vinarec 10 E 19
52220 Vinež 41 L 5
47280 Vini Vrh 29 H 13
42207 Vinica 6 C 17
42224 Vinično 10 E 18
21243 Vinine 79 U 21
49253 Vinipotok 9 E 17
21226 Vinišće 82 V 17
32247 Vinkovački Banovci 54 K 35
32271 Vinkovci 38 K 33
10346 Vinkovec 16 F 19
52100 Vinkuran 57 N 4
31554 Vinogradci 21 H 31
42230 Vinogradi Ludbreški 10 D 20

21228 Vinovac 77 U 17
47271 Vinski Vrh 29 J 13
23207 Vinterinci 71 R 13
23247 Vinjerac 71 Q 13
23234 Vir 65 Q 11
21450 Vira 87 W 19
48326 Virje 11 E 22
42208 Virje Križovljansko 6 C 17
33000 Virovitica 18 G 25
21480 Vis 87 X 18
23241 Visočane 70 Q 13
20231 Visočani 91 Y 27
10457 Visoće 13 G 13
22323 Visoka 78 T 18
35423 Visoka Greda 50 K 24
42224 Visoko 10 E 18
43211 Visovi 17 F 21
31401 Viškovci/Đakovo 37 J 31
34310 Viškovci/Požega 35 K 27
52222 Viškovići 57 M 5
51216 Viškovo 26 J 7
52463 Višnjan 40 K 3
31220 Višnjevac/Osijek 37 H 32
43226 Višnjevac/Veliko Trojstvo 17 F 22
49218 Višnjevec 8 E 15
10432 Višnjevec Podvrški 14 G 14
21276 Višnjica/Duge Njive 85 W 24
44324 Višnjica/Jasenovac 49 K 22
33520 Višnjica/Španat 19 G 26
47264 Višnjić Brdo 44 K 12
20219 Vitaljina 97 Ab 31
21465 Viternja 88 W 21
42240 Vitešinec 9 D 17
47300 Vitunj 44 K 11
49254 Vižanovec 9 E 17
52447 Vižinada 40 K 3
52428 Vižintini vrhi 24 J 3
52428 Vižintini (Visintini) 25 J 4
49214 Vižovlje 14 E 15
33411 Vladimirovac 19 F 26
31404 Vladislavci 37 J 32
35420 Vladisovo 50 K 26
23443 Vladušići 72 Q 17
44406 Vlahović 47 K 18
53230 Vlaisavljevići 61 N 14
48325 Vlaislav 11 E 22
22324 Vlajići 77 S 17
21275 Vlaka/Dragljane 85 W 24
21450 Vlaka/Hvar 87 X 19
53287 Vlaka/Jablanac 59 N 10
23249 Vlašići/Popvljana 65 Q 12
52233 Vlašići/Tupljak 41 K 5
10450 Vlaškovec 14 G 15
34350 Vlatkovac 36 J 29
44330 Voćarica 33 K 23
33522 Voćin 34 H 26
51304 Vode 27 H 8
47251 Vodena Draga 29 J 13
51557 Vodice/Cres 42 L 7
52421 Vodice/Male Mune 25 J 5
22211 Vodice/Šibenik 77 T 15
52215 Vodnjan (Dignano) 57 M 4
53260 Vodoteč 44 L 11
20216 Vodovađa 97 Aa 31
32283 Vođinci 37 K 32
47000 Vojaki 29 H 13
48264 Vojakovac 10 E 20
47220 Vojišnica 45 J 15
33514 Vojlovica 35 H 27
47220 Vojnić 45 K 15
21240 Vojnić Sinjski 79 U 21
47303 Vojnovac 45 L 13
48269 Vojnovec Kalnički 10 E 19
49253 Vojnovec Loborski 9 E 17
23441 Vojnović Draga 67 P 16
48312 Vojvodinec 11 D 21
53284 Volarice 59 M 10
49245 Volavec 15 F 17
10450 Volavje 29 H 14
44435 Volinja 48 K 19
44318 Voloder 32 H 21
21226 Voluja 81 V 17
44415 Vorkapić 46 K 16
47303 Vorkapići 44 L 12
21245 Voštane 80 U 22
52234 Vozilići 41 L 5
21242 Vrabač 79 U 21
23440 Vrace 67 Q 15
51557 Vrana/Cres 58 M 7
23210 Vrana/Pakoštane 71 S 14
33523 Vraneševci 20 G 27
34320 Vranić 34 J 26
52440 Vranići/Poreč 40 K 2
52463 Vranići/Višnjan 40 K 3
53244 Vranik 67 P 15
23248 Vrankovići 66 Q 12
42253 Vranojelje 8 D 16
10453 Vranov Dol 14 G 14
53230 Vranovača 61 N 15
35209 Vranovci 52 K 29
53212 Vranovine 66 O 12
52434 Vranja 41 K 5
53287 Vranjak 59 N 10
52447 Vranje Selo 40 K 3
44401 Vranješi/Glina 46 K 17
21272 Vranješi/Mijaca 85 W 24
32252 Vranjevo 54 L 33
21000 Vranjic 82 U 19
32271 Vrapče/Vinkovci 38 K 34
10090 Vrapče/Zagreb 14 G 16
53287 Vrata/Bačvica 60 O 10
51321 Vrata/Fužine 43 K 9
53271 Vrataruša 43 L 10
44273 Vratečko 31 J 17
40316 Vratišinec 7 C 19
53273 Vratnik 60 M 11
10430 Vratnik Samoborski 14 G 14
53234 Vrba 67 O 15
42232 Vrbanovec 10 D 20
53288 Vrbanska Duliba 65 O 11
21462 Vrbanj 88 X 20
32254 Vrbanja 54 M 34
21460 Vrbanjske Rudine 83 W 20
32284 Vrbica/Stari Mikanovci 37 K 32
43226 Vrbica/Veliko Trojstvo 17 F 22
35423 Vrbje 50 K 25
22300 Vrbnik/Knin 73 R 18
51516 Vrbnik/Krk 43 L 9
42253 Vrbno 9 D 16
21463 Vrboska 88 W 21
35414 Vrbova 51 K 26
43500 Vrbovac 34 H 24
10340 Vrbovec 16 F 19
10430 Vrbovec Samoborski 14 G 15
35430 Vrbovljani 49 K 23
49283 Vrbovo 9 E 18
10411 Vrbovo Posavsko 31 G 18
51326 Vrbovsko 28 J 11
23249 Vrčići 65 P 11
34310 Vrčin Dol 35 K 28
21272 Vrdoljaci 85 W 24
53205 Vrebac 66 O 14
52231 Vrećari 41 L 5
47314 Vrelo 44 K 11
53230 Vrelo Koreničko 61 N 15
23210 Vrgada 76 S 14
21276 Vrgorac 85 W 25
52420 Vrh/Buzet 41 J 4
51500 Vrh/Krk 42 L 8
44271 Vrh Letovanički 31 H 17
51221 Vrh Martinšćce 42 K 7
42224 Vrh Visočki 10 E 19
49218 Vrhi Pregradski 8 E 15
49218 Vrhi Vinagorski 8 E 15
47280 Vrhovac 29 H 13
48306 Vrhovac Sokolovački 11 E 21
10430 Vrhovčak 14 G 15
10347 Vrhovec 16 F 18
35211 Vrhovina 52 K 29
53223 Vrhovine 61 M 13
40313 Vrhovljan 7 B 19
21462 Vrisnik 88 X 20
23452 Vrkića Stan 71 R 14
21236 Vrlika 73 S 19
52462 Vrnjak (Vrgnac) 24 J 3
53230 Vrpile 61 N 15
22205 Vrpolje/Donje Polje 77 T 17
22300 Vrpolje/Knin 73 R 18
23442 Vrpolje/Malovan 68 Q 17
35210 Vrpolje/Strizivojna 53 K 31
21245 Vrpolje/Trilj 79 U 21
52450 Vrsar(Orsera) 40 L 2
23235 Vrsi 70 Q 12
21222 Vrsine 82 U 17
22206 Vrsno 77 U 17
53271 Vrtlina 43 L 10
42223 Vrtlinovec 10 D 19
43240 Vrtlinska 16 G 20
49217 Vrtnjakovec 8 E 16
22243 Vrulje 75 T 12
52440 Vrvari 40 K 2
53273 Vrzići 60 M 11
49221 Vučak 15 E 17
43240 Vučani 17 G 21
40311 Vučetinec 7 C 19
31401 Vučevci 37 K 31
21202 Vučevica 78 U 19
10293 Vučilčevo 14 F 15
51325 Vučinići 28 J 11
21233 Vučipolje/Dabar 79 T 20
23440 Vučipolje/Gračac 67 Q 16
53201 Vučjak/Gospić 66 O 13
23440 Vučjak/Gračac 72 Q 16
23247 Vučjak/Posedarje 71 Q 13
31512 Vučjak Feričanački 36 H 29
10360 Vuger Selo 15 F 17
42240 Vuglovec 9 D 17
23442 Vugonje 72 Q 17
40306 Vugrišinec 6 C 18
10360 Vugrovec Donji 15 F 17
10360 Vugrovec Gornji 15 F 17
22306 Vujanići 72 R 16
22305 Vujašinovići 72 R 16
48264 Vujići Vojakovački 10 E 20
53235 Vujnove Glave 61 N 14
51326 Vujnovići 28 J 11
44410 Vuka/Gornji Sjeničak 30 J 16
31403 Vuka/Vladislavci 37 J 32
49251 Vukanci 9 E 17
47304 Vukasi 45 L 13
53201 Vukava 66 O 13
47313 Vukelići/Drežnica 44 L 11
53274 Vukelići/Krasno Polje 60 N 11
53203 Vukelići/Krš 60 N 12
47304 Vukelići/Latin 45 L 13
51325 Vukelići/Moravice 28 J 11
47205 Vukmanić 29 J 14
47286 Vukoder 29 H 14
31500 Vukojevci 36 J 29
34350 Vukojevica 35 J 28
10418 Vukomerić 30 H 16
22323 Vukorepi 78 T 18
21208 Vukosavići 83 V 21
33404 Vukosavljevica 18 F 24
44212 Vukoševac 31 J 19
47273 Vukova Gorica 28 J 13
32000 Vukovar 38 J 34
48267 Vukovec 10 E 19
22321 Vuković 78 S 18
53260 Vukovići 44 L 11
43500 Vukovije 34 H 24
10419 Vukovina 30 G 17
10382 Vukovje Zelinsko 15 F 18
42244 Vukovoj 9 D 17
22305 Vukše 72 R 16
23422 Vukšić 71 S 15
10454 Vukšin Šipak 29 H 14
40322 Vularija 10 D 19
21274 Vuletići 85 W 24
23450 Vulića Dolac 71 Q 14
23451 Vulići/Golubić 72 Q 15
22322 Vulići/Otavice 78 S 18
42250 Vulišinec 9 D 17
44273 Vurot 31 J 18

Z

53222 Zabare 60 M 12
22030 Zablaće 77 T 16
48316 Zablatje 11 D 21
10410 Zablatje Posavsko 15 G 18
49210 Zabok 14 E 16
20230 Zabrđe/Sparagovići 91 Y 26
10345 Zabrđe/Vrbovec 16 F 19
52404 Zabrežani 41 K 4
23000 Zadar 70 R 12
47000 Zadobarje 29 H 13
49228 Zadravec 9 E 16
10381 Zadrkovec 15 E 18
51281 Zadublje 59 M 9
35211 Zadubravlje 52 L 29
21255 Zadvarje 84 V 22
10257 Zadvorsko 15 G 16
23281 Zaglav/Sali 70 S 11
23285 Zaglav/Dugi Otok 69 R 10
21468 Zaglav/Sućuraj 89 X 23
21222 Zaglavice 81 V 17
51302 Zagolik 27 J 9
52234 Zagore 41 L 6
47242 Zagorje/Ćatrnja 45 K 14
47307 Zagorje/Ogulin 44 K 12
48260 Zagorska 10 E 20
49296 Zagorska Sela 8 E 14
51414 Zagrad/Opatija 42 J 6
23420 Zagrad/Polača 71 R 14
47250 Zagradci 29 J 13
34310 Zagrade 51 K 27
47286 Zagreb 29 H 14
10000 Zagreb 15 F 16
21270 Zagvozd/Baška Voda 84 V 23
21425 Zagvozd/Selca 83 W 21
51312 Zahrt 27 J 10
48267 Zaistovec 16 E 19
47280 Zajačko Selo 29 H 13
52333 Zajci 41 K 5
52402 Zajerci 41 K 4
49284 Zajezda 9 E 18
43541 Zajile 34 H 25
52470 Zakinji 24 J 2
53205 Zaklani 66 P 14
10311 Zaklepica 16 G 19
23445 Zaklopac 68 P 17
53233 Zaklopača 61 M 15
20290 Zaklopatica 93 Z 22
44440 Zakopa 47 L 19
34322 Zakorenje 34 K 26
21310 Zakučac 83 V 21
51313 Zalesina 27 J 10
51317 Zalin Crnoluški 27 J 9
44412 Zaloj 30 J 17
49231 Zalug 8 D 15
47280 Zaluka 29 H 13
47276 Zaluka Lipnička 28 H 12
51213 Zaluki 26 J 6
42255 Zalužje 9 D 16
53223 Zalužnica 61 M 13
52000 Zamask 41 K 4
52000 Zamaski Dol 41 K 4
20231 Zamaslina 91 Z 27
52475 Zambratija (Zambrattia) 24 J 2
51000 Zamet 42 J 7
44440 Zamlača/Dvor 47 L 19
42205 Zamlača/Varaždin 9 D 18
48267 Zamladinec 10 E 19
42202 Zamlaka 10 D 19
51303 Zamost 27 H 9
21202 Zamovran 78 T 19
47203 Zamršje 29 H 15
53203 Zamršten 60 N 12
52233 Zankovci 41 K 5
33520 Zanoš 19 G 27
21334 Zaostrog 90 X 24
51328 Zapeć 28 J 11
44317 Zapolić 32 H 20
47240 Zapolje 46 L 15
53222 Zapolje/Dabar 60 M 12
35422 Zapolje/Staro Petrovo Selo 50 K 25
10290 Zaprešić 14 F 15
23292 Zapuntel 69 Q 9
23420 Zapužane 71 R 14
21465 Zarače 88 X 20
52000 Zarečje 41 K 4
34312 Zarilac 35 J 28
40311 Zasadbreg 7 C 19
21233 Zasiok 79 T 20
51219 Zastenice 26 J 7
20216 Zastolje 97 Aa 31
21466 Zastražišće 89 X 22
52232 Zatka Čepić 41 K 5
20235 Zaton/Dubrovnik 96 Z 29
23232 Zaton/Nin 70 Q 12
22215 Zaton/Vodice 77 T 15
20231 Zaton Doli 91 Z 27
23450 Zaton Obrovački 71 Q 15
51328 Zaumol 28 J 11
21465 Zavala 88 X 21
20273 Zavalatica 89 Y 22
23446 Zavlaka 68 Q 18
53205 Zavođe/Gospić 66 O 14
22306 Zavođe/Mokro Polje 72 R 17
21275 Zavojane 85 W 24
53287 Zavratnica 59 N 10
51312 Zavrh 27 H 10
51312 Završje/Brod Moravice 27 H 10
34322 Završje/Požega 35 K 26
35252 Završje/Sibinj 51 K 28
49254 Završje Belečko 9 E 17
47271 Završje Netretičko 29 H 13
42242 Završje Podbelsko 9 D 18
49224 Završje Začretsko 8 E 16
52428 Završje (Piemonte) 24 J 3
42202 Zbelava 10 D 19
51557 Zbičina 58 M 7
51557 Zbišina 58 M 7
35254 Zbjeg 51 L 28
44321 Zbjegovača 33 J 22
47264 Zdenac 44 K 13
33513 Zdenci 35 H 28
10291 Zdenci Brdovečki 14 F 15
43280 Zdenčac/Garešnica 33 H 22
43245 Zdenčac/Štefanje 17 G 21
10450 Zdihovo 29 G 14
51329 Zdvihovo 28 J 12
53205 Zeba 66 P 14
40314 Zebanec Selo 7 C 19
47304 Zebići 45 L 13
52341 Zeci 41 L 4
47244 Zečev Varoš 45 L 14
22319 Zečevo 72 S 16
22203 Zečevo Rogozničko 81 U 16
23247 Zekići 70 Q 13
31227 Zelčin 21 H 31
42206 Zelendvor 9 D 18
23450 Zelengrad 71 R 15
31321 Zeleno Polje 21 G 32
22300 Zelići 72 R 17
51317 Zelin Mrzlovodički 27 J 9
10311 Zelina Breška 16 G 18
21233 Zelovo 79 T 20
21247 Zelovo Sutinsko 79 T 20
23222 Zemunik Donji 70 R 13
23222 Zemunik Gornji 70 R 13
10342 Zetkan 16 G 20
10414 Zgurić Brdo 30 H 16
33520 Zidina 19 G 26
47241 Zimić 29 J 14
47253 Zinajevac 45 K 14
44000 Zirčica 31 H 19
22232 Zlarin 77 T 16
49250 Zlatar 9 E 17
49247 Zlatar-Bistrica 9 E 17
44415 Zlatari 46 K 16
31309 Zlatna Greda 22 G 34
44437 Zlatovići 47 K 18
51324 Zlobin 43 K 8
51322 Zlobinska Draga 43 K 9
42255 Zlogonje 9 D 17
31307 Zmajevac 22 G 33
21266 Zmijavci 85 V 24
49250 Znož 9 E 17
53250 Zobeničin Gaj 67 O 16
33513 Zokov Gaj 36 H 29
31500 Zoljan 36 J 29
35215 Zoljani 53 L 30
44410 Zorići 30 J 15
47280 Zorkovac 29 H 14
47280 Zorkovac na Kupi 29 H 14
47283 Zorkovac Vivodinski 29 H 13
31324 Zornice 22 G 32
52428 Zrenj (Stridone) 25 J 4
44441 Zrin 47 K 19
43270 Zrinska 18 G 23
44441 Zrinska Draga 47 K 19
44441 Zrinski Brđani 47 K 19
43202 Zrinski Topolovac 17 E 21
10383 Zrinšćina 16 E 19
33407 Zrinj Lukački 19 F 25
23443 Zrmanja Vrelo 72 Q 17
47313 Zrnići 44 L 11
44437 Zuberi 47 K 18
53296 Zubovići 65 O 10
23235 Zukve 70 Q 12
44440 Zut 47 L 18
47261 Zvečaj 29 J 13
21253 Zvečanje 83 V 21
10342 Zvekovac 16 G 20
20210 Zvekovica 97 Aa 30
23286 Zverinac 69 R 10
43000 Zvirejci 17 F 22
22312 Zvjerinac 73 S 18
51213 Zvoneće 26 J 6
10344 Zvonik 16 F 20
33523 Zvonimirovac 20 G 28
33410 Zvonimirovo 19 G 26

Ž

44212 Žabari 31 K 19
53000 Žabica 66 O 13
43212 Žabjak 17 F 21
47252 Žabljak 29 J 13
10343 Žabnica 16 F 20
44000 Žabno 31 H 19
33507 Žabnjača 20 G 28
22010 Žaborić 77 U 16
52341 Žagrići 41 L 4
22300 Žagrović 73 R 17
47276 Žakanje 28 H 13
51325 Žakule 28 J 11
10455 Žamarija 13 G 13
42250 Žarovnica 9 D 17
44271 Žažina 31 H 18
22223 Žažvić 72 S 15
52440 Žbandaj 40 K 3
48332 Ždala 12 D 23
43000 Ždralovi 17 F 22
22222 Ždrapanj 77 S 16
23263 Ždrelac 70 R 12
23242 Ždrilo 71 Q 14
21220 Žedno 82 U 18
53244 Žegarci 67 P 14
51212 Žejane 25 J 6
10296 Žejinci 14 F 16
40312 Železna Gora 6 C 18
53251 Železno Polje 62 N 16
52207 Želiski 41 L 4
53233 Željava 62 M 15
42242 Željeznica 9 D 18
10455 Željezno Žumberačko 13 G 13
21483 Žena Glava 87 X 17
23235 Žerava 70 Q 12
10360 Žerjavinec 15 F 18
51515 Žestilac 43 L 8
44273 Žestoki 31 J 17
22306 Žeželji 72 R 16
21250 Žeževica 84 V 22
51511 Žgaljići 42 L 7
51511 Žgombići 42 L 8
48269 Žibrinovec 10 E 20
22221 Žičkovići 77 T 17
49221 Židovinjak 9 E 16
34322 Žigerovci 34 J 26
22236 Žirje 76 U 14
33412 Žiroslavje 19 G 26
40000 Žiškovec 7 C 19
10436 Žitarka 14 G 15
10413 Žitkovčica 30 H 17
22320 Žitnić 78 S 17
10040 Žitnjak 15 G 17
10380 Žitomir 15 E 18
44450 Živaja 48 K 21
53287 Živi Bunari 59 N 10
35257 Živike 51 L 27
21238 Živinići 79 T 21
47220 Živković Kosa 29 J 15
21329 Živogošće 85 W 24
53223 Živulja 61 N 14
53262 Žižići 44 L 12
10294 Žlebec Pušćanski 14 F 15
33411 Žlebina 19 F 26
23282 Žman 70 S 11
52341 Žminj 41 L 4
52428 Žnjidarići (Znidarici) 25 J 4
52420 Žonti 25 J 4
44210 Žreme 32 J 20
51311 Žrnovac 27 J 10
21251 Žrnovnica/Solin 83 U 20
53284 Žrnovnica/Sveti Juraj 59 M 10
20275 Žrnovo 89 Y 23
33412 Žubrica 19 G 26
47251 Žubrinci 28 J 12
52447 Žudetići 40 J 3
52233 Žuknica 41 K 6
10342 Žukovec 16 F 20
20246 Žuljana 90 Y 25
10455 Žumberak 13 G 13
44273 Žunci/Glinska Poljana 31 J 17
10346 Žunci/Preseka 16 F 19
21273 Župa 84 W 23
21273 Župa Srednja 84 V 23
42231 Županec 11 D 21
23450 Županj 71 Q 15
52231 Županići 41 L 5
32270 Županja 54 L 33
51515 Županje 43 L 8
53260 Županjol 44 L 11
44250 Župić 31 J 18
20248 Žuronja 90 Y 26
53260 Žuta Lokva 60 M 11
44415 Žutići 46 K 17
49000 Žutnica 8 D 16
52444 Žužići/Brečevići 40 K 3
23242 Žužići/Posedarje 71 Q 13
52463 Žužići/Višnjan 40 K 3

## BIH

51 197 km² · +387 · Sarajevo · 3 834 000

A

Ada 53 L 31
Adžići 49 L 23
Agići/Dervanta 51 M 28
79228 Aginci 48 L 21
Aladinići 91 X 28
Alaginci 48 K 20

B

Babin Do 91 Y 27
Bačevići/Čapljina 91 X 27
Bačnik 91 X 28
Bačvani 48 K 20
Bag 46 L 17
Bajinci 50 L 25
Balatun 55 M 37
Baljevac 62 N 15
Banjani 47 L 17
Bardača 50 L 25
Bastasi/Drvar 68 P 18
79289 Bastasi/Glamoc 74 R 20
Baštra 47 M 18
Batin 85 V 25
76312 Batković 55 M 36
Batkuša 53 M 32
Bauci 68 Q 18
Bazik 53 L 32
Begluci 51 L 28
Begluk 46 L 15
Beljani 80 U 23
Berek 50 L 24
77000 Bihać 62 N 16
89201 Bihovo 97 Z 30
Bijača 90 X 26
Bijakovac 49 L 22
Bijelo Brdo/Bihać 62 N 16
Bijelo Brdo/Korače 51 L 28
Bila 80 T 22
Biličić 74 R 21
Bistrica/Orahova 49 L 23

V
Z
Ž

79229 Bišćani 48 M 20
Bišnja 51 M 28
77254 Bjelaj 68 O 18
Bjelajci/Baštra 47 L 18
Bjelajci/Bosanska Dubica 48 L 21
Bjelajski Vaganac 68 O 18
79229 Blagaj Japra 48 L 19
Blagaj Rijeka 48 L 19
77224 Blatna 47 M 18
Blaževići/Runović 85 V 25
Blaževići/Šimići 49 M 23
Bobanova Draga 85 V 25
Boboljusci 68 P 18
Bogdaše 74 R 21
Bogdašić 80 S 24
Bogojević Selo 97 Aa 31
80203 Bojmunte 74 S 21
Bok 53 L 32
Borajna 85 W 25
Boričevac 85 V 25
Borojevići/Kostajnica 48 K 20
88365 Borojevići/Stolac 91 X 28
Borovčani 51 L 26
Borut 91 Y 27
77231 Bosanska Bojna 46 K 17
Bosanski Aleksandrovac 50 M 24
Bosanski Dubočac 51 L 28
78423 Bosanski Kobaš 51 L 27
Bosanski Lužani 52 L 28
77270 Bosansko Grahovo 73 Q 19
Bosenski Osredci 68 P 17
Bostan 85 V 25
74483 Botajica 52 M 30
76101 Brčko 54 M 33
Brda/Vrnograč 46 L 16
Brekinja 48 L 21
77205 Brekovica 62 M 16
Brestica 91 Y 26
Brestovčina 50 L 24
79208 Brezićani/Prijedor 48 L 20
Brezik/Šamac 53 L 30
Brezova Kosa 46 L 16
Brezovljani 50 L 26
76216 Brezovo Polje/Brčko 54 M 34
Brežine 74 R 20
Brkići 62 M 16
Broćanac 91 Y 27
Brod/Brka 54 M 33
74450 Brod/Sijekovac
Бпод/Сијековац 52 L 28
88393 Brštanica 91 Y 27
Bućevći 46 L 17
Budimiri 84 U 24
Buhovo/Tomislavgrad 80 T 24
Bukanje 96 Z 29
Bukova Gora 80 U 23
Bukova Greda 53 L 32
Bukovac/Gradiska 49 L 24
Bulećani 47 L 17
Busije/Bjelaj 68 O 18
77245 Bužim 46 L 17

C

77220 Cazin 62 M 16
88226 Cerov Dolac 85 W 25
Cerovac/Taleža 96 Z 30
Cerovi Doci 85 V 25
Cerovica/Hutovo 91 Y 27
Cerovica/Novi Grad 47 L 19
78403 Cerovljani 50 L 24
88393 Cerovo 91 Y 27
Cerovo Polje 53 M 32
Cicrina 91 Y 28
Cikote 48 M 20
Cimeše 68 O 18
Cori 91 X 28
76239 Crkvina/Šamac 53 L 31
Crna Dolina 48 L 21
Crnac 74 Q 20
88226 Crne Lokve 85 V 25
79289 Crni Lug 74 R 20
88367 Crnići/Opličići 91 X 28
Crvarevac 46 L 16
Crveni Grm 85 W 25
Cvek 53 L 31

Č

Čaglica 46 L 16
Čaić 79 S 21
Čajići 46 L 16
Čapaja 48 K 20
88300 Čapljina 91 X 27
80204 Čaprazlije 74 S 21
Čardak/Modriča 53 M 31
Čatrnja 49 L 24
Čava 47 L 17
Čavkići 62 M 16
Čehići 46 M 15
Čejreci 48 L 21
80203 Čelebić 74 S 21
Čelebinci 48 L 21
Čelinovac 49 L 24
Čeljevo 91 X 27
Čerigaj 85 V 26
Čerklije 62 N 16
Čičevo/Trebinje 97 Z 31
Čikule 50 L 24
Čitluk 48 L 20
80243 Čitluk/Posušje 85 V 24
Čizmići 62 M 16
Čopice 96 Z 29
77226 Čoralići 46 M 16
Čoslije 74 R 21
Čuklić 80 T 22
Čuklinac 49 K 22

Ć

Ćosanlije 80 T 22
Ćović Polje 53 M 32
78427 Ćukali 50 M 26
Ćukovi 62 O 17
Ćurića Staje 80 U 23
Ćuzići 91 X 26

D

Dašnica 91 X 28
79243 Demirovac 49 K 22
74400 Derventa
Дервента 51 M 28
Devetaci 48 L 20
Diklići 96 Z 29
Dizdarevica 46 L 16
Dizdarlije 48 L 20
Dobra Voda/Donji Brodac 55 M 36
Dobra Voda/Dugo Polje 52 L 29
Dobrenica 62 N 16
Dobri Do 91 Y 28
Dobrići 80 U 23
Dobrkovići 85 V 26
79223 Dobrljin 48 L 19
Dobro 80 T 23
77242 Dobro Selo/Mrazovac 46 L 17
Dobromani 96 Z 29
Dobrovo 91 Y 27
Dolac/Priluka 80 S 22
88348 Dole/Mijaca 85 W 25
Dolovi/Trebinje 97 Z 31
Dolovi/Trubar 68 P 18
Dolovljani 47 M 19
88368 Doluša 91 X 28
76233 Domaljevac 53 L 32
88300 Rečice 91 X 27
88226 Donja Britvica 85 V 26
Donja Dolina 50 L 25
79229 Donja Dragotina 48 L 20
Donja Dubica 53 L 31
Donja Gata 62 M 16
Donja Jurkovica 49 L 23
Donja Jutrogošta 48 L 20
Donja Koprivna 46 M 16
Donja Lepenica 51 L 26
76274 Donja Mahala 53 L 32
Donja Močila 52 L 29
Donja Slabinja 48 K 20
76237 Donja Slatina/Obudovac 53 M 32
Donja Vidovska 46 L 15
76328 Donje Crnjelovo
Доње Црњелово 55 M 35
Donje Grančarevo 97 Z 31
Donje Kolibe 52 L 29
Donje Ledenice 53 M 31
Donje Peulje 73 R 20
Donje Vodičevo 47 L 19
Donje Vrbno 97 Z 31
Donje Vrela 52 L 29
Donji Brigovi 46 L 17
76313 Donji Brodac 55 M 36
Donji Burum 55 M 35
Donji Crnač 85 V 26
Donji Detlak 51 M 27
Donji Hasić 53 L 31
Donji Jelovac 48 L 21
Donji Klakar 52 L 29
Donji Malovan 80 S 24
88343 Donji Mamići 85 V 25
Donji Podgradci 49 L 23
80243 Donji Poklečani 85 U 25
Donji Puharska 48 M 21
Donji Rahić 54 M 33
80204 Donji Rujani 74 S 21
76297 Donji Svilaj 52 L 30
Donji Šumatac 46 L 16
Donji Tiškovac 73 Q 18
Donji Zelenikovac 91 Y 27
76273 Donji Žabar
Доњи Жабар 53 M 32
Dračevice/Neum 91 Y 26
Dračevo/Metković 91 X 27
Draganovci 54 L 33
Dragelji 49 L 23
Dragičina/Grude 85 V 25
Dragnjić 80 S 23
Draksenić 49 K 22
Drenovac 52 L 30
23446 Drenovac Osredački 73 Q 18
Drenovo Tijesno 62 N 16
Drijen/Gradac 91 Y 27
Drinova Međa 80 T 22
88344 Drinovci 85 V 24
Držanlije 80 T 22
79202 Dubovsko 62 N 17
Dubrava/Glamoč 74 R 22
Dubrava/Grude 85 V 24
78411 Dubrave/Gradiska
Дубраве/Градишка 50 L 24
Dučići 80 T 23
74483 Dugo Polje 52 M 29
Duler 73 Q 18
Duži 91 Y 27
Dužice 85 V 26

Đ

Đedići 96 Z 30
Đukići/Obudovac 53 M 32

E

Elezagići 50 L 24
Elezovići 46 K 16
Eminovo Selo 80 T 24

G

88306 Gabela 91 X 27
80249 Galečić 80 T 24
74484 Garevac 53 M 31
Gašnica 49 L 23
80230 Glamoč 74 R 22
78499 Glamočani
Гламочани 50 L 25
Glavica 46 K 16
Glavice/Medena Selišta 74 R 21
Glavinac 49 K 22
Glavska 97 Aa 30
Glinica 46 K 16
Glodina 47 L 18
Glogovac/Cazin 62 M 16
Glogovica 52 M 29
Glumina/Hutovo 91 Y 28
Gnionica 52 L 30
Gnjilišta 91 X 27
Gnjilovac 62 M 16
Gojšina 96 Z 29
Gola Glavica 96 Z 30
Golinjevo 80 T 23
53251 Golubić 62 N 16
Golubovići 46 L 16
Gorica/Čapljina 91 X 27
Gorica/Grab 85 W 25
Gorica/Grude 85 V 24
Gorica/Trebinje 97 Z 31
22405 Gorice 54 M 33
Gorjevac 62 N 16
Gornja Barska 46 L 16
Gornja Britvica 85 V 25
Gornja Dolina 50 L 25
Gornja Dubica 53 L 31
Gornja Jurkovica 49 M 23
Gornja Jutrogošta 48 L 20
77222 Gornja Koprivna 46 L 16
Gornja Lepenica 51 L 26
Gornja Mala 52 L 29
Gornja Slabinja 48 K 20
Gornja Slapnica 46 L 16
76238 Gornja Slatina/Modriča 53 M 31
78418 Gornja Topola 50 L 24
Gornja Vidovska 46 L 15
76328 Gornje Crnjelovo 55 M 35
Gornje Grančarevo 97 Z 31
88394 Gornje Hrasno 91 Y 28
Gornje Kolibe 52 L 29
79289 Gornje Peulje 74 R 20
Gornje Vodičevo 47 L 19
Gornje Vrbno 97 Z 31
78418 Gornji Bakinci 50 M 24
Gornji Brigovi 46 L 17
76313 Gornji Brodac 55 M 36
Gornji Dragotinja 48 L 20
Gornji Grab 85 W 25
Gornji Hasić 53 L 31
Gornji Mamići 85 V 25
78437 Gornji Palačkovci 51 M 27
78405 Gornji Podgradci 49 L 23
Gornji Puharska 48 L 21
Gornji Rakani 47 M 18
Gornji Rujani 74 S 21
74261 Gornji Skugrić 53 M 31
88365 Gornji Stanojevići 91 W 28
Gornji Tiškovac 68 Q 18
Gornji Tvrdoši 97 Z 30
Gornjoselci 49 L 22
Grab/Ljubuški 85 W 25
89201 Grab/Trebinje 97 Aa 31
Grabašnica 48 L 20
Grabež 62 N 16
Grabež/Bihać 62 N 16
79202 Grabež/Grkovci 74 R 20
Grabići 51 L 27
Grabik Ilova 51 M 26
Grabovica/Dobrići 80 U 23
Grabovnik 85 W 25
Gradac/Batin 85 V 25
88392 Gradac/Neum 91 Y 27
Gradina 62 M 16
Gradina/Bihovo 97 Aa 30
Gradina/Cazin 62 M 16
Gradina/Vrnograč 46 K 16
78400 Gradiška
Градишка 50 L 24
Gradska 85 W 26
Grahovići 46 L 15
Grahovo 46 L 16
Grbavci 49 L 23
Grbavica/Brčko 54 M 33
Grbavice 46 L 17
Grborezi 80 T 22
70280 Grebci 96 Z 29
76234 Grebnice 53 L 32
Gredice 54 M 34
Grkovci 74 R 20
Grljevići 85 W 26
Grmuša 62 M 17
Gruborski Naslon 68 P 18
88340 Grude/Dragičina 85 V 25
80204 Gubin 74 S 20
Gumnjani 48 K 20
Gunjevci 49 L 22

H

Hadžibajir 48 L 21
Hajderovci 48 L 21
Halapić 74 R 21
Hardomilje 91 X 26
Hasanbegovci 74 R 21
Hotanj 91 Y 27
Hozići 47 M 19
Hrašljani 91 W 26
89203 Hum/Trebinje 96 Z 30
Humac 85 W 26
88394 Hutovo 91 Y 27

I

Ilićani 50 M 25
Injani 51 L 26
Isjek 73 Q 19
Ivanica 96 Aa 29
Ivići/Šumnjaci 74 R 21
77208 Izačić 62 M 15

J

Jablan Do 97 Aa 31
Jablanica/Novigrad 47 L 19
Jablanica/Sjeverovci 49 L 22
Jadovica 51 M 27
74480 Jakeš 52 M 30
Jankovac 46 L 15
Jaruga 74 R 20
Jasen/Trebinje 97 Z 31
Jasenica Lug 96 Z 29
Jasenje 48 L 21
Jazovac 50 L 24
Jelići/Miloševo Brdo 49 L 23
Jenjić 54 M 33
Jezerine 68 P 17
Jezero/Brekovica 62 M 16
77241 Jezerski 46 M 17
Johovica 46 L 15
Johovica/Kudići 46 L 15
Jošavica 52 L 30
Jošik 49 K 22

K

Kadar 52 L 30
Kalabe 74 R 20
Kalađurđevići 96 Z 29
Kalati 68 O 17
74413 Kalenderovci 51 M 27
77204 Kamenica/Drvar 68 P 18
Kamenica/Kozarska Dubica 49 K 22
Kamenice/Neum 91 Y 26
79208 Kamičani 49 M 22
Kaoci 51 L 26
Kapići 46 M 16
Karačić/Srđevići 80 T 22
Karajzovci/Nova Topola 50 L 25
Karijani 80 T 22
Karin Put 55 M 36
Kazaginac 80 U 23
Kazanci/Gubin 74 R 20
Kesići 73 Q 19
Kidačke Njive 85 V 25
Kijev Do 96 Z 28
Kiševo 91 Y 26
Kladari/Modriča 53 M 31
Klekovci 49 K 22
88300 Klepci 91 X 27
Kličići 62 M 16
Klikovići 96 Z 30
Klisa 68 O 17
88324 Klobuk 85 W 25
Klokot 62 M 15
78418 Kobatovci 50 M 24
Kobiljak/Bužim 46 L 17
88226 Kočerin 85 V 25
Kolojanj 91 X 27
Kolona 50 L 24
79285 Kolunić/Medeno Polje 68 O 18
Komlenac 48 K 21
Komorani 80 T 22
77249 Konjoder 46 L 17
Konjsko 97 Aa 31
Kopanice 54 M 33
74489 Koprivna/Podnovlje 52 M 29
74456 Koraće
Кораће 51 L 28
Korita/Bosansko Grahovo 73 R 19
Korita/Bukova Gora 80 U 23
Kornica 53 M 31
Korovi 51 L 27
Kosmaj/Hamzići 85 W 26
79224 Kostajnica
Костајница 48 K 20
Kostrč 53 L 32
Kostreš 51 L 28
Koturi 73 Q 18
Koturovi 49 L 22
Kovačevci 74 R 21
Kovačevići 46 L 16
Kovačevići/Gornja Barska 46 L 16
80244 Kovači/Donji Brišnik 80 U 24
Kovačić 74 S 21
Kovačina 96 Z 30
79202 Kozarac
Козарац 49 M 22
79240 Kozarska Dubica
Козарска Дубица 48 K 21
79283 Kozaruša 48 M 21
Kraj 97 Aa 31
78418 Krajišnik 50 L 24
77227 Krakača 46 L 16
Kralje 62 N 16
Kričanovo 52 L 29
78256 Kriškovci 50 M 25
Kriva Rijeka 48 L 20
Krivaja 46 L 15
Krivaja/Todorovo 46 L 16
Krivaja/Tržac 46 L 16
Krndija 62 M 15
Krnjevići 96 Z 30
Kruščik 52 L 29
Kruševo/Stolac 91 X 28
Kruškovo Polje 53 L 31
Kučići/Đedići 96 Z 30
Kučinari 91 Y 28
Kudići 46 L 16
78424 Kukulje 50 M 25
77206 Kulen Vakuf 68 O 17
74415 Kulina 52 M 29
Kuljenovci 51 L 28
Kutina 96 Z 29

L

78407 Laminci 50 L 25
Lidjani 46 L 16
74453 Liješće/Donje Kolibe 52 L 29
Lipa/Livno 80 T 22
Lipno 85 W 26
Lipovica 55 N 36
Liskovac/Cazin 46 L 16
Liskovac/Dubrave 50 L 24
Liskovača 80 U 22
Lištani 74 S 21
80101 Livno 80 T 23
Lokvari/Nova Topola 50 L 24
Lokve/Rečice 91 X 27
76278 Lončari/Ćović Polje 54 M 33
Lopatice 80 T 23
Lubarda 46 L 17
Lug/Trebinje 96 Z 30
Luka/Bosansko Grahovo 73 R 19
Luke/Vrpolje 85 U 25
80203 Lusnić 74 S 21
Lužani/Čukalj 50 L 26

L

Ljekova 97 Aa 30
Lješljani 48 L 19
Ljubijankići 46 L 16
Ljubotići 85 V 26
Ljubovo 97 Z 30
Ljubunčić 74 S 22
88320 Ljubuški 85 W 26
Ljusina 47 M 17

M

78418 Maglajani 50 M 25
Maglajci 48 L 21
77241 Mahmić Selo 46 M 17
Majetići 62 M 16
Mala Brusnica 52 L 30
77235 Mala Kladuša 46 L 16
Mala Peća 62 M 15
Mala Žuljevica 47 L 19
Maleševci/Isjek 73 Q 19
Mali Cvjetnić 68 P 18
Mali Mračaj 73 Q 18
Mali Skočaj 62 N 16
Malkočevci 74 R 22
Malo Tičevo 73 Q 19
Marići/Dazdareve 55 M 36
Marini 48 L 20
80225 Marinkovci 73 Q 19
Marjanovac 46 L 16
77265 Martin Brod 68 P 17
78223 Maslovare/Novi Grad 47 L 19
78410 Mašići 50 L 24
Matavazi 47 M 18
88368 Belovići 91 X 28
Matići/Orašje 53 L 32
Mazić 47 L 19
Medena Selišta 74 R 21
Medeno Polje 68 O 18
Medudražje 62 N 16
88266 Medugorje 62 N 16
Međeđa/Orahova 49 K 22
79247 Međuvođe 48 L 21
Mesari 96 Z 30
Mičije 49 M 23
Mijakovo Polje 80 U 23
74484 Miloševac 53 M 31
Miloševo Brdo 49 L 23
Miljevići/Romanovci 50 M 24
Mionići 96 Z 30
77224 Miostrah 62 M 16
Mirkovac 48 L 21
Miši 80 T 23
Miškovci 51 M 27
Mladeškovci 74 R 22
Modran/Derventa 52 M 28
74480 Modriča
Модрича 52 M 30
Mokrice 50 L 24
Morašnica 91 Y 28
89204 Mosko 97 Z 31
Moševići/Gradac 91 Y 27
Mračaj/Bosansko Grahovo 73 Q 18
Mrakodol 48 K 20
Mraovo Polje 48 L 20
77254 Mrazovac 46 L 17
Mrcelji 46 L 16
Murati 48 L 20
77209 Muslići 62 M 15
77225 Mutnik 62 M 16

N

Necvijeće 97 Z 31
Nepeke 46 L 15
88390 Neum 91 Y 26
Nevada 96 Z 29
79246 Nežica 48 L 21
Ninkovići 74 R 21
78418 Nova Topola
Нова Топола 50 L 24
Nova Ves 51 L 27
79220 Novi Grad/Maslovare
Нови град 47 L 19

74475 Novi Grad/Šamac 53 L 30
Novo Selo/Brod
Ново Село/Брод 52 L 28
Novo Selo/Odžak 53 L 31
Novo Selo/Šamac 53 L 31
Novoselci 48 L 21
78428 Nožičko 50 L 25
Nuglašica 74 R 20

**O**

77270 Obljaj 73 Q 19
Obradovac 50 L 24
Obradovići 91 X 28
76235 Obudovac 53 M 32
Očigrije 68 P 17
80223 Odžak/Listani 74 S 21
74470 Odžak/Modriča 53 L 30
Odžak/Srđevici 80 T 22
Ogorelica 55 M 35
Ograde 97 Aa 31
Omeragići 51 M 28
Opačić 74 R 22
88306 Opličići 91 X 27
Orah/Hum 96 Z 30
78406 Orahova/Kozarska Dubica
Орахова/Козарска Дубица 49 K 23
Orašje/Županja 54 L 33
Orašje Zupci 97 Aa 31
80206 Orguz 80 T 22
Orlovo Polje 53 M 32
Orubica 50 L 25
Osječak 53 L 31
Osoje/Batin 85 V 24
Osredak/Brekovica 62 M 16
77228 Ostrožac/Cazin 62 M 16
Ostrvo 91 X 27
76279 Oštra Luka/Orašje 53 L 32
Otok 85 W 25
77244 Otoka 47 M 18
Otpočivaljka 50 M 26

**P**

Paloški Prolog 79 T 21
Papari 62 M 15
Papažani 50 M 25
Parnice 48 L 21
Pasić 80 U 23
Pašin Brod 46 L 16
Pečenci 73 Q 19
Pečeneg Ilova 51 M 27
Peći/Isjkek 73 Q 18
77227 Pećigrad 46 L 16
Pećina 91 Y 28
Pećnik 52 M 30
Pejinovac 49 L 22
76256 Pelagićevo
Пелагићево 53 M 32
Perduhovo 74 Q 21
Perići/Tihaljina 85 W 25
Petričušići 85 U 24
Petrovo Selo 50 L 25
Petrovo Vrelo 74 R 22
Pijavice 97 Z 31
Pisari 53 L 31
Pjanići 46 M 15
Pjevalovac 51 L 28
Ploča/Ljubunčić 80 S 22
Pobrđani 48 L 20
88300 Počitelj 91 X 27
Podbila 84 U 23
Podgomila 62 M 17
Podgradina/Podhum 80 T 22
Podgreda 74 R 21
80209 Podhum/Vržerala 80 T 22
74217 Podnovlje 52 M 29
Podoška 48 L 20
Podštirovnik 97 Aa 31
Podvučjak 68 P 18
77232 Podzvizd 46 K 16
Pogleđevo 48 L 21
77209 Pokoj 62 M 16
Police 97 Z 31
75303 Poliće 85 V 25
Poljaci 53 M 32
Poljane/Klobuk 85 W 25
Poljaši 50 M 24
Poljavnice 47 L 19
Polje/Cazin 62 M 16
Polje/Derventa 52 M 28
Polje/Velika Kladuša 46 L 15
Poljice Čičevo 97 Aa 30
Ponor/Tomislavgrad 80 T 24
Ponjevići 46 L 16
Popovići/Šumnjaci 74 R 21
Poprati 91 X 28
Posavska Mahala 53 L 30
88240 Posušje 85 V 24
88300 Potkosa 91 X 27
Potkraj/Bosanska Krupa 62 M 17
Potkraj/Dobro 80 T 23
Potkraj/Kočerin 85 V 25
Potkraj/Ljubunčić 74 S 22
80201 Potočani/Livno 80 T 23
Potočani/Odžak 52 L 30
Potok/Držanlije 80 T 22
Potok/Srđevići 80 T 22
Povelić 50 L 25
Prapratnica 91 Y 27
88300 Prebilovci 91 X 27
Pregrađe 91 W 26
88306 Prenj 91 X 28
Previš 91 Y 28
Prijani 74 R 21
Prijebljezi 50 L 25
79101 Prijedor
Приједор 48 M 21
80202 Priluka 80 S 22
Prisap 80 S 22
80245 Prisoje/Golinjevo 80 T 23
Prispa 85 V 25
Pritoka 62 N 16
Prkosi 68 O 17
Prnjavor/Bihać 62 M 15
Prnjavor/Odžak 53 L 30
Proboj 85 W 26
80206 Prolog 79 T 22
Prošići 62 M 16
Provo 74 S 21
Prud 53 L 31
Prusci 48 L 20
79285 Pržine 74 R 20
Pucari 49 L 22
Pupinovac 46 L 16

**R**

88368 Rabrani 91 Y 28
Račić 62 N 16
Radač 47 L 17
Radakovići 46 L 15
Radanovci 74 S 21
Radež 91 Y 26
Radiševina 91 Y 28
88325 Radišići 85 W 26
Radomirovac 48 M 20
Rajić 49 L 22
Rajnovac 46 K 16
Rakovac/Velika Žuljevica 48 L 19
Rakovica/Sjeverovci 49 L 22
Ramići/Bastasi 74 R 21
Rapovine 80 T 22
Rapti Bobani 96 Z 29
Rastoka/Boboljusci 68 P 18
88240 Rastovača 85 V 25
80247 Raško Polje 80 U 24
Ravnice/Novi Grad 47 L 19
Ravnice/Varoška Rijeka 46 L 17
78429 Razboj Ljevčanski 50 L 25
Razvanovići 48 M 20
Renića 80 U 23
Resanovci 68 Q 18
Resavac 50 L 26
77215 Ripač 62 N 16
Rogolji/Nova Topola 50 L 24
Romanovci 50 M 24
Rosići 74 S 20
Rošići 46 L 16
Rovine 50 L 24
79226 Rudice 47 M 19
Rudići 74 R 21
Rujan 85 V 25
Rujnica 62 M 15
Rujnica/Tržačka Raštela 62 M 15
Rupin Do 96 Aa 30
88347 Ružići/Tibaljina 85 V 25

**S**

20233 Sajković 74 S 20
Salaš 55 M 37
Seferagići 46 M 16
Seferovci 50 L 25
Selište/Razboj 50 L 26
74458 Sijekovac
Сијековац 52 L 28
78422 Sitneši 50 L 26
Sjekose 91 X 27
Sjeverovci 49 L 22
Skokovi 46 L 16
Slatina/Cazin 62 M 16
Slavogostići 96 Z 29
Slivnica 97 Aa 30
78438 Smrtići/Miškovci 51 M 27
88345 Sovići/Gruda 85 V 24
Sovjak 49 L 23
Spahići/Brekovica 62 M 16
Sparožići 96 Aa 30
78420 Srbac
Србац 50 L 26
78420 Srbac Selo 50 L 26
Srbljani 62 M 16
Srđevici/Veliki Ilova 51 M 26
80209 Srđevići/Lipa 80 T 22
Sredeljani 51 M 28
Srednja Jurkovica 49 M 24
Srednja Slatina 53 M 31
Srednji Bušević 47 M 18
79249 Sreflije 49 L 22
Srnava 52 L 30
Srnjak 96 Z 30
Stabandža 46 L 17
78256 Stari Martinac 50 M 25
77224 Stijena 62 M 17
Stipanjići 80 T 23
Strigova 48 L 20
Strmica/Trebimlja 91 Y 28
Struge 91 X 27
Strupnić 74 S 21
Stubica/Čapljina 91 X 26
88323 Studenci/Čapljina 91 X 26
Subotići 49 L 23
Suhača/Novi Grad 47 M 19
Suhača/Veliki Kablići 80 S 22
Sutina/Vir 80 U 24
Sutina/Vrpolje 85 U 25
Svitava 91 X 27
79229 Svodna 48 L 20

**Š**

Šakote 85 V 26
76230 Šamac
Шамац 53 L 31
Šaškinovci 49 M 24
Šegrti 74 R 20
Šeškovci 50 M 25
Ševarlije/Kozarska Dubica 48 K 21
78418 Šimići 49 M 23
Šipovača 85 W 25
Šor 49 L 23
Šturlička Platnica 46 L 15
77223 Šturlić 46 L 15
80249 Šuica 80 S 24
77234 Šumatac 46 L 16
Šumnjaci 74 R 21
Šurmanci 91 W 27

**T**

Taleža 96 Z 30
Tarevci 52 M 30
88300 Tasovčići 91 X 27
Tavija 48 K 20
Teskera 85 W 26
88348 Tihaljina 85 W 25
Tišina/Šamac 53 L 31
Točak 52 L 30
Todorčević 68 O 18
77233 Todorovo 46 L 16
Todorovska Slapnica 46 L 16
76272 Tolisa/Orašje 53 L 32
Topolovac 48 L 20
76256 Tramošnjica 53 M 31
Trebimlja 91 Y 28
89101 Trebinje
Требиње 97 Z 31
Trebižat 91 X 27
Trebovljani 49 L 23
Trgovište 48 L 20
Tribić 80 T 22
80243 Tribistovo 85 U 25
Trn/Nepeke 46 L 15
Trnčina 91 Y 28
Trnova Poljana 79 T 21
Trnovac 49 M 23
Trnjani 52 M 29
Trošelji 50 L 25
Trstenci 51 L 27
Trubar 68 P 18
77223 Tržac 46 L 15
Tržačka Platnica 46 L 15
77225 Tržačka Raštela 62 M 15
Tuključani 48 K 21
Turija/Bihać 62 M 15
78404 Turjak 49 L 23
Turkovići/Gornje Hrasno 91 Y 28
Turmenti 97 Aa 31

**U**

Ugarci 73 R 19
Ugljara 53 L 33
Ulice/Brčko 54 M 33
79289 Uništa/Kijevo 73 R 19
Unka 52 L 29
Uremovci 48 L 21
Urga 46 L 15
Ušivac 48 L 20

**V**

Vagan/Šumnjaci 74 R 21
Vaganj 68 P 18
77243 Varoška Rijeka 46 L 17
Vašarovići 85 W 25
Vedovica 47 M 19
Vedro Polje/Bihać 62 N 15
Vedro Polje/Gubin 74 S 20
Vejinac 46 L 16
Velika Brusnica 52 L 29
77230 Velika Kladuša 46 K 15
Velika Žuljevica 48 L 19
Velike Stenjani 68 O 17
77267 Veliki Cvjetnić 68 P 18
80209 Veliki Guber 80 T 22
78420 Veliki Ilova 51 M 26
Veliki Kablići 80 S 22
Veliki Radić 62 M 17
Veliki Skočaj 62 N 16
Veliko Palančište 48 L 21
80225 Veliko Tičevo 73 Q 20
Velino Selo/Donji Brodac 55 M 36
Veljaci 85 W 25
Verija 48 K 21
Vidoši 80 T 23
76275 Vidovice 54 M 33
Vikići 62 M 15
78418 Vilusi 50 M 24
88348 Vinica 80 U 23
Vinine 91 Y 28
74455 Vinska 52 L 29
88247 Vir 85 U 24
88307 Višići 91 X 27
Vitasovci 48 L 20
88326 Vitina 85 W 25
Vlaka 96 Z 29
Vlake/Klobuk 85 W 25
Vlaknica 51 L 26
Vlasače 96 Z 30
Vlaškovci 48 L 21
Vojevići 91 Y 28
Vojnići 85 W 25
Vojskova 49 L 22
Volujac 97 Z 30
74487 Vranjak 52 M 30
78408 Vrbaška 49 L 24
Vrbica/Čelebić 74 S 21
Vrbovac 52 L 30
Vrelo/Gradina 62 M 16
Vrhovi 51 M 28
Vrhovska 46 L 17
Vrilo 80 T 23
Vrioci 48 K 21
Vrkašić 62 M 16
77231 Vrnograč 46 L 16
77256 Vrpolje 85 U 25
89209 Vrpolje Ljubomir 97 Z 31
77203 Vrsta 62 M 16
Vržerala 80 T 22
Vučilovac 54 M 33
Vučipolje/Posušje 85 U 24
Vučipolje/Tomislavgrad 80 T 23
Vukovići/Orah 96 Z 29
Vukšić 53 M 32

**Z**

Zabar 91 X 26
Zabrišće 80 T 22
Začula 96 Z 29
Zadržani 74 R 20
Zaglavica 68 P 18
Zagoričani 80 T 23
Zagorje 85 U 24
Zahirovići 46 L 15
Zakošani 73 Q 18
Založje 62 N 16
Zaljuče 80 U 23
70280 Zaplanik 96 Z 29
Zasad 97 Z 30
Zasavica/Šamac 53 L 31
Zasjeka 53 L 32
Zavalje 62 N 16
74451 Zborište/Novo Selo 52 L 29
77236 Zborište/Vrnograč 46 L 17
Zdenaća 47 L 19
Zelenike 52 M 28
Zgonjevo 97 Aa 30
Zlopoljac 62 M 15
77224 Zmajevac 62 M 17
Zovik 48 L 20
Zvirići 91 X 26

**Ž**

80201 Žabljak/Veliki Guber 80 T 22
Žegar/Bihać 62 N 16
Željevo/Trebinje 97 Z 31
Žeravac 52 L 29
Žirović 74 S 22
Živinice/Derventa 52 M 28
Žukovica 91 Y 27
Župa/Drvar 68 P 18
Župa/Trebinje 97 Z 32

## H

93 030 km² · Budapest · + 36 · 9 944 000

**A**

7841 Adorjás 20 F 29
7837 Alsóegerszeg 20 F 29
7514 Alsógóla 12 E 24
7557 Alsógyörgyös 19 E 25
8872 Alsószemenye 7 C 20
7826 Alsószentmárton 21 G 30
7570 Aranyospuszta/Barcs 19 F 26
7763 Áta 21 F 30
8840 Avaspuszta 11 D 23

**B**

7814 Babarcszőlős 20 F 29
7584 Babócsa 12 E 25
8800 Bajcsa 11 C 22
7585 Bakháza 12 E 25
7834 Baksa 20 F 29
7914 Bánfa 20 F 28
7841 Baranyahídvég 20 F 29
7570 Barcs 19 F 25
8960 Bárhely 7 B 20
8887 Báza 7 B 21
8887 Bázakerettye 7 B 21
8868 Béc 7 C 21
7754 Békáspuszta 21 F 31
7589 Bélavár 12 E 24
7543 Beleg 12 D 25
8855 Belezna 11 D 22
8978 Belsősárd 7 B 19
7747 Belvárdgyula 21 F 31
7827 Beremend 21 G 31
7562 Bertalanpuszta 12 C 25
7516 Berzence 12 D 23
7838 Besence 20 F 28
7782 Bezedek 22 F 32
7811 Bisse 21 F 30
7500 Bodvica 12 D 25
7836 Bogádminszent 20 F 29
7966 Bogdása 20 F 27
7517 Bolhás 12 D 24
7586 Bolhó 12 E 24
7754 Bóly 21 F 32
7756 Borjád/Bóly 21 F 31
7811 Bosta 21 F 30
8969 Bödeháza 7 B 19
8888 Budafapuszta 7 B 21
6525 Budzsák 22 F 34
7973 Bürüs 19 F 27

**C**

7823 Cementmű 21 G 31
7843 Cún 20 G 29

**Cs**

7964 Csányoszró 20 F 28
7811 Csarnóta 21 F 30
8951 Csertalakos 7 B 21
8726 Csicsópuszta 12 D 23
7956 Csobokapuszta 20 F 28
8957 Csömödér 7 B 20
8873 Csörnyeföld 7 B 20
8840 Csurgó 12 D 23
8840 Csurgónagymarton 12 D 23

**D**

7988 Darány 19 F 26
8763 Darvaspuszta 12 C 24
7915 Dencsháza 20 F 28
7817 Diósviszló 21 F 30
8874 Dobri 7 B 20
7500 Döbrögpuszta 12 D 24
8956 Dömefölde 7 B 20
7851 Drávacsehi 21 G 30
7846 Drávacsepely 20 G 29
7570 Drávaerdő 18 F 25
7967 Drávafok 19 F 27
7977 Drávagárdony 19 F 26
7960 Drávaiványi 20 F 27
7967 Drávakeresztúr 19 F 27
7851 Drávapalkonya 21 G 30
7843 Drávapiski 20 F 29
7851 Drávaszabolcs 21 G 30
7570 Drávaszentes 18 F 25
7847 Drávaszerdahely 21 F 29
7960 Drávasztára 20 G 27
7979 Drávatamási 19 F 26

**E**

7763 Egerág 21 F 30
8868 Egyeduta 7 C 21
7824 Egyházasharaszti 21 G 31
7973 Endrőc 19 F 27
7824 Eperjespuszta 21 G 31
7717 Erdőfű 22 F 33
7551 Erzsébetpuszta 12 D 25

**F**

7539 Fánimajor 19 E 26
7562 Felsőbogátpuszta 12 C 25
7514 Felsőgóla 12 D 24
7557 Felsőgyörgyös 12 E 25
7562 Felsősegesd 12 C 25
7968 Felsőszentmárton 19 F 27
7570 Ferenctelep 18 F 25
8835 Fityeház 11 C 22

**G**

8969 Gáborjánháza 7 B 19
7915 Galambos 20 F 27
7800 Garay-vár 21 F 30
7812 Garé 21 F 30
7952 Gerde 20 F 29
7954 Gilvánfa 20 F 28
7853 Gordisa 21 G 30
8960 Gosztola 7 B 20
7833 Görcsöny 20 F 29
7553 Görgeteg 12 E 25
7768 Grécpuszta 21 F 31
8951 Gutorfölde 7 B 21

**Gy**

8851 Gyékényes/Csurgó 11 D 23
7668 Gyód 21 F 30
7954 Gyöngyfa 20 F 28
7972 Gyöngyösmellék 19 F 27

**H**

7815 Harkány 21 F 30
7585 Háromfa 12 E 25
7839 Háromfadűlő 20 G 28
7837 Hegyszentmárton 20 F 29
7500 Henész 12 D 25
6525 Hercegszántó 23 F 34
7587 Heresznye 12 E 24
8957 Hernyék 7 B 20
7838 Hirics 20 G 28
6525 Hóduna 22 F 33
7500 Hókamalom 12 D 24

**I**

7827 Idamajor 21 G 31
8726 Iharos 12 C 23
8725 Iharosberény 12 C 23
8958 Iklódbördőce 7 B 20
7775 Illocska 22 G 32
7847 Ipacsfa 21 G 30
7987 Istvándi 19 E 26
7772 Ivánbattyán 21 F 31
7781 Ivándárda 22 G 32

**J**

8855 Jankapuszta 11 C 22
7500 Jánosmajor/Nagyatád 12 D 25
8724 Jolántapuszta 12 C 24
8868 Józsefhegy 7 C 21

**K**

7958 Kákics 20 F 28
8887 Kámaházapuszta 7 B 21
8956 Kányavár 7 B 21
7957 Káraszpuszta 20 F 28
7827 Kásád 21 G 31
7977 Kastélyosdombó 19 F 26
7563 Kaszó 12 D 24
7914 Katádfa 20 F 28
7671 Keménygadány 20 F 29
7839 Kemes 20 G 28
7843 Kémes 20 G 29
7833 Keresztespuszta/Görcsöny 20 F 29
8874 Kerkaszentkirály 7 B 20
8879 Kerkateskánd 7 B 20
7854 Keselyősfapuszta 21 G 30
7975 Kétújfalu 19 F 27
7953 Királyegyháza 20 F 28
7954 Kisasszonyfa 20 F 29
7756 Kisbudmér 21 F 31
8888 Kiscsehi 7 B 21
7814 Kisdér 20 F 29
7800 Kisharsány 21 F 31
7763 Kisherend 21 F 30
7971 Kishobol 19 E 27
7773 Kisjakabfalva 21 F 31
7766 Kiskassa 21 F 31
7775 Kislippó 22 G 32
7500 Kispuszta/Nagyatád 12 D 25
7841 Kisszentmárton 20 G 29
8954 Kissziget 7 B 20
7981 Kistamási 19 E 27
7823 Kistapolca 21 G 31
8868 Kistolmács 7 C 21
7768 Kistótfalu 21 F 30
7500 Kivadár 12 D 25
8834 Kollátszeg 11 C 22
7582 Komlósd 12 E 25
7841 Kórós 20 F 29

7847 Kovácshida 21 G 30
7541 Kozmapuszta 12 C 25
7717 Kölked 22 F 33
7966 Körcsönyepuszta 20 F 27
7570 Középrigóc 19 F 26
8887 Kurjapuszta 7 B 21
7541 Kutas/Segesd 12 C 25
8878 Kútfej 7 B 20
8978 Külsősárd 7 B 19

L
7918 Lakócsa 19 F 27
7516 Lankócpuszta 12 D 23
7775 Lapáncsa 21 G 32
7562 Lászlómajor/Segesd 12 C 25
8887 Lasztonya 7 B 21
8978 Lendvadedes 7 B 20
8978 Lendvakecskés 7 B 20
8960 Lenti 7 B 20
8960 Lentihegy 7 B 20
8966 Lentikápolna 7 B 20
8966 Lentikápolnaimajor 7 B 20
8960 Lentiszombathely 7 B 20
8868 Letenye 7 C 21
7781 Lippó 22 F 32
8888 Lispe 7 B 21
8888 Lispeszentadorján 7 B 21
8831 Liszó 11 C 23
8878 Lovászi 7 B 20
7838 Lúzsok 20 F 28

M
7775 Magyarbóly 21 F 31
7954 Magyarmecske 20 F 28
7954 Magyartelek 20 F 28
8960 Máhomfa 7 B 20
7841 Mailáthpuszta 20 G 29
7783 Majs 22 F 32
7817 Márfa 21 F 30
7800 Máriagyűd 21 F 30
7967 Markóc 19 F 27
8888 Maróc 7 B 20
7960 Marócsa 20 F 27
7774 Márok 21 F 32
7854 Matty 21 G 30
7854 Mattypuszta 21 G 30
8863 Molnári 11 C 21
7957 Mónosokor 20 F 28
Monyorósd 20 F 29
8960 Mumor 7 B 20
8834 Murakeresztúr 11 C 22
8868 Murarátka 7 C 21
8872 Muraszemenye 7 C 20

N
7500 Nagyatád 12 D 25
7563 Nagybarátipuszta 12 D 24
7756 Nagybudmér 21 F 31
7838 Nagycsány 20 F 28
7822 Nagyharsány 21 F 31
7784 Nagynyárád 22 F 32
7800 Nagytótfalu 21 F 31
8951 Nápradfa 7 B 21
8856 Nemespátró 11 D 23
7811 Németi 21 F 30

Ó
7814 Ócsárd 20 F 29
7957 Okorág 20 F 28
7824 Old 21 G 31
8954 Ortaháza 7 B 21
7836 Ózdfalu 20 F 29

Ő
8854 Őrtilos 11 D 22
7511 Ötvöskónyi 12 D 25

P
8725 Pádpuszta 12 C 23
8956 Páka 7 B 20
7771 Palkonya 21 F 31
7838 Páprád 20 F 29
7951 Pécsbagota 20 F 29
7766 Pécsdevecser 21 F 31
7766 Peterd 21 F 31
7582 Péterhida 12 E 25
7972 Pettend/Kétújfalu 19 E 27
7838 Piskó 20 G 28
7756 Pócsa 21 F 31
7668 Pogány 21 F 30
8728 Pogányszentpéter 11 C 23
8858 Porrog 11 D 23
8858 Porrogszentkirály 11 D 23
8858 Porrogszentpál 11 D 23
7800 Postaszállás 21 F 30
7977 Potony 19 F 26
8956 Pördefölde 7 B 21
7827 Püspökboly 21 G 31

R
7817 Rádfalva 20 F 29
Rádfapuszta 20 F 29
8978 Rédics 7 B 19
Regenye 21 F 30
7700 Rétidűlő/Mohács 22 F 33
7967 Révfalu/Drávakeresztúr 19 G 27
7953 Rigópuszta 20 F 28
Rinyaszentkirály 12 E 25
7556 Rinyaújlak 12 E 25
7584 Rinyaújnép 12 E 25

S
7841 Sámod 20 F 29
7800 Sáripuszta/Siklós 21 F 31
7781 Sárok 22 F 32
7785 Sátorhely 22 F 32
7562 Segesd 12 C 25
7960 Sellye 20 F 28
8862 Semjénháza 11 C 22
7800 Siklós 21 F 30
7814 Siklósbodony 20 F 29
7823 Siklósnagyfalu 21 G 31
7584 Somogyaracs 12 E 25
8858 Somogybükkösd 11 D 22
8726 Somogycsicsó 12 D 23
7563 Somogyszob 12 D 24
7557 Somogytarnóca 19 E 25
7515 Somogyudvarhely 12 D 24
7960 Sósvertike 20 F 28
7956 Sumony 20 F 28
8856 Surd 11 D 22

S
7544 Szabás/Nagykorpád 12 D 25
7811 Szalánta 21 F 30
Szaporca 20 G 29
7813 Szava 21 F 30
8879 Szécsisziget 7 B 20
8849 Szenta 12 D 24
7918 Szentborbás 19 F 26
7915 Szentegát 20 F 27
7517 Szentlászlópuszta/Nagyatád 12 D 24
8872 Szentmargitfalva 7 C 20
7975 Szentmihályfapuszta 19 F 27
8854 Szentmihályhegy 11 D 22
7833 Szentpálpuszta 21 F 30
8953 Szentpéterfölde 7 B 21
7754 Sziebertpuszta 21 F 32
8969 Szijártóháza 7 B 19
7833 Szilvás 21 F 30
7833 Szőke 21 F 30
7763 Szőkéd 21 F 30
7976 Szörény 19 F 27

T
8954 Tagipuszta 7 B 21
7514 Tarany 12 D 24
7973 Teklafalu 19 F 27
7834 Tengeri 20 F 29
7815 Terehegy 21 F 30
7843 Tésenfa 20 G 29
7835 Téseny 20 F 29
8876 Tormafölde 7 B 20
8877 Tornyiszentmiklós 7 B 20
7824 Tótokföldje 21 G 30
8864 Tótszerdahely 11 C 21
7918 Tótújfalu 19 F 26
7755 Töttös 22 F 32
7811 Túrony 21 F 30

U
7718 Udvar 22 F 32
7500 Újkútpuszta 12 D 25
Újmajor 21 G 31
7766 Újpetre 21 F 31
7975 Újpuszta/Szigetvár 19 F 27
7588 Újtelep/Vizvár 12 E 24

V
7838 Vajszló 20 F 28
7973 Várad 19 F 27
8891 Várfölde 7 B 21
7813 Vaskapupuszta 21 F 29
7838 Vejti 20 G 28
7952 Velény 20 F 29
7570 Viktorpuszta 18 F 25
7773 Villány 21 F 31
7772 Villánykövesd 21 F 31
Virágos 21 F 31
7973 Vitézipuszta 19 F 27
7588 Vizvár 12 E 24
7768 Vokány 21 F 31

Z
7976 Zádor 19 F 26
8960 Zajda 7 B 20
8868 Zajk 7 C 21
8853 Zákány 11 D 22
8853 Zákánytelep 11 D 22
8969 Zalaszombatfa 7 B 19
7839 Zaláta 20 G 28
7570 Zátonytelep 19 F 25
8954 Zebecke 7 B 21

## I

301 336 km² | +39 | Roma | 60 918 000

34015 Aquilínia 24 H 3
34018 Bagnoli della Rosandra 25 H 4
34100 Banne 24 G 3
34100 Barcola 24 G 3
34100 Basovizza 25 H 4
34010 Borgo Grotta Gigante 24 G 3
34018 Caresana/Trieste 24 H 4
34016 Fernetti 24 G 4
34073 Fossalòn di Grado 24 G 1
34010 Gabrovizza San Primo 24 G 3
34073 Golometto 24 G 2
34100 Grignano/Trieste 24 G 3
34015 Gropada 24 H 4
34018 Grozzana 25 H 4
34015 Lazaretto 24 H 3
34100 Lóngera 24 H 4
34016 Monrupino 24 G 3
34015 Múggia 24 H 3
34100 Padriciano 24 H 4
34018 Pese di Grozzana 25 H 4
34100 Prosecco 24 G 3
34015 Rabuise 24 H 3
34016 Rupingrande 24 G 3
34010 Rupinpíccolo 24 G 3
34018 San Dorligo della Valle 25 H 4
34018 San Giuseppe della Chiusa 24 H 4
34015 San Rocco/Múggia 24 H 3
34018 Sant' António in Bosco 25 H 4
34010 Santa Croce/Trieste 24 G 3
34010 Sgonico 24 G 3
34100 Trebiciano 24 G 3
34100 Trieste 24 H 3
34100 Villa Opicina 24 G 3

## MNE

13 812 km² | +382 | Podgorica | 621 000

Aranđelovo 97 Z 32
Balosave 97 Z 32
Broćanac 97 Z 32
Bunovići 97 Ab 32
Debeli Brijeg 97 Ab 31
Dolovi/Vilusi 97 Z 32
Đenovići 97 Ab 32
Đurovići 97 Ab 32
Grahovac 97 Z 32
85340 Herceg Novi 97 Ab 32
85347 Igalo 97 Ab 32
Kameno 97 Ab 32
9125 Klinci 97 Ab 32
Kovači 97 Aa 31
Kruševice/Herceg Novi 97 Aa 31
Kumbor 97 Ab 32
Kuti 97 Ab 32
9125 Mandegaj 97 Ab 32
Mandići/Herceg Novi 97 Ab 32
Meljine 97 Ab 32
Mitrovići 97 Ab 32
Mojdež 97 Ab 31
Mrkovi 97 Ab 32
Nudo 97 Z 32
Njivice 97 Ab 32
Petijevići 97 Aa 31
Petrovići/Trebinje 97 Z 32
Podi 97 Ab 32
Prijevor 97 Ab 31
Radovanovići 97 Ab 32
Rose 97 Ab 32
Sasovići 97 Ab 32
Suscepan 97 Ab 32
Sutorina/Igalo 97 Ab 31
Tići 97 Ab 32
Trebesinj 97 Ab 32
81423 Vilusi 97 Z 32
Vrbanje 97 Aa 32
Vučji Do/Kruševice 97 Aa 32
Zagulj 97 Aa 32
Zambelići 97 Ab 32
Zaslap 97 Z 32
Zebljak 97 Z 32
85346 Zelenika 97 Ab 32
Zupcovići 97 Ab 31
Žanjice 97 Ab 32
žlijebi 97 Ab 32
žvinje 97 Ab 31

## SLO

20 253 km² | +386 | Ljubljana | 2 058 000

A
6273 Abitanti 24 J 3
8341 Adlešiči 28 H 12
1336 Ajbelj 27 H 10
9220 Alsólakos = Gornji Lakoš 7 B 19
2236 Andrenci 6 B 16
6280 Ankaran (Ancarano) 24 H 3
8272 Anovec 13 F 14
8280 Anže 13 F 14
2324 Apače 8 C 15
8310 Apnenik 13 G 13
8280 Armeško 13 E 13
8253 Arnovo selo 14 F 14
8253 Artiče 14 F 14
8290 Arto 13 F 13
6242 Artviže 25 H 5

B
6273 Babiči 24 J 3
9240 Babinci 6 B 18
2321 Babna Loka 8 D 15
1386 Babna Polica 26 G 8
1386 Babno Polje 26 H 8
6253 Bač 26 H 6
9000 Bakovci 6 C 16
1336 Banja loka 27 H 10
9241 Banovci 6 B 18
9220 Banuta = Bánuta 7 B 19
9220 Bánuta = Banuta 7 B 19
2324 Barislovci 8 C 15
6217 Barka 25 H 5
8341 Bedenj 28 H 12
8343 Belčji Vrh 28 J 12
1337 Belica/Osilnice 27 H 9
3240 Belo 8 D 14
2283 Belski Vrh 6 C 17
9231 Beltinci 6 B 18
6310 Belvedere 24 H 2
6273 Belvedur 24 J 3
9220 Benica 7 B 19
8331 Bereca vas 28 G 12
2285 Berinjak 8 D 16
9244 Berkovci 6 B 17
9242 Berkovski Prelogi 6 B 17
6101 Bertoki (Bertocchi) 24 H 3
1337 Bezgarji 27 H 9
1337 Bezgovica 27 H 9
8340 Bistrica/Crnomelj 28 H 11
3256 Bistrica ob Sotli 14 E 14
8259 Bizeljska vas 14 E 15
8259 Bizeljsko 14 E 15
8283 Blanca 13 F 13
1331 Blate 27 G 9
8254 Blatno 14 F 14
6273 Bočaji 24 J 3
9243 Bodislavci 6 B 17
2256 Bodkovci 6 C 17
8332 Boginja vas 28 H 12
8344 Bojanci 28 J 12
8330 Bojanja vas 28 G 12
8254 Bojsno 14 F 14
8330 Boldraž 28 G 13
2323 Bolečka vas 8 C 15
9244 Bolehnečici 6 B 17
9250 Boračeva 6 B 17
9242 Boreci 6 B 17
2281 Borovci 6 C 16
1338 Borovec pri Kocevski Reki 27 H 9
8332 Boršt/Črnomelj 28 H 12
6273 Boršt/Koper 24 J 3
1337 Bosljiva Loka 27 H 9
8294 Boštanj 13 E 12
8330 Božakovo 29 H 13
9240 Branoslavci 6 B 17
2257 Bratislavci 6 C 17
9231 Bratonci 6 B 18
2258 Bratonečice 6 C 17
6250 Brce 25 H 6
8343 Brdarci 28 H 12
3240 Brecljevo 8 D 14
2322 Breg/Majšperk 8 C 15
1434 Breg/Radeče 13 E 12
1332 Breg pri Kovčevju 27 H 10
8273 Brege 13 F 14
2257 Bresnica 6 C 17
8280 Brestanica 13 F 13
3250 Brestovec 8 D 14
6210 Brestovica pri Povirju 25 G 4
8254 Brezje pri Bojsnem 14 F 14
8281 Brezje pri Dovškem 13 E 13
8333 Brezje pri Rožnem Dolu 28 G 11
8273 Brezje pri Senušah 13 F 13
8261 Brezje pri Veliki Dolini 14 F 14
8312 Brezje v Podbočju 13 F 13
8343 Breznik 28 H 11
2282 Brezovec 6 C 17
3255 Brezovec pri Polju 8 E 14
9225 Brezovica/Beltinci 6 B 19
6242 Brezovica/Hrpelje 25 H 5
8220 Brezovica/Šmarješke Toplice 13 F 12
8259 Brezovica na Bizeljskem 14 E 15
8333 Brezovica pri Črmošnjicah 28 H 11
6272 Brezovica pri Gradinu 24 J 4
1330 Brezovica pri Predgradu 28 H 11
8312 Brezovica v Podbočju 13 F 14
8293 Brezovo/Rovišče pri Studencu 13 F 13
6243 Brezovo Brdo 25 H 5
8273 Brezovska Gora 13 F 13
6215 Brežec pri Divaci 25 G 4
8250 Brežice 14 F 14
1338 Briga 27 H 10
8312 Brod v Podbočju 13 F 13
3255 Buče 8 E 14
9242 Bučečovci 6 B 17
8276 Bučka 13 F 12
9243 Bučkovci 6 B 17
6256 Buje 25 H 5
8250 Bukošek 14 F 14
2281 Bukovci 6 C 16
2314 Bukovec 8 C 14
9225 Bukovje/Lendava 6 B 19
9241 Bunčani 6 B 17
8263 Bušeča vas 13 F 14
8331 Bušinja vas 28 G 12
6272 Butari 25 J 4
8340 Butoraj 28 H 12

C
6255 Celje/Ilirska Bistrica 25 H 5
2236 Cenkova 6 B 16
8250 Cerina 14 F 14
8263 Cerklje ob Krki 13 F 14
8332 Cerkvišče 28 H 12
2287 Cermožiše 8 D 15
8310 Cerov Log 13 G 12
8297 Cerovec/Radeée 13 E 12
3250 Cerovec pod Bocem 8 D 14
2259 Cerovec Stanka Vraza 6 C 18
8270 Cesta/Krško 13 F 13
3250 Ceste 8 D 14
9214 Cezanjevci 6 B 17
2310 Cigonca 8 C 14
2326 Cirkovce 8 C 15
2282 Cirkulane 9 C 16
9220 Csentevölgy = Čentiba 7 B 19
8253 Curnovec/Brežice 14 F 14
9240 Cven 6 B 18
2273 Cvetkovci 6 C 17
1330 Cvišlerji 27 H 10

Č
3241 Čača vas 8 D 14
8310 Čadraže 13 F 12
9244 Čakova 6 B 17
8283 Čanje 13 E 13
8251 Čatež ob Savi 14 F 14
8263 Čedem 14 F 14
9220 Čentiba = Csentevölgy 7 B 19
8342 Čeplje 28 H 11
6256 Čepno 25 G 5
9000 Černelavci 6 A 17
6271 Čežarji 24 H 3
9232 Črenšovci 6 B 18
9250 Črešnjevci 6 B 16
2310 Črešnjevec 8 C 14
8311 Črešnjevec pri Oštrcu 13 G 13
8333 Črešnjevec pri Semicu 28 H 12
8263 Črešnjice pri Cerkljah 13 F 14
8333 Črmošnjice 28 G 11
8000 Črmošnjice pri Stopičah 13 G 12
8311 Črneča vas 13 G 13
6275 Črni Kal 25 H 4
1319 Črni Potok pri Dragi 27 H 9
1330 Črni Potok pri Kočevju 27 H 10
8340 Črnomelj 28 H 12
6216 Črnotiče 25 H 4
8231 Čužnja vas 13 F 12

D
8344 Dalnje Njive 28 J 11
8344 Damelj 28 J 12
1386 Dane/Podcerkev 26 G 7
1310 Dane/Ribnica 27 G 9
6210 Dane pri Sežani 25 G 4
8253 Dečno selo 14 F 14
8255 Dednja vas 14 F 14
6271 Dekani 24 H 3
3256 Dekmanca 8 E 14
8340 Desinec 28 H 12
2259 Desnjak 6 C 17
2310 Devina 8 C 14
2289 Dežno pri Makolah 8 D 15
6215 Divaca 25 G 4
8251 Dobeno 14 F 14
8323 Dobindol 28 G 11
3254 Dobležiče 8 E 14
8340 Dobliče 28 H 11
8257 Dobova 14 F 14
3252 Dobovec pri Rogatcu 8 D 15
9242 Dobrava/Iljašavci 6 B 17
8312 Dobrava ob Krki 13 F 13
8275 Dobrava pri Škocjanu 13 F 12
6310 Dobrava (Dobrava) 24 H 2
2287 Dobrina/Žetale 8 D 15
6250 Dobro Polje/Ilirska Bistrica 25 H 6
9223 Dobronak = Dobrovnik 6 B 19
8281 Dobrova/Senovo 13 E 13
9223 Dobrovnik = Dobronak 6 B 19
8275 Dobruška vas 13 F 12
2323 Doklece 8 C 15
9231 Dokležovje 6 B 18
6275 Dol pri Hrastovljah 25 H 4
8220 Dol pri Šmarjeti 13 F 12
2282 Dolane 6 C 16
2323 Dolena 8 D 15
8263 Dolenja Pirošica 13 F 14
8342 Dolenja Podgora 28 H 11
8310 Dolenji Stara vas 13 F 13
1331 Dolenja vas/Ribnica 27 G 9
6224 Dolenja vas/Sežana 25 G 5
8270 Dolenja vas pri Krškem 14 F 14
8274 Dolenja vas pri Raki 13 F 13
8341 Dolenjci 28 H 12
8275 Dolenje Dole 13 F 12
8310 Dolenje Gradišče pri Šentjerneju 13 F 12
8220 Dolenje Kronovo 13 F 12
8230 Dolenje Laknice 13 F 12
8310 Dolenje Mokro Polje 13 G 12
1386 Dolenje Poljane 26 G 8
6254 Dolenje pri Jelšanah 26 H 6
8274 Dolenje Radulje 13 F 13
8262 Dolenje Skopice 14 F 14
8310 Dolenje Vrhpolje 13 G 12
8294 Dolenji Boštanj 13 E 12
8280 Dolenji Leskovec 13 F 13
8310 Dolenji Maharovec 13 F 12
8321 Dolenji Suhadol 13 G 12
8343 Dolenji Suhor pri Vinici 28 J 12
8274 Dolga Raka 13 F 13
9220 Dolga vas/Lendava = Hosszúfalu 7 B 19
1330 Dolga vas/Kočevje 27 H 10
9220 Dolina pri Lendavi = Völgyifalu 7 B 20
9232 Dolnja Bistrica 6 B 18
6255 Dolnja Bitnja 25 H 6
1338 Dolnja Briga 27 H 9
6256 Dolnja Košana 25 H 5
8311 Dolnja Prekopa 13 F 13
8275 Dolnja Stara vas 13 F 12
8000 Dolnja Težka Voda 13 G 12
8283 Dolnje Brezovo 13 F 13
6215 Dolnje Ležeče 25 G 4
9220 Dolnji Lakoš = Felsőlakos 7 B 19
6250 Dolnji Zemon 26 H 6
8000 Dolž 13 G 12
3252 Donacka Gora 8 D 15
2252 Dornava 6 C 16
8281 Dovško 13 E 13
1319 Draga/Podpreska 27 H 8
8343 Dragatuš 28 H 12
8331 Dragomlja vas 28 G 12
2326 Draganja vas 8 C 15
6333 Dragonja (Dragogna) 24 J 2
9244 Dragotinci 6 B 17
8343 Dragovanja vas 28 H 11
2256 Dragovič 6 C 16
9243 Drakovci 6 B 17
2274 Drakšl 6 C 17
8330 Drašiči 29 H 13
2284 Dravci 6 C 16
2288 Draženci 8 C 16
8231 Drečji Vrh 13 F 12
8344 Drenovec 28 J 12

8259 Drenovec pri Bukovju 14 E 15
3261 Drensko Rebro 8 E 14
3241 Drevenik 8 D 14
1338 Drežnik 27 H 10
8273 Drnovo 13 F 13
8290 Drožanje 13 E 12
6257 Drskovče 25 H 6
8295 Drušče 13 F 12
8220 Družinska vas 13 F 12
6272 Dvori 25 J 4

F

6254 Fabci 26 J 6
1336 Fara 27 J 10
2318 Farovec 8 C 14
9220 Felsőlakos = Dolnji Lakoš 7 B 19
6210 Filipčje Brdo 25 G 4
9222 Filovci 6 B 18
2272 Formin 6 C 17
2270 Frankovci 6 C 18

G

9220 Gaberje = Gyertyános 7 B 19
6224 Gabrče 25 G 5
8296 Gabrje/Goveji Dol 13 F 12
8321 Gabrje/Novo mesto 13 G 12
8257 Gabrje pri Dobovi 14 F 14
2256 Gabrnik/Juršinci 6 C 16
2314 Gabrnik/Zgornja Polskava 8 C 14
6275 Gabrovnica pri Črnem Kalu 25 H 4
2272 Gajevci 6 C 17
9242 Gajševci 6 B 17
9231 Gančani 6 B 18
8263 Gazice 13 F 14
6274 Gažon 24 H 3
9223 Genterovci = Gőntérháza 7 B 19
2288 Gerečja vas 8 C 15
8332 Geršiči 28 H 12
9240 Gibina 6 B 18
1331 Glažuta/Ribnica 27 G 9
8262 Globočice 14 F 14
8311 Globočice pri Kostanjevici 13 F 13
8254 Globoko/Brežice 14 F 14
8274 Gmajna/Zameško 13 F 13
9243 Godemarci 6 B 17
2277 Godeninci 6 C 18
6243 Golac 25 H 5
8343 Golek/Črnomelj 28 H 12
8270 Golek/Krško 13 F 13
3254 Golobinjek/Imeno 8 E 14
6250 Gomance 26 H 7
9232 Gomilica 6 B 18
9223 Gőntérháza = Genterovci 7 B 19
8270 Gora/Krško 13 F 13
2286 Gorca 8 C 16
1433 Goreljce 13 E 12
8310 Gorenja Brezovica/Šentjernej 13 F 12
8310 Gorenja Gomila 13 F 12
8270 Gorenja Lepa vas 13 F 13
8263 Gorenja Pirošica 13 F 14
8342 Gorenja Podgora 28 H 11
8220 Gorenja vas pri Šmarjeti 13 F 12
1336 Gorenja Žaga 27 H 10
1384 Gorenje Jezero 26 G 7
8310 Gorenje Mokro Polje 13 G 12
8262 Gorenje Skopice 14 F 14
8333 Gorenje Sušice 28 G 11
8310 Gorenje Vrhpolje 13 G 12
8283 Gorenji Leskovec 13 E 13
8321 Gorenji Suhadol 13 G 12
8273 Gorica/Krško 13 F 13
8344 Gorica/Nova Lipa 28 J 11
1310 Gorica vas 27 G 9
6217 Gorice pri Famljah 25 G 5
1384 Goričice 26 G 7
2272 Gorišnica 6 C 17
9232 Gornja Bistrica 6 B 18
1338 Gornja Briga 27 H 9
6256 Gornja Košana 25 H 5
8330 Gornja Lokvica 28 G 12
8311 Gornja Prekopa 13 F 13
8000 Gornja Težka Voda 13 G 12
8290 Gornje Brezovo 13 F 13
8332 Gornje Dobravice 28 H 12
8333 Gornje Laze 28 G 11
6256 Gornje Ležeče 25 H 5
1332 Gornje Ložine 27 G 9
8270 Gornje Pijavško 13 F 13
6217 Gornje Vreme 25 H 5
9245 Gornji Ivanjci 6 B 16
2258 Gornji Ključarovci 6 C 17
9220 Gornji Lakoš = Alsólakos 7 B 19
8250 Gornji Lenart 14 F 14
6250 Gornji Zemon 26 H 6
1336 Gotenc 27 J 10
1338 Gotenica 27 H 9
8296 Goveji Dol 13 F 12
9242 Grabe pri Ljutomeru 6 B 17
2236 Grabonoš 6 B 17
2236 Grabonoški Vrh 6 B 16
8330 Grabrovec 28 G 12
9244 Grabšinci 6 B 17
6272 Gracišče 25 H 4
8332 Gradac 28 H 12
6257 Gradec 25 G 6
6272 Gradin 24 J 4
2282 Gradišča 6 C 16
9251 Gradišče/Radenci 6 B 17
6215 Gradišče pri Divači 25 G 4
6243 Gradišče pri Materiji 25 H 5
2258 Gradišče pri Ormožu 6 C 17
8333 Gradnik 28 G 12
1331 Grčarice 27 H 9
1331 Grčarske Ravne 27 H 9
2289 Grdina 8 D 15
1336 Grgelj 27 H 10
8332 Griblje 28 H 12
9242 Grlava 6 B 18
2256 Grlinci 6 B 16
8275 Grmovlje 13 F 12
8310 Groblje pri Prekopi 13 F 13
2282 Gruškovec 9 C 16
8273 Gržeča vas 13 F 13
3261 Gubno 8 E 14
9220 Gyertyános = Gaberje 7 B 19

H

2288 Hajdoše 8 C 15
3241 Hajnsko 8 D 14
6250 Harije 25 H 6
9220 Hármasmalom = Trimlini 7 B 19
9220 Hidvég = Mostje 7 B 19
2256 Hlaponci 6 C 16
9220 Hosszúfalu = Dolga vas 7 B 19
2318 Hošnica 8 D 14
1433 Hotemež 13 E 12
6242 Hoticna 25 H 5
9220 Hotiza 7 B 19
8331 Hrast pri Jugorju 28 G 12
8344 Hrast pri Vinici 28 J 12
9252 Hrastje Mota 6 B 17
3256 Hrastje ob Bistrici 8 E 14
8263 Hrastje pri Cerkljah 13 F 13
2283 Hrastovec 6 C 17
6275 Hrastovlje 25 H 4
1318 Hrib-Loški Potok 26 G 8
6240 Hrpelje 25 H 4
8000 Hrušica/Novo mesto 13 G 12
6244 Hrušica/Podgrad 25 H 5
8310 Hrvaški Brod 13 F 13
6280 Hrvatini (Crevatini) 24 H 3
6243 Huje 25 H 5
2270 Hum pri Ormožu 6 C 18
2255 Hvaletinci 6 B 16

I

1386 Iga vas 26 G 7
6250 Ilirska Bistrica 26 H 6
9242 Iljaševci 6 B 17
2275 Ilovci 6 C 18
3254 Imeno 8 E 14
3250 Irje 8 D 14
9222 Ivanci 6 B 18
2259 Ivanjkovci 6 C 17
9245 Ivanjševci ob Ščavnici 6 B 16
6310 Izola (Isola) 24 H 2
9231 Ižakovci 6 B 18

J

6250 Jablanica/Ilirska Bistrica 26 H 6
8294 Jablanica/Sevnica 13 E 12
2286 Jablovec 8 D 16
6311 Jagodje 24 H 2
9244 Jamna 6 B 17
6255 Janeževo Brdo 25 H 5
2323 Janški Vrh 8 D 15
9252 Janžev Vrh 6 B 17
6250 Jasen 26 H 6
2276 Jastrebci 6 C 18
6243 Javorje/Hrušica 25 H 5
8310 Javorovica 13 G 13
1331 Jelendol/Kočevje 27 G 9
1338 Jelenja vas/Novi Lazi 27 H 10
8342 Jelenja vas/Stari Trg ob Kolpi 28 H 11
1318 Jelenov Žleb 27 G 8
8294 Jelovec/Sevnica 13 F 12
2321 Jelovec/Štatenberg 8 D 14
2322 Jelovice 8 D 15
6254 Jelšane 26 J 6
8273 Jelše 13 F 13
8258 Jereslavec 14 F 15
1386 Jermendol 26 G 8
8340 Jerneja vas 28 H 11
2259 Jeruzalem 6 C 18
8261 Jesenice/Brežice 14 F 15
3260 Ješovec pri Kozjem 8 E 14
3240 Ješovec pri Šmarju 8 D 14
8331 Jugorje pri Metliki 28 G 12
6257 Jurišče 26 H 6
8000 Jurna vas 13 G 12
2284 Jurovci 8 C 16
2256 Juršinci 6 C 16

K

6215 Kačiče-Pared 25 H 4
3241 Kačji Dol 8 D 14
1330 Kačji Potok 27 H 10
2275 Kajžar 6 C 18
6257 Kal/Pivka 25 G 6
8270 Kalce/Krško 13 F 13
8312 Kalce-Naklo 13 F 13
2314 Kalše 8 C 14
9223 Kámaháza = Kamovci 7 B 19
3250 Kamence 8 D 14
8296 Kamenica 13 F 12
9223 Kamovci = Kámaháza 7 B 19
8340 Kanižarica 28 H 12
9220 Kapca = Kapca 7 B 19
9220 Kapca = Kapca 7 B 19
8258 Kapele 14 F 15
9252 Kapelski Vrh 6 B 17
1338 Kaptol 27 H 10
6275 Kastelec (Castelli) 25 H 4
2325 Kidričevo 8 C 15
8283 Kladje nad Blanco 13 F 13
1386 Klance 26 G 7
6240 Klanec pri Kozini 25 H 4
6250 Klanska Polica 26 H 7
6257 Klenik 25 G 6
1330 Klinja vas 27 H 10
9242 Ključarovci pri Ljutomeru 6 B 17
2310 Klopce/Slovenska Bistrica 8 C 14
6253 Knežak 26 H 6
8343 Knežina 28 H 12
1330 Knežja Lipa 28 H 11
1386 Knežja Njiva 26 G 8
1332 Koblarji 27 G 9
1330 Kočarji 27 H 10
1338 Koče/Kočevje 27 H 9
6258 Koče/Pivka 25 G 6
1330 Kočevje 27 H 10
1338 Kočevska Reka 27 H 9
8350 Kočevske Poljane 28 G 11
2287 Kočice 8 D 15
2318 Kočno ob Ložnici 8 C 14
2276 Kog 6 C 18
9242 Kokoriči 6 B 17
8333 Komarna vas 28 G 11
8294 Kompolje/Sevnica 13 E 12
8294 Konjsko 13 F 12
8311 Konstanjevica na Krki 13 F 13
6101 Koper (Capodistria) 24 H 3
9240 Kopriva/Ljutomer 6 B 18
8282 Koprivnica 13 E 14
1330 Koprivnik/Črnomelj 28 H 11
8311 Koprivnik/Zameško 13 F 13
2258 Koračice 6 C 17
2283 Korenjak 6 C 17
6253 Koritnice 26 H 6
8261 Koritno/Brežice 14 F 14
8000 Koroška vas/Novo mesto 13 G 12
3240 Korpule 8 D 14
6101 Korte 24 J 3
6275 Kortine 25 H 4
6250 Koseze/Ilirska Bistrica 26 H 6
8272 Kostanjek 13 E 14
1336 Kostel 27 H 10
6274 Koštabona 24 J 3
9220 Kot = Kót 7 B 19
9220 Kót = Kot 7 B 19
1331 Kot pri Rakitnici 27 G 9
8333 Kot pri Semiču 28 H 11
2310 Kovača vas 8 C 14
6243 Kovčice 25 H 5
1386 Kozarišče 26 G 7
6240 Kozina 25 H 4
6243 Kozjane 25 H 5
3260 Kozje 8 E 14
2286 Kozminci 8 D 16
8342 Kralji 28 H 11
9241 Krapje 6 B 18
8332 Krasinec 28 H 12
8270 Kremen 13 F 14
3240 Kristan Vrh 8 D 14
9242 Krištanci 6 B 18
8332 Krivoglavice 28 H 12
8295 Križ/Sevnica 13 F 12
8282 Križe/Senovo 14 E 14
2319 Križeča vas 8 D 14
9242 Križevci pri Ljutomeru 6 B 17
8330 Križevska vas/Metlika 28 H 12
2318 Križni Vrh/Slovenska Bistrica 8 C 14
6333 Krkavče 24 J 3
8296 Krmelj 13 F 12
9000 Krog 6 B 17
8295 Krsinji Vrh 13 F 12
8262 Krška vas/Brežice 14 F 14
8270 Krško 13 F 13
8333 Krvavčji Vrh 28 H 12
8274 Kržišče 13 F 13
6272 Kubed 25 H 4
2256 Kukava 6 C 16
2325 Kungota pri Ptuju 8 C 15
9245 Kunova 6 B 16
8259 Kunšperk 8 E 15
9244 Kupetinci 6 B 17
9243 Kuršinci 6 B 17
6250 Kuteževo 26 H 6

L

6273 Labor 24 J 3
2259 Lahonci 6 C 17
3273 Lahov Graben 13 E 12
2284 Lancova vas 8 C 16
2318 Laporje 8 C 14
8323 Laze/Uršna sela 28 G 11
8294 Laze pri Boštanju 13 F 12
1384 Laze pri Gorenjem Jezeru 26 G 7
1330 Laze pri Oneku 28 H 10
8342 Laze pri Predgradu 28 J 11
6224 Laže 25 G 5
8290 Ledina 13 E 12
3241 Lemberg pri Šmarju 8 D 14
9220 Lendava = Lendva 7 B 19
9220 Lendavske gorice = Lendvahegy 7 B 19
9220 Lendva = Lendava 7 B 19
9220 Lendvahegy = Lendavske gorice 7 B 19
1386 Leskova Dolina 26 H 7
2331 Leskovec/Slovenska Bistrica 8 C 14
8273 Leskovec pri Krškem 13 F 13
2322 Lešje 8 C 15
2270 Lešnica 6 C 17
2318 Levič 8 C 14
2259 Libanja 6 C 18
3215 Ličenca 8 C 14
9231 Lipa/Beltinci 6 B 18
6210 Lipica (Lipizza) 25 H 4
9231 Lipovci 6 B 18
1331 Lipovec 27 G 9
2270 Litmerk 6 C 17
1330 Livold 27 H 10
2284 Ljubstava 8 C 16
9240 Ljutomer 6 B 18
8257 Loče/Brežice 14 F 14
3252 Log/Rogatec 8 D 15
8294 Log/Sevnica 13 E 12
9242 Logarovci 6 B 17
6275 Loka/Črni Kal 25 H 4
8310 Loka/Šentjernej 13 G 12
1434 Loka pri Zidanem Mostu 13 E 12
2310 Lokanja vas 8 C 14
6215 Lokev (Corgnale) 25 H 4
8340 Lokve/Črnomelj 28 H 12
8280 Lokve/Senovo 13 E 13
9250 Lomanoše 6 A 16
8270 Lomno 13 F 13
8290 Lončarjev Dol 13 E 13
6273 Lopar 24 H 3
2270 Loperšice 6 C 18
2324 Lovrenc na Dravskem polju 8 C 15
1386 Lož 26 G 7
1337 Ložec 27 H 9
2321 Ložnica/Štatenberg 8 C 14
6320 Lucija (Lucia) 24 H 2
9242 Lukavci 6 B 18
8294 Lukovec 13 F 12
2274 Lunovec 6 C 17
2319 Lušečka vas 8 D 14
8222 Lutrško selo 13 F 12

M

1330 Mačkovec/Kocevje 27 H 10
8000 Mačkovec/Novo mesto 13 G 12
1330 Mahovnik 27 H 10
2322 Majšperk 8 C 15
2321 Makole 8 D 15
1331 Makoše 27 G 9
6250 Mala Bukovica 26 H 6
1332 Mala Gora 27 G 10
9225 Mala Polana 7 B 19
2285 Mala Varnica 9 D 16
6243 Male Loce 25 H 5
8311 Malence 13 F 13
2259 Mali Brebrovnik 6 C 18
8281 Mali Kamen 13 E 13
1318 Mali Log 26 G 8
8343 Mali Nerajec 28 J 12
2282 Mali Okic 9 D 16
8273 Mali Podlog 13 F 13
8000 Mali Slatnik 13 G 12
8254 Mali Vrh 14 F 14
6310 Malija 24 H 2
8295 Malkovec 13 F 12
8312 Malo Mraševo 13 F 13
6273 Marezige 24 H 3
8341 Marindol 28 H 12
2281 Markovci/Ptuj 8 C 16
1386 Markovec 26 G 7
6242 Markovščina 25 H 5
6253 Mašun 26 H 7
6258 Matenja vas 25 G 6
6242 Materija 25 H 4
8340 Mavrlen 28 H 11
2282 Medribnik 9 D 17
2322 Medvedce 8 C 15
9252 Mele 6 B 17
9231 Melinci 6 B 18
6210 Merče 25 G 4
3241 Mestinje 8 D 14
8330 Metlika 28 H 12
8290 Metni Vrh 13 E 12
2252 Mezgovci ob Pesnici 6 C 16
2259 Mihalovci 6 C 18
8257 Mihalovec 14 F 14
2326 Mihovce 8 C 15
2274 Mihovci pri Veliki Nedelji 6 C 17
8310 Mihovica 13 F 13
8310 Mihovo 13 G 12
8340 Miklarji 28 H 11
2275 Miklavž pri Ormožu 6 C 18
8341 Miliči 29 J 13
8231 Mirna vas 13 F 12
1337 Mirtoviči 27 H 9
6217 Misliče 25 H 5
8312 Mladje 13 F 13
9226 Mlajtinci 6 A 18
1332 Mlaka pri Kočevju 27 H 10
1338 Mlaka pri Kočevski Reki 27 H 9
8276 Močvirje 13 F 12
2319 Modraže 8 D 14
1338 Morava 27 H 10
9243 Moravci v Slovenskih goricah 6 B 17
8257 Mostec 14 F 14
2321 Mostečno 8 C 15
9220 Mostje = Hidvég 7 B 19
2272 Moškanjci 6 C 16
9240 Mota 6 B 18
6272 Movraž 25 J 4
1330 Mozelj 27 H 10
8282 Mrčna sela 13 E 14
6242 Mrše 25 H 5
8273 Mrtvice 13 F 14
8292 Mrzla Planina 13 E 13
8262 Mrzlava vas 14 F 14
1336 Muha vas 27 H 10
2272 Muretinci 6 C 16
9000 Murska Sobota 6 B 17
9251 Murski Črnci 6 B 17
9251 Murski Petrovci 6 B 17
9252 Murski Vrh 6 B 17
9252 Murščak 6 B 17

N

6257 Nadanje selo 25 H 6
1386 Nadlesk 26 G 7
2287 Nadole 8 D 15
2322 Naraplje 8 D 15
6257 Narin 25 H 6
9224 Nedelica 6 B 19
1330 Nemška Loka 28 H 11
1310 Nemška vas 27 G 9
6256 Neverke 25 H 5
3253 Nezbiše 8 D 14
2325 Njiverce 8 C 15
9250 Norički Vrh 6 A 16
9221 Noršinci 6 A 18
9240 Noršinci pri Ljutomeru 6 B 18
8344 Nova Lipa 28 J 12
1336 Nova Sela 27 H 10
6256 Nova Sušica 25 H 5
8261 Nova Vas pri Mokricah 14 F 15
6333 Nova vas/Koper 24 J 3
6254 Nova vas pri Jelšanah 26 H 6
2281 Nova vas pri Markovcih 6 C 16
2319 Novake/Poljčane 8 D 14
1332 Nove Ložine 27 G 9
1433 Novi Grad 13 E 12
1319 Novi Kot 27 H 8
1338 Novi Lazi 27 H 10
2255 Novinci 6 B 16
8000 Novo mesto 13 G 12
6254 Novokračine 26 J 6

O

8350 Občice 28 G 11
2277 Obrež 6 C 18
8261 Obrežje 14 F 15
6243 Obrov 25 H 5
6240 Ocizla 25 H 4
9245 Očeslavci 6 B 16
9233 Odranci 6 B 18
2314 Ogljenšak 8 C 14
1336 Ograja 27 H 10
9244 Okoslavci 6 B 17
6250 Okroglina 26 H 7
3254 Olimje 8 E 14
1330 Onek 27 H 10
9250 Orehovci 6 B 17
8311 Orehovec 13 G 13
8310 Orehovica/Šentjernej 13 G 12
8290 Orehovo 13 E 12
8259 Orešje na Bizeljskem 14 E 15
8290 Orešje nad Sevnico 13 E 12
6210 Orlek 24 G 4
2270 Ormož 6 C 17
1337 Osilnica 27 H 9
2273 Osluševci 6 C 17
8333 Osojnik/Metlika 28 G 12
6275 Osp 24 H 4
3257 Osredek pri Podsredi 14 E 14
8310 Ostrog 13 F 13
6255 Ostrožno Brdo 25 H 5
8311 Oštrc 13 G 13
1310 Otavice 27 G 9
8222 Otocec 13 F 12
1384 Otok/Cerknica 26 G 7
2273 Otok/Ormož 6 C 17
8340 Otovec 28 H 11

P

6333 Padna 24 J 3
1337 Padovo pri Osilnici 27 H 9
8222 Paha 13 F 12
8342 Paka pri Predgradu 28 H 11
6257 Palčje 26 G 6
8321 Pangrč Grm 13 G 12
2282 Paradiž 9 D 16
9252 Paričjak 6 B 17
6257 Parje 25 H 6
6244 Pavlica 25 H 6
2259 Pavlovski Vrh 6 C 18
3241 Pečica 8 D 14
8272 Pečice 14 E 14
2321 Pečke 8 D 15
8344 Perudina 28 J 12
2283 Pestike 6 C 17
2236 Peščeni Vrh 6 B 16
9251 Petanjci 6 B 17
6257 Petelinje 25 G 6
8000 Petelinjek 13 G 12
9220 Petesháza = Petišovci 7 B 19
9220 Petišovci = Petesháza 7 B 19
6240 Petrinje 25 H 4
3240 Pijovci 8 D 14
3261 Pilštanj 8 E 14
9220 Pince = Pince 7 B 20
9220 Pince = Pince 7 B 20
9220 Pince Marof 7 B 20
6330 Piran (Pirano) 24 H 2
8254 Piršenbreg 14 F 14
8255 Pišece 14 E 14
6257 Pivka 25 G 6
2272 Placerovci 6 C 17
1336 Planina/Brod na Kupi 27 J 10
8333 Planina/Črnomelj 28 H 11
8274 Planina pri Raki 13 F 13
8312 Planina v Podbočju 13 G 14
6281 Plavje (Valmarin) 24 H 3
2259 Plešivica/Ljutomer 6 C 18
6210 Plešivica/Sežana 25 G 4
2324 Pleterje/Kidričevo 8 C 15
8272 Pleterje/Krško 13 F 14
6101 Pobegi 24 H 3
2284 Pobrežje/Ptuj 8 C 16
6250 Podbeže 25 H 5
8312 Podbočje 13 F 13
1386 Podcerkev 26 G 7
3254 Podcetrtek 8 E 14
1386 Podgora pri Ložu 26 G 7
2273 Podgorci 6 C 17
8290 Podgorica/Sevnica 13 E 12
6216 Podgorje/Crni Kal 25 H 4
8292 Podgorje ob Sevnični 13 E 13
8255 Podgorje pri Pišecah 14 E 14
6244 Podgrad/Hrušica 25 H 5

8000 Podgrad/Novo mesto 13 G 12
6217 Podgrad pri Vremah 25 H 5
9240 Podgradje 6 B 18
6250 Podgraje 26 H 7
8344 Podklanec/Vinica 28 J 12
2286 Podlehnik 8 C 16
1330 Podlesje 27 H 10
8343 Podlog/Črnomelj 28 H 12
1386 Podlož 26 G 7
2322 Podlože 8 C 15
2327 Podova 8 C 15
6275 Podpeč/Hrastovlje 25 H 4
3241 Podplat 8 D 14
1319 Podpreska 27 H 8
8333 Podreber 28 H 12
3257 Podsreda 14 E 14
1336 Podstene pri Kostelu 27 H 10
8350 Podstenice 28 G 11
6250 Podstenje 25 H 6
8258 Podvinje 14 F 15
8292 Podvrh/Sevnica 13 E 13
8332 Podzemelj 28 H 12
8283 Poklek nad Blanco 13 E 13
3257 Poklek pri Podsredi 14 E 14
2310 Pokoše 8 C 14
3273 Polana/Radeče 13 E 12
2257 Polenci 6 C 17
2257 Polenšak 6 C 17
9250 Police/Gornja Radgona 6 B 16
6243 Poljane pri Podgradu 25 H 5
2319 Poljčane 8 D 14
3255 Polje ob Sotli 8 E 14
6274 Pomjan 24 H 3
2326 Pongrce 8 C 15
8272 Ponikva/Krško 13 F 14
8261 Ponikve/Brežice 14 F 14
8293 Ponikve pri Studencu 13 F 13
6272 Popetre 24 J 4
2284 Popovci 8 C 16
6320 Portorož (Portorose) 24 H 2
6224 Potoče/Dolenja vas 25 G 5
8333 Potoki/Semič 28 G 11
8000 Potov Vrh 13 G 12
6210 Povir 25 G 4
2327 Požeg 8 C 14
6101 Prade 24 H 3
2331 Pragersko 8 C 14
3225 Prapretno/Planina pri Sevnici 13 E 13
1433 Prapretno/Radeče 13 E 12
6216 Praproče/Črni Kal 25 H 4
9243 Precetinci 6 B 17
3240 Predenca 8 D 14
8342 Predgrad 28 H 11
6272 Pregara 25 J 4
6243 Pregarje 25 H 5
3255 Prelasko 8 E 14
8333 Preloge/Semič 28 H 11
8341 Preloka 28 J 13
6255 Prelože 25 H 5
6255 Prem 25 H 6
8312 Premagovce 13 G 14
2316 Prepuž 8 C 14
2257 Prerad 6 C 17
3257 Preska 14 E 14
8281 Presladol 13 E 13
6258 Prestranek 25 G 6
6240 Prešnica 25 H 4
2310 Pretrež 8 C 14
8341 Pribinci 28 H 12
8333 Pribišje 28 G 11
1331 Prigorica 27 G 9
8251 Prilipe 14 F 14
8332 Primostek 28 H 12
8293 Primož 13 F 12
9240 Pristava/Ljutomer 6 B 18
8000 Pristava/Novo mesto 13 G 12
3253 Pristava pri Mestinju 8 D 14
2281 Prvenci 6 C 16
2250 Ptuj 8 C 16
9250 Ptujska Cesta 6 B 16
2323 Ptujska Gora 8 C 15
1336 Puc 27 H 10
6274 Puče 24 J 3
1386 Pudob 26 G 7
8341 Purga 28 H 12
2270 Pušenci 6 C 18

R
1434 Račica 13 E 12
6244 Račice 25 H 5
9223 Rádamos = Radmožanci 7 B 19
1433 Radeče 13 E 12
9252 Radenci 6 B 17
1434 Radež 13 E 12
9223 Radmožanci = Rádamos 7 B 19
9240 Radomerje 6 B 18
9243 Radoslavci 6 B 17
8330 Radovica 28 G 13
8330 Radoviči 28 H 13
1330 Rajhenav 28 H 10
1330 Rajndol 27 H 10
1336 Rajšele 27 H 10
8274 Raka 13 F 13
9000 Rakičan 6 B 18
1331 Rakitnica 27 G 9
6216 Rakitovec/Movraz 25 J 4
2258 Rakovci 6 C 17
8330 Rakovec/Metlika 29 H 13
6225 Rakulik 25 G 5
9251 Rankovci 6 A 17
8222 Ratež 13 G 12
8272 Ravne pri Zdolah 13 F 14
8273 Ravni 13 F 13
1434 Razbor/Radeče 13 E 12
2318 Razgor/Slovenske Konjice 8 C 14
9240 Razkrižje 6 B 18
8280 Raztez 13 E 14
9224 Renkovci 6 B 18
6272 Reparec 25 J 4
2285 Repišče 6 C 16
8281 Reštanj 13 E 13
1318 Retje 26 G 8
1337 Ribjek 27 H 9
8261 Ribnica/Brežice 14 F 15
6240 Ribnica/Pivka 25 H 5
9252 Rihtarovci 6 B 17
6243 Ritomeče 25 H 5
2310 Ritoznoj 8 C 14
6275 Rižana 24 H 4
2255 Rjavci 6 B 16
6243 Rjavče 25 H 5
6240 Rodik 25 H 4
8340 Rodine/Črnomelj 28 H 11
3250 Rogaška Slatina 8 D 14
3252 Rogatec 8 D 15
1338 Rogati hrib 27 H 10
3253 Roginska Gorca 8 D 14
2250 Rogoznica/Ptuj 8 C 16
8330 Rosalnice 28 H 13
8293 Rovišče pri Studencu 13 F 13
9244 Rožički Vrh 6 B 17
8333 Rožni Dol 28 G 11
8283 Rožno 13 F 13
2258 Rucmanci 6 C 17
3254 Rudnica 8 E 14
2259 Runeč 6 C 17

S
6250 Sabonje 25 H 6
8311 Sajevce 13 F 13
2256 Sakušak 6 B 16
9000 Satahovci 6 B 17
2257 Savci 6 C 17
2321 Savinsko 8 C 15
6320 Seca (Sezza) 24 J 2
8344 Sečje selo 28 J 12
6333 Sečovlje (Sicciole) 24 J 2
3255 Sedlarjevo 8 E 14
2286 Sedlašek 8 D 16
2258 Sejanci 6 C 17
2324 Sela/Kidričevo 8 C 15
3254 Sela/Podčetrtek 8 E 14
8257 Sela pri Dobovi 14 F 14
8331 Sela pri Jugorju 28 G 12
8274 Sela pri Raki 13 F 13
6257 Selce/Pivka 25 G 6
8283 Selce nad Blanco 13 E 13
2331 Sele pri Polskavi 8 C 14
9244 Selišči 6 B 17
6101 Semedela 24 H 3
8333 Semič 28 H 12
6224 Senadole 25 G 4
2258 Senik/Ormož 6 C 17
8281 Senovo 13 E 13
6224 Senožeče 25 G 5
8273 Senuše 13 F 13
6311 Serote 24 H 2
2322 Sestrže 8 C 15
8290 Sevnica 13 E 12
6210 Sežana (Sesana) 25 G 4
8344 Sinji Vrh 28 J 12
9243 Sitarovci 6 B 17
6242 Skadanščina 25 H 5
2288 Skorba 8 C 15
2285 Skorišnjak 9 D 16
3240 Sladka Gora 8 D 14
8330 Slamna vas 28 G 13
9240 Slamnjak 6 C 18
8295 Slančji Vrh 13 F 12
9244 Slaptinci 6 B 17
2282 Slatina/Podlehnik 9 C 16
6258 Slavina/Pivka 25 G 6
1336 Slavski Laz 27 J 10
2255 Slavšina 6 B 16
6242 Slivje 25 H 5
8258 Slogonsko 14 F 15
2257 Slomi 6 C 16
6240 Slope 25 H 4
2310 Slovenska Bistrica 8 C 14
1332 Slovenska vas/Kočevje 27 H 9
6257 Slovenska vas/Pivka 25 G 6
8270 Smečice 13 F 13
8274 Smednik 13 F 13
6275 Smokvica 25 J 4
8000 Smolenja vas 13 G 12
2236 Smolinci 6 B 16
6255 Smrje 25 H 6
8262 Sobenja vas 14 F 14
2272 Sobetinci 6 C 16
6275 Socerb 25 H 4
6272 Sočerga 25 J 4
8342 Sodevci 28 J 11
2273 Sodinci 6 C 17
9251 Sodišinci 6 A 17
3253 Sodna vas 8 D 14
2331 Sodnji Gaj pri Pragerskem 8 C 15
2284 Sovice 6 C 16
9244 Sovjak 6 B 16
6250 Soze 25 H 6
8342 Spodnja Bilpa 27 H 10
2319 Spodnja Brežnica 8 D 14
2327 Spodnja Gorica 8 C 15
2288 Spodnja Hajdina 8 C 16
3241 Spodnja Kostrivnica 8 D 14
2316 Spodnja Ložnica 8 C 14
2310 Spodnja Nova vas 8 C 14
8253 Spodnja Pohanca 14 F 14
2314 Spodnja Polskava 8 C 14
2322 Spodnja Sveča 8 D 15
8270 Spodnje Dule 13 F 13
2286 Spodnje Gruškovje 8 D 16
2326 Spodnje Jablane 8 C 15
3250 Spodnje Negonje 8 D 14
8270 Spodnje Pijavško 13 F 13
2319 Spodnje Poljčane 8 D 14
3250 Spodnje Sečovo 8 D 14
6281 Spodnje Škofije 24 H 3
3223 Spodnje Tinsko 8 D 14
8295 Spodnje Vodale 13 F 12
3241 Spodnji Gabrnik 8 D 14
9245 Spodnji Ivanjci 6 B 16
9240 Spodnji Kamenščak 6 B 18
2259 Spodnji Ključarovci 6 C 17
2285 Spodnji Leskovec 8 C 16
1330 Spodnji Log/Stari Trg ob Kolpi 28 H 11
8270 Spodnji Stari Grad 13 F 14
2250 Spuhlja 8 C 16
3256 Srebrnik 8 E 14
8340 Sredgora 28 H 11
2277 Središče ob Dravi 6 C 18
9232 Srednja Bistrica 6 B 18
8333 Srednja vas 28 H 11
1319 Srednja vas pri Dragi 27 H 8
8230 Sredne Laknice 13 F 12
8342 Srednji Radenci 28 J 11
1337 Srobotnik ob Kolpi 27 H 9
2322 Stanecka vas 8 C 15
2286 Stanošina 8 D 16
2319 Stanovsko 8 D 14
8276 Stara Bučka 13 F 12
1332 Stara Cerkev 27 G 10
9240 Stara cesta 6 B 17
9244 Stara gora 6 B 17
8344 Stara Lipa 28 J 12
9242 Stara Nova vas 6 B 17
6256 Stara Sušica 25 H 5
8259 Stara vas-Bizeljsko 14 F 15
8350 Stare Žage 28 G 11
1330 Stari Breg 27 G 10
2321 Stari Grad 8 D 15
1319 Stari Kot 27 H 8
1332 Stari Log/Kočevje 27 G 10
2331 Stari Log/Slovenska Bistrica 8 C 14
8342 Stari trg ob Kolpi 28 J 11
1386 Stari trg pri Ložu 26 G 7
1330 Staro Brezje 28 H 10
6244 Starod 25 J 6
2326 Starošince 8 C 15
9245 Stavešinski Vrh 6 B 16
2322 Stogovci 8 C 15
2281 Stojnci 6 C 16
8280 Stolovnik 13 F 13
2289 Stoperce 8 D 15
8000 Stopiče 13 G 12
2321 Stopno 8 C 15
2286 Strajna 8 D 15
3241 Stranje/Rogaška Slatina 8 D 14
8291 Stranje/Senovo 13 E 13
8333 Stranska vas pri Semicu 28 H 12
8274 Straža pri Raki 13 F 13
2331 Stražgonjca 8 C 15
8340 Stražnji Vrh 28 H 11
9223 Strehovci 6 B 18
2252 Strejaci 6 C 16
2281 Strelci 6 C 16
2285 Strmec pri Leskovcu 8 C 16
2289 Strmec pri Svetim Florjanu 8 D 15
2325 Strnišče 8 C 15
9240 Stročja vas 6 B 18
8256 Stromlje 14 F 14
3253 Strtenica 8 D 14
6323 Strunjan (Strugnano) 24 H 2
1336 Stružnica 27 J 10
6244 Studena Gora 25 H 6
8293 Studenec 13 F 13
2319 Studenice 8 D 14
1330 Suhi Potok 27 H 10
1336 Suhor/Morava 27 H 10
6217 Suhorje 25 H 5
6254 Sušak 26 J 6
3253 Sveta Ema 8 D 14
6271 Sveti Anton/Koper 24 H 3
2289 Sveti Florjan/Rogaška Slatina 8 D 15
3252 Sveti Jurij/Rogatec 8 D 15
9244 Sveti Jurij ob Ščavnici 6 B 17
6333 Sveti Peter 24 J 3
2258 Sveti Tomaž 6 C 17
8230 Sveti Vrh 13 F 12
6250 Sviščaki 26 H 7

Š
9240 Šafarsko 6 B 18
9242 Šalinci 6 B 18
1330 Šalka vas 27 H 10
2277 Šalovci/Ormož 6 C 18
8281 Šedem 13 E 13
1318 Šegova vas 26 G 8
6253 Šembije 26 H 6
8310 Šentjernej 13 F 13
8000 Šentjošt/Novo mesto 13 G 12
3240 Šerovo 8 D 14
2331 Šikole 8 C 15
6215 Škocjan/Divača 25 H 4
8275 Škocjan/Šentjernej 13 F 12
6101 Škocjan (San Canziano) 24 H 3
3240 Škofija 8 D 14
1336 Škrilj 27 H 10
8310 Šmalčja vas 13 F 13
6274 Šmarje/Koper 24 H 3
8310 Šmarje/Šentjernej 13 G 13
6210 Šmarje pri Sežani 25 G 4
8220 Šmarješke Toplice 13 F 12
8220 Šmarjeta 13 F 12
6257 Šmihel/Pivka 25 H 6
8344 Špeharji 28 J 11
9240 Šprinc 6 B 18
9252 Šratovci 6 B 17
1338 Štalcerji 27 H 10
2321 Štatenberg 8 D 14
6210 Štorje 25 G 4
8333 Štrekljevec 28 G 12
8276 Štrit 13 F 13
8312 Šutna/Podbočje 13 F 13

T
8343 Tanča Gora 28 H 11
6243 Tatre 25 H 5
3250 Tekačevo 8 D 14
8295 Telče 13 F 12
8295 Telčice 13 F 12
9244 Terbegovci 6 B 17
2272 Tibolci 6 C 16
6281 Tinjan 24 H 3
9251 Tišina 6 B 17
3252 Tlake 8 D 15
6250 Tominje 25 H 6
6250 Topolc 25 H 6
6273 Topolovec 24 J 3
1319 Trava 27 H 9
8323 Travni Dol 28 G 11
1318 Travnik/Hrib-Loški Potok 26 G 8
8333 Travnik/Semič 28 H 11
2285 Trdobojci 8 D 16
3256 Trebče 14 E 14
2274 Trgovišče 6 C 17
8340 Tribuce 28 H 12
9220 Trimlini = Hármasmalom 7 B 19
9232 Trnje/Beltinci 6 B 18
6257 Trnje/Pivka 25 G 6
1330 Trnovec/Kočevje 27 G 10
8330 Trnovec/Metlika 28 G 12
8292 Trnovec/Sevnica 13 E 13
2310 Trnovec/Vrhloga 8 C 14
9251 Tropovci 6 B 17
6250 Trpčane 26 H 6
6273 Trsek 24 J 3
8000 Trška Gora 13 F 12
6273 Truške 24 J 3
2284 Tržec 8 C 16
3250 Tržišče/Rogaška Slatina 8 D 14
8295 Tržišče/Spodnje Vodale 13 F 12
6240 Tublje pri Hrpeljah 25 H 4
3250 Tuncovec 8 D 15
9252 Turjanci 6 B 17
9224 Turnišče 6 B 18
2283 Turški Vrh 6 C 17
8340 Tušev Dol 28 H 11

U
8344 Učakovci 28 J 12
8323 Uršna sela 28 G 11

V
9251 Vanča vas 6 A 17
6273 Vanganel 24 H 3
2284 Vareja 8 C 16
6217 Vareje 25 H 5
2286 Varvasele 8 D 16
1336 Vas/Brod na Kupi 27 J 10
6217 Vatovlje 25 H 5
8333 Vavpča vas 28 H 12
3225 Vejice 13 E 13
6250 Velika Bukovica 25 H 6
8261 Velika Dolina 14 F 14
8293 Velika Hubajnica 13 F 12
8340 Velika Lahinja 28 H 12
8262 Velika Malence 14 F 14
2274 Velika Nedelja 6 C 17
9225 Velika Polana 6 B 19
6257 Velika Pristava 25 H 6
8231 Velika Strmica 13 F 12
2285 Velika Varnica 8 D 16
8273 Velika vas pri Krškem 13 F 13
8321 Velike Brusnice 13 G 12
8275 Velike Poljane/Zloganje 13 F 12
2275 Veliki Brebrovnik 6 C 18
8000 Veliki Cerovec 13 G 12
8281 Veliki Kamen 13 E 14
8343 Veliki Nerajec 28 H 12
8257 Veliki Obrež 14 F 15
8000 Veliki Orehek 13 G 12
8273 Veliki Podlog 13 F 13
8350 Veliki Rigelj 28 G 11
8000 Veliki Slatnik 13 G 12
8270 Veliki Trn 13 F 13
2282 Veliki Vrh/Muretinci 6 C 17
6254 Veliko Brdo 25 H 6
8312 Veliko Mraševo 13 F 13
8273 Veniše 13 F 13
3254 Verače 8 E 14
8323 Verdun pri Uršnih selih 28 G 11
9241 Veržej 6 B 17
9240 Veščica 6 B 18
9000 Veščica pri Murski Soboti 6 A 17
3260 Vetrnik 13 E 14
2274 Vičanci 6 C 17
2284 Videm pri Ptuju 8 C 16
2310 Videž 8 C 14
8330 Vidošiči 29 G 13
3250 Vidovica 8 D 14
8273 Vihre 13 F 14
3250 Vinec 8 D 14
8344 Vinica 28 J 12
8220 Vinica pri Šmarjeti 13 F 12
8000 Vinja vas 13 G 12
8333 Vinji Vrh pri Semiču 28 H 12
3254 Virštanj 8 E 14
2310 Visole 8 C 14
1386 Viševek 26 G 7
2276 Vitan 6 C 18
8259 Vitna vas 14 F 15
6210 Voglje/Sežana 24 G 3
9240 Vogričevci 6 B 17
8282 Vojsko/Senovo 14 E 14
6256 Volče/Pivka 25 G 5
8256 Volčje/Krško 14 F 14
3253 Vonarje 8 D 14
8290 Vranje 13 E 13
8332 Vranovici 28 H 12
6250 Vrbica 26 H 6
8311 Vrbje/Črneča vas 13 G 13
1330 Vrbovec/Kočevje 27 G 10
6250 Vrbovo 26 H 6
8333 Vrčice 28 H 11
6217 Vremski Britof 25 H 5
3255 Vrenska Gorca 8 E 14
8294 Vrh pri Boštanju 13 E 12
8222 Vrh pri Pahi 13 F 12
8000 Vrhe/Novo mesto 13 G 12
8295 Vrhek 13 F 12
8258 Vrhje 14 F 15
2310 Vrhloga 8 C 14
1386 Vrhnika pri Ložu 26 G 8
8341 Vrhovci 28 H 12
6210 Vrhovlje 24 G 3
3256 Vrhovnica 14 E 14
1433 Vrhovo 13 E 12
8263 Vrhovska vas 13 F 14
6240 Vrhpolje/Hrpelje 25 H 4
3240 Vršna vas 8 D 14
8333 Vrtača pri Semiču 28 H 12
9242 Vučja vas 6 B 17
8344 Vukovci 28 J 12
2275 Vuzmetinci 6 C 18
9220 Völgyifalu = Dolina pri Lendavi 7 B 20

Z
6250 Zabiče 26 H 7
2281 Zabovci 8 C 16
8292 Zabukovje nad Sevnico 13 E 13
8274 Zabukovje pri Raki 13 F 13
1310 Zadolje 27 G 9
2272 Zagojiči 6 C 16
2256 Zagorci 6 B 17
6257 Zagorje/Pivka 25 H 6
8342 Zagozdac 28 H 11
8275 Zagrad/Zloganje 13 F 12
8222 Zagrad pri Otočcu 13 F 12
8000 Zajčji Vrh pri Stopicah 13 G 12
2286 Zakl/Podlehnik 8 D 16
6243 Zalejšje 25 H 5
8275 Zalog pri Škocjanu 13 F 12
8274 Zaloke 13 F 13
8310 Zameško 13 F 13
2272 Zamušani 6 C 17
8343 Zapudje 28 H 11
6250 Zarecica 25 H 6
6250 Zarečje 25 H 6
9242 Zasadi 6 B 17
2275 Zasavci 6 C 18
8293 Zavratec/Sevnica 13 F 13
2283 Zavrč 6 C 17
6217 Zavrhek 25 H 5
6275 Zazid 25 H 4
3215 Zbelovo 8 D 14
3215 Zbelovska Gora 8 D 14
9250 Zbigovci 6 B 16
8220 Zbure 13 F 12
3260 Zdole/Kozje 8 E 14
8272 Zdole/Krško 13 F 14
2310 Zgornja Bistrica 8 C 14
2318 Zgornja Brežnica 8 C 14
2327 Zgornja Gorica 8 C 15
2288 Zgornja Hajdina 8 C 16
3241 Zgornja Kostrivnica 8 D 14
2315 Zgornja Nova vas 8 C 14
8256 Zgornja Pohanca 14 F 14
2314 Zgornja Polskava 8 C 14
2323 Zgornja Pristava 8 C 15
2289 Zgornja Sveca 8 D 15
2286 Zgornje Gruškovje 8 D 16
2326 Zgornje Jablane 8 C 15
3250 Zgornje Negonje 8 D 14
2319 Zgornje Poljčane 8 D 14
2315 Zgornje Prebukovje 8 C 14
3250 Zgornje Secovo 8 D 14
6281 Zgornje Škofije 24 H 3
3223 Zgornje Tinsko 8 D 14
8295 Zgornje Vodale 13 F 12
3241 Zgornji Gabrnik 8 D 14
9240 Zgornji Kamenščak 6 B 17
2285 Zgornji Leskovec 9 D 16
3240 Zibika 8 D 14
8344 Zilje 28 J 12
8275 Zloganje 13 F 12
9223 Zsitkoc = Žitkovci 7 B 19

Ž
8312 Žabjek v Podbočju 13 F 13
2318 Žabljek 8 C 14
8273 Žadovinek 13 F 13
3252 Žahenberc 8 D 15
8220 Žaloviče 13 F 12
6258 Žeje/Postojna 25 G 6
1330 Željne 27 H 10
9244 Ženik 6 B 17
2259 Žerovinci 6 C 17
2287 Žetale 8 D 15
8290 Žigrski Vrh 13 E 13
6210 Žirje 25 G 4
1434 Žirovnica/Radeče 13 E 12
9223 Žitkovci = Zsitkoc 7 B 19
9232 Žižki 6 B 18
8341 Žuniči 29 J 13
2324 Župečja vas 8 C 15
8258 Župelevec 14 F 15
2236 Župetinci 6 B 16
1337 Žurge 27 H 9

## SRB

77 474 km² | +381
Beograd | 7 224 000

A
Adaševci Адашевци 55 L 36
25260 Apatin Апатин 23 G 34

**B**

21420 Vač
Бач 39 J 36
Bačinci
Бачинци 55 L 36
21400 Bačka Palanka
Бачка Паланка 39 K 37
25275 Bački Breg
Бачки Брег 23 F 34
Bački Brestovac
Бачки Брестовац 23 H 36
Bački Gračac
Бачки Грачац 39 H 36
25272 Bački Monoštor
Бачки Моноштор 23 G 34
21429 Bačko Novo Selo
Бачко Ново Село 39 K 35
22251 Batrovci
Батровци 55 L 35
22242 Berkasovo
Беркасово 55 L 36
25270 Bezdan
Бездан 23 F 34
22254 Bikić Do
Бикић До 55 L 36
22253 Bingula
Бингула 55 L 37
21427 Bođani
Бођани 39 J 35
25101 Bogišići
Богошићи 23 G 36
25245 Bogojevo
Богојево 39 H 35
Bosut
Босут 55 M 37
25101 Brandov salaš
Брандов салаш 23 G 35
25101 Bukovac/Sombor
Буковац/Сомбор 23 G 35

**C**

18225 Crna Bara/Donje Crnjelovo
Црна Бара/Доїе Црїелово 55 M 37

**Č**

25210 Čonoplja
Чонопља 23 G 36

**D**

25254 Deronje
Дероње 39 J 36
25243 Donji Majur
Доњи Мајур 39 K 36
25243 Doroslovo
Дорослово 23 H 36

**Đ**

21239 Đurđevo/Bač
їурђево/Ваи 39 J 36

**E**

22230 Erdevik
Ердевик 55 L 37

**G**

Gajdobra
Гајдобра 39 J 37
25282 Gakovo
Гаково 23 F 35
22258 Gibarac
Гибарац 55 L 36
18313 Glogovac/Crna Bara
Глоговац/Црна Бара 55 M 37
Gornji Majur
Горњи Мајур 39 K 36

**I**

22250 Ilinci
Илинци 55 L 35

**J**

22248 Jamena
Јамена 55 M 35

**K**

25255 Karađorđevo/Bačka Palanka
Карађорђево/Бачка Паланка 39 K 36
Karavukovo
Каравуково 39 J 36
25221 Kljajićevo
Кљајићево 23 G 36
25274 Kolut
Колут 23 F 34
25282 Kruševlje
Крушевље 23 F 35
Kukujevci
Кукујевци 55 L 37
25262 Kupusina
Купусина 23 G 35
Kuzmin
Кузмин 55 L 37

**L**

Labudnjača pusta
Лабудњача пуста 38 J 35
Lalić
Лалић 39 H 37

**Lj**

22255 Ljuba
Љуба 55 L 37

**M**

Matarići
Матарићи 23 G 36
25211 Milčić
Милчић 23 G 36
21422 Mladenovo
Младеново 39 K 36
22256 Molovin
Моловин 55 K 36
Morović
Моровић 55 L 36

**N**

21314 Neštin
Нештин 39 K 37
Nikolajevo
Николајево 38 J 35
21431 Nova Gajdobra
Нова Гајдобра 39 K 37
Novi Majur
Нови Мајур 39 K 37

**O**

21423 Obrovac
Обровац 39 K 37
25101 Obzir
Обзир 23 G 35
Odžaci/Bač
Оџаци/Бач 39 H 36
Osmak majur
Осмак мајур 39 H 37

**P**

Panickog salaš
Паницког салаш 39 J 36
Parage
Параге 39 J 37
25101 Pekanovići
Пекановићи 23 G 36
Pivnice
Пивнице 39 J 37
21428 Plavna/Bač
Плавна 39 J 35
25263 Prigrevica
Пригревица 23 G 35
Privina Glava
Привина Глава 55 L 36

**R**

Rančevo
Ранчево 23 F 35
25283 Rastina
Растина 23 F 35
Ratkovo
Ратково 39 J 37
Ravnje/Martinci
Равїе/Мартинци 55 M 37
Rodojevići
Радојевићи 23 G 36
Ruski Krstur
Руски Крстур 39 H 37

**S**

15358 Salaš Crnobarski
Салаш Црнобарски 55 N 37
Selenča
Селенча 39 J 36
Silbaš
Силбаш 39 J 37
25101 Sombor
Сомбор 23 G 35
25264 Sonta
Сонта 23 H 35
22243 Sot
Сот 55 L 36
15355 Sovljak/Crna Bara
Совїак/Црна Бара 55 M 37
22247 Sremska Rača
Сремска Рача 55 M 36
25244 Srpski Miletić
Српски Милетић 39 H 36
25284 Stanišić
Станишић 23 F 36
25240 Stapar/Apatin
Стапар/Апатин 23 H 36
Staro Selo
Старо Село 38 H 35
25211 Svetozar Miletić
Светозар Милетић 23 F 36
25265 Svilojevo
Свилојево 23 H 35

**Š**

25210 Šaponji salaši
Шапоњи салаши 23 G 36
22240 Šid
Шид 55 L 36

**T**

Tilingerov salaš
Тилингеров салаш 39 J 37
Tovariševo
Товаришево 39 J 36

**V**

V. Salaš
Велики Салаш 38 H 34
21426 Vajska
Вајска 39 J 35
22241 Vašica
Вашица 55 L 36
Višnjičevo
Вишњичево 55 M 36
21314 Vizić
Визић 55 K 37

**Ž**

25240 Žarkovac/Sombor
Жарковац/Сомбор 23 G 36
Živa pusta
Жива пуста 38 J 35

# Blattübersicht

Key Plan | Pregledni list | Pregled kart | Tavola riassuntiva delle pagine | Tableau d'assemblage
Bladoverzicht | Vista de la página | Klad listů | Prehľad kladu listov | Áttekintés | Skorowidz arkuszy

# Legende

Legend | Legenda | Legenda | Légende | Legenda | Legende | Leyenda | Vysvětlivky | Vysvetlivky | Jelmagyarázat | Legenda

**Öffentliches Gebäude (Auswahl)**
Public building (selection)
Javne zgrade
Javne stavbe
Edificio pubblico (selezione)
Bâtiment public (sélection)
Openbaar gebouw (keuze)
Edificio público (selección)
Veřejná budova (výběr)
Verejná budova (výber)
Középület (fontosabb)
Budynek użyteczności publicznej (wybór)

**Kirche, Kapelle**
Church, chapel
Crkva, kapéla
Cerkev, kapela
Chiesa, cappella
Eglise, chapelle
Kerk, kapel
Iglesia, capilla
Kostel, kaple
Kostol, kaplnka
Templom, Kápolna
Kościoł, kaplica

**Autobahn**
Motorway
Autocesta
Avtocesta
Autostrada
Autoroute
Autosnelweg
Autopista
Dálnice
Diaľnica
Autópálya
Autostrady

**Durchfahrtsstraße**
Through road
Prolazna cesta
Tranzitna cesta
Strada di transito
Traversée
Doorrijstraat
Travesía
Průjezdní silnice
Prejazdná cesta
Áthajtási út
Ulica przelotowa

**Fußgängerzone**
Pedestrian precinct
Pjesacka zona
Cona za pešce
Zona pedonale
Rue piétonne
Voetgangerszone
Zona peatonal
Pěší zóna
Pešia zóna
Sétálóutca
Ulica tylko dla pieszych

**Eisenbahn**
Railway
Željeznica
Železnica
Ferrovia
Chemin de fer
Spoorweg
Ferrocarril
Železnice
Železnica
Vasút
Kolej główna

**Sportplatz**
Sports field
Sportskó igralište
Športno igrišče
Campo sportivo
Terrain de sport
Sportterrein
Campo de deporte
Hřiště
Športovisko
Sportpálya
Boisko sportowe

**Friedhof**
Cemetery
Grôblje
Pokopališče
Cimitero
Cimetière
Begraafplaats
Cementerio
Hřbitov
Cintorín
Temető
Cmentarz

**Polizei**
Police
Policija
Policija
Polizia
Police
Politie
Policía
Policie
Polícia
Rendőrség
Policja

**Parkgarage**
Parking garage
Garaža za parkiranje
Parkirna hiša
Garage
Parking couvert
Parkeergarage
Garaje
Parking
Podzemná garáž
Parkólóház
Garaz parkingowy

**Cityplan**
Citymap
Plan grada
Naèrt mestnega centra
Pianta della città
Plan de ville
Plattegrond
Plano de la ciudad
Plán města
Plán mesta
Várostérképek
Plan miasta

## Dubrovnik 1:11 000

1 km

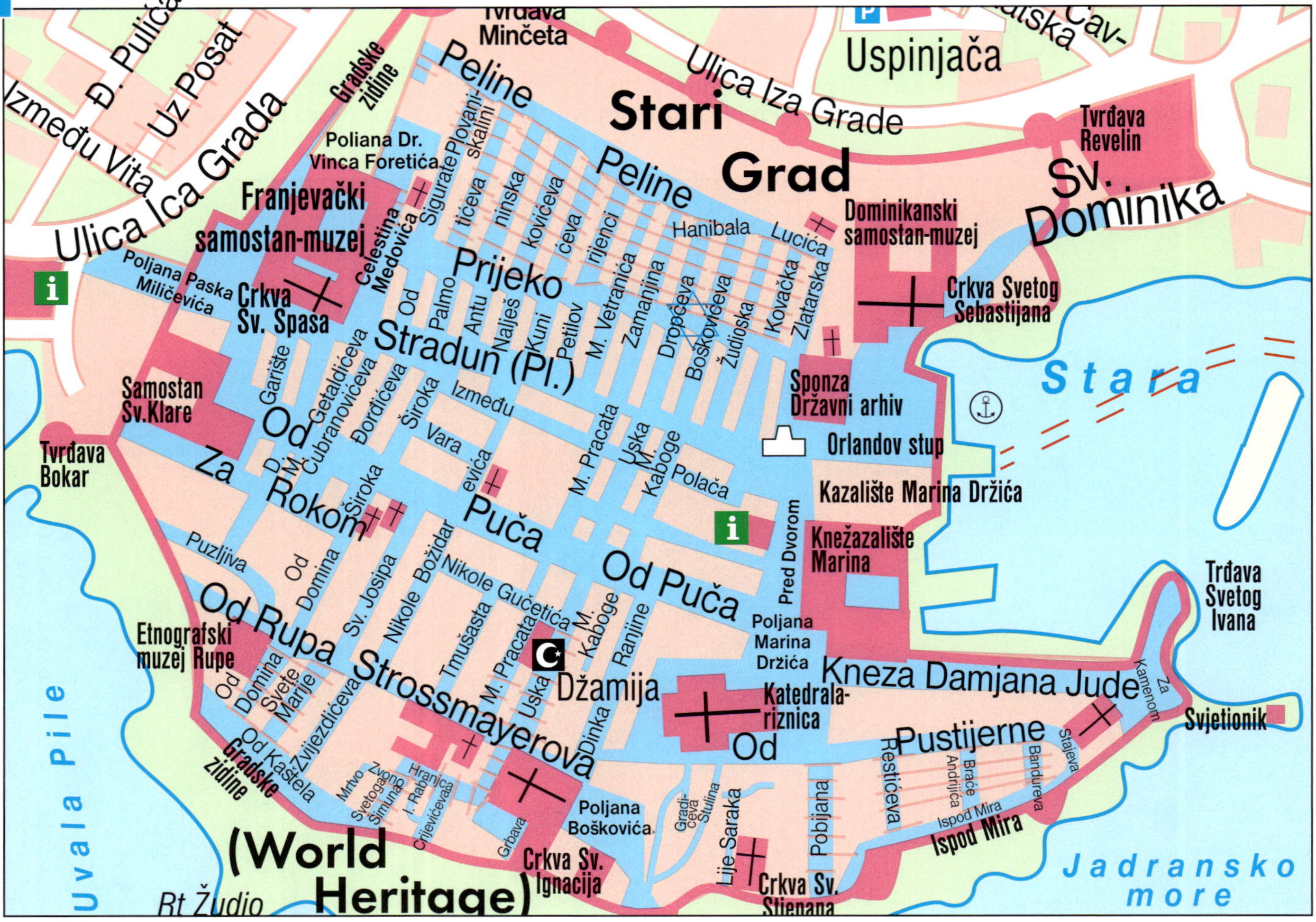
Tvrđava Minčeta
Uspinjača
Stari Grad
Ulica Iza Grade
Peline
Tvrđava Revelin
Sv. Dominika
Đ. Pulića
Uz Posat
Između Vita
Ulica Ica Grada
Gradske zidine
Poliana Dr. Vinca Foretića
Franjevački samostan-muzej
Celestina Medovića
Siguratе
Plovani skalini
Prijeko
Hanibala Lucića
Dominikanski samostan-muzej
Poljana Paska Miličevića
Crkva Sv. Spasa
Crkva Svetog Sebastijana
Stradun (Pl.)
Od Puča
Palmo
Antuna
Nalješ
Kuni
Petilov
M. Vetranića
Zamanjina
Dropčeva
Boškovićeva
Žudioska
Kovačka
Zlatarska
Stara
Samostan Sv.Klare
Gariště
Od
Getaldićeva
Cubranovićeva
Đorđićeva
Široka
Između
Vara
Sponza Državni arhiv
Orlandov stup
Tvrđava Bokar
Za Rokom
Puča
M. Pracata
Uska
M. Kaboge
Polača
Kazalište Marina Držića
Knežazalište Marina
Pred Dvorom
Puzljiva
Od Domina
Sv. Josipa
Nikole Božidar
Nikole Gučetića
Tmušasta
Ranjine
Poljana Marina Držića
Trđava Svetog Ivana
Etnografski muzej Rupe
Od Rupa
Strossmayerova
Džamija
Katedrala-riznica
Kneza Damjana Jude
Za Kamenom
Svjetionik
Uvala Pile
Od Domina
Svete Marije
Zvijezdićeva
Od Kaštela
Gradske zidine
Dinka
Od
Pustijerne
Restićeva
Braće Andrijića
Bandureva
Stajeva
Ispod Mira
Mrtvo Zvono
Svetoga Šimuna
Hranića
I. Rabljanina
Crijevićevaš
Grbava
Poljana Boškovića
Gradićeva
Štulina
Lije Saraka
Pobijana
(World Heritage)
Crkva Sv. Ignacija
Crkva Sv. Stjepana
Rt Žudio
Jadransko more

## Karlovac 1:8 000

500 m

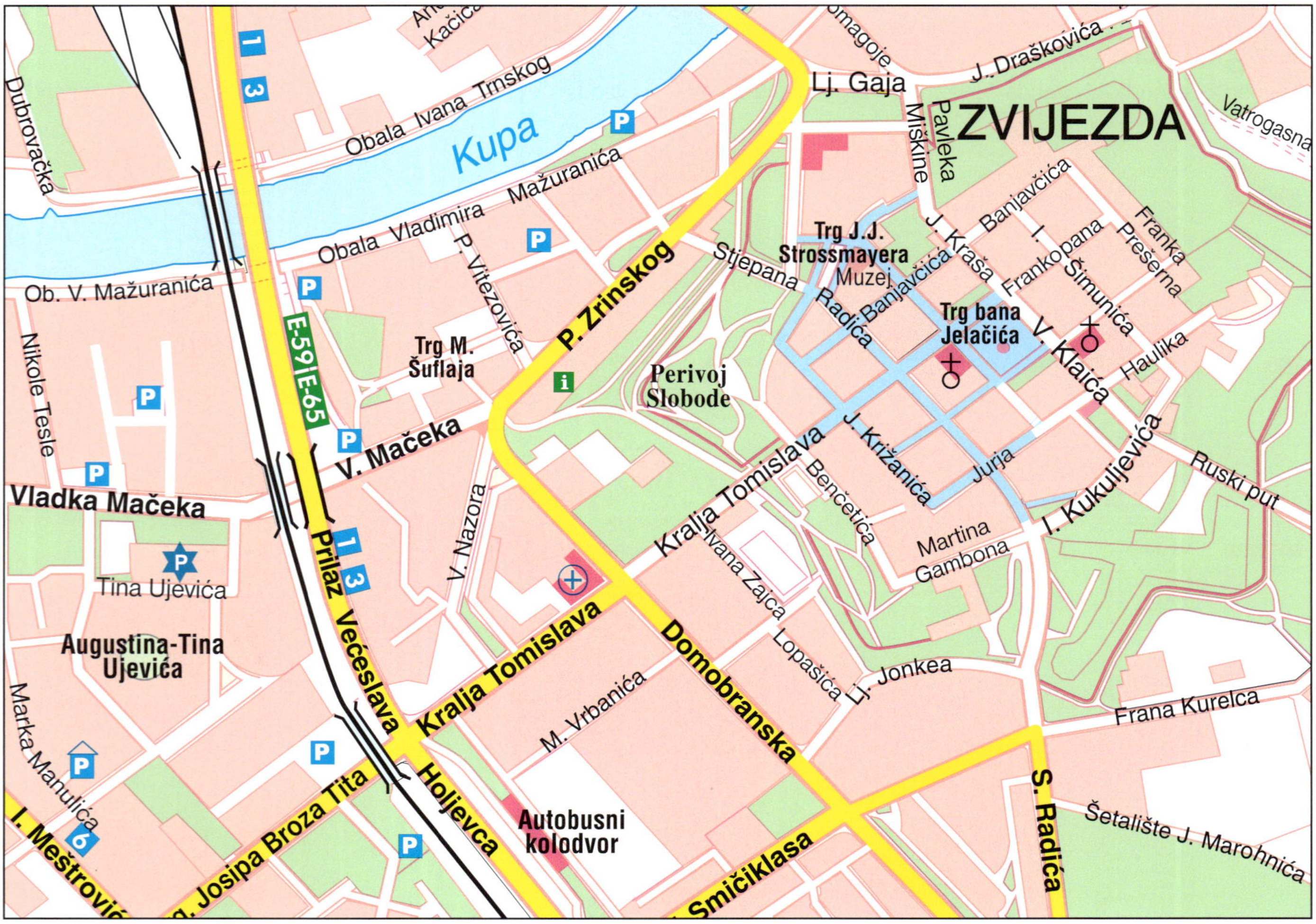
Kačića
Dubrovačka
Obala Ivana Trnskog
Kupa
J. Draškovića
Lj. Gaja
Vatrogasna
Miškine
Pavleka
ZVIJEZDA
Obala Vladimira Mažuranića
Mažuranića
Ob. V. Mažuranića
P. Vitezovića
P. Zrinskog
Trg J.J. Strossmayera
Muzej
Stjepana Radića
Banjavčića
J. Kraša
Frankopana
Franka Prešerna
I. Šimunića
Trg bana Jelačića
V. Klaića
Haulika
Nikole Tesle
E-59 E-65
Trg M. Šuflaja
Perivoj Slobode
V. Mačeka
Vladka Mačeka
V. Nazora
Kralja Tomislava
J. Križanića
Benčetića
Jurja
I. Kukuljevića
Ruski put
Martina Gambona
Tina Ujevića
Augustina-Tina Ujevića
Prilaz Većeslava Holjevca
Domobranska
Ivana Zajca
Lopašića
Lj. Jonkea
Frana Kurelca
M. Vrbanića
Marka Marulića
I. Meštrovića
Josipa Broza Tita
Autobusni kolodvor
Smičiklasa
S. Radića
Šetalište J. Marohnića

# Osijek 1:25 000

1 km

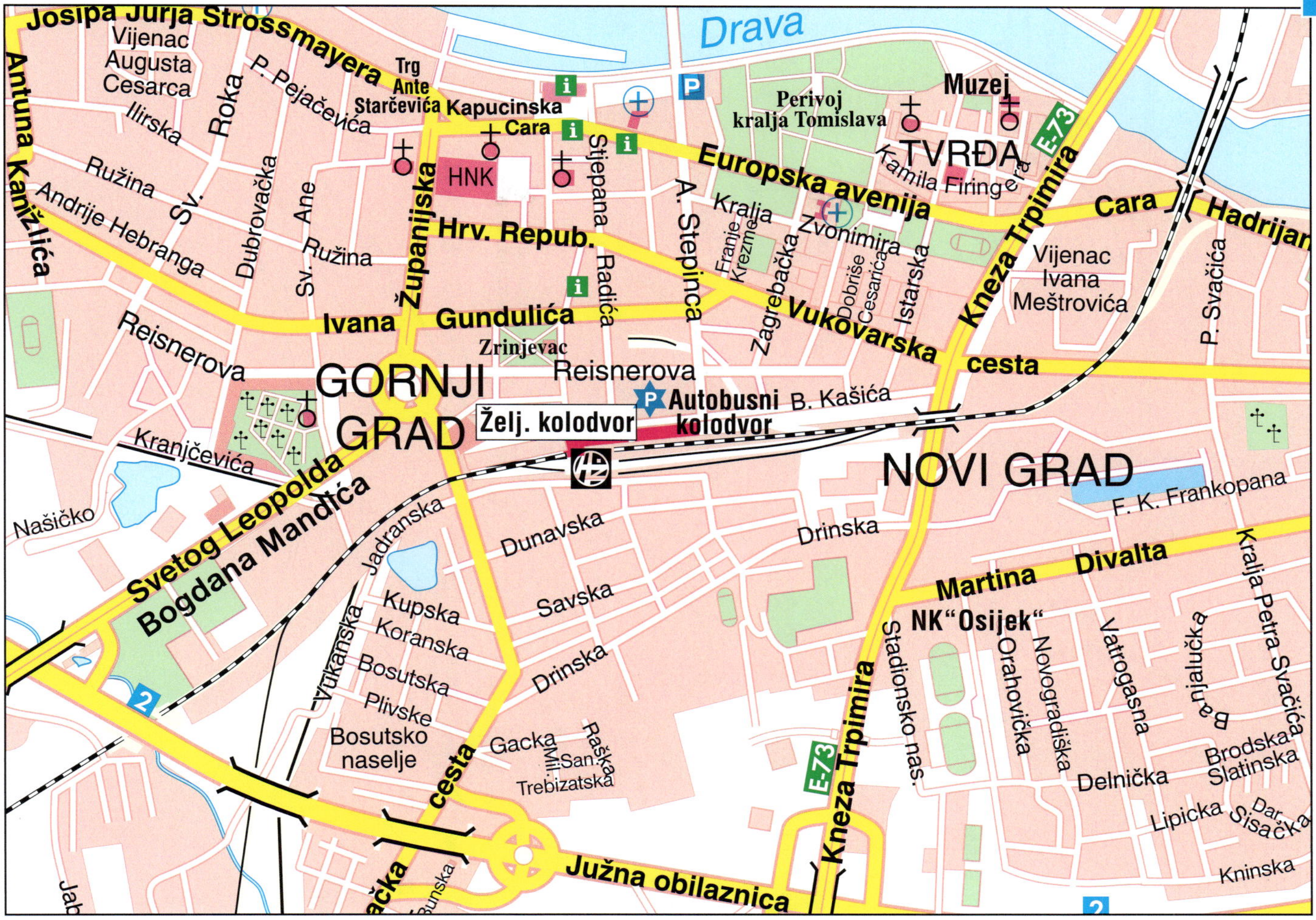
Josipa Jurja Strossmayera
Drava
Vijenac Augusta Cesarca
Trg Ante Starčevića
Kapucinska
Cara
P. Pejačevića
Ilirska
Roka
Antuna Kanižlića
Ružina
Sv.
Andrije Hebranga
Dubrovačka
Ane
Sv.
Ružina
HNK
Županijska
Stjepana
Hrv. Repub.
Radića
A. Stepinca
Perivoj kralja Tomislava
Muzej
TVRĐA
Kamila Firinger
E-73
Europska avenija
Kralja Zvonimira
Franje Krezme
Zagrebačka
Dobriše Cesarića
Istarska
Kneza Trpimira
Cara
Hadrijan
Vijenac Ivana Meštrovića
P. Svačića
Ivana
Gundulića
Zrinjevac
Vukovarska
cesta
Reisnerova
Reisnerova
GORNJI GRAD
Autobusni kolodvor
B. Kašića
Želj. kolodvor
Kranjčevića
NOVI GRAD
Našičko
Svetog Leopolda Bogdana Mandića
Jadranska
Dunavska
Drinska
F. K. Frankopana
Martina Divalta
Kralja Petra Svačića
NK "Osijek"
Kupska
Koranska
Bosutska
Plivske
Bosutsko naselje
Vukanska
Savska
Drinska
Stadionsko nas.
Orahovička
Novogradiška
Vatrogasna
Banjalučka
Gacka
Mil. San
Raška
Trebizatska
cesta
Brodska
Slatinska
Delnička
Lipicka
Dar.
Sisačka
Kninska
Južna obilaznica
Kneza Trpimira
E-73
2
2
Bunska
ačka
Jab

# Pula 1:8 000

500 m

ACI Marina Pula
Luka Pula
Autobusni kolodvor
Flavije
Amfiteatar
Ozad Arene
Faverijska
Tesl ulica
ulica
Riva
Titov Park
Ul. Sv. Ivana
Amfiteatarska ul.
ulica
Stiglicheva ul.
Nikole
Ulica
Rakovca
Trg Sv. Tome
Riva
Pr. Naše sloge
Sv. Teodora
Scalierova
Sv. Antun
Varaždinska ulica
Kapitolinski trg
Katedrala
Kandelerova ul.
Sv. Nikola
Carrarina ulica
Nezak-ciska
Ulica
Rimske centuracije
Ul. P. Stovagn.
Sv. Roko
Gradinski uspon
Malo rimsko kazalište
Dubrovačke bratovštine
Polj. Sv. Martina
Karlovačka ulica
Konz. Istr. Samostan Sv. Franje
Arheološki muzej
Doprricheva ul.
Epulonova ul.
Ulica Nikole Tesle
Vukovarska ulica
Forum
Forum ul.
Sv. Franje
Ulica Castropola
Istarska
Zadarska
ulica
Flaciusova
Sv. Nikole
Benedikt. opatije
Ul. Sergijevaca
Usp. na Kaštel
Ulica Joakima
Stankovićeva
Kumičićeva ul.
Maksimilijanova
Cvečića
J. Uspon
Glavinica
Giardini ul.
Ul. L. da Vincija
Zagrebačka
Ciskuttijeva ulic
Veronska
Trierska
Gimnazija
Ulica
Danteov trg
Hermana
M. Držića
D. Anticova ul.
Fontička
Supilova ul.
Flanatička
Cankarova ul.
Bartolomeo
Mihovila
Ulica
Leharova
Ulica
Smareglina
Sv. Ivana
Trg I. Dalmatinova
Rönjgova
Dobrilina ulica
Arsenalska ul.
Usp. R. Boškovića
Park Monte Zaro
Jurine i F. Stupe
Ul. Gius. Martinija
Radičeva ul.
Mletačka
Pedagoški fakultet
ulica
ulica
Ul. P. Preradovića
Ul. P. Preradovića
ul. Sv.
Brodogradilišta Uljanik

# Rijeka 1:10 000

1 km

Riječki zaljev
BRAJDICA
Kontejnerski i Ro-Ro terminal Brajdica
SUŠAK
DELTA
KRIMEJA
BULEVARD
VOJAK
TRSAT
KOZALA
KAPITANOVO
BELVEDER
POTOK
PODPINJOL
MLAKA
PODMURVICE
STARI GRAD
Rječina
Tunel "Katarina"
Tunel "Banska vrata"
E65
E61
A7
403
Park Pancicev
Frankopanski trg
Gospe Trsatske
Sv. Jurja
Dvorana mladosti
Slavka Krautzeka
Drage Ščitara
Put Vinka Valkovića
Šetalište J. Rakovca
Šetalište I. G. Kovačića
Sušačka gimnazija
Medicinska škola
Trg braće Mažuranić
Gundulićeva
Sv. Ćirila i Metoda
Bulevar Oslobođenja
Strossmayerova
Janka Polića-Kamova
Šetalište 13. divizije
Kumičićeva
Mihanovićeva
Radićeva
Franje Račkog
Ružićeva
Školjić
Vodovodna
S. Cindrića
Prigradski autobusni kolodvor
Fumara
Autobusni kolodvor
Jurja Klovića
Ivana Zajca
HNK
Banka
Lučka kapetanija
Carinarnica
Verdijeva
Zagrebačka
Demetrova
Sv. Nikole
Scarpina
Adamićeva
Riva
Korzo
Žrtava fašizma
Grohovca
Pedagoški fakultet
Galerija
Sv. Vida
Sv. knjižnica
Moderna galerija
Jadranski trg
Kazalište
Kapucinski samostan
Autobusni kolodvor
Ciottina
Pomorski fakultet
Studentska
Pomerio
Muzej grada Rijeke
Pomorsko-povijesni muzej
Prirodoslovni muzej
Park V. Nazora
Stari Voljak
Vjenceslava Novaka
Ante Kovačića
Sv. Romualda i Svih svetih
Baštijanova
Laginjina
Brajšina
Trinajstićeva
Kozala Braščina
Oktavijana
Valića
Petra Kobeka
Aleksandra Mamića
Tizianova
Stjepana Vidulića
Omladinska
Ljudevita Matešića
M. Albaharija
I. Marinkovića
F. la Guardie
A. Manzonija
Krešimirova
1. maja
Potok
Nikole Cara
Josipa Završnika
Dr. Frana Kresnika
V. Cara Emina
N. Tesle
Cambierieva
Rijeka
Medicinski fakultet
Klinički bolnički centar Rijeka
Velebitska
Radune Ban
Mire
Tomšića
Braće Branchetta
Vukovarska
Podpinjol
Podmurvice
Luki
Zvonimirova
Milutina Barača
Rastočine
Franca Prešerna
Ruđera Boškovića
Kontejnerski terminal Zagrebčka obala

## Šibenik 1:6 500

500 m

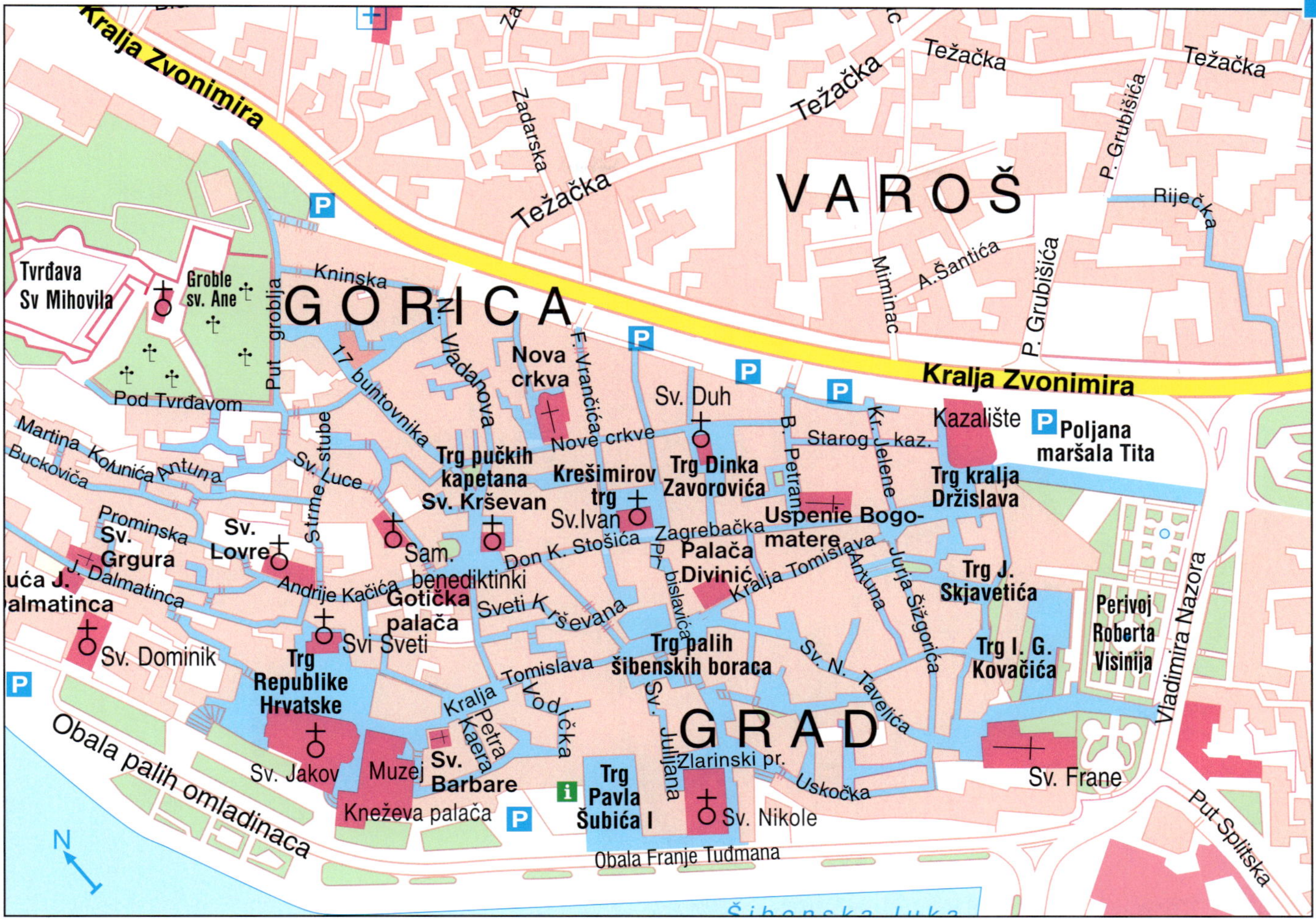

Kralja Zvonimira
Težačka
Zadarska
Težačka
Težačka
Težačka
P. Grubišića
Riječka
VAROŠ
Miminac
A.Šantića
P. Grubišića
Tvrđava Sv Mihovila
Groble sv. Ane
Put groblja
Kninska
GORICA
Vladanova
F. Vrančića
Nova crkva
17 buntovnika
Pod Tvrđavom
Kralja Zvonimira
Sv. Duh
B. Petranovića
Starog kaz.
Kr. Jelene
Kazalište
Poljana maršala Tita
Martina Kolunića
Buckovića
Antuna
Sv. Luce
Strme stube
Trg pučkih kapetana
Sv. Krševan
Nove crkve
Krešimirov trg
Sv.Ivan
Trg Dinka Zavorovića
Trg kralja Držislava
Uspenje Bogo-matere
Zagrebačka
Prominska
Sv. Grgura
Sv. Lovre
Sam. benediktinki
Don K. Stošića
Palača Divinić
Kralja Tomislava
Antuna
Jurja Šižgorića
Trg J. Skjavetića
Perivoj Roberta Visinija
J. Dalmatinca
Andrije Kačića
Gotička palača
Sveti Krševana
Pribislavića
Vladimira Nazora
Sv. Dominik
Svi Sveti
Trg Republike Hrvatske
Tomislava
Trg palih šibenskih boraca
Sv. N. Tavelića
Trg I. G. Kovačića
Kralja
Petra Krešimira
Vodička
Sv. Julijana
GRAD
Obala palih omladinaca
Sv. Jakov
Muzej
Sv. Barbare
Trg Pavla Šubića I
Zlarinski pr.
Uskočka
Sv. Frane
Kneževa palača
Sv. Nikole
Put Splitska
Obala Franje Tuđmana
N
Šibenska luka

## Slavonski Brod 1:8 000

500 m

Željeznički kolodvor
Autobusni kolodvor
Trg hrvatskog proljeća
Fra Grge Martića
NASELJE SLAVONIJA II
Petra Svačića
Petra Svačića
Ivana Gorana Kovačića
Julija Hoffmana
Domobranska
Slunjska
Stjepana Marjanovica
Naselje Slavonija I
Borovska
Matije Gupca
Trg kralja Tomislava
Đure Pilara
Naselje Slavonija II
Ivana Gundulića
A. Mihanovića
Med. centar
Športska dvorana
Augusta Cesarca
Josipa Muravića
Trg Pobjede
Ivana Mažuranića
Nikole Tesle
Nikole Zrinskog
Andrije Štampara
Kraljice Jelena
Vukovarska
Tvrdava Brod
Matije Gupca
V. Nazora
Trg I. A. Brlića
Stjepana Horvata
Petra Krešimira IV
Med. centar
Ivana Gundulića
Trg S. Allendea
Brlić Mažuranić
Trg J. Godlara
Matije Mesića

# Split 1:11 000

1 km

BOL
GRIP
MANUŠ
BAČVICE
LUČAC
ŠPALACIJUNI
LOVRET
DOBRI
GRAD
ŠPINUT
VELI VAROŠ
ZVONČAC
MEJE
ARJAN
Slobode
Vukovarska
Matrice Hrvatske
Kralja Zvonimira
Pojišanska
Zagrebačka
Livanjska
Domovinskog rata
Sinjska
Marmontova
Obala hrvatskog narodnog preporoda
Trumbićeva obala
Obala kneza Branimira
Ivana Meštrovića
Gunjačina
Obala kneza Domagoja
"Marjanski tunel"
Tvrđava "Gripe"
Športski centar "Gripe"
Dioklecijanova palača
Sv. Duje
Muzej
Stross. park
Sveučilišna knjižnica
Kazalište mladih
HNK
Teutina
Park E. Vidovića
Stari plac
Vjenčaonica
Pravni fakultet
Općina
Banka
Želj. kolodvor
Bus
Carina
Gat Sv. Duje
Gat Sv. Petra
Gat Sv. Nikole
Lučka kapetanija
Poljana kneza Trpimira
Trg braće Radić
Trg Republika
Sv. Frane
Sv. Križ
Sv. Mande
Sv. Klara
Sv. Stjepan
Park pomoraca
Zoološki vrt
Botanički vrt
ACI Marina
ACI
PSD i JK "Morna"
PSD i JK "Split"
PK i VK "Jadran"
Gradska luka
U. Bačvice
U. Ovčice
U. Baluni
Zvončac
Taxi Boat
Hvar, Brač
Šolta, Brač
Slatine
Savska
Mažuranićevo
Mažuranićevo šetalište
Velebitska
Kvaternikova
Washingtonova
Put Plokita
Tolstojeva
Gorička
Rijećka
Gundulićeva
Posavska
Bihaćka
Kliška
Mihaćeva
Slavićeva
Manderova
Cirilometodova
Starčevićeva
Svačićeva
Kavanjinova
Zrinsko-Frankopanska
Matoševa
Nikole Tesle
Fra Bonina
Berislavićeva
Teslе
Ul. Ljudevita Gaja
Put Sv. Mande
Harambašićeva
Gorski put
Marjanski put
Nazora
Vladimira
Prilaz
Pimarska
Radmilovićeva
Kamenita
Milićeva
Senjska
Sperun
Bana Jelačića
Ban Mladenova
Križeva
Palmina
Marasovića
Dražanac
Lisinskog
Puntarska
Botićevo šetalište
Marjanske skale
Kolombatovićevo šetalište
Šetalište Marjanica
Šetalište Mangunica
Put Tartaglie
Lučica
Špinutska
Špinutska
Đorđićeva
Bakotićeva
Put Sv. Mande
Reljkovića
Višeslava
Kenza
Glagoljaška
Kneza Mislava
Rokova
Radunica
Vrh Lučac
Omiška
Mosorska
Vrzov dolac
Istarska
Držića
Marina
Kralja Tomislava
Marulićeva
Hrvojeva
Matošića
Petrova
Bregovita
Klarina
Bijankinijeva
Jadranska
Trg M. Pavlinovića
M. Gupca
Šetalište Bačvice
Prerandovićevo šetalište
Katalinićev prilaz
Domagoja
Bukovčeva
Viška
Kastelanova
Roosevelt
Hektorovićeva
Put Firula
Barakovićeva
Palmotićeva
Omiška
Pupačićeva
M. Gupca
Osječka
Pod Kosom
Put Meja
B. Kašića
Mihanovićeva
Begovićeva
Njegoša
A. Cesarca
Vetranićeva
Sustjepanski put

# Trogir 1:6 500

500 m

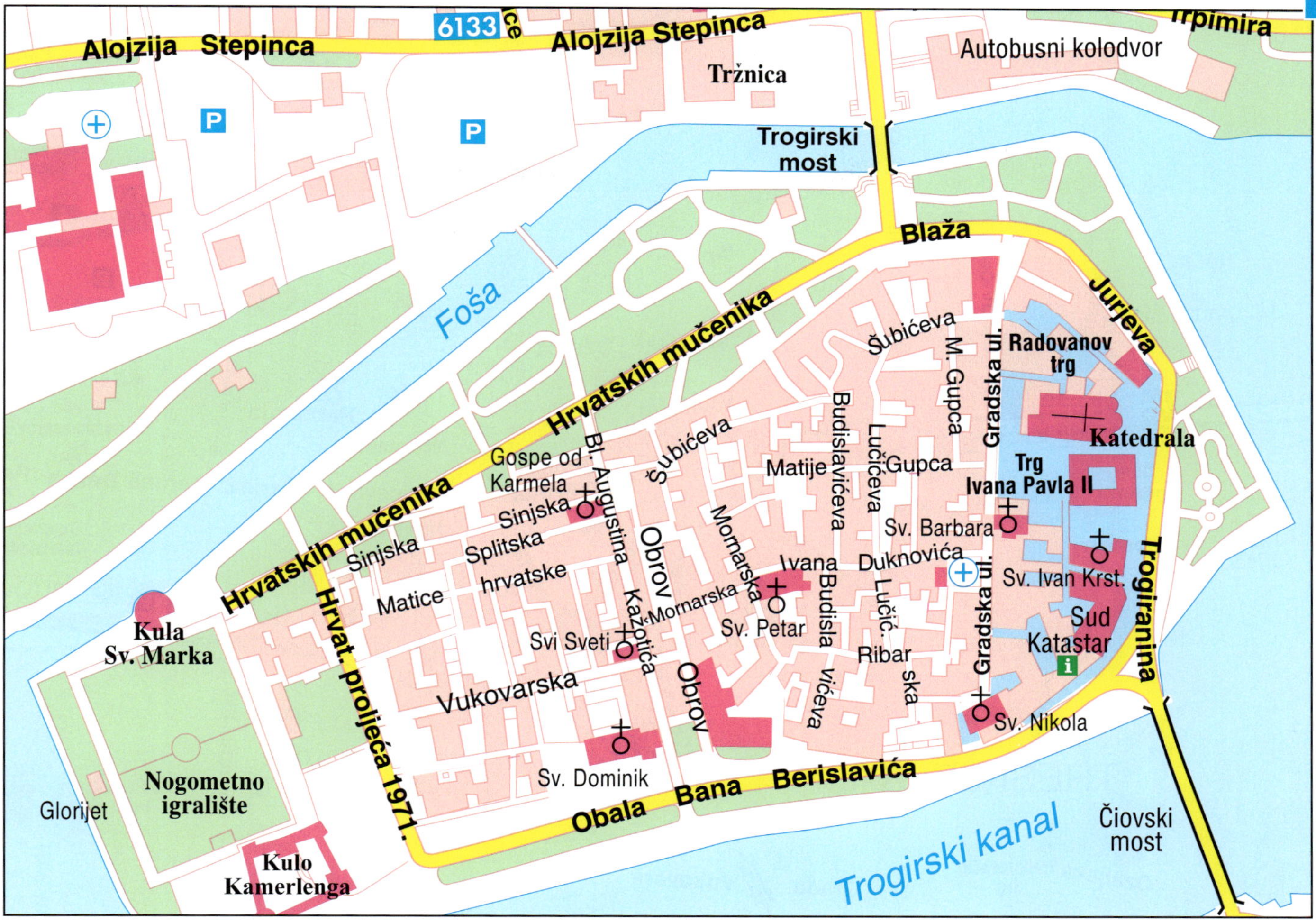

6133
Alojzija Stepinca
Alojzija Stepinca
Trpimira
Autobusni kolodvor
Tržnica
Trogirski most
Foša
Blaža
Jurjeva
Radovanov trg
Katedrala
Trg Ivana Pavla II
Šubićeva
M. Gupca
Gradska ul.
Budislavićeva
Lučićeva
Gupca
Matije
Hrvatskih mučenika
Hrvatskih mučenika
Gospe od Karmela
Bl. Augustina
Šubićeva
Sinjska
Sinjska
Splitska
Matice
hrvatske
Obrov
Mornarska
Kažotića
Mornarska
Ivana
Budisla
vićeva
Sv. Barbara
Duknovića
Lučić.
ska
Ribar
Gradska ul.
Sv. Ivan Krst.
Sud
Katastar
Trogiranina
Sv. Petar
Svi Sveti
Vukovarska
Obrov
Sv. Nikola
Kula Sv. Marka
Hrvat. proljeća 1971.
Sv. Dominik
Obala
Bana
Berislavića
Glorijet
Nogometno igralište
Kulo Kamerlenga
Trogirski kanal
Čiovski most

# Umag 1:8 600

500 m

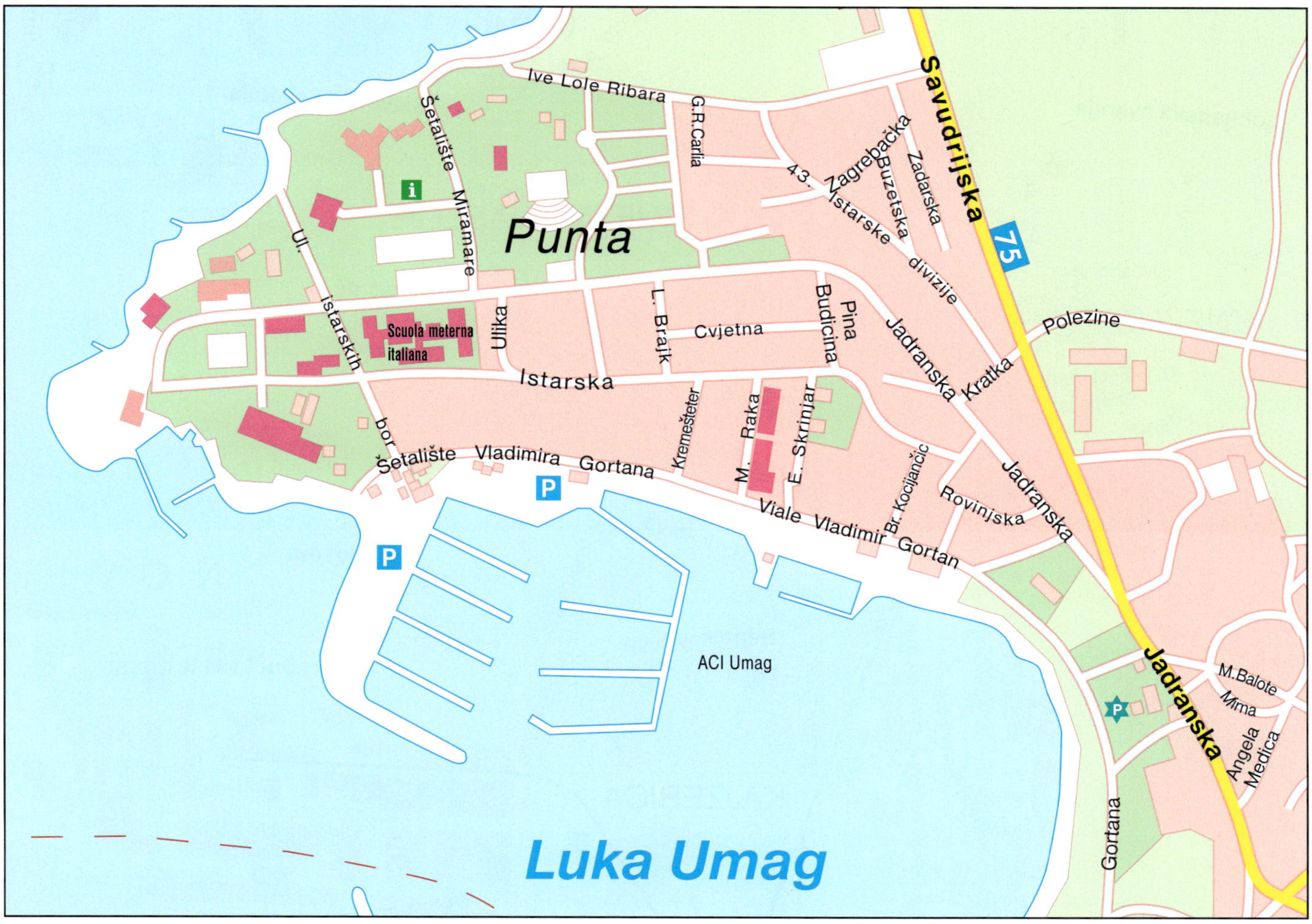

Ive Lole Ribara
Šetalište
Miramare
G.R.Carlia
Savudrijska
Zagrebačka
43. Istarske divizije
Buzetska
Zadarska
75
Punta
Ul. Istarskih bor
Scuola meterna italiana
Ulika
L. Brajk
Cvjetna
Budicina
Pina
Jadranska
Kratka
Polezine
Istarska
Kremešteter
M. Raka
E. Skrinjar
Br. Kocijančić
Šetalište Vladimira Gortana
Viale Vladimir Gortan
Rovinjska
Jadranska
ACI Umag
Jadranska
M.Balote
Mirna
Angela Medica
Gortana
Luka Umag

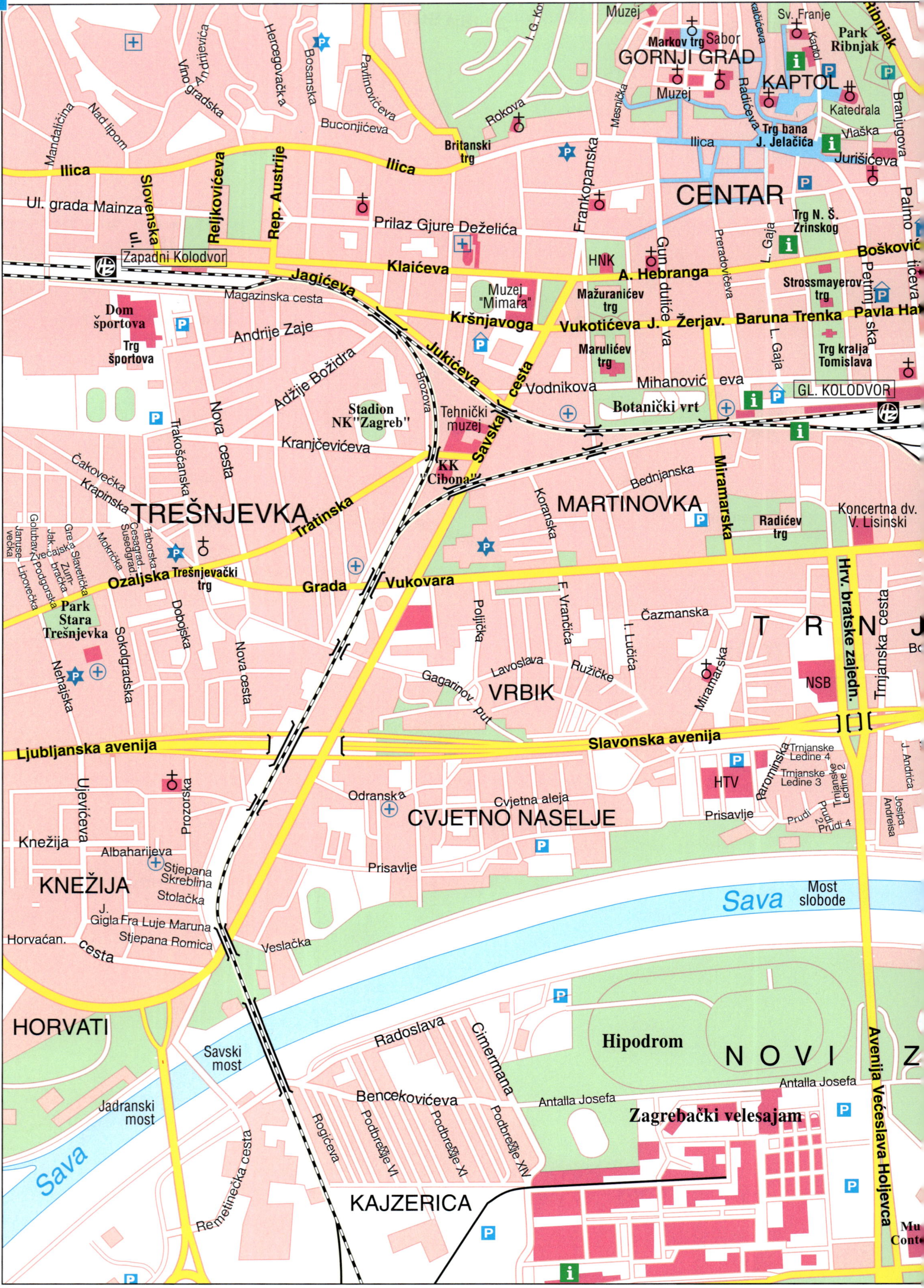
GORNJI GRAD
KAPTOL
CENTAR
TREŠNJEVKA
MARTINOVKA
VRBIK
CVJETNO NASELJE
KNEŽIJA
HORVATI
KAJZERICA
Ilica
Zapadni Kolodvor
GL. KOLODVOR
Trg bana J. Jelačića
Markov trg
Sabor
Katedrala
Park Ribnjak
Britanski trg
Trg N. Š. Zrinskog
Strossmayerov trg
Trg kralja Tomislava
Mažuranićev trg
Marulićev trg
Botanički vrt
HNK
Muzej "Mimara"
Tehnički muzej
KK "Cibona"
Stadion NK "Zagreb"
Dom športova
Trg športova
Park Stara Trešnjevka
Trešnjevački trg
Radićev trg
Koncertna dv. V. Lisinski
NSB
HTV
Ljubljanska avenija
Slavonska avenija
Grada Vukovara
Savska cesta
Hrv. bratske zajedn.
Avenija Većeslava Holjevca
Sava
Most slobode
Savski most
Jadranski most
Hipodrom
Zagrebački velesajam
Antalla Josefa
Cimermana
Bencekovićeva
Radoslava
Remetinečka cesta
Horvaćan. cesta
Veslačka
Prisavlje
Odranska
Cvjetna aleja
Ozaljska
Tratinska
Nova cesta
Jagićeva
Klaićeva
A. Hebranga
Vukotićeva
Kršnjavoga
Baruna Trenka
Pavla Hat
Jukićeva
Vodnikova
Mihanovićeva
Miramarska
Frankopanska
Reljkovićeva
Rep. Austrije
Slovenska ul.
Ul. grada Mainza
Prilaz Gjure Deželića
Magazinska cesta
Andrije Zaje
Adžije Božidra
Kranjčevićeva
Bednjanska
Koranska
Čazmanska
Lavoslava Ružičke
Gagarinov put
Trnjanska cesta
N O V I Z
T R N J

1 km

ALATA
Vončinina
Voćarska
Petrova
Maksimirska
Šulekova
Kennedyev trg
Budakova
Kvaternikov trg
Štoosova
Vlaška
Smičiklasova
Martićeva
A. Bauera
Derenčinova
Rakovčeva
Kralja Zvonimira
Kušlanova
Harambašićeva
Tuškanova
Šubićeva
Trg hrvatskih velikana
Kralja Zvonimira
Vrbanićeva
Kneza Branimira
Borongajska
VOLOVČICA
Draškovićeva
K. Mislava
Kneza Lj. Posavskog
Trg Petra Krešimira IV
Planinska
Ivanićgradska
Donje Svetice
Kneza Branimira
Zaharova
Radnička cesta
PEŠĆENICA
Strojarska cesta
Autobusni kolodvor
Supilova
Avenija
Grada Vukovara
Grada Vukovara
Heinzelova
Lopudska
Folnegovićeva
Radnička cesta
Marina Držića
Rapska
Lovinčićeva
Palić
SIGEČICA
Kornatska
Kruge
E
KRUGE
Nalješkovićeva
Slavonska avenija
Gruska
Rakušina
Fojnička
Pračorn-ska 2
Pročanska
Blatnička
Uso.1
Uso.3
Drinska
Lastovska
Ljerke Sram
Mil-jačkna
J. Laurenčićeva
TRSTIK
Velikogorička
Parotrnjanska
St. Mihalića
Križna
I. Metelha
Mate Ujevića
V. Juduta
Vladimira Ružđjaka
SAVICA
Trnjanska Savica
Milke Trnine
Gavelina
Trnjanski nasip
Prisavlje
Benešićeva
Lekeničnička
Av. Marina Držića
Dane Dujca
Jazvenička
Velikogorička
G. Chicaga
D. Zbiljskog
B. I. Nikole Bionde
Matijivička
Bundek
Velikogorička
Buševačka
Orlanska
Rakt-večka
Kuševačka
Sljakovinska
Dvorska
Farkašička
Letovanička
Hrastel-nička
Miševačka
Most mladosti
GREB
Bundek
Bundek
Brune Bušića
Sajmišna cesta
Lojenov prilaz
Adamićeva
Trumbićeva
Vankina
Baburičina
Sava
SREDIŠĆE
Savezne
ZAPRUĐE
Sajmišna cesta
Stanska
Stanska
Ivana Sibla
Balokovićeva
Sarajevska
Avenija Dubrovnik
Tanislava
Marotićeva

## Varaždin 1:11 000

1 km

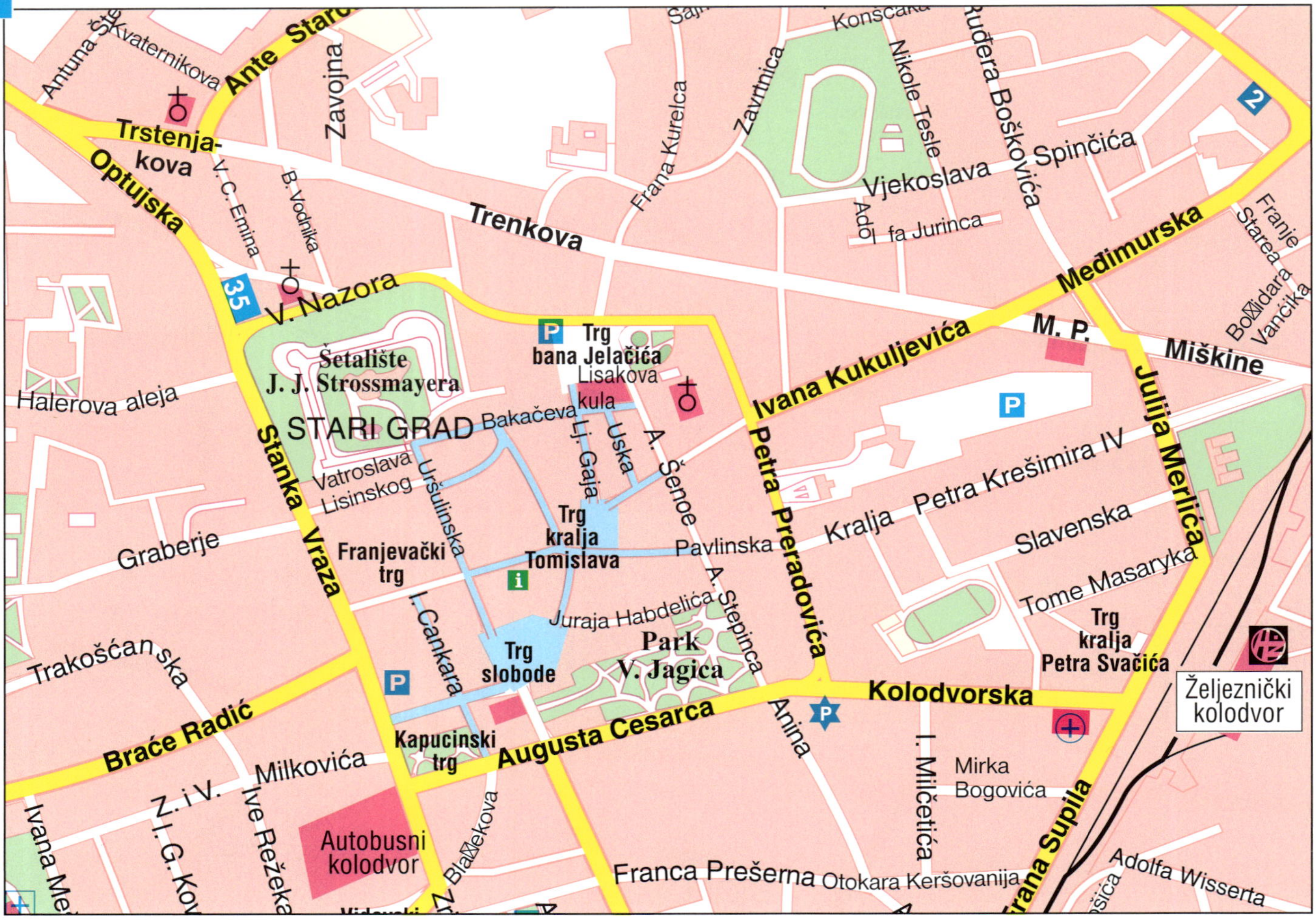

Antuna Štefa
Kvaternikova
Ante Starč
Zavojna
Trstenja-
kova
Optujska
V. C. Emina
B. Vodnika
Trenkova
Frana Kurelca
Završnica
Nikole Tesle
Ruđera Boškovića
Vjekoslava
Spinčića
Ado
fa Jurinca
Međimurska
Franje
Starea
Božidara
Vančika
35
V. Nazora
Halerova aleja
Šetalište
J. J. Strossmayera
Trg
bana Jelačića
Lisakova
kula
STARI GRAD
Bakačeva
Vatroslava
Lisinskog
Uršulinska
Lj. Gaja
Uska
A. Šenoe
Ivana Kukuljevića
M. P.
Miškine
Julija Merlića
Petra Preradovića
Kralja
Petra Krešimira IV
Slavenska
Graberje
Stanka Vraza
Franjevački
trg
Trg
kralja
Tomislava
Pavlinska
Tome Masaryka
Trakošćanska
I. Cankara
Trg
slobode
Juraja Habdelića
A. Stepinca
Park
V. Jagica
Trg
kralja
Petra Svačića
Željeznički
kolodvor
Braće Radić
Kapucinski
trg
Augusta Cesarca
Kolodvorska
Anina
I. Milčetića
Mirka
Bogovića
Milkovića
Z. i V.
N. i G. Kov
Ive Režeka
Ivana Meš
Autobusni
kolodvor
Blažekova
Franca Prešerna
Otokara Keršovanija
Frana Supila
Adolfa Wisserta

## Zadar 1:7 000

500 m

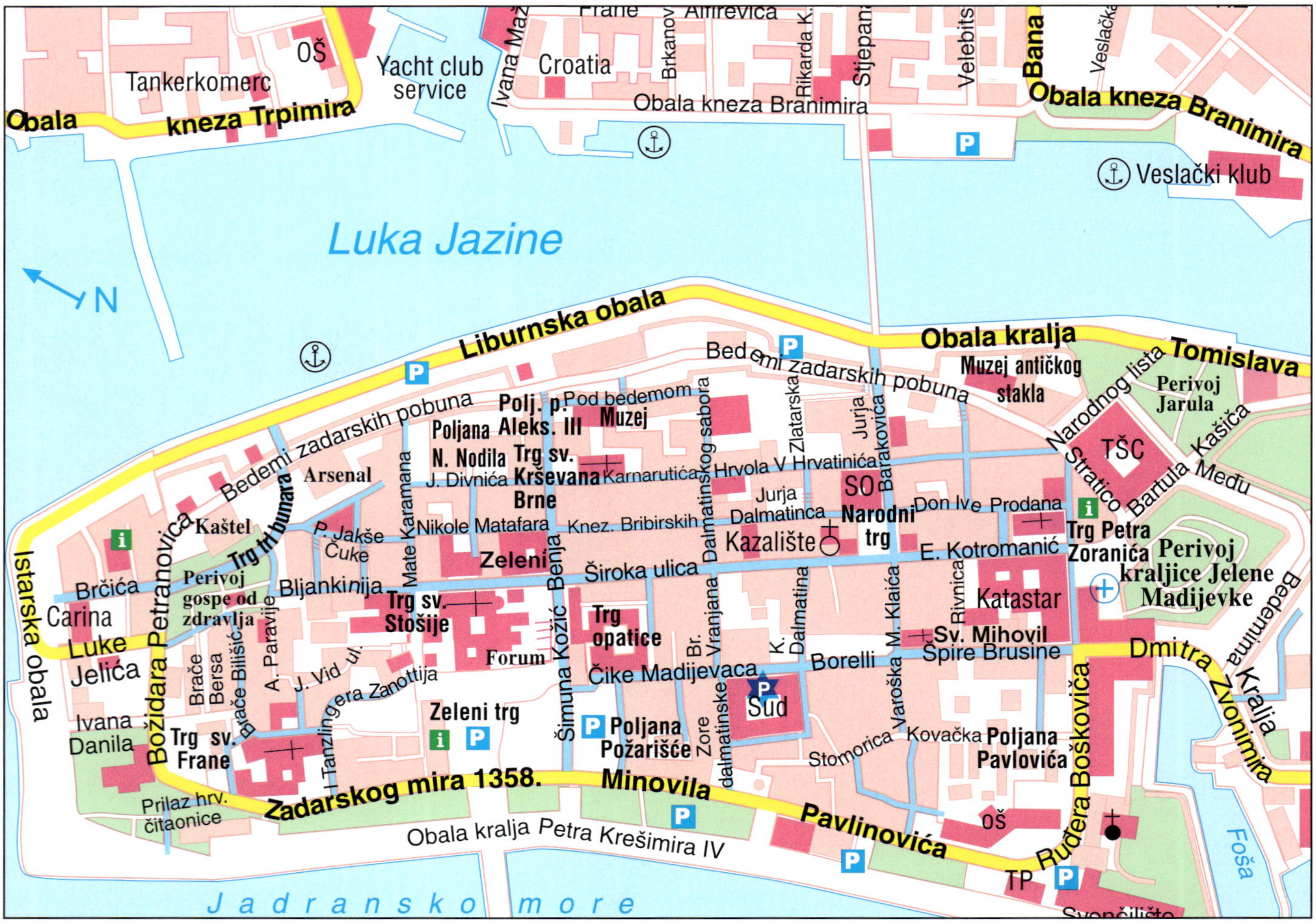

OŠ
Tankerkomerc
Yacht club
service
Ivana Maž
Croatia
Brkanov
Rikarda K.
Stjepana
Velebits
Bana
Obala
kneza Trpimira
Obala kneza Branimira
Obala kneza Branimira
Veslački klub
Luka Jazine
N
Liburnska obala
Obala kralja
Tomislava
Bedemi zadarskih pobuna
Muzej antičkog
stakla
Perivoj
Jarula
Narodnog lista
Poljana
Aleks. III
N. Nodila
Polj. p.
Pod bedemom
Muzej
Trg sv.
Krševana
Karnarutića
Dalmatinskog sabora
Zlatarska
Jurja
Barakovića
Hrvola V Hrvatinića
Arsenal
J. Divnića
Brne
Jurja
Dalmatinca
SO
Narodni
trg
Don Ive Prodana
TŠC
Stratico
Bartula Kašića
Kaštel
P. Jakše
Čuke
Mate Karamana
Nikole Matafara
Knez. Bribirskih
Kazalište
E. Kotromanić
Trg Petra
Zoranića
Perivoj
kraljice Jelene
Madijevke
Trg Ill bunara
Perivoj
gospe od
zdravlja
Zeleni
Široka ulica
Istarska obala
Brčića
Carina
Luke
Jelića
Petranovića
Bljankinija
Trg sv.
Stošije
Benja
Katastar
Rivnica
Sv. Mihovil
Spire Brusine
Dmitra
Zvonimira
Bedemina
Kralja
Forum
Šimuna Kožića
Trg
opatice
Čike
Madijevaca
Vranjana
K. Dalmatina
Borelli
M. Klaića
Varoška
Braće Bersa
Braće Bilišić
A. Paravije
J. Vid ul.
Zaninovića
Ivana
Danila
Božidara
Trg sv.
Frane
Tanzlingera Zanottija
Zeleni trg
Poljana
Požarišće
Zore dalmatinske
Sud
Stomorica
Kovačka
Poljana
Pavlovića
Ruđera Boškovića
Prilaz hrv.
čitaonice
Zadarskog mira 1358.
Minovila
Pavlinovića
OŠ
TP
Obala kralja Petra Krešimira IV
Jadransko more
Fosa

# Slowenien

Slovenia Slovenija Slovenija Slovénie Slovenia Slovenië Eslovenia Slovinsko Szlovénia Szlovénia Słowenia

**SLO**

- 20 253 km²
- Ljubljana
- +386
- 2 058 000
- 113, 112

**6 – 37** Kartenblätter
Road map | Autokarta | Avtokarta | Carte routière | Carta stradale | Autokaart
Mapa de carreteras | Automapa | Automapa | Autótérkép | Mapa samochodowa

**38 – 52** Ortsregister mit Postleitzahlen
Index with postal codes | Indeks naselja sa s poštanskim brojem | Seznam krajev s poštnimi številkami
Index avec codes postaux | Indice con codici postali | Plaatsnaamregister met postcode
Indice con códigos postales | Rejstřík míst s PSČ | Zoznam obcí s PSČ | Postai irányítószámos névmutató

**53 – 58** Citypläne
Citymaps | Planovi gradova | Mestni načrti | Plans de ville | Piante delle città | Plattegronden
Planos de ciudad | Plány města | Plány miest | Várostérképek | Plany miasta

# Blattübersicht

Key Plan | Pregledni list | Pregled kart | Tavola riassuntiva delle pagine | Tableau d'assemblage
Bladoverzicht | Vista de la página | Klad listů | Prehľad kladu listov | Áttekintés | Skorowidz arkuszy

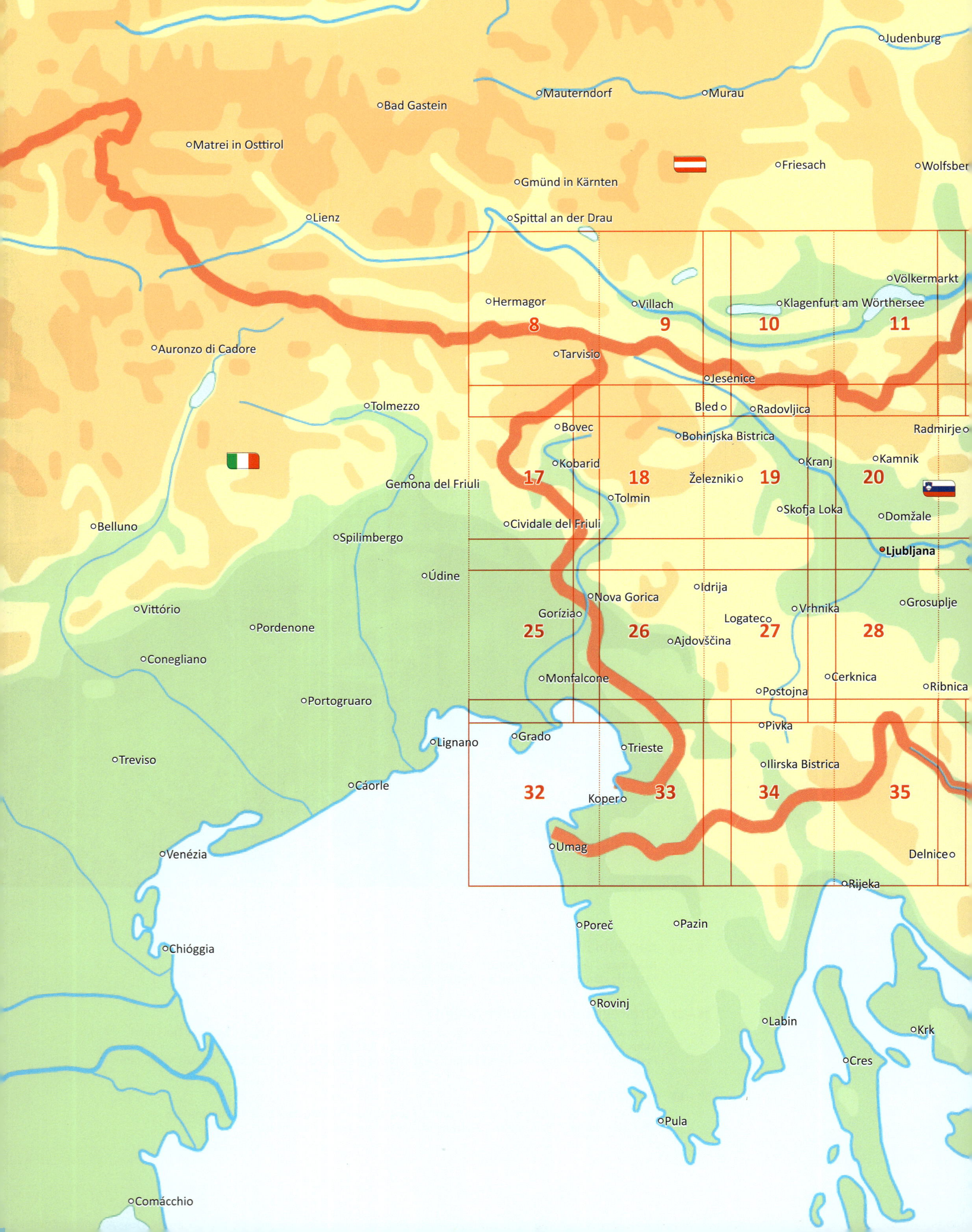

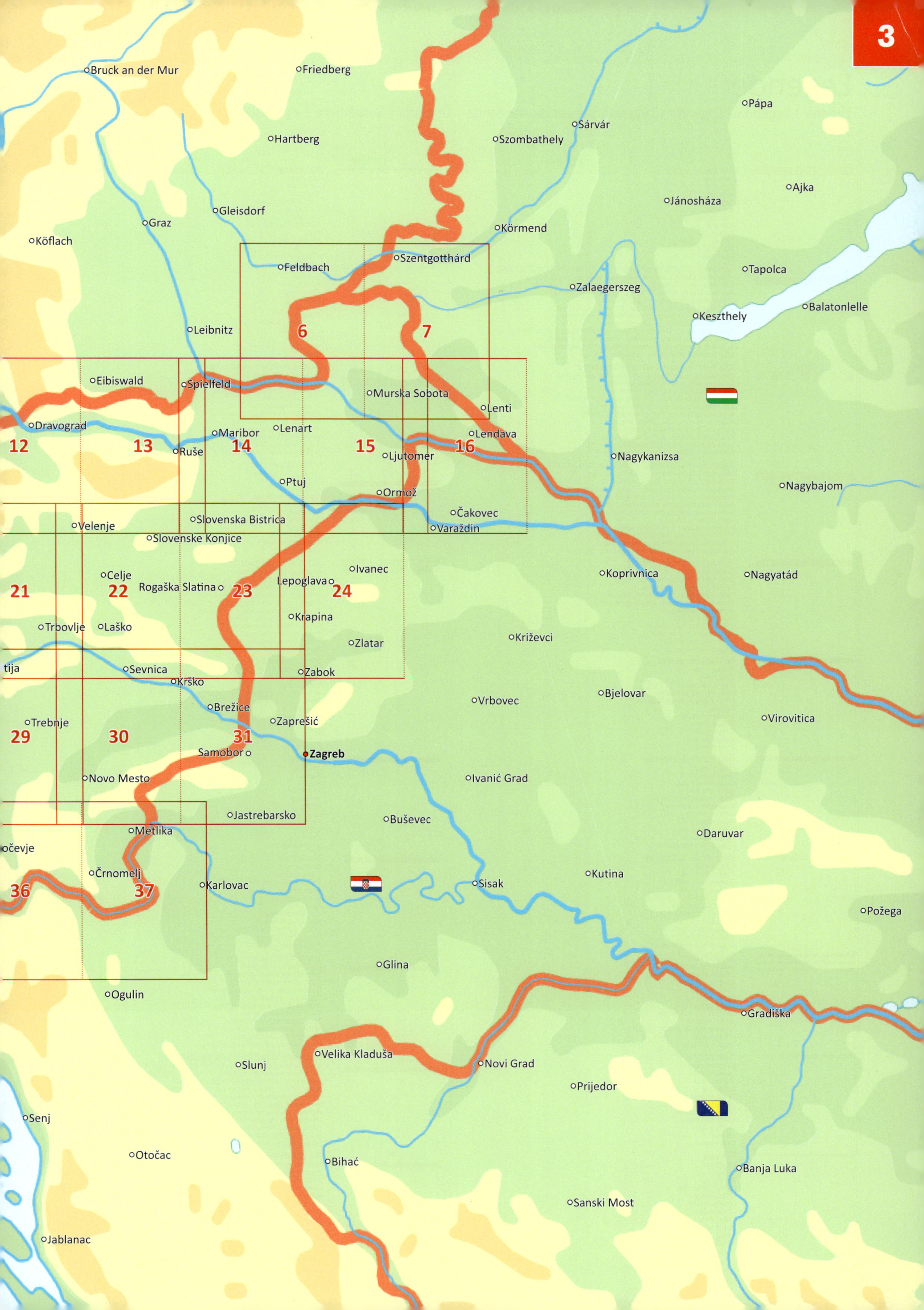

Bruck an der Mur
Friedberg
Hartberg
Szombathely
Sárvár
Pápa
Graz
Gleisdorf
Köflach
Kőrmend
Jánosháza
Ajka
Feldbach
Szentgotthárd
Zalaegerszeg
Tapolca
Keszthely
Balatonlelle
Leibnitz
6
7
Eibiswald
Spielfeld
Murska Sobota
Lenti
Dravograd
Maribor
Lenart
Lendava
12
13
Ruše
14
15
Ljutomer
16
Nagykanizsa
Ptuj
Ormož
Nagybajom
Čakovec
Velenje
Slovenska Bistrica
Varaždin
Slovenske Konjice
Ivanec
Koprivnica
Nagyatád
Celje
Lepoglava
21
22
Rogaška Slatina
23
24
Krapina
Trbovlje
Laško
Križevci
Zlatar
tija
Sevnica
Zabok
Krško
Vrbovec
Bjelovar
Brežice
Virovitica
Trebnje
Zaprešić
29
30
31
Samobor
Zagreb
Novo Mesto
Ivanić Grad
Jastrebarsko
Buševec
Daruvar
Metlika
očevje
Črnomelj
Kutina
Karlovac
Sisak
36
37
Požega
Glina
Ogulin
Gradiška
Velika Kladuša
Novi Grad
Slunj
Prijedor
Senj
Otočac
Bihać
Banja Luka
Sanski Most
Jablanac

# Legende

Legend | Legenda | Legenda | Légende | Legenda | Legende | Leyenda | Vysvětlivky | Vysvetlivky | Jelmagyarázat | Legenda

**Autobahn**
Motorway
Autocesta
Avtocesta
Autoroute
Autostrada
Autosnelweg
Autopista
Dálnice
Diaľnica
Autópálya
Autostrady

Bregana

**Tankstelle, Autobahnraststation – mit Übernachtung, Parkplatz**
Filling station, Service area – with overnight accomodation, Parking area
Benzinska stanica, Postaja na autocesti – sa prenoćištem, Parkiralište
Bencinska črpalka, Počivališče z restavracijo – motel, Parkirišče
Station service, Relais routier – Motel, Parking
Distributore di benzina, Area di servizio con motel, Parcheggio
Tankstation, Wegrestaurant met overnachting, Parkeerterrein
Gasolinera, Área de servicio, Aparcamiento
Čerpací stanice, Dálniční odpočívadlo – s možnosti přenocování, Parkoviště
Čerpacia stanica, Areál autoslužieb s možnosťou prenocovania
Benzinkút, Autópálya pihenőhely – szálláslehetőséggel, Parkolóhely
Miejsca obsługi podróżnych – z noclegiem, Parkingi

2020

**Autobahn in Bau mit Fertigstellungstermin**
Motorway under construction with scheduled opening date
Autocesta u izgradnji s datumom završetka
Avtocesta v gradnji z izdelavnim terminom
Autoroute en construction avec date de mise en service
Autostrada in costruzione con data di apertura
Autosnelweg in aanleg (datum openstelling bekend)
Autopista en construcción (fecha de apertura)
Dálnice ve stavbě s termínem dokončení
Rozostavaná diaľnica s termínom dokončenia
Épülő autópálya az átadási határidővel
Autostrady w budowie z terminem otwarcia

Višnja Gora

**Autobahn mit Anschluss- und Halbanschlussstelle**
Motorway with interchange and half interchange
Autocesta s priključkom, polovičan priključak
Avtocesta s priključkom, in polovičnim priključkom
Autoroute avec échangeur et échangeur partiel
Autostrada con raccordo e punto del semiraccordo
Autosnelweg Aansluitingen volledig, Gedeeltelijk
Intersección de autopista
Dálnice s nájezdem a polovičním nájezdem
Diaľnica s nájazdom - a s čiastočným nájazdom
Autópálya csomóponttal és félcsomóponttal
Autostrady z węzłami i węzłami częściowymi

**Fernverkehrsstraße, 4-spurig**
Dual carriageway
Četverotračna magistralna cesta
Magistralna cesta, štiripasovna
Route à grande circulation, 4 chaussées séparées
Strada di grande comunicazione a quattro corsie
Autoweg, 4 rijstroken
Autovia de 4 carriles
Dálková silnice, čtyřproudová
Diaľková cesta štvorpruhová
4 sávos gyorsforgalmi út
Drogi dwujezdniowe

**Fernverkehrsstraße**
Primary route
Magistralna
Magistralna cesta
Route à grande circulation
Strada di grande comunicazione
Autoweg
Carretera nacional
Dálková silnice
Diaľková cesta
Gyorsforgalmi út
Drogi główne

**Hauptstraße 1. Ordnung**
Class "A" road
Glavna ulica 1. red
Glavna cesta 1. reda
Route principale
Strada principale 1. categoria
Belangrijke verkeersader
Carretera principal, cat. 1
Hlavní silnice 1. třídy
Hlavná cesta 1. triedy
Elsőrendű főút
Droga główna pierwszorzędna

**Hauptstraße 2. Ordnung**
Class "B" road
Glavna ulica 2. red
Glavna cesta 2. reda
Route secondaire
Strada principale 2. categoria
Belangrijke hoofdweg
Carretera principal, cat. 2
Hlavní silnice 2. třídy
Hlavná cesta 2. triedy
Másodrendű főút
Droga główna drugorzędna

**Straße in Bau**
Road under construction
Cesta u izgradnji
Cesta v gradnji
Route en construction
Strada in costruzione
Weg in aanleg
Carretera en construcción
Silnice ve stavbě
Rozostavaná hlavná cesta
Út építés alatt
Droga w budowie

**Nebenstraße**
Secondary road
Sporedna ulica
Stranska cesta
Autre route
Strada secondaria
Zijstraat
Carretera secundaria
Místní komunikace
Vedľajšia cesta
Mellékút
Drogi lokalne

**Fahrweg**
Local road
Kolni put
Pot
Chemin carrossable
Tratto di strada
Secundaire weg
Carretera local
Vozová cesta
Vozová cesta
Kocsiút
Droga gruntowa

**Karrenweg**
Cart track
Stara cesta
Slabša cesta
Chemin d'exploitation
Carrareccia
Landweg
Camino de carreta
Úvoz
Spevnená cesta
Szekérút
Droga gruntowa

**Fußweg**
Footpath
Pješačka staza
Steza za pešce
Sentier
Sentiero
Voetpad
Camino de peatones
Cesta pro pěší
Chodník
Gyalogút
Ścieżka

3 6 3

**Autobahnentfernungen in km**
Distances in kilometres on motorways
Cestovne udaljenosti u km
Avtocestne razdalje v km
Autoroute: distance in km
Distanze delle autostrade in km
Afstanden in km (op autosnelwegen)
Distancias en km en autopista
Vzdálenosti v km na dálnici
Diaľničné vzdialenosti v km
Autópályatávolságok km-ben
Odległości na autostradach w km

4 8 4

**Entfernungen in km**
Distances in kilometres
Duljine u km
Razdalje v km
Distance en kilomètres (km)
Distanze in km
Afstanden in km
Distancias en km
Vzdálenosti v km
Vzdialenosti v km
Távolságok km-ben
Odległości w km

A1 A9 E50

**Autobahn – Europastraße**
Motorway – European route
Autocesta – Europska cesta
Avtocesta – številka evropske ceste
Autoroute – route euopéenne
Autostrada – strada europea
Autosnelweg – Europaweg
Autopista – autopista europea
Dálnice – mezinárodní silnice
Diaľnica – európska cesta
Autópálya – Európa-utak
Autostrada – droga europejska

17

**Straßennummer**
Road number
Broj ceste
Številka ceste
Numérotation des routes
Numerazione delle strade
Wegnummer
Numeración de las carreteras
Číslo silnice v zahraničí
Číslo cesty
Útszámozás külföldön
Numeracja dróg

10–15% 15–20% 30%

**Steigungen**
Gradients
Nagibi
Vzponi
Montée
Pendenze
Stijging
Pendiente
Stoupání
Stúpania
Emelkedés
Strome podjazdy

**Mautstraße**
Toll road
Cestninska cesta
Cesta s plačilom cestnine
Route à péage
Strada a pedaggio
Tolweg
Carretera de peaje
Silnice s poplatkem
Cesta s mýtnym poplatkom
Fizetős útszakaszok
Droga płatna

**Straße für Kfz gesperrt**
Road closed to motor traffic
Cesta zatvorena za teretna vozila
Cesta, zaprta za motorna vozila
Route interdite aux véhicules à moteur
Strada bloccata ai veicoli
Weg, afgesloten voor automobilisten
Carretera cerrada al tráfico
Zákaz vjezdu motorových vozidel
Cesta uzavretá pre motorové vozidlá
Gépjármű elől elzárt útszakasz
Droga zamknięta dla ruchu samochowego

I – IV

**Wintersperre (auf Fern- und Hauptstraßen)**
Road closed during the cold season (Primary routes class "A" and "B" roads)
Cesta zatvorena zimi (na magistralnim i regionalnim cestama)
Zimska zapora (na magistralnih in glavnih cestah)
Route interdite en hiver (routes à grande circulation et routes principales)
Chiusura invernale (di strade di grande comunicazione e principali)
In de winter afgesloten (auto- en hoofdwegen)
Carretera puede estar cerrada durante nevadas
Zimní uzavírka (Na dálkových a hlavních silnicích)
Zimné uzávery (na diaľkových a hlavných cestách)
Télen lezárt (összekötő- és főutakon)
Droga zamknięta w zimie (dot.dróg dalekobieżnych i dróg głównych)

**Für Wohnanhänger nicht empfehlenswert (auf Fern- und Hauptstraßen)**
Road not recommended for caravans (Primary routes, class "A" and "B" roads only)
Cesta nije preporučljiva za vuču kampprikolica (na magistralnim i regionalnim cestama)
Cesta nepriporočljiva za stanovanjske prikolice (na magistralnih in glavnih cestah)
Route non recommandée aux caravanes (routes à grande circulation et routes principales)
Non consigliabile per roulotte (su strade di grande comunicazione e principali)
Voor caravans niet aan te bevelen (auto- en hoofdwegen)
Carretera no recomendada para caravanas
Nevhodné pro obytné přívěsě (na dálkových a hlavních silnicích)
Úsek pre obytné prívesy neodporúèaný (diaľková cesta a hlavná cesta)
Lakókocsi számára nem ajánlott (összekötő- és főutakon)
Droga nie zalecana dla przyczep campingowych (dot.dróg dalekobieżnych i dróg głównych)

1:150 000

1 km

15 km

**Für Wohnanhänger gesperrt**
Closed for caravans
Zatvoreno za prikolice
Za stanovanjske prikolice prehod zaprt
Interdite aux caravanes
Bloccata alle roulotte
Afgesloten voor caravans
Carretera cerrada a caravanas
Zákaz pro obytné přívěsy
Úsek pre obytné prívesy uzavretý
Lakókocsi elől elzárt
Droga zamknięta dla przyczep campingowych

07

**Weitwanderweg**
Long-distance hiking trail
Pješačka staza
Daljša pešpot
Sentier de grande randonnée
Sentiero a lunga distanza
Pelgrim route
Sendero de largo recorrido
Dálková turistická cesta
Diaľková turistická cesta
Nemzetközi túraútvonal
Szlak turystyczny daleki

**Hauptbahn, Bahnhof – Bahnstation – Nebenbahn**
Main-railway line, station – stop – subsidiary railway
Glavna željeznička pruga, kolodvor – postaja – sporedna željeznička pruga
Glavna železniška proga, železniška postaja – postajališče – stranska železniška proga
Chemin de fer, grande ligne, gare – station – chemin de fer, ligne secondaire
Linea ferrovia principale, stazione – fermata – linea ferrovia secondaria
Hoofdspoorweg met station – secundaire spoorweg
Ferrocarril principal, estación – parada – ferrocarril secundario
Hlavní trať, nádraží – železniční stanice – vedlejší trať
Hlavná železnica, železničná stanica – zastávka – vedľajšia železnica
Fővonal, pályaudvar – állomás – vasúti mellékvonal
Kolej, dworzec kolejowy – stacja kolejowa – kolej lokalna

**Zahnradbahn, Standseilbahn – Seilschwebebahn, Sessellift**
Rack-railway, funicular – cable railway, chair-lift
Željeznica na zupčanik, uspinjača – žičara sa kabinama, žičara sa sjedalima
Zobata železnica, vzpenjača – gondolska žičnica, sedežnica
Chemin de fer à crémaillère, funiculaire – téléphérique, télésiège
Ferrovia a cremagliera, funicolare – funivia, seggiovia
Tanradspoor, skilift – kabelspoorweg – kabelbaan, stoeltjeslift
Linea de cremallera, funicular – teleférico, telesilla
Ozubená dráha, kolejová lanovka – visutá lanovka, sedačková lanovka
Ozubnicová železnica, pozemná lanovka – visutá lanová dráha, sedacková lanovka
Fogaskerekű vasút, álló felvonó – függővasút, ülőlift
Kolej zębata, kolejka linowo-torowa – kolejka linowa, wyciąg krzeselkowy

**Autofähre, Personenfähre, Schifffahrtslinie**
Car-ferry, passenger-ferry, shipping route
Trajekt za prijevos automobila, trajekt za prijevoz osoba, plovidbena linija
Trajekt, brod, linija plovbe
Bac pour autos, bac pour piétons, ligne de navigation
Traghetto per il automobile, traghetto per passeggeri, linea di navigazione
Veerdienst, ook voor auto's, veerboot
Ferry, ferry para coches, ruta maritima
Trajekt pro automobily, převoz, lodní linka
Autokompa, kompa, lodná dopravná linka
Autókomp, személykomp, hajóútvonal
Prom samochodowy, prom osobowy, linia żeglugi

N

**Naturschutzgebiet**
Nature reserve
Prirodni rezervat
Naravni rezervat
Reserve naturelle
Area naturale protetta
Natuurbeschermingsgebied
Reserva natural
Přírodní rezervace
Chránená krajinná oblast
Természetvédelmi terület
Rezerwat przyrody

**Landschaftlich besonders schöne Strecke – Wald**
Scenic route – forest
Naročito lijep krajolik – šuma
Slikovita cesta – gozd
Parcours pittoresque – forêt
Tratto di paesaggio particolarmente bello – foresta
Schilderachtig traject – bos
Ruta pintoresca – bosque
Trasa vedoucí obzvlášť krásnou krajinou – les
Zvlášť pekná prírodná cesta – les
Tájképileg különösen szép útszakasz – erdő
Krajobrazowo szczególnie ładny odcinek – las

**Staatsgrenze, internationaler –, zwischenstaatlicher Grenzübergang**
National boundary, international border-crossing, local border-crossing
Državna granica, međunarodni granični prijelaz, međudržavni granični prijelaz
Državna meja, mednarodni mejni prehod, meddržavni mejni prehod
Frontière d'État, bureau de douane, poste de douane
Confine di Stato, posto di frontiera internazionale, – nazionale
Staatsgrens, internationale –, nationale grensovergang
Frontera nacional, paso fronterizo internacional, Regional
Státní hranice, mezinárodní – mezistátní hraniční přechod
Štátna hranica, medzinárodný – medzištátny hraničný priechod
Államhatár, nemzetközi határátkelő, határátkelőcsak a szomszédos ország állampolgárai részére
Granica państwa, przejście graniczne międzynarodowe – przejście graniczne międzypaństwowe

*Jadranska magistrala*

**Touristenstraße**
Tourist route
Turistička cesta
Turistična cesta
Route touristique
Strada turistica
Toeristische route
Ruta turística
Turistická cesta
Turistická cesta
Turistaút
Droga turystyczna

Sahat kula Košljun

**Besonders sehenswertes Objekt, sehenswertes Objekt**
Place of particular interest, place of considerable interest
Naročito znamenit objekt, znamenit objekt
Posebno zanimiv objekt, znamenitost
Site remarquable, site intéressant
Località di grande interesse, oggetto molto interessante
Bijzondere bezienswaardigheden, bezienswaardigheden
Lugar de especial interés, lugar de mucho interés
Obzvlášť zajímavý objekt, pozoruhodný objekt
Mimoriadne pozoruhodný objekt, pozoruhodný objekt
Különlegesen figyelemre méltó látnivaló, érdekes látnivaló
Szczególnie ciekawy objekt, ciekawy objekt

Dvorac

**Bemerkenswertes Objekt**
Place of interest
Vrijedan objekt
Zanimiv objekt
Curiosité
Oggetto degno di nota
Opmerkelijk object
Lugar de interés
Pozoruhodný objekt
Povšimnutiahodný objekt
Érdekes látnivaló
Objekt godny szczególnej uwagi

**Marina, Leuchtturm**
Yacht supply station, lighthouse
Marina, svjetionik
Marina, svetilnik
Station d'approv de yachts, phare
Marina, faro
Jachthaven, vuurtoren
Marina, faro
Přístav, maják
Přístav, maják
Kikötő, világítótorony
Port jachtowy, latarnie morskie

ZADAR

**Malerisches Stadtbild, schöner Ausblick**
Picturesque town, scenic viewpoint
Naselje slikovitog izgleda, lijep vidik
Slikovito naselje, razgled
Ville pittoresque, panorama
Immagine pittoresca della città, vista panoramica
Schilderachtig stadsbeeld, uitzichtpunt, panorama
Población de interés, vista panorámica
Malebné panorama mesta, krásný výhled
Malebný pohľad na mesto, pekný výhľad
Festői városkép, szép kilátás
Malowniczy widok miasta, punkt widokowy

**Kirche, Kloster, Kapelle**
Church, monastery, chapel
Crkva, samostan, crkvica
Cerkev, samostán, kapela
Eglise, abbaye, chapelle
Chiesa, convento, cappella
Kerk, klooster, kapel
Iglesia, monasterio, capilla
Kostel, klášter, kaple
Kostol, kláštor, kaplnka
Templom, kolostor, kápolna
Kościół, klasztor, kaplica

**Schloss, Burg – Ruine, Aussichtswarte**
Manor-house, castle – ruin, look-out tower
Dvorac, grad – ruševina, vidikovac
Grad, graščina – razvalina , razgledni stolp
Château, château – fort, ruine, tour avec point de vue panoramique
Castello, fortezza – rovine, panoramica
Kasteel, burcht – ruïne, uitzichttoren
Castillo, fortaleza – ruinas, torre panoramica
Zámek, hrad – zřícenina, vyhlídkové místo
Zámok, hrad – ruiny, vyhliadková veža
Kastély, vár – várrom, kilátóhely
Zamek, ruina zamku warownego, wieża widokowa

**Antike Ruinenstätte, Sender, Kraftwerk**
Antique sites, telecommunications tower, power station
Antička razvalina, odašiljač, električna centrala
Arheološko najdišče, oddajnik, elektrarna
Site archéologique, tour de télécomunications, centrale électrique
Luoghi con rovine, stazione trasmittente, centrale elettrica
Antieke ruïne, zendstation, elektrische centrale
Yacimieneto archeológico, transmisor, central eléctrica
Antické zříceniny, vysílač, elektrárna
Antické zrúcaniny, vysielač, elektráreň
Ókori rom, adótorony, erőmű
Ruina antyczna, nadajnik, elektrownia

**Hotel – Gasthof – Schutzhütte, Höhle, Höhenpunkt**
Hotel – inn – mountain cabin, cave, altimetric point
Hotel – gostionica – skloniště, spilja, vrh
Hotel – gostilna – planinska postojanka, jama, vrh
Hôtel – auberge – refuge de montagne, grotte, points culminants
Albergo – trattoria – rifugio, grotta, quota altimetrica
Hotel – gasthuis – schuilhut, grot, hoogste punt
Hotel – posada – refugio de montaña, cueva, altura acotada
Hotel – hostinec – horská chata, jeskyně, výškový bod
Hotel – penzión – horská chata, sprístupnená jaskyňa, výškový bod
Hotel – vendéglő – menedékház, barlang, magassági pont
Hotel – zajazd – schronisko górskie, jaskinia, punkt wysokociowy

**Campingplatz, Jugendherberge, Golfplatz**
Camping site, youth hostel, golf-course
Kamp-teren, prenoćište za mladež, igralište za golf
Prostor za kampiranje, mladinsko prenočišče, igrišče za golf
Terrain de camping, auberge de jeunesse, terrain de golf
Campeggio, ostello, campo da golf
Kampeerterrein, jeugdherberg, golfterrein
Parque de campismo, albergue juvenil, campo de golf
Kemping, mládežnícka ubytovna, golfové ihrisko
Kempink, ubytovňa pro mládež, hostinec
Kempinghely, ifúsági szálló, golfpálya
Camping, schronisko młodzieżowe, plac golfowy

**Wildpark – Tiergehege, Museum, Heilbad**
Game park, museum, spa
Zvjerinjak – lovište, muzej, toplice
Rezervat za divjad – ograda za živali, muzej, toplice
Réserve à Gibier, musée, station thermale
Riserva di caccia, museo, località termale
Dierentuin, museum, kuurbad
Reserva de caza, museo, estación termal
Zoo – obora, muzeum, lázni
Zoo – obora, múzeum, kúpele
Zoo – obora, múzeum, gyógyfürdő
Zwierzyniec – wybieg dla zwierząt, museum, zdrojowisko

**Internationaler Flughafen, Flughafen, Sportflugplatz**
International airport, airport, landing strip
Međunarodna zračna luka, zračna, športska zračna luka
Mednarodno letališče, letališče, športno letališče
Aéroport international, aéroport, aérodrome
Aeroporto internazionale, aeroporto, aerodromo
Internationale vliegveld, vliegveld, sportvliegveld
Aeropuerto internacional, aeropuerto, avioneta
Mezinárodní letiště, letiště, sportovní letiště
Medzinárodné letisko, letisko, športové letisko
Nemzetközi repülőtér, repülőtér, sportrepülőtér
Międzynarodowy port lotniczy, port lotniczy, port lotniczy sportowy

HAK AMZS BIHAMK

**Pannendienst der Automobilclubs**
Technical assistance post of the automobil clubs
Služba pomoći autokluba
Avtomoto, pomoč, informacije
Service de dépannage des clubs automobiles
Servizio soccorso stradale dei club automobilistici
Pechhulp
Automóvil club
Havarijní a nouzová služba autoklubů
Záchranná služba automotoklubov
Autóklub Segélyszolgálat
Pomoc drogowa

LJUBLJANA

**Bundeshauptstadt**
Seat of the federal government
Glavni grad države
Glavno mesto
Capitale
Capitale federale
Hoofdstad
Capital nacional
Spolkové hlavní město
Hlavné mesto štátu
Főváros
Stolica państwa

Feldbach
Fehring
Jennersdorf
Paldau
Gnas
Bad Gleichenberg
Gleichenberger Kg.
Kapfenstein
Straden
Südsteirische Hügelland Weinstr.
Klöcher Weinstr.
St. Anna a. Aigen
Dreiländerecke
Naturpark Raab
Naturpark Goričko
Deutsch Goritz
Mureck
Halbenrain
Bad Radkersburg
G. Radgona
Apaško polje
Slovenske gorice
Radenci
Murski Petrovci
Vučja vas
Cankova
Kuzma
Grad
Mura
Raab

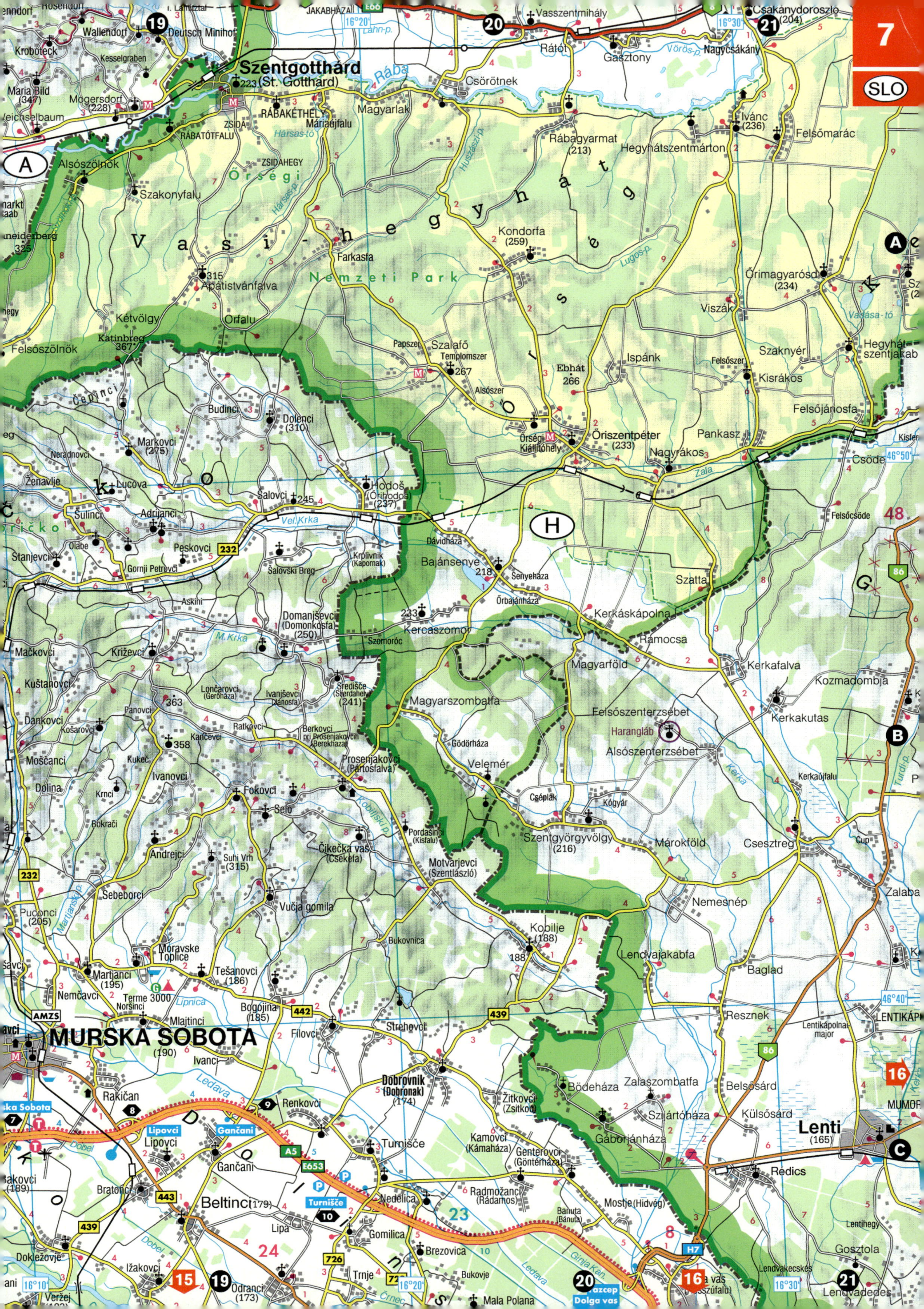
Szentgotthárd
(St. Gotthard)
Rábakethel
Máriaújfalu
Rábatótfalu
Zsida
Zsidahegy
Magyarlak
Csörötnek
Rátót
Gasztony
Vasszentmihály
Nagycsákány
Csákánydoroszló
Rába
Jakabháza
Wallendorf
Deutsch Minihof
Kroboteck
Kesselgraben
Maria Bild
Mogersdorf
Weichselbaum
Alsószölnök
Szakonyfalu
Felsőszölnök
Katinbreg
Kétvölgy
Orfalu
Apátistvánfalva
Farkasfa
Őrségi
Vasi-hegyhát
Nemzeti Park
Őrség
Kondorfa
Rábagyarmat
Hegyhátszentmárton
Ivánc
Felsőmarác
Őrimagyarósd
Viszák
Szaknyér
Hegyhátszentjakab
Ispánk
Ebhát
Felsőszer
Kisrákos
Felsőjánosfa
Pankasz
Papszer
Szalafő
Templomszer
Alsószer
Őrségi Kiállítóhely
Őriszentpéter
Nagyrákos
Zala
Csöde
Felsőcsöde
Szatta
Čepinci
Budinci
Dolenci
Markovci
Neradnovci
Ženavlje
Lucova
Šalovci
Hodoš
(Őrihodos)
Sulinci
Adrijanci
Stanjevci
Peskovci
Šalovski Breg
Krplivnik
(Kapornak)
Davidháza
Bajánsenye
Senyeháza
Őrbajánháza
H
Gornji Petrovci
Domanjševci
(Domonkosfa)
Szomoróc
Kercaszomor
Kerkáskápolna
Ramocsa
Magyarföld
Kerkafalva
Kozmadombja
Kerkakutas
Mačkovci
Križevci
Kuštanovci
Lončarovci
(Gerőháza)
Ivanjševci
(Kanosfa)
Središče
(Szerdahely)
Magyarszombatfa
Felsőszenterzsébet
Harangláb
Alsószenterzsébet
Dankovci
Košarovci
Panovci
Ratkovci
Berkovci
pri Prosenjakovcih
(Berekhaza)
Prosenjakovci
(Pártosfalva)
Gödörháza
Velemér
Kerka
Kerkaújfalu
Moščanci
Kukeč
Ivanovci
Dolina
Krnci
Fokovci
Selo
Cséplak
Kógyár
Szentgyörgyvölgy
Márokföld
Cseszreg
Bokrači
Andrejci
Suhi Vrh
Čikečka vas
(Csekefa)
Pordašinci
(Kisfalu)
Motvarjevci
(Szentlászló)
Nemesnép
Zalaba
Puconci
Sebeborci
Vučja gomila
Bukovnica
Kobilje
Lendvajakabfa
Baglad
Martjanci
Moravske Toplice
Tešanovci
Nemčavci
Terme 3000
Noršinci
Bogojina
Mlajtinci
Lipnica
Resznek
Lentikápolnai-major
Lentikápolna
MURSKA SOBOTA
Filovci
Strehovci
Ivanci
Dobrovnik
(Dobronak)
Bödeháza
Zalaszombatfa
Belsősárd
Külsősárd
Lenti
Rakičan
Renkovci
Žitkovci
(Zsitkóc)
Szijártóháza
Gáborjánháza
Lipovci
Gančani
Turnišče
Kamovci
(Kámaháza)
Genterovci
(Göntérháza)
Redics
Bratonci
Beltinci
Nedelica
Radmožanci
(Radamos)
Banuta
(Bánuta)
Mostje (Hidvég)
Lipa
Gomilica
Brezovica
Lentiszombathely
Gosztola
Dokležovje
Ižakovci
Odranci
Trnje
Bukovje
Mala Polana
Lendvadedes
Lendvakecskés
Dolga vas
(Hosszúfalu)
Ledava
A
B
A5
E653

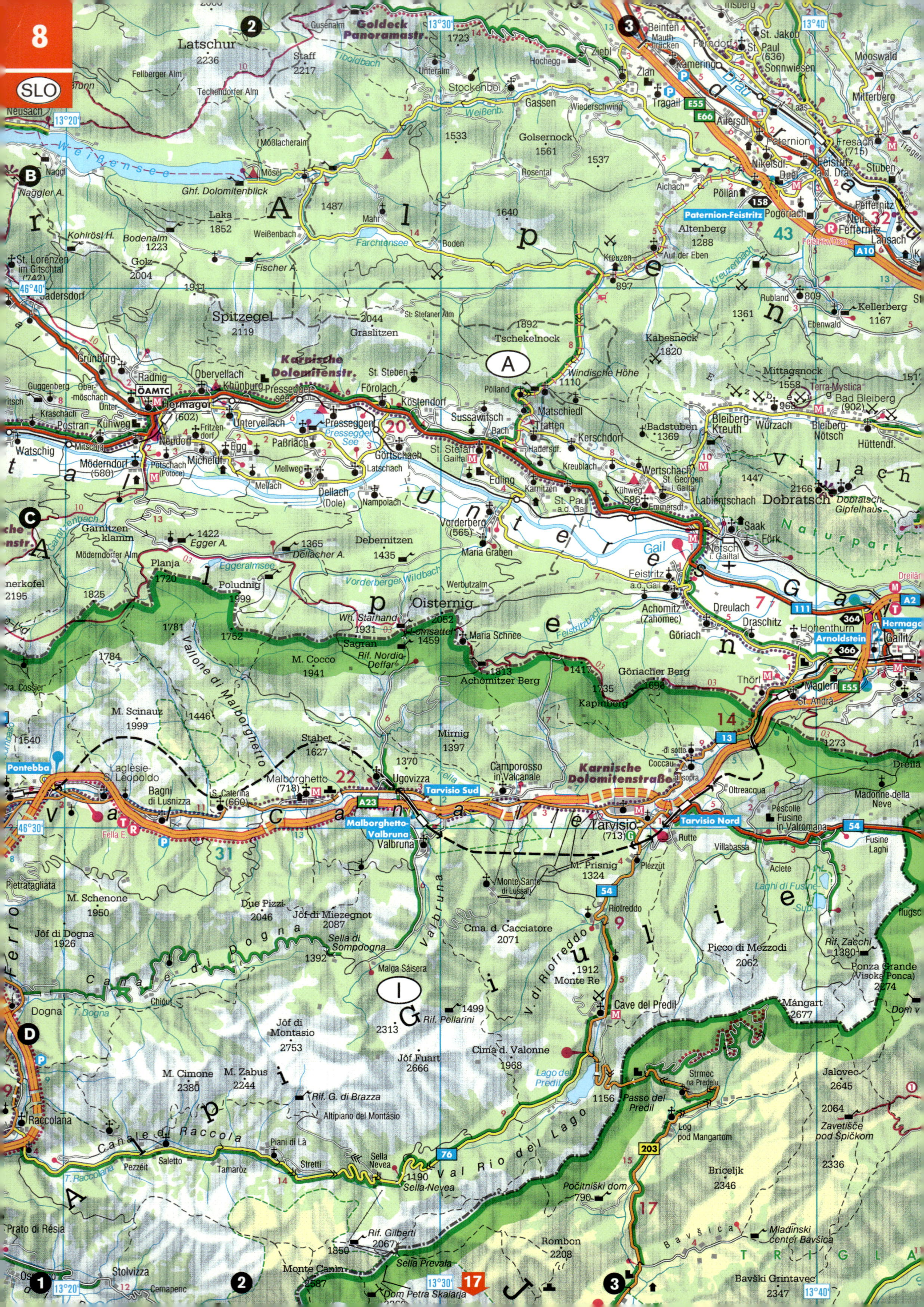
Latschur
2236
Staff
2217
Goldeck Panoramastr.
Tiroldbach
Feliberger Alm
Techendorfer Alm
Unterralm
Stockenboi
Hochegg
Ziebl
Beinten
Mauth
Kamering
Zlan
Tragail
Fördorf
St. Jakob
St. Paul
(636)
Sonnwiesen
Mooswald
Mitterberg
Drau
Neusach
Weißensee
Naggl
Naggler A.
Möblacheralm
Mösel
Ghf. Dolomitenblick
Weißenb.
Gassen
Wiederschwing
1533
Golsernock
1561
1537
Rosental
Aichach
Afritz
Paternion
Nikelsdf.
Duel
Feistritz a.d. Drau
Fresach
(715)
Stuben
Pöllan
Pogöriach
Ferndorf
Neu Fefferntz
Lansach
Laka
1852
1487
Mahr
1640
Bodenalm
1223
Kohlrösl H.
Weißenbach
Farchtensee
Boden
Paternion-Feistritz
Altenberg
1288
Auf der Eben
Kreuzen
897
Kreuzenbach
St. Lorenzen im Gitschtal
(742)
Golz
2004
Fischer A.
Gadersdorf
1911
Spitzegel
2119
2044
Graslitzen
St. Stefaner Alm
1892
Tschekelnock
Kabesnock
1820
1361
Rubland
809
Ebenwald
Kellerberg
1167
Grünburg
Radnig
Obervellach
Karnische Dolomitenstr.
Khünburg
Presseggen
St. Steben
Förolach
Kostendorf
A
Pölland
Windische Höhe
1110
Matschiedl
Mittagsnock
1558
Terra Mystica
Bad Bleiberg
(902)
Guggenberg
Ober-möschach
Unter-möschach
ÖAMTC
Hermagor
(602)
Kraschach
Postran
Kühweg
Neudorf
Untervellach
Presseggersee
Pressegger See
20
Sussawitsch
Tratten
Kerschdorf
Badstuben
1369
Bleiberg-Kreuth
Wurzach
Bleiberg-Nötsch
Hüttendf.
Watschig
Möderndorf
(580)
Potschach (Potoce)
Micheldf.
Fritzen-dorf
Egg
Pabriach
Görtschach
St. Stefan i. Gailtal
Edling
Kreublach
Wertschach
St. Georgen i. Gailtal
Kühweg
586
Mellweg
Mellach
Latschach
Dellach (Dole)
Nampolach
Karnitzen
St. Paul a.d. Gail
Emmersdf.
Labientschach
Dobratsch
2166
Dobratsch-Gipfelhaus
Villach
Naturpark
Garnitzenklamm
1422
Egger A.
1365
Dellacher A.
Debernitzen
1435
Vorderberg
(565)
Maria Graben
Gail
Nötsch i. Gailtal
Saak
Förk
Möderndorfer Alm
Planja
1720
Eggeralmsee
Poludnig
1999
Vorderberger Wildbach
Werbutzalm
Oisternig
2052
Feistritz a.d. Gail
Achomitz (Zahomec)
Dreulach
Draschitz
Hohenthurn
Arnoldstein
Gailitz
nerkofel
2195
1825
1781
1752
Wh. Starhand
1931
Sagran
Rif. Nordio-Deffar
1459
Maria Schnee
Feistritzbach
Göriach
111
364
366
A2
Hermagor
1784
Vallone di Malborghetto
M. Cocco
1941
1813
Achomitzer Berg
1417
Göriacher Berg
1735
1698
Kapinberg
Thörl
Maglern
E55
St. Andrä
M. Scinauz
1999
1446
Stabet
1627
Mirnig
1397
14
13
1273
1540
Pontebba
Laglesie-S. Leopoldo
Bagni di Lusnizza
S. Caterina
(660)
Malborghetto
(718)
22
1370
Ugovizza
Tarvisio Sud
A23
Camporosso in Valcanale
Karnische Dolomitenstraße
Coccau
Oltreacqua
Dreila
Madonne della Neve
Fella E.
Malborghetto-Valbruna
Valbruna
Valcanale
Tarvisio
(713)
Tarvisio Nord
Rutte
Pescolle
Fusine in Valromana
54
Fusine Laghi
Villabassa
31
Pietratagliata
M. Schenone
1950
Due Pizzi
2046
Jôf di Miezegnot
2087
Monte Santo di Lussari
M. Prisnig
1324
Plezzut
Riofreddo
Aclete
Laghi di Fusine
Jôf di Dogna
1926
Sella di Sompdogna
1392
Canal di Dogna
Valbruna
Cma. d. Cacciatore
2071
V. di Riofreddo
1912
Monte Re
Picco di Mezzodi
2062
Rif. Zacchi
1380
Ponza Grande (Visoka Ponca)
2274
Dogna
T. Dogna
Chiout
Malga Saisera
I
1499
Rif. Pellarini
2313
Cave del Predil
Mangart
2677
Jôf di Montasio
2753
Jôf Fuart
2666
Cima d. Valonne
1968
Lago del Predil
M. Cimone
2380
M. Zabus
2244
Rif. G. di Brazza
Altipiano del Montasio
1156
Passo del Predil
Strmec na Predelu
Jalovec
2645
2064
Zavetišče pod Špičkom
Log pod Mangartom
203
Raccolana
Canale di Raccola
Saletto
Pezzeit
T. Raccolana
Tamaroz
Piani di Là
Stretti
Sella Nevea
76
1190
Val Rio del Lago
Sella Nevea
Počitniški dom
790
Bavšica
Briceljk
2346
2336
17
Prato di Résia
Rif. Gilberti
2067
1850
Sella Prevala
Rombon
2208
Mladinski center Bavšica
Trigla
Stolvizza
Monte Canin
2587
Dom Petra Skalarja
13°20'
13°30'
13°40'
46°40'
46°30'
Bavški Grintavec
2347

VILLACH
JESENICE
Bled
Triglav
Feldkirchen
Velden a. W.
Ossiach
Steindorf
Gerlitzen
Annenheim
Sattendorf
Landskron
St. Magdalen
Maria Gail
Faak a. See
Finkenstein
Arnoldstein
Rosegg
St. Jakob
Rosenbach
Kranjska Gora
Mojstrana
Dovje
Hrušica
Mittagskogel
Villacher Alpenstr.
Via Iulia Augusta
Karawankentunnel
NATIONALPARK TRIGLAV
Wurzenpass
Vršič
Trenta
Blejska Dobrava
Koroška Bela
Zg. Gorje
Podhom
Ossiacher See
Wörthersee
Faaker See
Villach/Ossiacher S.
Villach/W.
Kn.Villach
Villach/Faaker S.
St. Niklas/Faaker S.
Villach/Warmbad
Wernberg
Velden W.
Velden O.
Pörtsch. W.
Jesenice zah.
Jesenice vzh.

10
SLO
KLAGENFURT
A. WÖRTHERSEE
Feldkirchen i. Kärnten
St. Veit/ Industriepark
Maria Saal
Maria Saal/ Zollfeld
Karnburg
Klagenfurt Nord
Klagenfurt Flughafen
Klagenfurt Ost
Klgft.-W.S.
Klagenft. W.
Krumpendf. W.
Krumpendorf a. W.
Pörtschach a. W.
Pörtsch. W.
Pörtschach Ost
Velden a. W.
Velden O.
Maria Wörth
Moosburg
St. Martin
Annabichl
St. Peter
St. Ruprecht
Viktring
Ebenthal
Ferlach
Maria Rain
Feistritz i. Rosental
St. Jakob i. R.
Rosegg
Ludmannsdorf (Bilčovs)
Köttmannsdorf
Kappel a. d. Drau
Unterloibl
Windisch Bleiberg (Slovenji Plajberk)
Kl. Loiblpass
Loiblpass (Ljubelj)
Ferlacher Stausee
Feistritzer Stausee
Wörthersee
Keutschacher See
Pyramidenkogel
Sattnitz
Karawanken
Koschuta
Koschutnikturm
Hochstuhl
Hochturm Veliki vrh
Kosiak 2024
Klagenfurter Htt.
Stouhütte
JESENICE
Jesenice vzh.
Koroška Bela
Javornik
Žirovnica
Breznica
Bled
Lesce
Radovljica
Begunje na Gorenjskem
Tržič
Podljubelj
Tomincev slap
Dobrča 1634
Zell-Pfarre (Sele-Cerkev)
Zell-Freibach (Sele-Borovnica)
Gotschuchen
Schwarzer Gupf
Freiberg 1923
Matzen 1627
Singerberg 1589
Ferlacher Horn 1840
A
A2
E66
E652
E652
46°40'
46°30'
14°10'
14°20'

11
SLO
Schmieddorf
Johannserberg
Klein St. Veit
Reisdorf
Salchendorf
Hausdorf
Eppersdorf
Mauern
Gänsdorf
Terpetzen
Bösenort
Gattersdorf
Waisenberg
Freudenberg
Ochsendorf
St. Filippen
Krobathen
Kremschitz
Mittertrixen
St. Georgen a. Weinberg
Winklern
St. Martin
Aich
St. Stefan
Wandelitzen
Haimburg
Enzelsdf.
Gletschach
Völkermarkt
Bammersdorf
St. Michael ob der Gurk
Salchendorf
St. Margarethen ob Töllerberg (Šmarjeta)
Töllerberg
Unterbergen
St. Ruprecht
Oschenitzen
St. Agnes
Dürrenmoos
St. Jakob
Völkermkt. Ost
ÖAMTC
ARBÖ
Obersielach
St. Peter a. Wallersberg
Reifnitz
Rakounig
Altenmarkt
Griffen
Poppendorf
Kaunz
Erlach
Kleindorf
Limberg
Granitztal
Weißenegg
Haberberg
St. Kollmann
Ehrnegg
Lind
Unternberg
Obermitterdorf
Ruden
St. Martin
Kanaren
St. Lorenzen
Kleindiex
Lippitzbach
Dobrowa
St. Rade gund
St. Nikolai
Untermitterdorf
Jauntal
Bungee
Hundsdf.
St. Paul im Lavanttal
St. Paul
Eis
Schwabegg (Žvabek)
Eiersdorf
Leibsdorf
Wabelsdf.
Greuth
Pörtschach
Ruhstatt
Neudenstein
Völkermarkt
Völkermarkt West
Völkermarkter Stausee
Wurzen
Rakollach
Höhenbergen
Tainach
Klein Venedig
Grafenstein
Tanzenberg
Pakein
Thon
Lassein
Froschendorf
Althofen
Drauhofen
St. Lorenzen
St. Marxen
Kohldorf
Seebach
Gurtschitschach
Ratschitschach
Dullach
Drau
Humtschach
Rinkenberg (Vogrče)
Rinkolach (Rinkole)
Edling (Kajzaze)
Altmittlern
Replach (Peplje)
Wiederndorf (Vidra vas)
Aich (Dob)
Heiligengrab
Schilterndorf (Čirkovče)
Srejach
St. Kanzian a. Klopeiner S.
Wasserhofen
Kühnsdorf
Pribelsdorf
Stein i. Jauntal
Klopein
Unterburg
Klopeiner See
St. Peter
Sand
Gurk
Gumisen
Weitendorf
Grabelsdorf (Grabalja vas)
Buchbrunn (Bukovje)
Buchhalm
Sommerrodelbahn
608
Dobrawa
Neumüllern
Moos (Blato)
Einersdorf (Nonča vas)
Bleiburg (Pliberk)
St. Margarethen
Steinerberg
Unternarrach
Obersammelsdf.
Mökriach (Mokrije)
Gablern (Lovanke)
Tscherberg (Črgoviče)
Lettenstätten (Letina)
Ebersdorf (Drveša vas)
Skarbin
Möchling
St. Veit i. Jauntal
St. Primus (Šentprimož)
Turnersee
Lauchenholz
Eberndorf (Dobrla vas)
Köcking
Traundorf (Strpna vas)
St. Michael ob Bleiburg
Gonowetz (Konovece)
Penk (Ponikra)
Loibach (Libuče)
Jaunfeld
Goritschach
Horzach
Nageltschach (Nageltče)
Gösselsdorf (Goselna vas)
Loibegg
Sonnegg
Jaunstein (Podjuna)
St. Stefan (Šteben)
Kleindorf (Mala vas)
Pirkdorf (Breška vas)
Hof
Dvor
Feistritz ob Bleiburg (Bistrica nad Pliberkom)
Saager
Vellach
Rückersdorf (Rikarja vas)
Gösselsdorfer See
Moos
Gallizien
Enzelsdorf (Encelna vas)
Müllnern (Mlinče)
Proboj
Kleinzapfen
Abtei
Robesch
Glantschach
Wildenstein
Goritschach (Goriče)
Sittersdorf (Žitara vas)
Rain
Weinberg
Pfannsdorf
Tichoja
Kristendorf
Altendorf
Globasnitz (Globasnica)
Wackendorf (Večna vas)
Unterbergen (Podgora)
Ruttach-Schmelz (Rute)
St. Georgen (Šentjur)
Unterort (Podkraj)
Jerischach
Sielach
Slovenjach
Pedrain
Simonberg
1043
Lokovica
Wssf.
Unterort (Podkraj)
Rechberg (Reberca)
Miklauzhof
Blasnitzenberg
Sagerberg
Altberg
1552
Kleinobir
1948
Obirhöhlen
Zauchen (Suha)
1263
Topitza
1649
Koprein-Petzen (Pod Peco)
Petzen
Feistritzer Spitz
2113
Bergghf. Siebenhütten
Mežica
Podzemlje Peca
Hochobir
2139
Eisenkappler Htt.
1290
Oistra
1577
Blasnitzen (Plaznica)
Kordeschkopf
2126
M. Peca
1731
1835
Dom na Peči
1654
Kuhberg
2026
Obir Alm
Lobnig (Lobnik)
Koprein-Sonnseite
Bad Eisenkappel (Železna Kapla) (556)
Sv. Ana (1229)
Cotatijev vrh
1605
Topla
Stopar
Podpeca
Navrški vrh
1001
1068
Schaidasattel
Schaida
Ebriach (Obirsko)
Leppen (Lepena)
Snežnik
1543
Potoški vrh
1390
Koprivna
Pristava
Remschenig (Remšenik)
St. Margarethen
Oražev hrib
1300
Bistra
Zimpaserkogel
1547
1192
St. Leonhard
1432
Olševa
Govca
1929
Gladki vrh
1849
Sv. Jakob
Trögerner Klamm
Vellach
Sadonikhöhe
1624
Podolševa
Koča pod Olševo
1232
Greben
1549
Vel. Travnik
1637
Trögern (Korte)
1339
Logarska Dolina
Solčava (642)
Koča na Grohatu
1460
Roblekalm
1215
Seeberg
Paulitschsattel
Icmanikova peč
1610
Ojstrc
1373
Raduha
Vel. Raduha
2062
Koča na Loki
1534
1654
Steiner Alpen
Kamniško Savinjske Alpe
Matkov kot
Robanov Kot
Strmec
Konjski vrh
Zg. Jezersko
Sp. Jezersko
Podlog
Mrzla gora
2203
Slap Rinka
1208
Koča na Klemenči jami
1909
Primož pri Ljubnem
Raduha
Češka koča
1542
Zg. Fužine
Sp. Fužine
Frischaufov dom
Ojstrica
2350
Planjava
2394
Šmica
Luče ob Savinji
522
Savinja
2539
Grintovec
2558
Kamniška koča
1864
Kocbekov dom
1808
Planota-Veža
1119
14°30'
14°40'
14°50'
46°40'
46°30'
9
10
11
12
13
14
17
18
20
23
24
25
A
B
C
D
82
70
A2
288
80a
273
278
85
81
428
210
E66

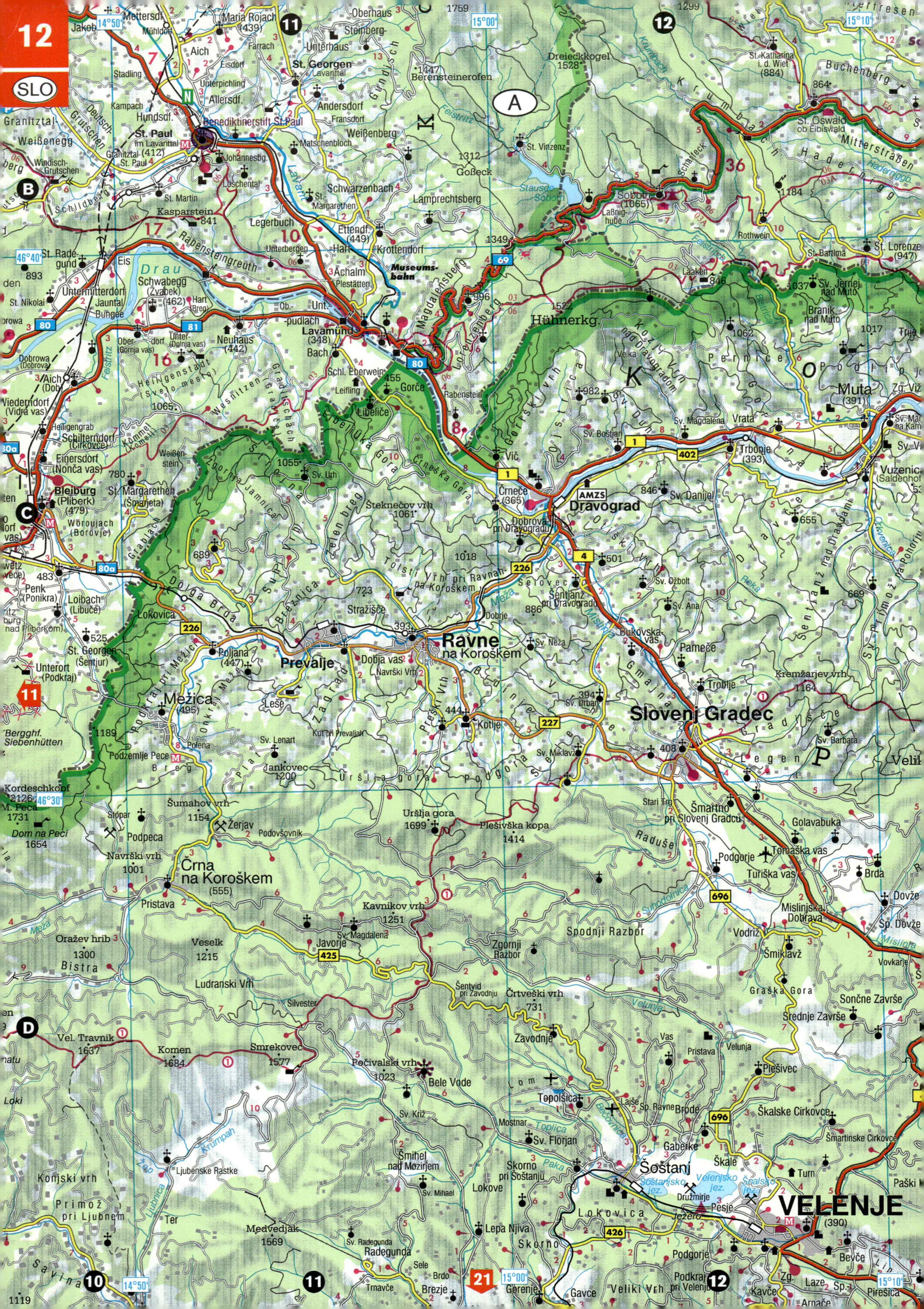
St. Paul
St. Georgen
Lavamünd
Bleiburg (Pliberk)
Dravograd
Ravne na Koroškem
Prevalje
Mežica
Slovenj Gradec
Črna na Koroškem
Šoštanj
VELENJE
Muta
Vuzenica
Trbonje
Uršlja gora
Plešivska kopa
Peca
Smrekovec
Komen
Vel. Travnik
Topolšica
Sv. Florjan
Mislinjska Dobrava
Podgorje
Šmartno pri Slovenj Gradcu
Golavabuka
Dobrava pri Dravogradu
Črneče
Libeliče
Gorče
Schwabegg (Žvabek)
Neuhaus
Eis
Kasparstein
Legerbuch
Lamprechtsberg
Schwarzenbach
Weißenberg
Andersdorf
Sobotr
Dreieckkogel
Hühnerkg.
Kozjak
Pohorje
Drava
Drau
Meža
Mislinja
Paka
Velunja
Lokovica
Gaberke
Škale
Pesje
Družmirje
Skorno
Lepa Njiva
Radegunda
Gorenje
Kotlje
Jamnica
Strojna
Dobja vas
Poljana
Lokovica
Stražišče
Šentjanž pri Dravogradu
Šentvid pri Zavodnju
Zavodnje
Bele Vode
Javorje
Veselk
Bistra
Pristava
Podpeca
Žerjav
Navrški vrh
Plešivec
Šmiklavž
Vodriž
Turiška vas
Tomaška vas
Zgornji Razbor
Spodnji Razbor
Pameče
Troblje
Sele
Vrhe
Legen
Gradišče
Sv. Barbara
Kremžarjev vrh
Sv. Danijel
Šteknečov vrh
Brda
Dovže
Sp. Dovže
Sončne Završe
Srednje Završe
Škalske Cirkovce
Šmartinske Cirkovce
Laze
Bevče
Kavče
Podkraj pri Velenju
Veliki vrh
Gavce
Brezje
Konjski vrh
Primož pri Ljubnem
Medvedjak
Šmihel nad Mozirjem
Ter
Ljubenske Rastke
Savinja
46°40'
46°30'
14°50'
15°00'
15°10'

Steyeregg
Etzendorf
Pölfing
Jagernigg
Wies
Aug
Vordersdorf
Altenmarkt
Pitschgau
Tombach
Bischofegg
Obergreith
Untergreith
Radiga
Gündorf
Großklein
Nestelberg
Oberjahrenbach
Labitschberg
Grubtal
Kranach
Weinleiten
Ehrenhausen
Saggau
St. Johann im Saggautal
Eichberg
Trautenberg
Rebenland-Weinstraße
Südsteirische Weinstraße
Wielfresen
Gamlitz
Urlkogel
Ratsch a.d. Weinstraße
Haselbach
Feisternitz
Aichberg
Hörmsdorf
Eibiswald
Unterhaag
Oberhaag
Kühberg
Wuggau
Kitzelsdorf
Arnfels
Krast
Maltschach
Leutschach
Karnerberg
Sulztal a.d. Weinstr.
Glanz a.d. Weinstr.
Spičnik
Svečina
Plač
Großwuggitz
Kohlberg
Tunau
Altenbach
Pongratzen
Hardegg
Remschnigg
Hochenegg
Schloßberg
Langegg
Jurski vrh
Toderbg.
Mellenin
Resnica
Vršnik
Klementkogel
Radlberg
Brezni Vrh
Zg. Kapla
Sp. Kapla
Gradišče na Kozjaku
Suhi Vrh pri Radljah
Sv. Janez
Sv. Jurij
Šršenov vrh
Sv. Duh na Ostrem vrhu
Jarčev vrh
Zavcarjev vrh
Gaj nad Mariborom
Kozjak
Radlje ob Dravi
Sp. Vižinga
Kozji Vrh
Vuhred (Wuhern)
Ožbalt
Drava
Hlebov vrh
Jurčičev vrh
Ruta
Janževa Gora
Selnica ob Dravi
Jelovec
Brestrnica
Bistrica pri Ruše
Bistrica ob Dravi
Lažnica
Limbuš
Hrastje
Bezena
Log
Puščava
Fala Grad
Fala
Črešnjevec ob Dravi
Ruše
Lovrenc na Pohorju
Činžat
Sv. Lenart
Ribnica na Pohorju
Josipdol
Sv. Boltenk
Radoljna
Recenjak
Smolnik
Hot. Bellevue
Ledinekovkogel
Mariborska koča
Turn
Mladinski dom
Klopni vrh
Žigartov vrh
Sv. Areh
Ruška koča
Slivniško Pohorje
Lobanškov kogel
Grmoškov dom
Ribniška koča
Jezerski vrh
Plešič
Gozdarski dom
Bajgot
Rafoltov vrh
Črni vrh
Ovčarjeva koča
Glažuta
Skrivni vrh
Koča na Pesku
Mislinjski Graben
Komisija
Rogla
Javorski vrh
Dom na Osankarici
Smrečno
Bojtina
Planica
Mala Mislinja
Šentilj pod Turjakom
Koča na Rogli
Krajčeva koča
Lukanja
Veliki vrh
Sv. Trije Kralji
Planina pod Šumikom
Šmartno na Pohorju
Zgornje Prebukovje
Loka pri Framu
Mislinja
Volovica
Tolsti Vrh pri Mislinji
Ovčarjev vrh
Resnik
Planina na Pohorju
Urhov vrh
Bistriški šum
Kalše
Gabrnik
Srednji Dolič
Hudinja
Skomarje
Padeški Vrh
Boharina
Koroška vas
Modrič
Kebelj
Malo Tinje
Veliko Tinje
Kovača vas
Zgornja Bistrica
Ritoznoj
Devina
Spodnji Dolič
Kozjak
Loška Gora
Gorenje pri Zrečah
Koritno
Okoška Gora
Tinjska Gora
Visole
Kostanjevec
Slovenska Bistrica
Basališče
Ljubnica
Zlakova
Oplotnica
Čadram
Ugovec
Gladomes
Zgornja Ložnica
Spodnja
Paški Kozjak
Brezen
Vitanje
Stenica
Zreče
Brinjeva gora
Vinarje
Vrhole pri Slov.Konjicah
Cigonca
Križevec
Terme Zreče
Dobrava pri Konjicah
Bezina
Malahorna
Pobrež
Spodnje Grušovje
Prelogе
Gabrovnik
Stranice
Zeče
Škalce
Brdo
Prepuž
Levič
Videž
Križni Vrh
Hudinjski slap
Grušovec
Zavrh nad Dobrno
Lindek
Lipa pri Frankolovem
Bukovlje
Spodnje Preloge
Slovenske Konjice
Večenik
Tepanje
Dobrnež
Brezje pri Ločah
Ličenca
Žabljek
Zgornja Brežnica
Dol pod Gojko
Verpete
Stolpnik
Prelska
Zdraviliše Dobrna
Sl. Bistrica
Šentjošt
Dobrna

MARIBOR
PTUJ
Slovenska Bistrica
Lenart v Slov. goricah
Spielfeld
Ehrenhausen
Mureck
Gersdorf
Šentilj
Maribor sever
razcep Dragučova
MB-center
Maribor vzhod
Rogoza
raz. Slivnica
Letališče
Marjeta
Fram
Zlatoličje
Hajdina
razcep Draženci
Sl. Bistrica-sever
Sl. Bistrica-jug
Sp. Senarska
Slovenske gorice
Pesniška dolina
Dravsko polje
Ptujsko polje
Mura
Drava
Pesnica
Dravinja
Ptujsko jezero
Kozjak
Pohorje
Hočko Pohorje
Slivniško Pohorje
Ruše
Limbuš
Kamnica
Pekre
Radvanje
Tezno
Pobrežje
Hoče
Rače
Miklavž na Dravskem polju
Starše
Kidričevo
Pragersko
Ptujska Gora
Majšperk
Cirkovce
Markovci
Sveta Trojica v Slov. goricah
Benedikt v Slov. goricah
Sv. Ana v Slov. goricah
Kungota
Zg. Kungota
Jurovski Dol
Cerkvenjak
Destrnik
Vitomarci
Juršinci
Sp. Duplek
Zg. Duplek
Lovrenc na Dravskem polju
Spodnja Polskava
Zgornja Polskava
Poljčane
Videm pri Ptuju
Ljubstava
Podlehnik
A1
A4
A5
E57
E59
E653
H2
15°40'
15°50'
46°40'
46°30'
46°20'

SLO
HR
A
B
C
D
F
MURSKA SOBOTA
(190)
ORMOŽ
(220)
VARAŽDIN
Bad Radkersburg
(218)
G. Radgona
Radenci
Ljutomer
(177)
Beltinci
(179)
Dobrovnik
(Dobronak)
(174)
Černelavci
Rakičan
Lipovci
Gančani
Turnišče
Nedelica
Odranci
(173)
Črenšovci
Veržej
(183)
Bakovci
(189)
Dokležovje
Bunčani
Križevci pri Ljutomeru
Bučečovci
Vučja vas
Murski Vrh
Stara Nova vas
Hrastje Mota
(196)
Sv. Jurij ob Ščavnici
Gornja Radgona
Gornji Petrovci
Šratovci
Petanjci
Tišina
Gradišče
Murski Črnci
Satahovci
Tropovci
Vanča vas
Rankovci
Gederovci
Krajna
Kupšinci
Veščica pri M.S.
Polana
Markišavci
Puconci
(205)
Predanovci
Brezovci
Sebeborci
Martjanci
(195)
Moravske Toplice
Tešanovci
(186)
Bogojina
(185)
Mlajtinci
Terme 3000
Nemčavci
Ivanci
Filovci
Strehovci
Renkovci
Vučja gomila
Lemerje
(203)
Pužević
Strukovci
Cankova
(216)
Skakovci
Zelting
Pfarrsdorf
Altneudörfl
Hummersdorf
Prerit
Laafeld
Sicheldorf
Dedenitz
ÖAMTC
AMZS
Ledava
Mura
Dobel
Lipnica
Ščavnica
Pesnica
Drava
Ormoško jezero
Gajševsko jezero
Ravensko
Dolinsko
Prekmursko polje
Slovenske gorice
Bratonci
Ižakovci
Melinci
Krapje
Mota
Cven
Babinci
G. Bistrica
Sr. Bistrica
D. Bistrica
(170)
Gomilica
Trnje
Žižki
Lipa
Brezovica
Razkrižje
Šafarsko
Gibina
Banfi
Štrigova
Pristava
Stročja vas
Podgradje
Radomerje
Slamnjak
Ilovci
Kog
Leskovec
Grabrovnik
Železna Gora
Prekopa
Vugrišinec
Dragoslavec
Stanetinec
Prhovec
Gornja Dubrava
Gornji Mihaljevec
Bogdanovec
Macinec
Središče ob Dravi
Trnovec
Obrež
Frankovci
Loperšice
Pušenci
Hum pri Ormožu
Šalovci
Godeninci
Jastrebci
Vuzmetinci
Kajžar
Miklavž pri Ormožu
Veliki Pavlovski Vrh
Mihalovci
Ivanjkovci
Litmerk
Lešnica
Tičnica
264
Žerovinci
Cerovec Stanka Vraza
Desnjak
Stara cesta
Vogričevci
Cezanjevci
Branoslavci
Radoslavci
Grabe pri Ljutomeru
Noršinci pri Ljutomeru
Lukavci
Kokoriči
Berkovci
Slaptinci
Boreci
Salinci
Logarovci
Precetinci
Bučkovci
Drakovci
Moravci v Slov. goricah
Gomila
352
Bodislavci
Godemarci
Koračice
Lahonci
Gornji Runeč
Spodnji
Sveti Tomaž
Savci
Bratislavci
Polenšak
Kukava
Juršinci
Gabrnik
Hlaponci
Polenci
Bresnica
Vičanci
Preradi
Tibolci
Mezgovci ob Pesnici
Dornava
Moškanjci
Zamušani
Podgorci
Sodinci
Velika Nedelja
Cvetkovci
Trgovišče
Mihovci pri Vel. Nedelji
Strelci
Gorišnica
Formin
Osluševci
Placerovci
Zagojiči
Muretinci
Zavrč
Dubrava Križovljanska
Grad Križovljan
Virje Križovljansko
Brezje Dravsko
Cestica
Gornje Vratno
Donje Vratno
Radovec
Babinec
Veliki Lovrečan
Hrastovec
Turški Vrh
Korenjak
Pestike
Selci Križovljanski
Natkrižovljan
Vinica
Križanče
Gruškovec
Cirkulane
Zelendvor
Strmec Podravski
Družbinec
182
Svibovec Podravski
Ragozno
177
Petrijanec
Majerje
Sračinec
Hrašćica
Nova Ves Petrijanečka
Marčan
Grad Borl
Veliki Vrh
Dolane
Stojnci
Bukovci
Nova vas pri Markovcih
Repišče
Brezovec
Mednik
Zgornji
Gorenji Hrašćan
Sonični gaj
Grabonoš
Dragotinci
Okoslavci
(204)
Oceslavci
Sp. Ivanjci
G. Ivanjci
Ptujska Cesta
Boračeva
Janžev Vrh
Stavešinski Vrh
Rihtarovci
Turjanci
Zasadi
Seliščí
Čakova
Kapelski Vrh
Rožički Vrh
Zagorci
Slavšina
Hvaletinci
Noinci
Župetinci
Bodkovci
Rucmanci
Bakovci
Kupetinci
Bolehnečici
Jamna
Stara gora
Terbegovci
Andrenci
Sovjak
Rešenci
Ženik
A5
E653
230
235
439
441
442
443
713
714
712
715
726
729
941
2
228
HAK
Murska Sobota
Lipovci
Gančani
Turnišče
Vučja vas
Sv. Jurij ob. Š.
Grabonoš
6
7
18
19
16
24
21
46°40'
46°30'
46°20'
16°00'
16°10'
18°10'

SLO
H
HR
Kobilje
188
Bukovnica
Strehovci
Filovci
Dobrovnik (Dobronak)
(174)
Renkovci
Turnišče
Žitkovci (Zsitkóc)
Kamovci (Kámaháza)
Genterovci (Göntérháza)
Radmožanci (Radamos)
Nedelica
Turnišče
Gomilica
Brezovica
Bukovje
Trnje
Žižki
Mala Polana
Velika Polana
Crnec
Ledava
Ginja Kan.
Banuta (Bánuta)
Mostje (Hidvég)
Bödeháza
Zalaszombatfa
Szijártóháza
Gáborjánháza
Lendvajakabfa
Nemesnép
Baglad
Resznek
Lentikápolnai major
LENTIKÁPOLNA
Zalabaksa
Kerkabarabás
BÁRSZENTMIHÁLYFA
BÁRHELY
Hernyék
Zajda
Zebecke
Belsősárd
Külsősárd
MUMOR
Lenti
(165)
Rédics
LENTISZOMBATHELY
Kissziget
Iklódbördőce
Csömödér
Páka
(167)
Öveges prof.sz.háza
Dömefölde
Dömefölde-h.
313
Máhomfa
Lentihegy
Gosztola
Lendvakecskés
Lendvadedes
Kerkateskánd
Szécsisziget
(158)
Nagy-Tenke
332
326
Kútfej
Lovászi
Vétyemi ősbükkös
Maróc
Lispeszentad
Tormafölde
Kiscsehi
Tornyiszentmiklós
Dobri
Csörnyeföld
Kerkaszentkirály
Szentmargitfalva
Muraszemenye
Alsószemenye
Muraszemeny
razcep Dolga vas
Dolga vas (Hosszúfalu)
Lendava
(Lendva)
(170)
Lendavske gorice (Lendvahegy)
Čentiba (Csente)
Lipa
Gaberje (Gyertyános)
G. Lakoš (Alsólakos)
D. Lakoš (Felsőlakos)
Kapca (Kapca)
Hotiza
Kot (Kót)
Sr. Bistrica
D. Bistrica
(170)
Trimlini (Hármasmalom)
Dolina pri Lendavi (Völgyifalu)
Pince (Pince)
(163)
Petišovci (Petesháza)
Pince Marof
Lenti/Tornyiszentmiklós
Benica
Šafarsko
Sv. Martin na Muri
(172)
Vrtojvljan
Marof
Hlapičina
Mursko Središće
166
Gibina
Banfi
Štrigova
Gradiščak
Kapelščak
Jurovčak
Peklenica
Križovec
Miklavec
Ferketinec
Podturen
Novakovec
Celine
Selnica
Gornji Koncovčak
Donji Koncovčak
Grabrovnik
Sv. Urban
Železna Gora
Bukovec
Zebanec Selo
Zebanec Donji
Štrukovec
Vratišinec
Gornji Kraljevec
Prekopa
Plešivica
Merhatovec
Vugrišinec
Pleškovec
Frkanovec
280
Zasadbreg
Žiškovec
Sivica
Dekanovec
Domašinec
Stanetinec
Prhovec
Dragoslavec
Vučetinec
Lopatinec
Mali Mihaljevec
Slemenice
Krištanovec
Vincekov breg
166
Gardinovec
231
Gornja Dubrava
Gornji Mihaljevec
Okrugli Vrh
Knezovec
Novo Selo Rok
Turčišće
Donji Hrašćan
Goričan
Hodošan
Prešeka
Bogdanovec
Brezje
Mačkovec
Mihovljan
Belica
(163)
Držimurec
Palinovec
Šenkovec
Slakovec
Pribislavec
Palovec
Središće ob Dravi
Macinec
Črečan
Dunjkovec
ČAKOVEC
(165)
Mala Subotica
Donji Pustakovec
Sv.Juraj u Trnju
Trnovec
Nedelišće
Gornji Hrašćan
Knl.Trnava
Štefanec
Čehovec
Donji Kraljevec
Strahoninec
Savska Ves
Ivanovec
Čakovec
Rakitje
152
vibovec Podravski
Ragozno
177
Pušćine
162
Preloge
(151)
Prelog
Cirkovljan
Sveti Križ
Podbrest
Totovec
Orehovica
Šandrovec
Vularija
Otok
Sračinec
Hrašćica
Gornji Kuršanec
Kuršanec
Novo Selo na Dravi
VARAŽDIN
Dubrava
Mura
Trnava
Kotoriba
Međimurje
A4
A5
E653
E65
E71
M70
HAK
20
21
7
19
15
18

Bovec
(460)
Kobarid
Cividale
del Friuli (135)
Premariacco
(112)
Faèdis
(172)
J u l i j s
Canale di Raccolao
Val Rio del Lago
Sella Nevea
Monte Canin
2587
Rombon
2208
Bavški Grintavec
2347
Krn
2244
Vršič
1897
Loptnik
2012
Krasji Vrh
1772
M.Mataiùr
(Matajur)
1641
Kuk
1243
Kolovrat
Kanalski Kolovrat
Kanal
Deskle
Anhovo
Tolmin
Log pod Mangartom
Trnovo ob Soči
Žaga
Srpenica
Drežnica
Livek
Volarje
Kamno
Idrsko
Staro Selo
Robič
Breginj
Pulfero
San Pietro al Natisone
San Leonardo
Torreano
Moimacco
Ipplis
Buttrio
(79)
Soča
Nadiža
Učja
Natisone
Rif. Gilberti
Dom Petra Skalarja
Sella Prevala
Passo di Tanamea
Cresta Pian di Mea
V. Baba
2148
Monte Guarda
1720
Kobariški Stol
1673
V. Muzec
1630
Muzna glava
1080
Monte Mia
1237
Montemaggiore
Castelmonte
Dolegna del Collio
Vrhovlje pri Kojskem
Grgavske Ravne
Bate
Dragovica
Korada
811
Slapnik
Nozno
Plave
Ročinj
Doblar
Avče
Seniški Breg
Mrzli vrh
1361
Gabrje
Smast
Ladra
Magozd
Drežniške Ravne
Čezsoča
Polovnik
Log Čezsoški
Uccea
Platischis
Taipana
Monteaperta
Subit
Attimis
Racchiuso
Forame
Porzus
Canebola
Masarolis
Stremiz
Cocianzi
Tarcetta
Biacis
Ponteacco
Sorzento
Vernasso
Azzida
Sanguarzo
Togliano
Purgessimo
Cialla
Prepotto
Albana
Mernicco
Restocina
Corno di Rosazzo
Orsaria
Leproso
Spessa
Azzano
Gagliano
Firmano
Grupignano
Bottenicco
Campeglio
Ziracco
Orzano
Paderno
Sélvis
Oseacco
Stolvizza
Raccolana
Uccea
Cergneu
Nongruella
Prossenicco
Robidišče
Logje
Sedlo
Borjana
Kred
Potoki
Sužid
Svino
Koseč
Volče
Čiginj
Zavetišče na Planini Kuhinja
Dom dr.Klementa Juga
Planinski dom pri Krnskih jezerih
Mladinski center Bavšica
Počitniški dom
Zavetišče pod Špičkom
Soča
Kal-Koritnica
Log
Lepena
Trenta
Bavšica
Briceljk
2346
Stupizza
M.Vogu
1124
Montefosca
M.Ioánaz
1167
M.Carnizza
991
Mersino
Ossiach
Erbezzo
Calla
Brischis
Costa
723
Tiglio
Savogna
Grimacco
Cepletischis
Clodig
Obenetto
Dolegna
Cosizza
Cisgne
Clastra
Stregna
Tribil di Sopra
Oblizza
Merso di Sopra
Scrutto
Altana
Berda
Codromaz
Podresca
Ukanje
Lig
Kambreško
Globčak
810
Ježa
Rif. Solarie
Drenchia
Pólava
Zapatok
Žarščina
Senik
Sv. Volbenk
Kanalski Vrh
856
Morsko
Bodrež
Lokovec
Prapotnizza
Monte Forcis
559
Prestento
Costalunga
Raschiacco
Ronchis
Valle
Spignon
Colloredo
Tempietto Longobardo
Carraria
Fornalis
San Pietro Chiazzacco
Bodigoi
Borgo San Mauro
Mersino
Jevšček
Livške Ravne
Grahovo
Kozbana
Krasno
Višnjevik
Hruševlje
Craoretto
Goriška Brda
13°20'
13°30'
13°40'
46°20'
46°10'
2
3
4
8
18
25
D
E
F
I
SLO

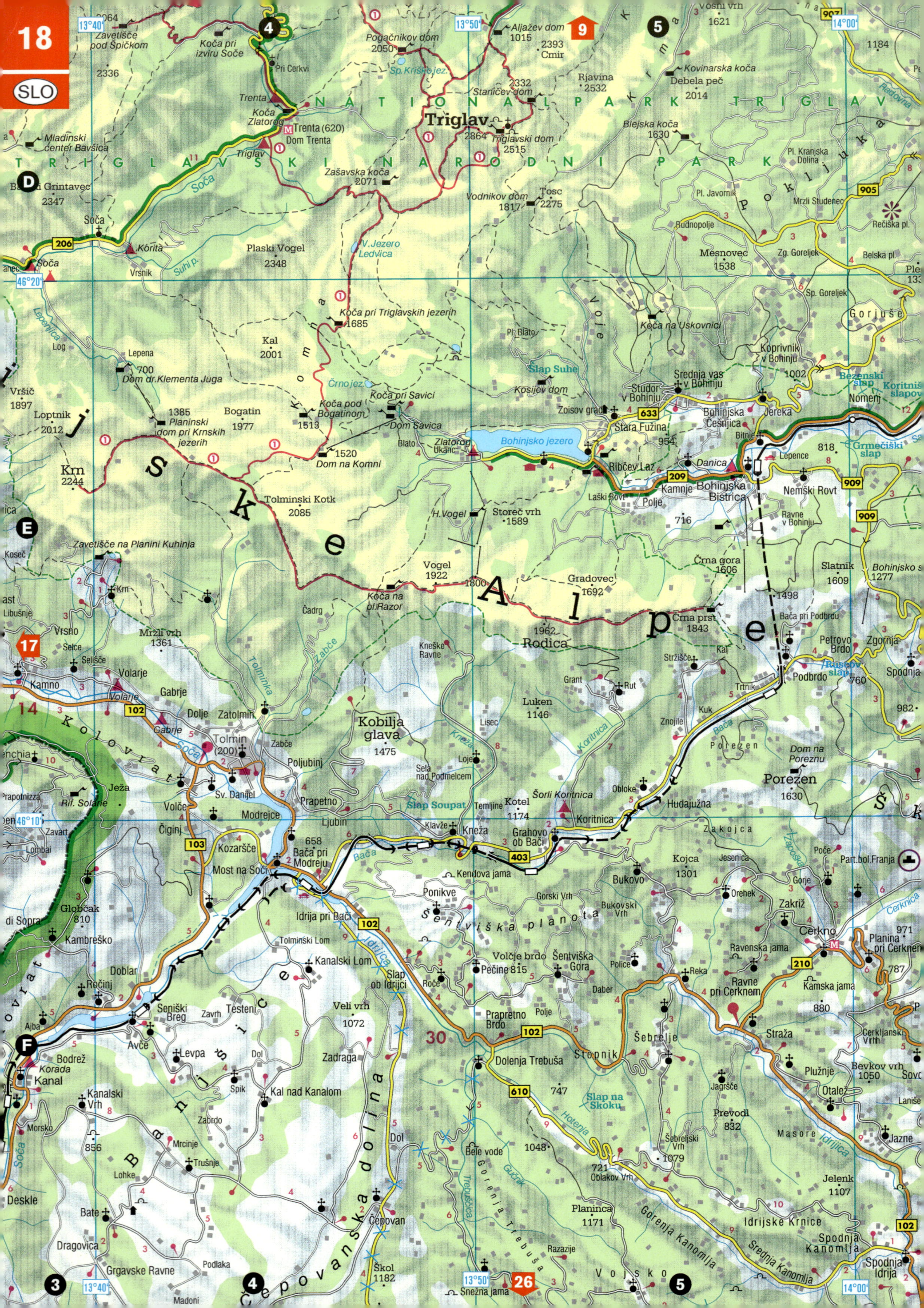
NATIONALPARK TRIGLAV
TRIGLAVSKI NARODNI PARK
Triglav
2864
Triglavski dom
2515
Pogačnikov dom
2050
Aljažev dom
1015
Cmir
2393
Rjavina
2532
Staničev dom
Kovinarska koča
Debela peč
2014
Blejska koča
1630
Zavetišče pod Špičkom
Koča pri izviru Soče
Pri Cerkvi
Trenta
Koča Zlatorog
Trenta (620)
Dom Trenta
Mladinski center Bavšica
Zašavska koča
2071
Vodnikov dom
1817
Tosc
2275
Pokljuka
Mesnovec
1538
Zg. Goreljek
Sp. Goreljek
Gorjuše
Soča
206
Kőrita
Vrsnik
Plaski Vogel
2348
V. Jezero Ledvica
Koča pri Triglavskih jezerih
1685
Kal
2001
Lepena
Dom dr. Klementa Juga
Vršič
1897
Loptnik
2012
Bogatin
1977
Planinski dom pri Krnskih jezerih
Koča pod Bogatinom
1513
Koča pri Savici
Dom Savica
Zlatorog
Bohinjsko jezero
Dom na Komni
Krn
2244
Tolminski Kotk
2085
Slap Suhe
Kosijev dom
Studor v Bohinju
Srednja vas v Bohinju
Zoisov grad
Stara Fužina
633
Bohinjska Češnjica
Jereka
Koprivnik v Bohinju
Bohinjska Bistrica
Ribčev Laz
Kamnje
Polje
209
Nemški Rovt
909
Ravne v Bohinju
Julijske Alpe
Zavetišče na Planini Kuhinja
H. Vogel
Storeč vrh
1589
Vogel
1922
Gradovec
1692
Črna gora
1606
Koča na pl. Razor
Rodica
Črna prst
1843
Mrzli vrh
1361
17
Kamno
Volarje
Gabrje
Dolje
Zatolmin
Tolmin (200)
Kolovrat
102
Kobilja glava
1475
Luken
1146
Grant
Rut
Petrovo Brdo
Podbrdo
Porezen
1630
Hudajužna
Kotel
1174
Koritnica
Slap Soupat
Sela nad Podmelcem
Ježa
Volče
Modrejce
Prapetno
Čiginj
Ljubin
103
Kozaršče
Most na Soči
658
Bača pri Modreju
Knežа
Grahovo ob Bači
403
Idrija pri Bači
Kendova jama
Ponikve
Šentviška planota
Bukovo
Kojca
1301
Zakriž
Cerkno
Planina pri Cerknem
210
Ravne pri Cerknem
Kamška jama
Tolminski Lom
Kanalski Lom
Slap ob Idrijci
102
Volčje brdo
Pečine 815
Šentviška Gora
Reka
Globčak
810
Kambreško
Doblar
Ročinj
Seniški Breg
Testeni
Veli vrh
1072
30
Prapretno Brdo
Dolenja Trebuša
Stopnik
Šebrelje
Straža
Otalež
Avče
Bodrež
Kanal
Levpa
Zadraga
Kal nad Kanalom
Kanalski Vrh
610
747
Slap na Skoku
Jagršče
Prevodl
832
Idrijca
Jazne
Banjšice
Čepovanska dolina
Dol
Bele vode
1048
Oblakov Vrh
Šebreljski Vrh
1079
Jelenk
1107
Deskle
Bate
Čepovan
Planinca
1171
Idrijske Krnice
Gorenja Kanomlja
Spodnja Kanomlja
Spodnja Idrija
Dragovica
Grgavske Ravne
Škol
1182
26
Snežna jama
Vojsko
13°40'
13°50'
14°00'
46°20'
46°10'

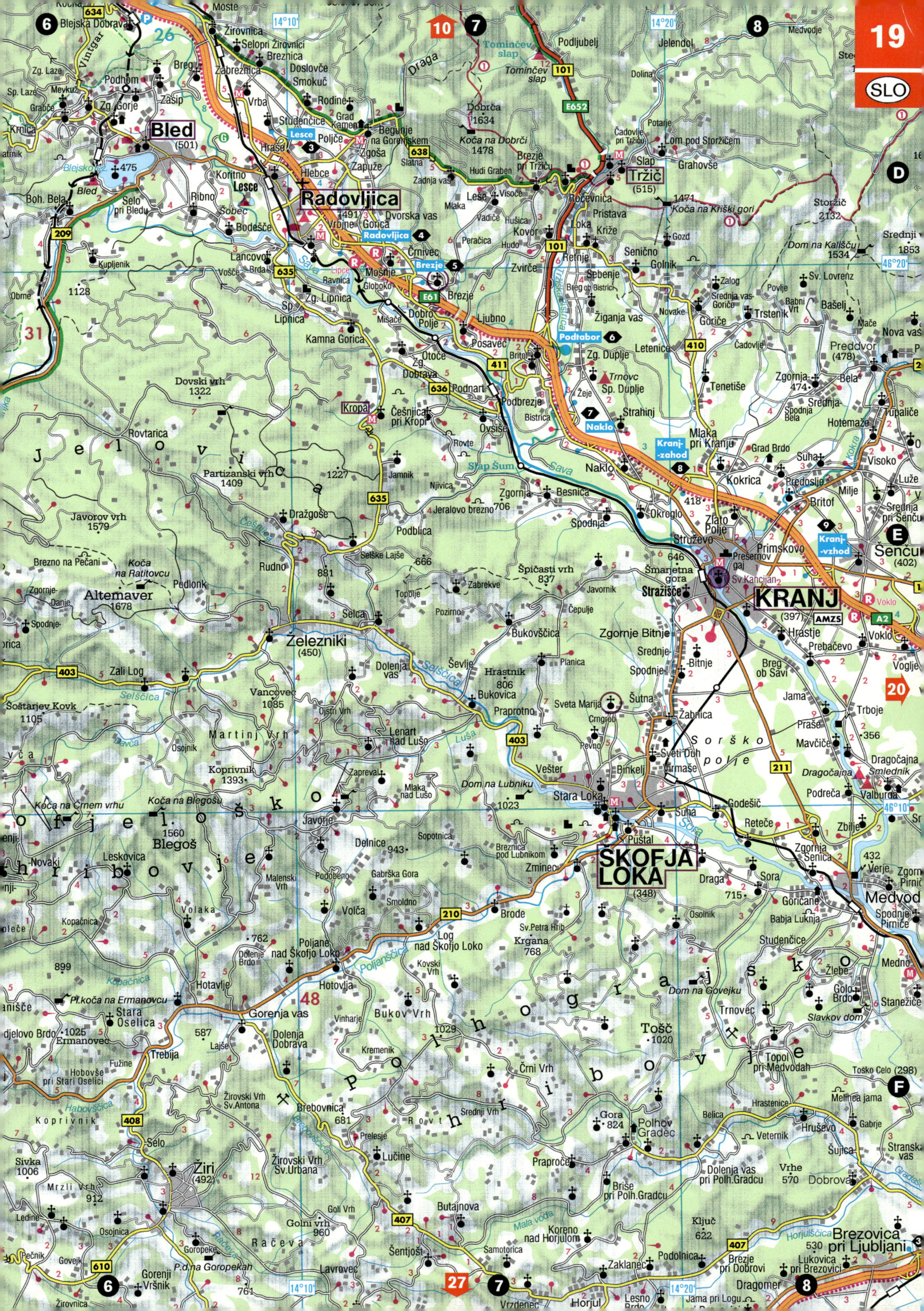
Bled
(501)
Blejsko jezero
Bohinjska Bela
Zg. Gorje
Podhom
Zasip
Ribno
Bodešče
Žirovnica
Breznica
Doslovče
Smokuč
Vrba
Studenčice
Lesce
Hlebce
Begunje na Gorenjskem
Radovljica
(491)
Tržič
(515)
Podljubelj
Jelendol
Dolina
Grahovše
Kriška gora
Storžič
2132
Tominčev slap
Dobrča
1634
Koča na Dobrči
1478
Brezje pri Tržiču
Bistrica
Lom pod Storžičem
Kokra
Pristava
Križe
Senično
Golnik
Kovor
Ljubno
Posavec
Podnart
Otoče
Kropa
Češnjica pri Kropi
Dobrava
Lancovo
Kamna Gorica
Mošnje
Brezje
Podtabor
Zg. Duplje
Sp. Duplje
Letenice
Goriče
Trstenik
Tenetiše
Naklo
Strahinj
Mlaka pri Kranju
Kranj-zahod
Kranj-vzhod
Kokrica
Predoslje
Britof
Primskovo
Zlato Polje
Stražišče
Šmarjetna gora
Sv. Jošt
KRANJ
(397)
AMZS
Hrastje
Prebačevo
Voklo
Šenčur
(402)
Visoko
Luže
Srednja vas pri Šenčurju
Milje
Bela
Zgornja Bela
Hotemaže
Preddvor
(478)
Nova vas
Sv. Lovrenc
Bašelj
Dom na Kališču
1534
Srednji vrh
1853
Jelovica
Dovski vrh
1322
Rovtarica
Partizanski vrh
1409
1227
Javorov vrh
1579
Dražgoše
Jamnik
Njivica
Besnica
Jeralovo brezno
706
Zgornja Besnica
Podblica
Spodnja Besnica
Okroglo
Sava
Slap Šum
Rovte
Ovsiše
Podbrezje
Selška Lajše
Rudno
881
Brezno na Pečani
Koča na Ratitovcu
Altemaver
1678
Pedlonk
Selca
Železniki
(450)
Selška Sora
Zali Log
Šoštarjev Kovk
1105
Vancovec
1085
Martinj Vrh
Lenart nad Lušo
Dolenja vas
Bukovščica
Hrastnik
806
Bukovica
Praprotno
Ševlje
Planica
Šutna
Sveta Marija
Zgornje Bitnje
Srednje Bitnje
Spodnje Bitnje
Žabnica
Sorško polje
Breg ob Savi
Jama
Trboje
Prašče
Mavčiče
Dragočajna
Smlednik
Valburga
Podreča
Godešič
Reteče
Zbilje
Zgornja Senica
Verje
Medvode
Koprivnik
1393
Koča na Blegošu
Koča na Črnem vrhu
Blegoš
1560
Leskovica
Javorje
Delnice
943
Sopotnica
Mlaka nad Lušo
Dom na Lubniku
1023
Vešter
Binkelj
Virmaše
Stara Loka
ŠKOFJA LOKA
(348)
Puštal
Suha
Draga
Sora
715
Zminec
Breznica pod Lubnikom
Gabrška Gora
Smoldno
Volča
Brode
Poljane nad Škofjo Loko
Log nad Škofjo Loko
Sv.Petra Hrib
Krgana
768
Poljanščica
Hotavlje
Gorenja vas
Dolenja Dobrava
Hotovlja
Bukov Vrh
Vinharje
Kovski Vrh
Kremenik
Pl.koča na Ermanovcu
Stara Oselica
Ermanovec
Trebija
Hobovše pri Stari Oselici
Fužine
Lajše
Žirovski Vrh Sv.Antona
Brebovnica
681
Prelesje
Lučine
Črni Vrh
Tošč
1020
Dom na Govejku
Polhograjsko hribovje
Škofjeloško hribovje
Trnovec
Slavkov dom
Topol pri Medvodah
Goričane
Babja Lukanja
Studenčice
Žlebe
Golo Brdo
Staneziče
Tosko Čelo (298)
Melinca jama
Gabrje
Hrastenice
Belica
Veternik
Hruševo
Šujica
Gora
824
Polhov Gradec
Srednji Vrh
Praproče
Dolenja vas pri Polh.Gradcu
Briše pri Polh.Gradcu
Vrhe
570
Dobrova
Kopačnica
Kopačnica
899
Selo
Žiri
(492)
Žirovski Vrh Sv.Urbana
Sivka
1006
Mrzli Vrh
912
Ledine
Osojnica
Goropeke
P.d.na Goropekah
Gorenji Vršnik
761
Račeva
Golni vrh
960
Lavrovec
Butajnova
Koreno nad Horjulom
Šentjošt
Samotorica
Zaklanec
Podolnica
Ključ
622
Brezje pri Dobrovi
Lukovica pri Brezovici
Brezovica pri Ljubljani
530
Dragomer
Horjul
Vrzdenec
Žirovnica
14°10'
14°20'
46°20'
46°10'
A2
E61
E652
Kranj

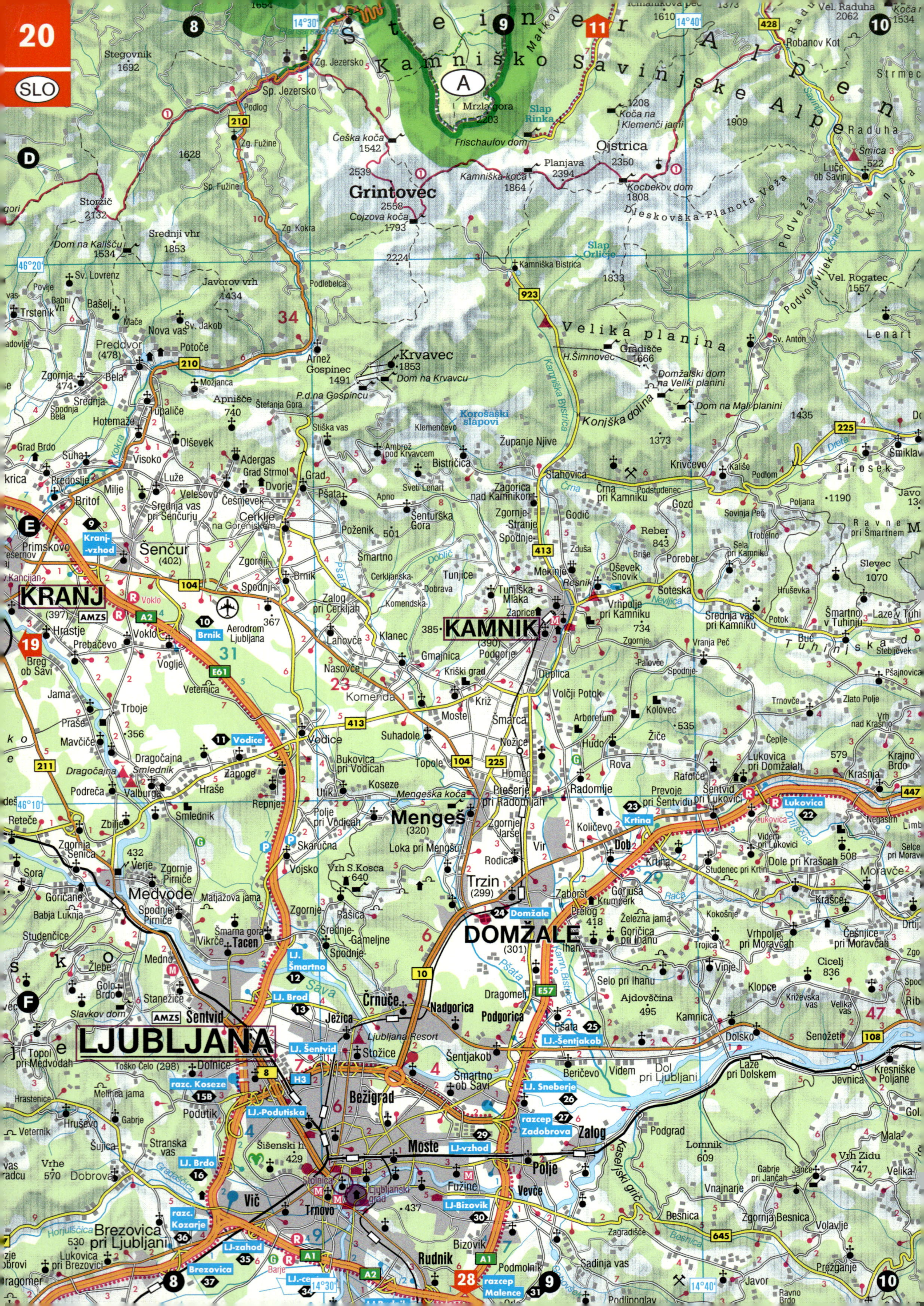
Steiner Alpen
Kamniško Savinjske Alpe
Grintovec
2558
Ojstrica
2350
Planjava
2394
Mrzla gora
2203
Storžič
2132
Stegovnik
1692
Velika planina
Krvavec
1853
Kamniška Bistrica
Raduha
Kokra
Jezersko
Preddvor
Visoko
Šenčur
KRANJ
Aerodrom Ljubljana
Brnik
Cerklje
Komenda
KAMNIK
Mekinje
Mengeš
Trzin
DOMŽALE
Vodice
Medvode
Tacen
Šentvid
Črnuče
LJUBLJANA
Bežigrad
Moste
Vič
Trnovo
Polje
Vevče
Rudnik
Brezovica pri Ljubljani
Zalog
Dol pri Ljubljani
Lukovica
Moravče
Tuhinjska dolina
Konjska dolina
Sava
Ljubljanski grad
46°20'
46°10'
14°30'
14°40'

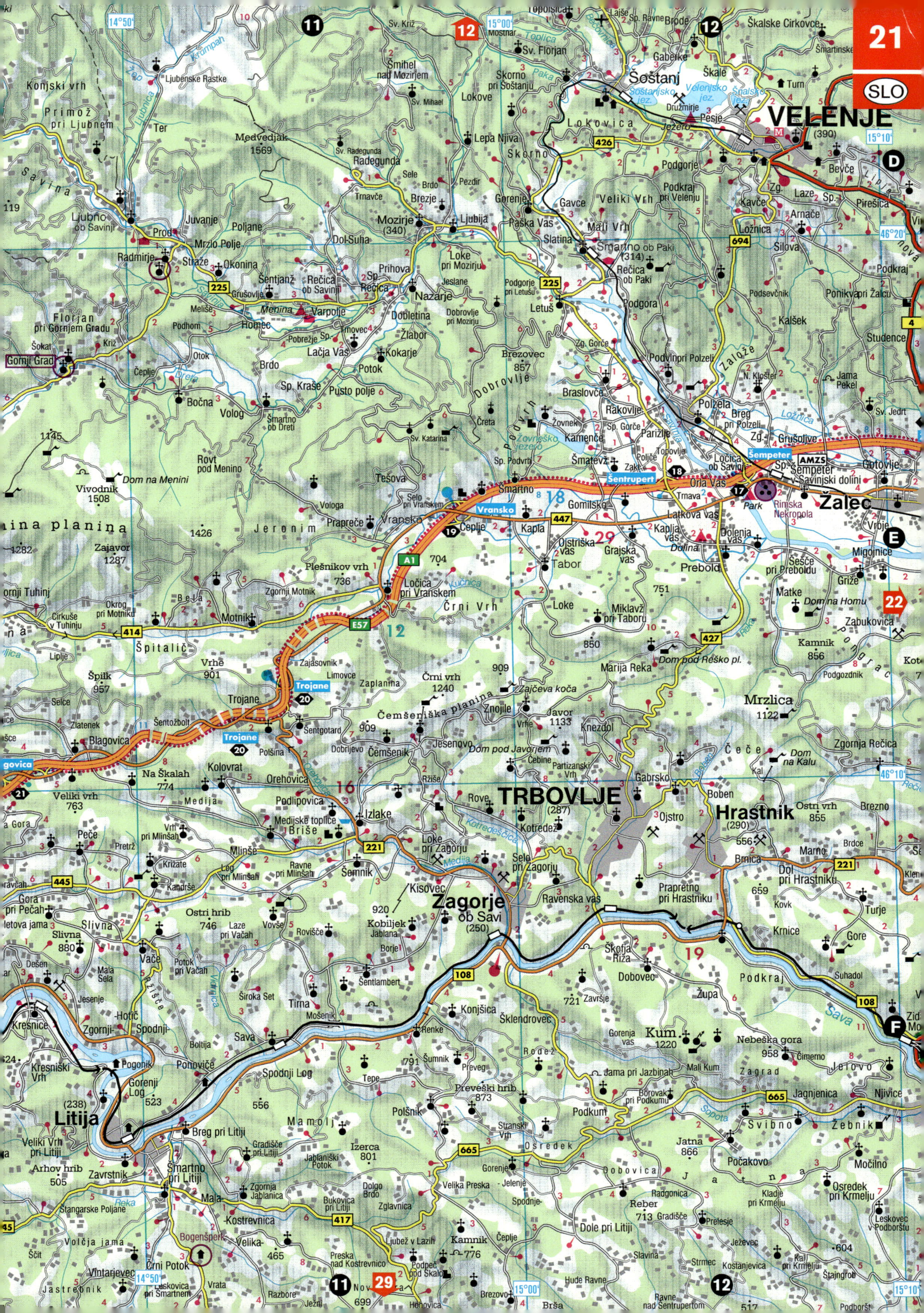
SLO
VELENJE
Šoštanj
Žalec
Šempeter v Savinjski dolini
Polzela
Prebold
Vransko
Trojane
TRBOVLJE
Hrastnik
Zagorje ob Savi
Litija
Mozirje
Ljubno ob Savinji
Šmartno ob Paki
Rečica ob Savinji
Nazarje
Braslovče
Kum
Mrzlica
Čemšeniška planina
Menina planina
Sava
Savinja
A1
E57
Rimska Nekropola
Park
11
12
22
29
D
E
F
14°50'
15°00'
15°10'
46°20'
46°10'

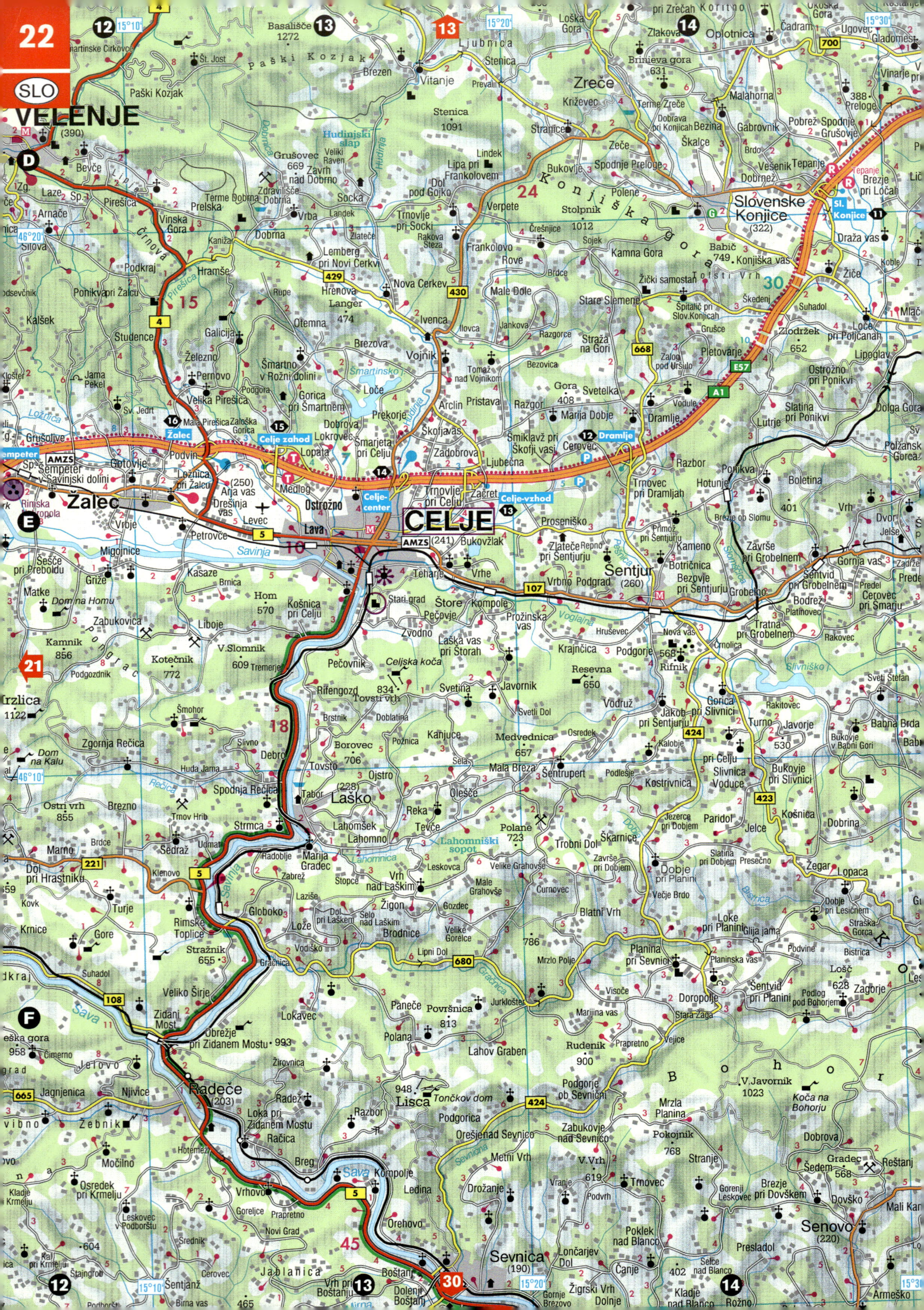
SLO
VELENJE
Paški Kozjak
Basališče 1272
Šentjur
Slovenske Konjice (322)
Zreče
Konjiška gora
Stolpnik 1012
Stenica 1091
Vitanje
Hudinjski slap
Frankolovo
Vojnik
Nova Cerkev
Dobrna
Žalec
Šempeter v Savinjski dolini
Celje zahod
Celje center
Celje-vzhod
CELJE
Dramlje
Petrovče
Levec
Lava
Teharje
Štore
Stari grad
Šentjur (260)
Celjska koča
Rifengozd
Laško
Tovsto
Reka
Lahomšek
Lahomno
Lahomniški sopot
Marija Gradec
Rimske Toplice
Zidani Most
Radeče (203)
Loka pri Zidanem Mostu
Lisca
Tončkov dom
Planina pri Sevnici
Sevnica (190)
Senovo (220)
Bohor
Koča na Bohorju
V. Javornik 1023
Šmarje pri Jelšah
Šmartno v Rožni dolini
Šmartinsko jezero
Griže
Liboje
Kotečnik 772
Zgornja Rečica
Šmohor
Hom 570
Košnica pri Celju
Svetina
Javornik
Resevna 650
Kalobje
Slivnica
Dobje pri Planini
Jurklošter
Lokavec
Breg
Kompolje
Boštanj
Orehovo
Šentjanž
Jelovo
Žebnik
Moćilno
Osredek pri Krmelju
Savinja
Sava
Voglajna
Slivniško j.
A1
E57

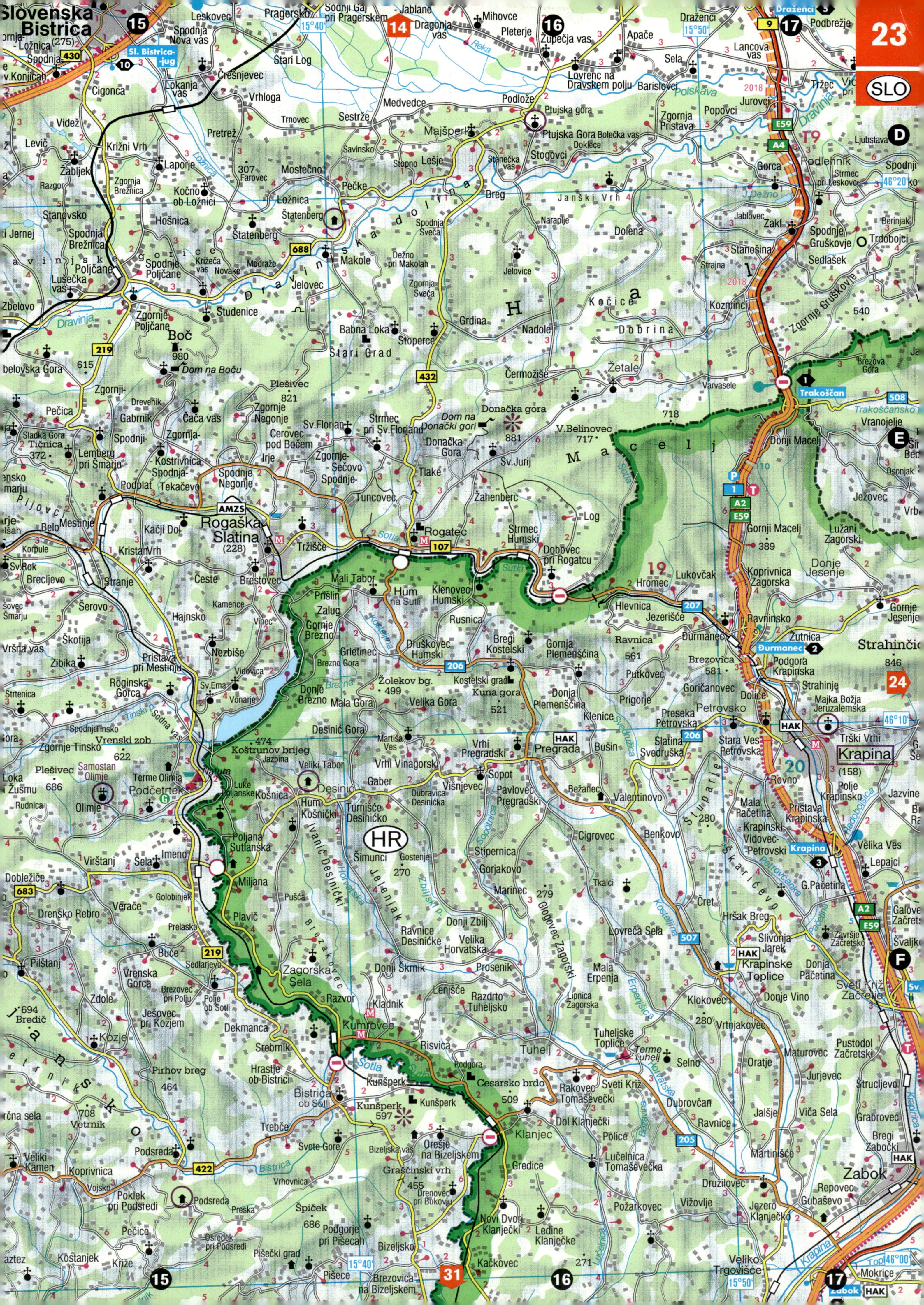
Slovenska Bistrica
Spodnja Nova vas
Pragersko
Leskovec
Jablane
Dragonja vas
Mihovce
Pleterje
Župečja vas
Apače
Draženci
Podbrežje
Sl. Bistrica-jug
Cigonca
Lokanja vas
Črešnjevec
Stari Log
Vrhloga
Medvedce
Podlože
Ptujska gora
Lovrenc na Dravskem polju
Barislovci
Sela
Lancova vas
Juršinci
Tržec
Popovci
Zgornja Pristava
Trnovec
Sestrže
Majšperk
Ptujska Gora
Stogovci
Ljubstava
Videž
Levič
Križni Vrh
Žabljek
Laporje
Pretrež
Savinsko
Stopno
Lešje
Stanečka vas
Gorca
Podlehnik
Spodnji Gruškovje
Farovec
Mostečno
Pečke
Breg
Janški Vrh
Dežno
Zgornja Brežnica
Kočno ob Ložnici
Ložnica
Štatenberg
Stanovsko
Hošnica
Narapije
Dolena
Jablovec
Zaklj
Spodnje Gruškovje
Trdobojci
Spodnja Brežnica
Štatenberg
Makole
Stanošina
Sedlašek
Poljčane
Spodnje Poljčane
Novake
Modraže
Dežno pri Makolah
Jelovec
Jelovice
Strajna
Kozminci
Lušečka vas
Zbelovo
Dravinja
Zgornje Poljčane
Studenice
Zgornja Sveča
Grdina
Kočice
Zgornje Gruškovje
Boč
980
Dom na Boču
Babna Loka
Stoperce
Stari Grad
Nadole
Dobrina
Belovska Gora
615
Čermožiše
Žetale
Varvasele
Trakošćan
Pečica
Plešivec
821
Dravinja
Dreveník
Gabrnik
Čača vas
Zgornje Negonje
Cerovec pod Bočem
Sv. Florjan
Strmec pri Sv. Florjanu
Dom na Donački gori
Donačka gora
881
V. Belinovec
717
Donji Macelj
Sladka Gora
Tičnica
372
Lemberg pri Šmarju
Spodnji
Zgornja
Kostrivnica
Spodnja
Zgornje Sečovo
Spodnje
Donačka Gora
Tlake
Sv. Jurij
Macelj
Vranojelje
Podplat
Tekačevo
Spodnje Negonje
Tuncovec
Žahenberc
Log
Ježovec
Mestinje
Kačji Dol
Rogaška Slatina
(228)
AMZS
Tržišče
Rogatec
Strmec
Humski
Dobovec pri Rogatcu
Gornji Macelj
389
Lužani Zagorski
Belo
Kristan Vrh
Sotla
Hromec
Lukovčak
Koprivnica Zagorska
Donje Jesenje
Sv. Rok
Brecljevo
Stranje
Ceste
Brestovec
Mali Tabor
Hum na Sutli
Klenovec Humski
Hlevnica
Jezerišće
Ravninsko
Gornje Jesenje
Šerovo
Hajnsko
Kamence
Prišlin
Zalug
Gornje Brezno
Rusnica
Bregi Kostelski
Gornja Plemenšćina
Ravnica
Durmanec
Žutnica
Strahinčić
846
Vršna vas
Škofija
Nezbiše
Druškovec Humski
Grletinec
561
Brezovica
581
Podgora Krapinska
Zibika
Pristava pri Mestinju
Vidovica
Brezno Gora
Kostelski grad
Putkovec
Gorićanovec
Strahinje
Roginska Gorca
Sv. Ema
Vonarje
Donje Brezno
Mala Gora
Žolekov bg.
499
Velika Gora
Kuna gora
521
Donja Plemenšćina
Prigorje
Preseka Petrovska
Petrovsko
Dolice
Majka Božja Jeruzalemska
Sotelsko jezero
Vrenski zob
622
Zgornje Tinsko
Desinić Gora
Martiša Ves
474
Vrhi Pregradski
Pregrada
Klenice
Bušin
Slatina Svedruška
Stara Ves Petrovska
Trški Vrh
Krapina
(158)
Plešivec
Samostan Olimje
Terme Olimia
Koštrunov brijeg
Jazbina
Veliki Tabor
Vrhi Vinagorski
Sopot
Pavlovec Pregradski
Bežanec
Valentinovo
Rovno
Polje Krapinsko
Zušmu
686
Podčetrtek
Olimje
Luke Poljanske
Košnica
Desinić
Hum Košnički
Gaber
Višnjevec
Dubravica Desinička
Šumeće
Mala Pačetina
Pristava Krapinska
Jazvine
Rudnica
Poljana Sutlanska
Turnišće Desiničko
Cigrovec
Benkovo
Krapinski Vidovec
Petrovski
Velika Ves
Lepajci
Virštanj
Sela
Imeno
Šimunci
Gostenje
270
Stipernica
Gorjakovo
Krapina
G. Pačetina
Dobležiče
Golobinjek
Miljana
Marinec
279
Tkalci
Čret
Drenško Rebro
Veračе
Plavić
Pušča
Donji Zbilj
Hršak Breg
Slivonja Jarek
Gaićeve
Prelasko
Ravnice Desiničke
Velika Horvatska
Lovreča Sela
Završje Začretsko
Svaljkovec
Pilštanj
Buče
Vrenska Gorca
Sedlarjevo
Zagorska Sela
Donji Škrnik
Prosenik
Mala Erpenja
Krapinske Toplice
Donja Pačetina
Brezovec pri Polju
Polje ob Sotli
Lenišće
Razdrto Tuheljsko
Lupinjak
Sveti Križ Začretje
Zdole
Ješovec pri Kozjem
Razvor
Kladnik
Lipnica Zagorska
Klokovec
Donje Vino
694
Bredič
Kozje
Dekmanca
Kumrovec
Risvica
Tuheljske Toplice
280
Vrtnjakovec
Strebrnik
Tuhelj
Terme Tuhelj
Selno
Oratje
Maturovec
Pustodol Začretski
Pirhov breg
464
Hrastje ob Bistrici
Podgora
Cesarsko brdo
Rakovec Tomaševečki
Sveti Križ
Jurjevec
Strucljevo
Bistrica ob Sotli
Kunšperk
509
Dubrovčan
708
Vetrnik
Kunšperk
597
Dol Klanječki
Ravnice
Jalšje
Viča Sela
Grabrovec
Trebče
Svete Gore
Orešje na Bizeljskem
Klanjec
Police
Bregi Zabočki
Podsreda
Bizeljska vas
Gredice
Lučelnica Tomaševečka
Martinišće
Veliki Kamen
Koprivnica
Vrhovnica
Graščinski vrh
455
Drenovec pri Bukovju
Družilovec
Zabok
Vojsko
Poklek pri Podsredi
Podsreda
Preska
Špiček
Novi Dvori Klanječki
Požarkovec
Vižovlje
Repovec
Gubaševo
686
Podgorje pri Pišecah
Ledine Klanječke
Jezero Klanječko
Pečice
Osredek pri Podsredi
Bizeljsko
Kačkovec
Kostanjek
Križe
Pišečki grad
Pišece
Brezovica na Bizeljskem
271
Veliko Trgovišće
Mokrice
Zabok
HR
SLO
Haloze
Macelj
Hrvatsko zagorje
Šumbark
Kozjansko
Desinić
Ivanić Desinički
Jelenjak
Brezakovec
Globovec Zagorski
Šalamunovo
Erpenja
Gorjani
Sotla
Dravinja
Bistrica
Krapina
15°40'
15°50'
46°20'
46°10'
46°00'
A2
A4
E59
430
432
688
219
683
422
107
206
207
205
507
508
HAK
Durmanec
Krapina
Trakošćan
2018
14
15
16
17
19
20
24
31
D
E
F

SLO
HR
Drava
Podbrežje
Nova vas pri Markovcih
Stojnci
Muretinci
Hrastovec
Križovljanska
Brezje Dravsko
Grad Križovljan
Cestica
Strmec Podravski
Družbinec
Gornje Vratno
Donje Vratno
Petrijanec
Majerje
Videm pri Ptuju
Veliki Vrh
Grad Borl
Dolane
Belski Vrh
Veliki Lovrečan
Babinec
Radovec
Varejа
Soviče
Gradišča
Brezovec
Pestike
Turški Vrh
Korenjak
Selci Križovljanski
Natkrižovljan
Vinica
Zelendvor
Ljubstava
Repišče
Cirkulane
Gruškovec
Križanče
Gornja Voća
Podlehnik
Spodnji Leskovec
Zgornji
Medribnik
Jelovec Voćanski
Goruševnjak
Arboretum Opeka
Marčan
Nova Ves Petrijanečka
Gorca
Strmec pri Leskovcu
Berinjak
Mali Okič
Paradiž
Rijeka Voćanska
Furkov bg.
Gornje Ladanje
Donje Ladanje
Zakl
Spodnje Gruškovje
Trdobojci
Skorišnjak
Mala Varnica
Donja Voća
Plitvica Voćinska
Sedlašek
Zgornje Gruškovje
Velika Varnica
Zalužje
Zlogonje
Slivarsko
Koretinec
Čalinec
Kapelec
Jurketinec
Vidovec
Cvetlin
Gornja Višnjica
Donja Višnjica
Vukovoj
Plemenšćina
Fotez Breg
Brodarovec
Maruševec
Bikovec
Selnik
Greda
Jarmo
Brezova Gora
Ravna gora
Jurišina kuća
Jazbina Cvetlinska
Klenovnik
Lipovnik
Novaki
Druškovec
Cerje Nebojse
Tužno
Trakoščan
Meljan
Prebukovje
Podgorje Bednjansko
Žarovnica
Dubravec
Koškovec
Vranojelje
Šinkovica Bednjanska
Šinkovica Šaška
Kameničko Podgorje
Rošćica
Kamenica
Ribić Breg
Straznjevec
Lovreč
Donji Macelj
Pleš
Crkovec
Jerovec
Ivanečki Vrhovec
Osečka
Ježovec
Purga Bednjanska
Bedenec
Gačice
Rado
Vrbno
Viletinec
Kamenički Vrhovec
Bednjansko polje
Salinovec
Gornji Macelj
Lužani Zagorski
Bednja
Vulišinec
Ivanec
Ivanečka Željeznica
Hamec
Margečan
Šaša
Goranec
Želimor
Kaniža
Lančić
Vitešinec
Koprivnica Zagorska
Donje Jesenje
Benkovec
Rinkovec
Vuglovec
Seljanec
Cerje Jesenjsko
Lepoglava
Prigorec
Željeznica
Gornje Jesenje
Očura
Bračkova peć
Ham
Ivanščica
Zutnica
Strahinčica
Vilinska špica
Podgora Krapinska
Strahinje
Stari Golubovec
Novi Golubovec
Gorjani Sutinski
Majka Božja Jeruzalemska
Trški Vrh
Radoboj
Gora Veternička
Petrova Gora
Gmovec
Toplićica
Zajezda
Gotalovec
Pece
Krapina
Kuzminec
Gornja Šemnica
Veternica
Gregurovec
Vojnovec Loborski
Vinipotok
Lobor
Juranščina
Završje Belečko
Gornja-Selnica
Krapinica
Rovno
Polje Krapinsko
Kraljevec Radobojski
Velika Veternička
Pusti Lobor
Martinščina
Repno
Donja-
Budinščina
Gornji Kraljevec
Pristava Krapinska
Jazvine
Bregi Radobojski
Kraljevec Šemnički
Markušbrijeg
Pažurovec
Mihovljan
Delkovec
Belec
Petruševec
Sveti Križ
Šćepanje
Velika Ves
Lepajci
Donja Šemnica
Peršaves
Sutinske Toplice
Znož
Gornja Batina
Domaj
Donji Kraljevec
Hraščina
G. Pačetina
Vukanci
Ladislavec
Borkovec
Vižanovec
Galovec Začretski
Zadravec
Veliki Komor
Donja Batina
Klimen
Krapina
Brezova Gora
Mače
Zlatar
Ervenik Zlatarski
Maretić
Krušće
Slivonja Jarek
Završje Začretsko
Švaljkovec
Orehovica
Martinec Orehovički
Pustodol Orehovički
Komor Začretski
Krapinske Toplice
Donja Pačetina
Kozjak Začretski
Krapina Selo
Husinec
Vrbovo
Sveti Križ Začretje
Sv. Križ
Sekirišće
Grabe
Veliki Bukovec
Brlekovo
Kosovečko
Bočadir
Galovec
Donje Vino
Ciglenica Zagorska
Brestovec Orehovički
Kebel
Pešćeno
Maturovec
Pustodol Začretski
Mirkovec
Židovinjak
Lug Orehovički
Lovrečan
Turnišće
Konjšćina
Turkovčina
Jurjevec
Štrucljevo
Križanče
Poznanovec
Zlatar-Bistrica
Lipovec
Bočaki
Jalšje
Viča Sela
Brezova
Lug Poznanovečki
Veleškovec
Hercegovina
Donja Konjščina
Grabrovec
Kotarice
Bedekovčina
Velika r.
Krapina
Beloslavec
Martinšćina
Bregi Zabočki
Grdenci
Špičkovina
Podgorje Bistričko
Sušobreg
Jertovec
Orehovec
Zabok
Dubrava Zabočka
Hum Zabočki
Selnica
Tugonica
Poljanica Bistrička
Žitomir
Repovec
Gubaševo
Vučak
Dubovec
Podgrade
Majka Božja Bistrička
Globočec
Gornje Orešje
Jezero Klanječko
Lepa Ves
Gusakovec
Banščica
Hum Bistrički
Marija Bistrica
Mokrice
Hruševec
Modrovec
Šagudovec
Oroslavje
Donja
Laz Bistrički
Podgorje Bistričko
Zelingrad
Graci
Topličić p.
Zabok
HAK
E59
A2
228
508
35
29
24
307
2
16
17
18
19
20
23
15
46°20'
46°10'
46°00'
16°00'
16°10'
D
E
F

Premariacco
Orzano
Paderno
Orsaria
Leproso
Azzano
Ipplis
Spessa
Buttrio
Villa Morpurgo
Rocca-Bernarda
Rosazzo
Abbazia di Rosazzo
Óleis
Caminetto
Manzano
Camino
Manzinello
Percoto
San Lorenzo
Dolegnano
San Giovanni al Natisone
Bolzano
Ronchi
Melarolo
Merlana
Trivignano Udinese
Villanova del Júdrio
Medeuzza
Borgnano
Clauiano
Chiópris
Viscone
M.di Medea
Medea
Nogaredo al Torre
Palmanova
San Vito al Torre
Versa
Visco
Cráuglio
Romàns d'Isonzo
Tapogliano
Joannis
Strassoldo
Aiello del Friuli
Cavenzano
Campolongo al Torre
Ruda
Alture
Saciletto
Perteóle
Cervignano del Friuli
Múscoli
S.Nicolò
Villa Vicentina
Terzo d'Aquiléia
S.Antonio
Fiumicello
Papariano
San Valentino di Fiumicello
Monastero
Aquiléia
San Lorenzo
Levada
Isola Morosini
Belvedere
Via Iulia Augusta
Laguna di Grado
Santa Maria di Barbana
Grado
C.Valle Dossi
Ris.Nat.d. Valle Cavanata
Tenuta Primero
Bocca di Primero
Villagio Europa
Punta Spin
Fossalon di Grado
Golometto
I.d.Cona
Foce dell'Isonzo
Ris.Nat.d. Isonzo
Golfo di Panzano
C.Riva Lunga
Alberoni
Marina Iúlia
Panzano Bagni
Ca' Messénio
Bistrigna
Staranzano
San Canzian d'Isonzo
Piéris
Begliano
Turriaco
San Zanùt
San Pier d'Isonzo
Isonzo
Cassegliano
Villesse
Fogliano Redipúglia
Sagrado
Polazzo
Redipúglia
Gradisca d'Isonzo
Fratta
Mariano del Friuli
Corona
Angóris
Cormòns
Brazzano
Giássico
Visinale
Sant Andrat
Corno di Rosazzo
Vencò
Craoretto
Lonzano
Dolegna del Cóllio
Prepotto
Albana
Cast. di Albana
Mernicco
Restocina
Plessiva
Cóllio
Capriva del Friuli
Mossa
Moraro
San Lorenzo Isontino
Farra d'Isonzo
Villanova di Farra
Lucinico
Sant' Andrea
Gorizia-Sant' Andrea
GORÍZIA
M.Calvario
Piuma
Osláva
San Floriano del Cóllio
Podsabotin
Hum
Cerovo
Medana
Dobrovo
Fojana
Vipolže
Kozana
Šmartno
Gonjače
Kojsko
Goriška Brda
Višnjevik
Hruševlje
Kožbana
Slapnik
Nozno
Krasno
Vrhovlje pri Kojskem
Plave
Korada
Senik
Sv. Volbenk
Ložice
Anhovo
Deskle
Kuk
Bate
Dragovica
Grgavske Ravne
Madoni
Vodice
Bitež
Sveta gora
Grgar
M.Sabotino
Solkan
Škabrijel
Ravni
Kromberk
Grad Krombe
NOVA GORICA
Pristava
Rožna Dolina
Markov hrib
Šempeter pri Gor.
Vrtojba
Volčja Draga
Bukovica
Bilje
Miren
Vipava
Merljak
Renče
Gradišče
Renški Podkraj
Ošeljje
Vrtoče
Martinuči
Mirenski grad
Zigoni
Mohorini
Fajtji hrib
Lokvica
Trstelj
Opatje Selo
Kostanjevica na Krasu
Lipa
Nova vas
Hudi Log
Novelo
Temnica
Sela na Krasu
Vojščica
Vale
Klanec pri Komnu
Brestovica pri Komnu
Iamiano
M.Ermada
Medeazza
Cerógile dell' Ermada
S.Giovanni al Timavo
Málchina
Precenico
Villággio del Pescatore
Cast. Nuovo
Duino (Devin)
Ris.Nat.d. Falesie di Duino
Sistiana
Slivia
San Pelágio
Prepotto di S.Pelagi
Aurisina (Nabrežina)
Carso
S.Croce
MONFALCONE
Ronchi dei Legionari
Vermegliano
M.Debeli
L. di Doberdò
Doberdò del Lago
Pálchisce
Vallone
Visintini
Marcottini
Devetachi
Gábria
Peci
Rupa
Savogna d'Isonzo
Poggio Terzarmata
M.S.Michele
San Martino del Carso
Farra d'Isonzo
Gorjansko
Kanal
Soča
Fiume Natisone
T.Torre
T.Júdrio
F.Isonzo
Palmanova
Villesse
Redipúglia
Monfalcone
Duino
Sistiana
Vrtojba
AMZS
ACI

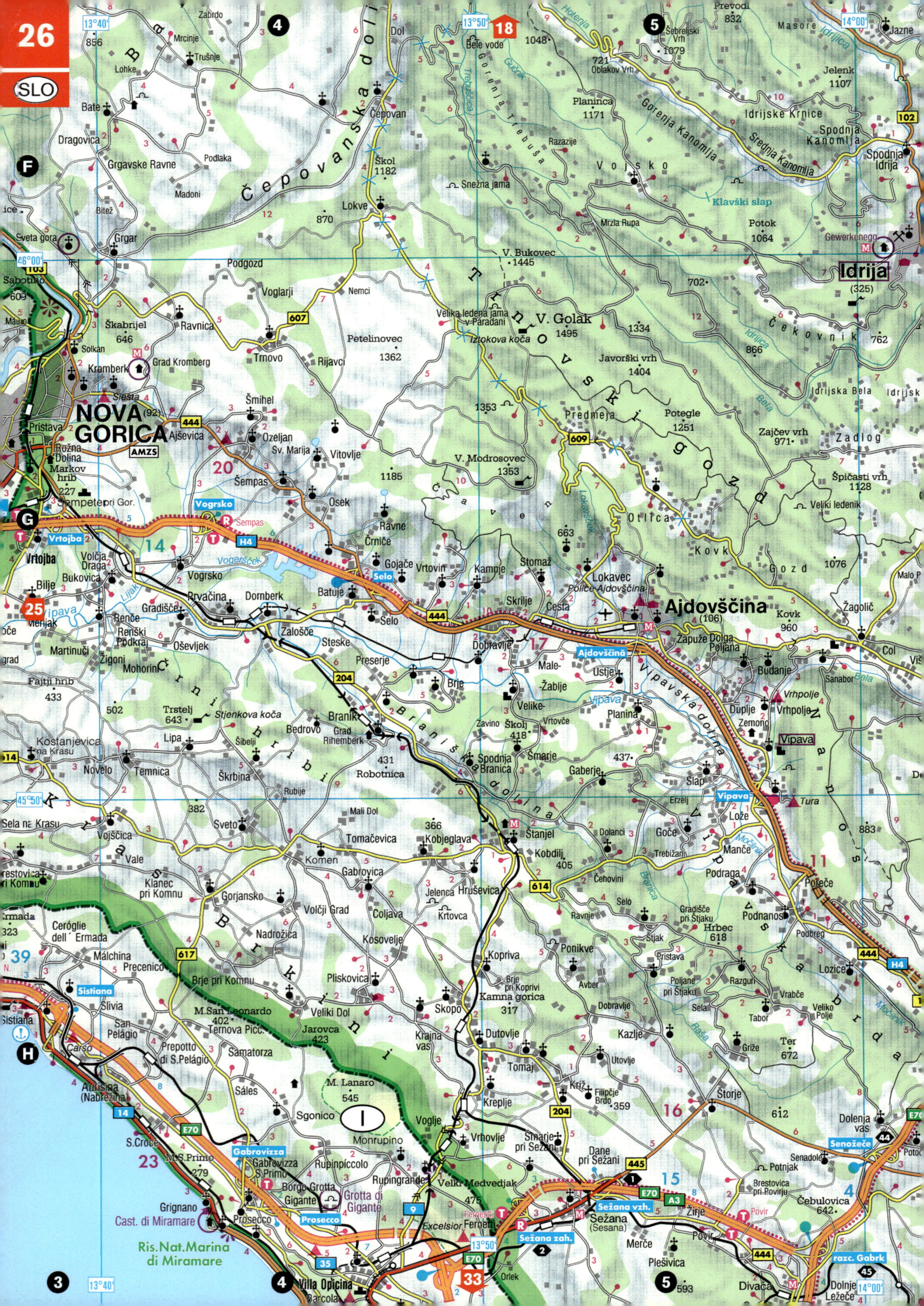
NOVA GORICA
Ajdovščina
Idrija
Čepovanska dolina
Trnovski gozd
Vipavska dolina
Branišča dolina
Črni hribi
Kras
Brkini
Nanos
Gorenja Kanomlja
Srednja Kanomlja
Spodnja Kanomlja
Spodnja Idrija
Idrijske Krnice
Jelenk
Vojsko
Klavški slap
Potok
Čekovnik
Javorški vrh
V. Golak
Iztokova koča
Velika ledena jama v Paradani
V. Bukovec
Lokve
Škol
Čepovan
Dol
Bele vode
Gorenja Trebuša
Snežna jama
Predmeja
Otlica
Kovk
Gozd
Col
Vipava
Podnanos
Lokavec
Šempas
Ozeljan
Vitovlje
Osek
Vogrsko
Volčja Draga
Bukovica
Bilje
Vrtojba
Šempeter pri Gor.
Rožna Dolina
Kromberk
Solkan
Grad Kromberg
Sveta gora
Grgar
Trnovo
Rijavci
Petelinovec
Podgozd
Voglarji
Nemci
Šmihel
Sv. Marija
Prvačina
Dornberk
Zalošče
Steske
Renče
Gradišče
Batuje
Selo
Črniče
Gojače
Vrtovin
Kamnje
Skrilje
Stomaž
Cesta
Dobravlje
Budanje
Vrhpolje
Zemono
Šmarje
Planina
Gaberje
Erzelj
Goče
Slap
Lože
Manče
Podraga
Poreče
Stjenkova koča
Trstelj
Lipa
Temnica
Kostanjevica na Krasu
Novelo
Škrbina
Rubije
Sveto
Komen
Tomačevica
Kobjeglava
Štanjel
Kobdilj
Gabrovica
Hruševica
Krtovca
Volčji Grad
Coljava
Kosovelje
Kopriva
Ponikve
Avber
Kamna gorica
Skopo
Dutovlje
Tomaj
Kreplje
Štorje
Senožeče
Divača
Sežana
Povir
Merče
Plešivica
Lokev
Orlek
Fernetiči
Villa Opicina
Prosecco
Grignano
Cast. di Miramare
Ris.Nat.Marina di Miramare
Grotta di Gigante
Monrupino
Sgonico
Samatorza
Duino-Aurisina (Nabrežina)
Sistiana
Malchina
Precenicco
Ceroglie
Brje pri Komnu
Gorjansko
Klanec pri Komnu
Vojščica
Jarovca
M. Lanaro
Rupinpiccolo
Rupingrande
Gabrovizza
Sežana vzh.
Sežana zah.
razc. Gabrk
H4
E70
A3
444
614
204
607
609
445
617
102
13°40'
13°50'
14°00'
45°50'
46°00'

Žiri
Selo
Sivka
Žirovski Vrh
Sv.Urbana
Lučine
Polhov Gradec
Praproče
Dolenja vas pri Polh.Gradcu
Briše pri Polh.Gradcu
Hruševo
Šujica
Vrhe
Dobrova
Brezovica pri Ljubljani
Butajnova
Koreno nad Horjulom
Ključ
Šentjošt
Samotorica
Podolnica
Zaklanec
Brezje pri Dobrovi
Lukovica pri Brezovici
Dragomer
Rače va
Gorenji Vršnik
Lavrovec
Smrečje
Vrzdenec
Horjul
Lesno Brdo
Log pri Brezovici
Podlipa
Žažar
Gradišče
Marutnik
Kovk
Hlevni Vrh
Zavratec
Velika Ligojna
Drenov Grič
Plešivica
Grič
Rovte
Sinja Gorica
Bevke
Notranje Gorice
Jelični Vrh
Petkovec
Ulovka
Stara Vrhnika
Vrhnika
Blatna Brezovica
Podpeč
Medvedje Brdo
Rovtarske Žibrše
Godoboljska jama
Zaplana
Godovič
Verd
Goričica pod Krimom
Kamnik pod Krimom
Preserje
Brintov grič
Breščev hrib
Loška jama
Jerinov Grič
Grad Bistra
Pako
Žibrše
Logatec
Ljubljanski vrh
Breg pri Borovnici
Srebotnik
Borovnica
Predgriže
Habjanova jama
Hotedršica
Dol pri Borovnici
Ravnik pri Hotedršici
V. Trebelnik
Zavrh pri Borovnici
Dražica
Zabočevo
Novi Svet
Lome
Javornik
Travni vrh
Kalce
Lom
Pokojišče
Pristava
Dom v Peklu
Brezovica pri Borovnici
Veliko brezno
Padež
Pekelski slapovi
Črni vrh
Greda
Vodice
Srednja gora
Podkraj
Srnjak
Grčarevec
Polšakova koča
Jakovica
Planinsko polje
Laze
Gabrovška jama
Vinji vrh
Pikovnik
Bela
Hrušica
Požarieva koča
Pliuje
Dobec
Kožljek
Župeno
Stražišče
Gora
Kobilji vrh
Dolenje Otave
Velikirški ledenik
Gorenje
Bukovje
Strmca
Lohača
Planina
Haasberg
Unec
Škilje
Bezuljak
Selšček
Predjamski grad
Volčja jama
Predjama
Studeno
Belsko
Planinska jama
Rakek
Slivice
Begunje pri Cerknici
Topol pri Begunjah
Otonica
Brezje
Črnjavski vrh
Pivka Jama
Mačkovec
Cerknica
Debeli vrh
Šmihel pod Nanosom
Landol
Zagon
Črna jama
Rakov Škocjan
Zelše
Postojnska jama
Veliki Otok
Ravbarkomanda
Zelžke jame
Dolenja vas
V. Slivnica
Anžetova j.
Strane
Koča na Pečni rebri
Dolenje Jezero
Martinjak
Veliko Ubeljsko
Vojkova koča
razc. Razdrto
Velika Brda
Hrašče
Dilce
Mali Otok
Postojna
Javorniki
Cerkniško polje
Zalog
Stara vas
V. Javornik
Žerovnica
Razdrto
Slavinje
Hruševje
Šentjurij
Debeli vrh
Orehek
Grobišče
Matenja vas
Cerkniško j.
Lipsenj
Sajevče
Varda
Rakulik
Goričic
Laže
Žeje
Otok
Gorenje Jezero
Senožeče
Jančarija
Prestranek
Lonica
Koče
Ostri vrh
Laze pri Gorenjem Jezeru
Ravnik
Bisernica
Slavina
Slovenska vas
Debela gora
Slatna
Davganov vrh
Selce
Šemret
Gradec
Vremščica
Volče
Osojnica
Petelinje
Trnje
Matijevja jama
Smrečnica
Palčje
Pivka
Škodovnik
Unec
Logatec
Vrhnika
Postojna
Razdrto

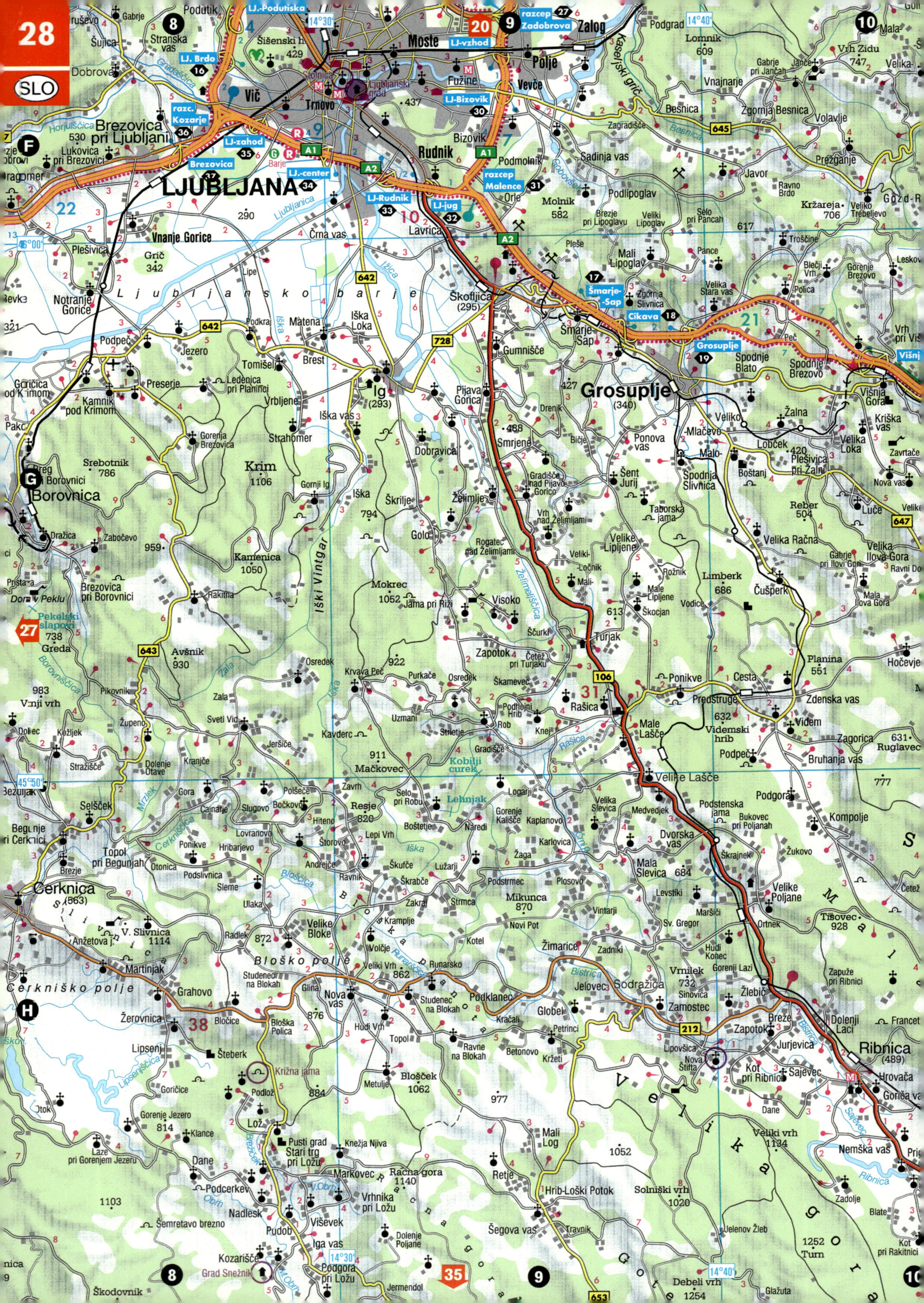
Ljubljana
Moste
Polje
Zalog
Vevče
Fužine
Vič
Trnovo
Rudnik
Bizovik
Podmolnik
Sadinja vas
Lavrica
Šišenski hrib
429
Brezovica pri Ljubljani
Lukovica pri Brezovici
Dobrova
Šujica
Stranska vas
Podutik
Gabrje
LJ.-Podutiska
LJ.-vzhod
LJ.-Bizovik
LJ.-zahod
LJ.-center
LJ.-Rudnik
LJ.-jug
LJ. Brdo
razcep Zadobrova
razcep Malence
razc. Kozarje
A1
A2
Vnanje Gorice
Gric
342
Plešivica
Notranje Gorice
Ljubljansko barje
Črna vas
Podpeč
Jezero
Tomišelj
Matena
Iška Loka
Brest
Ig
(293)
Iška vas
Strahomer
Vrbljene
Ledenica pri Planinci
Preserje
Kamnik pod Krimom
Gorenja Brezovica
Krim
1106
Gornji Ig
Iška
794
Srebotnik
786
Borovnica
Zabočevo
959
Kamenica
1050
Iški Vintgar
Rakitna
Brezovica pri Borovnici
Pekel
Pekelski slapovi
Greda
738
Avšnik
930
Osredek
Krvava Peč
Pikovnik
983
Vrnji vrh
Zala
Sveti Vid
Kavderc
Dolenje Otave
Kranjče
Župeno
Jeršiče
Stražišče
Selšček
Begunje pri Cerknici
Topol pri Begunjah
Cerknica
(563)
Slivnica
V. Slivnica
1114
Anžetova j.
Martinjak
Cerkniško polje
Grahovo
Žerovnica
Lipsenj
Bločice
Šteberk
Križna jama
Goričice
Gorenje Jezero
814
Klance
Lož
Pusti grad
Stari trg pri Ložu
Laze pri Gorenjem Jezeru
Dane
Podcerkev
Nadlesk
1103
Šemretovo brezno
Pudob
Kozarišče
Grad Snežnik
Iga vas
Podgora pri Ložu
Markovec
Vrhnika pri Ložu
Viševek
Knežja Njiva
Racna gora
1140
Dolenje Poljane
Jermendol
Škodovnik
Bloško polje
Nova vas
876
Studenec na Blokah
Velike Bloke
Radlek
872
Ulaka
Sleme
Podslivnica
Otonica
Ravnik
Andrejče
Hiteno
Štorovo
Volčje
Krampje
Velik Vrh
862
Runarsko
Hudi Vrh
Topol
Ravne na Blokah
Metulje
Bloščeok
1062
977
Podklanec
Globel
Betonovo
Kračali
Petrinci
Kržeti
Mali Log
1052
Retje
Hrib-Loški Potok
Šegova vas
Travnik
Solniški vrh
1020
Jelenov Žleb
Debeli vrh
1254
Glažuta
Velika gora
Turn
1252
Mačkovec
911
Rob
Resje
820
Lepi Vrh
Zavrh
Bočkovo
Sivgovo
Čatež
Kobilji curek
Lehnjak
Mokrec
1052
Jama pri Rizi
Visoko
Kurešček
Golo
Škrilje
Želimlje
Dobravica
Pijava Gorica
Smrjene
Gumnišče
Škofljica
(295)
Šmarje-Sap
Grosuplje
(340)
Spodnje Blato
Spodnje Brezovo
Višnja Gora
Žalna
Veliko Mlačevo
Lobček
Plešivica pri Žalni
Spodnja Slivnica
Šent Jurij
Taborska jama
Ponova vas
Limberk
686
Čušperk
Velika Račna
Velika Ilova Gora
Reber
504
Luče
Turjak
613
Škocjan
Rašica
Velike Lašče
Male Lašče
Predstruge
Ponikve
Cesta
Planina
551
Zdenska vas
Videm
Podpeč
Zagorica
Ruglavec
631
Bruhanja vas
777
Podgora
Kompolje
Podstenska jama
Bukovec pri Poljanah
Dvorska vas
Mala Slevica
684
Velika Slevica
Medvedjek
Velike Poljane
Žukovo
Tisovec
928
Ortnek
Sodražica
Vrhnika
732
Jelovec
Zamostec
Žimarice
Zadniki
Žlebič
Breže
Zapotok
Ribnica
(489)
Jurjevica
Sajevec
Kot pri Ribnici
Dolenji Lazi
Hrovača
Goriča vas
Nemška vas
Veliki vrh
1134
Zadolje
Blate
Kot pri Rakitnici
Francet
Mala Gora
Nova Štifta
Vintarji
Mikunca
870
Zakraj
Sv. Gregor
Kotel
Novi Pot
Logarji
Kaplanovo
Karlovica
Plosovo
Podstrmec
Lužarji
Naredi
Boštetje
Žaga
Gorenje Kališče
Uzmani
Purkače
Osredek
Škamevec
Podhojni Hrib
Knej
Gradišče
Strletje
Čatež pri Turjaku
Zapotok
Rogatec nad Želimljami
Gradišče nad Pijavo Gorico
Vrh nad Želimljami
Velike Lipljene
Male Lipljene
Rožnik
Vodice
Molnik
582
Podlipoglav
Mali Lipoglav
Zagradišče
Besnica
Zgornja Besnica
Volavlje
Prežganje
Javor
Ravno Brdo
Kržareja
706
Veliko Trebeljevo
Selo pri Pancah
617
Pance
Velika Stara vas
Zgornja Slivnica
Polica
Trošči
Bleči Vrh
Gorenje Brezovo
Lomnik
609
Podgrad
Vnajnarje
Gabrje pri Jančah
Janče
Vrh Zidu
747
Mala
Vrh pri Višnji
Pec
Kriška vas
Veliki Loka
Nova vas
Ravni Dol
Hočevje
Zgornji Lipoglav
Veliki Lipoglav
Brezje pri Lipoglavu
Sela pri Pancah
Šmarje-Sap
Cikava
Grosuplje
Ljubljanica
Iška
Želimeljščica
Rašica
Bistrica
Cerkniščica
Bloščica
Lipsenjščica
Obrh
Borovniščica
Gradaščica
Horjulščica
Besnica
Sajevec
Ribnica
642
643
647
645
728
106
212
653
14°30'
14°40'
46°00'
45°50'
8
9
10
20
21
22
27
31
35
38
F
G
H

Litija
Šmartno pri Litiji
Breg pri Litiji
Mamolj
Izerca 801
Stranski Vrh
Osredek
Dobovica
Jatna 866
Svibno
Počakovo
Veliki Vrh pri Litiji
Arhov hrib 505
Zavrstnik
Mala
Kostrevnica
Zgornja Jablanica
Jablaniški Potok
Dolgo Brdo
Zglavnica
Velika Preska
Reber 713
Gradišče
Radgonica
Prelesje
Dole pri Litiji
Leskovec v Podborštu
Volčja jama
Bogenšperk
Črni Potok
Velika
Preska nad Kostrevnico
Ljubež v Lazih
Kamnik 776
Čeplje
Slavina
Strmec
Kostanjevica
Ježevec
604
Vintarjevec
Jastrebnik
Leskovica pri Šmartnem
Vrata
Razbore
Nova Gora 699
Hohovica
Podpeč pod Skalo
Brezovo
Hude Ravne
Brša 686
Ravne nad Šentrupertom
517
Podboršt
Obolno 776
Javorje
Pusti Javor
Obla Gorica
Gobnik
Moravče pri Gabrovki
Gabrovka
Tihaboj
Pečice
Žabukovje
Draga pri Šentrupertu
Hom
Veliki Cirnik
Hrastno
Mala Goričica
687
Metnaj
Pristava nad Stično
Sobrače
Mišji Dol
Sevno
Lačni vrh 587
Brezje pri Kumpolju
Brglez
Škrljevo
Vrh
Roženberk
Mali Cirnik pri Šentjanžu
Zgornje Mladetiče
Sela pri Višnji Gori
Čagošče
Gornji Vrh
Dolnji Vrh
Gornje Ravne
Selo pri Mirni
Ravnik
Šentrupert
Bistrica pri Mokronogu
Hrastovica
Mekinje nad Stično
Šentpavel na Dolenjskem
Temenica
Čatež
Goljek
Migolica
Trstenik
Slovenska vas
Stiški samostan
Stična
Šentvid pri Stični
Šentjurje
Selo pri Radohovi vasi
Mačji Dol
Mačkovec
Zagorica
Mirna
Trbinc 405
Puščava
Bruna vas
Mirenska dolina
Slepšek
Mokronog
Ivančna Gorica
Griže
Radohova vas
Breg pri Dobu
Žubina
Šentlovrenc
Mala Loka
Velika Ševnica
Ševnica
Brezovica pri Mirni
Zabrdje
Volčje Njive
Stan
Ostrožnik
Križni Vrh
Dob pri Šentvidu
Boga vas
Veliki Gaber
Račje Selo
Gomila
Brezovica pri Trebelnem
Gorenje Laknice
Mrzlo Polje
388
Gorenja vas
Bič
Zagorica pri Velikem Gabru
Velika Loka
Pluska
Gorenja Nemška vas
Trebnje
(278)
Rodine pri Trebnjem
Debenec
Gorenji Mokronog
Sad
Rdeči Kal
Velike Dole
Stehanja vas
Občine
Dolenja Nemška vas
Gorenje Zabukovje
Trebelno
Velike Kompolje
Gombišče
Gorenje
Selce
Trebnje-zahod
Lukovek
Rihpovec 533
Radna vas
Mevce
Muljava
Hrastov Dol
Vrh 554
Babna Gora
Dolenje
Knežja vas
Grmada
Repče
Gorenje Ponikve
Dolenje
Trebnje-vzhod
Ornuška vas
Češnjice pri Trebelnem
Gradiček
Lučarjev Kal
Sela pri Šumberku
Arčelca
Železno
Stranje pri Dobrniču
Gorenji Vrh pri Dobrniču 482
Dečja vas
Čemše
Štatenberk
Krška vas
Šušica
Golobovec 436
Ortaka
Replje
Dobrnič
Dolenja vas pri Mirni Peči
Mirna Peč
Gabrovčec
Marinča vas
Kitni Vrh
Brezov vrh 587
Lisec 565
Rdeči Kal
Jordankal
Biška vas
Gorenje Karteljevo
Krka
Fužina
Breg pri Zagradcu
Volčja jama
Veljka Vratnica
Dolenje
Hmeljnik
Laze nad Krko
Poljane pri Žužemberku
Vrhovo pri Žužemberku
Reber
Vrbovec
Mišnica
Ostri vrh 518
Gorenji Globodol
Orkljevec
708
690
Dečja vas pri Zagradcu
Šmihel pri Žužemberku
650
Dobrava
Golobinjek
Malenska vas
Novo mesto-zahod
Mali Korinj
Podlipa
Jablan
419
Kačja rida
Kal
Ambrus
Žužemberk
Srednji Lipovec
Dolnji Ajdovec
Suhor
Prečna
Primča vas
Brezovi Dol
Plešivica
Gradenc
Trebča vas
Stavča vas
Sadinja vas pri Dvoru
Boršt pri Dvoru
Brezova Reber pri Dvoru
Podgora
Češča vas
Jesenov hrib 607
Višnje
Bakrc
Visejec
Vrhuski kecelj 552
Sela pri Hinjah
Veliko Lipje
Dvor
Vinkov Vrh
Veliki Lipovec
Kamenski hrib 549
Krka
Zalog
Strugah
Ratje
Podgozd
Lašče
Gornji Kot
Drenje
Soteska
Straža
Srebrniče
Škrjanče pri N. Mestu
Pri Cerkvi-Struge
Lopata
Potok
Vavta vas
Žvirče
Prevole
Pleš
Lazina
Gabrje pri Soteski
Rumanja vas
Vrh pri Ljubnu
Praprece pri Straži
280
Ralpjevo
Jermanov laz 688
478
Hinje
649
Smuka
890
Topla reber
Loška vas
Dolenjske Toplice
Podhosta
Meniška vas
Gorenje Mraševo
Petane
Birčna vas
Drganja sela
Veliki Podljuben
Seč
404
Žitna gora 544
898
Obrh
Podturn pri Dolenjskih Toplicah
Sedlata gorica 826
Ljuben 546
Polom
Dolenje Sušice
Gorenje Sušice
Veliki Rigel
Otavice
Črni vrh 963
Vrbovec
Stari Log
Kočevske Poljane
Verdun pri Uršnih selih
Uršna sela
Dobindol
Makoše
Kočevski Rog
Podstenice
Sokolski vrh 716
Občice
Stare Žage
Laze
Lipovec
Dolenja vas
554
Baza 20
Travni Dol
Kumac 600
571
Zadnja Rinža
Mala Gora 487
Mala Gora
Stari Breg
Veliki Rog 1098
Rakitnica
Gornje Ložine
Nove Ložine
Koblarji
Stara Cerkev
Trnovec
Komarna vas
Črmošnjice
Brezje pri Rožnem Dolu
Rožni Dol
Jelendol
Slovenska vas
Potoki
14°50'
15°00'
46°00'
45°50'
45°40'
A2
E70
Suha krajina
Kočevska gora

Sevnica
Senovo
Brestanica
Krško
Mokronog
Trebelno
Šentjernej
Kostanjevica na Krki
Krakovski gozd
NOVO MESTO
Novo mesto-zahod
Novo mesto-vzhod
Kronovo
Dobruška vas
Smednik
Drnovo
Otočec
Samostan Pleterje
Trdinov vrh
Žumberak
Gorjanci
Mirna
Krka
Sava
Radulja
Boštanj
Šmarjeta
Škocjan
Raka
Krmelj
Tržišče
Malkovec
Dolenjske Toplice
Šmarješke Toplice
Stopiče
Podgrad
Vahta
Jugorje pri Metliki
Metlika
Grabrovec
Radovica
Kostanjevac
HR
A2
E70
5
25
105
215
418
419
421
505
651
669
673

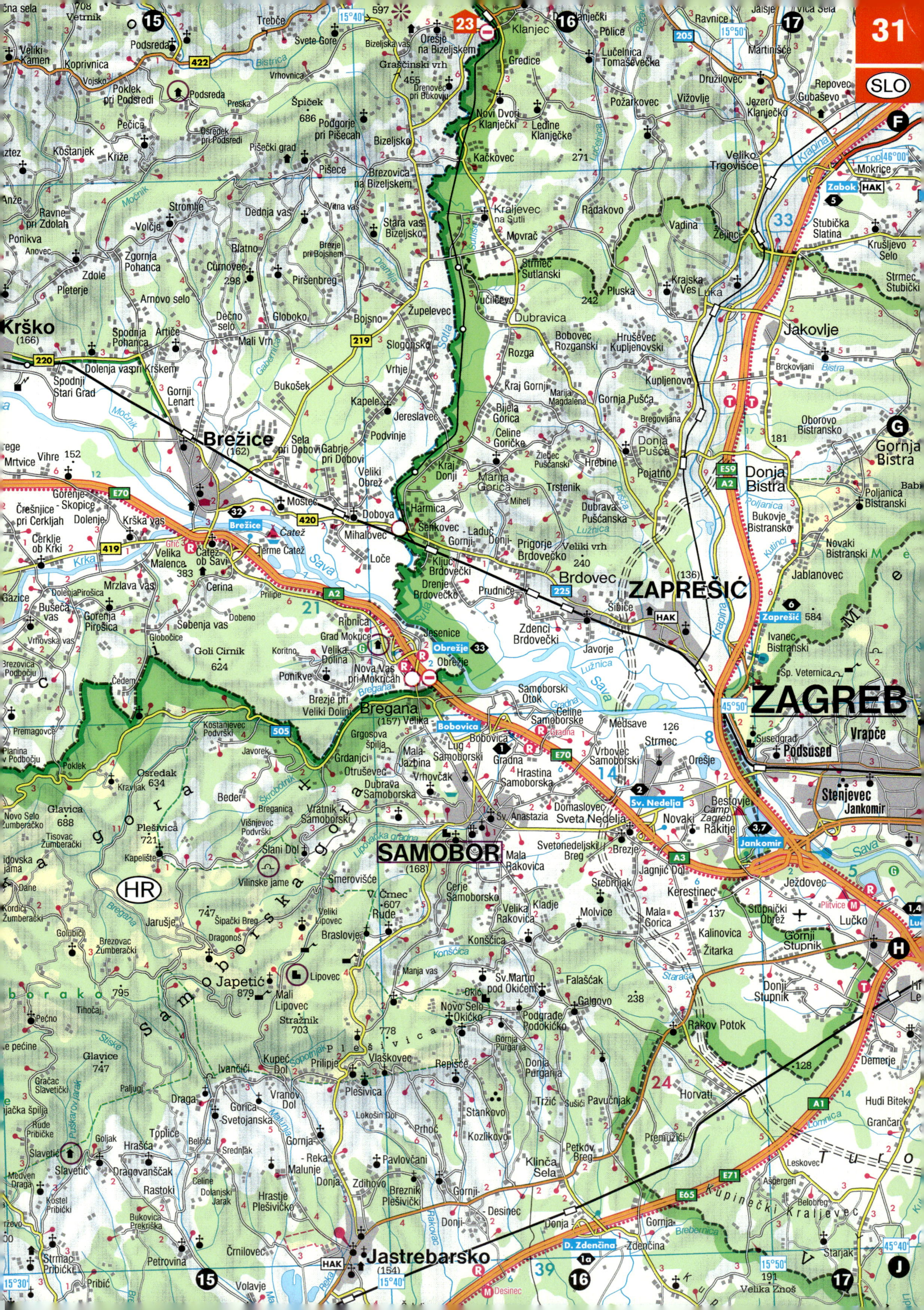
SLO
HR
ZAGREB
ZAPREŠIĆ
SAMOBOR
Brežice
Krško
Jastrebarsko
Donja Bistra
Gornja Bistra
Jakovlje
Podsused
Vrapče
Stenjevec
Jankomir
Sveta Nedelja
Rakov Potok
Lučko
Brdovec
Bregana
Obrežje
Bizeljsko
Klanjec
Kumrovec
Veliko Trgovišće
Zabok
Kraljevec na Sutli
Dubravica
Pušća
Marija Gorica
Kupljenovo
Stubička Slatina
Samoborska gora
Žumberak
Japetić
Plešivica
Sava
Krapina
Sutla
Krka
Dobova
Čatež ob Savi
Velika Malenca
Cerklje ob Krki
Pišece
Kapele
Sromlje
Artiče
Globoko
Bukošek
Podvinje
Mostec
Harmica
Laduč
Prigorje Brdovečko
Šibice
Zdenci Brdovečki
Javorje
Medsave
Strmec
Orešje
Bestovje
Rakitje
Novaki
Kerestinec
Jagnjić Dol
Brezje
Mala Gorica
Kalinovica
Žitarka
Stupnički Obrež
Gornji Stupnik
Donji Stupnik
Ježdovec
Demerje
Hudi Bitek
Grančari
Horvati
Pavučnjak
Klinča Sela
Donja Zdenčina
Zdenčina
Gornja Kupčina
Kupinečki Kraljevec
Velika Mlaka
Turopolje
Okić
Sv. Martin pod Okićem
Novo Selo Okićko
Podgrađe Podokićko
Galgovo
Falašćak
Molvice
Slavetić
Drežnik
Lipovec
Vlaškovec
Pleśivica
Brezovac Žumberački
Pećno
Sošice
Mrzlava vas
Gorenja Pirošica
Dobeno
Ribnica
Velika Dolina
Nova Vas pri Mokricah
Jesenice
Koritno
Ponikve
Grgosova špilja
Otruševec
Dubrava Samoborska
Mala Jazbina
Vrhovčak
Lug Samoborski
Bobovica
Gradna
Hrastina Samoborska
Domaslovec
Svetonedeljski Breg
Mala Rakovica
Velika Rakovica
Kladje
Cerje Samoborsko
Rude
Braslovje
Smerovišće
Slani Dol
Vilinske jame
Konšćica
Manja vas
Stankovo
Kozlikovo
Repišće
Prhoć
Pavlovčani
Zdihovo
Breznik Plešivički
Donji Desinec
Petrovina
Crnilovec
Volavje
Pribić
Strmac Pribićki
Rastoki
Hraščа
Topolice
Draga
Gorica Svetojanska
Vranov Dol
Reka
Malunje
Kupeć Dol
Pilipje
Ivančići
Mali Lipovec
Stražnik
Šipački Breg
Dragonoš
Jarušje
Plešivica
Kapelište
Višnjevec Podvrški
Breganica
Vratnik Samoborski
Beder
Osredak
Javorek
Kostanjevec Podvrški
Glavica
Tisovac Žumberački
Novo Selo Žumberačko
Poklek
Premagovce
Planina Podbočju
Brezje pri Veliki Dolini
Goli Cirnik
Globočice
Sobenja vas
Cerina
Mihalovec
Loče
Veliki Obrež
Gabrje pri Dobovi
Sela pri Dobovi
Jereslavec
Vrhje
Slogonsko
Župelevec
Bojsno
Mali Vrh
Dečno selo
Spodnja Pohanca
Zgornja Pohanca
Gornji Lenart
Spodnji Stari Grad
Dolenja vas pri Krškem
Zdole
Pleterje
Arnovo selo
Curnovec
Blatno
Dednja vas
Volčje
Ravne pri Zdolah
Koprivnica
Veliki Kamen
Podsreda
Trebče
Svete Gore
Orešje na Bizeljskem
Brezovica na Bizeljskem
Stara vas Bizeljsko
Gradnice
Novi Dvori Klanječki
Ledine Klanječke
Lučelnica Tomaševečka
Ravnice
Martinišće
Repovec
Gubaševo
Jezero Klanječko
Družilovec
Vižovlje
Požarkovec
Radakovo
Vadina
Žejinci
Pluska
Krajska Ves
Luka
Strmec Sutlanski
Movrač
Vučilčevo
Bobovec Rozganski
Hruševec Kupljenovski
Rozga
Kraj Gornji
Bijela Gorica
Celine Goričke
Trstenik
Dubrava Pušćanska
Veliki vrh
Jablanovec
Novaki Bistranski
Bukovje Bistransko
Poljanica Bistranski
Oborovo Bistransko
Ivanec Bistranski
Sp. Vetemica
Mokrice
Kruśljevo Selo
Strmec Stubički
E70
E59
E65
E71
A1
A2
A3
HAK
Sv. Nedelja
Jankomir
Bobovica
Obrežje
D. Zdenčina
Plitvice
Zapresić
Zabok
15°40'
15°50'
45°50'
45°40'
46°00'

Grado
Lido
Grado Pineta
Punta Spin
Villagio Europa
Bocca di Primero
Tenuta Primero
Santa Maria di Barbana
Ris.Nat.d. Valle Cavanata
Fossalon di Grado
C.Valle Dossi
Golometto
I.d.Cona
Foce dell' Isonzo
S.Croce
Grignano
Cast. di Miramare
Golfo di Trieste
Tržaški zaliv
Koprski zaliv
IZOLA (ISOLA)
Jadranka
Dobrava (Dobrava)
Strunjan (Strugnano)
Sv.Jurij
Piran (Pirano)
Belvedere
Jagodje
Lucija (Lucia)
Portorož (Portorose)
Piranski zaliv
Sv. Jakob
Serote
Malija
Padna
Seča (Sezza)
Letališče Portorož
Sečovlje (Sicciole)
Korte
Nova vas
Sveti Peter
Krkavče
Dragonja (Dragogna)
Kaštel (Castelvenere)
Sv.Ivan
Veli Jože
Savudrija (Salvore)
Pineta
Bašanija (Bassania)
Crveni vrh
Kanegra
Mazurija
Zambratija (Zambrattia)
Valica (Valizza)
Kmeti (Metti)
Murine (Morno)
Stella Maris
Sv.Marija na Krasu (Madonna del Carso)
Kaldanija (Caldania)
Montrin
Umag (Umago)
Vilanija (Vilania)
Vardica
Petrovija (Petrovia)
HR
Čepljani (Cipiani)
Materada (Matterada)
Buje (Búie)
Juki
Bibali
Sv.Pelegrin (S.Pelegrino)
Zakinji
Juricani (Gjurizzani)
Sv.Ivan (S.Giovanni)
Finida
Babići (Babici)
Kršete (Carsette)
Buroli
Lovrečica (S.Lorenzo)
Radini
Brtonigla (Verteneglio)
Marinčići
Baredine
Krasica (Kras)
Park Umag
Karigador (Carigador)
Istra
Nova Vas (Villanova)
Lozari
Luka Dajla
St.Gosana
Fiorini
Stuparić
Dajla (Daila)
Srbanj
Aquapark Istralandia
Mareda
Bužinija
Brdo
San Bartolo

SLO
HR
TRIESTE
MÚGGIA
Báia di Múggia
Gabrovizza
Gabrovizza S.Primo
Rupinpiccolo
Rupingrande
Borgo Grotta Gigante
Grotta di Gigante
Prosecco
Villa Opicina
Barcola
Faro della Vittoria
Banne
Trebiciano
Gropada
Padriciano
Basovizza
Lipica (Lipizza)
Sežana (Sesana)
Sežana vzh.
Sežana zah.
Fernetti
Veliki Medvedjak
Dane pri Sežani
pri Sežani
Merče
Plešivica
Žirje
Povir
Potnjak
Brestovica pri Povirju
Senadole
Senožeče
Potoče
Gabrče
Čebulovica
Slatna
Vremščica
Divača
Divaška jama
Dolnje Ležeče
Gradišče pri Divači
Brežec pri Divači
Goriče pri Famljah
Gornje Ležeče
Čepno
Vilenica
Lokev (Corgnale)
Škocjanske jame
Škocjan
Vremski Britof
Gornje Vreme
Buje
Dujčeva Domačija
Zavrhek
Barka
Reka
Kačiče-Pared
Veliko Gradišče
Grozzana
Pese di Grozzana
Vrhpolje
Kozina
Hrpelje
Rodik
Slope
Podgrad pri Vremah
Vareje
Misliče
Vatovlje
Kozjane
Kazomer
Artviže
Brezovica
Tublje pri Hrpeljah
Golački hrib
Tatre
Rjavče
Mrše
Materija
Hotična
Slivje
Velike Loče
Brezovo Brdo
Kovčice
Markovščina
Ritomeče
Jezerina
Gradišče pri Materiji
Obrov
Skadanščina
Koča na Slavniku
Podgorje
V. Plešivica
M. Plešivica
Golac
Poljane pri Podgradu
Goli vrh
Jelovice
Vodice
Dane
Kavčič
Žbevnica
Brest
Trstenik
Vršič
Raspor
Žankana jam
Kropinjak
Klenovščak
Slum
Prapoće
Račja Vas
Počekaji
Gornja Nugla
Krkuški vrh
Krkuže
Podgaće
Lanišće
Roč
Stanica Roč
Čiritež
Kompanj
Forčići
Ročko Polje
Brnobići
Kras
Lupoglav
Erkovčići
Duričići
Oslići
Krušvari
Kotli
Blatna vas
Cunj
Selca
Pengari
Draga
Sv. Ivan
Marinci
Juričići
Buzet
Sv. Martin
Štrped
Krbavčići
Perci
Črnica
Ugrini
Stražnica
Dvori
Rakitovec
Socerga
Movraž
V. Gradež
Smokvica
Zazid
Dol pri Hrastovljah
Hrastovlje
Sveta Trojica
Vrženca
Podpeč
Praproče
Reber
Loka
Kortine
Crni Kal
Črnotiče
Petrinje
Prešnica
Podgorski kras
V. Gobovica
Klanec pri Kozini
Očizla
Sv. Elija
S. Antonio in Bosco
Bagnoli d. Rosandra
M. Carso
S. Borligo della Valle
S. Giuseppe della Chiusa
Longera
S. Maria in Siaris
Caresana
Socerb
Kastelec (Castelli)
Gaber
Ocp
Vovk
Gabrovica pri Črnem Kalu
Črni Kal
Rižana
Dekani
Tinjan
Zgornje Škofije
Plavje (Valmarin)
Rabuise
Aquilinia
S. Michele
S. Barbara
M. Castellier
Hrvatini (Crevatini)
Spodnje Škofije
Ankaran (Ancarano)
Adria
San Rocco
KOPER (CAPODISTRIA)
Bertoki (Bertocchi)
Semedela
Škocjan (San Canziano)
Prade
Pobegi
Čežarji
Sv. Anton
Kubed
Gračišče
Vanganel
Marezige
Šmarje
Pomjan
Babiči
Lopar
Bočaji
Popetre
Boršt
Truške
Trsek
Butari
Koštabona
Puče
Labor
Topolovec
Belvedur
Brič
Kućibreg (Cucibrech)
Hrvoji
Praponjik
Gradin
Brezovica pri Gradinu
Abitanti
Pregara
Reparec
Seljaci
Brda (Collato)
Vrnjak (Vrgnac)
Kuberton (Cuberton)
Sv. Kocjan
Čepić (Ceppich)
V. Repavac
Šterna (Sterna)
Sv. Florijan
Martinčići (Martincici)
Makovci
Grožnjan (Grisignana)
Vižintini vrhi
Završje (Piemonte)
Antonci
Kostanjica (Castagna)
Šorgi (Sorghi)
Zrenj (Stridone)
Sv. Lucija (S. Lucia)
Vižintini (Visintini)
Oprtalj (Portole)
Žnjidarići (Znidarici)
Istarske toplice
Gradinje (Gradigne)
Bencani (Benzani)
Krajići (Craici)
Pirelići (Perelici)
Ipši (Ipsi)
Livade (Levade)
Motovun (Montona)
Bartolići
Krti
Sovinjska Brda
Sovinjak
Sovinjsko Polje
Sirotići
Pračana
Sv. Donat
Mali Mlun
Veli Mlun
Mala Huba
Žonti
Šalež
Škuljari
Kajini
Penići
Prodani
Klarići
Martinci
Vrh
Senj
Rimnjak
Račice
Marčenegla
Medveje
Kosariga
Paladini
Šćulci
Juradi
Koreliči
Baštini
Jez. Butoniga
Butoniga
Mirna
Senica
Sveti Stjepan
Brkač (Bercaz)
Žudetići
Sv. Marija
Vižinada
Raspadalica
Rakovci
Bračana
Dragonja
Rokava
Slavnik
Sušica
Padež
Glinščica
Pesek
Orlek
Kozina
Ćićarija
Pivka

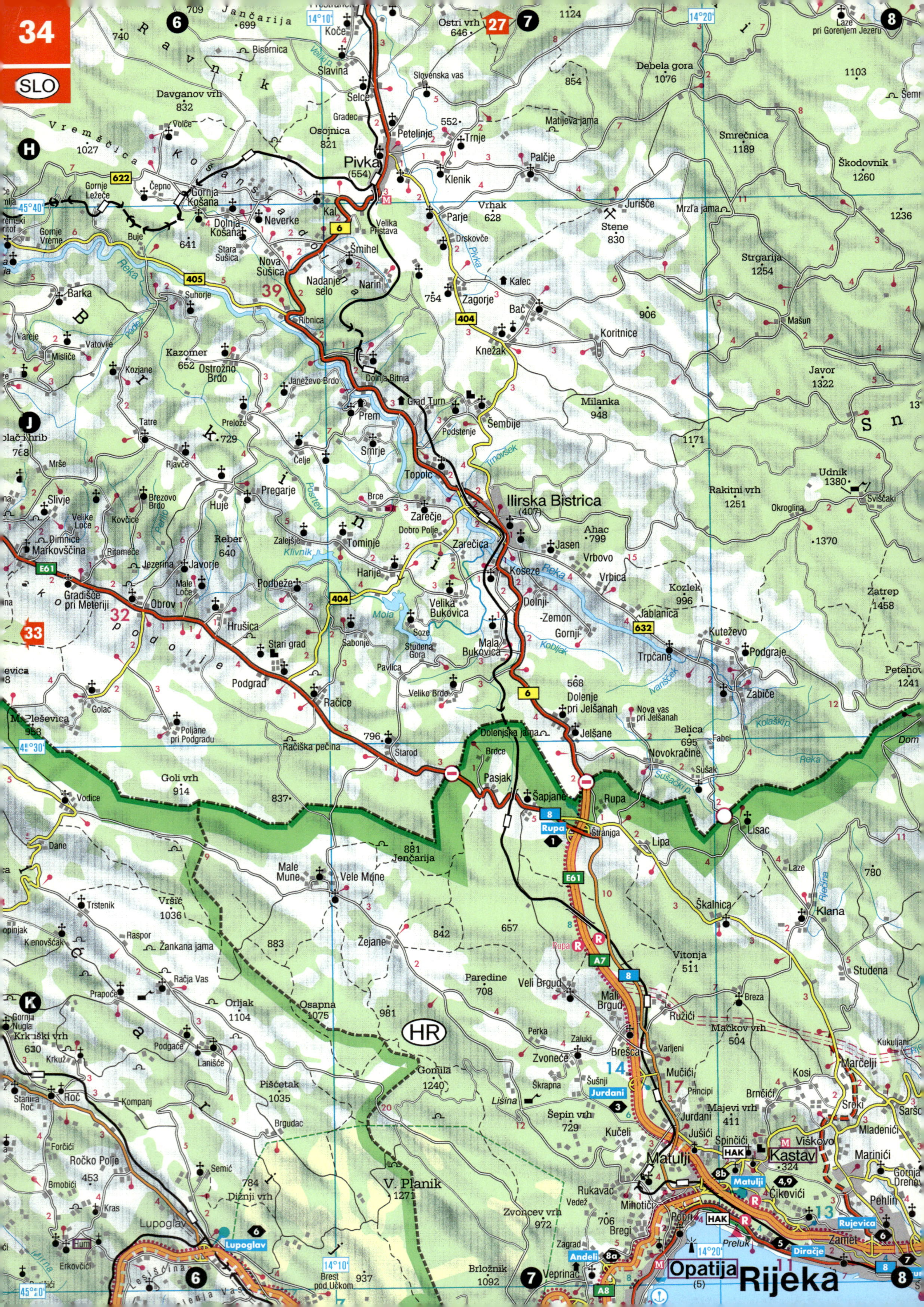
Pivka
(554)
Ilirska Bistrica
(407)
Rijeka
Opatija
Kastav
Matulji
Lupoglav
HR
Ravnik
Vremščica
Kosanska dolina
Brkini
Čičarija
Jančarija
Bisernica
Davganov vrh
832
Osojnica
821
Koče
Slavina
Selce
Slovenska vas
Petelinje
Trnje
Klenik
Palčje
Matijeva jama
Debela gora
1076
Smrečnica
1189
Škodovnik
1260
Ostri vrh
646
Gornja Košana
Dolnja Košana
Neverke
Kal
Čepno
Buje
Stara Sušica
Nova Sušica
Šmihel
Narin
Nadanje selo
Ribnica
Parje
Drskovče
Vrhak
628
Jurišče
Stene
830
Mrzla jama
Strgarija
1254
Zagorje
Bač
Kalec
Knežak
Koritnice
Mašun
Javor
1322
Barka
Vatovlje
Misliče
Kozjane
Kazomer
652
Ostrožno Brdo
Janeževo Brdo
Dolnja Bitnja
Grad Turn
Prem
Smrje
Šembije
Podstenje
Milanka
948
Topolc
Tatre
Preložje
729
Rjavče
Čelje
Pregarje
Brce
Zarečje
Dobro Polje
Zarečica
Ahac
799
Jasen
Vrbovo
Vrbica
Rakitni vrh
1251
Okroglina
Udnik
1380
Sviščaki
1370
Slivje
Markovščina
Brezovo Brdo
Kovčice
Huje
Reber
640
Zalesje
Tominje
Harije
Koseze
Dolnji Zemon
Gornji Zemon
Kozlek
996
Jablanica
Zatrep
1458
Jezerina
Javorje
Obrov
Gradišče pri Materiji
Hrušica
Podbeže
Stari grad
Sabonje
Soze
Velika Bukovica
Mala Bukovica
Studena Gora
Pavlica
Trpčane
Kuteževo
Podgraje
Zabiče
Podgrad
Račice
Veliko Brdo
Dolenje pri Jelšanah
568
Nova vas pri Jelšanah
Jelšane
Golac
Poljane pri Podgradu
Plešivica
Račiška pečina
796
Starod
Dolenjska jama
Brdce
Pasjak
Šapjane
Rupa
Belica
695
Novokračine
Sušak
Fabci
Lisac
Goli vrh
914
Vodice
837
881
Jenčarija
Stranjga
Lipa
Dane
Male Mune
Vele Mune
Trstenik
Vršić
1036
Žejane
842
657
Škalnica
Klana
Laze
780
Studena
Raspor
Žankana jama
883
Paredine
708
Veli Brgud
Mali Brgud
Vitonja
511
Breza
Račja Vas
Orljak
1104
Osapna
1075
981
Ružići
Mačkov vrh
504
Kukuljani
Marčelji
Krkuški vrh
630
Podgače
Lanišće
Gomila
1240
Perka
Zaluki
Zvoneće
Brešca
Varljeni
Mučići
Principi
Brnčići
Kosi
Sroki
Roč
Kompanj
Pišćetak
1035
Brgudac
Lisina
Škrapna
Šušnji
Jurdani
Šepin vrh
729
Kučeli
Jušići
Majevi vrh
411
Spinčići
Viškovo
Mladenići
Marinići
Ročko Polje
453
Semić
784
Dižnji vrh
V. Planik
1271
Zvoncev vrh
972
Rukavac
Vedež
706
Bregi
Mihotići
Čikovići
Pehlin
Zamet
Kras
Erkovčići
Zagrad
Brloznik
1092
Veprinac
Brest pod Učkom
937
Preluk
Rujevica
Diračje
HAK
E61
A7
A8
622
405
404
632
6
8
39
32
33
27
14
17
13
45°40'
45°30'
45°10'
14°10'
14°20'

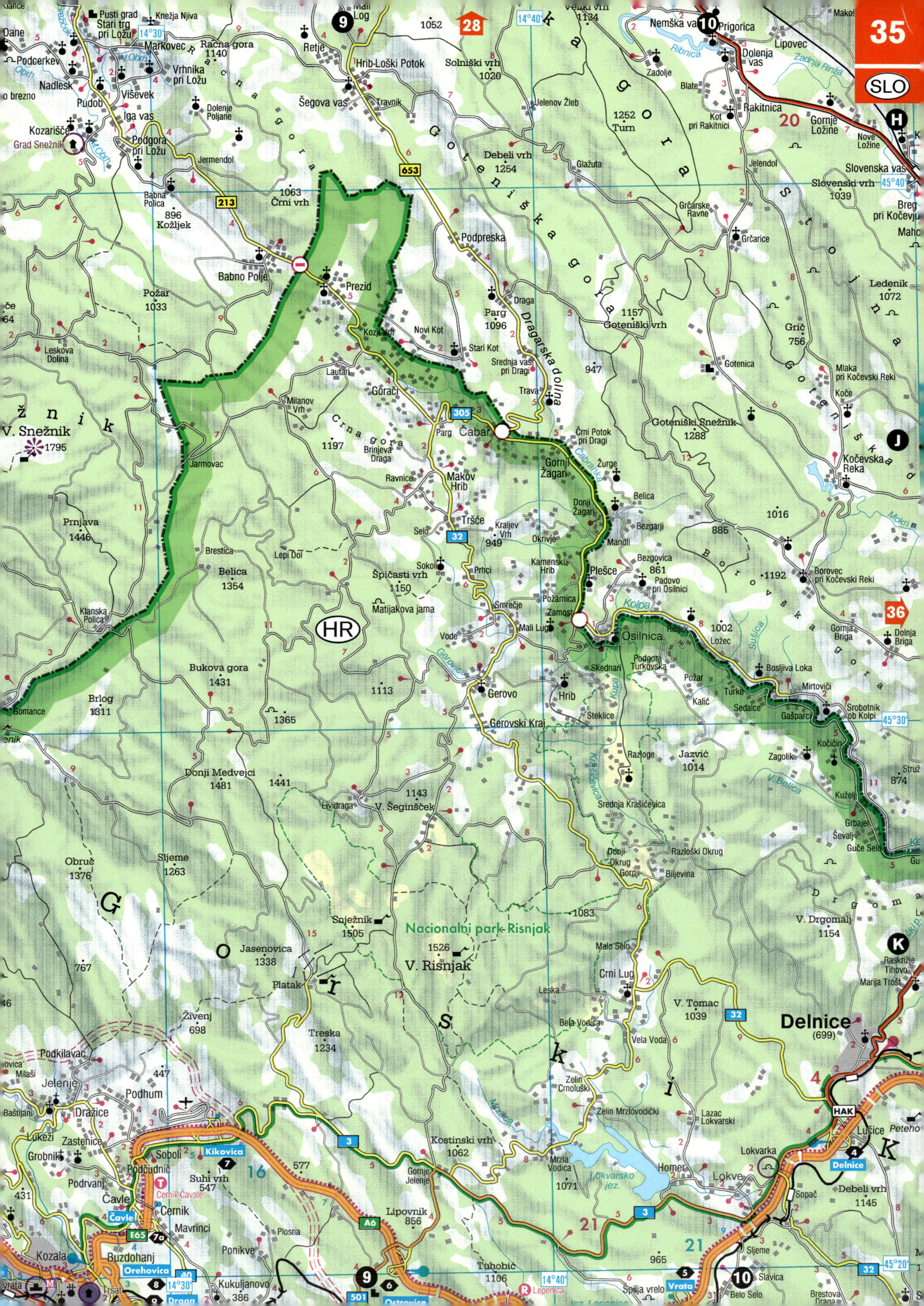
SLO
HR
Dane
Podcerkev
Pusti grad
Stari trg pri Ložu
Knežja Njiva
Markovec
Vrhnika pri Ložu
Racna gora
1140
Nadlesk
Pudob
Viševek
Iga vas
Kozarišče
Grad Snežnik
Podgora pri Ložu
Dolenje Poljane
Jermendol
Babna Polica
896
Kožljek
Retje
Mali Log
Hrib-Loški Potok
Šegova vas
Travnik
Solniški vrh
1020
1052
Jelenov Žleb
Debeli vrh
1254
Glažuta
1252
Turn
Nemška vas
Prigorica
Ribnica
Dolenja vas
Zadolje
Blate
Kot pri Rakitnici
Rakitnica
Lipovec
Gornje Ložine
Nove Ložine
Slovenska vas
Slovenski vrh
1039
Breg pri Kočevju
Jelendol
Grčarske Ravne
Grčarice
1063
Črni vrh
Babno Polje
Prezid
Podpreska
Parg
1096
Draga
Dragarska dolina
1157
Goteniški vrh
Ledenik
1072
Grič
756
Gotenica
Mlaka pri Kočevski Reki
Koče
Požar
1033
Leskova Dolina
Novi Kot
Stari Kot
Srednja vas pri Dragi
Trava
947
Goteniški Snežnik
1288
Kočevska Reka
Lautari
Gorači
Milanov Vrh
1197
Brinjeva Draga
Crna gora
Parg
Čabar
Črni Potok pri Dragi
Čabranka
Žurge
Gornji Žagari
Donji Žagari
Belica
Bezgarji
1016
885
V. Snežnik
1795
Jarmovac
Ravnice
Makov Hrib
Tršće
Kraljev Vrh
949
Okrivje
Mandli
Prnjava
1446
Brestica
Belica
1354
Lepi Dol
Selo
Sokoli
Špičasti vrh
1150
Prhci
Kamenski Hrib
Plešce
Bezgovica
861
Padovo pri Osilnici
1192
Borovec pri Kočevski Reki
Klanska Polica
Matijakova jama
Smrečje
Požarnica
Zamost
Mali Lug
Vode
Kolpa
Osilnica
Ribjek
1002
Ložec
Gornja Briga
Dolnja Briga
Bukova gora
1431
Gerovo
Hrib
Skednari
Podgora Turkovska
Požar
Kalić
Turke
Bosljiva Loka
Mirtoviči
Sedalce
Gašparci
Srobotnik ob Kolpi
Brlog
1311
1113
1365
Gerovski Kraj
Steklice
Razloge
Jazvić
1014
Kočičin
Zagolik
Štruž
874
Donji Medvejci
1481
1441
Lividraga
V. Šeginšček
1143
Srednja Krašičevica
Kuželj
Grbajel
Ševalj
Guče Selo
Obruč
1376
Sljeme
1263
Donji-Okrug
Razloški Okrug
Gornji
Biljevina
Snježnik
1505
Nacionalni park Risnjak
1526
V. Risnjak
1083
V. Drgomalj
1154
Raskrižje Tihovo
Marija Trošt
Jasenovica
1338
Platak
767
Malo Selo
Crni Lug
V. Tomac
1039
Delnice
(699)
Živenj
698
Treska
1234
Bela Vodica
Vela Voda
Podkilavac
Jelenje
447
Podhum
Zelin Crnoluški
Zelin Mrzlovodički
Lazac Lokvarski
Baštijani
Dražice
Lukeži
Zastenice
Soboli
Kikovica
Podčudnić
Grobnik
Podrvanj
Suhi vrh
547
577
Kostinski vrh
1062
Gornje Jelenje
Mrzla Vodica
1071
Lokvarsko jez.
Homer
Lokve
Lokvarka
Lučice
Peteho
Sopač
Debeli vrh
1145
Čavle
Cernik
Čavle
Mavrinci
Plosna
Lipovnik
856
Kozala
Buzdohanj
Orehovica
Ponikve
965
Sljeme
Trsat
Drage
Kukuljanovo
386
Ostrovica
Tuhobić
1106
Lepenica
Spilja vrelo
Vrata
Belo Selo
Slavica
Brestova Draga
HAK
Cernik-Čavle
Goteniška gora
Kočevska gora
Stojna
Borovška gora
Goteniška gora
Crna gora
Snežnik
Gorski kotar
Dragoma
45°40'
45°30'
45°20'
14°30'
14°40'

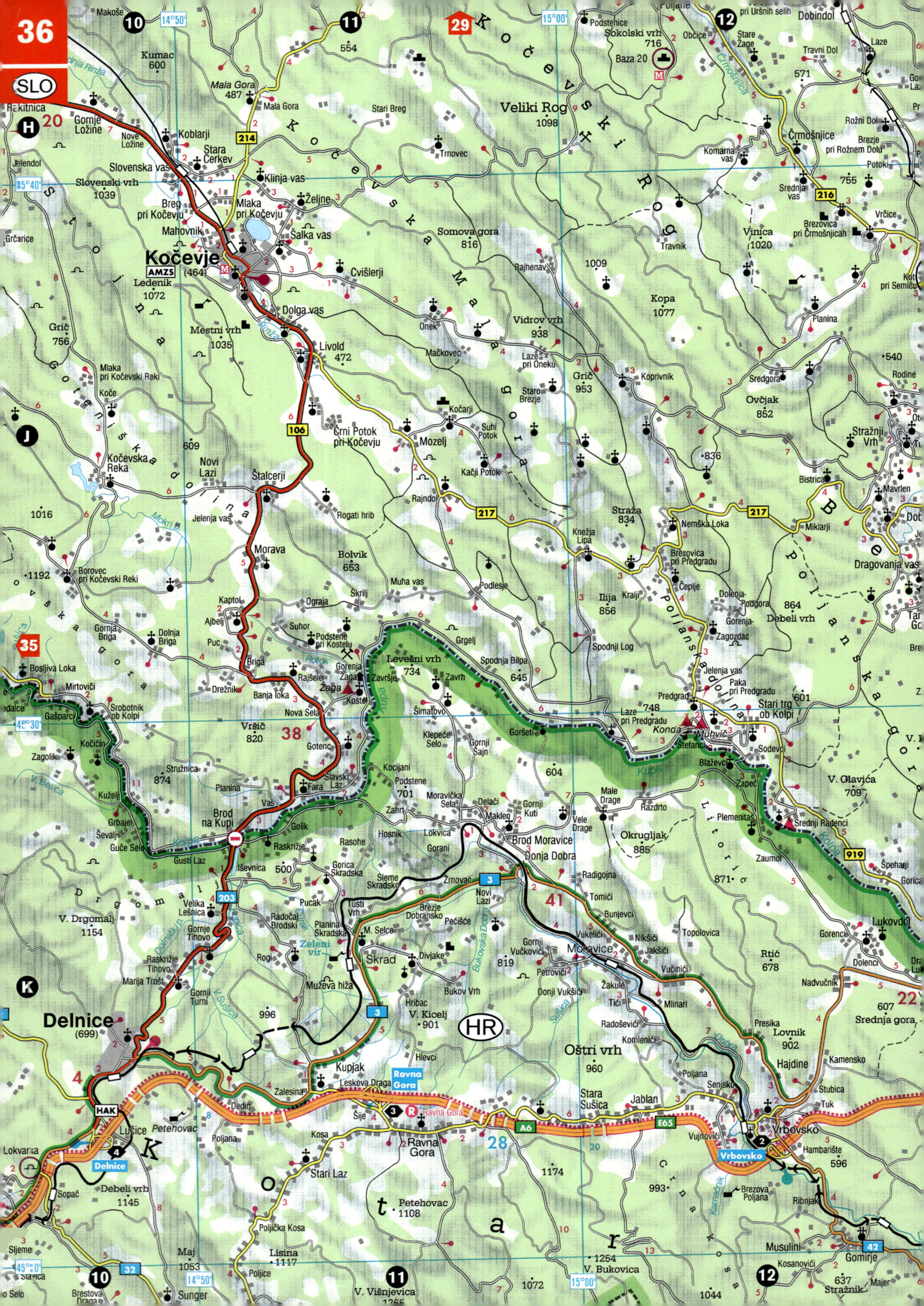
SLO
HR
Kočevje
Delnice
Kočevski Rog
Kočevska Mala gora
Stojna
Goteniška dolina
Poljanska dolina
Poljanska gora
Borovška gora
Drgomalj
Litorić
Kočevska Reka
Mozelj
Livold
Dolga vas
Štalcerji
Morava
Novi Lazi
Koblarji
Stara Cerkev
Slovenska vas
Mlaka pri Kočevju
Šalka vas
Klinja vas
Željne
Mahovnik
Breg pri Kočevju
Cvišlerji
Rajhenav
Somova gora
816
Veliki Rog
1098
Vidrov vrh
938
Kopa
1077
Travnik
Vinica
1020
Črmošnjice
Kopriva
Koprivnik
Ovčjak
852
Straža
834
Nemška Loka
Miklarji
Dragovanja vas
Debeli vrh
864
Stari trg ob Kolpi
Kolpa
Kupa
Levešni vrh
734
Brod na Kupi
Fara
Banja loka
Vrsič
820
Kostel
Osilnica
Brod Moravice
Donja Dobra
Moravice
Skrad
Zeleni vir
Ravna Gora
Stara Sušica
Jablan
Vrbovsko
Lukovdol
Srednja gora
Lovnik
902
Oštri vrh
960
Kupjak
Zalesina
Lučice
Lokvarka
Sopač
Debeli vrh
1145
Stari Laz
Petehovac
1108
Lisina
1117
V. Višnjevica
V. Bukovica
1254
Gomirje
Kosanovići
Stražnik
Musulini
Hajdine
Presika
Rtić
678
Okrugljak
885
Gorski kotar
V. Drgomalj
1154
V. Kicelj
901
Gorenja vas
Tomići
Hrvatsko
Dobindol
Laze
Travni Dol
Bistrica
Mavrlen
Planina
HAK
AMZS
Delnice
Vrbovsko
Ravna Gora
A6
E65
3
32
42
106
203
214
216
217
919
10
11
12
20
22
28
29
35
38
41
14°50'
15°00'
15°40'
45°30'
45°20'
H
J
K

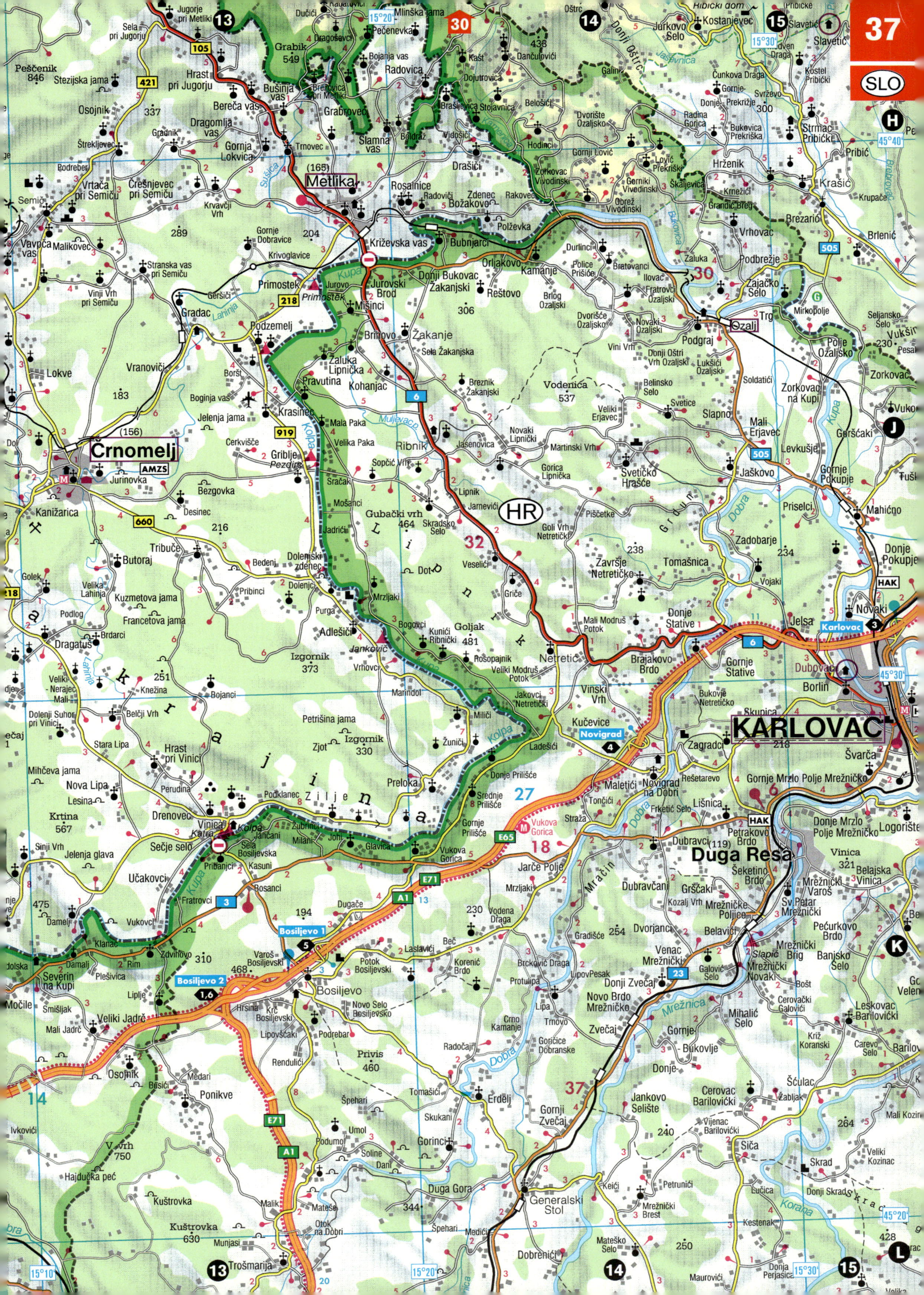
Črnomelj
Metlika
KARLOVAC
Duga Resa
Ozalj
Bosiljevo
Generalski Stol
Netretić
Vinica
Semič
Gradac
Podzemelj
Primostek
Jurovski Brod
Kamanje
Ribnik
Lipnik
Žakanje
Kašt
Radovica
Rosalnice
Bubnjarci
Križevska vas
Dragatuš
Butoraj
Kanižarica
Jurinovka
Bezgovka
Desinec
Tribuče
Golek
Lokve
Vranoviči
Kolpa
Kupa
Dobra
Mrežnica
Korana
Lahinja
Gubački vrh
464
Goljak
481
Izgornik
373
Izgornik
330
Zilje
Preloka
Adlešiči
Jankovič
Hrast pri Vinici
Perudina
Drenovec
Sečje selo
Učakovci
Damelj
Severin na Kupi
Veliki Jadrč
Osojnik
Ponikve
Kuštrovka
630
Trošmarija
Vrh
750
Hajdučka peć
Duga Gora
Erdelj
Gornji Zvečaj
Jankovo Selište
Jarče Polje
Dubravčani
Belavići
Mrežnički Brig
Banjsko Selo
Skrad
Vinica
321
Logorište
Švarča
Zagradci
Borlin
Novaki
Mahično
Donje Pokupje
Priselci
Gornje Pokupje
Zorkovac na Kupi
Levkušje
Jaškovo
Slapno
Vodenica
537
Podgraj
Trg
Polje Ozaljsko
Vrhovac
Brezarić
Krašić
Pribić
Brlenić
Hrženik
Slavetić
Kostanjevec
Jurkovo Selo
Ostrc
Sela pri Jugorju
Pečenik
846
Osojnik
Grabrovec
Bušinja vas
Dragomlja vas
Gornja Lokvica
Vrtača pri Semiču
Črešnjevec pri Semiču
Krvavčji Vrh
289
Boginja vas
Krasinec
Gribljje
Pezdirc
Jelenja jama
Cerkvišče
Mala Paka
Velika Paka
Pravutina
Kohanjac
Brihovo
Mišinci
Reštovo
306
Zaluka Lipnička
Jasenovica
Gorica Lipnička
Svetičko Hrašće
Pišćetke
Završje Netretičko
Tomašnica
Zadobarje
Vojaki
Donje Stative
Gornje Stative
Brajakovo Brdo
Vinski Vrh
Kučevice
Novigrad na Dobri
Maletići
Rešetarevo
Lišnica
Gornje Mrzlo Polje Mrežničko
Donje Mrzlo Polje Mrežničko
Belajska Vinica
Pećurkovo Brdo
Leskovac Barilovički
Mrežnički Novaki
Galović Selo
Venac Mrežnički
Dvorjanci
Zvečaj
Gornje
Bukovlje
Cerovac Barilovički
Vijenac Barilovički
Šćulac
Sića
Mrežnički Brest
Petrunići
Keići
Mateško Selo
Dobrenići
Maurovići
Donja Perjasica
Kestenak
Lučica
Donji Skrad
Veliki Kozinac
Mali Kozinac
Žabljak
Prua Selo
Lipa
Trnovo
Gorice Dobranske
Radočaj
Tomašići
Skukani
Gorinci
Soline
Umol
Podumol
Špehari
Mateše
Otok na Dobri
Munjasi
Malik
Privis
460
Podrebar
Renduliči
Lipovšćaki
Krč Bosiljevski
Hrsina
Novo Selo Bosiljevsko
Potok Bosiljevski
Varoš Bosiljevski
Korenić Brdo
Laslavići
Beč
Protulipa
Brcković Draga
Lipov Pesak
Novo Brdo Mrežničko
Donji Zvečaj
Gradišće
254
Vodena Draga
230
Mrzljaki
Bosanci
Fratrovci
Kasuni
Pribanjci
Sela Bosiljevska
Jančani
Milani
Zubrinci
Johi
Glavica
Vukova Gorica
Gornje Prilišće
Srednje Prilišće
Donje Prilišće
Ladešići
Žunići
Miliči
Jakovci Netretički
Marindol
Vrhovci
Bogovci
Kunići Ribnički
Rosopajnik
Veliki Modruš Potok
Mali Modruš Potok
Griče
Veseliči
Jamevići
Sopčić Vrh
Mošanci
Jadrići
Sračak
Mrzljaki
Purga
Dolenjci
Dolenjski zdenec
Bedenj
Pribinci
Kuzmetova jama
Francetova jama
Velika Lahinja
Podlog
Brdarci
Veliki Nerajec
Dolenji Suhor pri Vinici
Belčji Vrh
Knežina
Bojanci
Petrišina jama
Zjot
Stara Lipa
Mihčeva jama
Nova Lipa
Lesina
Krtina
567
Sinji Vrh
Jelenja glava
Vukovci
Klanac
Zdihovo
310
Damalj
Rim
Plešivica
Liplje
Smišljak
Mali Jadrč
Močile
Međari
Bešići
Mali Vrh
194
Dugače
HR
SLO
Karlovac
Novigrad
Bosiljevo 1
Bosiljevo 2
Vukova Gorica
HAK
AMZS
E65
E71
A1
15°20'
15°30'
15°10'
45°40'
45°30'
45°20'

## SLO

20 253 km² · +386 · Ljubljana · 2 058 000

**A**

6273 Abitanti 33 K 4
4207 Adergas 20 E 8
8341 Adlešiči 37 J 13
9203 Adrijanci 7 B 19
5215 Ajba 17 F 3
1336 Ajbelj 36 J 11
5270 Ajdovščina 26 G 5
5101 Ajševica 26 G 4
9220 Alsólakos = Gornji Lakoš 16 C 20
4207 Ambrož pod Krvavcem 20 E 9
1303 Ambrus 29 H 10
9221 Andrejci 7 B 19
1385 Andrejče 28 H 8
2236 Andrenci 15 C 17
5210 Anhovo 17 F 3
6280 Ankaran (Ancarano) 33 J 4
8272 Anovec 31 G 15
8280 Anže 31 G 15
9253 Apače/G.Radgona 6 B 17
2324 Apače/Ptuj 14 D 16
8310 Apnenik 30 H 14
4207 Apno 20 E 9
3211 Arclin 22 E 13
8360 Arčelca 29 G 11
3301 Arja vas 22 E 13
8280 Armeško 30 F 14
3320 Arnače 21 D 12
4205 Arnež 20 E 8
8253 Arnovo selo 31 G 15
8253 Artiče 31 G 15
8290 Arto 30 G 14
6242 Artviže 33 J 6
9206 Askini 7 B 19
6210 Avber 26 H 5
5215 Avče 18 F 4
9250 Aženski Vrh 14 C 17

**B**

6273 Babiči 33 K 4
9240 Babinci 15 C 19
3264 Babna Brda 22 E 14
8213 Babna Gora/Sela pri Šumberku 29 G 11
3264 Babna Gora/Šentjur 22 E 14
2321 Babna Loka 23 E 16
1386 Babna Polica 35 H 9
4204 Babni Vrt 19 E 8
1386 Babno Polje 35 J 9
6253 Bač 34 J 7
5216 Bača pri Modreju 18 F 4
5243 Bača pri Podbrdu 18 E 5
9000 Bakovci 15 C 18
1303 Bakrc 29 H 11
1336 Banja loka 36 J 11
9241 Banovci 15 C 19
9220 Banuta = Bánuta 16 C 20
9220 Bánuta = Banuta 16 C 20
2324 Barislovci 14 D 16
6217 Barka 33 J 6
4205 Bašelj 19 E 8
5251 Bate 26 F 4
5262 Batuje 26 G 4
5230 Bavšica 17 D 3
8341 Bedenj 37 J 13
5295 Bedrovo 26 G 4
4275 Begunje na Gorenjskem 19 D 7
1382 Begunje pri Cerknici 27 H 8
1221 Bela/Motnik 21 E 11
5273 Bela/Vipava 27 G 6
4281 Belca 9 D 5
8343 Belčji Vrh 37 K 13
3325 Bele Vode 12 D 11
1337 Belica/Osilnice 35 J 10
1355 Belica/Polhov Gradec 19 F 8
3240 Belo 23 E 15
4263 Belska planina 18 D 6
2283 Belski Vrh 15 D 18
6230 Belsko 27 H 6
9231 Beltinci 15 C 19
6310 Belvedere 32 J 3
6273 Belvedur 33 K 4
2234 Benedikt v Slovenskih goricah 14 C 17
9220 Benica 16 C 20
8331 Bereca vas 37 H 13
9207 Berekháza = Berkovci pri Prosenjakovcih 7 B 19
1262 Beričevo 20 F 9
2285 Berinjak 24 E 17
9244 Berkovci 15 C 18
9207 Berkovci pri Prosenjakovcih = Berekháza 7 B 19
9242 Berkovski Prelogi 15 C 18
6101 Bertoki (Bertocchi) 33 J 4
1000 Besnica 28 F 9
1317 Betonovo 28 H 9
3320 Bevče 22 D 12
1360 Bevke 27 G 8
2342 Bezena 13 C 15
1337 Bezgarji 35 J 10
1337 Bezgovica 35 J 10
3210 Bezina 22 D 14
9265 Beznovci 6 B 18
3212 Bezovica 22 E 14
3230 Bezovje pri Šentjurju 22 E 14
1382 Bezuljak 27 H 8
1000 Bežigrad 20 F 9
8213 Bič 29 G 11
1290 Bičje 28 G 9
5292 Bilje 25 G 3
4220 Binkelj 19 E 7
8000 Birčna vas 30 H 12
8297 Birna vas 30 F 13
2393 Bistra/Črna na Koroškem 11 D 10
1353 Bistra/Vrhnika 27 G 7
8340 Bistrica/Črnomelj 36 J 12
3261 Bistrica/Lesično 22 F 14
4203 Bistrica/Naklo 19 E 7
2345 Bistrica ob Dravi 13 C 15
3256 Bistrica ob Sotli 23 F 15
8232 Bistrica pri Mokronogu 29 G 12
2352 Bistrica pri Rušah 13 C 15
1242 Bistričica 20 E 9
2254 Biš 14 C 17
2254 Bišečki Vrh 14 C 17
8216 Biška vas 29 G 12
5251 Bitež 26 F 4
4264 Bitnje 18 E 5
8259 Bizeljska vas 23 F 16
8259 Bizeljsko 31 F 16
1000 Bizovik 28 F 9
1223 Blagovica 21 E 10
8283 Blanca 30 G 14
1331 Blate 28 H 10
1360 Blatna Brezovica 27 G 8
3273 Blatni Vrh 22 F 14
8254 Blatno 31 G 15
4265 Blato 18 E 4
1290 Blečji Vrh 28 G 10
4260 Bled 19 D 6
4273 Blejska Dobrava 10 D 6
1384 Bločice 28 H 8
1384 Bloška Polica 28 H 8
1430 Boben 21 F 12
1385 Bockovo 28 H 8
6273 Bočaji 33 K 4
3341 Bočna 21 E 11
4260 Bodešče 19 D 6
9243 Bodislavci 15 C 18
2256 Bodkovci 15 D 18
9265 Bodonci 6 B 18
5213 Bodrež/Kanal 17 F 3
3231 Bodrež/Šentjur 22 E 14
1296 Boga vas 29 G 11
8332 Boginja vas 37 J 13
9222 Bogojina 7 B 19
3214 Boharina 13 D 14
4263 Bohinjska Bela 19 D 6
4264 Bohinjska Bistrica 18 E 5
4267 Bohinjska Češnjica 18 E 5
2311 Bohova 14 C 15
8344 Bojanci 37 K 13
8330 Bojanja vas 30 H 13
8254 Bojsno 31 G 15
2315 Bojtina 13 D 15
9201 Bokrači 7 B 19
8330 Boldraž 37 H 14
2323 Bolečka vas 23 D 16
9244 Bolehnečici 15 C 18
3232 Boletina 22 E 14
1252 Boltija 21 F 11
9250 Boračeva 15 C 18
9242 Boreci 15 C 18
9203 Boreča 6 A 18
9251 Borejci 6 B 18
5223 Borjana 17 E 2
1410 Borje 21 F 11
1414 Borovak pri Podkumu 21 F 12
2281 Borovci 15 D 17
1338 Borovec pri Kocevski Reki 35 J 10
1353 Borovnica 27 G 8
8332 Boršt/Črnomelj 37 J 13
6273 Boršt/Koper 33 K 4
8361 Boršt pri Dvoru 29 H 12
1337 Bosljiva Loka 35 J 10
8294 Boštanj 30 F 13
1314 Boštetje 28 H 9
3230 Botričnica 22 E 14
5230 Bovec 17 D 3
8330 Božakovo 37 J 14
2317 Božje 13 D 14
5295 Branik 26 G 4
2366 Branik nad Muto 12 C 12
9240 Branoslavci 15 C 18
3314 Braslovče 21 E 12
2257 Bratislavci 15 D 18
9231 Bratonci 15 C 19
2258 Bratonečice 15 D 18
6250 Brce 34 J 7
2383 Brda/Mislinja 12 D 12
4240 Brda/Radovljica 19 E 6
8343 Brdarci 37 J 13
1431 Brdce/Hrastnik 22 F 12
3213 Brdce/Slovenske Konjice 22 E 14
2390 Brdinje 12 C 11
3341 Brdo/Homec 21 E 11
3330 Brdo/Mozirje 21 D 11
3210 Brdo/Slovenske Konjice 22 D 14
4224 Brebovnica 19 F 7
3240 Brecljevo 23 E 15
4274 Breg/Bled 10 D 6
2322 Breg/Majšperk 23 D 16
2392 Breg/Mežica 12 C 11
1434 Breg/Radeče 22 F 13
4294 Breg ob Bistrici 19 E 7
4211 Breg ob Savi 19 E 8
1353 Breg pri Borovnici 27 G 8
1296 Breg pri Dobu 29 G 11
1332 Breg pri Kovčevju 36 J 11
1270 Breg pri Litiji 21 F 11
1303 Breg pri Zagradcu 29 G 11
8273 Brege 30 G 15
5223 Breginj 17 E 2
2235 Brengova 14 C 17
2257 Bresnica 15 D 18
1292 Brest 28 G 8
8280 Brestanica 30 G 14
3250 Brestovec 23 E 15
6223 Brestovica pri Komnu 25 H 3
6210 Brestovica pri Povirju 26 H 5
2354 Brestrnica 14 C 15
3205 Brezen 13 D 13
1382 Brezje/Cerknica 27 H 8
2000 Brezje/Maribor 14 C 16
3330 Brezje/Mozirje 21 D 11
4243 Brezje/Radovljica 19 E 7
3232 Brezje ob Slomu 22 E 14
8254 Brezje pri Bojsnem 31 G 15
1356 Brezje pri Dobrovi 27 F 8
8281 Brezje pri Dovškem 22 F 14
1274 Brezje pri Kumpolju 29 G 11
1261 Brezje pri Lipoglavu 28 F 9
3215 Brezje pri Ločah 22 D 14
8333 Brezje pri Rožnem Dolu 36 H 12
8273 Brezje pri Senušah 30 G 14
4290 Brezje pri Tržiču 19 D 7
8261 Brezje pri Veliki Dolini 31 G 15
8312 Brezje v Podbočju 30 G 14
2363 Brezni Vrh 13 C 13
4247 Breznica/Jesenice 10 D 6
2391 Breznica/Prevalje 12 C 11
4220 Breznica pod Lubnikom 19 F 7
8343 Breznik 37 J 12
3270 Brezno/Hrastnik 22 F 12
2363 Brezno/Radlje ob Dravi 13 C 13
3201 Brezova 22 E 13
8361 Brezova Reber pri Dvoru 29 H 12
9201 Brezovci 6 B 18
2282 Brezovec 15 D 18
3255 Brezovec pri Polju 23 F 15
1303 Brezovi Dol 29 H 11
9225 Brezovica/Beltinci 16 C 20
6242 Brezovica/Hrpelje 33 J 6
8220 Brezovica/Šmarješke Toplice 30 G 13
8259 Brezovica na Bizeljskem 31 F 16
1353 Brezovica pri Borovnici 27 G 8
8333 Brezovica pri Črmošnjicah 36 J 12
6272 Brezovica pri Gradinu 33 K 5
1351 Brezovica pri Ljubljani 28 F 8
8233 Brezovica pri Mirni 29 G 12
1330 Brezovica pri Predgradu 36 J 12
8231 Brezovica pri Trebelnem 29 G 12
8312 Brezovica v Podbočju 31 G 15
1274 Brezovo/Gabrovica 29 F 11
8293 Brezovo/Rovišče pri Studencu 30 G 14
6243 Brezovo Brdo 34 J 6
8273 Brezovska Gora 30 G 14
2327 Brezula 14 D 16
1310 Breže 28 H 10
6215 Brežec pri Divači 33 H 5
8250 Brežice 31 G 15
1274 Brglez 29 G 12
1338 Briga 36 J 11
1411 Briše/Izlake 21 F 11
1241 Briše/Kamnik 20 E 9
1355 Briše pri Polhovem Gradcu 19 F 7
4202 Britof/Naklo 19 E 7
4000 Britof/Šenčur 19 E 8
5263 Brje 26 G 4
6223 Brje pri Komnu 26 H 4
6221 Brje pri Koprivi 26 H 5
3301 Brnica/Celje 22 E 13
1430 Brnica/Hrastnik 21 F 12
8312 Brod v Podbočju 30 G 14
4220 Brode/Škofja Loka 19 F 7
3325 Brode/Šoštanj 12 D 12
3272 Brodnice 22 F 13
3270 Brstnik 22 E 13
1312 Bruhanja vas 28 G 10
8230 Bruna vas 30 G 12
2327 Brunšvik 14 D 16
1219 Buč 20 E 10
3255 Buče 23 F 15
9242 Bučečovci 15 C 18
8276 Bučka 30 G 13
9243 Bučkovci 15 C 18
5271 Budanje 26 G 5
9204 Budinci 7 A 19
6256 Buje 34 J 6
8250 Bukošek 31 G 15
4223 Bukov Vrh 19 F 7
2281 Bukovci 15 D 17
2314 Bukovec 14 D 15
1316 Bukovec pri Poljanah 28 H 10
5293 Bukovica/Vrtojba 26 G 4
4227 Bukovica/Železniki 19 E 7
1275 Bukovica pri Litiji 21 F 11
1217 Bukovica pri Vodicah 20 E 9
9225 Bukovje/Lendava 16 C 20
6230 Bukovje/Postojna 27 H 6
3263 Bukovje pri Slivnici 22 F 14
3264 Bukovje v Babni Gori 22 E 14
3206 Bukovlje 22 D 14
9222 Bukovnica 7 B 19
5282 Bukovo 18 F 5
2373 Bukovska vas 12 C 12
5282 Bukovski Vrh 18 F 5
4227 Bukovščica 19 E 7
3000 Bukovžlak 22 E 13
9241 Bunčani 15 C 18
8263 Bušeča vas 31 G 15
8331 Bušinja vas 37 H 13
1354 Butajnova 27 F 7
6272 Butari 33 K 5
8340 Butoraj 37 J 13

**C**

1380 Cajnarje 28 H 8
9261 Cankova 6 B 18
2229 Celestrina 14 C 16
6255 Celje/Ilirska Bistrica 34 J 6
3000 Celje/Žalec 22 E 13
2236 Cenkova 15 C 17
8250 Cerina 31 G 15
4207 Cerkljanska Dobrava 20 E 9
4225 Cerkljanski Vrh 18 F 6
4207 Cerklje na Gorenjskem 20 E 8
8263 Cerklje ob Krki 31 G 15
1380 Cerknica 27 H 8
5282 Cerkno 18 F 5
2236 Cerkvenjak 14 C 17
8332 Cerkvišče 37 J 13
2287 Cermožiše 23 E 16
8310 Cerov Log 30 H 13
3230 Cerovec/Celje 22 E 14
8297 Cerovec/Radeće 30 F 13
3250 Cerovec pod Bocem 23 E 15
3240 Cerovec pri Šmarju 22 E 14
2259 Cerovec Stanka Vraza 15 D 19
5212 Cerovo 25 G 3
2215 Ceršak 14 B 16
5270 Cesta/Ajdovščina 26 G 5
8270 Cesta/Krško 30 G 14
1312 Cesta/Velike Lašče 28 G 10
3250 Ceste 23 E 15
9214 Cezanjevci 15 C 18
2241 Ciglence 14 C 16
2310 Cigonca 14 D 15
2201 Ciringa 14 B 15
2212 Cirknica 14 C 15
2326 Cirkovce 14 D 16
2282 Cirkulane 24 D 17
1219 Cirkuše v Tuhinju 21 E 10
2236 Cogetinci 14 C 17
5273 Col 26 G 5
6223 Coljava 26 H 4
4209 Crngrob 19 E 7
9220 Csentevölgy = Čentiba 16 C 20
8253 Curnovec/Brežice 31 G 15
3271 Curnovec/Trobni Dol 22 F 14
9240 Cven 15 C 19
2273 Cvetkovci 15 D 18
1330 Cvišlerji 36 J 11

**Č**

3241 Čača vas 23 E 15
4204 Čadovlje 19 E 8
4290 Čadovlje pri Tržiči 19 D 7
2317 Čadram 13 D 14
8310 Čadraže 30 G 13
5220 Čadrg 18 E 4
2236 Čagona 14 C 17
1296 Čagošče 29 G 11
9244 Čakova 15 C 18
8283 Čanje 30 F 14
8212 Čatež 29 G 11
8251 Čatež ob Savi 31 G 15
1420 Čebine 21 E 12
1420 Čeče 21 E 12
8263 Čedem 31 G 15
6222 Čehovini 26 H 5
5280 Čekovnik 26 G 5
8216 Čemše 29 G 12
1413 Čemšenik 21 E 11
9220 Čentiba = Csentevölgy 16 C 20
9203 Čepinci 7 A 19
8342 Čeplje 36 J 12
1225 Čeplje/Bočna 20 E 10
1273 Čeplje/Dole pri Litiji 29 F 11
3341 Čeplje/Šmartno ob Dravi 21 E 11
3305 Čeplje/Vransko 21 E 11
6256 Čepno 34 H 6
5253 Čepovan 18 F 4
4000 Čepulje 19 E 7
9000 Černelavci 6 B 18
8000 Češča vas 29 H 12
4207 Češnjevek 20 E 8
4245 Češnjica pri Kropi 19 E 7
1223 Češnjice 21 E 10
1251 Češnjice pri Moravčah 20 F 10
8231 Češnjice pri Trebelnem 30 G 12
1313 Četež pri Strugah 28 H 10
1311 Četež pri Turjaku 28 G 9
5230 Čezsoča 17 E 3
6271 Čežarji 33 J 4
5220 Čiginj 18 F 4
9207 Čikečka vas = Csekefa 7 B 19
1433 Čimerno 21 F 12
2343 Činžat 13 C 14
9232 Črenšovci 15 C 19
9250 Črešnjevci 15 C 17
2310 Črešnjevec 14 D 15
2352 Črešnjevec ob Dravi 13 C 14
8311 Črešnjevec pri Oštrcu 30 H 14
8333 Črešnjevec pri Semicu 37 J 13
3213 Črešnjice 22 E 14
8263 Črešnjice pri Cerkljah 31 G 15
3331 Čreta 21 E 11
2232 Črmljenšak 14 C 17
8333 Črmošnjice 36 H 12
8000 Črmošnjice pri Stopicah 30 H 13
2393 Črna na Koroškem 12 D 11
1242 Črna pri Kamniku 20 E 9
1000 Črna vas 28 F 8
8311 Črneča vas 30 H 14
2370 Črneče 12 C 12
2370 Črneška Gora 12 C 11
9253 Črni 6 B 17
6275 Črni Kal 33 J 5
1275 Črni Potok 29 F 11
1319 Črni Potok pri Dragi 35 J 10
1330 Črni Potok pri Kočevju 36 J 11
5274 Črni Vrh/Ajdovščina 27 G 6
1355 Črni Vrh/Polhov Gradec 19 F 7
3304 Črni Vrh/Tabor 21 E 11
5262 Črniče 26 G 4
4240 Črnivec 19 D 7
3230 Črnolica 22 E 14
8340 Črnomelj 37 J 13
6216 Črnotiče 33 J 5
1231 Črnuče 20 F 9
9207 Čsekefa = Čikečka vas 7 B 19
1290 Čušperk 28 G 10
8231 Čužnja vas 30 G 13

**D**

5283 Daber 18 F 5
8344 Dalnje Njive 37 K 12
8344 Damelj 37 K 13
1386 Dane/Podcerkev 28 H 8
1310 Dane/Ribnica 28 H 10
6210 Dane pri Sežani 26 H 5
9202 Dankovci 7 B 19
4228 Davča 19 E 6
1295 Debeče 29 G 10
8233 Debenec 29 G 12
5213 Debenje 17 F 3
3270 Debro 22 E 13
8210 Dečja vas 29 G 12
1303 Dečja vas pri Zagradcu 29 G 11
8253 Dečno selo 31 G 15
8255 Dednja vas 31 G 15
6271 Dekani 33 J 4
3256 Dekmanca 23 F 15
4223 Delnice 19 F 7
8340 Desinec 37 J 13
5210 Deskle 17 F 3
2259 Desnjak 15 D 18
2253 Destrnik 14 D 17
1281 Dešen 21 F 10
2310 Devina 14 D 15
2289 Dežno pri Makolah 23 E 16
6225 Dilce 27 H 6
6215 Divaca 33 H 5
1233 Dob 20 F 9
1296 Dob pri Šentvidu 29 G 11
1382 Dobec 27 G 8
8251 Dobeno 31 G 15
8323 Dobindol 29 H 12
2390 Dobja vas 12 C 11
3262 Dobje pri Lesičnem 22 F 14
3224 Dobje pri Planini 22 F 14
5215 Doblar 18 F 4
3270 Doblatina 22 E 13
3331 Dobletina 21 E 11
3254 Dobležiče 23 F 15
8340 Dobliče 36 J 12
8257 Dobova 31 G 15
1423 Dobovec 21 F 12
3252 Dobovec pri Rogatcu 23 E 16
1273 Dobovica 21 F 12
9242 Dobrava/Iljašavci 15 C 18
8211 Dobrava/Žužemberk 29 G 11
8312 Dobrava ob Krki 30 G 14
3210 Dobrava pri Konjicah 22 D 14
8275 Dobrava pri Škocjanu 30 G 13
6310 Dobrava (Dobrava) 32 J 3
1292 Dobravica 28 G 9
5263 Dobravlje/Ajdovščina 26 G 5
6210 Dobravlje/Kazlje 26 H 5

3262 Dobrina/Dobje pri Planini 22 F 14
2287 Dobrina/Žetale 23 E 16
2390 Dobrje 12 C 11
1413 Dobrljevo 21 E 11
3204 Dobrna 22 D 13
3210 Dobrnež 22 D 14
8211 Dobrnič 29 G 11
6250 Dobro Polje/Ilirska Bistrica 34 J 7
4243 Dobro Polje/Radovljica 19 E 7
9223 Dobronak = Dobrovnik 7 C 20
3000 Dobrova/Celje 22 E 13
1356 Dobrova/Ljubljana 20 F 8
8281 Dobrova/Senovo 22 F 14
2370 Dobrova pri Dravogradu 12 C 12
2204 Dobrovce 14 D 16
3314 Dobrovlje 21 E 11
3331 Dobrovlje pri Mozirju 21 E 11
9223 Dobrovnik = Dobronak 7 C 20
5212 Dobrovo 25 G 3
8275 Dobruška vas 30 G 13
2000 Dogoše 14 C 16
2323 Doklece 23 D 16
9231 Dokležovje 15 C 19
5253 Dol/Čepovan 18 F 4
3342 Dol/Gornji Grad 21 E 10
5214 Dol/Kal nad Kanalom 18 F 4
3213 Dol pod Gojko 22 D 13
1353 Dol pri Borovnici 27 G 8
1431 Dol pri Hrastniku 21 F 12
6275 Dol pri Hrastovljah 33 J 5
3272 Dol pri Laškem 22 F 13
1262 Dol pri Ljubljani 20 F 9
8220 Dol pri Šmarjeti 30 G 13
3332 Dol-Suha 21 E 11
6222 Dolanci 26 H 5
2282 Dolane 15 D 17
1251 Dole pri Kraščah 20 F 10
1273 Dole pri Litiji 29 F 12
2323 Dolena 23 E 16
9204 Dolenci 7 A 19
4224 Dolenja Dobrava 19 F 6
8210 Dolenja Nemška vas 29 G 12
8263 Dolenja Pirošica 31 G 15
8342 Dolenja Podgora 36 J 12
8310 Dolenja Stara vas 30 G 14
5283 Dolenja Trebuša 18 F 5
1380 Dolenja vas/Cerknica 27 H 8
3312 Dolenja vas/Prebold 21 E 12
1331 Dolenja vas/Ribnica 28 H 10
6224 Dolenja vas/Sežana 26 H 6
4227 Dolenja vas/Železniki 19 E 7
8270 Dolenja vas pri Krškem 31 G 15
8216 Dolenja vas pri Mirni Peči 29 G 12
1355 Dolenja vas pri Polhovem Gradcu 19 F 8
8274 Dolenja vas pri Raki 30 G 14
8341 Dolenjci 37 J 13
4223 Dolenje Brdo 19 F 6
8275 Dolenje Dole 30 G 13
8310 Dolenje Gradišče pri Šentjerneju 30 G 13
1380 Dolenje Jezero 27 H 8
8000 Dolenje Karteljevo 30 G 12
8220 Dolenje Kronovo 30 G 13
8230 Dolenje Laknice 30 G 13
8310 Dolenje Mokro Polje 30 H 13
1380 Dolenje Otave 28 G 8
1386 Dolenje Poljane 35 H 9
8210 Dolenje Ponikve 29 G 12
6254 Dolenje pri Jelšanah 34 J 7
8274 Dolenje Radulje 30 G 14
8211 Dolenje Selce 29 G 11
8262 Dolenje Skopice 31 G 15
8350 Dolenje Sušice 29 H 12
8310 Dolenje Vrhpolje 30 H 13
8294 Dolenji Boštanj 30 F 13
1310 Dolenji Lazi 28 H 10
8280 Dolenji Leskovec 30 G 14
8310 Dolenji Maharovec 30 G 13
5282 Dolenji Novaki 19 F 6
8321 Dolenji Suhadol 30 H 13
8343 Dolenji Suhor pri Vinici 37 K 13
8350 Dolenjske Toplice 29 H 12
2391 Dolga Brda 12 C 11
3232 Dolga Gora 22 E 15
5271 Dolga Poljana 26 G 5
8274 Dolga Raka 30 G 14
1330 Dolga vas/Kočevje 36 J 11
9220 Dolga vas/Lendava = Hosszúfalu 16 C 20
2232 Dolge Njive 14 C 16
1272 Dolgo Brdo 21 F 11
9263 Dolič/Kuzma 6 A 18
2253 Dolič/Ptuj 14 D 17
9201 Dolina/Puconci 7 B 19
4290 Dolina/Tržič 10 D 7
9220 Dolina pri Lendavi = Völgyifalu 16 C 21
5220 Dolje 18 E 4
1000 Dolnice 20 F 8
9232 Dolnja Bistrica 15 C 19
6255 Dolnja Bitnja 34 J 7
1338 Dolnja Briga 36 J 10
6256 Dolnja Košana 34 J 6
2000 Dolnja Počehova 14 C 15
8311 Dolnja Prekopa 30 G 14
8275 Dolnja Stara vas 30 G 13
8000 Dolnja Težka Voda 30 H 13
8283 Dolnje Brezovo 30 G 14
6215 Dolnje Ležeče 33 H 5
8361 Dolnji Ajdovec 29 H 12
9220 Dolnji Lakoš = Felsőlakos 16 C 20
9264 Dolnji Slaveči 6 B 18
1276 Dolnji Vrh 29 G 11
6250 Dolnji Zemon 34 J 7
1262 Dolsko 20 F 10
8000 Dolž 30 H 13
4283 Dom Planica 9 D 4
9261 Domajinci 6 B 18
9206 Domanjševci = Domonkosfa 7 B 19
9206 Domonkosfa = Domanjševci 7 B 19
1230 Domžale 20 F 9
3252 Donacka Gora 23 E 16
2252 Dornava 15 D 17
5294 Dornberk 26 G 4
3225 Doropolje 22 F 14
4247 Doslovče 10 D 6
4281 Dovje 9 D 5
8281 Dovško 22 F 14
2382 Dovže 12 D 13
1319 Draga/Podpreska 35 J 9
4220 Draga/Škofja Loka 19 F 8
8232 Draga pri Šentrupertu 29 G 12
8343 Dragatuš 37 J 13
1216 Dragočajna 20 E 8
1230 Dragomelj 20 F 9
1351 Dragomer 27 F 8
8331 Dragomlja vas 37 H 13
2326 Dragonja vas 14 D 16
6333 Dragonja (Dragogna) 32 K 3
9244 Dragotinci 15 C 18
8343 Dragovanja vas 36 J 12
5251 Dragovica 25 F 3
2256 Dragovič 15 D 17
2231 Dragučova 14 C 16
9243 Drakovci 15 C 18
2274 Drakšl 15 D 18
3222 Dramlje 22 E 14
2222 Drankovec 14 C 16
8330 Drašiči 37 J 14
2284 Dravci 15 D 17
2367 Dravče 12 C 12
2370 Dravograd 12 C 12
2204 Dravski Dvor 14 D 16
3210 Draža vas 22 E 14
2213 Dražen Vrh 6 C 16
2288 Draženci 14 D 17
4228 Dražgoše 19 E 6
1353 Dražica 27 G 8
2255 Drbetinci 14 C 17
8231 Drečji Vrh 30 G 13
1291 Drenik 28 G 9
8351 Drenje 29 H 12
1360 Drenov Grič 27 G 7
8344 Drenovec 37 K 13
8259 Drenovec pri Bukovju 31 F 16
3261 Drensko Rebro 23 F 15
3301 Drešinja vas 22 E 13
3241 Drevenik 23 E 15
5222 Drežnica 17 E 3
1338 Drežnik 36 J 11
5222 Drežniške Ravne 17 E 3
8351 Drganja sela 29 H 12
8273 Drnovo 30 G 14
9253 Drobtinci 6 B 17
8290 Drožanje 22 F 13
6257 Drskovče 34 J 7
2253 Drstelja 14 D 17
1251 Drtija 20 F 10
8295 Drušče 30 G 13
8220 Družinska vas 30 G 13
3325 Družmirje 21 D 12
2234 Drvanja 14 C 17
1240 Duplica 20 E 9
5271 Duplje 26 G 5
6221 Dutovlje 26 H 4
3240 Dvor/Šmarje pri Jelšah 22 E 15
8361 Dvor/Žužemberk 29 H 11
6272 Dvori 33 K 5
2241 Dvorjane 14 D 16
4207 Dvorje 20 E 8
4240 Dvorska vas/Radovljica 19 D 7
1315 Dvorska vas/Velike Lašče 28 H 9

E

5271 Erzelj 26 H 5

F

6254 Fabci 34 K 7
2343 Fala 13 C 14
2343 Fala Grad 13 C 14
1336 Fara 36 K 11
2318 Farovec 23 D 15
9220 Felsölakos = Dolnji Lakoš 16 C 20
9262 Fikšinci 6 B 18
6210 Filipčje Brdo 26 H 5
9222 Filovci 7 C 19
2221 Flekušek 14 C 16
3342 Florjan pri Gornjem Gradu 21 E 10
5212 Fojana 25 G 3
9208 Fokovci 7 B 19
2272 Formin 15 D 18
2208 Frajhajm 13 D 15
2313 Fram 14 D 15
3213 Frankolovo 22 E 13
2270 Frankovci 15 D 19
2233 Froleh 14 C 17
1303 Fužina 29 G 10
1000 Fužine/Ljubljana 20 F 9
4224 Fužine/Žiri 19 F 6

G

6222 Gaberje/Ajdovščina 26 G 5
9220 Gaberje/Lendava = Gyertyános 16 C 20
3325 Gaberke 12 D 12
6224 Gabrče 26 H 6
8296 Gabrijele 30 G 13
8296 Gabrje/Goveji Dol 30 G 13
1000 Gabrje/Ljubljana 20 F 8
8321 Gabrje/Novo mesto 30 H 13
5220 Gabrje/Tolmin 18 E 4
8257 Gabrje pri Dobovi 31 G 15
1290 Gabrje pri Ilovi Gori 28 G 10
1000 Gabrje pri Jančah 20 F 10
8351 Gabrje pri Soteski 29 H 12
2256 Gabrnik/Juršinci 15 D 17
2314 Gabrnik/Zgornja Polskava 14 D 15
1301 Gabrovčec 29 G 10
6223 Gabrovica 26 H 4
1274 Gabrovka 29 G 11
6275 Gabrovnica pri Črnem Kalu 33 J 5
3210 Gabrovnik 22 D 14
1420 Gabrsko 21 E 12
4224 Gabrška Gora 19 F 7
2211 Gačnik 14 C 16
2201 Gaj nad Mariborom 13 C 15
2272 Gajevci 15 D 18
9242 Gajševci 15 C 18
3310 Galicija 22 E 13
9231 Gančani 15 C 19
3327 Gavce 21 D 12
8263 Gazice 31 G 15
6274 Gažon 32 J 4
9251 Gederovci 6 B 18
9223 Genterovci = Gőntérháza 16 C 20
2288 Gerečja vas 14 D 16
9261 Gerlinci 6 B 18
9206 Gerőháza = Lončarovci 7 B 19
8332 Geršiči 37 J 13
9240 Gibina 15 C 19
2316 Gladomes 13 D 15
2382 Glažuta/Mislinja 13 D 13
1331 Glažuta/Ribnica 35 H 10
1385 Glina 28 H 8
1317 Globel 28 H 9
8262 Globočice 31 G 15
8311 Globočice pri Kostanjevici 30 G 14
8254 Globoko/Brežice 31 G 15
3272 Globoko/Laško 22 F 13
4240 Globoko/Radovljica 19 E 7
2380 Gmajna/Slovenj Gradec 12 C 12
8274 Gmajna/Zameško 30 G 14
1218 Gmajnica 20 E 9
1274 Gobnik 29 F 11
5271 Goce 26 H 5
2235 Gočova 14 C 17
9243 Godemarci 15 C 18
2277 Godeninci 15 D 19
4220 Godešič 19 F 8
1242 Godič 20 E 9
5280 Godovič 27 G 6
5262 Gojače 26 G 4
6243 Golac 33 J 6
2383 Golavabuka 12 D 12
8343 Golek/Črnomelj 37 J 13
8270 Golek/Krško 30 G 14
4224 Goli Vrh 19 F 7
1281 Golišče 20 F 10
8210 Goljek 29 G 11
4204 Golnik 19 E 7
1292 Golo 28 G 9
1215 Golo Brdo 20 F 8
8216 Golobinjek/Gorenji Globodol 29 G 12
3254 Golobinjek/Imeno 23 F 15
6250 Gomance 35 J 8
8213 Gombišče 29 G 11
8233 Gomila 29 G 12
9232 Gomilica 15 C 19
3303 Gomilsko 21 E 12
9223 Gőntérháza = Genterovci 16 C 20
8270 Gora/Krško 30 G 14
1380 Gora/Topol pri Begunjah 28 H 8
1251 Gora pri Pečah 21 F 10
2286 Gorca 23 D 17
2372 Gorče 12 C 11
1431 Gore/Hrastnik 21 F 12
5280 Gore/Idrija 27 F 6
1433 Goreljce 30 F 13
1352 Gorenja Brezovica/Borovnica 28 G 8
8310 Gorenja Brezovica/Šentjernej 30 G 13
8310 Gorenja Gomila 30 G 13
5281 Gorenja Kanomlja 26 F 5
8270 Gorenja Lepa vas 30 G 14
8210 Gorenja Nemška vas 29 G 11
8263 Gorenja Pirošica 31 G 15
8342 Gorenja Podgora 36 J 12
5253 Gorenja Trebuša 26 F 5
1295 Gorenja vas/Ivančna Gorica 29 G 10
5213 Gorenja vas/Kanal 17 F 3
1414 Gorenja vas/Zagorje ob Savi 21 F 12
4224 Gorenja vas/Žiri 19 F 6
8220 Gorenja vas pri Šmarjeti 30 G 13
1336 Gorenja Žaga 36 J 11
6230 Gorenje/Postojna 27 H 6
3327 Gorenje/Šoštanj 21 D 12
1294 Gorenje Brezovo 28 G 10
1273 Gorenje Jelenje 21 F 11
1384 Gorenje Jezero 28 H 8
1314 Gorenje Kališče 28 H 9
8000 Gorenje Karteljevo 30 G 12
8230 Gorenje Laknice 30 G 12
8310 Gorenje Mokro Polje 30 H 13
8000 Gorenje Mraševo 29 H 12
8210 Gorenje Ponikve 29 G 12
3214 Gorenje pri Zrečah 13 D 14
8211 Gorenje Selce 29 G 11
8262 Gorenje Skopice 31 G 15
8323 Gorenje Sušice 29 H 12
8310 Gorenje Vrhpolje 30 H 13
8231 Gorenje Zabukovje 29 G 12
8216 Gorenji Globodol 29 G 12
1310 Gorenji Lazi 28 H 10
8283 Gorenji Leskovec 22 F 14
1270 Gorenji Log 21 F 10
8231 Gorenji Mokronog 30 G 12
5282 Gorenji Novaki 19 F 6
8321 Gorenji Suhadol 30 H 13
8211 Gorenji Vrh pri Dobrniču 29 G 12
5281 Gorenji Vršnik 27 F 6
8273 Gorica/Krško 30 G 14
8344 Gorica/Nova Lipa 36 K 12
9201 Gorica/Puconci 6 B 18
4240 Gorica/Radovljica 19 D 7
3263 Gorica pri Slivnici 22 E 14
3201 Gorica pri Šmartnem 22 E 13
1310 Gorica vas 28 H 10
6217 Gorice pri Famljah 33 H 6
1215 Goričane 19 F 8
4204 Goriče 19 E 8
1352 Goričica pod Krimom 27 G 8
1230 Goričica pri Ihanu 20 F 9
1384 Goričice 28 H 8
2370 Goriški vrh 12 C 12
2272 Gorišnica 15 D 18
6223 Gorjansko 26 H 4
5282 Gorje 18 F 5
1233 Gorjuša 20 F 9
4264 Gorjuše 18 E 6
9232 Gornja Bistrica 15 C 19
1338 Gornja Briga 36 J 10
6256 Gornja Košana 34 J 6
8330 Gornja Lokvica 37 H 13
8311 Gornja Prekopa 30 G 14
9250 Gornja Radgona 6 B 17
8000 Gornja Težka Voda 30 H 13
3240 Gornja vas 22 E 14
8290 Gornje Brezovo 30 G 14
8332 Gornje Dobravice 37 J 13
8333 Gornje Laze 30 H 12
6256 Gornje Ležeče 33 J 6
1332 Gornje Ložine 36 H 10
8270 Gornje Pijavško 30 G 14
1274 Gornje Ravne 29 G 11
6217 Gornje Vreme 33 J 6
9261 Gornji Črnci 6 B 18
2382 Gornji Dolič 13 D 13
3342 Gornji Grad 21 E 10
1292 Gornji Ig 28 G 8
9245 Gornji Ivanjci 15 C 17
2258 Gornji Ključarovci 15 D 18
8361 Gornji Kot 29 H 11
9220 Gornji Lakoš = Alsólakos 16 C 20
8250 Gornji Lenart 31 G 15
9203 Gornji Petrovci 7 B 19
9263 Gornji Slaveči 6 B 18
1276 Gornji Vrh 29 G 11
6250 Gornji Zemon 34 J 7
4226 Goropeke 27 F 6
5282 Gorski Vrh 18 F 5
2366 Gortina 12 C 12
1336 Gotenc 36 K 11
1338 Gotenica 35 J 10
3310 Gotovlje 22 E 12
8296 Goveji Dol 30 G 13
5281 Govejk 27 F 6
5273 Gozd/Ajdovščina 26 G 5
1242 Gozd/Kamnik 20 E 9
4294 Gozd/Tržič 19 D 7
4282 Gozd Martuljek 9 D 5
1275 Gozd-Reka 29 F 10
3270 Gozdec 22 F 13
4247 Grabče 9 D 6
9253 Grabe 6 B 17
9242 Grabe pri Ljutomeru 15 C 18
2236 Grabonoš 15 C 18
2236 Grabonoški Vrh 15 C 17
8330 Grabrovec 37 H 13
9244 Grabšinci 15 C 18
6272 Gracišče 33 J 5
3272 Gračnica 22 F 13
4207 Grad/Cerklje na Gorenjskem 20 E 8
9264 Grad/Vidonci 6 B 18
8332 Gradac 37 J 13
6257 Gradec 34 H 7
8360 Gradenc 29 H 11
1301 Gradiček 29 G 10
6272 Gradin 33 K 5
2282 Gradišča 15 D 17
1273 Gradišče/Dole pri Litiji 29 F 12
9251 Gradišče/Radenci 15 C 18
2380 Gradišče/Slovenj Gradec 12 C 12
1314 Gradišče/Velike Lašče 28 G 9
5294 Gradišče/Vrtojba 26 G 4
2362 Gradišče na Kozjaku 13 C 14
1291 Gradišče nad Pijavo Gorico 28 G 9
6215 Gradišče pri Divači 33 H 5
1275 Gradišče pri Litiji 21 F 11
6243 Gradišče pri Meteriji 33 J 6
2258 Gradišče pri Ormožu 15 D 18
6222 Gradišče pri Štjaku 26 H 5
2201 Gradiška 14 C 15
8333 Gradnik 37 H 13
1384 Grahovo 28 H 8
5242 Grahovo ob Bači 18 F 5
4290 Grahovše 19 D 8
2250 Grajena 14 D 17
2250 Grajenščak 14 D 16
3303 Grajska vas 21 E 12
5242 Grant 18 E 5
1370 Grčarevec 27 G 7
1331 Grčarice 35 J 10
1331 Grčarske Ravne 35 J 10
2289 Grdina 23 E 16
5251 Grgar 25 F 4
5251 Grgavske Ravne 25 F 4
1336 Grgelj 36 J 11
8332 Griblje 37 J 13
1296 Griže/Ivančna Gorica 29 G 10
6210 Griže/Lozice 26 H 5
3302 Griže/Žalec 22 E 12
9242 Grlava 15 C 19
2256 Grlinci 15 C 17
8210 Grmada 29 G 11
8275 Grmovlje 30 G 13
3231 Grobelno 22 E 14
6258 Grobišče 27 H 7
8310 Groblje pri Prekopi 30 G 14
1290 Grosuplje 28 G 9
3222 Grušce 22 E 14
2201 Grušena 13 C 15
2282 Gruškovec 24 D 17
2231 Grušova 14 C 16
3332 Grušovlje 21 E 11
8273 Gržeča vas 30 G 14
3261 Gubno 23 F 15
1291 Gumnišče 28 G 9
9220 Gyertyános = Gaberje 16 C 20

H

2288 Hajdoše 14 D 16
3241 Hajnsko 23 E 15
6250 Harije 34 J 7
9220 Hármasmalom = Trimlini 16 C 20
9220 Hidvég = Mostje 16 C 20
8362 Hinje 29 H 11
1385 Hiteno 28 H 8
2256 Hlaponci 15 D 17
4248 Hlebce 19 D 7
1373 Hlevni Vrh 27 G 7
4225 Hobovše pri Stari Oselici 19 F 6
1301 Hočevje 28 G 10
2311 Hočko Pohorje 14 C 15
9205 Hodoš = Őrihodos 7 B 19
1274 Hohovica 29 F 11
8232 Hom 29 G 12
1235 Homec/Mengeš 20 E 9
3332 Homec/Nazarje 21 E 11
1354 Horjul 27 F 7
9220 Hosszúfalu = Dolga vas/Lendava 16 C 20
2318 Hošnica 23 E 15
4224 Hotavlje 19 F 6
1372 Hotedršica 27 G 6
4205 Hotemaže 20 E 8
1433 Hotemež 22 F 13
6242 Hoticna 33 J 6
2312 Hotinja Vas 14 D 16

9220 Hotiza 16 C 20
4224 Hotovlja 19 F 7
3232 Hotunje 22 E 14
3204 Hramše 22 E 13
8331 Hrast pri Jugorju 30 H 13
8344 Hrast pri Vinici 37 K 13
1356 Hrastenice 19 F 8
4000 Hrastje/Kranj 19 E 8
2341 Hrastje/Maribor 14 C 15
9252 Hrastje Mota 15 C 18
3256 Hrastje ob Bistrici 23 F 15
8263 Hrastje pri Cerkljah 30 G 14
1430 Hrastnik 21 F 12
8232 Hrastno 29 G 12
1296 Hrastov Dol 29 G 11
2283 Hrastovec 15 D 18
2230 Hrastovec v Slovenskih goricah 14 C 16
8230 Hrastovica 30 G 12
6275 Hrastovlje 33 J 5
6225 Hrašče 27 H 6
4240 Hraše/Radovljica 19 D 7
1216 Hraše/Vodice 20 E 8
2229 Hrenca 14 C 16
3203 Hrenova 22 E 13
1318 Hrib-Loški Potok 28 H 9
1385 Hribarjevo 28 H 8
1310 Hrovaca 28 H 10
6240 Hrpelje 33 J 5
3230 Hruševec 22 E 14
6222 Hruševica 26 H 4
6225 Hruševje 27 H 6
1219 Hruševka 20 E 10
5212 Hruševlje 25 F 3
1356 Hruševo 19 F 8
4270 Hrušica/Jesenice 9 D 6
5273 Hrušica/Logatec 27 G 6
8000 Hrušica/Novo mesto 30 H 13
6244 Hrušica/Podgrad 34 J 6
8310 Hrvaški Brod 30 G 14
6280 Hrvatini (Crevatini) 33 J 4
3270 Huda Jama 22 F 13
5242 Hudajužna 18 E 5
1273 Hude Ravne 29 F 12
4290 Hudi Graben 19 D 7
1316 Hudi Konec 28 H 9
2364 Hudi kot 13 C 13
5296 Hudi Log 25 G 3
1385 Hudi Vrh 28 H 9
3205 Hudinja 13 D 13
1235 Hudo/Mengeš 20 E 9
4290 Hudo/Tržič 19 D 7
6243 Huje 34 J 6
2270 Hum pri Ormožu 15 D 19
4290 Hušica 19 D 7
2255 Hvaletinci 15 C 17

I

5280 Idrija 26 F 6
5216 Idrija pri Bači 18 F 4
5280 Idrijska Bela 26 G 5
5281 Idrijske Krnice 26 F 5
5274 Idrijski Log 27 G 6
5222 Idrsko 17 E 3
1292 Ig 28 G 9
1386 Iga vas 35 H 8
1230 Ihan 20 F 9
2234 Ihova 14 C 17
6250 Ilirska Bistrica 34 J 7
9242 Iljaševci 15 C 18
3212 Ilovca 22 E 13
2275 Ilovci 15 D 19
3254 Imeno 23 F 15
3250 Irje 23 E 15
1292 Iška 28 G 9
1292 Iška Loka 28 G 9
1292 Iška vas 28 G 9
9222 Ivanci 7 C 19
1295 Ivančna Gorica 29 G 10
2259 Ivanjkovci 15 D 18
9207 Ivanjševci = Jánosfa 7 B 19
9245 Ivanjševci ob Ščavnici 15 C 17
9206 Ivanovci 7 B 19
3212 Ivenca 22 E 13
1411 Izlake 21 F 11
6310 Izola (Isola) 32 J 3
9231 Ižakovci 15 C 19

J

8216 Jablan 29 G 12
1410 Jablana 21 F 11
2242 Jablance 14 C 16
6250 Jablanica/Ilirska Bistrica 34 J 7
8294 Jablanica/Sevnica 30 F 13
1275 Jablaniški Potok 21 F 11
2286 Jablovec 23 E 17
1433 Jagnjenica 21 F 12
6311 Jagodje 32 J 3
5282 Jagršče 18 F 5
3230 Jakob pri Šentjurju 22 E 14
4211 Jama 19 E 8
9244 Jamna 15 C 18
4201 Jamnik 19 E 7
1000 Janče 20 F 10
6255 Janeževo Brdo 34 J 6
2253 Janežovci 14 D 17
2253 Janežovski Vrh 14 D 17
9253 Janhova 6 B 17
3212 Jankova 22 E 13
9207 Jánosfa = Ivanjševci 7 B 19
2323 Janški Vrh 23 E 16
9252 Janžev Vrh 15 C 18
2352 Janževa Gora 13 C 14
2363 Janževski Vrh 13 C 13
2211 Jareninski Dol 14 C 16
6250 Jasen 34 J 7
2276 Jastrebci 15 D 19
1275 Jastrebnik 29 F 10
2361 Javnik 13 C 14
1261 Javor 28 F 10
2393 Javorje/Črna na Koroškem 12 D 11
6243 Javorje/Hrušica 34 J 6
1275 Javorje/Litija 29 F 11
3263 Javorje/Šentjur 22 E 14
4223 Javorje/Škofja Loka 19 F 7
4270 Javornik/Jesenice 10 D 6
4000 Javornik/Kranj 19 E 7
3220 Javornik/Šentjur 22 E 13
4270 Javorniški Rovt 10 D 6
8310 Javorovica 30 H 14
5282 Jazne 18 F 6
3263 Jelce 22 F 14
1331 Jelendol/Kočevje 35 H 10
4290 Jelendol/Tržič 10 D 8
1338 Jelenja vas/Novi Lazi 36 J 11
8342 Jelenja vas/Stari Trg ob Kolpi 36 J 12
1318 Jelenov Žleb 35 H 9
5280 Jelični Vrh 27 G 6
2351 Jelovec/Maribor 13 C 15
8294 Jelovec/Sevnica 30 G 13
1317 Jelovec/Sodražica 28 H 9
2321 Jelovec/Štatenberg 23 E 15
2322 Jelovice 23 E 16
1433 Jelovo 22 F 12
6254 Jelšane 34 K 7
8273 Jelše 30 G 14
4264 Jereka 18 E 5
8258 Jereslavec 31 G 16
1370 Jerinov Grič 27 G 7
1386 Jermendol 35 H 9
8340 Jerneja vas 36 J 12
3305 Jeronim 21 E 11
1380 Jeršiče 28 G 8
2259 Jeruzalem 15 D 19
5282 Jesenica 18 F 5
4270 Jesenice/Bled 9 D 6
8261 Jesenice/Brežice 31 G 16
1281 Jesenje 21 F 10
1413 Jesenovo 21 E 11
3331 Jeslane 21 E 11
2327 Ješenca 14 D 15
3260 Ješovec pri Kozjem 23 F 15
3240 Ješovec pri Šmarju 23 E 15
1281 Jevnica 20 F 10
5222 Jevšček 17 E 3
3224 Jezerce pri Dobjem 22 F 14
1352 Jezero 28 G 8
1273 Ježevec 29 F 12
1000 Ježica 20 F 9
1276 Ježni Vrh 29 F 11
2253 Jiršovci 14 D 17
8216 Jordankal 29 G 12
2364 Josipdol 13 C 13
8331 Jugorje pri Metliki 30 H 13
6257 Jurišče 34 J 7
1310 Jurjevica 28 H 10
3273 Jurklošter 22 F 14
8000 Jurna vas 30 H 13
2284 Jurovci 14 D 17
2223 Jurovski Dol 14 C 16
2201 Jurski vrh 14 C 15
2256 Juršinci 15 D 17
3333 Juvanje 21 D 11

K

6215 Kačiče-Pared 33 J 5
3241 Kačji Dol 23 E 15
1330 Kačji Potok 36 J 11
2275 Kajžar 15 D 19
1420 Kal/Hrastnik 21 E 12
5243 Kal/Petrovo Brdo 18 E 5
6257 Kal/Pivka 34 H 7
1303 Kal/Šmihel pri Žužemberku 29 H 10
5214 Kal nad Kanalom 18 F 4
8297 Kal pri Krmelju 29 F 12
5230 Kal-Koritnica 17 D 3
8270 Kalce/Krško 30 G 14
1370 Kalce/Logatec 27 G 7
8312 Kalce-Naklo 30 G 14
1242 Kališe 20 E 10
3233 Kalobje 22 E 14
2314 Kalše 14 D 15
3313 Kalšek 21 E 12
9223 Kámaháza = Kamovci 16 C 20
5215 Kambreško 17 F 3
3250 Kamence 23 E 15
3314 Kamenče 21 E 12
8296 Kamenica 30 G 13
3230 Kameno 22 E 14
3213 Kamna Gora 22 E 14
4246 Kamna Gorica 19 E 7
1262 Kamnica/Domžale 20 F 10
2351 Kamnica/Maribor 14 C 15
1240 Kamnik 20 E 9
1352 Kamnik pod Krimom 28 G 8
1242 Kamniška Bistrica 20 E 9
5262 Kamnje/Ajdovščina 26 G 4
4264 Kamnje/Bohinjska Bistrica 18 E 5
5222 Kamno 17 E 3
9223 Kamovci = Kámaháza 16 C 20
5213 Kanal 17 F 3
5216 Kanalski Lom 18 F 4
5213 Kanalski Vrh 17 F 3
9206 Kančevci 7 B 19
1252 Kandrše 21 F 11
2211 Kaniža 14 C 16
3204 Kanižar 22 E 13
8340 Kanižarica 37 J 13
3220 Kanjuce 22 E 13
9220 Kapca = Kapca 16 C 20
9220 Kapca = Kapca 16 C 20
8258 Kapele 31 G 16
9252 Kapelski Vrh 15 C 18
3304 Kapla 21 E 12
1315 Kaplanovo 28 H 9
3312 Kaplja vas 21 E 12
9205 Kapornak = Krplivnik 7 B 19
1338 Kaptol 36 J 11
1315 Karlovica 28 H 9
3301 Kasaze 22 E 13
6275 Kastelec (Castelli) 33 J 5
3320 Kavče 21 D 12
6210 Kazlje 26 H 5
2317 Kebelj 13 D 14
2250 Kicar 14 D 17
2325 Kidričevo 14 D 16
9207 Kisfalu = Pordašinci 7 B 20
1412 Kisovec 21 F 11
1303 Kitni Vrh 29 G 11
8283 Kladje nad Blanco 30 G 14
8297 Kladje pri Krmelju 21 F 12
1386 Klance 28 H 8
1218 Klanec 20 E 9
6223 Klanec pri Komnu 26 H 4
6240 Klanec pri Kozini 33 J 5
6250 Klanska Polica 35 J 8
5216 Klavže 18 F 4
1242 Klemenčevo 20 E 9
6257 Klenik 34 H 7
3270 Klenovo 22 F 13
1330 Klinja vas 36 J 11
9242 Ključarovci pri Ljutomeru 15 C 18
1262 Klopce/Domžale 20 F 10
2310 Klopce/Slovenska Bistrica 14 D 15
1314 Knej 28 G 9
5216 Kneške Ravne 18 E 4
1420 Knezdol 21 E 12
5216 Kneža 18 F 4
6253 Knežak 34 J 7
8343 Knežina 37 J 13
1330 Knežja Lipa 36 J 12
1386 Knežja Njiva 28 H 9
8211 Knežja vas 29 G 11
5222 Kobarid 17 E 3
6222 Kobdilj 26 H 5
9223 Kobilje 7 B 20
6222 Kobjeglava 26 H 4
1332 Koblarji 36 H 10
3215 Koble 22 E 14
5230 Koča Planina Skalarja 17 D 2
1330 Kočarji 36 J 11
1338 Koče/Kočevje 36 J 10
6258 Koče/Pivka 27 H 7
1330 Kočevje 36 J 11
1338 Kočevska Reka 36 J 10
8350 Kočevske Poljane 29 H 12
2287 Kočice 23 E 16
4273 Kočna 9 D 6
2318 Kočno ob Ložnici 23 D 15
2276 Kog 15 D 19
5211 Kojsko 25 F 3
3331 Kokarje 21 E 11
9242 Kokoriči 15 C 18
1233 Kokošnje 20 F 10
4000 Kokrica 19 E 8
1230 Količevo 20 F 9
1411 Kolovrat 21 E 11
8333 Komarna vas 36 H 12
2236 Komarnica 14 C 17
6223 Komen 26 H 4
1218 Komenda 20 E 9
1218 Komendska Dobrava 20 E 9
2382 Komisija 13 D 13
3220 Kompole 22 E 13
8294 Kompolje/Sevnica 22 F 13
1312 Kompolje/Velike Lašče 28 H 10
3210 Konjiška vas 22 E 14
3334 Konjski vrh 11 D 10
8294 Konjsko 30 G 13
1272 Konjšica 21 F 11
8311 Konstanjevica na Krki 30 G 14
4224 Kopačnica 19 F 6
6101 Koper (Capodistria) 33 J 4
2313 Kopivnik 14 D 15
9240 Kopriva/Ljutomer 15 C 19
6221 Kopriva/Sežana 26 H 5
2393 Koprivna 11 D 10
8282 Koprivnica 23 F 15
1330 Koprivnik/Črnomelj 36 J 12
8311 Koprivnik/Zameško 30 G 14
4225 Koprivnik/Žiri 19 F 6
4264 Koprivnik v Bohinju 18 E 5
2258 Koračice 15 D 18
2283 Korenjak 24 D 18
1354 Koreno nad Horjulom 27 F 7
5242 Koritnica 18 F 5
6253 Koritnice 34 J 7
8261 Koritno/Brežice 31 G 15
2317 Koritno/Oplotnica 13 D 14
4260 Koritno/Radovljica 19 D 6
4270 Koroška Bela 10 D 6
8000 Koroška vas/Novo mesto 30 H 13
3214 Koroška vas/Oplotnica 13 D 14
2000 Koroška vrata 14 C 15
9261 Korovci 6 B 17
3240 Korpule 23 E 15
6101 Korte 32 K 4
6275 Kortine 33 J 5
5222 Koseč 17 E 3
6250 Koseze/Ilirska Bistrica 34 J 7
1217 Koseze/Vodice 20 E 9
6221 Kosovelje 26 H 4
8272 Kostanjek 31 F 15
2316 Kostanjevec 13 D 15
1273 Kostanjevica 29 F 12
5296 Kostanjevica na Krasu 25 G 3
1336 Kostel 36 J 11
3233 Kostrivnica 22 F 14
2000 Košaki 14 C 16
9206 Košarovci 7 B 19
3262 Košnica 22 F 14
3000 Košnica pri Celju 22 E 13
6274 Koštabona 33 K 4
2317 Kot 13 D 14
9220 Kot = Kót 16 C 20
9220 Kót = Kot 16 C 20
2391 Kot pri Prevaljah 12 C 11
1331 Kot pri Rakitnici 35 H 10
1310 Kot pri Ribnici 28 H 10
8333 Kot pri Semicu 36 J 12
1385 Kotel 28 H 9
2394 Kotlje 12 C 11
1410 Kotredež 21 F 11
2310 Kovača vas 14 D 15
9264 Kovačevci 6 B 18
6243 Kovčice 34 J 6
5273 Kovk/Ajdovščina 26 G 5
1431 Kovk/Hrastnik 21 F 12
4290 Kovor 19 D 7
4220 Kovski Vrh 19 F 7
5212 Kozana 25 G 3
1386 Kozarišče 35 H 8
5216 Kozarsko 18 F 4
6240 Kozina 33 J 5
2382 Kozjak 13 D 13
2201 Kozjak nad Pesnico 14 C 15
2215 Kozjak pri Ceršaku 14 B 16
6243 Kozjane 34 J 6
3260 Kozje 23 F 15
2360 Kozji Vrh 13 C 13
2370 Kozji Vrh nad Dravogradom 12 C 12
2286 Kozminci 23 E 17
5212 Kožbana 25 F 3
1382 Kožljek 27 G 8
1317 Kracali 28 H 9
9251 Krajna 6 B 18
6221 Krajna vas 26 H 4
3230 Krajnčica 22 E 14
1225 Krajno Brdo 20 E 10
8342 Kralji 36 J 12
9262 Kramarovci 6 B 18
1385 Kramplje 28 H 9
4000 Kranj 19 E 8
1380 Kranjče 28 G 8
4280 Kranjska Gora 9 D 4
9241 Krapje 15 C 19
8332 Krasinec 37 J 13
5211 Krasno 25 F 3
1251 Krašce 20 F 10
9261 Krašči 6 B 18
1225 Krašnja 20 F 10
2250 Krčevina 14 D 17
2241 Krčevina pri Vurbergu 14 D 16
5222 Kred 17 E 3
8270 Kremen 31 G 15
4223 Kremenik 19 F 7
6221 Kreplje 26 H 4
2212 Kresnica 14 B 15
1281 Kresnice 21 F 10
1281 Kresniške Poljane 20 F 10
1281 Kresniški Vrh 21 F 10
3240 Kristan Vrh 23 E 15
1294 Kriška vas 28 G 10
9242 Krištanci 15 C 19
1242 Krivčevo 20 E 10
8332 Krivoglavice 37 J 13
3342 Križ/Gornji Grad 21 E 10
1218 Križ/Kamnik 20 E 9
8295 Križ/Sevnica 30 G 13
6210 Križ/Sežana 26 H 5
1251 Križate 21 F 11
8282 Križe/Senovo 31 F 15
4290 Križe/Tržič 19 D 7
2319 Križeča vas 23 E 15
9206 Križevci 7 B 19
9242 Križevci pri Ljutomeru 15 C 18
3206 Križevec 13 D 14
1262 Križevska vas/Klopce 20 F 10
8330 Križevska vas/Metlika 37 J 13
8230 Križni Vrh/Slepšek 29 G 12
2318 Križni Vrh/Slovenska Bistrica 23 D 15
1301 Krka 29 G 10
6333 Krkavče 32 K 4
8296 Krmelj 30 G 13
5222 Krn 18 E 4
9221 Krnci 7 B 19
4247 Krnica/Bled 19 D 6
3334 Krnica/Luče ob Savinji 20 D 10
1430 Krnice 21 F 12
9000 Krog 15 C 18
5101 Kromberk 26 G 4
4245 Kropa 19 E 7
9205 Krplivnik = Kapornak 7 B 19
8295 Krsinji Vrh 30 G 13
8262 Krška vas/Brežice 31 G 15
1301 Krška vas/Sušica 29 G 10
8270 Krško 30 G 14
1233 Krtina 20 F 9
9264 Kruplivnik 6 B 18
1314 Krvava Peč 28 G 9
8333 Krvavčji Vrh 37 J 13
1317 Kržeti 28 H 9
8274 Kržišče 30 G 14
6272 Kubed 33 J 5
5243 Kuk 18 E 5
2256 Kukava 15 D 17
9206 Kukeč 7 B 19
2344 Kumen 13 C 14
2325 Kungota pri Ptuju 14 D 16
9245 Kunova 15 C 17
8259 Kunšperk 23 F 16
9244 Kupetinci 15 C 18
4263 Kupljenik 19 D 6
9000 Kupšinci 6 B 18
9243 Kuršinci 15 C 18
2222 Kušernik 14 C 16
9202 Kuštanovci 7 B 19
6250 Kuteževo 34 J 7
9263 Kuzma 6 A 18

L

6273 Labor 33 K 4
3331 Lačja Vas 21 E 11
5222 Ladra 17 E 3
3270 Lahomno 22 F 13
3270 Lahomšek 22 F 13
2259 Lahonci 15 D 18
3273 Lahov Graben 22 F 13
4207 Lahovče 20 E 9
4224 Lajše/Gorenja vas 19 F 6
3326 Lajše/Šoštanj 12 D 12
2284 Lancova vas 14 D 17
4240 Lancovo 19 D 6
3203 Landek 22 D 13
6225 Landol 27 H 6
4225 Laniše 18 F 6
2318 Laporje 23 D 15
8361 Lašče 29 H 11
3220 Laška vas pri Štorah 22 E 13
4264 Laški Rovt 18 E 5
3270 Laško 22 F 13
3312 Latkova vas 21 E 12
3000 Lava 22 E 13
1108 Lavrica 28 F 9
1373 Lavrovec 27 F 7
1370 Laze/Logatec 27 G 7
8323 Laze/Uršna sela 30 H 12
1301 Laze nad Krko 29 G 10
8294 Laze pri Boštanju 30 G 13
1262 Laze pri Dolskem 20 F 10
1384 Laze pri Gorenjem Jezeru 28 H 8
1330 Laze pri Oneku 36 J 11
8342 Laze pri Predgradu 36 K 12
1252 Laze pri Vačah 21 F 11
1219 Laze v Tuhinju 20 E 10
8362 Lazina 29 H 11
3272 Laziše 22 F 13
2341 Laznica 14 C 15
6224 Laže 27 H 6
8290 Ledina 22 F 13
5281 Ledine 27 F 6
2233 Ledinek 14 C 16
2380 Legen 12 C 12
2363 Lehen na Pohorju 13 C 13
2372 Leifling 12 C 11
3203 Lemberg pri Novi Cerkvi 22 E 13
3241 Lemberg pri Šmarju 23 E 15
9201 Lemerje 6 B 18
3342 Lenart 20 E 10
4227 Lenart nad Lušo 19 E 7
2230 Lenart v Slovenskih goricah 14 C 16
9220 Lendava = Lendva 16 C 20
9220 Lendavske gorice = Lendvahegy 16 C 20
9220 Lendva = Lendava 16 C 20
9220 Lendvahegy = Lendavske gorice 16 C 20
3330 Lepa Njiva 21 D 11
5232 Lepena 18 E 4
4264 Lepence 18 E 5
1385 Lepi Vrh 28 H 9
4248 Lesce 19 D 6
3261 Lesično 22 F 15
1386 Leskova Dolina 35 J 8
3270 Leskovca 22 F 13
1294 Leskovec/Gozd-Reka 28 G 10
2331 Leskovec/Slovenska Bistrica 14 D 15
8273 Leskovec pri Krškem 30 G 14
8297 Leskovec v Podborštu 30 F 12
4224 Leskovica 19 F 6
1275 Leskovica pri Šmartnem 29 F 11
1354 Lesno Brdo 27 F 7
9253 Lešane 6 C 17
2391 Leše/Prevalje 12 C 11
4290 Leše/Radovljica 19 D 7
2322 Lešje 23 D 16
2270 Lešnica 15 D 18
4204 Letenice 19 E 8
3327 Letuš 21 E 12
2253 Levanjci 14 D 17
3301 Levec 22 E 13

2318 Levič 23 D 15
5214 Levpa 18 F 4
1316 Levstiki 28 H 9
2259 Libanja 15 D 19
2372 Libeliče 12 C 11
2372 Libeliška Gora 12 C 11
3301 Liboje 22 E 13
5222 Libušnje 17 E 3
3215 Ličenca 23 D 15
5213 Lig 17 F 3
1251 Limbarska Gora 21 F 10
2341 Limbuš 14 C 15
1222 Limovce 21 E 11
9231 Lipa/Beltinci 15 C 19
5296 Lipa/Kostanjevica na Krasu 26 G 4
1223 Lipa/Krajno Brdo 21 E 10
3213 Lipa pri Frankolovem 22 D 13
1000 Lipe 28 G 8
6210 Lipica (Lipizza) 33 J 5
3320 Lipje 22 D 12
6232 Liplje/Logatec 27 G 7
1219 Liplje/Zgornji Tuhinj 21 E 10
3273 Lipni Dol 22 F 13
3215 Lipoglav 22 E 15
9231 Lipovci 15 C 19
1331 Lipovec 29 H 10
1317 Lipovšica 28 H 9
1384 Lipsenj 28 H 8
5216 Lisec 18 E 5
1270 Litija 21 F 10
2270 Litmerk 15 D 18
5222 Livek 17 E 3
1330 Livold 36 J 11
5222 Livške Ravne 17 E 3
3202 Ljubečna 22 E 13
4290 Ljubelj 10 D 7
3333 Ljubenske Rastke 12 D 11
1273 Ljubež v Lazih 29 F 11
3330 Ljubija 21 D 11
5220 Ljubin 18 E 4
1000 Ljubljana 20 F 9
3205 Ljubnica 13 D 13
4244 Ljubno 19 E 7
3333 Ljubno ob Savinji 21 D 10
2284 Ljubstava 24 D 17
9240 Ljutomer 15 C 19
1290 Lobček 28 G 10
2208 Lobnica 13 C 15
8257 Loče/Brežice 31 G 15
3201 Loče/Celje 22 E 13
3215 Loče pri Poljčanah 22 E 14
3313 Ločica ob Savinji 21 E 12
3305 Ločica pri Vranskem 21 E 11
2254 Ločič 14 C 17
2235 Ločki Vrh 14 C 17
4280 Log/Kranjska Gora 9 D 4
3252 Log/Rogatec 23 E 16
2345 Log/Ruše 13 C 15
8294 Log/Sevnica 30 F 13
5232 Log/Soča 17 E 3
5224 Log Čezsoški 17 E 2
4220 Log nad Škofjo Loko 19 F 7
5231 Log pod Mangarton 8 D 3
1351 Log pri Brezovici 27 F 8
1411 Log pri Mlinšah 21 F 11
1315 Logarji 28 H 9
9242 Logarovci 15 C 18
3335 Logarska Dolina 11 D 9
1370 Logatec 27 G 7
5223 Logje 17 E 2
6230 Lohaca 27 H 7
5214 Lohke 18 F 4
5216 Loje 18 E 5
6275 Loka/Črni Kal 33 J 5
2205 Loka/Rače 14 D 16
8310 Loka/Šentjernej 30 H 13
4290 Loka/Tržič 19 D 7
2313 Loka pri Framu 14 D 15
1234 Loka pri Mengšu 20 F 9
1412 Loka pri Zagorju 21 F 11
1434 Loka pri Zidanem Mostu 22 F 13
3223 Loka pri Žusmu 22 F 15
2310 Lokanja vas 14 D 15
9245 Lokavci 14 C 17
5270 Lokavec/Ajdovščina 26 G 5
2213 Lokavec/Gornja Radgona 6 B 16
3272 Lokavec/Radeče 22 F 13
3304 Loke 21 E 12
3330 Loke pri Mozirju 21 E 11
3225 Loke pri Planini 22 F 14
6215 Lokev (Corgnale) 33 J 5
3330 Lokove 12 D 11
2391 Lokovica 12 C 11
3000 Lokrovec 22 E 13
8340 Lokve/Črnomelj 37 J 13
5252 Lokve/Podgozd 26 F 4
8280 Lokve/Senovo 30 F 14
5296 Lokvica 25 G 3
4290 Lom pod Storžičem 19 D 8
9250 Lomanoše 6 B 17
5274 Lome 27 G 6
8270 Lomno 30 G 14
8290 Lončarjev Dol 30 F 14
9206 Lončarovci = Gerőháza 7 B 19
3262 Lopaca 22 F 14
6273 Lopar 33 J 4
3000 Lopata/Celje 22 E 13
8362 Lopata/Žužemberk 29 H 11
2270 Loperšice 15 D 19
2230 Lormanje 14 C 16
3214 Loška Gora 13 D 14
8350 Loška vas 29 H 12
1385 Lovranovo 28 H 8
2324 Lovrenc na Dravskem polju 14 D 16
2344 Lovrenc na Pohorju 13 C 14
5272 Lozice 26 H 5
1386 Lož 28 H 8
2231 Ložane 14 C 16
3272 Lože/Laško 22 F 13
5271 Lože/Vipava 26 H 5
1337 Ložec 35 J 10
5210 Ložice 17 F 3
2321 Ložnica/Štatenberg 23 D 15
3320 Ložnica/Velenje 21 D 12
6320 Lucija (Lucia) 32 J 3
9203 Lucova 7 B 19
1295 Lučarjev Kal 29 G 11
1290 Luče 28 G 10
3334 Luče ob Savinji 20 D 10
4224 Lučine 19 F 7
2393 Ludranski Vrh 12 D 11
2317 Lukanja 13 D 14
9242 Lukavci 15 C 18
8294 Lukovec 30 G 13
8210 Lukovek 29 G 12
1351 Lukovica pri Brezovici 28 F 8
1225 Lukovica pri Domžalah 20 E 10
2274 Lunovec 15 D 18
2319 Lušečka vas 23 E 15
3232 Lutrje 22 E 14
8222 Lutrško selo 30 G 13
9253 Lutverci 6 B 17
1385 Lužarji 28 H 9
4212 Luže 20 E 8

## M

4205 Mače 20 E 8
8212 Mačji Dol 29 G 11
9202 Mačkovci 7 B 18
1330 Mačkovec/Kocevje 36 J 11
8000 Mačkovec/Novo mesto 30 H 13
6232 Mačkovec/Postojna 27 H 7
8212 Mačkovec/Velika Loka 29 G 11
5251 Madoni 26 F 4
5222 Magozd 17 E 3
1330 Mahovnik 36 J 11
2322 Majšperk 23 D 16
2321 Makole 23 E 16
1331 Makoše 29 H 10
3271 Mala Breza 22 F 14
6250 Mala Bukovica 34 J 7
1332 Mala Gora 36 H 11
1295 Mala Goričica 29 G 10
1312 Mala Ilova Gora 28 G 10
1275 Mala Kostrevnica 29 F 11
8212 Mala Loka 29 G 11
2382 Mala Mislinja 13 D 13
3301 Mala Pirešica 22 E 13
9225 Mala Polana 16 C 20
1252 Mala Sela 21 F 10
1315 Mala Slevica 28 H 9
1275 Mala Štanga 20 F 10
2285 Mala Varnica 24 E 17
2317 Malahorna 13 D 14
3212 Male Dole 22 E 13
3270 Male Grahovše 22 F 13
1315 Male Lašče 28 G 9
1311 Male Lipljene 28 G 9
6243 Male Loce 34 J 6
5263 Male Žablje 26 G 5
2229 Malečnik 14 C 16
8311 Malence 30 G 14
8216 Malenska vas 29 G 12
4223 Malenski Vrh 19 F 6
2259 Mali Brebrovnik 15 D 19
8296 Mali Cirnik pri Šentjanžu 29 G 12
6223 Mali Dol 26 H 4
8281 Mali Kamen 22 F 14
1303 Mali Korinj 29 G 10
1414 Mali Kum 21 F 12
1293 Mali Lipoglav 28 G 9
1311 Mali Ločnik 28 G 9
1318 Mali Log 28 H 9
8343 Mali Nerajec 37 K 13
2282 Mali Okic 24 E 17
6230 Mali Otok 27 H 7
8273 Mali Podlog 30 G 14
8000 Mali Slatnik 30 H 13
8254 Mali Vrh 31 G 15
6310 Malija 32 J 3
8295 Malkovec 30 G 13
2223 Malna 14 C 16
5230 Malnik 17 D 3
1290 Malo Mlačevo 28 G 10
8312 Malo Mraševo 30 G 14
5273 Malo Polje 26 G 6
2316 Malo Tinje 13 D 14
1272 Mamolj 21 F 11
5271 Mance 26 H 5
6273 Marezige 33 J 4
2000 Maribor 14 C 15
3222 Marija Dobje 22 E 14
3270 Marija Gradec 22 F 13
1420 Marija Reka 21 E 12
3273 Marijina vas 22 F 14
1303 Marinča vas 29 G 10
8341 Marindol 37 J 13
2206 Marjeta na Dravskem polju 14 D 16
9000 Markišavci 7 B 18
9204 Markovci/Hodoš 7 A 19
2281 Markovci/Ptuj 14 D 17
1386 Markovec 28 H 8
6242 Markovščina 33 J 6
1431 Marno 21 F 12
1316 Maršiči 28 H 9
4228 Martinj Vrh 19 E 6
1380 Martinjak 28 H 8
9203 Martinje 6 A 18
5292 Martinuči 25 G 3
9221 Martjanci 7 B 19
5281 Masore 18 F 5
6253 Mašun 34 J 8
1292 Matena 28 G 8
6258 Matenja vas 27 H 7
6242 Materija 33 J 5
9263 Matjaševci 6 A 18
3302 Matke 21 E 12
4211 Mavčiče 19 E 8
8340 Mavrlen 36 J 12
5212 Medana 25 G 3
1411 Medija 21 F 11
3000 Medlog 22 E 13
1210 Medno 20 F 8
2282 Medribnik 24 E 18
2322 Medvedce 14 D 16
1373 Medvedje Brdo 27 G 6
1315 Medvedjek 28 H 9
1215 Medvode 20 F 8
4290 Medvodje 10 D 8
1241 Mekinje 20 E 9
1295 Mekinje nad Stično 29 G 10
9252 Mele 15 C 18
9231 Melinci 15 C 19
3333 Meliše 21 E 11
2000 Meljski Hrib 14 C 16
1234 Mengeš 20 F 9
8350 Meniška vas 29 H 12
6210 Merče 33 H 5
5292 Merljak 25 G 3
3241 Mestinje 23 E 15
2250 Mestni Vrh 14 D 17
2229 Metava 14 C 16
8330 Metlika 37 J 13
1295 Metnaj 29 G 10
8290 Metni Vrh 22 F 13
1385 Metulje 28 H 9
1295 Mevce 29 G 10
4247 Mevkuž 9 D 6
2252 Mezgovci ob Pesnici 15 D 17
2392 Mežica 12 C 11
3302 Migojnice 22 E 12
8233 Migolica 29 G 12
2259 Mihalovci 15 D 19
8257 Mihalovec 31 G 15
2326 Mihovce 14 D 16
2274 Mihovci pri Veliki Nedelji 15 D 18
8310 Mihovica 30 G 14
8310 Mihovo 30 H 13
8340 Miklarji 36 J 12
2204 Miklavž na Dravskem polju 14 C 16
2275 Miklavž pri Ormožu 15 D 19
3304 Miklavž pri Taboru 21 E 12
8341 Milići 37 K 14
4212 Milje 20 E 8
5291 Miren 25 G 3
8233 Mirna 29 G 12
8216 Mirna Peč 29 G 12
8231 Mirna vas 30 G 13
1337 Mirtoviči 35 J 10
6217 Misliče 33 J 6
2382 Mislinja 13 D 13
2382 Mislinjska Dobrava 12 D 12
2382 Mislinjski Graben 13 D 13
4246 Mišače 19 E 7
1276 Mišji Dol 29 G 11
3215 Mlače 22 E 15
8312 Mladje 30 G 14
9226 Mlajtinci 7 B 19
4275 Mlaka 19 D 7
4223 Mlaka nad Lušo 19 E 7
1332 Mlaka pri Kočevju 36 J 11
1338 Mlaka pri Kočevski Reki 36 J 10
4000 Mlaka pri Kranju 19 E 8
1411 Mlinše 21 F 11
1433 Močilno 22 F 12
2231 Močna 14 C 16
8276 Močvirje 30 G 13
2319 Modraže 23 E 15
5216 Modrejce 18 F 4
2316 Modrič 13 D 14
5292 Mohorini 26 G 4
4281 Mojstrana 9 D 5
8230 Mokronog 30 G 12
1338 Morava 36 J 11
9243 Moravci v Slovenskih goricah 15 C 18
1251 Moravče 20 F 10
1274 Moravče pri Gabrovki 29 G 11
9226 Moravske Toplice 7 B 19
2313 Morje 14 D 15
5213 Morsko 17 F 3
5216 Most na Soči 18 F 4
4274 Moste/Jesenice 10 D 6
1000 Moste/Ljubljana 20 F 9
1218 Moste/Mengeš 20 E 9
8257 Mostec 31 G 15
2321 Mostečno 23 D 16
9220 Mostje = Hidvég 16 C 20
3325 Mostnar 12 D 11
9202 Moščanci 7 B 19
1282 Mošenik 21 F 11
2272 Moškanjci 15 D 17
4240 Mošnje 19 D 7
9240 Mota 15 C 19
1221 Motnik 21 E 11
9264 Motovilci 6 B 18
9207 Motvarjevci = Szentlásszló 7 B 20
6272 Movraž 33 K 5
1330 Mozelj 36 J 11
3330 Mozirje 21 E 11
4205 Možjanca 20 E 8
5214 Mrcinje 18 F 4
8282 Mrčna sela 23 F 15
6242 Mrše 33 J 6
8273 Mrtvice 31 G 15
8292 Mrzla Planina 22 F 14
5280 Mrzla Rupa 26 F 5
8262 Mrzlava vas 31 G 15
4247 Mrzli Studenec 18 D 5
5281 Mrzli Vrh 19 F 6
3273 Mrzlo Polje/Blatni Vrh 22 F 14
1295 Mrzlo Polje/Ivančna Gorica 29 G 10
3333 Mrzlo Polje/Ljubno ob Savinji 21 D 11
1336 Muha vas 36 J 11
1295 Muljava 29 G 10
2272 Muretinci 15 D 17
9000 Murska Sobota 7 C 18
9251 Murski Črnci 15 C 18
9251 Murski Petrovci 6 C 18
9252 Murski Vrh 15 C 18
9252 Murščak 15 C 18
2366 Muta 12 C 12

## N

6257 Nadanje selo 34 J 7
1231 Nadgorica 20 F 9
1386 Nadlesk 28 H 8
2287 Nadole 23 E 16
6223 Nadrožica 26 H 4
4292 Naklo 19 E 7
2322 Naraplje 23 E 16
1314 Naredi 28 H 9
6257 Narin 34 J 7
4280 Naselje Ivana Krivica 9 D 4
2233 Nasova 6 B 17
1218 Nasovče 20 E 9
2390 Navrški vrh 12 C 11
3331 Nazarje 21 E 11
2229 Nebova 14 C 16
9224 Nedelica 16 C 20
1251 Negastrn 20 F 10
9245 Negova 14 C 17
5252 Nemci 26 G 4
9000 Nemčavci 7 B 19
1330 Nemška Loka 36 J 12
1310 Nemška vas 28 H 10
4264 Nemški Rovt 18 E 5
9203 Neradnovci 7 A 19
6256 Neverke 34 J 6
3253 Nezbiše 23 E 15
2325 Njiverce 14 D 16
4201 Njivica 19 E 7
1433 Njivice 22 F 12
4263 Nomenj 18 E 6
9250 Norički Vrh 6 B 17
9221 Noršinci 7 B 19
9240 Noršinci pri Ljutomeru 15 C 19
1357 Notranje Gorice 28 G 8
3203 Nova Cerkev 22 E 13
1274 Nova Gora 29 F 11
5101 Nova Gorica 25 G 3
8344 Nova Lipa 37 K 13
1336 Nova Sela 36 J 11
6256 Nova Sušica 34 J 6
1317 Nova Štifta 28 H 9
8261 Nova Vas pri Mokricah 31 G 16
1385 Nova vas/Cerknica 28 H 9
1294 Nova vas/Ivančna Gorica 28 G 10
6333 Nova vas/Koper 32 K 4
5296 Nova vas/Kostanjevica na Krasu 25 G 3
4205 Nova vas/Preddvor 20 E 8
2250 Nova vas/Ptuj 14 D 17
3230 Nova vas/Šentjur 22 E 14
6254 Nova vas pri Jelšanah 34 J 7
2281 Nova vas pri Markovcih 15 D 17
2319 Novake/Poljčane 23 E 15
4204 Novake/Tržič 19 E 7
1332 Nove Ložine 36 H 10
5296 Novelo 25 G 4
1433 Novi Grad 30 F 13
3313 Novi Klošter 21 E 12
1319 Novi Kot 35 J 9
1338 Novi Lazi 36 J 11
1317 Novi Pot 28 H 9
1372 Novi Svet 27 G 6
2255 Novinci 15 C 17
8000 Novo mesto 30 H 13
6254 Novokračine 34 K 7
5211 Nozno 25 F 3
1235 Nožice 20 E 9
9262 Nuskova 6 B 18

## O

8350 Občice 29 H 12
8211 Občine 29 G 11
1276 Obla Gorica 29 G 11
5281 Oblakov Vrh 18 F 5
5242 Obloke 18 E 5
2234 Obrat 14 C 17
2277 Obrež 15 D 19
8261 Obrežje 31 G 16
1432 Obrežje pri Zidanem Mostu 22 F 13
8350 Obrh 29 H 12
4263 Obrne 19 D 6
6243 Obrov 34 J 6
9262 Ocinje 6 B 18
6240 Ocizla 33 J 5
9245 Očeslavci 15 C 17
9233 Odranci 15 C 19
2314 Ogljenšak 14 D 15
1336 Ograja 36 J 11
4228 Ojstri Vrh 19 E 7
2370 Ojstrica 12 C 12
3304 Ojstriška vas 21 E 12
3270 Ojstro/Laško 22 F 13
1420 Ojstro/Trbovlje 21 F 12
3333 Okonina 21 E 11
9244 Okoslavci 15 C 18
2317 Okoška Gora 13 D 14
1221 Okrog pri Motniku 21 E 10
6250 Okroglina 34 J 8
4202 Okroglo 19 E 7
9203 Olabe 7 B 19
3270 Olešče 22 F 13
3254 Olimje 23 F 15
4205 Olševek 20 E 8
1330 Onek 36 J 11
2392 Onkraj Meže 12 C 11
5296 Opatje Selo 25 G 3
2317 Oplotnica 13 D 14
5282 Orehek/Cerkno 18 F 5
6225 Orehek/Postojna 27 H 6
9250 Orehovci 15 C 18
8311 Orehovec 30 H 14
1411 Orehovica/Izlake 21 F 11
8310 Orehovica/Šentjernej 30 H 13
8290 Orehovo 30 F 13
8259 Orešje na Bizeljskem 23 F 16
8290 Orešje nad Sevnico 22 F 13
9205 Őrihodos = Hodoš 7 B 19
8216 Orkljevec 29 G 12
3312 Orla Vas 21 E 12
8360 Orlaka 29 G 11
1291 Orle 28 F 9
6210 Orlek 33 H 5
2364 Orlica 13 C 13
2270 Ormož 15 D 18
8231 Ornuška vas 29 G 12
1316 Ortnek 28 H 10
2235 Osek/Komarnica 14 C 17
5261 Osek/Nova Gorica 26 G 4
1337 Osilnica 35 J 10
2273 Osluševci 15 D 18
4226 Osojnica 27 F 6
8333 Osojnik/Metlika 37 H 13
4228 Osojnik/Železniki 19 E 6
1215 Osolnik 19 F 8
6275 Osp 33 J 5
1380 Osredek/Borovnica 28 G 8
3230 Osredek/Šentjur 22 E 14
1414 Osredek/Zagorje 21 F 11
1314 Osredek/Zapotok 28 G 9
1295 Osredek nad Stično 29 F 10
8297 Osredek pri Krmelju 21 F 12
3257 Osredek pri Podsredi 31 F 15
8310 Ostrog 30 G 14
8230 Ostrožnik 29 G 12
3000 Ostrožno 22 E 13
6255 Ostrožno Brdo 34 J 6
3232 Ostrožno pri Ponikvi 22 E 14
1241 Oševek 20 E 9
5292 Oševljek 26 G 4
8311 Oštrc 30 H 14
5282 Otalež 18 F 5
1310 Otavice 29 H 10
3201 Otemna 22 E 13
2370 Otiški Vrh 12 C 12
5270 Otlica 26 G 5
4244 Otoče 19 E 7
8222 Otocec 30 G 13
1384 Otok/Cerknica 27 H 8
2273 Otok/Ormož 15 D 18
3341 Otok/Šmartno ob Dreti 21 E 11
1382 Otonica 28 H 8
9202 Otovci 6 B 18
8340 Otovec 37 J 12
4244 Ovsiše 19 E 7
5261 Ozeljan 26 G 4
2361 Ožbalt 13 C 14

## P

2250 Pacinje 14 D 17
3214 Padeški Vrh 13 D 14
1353 Padež 27 G 8
6333 Padna 32 K 4
1337 Padovo pri Osilnici 35 J 10
8222 Paha 30 G 13
2382 Paka 13 D 13
8342 Paka pri Predgradu 36 J 12
1353 Pako 27 G 8
6257 Palčje 34 H 7
2380 Pameče 12 C 12
1293 Pance 28 G 9
3273 Paneče 22 F 13
8321 Pangrč Grm 30 H 13
9206 Panovci 7 B 19
2282 Paradiž 24 E 17
9252 Paričjak 15 C 18
3224 Paridol 22 F 14
3314 Parižlje 21 E 12
6257 Parje 34 J 7
1420 Partizanski Vrh 21 E 12
9207 Pártosfalva = Prosenjakovci 7 B 19
3327 Paška Vas 21 D 12
3320 Paški Kozjak 12 D 13
6244 Pavlica 34 J 7
2259 Pavlovski Vrh 15 D 19
1290 Peč 28 G 10
9202 Pečarovci 6 B 18
1251 Peče 21 F 10
3241 Pečica 23 E 15
8272 Pečice 31 F 15
1274 Pečice/Gabrovka 29 G 12
5283 Pečine 18 F 5

2321 Pečke 23 E 16
5281 Pečnik 27 F 6
3220 Pečovje 22 E 13
3000 Pečovnik 22 E 13
2000 Pekel 14 C 16
2341 Pekre 14 C 15
4243 Peračica 19 D 7
2231 Pernica 14 C 16
2366 Pernice 12 C 12
4247 Perniki 9 D 6
3310 Pernovo 22 E 13
9262 Pertoča 6 B 18
8344 Perudina 37 K 13
3320 Pesje 21 D 12
9204 Peskovci 7 B 19
2201 Pesnica 13 C 15
2211 Pesnica pri Mariboru 14 C 16
2211 Pesniški dvor 14 C 16
2283 Pestike 24 D 18
2236 Peščeni Vrh 15 C 17
8000 Petane 29 H 12
9251 Petanjci 15 C 18
6257 Petelinje 34 H 7
8000 Petelinjek 30 H 13
9220 Petesháza = Petišovci 16 C 20
9220 Petišovci = Petesháza 16 C 20
1373 Petkovec 27 G 7
1317 Petrinci 28 H 9
6240 Petrinje 33 J 5
3301 Petrovče 22 E 13
5243 Petrovo Brdo 18 E 6
4220 Pevno 19 E 7
3330 Pezdir 21 D 11
1291 Pijava Gorica 28 G 9
3240 Pijovci 23 E 15
1380 Pikovnik 28 G 8
3261 Pilštanj 23 F 15
9220 Pince = Pince 16 C 21
9220 Pince = Pince 16 C 21
9220 Pince Marof 16 C 21
6330 Piran (Pirano) 32 J 3
3230 Pirešica 22 D 13
8254 Piršenbreg 31 G 15
8255 Pišece 31 F 15
6257 Pivka 34 H 7
2311 Pivola 14 D 15
2250 Placar 14 D 17
2272 Placerovci 15 D 18
2201 Plač 14 B 15
2313 Planica/Fram 14 D 15
4000 Planica/Kranj 19 E 7
5270 Planina/Ajdovščina 26 G 5
1336 Planina/Brod na Kupi 36 K 11
8333 Planina/Črnomelj 36 J 12
6232 Planina/Postojna 27 H 7
2365 Planina/Radlje ob Dravi 13 C 13
4265 Planina Blato 18 E 5
4247 Planina Javornik 18 D 5
4247 Planina Kranjska Dolina 18 D 5
3214 Planina na Pohorju 13 D 14
4270 Planina pod Golico 9 D 6
2315 Planina pod Šumikom 13 D 14
5282 Planina pri Cerknem 18 F 6
8274 Planina pri Raki 30 G 14
3225 Planina pri Sevnici 22 F 14
8312 Planina v Podbočju 31 H 15
3225 Planinska vas 22 F 14
2392 Plat 12 C 11
3231 Platinovec 22 E 14
5210 Plave 25 F 3
6281 Plavje (Valmarin) 33 J 4
4270 Plavški Rovt 9 D 6
4270 Plavž 9 D 6
8362 Pleš 29 H 11
1291 Pleše 28 G 9
3320 Plešivec 12 D 12
2259 Plešivica/Ljutomer 15 D 19
6210 Plešivica/Sežana 33 H 5
1357 Plešivica/Vnanje Gorice 27 F 8
8360 Plešivica/Žužemberk 29 H 11
1290 Plešivica pri Žalni 28 G 10
2324 Pleterje/Kidricevo 14 D 16
8272 Pleterje/Krško 31 G 15
3222 Pletovarje 22 E 14
2201 Plintovec 14 C 15
6221 Pliskovica 26 H 4
9250 Plitvica 6 B 17
9250 Plitvički Vrh 14 C 17
2213 Plodršnica 14 C 16
1315 Plosovo 28 H 9
8210 Pluska 29 G 11
5230 Plužna 17 D 3
5282 Plužnje 18 F 5
6101 Pobegi 33 J 4
3210 Pobrež 22 D 14
2000 Pobrežje/Maribor 14 C 16
2284 Pobrežje/Ptuj 14 D 17
1433 Počakovo 21 F 12
5282 Poče 18 F 5
2000 Počehova 14 C 15
2222 Počenik 14 C 16
5223 Podbela 17 E 2
6250 Podbeže 34 J 6
4201 Podblica 19 E 7
8312 Podbočje 30 G 14
8297 Podboršt 30 F 12
5243 Podbrdo 18 E 5
5272 Podbreg 26 H 5
4292 Podbrezje 19 E 7
1386 Podcerkev 28 H 8
3254 Podcetrtek 23 F 15
3000 Podgora/Celje 22 E 13
3327 Podgora/Mali Vrh 21 E 12
8000 Podgora/Novo mesto 29 H 12
2394 Podgora/Ravne na Koroškem 12 C 11
1312 Podgora/Velike Lašče 28 H 10
1386 Podgora pri Ložu 35 H 8
2273 Podgorci 15 D 18
1211 Podgorica/Ljubljana 20 F 9
8290 Podgorica/Sevnica 22 F 13
6216 Podgorje/Crni Kal 33 J 5
9253 Podgorje/Gornja Radgona 6 B 16
1240 Podgorje/Kamnik 20 E 9
2381 Podgorje/Slovenj Gradec 21 D 12
3230 Podgorje/Šentjur 22 E 14
3320 Podgorje/Velenje 12 D 12
8292 Podgorje ob Sevnični 22 F 14
3327 Podgorje pri Letušu 21 E 12
8255 Podgorje pri Pišecah 31 F 15
5252 Podgozd/Nova Gorica 26 G 4
8361 Podgozd/Žužemberk 29 H 11
3302 Podgozdnik 21 E 12
9250 Podgrad/Gornja Radgona 6 B 17
6244 Podgrad/Hrušica 34 J 6
1000 Podgrad/Ljubljana 20 F 9
8000 Podgrad/Novo mesto 30 H 13
3230 Podgrad/Šentjur 22 E 14
6217 Podgrad pri Vremah 33 J 6
9240 Podgradje 15 C 19
6250 Podgraje 34 J 8
1314 Podhojni Hrib 28 G 9
4247 Podhom/Bled 10 D 6
3341 Podhom/Šentjanž 21 E 11
8350 Podhosta 29 H 12
4225 Podjelovo Brdo 18 F 6
5230 Podklanec/Kranjska Gora 17 D 3
1317 Podklanec/Sodražice 28 H 9
8344 Podklanec/Vinica 37 K 13
4226 Podklanec/Žiri 27 F 6
4280 Podkoren 9 D 4
1430 Podkraj/Hrastnik 21 F 12
1292 Podkraj/Ig 28 G 8
3320 Podkraj/Velenje 22 E 12
5273 Podkraj/Vipava 27 G 6
2392 Podkraj pri Mežici 12 C 11
3320 Podkraj pri Velenju 21 D 12
1414 Podkum 21 F 12
5251 Podlaka 26 F 4
4225 Podlanišče 19 F 6
4205 Podlebelca 20 E 8
2286 Podlehnik 23 D 17
1330 Podlesje 36 J 11
3233 Podlešje 22 F 14
1360 Podlipa/Vrhnika 27 F 7
8361 Podlipa/Žužemberk 29 G 12
2366 Podlipje 12 C 13
1261 Podlipoglav 28 F 9
1411 Podlipovica 21 F 11
4290 Podljubelj 10 D 7
8343 Podlog/Črnomelj 37 J 13
4206 Podlog/Zgornje Jezersko 11 D 8
3225 Podlog pod Bohorjem 22 F 14
1242 Podlom 20 E 10
4228 Podlonk 19 E 6
1386 Podlož 28 H 8
2322 Podlože 14 D 16
1261 Podmolnik 28 F 9
5272 Podnanos 26 H 5
4244 Podnart 19 E 7
4223 Podobeno 19 F 7
1354 Podolnica 27 F 7
3335 Podolševa 11 D 10
2327 Podova 14 D 16
2393 Podovšovnik 12 D 11
2393 Podpeca 12 D 11
6275 Podpeč/Hrastovlje 33 J 5
1312 Podpeč/Velike Lašče 28 G 10
1352 Podpeč/Vnanje Gorice 28 G 8
1274 Podpeč pod Skalo 29 F 11
3241 Podplat 23 E 15
5282 Podpleče 19 F 6
1319 Podpreska 35 J 9
5272 Podraga 26 H 5
8333 Podreber 37 J 13
4211 Podreča 20 E 8
5211 Podsabotin 25 G 3
3313 Podsevčnik 21 E 12
1382 Podslivnica 28 H 8
3257 Podsreda 23 F 15
1336 Podstene pri Kostelu 36 J 11
8350 Podstenice 29 H 12
6250 Podstenje 34 J 7
1315 Podstrmec 28 H 9
1242 Podstudenec 20 E 9
1313 Podtabor 29 H 10
8350 Podturn pri Dolenjskih Toplicah 29 H 12
1000 Podutik 20 F 8
2363 Podvelka 13 C 13
3334 Podveža 20 D 10
3310 Podvin 22 E 13
3313 Podvin pri Polzeli 21 E 12
2250 Podvinci 14 D 17
3225 Podvine 22 F 14
8258 Podvinje 31 G 16
3334 Podvolovljek 20 E 10
8292 Podvrh/Sevnica 22 F 14
8332 Podzemelj 37 J 13
8283 Poklek nad Blanco 30 F 14
3257 Poklek pri Podsredi 23 F 15
1353 Pokojišče 27 G 8
2310 Pokoše 14 D 15
9201 Polana/Murska Sobota 6 B 18
3273 Polana/Radeče 22 F 13
2392 Polena/Mežica 12 C 11
2257 Polenci 15 D 18
3210 Polene 22 D 14
2257 Polenšak 15 D 18
1355 Polhov Gradec 19 F 7
1290 Polica 28 G 10
9250 Police/Gornja Radgona 6 C 17
5282 Police/Šentviška Gora 18 F 5
2221 Polička vas 14 C 16
2221 Polički Vrh 14 C 16
2391 Poljana/Prevalje 12 C 11
1241 Poljana/Tirosek 20 E 10
3332 Poljane/Ljubno ob Savinji 21 D 11
4223 Poljane nad Škofjo Loko 19 F 7
6243 Poljane pri Podgradu 34 J 6
1295 Poljane pri Stični 29 G 10
6222 Poljane pri Štjaku 26 H 5
8360 Poljane pri Žužemberku 29 G 11
2319 Poljčane 23 E 15
3314 Poljče/Polzela 21 E 12
4275 Poljče/Radovljica 19 D 7
4264 Polje/Bohinjska Bistrica 18 E 5
1260 Polje/Ljubljana 20 F 9
5283 Polje/Prapretno Brdo 18 F 5
3255 Polje ob Sotli 23 F 15
1217 Polje pri Vodicah 20 F 8
5220 Poljubinj 18 E 4
1332 Polom 29 H 11
1385 Polšeče 28 H 8
1222 Polšina 21 E 11
1272 Polšnik 21 F 11
3313 Polzela 21 E 12
3240 Polžanska Gorca 22 E 15
6274 Pomjan 33 J 4
3302 Pongrac 21 E 12
2326 Pongrce 14 D 16
8272 Ponikva/Krško 31 G 15
3232 Ponikva/Šentjur 22 E 14
3310 Ponikva pri Žalcu 22 E 12
8261 Ponikve/Brežice 31 G 15
1380 Ponikve/Cerknica 28 H 8
5283 Ponikve/Kanalski Lom 18 F 4
6210 Ponikve/Sežana 26 H 5
1312 Ponikve/Velike Lašče 28 G 9
8293 Ponikve pri Studencu 30 G 14
1290 Ponova vas 28 G 9
1282 Ponoviče 21 F 11
6272 Popetre 33 K 5
2284 Popovci 14 D 17
9207 Pordašinci = Kisfalu 7 B 20
1241 Poreber 20 E 9
5272 Poreče 26 H 5
5243 Porezen 18 E 5
6320 Portorož (Portorose) 32 J 3
4244 Posavec 19 E 7
6230 Postojna 27 H 7
4290 Potarje 10 D 8
6224 Potoče/Dolenja vas 26 H 6
4205 Potoče/Preddvor 20 E 8
1219 Potok/Buč 20 E 10
1373 Potok/Idrija 27 G 6
3331 Potok/Nazarje 21 E 11
8351 Potok/Novo mesto 29 H 12
1252 Potok pri Vačah 21 F 11
5222 Potoki 17 E 3
4273 Potoki/Jesenice 10 D 6
8333 Potoki/Semič 36 H 12
8000 Potov Vrh 30 H 13
6210 Povir 33 H 5
4204 Povlje 19 E 8
4227 Pozirno 19 E 7
9202 Poznanovci 6 B 18
2327 Požeg 14 D 15
4207 Poženik 20 E 9
3270 Požnica 22 E 13
6101 Prade 33 J 4
2331 Pragersko 14 D 15
5220 Prapetno 18 E 4
3305 Prapreče 21 E 11
8351 Prapreče pri Straži 29 H 12
3225 Prapretno/Planina pri Sevnici 22 F 14
1433 Prapretno/Radeče 22 F 13
5283 Prapretno Brdo 18 F 5
1430 Prapretno pri Hrastniku 21 F 12
6216 Praproče/Črni Kal 33 J 5
1355 Praproče/Polhov Gradec 19 F 7
4227 Praprotno 19 E 7
1373 Praprotno Brdo 27 G 7
4211 Praše 19 E 8
4000 Prebačevo 19 E 8
3312 Prebold 21 E 12
9243 Precetinci 15 C 18
8000 Prečna 29 H 12
9201 Predanovci 6 B 18
4205 Preddvor 20 E 8
3240 Predel 22 E 14
3240 Predenca 23 E 15
8342 Predgrad 36 J 12
5274 Predgriže 27 G 6
6230 Predjama 27 H 6
5270 Predmeja 26 G 5
4000 Predoslje 19 E 8
1312 Predstruge 28 G 10
6272 Pregara 33 K 5
6243 Pregarje 34 J 6
3211 Prekorje 22 E 13
3255 Prelasko 23 F 15
1273 Prelesje/Dole pri Litiji 29 F 12
4224 Prelesje/Žiri 19 F 7
1230 Prelog 20 F 9
8333 Preloge/Semič 36 J 12
2316 Preloge/Slovenske Konjice 13 D 15
8341 Preloka 37 K 14
6255 Prelože 34 J 6
3320 Prelska 22 D 13
6255 Prem 34 J 7
8312 Premagovce 31 H 15
2206 Prepolje 14 D 16
2316 Prepuž 23 D 15
2257 Prerad 15 D 18
3224 Presečno 22 F 14
1352 Preserje/Borovnica 28 G 8
5295 Preserje/Branik 26 G 4
1235 Preserje pri Radomljah 20 F 9
3257 Preska 31 F 15
1275 Preska nad Kostrevnico 29 F 11
8281 Presladol 30 F 14
6258 Prestranek 27 H 7
2390 Preški Vrh 12 C 11
6240 Prešnica 33 J 5
2310 Pretrež 23 D 15
1251 Pretrž 21 F 10
3205 Preval 13 D 14
2391 Prevalje 12 C 11
1272 Preveg 21 F 11
1225 Prevoje pri Šentvidu 20 F 10
8362 Prevole 29 H 11
1000 Prežganje 28 F 10
5232 Pri Cerkvi 9 D 4
1313 Pri Cerkvi-Struge 29 H 10
8341 Pribinci 37 J 13
8333 Pribišje 36 H 12
1331 Prigorica 28 H 10
4270 Prihodi 9 D 6
3332 Prihova 21 E 11
8251 Prilipe 31 G 15
1303 Primča vas 29 H 10
8332 Primostek 37 J 13
8293 Primož 30 G 13
3333 Primož pri Ljubnem 11 D 10
3230 Primož pri Šentjurju 22 E 14
4000 Primskovo 19 E 8
1353 Pristava/Borovnica 27 G 8
3212 Pristava/Celje 22 E 13
2393 Pristava/Črna na Koroškem 12 D 11
9240 Pristava/Ljutomer 15 C 19
5101 Pristava/Nova Gorica 25 G 3
8000 Pristava/Novo mesto 30 H 13
6222 Pristava/Podnanos 26 H 5
3325 Pristava/Šoštanj 12 D 12
4290 Pristava/Tržič 19 D 7
1295 Pristava nad Stično 29 G 10
3253 Pristava pri Mestinju 23 E 15
3333 Prod 21 D 11
9202 Prosečka vas 6 B 18
3230 Proseniško 22 E 14
9207 Prosenjakovci = Pártosfalva 7 B 19
3220 Prožinska vas 22 E 13
5294 Prvačina 26 G 4
2281 Prvenci 15 D 17
1219 Pšajnovica 20 E 10
4207 Pšata/Cerklje nad Gorenjskem 20 E 9
1262 Pšata/Ljubljana 20 F 9
2250 Ptuj 14 D 17
9250 Ptujska Cesta 15 C 17
2323 Ptujska Gora 23 D 16
1336 Puc 36 J 11
9201 Puconci 7 B 18
6274 Puče 33 K 4
1386 Pudob 35 H 8
8341 Purga 37 J 13
1314 Purkače 28 G 9
1296 Pusti Javor 29 G 11
3331 Pusto polje 21 E 11
2344 Puščava/Ruše 13 C 14
8230 Puščava/Trebnje 29 G 12
2270 Pušenci 15 D 19
4220 Puštal 19 F 7
9265 Puževci 6 B 18

R

2327 Rače 14 D 16
4226 Račeva 27 F 6
1434 Račica 22 F 13
6244 Račice 34 J 6
8210 Račje Selo 29 G 11
9223 Rádamos = Radmožanci 16 C 20
1433 Radeče 22 F 13
3330 Radegunda 21 D 11
2230 Radehova 14 C 17
2360 Radelca 13 C 13
9252 Radenci 15 C 18
1434 Radež 22 F 13
1273 Radgonica 21 F 12
2312 Radizel 14 D 15
1385 Radlek 28 H 8
2360 Radlje ob Dravi 13 C 13
3333 Radmirje 21 E 11
9223 Radmožanci = Rádamos 16 C 20
8231 Radna vas 29 G 12
3270 Radoblje 22 F 13
1296 Radohova vas 29 G 11
9240 Radomerje 15 C 19
1235 Radomlje 20 E 9
9243 Radoslavci 15 C 18
9264 Radovci 6 B 18
8330 Radovica 30 H 14
8330 Radoviči 37 J 14
4240 Radovljica 19 D 7
4247 Radovna 9 D 5
3334 Raduha 20 D 10
2000 Radvanje 14 C 15
9245 Radvenci 14 C 17
1225 Rafolče 20 E 10
1330 Rajhenav 36 J 11
1330 Rajndol 36 J 11
1336 Rajšele 36 J 11
8274 Raka 30 G 14
1381 Rakek 27 H 7
9000 Rakičan 15 C 19
1352 Rakitna 28 G 8
1331 Rakitnica 35 H 10
3263 Rakitovec/Gorica pri Slivnici 22 E 14
6216 Rakitovec/Movraz 33 K 5
3213 Rakova Steza 22 E 13
2258 Rakovci 15 D 18
3240 Rakovec/Cerovec pri Šmartju 22 E 14
8330 Rakovec/Metlika 37 J 14
3314 Rakovlje 21 E 12
6225 Rakulik 27 H 6
2211 Ranca 14 C 16
2313 Ranče 14 D 15
9251 Rankovci 6 B 18
1313 Rapljevo 29 H 10
1211 Rašica/Domžale 20 F 9
1315 Rašica/Velike Lašče 28 G 9
4283 Rateče 9 D 4
8222 Ratež 30 H 13
8362 Ratje 29 H 11
9207 Ratkovci 7 B 19
1410 Ravenska vas 21 F 12
5262 Ravne 26 G 4
1385 Ravne na Blokah 28 H 9
2390 Ravne na Koroškem 12 C 11
1273 Ravne nad Šentrupertom 29 F 12
5282 Ravne pri Cerknem 18 F 5
1411 Ravne pri Mlinšah 21 F 11
1219 Ravne pri Šmartnem 20 E 10
8272 Ravne pri Zdolah 31 G 15
4264 Ravne v Bohinju 18 E 5
8273 Ravni 30 G 14
1301 Ravni Dol 28 G 10
5251 Ravnica/Nova Gorica 26 G 4
4246 Ravnica/Radovljica 19 E 7
8232 Ravnik/Šentrupert 29 G 12
1385 Ravnik/Velike Bloke 28 H 9
1372 Ravnik pri Hotedršici 27 G 6
6222 Ravnje 26 H 5
1000 Ravno Brdo 28 F 10
5253 Razazije 26 F 5
1434 Razbor/Radeče 22 F 13
3222 Razbor/Šentjur 22 E 14
1275 Razbore 29 F 11
6225 Razdrto 27 H 6
3212 Razgor/Celje 22 E 14
2318 Razgor/Slovenske Konjice 23 D 15
3212 Razgorce 22 E 14
6210 Razguri 26 H 5
9240 Razkrižje 15 C 19
8280 Raztez 30 F 15
2000 Razvanje 14 C 15
2344 Rdeči Breg 13 C 14
1296 Rdeči Kal/Ivančna Gorica 29 G 11
8211 Rdeči Kal/Trebnje 29 G 12
8360 Reber 29 G 11
2344 Recenjak 13 C 14
3327 Rečica ob Paki 21 E 12
3332 Rečica ob Savinji 21 E 11
4263 Rečiška planina 18 D 6
5282 Reka/Cerkno 18 F 5
3270 Reka/Laško 22 F 13
2363 Remšnik 13 C 13
5292 Renče 26 G 4
1282 Renke 21 F 11

9224 Renkovci 15 C 19
5292 Renški Podkraj 26 G 4
6272 Reparec 33 K 5
8210 Repče 29 G 12
2285 Repišče 24 D 17
8360 Replje 29 G 11
1217 Repnje 20 E 8
3230 Repno 22 E 14
3214 Resnik 13 D 14
8281 Reštanj 22 F 14
4220 Reteče 19 F 8
1318 Retje 28 H 9
4294 Retnje 19 D 7
1281 Ribče 21 F 10
4265 Ribčev Laz 18 E 5
1337 Ribjek 35 J 10
8261 Ribnica/Brežice 31 G 16
1310 Ribnica/Kočevje 28 H 10
6240 Ribnica/Pivka 34 J 6
2364 Ribnica na Pohorju 13 C 13
4260 Ribno 19 D 6
3000 Rifengozd 22 E 13
8210 Rihpovec 29 G 12
9252 Rihtarovci 15 C 18
5252 Rijavci 26 G 4
3272 Rimske Toplice 22 F 13
6243 Ritomeče 33 J 6
2310 Ritoznoj 14 D 15
6275 Rižana 33 J 5
2255 Rjavci 15 C 17
6243 Rjavče 34 J 6
1314 Rob 28 G 9
3335 Robanov Kot 11 D 10
5222 Robič 17 E 3
5223 Robidišče 17 E 2
5283 Roče 18 F 4
4290 Ročevnica 19 D 7
2223 Ročica 14 C 16
5215 Ročinj 18 F 4
1414 Rodež 21 F 12
1230 Rodica 20 F 9
6240 Rodik 33 J 5
8340 Rodine/Črnomelj 36 J 12
4274 Rodine/Radovljica 10 D 7
8210 Rodine pri Trebnjem 29 G 12
3250 Rogaška Slatina 23 E 15
9262 Rogašovci 6 B 18
3252 Rogatec 23 E 16
1292 Rogatec nad Želimljami 28 G 9
1338 Rogati hrib 36 J 11
3253 Roginska Gorca 23 E 15
2204 Rogoza 14 D 16
2232 Rogoznica/Miklavž na Dravskem polju 14 C 16
2250 Rogoznica/Ptuj 14 D 17
9261 Ropoča 6 B 18
8330 Rosalnice 37 J 14
2205 Rošnja 14 D 16
2201 Rošpoh 14 C 15
1235 Rova 20 E 9
3213 Rove/Frankolovo 22 E 14
1410 Rove/Zagorje ob Savi 21 F 11
1282 Rovišče 21 F 11
8293 Rovišče pri Studencu 30 G 14
1355 Rovt 19 F 7
3341 Rovt pod Menino 21 E 11
4264 Rovtarica 19 E 6
1373 Rovtarske Žibrše 27 G 6
4244 Rovte/Naklo 19 E 7
1373 Rovte/Vrhnika 27 G 7
8232 Roženberk 29 G 12
2233 Rožengrunt 6 B 16
9244 Rožički Vrh 15 C 18
5290 Rožna Dolina 25 G 3
8333 Rožni Dol 36 H 12
1311 Rožnik 28 G 9
8283 Rožno 30 G 14
6223 Rubije 26 G 4
2258 Rucmanci 15 D 18
3254 Rudnica 23 F 15
1000 Rudnik 28 F 9
4228 Rudno 19 E 7
4264 Rudnopolje 18 D 5
8351 Rumanja vas 29 H 12
1385 Runarsko 28 H 9
2259 Runeč 15 D 18
3201 Rupe 22 E 13
2229 Ruperče 14 C 16
2342 Ruše 13 C 15
5242 Rut 18 E 5
2343 Ruta 13 C 14
1413 Ržišče 21 F 11
1252 Ržiše 21 F 11

S

6250 Sabonje 34 J 7
1296 Sad 29 G 11
1261 Sadinja vas 28 F 9
8361 Sadinja vas pri Dvoru 29 H 11
8311 Sajevce 30 G 14
6225 Sajevče 27 H 6
1310 Sajevec 28 H 10
2256 Sakušak 15 C 17
1355 Samotorica 27 F 7
5273 Sanabor 26 G 5
9000 Satahovci 15 C 18
1282 Sava 21 F 11
2257 Savci 15 D 18
3333 Savina 21 D 10
2321 Savinsko 23 D 16
9221 Sebeborci 7 B 19
4294 Sebenje 19 D 7
6320 Seca (Sezza) 32 K 3
1332 Seč 29 H 11
8344 Sečje selo 37 K 13
6333 Sečovlje (Sicciole) 32 K 3
3255 Sedlarjevo 23 F 15
2286 Sedlašek 23 E 17
5223 Sedlo 17 E 2
3270 Sedraž 22 F 13
9253 Segovci 6 B 17
2258 Sejanci 15 D 18
6210 Sela/Kazije 26 H 5
2324 Sela/Kidričevo 14 D 16
3220 Sela/Laško 22 E 13
3254 Sela/Podčetrtek 23 F 15
5296 Sela na Krasu 25 H 3
5220 Sela nad Podmelcem 18 E 4
8257 Sela pri Dobovi 31 G 15
8362 Sela pri Hinjah 29 H 11
8331 Sela pri Jugorju 30 H 13
1241 Sela pri Kamniku 20 E 10
8274 Sela pri Raki 30 G 14
8360 Sela pri Šumberku 29 G 11
1294 Sela pri Višnji Gori 29 G 10
4227 Selca 19 E 7
1223 Selce/Blagovica 21 E 10
2232 Selce/Lenart v Slovenskih goricah 14 C 16
6257 Selce/Pivka 34 H 7
5222 Selce/Vrsno 17 E 3
8283 Selce nad Blanco 30 F 14
1251 Selce pri Moravčah 21 F 10
3330 Sele/Mozirje 21 D 11
2380 Sele/Slovenj Gradec 12 C 12
2331 Sele pri Polskavi 14 D 15
5222 Selišče 17 E 3
9244 Selišči 15 C 18
2352 Selnica ob Dravi 13 C 14
2214 Selnica ob Muri 14 B 16
5262 Selo/Branik 26 G 4
9207 Selo/Fokovci 7 B 19
6222 Selo/Podraga 26 H 5
4226 Selo/Žiri 19 F 6
3270 Selo pri Laškim 22 F 13
4260 Selo pri Bledu 19 D 6
1230 Selo pri Ihanu 20 F 9
8233 Selo pri Mirni 29 G 12
1261 Selo pri Pancah 28 F 9
1296 Selo pri Radohovi vasi 29 G 11
1314 Selo pri Robu 28 H 9
3305 Selo pri Vranskem 21 E 11
1410 Selo pri Zagorju 21 F 12
4273 Selo pri Žirovnici 10 D 6
2373 Selovec 12 C 12
1382 Selšček 27 H 8
4227 Selške Lajše 19 E 7
6101 Semedela 33 J 4
8333 Semič 37 J 13
5290 Sempeter pri Gorici 25 G 3
6224 Senadole 26 H 5
4294 Senično 19 D 7
5212 Senik/Kanal 17 F 3
2258 Senik/Ormož 15 D 18
5215 Seniški Breg 18 F 4
8281 Senovo 30 F 14
6224 Senožeče 27 H 6
1262 Senožeti 20 F 10
8273 Senuše 30 G 14
9262 Serdica 6 B 18
6311 Serote 32 J 3
2322 Sestrže 23 D 16
8290 Sevnica 30 F 13
1276 Sevno 29 G 11
6210 Sežana (Sesana) 26 H 5
3320 Silova 21 D 12
2393 Silvester 12 D 11
1360 Sinja Gorica 27 G 7
8344 Sinji Vrh 37 K 13
1316 Sinovica 28 H 9
9243 Sitarovci 15 C 18
6242 Skadanšcina 33 J 6
9261 Skakovci 6 B 18
1217 Skaručna 20 F 8
2204 Skoke 14 D 16
3214 Skomarje 13 D 14
6221 Skopo 26 H 4
2288 Skorba 14 D 16
2285 Skorišnjak 24 E 17
3325 Skorno pri Šoštanju 12 D 12
5263 Skrilje/Ajdovščina 26 G 5
3240 Sladka Gora 23 E 15
2214 Sladki Vrh 14 B 16
8330 Slamna vas 37 H 14
9240 Slamnjak 15 D 19
8295 Slančji Vrh 30 G 13
4290 Slap/Tržič 19 D 7
5271 Slap/Vipava 26 G 5
5283 Slap ob Idrijci 18 F 4
5212 Slapnik 25 F 3
9244 Slaptinci 15 C 18
2222 Slatenik 14 C 16
2282 Slatina/Podlehnik 24 D 17
3327 Slatina/Šmartno ob Paki 21 D 12
3224 Slatina pri Dobjem 22 F 14
3232 Slatina pri Ponikvi 22 E 14
2201 Slatinski dol 14 C 15
4275 Slatna 19 D 7
1273 Slavina/Dole pri Litiji 29 F 12
6258 Slavina/Pivka 27 H 7
6225 Slavinje 27 H 6
1336 Slavski Laz 36 K 11
2255 Slavšina 15 C 17
1385 Sleme 28 H 8
8230 Slepšek 29 G 12
1381 Slivice 27 H 7
6242 Slivje 33 J 6
1252 Slivna 21 F 10
3263 Slivnica pri Celju 22 E 14
2312 Slivnica pri Mariboru 14 D 15
2208 Slivniško Pohorje 14 D 15
3270 Slivno 22 E 13
8258 Slogonsko 31 G 16
2257 Slomi 15 D 17
6240 Slope 33 J 5
2380 Slovenj Gradec 12 C 12
2288 Slovenja vas 14 D 16
2310 Slovenska Bistrica 14 D 15
1332 Slovenska vas/Kočevje 36 J 10
6257 Slovenska vas/Pivka 34 H 7
8232 Slovenska vas/Trebnje 29 G 12
3210 Slovenske Konjice 22 D 14
1380 Slugovo 28 H 8
5222 Smast 17 E 3
8270 Smečice 30 G 14
8274 Smednik 30 G 14
1216 Smlednik 20 F 8
4274 Smokuč 10 D 6
6275 Smokvica 33 K 5
4223 Smoldno 19 F 7
8000 Smolenja vas 30 H 13
2236 Smolinci 15 C 17
2342 Smolnik 13 C 14
1373 Smrečje 27 F 7
2315 Smrečno 13 D 14
6255 Smrje 34 J 7
1291 Smrjene 28 G 9
1332 Smuka 29 H 11
8262 Sobenja vas 31 G 15
2272 Sobetinci 15 D 17
1296 Sobrače 29 G 11
6275 Socerb 33 J 5
3203 Socka 22 D 13
5232 Soča 17 D 4
6272 Sočerga 33 K 5
8342 Sodevci 36 K 12
2273 Sodinci 15 D 18
9251 Sodišinci 6 B 18
3253 Sodna vas 23 E 15
2331 Sodnji Gaj pri Pragerskem 14 D 16
1317 Sodražica 28 H 9
3213 Sojek 22 E 14
3335 Solčava 11 D 10
5101 Solkan 25 G 3
2382 Sončne Završe 12 D 12
4220 Sopotnica 19 F 7
1215 Sora 19 F 8
3240 Sotensko pri Šmarju 22 E 15
8351 Soteska/Dolenjske Toplice 29 H 12
1241 Soteska/Kamnik 20 E 9
9262 Sotina 6 B 18
2284 Sovice 24 D 17
1241 Sovinja Peč 20 E 10
9244 Sovjak 15 C 17
4225 Sovodenj 19 F 6
6250 Soze 34 J 7
5214 Spik 18 F 4
4205 Spodnja Bela 19 E 8
4201 Spodnja Besnica 19 E 7
8342 Spodnja Bilpa 36 J 11
5295 Spodnja Branica 26 G 4
2319 Spodnja Brežnica 23 E 15
1295 Spodnja Draga 29 G 10
2327 Spodnja Gorica 14 D 16
2288 Spodnja Hajdina 14 D 17
5281 Spodnja Idrija 26 F 6
5281 Spodnja Kanomlja 26 F 5
2362 Spodnja Kapla 13 C 14
2241 Spodnja Korena 14 C 16
3241 Spodnja Kostrivnica 23 E 15
4246 Spodnja Lipnica 19 E 7
2316 Spodnja Ložnica 13 D 15
2310 Spodnja Nova vas 14 D 15
8253 Spodnja Pohanca 31 G 15
2314 Spodnja Polskava 14 D 15
3270 Spodnja Rečica/Laško 22 F 13
3332 Spodnja Rečica/Nazarje 21 E 11
2235 Spodnja Senarska 14 C 17
1290 Spodnja Slivnica 28 G 9
4229 Spodnja Sorica 18 E 6
2322 Spodnja Sveča 23 E 16
2213 Spodnja Velka 14 C 16
2360 Spodnja Vižinga 13 C 13
2232 Spodnja Voličina 14 C 16
4209 Spodnje Bitnje 19 E 8
1290 Spodnje Blato 28 G 10
1294 Spodnje Brezovo 28 G 10
4229 Spodnje Danje 19 E 6
2201 Spodnje Dobrenje 14 C 15
2382 Spodnje Dovže 12 D 12
8270 Spodnje Dule 30 G 14
4203 Spodnje Duplje 19 E 7
4205 Spodnje Fužine 20 D 8
1211 Spodnje Gameljne 20 F 9
3314 Spodnje Gorče 21 E 12
2286 Spodnje Gruškovje 24 E 17
3210 Spodnje Grušovje 22 D 14
2311 Spodnje Hoče 14 C 15
2326 Spodnje Jablane 14 D 16
1273 Spodnje Jelenje 21 F 12
4206 Spodnje Jezersko 11 D 8
9253 Spodnje Konjišče 6 B 17
3341 Spodnje Kraše 21 E 11
4247 Spodnje Laze/Bled 9 D 6
3320 Spodnje Laze/Velenje 21 D 12
3250 Spodnje Negonje 23 E 15
1241 Spodnje Palovče 20 E 9
8270 Spodnje Pijavško 30 G 14
1215 Spodnje Pirniče 20 F 8
3332 Spodnje Pobrežje 21 E 11
2319 Spodnje Poljčane 23 E 15
3210 Spodnje Preloge 22 D 14
3325 Spodnje Ravne 12 D 12
3250 Spodnje Sečovo 23 E 15
1242 Spodnje Stranje 20 E 9
6281 Spodnje Škofije 33 J 4
3223 Spodnje Tinsko 23 E 15
8295 Spodnje Vodale 30 G 13
2353 Spodnji Boč 13 C 14
4207 Spodnji Brnik 20 E 8
2382 Spodnji Dolič 13 D 13
2241 Spodnji Duplek 14 C 16
3241 Spodnji Gabrnik 23 E 15
2223 Spodnji Gasteraj 14 C 16
4264 Spodnji Goreljek 18 E 5
1270 Spodnji Hotič 21 F 10
9245 Spodnji Ivanjci 15 C 17
2222 Spodnji Jakobski Dol 14 C 16
9240 Spodnji Kamenščak 15 C 19
2259 Spodnji Ključarovci 15 D 18
2285 Spodnji Leskovec 24 D 17
1282 Spodnji Log/Litija 21 F 11
1330 Spodnji Log/Stari Trg ob Kolpi 36 J 12
3314 Spodnji Podvrh 21 E 12
1281 Spodnji Prekar 20 F 10
2352 Spodnji Slemen 13 C 15
8270 Spodnji Stari Grad 31 G 15
2250 Spodnji Velovlek 14 D 17
2235 Spodnji Verjane 14 C 17
2230 Spodnji Žerjavci 14 C 17
2250 Spuhlja 14 D 17
2212 Srebotje 14 B 16
8000 Srebrnice 29 H 12
3256 Srebrnik 23 F 15
8340 Sredgora 36 J 12
9207 Središče = Szerdahely 7 B 19
2277 Središče ob Dravi 15 D 19
8297 Srednik 30 F 13
4205 Srednja Bela 19 E 8
9232 Srednja Bistrica 15 C 19
5281 Srednja Kanomlja 26 F 5
4247 Srednja Radovna 9 D 5
8333 Srednja vas 36 J 12
1319 Srednja vas pri Dragi 35 J 9
1241 Srednja vas pri Kamniku 20 E 10
4208 Srednja vas pri Šenčurju 20 E 8
4267 Srednja vas v Bohinju 18 E 5
4204 Srednja vas-Goriče 19 E 8
4209 Srednje Bitnje 19 E 8
1211 Srednje Gameljne 20 F 8
8230 Srednje Laknice 30 G 13
2382 Srednje Završe 12 D 12
2382 Srednji Dolič 13 D 13
8361 Srednji Lipovec 29 H 11
8342 Srednji Radenci 36 K 12
4282 Srednji Vrh/Kranjska Gora 9 D 5
1355 Srednji Vrh/Polhov Gradec 19 F 7
1337 Srobotnik ob Kolpi 36 J 10
5224 Srpenica 17 E 2
1242 Stahovica 20 E 9
8233 Stan 29 G 12
2322 Stanecka vas 23 D 16
1211 Stanežiče 20 F 8
9203 Stanjevci 7 B 19
2286 Stanošina 23 E 17
5223 Stanovišče 17 E 2
2319 Stanovsko 23 E 15
8276 Stara Bučka 30 G 13
1332 Stara Cerkev 36 H 11
9240 Stara cesta 15 C 18
4265 Stara Fužina 18 E 5
9244 Stara gora 15 C 18
8344 Stara Lipa 37 K 13
4220 Stara Loka 19 E 7
9242 Stara Nova vas 15 C 18
4225 Stara Oselica 19 F 6
6256 Stara Sušica 34 J 6
1360 Stara Vrhnika 27 G 7
6230 Stara vas 27 H 7
8259 Stara vas-Bizeljsko 31 G 16
3225 Stara Žaga 22 F 14
3210 Stare Slemene 22 E 14
8350 Stare Žage 29 H 12
1330 Stari Breg 36 H 11
2321 Stari Grad 23 E 16
1319 Stari Kot 35 J 9
1332 Stari Log/Kočevje 29 H 11
2331 Stari Log/Slovenska Bistrica 14 D 15
2380 Stari Trg 12 D 12
8342 Stari trg ob Kolpi 36 K 12
1386 Stari trg pri Ložu 28 H 8
1330 Staro Brezje 36 J 11
5220 Staro Selo 17 E 3
6244 Starod 34 K 7
2326 Starošince 14 D 16
2205 Starše 14 D 16
8361 Stavca vas 29 H 11
9245 Stavešinski Vrh 15 C 17
1219 Stebljevek 20 E 10
8213 Stehanja vas 29 G 11
3205 Stenica 13 D 13
5295 Steske 26 G 4
1295 Stična 29 G 10
4207 Stiška vas 20 E 9
2322 Stogovci 23 D 16
2281 Stojnci 15 D 17
8280 Stolovnik 30 G 14
5270 Stomaž 26 G 5
2393 Stopar 12 D 11
3270 Stopce 22 F 13
2289 Stoperce 23 E 16
8000 Stopiče 30 H 13
5282 Stopnik 18 F 5
2321 Stopno 23 D 16
1000 Stožice 20 F 9
4202 Strahinj 19 E 7
1292 Strahomer 28 G 8
2286 Strajna 23 E 16
6225 Strane 27 H 6
3206 Stranice 22 D 14
3241 Stranje/Rogaška Slatina 23 E 15
8291 Stranje/Senovo 22 F 14
8211 Stranje pri Dobrniču 29 G 11
1356 Stranska vas/Ljubljana 20 F 8
8000 Stranska vas/Novo mesto 30 H 12
8333 Stranska vas pri Semicu 37 J 13
1272 Stranski Vrh 21 F 11
3262 Straška Gorca 22 F 14
5282 Straža/Cerkno 18 F 5
8351 Straža/Novo mesto 29 H 12
3222 Straža na Gori 22 E 14
1251 Straža pri Moravčah 21 F 10
8274 Straža pri Raki 30 G 14
3333 Straže/Ljubno ob Savinji 21 E 11
2232 Straže/Maribor 14 C 17
2331 Stražgonjca 14 D 16
1380 Stražišče/Cerknica 28 G 8
4000 Stražišče/Kranj 19 E 8
2391 Stražišče/Prevalje 12 C 11
8340 Stražnji Vrh 36 J 12
9223 Strehovci 7 C 19
2252 Strejaci 15 D 17
2281 Strelci 15 D 17
1314 Strletje 28 G 9
3270 Strmca/Laško 22 F 13
6230 Strmca/Postojna 27 H 7
1385 Strmca/Sodražica 28 H 9
5274 Strmec/Ajdovščina 26 G 6
1273 Strmec/Dole pri Litiji 29 F 12
5213 Strmec/Kanal 17 F 3
3334 Strmec/Ljubno ob Savinji 11 D 10
5231 Strmec na Predelu 8 D 3
2285 Strmec pri Leskovcu 24 D 17
2289 Strmec pri Svetim Florjanu 23 E 16
2325 Strnišče 14 D 16
9240 Stročja vas 15 C 19
2390 Strojna 12 C 11
8256 Stromlje 31 G 15
3253 Strtenica 23 E 15
9265 Strukovci 6 B 18
6323 Strunjan (Strugnano) 32 J 3
4000 Struževo 19 E 8
1336 Stružnica 36 K 11
5243 Stržišče 18 E 5
6244 Studena Gora 34 J 7
3310 Studence 22 E 12
2000 Studenci 14 C 15
4274 Studenčice/Bled 19 D 6
1215 Studenčice/Medvode 19 F 8
8293 Studenec 30 G 14
1385 Studenec na Blokah/Sodražica 28 H 9
1385 Studenec na Blokah/Velike Bloke 28 H 8
1233 Studenec pri Krtini 20 F 10
2319 Studenice 23 E 15
6230 Studeno 27 H 7
4267 Studor v Bohinju 18 E 5
4000 Suha/Šenčur 19 E 8
4220 Suha/Škofja Loka 19 F 7
3215 Suhadol/Loče pri Poljčanah 22 E 14
1432 Suhadol/Zidani Most 21 F 12
1218 Suhadole 20 E 9
1330 Suhi Potok 36 J 11
9208 Suhi Vrh/Andrejci 7 B 19
2366 Suhi Vrh pri Radljah 13 C 13
2391 Suhi vrh/Prevalje 12 C 11
1336 Suhor/Morava 36 J 11

8000 Suhor/Novo mesto 29 H 12
6217 Suhorje 34 J 6
6254 Sušak 34 K 7
1295 Sušica 29 G 10
5222 Sužid 17 E 3
2214 Svečane 6 B 16
2201 Svečina 14 B 15
2393 Sveta Ana/Črna na Koroškem 11 D 10
4290 Sveta Ana/Ljubelj 10 D 7
2233 Sveta Ana v Slovenskih goricah 14 C 17
2380 Sveta Barbara/Slovenj Gradec 12 C 12
2242 Sveta Barbara/Spodnja Korena 14 C 16
3253 Sveta Ema 23 E 15
3331 Sveta Katarina 21 E 11
2393 Sveta Magdalena/Črna na Koroškem 12 D 11
2366 Sveta Magdalena/Muta 12 C 12
2367 Sveta Marija na Kamnu 12 C 13
3330 Sveta Radegunda 21 D 11
2235 Sveta Trojica v Slovenskih goricah 14 C 17
4220 Svetega Petra Hrib 19 F 7
3222 Svetelka 22 E 14
3334 Sveti Anton/Gornji Grad 20 E 10
6271 Sveti Anton/Koper 33 J 4
2364 Sveti Bolfenk 13 C 13
2370 Sveti Boštjan 12 C 12
2370 Sveti Danijel 12 C 12
2370 Sveti Duh/Dravograd 12 C 12
4220 Sveti Duh/Škofja Loka 19 E 7
2353 Sveti Duh na Ostrem vrhu 13 C 14
2289 Sveti Florjan/Rogaška Slatina 23 E 16
3325 Sveti Florjan/Šoštanj 12 D 12
1316 Sveti Gregor 28 H 9
2221 Sveti Jakob 14 C 16
2360 Sveti Janez 13 C 13
3310 Sveti Jedrt 22 E 12
3215 Sveti Jernej 22 E 15
2366 Sveti Jernej nad Muto 12 C 12
2363 Sveti Jurij/Remšnik 13 C 13
9262 Sveti Jurij/Rogašovci 6 B 18
3252 Sveti Jurij/Rogatec 23 E 16
9244 Sveti Jurij ob Ščavnici 15 C 18
3330 Sveti Križ 12 D 11
4207 Sveti Lenart/Kamnik 20 E 9
2391 Sveti Lenart/Prevalje 12 C 11
2354 Sveti Lenart/Ribnica na Pohorju 13 C 13
3330 Sveti Mihael 12 D 11
2380 Sveti Miklavž 12 C 12
2390 Sveti Neža 12 C 12
2370 Sveti Ožbolt 12 C 12
6333 Sveti Peter 32 K 4
2367 Sveti Primož na Pohorju 12 C 13
3264 Sveti Štefan 22 E 14
2258 Sveti Tomaž 15 D 18
2366 Sveti Trije kralji 13 C 13
2234 Sveti Trije kralji v Slovenskih goricah 14 C 17
2201 Sveti Urban/Maribor 14 C 15
2370 Sveti Urban/Slovenj Gradec 12 C 12
2390 Sveti Urh 12 C 11
1380 Sveti Vid/Cerknica 28 G 8
2367 Sveti Vid/Radlje ob Dravi 12 C 13
2367 Sveti Vid/Vuzenica 13 C 13
8230 Sveti Vrh 30 G 13
3220 Svetina 22 E 13
2253 Svetinci 14 D 17
3220 Svetli Dol 22 E 13
6223 Sveto 26 H 4
1433 Svibno 21 F 12
5222 Svino 17 E 3
6250 Sviščaki 34 J 8
9207 Szentlásszlo = Motvarjevci 7 B 20
9207 Szerdahely = Središče 7 B 19

Š

9240 Šafarsko 15 C 19
9201 Šalamenci 6 B 18
9242 Šalinci 15 C 19
1330 Šalka vas 36 J 11
9204 Šalovci/Hodoš 7 B 19
2277 Šalovci/Ormož 15 D 19
9204 Šalovski Breg 7 B 19
9250 Ščavnica 14 C 17
1275 Ščit 29 F 10
1311 Ščurki 28 G 9
5282 Šebrelje 18 F 5
5282 Šebreljski Vrh 18 F 5
8281 Šedem 22 F 14
1318 Šegova vas 35 H 9
6253 Šembije 34 J 7
1411 Šemnik 21 F 11
5261 Šempas 26 G 4
3311 Šempeter v Savinjski dolini 21 E 12
4208 Šenčur 20 E 8
1290 Šent Jurij 28 G 9
1222 Šentgotard 21 E 11
2382 Šentilj pod Turjakom 13 D 13
2212 Šentilj v Slovenskih goricah 14 B 16
1000 Šentjakob 20 F 9
8297 Šentjanž/Radeče 30 F 13
3332 Šentjanž/Rečica ob Savinji 21 E 11
2367 Šentjanž nad Dravčami 12 C 12
2373 Šentjanž pri Dravog 12 C 12
8310 Šentjernej 30 G 14
1354 Šentjošt/Horjul 27 F 7
8000 Šentjošt/Novo mesto 30 H 13
3230 Šentjur 22 E 14
1296 Šentjurje 29 G 11
1410 Šentlambert 21 F 11
2382 Šentlenart 13 D 13
8212 Šentlovrenc 29 G 11
1222 Šentožbolt 21 E 11
1296 Šentpavel na Dolenjskem 29 G 11
3271 Šentrupert/Celje 22 F 14
8232 Šentrupert/Trebnje 29 G 12
4207 Šenturška Gora 20 E 9
1210 Šentvid 20 F 8
3231 Šentvid pri Grobelnem 22 E 14
1225 Šentvid pri Lukovici 20 F 10
3225 Šentvid pri Planini 22 F 14
1296 Šentvid pri Stični 29 G 11
3325 Šentvid pri Zavodnju 12 D 11
5283 Šentviška Gora 18 F 5
3240 Šerovo 23 E 15
3312 Šešče pri Preboldu 21 E 12
4227 Ševlje 19 E 7
8233 Ševnica 29 G 12
6223 Šibelji 26 G 4
2331 Šikole 14 D 16
1252 Široka Set 21 F 11
3210 Škalce 22 D 14
3320 Škale 12 D 12
3320 Škalske Cirkovce 12 D 12
1314 Škamevec 28 G 9
3224 Škarnice 22 F 14
3215 Škedenj 22 E 14
1414 Šklendrovec 21 F 12
6215 Škocjan/Divača 33 J 5
8275 Škocjan/Šentjernej 30 G 13
1311 Škocjan/Turjak 28 G 9
6101 Škocjan (San Canziano) 33 J 4
3240 Škofija 23 E 15
4220 Škofja Loka 19 F 7
1423 Škofja Riža 21 F 12
3211 Škofja vas 22 E 13
1291 Škofljica 28 G 9
1385 Škrabče 28 H 9
1316 Škrajnek 28 H 10
6223 Škrbina 26 G 4
1336 Škrilj 36 J 11
1292 Škrilje 28 G 9
8000 Škrjanče pri Novem Mestu 30 H 12
1385 Škufče 28 H 9
8310 Šmalčja vas 30 G 14
1241 Šmarca 20 E 9
5295 Šmarje/Ajdovščina 26 G 5
6274 Šmarje/Koper 33 J 4
8310 Šmarje/Šentjernej 30 H 14
3240 Šmarje pri Jelšah 22 E 15
6210 Šmarje pri Sežani 26 H 5
1293 Šmarje-Sap 28 G 9
8220 Šmarješke Toplice 30 G 13
8220 Šmarjeta 30 G 13
3211 Šmarjeta pri Celju 22 E 13
5211 Šmartno/Deside 25 F 3
4207 Šmartno/Kamnik 20 E 9
3314 Šmartno/Vransko 21 E 12
2315 Šmartno na Pohorju 13 D 15
3341 Šmartno ob Dreti 21 E 11
1000 Šmartno ob Savi 20 F 9
1275 Šmartno pri Litiji 21 F 11
2383 Šmartno pri Slovenj Gradcu 12 D 12
3201 Šmartno v Rožni dolini 22 E 13
1219 Šmartno v Tuhinju 20 E 10
3303 Šmatevž 21 E 12
5261 Šmihel/Nova Gorica 26 G 4
6257 Šmihel/Pivka 34 J 7
3330 Šmihel nad Mozirjem 12 D 11
6225 Šmihel pod Nanosom 27 H 6
8360 Šmihel pri Žužemberku 29 G 11
3342 Šmiklavž/Gornji Grad 20 E 10
2381 Šmiklavž/Mislinja 12 D 12
3202 Šmiklavž pri Škofji vasi 22 E 13
3270 Šmohor 22 E 13
2351 Šober 13 C 15
3342 Šokat 21 E 10
2213 Šomat 14 B 16
3325 Šoštanj 12 D 12
8344 Špeharji 36 K 12
2201 Špičnik 14 B 15
1221 Špitalič 21 E 11
3215 Špitalič pri Slovenskih Konjicah 22 E 14
9240 Šprinc 15 C 19
9252 Šratovci 15 C 18
3320 Štajerska Jost 13 D 13
8297 Štajngrob 30 F 12
1338 Štalcerji 36 J 11
1275 Štangarske Poljane 21 F 10
6222 Štanjel 26 H 5
2321 Štatenberg 23 E 15
8231 Štatenberk 30 G 12
4207 Štefanja Gora 20 E 8
6222 Štjak 26 H 5
3220 Štore 22 E 13
6210 Štorje 26 H 5
1385 Štorovo 28 H 9
8333 Štrekljevec 37 H 13
2212 Štrihovec 14 B 15
8276 Štrit 30 G 14
2250 Štuki 14 D 17
1356 Šujica 20 F 8
9203 Šulinci 7 B 19
1272 Šumnik 21 F 11
4209 Šutna/Kranj 19 E 7
8312 Šutna/Podbočje 30 G 14

T

6210 Tabor/Lozice 26 H 5
2000 Tabor/Maribor 14 C 15
3304 Tabor/Žalec 21 E 12
1210 Tacen 20 F 8
8343 Tanča Gora 36 J 12
6243 Tatre 34 J 6
3221 Teharje 22 E 13
3250 Tekačevo 23 E 15
8295 Telče 30 G 13
8295 Telčice 30 G 13
1296 Temenica 29 G 11
5216 Temljine 18 E 5
5296 Temnica 26 G 4
4204 Tenetiše 19 E 8
3210 Tepanje 22 D 14
1272 Tepe 21 F 11
3333 Ter 21 D 11
9244 Terbegovci 15 C 18
5214 Testeni 18 F 4
9226 Tešanovci 7 B 19
3305 Tešova 21 E 11
3270 Tevče 22 F 13
2000 Tezno 14 C 15
2272 Tibolci 15 D 17
1274 Tihaboj 29 G 12
6281 Tinjan 33 J 4
2316 Tinjska Gora 13 D 15
1282 Tirna 21 F 11
3342 Tirosek 20 E 10
1313 Tisovec 29 H 10
9251 Tišina 15 C 18
3252 Tlake 23 E 16
5220 Tolmin 18 E 4
5216 Tolminski Lom 18 F 4
3210 Tolsti Vrh 22 E 14
2382 Tolsti Vrh pri Mislinji 13 D 13
2390 Tolsti vrh pri Ravnah na Koroškem 12 C 11
6223 Tomačevica 26 H 4
6221 Tomaj 26 H 5
2383 Tomaška vas 12 D 12
3212 Tomaž nad Vojnikom 22 E 13
6250 Tominje 34 J 7
1292 Tomišelj 28 G 8
2393 Topla 11 D 10
1385 Topol 28 H 9
1382 Topol pri Begunjah 28 H 8
1215 Topol pri Medvodah 19 F 8
6250 Topolc 34 J 7
1234 Topole 20 E 9
4227 Topolje 19 E 7
9261 Topolovci 6 B 18
6273 Topolovec 33 K 4
3326 Topolšica 12 D 12
3314 Topovlje 21 E 12
1000 Toško Čelo 20 F 8
3270 Tovsto 22 E 13
2213 Trate 6 B 16
3231 Tratna pri Grobelnem 22 E 14
1319 Trava 35 J 10
8323 Travni Dol 29 H 12
1318 Travnik/Hrib-Loški Potok 35 H 9
8333 Travnik/Semič 36 J 12
8233 Trbinc 29 G 12
4000 Trboje 20 E 8
2371 Trbonje 12 C 12
1420 Trbovlje 21 F 12
2229 Trčova 14 C 16
9263 Trdkova 6 A 18
2285 Trdobojci 24 E 17
8361 Trebča vas 29 H 11
3256 Trebče 23 F 15
8231 Trebelno 30 G 12
4224 Trebija 19 F 6
6222 Trebižani 26 H 5
8210 Trebnje 29 G 12
3000 Tremerje 22 E 13
5232 Trenta 9 D 4
2274 Trgovišče 15 D 18
8340 Tribuce 37 J 13
9220 Trimlini = Hármasmalom 16 C 20
3303 Trnava 21 E 12
3330 Trnavče 21 D 11
2206 Trniče 14 D 16
9232 Trnje/Beltinci 15 C 19
6257 Trnje/Pivka 34 H 7
3270 Trnov Hrib 22 F 13
1225 Trnovče 20 E 10
1330 Trnovec/Kočevje 36 H 11
1215 Trnovec/Ljubljana 19 F 8
8330 Trnovec/Metlika 37 H 13
8292 Trnovec/Sevnica 22 F 14
3331 Trnovec/Varpolje 21 E 11
2310 Trnovec/Vrhloga 23 D 15
3222 Trnovec pri Dramljah 22 E 14
3000 Trnovlje pri Celju 22 E 13
3203 Trnovlje pri Socki 22 D 13
1000 Trnovo/Ljubljana 20 F 9
5252 Trnovo/Nova Gorica 26 G 4
5224 Trnovo ob Soči 17 E 3
2254 Trnovska vas 14 C 17
2254 Trnovski Vrh 14 C 17
1241 Trobelno 20 E 10
2380 Troblje 12 C 12
3271 Trobni Dol 22 F 14
1222 Trojane 21 E 11
1233 Trojica 20 F 10
9251 Tropovci 15 C 18
1290 Troščine 28 G 10
2234 Trotkova 14 C 17
6250 Trpčane 34 J 7
6273 Trsek 33 K 4
4204 Trstenik/Preddvor 19 E 8
8233 Trstenik/Trebnje 29 G 12
8000 Trška Gora 30 G 13
5243 Trtnik 18 E 5
6273 Truške 33 K 4
5214 Trušnje 18 F 4
1236 Trzin 20 F 9
2284 Tržec 14 D 17
4290 Tržič 19 D 7
3250 Tržišče/Rogaška Slatina 23 E 15
8295 Tržišče/Spodnje Vodale 30 G 13
6240 Tublje pri Hrpeljah 33 J 5
3250 Tuncovec 23 E 16
1241 Tunjice 20 E 9
1241 Tunjiška Mlaka 20 E 9
4205 Tupaliče 20 E 8
2383 Turiška vas 12 D 12
1311 Turjak 28 G 9
9252 Turjanci 15 C 18
1431 Turje 22 F 12
9224 Turnišče 15 C 19
3263 Turno 22 E 14
2283 Turški Vrh 15 D 18
8340 Tušev Dol 36 J 12

U

8344 Učakovci 37 K 13
3270 Udmat 22 F 13
2317 Ugovec 13 D 14
4265 Ukanc 18 E 4
5213 Ukranje 17 F 3
1385 Ulaka 28 H 8
1381 Unec 27 H 7
2316 Urh 13 D 15
2394 Uršlja gora 12 C 11
8323 Uršna sela 29 H 12
5270 Ustje 26 G 5
1217 Utik 20 E 9
6210 Utovlje 26 H 5
1314 Uzmani 28 G 9

V

1252 Vače 21 F 11
9265 Vadarci 6 B 18
4290 Vadiče 19 D 7
2212 Vajgen 14 C 16
1216 Valburga 20 E 8
6223 Vale 26 H 4
9251 Vanča vas 6 B 18
9201 Vaneča 7 B 18
6273 Vanganel 33 J 4
2223 Varda 14 C 16
2284 Vareja 14 D 17
6217 Vareje 33 J 6
3332 Varpolje 21 E 11
2286 Varvasele 23 E 17
1336 Vas/Brod na Kupi 36 K 11
2360 Vas/Radlje ob Dravi 13 C 13
3325 Vas/Šoštanj 12 D 12
6217 Vatovlje 33 J 6
8333 Vavpča vas 37 J 13
8351 Vavta vas 29 H 12
9262 Večeslavci 6 B 18
3224 Večje Brdo 22 F 14
3225 Vejice 22 F 14
3320 Velenje 21 D 12
4207 Velesovo 20 E 8
6225 Velika Brda 27 H 6
6250 Velika Bukovica 34 J 7
8261 Velika Dolina 31 G 15
8293 Velika Hubajnica 30 G 13
1312 Velika Ilova Gora 28 G 10
1275 Velika Kostrevnica 29 F 11
8340 Velika Lahinja 37 J 13
1360 Velika Ligojna 27 G 7
8212 Velika Loka//Trebnje 29 G 11
1290 Velika Loka/Grosuplje 28 G 10
8262 Velika Malence 31 G 15
2274 Velika Nedelja 15 D 18
3310 Velika Pirešica 22 E 13
9225 Velika Polana 16 C 20
1272 Velika Preska 21 F 11
6257 Velika Pristava 34 J 7
1290 Velika Račna 28 G 10
1315 Velika Slevica 28 H 9
1290 Velika Stara vas 28 G 10
8231 Velika Strmica 30 G 13
8210 Velika Ševnica 29 G 12
1275 Velika Štanga 20 F 10
2285 Velika Varnica 24 E 17
1262 Velika vas 20 F 10
8273 Velika vas pri Krškem 30 G 14
1385 Velike Bloke 28 H 8
8321 Velike Brusnice 30 H 13
8213 Velike Dole 29 G 11
3273 Velike Gorelce 22 F 13
3270 Velike Grahovše 22 F 13
1295 Velike Kompolje 29 G 10
1315 Velike Lašče 28 H 9
1311 Velike Lipljene 28 G 9
1316 Velike Poljane/Ribnica 28 H 10
8275 Velike Poljane/Zloganje 30 G 13
1295 Velike Vrhe 29 G 10
5263 Velike Žablje 26 G 5
2353 Veliki Boč 13 C 14
2275 Veliki Brebrovnik 15 D 19
8000 Veliki Cerovec 30 H 13
8297 Veliki Cirnik 30 G 12
6221 Veliki Dol 26 H 4
8213 Veliki Gaber 29 G 11
8281 Veliki Kamen 23 F 15
1303 Veliki Korinj 29 G 10
1293 Veliki Lipoglav 28 F 9
8361 Veliki Lipovec 29 H 12
1311 Veliki Ločnik 28 G 9
8343 Veliki Nerajec 37 J 13
8257 Veliki Obrež 31 G 16
8000 Veliki Orehek 30 H 13
6230 Veliki Otok 27 H 7
8323 Veliki Podljuben 29 H 12
8273 Veliki Podlog 30 G 14
3205 Veliki Raven 22 D 13
8350 Veliki Rigelj 29 H 12
8000 Veliki Slatnik 30 H 13
8270 Veliki Trn 30 G 14
2282 Veliki Vrh/Muretinci 15 D 18
1385 Veliki Vrh/Velike Bloke 28 H 9
1270 Veliki Vrh pri Litiji 21 F 10
6254 Veliko Brdo 34 J 7
8360 Veliko Lipje 29 H 11
1290 Veliko Mlačevo 28 G 10
8312 Veliko Mraševo 30 G 14
6210 Veliko Polje 26 H 5
1432 Veliko Širje 22 F 13
2316 Veliko Tinje 13 D 15
1000 Veliko Trebeljevo 28 F 10
6225 Veliko Ubeljsko 27 H 6
2370 Velka 12 C 12
3320 Velunja 12 D 12
8273 Veniše 30 G 14
3254 Verače 23 F 15
1360 Verd 27 G 7
8323 Verdun pri Uršnih selih 29 H 12
1215 Verje 20 F 8
3213 Verpete 22 D 13
9241 Veržej 15 C 18
9240 Veščica 15 C 19
9000 Veščica pri Murski Soboti 6 B 18
3210 Vešenik 22 D 14
4220 Vešter 19 E 7
3260 Vetrnik 23 F 15
1260 Vevče 20 F 9
2370 Vič/Dravograd 12 C 12
1000 Vič/Ljubljana 20 F 8
2274 Vičanci 15 D 18
1262 Videm/Dol pri Ljubljani 20 F 9
1312 Videm/Velike Lašče 28 G 10
1225 Videm pri Lukovici 20 F 10
2284 Videm pri Ptuju 14 D 17
2310 Videž 23 D 15
9264 Vidonci 6 B 18
8330 Vidošiči 37 H 14
3250 Vidovica 23 E 15
8273 Vihre 31 G 15
1211 Vikrče 20 F 8
2316 Vinarje 13 D 14
3250 Vinec 23 E 15
4223 Vinharje 19 F 7
8344 Vinica 37 K 13
8220 Vinica pri Šmarjeti 30 G 13
8000 Vinja vas 30 H 13
1262 Vinje 20 F 10
8333 Vinji Vrh pri Semiču 37 J 13
8361 Vinkov Vrh 29 H 11
3320 Vinska Gora 22 D 13
1275 Vintarjevec 29 F 10
1315 Vintarji 28 H 9
2253 Vintarovci 14 D 17
5271 Vipava 26 G 5
5212 Vipolže 25 G 3
1230 Vir 20 F 9
4220 Virmaše 19 E 7
3254 Virštanj 23 F 15
8362 Visejec 29 H 11
3225 Visoče/Planina pri Sevnici 22 F 14
4290 Visoče/Tržič 19 D 7
4212 Visoko/Šenčur 20 E 8
1292 Visoko/Zapotok 28 G 9
2310 Visole 13 D 15
1386 Viševek 28 H 8
1294 Višnja Gora 28 G 10
5273 Višnje/Vipava 26 G 6
1303 Višnje/Zagradec 29 H 11
5212 Višnjevik 25 F 3
2276 Vitan 15 D 19
3205 Vitanje 13 D 13
8259 Vitna vas 31 G 16
2255 Vitomarci 14 C 17

5261 Vitovlje 26 G 4
1000 Vnajnarje 20 F 10
1351 Vnanje Gorice 28 F 8
1217 Vodice/Mengeš 20 E 8
5273 Vodice/Podkraj 27 G 6
1311 Vodice/Turjak 28 G 9
3272 Vodiško 22 F 13
2381 Vodriž 12 D 12
3230 Vodruž 22 E 14
3263 Voduce 22 F 14
3222 Vodule 22 E 14
5252 Voglarji 26 G 4
4208 Voglje/Kranj 20 E 8
6210 Voglje/Sežana 26 H 4
9240 Vogričevci 15 C 18
5293 Vogrsko 26 G 4
3212 Vojnik 22 E 13
5280 Vojsko/Idrija 26 F 5
1217 Vojsko/Mengeš 20 F 8
8282 Vojsko/Senovo 23 F 15
5296 Vojščica 26 H 4
4208 Voklo 20 E 8
4224 Volaka 19 F 6
5220 Volarje 18 E 4
1000 Volavlje 28 F 10
4223 Volča 19 F 7
6256 Volče/Pivka 34 H 6
5220 Volče/Tolmin 18 E 4
5293 Volčja Draga 26 G 4
1275 Volčja jama/Litica 29 F 10
8360 Volčja jama/Trebnje 29 G 11
8256 Volčje/Krško 31 G 15
1385 Volčje/Velike Bloke 28 H 9
8233 Volčje Njive 29 G 12
6223 Volčji Grad 26 H 4
1235 Volčji Potok 20 E 9
3341 Volog 21 E 11
3305 Vologa 21 E 11
3253 Vonarje 23 E 15
2231 Vosek 14 C 16
1223 Vošče/Krajno Brdo 21 E 10
4240 Vošče/Radovljica 19 D 6
2382 Vovkarje 12 D 13
1252 Vovše 21 F 11
6210 Vrabče 26 H 5
1241 Vranja Peč 20 E 10
8290 Vranje 22 F 14
2214 Vranji Vrh 14 B 16
8332 Vranovici 37 J 13
3305 Vransko 21 E 11
1274 Vrata/Črni Potok 29 F 11
2366 Vrata/Muta 12 C 12
9253 Vratja vas 6 B 16
9253 Vratji Vrh 6 B 16
4274 Vrba/Bled 10 D 6
3204 Vrba/Lemberg pri Novi Cerkvi 22 D 13
6250 Vrbica 34 J 7
8311 Vrbje/Črneča vas 30 H 14
3310 Vrbje/Žalec 22 E 12
4240 Vrbjne 19 D 7
1292 Vrbljene 28 G 8
3230 Vrbno 22 E 14
1330 Vrbovec/Kočevje 29 H 11
8211 Vrbovec/Žužemberk 29 G 11
6250 Vrbovo 34 J 7
8333 Vrčice 36 J 12
6217 Vremski Britof 33 J 6
3255 Vrenska Gorca 23 F 15
8232 Vrh/Šentrupert 29 G 12
3240 Vrh/Šmarje pri Jelšah 22 E 14
1225 Vrh nad Krašnjo 20 E 10
3270 Vrh nad Laškim 22 F 13
1291 Vrh nad Želimljami 28 G 9
8294 Vrh pri Boštanju 30 F 13
8362 Vrh pri Hinjah 29 H 11
8000 Vrh pri Ljubnu 29 H 12
1411 Vrh pri Mlinšah 21 F 11
8222 Vrh pri Pahi 30 G 13
1294 Vrh pri Višnji Gori 28 G 10
3221 Vrhe/Celje 22 E 13
8000 Vrhe/Novo mesto 30 H 13
2380 Vrhe/Slovenj Gradec 12 C 12
1420 Vrhe/Trbovlje 21 E 12
8295 Vrhek 30 G 13
8258 Vrhje 31 G 16
2310 Vrhloga 14 D 15
1360 Vrhnika 27 G 7
1386 Vrhnika pri Ložu 28 H 9
2316 Vrhole pri Slovenskih Konjicah 13 D 15
2341 Vrhov dol 13 C 15
8341 Vrhovci 37 J 13
6210 Vrhovlje 26 H 4
5211 Vrhovlje pri Kojškem 25 F 3
3256 Vrhovnica 23 F 15
1433 Vrhovo 22 F 13
8360 Vrhovo pri Žužemberku 29 G 11
8263 Vrhovska vas 31 G 15
6240 Vrhpolje/Hrpelje 33 J 5
5271 Vrhpolje/Vipava 26 G 5
1241 Vrhpolje pri Kamniku 20 E 9
1251 Vrhpolje pri Moravčah 20 F 10
5232 Vrsnik 18 D 4
5222 Vrsno 17 E 3
3240 Vršna vas 23 E 15
2201 Vršnik 14 C 15
8333 Vrtača pri Semiču 37 J 13
5291 Vrtoče 25 G 3
5290 Vrtojba 25 G 3
5295 Vrtovče 26 G 5
5262 Vrtovin 26 G 4
1354 Vrzdenec 27 F 7
9208 Vučja gomila 7 B 19
9242 Vučja vas 15 C 18
2365 Vuhred 13 C 13
8344 Vukovci 37 K 13
2221 Vukovje 14 C 16
2241 Vurberk 14 D 16
2353 Vurmat 13 C 14
2367 Vuzenica 12 C 12
2275 Vuzmetinci 15 D 19
9220 Völgyifalu = Dolina pri Lendavi 16 C 21

Z

5220 Zabče 18 E 4
6250 Zabiče 34 J 8
1353 Zabočevo 28 G 8
1230 Zaboršt 20 F 9
2281 Zabovci 14 D 17
8233 Zabrdje 29 G 12
5214 Zabrdo 18 F 4
4227 Zabrekve 19 E 7
4274 Zabreznica 10 D 6
3272 Zabrež 22 F 13
3302 Zabukovica 22 E 12
8233 Zabukovje 29 G 12
8292 Zabukovje nad Sevnico 22 F 14
8274 Zabukovje pri Raki 30 G 14
3202 Začret 22 E 13
5274 Zadlog 26 G 5
1316 Zadniki 28 H 9
4275 Zadnja vas 19 D 7
3211 Zadobrova 22 E 13
1310 Zadolje 28 H 10
5214 Zadraga 18 F 4
3240 Zadrže 22 E 15
9250 Zagajski Vrh 14 C 17
2272 Zagojiči 15 D 17
6230 Zagon 27 H 7
2256 Zagorci 15 C 18
8233 Zagorica/Trebnje 29 G 12
1312 Zagorica/Velike Lašče 28 G 10
1242 Zagorica nad Kamnikom 20 E 9
8213 Zagorica pri Velikem Gabru 29 G 11
6257 Zagorje/Pivka 34 J 7
3261 Zagorje/Senovo 22 F 14
1410 Zagorje ob Savi 21 F 11
8342 Zagozdac 36 J 12
2391 Zagrad/Prevalje 12 C 11
1433 Zagrad/Tržič 21 F 12
8275 Zagrad/Zloganje 30 G 13
8222 Zagrad pri Otočcu 30 G 13
1261 Zagradišče 28 F 9
1221 Zajasovnik 21 E 11
8000 Zajčji Vrh pri Stopicah 30 H 13
2286 Zakl/Podlehnik 23 E 17
3303 Zakl/Polzela 21 E 12
1354 Zaklanec 27 F 7
5282 Zakojca 18 F 5
1385 Zakraj 28 H 9
5282 Zakriž 18 F 5
1380 Zala 28 G 8
6243 Zalejšje 34 J 6
4228 Zali Log 19 E 6
1000 Zalog/Ljubljana 20 F 9
8000 Zalog/Novo mesto 29 H 12
6230 Zalog/Postojna 27 H 7
4204 Zalog/Tržič 19 E 8
3222 Zalog pod Uršulo 22 E 14
4207 Zalog pri Cerkljah 20 E 9
8275 Zalog pri Škocjanu 30 G 13
8274 Zaloke 30 G 14
5294 Zalošče 26 G 4
3301 Zaloška Gorica 22 E 13
2230 Zamarkova 14 C 16
8310 Zameško 30 G 14
1317 Zamostec 28 H 9
2272 Zamušani 15 D 18
5213 Zapatok 17 F 3
1360 Zaplana 27 G 7
1222 Zaplanina 21 E 11
1217 Zapoge 20 E 8
1310 Zapotok/Ribnica 28 H 10
1292 Zapotok/Velike Lašče 28 G 9
4223 Zapreval 19 E 7
8343 Zapudje 37 J 12
4275 Zapuže 19 D 7
1310 Zapuže pri Ribnici 28 H 10
6250 Zarecica 34 J 7
6250 Zarečje 34 J 7
9242 Zasadi 15 C 18
2275 Zasavci 15 D 19
4260 Zasip 10 D 6
5220 Zatolmin 18 E 4
4247 Zatrnik 19 D 6
5295 Zavino 26 G 5
3325 Zavodnje 12 D 12
1373 Zavratec/Idija 27 G 6
8293 Zavratec/Sevnica 30 G 14
2283 Zavrč 15 D 18
1385 Zavrh/Cerknica 28 H 8
5214 Zavrh/Kanal 18 F 4
2232 Zavrh/Lenart v Slovenskih goricah 14 C 16
3204 Zavrh nad Dobrno 22 D 13
1353 Zavrh pri Borovnici 27 G 8
6217 Zavrhek 33 J 6
1275 Zavrstnik 21 F 10
3224 Završe pri Dobjem 22 F 14
3231 Završe pri Grobelnem 22 E 14
1423 Završje 21 F 12
1294 Zavrtače 28 G 10
6275 Zazid 33 J 5
3215 Zbelovo 23 E 15
3215 Zbelovska Gora 23 E 15
9250 Zbigovci 15 C 17
1215 Zbilje 20 F 8
8220 Zbure 30 G 13
1312 Zdenska vas 28 G 10
3260 Zdole/Kozje 23 F 15
8272 Zdole/Krško 31 G 15
1241 Zduša 20 E 9
3210 Zeče 22 D 14
2390 Zelen breg 12 C 11
1380 Zelše 27 H 7
9265 Zenkovci 6 B 18
1272 Zglavnica 21 F 11
4205 Zgornja Bela 19 E 8
4201 Zgornja Besnica/Kranj 19 E 7
1000 Zgornja Besnica/Zalog 28 F 10
2310 Zgornja Bistrica 13 D 15
2318 Zgornja Brežnica 23 D 15
2327 Zgornja Gorica 14 D 16
2288 Zgornja Hajdina 14 D 17
1275 Zgornja Jablanica 21 F 11
2391 Zgornja Jamnica 12 C 11
2362 Zgornja Kapla 13 C 14
4205 Zgornja Kokra 20 D 8
2242 Zgornja Korena 14 C 16
3241 Zgornja Kostrivnica 23 E 15
2201 Zgornja Kungota 14 C 15
4246 Zgornja Lipnica 19 E 6
2316 Zgornja Ložnica 13 D 15
2315 Zgornja Nova vas 13 D 15
8256 Zgornja Pohanca 31 G 15
2314 Zgornja Polskava 14 D 15
2323 Zgornja Pristava 23 D 16
4281 Zgornja Radovna 9 D 5
3270 Zgornja Rečica 22 E 12
2233 Zgornja Ročica 14 C 17
2235 Zgornja Senarska 14 C 17
1215 Zgornja Senica 19 F 8
1293 Zgornja Slivnica 28 G 9
4229 Zgornja Sorica 18 E 6
2289 Zgornja Sveča 23 E 16
2233 Zgornja Ščavnica/Gornja Radgona 14 C 17
2233 Zgornja Ščavnica/Lenart v Slovenskih goricah 14 C 16
2213 Zgornja Velka 6 B 16
2360 Zgornja Vižinga 13 C 13
2232 Zgornja Volicina 14 C 16
4209 Zgornje Bitnje 19 E 8
4229 Zgornje Danje 19 E 6
4246 Zgornje Dobrava 19 E 7
4203 Zgornje Duplje 19 E 7
4206 Zgornje Fužine 20 D 8
1211 Zgornje Gameljne 20 F 8
3314 Zgornje Gorče 21 E 12
4247 Zgornje Gorje 9 D 6
2213 Zgornje Gradišče 14 C 16
2286 Zgornje Gruškovje 23 E 17
3311 Zgornje Grušovlje 21 E 12
2222 Zgornje Hlapje 14 C 16
2311 Zgornje Hoče 14 D 15
2326 Zgornje Jablane 14 D 16
1235 Zgornje Jarše 20 F 9
4206 Zgornje Jezersko 11 D 9
4247 Zgornje Laze/Bled 9 D 6
3320 Zgornje Laze/Velenje 21 D 12
8295 Zgornje Mladetiče 30 G 12
3250 Zgornje Negonje 23 E 15
1241 Zgornje Palovče 20 E 9
2223 Zgornje Partinje 14 C 16
1215 Zgornje Pirniče 20 F 8
3332 Zgornje Pobrežje 21 E 11
2319 Zgornje Poljčane 23 E 15
2315 Zgornje Prebukovje 13 D 15
3250 Zgornje Secovo 23 E 15
1242 Zgornje Stranje 20 E 9
6281 Zgornje Škofije 33 J 4
3223 Zgornje Tinsko 23 E 15
8295 Zgornje Vodale 30 G 13
2353 Zgornji Boč 13 C 14
4207 Zgornji Brnik 20 E 8
2241 Zgornji Duplek 14 C 16
3241 Zgornji Gabrnik 23 E 15
2223 Zgornji Gasteraj 14 C 16
4264 Zgornji Goreljek 18 E 5
1270 Zgornji Hotič 21 F 10
2221 Zgornji Jakobski Dol 14 C 16
9240 Zgornji Kamenščak 15 C 18
2285 Zgornji Leskovec 24 E 17
1221 Zgornji Motnik 21 E 11
1281 Zgornji Prekar 20 F 10
2381 Zgornji Razbor 12 D 11
2354 Zgornji Slemen 13 C 15
1219 Zgornji Tuhinj 20 E 10
2223 Zgornji Žerjavci 14 C 17
4275 Zgoša 19 D 7
3240 Zibika 23 E 15
1432 Zidani Most 22 F 13
8344 Zilje 37 K 13
2241 Zimica 14 C 16
3214 Zlakova 13 D 14
3203 Zlateče 22 E 13
3230 Zlateče pri Šentjurju 22 E 14
1223 Zlatenek 21 E 10
1225 Zlato Polje/Krajno Brdo 20 E 10
4000 Zlato Polje/Kranj 19 E 8
2205 Zlatoličje 14 D 16
8275 Zloganje 30 G 13
4220 Zminec 19 F 7
5243 Znojile/Podbrdo 18 E 5
1413 Znojile/Trbovlje 21 E 11
3214 Zreče 13 D 14
2000 Zrkovci 14 C 16
9223 Zsitkoc = Žitkovci 16 C 20
4290 Zvirče 19 E 7
3220 Zvodno 22 E 13

Ž

8312 Žabjek v Podbočju 30 G 14
2318 Žabljek 23 D 15
4209 Žabnica 19 E 7
8273 Žadovinek 30 G 14
5224 Žaga/Bovec 17 E 2
1315 Žaga/Velike Lašče 28 H 9
5273 Žagolič 26 G 5
3252 Žahenberc 23 E 16
3310 Žalec 22 E 13
1290 Žalna 28 G 10
8220 Žaloviče 30 G 13
5270 Žapuže 26 G 5
5213 Žarščina 17 F 3
1354 Žažar 27 F 7
8000 Ždinja vas 30 G 13
1433 Žebnik 22 F 12
3262 Žegar 22 F 14
4203 Žeje/Naklo 19 E 7
6258 Žeje/Postojna 27 H 7
4228 Železniki 19 E 6
8211 Železno/Trebnje 29 G 11
3310 Železno/Žalec 22 E 13
1291 Želimlje 28 G 9
5213 Želinje 17 F 3
1330 Željne 36 J 11
9203 Ženavlje 7 A 19
9244 Ženik 15 C 18
9253 Žepovci 6 B 17
2393 Žerjav 12 D 11
2259 Žerovinci 15 D 18
1384 Žerovnica 28 H 8
2287 Žetale 23 E 16
9253 Žiberci 6 B 17
1370 Žibrše 27 G 7
1235 Žiče/Kamnik 20 E 9
3215 Žiče/Slovenske Konjice 22 E 14
4294 Žiganja vas 19 E 7
3270 Žigon 22 F 13
5292 Žigoni 25 G 3
8290 Žigrski Vrh 30 F 14
2242 Žikarce 14 C 16
1317 Žimarice 28 H 9
4226 Žiri 19 F 6
6210 Žirje 26 H 5
4274 Žirovnica/Bled 10 D 6
5281 Žirovnica/Idrija 27 F 6
1434 Žirovnica/Radeče 22 F 13
4224 Žirovski Vrh Svetiho Antona 19 F 6
4224 Žirovski Vrh Svetiho Urbana 19 F 6
2223 Žitence 14 C 16
9223 Žitkovci = Zsitkoc 16 C 20
9232 Žižki 15 C 19
3331 Žlabor 21 E 11
1215 Žlebe 19 F 8
1310 Žlebič 28 H 10
3314 Žovnek 21 E 12
8213 Žubina 29 G 11
1316 Žukovo 28 H 10
8341 Žuniči 37 K 14
1423 Župa 21 F 12
1242 Županje Njive 20 E 9
2324 Župečja vas 14 D 16
8258 Župelevec 31 G 16
1380 Župeno 28 G 8
2236 Župetinci 15 C 17
1337 Žurge 35 J 10
8360 Žužemberk 29 H 11
8362 Žvirče 29 H 10

A

83 879 km² +43
Wien 8 462 000

A

9132 Abriach 11 C 9
9132 Abtei 11 C 8
9473 Achalm 12 C 11
9613 Achomitz 8 C 3
8455 Adelsdorf 13 B 14
9542 Afritz 9 B 4
9554 Agsdorf 10 B 6
8552 Aibl 13 B 13
9111 Aich/Gattersdorf 11 B 9
9131 Aich/Grafenstein 10 C 8
9422 Aich/Maria Rojach 12 B 11
9535 Aich/Rosegg 9 C 6
9150 Aich (Dob) 11 C 10
9711 Aichach 8 B 3
8552 Aichberg/Eibiswald 13 B 13
9711 Aifersdorf 8 B 3
8354 Aigen/Sankt Anna am Aigen 6 B 17
9560 Albern/Moosburg 10 B 6
9535 Albersdorf/Schiefling am See 10 C 6
9470 Allersdorf/Sankt Paul im Lavanttal 12 B 11
8455 Altenbach 13 B 14
9141 Altendorf/Sittersdorf 11 C 9
8385 Altenhof/Neuhaus am Klausenbach 6 A 18
9112 Altenmarkt/Griffen 11 B 10
8551 Altenmarkt/Wies 13 B 13
9582 Altfinkenstein 9 C 5
9300 Altglandorf 10 B 8
9331 Althofen/Grafenstein 11 C 9
9125 Altmittlern 11 C 10
8490 Altdörfl 6 B 17
9570 Altossiach 9 B 5
9712 Amberg/Feistritz an der Drau 9 B 4
9061 Ameisbichl 10 C 7
8341 Amschlbach 6 A 16
9423 Andersdorf 12 B 11
9027 Annabichl 10 C 7
9520 Annenheim 9 C 5
9100 Alsdorf 11 B 9
9063 Arndorf/Maria Saal 10 B 8
9212 Arndorf/Techelsberg am Wörthersee 10 C 6
8454 Arnfels 13 B 14
9601 Arnoldstein 8 C 4
9543 Arriach 9 B 5
8385 Aschbuch 6 A 18
8482 Au/Deutsch Goritz 6 B 16
9535 Auen/Schiefling am See 10 C 6
8330 Auersberg/Feldbach 6 A 17
9711 Auf der Eben 8 B 3
8342 Aug/Grabersdorf 6 A 16
8551 Aug/Wies 13 B 13
9220 Augsdorf 9 C 6
9541 Äußere Einöde 9 B 4
9562 Außerteuchen 9 B 5
8341 Axberg/Paldau 6 A 16

B

9073 Bach/Klagenfurt 10 C 7
9473 Bach/Lavamünd 12 C 11
9554 Bach/Sankt Urban 10 B 7
9623 Bach/Tratten 8 C 3
9072 Bach (Potok) 10 C 6
8552 Bachholz 13 C 13
9530 Bad Bleiberg 8 C 4
9135 Bad Eisenkappel 11 D 9
8344 Bad Gleichenberg 6 A 17
8490 Bad Radkersburg 6 B 17
8342 Badenbrunn 6 A 16
8344 Bairisch Kölldorf 6 A 17
9062 Bärendorf 10 C 6
9181 Bärental 10 D 6
8342 Baumgarten bei Gnas 6 A 16
9702 Beinten 8 B 3
9065 Berg/Grafenstein 11 C 8
9232 Berg/Rosegg 9 C 6
9543 Berg ob Arriach 9 B 5
8380 Bergen/Jennersdorf 6 A 18
8324 Berndorf/Kirchberg an der Raab 6 A 16
8093 Bierbaum am Auersbach 6 B 16
8455 Bischofegg 13 B 13
9135 Blasnitzen (Spodnja Plaznica) 11 C 9
9141 Blasnitzenberg 11 C 9
9530 Bleiberg-Kreuth 8 C 3
9530 Bleiberg-Nötsch 8 C 4
9150 Bleiburg (Pliberk) 11 C 10
9714 Boden/Stockenboi 8 B 2
9551 Bodensdorf/Ossiach 9 B 5
9163 Bodental (Poden) 10 D 7
9580 Bogenfeld 9 C 5
8385 Bonisdorf 6 A 18
9103 Bösenort 11 B 9
9371 Briefelsdorf 10 B 6
8350 Brunn/Johnsdorf 6 A 18
8544 Brunn/Pölfing 13 B 13
8471 Bubenberg 14 B 15
9141 Buchbrunn 11 C 9
8553 Buchenberg 12 B 12
9141 Buchhalm 11 C 9
9541 Buchholz/Treffen 9 B 5
9560 Buchscheiden 9 B 6
8350 Burgfeld/Fehring 6 A 17
8903 Burgfried/Feldbach 6 A 17

C

9064 Christofberg 11 B 8

D

9241 Damtschach 9 C 5
9220 Deber 9 C 6
8490 Dednitz 6 B 18
9064 Deinsdorf 10 B 8
9624 Dellach/Egg 8 C 2
9560 Dellach/Feldkirchen in Kärnten 9 B 6
9063 Dellach/Karnburg 10 B 7
9300 Dellach/Rohnsdorf 10 B 7

V Z Ž

8483 Deutsch Goritz 6 B 16
8493 Deutsch Haseldorf 6 B 17
8382 Deutsch Minihof 7 A 19
9470 Deutsch-Grutschen 11 B 10
8385 Deutscheck 6 A 18
8482 Diepersdorf/Deutsch Goritz 6 B 17
9536 Dieschitz 9 C 6
8342 Dietersdorf am Gnasbach 6 B 16
8492 Dietzen 6 B 17
9103 Diex 11 B 9
8361 Dirling 6 A 18
8345 Dirnbach/Straden 6 B 17
9074 Dobein 10 C 6
9074 Dobeinitz 10 C 7
9113 Dobrowa/Ruden 11 C 10
9173 Dobrowa/Sankt Margareten im Rosental 10 C 8
9150 Dobrowa (Dobrova) 11 C 10
8383 Doiber 6 A 18
8383 Doiberberg 6 A 18
9131 Dolina 10 C 8
8484 Donnersdorf 6 B 17
8330 Dörfl/Feldbach 6 A 17
9162 Dornach/Friesach 10 C 7
8492 Dornau /Bad Radkersburg 6 B 17
9182 Dragositschach 10 C 6
9613 Draschitz 8 C 3
8492 Drauchen 6 B 17
9121 Drauhofen 11 C 9
9184 Dreilach 9 C 6
9613 Dreulach 8 C 3
9580 Drobollach am Faaker See 9 C 5
9231 Dröschitz 9 C 6
8383 Drosen 6 A 18
9241 Duel/Goritschach 9 C 5
9710 Duel/Paternion 8 B 3
9220 Duel/Velden am Wörthersee 9 C 6
9133 Dullach/Humtschach 11 C 10
9173 Dullach/Sankt Margareten im Rosental 10 C 8
9111 Dürrenmoos 11 B 10

## E

9065 Ebenthal in Kärnten 10 C 8
9710 Ebenwald/Bad Bleiberg 8 C 4
9141 Eberndorf 11 C 9
8342 Ebersdorf/Gnas 6 A 17
9150 Ebersdorf (Drveša vas) 11 C 10
9135 Ebriach (Obirsko) 11 D 9
8462 Eckberg 13 B 15
8335 Edelsbach/Bonisdorf 6 A 18
8332 Edelsbach bei Feldbach 6 A 17
8334 Edelsgraben 6 A 17
8330 Edersgraben 6 A 17
8093 Edla/Sankt Peter am Ottersbach 6 B 16
9623 Edling/Sankt Paul an der Gail 8 C 3
9125 Edling/Völkermarkt 11 C 10
9072 Edling (Kajzeze) 10 C 6
9624 Egg/Hermagor 8 C 2
8181 Egg/Sankt Anna am Aigen 6 A 17
9580 Egg am Faaker See 9 C 5
9061 Ehrenbichl 10 B 7
8461 Ehrenhausen 14 B 15
9161 Ehrensdorf 10 C 7
9112 Ehrnegg 11 B 10
8552 Eibiswald 13 B 13
8453 Eichberg/Sankt Johann im Saggautal 13 B 14
8463 Eichberg-Trautenburg 13 B 14
8480 Eichfeld 6 B 16
9130 Eiersdorf 11 C 9
9150 Einersdorf (Nonèa vas) 11 C 10
9113 Eis 12 C 10
9422 Eisdorf 12 B 11
8383 Eisenberg/Jennersdorf 6 A 18
9064 Eixendorf/Pischeldorf 10 B 8
9560 Elbling 9 B 6
9061 Emmersdorf/Karnburg 10 B 7
9611 Emmersdorf/Nötsch im Gailtal 8 C 3
9232 Emmersdorf/Rosegg 9 C 5
8093 Entschendorf am Ottersbach 6 B 16
9132 Enzelsdorf/Gallizien 11 C 9
9112 Enzelsdorf/Griffen 11 B 10
9371 Eppersdorf 11 B 9
9112 Erlach/Griffen 11 B 10
9587 Erlendorf 9 C 4
9472 Ettendorf 12 B 11
8551 Etzendorf 13 B 13
8461 Ewitsch 14 B 15

## F

9583 Faak am See 9 C 5
9062 Faning 10 B 7
9422 Farrach/Maria Rojach 12 B 11
9535 Farrendorf 10 C 6
9710 Feffernitz 8 B 4
8350 Fehring 6 A 18
8552 Feisternitz 13 B 13
9184 Feistritz/Sankt Jakob im Rosental 9 C 6
9710 Feistritz an der Drau 8 B 3
9613 Feistritz an der Gail 8 C 3
9181 Feistritz im Rosental 10 C 7
9143 Feistritz ob Bleiburg (Bistrica nad Pliberkom) 11 C 10
8330 Feldbach/Mühldorf bei Feldbach 6 A 17
9560 Feldkirchen in Kärnten 10 B 6
9753 Fellbach 8 B 1
9753 Fellberger Alm 8 B 2
9170 Ferlach 10 C 7
9702 Ferndorf/Paternion 8 B 3
9584 Finkenstein am Faaker See 9 C 5
8342 Fischa 6 A 16
8332 Fladnitz im Raabtal 6 A 16
9562 Flatschach/Feldkirchen in Kärnten 9 B 6
9555 Flatschach/Maria Feicht 10 B 7
8482 Fluttendorf/Donnersdorf 6 B 17
9241 Föderlach 9 C 5
8334 Forchauberg 6 A 17
9611 Förk 8 C 3
9615 Förolach 8 C 2
8463 Fötschach/Leutschach 13 B 14
9433 Framrach 11 B 10
9423 Fransdorf 12 B 11
9072 Franzendorf 10 C 6
9173 Freibach 11 C 8
9712 Fresach 8 B 4
9064 Freudenberg 11 B 8
9555 Friedlach 10 B 7
9184 Frießnitz 9 C 6
9624 Fritzendorf 8 C 2
9131 Froschendorf 11 C 8
8354 Frutten 6 B 17
9586 Fürnitz 9 C 4

## G

9141 Gablern 11 C 9
9601 Gailitz 8 C 4
8551 Gaißeregg 13 B 13
9132 Gallizien 11 C 9
8462 Gamlitz 13 B 15
9064 Gammersdorf 10 B 8
9102 Gänsdorf 11 B 9
9542 Gassen/Afritz 9 B 4
9714 Gassen/Stockenboi 8 B 3
8342 Gatteregg 6 A 16
9102 Gattersdorf 11 B 9
9064 Geiersdorf 10 B 8
8472 Gersdorf an der Mur 14 B 15
8354 Gießelsdorf 6 B 17
9170 Glainach 10 C 8
9300 Glandorf 10 B 8
9555 Glanegg/Feldkirchen in Kärnten 10 B 7
9560 Glanhofen 10 B 6
9132 Glantschach/Gallizien 11 C 9
9556 Glantschach/Sankt Veit an der Glan 10 B 7
8463 Glanz an der Weinstraße 13 C 15
8342 Glatzental 6 A 16
8093 Glauning 6 B 16
8344 Gleichenberg Dorf 6 A 17
9111 Gletschach 11 B 10
9142 Globasnitz (Globasnica) 11 C 10
8354 Globitsch 6 B 17
8342 Gnas 6 A 16
8330 Gniebing 6 A 17
9585 Gödersdorf 9 C 5
9161 Göltschach 10 C 8
9143 Gonowetz (Konovece) 11 C 10
9613 Göriach/Feistritz an der Glan 8 C 3
9161 Göriach/Köttmannsdorf 10 C 7
9220 Göriach/Velden am Wörthersee 9 C 6
9241 Goritschach/Drobollach am Faaker See 9 C 5
9584 Goritschach/Finkenstein 9 C 5
9132 Goritschach/Gallizien 11 C 9
9210 Goritschach/Pörtschach am Wörthersee 10 C 6
9065 Goritschach/Rottenstein 10 C 8
9535 Goritschach/Schiefling am Wörthersee 10 C 6
9133 Goritschach/Sittersdorf 11 C 9
9500 Goritschach/Villach 9 C 4
8490 Goritz bei Radkersburg 6 B 17
9201 Görtschach/Klagenfurt 10 C 7
9615 Görtschach/Presseggen 8 C 2
9521 Görtschach/Villach 9 B 5
8482 Gosdorf 6 B 16
9141 Gösselsdorf 11 C 9
8330 Gossendorf 6 A 17
9173 Gotschuchen 10 C 8
9020 Gottesbichl 10 C 8
9241 Gottestal 9 C 5
9122 Grabelsdorf 11 C 9
8342 Grabersdorf 6 A 16
9150 Grablach 12 C 11
9556 Gradenegg/Sankt Veit an der Glan 10 B 6
9560 Gradisch 10 B 6
9473 Graditschach 12 C 11
9065 Gradnitz 10 C 8
9103 Grafenbach/Griffen 11 B 9
9131 Grafenstein 11 C 8
9470 Granitztal-Sankt Paul 12 B 11
9470 Granitztal-Weißenegg 11 B 10
8471 Graßnitzberg 14 B 15
9523 Gratschach 9 C 5
9182 Greuth/Maria Elend 10 C 6
9121 Greuth/Völkermarkt 11 C 9
8380 Grieselstein 6 A 18
9112 Griffen 11 B 10
9562 Grilzgraben 9 B 5
8383 Gritsch 6 A 18
9061 Großbuch 10 B 7
9103 Großenegg 11 B 10
8484 Großgharter 6 B 17
8355 Größing 6 B 17
8455 Großlieschen 13 B 13
9500 Großvassach 9 C 5
8463 Großwalz 13 C 14
8455 Großwuggitz 13 B 13
8343 Grub II 6 A 17
8493 Gruisla 6 B 17
9620 Grünburg/Hermagor 8 C 2
9113 Grutschen 11 B 10
9620 Guggenberg/Hermagor 8 C 1
9131 Gumisen 11 C 8
9722 Gummern 9 C 4
9064 Gundersdorf/Klagenfurt am Wörthersee 10 C 8
9423 Gundisch 12 B 11
8453 Gündorf 13 B 14
9065 Gurnitz 10 C 8
9100 Gurtschitschach 11 C 10
9714 Gusenalm 8 B 2
8353 Gutendorf/Bad Gleichenberg 6 A 18
9010 Gutendorf/Klagenfurt am Wörthersee 10 C 8

## H

8344 Haag/Bad Gleichenberg 6 A 17
9064 Haag/Klagenfurt am Wörthersee 10 B 8
8361 Habegg 6 A 18
9112 Haberberg/Griffen 11 B 10
8553 Hadernigg 12 B 12
9623 Hadersdorf/Kerschdorf 8 C 3
9560 Haiden/Feldkirchen in Kärnten 10 B 6
9161 Haimach 10 C 7
9111 Haimburg 11 B 10
9111 Haimburgerberg 11 B 9
8492 Halbenrain 6 B 17
9061 Hallegg 10 C 7
8471 Halt/Spielfeld 14 B 16
9556 Hardegg/Glanegg 10 B 7
8454 Hardegg/Remschnigg 13 C 14
9587 Hart/Arnoldstein 9 C 4
9560 Hart/Feldkirchen in Kärnten 10 B 7
9473 Hart/Lavamünd 12 C 11
8345 Hart bei Straden 6 B 17
9155 Hart (Breg) 12 C 11
8352 Hartegg 6 A 18
8552 Haselbach/Eibiswald 13 B 13
8350 Haselbach/Gossendorf 6 A 17
8361 Hatzendorf 6 A 18
9371 Hausdorf/Brückl 11 B 9
9231 Heiligen Gestade 9 C 5
9500 Heiligengeist 9 C 4
9150 Heiligengrab 11 C 10
9155 Heiligenstadt (Sveto mesto) 12 C 11
8482 Helfbrunn 6 B 16
9620 Hermagor 8 C 2
9562 Himmelberg 9 B 6
9543 Hinterbuchholz 9 B 5
9173 Hintergupf 10 C 8
9543 Hinterwinkl/Arriach 9 B 5
9713 Hochegg/Ferndorf 8 B 3
8463 Hochenegg/Leutschach 13 C 14
8354 Hochstraden 6 A 17
8345 Hof bei Straden 6 B 17
9143 Hof (Dvor) 11 C 10
8350 Höflach/Fehring 6 A 17
8330 Höflach/Petersdorf 6 A 17
9074 Höflein/Viktring 10 C 7
9560 Höfling/Feldkirchen in Kärnten 10 B 6
9584 Höfling/Finkenstein 9 C 5
8343 Hofstätten/Bad Gleichenberg 6 A 17
8483 Hofstätten bei Deutsch Goritz 6 B 16
9074 Höhe/Keutschach am See 10 C 6
9121 Höhenbergen 11 C 9
8352 Hohenbrugg an der Raab 6 A 18
9201 Hohenfeld/Klagenfurt am Wörthersee 10 C 7
9602 Hohenthurn 8 C 3
9161 Hollenburg/Maria Rain 10 C 7
8552 Hörmsdorf 13 B 13
9020 Hörtendorf 10 C 8
9123 Horzach II 11 C 9
9300 Hörzendorf 10 B 8
8490 Hummersdorf/Bad Radkersburg 6 B 17
9125 Humtschach 11 C 10
9543 Hundsdorf/Arriach 9 B 5
9181 Hundsdorf/Ferlach 10 C 7
9470 Hundsdorf/Sankt Paul im Lavanttal 12 B 11
8484 Hürth 6 B 17
9530 Hüttendorf/Bad Bleiberg 8 C 4

## I

9541 Innere Einöde 9 B 4
9543 Innerteuchen 9 B 5
9702 Insberg 8 B 3

## J

9620 Jadersdorf 8 C 1
8544 Jagernigg 13 B 13
8354 Jamm 6 A 17
8354 Jammberg 6 A 17
9142 Jaunstein (Podjuna) 11 C 10
8380 Jennersdorf 6 A 18
9133 Jerischach 11 C 9
9470 Johannesberg/Sankt Paul im Lavanttal 12 B 11
9371 Johannserberg 11 B 9
8350 Johnsdorf 6 A 17

## K

9555 Kadöll 10 B 7
9530 Kadutschen 9 C 4
8385 Kalch/Neuhaus am Klausenberg 6 A 18
8385 Kalchbergen 6 A 18
9241 Kaltschach 9 C 5
9711 Kamering 8 B 3
9620 Kameritsch 8 C 1
9470 Kampach 12 B 11
9113 Kanaren 11 C 10
8380 Kandlgraben 6 A 18
9183 Kanin 9 C 6
9220 Kantnig 9 C 5
9521 Kanzelhöhe 9 B 5
8353 Kapfenstein 6 A 17
9162 Kappel an der Drau 10 C 7
8345 Karbach/Stainz bei Straden 6 B 17
8345 Karla 6 B 17
9556 Karlsberg 10 B 7
9556 Karnberg 10 B 7
9063 Karnburg 10 B 7
9623 Karnitzen 8 C 3
8484 Kater 6 B 17
8342 Katzendorf 6 A 17
9112 Kaunz 11 B 10
9721 Kellerberg 8 B 4
9220 Kerschdorf/Velden am Wörthersee 9 C 6
9612 Kerschdorf/Wertschach 8 C 3
8355 Kerschenberg/Klöch 6 B 17
8334 Kerschhackel 6 A 17
8382 Kesselgraben 7 A 19
9074 Keutschach am See 10 C 6
9620 Khünburg 8 C 2
8093 Khünegg 6 B 16
8342 Kinsdorf 6 A 17
8324 Kirchberg an der Raab 6 A 16
8361 Kirchenegg 6 A 17
9162 Kirschentheuer 10 C 7
8454 Kitzelsdorf 13 B 14
9020 Klagenfurt am Wörthersee 10 C 7
8354 Klapping 6 B 17
8344 Klausen/Feldbach 6 A 17
9371 Klein Sankt Veit/Brückl 11 B 9
9560 Klein Sankt Veit/ Feldkirchen in Kärnten 10 B 7
9131 Klein Venedig 11 C 8
9113 Kleindiex 11 C 10
9142 Kleindorf (Mala ves) 11 C 10
9112 Kleindörfl 11 B 10
8455 Kleinlieschen 13 C 13
9500 Kleinvassach 9 C 5
9133 Kleinzapfen 11 C 9
8493 Klöch 6 B 17
8493 Klöchberg 6 B 17
9122 Klopein 11 C 9
9062 Knasweg 10 B 6
9141 Köcking 11 C 9
8551 Kogl/Weiz 13 B 13
8455 Kohlberg/Arnfels 13 C 14
8341 Kohlberg/Paldau 6 A 16
9065 Kohldorf/Rottenstein 10 C 8
9125 Kohldorf/Völkermarkt 11 C 9
8344 Kohlleiten 6 A 17
8353 Kölldorf 6 A 17
9150 Kömmel (Komelj) 12 C 11
9581 Kopein 9 C 5
9135 Koprein-Sonnseite (Koprivna) 11 D 10
8544 Kopreinig 13 B 13
8552 Kornriegl 13 C 13
9587 Korpitsch 9 C 4
9065 Kossiach (Kozje) 10 C 8
9231 Köstenberg 9 C 6
9623 Köstendorf/Sankt Stefan im Gailtal 8 C 2
9071 Köttmannsdorf 10 C 7
9521 Köttwein 9 B 5
9542 Kraa 9 B 4
9587 Krainberg 9 C 4
8452 Kranach/Großklein 13 B 15
8463 Kranach/Leutschach 13 B 14
9541 Kras 9 B 4
9620 Kraschach 8 C 1
8454 Krast 13 B 14
9062 Kreggab 10 C 7
9102 Kremschitz 11 B 9
9612 Kreublach 8 C 3
9065 Kreuth (Rute)/ Rottenstein 10 C 8
9130 Kreuth (Rute)/ Pischeldorf 10 B 8
9711 Kreuzen/Pogöriach 8 B 3
9141 Kristendorf 11 C 9
8483 Krobathen/Deutsch Goritz 6 B 17
9064 Krobathen/Sankt Filippen 11 B 9
8382 Kroboteck 7 A 19
8345 Kronnersdorf 6 B 17
9472 Krottendorf/Lavamünd 12 C 11
8385 Krottendorf bei Neuhaus am Klausenbach 6 A 18
8553 Krumbach/Eibiswald 12 B 12
9201 Krumpendorf am Wörthersee 10 C 7
8342 Krusdorf 6 A 17
8455 Kühberg/Eibiswald 13 B 14
9125 Kühnsdorf 11 C 9
9620 Kühweg/Hermagor 8 C 2
9612 Kühweg/Nötsch im Gailtal 8 C 3
8342 Künnegg 6 A 16

## L

8490 Laafeld 6 B 17
9170 Laak 10 C 8
8554 Laaken 12 C 12
9231 Laas/Köstenberg 9 C 6
9702 Laas/Paternion 8 B 3
9543 Laastadt 9 B 5
9611 Labientschach 8 C 3
8462 Labitschberg 13 B 15
9161 Lambichl 10 C 7
9472 Lamprechtsberg 12 B 11
9523 Landskron 9 C 5
9184 Längdorf 9 C 6
8463 Langegg/Leutschach 13 C 15
9433 Langegg/Sankt Andrä im Lavanttal 11 B 10
9721 Lansach 8 B 4
9130 Lanzendorf/Poggersdorf 10 C 8
8380 Laritzgraben 6 A 18
9121 Lassein 11 C 9
9620 Lassendorf/Hermagor 8 C 1
9064 Lassendorf/Klagenfurt am Wörthersee 10 B 8
8554 Laßnighube 12 B 12
9582 Latschach/Pogöriach 9 C 5
9624 Latschach/Presseggen 8 C 2
9220 Latschach/Rosegg 9 C 6
9123 Lauchenholz (Gluhi les) 11 C 9
9473 Lavamünd 12 C 11
9556 Lebmach 10 B 7
9581 Ledenitzen 9 C 5
9470 Legerbuch 12 B 11
9130 Leibsdorf 11 C 8
9560 Leinig 9 B 6
9074 Leisbach 10 C 7
9560 Leiten/Feldkirchen in Kärnten 9 B 6
8334 Leitersdorf im Raabtal 6 A 17
9061 Lendorf/Klagenfurt 10 C 7
9135 Leppen (Lepena) 11 D 9
9143 Lettenstätten (Letina) 11 C 10
8463 Leutschach 13 B 14
8473 Lichendorf/Spielfeld 14 B 16
9241 Lichtpold 9 C 5
9300 Liebenfels 10 B 7
9542 Lierzberg 9 B 4
9112 Limberg/Griffen 11 B 10
9601 Lind/Arnoldstein 9 C 4
9121 Lind/Grafenstein 11 C 9
9113 Lind/Griffen 11 B 10
9220 Lind ob Velden 9 C 6
9074 Linden/Keutschach am See 10 C 6
9422 Lindhof 12 B 11
9560 Lindl 10 B 6
9130 Linsenberg 11 B 8
9065 Lipizach (Lipica) 10 C 8
9100 Lippendorf 11 C 10
9113 Lippitzbach 11 C 10
8341 Löblerberg 6 A 16
9135 Lobnig (Lobnik) 11 D 9
8334 Lödersdorf 6 A 17
9150 Loibach 11 C 10
9141 Loibegg 11 C 9
9163 Loibltal (Brodi) 10 D 7

9473 Lorenzenberg/Lavamünd 12 C 11
9470 Loschental 12 B 11
9072 Ludmannsdorf 10 C 6
8091 Lugitsch 6 A 16
9072 Lukowitz (Kovièe) 10 C 6

## M

9064 Magdalensberg/Klagenfurt 10 B 8
9473 Magdalensberg/Lavamünd 12 C 11
8352 Magland 6 A 18
9602 Maglern 8 C 3
9714 Mahr 8 B 2
8350 Mahrensdorf 6 A 17
9170 Maieralm 10 D 7
8342 Maierdorf 6 A 17
9581 Mallenitzen 9 C 5
8454 Maltschach/Arnfels 13 B 14
9560 Maltschach/Feldkirchen in Kärnten 10 B 6
9552 Manessen 9 B 6
8382 Maria Bild 7 A 19
9182 Maria Elend 10 C 6
9555 Maria Feicht 10 B 7
9500 Maria Gail 9 C 5
9161 Maria Rain 10 C 7
9422 Maria Rojach 12 B 11
9063 Maria Saal 10 B 8
9082 Maria Wörth 10 C 6
8345 Marktl/Straden 6 B 17
9181 Matschach 10 C 6
9423 Matschenbloch 12 B 11
9623 Matschiedl 8 C 3
9371 Mauern/Waisenberg 11 B 9
9555 Mautbrücken 10 B 7
9701 Mauthbrücken 8 B 3
9624 Mellach/Hermagor 8 C 2
8463 Mellentin 13 C 14
9624 Mellweg 8 C 2
8344 Merkendorf/Bad Gleichenberg 6 A 17
9371 Michaelerberg/Brückl 11 B 9
9624 Micheldorf/Hermagor 8 C 2
9133 Miklauzhof 11 C 9
8384 Minihof Liebau 6 A 18
8482 Misselsdorf 6 B 16
9620 Mitschig 8 C 2
9712 Mitterberg/Paternion 8 B 4
8383 Mittereck/Jennersdorf 6 A 18
8553 Mitterstraßen 12 B 13
9102 Mittertrixen 11 B 9
9580 Mittewald 9 C 5
9500 Mittewald ob Villach 9 C 4
9132 Möchling 11 C 9
9620 Möderndorf/Hermagor 8 C 2
9063 Möderndorf/Maria Saal 10 B 8
9620 Möderndorfer Alm 8 C 2
8382 Mogersdorf 7 A 19
9141 Mökriach 11 C 9
9132 Moos/Gallizien 11 C 9
9150 Moos (Blato) 11 C 10
9062 Moosburg 10 C 6
9712 Mooswald/Fresach 8 B 4
9714 Mösel/Stockenboi 8 B 2
9714 Mößlacheralm 8 B 2
8345 Muggendorf/Straden 6 B 17
9184 Mühlbach (Reka) 9 C 6
9422 Mühldorf/Maria Rojach 12 B 11
8330 Mühldorf bei Feldbach 6 A 17
8385 Mühlgraben/Minihof Liebau 6 A 18
9585 Müllnern/Finkenstein 9 C 5
9132 Müllnern/Gallizien 11 C 9
9300 Muraunberg 10 B 8
8480 Mureck 6 B 16
8473 Murfeld 14 B 16

## N

9560 Nadling 9 B 6
8483 Nägelsdorf 6 B 17
9123 Nageltschach 11 C 9
9762 Naggl 8 B 1
9624 Nampolach 8 C 2
8452 Narrath 13 B 14
9560 Naßweg 10 B 6
9020 Nessendorf 10 B 8
8452 Nestelberg/Großklein 13 B 14
9710 Neu-Feffernitz 8 B 4
9100 Neudenstein 11 C 9
9620 Neudorf/Hermagor 8 C 2
9241 Neudorf/Velden am Wörthersee 9 C 5
9155 Neuhaus/Lavamünd 12 C 11
8385 Neuhaus am Klausenbach 6 A 18
9587 Neuhaus an der Gail 9 C 4
8380 Neumarkt an der Raab 6 A 18
9125 Neumittlern 11 C 10
9071 Neusaß 10 C 7
8345 Neusetz 6 B 17
8353 Neustift/Bad Gleichenberg 6 A 17
9137 Niederdorf/Grafenstein 10 C 8
9173 Niederdörfl 11 C 8
9072 Niederdörfl (Spodnja Vesca) 10 C 7
9711 Nikelsdorf 8 B 3
9611 Nötsch im Gailtal 8 C 3
9062 Nußberg/Maria Feicht 10 B 7

## O

9582 Oberaichwald 9 C 5
8484 Oberau/Donnersdorf 6 B 17
8342 Oberauersbach 6 A 16
8342 Oberburgfried/Gnas 6 A 16
9082 Oberdellach 10 C 6
9231 Oberdorf/Köstenberg 9 C 6
9155 Oberdorf (Gornja ves) 12 C 11
9173 Oberdörfl/Sankt Margareten im Rosental 11 C 8
9072 Oberdörfl (Zvrhnja Vesca) 10 C 6
8384 Oberdrosen 6 A 18
9500 Obere Fellach 9 C 4
8463 Oberfahrenbach 13 B 14
9500 Oberfederaun 9 C 4
9581 Oberferlach 9 C 5
8330 Obergiem 6 A 17
9560 Oberglan 10 B 6
8342 Obergnas 6 A 16
9062 Obergöriach 10 B 6
8455 Obergreith/Wies 13 B 14
9161 Oberguntschach 10 C 8
8455 Oberhaag 13 B 14
8544 Oberhart/Wies 13 B 13
8380 Oberhenndorf 6 A 18
9220 Oberjeserz 9 C 6
8345 Oberkarla 6 B 17
8334 Oberkornbach 6 A 17
8355 Oberlaasen 6 B 17
8352 Oberlamm 6 A 18
8552 Oberlatein 13 B 13
9065 Obermieger 10 C 8
9113 Obermitterdorf 11 C 10
9620 Obermöschach 8 C 2
9123 Obernarrach 11 C 9
8353 Oberpretal 6 A 18
9473 Oberpudlach 12 C 11
8484 Oberpurkla 6 B 17
9122 Obersammelsdorf 11 C 9
9587 Oberschütt 9 C 4
8471 Oberschwarza 14 B 15
9100 Obersielach 11 C 10
8483 Oberspitz 6 B 17
8324 Oberstorcha 6 A 16
9161 Obertöllern 10 C 7
9102 Obertrixen 11 B 9
9620 Obervellach/Hermagor 8 C 2
8330 Oberweißenbach 6 A 17
9241 Oberwernberg 9 C 5
9231 Oberwinklern 9 C 5
9543 Oberwöllan 9 B 4
9500 Oberwollanig 9 C 4
9131 Oberwuchel 10 C 8
9170 Obir Alm 11 D 9
9064 Ochsendorf 11 B 8
8330 Oedt bei Feldbach 6 A 17
9183 Ogrisalm 10 D 7
9701 Olsach 8 B 3
9100 Oschenitzen 11 B 9
9570 Ossiach 9 B 5
9572 Ossiachberg/Steindorf am Ossiacher See 9 B 5
9520 Ossiachberg/Treffen 9 B 5
9570 Ostriach 9 C 5
9500 Oswaldiberg 9 C 5
8461 Ottenberg 14 B 15
9064 Ottmanach 10 B 8
9582 Outschena 9 C 5

## P

9121 Pakein 11 C 9
8341 Paldau 6 A 16
9624 Paßriach 8 C 2
9711 Paternion 8 B 3
8355 Patzen 6 B 17
8332 Paurach 6 A 17
9150 Penk/Bleiburg 11 C 10
9535 Penken 10 C 6
8093 Perbersdorf bei Sankt Peter 6 B 16
8341 Perlsdorf 6 A 16
9212 Pernach 10 C 6
9560 Pernegg/Ossiach 9 B 6
8350 Pertlstein 6 A 17
8330 Petersdorf 6 A 17
8350 Petersdorf I 6 A 18
9581 Petschnitzen (Peènica) 9 C 5
8350 Petzelsdorf bei Fehring 6 A 17
8385 Pfaffengraben 6 A 18
9141 Pfannsdorf 11 C 9
8490 Pfarrsdorf 6 B 17
9300 Pflugern 10 B 8
8353 Pichla/Bad Gleichenberg 6 A 17
8355 Pichla bei Radkersburg 6 B 17
9562 Pichlern/Feldkirchen in Kärnten 9 B 6
9131 Pirk/Grafenstein 10 C 8
9201 Pirk/Krumpendorf am Wörthersee 10 C 7
9143 Pirkdorf 11 C 10
9064 Pischeldorf 11 B 8
8551 Pitschgau 13 B 13
9061 Pitzelstätten 10 B 7
9074 Plaschischen 10 C 7
8354 Plesch/Sankt Anna am Aigen 6 B 17
9074 Plescherken 10 C 6
9473 Plestätten 12 C 11
9071 Plöschenberg (Plešivec) 10 C 7
9601 Pöckau 9 C 4
9142 Podrain (Podroje) 11 C 10
9130 Poggersdorf 10 C 8
9582 Pogöriach/Finkenstein 9 C 5
9710 Pogöriach/Paternion 8 B 3
9500 Pogöriach/Villach 9 C 4
8544 Pölfing 13 B 13
9710 Pöllan 8 B 3
9773 Pölland 8 C 3
8091 Pöllau/Jagerberg 6 A 16
8341 Pöllau/Paldau 6 A 16
9521 Pölling/Treffen 9 B 5
8493 Pölten 6 B 17
9061 Ponfeld 10 B 7
8455 Pongratzen/Eibiswald 13 C 13
8342 Poppendorf/Gnas 6 A 17
9112 Poppendorf/Griffen 11 B 10
9061 Poppichl 10 B 7
8551 Pörbach 13 B 13
9100 Pörtschach/Völkermarkt 11 C 9
9063 Pörtschach am Berg 10 B 7
9210 Pörtschach am Wörthersee 10 C 6
9063 Possau 10 B 8
8463 Pößnitz 13 C 15
9620 Postran 8 C 2
9624 Potschach (Potoce) 8 C 2
9560 Powirtschach 10 B 6
9560 Prägrad 9 B 6
8443 Praratheregg 13 B 14
8490 Prentl 6 B 17
9615 Presseggen 8 C 2
9620 Presseggersee 8 C 2
9125 Pribelsdorf 11 C 10
8490 Pridahof 6 B 17
9133 Proboj 11 C 9
9300 Projern 10 B 7
9130 Pubersdorf 10 C 8
8341 Puch/Paldau 6 A 16
9722 Puch/Villach 9 C 4
8342 Puchenstein 6 B 16
9072 Pugrad 10 C 6
9536 Pulpitsch 9 C 6
8345 Puxa 6 B 17

## R

8334 Raabau 6 A 17
9162 Rabenberg/Feistritz im Rosental 10 C 7
9560 Rabensdorf 10 B 6
9470 Rabenstein/Lavamünd 12 C 11
9470 Rabensteingreuth 12 C 11
9587 Radendorf 9 C 4
8453 Radiga 13 B 14
8091 Radisch 6 A 16
9620 Radnig 8 C 2
8484 Radochen 6 B 17
9065 Radsberg (Radiše) 10 C 8
9560 Radweg/Feldkirchen in Kärnten 10 B 6
9300 Radweg/Sankt Veit an der Glan 10 B 7
9241 Ragain 9 C 5
9422 Ragglbach 12 B 11
9065 Rain/Ebenthal 10 C 8
9065 Rain/Poggersdorf 10 C 8
9133 Rain/Sittersdorf 11 C 9
9220 Rajach/Velden am Wörthersee 9 C 6
9121 Rakollach 11 C 9
9112 Rakounig 11 B 10
9100 Rammersdorf/Völkermarkt 11 B 9
8342 Raning/Gnas 6 A 16
9570 Rappitsch 9 B 5
8461 Ratsch an der Weinstraße 14 B 15
8482 Ratschendorf 6 B 16
9100 Ratschitschach 11 C 10
8482 Ratzenau 6 B 16
9063 Ratzendorf 10 B 8
9062 Ratzenegg 10 C 7
9081 Raunach 10 C 7
9112 Rausch 11 B 10
9170 Rauth/Ferlach 10 C 8
9074 Rauth/Keutschach am See 10 C 7
8380 Rax 6 A 18
9074 Reauz 10 C 7
9133 Rechberg (Reberca) 11 C 9
9065 Reichersdorf/Klagenfurt 10 C 8
9081 Reifnitz/Maria Wörth 10 C 7
9100 Reifnitz/Völkermarkt 11 C 10
9064 Reigersdorf 10 C 8
9371 Reisdorf 11 B 9
8341 Reith/Paldau 6 A 16
8330 Reiting 6 A 17
9135 Remschenig (Remšenig) 11 D 9
8463 Remschnigg 13 C 14
9150 Replach 11 C 10
9170 Reßnig 10 C 7
9541 Retzen 9 B 4
9587 Riegersdorf/Erlendorf 9 C 4
9150 Rinkenberg (Vogrèe) 11 C 10
9150 Rinkolach 11 C 10
8354 Risola 6 B 17
8361 Rittergraben 6 A 18
9300 Ritzendorf/Sankt Veit an der Glan 10 B 8
9536 Roach 9 C 6
9132 Robesch 11 C 8
9135 Roblekalm 11 D 8
9556 Rohnsdorf 10 B 7
8332 Rohr an der Raab 6 A 16
8493 Röhrl 6 B 17
9232 Rosegg 9 C 6
9183 Rosenbach 9 C 6
8345 Rosenberg/Deutsch Haseldorf 6 B 17
8471 Rosenberg/Ehrenhausen 14 B 15
8382 Rosendorf 7 A 19
9714 Rosental/Gassen 8 B 3
8553 Rothwein 12 B 12
9073 Rotschitzen 10 C 7
9560 Rottendorf/Feldkirchen in Kärnten 10 B 6
9560 Rottendorf/Friedlach 10 B 7
9065 Rottenstein/Grafenstein 10 C 8
9710 Rubland/Bleiberg-Kreuth 8 C 3
9123 Rückersdorf/Sittersdorf 11 C 9
9113 Ruden/Schwabegg 11 C 10
9100 Ruhstatt 11 C 9
9072 Rupertiberg (Na Gori) 10 C 6
9143 Ruttach (Rute) 11 C 10

## S

9212 Saag/Velden am Wörthersee 10 C 6
9065 Saager 11 C 8
9611 Saak 8 C 3
8341 Saaz 6 A 17
9161 Saberda 10 C 8
9131 Sabuatach 11 C 8
9141 Sagerberg 11 C 9
8453 Saggau 13 B 14
9371 Salchendorf/Brückl 11 B 9
9064 Salchendorf/Völkermarkt 11 B 9
8483 Salsach 6 B 17
9131 Sand/Grafenstein 11 C 8
9241 Sand/Kaltschach 9 C 5
9100 Sankt Agnes 11 B 9
9523 Sankt Andrä/Villach 9 C 5
8354 Sankt Anna am Aigen 6 A 17
9212 Sankt Bartlmä/Pörtschach am Wörthersee 10 C 6
8553 Sankt Bartlmä/Sankt Oswald ob Eibiswald 12 B 12
9300 Sankt Donat 10 B 8
9536 Sankt Egyden 9 C 6
9064 Sankt Filippen 11 B 8
9555 Sankt Gandolf/Feldkirchen in Kärnten 10 B 7
9071 Sankt Gandolf/Köttmannsdorf 10 C 7
9150 Sankt Georgen/Bleiburg 11 C 10
9423 Sankt Georgen/Sankt Paul im Lavanttal 12 B 11
9500 Sankt Georgen/Villach 9 C 4
9102 Sankt Georgen am Weinberg 11 B 9
9612 Sankt Georgen im Gailtal 8 C 3
9111 Sankt Jakob/Haimburg 11 B 10
9702 Sankt Jakob/Paternion 8 B 3
9433 Sankt Jakob/Sankt Andrä im Lavanttal 12 B 10
9020 Sankt Jakob an der Straße 10 C 8
9184 Sankt Jakob im Rosental 9 C 6
9586 Sankt Job 9 C 4
9130 Sankt Johann/Poggersdorf 10 C 8
9184 Sankt Johann/Sankt Jakob im Rosental 9 C 6
9162 Sankt Johann im Rosental 10 C 7
8453 Sankt Johann im Saggautal 13 B 14
9122 Sankt Kanzian am Klopeiner See 11 C 9
8551 Sankt Katharina in der Wiel 12 B 12
9535 Sankt Kathrein 9 C 6
9112 Sankt Kollmann/Griffen 11 B 10
9556 Sankt Leonhard/Tauchendorf 10 B 7
9500 Sankt Leonhard/Villach 9 C 5
8552 Sankt Lorenzen/Eibiswald 12 C 13
9064 Sankt Lorenzen/Klagenfurt am Wörthersee 10 C 8
9113 Sankt Lorenzen/Kleindiex 11 C 10
9125 Sankt Lorenzen/Völkermarkt 11 C 9
9524 Sankt Magdalen/Villach 9 C 5
9173 Sankt Margareten im Rosental 10 C 8
9071 Sankt Margarethen/Köttmannsdorf 10 C 7
9472 Sankt Margarethen/Sankt Paul im Lavanttal 12 B 11
9100 Sankt Margarethen ob Töllerberg = Sankt Margarethen ob Töllerberg (Šmarjeta) 11 B 9
9100 Sankt Margarethen ob Töllerberg (Šmarjeta) = Sankt Margarethen ob Töllerberg 11 B 9
9150 Sankt Margarethen (Šmarjeta) 12 C 11
9232 Sankt Martin/Emmersdorf 9 C 5
9560 Sankt Martin/Feldkirchen in Kärnten 10 B 6
9111 Sankt Martin/Gattersdorf 11 B 9
9020 Sankt Martin/Klagenfurt am Wörthersee 10 C 7
9470 Sankt Martin/Sankt Paul im Lavantal 12 B 11
9113 Sankt Martin/Völkermarkt 11 C 10
9061 Sankt Martin/Wölfnitz 10 B 7
9212 Sankt Martin am Techelsberg 10 C 6
8383 Sankt Martin an der Raab 6 A 18
9125 Sankt Marxen 11 C 9
9500 Sankt Michael/Villach 9 C 5
9063 Sankt Michael am Zollfeld 10 B 8
9143 Sankt Michael ob Bleiburg (Šmihel nad Pliberkom) 11 C 10
9130 Sankt Michael ob der Gurk 11 B 9
9580 Sankt Niklas an der Drau 9 C 5
9560 Sankt Nikolai/Feldkirchen in Kärnten 9 B 6
9113 Sankt Nikolai/Ruden 11 C 10
9074 Sankt Nikolai/Viktring 10 C 7
9182 Sankt Oswald/Ludmannsdorf 10 C 6
8553 Sankt Oswald ob Eibiswald 12 B 12
9702 Sankt Paul/Ferndorf 8 B 3
9623 Sankt Paul an der Gail 8 C 3
9470 Sankt Paul im Lavanttal 12 B 11
9131 Sankt Peter/Grafenstein 11 C 8
9020 Sankt Peter/Klagenfurt am Wörthersee 10 C 8
9062 Sankt Peter/Moosburg 10 C 7
9063 Sankt Peter am Bichl 10 B 7
8093 Sankt Peter am Ottersbach 6 B 16
9100 Sankt Peter am Wallersberg 11 C 10
9184 Sankt Peter (Šentpeter) 9 C 6
9123 Sankt Primus 11 C 9
9113 Sankt Radegund/Ruden 11 C 10
9560 Sankt Ruprecht/Feldkirchen in Kärnten 10 B 6
9020 Sankt Ruprecht/Klagenfurt am Wörthersee 10 C 7
9523 Sankt Ruprecht/Villach 9 C 5
9100 Sankt Ruprecht/Völkermarkt 11 B 9
9314 Sankt Sebastian/Reipersdorf 11 B 8
9714 Sankt Stafaner Alm 8 C 2
9560 Sankt Stefan/Feldkirchen in Kärnten 9 B 6
9111 Sankt Stefan/Haimburg 11 B 9
9220 Sankt Stefan/Latschach 9 C 6
9623 Sankt Stefan im Gailtal 8 C 3
9142 Sankt Stefan (Šteben) 11 C 10
9064 Sankt Thomas/Klagenfurt am Wörthersee 10 C 8
9161 Sankt Ulrich/Maria Rain 10 C 7
9524 Sankt Ulrich/Villach 9 C 5
8544 Sankt Ulrich in Greith 13 B 13
9554 Sankt Urban/Feldkirchen in Kärnten 10 B 6
9551 Sankt Urban/Ossiach 9 B 5
9123 Sankt Veit im Jauntal 11 C 9
9473 Sankt Vinzenz 12 B 12
9520 Sattendorf 9 B 5
9543 Sauerwald 9 B 5
9562 Saurachberg 9 B 6
8383 Schaffereck 6 A 18
8554 Scharfeck 12 B 12
2403 Scharndorf 25 F 2

8380 Schaufelberg/Jennersdorf 6 A 18
9542 Scherzboden 9 B 4
8350 Schiefer 6 A 18
9535 Schiefling am See 10 C 6
9470 Schildberg/Sankt Paul im Lavanttal 11 B 10
9150 Schilterndorf (Cirkovèe) 11 C 10
9183 Schlatten 9 C 6
8463 Schloßberg/Leutschach 13 C 14
9433 Schönweg-Sankt Andrä 11 B 10
8483 Schrötten bei Deutsch Goritz 6 B 16
9131 Schulterndorf 10 C 8
8333 Schützing 6 A 17
8345 Schwabau 6 B 17
9155 Schwabegg (Švabek) 12 C 11
9065 Schwarz (Dvorec) 10 C 8
9472 Schwarzenbach/Lavamünd 12 B 11
9212 Schwarzendorf/Techelsberg am Wörthersee 9 C 6
9125 Seebach/Kühnsdorf 11 C 9
9073 Seebach/Viktring 10 C 7
9170 Seidolach 10 C 8
9062 Seigbichl 10 B 7
9081 Sekirn 10 C 7
9072 Selkach (Zeluèe) 10 C 6
9220 Selpritsch 9 C 6
9061 Seltenheim 10 C 7
9601 Seltschach 8 C 4
8462 Sernau 13 B 15
8490 Sicheldorf 6 B 18
9133 Sielach 11 C 9
9586 Sigmontitsch 9 C 4
9181 Sinach 10 C 7
9162 Singerberg 10 C 7
9133 Sittersdorf (Žitara vas) 11 C 9
9560 Sittich 10 B 6
9131 Skarbin 11 C 8
9142 Slovenjach (Slovenje) 11 C 10
8554 Soboth 12 B 12
9552 Sonnberg/Feldkirchen in Kärnten 9 B 6
9141 Sonnegg 11 C 9
9562 Sonnleiten/Himmelberg 9 B 6
9560 Sonnrain 9 B 6
9702 Sonnwiesen 8 B 3
8471 Spielfeld 14 B 15
9184 Srajach 9 C 6
9122 Srejach 11 C 9
9722 Stadelbach 9 C 4
9470 Stadling 12 B 11
9543 Stadt 9 B 5
8345 Stainz bei Straden 6 B 17
9062 Stallhofen/Moosburg 10 C 6
9241 Stallhofen/Villach 9 C 5
8352 Stambach/Loipersdorf bei Fürstenfeld 6 A 18
8552 Stammeregg 13 C 13
8552 Staritsch 13 B 13
9063 Stegendorf 10 B 7
9122 Stein im Jauntal 11 C 9
8344 Steinbach/Bad Gleichenberg 6 A 17
8642 Steinbach/Gamlitz 13 B 15
9423 Steinberg-Oberhaus 12 B 11
9423 Steinberg-Unterhaus 12 B 11
9552 Steindorf am Ossiacher See 9 B 6
9123 Steinerberg 11 C 9
8361 Stellberg 6 A 18
9161 Stemeritsch 10 C 8
8552 Sterglegg 13 C 13
9241 Sternberg 9 C 6
8551 Steyeregg 13 B 13
9572 Stiegl 9 B 5
9520 Stöckelweingarten 9 B 5
9714 Stockenboi 8 B 3
9560 Stocklitz 10 B 6
8345 Straden 6 B 17
8472 Straß in Steiermark 14 B 15
9162 Strau 10 C 7
9163 Strugarjach (Strugarji) 10 D 7
9710 Stuben/Feistritzan der Drau 8 B 4
9063 Stuttern 10 B 8
9181 Suetschach 10 C 6
8461 Sulztal an der Weinstraße 13 B 15
9585 Susalitsch 9 C 5
9623 Sussawitsch 8 C 3

**T**

9121 Tainach 11 C 9
9121 Tainachfeld 11 C 9
9182 Tallach 9 C 6
9063 Tanzenberg/Sankt Veit an der Glan 10 B 8
9542 Tassach 9 B 4
9556 Tauchendorf/Feldkirchen in Kärnten 10 B 7
9560 Tauern 9 B 6
8384 Tauka 6 A 18
9585 Techanting 9 C 5
9212 Techelsberg am Wörthersee 10 C 6
9535 Techelweg 10 C 6
9753 Techendorfer Alm 8 B 2
9061 Tentschach 10 B 7
9241 Terlach 9 C 5
9102 Terpetzen 11 B 9
8342 Thien 6 A 16
8342 Thieneggberg 6 A 16
9131 Thon 11 C 8
9602 Thörl/Maglern 8 C 3
9212 Tibitsch 9 C 6
9133 Tichoja 11 C 9
8355 Tieschen 6 B 17
9560 Tiffen 9 B 6
9562 Tiffnerwinkl 9 B 6
9062 Tigring 10 B 7
9064 Timenitz 10 B 8
9542 Tobitsch 9 B 4
9521 Töbring 9 C 5
8463 Toderberg 13 C 14
9100 Töllerberg 11 B 9
9063 Töltschach 10 B 8
8544 Tombach 13 B 13
9722 Töplitsch 9 C 4
9161 Toppelsdorf 10 C 7
9210 Töpriach 10 C 6
9212 Töschling 10 C 6
8385 Tostlereck 6 A 18
9071 Trabesing 10 C 7
9713 Tragail 8 B 3
9712 Tragenwinkel 8 B 4
9623 Tratten/Kerschdorf 8 C 3
9520 Tratten/Steindorf am Ossiacher See 9 B 5
9170 Tratten (Trata) 10 C 7
9143 Traundorf (Strpna ves) 11 C 10
8343 Trautmannsdorf in Oststeiermark 6 A 17
9064 Treffelsdorf/Magdalensberg 10 B 8
9536 Treffen/Sankt Egyden 9 C 6
9521 Treffen am Ossiacher See 9 B 5
9173 Trieblach (Treblje) 10 C 8
9135 Trögern (Korte) 11 D 8
8342 Trössing 6 B 16
9071 Tschachoritsch 10 C 7
9587 Tschau 9 C 4
9143 Tscherberg (Èrgovièe) 11 C 10
9500 Tschinowitsch 9 C 5
9520 Tschöran 9 B 5
9071 Tschrestal 10 C 7
9371 Tschutta 11 B 9
9560 Tschwarzen 10 B 6
9062 Tuderschitz 10 C 7
9061 Tultschnig 10 C 7
8455 Tunau 13 B 14
9500 Turdanitsch 9 C 5
9065 Tutzach (Tulce) 10 C 8

**U**

9721 Uggowitz 9 B 4
9241 Umberg 9 C 5
9100 Unarach 11 C 9
9582 Unteraichwald 9 C 5
9714 Unteralm/Stockenboi 8 B 2
8484 Unterau 6 B 17
8342 Unterauersbach 6 A 16
9520 Unterberg/Bodensdorf 9 B 5
9560 Unterberg/Steindorf am Ossiacher See 9 B 6
8345 Unterberg/Straden 6 B 16
9163 Unterbergen/Ferlach 10 C 7
9473 Unterbergen/Lavamünd 12 C 11
9064 Unterbergen/Salchendorf 11 B 9
9300 Unterbergen/Sankt Veit an der Glan 10 B 8
9112 Unterbergen (Podgora) 11 C 10
9330 Unterburg/Eberndorf 11 C 9
8342 Unterburgfried/Gnas 6 A 16
9082 Unterdellach 10 C 6
9155 Unterdorf (Dolnja vas) 12 C 11
9500 Untere Fellach 9 C 4
9581 Unterferlach/Finkenstein 9 C 5
9170 Unterferlach/Maria Rain 10 C 7
8541 Unterfresen 12 B 13
8330 Untergiem 6 A 17
8453 Untergreith/Gleinstätten 13 B 14
9582 Untergreuth 9 C 5
9161 Unterguntschach 10 C 8
8455 Unterhaag 13 B 14
8361 Unterhatzendorf 6 A 18
8380 Unterhenndorf 6 A 18
8355 Unterlaasen 6 B 17
8352 Unterlamm 6 A 18
9163 Unterloibl 10 C 7
9065 Untermieger 10 C 8
9113 Untermitterdorf 11 C 10
9620 Untermöschach 8 C 2
9300 Untermühlbach 10 B 8
9123 Unternarrach 11 C 9
9113 Unternberg/Griffen 11 B 10
9133 Unterort/Sittersdorf 11 C 9
9150 Unterort (Podkraj) 11 C 10
9470 Unterpichling 12 B 11
9473 Unterpudlach 12 C 11
8484 Unterpurkla 6 B 17
9112 Unterrain 11 B 10
9586 Unterschütt 9 C 4
8471 Unterschwarza 14 B 16
8483 Unterspitz 6 B 17
8341 Unterstorcha 6 A 16
9161 Untertöllern 10 C 7
9620 Untervellach 8 C 2
8330 Unterweißenbach/Feldbach 6 A 17
9241 Unterwernberg 9 C 5
9220 Unterwinklern 9 C 6
9500 Unterwollanig 9 C 4
9131 Unterwuchel 10 C 8
9063 Unterwuhr 10 B 7
8091 Unterzirknitz/Jagerberg 6 A 16

**V**

9220 Velden am Wörthersee 9 C 6
9132 Vellach/Gallizien 11 C 9
9135 Vellach (Bela) 11 D 9
9542 Verditz 9 B 4
9123 Vesielach (Vesele) 11 C 9
9073 Viktring 10 C 7
9500 Villach 9 C 4
9100 Völkermarkt 11 C 9
9614 Vorderberg/Sankt Stefan an der Gail 8 C 3
8352 Vorderberg/Unterlamm 6 A 18
8551 Vordersdorf 13 B 13
9543 Vorderwinkl 9 B 5

**W**

8345 Waasen am Berg 6 B 17
8345 Waasenberg 6 B 17
9130 Wabelsdorf 11 C 9
9142 Wackendorf (Veèna ves) 11 C 10
9170 Waidisch 10 D 8
9560 Waiern 9 B 6
9102 Waisenberg 11 B 9
9020 Walddorf 10 B 7
8344 Waldsberg 6 A 17
8382 Wallendorf 7 A 19
8354 Waltra 6 A 17
9103 Wandelitzen 11 B 9
9556 Wasai 10 B 7
9125 Wasserhofen 11 C 9
9620 Watschig 8 C 1
9100 Watzelsdorf/Völkermarkt 11 C 10
8382 Weichselbaum 7 A 19
9133 Weinberg/Sittendorf 11 C 9
8352 Weinberg an der Raab 6 A 18
8461 Weinleiten/Ehrenhausen 14 B 15
9714 Weißenbach/Stockenboi 8 B 2
9500 Weißenbach/Villach 9 C 4
9472 Weißenberg/Sankt Georgen 12 B 11
9150 Weißenstein/Bleiburg 12 C 11
9721 Weißenstein/Feistritz an der Drau 9 B 4
9122 Weitendorf/Grabelsdorf 11 C 9
8473 Weitersfeld an der Mur 14 B 16
8484 Weixelbaum 6 B 17
9162 Weizelsdorf 10 C 7
9072 Wellersdorf 10 C 7
8383 Welten 6 A 18
8383 Weltenberg 6 A 18
9614 Werbutzalm 8 C 3
8551 Wernersdorf/Wies 13 B 13
9612 Wertschach 8 C 3
9150 Wesnitzen 12 C 11
8345 Wieden/Straden 6 B 17
9150 Wiederndorf (Vidra ves) 11 C 10
9714 Wiederschwing/Zlan 8 B 3
8551 Wiel 12 B 12
8461 Wielitsch 14 B 15
8093 Wiersdorf 6 B 16
8551 Wies/Eibiswald 13 B 13
8312 Wiesenberg 6 A 18
9132 Wildenstein 11 C 9
8344 Wilhelmsdorf/Straden 6 A 17
9063 Willersdorf/Sankt Michael am Zollfeld 10 B 8
9163 Windisch Bleiberg (Slovenji Plajberk) 10 D 7
8384 Windisch Minihof 6 A 18
9470 Windisch-Grutschen 11 B 10
9062 Windischberg/Pörtschach am Wörthersee 10 C 6
9170 Winkel/Ferlach 10 D 7
9185 Winkl/Sankt Jakob im Rosental 9 C 6
9541 Winklern/Äußere Einöde 9 B 4
9063 Winklern/Maria Saal 10 B 8
9210 Winklern/Pörtschach am Wörthersee 10 C 6
9102 Winklern/Salchendorf 11 B 9
9062 Witsch 10 B 7
8093 Wittmannsdorf 6 B 16
9061 Wölfnitz/Klagenfurt am Wörthersee 10 B 7
9150 Woroujach (Borovje) 11 C 10
8341 Wörth/Paldau 6 A 16
8324 Wörth bei Kirchberg an der Raab 6 A 16
9141 Wrießnitz 10 B 7
8453 Wuggau 13 B 14
9071 Wurdach 10 C 7
9530 Wurzach 8 C 3
9121 Wurzen/Tainach 11 C 9
9231 Wurzen/Techelsberg am Wörthersee 9 C 6
9063 Wutschein 10 C 8

**Z**

9135 Zauchen (Suha) 11 C 9
9072 Zedras (Sodražava) 10 C 6
9064 Zeiselberg 10 C 8
9065 Zell/Klagenfurt am Wörthersee 10 C 8
9170 Zell-Freibach (Sele-Borovnica) 10 D 8
9170 Zell-Homölisch (Sele-Homeliše) 10 C 8
9170 Zell-Koschuta (Sele-Košuta) 10 D 8
9170 Zell-Mitterwinkel (Sele-Srednji Kot) 10 D 8
9170 Zell-Oberwinkel (Sele-Zgornji Kot) 10 D 7
9170 Zell-Pfarre (Sele-Fara) 10 D 8
9170 Zell-Schaida (Sele-Šajda) 10 D 8
9433 Zellbach 11 B 10
8490 Zelting 6 B 18
9065 Zetterei 10 C 8
9713 Ziebl 8 B 3
9062 Ziegelsdorf 10 B 7
9714 Zlan 8 B 3
9063 Zollfeld 10 B 8
9065 Zwanzgerberg 10 C 8
9554 Zwattendorf 10 B 7
9556 Zweikirchen 10 B 7

## H

93 030 km² · +36 · Budapest · 9 944 000

**A**

8948 Alsóhegy/Nova 16 B 21
8872 Alsószemenye 16 D 21
8973 Alsószenterzsébet 7 B 20
9942 Alsószer 7 A 20
9983 Alsószölnök 7 A 19
9982 Apátistvánfalva 7 A 19

**B**

8977 Baglad 7 B 20
9944 Bajansenye 7 B 20
8960 Bárhely 16 C 21
8967 Bárszentmihályfa 16 C 21
8978 Belsősárd 16 C 20
8969 Bödeháza 16 C 20

**C**

8971 Cup 7 B 21

**C**

8975 Cséplak 7 B 20
8973 Csesztreg 7 B 21
8999 Csöde 7 A 21
8957 Csömödér 16 C 21
8873 Csörnyeföld 16 C 21
9962 Csörötnek 7 A 20

**D**

9917 Daraboshegy 7 A 21
9944 Dávidháza 7 B 20
8874 Dobri 16 C 21
8956 Dömefölde 16 C 21

**F**

9981 Farkasfa 7 A 19
8999 Felsőcsöde 7 B 21
9937 Felsőjánosfa 7 A 21
9918 Felsőmarác 7 A 21
8973 Felsőszenterzsébet 7 B 20
9936 Felsőszer 7 A 21
9985 Felsőszölnök 7 A 19

**G**

8969 Gáborjanháza 16 C 20
9952 Gasztony 7 A 20
8960 Gosztola 16 C 21
9946 Gödörháza 7 B 20

**H**

9917 Halogy 7 A 21
9934 Hegyhátszentjakab 7 A 21
9931 Hegyhátszentmárton 7 A 20
8957 Hernyék 16 C 21

**I**

8958 Iklódbördőce 16 C 21
9941 Ispánk 7 A 20
9931 Ivánc 7 A 20

**J**

9955 Jakabháza 7 A 19
9985 JánoshegyFelsőszölnök 7 A 19

**K**

8988 Kálócfa 7 B 21
8956 Kányavár 16 C 22
9945 Kercaszomor 7 B 20
8971 Kerkabarabás 7 B 21
8974 Kerkafalva 7 B 20
8973 Kerkakutas 7 B 21
9944 Kerkáskápolna 7 B 20
8874 Kerkaszentkirály 16 C 21
8879 Kerkateskánd 16 C 21
8973 Kerkaújfalu 7 B 21
9982 Kétvölgy 7 A 19
8888 Kiscsehi 16 C 22
9936 Kisrákos 7 A 21
8954 Kissziget 16 C 21
8975 Kógyár 7 B 20
9943 Kondorfa 7 A 20
8988 Kozmadombja 7 B 21
8878 Kútfej 16 C 21
8978 Külsősárd 16 C 20

**L**

8978 Lendvadedes 16 C 21
8977 Lendvajakabfa 7 B 20
8978 Lendvakecskés 16 C 21
8960 Lenti 16 C 21
8960 Lentihegy 16 C 21
8966 Lentikápolna 7 C 21
8966 Lentikápolnaimajor 7 C 21
8960 Lentiszombathely 16 C 21
8878 Lovászi 16 C 21

**M**

8973 Magyarföld 7 B 20
9962 Magyarlak 7 A 20
9946 Magyarszombatfa 7 B 20
8960 Máhomfa 16 C 21
9964 Máriaújfalu 7 A 19
8888 Maróc 16 C 21
8976 Márokföld 7 B 20
8960 Mumor 16 C 21
8868 Murarátka 16 D 22
8872 Muraszemenye 16 D 21

**N**

9919 Nagycsakany 7 A 20
9938 Nagyrákos 7 A 20
8976 Nemesnép 7 B 20
8948 Nova 16 B 22

**O**

9982 Orfalu 7 A 19
8954 Ortaháza 16 C 22

**Ő**

9944 Őrbajánháza 7 B 20
9933 Őrimagyarósd 7 A 21
9941 Őriszentpéter 7 A 20

**P**

8956 Páka 16 C 21
9937 Pankasz 7 A 20
9942 Papszer 7 A 20

**R**

9961 Rábagyarmat 7 A 20
9970 Rábakéthely 7 A 19
9970 Rábatótfalu 7 A 19
8974 Ramocsa 7 B 20
9951 Rátót 7 A 20
8978 Rédics 16 C 20
8977 Resznek 7 C 20
9954 Rönök 7 A 20

**S**

9970 Sankt Gotthard = Szentgotthárd 7 A 19
9944 Senyeháza 7 B 20

**S**

9936 Szaknyér 7 A 21
9983 Szakonyfalu 7 A 19
9942 Szalafő 7 A 20
9938 Szatta 7 B 20
8879 Szécsisziget 16 C 21
9970 Szentgotthárd = Sankt Gotthard 7 A 19
8975 Szentgyörgyvölgy 7 B 20
8872 Szentmargitfalva 16 D 21
8969 Szijártóháza 16 C 20
9945 Szomoróc 7 B 19
9935 Szőce 7 A 21

**T**

9942 Templomszer 7 A 20
8876 Tormafölde 16 C 21
8877 Tornyiszentmiklós 16 C 21

**V**

9953 Vasszentmihály 7 A 20
9946 Velemér 7 B 20
9932 Viszák 7 A 20

**Z**

8960 Zajda 16 C 21
8971 Zalabaksa 7 B 21
8969 Zalaszombatfa 16 C 20
8954 Zebecke 16 C 22

**Z**

9970 Zsida 7 A 19
9970 Zsidahegy 7 A 19

## HR

56 594 km² · +385 · Zagreb · 4 267 000

**A**

52428 Antonci 33 K 4
10257 Ašpergeri 31 H 16

**B**

52470 Babići (Babici) 32 K 3
42208 Babinec 15 D 18
47284 Badovinci 30 H 14
40312 Banfi 15 C 19
49245 Banšćica 24 F 18
47250 Banjsko Selo 37 K 15
52460 Baredine 32 K 3
47252 Barilović 37 K 15
52427 Bartolići 33 K 5

52475 Bašanija (Bassania) 32 K 3
51218 Baštijani 35 K 8
52402 Baštini 33 K 6
47251 Beč 37 K 14
49221 Bedekovčina 24 F 17
42240 Bedenec 24 E 18
10432 Beder 31 H 15
42253 Bednja 24 E 17
42242 Bela 24 E 19
51317 Bela Vodica 35 K 10
47250 Belaj/Duga Resa 37 K 15
47250 Belajska Vinica 37 K 15
47250 Belajske Poljice 37 K 15
47250 Belavići/Duga Resa 37 K 14
10453 Belčići 31 H 15
49254 Belec 24 F 18
40319 Belica 16 D 21
47280 Belinsko Selo 37 J 14
51321 Belo Selo 35 L 10
10257 Belobreg 31 H 17
10381 Beloslavec 24 F 19
47283 Belošići 37 H 14
52428 Bencani 33 K 5
42253 Benkovec 24 E 17
49218 Benkovo 23 F 16
10437 Bestovje 31 H 16
52460 Bibali 32 K 4
10299 Bijela Gorica 31 G 16
42243 Bikovec 24 E 19
51317 Biljevina 35 K 10
52425 Blatna vas 33 K 6
51328 Blaževci 36 K 12
10293 Bobovec Rozganski 31 G 16
10430 Bobovica 31 H 16
49282 Bočadir 24 F 18
49282 Bočaki 24 F 18
40306 Bogdanovec 16 D 19
47271 Bogovci 37 J 14
49250 Borkovec 24 F 18
47000 Borlin 37 K 15
47251 Bosanci 37 K 13
47251 Bosiljevo/Duga Resa 37 K 13
47250 Bošt/Duga Resa 37 K 14
47271 Brajakovo Brdo 37 J 14
10430 Braslovje 31 H 15
47284 Brašljevica 37 H 14
47282 Bratovanci 37 J 14
47261 Brcković Draga 37 K 14
10297 Brckovljani/Jakovlje 31 G 17
51214 Brdce 34 K 7
52447 Brdo/Vranje Selo 32 K 4
10291 Brdovec 31 G 16
10432 Bregana 31 G 16
10432 Breganica 31 H 15
51211 Bregi 34 K 7
49218 Bregi Kostelski 23 E 16
49224 Bregi Radobojski 24 F 17
49210 Bregi Zabočki 24 F 17
10294 Bregovljana 31 G 16
52421 Brest 33 K 6
52426 Brest pod Učkom 34 L 6
51307 Brestica 35 J 9
49228 Brestovec Orehovički 24 F 17
51213 Brešca 34 K 7
51213 Breza/Kastav 34 K 8
49296 Brezakovec 23 F 15
10454 Brezarić 37 J 15
10431 Brezje/Sveta Nedelja 31 H 16
40311 Brezje/Šenkovec 16 D 20
51311 Brezje Dobransko 36 K 11
42208 Brezje Dravsko 15 D 18
10450 Breznik Plešivički 31 H 16
47276 Breznik Žakanjski 37 J 14
49231 Brezno Gora 23 E 15
49223 Brezova 24 F 17
42253 Brezova Gora 24 E 17
51327 Brezova Poljana 36 K 12
10453 Brezovac Žumberački 31 H 15
8331 Brezovica pri Metliki 30 H 13
52422 Brgudac 34 K 6
52462 Brič 33 K 4
47276 Brihovo 37 J 13
51305 Brinjeva Draga 35 J 9
49282 Brlekovo 24 F 18
10454 Brlenić 37 J 15
47282 Brlog Ozaljski 37 J 14
51215 Brnčići 34 K 8
52425 Brnobići 33 K 6
51312 Brod Moravice 36 K 11
51301 Brod na Kupi 36 K 11
42243 Brodarovec 24 E 18
52474 Brtonigla (Verteneglio) 32 K 3
47282 Bubnjarci 37 J 14
49284 Budinšćina 24 F 19
10456 Budinjak 30 H 14
52460 Buje (Búie) 32 K 3
51311 Bukov Vrh 36 K 11
40314 Bukovec 16 D 20
10454 Bukovica Prekriška 37 H 14
10298 Bukovje Bistransko 31 G 17
47250 Bukovje Netretičko 37 K 14
51325 Bunjevci 36 K 12
52474 Buroli 32 K 3
51329 Busići 37 K 13
49218 Bušin 23 F 16
51219 Buzdohanj 35 K 8
52420 Buzet 33 K 5
52466 Bužinija (Buzinia) 32 K 3

C

47252 Carevo Selo 37 K 15
10453 Celine/Dragovanšćak 31 H 15
40317 Celine/Podturen 16 D 21
10299 Celine Goričke 31 G 16
10430 Celine Samoborske 31 H 16
49233 Cerje Jesenjsko 24 E 17
42243 Cerje Nebojse 24 E 19
10430 Cerje Samoborsko 31 H 16
51219 Cernik/Rijeka 35 K 8
47252 Cerovac Barilovički 37 K 14
47250 Cerovački Galovići 37 K 14
42208 Cestica 15 D 18
49223 Ciglenica Zagorska 24 F 17
49218 Cigrovec 23 F 16
40323 Cirkovljan 16 D 21
42250 Crkovec 24 E 18
51317 Crni Lug 35 K 10
47262 Crno Kamanje 37 K 14
52475 Crveni vrh 32 K 3
52420 Cunj 33 K 6
42255 Cvetlin 24 E 17

Č

51306 Čabar 35 J 9
40000 Čakovec 16 D 20
42243 Čalinec 24 E 19
51219 Čavle 35 K 8
40323 Čehovec 16 D 21
52428 Čepić (Ceppich) 33 K 4
52470 Čepljani (Cipiani) 32 K 3
40313 Čestijanec 16 C 19
52425 Čititež 33 K 6
40306 Črečan/Čakovec 16 D 20
49217 Čret 23 F 16
52420 Črnica 33 K 5
10450 Črnilovec 31 H 15
10456 Čučići 30 H 14
10455 Čunkova Draga 31 H 15

Ć

51215 Ćikovići 34 K 8

D

52466 Dajla (Daila) 32 K 3
51329 Damalj 37 K 13
47284 Dančulovići 30 H 14
10456 Dane/Kordići Žumberački 31 H 15
52421 Dane/Male Mune 33 K 6
47251 Dani 37 K 13
51313 Dedin 36 K 11
40318 Dekanovec 16 D 21
51312 Delači 36 K 11
49251 Delkovec 24 F 18
51300 Delnice 36 K 10
10251 Demerje 31 H 17
49216 Desinić 23 F 15
49216 Desinić Gora 23 F 16
51311 Divjake 36 K 11
47262 Dobrenići 37 L 14
47283 Dojutrovica 30 H 14
49290 Dol Klanječki 23 F 16
10453 Dolanjski Jarak 31 H 15
51328 Dolenci 36 K 12
49000 Dolice 23 E 17
10430 Domaslovec 31 H 16
40318 Domašinec 16 D 21
49250 Donja Batina 24 F 18
10298 Donja Bistra 31 G 17
51312 Donja Dobra 36 K 11
49282 Donja Konjšćina 24 F 19
49223 Donja Pačetina 23 F 17
47253 Donja Perjasica 37 L 14
49218 Donja Plemenšćina 23 E 16
10450 Donja Purgarija 31 H 16
10294 Donja Pušća 31 G 16
10450 Donja Reka 31 H 15
49254 Donja Selnica 24 F 18
49252 Donja Šemnica 24 F 17
42255 Donja Višnjica 24 E 18
42245 Donja Voća 24 E 18
10450 Donja Zdenčina 31 H 16
49231 Donje Brezno 23 E 15
47261 Donje Bukovlje 37 K 14
49233 Donje Jesenje 23 E 17
42243 Donje Ladanje 24 E 19
47250 Donje Mrzlo Polje Mrežničko 37 K 15
47000 Donje Pokupje 37 J 15
10454 Donje Prekrižje 37 H 14
47273 Donje Prilišće 37 K 14
47271 Donje Stative 37 J 14
49217 Donje Vino 23 F 17
42208 Donje Vratno 15 D 18
47282 Donji Bukovac Žakanjski 37 J 14
10450 Donji Desinec 31 H 16
40320 Donji Hrašćan 16 D 21
40314 Donji Koncovčak 16 D 20
49283 Donji Kraljevec/ Breznički Hum 24 F 19
40320 Donji Kraljevec/Prelog 16 D 21
10292 Donji Laduč 31 G 16
49225 Donji Macelj 23 E 17
51317 Donji Okrug 35 K 10
10455 Donji Oštrc 30 H 14
47280 Donji Oštri Vrh Ozaljski 37 J 14
40323 Donji Pustakovec 16 D 21
47252 Donji Skrad 37 K 15
10255 Donji Stupnik 31 H 17
49295 Donji Škrnik 23 F 16
51325 Donji Vukšići 36 K 12
49216 Donji Zbilj 23 F 16
40314 Donji Zebanec 16 D 20
47261 Donji Zvečaj 37 K 14
51303 Donji Žagari 35 J 10
51329 Draga Lukovdolska 36 K 12
10453 Draga Svetojanska 31 H 15
10430 Dragonoš 31 H 15
40311 Dragoslavec 16 D 20
47285 Dragoševci 30 H 13
10450 Dragovanšćak 31 H 15
10455 Drašći Vrh 30 H 14
51218 Dražice 35 K 8
10291 Drenje Brdovečko 31 G 16
42243 Druškovec 24 E 18
49231 Druškovec Humski 23 E 16
42206 Družbinec 15 D 19
49214 Družilovec 23 F 16
40321 Držimurec 16 D 21
49245 Dubovec 24 F 18
49210 Dubrava Zabočka 24 F 17
42208 Dubrava Križovljanska 15 D 18
10294 Dubrava Pušćanska 31 G 16
10430 Dubrava Samoborska 31 H 16
47250 Dubravci/Duga Resa 37 K 14
47250 Dubravčani 37 K 14
42244 Dubravec 24 E 18
10293 Dubravica/Jakovlje 31 G 16
49216 Dubravica Desinićka 23 F 16
49214 Dubrovčan 23 F 16
47285 Dučići 30 H 13
47262 Duga Gora 37 K 14
47250 Duga Resa 37 K 15
47251 Dugače 37 K 13
40305 Dunjkovec 16 D 20
52402 Duričići 33 K 6
47282 Durlinci 37 J 14
47280 Dvorišće Ozaljsko 37 J 14
47283 Dvorište Ozaljsko 37 H 14
47261 Dvorjanci 37 K 14

Đ

49225 Đurmanec 23 E 17

E

47262 Erdelj 37 K 14
52425 Erkovčići 33 K 6
49247 Ervenik Zlatarski 24 F 18

F

10435 Falašćak 31 H 16
40316 Ferketinec 16 D 21
52470 Finida 32 K 3
52474 Fiorini 32 K 3
52425 Forčići 33 K 6
42245 Fotez Breg 24 E 18
47251 Fratrovci 37 K 13
47280 Fratrovci Ozaljski 37 J 14
40311 Frkanovec 16 D 20
47250 Frketić Selo 37 K 14

G

49216 Gaber 23 F 16
42242 Gačice 24 E 19
10435 Galgovo 31 H 16
47283 Galin 30 H 14
49282 Galovec 24 F 19
49224 Galovec Začretski 24 F 17
47250 Galović Selo 37 K 14
40319 Gardinovec 16 D 21
51302 Gašparci 35 J 10
47262 Generalski Stol 37 K 14
51304 Gerovo 35 J 9
51304 Gerovski Kraj 35 K 9
47251 Glavica/Bosiljevo 37 K 13
49246 Globočec 24 F 19
49215 Glogovec Zagorski 23 F 16
10456 Glušinja 30 H 14
47271 Goli Vrh Netretički 37 J 14
51301 Golik 36 K 11
10456 Golubići 31 H 15
10450 Goljak/Hrašća 31 H 15
51327 Gomirje 36 K 12
49255 Gora Veternička 24 F 18
51306 Gorači 35 J 9
42253 Goranec/Bednja 24 E 17
51311 Gorani 36 K 11
51328 Gorenci 36 K 12
47272 Gorica Lipnička 37 J 14
51311 Gorica Skradska 36 K 11
10453 Gorica Svetojanska 31 H 15
49225 Goričanovec 23 E 16
47262 Goričice Dobranske 37 K 14
47262 Gorinci/Generalski Stol 37 K 14
49218 Gorjakovo 23 F 16
49232 Gorjani Sutinski 24 E 17
47283 Gorniki Vivodinski 37 J 14
49254 Gornja Batina 24 F 18
10298 Gornja Bistra 31 G 17
51000 Gornja Drenova/Rijeka 34 K 8
40306 Gornja Dubrava 15 D 19
52425 Gornja Nugla 33 K 6
49224 Gornja Pačetina 23 F 17
49218 Gornja Plemenšćina 23 E 16
10450 Gornja Purgarija 31 H 16
10294 Gornja Pušća 31 G 16
10450 Gornja Reka 31 H 15
49254 Gornja Selnica 24 F 18
49232 Gornja Šemnica 24 F 17
42255 Gornja Višnjica 24 E 18
42245 Gornja Voća 24 E 18
10450 Gornja Zdenčina 31 H 16
49231 Gornje Brezno 23 E 15
47261 Gornje Bukovlje 37 K 14
51317 Gornje Jelenje 35 K 9
49233 Gornje Jesenje 24 E 17
42207 Gornje Ladanje 24 E 18
47250 Gornje Mrzlo Polje Mrežničko 37 K 14
10380 Gornje Orešje 24 F 19
47286 Gornje Pokupje 37 J 15
10454 Gornje Prekrižje 37 H 14
47273 Gornje Prilišće 37 K 14
47000 Gornje Stative 37 J 14
51301 Gornje Tihovo 36 K 11
42208 Gornje Vratno 15 D 18
10450 Gornji Desinec 31 H 16
40306 Gornji Hrašćan 16 D 20
40315 Gornji Koncovčak 16 D 20
49284 Gornji Kraljevec/ Breznički Hum 24 F 19
40316 Gornji Kraljevec/ Vratišinec 16 D 20
40305 Gornji Kuršanec 16 E 20
51312 Gornji Kuti 36 K 11
10292 Gornji Laduč 31 G 16
47283 Gornji Lović 37 J 14
49225 Gornji Macelj 23 E 17
40306 Gornji Mihaljevec 16 D 19
51317 Gornji Okrug 35 K 10
10455 Gornji Oštrc 30 H 14
10255 Gornji Stupnik 31 H 17
51312 Gornji Šajn 36 K 11
51300 Gornji Turni 36 K 10
51325 Gornji Vučkovići 36 K 11
40314 Gornji Zebanec 16 D 20
47261 Gornji Zvečaj 37 K 14
51306 Gornji Žagari 35 J 10
47286 Gorščaki 37 J 15
51312 Goršeti 36 K 11
42207 Goruševnjak 24 E 18
49216 Gostenje 23 F 16
49284 Gotalovec 24 F 19
49228 Grabe 24 F 17
49210 Grabrovec 24 F 17
40312 Grabrovnik 15 D 19
10454 Gračac Slavetički 31 H 15
52427 Gradinje (Gradigne) 33 K 5
40313 Gradiščak 16 C 20
47261 Gradišće/Duga Resa 37 K 14
10430 Gradna 31 H 16
10257 Grančari 31 H 17
47280 Grandić Breg 37 J 14
51302 Grbajel 36 K 10
10432 Grdanjci 31 H 15
49210 Grdenci 24 F 17
47281 Grdun 37 J 14
42243 Greda/Varaždin 24 E 19
49290 Gredice 23 F 16
49252 Gregurovec/Krapina 24 F 17
47272 Griče 37 J 14
49231 Gletinec 23 E 16
51219 Grobnik/Rijeka 35 K 8
52429 Grožnjan (Grisignana) 33 K 4
47250 Gršćaki 37 K 14
49284 Grtovec 24 F 19
49214 Gubaševo 31 F 17
51302 Guče Selo 36 K 10
49245 Gusakovec 24 F 18
51301 Gusti Laz 36 K 10

H

51326 Hajdine 36 K 12
51326 Hambarište 36 K 12
10292 Harmica 31 G 16
10456 Hartje 30 H 14
40325 Hemuševec 16 D 22
49282 Hercigonji 24 F 18
40313 Hlapičina 16 C 20
51314 Hlevci 36 K 11
49225 Hlevnica 23 E 16
47283 Hodinci 37 H 14
40320 Hodošan 16 D 21
51316 Homer 35 K 10
10436 Horvati 31 H 16
51311 Hosnik 36 K 11
10430 Hrastina Samoborska 31 H 16
10450 Hrastje Plešivičko 31 H 15
10450 Hrašća 31 H 15
18019 Hrašćica 15 E 19
49283 Hrašćina 24 F 19
10294 Hrebine 31 G 16
51304 Hrib 35 J 10
51311 Hribac 36 K 11
49225 Hromec 23 E 16
47251 Hrsina 37 K 13
49217 Hršak Breg 23 F 17
49240 Hruševec 24 F 17
10295 Hruševec Kupljenovski 31 G 16
10251 Hrvatski Leskovac 31 H 17
52462 Hrvoji 33 K 4
10454 Hrženik 37 J 14
10257 Hudi Bitek 31 H 17
52425 Hum/Lupoglav 33 K 6
49246 Hum Bistrički 24 F 18
49216 Hum Košnički 23 F 15
49231 Hum na Sutli 23 E 16
49210 Hum Zabočki 24 F 17
49283 Husinec 24 F 19

I

47280 Ilovac 37 J 14
52427 Ipši 33 K 5
51301 Iševnica 36 K 11
10453 Ivančići 31 H 15
42240 Ivanec 24 E 18
10290 Ivanec Bistranski 31 G 17
42240 Ivanečka Željeznica 24 E 19
42240 Ivanečki Vrhovec 24 E 18
49216 Ivanić Desinićki 23 F 15
40000 Ivanovec 16 D 20
51329 Ivkovići 37 K 12

J

51326 Jablan 36 K 12
10298 Jablanovec 31 G 17
47272 Jadrići 37 J 13
10431 Jagnjić Dol 31 H 16
47271 Jakovci Netretički 37 K 14
10297 Jakovlje 31 G 17
51325 Jakšići 36 K 12
49214 Jalšje 23 F 17
42255 Jamno 24 E 17
47251 Jančani 37 K 13
10090 Jankomir 31 H 17
47262 Jankovo Selište 37 K 14
47250 Jarče Polje 37 K 14
51307 Jarmovac 35 J 9
47272 Jarnevići 37 J 14
10432 Jaruše 31 H 15
47272 Jasenovica/Ribnik 37 J 14
10450 Jastrebarsko 31 H 15
47281 Jaškovo 37 J 14
10456 Javor 30 H 14
10432 Javorje 31 H 15
10291 Javorje/Zaprešić 31 G 16
49216 Jazbina 23 F 15
42255 Jazbina Cvetlinska 24 E 17
49232 Jazvine 24 F 17
49216 Jelenjak 23 F 16
51218 Jelenje 35 K 8
42245 Jelovec Voćanski 24 E 18
52421 Jelovice 33 K 5
47000 Jelsa/Karlovac 37 J 15
42240 Jerovec 24 E 18
49282 Jertovec 24 F 19
49225 Jezerišće 23 E 16
49214 Jezero Klanječko 31 F 17
10250 Ježdovec 31 H 17
42253 Ježovec 24 E 17
47251 Johi 37 K 13
52460 Juki 32 K 4
52420 Juradi 33 K 5
49254 Juranšćina 24 F 18
51213 Jurdani 34 K 7
52470 Juricani (Giurizzani) 32 K 3
52420 Juričići/Vodnjan 33 K 5
49217 Jurjevec 23 F 17
42243 Jurketinec 24 E 19
10455 Jurkovo Selo 30 H 14
40313 Jurovčak 16 C 20
47276 Jurovo 37 J 13
47276 Jurovski Brod 37 J 13
51213 Jušići 34 K 7

K

49294 Kačkovec 31 F 16
52420 Kajini 33 K 5
52460 Kaldanija (Caldania) 32 K 3
51302 Kalić/Hrib 35 J 10
10436 Kalinovica 31 H 16
10456 Kalje 30 H 14
47282 Kamanje 37 J 14
42250 Kamenica/Lepoglava 24 E 18
42250 Kamenički Vrhovec 24 E 18
42250 Kameničko Podgorje 24 E 18
51303 Kamenski Hrib 35 J 10
51326 Kamensko/Vrbovsko 36 K 12
42240 Kaniža/Lepoglava 24 E 18
51000 Kantrida 34 K 8
42243 Kapelec 24 E 19
10432 Kapelište 31 H 15
40313 Kapelščak 16 C 20
52474 Karigador 32 K 3
47000 Karlovac 37 K 15
51215 Kastav 34 K 8
47251 Kasuni 37 K 13
47284 Kašt 30 H 14
52460 Kaštel (Castelvenere) 32 K 3
49221 Kebel 24 F 17

47262 Keići 37 K 14
10431 Kerestinec 31 H 16
47253 Kestenak 37 L 14
10430 Kladje 31 H 16
49295 Kladnik 23 F 16
51217 Klana 34 K 8
51329 Klanac/Veliki Jadrč 37 K 13
49290 Klanjec 23 F 16
52420 Klarići 33 K 5
49218 Klenice 23 E 16
49231 Klenovec Humski 23 E 16
42244 Klenovnik 24 E 18
52421 Klenovšćak 33 K 6
51312 Klepeće Selo 36 K 11
49282 Klimen 24 F 18
10450 Klinča Sela 31 H 16
49217 Klokovec 23 F 17
10292 Ključ Brdovečki 31 G 16
52470 Kmeti (Metti) 32 K 3
40311 Knezovec 16 D 20
51312 Kocijani 36 K 11
51302 Kočičin 36 K 10
47276 Kohanjac 37 J 13
51325 Komlenići 36 K 12
49223 Komor Začretski 24 F 18
52425 Kompanj 34 K 6
10435 Konšćica 31 H 16
49282 Konjščina 24 F 19
49225 Koprivnica Zagorska 23 E 17
10457 Kordići Žumberački 31 H 15
52402 Korelići 33 K 5
47251 Korenić Brdo 37 K 14
42243 Koretinec 24 E 19
51314 Kosa 36 K 11
51327 Kosanovići 36 L 12
52420 Kosariga 33 K 5
51216 Kosi 34 K 8
47252 Kosijersko Selo 37 K 15
49282 Kosovečko 24 F 19
10455 Kostanjevec 30 H 14
10432 Kostanjevec Podvrški 31 H 15
52429 Kostanjica (Castagna) 33 K 4
10454 Kostel Pribićki 31 H 15
42243 Koškovec/Cerje Nebojse 24 E 18
42243 Koškovec/Ivanec 24 E 18
49216 Košnica 23 F 15
49223 Kotarice 24 F 17
52425 Kotli 33 K 6
51000 Kozala 35 K 8
47261 Kozalj Vrh 37 K 14
49223 Kozjak Začretski 24 F 17
51307 Kozji Vrh 35 J 9
10450 Kozlikovo 31 H 16
10299 Kraj Donji 31 G 16
10293 Kraj Gornji 31 G 16
52428 Krajići (Craici) 33 K 4
10296 Krajska Ves 31 G 16
10297 Kraljev Vrh/Jakovlje 31 G 17
51305 Kraljev Vrh/Tršće 35 J 9
49294 Kraljevec na Sutli 31 G 16
49224 Kraljevec Radobojski 24 F 17
49252 Kraljevec Šemnički 24 F 17
49000 Krapina 23 F 17
49282 Krapina Selo 24 F 19
49284 Krapinica 24 F 19
49217 Krapinske Toplice 23 F 17
52425 Kras/Lupoglav 33 K 6
52460 Krasica (Kras) 32 K 4
10454 Krašić 37 J 15
10432 Kravljak/Beder 31 H 15
52420 Krbavčići 33 K 5
47251 Krč Bosiljevski 37 K 13
40316 Krištanovec 16 D 20
47252 Križ Koranski 37 K 15
49221 Križanče/Bedekovčina 24 F 17
42208 Križanče/Vinica 24 D 18
40316 Križovec 16 D 20
52425 Krkuž 33 K 6
10454 Krnežići 37 J 14
52421 Kropinjak 33 K 6
52474 Kršete (Carsette) 32 K 3
52427 Krti 33 K 5
10454 Krupače 37 J 15
49243 Krušljevo Selo 31 G 17
52420 Krušvari 33 K 6
52462 Kuberton (Cuberton) 33 K 4
51211 Kučeli 34 K 7
47271 Kučevice 37 K 14
52462 Kučibreg (Cucibrech) 33 K 4
51218 Kukuljani 34 K 8
51223 Kukuljanovo 35 L 9
49295 Kumrovec 23 F 16
47271 Kunići Ribnički 37 J 14
10455 Kupčina Žumberačka 30 H 14
10453 Kupeć Dol 31 H 15
49243 Kupinec 31 J 16
10257 Kupinečki Kraljevec 31 H 17
51313 Kupjak 36 K 11
10295 Kupljenovo 31 G 16
40000 Kuršanec 16 E 20
49255 Kuzminec/Krapina 24 F 17
51302 Kuželj 36 K 10

L

47271 Ladešići 37 K 14
49250 Ladislavec 24 F 18
42240 Lančić 24 E 18
52422 Lanišće/Kršan 34 K 6
47251 Laslavići 37 K 14
51307 Lautari 35 J 9
49246 Laz Bistrički 24 G 18
51316 Lazac Lokvarski 35 K 10
51217 Laze/Klana 34 K 8
49290 Ledine Klanječke 31 F 16
49215 Lenišće 23 F 16
49240 Lepa Ves 24 F 17
49224 Lepajci 24 F 17
51307 Lepi Dol 35 J 9
42250 Lepoglava 24 E 18
52426 Lesišćina 34 K 6
51317 Leska 35 K 10
51313 Leskova Draga 36 K 11
47252 Leskovac Barilovićki 37 K 15
40312 Leskovec/Gornji Mihaljevec 15 D 19
10257 Leskovec/Kupinečki Kraljevec 31 H 17
47286 Levkušje 37 J 15
47261 Lipa/Duga Resa 37 K 14
51214 Lipa/Rupa 34 K 7
51329 Liplje/Severin na Kupi 37 K 13
49215 Lipnica Zagorska 23 F 16
47272 Lipnik 37 J 14
47261 Lipov Pesak 37 K 14
49282 Lipovec 24 F 18
42244 Lipovnik 24 E 18
47251 Lipovšćaki 37 K 13
51217 Lisac/Klana 34 K 8
47250 Lišnica 37 K 14
52427 Livade (Levade) 33 K 4
51304 Lividraga 35 K 9
49253 Lobor 24 F 18
10450 Lokošin Dol 31 H 15
51316 Lokve 35 K 10
51312 Lokvica/Brod Moravice 36 K 11
40311 Lopatinec 16 D 20
47283 Lović Prekriški 37 J 14
49217 Lovreća Sela 23 F 16
42242 Lovrečan/Beretinec 24 E 19
49247 Lovrečan/Zlatar 24 F 18
52470 Lovrečica (San Lorenzo) 32 K 3
52460 Lozari 32 K 4
49290 Lučelnica Tomaševečka 23 F 16
47252 Lučica/Sića 37 K 14
51300 Lučice 36 K 10
10250 Lučko 31 H 17
49228 Lug Orehovički 24 F 18
49222 Lug Poznanovečki 24 F 18
10432 Lug Samoborski 31 H 16
10296 Luka/Jakovlje 31 G 16
49296 Luke Poljanske 23 F 15
51218 Lukeži/Čavle 35 K 8
49225 Lukovčak 23 E 16
51328 Lukovdol 36 K 12
47280 Lukšići Ozaljski 37 J 14
52426 Lupoglav/Pazin 34 K 6
49233 Lužani Zagorski 24 E 17

Lj

51327 Ljubošina 37 L 12

M

40306 Macinec 16 D 19
49251 Mače 24 F 18
40000 Mačkovec 16 D 20
47286 Mahično 37 J 15
51327 Majer 36 L 12
42206 Majerje 24 D 19
51312 Maklen 36 K 11
51305 Makov Hrib 35 J 9
52429 Makovci 33 K 4
49217 Mala Erpenja 23 F 16
49218 Mala Gora 23 E 16
10431 Mala Gorica/Gornji Stupnik 31 H 16
52420 Mala Huba 33 K 5
10432 Mala Jazbina 31 H 16
49234 Mala Pačetina 23 F 17
47276 Mala Paka 37 J 13
10430 Mala Rakovica 31 H 16
40321 Mala Subotica 16 D 21
51312 Male Drage 36 K 12
51212 Male Mune 34 K 6
47250 Maletići 37 K 14
51213 Mali Brgud 34 K 7
47281 Mali Erjavec 37 J 14
51329 Mali Jadrč 37 K 13
47252 Mali Kozinac 37 K 15
10430 Mali Lipovec 31 H 15
51304 Mali Lug 35 J 9
40311 Mali Mihaljevec 16 D 20
52420 Mali Mlun 33 K 5
47271 Mali Modruš Potok 37 J 14
49231 Mali Tabor 23 E 16
47251 Malik 37 K 13
47285 Malinci 30 H 14
51311 Malo Selce 36 K 11
51317 Malo Selo/Crni Lug 35 K 10
10450 Malunje 31 H 15
51303 Mandli 35 J 10
10430 Manja vas 31 H 16
42207 Marčan 24 E 18
51216 Marčelji 34 K 8
52420 Marčenegla 33 K 5
49283 Maretić 24 F 19
42242 Margečan 24 E 19
49246 Marija Bistrica 24 F 18
10299 Marija Gorica 31 G 16
10294 Marija Magdalena 31 G 16
51300 Marija Trošt 36 K 10
52420 Marinci/Buzet 33 K 5
52474 Marinčići 32 K 3
49218 Marinec 23 F 16
51216 Marinići 34 K 8
49253 Markušbrijeg 24 F 18
40313 Marof/Hlapičina 16 C 20
52420 Martinci 33 K 5
52429 Martinčići (Martincici) 33 K 4
49228 Martinec Orehovički 24 F 17
49210 Martinišće 23 F 17
47272 Martinski Vrh 37 J 14
49250 Martinščina 24 F 18
49218 Martiša Ves 23 F 16
42243 Maruševec 24 E 19
52462 Marušići (Marusici) 33 K 4
49240 Matenci 24 G 17
52470 Materada (Matterada) 32 K 3
47251 Mateše 37 K 13
47262 Mateško Selo 37 L 14
51211 Matulji 34 K 7
49217 Maturovec 23 F 17
47253 Maurovići 37 L 14
51219 Mavrinci 35 K 9
52460 Mazurija 32 K 3
51329 Medari/Ponikve 37 K 13
47262 Medići/Generalski Stol 37 L 14
10430 Medsave 31 H 16
52420 Medveje 33 K 5
10455 Medven Draga 31 H 15
42253 Meljan 24 E 17
40314 Merhatovec 16 D 20
52462 Merišće (Merischie) 32 K 4
47250 Mihalić Selo 37 K 14
10299 Mihelj 31 G 16
51211 Mihotići 34 K 7
40000 Mihovljan/Čakovec 16 D 20
49252 Mihovljan/Krapina 24 F 17
40316 Miklavec 16 D 21
47251 Milani 37 K 13
51307 Milanov Vrh 35 J 9
51218 Milaši 35 K 8
49296 Miljana 23 F 15
10454 Mirkopolje 37 J 15
49223 Mirkovec 24 F 17
47276 Mišinci 37 J 13
51216 Mladenići 34 K 8
51325 Mlinari/Moravice 36 K 12
51329 Močile 37 K 12
49245 Modrovec 24 G 18
49243 Mokrice 31 G 17
10430 Molvice/Samobor 31 H 16
52462 Momjan (Momiano) 33 K 4
52460 Montrin 32 K 3
51325 Moravice 36 K 12
51312 Moravička Sela 36 K 11
47000 Mostanje 37 K 15
47272 Mošanci 37 J 13
52424 Motovun (Montona) 33 K 4
49294 Movrač 31 G 16
47250 Mračin 37 K 14
47250 Mrežničke Poljice 37 K 14
47262 Mrežnički Brest 37 K 14
47250 Mrežnički Brig 37 K 14
47250 Mrežnički Novaki 37 K 14
47250 Mrežnički Varoš 37 K 15
51317 Mrzla Vodica 35 K 10
47250 Mrzljaki/Jarče Polje 37 K 14
47271 Mrzljaki/Netretić 37 J 13
51213 Mučići 34 K 7
47263 Munjasi 37 L 13
52470 Murine (Morno) 32 K 3
40315 Mursko Središće 16 C 20
51327 Musulini 36 K 12

N

51328 Nadvučnik 36 K 12
42208 Natkrižovljan 24 D 18
40305 Nedelišće 16 D 20
47271 Netretić 37 J 14
51325 Nikšići 36 K 12
52474 Nova Vas (Villanova) 32 K 3
42206 Nova Ves Petrijanečka 24 E 19
42243 Novaki/Ivanec 24 E 18
47000 Novaki/Karlovac 37 J 15
10431 Novaki/Sveta Nedelja 31 H 16
10298 Novaki Bistranski 31 G 17
47272 Novaki Lipnički 37 J 14
47280 Novaki Ozaljski 37 J 14
40318 Novakovec/Podturen 16 D 21
49290 Novi Dvori Klanječki 31 F 16
49255 Novi Golubovec 24 E 17
51312 Novi Lazi 36 K 11
47250 Novigrad na Dobri 37 K 14
47261 Novo Brdo Mrežničko 37 K 14
47251 Novo Selo Bosiljevsko 37 K 13
40000 Novo Selo na Dravi 16 E 20
10450 Novo Selo Okićko 31 H 16
40000 Novo Selo Rok 16 D 20
10456 Novo Selo Žumberačko 31 H 15

O

10298 Oborovo Bistransko 31 G 17
47283 Obrež Vivodinski 37 J 14
42250 Očura 24 E 18
51303 Okrivje 35 J 10
40311 Okrugli Vrh 16 D 20
51410 Opatija/Rijeka 34 K 7
52428 Oprtalj (Portole) 33 K 4
49217 Oratje 23 F 17
40322 Orehovica/Mala Subotica 16 E 21
49228 Orehovica/Mihovljan 24 F 17
10434 Orešje 31 H 16
47282 Orljakovo 37 J 14
49243 Oroslavje 24 F 17
42242 Osečka 24 E 19
52402 Oslići 33 K 6
51329 Osojnik/Veliki Jadrč 37 K 13
42253 Osonjak 24 E 17
10456 Osunja 30 H 14
40323 Otok/Prelog 16 E 21
47251 Otok na Dobri 37 K 13
10381 Otrčkovec 24 F 19
10430 Otruševec 31 H 16
47280 Ozalj 37 J 14

P

52420 Paladini 33 K 5
40320 Palinovec 16 D 21
40321 Palovec 16 D 21
10453 Paljugi 31 H 15
51306 Parg 35 J 9
51214 Pasjak 34 K 7
10450 Pavlovčani 31 H 16
49218 Pavlovec Pregradski 23 F 16
10450 Pavučnjak 31 H 16
49284 Pažurovec 24 F 19
49284 Pece 24 F 19
51311 Pećišće 36 K 11
10456 Pećno 31 H 15
47250 Pećurkovo Brdo 37 K 15
51000 Pehlin 34 K 8
40315 Peklenica 16 D 20
52420 Pengari 33 K 5
52420 Penićići 33 K 5
52420 Perci/Buzet 33 K 5
51213 Perka 34 K 7
49251 Peršaves 24 F 18
49282 Pešćeno 24 F 19
10450 Petkov Breg 31 H 16
47250 Petrakovo Brdo 37 K 14
42206 Petrijanec 15 D 19
49253 Petrova Gora 24 F 18
51325 Petrovići/Moravice 36 K 11
52470 Petrovija (Petrovia) 32 K 3
10450 Petrovina 31 H 15
49234 Petrovsko 23 E 17
47262 Petrunići 37 K 14
49254 Petruševec/Zlatar 24 F 18
52427 Pirelići (Perelici) 33 K 4
47271 Piščetke 37 J 14
51311 Planina Skradska 36 K 11
10457 Plavci 30 H 14
49296 Plavić 23 F 15
51328 Plemenitaš 36 K 12
42244 Plemenšćina 24 E 18
42253 Pleš 24 E 17
51303 Plešce 35 J 10
10450 Plešivica/Jastrebarsko 31 H 15
40314 Plešivica/Selnica 16 D 20
51329 Plešivica/Severin na Kupi 37 K 13
40311 Pleškovec 16 D 20
42245 Plitvica Voćinska 24 E 18
51223 Plosna 35 K 9
10296 Pluska 31 G 16
51211 Pobri 34 K 7
52420 Počekaji 33 K 5
40322 Podbrest 16 E 21
47280 Podbrežje 37 J 14
51219 Podčudnič 35 K 8
52422 Podgaće 34 K 6
49295 Podgora/Tuhelj 23 F 16
49000 Podgora Krapinska 23 E 17
51302 Podgora Turkovska 35 J 10
42253 Podgorje Bednjansko 24 E 17
49246 Podgorje Bistričko/Donja Stubica 24 G 18
49247 Podgorje Bistričko/Bedekovčina 24 F 18
49247 Podgrade/Marija Bistrica 24 F 18
10435 Podgrađe Podokićko 31 H 16
47280 Podgraj 37 J 14
51218 Podhum 35 K 8
51218 Podkilavac 35 K 8
47251 Podrebar 37 K 13
42220 Podrute 24 F 19
51219 Podrvanj 35 K 8
51312 Podstene 36 K 11
10090 Podsused 31 H 17
40317 Podturen 16 D 21
47251 Podumol 37 K 13
10294 Pojatno 31 G 16
10432 Poklek 31 H 15
49290 Police 23 F 16
47282 Police Prišiće 37 J 14
51313 Poljana/Delnice 36 K 11
51326 Poljana/Vrbovsko 36 K 12
49296 Poljana Sutlanska 23 F 15
10298 Poljanica Bistranski 31 G 17
49246 Poljanica Bistrička 24 F 18
49000 Polje Krapinsko 23 F 17
47280 Polje Ozaljsko 37 J 15
51315 Poljice/Mrkopal 36 L 11
51314 Poljička Kosa 36 K 11
51329 Ponikve/Bosiljevo 37 K 13
51223 Ponikve/Cernik 35 K 9
47242 Ponorac 37 L 15
47263 Popovo Selo 37 L 13
47251 Potok Bosiljevski 37 K 13
49222 Poznanovec 24 F 18
51302 Požar/Hrib 35 J 10
49214 Požarkovec 23 F 16
51303 Požarnica 35 J 10
52420 Pračana 33 K 5
52422 Prapoće 34 K 6
47276 Pravutina 37 J 13
42253 Prebukovje 24 E 17
49218 Pregrada 23 F 16
40312 Prekopa/Gornji Mihaljevec 16 D 20
40323 Prelog 16 D 21
40322 Preloge 16 D 20
10450 Premužići 31 H 16
40306 Preseka/Gornji Mihaljevec 15 D 19
49234 Preseka Petrovska 23 F 16
51326 Presika/Vrbovsko 36 K 12
51307 Prezid 35 J 9
51305 Prhci 35 J 9
10450 Prhoć 31 H 16
40312 Prhovec 15 D 19
47251 Pribanjci 37 K 13
10454 Pribić 31 J 15
40000 Pribislavec 16 D 20
42240 Prigorec 24 E 18
49225 Prigorje 23 E 16
10291 Prigorje Brdovečko 31 G 16
10450 Prilipje 31 H 15
51213 Principi 34 K 7
47286 Priselci 37 J 15
49000 Pristava Krapinska 23 F 17
49231 Prišlin 23 E 15
52420 Prodani 33 K 5
49215 Prosenik 23 F 16
47261 Protulipa 37 K 14
10291 Prudnice 31 G 16
51311 Pucak 36 K 11
42253 Purga Bednjanska 24 E 17
49228 Pustodol Orehovički 24 F 17
49223 Pustodol Začretski 24 F 17
49296 Pušća/Zagorska Sela 23 F 15
40305 Pušćine 16 D 20
49225 Putkovec 23 E 16

R

52420 Račice 33 K 5
52422 Račja Vas 34 K 6
49294 Radakovo 31 G 16
47285 Radatovići 30 H 13
51325 Radigojna 36 K 12
10454 Radina Gorica 37 H 14
52474 Radini 32 K 3
49232 Radoboj 24 F 17
51301 Radočaj Brodski 36 K 11
47262 Radočaji 37 K 14
51325 Radoševići 36 K 12
42242 Radovan 24 E 19
42208 Radovec 15 D 18
10437 Rakitje 31 H 16
10436 Rakov Potok 31 H 16
49290 Rakovec Tomaševečki 23 F 16
51301 Raskrižje 36 K 11
51300 Raskrižje Tihovo 36 K 10
51301 Rasohe 36 K 11
52422 Raspor 34 K 6
10450 Rastoki 31 H 15
51314 Ravna Gora 36 K 11
51305 Ravnice/Čabar 35 J 9
49214 Ravnice/Zabok 23 F 16
49216 Ravnice Desinićke 23 F 16
49225 Ravninsko 23 E 17
51312 Razdrto 36 K 12
49295 Razdrto Tuheljsko 23 F 16
51317 Razloge 35 K 10
51317 Razloški Okrug 35 K 10
49295 Razvor 23 F 15
47251 Rendulići 37 K 13
10450 Repišće 31 H 16
49254 Repno 24 F 18
49210 Repovec 31 F 17
47250 Rešetarevo 37 K 14
47282 Reštovo 37 J 14
10457 Reštovo Žumberačko 30 H 14
42240 Ribić Breg 24 E 18
47272 Ribnik/Žakanje 37 J 14
51327 Ribnjak/Vrbovsko 36 K 12

51000 Rijeka/Opatija 35 L 8
42245 Rijeka Voćanska 24 E 18
51329 Rim 37 K 13
52420 Rimnjak 33 K 5
42253 Rinkovec 24 E 18
49295 Risvica 23 F 16
52425 Roč 33 K 6
52425 Ročko Polje 34 K 6
51301 Rogi 36 K 11
47271 Rosopajnik 37 J 14
49234 Rovno 23 F 17
10293 Rozga 31 G 16
10430 Rude 31 H 16
10454 Rude Pribičke 31 H 15
51211 Rukavac/Matulji 34 K 7
51214 Rupa/Lipa 34 K 7
49231 Rusnica 23 E 16
51213 Ružići/Matulji 34 K 7

S

52420 Salež 33 K 5
42240 Salinovec 24 E 18
10430 Samobor 31 H 16
10430 Samoborski Otok 31 G 16
51216 Saršoni 34 K 8
40000 Savska Ves 16 D 20
52475 Savudrija (Salvore) 32 K 3
51302 Sedalce 35 J 10
49223 Sekirišće 24 F 17
47285 Sekulići/Malinći 30 H 13
47251 Sela Bosiljevska 37 K 13
47276 Sela Žakanjska 37 J 14
52420 Selca/Buzet 33 K 5
42208 Selci Križovljanski 15 D 18
49246 Selnica/Bedekovčina 24 F 18
40314 Selnica/Mursko Središće 16 D 20
42243 Selnik/Maruševec 24 E 19
49217 Selno 23 F 16
51305 Selo/Tršće 35 J 9
52420 Seljaci 33 K 5
42242 Seljanec 24 E 19
10454 Seljansko Selo 37 J 15
52426 Semić 34 K 6
52420 Senj/Motovun 33 K 5
51326 Senjsko 36 K 12
51329 Severin na Kupi 37 K 13
47252 Siča 37 K 14
52420 Sirotići 33 K 5
40317 Sivica 16 D 21
51304 Skednari 35 J 10
51311 Skrad 36 K 11
47272 Skradsko Selo 37 J 14
47262 Skukani 37 K 14
47250 Skupica 37 K 14
40305 Slakovec 16 D 20
10430 Slani Dol 31 H 15
47281 Slapno 37 J 14
49234 Slatina Svedruška 23 F 16
10450 Slavetić 31 H 15
51321 Slavica 35 L 10
51311 Sleme Skradsko 36 K 11
40000 Slemenice 16 D 20
42245 Slivarsko 24 E 18
49217 Slivonja Jarek 23 F 17
52421 Slum 33 K 6
51321 Sljeme 35 K 10
10430 Smerovišće 31 H 15
51329 Smišljak 37 K 13
51304 Smrečje/Tršće 35 J 9
51219 Soboli 35 K 8
51305 Sokoli 35 J 9
47280 Soldatići 37 J 14
47251 Soline/Gorinci 37 K 13
51316 Sopač 35 K 10
47272 Sopčić Vrh 37 J 14
49218 Sopot 23 F 16
10457 Sošice 30 H 14
52420 Sovinjak 33 K 5
52420 Sovinjska Brda 33 K 5
52420 Sovinjsko Polje 33 K 5
51215 Spinčići 34 K 7
47272 Sračak 37 J 13
42209 Sračinec 15 E 19
52474 Srbanj 32 K 3
10431 Srebrnjak 31 H 16
51317 Srednja Krašićevica 35 K 10
10453 Srednjak 31 H 15
47273 Srednje Prilišće 37 K 14
51216 Sroki 34 K 8
52466 Stancija Gosana 32 K 3
40312 Stanetinec 15 D 19
52425 Stanica Roč 33 K 6
10450 Stankovo 31 H 16
51314 Stara Sušica 36 K 12
49234 Stara Ves Petrovska 23 F 17
49255 Stari Golubovec 24 E 18
51314 Stari Laz 36 K 11
10257 Starjak 31 J 17
51304 Steklice 35 K 10
10090 Stenjevec 31 H 17
49218 Stipernica 23 F 16
47283 Stojavnica 37 H 14
49000 Strahinje 23 E 17
40000 Strahoninec 16 D 20
47250 Straža 37 K 14
42242 Stražnjevec 24 E 19
10454 Strmac Pribićki 31 H 15
10434 Strmec/Samobor 31 H 16
49231 Strmec Humski 23 E 16
42206 Strmec Podravski 15 D 19
49294 Strmec Sutlanski 31 G 16
51326 Stubica/Vrbovsko 36 K 12
49243 Stubička Slatina 31 G 17
51217 Studena 34 K 8
52460 Stuparić 32 K 4
10455 Stupe 30 H 14
10255 Stupnički Obrež 31 H 16
10450 Sušići 31 H 16
49282 Sušobreg 24 F 18
49251 Sutinske Toplice 24 F 17
52428 Sveta Lucija (Santa Lucia) 33 K 4
52470 Sveta Marija na Krasu (Madonna del Carso) 32 K 3
10431 Sveta Nedelja 31 H 16
52424 Sveti Bartol (San Bartolo) 33 K 5
52420 Sveti Donat 33 K 5
52420 Sveti Ivan/Buzet 33 K 5
40323 Sveti Juraj u Trnju 16 D 21
49284 Sveti Križ/Budinščina 24 F 19
40321 Sveti Križ/Mala Subotica 16 D 21
49215 Sveti Križ/Tuhelj 23 F 16
49223 Sveti Križ Začretje 24 F 17
52420 Sveti Martin/Buzet 33 K 5
40313 Sveti Martin na Muri 16 C 20
10435 Sveti Martin pod Okićem 31 H 16
52470 Sveti Pelegrin (San Pelegrino) 32 K 3
47250 Sveti Petar Mrežnički 37 K 14
40312 Sveti Urban 15 D 19
47281 Svetice 37 J 14
47281 Svetičko Hrašće 37 J 14
10431 Svetonedeljski Breg 31 H 16
42209 Svibovec Podravski 15 D 19
10454 Svrževo 31 H 15

Š

49245 Šagudovec 24 G 18
40000 Šandrovec 16 E 20
51214 Šapjane 34 K 7
42253 Šaša 24 E 17
42225 Šćepanje 24 F 19
47252 Šćulac 37 K 15
52420 Šćulci 33 K 5
47250 Šeketino Brdo 37 K 14
10292 Šenkovec/Brdovec 31 G 16
40000 Šenkovec/Čankovec 16 D 20
51302 Ševalj 36 K 10
10290 Šibice 31 G 16
51313 Šije 36 K 11
47285 Šiljki 30 H 13
51312 Šimatovo 36 J 11
49216 Šimunci 23 F 16
42253 Šinkovica Bednjanska 24 E 18
42253 Šinkovica Šaška 24 E 17
10430 Šipački Breg 31 H 15
51217 Škalnica 34 K 8
47280 Škaljevica 37 J 14
49224 Škarićevo 23 F 17
51213 Škrapna 34 K 7
52420 Škuljari 33 K 5
52428 Šorgi 33 K 5
47251 Špehari/Bosiljevo 37 K 13
47262 Špehari/Generalski Stol 37 K 14
49210 Špičkovina 24 F 17
51328 Štefanci 36 K 12
40000 Štefanec/Mala Subotica 16 D 20
52428 Šterna (Sterna) 33 K 4
51214 Štranjga 34 K 7
40312 Štrigova 15 C 19
52420 Štrped 33 K 5
49223 Štrucljevo 24 F 17
40314 Štrukovec 16 D 20
49234 Štuparje 23 F 16
51213 Šušnji 34 K 7
49223 Švaljkovec 24 F 17
47000 Švarča 37 K 15

T

51325 Tići 36 K 12
10453 Tihočaj 31 H 15
10456 Tisovac Žumberački 31 H 15
49000 Tkalci 23 F 16
10456 Tomaševci 30 H 14
47262 Tomašići 37 K 14
47281 Tomašnica 37 J 14
51325 Tomići/Moravice 36 K 12
47250 Tončići 37 K 14
10453 Toplice 31 H 15
49284 Topličica/Budinščina 24 F 19
51325 Topolovica/Moravice 36 K 12
40000 Totovec 16 D 20
42253 Trakošćan 24 E 17
47280 Trg 37 J 15
52460 Triban (Tribano) 32 K 4
40306 Trnovec/Nedelišće 16 D 19
51218 Trnovica/Jelenje 34 K 8
47261 Trnovo 37 K 14
47263 Trošmarija 37 L 13
52421 Trstenik/Male Mune 33 K 6
10291 Trstenik/Marija Gorica 31 G 16
51305 Tršće 35 J 9
49000 Trški Vrhi 23 F 17
10450 Tržić 31 H 16
49247 Tugonica 24 F 18
49215 Tuhelj 23 F 16
49215 Tuheljske Toplice 23 F 16
51326 Tuk/Vrbovsko 36 K 12
10455 Tupčina 30 H 14
40318 Turčišće 16 D 21
51302 Turke 35 J 10
10381 Turkovčina 24 F 19
49282 Turnišće 24 F 18
49216 Turnišće Desinićko 23 F 15
51311 Tusti Vrh 36 K 11
47286 Tuškani 37 J 15
42242 Tužno 24 E 19

U

52420 Ugrini 33 K 5
52470 Umag (Umago) 32 K 3
47251 Umol 37 K 13

V

10296 Vadina 31 G 16
49218 Valentinovo 23 F 16
52470 Valica (Valizza) 32 K 3
52470 Vardica 32 K 3
51213 Varljeni 34 K 7
47251 Varoš Bosiljevski 37 K 13
51414 Vedež 34 K 7
51317 Vela Voda 35 K 10
51312 Vele Drage 36 K 11
51212 Vele Mune 34 K 6
49247 Veleškovec 24 F 18
51213 Veli Brgud 34 K 7
52420 Veli Mlun 33 K 5
49218 Velika Gora/Hum na Sutli 23 E 16
49216 Velika Horvatska 23 F 16
10432 Velika Jazbina 31 H 16
51301 Velika Lešnica 36 K 11
47276 Velika Paka 37 J 13
10430 Velika Rakovica 31 H 16
49224 Velika Ves 24 F 17
49252 Velika Veternička 24 F 18
49251 Veliki Bukovec/Zlatar 24 F 18
47281 Veliki Erjavec 37 J 14
51329 Veliki Jadrč 37 K 13
49251 Veliki Komor 24 F 17
47252 Veliki Kozinac 37 K 15
10430 Veliki Lipovec 31 H 15
42208 Veliki Lovrečan 15 D 18
47271 Veliki Modruš Potok 37 J 14
49214 Veliko Trgovišće 31 F 17
47261 Venac Mrežnički 37 K 14
51414 Veprinac 34 K 7
47272 Veselići/Ribnik 37 J 14
49255 Veternica 24 F 17
49217 Viča Sela 23 F 17
42205 Vidovec/Varaždin 24 E 19
49000 Vidovec Krapinski 23 F 17
49224 Vidovec Petrovski 23 F 17
47252 Vijenac Barilovićki 37 K 14
52470 Vilanija (Vilania) 32 K 3
42250 Viletinec 24 E 18
47280 Vini Vrh 37 J 14
42207 Vinica 24 D 18
49253 Vinipotok 24 F 18
47271 Vinski Vrh 37 K 14
42208 Virje Križovljansko 15 D 18
10457 Visoće 30 H 14
51216 Viškovo 34 K 8
49218 Višnjevec 23 F 16
10432 Višnjevec Podvrški 31 H 15
42240 Vitešinec 24 E 18
49254 Vižanovec 24 F 18
52428 Vižintini vrhi 33 K 4
52428 Vižintini (Visintini) 33 K 5
49214 Vižovlje 31 F 16
10450 Vlaškovec 31 H 16
51304 Vode 35 J 9
47251 Vodena Draga 37 K 14
52421 Vodice/Male Mune 33 K 6
47000 Vojaki 37 J 14
49253 Vojnovec Loborski 24 F 18
42253 Vranojelje 24 E 17
10453 Vranov Dol 31 H 15
10090 Vrapče/Zagreb 31 H 17
40316 Vratišinec 16 D 20
10430 Vratnik Samoborski 31 H 15
42253 Vrbno 24 E 17
10430 Vrbovec Samoborski 31 H 16
49283 Vrbovo 24 F 19
51326 Vrbovsko 36 K 12
52420 Vrh/Buzet 33 K 5
49218 Vrhi Pregradski 23 F 16
49218 Vrhi Vinagorski 23 F 16
47280 Vrhovac 37 J 14
10430 Vrhovčak 31 H 16
40313 Vrhovljan 16 C 20
52462 Vrnjak (Vrgnac) 33 K 4
49217 Vrtnjakovec 23 F 17
49221 Vučak 24 F 18
40311 Vučetinec 16 D 20
10293 Vučilčevo 31 G 16
51325 Vučinići 36 K 12
42240 Vuglovec 24 E 18
40306 Vugrišinec 16 D 19
51326 Vujnovići 36 K 12
49251 Vukanci 24 F 18
51325 Vukelići/Moravice 36 K 12
47286 Vukoder 37 J 15
47273 Vukova Gorica 37 K 14
42244 Vukovoj 24 E 18
40322 Vularija 16 E 20
42250 Vulišinec 24 E 18

Z

49210 Zabok 24 F 17
47000 Zadobarje 37 J 14
49228 Zadravec 24 F 17
51302 Zagolik 35 K 10
49296 Zagorska Sela 23 F 15
51414 Zagrad/Opatija 34 K 7
47250 Zagradci 37 K 14
51312 Zahrt 36 K 11
47280 Zajačko Selo 37 J 14
49284 Zajezda 24 F 19
52470 Zakinji 32 K 3
51313 Zalesina 36 K 11
51317 Zalin Crnoluški 35 K 10
49231 Zalug 23 E 16
47280 Zaluka 37 J 14
47276 Zaluka Lipnička 37 J 13
51213 Zaluki 34 K 7
42255 Zalužje 24 E 17
52475 Zambratija (Zambrattia) 32 K 3
51000 Zamet 34 K 8
51303 Zamost 35 J 10
51328 Zapeć 36 K 12
10290 Zaprešić 31 G 16
40311 Zasadbreg 16 D 20
51219 Zastenice 35 K 8
51328 Zaumol 36 K 12
51312 Zavrh 36 J 11
51312 Završje/Brod Moravice 36 J 11
49254 Završje Belečko 24 F 18
47271 Završje Netretičko 37 J 14
49224 Završje Začretsko 23 F 17
52428 Završje (Piemonte) 33 K 4
10291 Zdenci Brdovečki 31 G 16
10450 Zdihovo 31 H 15
51329 Zdvihovo 37 K 13
40314 Zebanec Selo 16 D 20
42206 Zelendvor 24 E 19
51317 Zelin Mrzlovodički 35 K 10
49250 Zlatar 24 F 18
49247 Zlatar-Bistrica 24 F 18
42255 Zlogonje 24 E 18
49250 Znož 24 F 18
47280 Zorkovac 37 J 15
47280 Zorkovac na Kupi 37 J 15
47283 Zorkovac Vivodinski 37 J 14
52428 Zrenj (Stridone) 33 K 5
47261 Zvečaj 37 K 14
51213 Zvoneće 34 K 7

Ž

47252 Žabljak 37 K 14
47276 Žakanje 37 J 14
51325 Žakule 36 K 12
10455 Žamarija 30 H 14
42250 Žarovnica 24 E 18
51212 Žejane 34 K 7
10296 Žejinci 31 G 17
40312 Železna Gora 15 D 19
42242 Željeznica 24 E 19
10455 Željezno Žumberačko 30 H 14
49221 Židovinjak 24 F 17
40000 Žiškovec 16 D 20
10436 Žitarka 31 H 16
10380 Žitomir 24 F 19
10294 Žlebec Pušćanski 31 G 16
52428 Žnjidarići (Znidarici) 33 K 5
52420 Žonti 33 K 5
51311 Žrnovac 36 K 11
47251 Žubrinci 37 K 13
52447 Žudetići 33 K 4
10455 Žumberak 30 H 14
49000 Žutnica 23 E 17

I

301 336 km² +39
Roma 60 918 000

A

33010 Aclete 8 D 3
33041 Aiello del Friuli 25 G 2
33040 Albana 17 F 2
34074 Alberoni/Monfalcone 25 H 3
33040 Altana 17 F 3
33010 Altipiano del Montásio 8 D 2
33050 Alture 25 G 2
34070 Angóris 25 G 2
33046 Antro 17 F 2
33051 Aquiléia 25 H 2
34015 Aquilínia 33 J 4
33040 Attimis 17 E 1
34013 Aurisina (Nabrežina) 26 H 4
33040 Azzano/Premariacco 25 F 2
33049 Ázzida 17 F 2

B

33010 Bagni di Lusnizza 8 C 2
34018 Bagnoli della Rosandra 33 J 5
34100 Banne 33 H 4
34100 Barcola 33 H 4
34100 Basovizza 33 J 5
34075 Begliano 25 H 2
33051 Belvedere/Aquiléia 25 H 2
33040 Berda 17 F 3
33046 Biácis 17 F 2
34079 Bistrigna 25 H 3
33040 Bodigoi 17 F 3
33048 Bolzano/Manzano 25 G 2
34071 Borgnano 25 G 2
33040 Borgo di Sopra/Taipana 17 E 2
34010 Borgo Grotta Gigante 26 H 4
33040 Borgo Ponte 17 E 1
33040 Borgo San Máuro 17 F 2
33040 Bottenicco 17 F 2
34071 Brazzano 25 G 2
33046 Brischis 17 E 2
33042 Búttrio 25 F 2

C

33051 Ca' del Véscovo 25 H 1
34079 Ca' Messénio 25 H 2
33046 Calla 17 E 2
33042 Caminetto 25 F 2
33042 Camino/Manzano 25 G 2
33040 Campéglio 17 F 2
33040 Campolongo al Torre 25 G 2
33010 Camporosso in Valcanale 8 C 3
33040 Canàl di Grivò 17 E 2
33040 Canalutto 17 F 2
33040 Canébola 17 E 2
34070 Capriva del Friuli 25 G 3
34018 Caresana/Trieste 33 J 5
33043 Carraria 17 F 2
33040 Casa Fedele 17 E 2
34074 Casa Riva Lunga 25 H 3
34073 Casa Valle Dossi 25 H 2
33044 Case/Manzano 25 F 2
33016 Casera Cossier 8 C 1
34070 Cassegliano 25 G 2
33040 Castelmonte 17 F 3
33012 Cave del Predil 8 D 3
33040 Cavenzano 25 G 2
33040 Cepletischis 17 E 3
33045 Cergneu Superiore 17 E 1
33010 Cernapenc 17 D 2
33047 Cerneglòns 17 F 1
34013 Ceróglie dell' Ermada 25 H 3
33052 Cervignano del Friuli 25 H 2
33040 Chiópris-Viscone 25 G 2
33010 Chiout 8 D 2
33010 Chiusaforte 8 D 1
33040 Cialla 17 F 2
33040 Cisgne 17 F 3
33043 Cividale del Friuli 17 F 2
33040 Clap 17 E 2
33040 Clastra 17 F 3
33050 Clauiano 25 G 2
33049 Clénia 17 F 2
33040 Clódig 17 F 3
33010 Coccau di sopra 8 C 3
33010 Coccau di sotto 8 C 3
33040 Cocianzi 17 E 2
33040 Códromaz 17 F 3
36040 Colloredo 17 F 2
33010 Corítis 17 D 2
34071 Cormòns 25 G 2
33040 Cornappo 17 E 2
34040 Corno di Rosazzo 25 G 2
34070 Corona/Cormòns 25 G 2
33040 Cósizza 17 F 3
33046 Costa/Savogna 17 F 3
33040 Costalunga/Faédis 17 F 2
33040 Craoretto 25 F 2
33040 Cras 17 E 3
33050 Craúglio 25 G 2
33040 Cresta Piàn di Mea 17 E 2
33040 Crostù 17 F 3

D

33040 Debéllis 17 E 1
34072 Devetachi 25 G 3
34070 Doberdò del Lago 25 G 3
33010 Dogna/Chiusaforte 8 D 1
33040 Dolegna 17 F 3
33040 Dolegna del Cóllio 25 F 2
34048 Dolegnano 25 G 2
33040 Drénchia 17 E 3
34013 Duíno (Devin) 25 H 3

E

33046 Erbezzo/Pùlfero 17 E 2

F

33040 Faédis 17 F 2
33040 Fáris 17 E 1
34070 Farra d'Isonzo 25 G 3
34016 Fernetti 33 H 5
33040 Firmano 17 F 2
33050 Fiumicello/Aquiléia 25 H 2
34070 Fogliano Redipúglia 25 G 2
33040 Forame 17 E 2
33043 Fornális 17 F 2

34073 Fossalòn di Grado 25 H 2
34070 Fratta/Mariano del Friuli 25 G 2
33010 Fusine Laghi 8 C 4

**G**

34070 Gábria 25 G 3
34010 Gabrovizza San Primo 26 H 4
33043 Gagliano/Cividale del Friuli 17 F 2
34071 Giássico 25 G 2
34073 Golometto 25 H 3
34170 Gorízia 25 G 3
34072 Gradisca d` Isonzo 25 G 3
34073 Grado 32 H 2
34073 Grado Pineta 32 H 2
34100 Grignano/Trieste 26 H 4
33040 Grimacco 17 F 3
34015 Gropada 33 J 5
34018 Grozzana 33 J 5
33043 Grupignano 17 F 2

**H**

34170 Hum 25 G 3

**I**

33040 Iáinich 17 F 3
33057 Ialmico 25 G 2
34070 Iamiano 25 H 3
33040 Iesizza 17 F 3
33041 Ioánnis 25 G 2
33040 Ípplis 25 F 2
33050 Isola Morosini 25 H 2

**L**

33016 Laglèsie-San Leopoldo 8 C 2
33046 Lásiz 17 F 2
34015 Lazaretto 33 J 4
33040 Leproso 25 F 2
33051 Levada/Fiumicello 25 H 2
34073 Lido/Grado 32 H 2
33046 Loch 17 E 2
33040 Lombai 17 F 3
34100 Lóngera 33 J 5
34070 Lucínico 25 G 3

**M**

33010 Malborghetto 8 C 2
34019 Málchina 25 H 3
33010 Malga Sáisera 8 D 2
33044 Manzano/Cormòns 25 G 2
33044 Manzinello 25 G 2
34070 Marcottini 25 G 3
34070 Mariano del Friuli 25 G 2
34074 Marina Iúlia 25 H 3
33040 Masarólis 17 E 2
34070 Medea 25 G 2
34013 Medeazza 25 H 3
34048 Medeuzza 25 G 2
33050 Melarolo 25 G 1
33050 Merlana 25 G 1
33040 Mernicco 17 F 2
33046 Mersino 17 E 2
33040 Merso di Sopra 17 F 3
33040 Moimacco 17 F 2
33051 Monastero/Aquiléia 25 H 2
34074 Monfalcone 25 H 3
34016 Monrupino 26 H 4
33010 Monte Santo di Lussari 8 D 3
33040 Monteaperta 17 E 1
33046 Montefosca 17 E 2
33040 Montemaggiore/Grimacco 17 E 3
33040 Montemaggiore/Platischis 17 E 2
34070 Moraro 25 G 3
34070 Mossa 25 G 3
34015 Múggia 33 J 4
33050 Múscoli 25 G 2

**N**

33057 Nogaredo al Torre 25 G 2
33045 Nongruella 17 E 2

**O**

33040 Obenetto 17 F 3
33040 Oblizza 17 F 3
33040 Obranchi 17 F 3
33044 Óleis 25 F 2
33010 Oltreacqua 8 C 3
33040 Orsaria 25 F 2
33047 Orzano 17 F 2
33010 Oseacco 17 D 1
34170 Oslávia 25 G 3
33046 Ossiach 17 E 2

**P**

33040 Paderno/Premariacco 17 F 2
34100 Padriciano 33 J 5
34070 Pálchisce 25 G 3
33057 Palmanova 25 G 1
34074 Panzano/Monfalcone 25 H 3
34074 Panzano Bagni 25 H 3
33050 Papariano 25 H 2
33046 Pechinie 17 E 3
34070 Peci 25 G 3
33050 Percoto 25 G 1
33040 Pertéole 25 G 2
34018 Pese di Grozzana 33 J 5
33010 Pezzéit 8 D 2
33010 Piani di Là 8 D 2
34075 Piéris 25 H 2
34170 Piuma 25 G 3
33040 Platischis 17 E 2
34071 Plessiva 25 G 3
33010 Plezzùt 8 D 3
33040 Podresca 17 F 3
34072 Póggio Terzarmata 25 G 3
33040 Pólava 17 E 3
34070 Polazzo 25 G 2
33043 Ponte San Quirino 17 F 2
33049 Ponteacco 17 F 2
33040 Porzus 17 E 2
33010 Poscolle 8 C 3
33040 Prapotnizza 17 E 3
34013 Precenico 26 H 4
33040 Premariacco 17 F 2
33040 Prepotto 25 F 2
34013 Prepotto di San Pelágio 26 H 4
33040 Prestento 17 F 2
34100 Prosecco 26 H 4
33040 Prossenicco 17 E 2
33046 Púlfero 17 E 2
33043 Purgéssimo 17 F 2

**R**

34015 Rabuise 33 J 4
33040 Racchiuso 17 F 1
33010 Raccolana 8 D 1
33040 Raschiacco 17 F 2
33040 Raune 17 F 3
34070 Redipúglia 25 G 2
33047 Remanzacco 17 F 1
33040 Restocina 25 F 3
33010 Riofreddo/Cave del Predil 8 D 3
33044 Rocca Bernarda 25 F 2
34076 Romàns d` Isonzo 25 G 2
33050 Ronchi/Pavia di Údine 25 G 1
34077 Ronchi dei Legionari 25 H 3
33040 Rónchis/Povoletto 17 F 1
33044 Rosazzo 25 F 2
33050 Ruda 25 G 2
34070 Rupa 25 G 3
34016 Rupingrande 26 H 4
34010 Rupinpíccolo 26 H 4
33010 Rutte 8 D 3

**S**

33050 Saciletto 25 G 2
34078 Sagrado 25 G 2
34010 Sáles 26 H 4
33010 Saletto/Raccolana 8 D 2
34010 Samatorza 26 H 4
33040 Sambo 17 E 1
34075 San Canzian d` Isonzo 25 H 2
34018 San Dorligo della Valle 33 J 5
34170 San Floriano del Cóllio 25 G 3
33048 San Giovanni al Natisone 25 G 2
34013 San Giovanni al Timavo 25 H 3
34018 San Giuseppe della Chiusa 33 J 5
33040 San Leonardo/Cividale del Friuli 17 F 3
33051 San Lorenzo/Fiumicello 25 H 2
33044 San Lorenzo/Manzano 25 G 2
34070 San Lorenzo Isontino 25 G 3
34078 San Martino del Carso 25 G 3
33050 San Martino di Terzo 25 H 1
34170 San Máuro/Gorízia 25 G 3
33050 San Nicoló/Ruda 25 H 2
34013 San Pelágio/Duíno 26 H 4
34070 San Pièr d` Isonzo 25 G 2
33049 San Pietro al Natisone 17 F 2
33040 San Pietro Chiazzacco 17 F 2
34015 San Rocco/Múggia 33 J 4
33050 San Valentino di Fiumicello 25 H 2
33040 San Vito al Torre 25 G 2
34070 San Zanùt 25 G 2
33043 Sanguarzo 17 F 2
33040 Sant` Andràl/Manzano 25 G 2
34070 Sant` Andrea/Gorízia 25 G 3
33050 Sant` António/Fiumicello 25 H 2
34018 Sant` António in Bosco 33 J 5
33010 Santa Caterina/Malborghetto 8 C 2
34010 Santa Croce/Trieste 26 H 4
33040 Savogna 17 F 3
34070 Savogna d` Isonzo 25 G 3
33040 Scrutto 17 F 3
33040 Scubina 17 E 3
33010 Sella Nevea 8 D 2
33047 Selvis 17 F 1
34010 Sgonico 26 H 4
33040 Siacco 17 F 1
34019 Sistiana 25 H 3
34013 Slivia 25 H 3
33049 Sorzento 17 F 2
33057 Sottoselva 25 G 1
37044 Spessa/Premariacco 25 F 2
33046 Spignon 17 F 2
34079 Staranzano 25 H 3
33010 Stáuli Ginivizza 17 D 1
33010 Stolvizza 17 D 2
33052 Strassoldo 25 G 1
33040 Stregna 17 F 3
33040 Stremiz 17 E 2
33010 Stretti/Chiusaforte 8 D 2
33046 Stupizza 17 E 2
33040 Subìl 17 E 2
33040 Sverinaz 17 F 3

**T**

33040 Taipana 17 E 2
33010 Tamaròz 8 D 2
34040 Tapogliano 25 G 2
33046 Tarcetta 17 F 2
33018 Tarvísio 8 C 3
33040 Tercimonte 17 E 3
34010 Ternova Piccola 26 H 4
33050 Terzo d` Aquiléia 25 H 2
33046 Tíglio/Púlfero 17 F 2
33040 Togliano 17 F 2
33040 Torreano/Cividale del Friuli 17 F 2
34100 Trebiciano 33 H 4
33040 Tríbil di Sopra 17 F 3
34100 Trieste 33 J 4
33050 Trivignano Udinese 25 G 2
34070 Turriaco 25 H 2

**U**

33010 Uccea 17 E 2
33010 Ugovizza 8 C 2

**V**

33010 Valbruna 8 D 2
33040 Valle/Faédis 17 F 2
34070 Vallone/Doberdò del Lago 25 G 3
34070 Vencò 25 F 2
34077 Vermegliano 25 H 3
33049 Vernasso 17 F 2
34076 Versa 25 G 2
33010 Vidali 8 D 1
34100 Villa Opicina 33 H 4
33059 Villa Vicentina 25 H 2
33010 Villabassa/Kranjska 8 D 3
34013 Villággio del Pescatore 25 H 3
33048 Villanova del Júdrio 25 G 2
34070 Villanova di Farra 25 G 3
34070 Villesse 25 G 2
33052 Visco 25 G 2
33040 Visinale/Como di Rosazzo 25 G 2
34070 Visintini 25 G 3

**Z**

33040 Zavart 17 F 3
33047 Ziracco 17 F 2

# Blattübersicht

Key Plan | Pregledni list | Pregled kart | Tavola riassuntiva delle pagine | Tableau d'assemblage
Bladoverzicht | Vista de la página | Klad listů | Prehľad kladu listov | Áttekintés | Skorowidz arkuszy

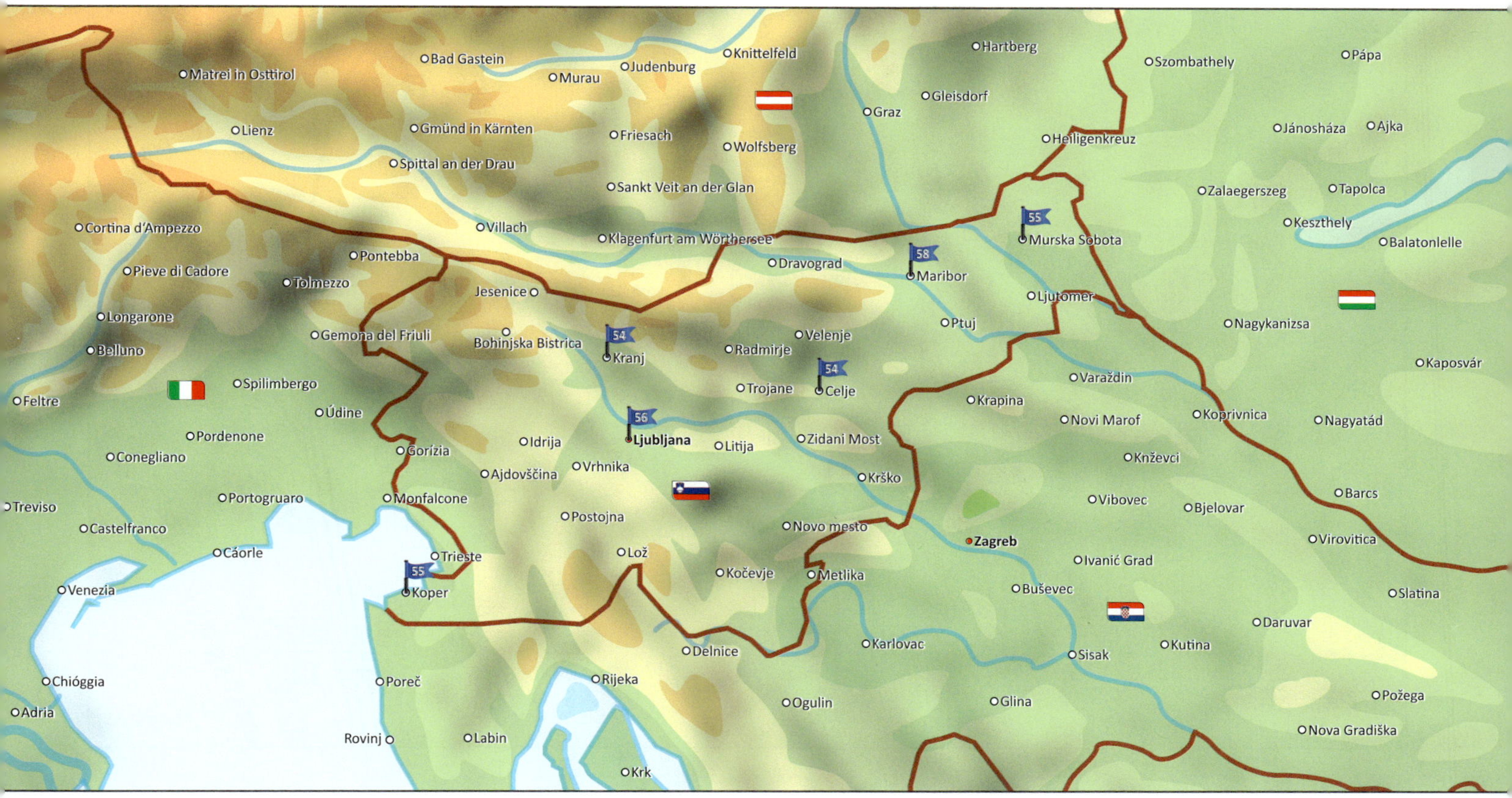


# Legende

Legend | Legenda | Legenda | Légende | Legenda | Legende | Leyenda | Vysvětlivky | Vysvetlivky | Jelmagyarázat | Legenda

**Öffentliches Gebäude (Auswahl)**
Public building (selection)
Javne zgrade
Javne stavbe
Edificio pubblico (selezione)
Bâtiment public (sélection)
Openbaar gebouw (keuze)
Edificio público (selección)
Veřejná budova (výběr)
Verejná budova (výber)
Középület (fontosabb)
Budynek użyteczności publicznej (wybór)

**Kirche, Kapelle**
Church, chapel
Crkva, kapéla
Cerkev, kapela
Chiesa, cappella
Eglise, chapelle
Kerk, kapel
Iglesia, capilla
Kostel, kaple
Kostol, kaplnka
Templom, Kápolna
Kościół, kaplica

**Autobahn**
Motorway
Autocesta
Avtocesta
Autostrada
Autoroute
Autosnelweg
Autopista
Dálnice
Diaľnica
Autópálya
Autostrady

**Durchfahrtsstraße**
Through road
Prolazna cesta
Tranzitna cesta
Strada di transito
Traversée
Doorrijstraat
Travesía
Průjezdní silnice
Prejazdná cesta
Áthajtási út
Ulica przelotowa

**Fußgängerzone**
Pedestrian precinct
Pjesacka zona
Cona za pešce
Zona pedonale
Rue piétonne
Voetgangerszone
Zona peatonal
Pěší zóna
Pešia zóna
Sétálóutca
Ulica tylko dla pieszych

**Eisenbahn**
Railway
Željeznica
Železnica
Ferrovia
Chemin de fer
Spoorweg
Ferrocarril
Železnice
Železnica
Vasút
Kolej główna

**Sportplatz**
Sports field
Sportskó igralište
Športno igrišče
Campo sportivo
Terrain de sport
Sportterrein
Campo de deporte
Hřiště
Športovisko
Sportpálya
Boisko sportowe

**Friedhof**
Cemetery
Groblje
Pokopališče
Cimitero
Cimetière
Begraafplaats
Cementerio
Hřbitov
Cintorín
Temető
Cmentarz

**Polizei**
Police
Policija
Policija
Polizia
Police
Politie
Policia
Policie
Polícia
Rendőrség
Policja

**Parkgarage**
Parking garage
Garaža za parkiranje
Parkirna hiša
Garage
Parking couvert
Parkeergarage
Garaje
Parking
Podzemná garáž
Parkolóház
Garaz parkingowy

**Cityplan**
Citymap
Plan grada
Naèrt mestnega centra
Pianta della città
Plan de ville
Plattegrond
Plano de la ciudad
Plán města
Plán mesta
Várostérképek
Plan miasta

## Celje 1:9 000

500 m

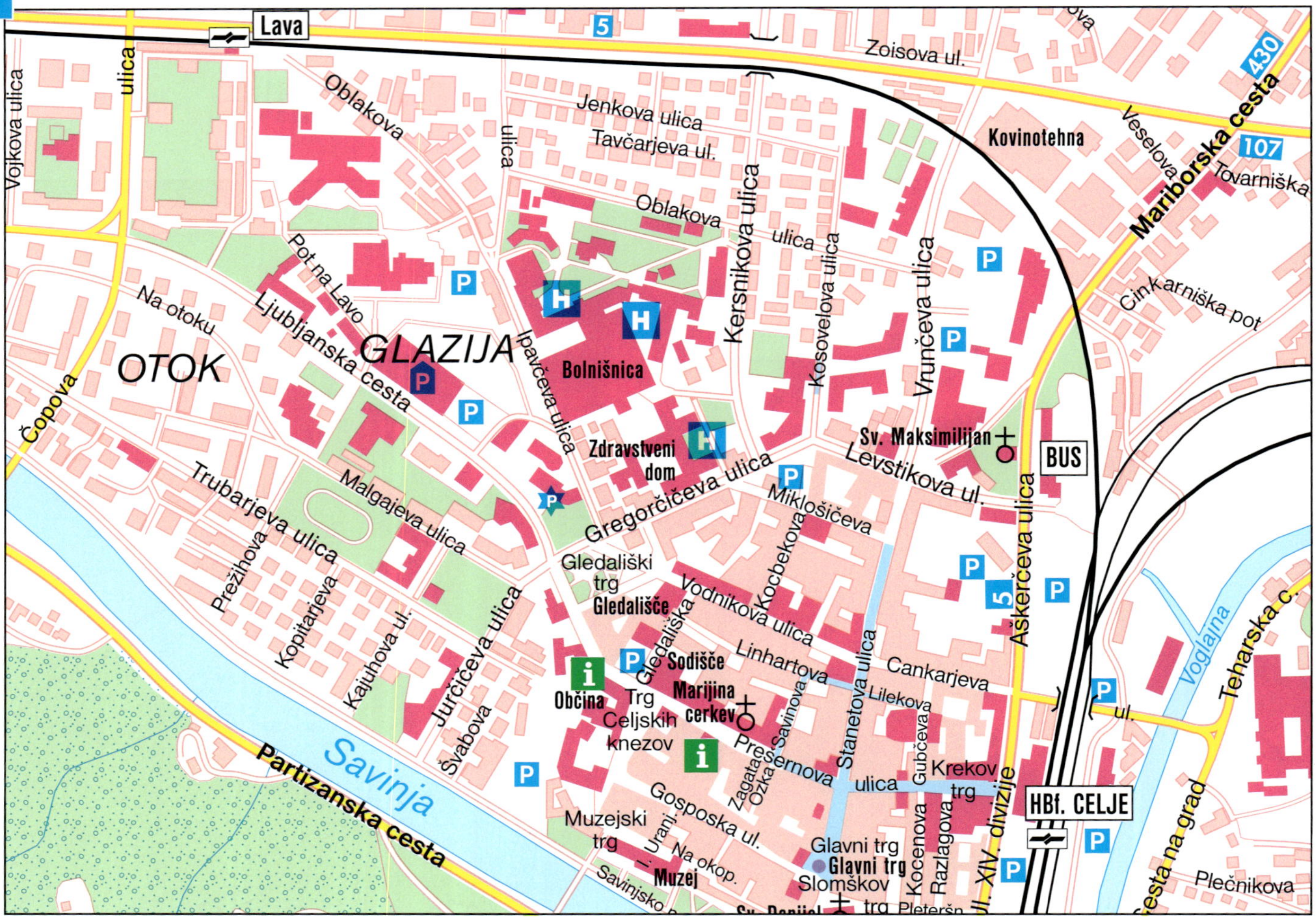

Lava
5
Zoisova ul.
430
Vojkova ulica
ulica
Oblakova
Jenkova ulica
Tavčarjeva ul.
ulica
Kovinotehna
Veselova
Mariborska cesta
107
Tovarniška
Oblakova
Kersnikova ulica
ulica
Kosovelova ulica
Vrunčeva ulica
Pot na Lavo
Na otoku
Ljubljanska cesta
GLAZIJA
OTOK
Ipavčeva ulica
Bolnišnica
Cinkarniška pot
Čopova
Zdravstveni dom
Sv. Maksimilijan
BUS
Levstikova ul.
Gregorčičeva ulica
Miklošičeva
Trubarjeva ulica
Malgajeva ulica
Prežihova
Kopitarjeva
Kajuhova ul.
Jurčičeva ulica
Gledališki trg
Gledališče
Vodnikova ulica
Kocbekova
Aškerčeva ulica
5
Voglajna
Teharska c.
Gledališka
Sodišče
Linhartova
Cankarjeva
Lilekova
ul.
Občina
Trg Celjskih knezov
Marijina cerkev
Savinova
Stanetova ulica
Švabova
Savinja
Partizanska cesta
Prešernova
Zagata
Ozka
ulica
Gubčeva
Krekov trg
Ul. XIV. divizije
HBf. CELJE
Muzejski trg
Gosposka ul.
Glavni trg
Glavni trg
Slomškov trg
Kocenova
Razlagova
Cesta na grad
Plečnikova
Ljubljanska
Na okop.
Muzej
Savinjsko n.
Pleteršn.

## Kranj 1:9 000

500 m

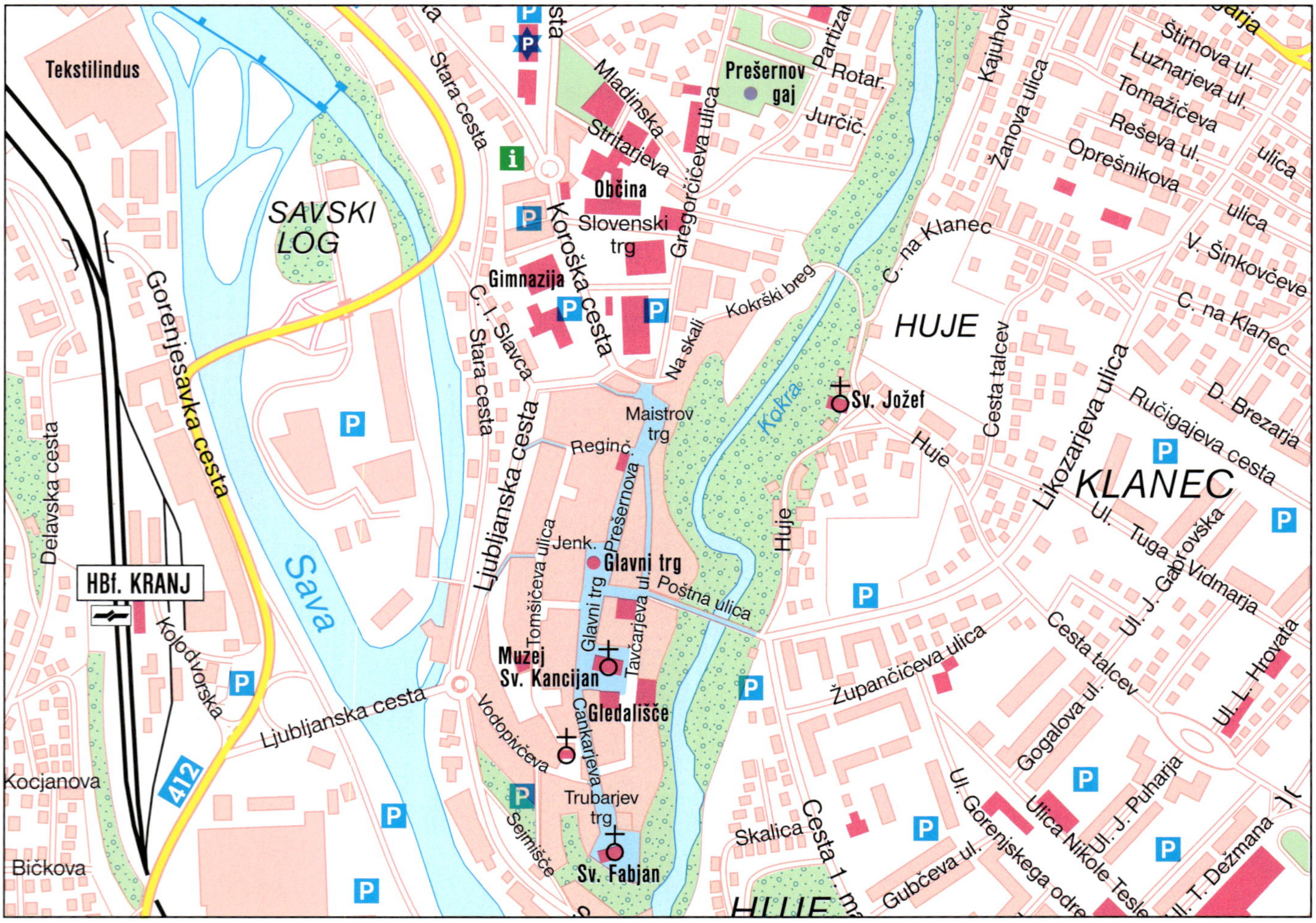

Tekstilindus
Stara cesta
Mladinska
Prešernov gaj
Partizanska
Rotar.
Jurčič.
Kajuhova
Stirnova ul.
Luznarjeva ul.
Tomažičeva
Reševa ul.
Oprešnikova
ulica
ulica
Stritarjeva
Gregorčičeva ulica
Žanova ulica
Občina
SAVSKI LOG
Slovenski trg
Koroška cesta
C. na Klanec
V. Šinkovčeve
Gimnazija
C. I. Slavca
Stara cesta
Kokrški breg
Na skali
HUJE
C. na Klanec
Gorenjesavska cesta
Maistrov trg
Kokra
Sv. Jožef
Cesta talcev
Ručigajeva cesta
D. Brezarja
Regin.
Huje
Likozarjeva ulica
KLANEC
Delavska cesta
Ljubljanska cesta
Prešernova
Sava
Jenk.
Glavni trg
Tomšičeva ulica
Glavni trg
Poštna ulica
Tavčarjeva ul.
Huje
Ul. Tuga Vidmarja
Ul. J. Gabrovška
HBf. KRANJ
Muzej Sv. Kancijan
Gledališče
Cesta talcev
Kolodvorska
Ljubljanska cesta
Vodopivčeva
Cankarjeva
Župančičeva ulica
Ul. L. Hrovata
Kocjanova
412
Trubarjev trg
Sejmišče
Gogalova ul.
Ul. J. Puharja
Bičkova
Sv. Fabjan
Skalica
Cesta 1. maja
Ul. Gorenjskega odreda
Ulica Nikole Tesle
Ul. T. Dežmana
Gubčeva ul.
HUJE

# Koper 1:11 000

1 km

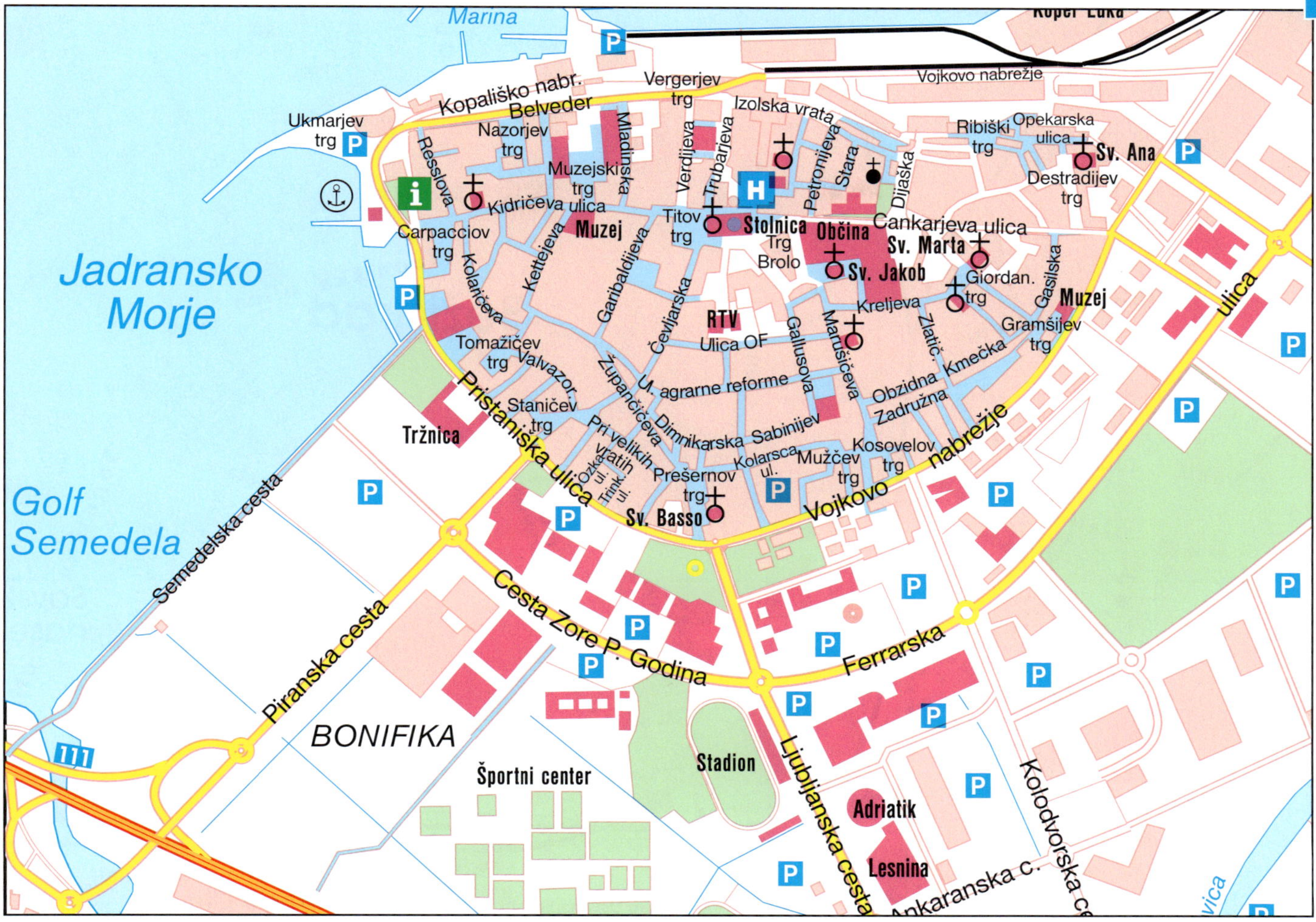

Marina
Koper Luka
Vojkovo nabrežje
Jadransko Morje
Golf Semedela
Kopališko nabr.
Belveder
Vergerjev trg
Izolska vrata
Ukmarjev trg
Nazorjev trg
Mladinska
Verdijeva
Trubarjeva
Petronijeva
Stara
Dijaška
Ribiški trg
Opekarska ulica
Sv. Ana
Destradijev trg
Resslova
Muzejski trg
Kidričeva ulica
Carpacciov trg
Muzej
Titov trg
Stolnica
Občina
Trg Brolo
Cankarjeva ulica
Sv. Marta
Sv. Jakob
Giordan. trg
Gasilska
Muzej
Kolarčeva
Kettejeva
Garibaldijeva
Čevljarska
RTV
Ulica OF
Gallusova
Martinčeva
Krelljeva
Zlatič.
Gramšijev trg
Tomažičev trg
Valvazor.
Župančičeva
Ul. agrarne reforme
Obzidna
Kmečka
Zadružna
Tržnica
Pristaniška ulica
Staničev trg
Pri velikih vratih
Ozka ul.
Trink. ul.
Dimnikarska
Sabinijev
Prešernov trg
Kolarsca ul.
Mužčev trg
Kosovelov trg
Vojkovo nabrežje
Sv. Basso
Semedelska cesta
Cesta Zore P. Godina
Piranska cesta
Ferrarska
Ulica
BONIFIKA
111
Športni center
Stadion
Ljubljanska cesta
Adriatik
Lesnina
Kolodvorska c.
Ankaranska c.

# Murska Sobota 1:11 000

1 km

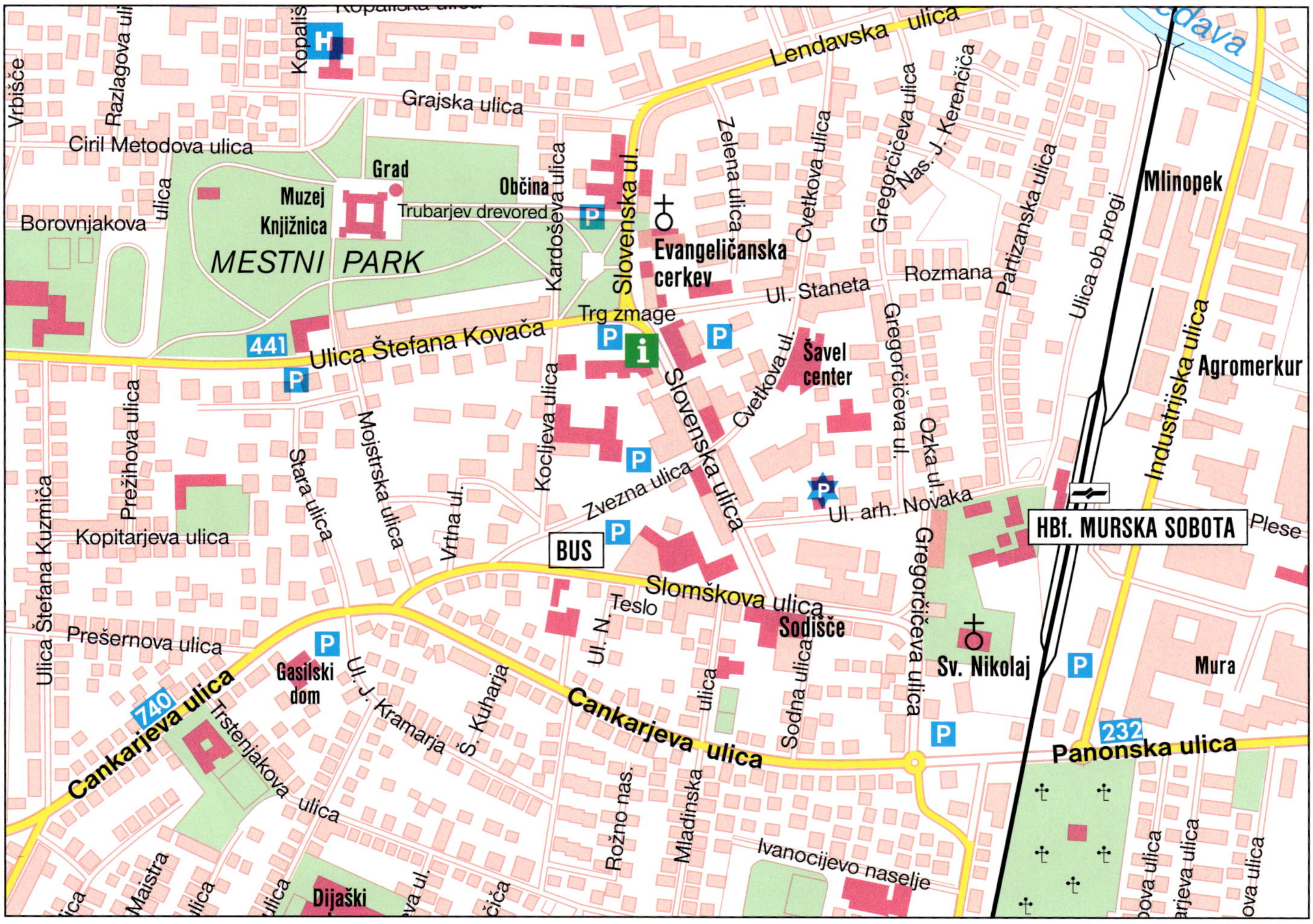

Kopališka ulica
Kopališ.
Lendavska ulica
Ledava
Vrbišče
Razlagova ul.
Grajska ulica
Ciril Metodova ulica
Grad
Muzej
Knjižnica
Občina
Trubarjev drevored
Borovnjakova
ulica
MESTNI PARK
Kardoševa ulica
Slovenska ul.
Evangeličanska cerkev
Zelena ulica
Cvetkova ulica
Gregorčičeva ulica
Nas. J. Kerenčiča
Partizanska ulica
Ulica ob progi
Mlinopek
Rozmana
Ul. Staneta
Trg zmage
441
Ulica Štefana Kovača
Šavel center
Cvetkova ul.
Gregorčičeva ul.
Industrijska ulica
Agromerkur
Prežihova ulica
Stara ulica
Mojstrska ulica
Kocljeva ulica
Slovenska ulica
Ozka ul.
Zvezna ulica
Vrtna ul.
Ul. arh. Novaka
HBf. MURSKA SOBOTA
Plese
Ulica Štefana Kuzmiča
Kopitarjeva ulica
BUS
Gregorčičeva ulica
Slomškova ulica
Teslo
Sodišče
Ul. N.
Prešernova ulica
Gasilski dom
Sv. Nikolaj
Mura
740
Cankarjeva ulica
Trstenjakova ulica
Ul. J. Kramarja
Š. Kuharja
Sodna ulica
ulica
232
Panonska ulica
Rožno nas.
Mladinska
Ivanocijevo naselje
Maistra
Dijaški

# Ljubljana 1:14 400

Bežigrad
Center
Tabor
Tivoli
Trnovo
Mirje
Savsko naselje
Poljane
Drenikova ulica
Topniška ulica
Dunajska cesta
Linhartova cesta
Vilharjeva cesta
Železniška postaja Ljubljana
Avtobusna postaja Ljubljana
Masarykova cesta
Trg Osvobodilne fronte
Tivolska cesta
Celovška cesta
Gosposvetska cesta
Slovenska cesta
Resljeva cesta
Kopitarjeva ul.
Njegoševa cesta
Roška cesta
Karlovška cesta
Zoisova cesta
Aškerčeva cesta
Barjanska c.
Groharjeva cesta
Riharjeva ul.
Prešernova cesta
Trubarjeva cesta
Komenskega ulica
Dalmatinova ul.
Tavčarjeva ul.
Prešernov trg
Kongresni trg
Trg republike
Ljubljanski grad
Predor pod Gradom
Vodnikov trg
Ambrožev trg
Vrazov trg
Hrvatski trg
Levstikov trg
Mestni trg
Stari trg
Gornji trg
Novi trg
Krakovski nasip
Gruberjev prekop
Ribnik
Rast
Hala Tivoli
Cekinov grad
Kopališče
Jakopičevo sprehajališče
Pod turnom
Cesta na Bellevue
PIVOVARNA UNION
TOBAČNA TOVARNA
Želez. post. Šiška
Športni park Ljubljana
Centralni stadion
Trg 9. maja
Trg mladinskih delovnih brigad
Klinični center
Klinične bolnišnice
Sv. Ciril
Sv. Jernej
Sv. Frančišek
Sv. Janez
Gimnazija
Navje
ZRMK
MERCA
Ob kaminški progi
Milčinskega
Vojkova
Smartinska cesta
Hradeckega
Pot na Golovec
Cesta slov. kmečkih uporov
Vožarski p.
Gradaška ulica
Trnovski pristan
Eipprova ul.
Vegova
Gosposka ul.
Emonska
Wolfova
Čopova
Cankarjeva
Puharjeva ul.
Štefanova
Tomšičeva
Beethovnova ul.
Šubičeva ulica
Erjavčeva cesta
Gregorčičeva
Rimska
Soteska
Kotnikova
Slomškova ulica
Metelkova ulica
Maistrova ulica
Vrhovčeva ulica
Poljanski nasip
Petkovškovo nabrežje
Poljanska cesta
Zaloška

1 km
Šmartinska cesta
Moste
Zelena jama
Vodmat
Kodeljevo
Štepanjsko naselje
Štepanja vas
Zgornja Hrušica
BTC
ŽITO
Tržnica
GRADIS
MINERAL
YULON
CENTER
SCT
TEOL
SST
SOT
VELANA
SAP
SATURNUS
IZOLIRKA
KEMIČNA TOVARNA
Tovorna postaja Ljubljana
ŽG kontejnerski terminal
TERMOELEKTRARNA TOPLARNA
Letališka cesta
Kajuhova ulica
Zaloška cesta
Litijska cesta
Inštitut za rehabilitadijo invalidov
Žale
Sv.Križ
Vsi Sveti
Osnovna šola
O. šola
Gimnazija
Sv. Družina
Sv. Terezija
Sv. Štefan
Fakulteta za šport
Športni park Kodeljevo
Grad Kodeljevo
Kopališče
Zapori
Povšetova ulica Komunalno podjetje
TMI
RAST
Astronomsko-geofizikalni observatorij
Toplarniška ulica
Bratislavska cesta
Hruševska cesta
438

# Maribor 1:13 800

1 km

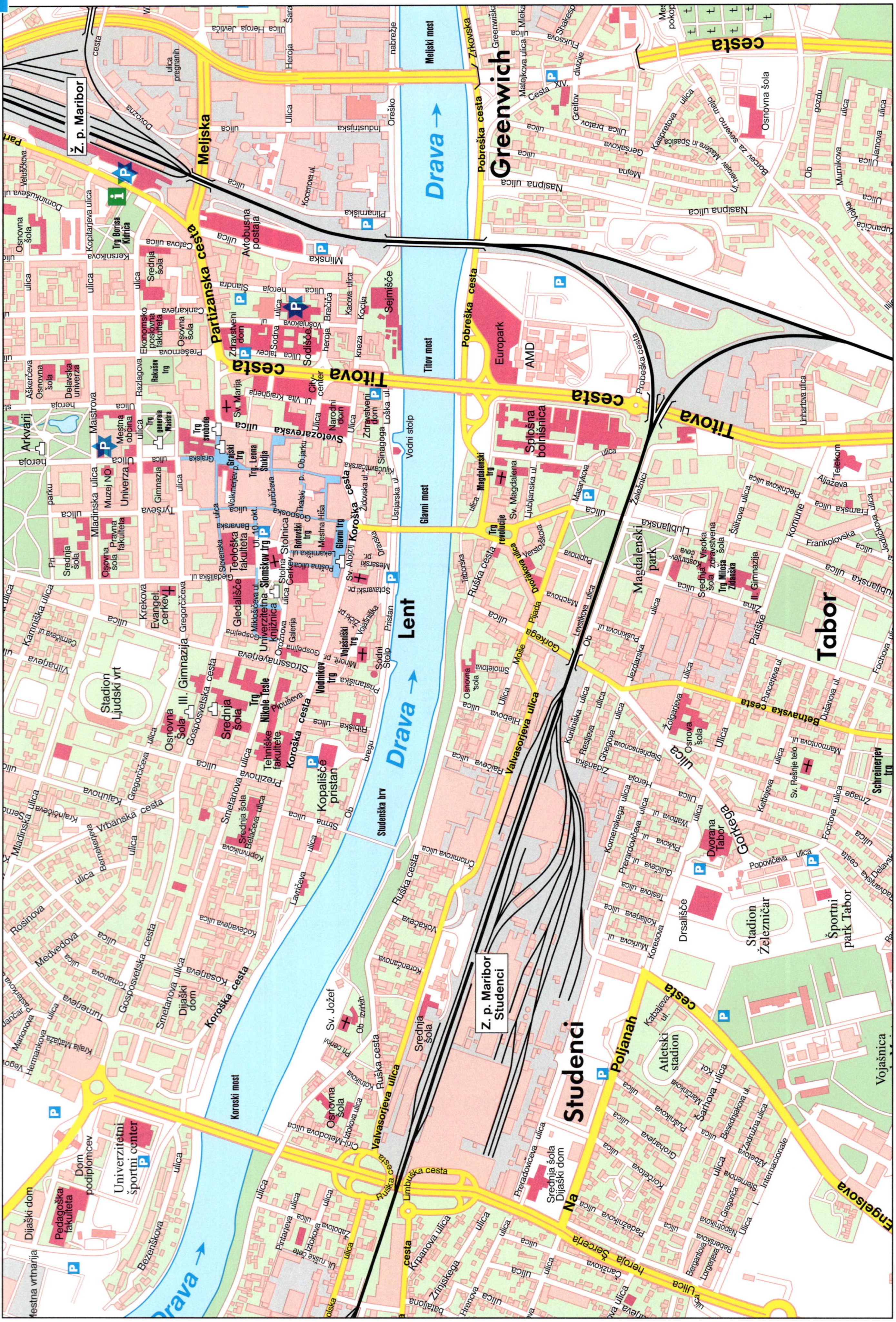
Ž. p. Maribor
Meljska
Partizanska cesta
Avtobusna postaja
Drava
Meljski most
Pobreška cesta
Greenwich
Nasipna ulica
Osnovna šola
Titova cesta
Tito most
Europark
AMD
Splošna bolnišnica
Sodišče
Sejmišče
City-center
Narodni dom
Svetozarevska
Trg svobode
Grajski trg
Trg Leona Štuklja
Univerza
Mestna občina
Gimnazija
Slomškov trg
Stolnica
Glavni trg
Koroška cesta
Mestna hiša
Glavni most
Vodni stolp
Sinagoga
Lent
Magdalenski trg
Sv. Magdalena
Trg revolucije
Magdalenski park
Tabor
Betnavska cesta
Ljubljanska ulica
Gledališče
Teološka fakulteta
Pravna fakulteta
Evangel. cerkev
Stadion Ljudski vrt
III. Gimnazija
Srednja šola
Nikole Tesle
Tehniške fakultete
Vodnikov trg
Kopališče pristan
Studenška brv
Valvasorjeva ulica
Ruška cesta
Z. p. Maribor Studenci
Studenci
Dvorana Tabor
Gorkega
Drsališče
Stadion Železničar
Športni park Tabor
Atletski stadion
Poljanah
Na
Sv. Jožef
Koroški most
Univerzitetni športni center
Dom podiplomcev
Pedagoška fakulteta
Dijaški dom
Mestna vrtnarija
Engelsova
Vojašnica
Limbuška cesta
Heroja Šercerja
Srednja šola Dijaški dom
Telekom
Arkvarij

# Blattübersicht

Key Plan | Pregledni list | Pregled kart | Tavola riassuntiva delle pagine | Tableau d'assemblage
Bladoverzicht | Vista de la página | Klad listů | Prehľad kladu listov | Áttekintés | Skorowidz arkuszy

1:3 500 000 500 km

# Legende

Legend | Legenda | Legenda | Légende | Legenda | Legende | Leyenda | Vysvětlivky | Vysvetlivky | Jelmagyarázat | Legenda

**Autobahn**
Motorway
Autocesta
Avtocesta
Autoroute
Autostrada
Autosnelweg
Autopista
Dálnice
Diaľnica
Autópálya
Autostrady

**Fernverkehrsstraße, 4-spurig**
Dual carriageway
Četverotračna magistralna cesta
Magistralna cesta, štiripasovna
Route à grande circulation, 4 chaussées séparées
Strada di grande comunicazione a quattro corsie
Autoweg, 4 rijstroken
Autovía de 4 carriles
Dálková silnice, čtyřproudová
Diaľková cesta štvorpruhová
Távolsági 4 sávos gyorsforgalmi út
Drogi dwujezdniowe

**Fernverkehrsstraße**
Primary route
Magistralna
Magistralna cesta
Route à grande circulation
Strada di grande comunicazione
Autoweg
Carretera nacional
Dálková silnice
Diaľková cesta
Összekötő út
Drogi główne

**Hauptstraße**
Main road
Glavna ulica 1. red
Glavna cesta 1. reda
Route principale
Strada principale
Belangrijke verkeersader
Carretera principa
Hlavní silnice
Hlavná cesta
Főút
Drogi drugorzędne

**Nebenstraße**
Secondary road
Secondary road
Sporedna ulica
Autre route
Strada secondaria
Secundaire weg
Carretera secundaria
Vedlejší silnice
Vedľajšia cesta
Mellékút
Koleje drugorzędne

**Eisenbahn**
Railway
Željězničar
Železnica
Chemin de fer
Ferrovia
Spoor
Ferrocarril
Železnice
Železnica
Vasút
Kolej

**Staatsgrenze**
National boundary
Državna granica
Državna meja
Frontière d'État
Confine di Stato
Staatsgrens
Frontera nacional
Státní hranice
Štátna hranica
Államhatár
Granica państwa

21

**Entfernungen in km**
Distances in kilometres
Duljine u km
Razdalje v km
Distance en kilomètres (km)
Distanze in km
Afstanden in km
Distancias en km
Vzdálenosti v km
Vzdialenosti v km
Távolságok km-ben
Odległości w km

E01

**Straßennummer**
Road number
Broj ceste
Številka ceste
Numérotage des routes
Numerazione delle strade
Wegnummer
Numeración de las carreteras
Čísla silnic
Čísla ciest
Fizetős útszakaszok
Numeracja dróg

Eyjafótur
Grímsey
Raufarhöfn
Kópasker
Þórshöfn
Bakkafjörður
Siglufjörður
Ólafsfjörður
Grenivík
Húsavík
Dalvík
Hofsós
Sauðárkrókur
Skagaströnd
Blönduós
Varmahlíð
Akureyri
Kerling
Reykjahlíð
Vopnafjörður
Bakkagerði
Egilsstaðir
Seyðisfjörður
Neskaupstaður
Eskifjörður
Reyðarfjörður
Fáskrúðsfjörður
Breiðdalsvík
Djúpivogur
Höfn
Suðureyri
Bolungarvík
Flateyri
Ísafjörður
Norðurfjörður
Þingeyri
Bíldudalur
Patreksfjörður
Hólmavík
Drangsnes
Flatey
Borðeyri
Laugarbakki
Breiðafjörður
Stykkishólmur
Búðardalur
Aðalból
Ólafsvík
Grundarfjörður
Kolbeinsstaðir
Búðir
Dalsmynni
Eiríksjökull
Langjökull
Hofsjökull
Dúfunefsfell
IS
Vatnajökull
Bárðarbunga
Tröllladyngja
Borgarnes
Faxaflói
Akranes
Þingvellir
Mosfellsbær
Reykjavík
Garður
Kópavogur
Sandgerði
Hafnarfjörður
Keflavík
Grindavík
Þorlákshöfn
Eyrarbakki
Hveragerði
Selfoss
Laugarvatn
Búrfell
Hekla
Hella
Hvolsvöllur
Mýrdalsjökull
Vestmannaeyjar
Heimaey
Vík
Langholt
Kirkjubæjarklaustur
Fagurhólsmýri
Hvannadalshnúkur
Þórðarhyrna
NÖRD
Vesterålen
Lofoten
Myre
Andøya
Andfjorden
Langøya
Sortland
Steine
Hinnøya
Vestvågøy
Austvågøya
Svolvær
Leknes
Lødingen
Moskenesøya
Sørvågen
Vestfjorden
Oppeid
Ulsvåg
Bognes
Nordfold
Bodø
Straumen
Fauske
Løding
Sulitjelma
Beiarn
Rognan
Ørnes
Glomfjord
Junkerdal
Leirmoen
Jektvika
Storforshei
Mo i Rana
Nesna
Sandnessjøen
Korgen
Mosjøen
Umfors
Tärnaby
Vega
Brønnøysund
Trofors
Hattfjelldal
Slussfors
Krokern
Dikanäs
Vikna
Rørvik
Foldereid
Kolvereid
Stora Blåsjön
Saxnäs
Strömnäs
Namsos
Skogmo
Grong
Gäddede
Vilhelmina
Sandvika
Seri
Ströms Vattudal
Malm
N
Steinkjer
Åmes
Lidsjöberg
Dorotea
Verdalsøra
Levanger
Hotagen
Lövberga
Strömsund
Titran
Frøya
Brekstad
Fillan
Hitra
Leksvik
Åsly
Stjørdal
Kallsedet
Rönnöfors
Lillholmsjö
Hammerdal
Trondheim
Kristiansund
Averøya
Kopperå
Järpen
Storlien
Åre
Krokom
Selbu
Östersund
Ammer
Nordøyane
Molde
Tingvoll
Sunndalsøra
Berkåk
Oppdal
Storen
Vålådalen
Ljungdalen
Helagsfjället
Ålesund
Åfarnes
Sunndalsøra
Ulsberg
Stugudalen
Streymoy
Fuglafjørður
Vestmanna
Klaksvík
Borðoy
Eysturoy
Vágar
Tórshavn
FO
Nord-atlantik
Färöer
Sandoy
Europäisches Nordmeer
Suðuroy
Tvøroyri
ATLANTISCHER OZEAN

3
EU
ICHES EISMEER
Barencevo more
p-ov. Rybačij
Nordkapp
Magerøya
Honningsvåg
Nordkinn
Gamvik
Mehamn
Berlevåg
Båtsfjord
Vardø
Varanger halvøya
Varangerbotn
Vadsø
Tana bru
Kjøllefjord
Havøysund
Kåfjord
Veidnes
Hammerfest
Kvalsøya
Sørøya
Seiland
Olderfjord
Breivikbotn
Hasvik
Kvalsund
Bonjakas Tana
Lakselv
Alta
Talvik
Øksfjord
Arnøya
Vanna
Skjervøy
Hansnes
Ringvassøya
Kvaløya
Tromsø
Kaldfjord
Fagernes
Lyngseidet
Olderdalen
Storslett
Sørstraumen
Skibotn
Halti 1328
Bilto
Storsteinnes
Nordkjosbotn
Finnsnes
Andselv
Øverbygd
Setermoen
Bjerkvik
Narvik
Kautokeino
Karasjok
Karigasniemi
Utsjoki
Polmak
Neiden
Kirkenes
Grense Jakobselv
Svanvik
Nikel'
Pečenga
Zapoljarnyj
Liinahamari
Ura Guba
Poljarnyj
Severomorsk
MURMANSK
Kola
Kil'dinsroi
Murmaši
Prirečnyj
Janiskoskij
Verhnetulomskij
Pulozero
Olenegorsk
Mončegorsk
Apatity
Kovdor
Tulppio
Kandalakša
Kovda
Zelenoborskij
Zarečensk
Alakurtti
Vuorijarvi
Kuolajarvi
RUS
FIN
S
Inari
Kaamanen
Ivalo
Menesjärvi
Morgam-Viibus 602
Virtaniemi
Nyrud
Sevettijärvi
Raja-Jooseppi
Lokan Tekojärvi
Vuotso
Pokka
Kilpisjärvi
Kaaresuvanto
Karesuando
Enontekiö
Palojoensuu
Leppäjärvi
Uddevarre 663
Muonio
Tepasto
Sirkka
Kittilä
Äkäslompolo
Ylläs 718
Kaukonen
Lokka
Martti
Savukoski
Sodankylä
Vaalajärvi
Kelloselkä
Salla
Pelkosenniemi
Kemijärvi
Pyhätunturi 539
Joutsijärvi
Hautajärvi
Maaninkavaara
Posio
Kuusamo
Juntusranta
Kolari
Pajala
Pello
Pello
Sinettä
Raanujärvi
Rovaniemi
Vikajärvi
Autti
Meltaus
Lohiniva
Unari
Mellakoski
Ylitornio
Övertorneå
Tervola
Ranua
Nuupas
Rytinki
Taivalkoski
Pudasjärvi
Yli-Näljänkä
Näljänkä
Ahola
Hossa
Kuusamo
Suomussalmi
Ämmänsaari
Puolanka
Hyrynsalmi
Vartius
Kostomukša
Voknovolok
Kalevala
Tungozero
Kuševanda
Kesten'ga
Jyrkänkoski
Tornio
Kemi
Haparanda
Kalix
Karungi
Lappträsk
Töre
Råneå
Seskarö
Kuivaniemi
Tannila
Hailuoto
OULU
Ylikiiminki
Muhos
Utajärvi
Liminka
Raahe
Vihanti
Vaala
Kajaani
Kontiomäki
Kuhmo
Hukkajärvi
Reboly
Sotkamo
Nurmes
Lieksa
Inari
Juuka
Outokumpu
Joensuu
Kuopio
Siilinjärvi
Pielavesi
Iisalmi
Sonkajärvi
Rautavaara
Kiuruvesi
Pyhäsalmi
Haapajärvi
Kärsämäki
Pulkkila
Pyhäntä
Kestilä
Nivala
Ylivieska
Kalajoki
Pyhäjoki
Kokkola
Kannus
Jakobstad
Nykarleby
Kaustinen
Lestijärvi
Kinnula
Pihtipudas
Viitasaari
Vesanto
Karttula
Vehmasmäki
Suonenjoki
Äänekoski
Suolahti
Saarijärvi
Karstula
Kyyjärvi
Vimpeli
Alajärvi
Lapua
Seinäjoki
Kauhava
Alahärmä
Evijärvi
Vaasa
Vallgrund
Replot
Björkön
Laihia
Korsnäs
Umeå
Holmsund
Ängesön
Vännäs
Vindeln
Robertsfors
Botsmark
Burträsk
Skellefteå
Rönnskär
Bureå
Boliden
Byske
Jörn
Piteå
Pitholmen
Långträsk
Glommersträsk
Luleå
Boden
Älvsbyn
Vidsel
Harads
Mårdudden
Morjärv
Överkalix
Lansjärv
Nattavaara
Hakkas
Korpilombolo
Leipojärvi
Gällivare
Malmberget
Porjus
Jokkmokk
Vuollerim
Kåbdalis
Kuollejaure
Moskosel
Arvidsjaur
Sorsele
Sandsele
Malå
Norsjö
Kattisavan
Rusksträsk
Bastuträsk
Norrbäck
Lycksele
Västermyrriset
Granö
Fredrika
Hälla
Björna
Bredbyn
Örnsköldsvik
Bjästa
Nordmaling
Sollefteå
Kramfors
Utansjö
Arjeplog
Brännholmen
Lövnäs
Hornavan
Storavan
Luovos
Kvikkjokk
Suorva
Kiruna
Vittangi
Svappavaara
Junosuando
Areavaara
Övre Soppero
Muodoslompolo
Björkliden
Kebnekajse 2117
Nikkaluokta
Nijunes 1713
Jiesjavre
Stuorajavre
Oulujärvi
Simojärvi
Torneträsk
Bottniska viken
18
19
20
21
22
23
24
A
B
C
D
E
5

ATLANTISCHER
OZEAN
N
S
DK
OSLO
BERGEN
TRONDHEIM
Stavanger
Kristiansand
Ålesund
Molde
Kristiansund
Lillehammer
Hamar
Drammen
Kongsberg
Fredrikstad
Halden
Sarpsborg
Tønsberg
Porsgrunn
Arendal
Mandal
Haugesund
Egersund
Steinkjer
Namsos
Levanger
Stjørdal
Östersund
Strömsund
Falun
Borlänge
Mora
Karlstad
ÖREBRO
VÄSTERÅS
LINKÖPING
NORRKÖPING
JÖNKÖPING
GÖTEBORG
BORÅS
Trollhättan
Uddevalla
Vänersborg
Kungsbacka
Varberg
AALBORG
Frederikshavn
Hjørring
Skagen
Hitra
Vikna
Gudbrandsdalen
Strömsvattudal
Skagerrak
Kattegat

5
EU
FIN
EST
LV
RUS
Botnischer Meerbusen
Pohjanlahti
Ostsee
Suomenlahti
Finskij zaliv
Liivi laht
Rīgas jūras līcis
Ahvenanmaa
Åland
Hiiumaa
Saaremaa
Gotland
Oulujärvi
Saimaa
Päijänne
Kallavesi
Haukivesi
Orivesi
Pielinen
Peipsi järv
Pihkva järv
Tornio
Haparanda
Kemi
Kalix
Luleå
Boden
Piteå
Skellefteå
Umeå
Vännäs
Holmsund
Örnsköldsvik
Härnösand
Sundsvall
Lycksele
Arvidsjaur
Älvsbyn
Kuivaniemi
Oulu
Hailuoto
Raahe
Pyhäjoki
Kalajoki
Ylivieska
Kokkola
Jakobstad
Nykarleby
Vaasa
Vallgrund
Seinäjoki
Lapua
Kurikka
Kaskinen
Kristinestad
Kauhajoki
Kankaanpää
Pori
Rauma
Uusikaupunki
Naantali
Turku
Salo
Hanko
Ekenäs
Lohja
Espoo
Helsinki
Helsingfors
Porvoo
Loviisa
Kotka
Hamina
Virolahti
Vyborg
Kouvola
Kuusankoski
Lahti
Heinola
Hämeenlinna
Riihimäki
Hyvinkää
Forssa
Tampere
Nokia
Valkeakoski
Jyväskylä
Mikkeli
Savonlinna
Varkaus
Pieksämäki
Kuopio
Iisalmi
Kajaani
Kuhmo
Nurmes
Lieksa
Joensuu
Outokumpu
Suonenjoki
Äänekoski
Imatra
Lappeenranta
Svetogorsk
Sortavala
Pudasjärvi
Taivalkoski
Suomussalmi
Kostomukša
St. Peterburg
Kronštadt
Zelenogorsk
Sestoreck
Primorsk
Kingisepp
Ivangorod
Narva
Sillamäe
Kohtla Järve
Jõhvi
Rakvere
Tallinn
Keila
Paldiski
Haapsalu
Paide
Türi
Põltsamaa
Jõgeva
Tartu
Viljandi
Pärnu
Otepää
Valga
Võru
Põlva
Elva
Kuressaare
Kärdla
Pskov
Pečory
Ostrov
Valmiera
Cēsis
Sigulda
Limbaži
Salacgrīva
Ainaži
Alūksne
Gulbene
Balvi
Madona
Ogre
Riga
Jūrmala
Tukums
Talsi
Ventspils
Kuldīga
Valdemārpils
Stockholm
Södertälje
Nynäshamn
Norrtälje
Uppsala
Sollentuna
Nacka
Mariehamn
Visby
Slite
Fårösund
Fårö
Hemse
Burgsvik
Gävle

ATLANTISCHER OZEAN
Shetland Islands
Mainland
Isbister
Unst
Voe
Lerwick
Scalloway
Orkney Islands
Hebrides
Lewis
Isle of Skye
Mull
Islay
Grampian Mts.
Inverness
Aberdeen
DUNDEE
Perth
Stirling
GLASGOW
EDINBURGH
Kilmarnock
Ayr
Dumfries
Carlisle
NEWCASTLE UPON TYNE
Isle of Man
Douglas
Irish Sea
North Channel
Malin Head
Londonderry
Coleraine
Ballymena
Larne
BELFAST
Bangor
Portadown
Newry
Omagh
Enniskillen
Sligo
Donegal
Letterkenny
Ballina
Westport
Castlebar
Clifden
Slyne Head
Galway
Gaillimh
Athlone
Longford
Mullingar
Tullamore
Ennis
Limerick
Luimneach
Tralee
Killarney
Cill Airne
Dingle
CORK
CORCAIGH
Mizen Head
Bantry
Skibbereen
Kinsale
Youghal
Clonmel
Waterford
Port Láirge
Wexford
Loch Garman
Rosslare Harbour
Kilkenny
Cill Chainnigh
Carlow
Naas
Bray
Wicklow
Arklow
DUBLIN
BAILE ÁTHA CLIATH
Dun Laoghaire
Drogheda
Dundalk
IRL
GB
St. George's Channel
Cardigan Bay
Holyhead
Anglesey
Bangor
Cambrian Mts.
Aberystwyth
Fishguard
Milford Haven
Pembroke
Carmarthen
SWANSEA
Port Talbot
CARDIFF
NEWPORT
Bristol Channel
BRISTOL
Bath
Swindon
Gloucester
Cheltenham
Hereford
Worcester
BIRMINGHAM
WOLVERHAMPTON
WALSALL
COVENTRY
LEICESTER
NOTTINGHAM
DERBY
STOKE-ON-TRENT
SHEFFIELD
LEEDS
BRADFORD
YORK
HUDDERSFIELD
MANCHESTER
STOCKPORT
LIVERPOOL
BIRKENHEAD
BOLTON
BLACKBURN
PRESTON
BLACKPOOL
Lancaster
Kendal
Barrow-in-Furness
Whitehaven
Workington
Darlington
Durham
NORTHAMPTON
OXFORD
READING
LUTON
Milton Keynes
Bedford
SOUTHAMPTON
PORTSMOUTH
BOURNEMOUTH
BRIGHTON
Worthing
Salisbury
Winchester
Guildford
Crawley
Exeter
PLYMOUTH
TORQUAY
Falmouth
Penzance
Land's End
Newquay
Barnstaple
Taunton
Yeovil
Dorchester
Weymouth
English Channel

N O R D
S E E
Friesische Inseln
Skagerrak
N
DK
NL
B
D
F
10
11
12
13
14
15
Mainland
Fraserburgh
Peterhead
Buchan Ness
Whitby
Scarborough
Bridlington
Driffield
KINGSTON UPON HULL
Withernsea
Grimsby
Louth
Mablethorpe
Skegness
Boston
Hunstanton
Cromer
King's Lynn
Fakenham
Swaffham
NORWICH
Gt. Yarmouth
Lowestoft
Thetford
Bury St. Edmund's
Newmarket
Scole
Saxmundham
IPSWICH
Felixstowe
Harwich
Colchester
Braintree
Chelmsford
Brentwood
Southend-on-Sea
Rochester
Canterbury
Ramsgate
Dover
Folkestone
Hastings
Calais
Dunkerque
Boulogne-s-M.
St-Omer
Oostende
Zeebrugge
Knokke
BRUGGE
BRUGES
GENT
GAND
ANTWERPEN
ANVERS
BRUXELLES
Middelburg
Steenbergen
Terneuzen
Bergen
BREDA
TILBURG
EINDHOVEN
Helmond
Venlo
DORDRECHT
ROTTERDAM
Hoek van Holland
Oostvoorne
S-GRAVENHAGE
(DEN HAAG)
Leiden
HAARLEM
AMSTERDAM
Zaandam
Alkmaar
den Helder
Texel
Terschelling
Harlingen
Leeuwarden
Drachten
Sneek
Heerenveen
GRONINGEN
Meppel
Emmen
Kampen
Zwolle
APELDOORN
Hilversum
UTRECHT
Amersfoort
Deventer
Hengelo
ENSCHEDE
Zutphen
Doetinchem
ARNHEM
NIJMEGEN
Gouda
's-Hertogenbosch
Oss
Boxmeer
Geldern
Wesel
DUISBURG
KREFELD
ESSEN
BOCHUM
DORTMUND
DÜSSELDORF
MÖNCHENGLADBACH
NEUSS
HAGEN
WUPPERTAL
RECKLINGHAUSEN
HAMM
Beckum
PADERBORN
MÜNSTER
Coesfeld
Bocholt
Haltern
Ahlen
Warendorf
Gütersloh
BIELEFELD
OSNABRÜCK
Lengerich
Rheine
Gronau
Lingen
Meppen
Cloppenburg
Vechta
Diepholz
Nienburg
HANNOVER
Minden
Hameln
Detmold
Lemgo
Bad Pyrmont
Holzminden
Einbeck
GÖTTINGEN
Goslar
BRAUNSCHWEIG
SALZGITTER
WOLFSBURG
Peine
Celle
Gifhorn
Soltau
Walsrode
Verden
Rotenburg
BREMEN
Delmenhorst
OLDENBURG
Wilhelmshaven
Emden
Aurich
Norden
Esens
Jever
Leer
Papenburg
Winschoten
Delfzijl
Norderney
Borkum
BREMERHAVEN
Cuxhaven
Stade
Buxtehude
HAMBURG
Lüneburg
Lauenburg
Elmshorn
Itzehoe
Bad Segeberg
Neumünster
Rendsburg
Eckernförde
KIEL
Plön
Heide
Husum
Schleswig
Flensburg
Sønderborg
Niebüll
Sylt
Westerland
Helgoland
Tønder
Aabenraa
Haderslev
Ribe
Esbjerg
Varde
Blåvands Huk
Kolding
Fredericia
Vejle
Horsens
ODENSE
Herning
Silkeborg
Ringkøbing
Hvide Sande
Holstebro
Viborg
Skive
Lemvig
Thyborøn
Thisted
Hanstholm
AALBORG
Hjørring
Hirtshals
Løkken
Kristiansand
Mandal
Lindesnes
Lillesand
Arendal
Tvedestrand
Risør
Kragerø
Skien
Porsgrunn
Drangedal
Notodden
Kongsberg
Seljord
Rjukan
Haukeligrend
Evje
Flekkefjord
Egersund
Sandnes
Stavanger
Haugesund
Kopervik
Skudeneshavn
Sauda
Odda
Stord
Leirvik
Langevåg
Dyranut
Kinsarvik

N
S
DK
D
NL
NORDSEE
Skagerrak
Kattegat
Friesische Inseln
Hanöbukten
Bornholm
Rügen
OSLO
BERGEN
Stavanger
Kristiansand
Mandal
Arendal
Drammen
Kongsberg
Lillestrøm
Fredrikstad
Halden
Karlstad
ÖREBRO
VÄSTERÅS
Eskilstuna
NORRKÖPING
LINKÖPING
JÖNKÖPING
BORÅS
GÖTEBORG
Uddevalla
Trollhättan
Vänersborg
Halmstad
Helsingborg
HELSINGBORG
MALMÖ
Lund
Kristianstad
Karlskrona
Kalmar
Växjö
Ystad
Trelleborg
Rønne
Skagen
Hjørring
Frederikshavn
AALBORG
Viborg
Randers
AARHUS
Herning
Silkeborg
Horsens
Vejle
Kolding
Fredericia
Esbjerg
ODENSE
Svendborg
Nyborg
KØBENHAVN
Roskilde
Helsingør
Køge
Næstved
Vordingborg
Nykøbing
Flensburg
Schleswig
Husum
Rendsburg
KIEL
Neumünster
LÜBECK
HAMBURG
Cuxhaven
BREMERHAVEN
BREMEN
OLDENBURG
GRONINGEN
ROSTOCK
Stralsund
Greifswald
Wismar
SCHWERIN
Neubrandenburg
SZCZECIN
Koszalin
Kołobrzeg
Swinoujscie
BERLIN
POTSDAM
Frankfurt/O.
COTTBUS
MAGDEBURG
DESSAU
HANNOVER
BRAUNSCHWEIG
WOLFSBURG
SALZGITTER
Celle
Lüneburg
OSNABRÜCK
BIELEFELD
MÜNSTER
PADERBORN
GÖTTINGEN
RECKLINGHAUSEN
DORTMUND
HAMM
BOCHUM
ESSEN
DUISBURG
HAGEN
WUPPERTAL
NEUSS
Gorzów Wlkp.
Zielona Góra
Stargard Szcz.

FIN
EST
LV
LT
RUS
PL
BY
UA
OSTSEE
Finskij zaliv
Suomenlahti
Liivi laht
Rīgas jūras līcis
Ahvenanmaa
Åland
HELSINKI
HELSINGFORS
TURKU
TALLINN
STOCKHOLM
RIGA
Jūrmala
LIEPAJA
KLAIPEDA
KAUNAS
VILNIUS
KALININGRAD
GDAŃSK
GDYNIA
Sopot
ELBLĄG
OLSZTYN
BYDGOSZCZ
TORUŃ
WARSZAWA
ŁÓDŹ
BIAŁYSTOK
HRODNA
MINSK
BARANAVIČY
BREST
PSKOV
Tartu
Pärnu
Narva
Hiiumaa
Saaremaa
Gotland
Visby
Fårö
ŠIAULIAI
PANEVĖŽYS
DAUGAVPILS
Ventspils
Valmiera
Rēzekne
Suwałki
Lida
Pinsk
Kobryn
Uppsala
Nynäshamn
Kotka
Porvoo
Lohja
Espoo
Salo
Kohtla Järve
Ivangorod
Ostrov
Opočka
Vitebsk

FIN
HELSINKI HELSINGFORS
Espoo
Porvoo
Kotka
Hanko
Finskij zaliv
Suomenlahti
ST. PETERBURG
Zelenogorsk
Sestoreck
Kronstadt
Lomonosov
Petrodvorec
Kr. Selo
Puškin
Kolpino
Gatčina
Tosno
Kirovsk
Volhov
Tihvin
Pikalevo
Boksitogorsk
Kiriši
Ljuban'
Čudovo
Mal. Višera
Borovići
Okulovka
Bologoe
Valdaj
VEL. NOVGOROD
oz. Il'men'
Staraja Russa
Demjansk
Firovo
Luga
Kingisepp
Ivangorod
Narva
Slancy
Gdov
Jõhvi
Kohtla Järve
Kunda
Rakvere
TALLINN
Keila
Paldiski
Kohila
Rapla
Haapsalu
Pärnu
Viljandi
EST
Jõgeva
Tartu
Põltsamaa
Otepää
Elva
Võru
Valga
Peipsi järv
Čudskoe ozero
Pskovskoe ozero
PSKOV
Pečory
Izborsk
Palkino
Ostrov
Porhov
Dno
Dulovka
Novorževe
Bežanicy
Opočka
Sebež
Velikie Luki
Nevel'
Toropec
Valdajskaja vozvyšennost'
Liivi laht
Rigas jūras līcis
Ainaži
Salacgrīva
Limbaži
Valmiera
Cēsis
LV
Smiltene
Alūksne
Gulbene
Balvi
Madona
RIGA
Jūrmala
Tukums
Ogre
Jelgava
Bauska
Aizkraukle
Jēkabpils
Plavinas
Rēzekne
Ludza
Kārsava
Preiļi
Līvāni
Krāslava
DAUGAVPILS
Dagda
Zilupe
ŠIAULIAI
Kuršėnai
Radviliškis
PANEVĖŽYS
LT
Biržai
Rokiškis
Utena
Anykščiai
Ukmergė
Molėtai
Ignalina
Visaginas
Zarasai
Kėdainiai
Jonava
KAUNAS
Marijampolė
Alytus
Prienai
Trakai
VILNIUS
Šalčininkai
Varėna
Druskininkai
Lazdijai
Navapolack
Polack
VICEBSK
Hlybokae
Pastavy
Mjadzel'
Vilejka
Maladzečna
Smarhon'
Ašmjany
MINSK
Barisov
Lida
HRODNA
Navahrudak
Baranavičy
Slonim
Sluck
Salihorsk
BABRUJSK
Žlobin
HOMEL'
Rečyca
Svetlahorsk
Kalinkavičy
Mazyr
Pinsk
Luninec
Stolin
Kobryn
BREST
ORŠA
MAHILEU
SMOLENSK
Roslavl'
Klimavičy
Kryčau
Čerykau
Novozybkov
Klincy
Starodub
ČERNIHIV
Ripky
Ljubeč
Nižyn
Korosten
BY
PL
BIAŁYSTOK
Augustów
Suwałki
Hajnówka
Bielsk Podl.
Siedlce
Biała Podlaska
Międzyrzec Podl.
Łuków

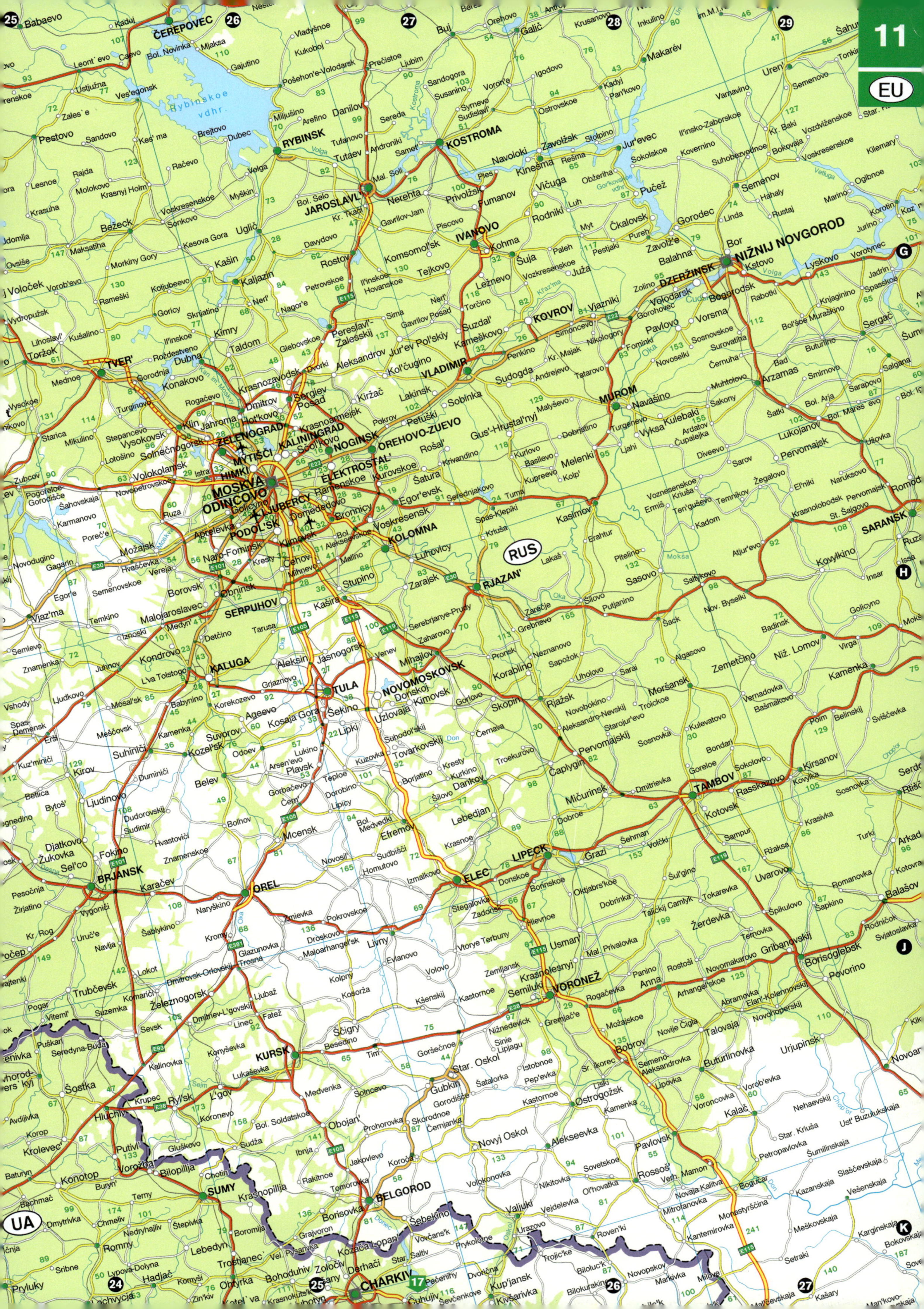
EU
RUS
UA
ČEREPOVEC
RYBINSK
KOSTROMA
JAROSLAVL'
IVANOVO
NIŽNIJ NOVGOROD
DZERŽINSK
KOVROV
VLADIMIR
MUROM
TVER'
ZELENOGRAD
MYTIŠČI
KALININGRAD
HIMKI
MOSKVA
ODINCOVO
LJUBERCY
PODOL'SK
NOGINSK
OREHOVO-ZUEVO
ELEKTROSTAL'
KOLOMNA
SERPUHOV
KALUGA
TULA
NOVOMOSKOVSK
RJAZAN'
SARANSK
TAMBOV
LIPECK
ELEC
OREL
BRJANSK
KURSK
VORONEŽ
BELGOROD
SUMY
CHARKIV
Rybinskoe vdhr.
Volga
Oka
Don

GB
English Channel
F
E
AND
Biskaya
Golfe du Lion
Massif Central
Pyrénées
PLYMOUTH
TORQUAY
SOUTHAMPTON
BOURNEMOUTH
PORTSMOUTH
BRIGHTON
Canterbury
Ramsgate
Dover
Calais
Dunkerque
Oostende
BRUGGE
Boulogne-s-M.
LILLE
ROUBAIX
Cherbourg-Octeville
Channel Is.
St. Peter Port
St. Hélier
LE HAVRE
Dieppe
AMIENS
ROUEN
CAEN
Brest
St. Malo
Granville
Rennes
Laval
Le Mans
Alençon
Chartres
PARIS
ST. DENIS
Versailles
Reims
St.-Quentin
Soissons
Lorient
Quimper
Vannes
St. Nazaire
NANTES
ANGERS
TOURS
ORLÉANS
Blois
Bourges
Vierzon
Cholet
Poitiers
Niort
La Rochelle
Rochefort
Angoulême
LIMOGES
CLERMONT-FERRAND
Vichy
Moulins
Nevers
Montluçon
LYON
ST. ETIENNE
BORDEAUX
Arcachon
Agen
Montauban
TOULOUSE
Carcassonne
Béziers
MONTPELLIER
NIMES
Avignon
MARSEILLE
AIX-EN-PROVENCE
PERPIGNAN
Pau
Tarbes
Lourdes
Bayonne
DONOSTIA/SAN SEBASTIAN
BILBAO
VITORIA GASTEIZ
PAMPLONA IRUÑA
LOGROÑO
ZARAGOZA
Huesca
Andorra

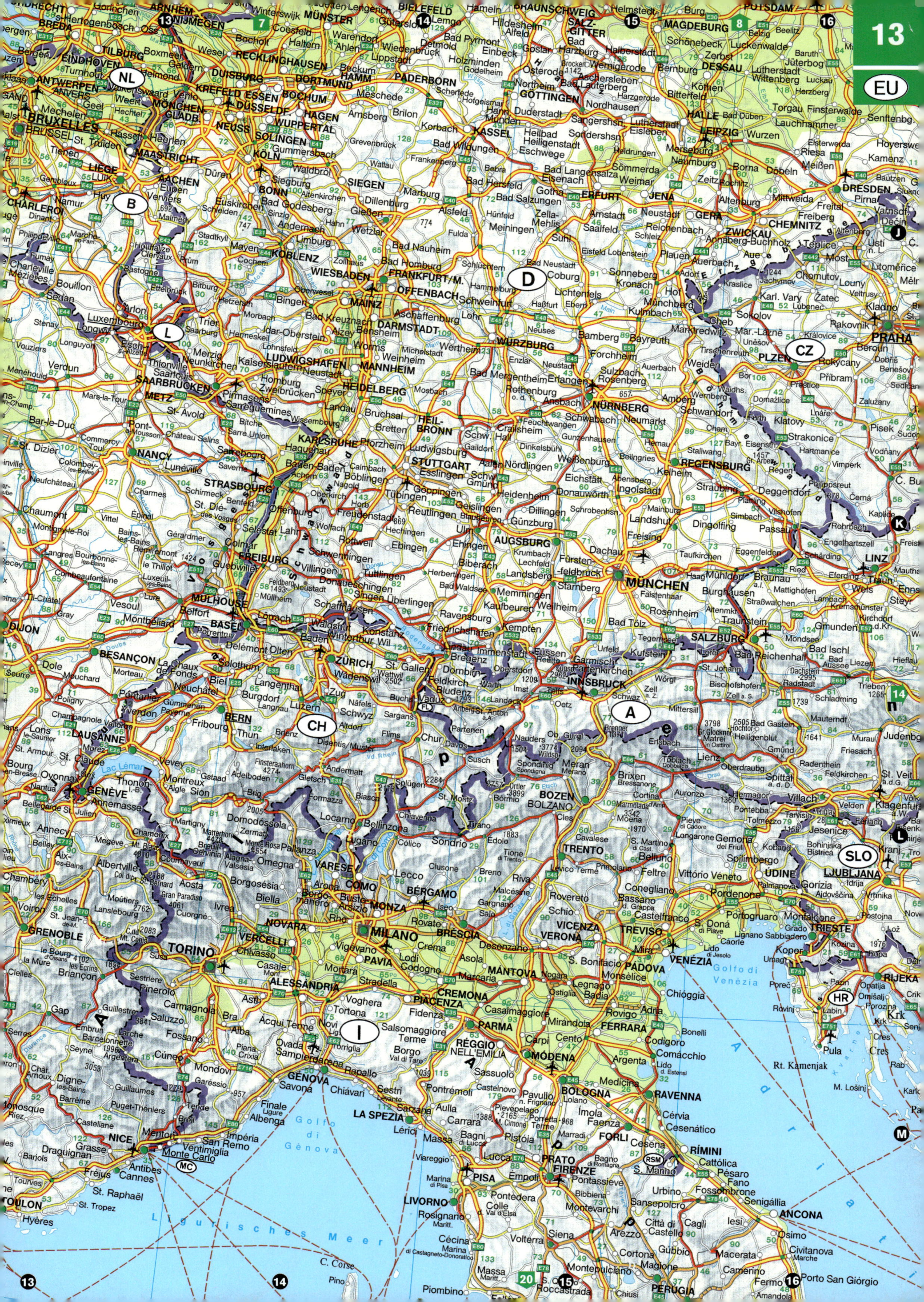
NL
B
L
D
CZ
CH
A
I
SLO
HR
RSM
MC
FL
AMSTERDAM
ARNHEM
NIJMEGEN
MÜNSTER
BIELEFELD
BRAUNSCHWEIG
MAGDEBURG
POTSDAM
BREDA
EINDHOVEN
ANTWERPEN
BRUXELLES
DUISBURG
DORTMUND
HAMM
PADERBORN
GÖTTINGEN
HALLE
LEIPZIG
KREFELD
ESSEN
BOCHUM
MÖNCHENGLADBACH
DÜSSELDORF
HAGEN
WUPPERTAL
KASSEL
MAASTRICHT
NEUSS
SOLINGEN
KÖLN
LIÈGE
AACHEN
BONN
SIEGEN
ERFURT
JENA
GERA
DRESDEN
CHARLEROI
ZWICKAU
CHEMNITZ
KOBLENZ
WIESBADEN
FRANKFURT/M.
OFFENBACH
MAINZ
DARMSTADT
WÜRZBURG
Luxembourg
PLZEŇ
PRAHA
LUDWIGSHAFEN
MANNHEIM
SAARBRÜCKEN
METZ
HEIDELBERG
HEILBRONN
NÜRNBERG
KARLSRUHE
STUTTGART
NANCY
STRASBOURG
REGENSBURG
AUGSBURG
FREIBURG
MÜNCHEN
LINZ
MULHOUSE
BASEL
ZÜRICH
SALZBURG
DIJON
BESANÇON
BERN
INNSBRUCK
LAUSANNE
GENÈVE
BOZEN
BOLZANO
Ljubljana
LJUBLJANA
TRENTO
UDINE
TRIESTE
VARESE
COMO
BERGAMO
MONZA
BRESCIA
VICENZA
VERONA
TREVISO
GRENOBLE
TORINO
NOVARA
VERCELLI
MILANO
PAVIA
PADOVA
VENEZIA
MANTOVA
CREMONA
PIACENZA
ALESSANDRIA
RIJEKA
PARMA
REGGIO NELL'EMILIA
MODENA
FERRARA
GENOVA
BOLOGNA
RAVENNA
LA SPEZIA
FORLÌ
RIMINI
NICE
FIRENZE
PRATO
PISA
LIVORNO
ANCONA
TOULON
Golfo di Genova
Golfo di Venezia
Ligurisches Meer
Adriatisches Meer

D
PL
CZ
SK
A
H
SLO
HR
BiH
MNE
I
PRAHA
WIEN
BRATISLAVA
BUDAPEST
LJUBLJANA
ZAGREB
SARAJEVO
MÜNCHEN
NÜRNBERG
DRESDEN
LEIPZIG
WROCŁAW
KRAKÓW
KATOWICE
ŁÓDŹ
POZNAŃ
BRNO
OSTRAVA
LINZ
SALZBURG
GRAZ
INNSBRUCK
TRIESTE
VENEZIA
BOLOGNA
FIRENZE
ANCONA
RIJEKA
SPLIT
OSIJEK
BANJA LUKA
MARIBOR
GYŐR
SZÉKESFEHÉRVÁR
PÉCS
Golfo di Venèzia
A d r i a t i

WARSZAWA
BREST
RADOM
LUBLIN
KIELCE
Chełm
Zamość
RZESZÓW
Przemyśl
L'VIV
LUC'K
RIVNE
Kovel'
Volodimir Volyns'kyj
Ternopil'
IVANO-FRANKIVS'K
ČERNIVCI
CHMEL'NYC'KYJ
VINNICJA
ŽYTOMYR
KYJIV
BILA CERKVA
UA
MD
BĂLŢI
CHIŞINĂU
TIGHINA
KOŠICE
Prešov
Užhorod
Mukačeve
MISKOLC
NYÍREGYHÁZA
DEBRECEN
SATU MARE
BAIA MARE
ORADEA
CLUJ NAPOCA
TÂRGU MUREŞ
SIBIU
BRAŞOV
IAŞI
BACĂU
GALAŢI
BRĂILA
BUZĂU
PLOIEŞTI
PITEŞTI
BUCUREŞTI
CONSTANŢA
CRAIOVA
RO
ARAD
TIMIŞOARA
BEOGRAD
SRB
NIŠ
RUSE
PLEVEN
VARNA
BG
Suceava
Botoşani
Tulcea
Izmajil
Giurgiu
Drobeta-Turnu Severin
Kragujevac
Veliko Tărnovo

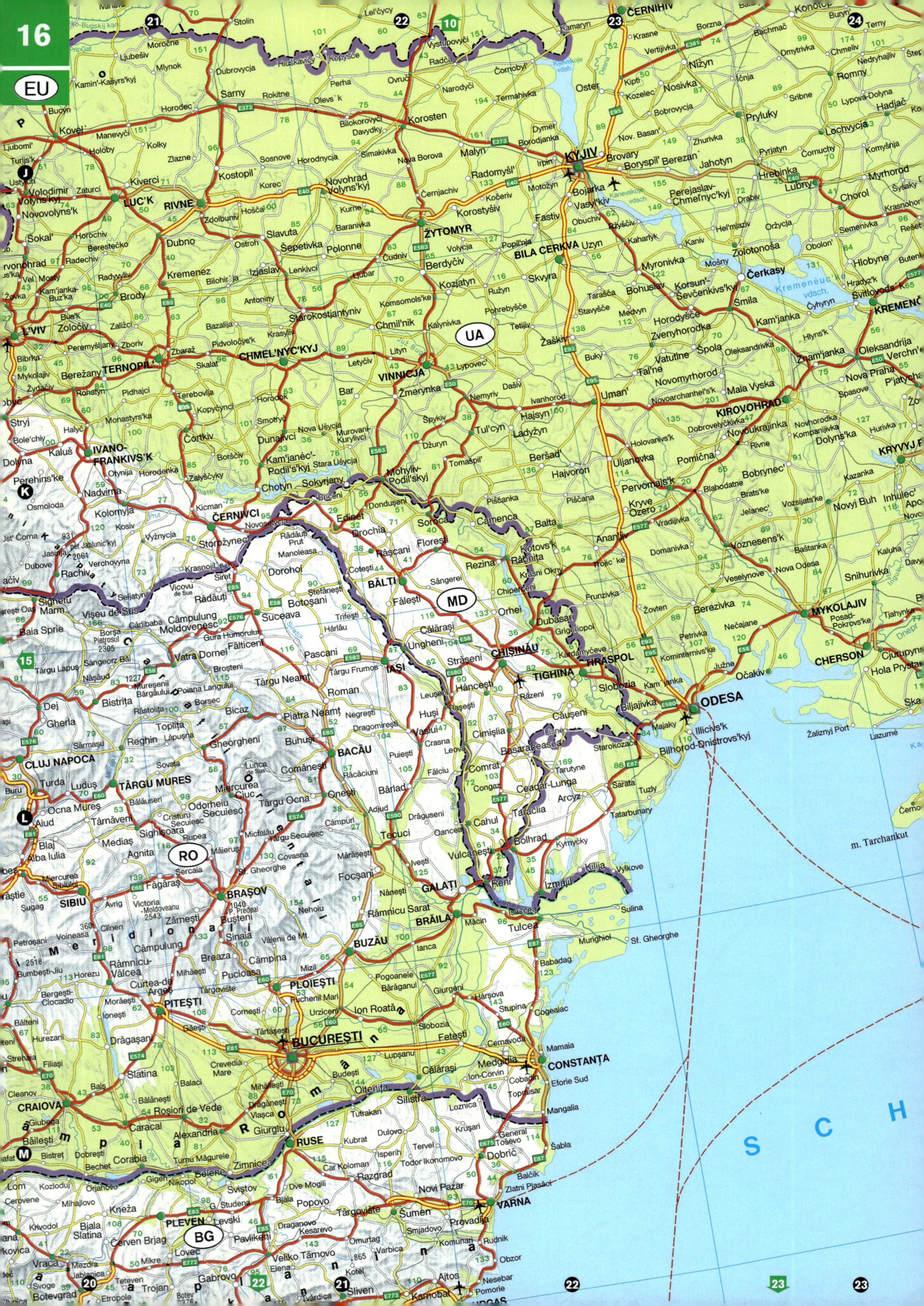

EU
UA
MD
RO
BG
KYJIV
ŽYTOMYR
RIVNE
LUC'K
L'VIV
TERNOPIL'
CHMEL'NYC'KYJ
VINNICJA
BILA CERKVA
ČERNIHIV
Čerkasy
KIROVOHRAD
KREMENČ
KRYVYJ
MYKOLAJIV
CHERSON
ODESA
IVANO-FRANKIVS'K
ČERNIVCI
BĂLȚI
CHIȘINĂU
TIGHINA
TIRASPOL
IAȘI
SUCEAVA
BACĂU
GALAȚI
BRĂILA
BUZĂU
PLOIEȘTI
BUCUREȘTI
CONSTANȚA
PITEȘTI
CRAIOVA
SIBIU
BRAȘOV
TÂRGU MUREȘ
CLUJ NAPOCA
RUSE
VARNA
PLEVEN
Tulcea
Dobrič
Šumen
Veliko Tărnovo
Sliven
Izmajil
Bilhorod-Dnistrovs'kyj
Kremenčuc'ke vdsch.
Kaniv's'ke vdsch.
Kyjivs'ke vdsch.
m. Tarchankut
S C H

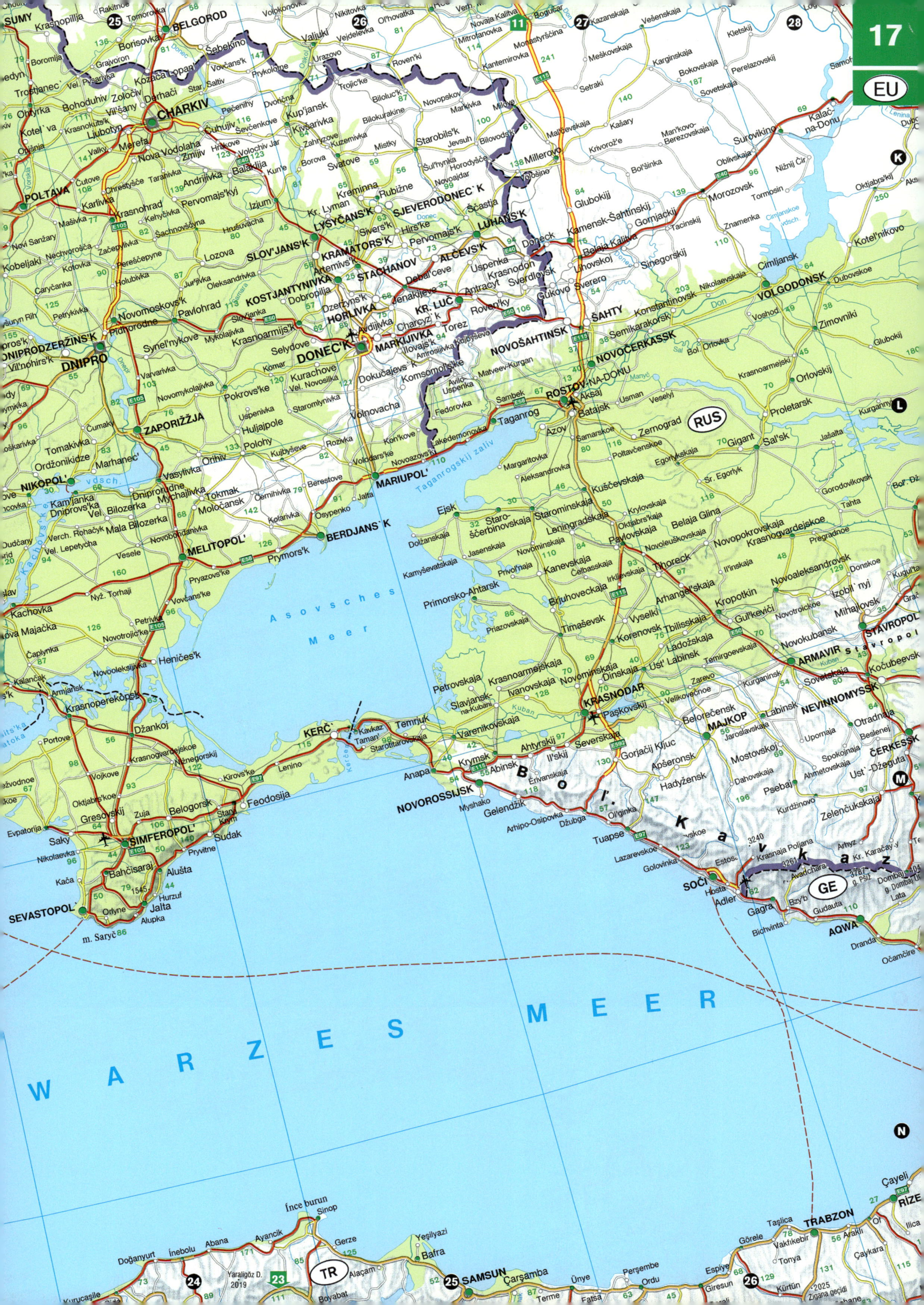
SUMY
BELGOROD
CHARKIV
POLTAVA
LYSYČANS'K
SJEVERODONEC'K
LUHANS'K
KRAMATORS'K
SLOV'JANS'K
STACHANOV
ALČEVS'K
KOSTJANTYNIVKA
HORLIVKA
KR. LUČ
DONEC'K
MAKIJIVKA
DNIPRODZERŽINS'K
DNIPRO
ZAPORIŽŽJA
NIKOPOL'
MELITOPOL'
BERDJANS'K
MARIUPOL'
NOVOŠAHTINSK
ŠAHTY
NOVOČERKASSK
VOLGODONSK
ROSTOV-NA-DONU
RUS
Taganrog
Azov
Bataisk
Taganrogskij zaliv
Asovsches Meer
KERČ
Feodosija
SIMFEROPOL'
SEVASTOPOL'
Jalta
NOVOROSSIJSK
KRASNODAR
ARMAVIR
STAVROPOL
NEVINNOMYSSK
ČERKESSK
MAJKOP
Tuapse
SOČI
Adler
GE
Gagra
AQWA
Bol'. Kavkaz
WARZES MEER
TRABZON
RIZE
SAMSUN
Sinop
TR

A CORUÑA
SANTANDER
OVIEDO
GIJÓN
LEÓN
BURGOS
VITORIA-GASTEIZ
VALLADOLID
SALAMANCA
MADRID
ALCALÁ DE HENARES
GETAFE
BADAJOZ
CÁCERES
ALBACETE
CÓRDOBA
JAÉN
SEVILLA
HUELVA
CÁDIZ
JEREZ DE LA FRONTERA
MÁLAGA
GRANADA
ALMERÍA
CARTAGENA
CEUTA (esp.)
TANGER
TETOUAN
Melilla (esp.)
PORTO
LISBOA
VIGO
Cordillera Cantabrica
Sierra de Guadarrama
Sierra Morena
Sierra Nevada
Er Rif
ATLANTISCHER OZEAN
MITTEL
Golfo de Cádiz
Bahia de Setúbal
P
E
MA

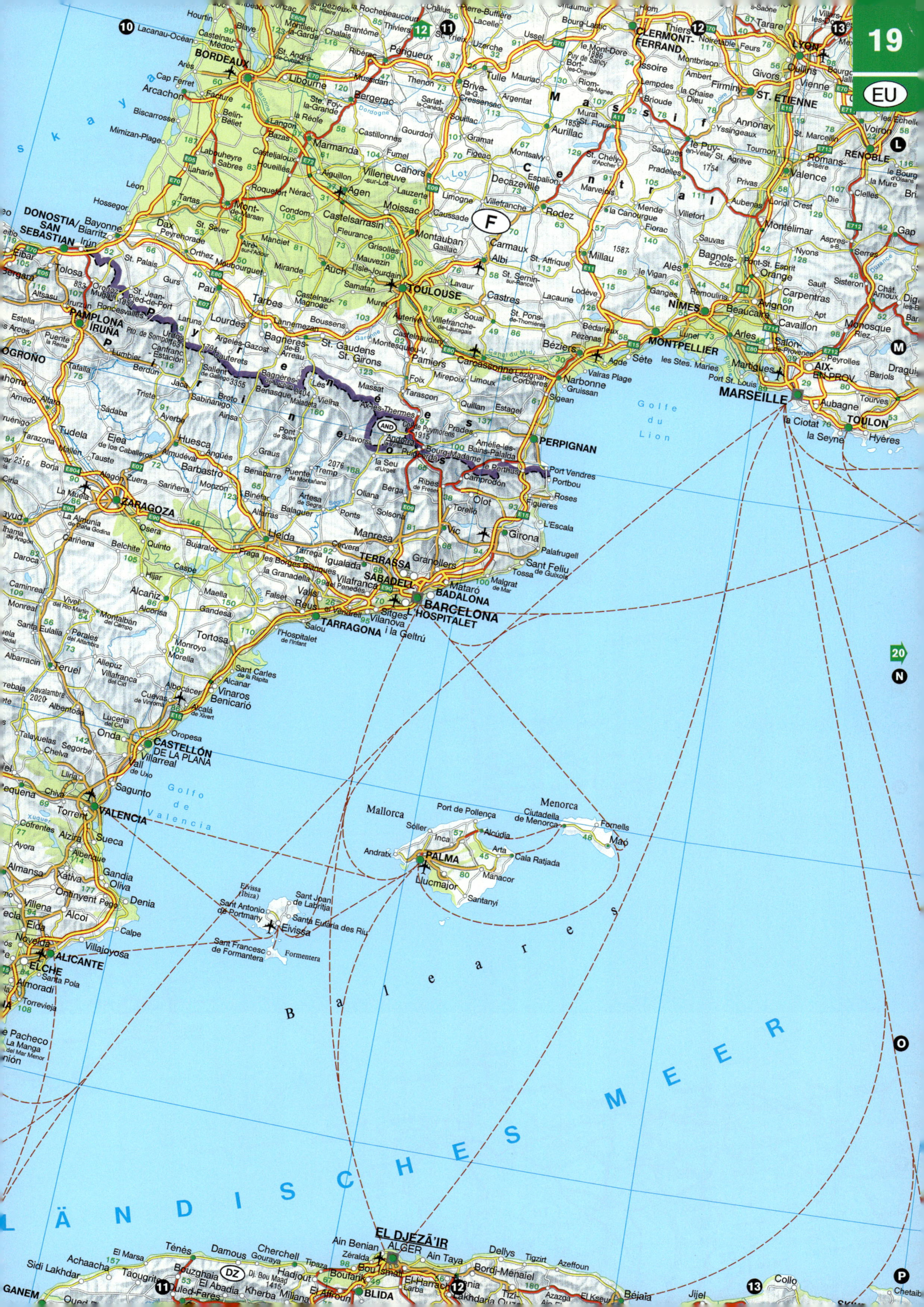
BORDEAUX
Lacanau-Océan
Arcachon
Libourne
Bergerac
Périgueux
CLERMONT-FERRAND
LYON
ST. ETIENNE
Aurillac
Valence
Marmande
Agen
Cahors
Rodez
F
Montauban
TOULOUSE
Albi
Castres
Millau
NÎMES
Avignon
Arles
MONTPELLIER
Béziers
Sète
Narbonne
Carcassonne
MARSEILLE
AIX-EN-PROV.
TOULON
Golfe du Lion
PERPIGNAN
Bayonne
Biarritz
DONOSTIA/SAN SEBASTIAN
Irún
Tolosa
PAMPLONA IRUÑA
Pau
Tarbes
Lourdes
LOGROÑO
Tudela
AND
Andorra
ZARAGOZA
Huesca
Lleida
Girona
Figueres
Manresa
TERRASSA
SABADELL
BADALONA
BARCELONA
L'HOSPITALET
TARRAGONA
Reus
Tortosa
Teruel
Vinaròs
Benicarló
CASTELLÓN DE LA PLANA
Sagunto
VALENCIA
Golfo de Valencia
Gandia
Denia
ALICANTE
ELCHE
Torrevieja
Mallorca
Menorca
PALMA
Maó
Ciutadella de Menorca
Eivissa (Ibiza)
Formentera
Baleares
MITTELLÄNDISCHES MEER
EL DJEZÂ'IR
ALGER
BLIDA
DZ
Ténès
Béjaïa
Jijel
Collo
20

MARSEILLE
AIX-EN-PROV.
TOULON
NICE
Monte Carlo
Cannes
Antibes
St. Raphaël
St. Tropez
Hyères
la Ciotat
la Seyne
Aubagne
Digne
Draguignan
Grasse
Fréjus
Carpentras
Cuneo
Mondovi
Savona
GENOVA
Rapallo
Chiavari
LA SPEZIA
Sanremo
Imperia
Ventimiglia
Menton
Albenga
PARMA
REGGIO NELL'EMILIA
MODENA
BOLOGNA
FERRARA
RAVENNA
FORLÌ
RIMINI
PRATO
FIRENZE
PISA
LIVORNO
Lucca
Pistoia
Massa
Carrara
Siena
Arezzo
PERUGIA
TERNI
Viterbo
Civitavecchia
ROMA
Latina
Frosinone
Anzio
Gaeta
Grosseto
Piombino
Follonica
Orbetello
L'Aquila
Ligurisches Meer
Golfo di Genova
C. Corse
Bastia
Calvi
L'île Rousse
St. Florent
Corte
Corse
Ajaccio
Porto
Cargèse
Propriano
Sartène
Bonifacio
Porto - Vecchio
Solenzara
Zicavo
Cervione
Bocca di Bonifacio
S. Teresa
Golfo Aranci
Olbia
Tempio
Castelsardo
Porto Torres
SASSARI
Alghero
Sardegna
Nuoro
Siniscola
Dorgali
Oristano
Arbatax
Tortolì
Iglesias
Carbonia
CAGLIARI
Villasimius
Sant' Antioco
Carloforte
Pula
Teulada
C. Teulada
Tyrrhenisches Meer
MITTELLÄNDISCHE
PALERMO
Trapani
Marsala
Mazara del Vallo
Castelvetrano
Sciacca
Agrigento
Corleone
Alcamo
Términi Imerese
Caltanissetta
Pantelleria
I. di Pantelleria
Bizerte
TUNIS
Carthage
Hammamet
Golfe de Hammamet
Nabeul
Kelibia
Grombalia
Zaghouan
Enfidha
Sousse
Kairouan
El Kef
Béja
Jendouba
Tabarka
Mateur
Menzel Bourguiba
Siliana
Le Kef
Thala
ANNABA
SKIKDA
CONSTANTINE
El Kala
Souk Ahras
Guelma
Khenchela
Ain Beida
Oum-El-Bouaghi
TN
DZ
F
MC
RSM
V
12
13
14
15
16
19
M
N
O
P

HR
BiH
SRB
MNE
RKS
MK
AL
GR
I
BEOGRAD
SARAJEVO
BANJA LUKA
SPLIT
PODGORICA
PRISHTINE
SKOPJE
TIRANE
PESCARA
FOGGIA
BARI
TARANTO
SALERNO
COSENZA
MESSINA
CATANIA
SIRACUSA
PATRA
LARISA
Zadar
Šibenik
Makarska
Mostar
Dubrovnik
Kotor
Budva
Bar
Ulcinj
Shkodër
Durrës
Elbasan
Vlorë
Sarandë
Ohrid
Bitola
Niš
Kragujevac
Novi Pazar
Pejë
Prizren
Kerkira (Korfu)
Lefkada
Kefallonia
Zakinthos
Ioannina
Igoumenitsa
Preveza
Agrinio
Mesolongi
Pirgos
Kalamata
Brindisi
Lecce
Gallipoli
C. S. Maria di Lèuca
Golfo di Taranto
Canale d'Otranto
Golfo di Manfredonia
Golfo di Salerno
Crotone
Catanzaro
Règgio di Calàbria
Isole Eòlie o Lipari
Stromboli
Palermo
Ragusa
Valletta
Malta
M E E R
17
18
19

SRB
MNE
RKS
MK
AL
BG
RO
GR
PODGORICA
PRISHTINE
SKOPJE
TIRANE
SOFIJA
THESSALONIKI
ATHINA
PIREAS
PATRA
LARISA
PLOVDIV
STARA ZAGORA
BURGAS
VARNA
RUSE
PLEVEN
EDIRNE
NIS
CRAIOVA
Kerkira (Korfu)
Kefallonia
Zakinthos
Peloponnisos
Evvoia
Vorii Sporades
Lesvos
Hios
Samos
Kiklades
Dodekanisos
Kriti
IRAKLIO
Hania
Thira
Naxos
Ikaria
Thasos
Limnos
Ägäisches Meer
MITTELLÄNDISCHES MEER
Akr. Tenaro
Akr. Maleas
Akr. Spanda
Kithira
Thermaikos Kolpos
Korinthiakos Kolpos
Saronikos Kolpos
Saros körfezi
Çanakkale boğazı (Dardanelles)
Stara planina
Rodopi
Dunav
N
O
P
18
19
20
21

SCHWARZES MEER
TR
CY
İSTANBUL
KOCAELİ
SAKARYA
ZONGULDAK
BURSA
ESKİŞEHİR
BALIKESİR
KÜTAHYA
ANKARA
KIRIKKALE
SAMSUN
KAYSERİ
KONYA
DENİZLİ
ANTALYA
ADANA
TARSUS
MERSİN
LEFKOSIA/LEFKOSA
Ammochostos (Famagusta)
Larnaka
Lemesos
Rodos
Karpathos
Antalya körfezi
Gökova körfezi
Tuz gölü
Afyonkarahisar
Isparta
Burdur
Aksaray
Niğde
Kırşehir
Nevşehir
Yozgat
Çorum
Amasya
Tokat
Kastamonu
Sinop
Bafra
Bolu
Düzce
Karabük
Bartın
Çankırı
Karaman
Alanya
Aydın
Muğla
Uşak
Manisa
Akhisar
Bandırma
Yalova
Gebze
Polatlı
Ereğli
Anamur
Silifke
Marmaris
Fethiye
Kaş
Kemer
Manavgat
Beyşehir
Akşehir
C. Andreas
SAMSUN
İnce burun
Gazipaşa

A
B
C

## A

83 879 km² · +43
Wien · 8 474 000

Amstetten 14 K 16
Angern 14 K 17
Bad Aussee 14 K 16
Bad Eisenkappel 14 L 16
Bad Gastein 13 L 16
Bad Ischl 14 K 16
Bad Radkersburg 14 L 17
Bad Reichenhall 13 K 16
Baden/Wien 14 K 17
Birkfeld 14 L 17
Bischofshofen 13 L 16
Bludenz 13 L 14
Bregenz 13 L 14
Bruck an der Leitha 14 K 17
Bruck an der Mur 14 L 17
Dornbirn 13 L 14
Drasenhofen 14 K 17
Drosendorf 14 K 17
Eferding 14 K 16
Eibiswald 14 L 17
Eisenerz 14 K 16
Eisenstadt 14 K 17
Engelhartszell 14 K 16
Enns 14 K 16
Erlsbach 13 L 15
Feldkirch 13 L 14
Feldkirchen 14 L 16
Ferlach 14 L 16
Freistadt 14 K 16
Friedberg 14 L 17
Friesach 14 L 16
Gleisdorf 14 L 17
Gmünd/Millstatt 13 L 16
Gmünd/Schrems 14 K 16
Gmunden 14 K 16
Graz 14 L 17
Grein 14 K 16
Gutenstein 14 K 17
Hainburg 14 K 17
Hartberg 14 L 17
Haugsdorf 14 K 17
Heiligenblut 13 L 16
Heiligenkreuz 14 L 17
Hermagor 13 L 16
Hieflau 14 K 16
Hohenau 14 K 17
Hollabrunn 14 K 17
Horn 14 K 17
Imst 13 L 15
Innsbruck 13 L 15
Judenburg 14 L 16
Karlstift 14 K 16
Kirchdorf a. d. Kr. 14 K 16
Klagenfurt 14 L 16
Klosterneuburg 14 K 17
Knittelfeld 14 L 16
Köflach 14 L 17
Königswiesen 14 K 16
Krems 14 K 17
Kremsmünster 14 K 16
Kufstein 13 K 15
Lambach 14 K 16
Landeck 13 L 15
Leibnitz 14 L 17
Leoben 14 L 17
Lienz 13 L 16
Liezen 14 K 16
Lilienfeld 14 K 17
Linz 14 K 16
Lofer 13 K 16
Lunz 14 K 17
Mariazell 14 K 17
Matrei in Osttirol 13 L 16
Mattighofen 13 K 16
Mauterndorf 14 L 16
Mauthausen 14 K 16
Melk 14 K 17
Mistelbach 14 K 17
Mittersill 13 L 15
Mödling 14 K 17
Mondsee 13 K 16
Murau 14 L 16
Mürzzuschlag 14 K 17
Nauders 13 L 15
Neunkirchen/Wiener Neustadt 14 K 17
Nickelsdorf 14 K 17
Ober Pullendorf 14 L 17
Oberdrauburg 13 L 16
Obergurgl 13 L 15
Oberwart 14 L 17
Oetz 13 L 15
Ottenschlag 14 K 17
Pamhagen 14 K 17
Partenen 13 L 15
Radenthein 14 L 16
Radstadt 13 L 16
Reutte 13 L 15
Ried 13 K 16
Rohrbach 14 K 16
Rust 14 K 17
Salzburg 13 K 16
Sankt Anton 13 L 15
Sankt Johann in Tirol 13 K 15
Sankt Pölten 14 K 17
Sankt Veit 14 L 16
Schärding 13 K 16
Scheibbs 14 K 17
Schladming 14 L 16
Schrems 14 K 17
Schwaz 13 L 15
Schwechat 14 K 17
Spielfeld 14 L 17
Spittal an der Drau 13 L 16
Steyr 14 K 16
Stockerau 14 K 17
Straßwalchen 13 K 16
Telfs 13 L 15
Traun 14 K 16
Trieben 14 L 16
Tulln a.d.D. 14 K 17
Velden 14 L 16
Villach 14 L 16
Völkermarkt 14 L 16
Warth 13 L 15
Wels 14 K 16
Weyer 14 K 16
Wien 14 K 17
Wiener Neustadt 14 K 17
Wolfsberg 14 L 16
Wörgl 13 L 15
Zell am See 13 L 16
Zell am Ziller 13 L 15
Zwettl 14 K 17

## AL

28 748 km² · +355
Tiranë · 2 774 000

Berat 21 N 18
Borsh 21 N 18
Burrel 21 N 19
Çorovodë 21 N 19
Durrës 21 N 18
Elbasan 21 N 19
Ersekë 21 N 19
Fier 21 N 18
Fierzë 21 N 19
Fushë Arrëzi 21 N 19
Gramsh 21 N 19
Gjirokastër 21 N 19
Kavajë 21 N 18
Këlcyrë 21 N 19
Korçë 21 N 19
Krujë 21 N 18
Krumë 21 N 19
Kuçovë 21 N 18
Kukës 21 N 19
Leskovik 21 N 19
Lezhë 21 N 18
Librazhd 21 N 19
Lushnjë 21 N 18
Peshkopi 21 N 19
Pëqin 21 N 18
Përmet 21 N 19
Përrenjas 21 N 19
Pogradec 21 N 19
Pukë 21 N 18
Sarandë 21 O 18
Shëngjergj 21 N 19
Shkodër 21 N 18
Tepelenë 21 N 18
Tiranë 21 N 18
Tropojë 21 N 19
Theth 21 N 18
Vlorë 21 N 18

## AND

468 km² · +376
Andorra la Vella · 79 000

Andorra la Vella 19 M 11

## B

32 545 km² · +32
Bruxelles/Brussel · 11 195 000

Aalst 13 J 12
Anderlues 13 J 12
Antwerpen (Anvers) 13 J 12
Arlon 13 K 13
Ath 12 J 12
Bastogne 13 K 13
Bouillon 13 K 13
Brugge (Bruges) 12 J 12
Bruxelles/Brussel 13 J 12
Charleroi 13 J 12
Couvin 13 J 12
De Panne 12 J 12
Dinant 13 J 12
Eekloo 12 J 12
Eupen 13 J 13
Geel 13 J 13
Gembloux 13 J 12
Gent (Gand) 12 J 12
Halle/Bruxelles 13 J 12
Hasselt 13 J 13
Hechtel 13 J 13
Houffalize 13 J 13
Huy 13 J 13
Ieper 12 J 12
Kortrijk 12 J 12
Liège (Luik) 13 J 13
Malmédy 13 J 13
Marche-en-Famenne 13 J 13
Mechelen 13 J 12
Mons 12 J 12
Namur 13 J 12
Oostende 7 J 12
Philippeville 13 J 12
Roeselare 12 J 12
Ronse 12 J 12
Sint Niklaas 13 J 12
Sint Truiden 13 J 13
Tienen 13 J 12
Torhout 12 J 12
Tournai 12 J 12
Turnhout 13 J 12
Verviers 13 J 13
Zeebrugge 7 J 12

## BG

110 994 km² · +359
Sofija · 7 265 000

Ajtos 22 M 21
Ardino 22 N 21
Asenovgrad 22 N 20
Balčik 22 M 22
Batak 22 N 20
Belene 22 M 21
Belogradčik 22 M 20
Berkovica 22 M 20
Bjala 22 M 21
Bjala Slatina 22 M 20
Blagoevgrad 22 N 20
Botevgrad 22 M 20
Botunec 22 M 20
Burgas 22 M 21
Car Koloman 22 M 21
Carevo 22 N 22
Čepelare 22 N 20
Červen Brjag 22 M 20
Čirpan 22 N 21
Debăr 22 N 21
Devin 22 N 20
Dimitrovgrad/Haskovo 22 N 21
Dobrič 22 M 22
Dolni Lom 22 M 20
Dolno Cerovene 22 M 20
Dospat 22 N 20
Draganovo 22 M 21
Dulovo 22 M 21
Dunavci 22 M 20
Dupnica 22 N 20
Dve Mogili 22 M 21
Elena 22 M 21
Elhovo 22 N 21
Elin Pelin 22 M 20
Etropole 22 M 20
Filipovo 22 N 20
G. Studena 22 M 21
Gabrovo 22 M 21
General Toševo 22 M 22
Gigen 22 M 20
Goce Delčev 22 N 20
Godeč 22 M 20
Harmanli 22 N 21
Haskovo 22 N 21
Hisarja 22 N 20
Isperih 22 M 21
Ivajlovgrad 22 N 21
Jablanica/Botevgrad 22 M 20
Jambol 22 N 21
Kărdžali 22 N 21
Karlovo 22 M 20
Karnobat 22 M 21
Kazanlăk 22 M 21
Kesarevo 22 M 21
Kjustendil 22 N 20
Klisura 22 M 20
Kneža 22 M 20
Komunari 22 M 21
Kostenec 22 N 20
Kotel 22 M 21
Kozloduj 22 M 20
Krivodol 22 M 20
Krumovgrad 22 N 21
Krušari 16 M 22
Kubrat 22 M 21
Kula 22 M 20
Levski 22 M 21
Ljubimec 22 N 21
Lom/Vidin 22 M 20
Loveč 22 M 20
Loznica 16 M 22
Malko Tărnovo 22 N 22
Mezdra 22 M 20
Mihajlovo 22 M 20
Mikre 22 M 20
Montana 22 M 20
Nesebar 22 M 22
Nikopol/Belene 22 M 20
Nova Zagora 22 N 21
Novi Pazar 22 M 21
Obzor 22 M 22
Omurtag 22 M 21
Orjahovo 22 M 20
Panagjurište 22 M 20
Pavlikeni 22 M 21
Pazardžik 22 N 20
Pernik 22 M 20
Peštera 22 N 20
Petrič 22 N 20
Pleven 22 M 20
Plovdiv 22 N 20
Pomorie 22 M 22
Popovo 22 M 21
Primorsko 22 N 22
Provadija 22 M 21
Radnevo 22 N 21
Rakovski 22 N 20
Ravnec 22 M 21
Razgrad 22 M 21
Razlog 22 N 20
Rezovo 22 N 22
Rilski Man. 22 N 20
Rudnik 22 M 22
Ruse 22 M 21
Šabla 23 M 22
Samokov 22 N 20
Sandanski 22 N 20
Silistra 16 M 21
Simeonovgrad 22 N 21
Simitli 22 N 20
Skalica 22 N 21
Sliven 22 M 21
Slivnica 22 M 20
Smjadovo 22 M 21
Smoljan 22 N 20
Sofija 22 M 20
Sozopol 22 N 22
Sredec/Burgas 22 N 21
Sredec/Stará Zagora 22 N 21
Stará Zagora 22 N 21
Šumen 22 M 21
Svilengrad 22 N 21
Svištov 22 M 21
Svoge 22 M 20
Tărgovište 22 M 21
Tervel 22 M 21
Teteven 22 M 20
Todor Ikonomovo 22 M 21
Topolovgrad 22 N 21
Trăn 22 M 20
Trojan 22 M 20
Tutrakan 16 M 21
Tvărdica 22 M 21
Vakarel 22 M 20
Varbica 22 M 21
Varna 22 M 22
Veliko Tărnovo 22 M 21
Velingrad 22 N 20
Vidin 22 M 20
Vraca 22 M 20
Zemen 22 N 20
Zlatica 22 M 20
Zlatni Pjasăci 22 M 22
Zlatograd 22 N 21

## BIH

51 129 km² · +387
Sarajevo · 3 829 000

Avtovac 21 M 18
Banja Luka 14 M 17
Bihać 14 M 17
Bijeljina 14 M 18
Bileća 21 M 18
Bosanski Petrovac 14 M 17
Brčko 14 M 18
Bugojno 21 M 17
Čapljina 21 M 18
Derventa 14 M 18
Doboj 14 M 18
Donji Vakuf 21 M 17
Drvar 14 M 17
Foča 21 M 18
Glamoč 21 M 17
Goražde 21 M 18
Gradiška 14 L 17
Grude 21 M 17
Hum 21 M 18
Ivanjska 14 M 17
Jablanica/Sarajevo 21 M 18
Jajce 14 M 17
Kalinovik 21 M 18
Kiseljak 21 M 18
Kladanj 21 M 18
Ključ 14 M 17
Kozanska Dubica 14 L 17
Livno 21 M 17
Ljubuški 21 M 18
Maslovare 14 M 18
Međugorje 21 M 18
Miričina 14 M 18
Mostar 21 M 18
Mrkonjić Grad 14 M 17
Neum 21 M 18
Nevesinje 21 M 18
Novi Grad 14 L 17
Pale 21 M 18
Posušje 21 M 17
Prijedor 14 M 17
Prozor 21 M 18
Sanski Most 14 M 17
Sarajevo 21 M 18
Srednje 21 M 18
Široki Brijeg 21 M 18
Teslić 14 M 18
Tomislavgrad 21 M 17
Travnik 21 M 18
Trebinje 21 M 18
Tuzla/Doboj 14 M 18
Vareš 21 M 18
Velika Kladuša 14 L 17
Višegrad 21 M 18
Vlasenica 21 M 18
Zenica 21 M 18
Zvornik 14 M 18
Žepče 14 M 18

## BY

207 595 km² · +375
Minsk · 9 466 000

Akcjabrski 10 H 22
Asipovičy 10 H 22
Ašmjany 10 H 21
Astyna 9 H 20
Azaryčy 10 H 22
Babrujsk 10 H 22
Baranavičy 10 H 21
Baran' 10 H 23
Barisov 10 H 22
Belomorsk 10 H 21
Berazino 10 H 22
Bešankovičy 10 G 22
Bjahoml' 10 H 22
Bjalyničy 10 H 22
Bjaroza 9 H 20
Bobr 10 H 22
Bobrowniki 9 H 20
Bol. Čučeviči 10 H 21
Braslau 10 G 21
Brést 9 J 20
Buda-Kašaleva 10 H 23
Bychau 10 H 23
Byciha 10 G 23
Čačersk 10 H 23
Čačevičy 10 H 22
Čareja 10 H 22
Cašniki 10 H 22
Čavusy 10 H 23
Čerykau 10 H 23
Chocimsk 10 H 24
Hojniki 10 J 22
Červen' 10 H 22
Davyd-Haradok 10 J 21
Derečin 9 H 20
Divin 9 J 20
Djaržynsk 10 H 21
Dobruš 10 J 23
Dokšycy 10 H 22
Dousk 10 H 23
Drahičyn 10 J 21
Druja 10 G 21
Dubrovičí 10 J 21
Dukora 10 H 22
Dzisna 10 G 22
Dzjatlava 10 H 21
ElGsk 10 J 22
Hancavičy 10 H 21
Haradok 10 G 23
Hluša 10 H 22
Hlusk 10 H 22
Hluškavičy 10 J 22
Hlybokae 10 G 22
Homel' 10 J 23
Horki 10 H 23
Hrodna 9 H 20
Hubiči 10 H 23
Indura 9 H 20
Ivacevičy 10 H 21
Ivanava 10 J 21
Ivjanec 10 H 21
Kalinkavyčy 10 J 22
Komarin 10 J 23
Karavaciý 10 J 23
Kascjukovičy 10 H 23
Kazlovičy 10 J 22
Kirausk 10 H 22
Kleck 10 H 21
Kličau 10 H 22
Klimavičy 10 H 23
Kljasčičy 10 G 22
Kljukauka 10 H 23
Knjažycy 10 H 23
Kobryn 9 J 20
Kosava 10 H 21
Krasnapolle 10 H 23
Kryčau 10 H 23
Lel'čycy 10 J 22
Lenin 10 J 21
Lepel' 10 H 22
Lezna 10 G 23
Lida 10 H 21
Ljasnaja 10 H 21
Ljuban'/Salihorsk 10 H 22
Luninec 10 J 21
Mahileu 10 H 23
Malaryta 15 J 20
Malazečna 10 H 21
Mar'ina Horka 10 H 22
Masty 9 H 20
Mazyr 10 J 22
Mery 10 G 22
Mikaševičy 10 J 21
Minsk 10 H 22
Mjadzel' 10 H 21
Monseevščina 10 H 22
Motal' 10 J 21
Mscislau 10 H 23
Naliboki 10 H 21
Naroc` 10 H 21
Navahrudak 10 H 21
Navapolack 10 G 22
Njasviz 10 H 21
Obol' 10 G 22
Orša 10 H 23
Paryčy 10 H 22
Pastavy 10 G 21
Pinsk 10 J 21
Pleščanicy 10 H 22
Polack 10 G 22
Porazava 9 H 20
Prazaroki 10 G 22
Pružany 9 H 20
Radaškovičy 10 H 21
Rahačou 10 H 23
Rečyca 10 J 23
Ružany 9 H 20
Salihorsk 10 H 22
Šarkauščyna 10 G 21
Ščučyn 9 H 20
Semeževo 10 H 21
Sirotina 10 G 22
Šiščyčy 10 H 22
Sjanno 10 H 22
Šklou 10 H 23
Slauharad 10 H 23
Slonim 10 H 21
Sluck 10 H 22
Smaljavičy 10 H 22
Smarhon' 10 H 21
Staraja Belica 10 H 22
Staryja Darohi 10 H 22
Stolin 10 J 21
Stralki 10 G 22
Suraž/Vitebsk 10 G 23
Svetlahorsk 10 H 22
Svir` 10 H 21
Svislač 10 H 22
Talačyn 10 H 22
Tomašovka 15 J 20
Uchvala 10 H 22
Ušačy 10 G 22
Valjar'jany 10 H 22
Valožyn 10 H 21
Varnjany 10 H 21
Vasilevičy 10 J 22
Volkovysk 9 H 20
Vetka 10 H 23

Vicebsk 10 G 23
Vidamlja 9 J 20
Vidzy 10 G 21
Vilejka 10 H 21
Višnevo 10 H 21
Vjatčyn 10 J 22
Vysokae 9 J 20
Žabinka 9 J 20
Zembin 10 H 22
Žitkavičy 10 J 22
Žlobin 10 H 23
Žodiški 10 H 21
Žodzina 10 H 22

## CH

☐ 41 285 km² +41
Bern 8 081 000

Adelboden 13 L 14
Aigle 13 L 13
Altdorf 13 L 14
Andermatt 13 L 14
Baden/Zürich 13 L 14
Basel 13 K 14
Bellinzona 13 L 14
Bern 13 L 13
Biasca 13 L 14
Biel 13 L 13
Brienz 13 L 14
Brig 13 L 14
Buchs 13 L 14
Burgdorf 13 L 14
Chur 13 L 14
Davos 13 L 14
Delémont 13 L 13
Disentis/Mustér 13 L 14
Flims 13 L 14
Fribourg 13 L 13
Genève 13 L 13
Gletsch 13 L 14
Gstaad 13 L 13
Gümmenen 13 L 13
Interlaken 13 L 14
Konstanz 13 K 14
La Chaux de Fonds 13 L 13
Langenthal 13 L 14
Langnau 13 L 14
Lausanne 13 L 13
Locarno 13 L 14
Lugano 13 L 14
Luzern 13 L 14
Martigny 13 L 13
Montreux 13 L 13
Näfels 13 L 14
Neuchâtel 13 L 13
Olten 13 L 14
Payerne 13 L 13
Porrentruy 13 L 13
Sankt Gallen 13 L 14
Sankt Moritz 13 L 14
Sargans 13 L 14
Schaffhausen 13 K 14
Schwyz 13 L 14
Sion 13 L 13
Solothurn 13 L 14
Splügen 13 L 14
Susch 13 L 15
Thonon-les-Bains 13 L 13
Thun 13 L 14
Vallorbe 13 L 13
Vevey 13 L 13
Wädenswil 13 L 14
Wattwil 13 L 14
Wil 13 L 14
Winterthur 13 L 14
Yverdon 13 L 13
Zermatt 13 L 14
Zug 13 L 14
Zürich 13 L 14

## CY

☐ 9 251 km² +357/+90
Lefkosia/Lefkoşa 890 000

Akrotiri 23 Q 24
Ammochostos (Famagusta) 23 P 24
Episkopi 23 Q 24
Karavostasi 23 P 24
Kouklia 23 Q 24
Kyrenia 23 P 24
Larnaka 23 Q 24
Lefka 23 P 24
Lefkoniko 23 P 24
Lefkosia/Lefkoşa 23 P 24
Lemesos 23 Q 24
Mandria 23 Q 24
Morphou 23 P 24
Pafos 23 Q 23
Polis 23 P 23
Rizokarpaso 23 P 24
Salamis 23 P 24
Yialousa 23 P 24

## CZ

☐ 78 866 km² +420
Praha 10 521 000

Aš 13 J 15
Benešov 14 K 16
Beroun 14 K 16
Bor 13 K 16
Brandýs nad Labem- Stará Boleslav 14 J 16
Brno 14 K 17
Bruntál 14 K 17
Břeclav 14 K 17
Čáslav 14 K 17
Černá 14 K 16
Česka Lípa 14 J 16
České Budějovice 14 K 16
Český Brod 14 J 16
Děčín 14 J 16
Dobřiš 14 K 16
Doksy 14 J 16
Domažlice 13 K 16
Dvůr Králové 14 J 17
Frýdek-Místek 14 K 18
Frysták 14 K 18
Golčův Jeníkov 14 K 17
Hartmanice 13 K 16
Havířov 14 K 18
Havlíčkův Brod 14 K 17
Hlinsko 14 K 17
Hodonín 14 K 17
Hradec Králové 14 J 17
Hranice 14 K 18
Cheb 13 J 15
Chomutov 14 J 16
Chrudim 14 K 17
Jáchymov 13 J 16
Jesenik 14 J 17
Jičín 14 J 17
Jihlava 14 K 17
Jindř. Hradec 14 K 17
Kamenice nad Lipou 14 K 17
Kaplice 14 K 16
Karlovy Vary 13 J 16
Karviná 14 K 18
Kladno 14 J 16
Klatovy 13 K 16
Kolín 14 K 17
Královice 13 K 16
Kraslice 13 J 15
Krnov 14 J 18
Kroměříž 14 K 17
Kyjov 14 K 17
Liberec 14 J 17
Litoměřice 14 J 16
Lnáře 14 K 16
Louny 14 J 16
Lubenec 13 J 16
Mariánské Lázně 13 K 16
Mělník 14 J 16
Mladá Boleslav 14 J 16
Mohelnice 14 K 17
Moravské Budějovice 14 K 17
Most 14 J 16
Náchod 14 J 17
Náměšť 14 K 17
Olomouc 14 K 17
Opava 14 K 18
Ostrava 14 K 18
Pardubice 14 J 17
Písek 14 K 16
Plzeň 13 K 16
Poděbrady 14 J 17
Pohořelice 14 K 17
Praha 14 J 16
Prostějov 14 K 17
Přerov 14 K 17
Přeštice 13 K 16
Příbram 14 K 16
Rakovník 14 J 16
Rokycany 14 K 16
Rychnov nad Kněžnou 14 J 17
Sedlčany 14 K 16
Sokolov 13 J 16
Strakonice 14 K 16
Stříbrná Skalice 14 K 16
Sudoměřice u Bechyně 14 K 16
Svitávka 14 K 17
Svitavy 14 K 17
Šluknov 14 J 16
Šternberk 14 K 17
Šumperk 14 K 17
Tábor 14 K 16
Tanvald 14 J 17
Tavíkovice 14 K 17
Telč 14 K 17
Teplice 14 J 16
Trutnov 14 J 17
Třebíč 14 K 17
Třeboň 14 K 16
Třinec 14 K 18
Uherské Hradiště 14 K 17
Uněšov 13 K 16
Ústí nad Labem 14 J 16
Ústí nad Orlicí 14 K 17
Valašské Meziříčí 14 K 18
Varnsdorf 14 J 16
Velké Meziříčí 14 K 17
Veltrusy 14 J 16
Veselí nad Lužnicí 14 K 16
Vimperk 14 K 16
Vodňany 14 K 16
Vrchlabí 14 J 17
Vsetín 14 K 18
Vysoké Mýto 14 K 17
Vyškov 14 K 17
Zalužany 14 K 16
Zlín 14 K 18
Znojmo 14 K 17
Žatec 14 J 16
Žďár nad Sázavou 14 K 17

## D

☐ 357 168 km² +49
Berlin 80 622 000

Aachen 13 J 13
Aalen 13 K 15
Abensberg 13 K 15
Achern 13 K 14
Adorf 13 J 15
Ahaus 7 J 13
Ahlen 7 J 14
Alfeld 8 J 14
Alsfeld 13 J 14
Altenberg 14 J 16
Altenburg 13 J 15
Altenkirchen/Rostock 8 H 16
Altenkirchen/Siegen 13 J 14
Altenmarkt 13 K 16
Alzey 13 K 14
Amberg 13 K 15
Amelinghausen 8 H 15
Andernach 13 J 13
Angermünde 8 H 16
Anklam 8 H 16
Annaberg-Buchholz 13 J 16
Ansbach 13 K 15
Arnsberg 13 J 14
Arnstadt 13 J 15
Aschaffenburg 13 K 14
Aschersleben 13 J 15
Asendorf 8 H 14
Aue 13 J 16
Auerbach/Nürnberg 13 K 15
Auerbach/Zwickau 13 J 15
Augsburg 13 K 15
Aurich 7 H 13
Bad Bramstedt 8 H 14
Bad Doberan 8 H 15
Bad Düben 13 J 16
Bad Freienwalde 8 H 16
Bad Godesberg 13 J 13
Bad Harzburg 8 J 15
Bad Hersfeld 13 J 14
Bad Homburg 13 J 14
Bad Kreuznach 13 K 14
Bad Langensalza 13 J 15
Bad Lauterberg 13 J 15
Bad Mergentheim 13 K 14
Bad Muskau 14 J 16
Bad Nauheim 13 J 14
Bad Neustadt 13 J 15
Bad Oldesloe 8 H 15
Bad Pyrmont 8 J 14
Bad Salzungen 13 J 15
Bad Segeberg 8 H 15
Bad Tölz 13 K 15
Bad Waldsee 13 K 14
Bad Wildungen 13 J 14
Bad Zwischenahn 7 H 14
Baden-Baden 13 K 14
Bamberg 13 K 15
Barth 8 H 16
Baruth 8 J 16
Bassum 8 H 14
Bautzen 14 J 16
Bayreuth 13 K 15
Bayrisch Eisenstein 13 K 16
Bebra 13 J 14
Beckum 13 J 14
Beelitz 8 J 16
Beeskow 8 H 16
Beilngries 13 K 15
Belzig 8 J 16
Bensheim 13 K 14
Bergen/Hannover 8 H 14
Bergen/Rostock 8 H 16
Berlin 8 H 16
Bernau 8 H 16
Bernburg 13 J 15
Bersenbrück 7 J 14
Biberach 13 K 14
Bielefeld 8 J 14
Bingen 13 K 14
Bitburg 13 K 13
Bitterfeld 13 J 15
Blaubeuren 13 K 14
Böblingen 13 K 14
Bocholt 7 J 13
Bochum 13 J 13
Bohmte 7 J 14
Boizenburg 8 H 15
Bonn 13 J 13
Borkum 7 H 13
Borna 13 J 15
Borshi 13 J 14
Brake 8 H 14
Brandenburg 8 J 16
Braunau am Inn 13 K 16
Braunschweig 8 J 15
Bredstedt 8 H 14
Breitenhees 8 H 15
Bremen 8 H 14
Bremerhaven 8 H 14
Bremervörde 8 H 14
Bretten 13 K 14
Brilon 13 J 14
Bruchsal 13 K 14
Brüel 8 H 15
Brunsbüttel 8 H 14
Burg 8 J 15
Burghausen 13 K 16
Buxtehude 8 H 14
Calmbach 13 K 14
Celle 8 H 15
Cham 13 K 16
Chemnitz 13 J 16
Cloppenburg 7 H 14
Coburg 13 J 15
Cochem 13 J 13
Coesfeld 7 J 13
Coevorden 7 H 13
Cottbus 14 J 16
Crailsheim 13 K 15
Cuxhaven 8 H 14
Dachau 13 K 15
Dannenberg 8 H 15
Darmstadt 13 K 14
Deggendorf 13 K 16
Delmenhorst 8 H 14
Demmin 8 H 16
Dessau 13 J 15
Detmold 8 J 14
Diepholz 7 H 14
Dillenburg 13 J 14
Dillingen 13 K 15
Dingolfing 13 K 15
Dinkelsbühl 13 K 15
Dissen 7 J 14
Döbeln 13 J 16
Dömitz 8 H 15
Donaueschingen 13 K 14
Donauwörth 13 K 15
Dortmund 13 J 14
Dresden 14 J 16
Duderstadt 13 J 15
Duisburg 13 J 13
Düren 13 J 13
Düsseldorf 13 J 13
Ebern 13 J 15
Eberswalde 8 H 16
Ebingen 13 K 14
Eckernförde 8 H 14
Eggenfelden 13 K 16
Ehingen 13 K 14
Eichstätt 13 K 15
Einbeck 8 J 14
Eisenach 13 J 15
Eisenhüttenstadt 8 J 16
Eisfeld 13 J 15
Elmshorn 8 H 14
Elsterwerda 14 J 16
Emden 7 H 13
Emsdetten 7 J 14
Enzlar 13 K 15
Erfurt 13 J 15
Erlangen 13 K 15
Eschwege 13 J 15
Esens 7 H 13
Essen 13 J 13
Esslingen 13 K 14
Euskirchen 13 J 13
Faistenhaar 13 K 15
Feuchtwangen 13 K 15
Finsterwalde 14 J 16
Flensburg 8 H 14
Forchheim 13 K 15
Forst 14 J 16
Frankenberg 13 J 14
Frankfurt a. d. O. 8 J 16
Frankfurt a. M. 13 J 14
Freiberg 13 J 16
Freiburg 13 K 14
Freising 13 K 15
Freital 14 J 16
Freudenstadt 13 K 14
Friedland 8 H 16
Friedrichshafen 13 K 14
Friesack 8 H 16
Fulda 13 J 14
Fürstenau 7 J 14
Fürstenberg 8 H 16
Fürstenfeldbruck 13 K 15
Fürstenwalde 8 J 16
Furth 13 K 16
Füssen 13 K 15
Gaildorf 13 K 14
Gardelegen 8 H 15
Garmisch-Partenkirchen 13 K 15
Geesthacht 8 H 15
Geislingen 13 K 14
Geldern 13 J 13
Gelting 8 H 14
Genthin 8 J 15
Gera 13 J 15
Gießen 13 J 14
Gifhorn 8 J 15
Gnoien 8 H 16
Godelheim 13 J 14
Göhren 8 H 16
Gokels 8 H 14
Goldberg 8 H 15
Göppingen 13 K 14
Görlitz 14 J 16
Goslar 8 J 15
Gotha 13 J 15
Göttingen 13 J 14
Greifswald 8 H 16
Grevesmühlen 8 H 15
Gronau/Enschede 7 J 13
Gronau/Münster 7 J 13
Großenbrode 8 H 15
Guben 14 J 16
Gummersbach 13 J 14
Günzburg 13 K 15
Gunzenhausen 13 K 15
Güstrow 8 H 15
Gütersloh 7 J 14
Haag 13 K 15
Hagen 13 J 14
Hagenow 8 H 15
Hahn 13 J 14
Halle/Leipzig 13 J 15
Halberstadt 8 J 15
Haldensleben 8 J 15
Haltern 7 J 13
Hamburg 8 H 15
Hameln 8 J 14
Hamm 13 J 14
Hammelburg 13 J 14
Hann. Münden 13 J 14
Hannover 8 J 14
Harburg 8 H 15
Harzgerode 13 J 15
Haßfurt 13 J 15
Hechingen 13 K 14
Heide 8 H 14
Heidelberg 13 K 14
Heidenheim 13 K 15
Heilbad Heiligenstadt 13 J 15
Heilbronn 13 K 14
Heldrungen 13 J 15
Helmstedt 8 J 15
Hemau 13 K 15
Herbertingen 13 K 14
Hermeskeil 13 K 13
Herzberg 13 J 16
Hetzerath 13 K 13
Hildesheim 8 J 14
Hof 13 J 15
Hofgeismar 13 J 14
Holzminden 8 J 14
Homburg 13 K 13
Horb 13 K 14
Hoyerswerda 14 J 16
Hünfeld 13 J 14
Husum 8 H 14
Idar-Oberstein 13 K 13
Immenstadt 13 K 15
Ingolstadt 13 K 15
Itzehoe 8 H 14
Jarmen 8 H 16
Jena 13 J 15
Jever 7 H 14
Jüterbog 8 J 16
Kaiserslautern 13 K 14
Kamenz 14 J 16
Karlsruhe 13 K 14
Kassel 13 J 14
Kaufbeuren 13 K 15
Kelheim 13 K 15
Kempten 13 K 15
Kiel 8 H 15
Koblenz 13 J 14
Köln 13 J 13
Korbach 13 J 14
Köthen 13 J 15
Krefeld 13 J 13
Kronach 13 J 15
Krumbach 13 K 15
Kulmbach 13 J 15
Kyritz 8 H 15
Lahr 13 K 14
Landau 13 K 14
Landsberg 13 K 15
Landshut 13 K 15
Lathen 7 H 13
Lauchhammer 14 J 16
Lauenburg 8 H 15
Lechfeld 13 K 15
Leck 8 H 14
Leer 7 H 13
Lehrte 8 J 14
Leipzig 13 J 15
Lemgo 8 J 14
Lengerich 7 J 14
Lichtenfels 13 J 15
Limburg 13 J 14
Lindau 13 K 14
Lingen 7 J 13
Lippstadt 13 J 14
Lobenstein 13 J 15
Lohnsfeld 13 K 14
Lohr 13 K 14
Löningen 7 H 14
Lörrach 13 K 14
Lübbenau 14 J 16
Lübeck 8 H 15
Luckau 14 J 16
Luckenwalde 8 J 16
Ludwigsburg 13 K 14
Ludwigshafen 13 K 14
Ludwigslust 8 H 15
Lüneburg 8 H 15
Lutherstadt Eisleben 13 J 15
Lutherstadt Wittenberg 13 J 16
Magdeburg 8 J 15
Mainburg 13 K 15
Mainz 13 K 14
Mannheim 13 K 14
Marburg 13 J 14
Märkisch Buchholz 8 J 16
Marktredwitz 13 J 15
Mayen 13 J 13
Meiningen 13 J 15
Meißen 14 J 16
Memmingen 13 K 15
Meppen 7 H 13
Merseburg 13 J 15
Merzig 13 K 13
Meschede 13 J 14
Michelstadt 13 K 14
Minden 8 J 14
Mittweida 13 J 16
Mönchen-Gladbach 13 J 13
Morbach 13 K 13
Mosbach 13 K 14
Mühldorf 13 K 16
Müllheim 13 K 14
Münchberg 13 J 15
München 13 K 15
Münster 7 J 14
Munster 8 H 15
Nagold 13 K 14
Nauen 8 H 16
Naumburg 13 J 15
Neubrandenburg 8 H 16
Neumarkt 13 K 15
Neumünster 8 H 14
Neunkirchen/Saarbrücken 13 K 13
Neuruppin 8 H 16
Neuses 13 K 15
Neuss 13 J 13
Neustadt/Freiburg 13 K 14
Neustadt/Gera 13 J 15
Neustadt/Mannheim 13 K 14
Neustadt/Nürnberg 13 K 15
Neustadt/Rostock 8 H 15
Neustrelitz 8 H 16
Niebüll 8 H 14
Nienburg 8 H 14
Norden 7 H 13
Nordenham 8 H 14
Norderney 7 H 13
Nordhausen 13 J 15
Nordhorn 7 J 13
Nördlingen 13 K 15
Northeim 13 J 14
Nürnberg 13 K 15

Oberkirch 13 K 14
Oberstdorf 13 L 15
Oberwesel 13 J 14
Oebisfelde 8 J 15
Offenbach 13 J 14
Offenburg 13 K 14
Oldenburg/Bremen 8 H 14
Oldenburg/Kiel 8 H 15
Oranienburg 8 H 16
Ording 8 H 14
Osnabrück 7 J 14
Osterburg 8 H 15
Osterholz-Scharmbeck 8 H 14
Osterode 13 J 15
Paderborn 13 J 14
Papenburg 7 H 13
Parchim 8 H 15
Pasewalk 8 H 16
Passau 13 K 16
Peine 8 J 15
Perleberg 8 H 15
Pforzheim 13 K 14
Philippsreut 14 K 16
Pinneberg 8 H 14
Pirmasens 13 K 14
Pirna 14 J 16
Plattling 13 K 16
Plau 8 H 15
Plauen 13 J 15
Plön 8 H 15
Potsdam 8 J 16
Prenzlau 8 H 16
Pritzwalk 8 H 15
Prüm 13 J 13
Puttgarden 8 H 15
Rathenow 8 H 15
Ratzeburg 8 H 15
Ravensburg 13 K 14
Recklinghausen 13 J 13
Regen 13 K 16
Regensburg 13 K 15
Reichenbach 13 J 15
Rendsburg 8 H 14
Reuterstadt Stavenhagen 8 H 16
Reutlingen 13 K 14
Rheine 7 J 14
Ribnitz-Damgarten 8 H 15
Riesa 13 J 16
Röbel 8 H 16
Rochlitz 13 J 16
Rosenheim 13 K 15
Rostock 8 H 15
Rotenburg 8 H 14
Rothenburg ob der Tauber 13 K 15
Rottweil 13 K 14
Saalfeld 13 J 15
Saarbrücken 13 K 13
Saarburg 13 K 13
Saarlouis 13 K 13
Salzgitter 8 J 15
Salzwedel 8 H 15
Sandau 8 H 15
Sangershausen 13 J 15
Sassnitz 8 H 16
Scherfede 13 J 14
Schleiden 13 J 13
Schleiz 13 J 15
Schleswig 8 H 14
Schlüchtern 13 J 14
Schönebeck 8 J 15
Schrobenhausen 13 K 15
Schwabach 13 K 15
Schwäbisch Gmünd 13 K 14
Schwäbische Hall 13 K 14
Schwandorf 13 K 15
Schwarmstedt 8 H 14
Schwedt 8 H 16
Schweinfurt 13 J 15
Schwenningen 13 K 14
Schwerin 8 H 15
Seebad Heringsdorf 8 H 16
Seelow 8 H 16
Senftenberg 14 J 16
Siegburg 13 J 13
Siegen 13 J 14
Simbach 13 K 16
Singen 13 K 14
Sinzig 13 J 13
Solingen 13 J 13
Soltau 8 H 14
Sömmerda 13 J 15
Sondershausen 13 J 15
Sonneberg 13 J 15
Speyer 13 K 14
Springe 8 J 14
Stade 8 H 14
Stadtkyll 13 J 13
Stallwang 13 K 16
Starnberg 13 K 15
Stendal 8 H 15
Stralsund 8 H 16
Straubing 13 K 16
Strausberg 8 H 16
Stuttgart 13 K 14
Suhl 13 J 15
Sulingen 8 H 14
Sulzbach-Rosenberg 13 K 15
Taufkirchen 13 K 15
Tegernsee 13 K 15
Templin 8 H 16
Teterow 8 H 16
Tirschenreuth 13 K 15
Torgau 13 J 16
Tostedt 8 H 14
Traunstein 13 K 16
Travemünde 8 H 15
Trier 13 K 13
Tübingen 13 K 14
Tuttlingen 13 K 14
Überlingen 13 K 14
Ueckermünde 8 H 16
Uelzen 8 H 15
Ulm 13 K 14
Urfeld 13 K 15
Varel 8 H 14
Vechta 7 H 14
Verden 8 H 14
Villingen 13 K 14
Vilshofen 13 K 16
Waidhs. 13 K 15
Waldbröl 13 J 14
Waldshut 13 K 14
Wallau 13 J 14
Walsrode 8 H 14
Waren 8 H 16
Warendorf 7 J 14
Warnemünde 8 H 15
Warstade 8 H 14
Weiden 13 K 15
Weilheim 13 K 15
Weimar 13 J 15
Weinheim 13 K 14
Weißenburg 13 K 15
Wernberg 13 K 15
Wernigerode 13 J 15
Wertheim 13 K 14
Wesel 7 J 13
Westerland 8 H 14
Westerstede 7 H 14
Wetzlar 13 J 14
Wiedenbrück 7 J 14
Wiesbaden 13 J 14
Wildeshausen 8 H 14
Wilhelmshaven 7 H 14
Wismar 8 H 15
Wittenberge 8 H 15
Wittingen 8 H 15
Wittstock 8 H 15
Woldegk 8 H 16
Wolfach 13 K 14
Wolfsburg 8 J 15
Wolgast 8 H 16
Worms 13 K 14
Wuppertal 13 J 13
Würzburg 13 K 14
Wurzen 13 J 16
Zehdenick 8 H 16
Zeitz 13 J 15
Zella-Mehlis 13 J 15
Zerbst 8 J 15
Zittau 14 J 16
Zollhaus 13 J 14
Zweibrücken 13 K 13
Zwickau 13 J 15

## DK

43 098 km² · +45
København · 5 614 000

Aabenraa 8 G 14
Aabybro 4 G 14
Aalborg 4 G 14
Aalestrup 8 G 14
Aarhus 8 G 15
Aars 4 G 14
Assens 8 G 14
Bagenkop 8 H 15
Bierget 4 G 14
Bogense 8 G 15
Brande 8 G 14
Esbjerg 8 G 14
Fakse 8 G 15
Fjerritslev 4 G 14
Fredericia 8 G 14
Frederikshavn 4 G 15
Frederikssund 8 G 15
Fåborg 8 G 15
Gedser 8 H 15
Gilleleje 8 G 15
Give 8 G 14
Gram 8 G 14
Grenå 8 G 15
Grindsted 8 G 14
Gylling 8 G 15
Haderslev 8 G 14
Hadsund 8 G 15
Hals 4 G 15
Hanstholm 4 G 14
Helsingør 8 G 16
Herning 8 G 14
Hillerød 8 G 15
Hirtshals 4 F 14
Hjallerup 4 G 15
Hjørring 4 G 14
Hobro 8 G 14
Holbæk 8 G 15
Holstebro 8 G 14
Holsted 8 G 14
Horsens 8 G 14
Hundested 8 G 15
Hurup 4 G 14
Hvide Sande 8 G 14
Juelsminde 8 G 14
Kallinge 8 G 17
Kalundborg 8 G 15
Kerteminde 8 G 15
Kolding 8 G 14
Korsør 8 G 15
Kværndrup 8 G 15
København 8 G 16
Køge 8 G 15
Lakolk 8 G 14
Lemvig 8 G 14
Lohals 8 G 15
Løkken 4 G 14
Maribo 8 H 15
Nakskov 8 H 15
Nexø 8 G 17
Nordborg 8 G 14
Nordskov 8 G 15
Nyborg 8 G 15
Nykøbing/København 8 G 15
Nykøbing/Rostock 8 H 15
Nykøbing Mors 4 G 14
Næstved 8 G 15
Odense 8 G 15
Oksbol 8 G 14
Præstø 8 G 15
Randers 8 G 15
Ribe 8 G 14
Ringkøbing 8 G 14
Ringsted 8 G 15
Roskilde 8 G 15
Rødby 8 H 15
Rødvig 8 G 15
Rønne 8 G 16
Rønnede 8 G 15
Sandvig 8 G 16
Silkeborg 8 G 14
Skagen 4 F 15
Skive 8 G 14
Slagelse 8 G 15
Sonderborg 8 H 14
Spodsberg 8 H 15
Spørring 8 G 15
Stege 8 H 15
Stenbjerg 4 G 14
Struer 8 G 14
Støvring 4 G 14
Svendborg 8 G 15
Sæby 4 G 15
Søllerød 8 G 15
Tarm 8 G 14
Thisted 4 G 14
Thyborøn 4 G 14
Tinglev 8 H 14
Toftlund 8 G 14
Tranebjerg 8 G 15
Tønder 8 H 14
Tørring 8 G 14
Tårnby 8 G 16
Ugerløse 8 G 15
Ulfborg 8 G 14
Varde 8 G 14
Vejle 8 G 14
Viborg 8 G 14
Vordingborg 8 G 15
Ærøskøbing 8 H 15
Ålbæk 4 F 15

## DZ

2 381 741 km² · +213
El Djezâ'ir · 39 208 000

Achaacha 19 P 11
Ain Abid 20 P 13
Aïn Beïda 20 P 13
Aïn Benian 19 P 12
Aïn Berda 20 P 14
Aïn Defla 19 P 11
Aïn Fakroun 20 P 13
Aïn Kercha 20 P 13
Aïn Kerma 20 P 14
Aïn M'Lila 20 P 13
Ain Taya 19 P 12
Ain-El-Hamman 19 P 12
Aïn-el-Türk 18 P 10
Aïn-Yagout 20 P 13
Amizour 19 P 12
Annaba 20 P 14
Arzew 18 P 10
Azazga 19 P 12
Azeffoun 19 P 12
Azzaba 20 P 13
Baali 20 P 13
Béjaïa 19 P 13
Ben M'hidi 20 P 14
Berrahal 20 P 13
Berriche 20 P 13
Bir Chouhada 20 P 13
Blida 19 P 12
Bordj-Ménaiel 19 P 12
Bou Ismall 19 P 12
Bou Kadir 19 P 11
Bouchegouf 20 P 14
Boufarik 19 P 12
Bouzghaia 19 P 11
Chelghoum El Aïd 20 P 13
Chemmora 20 P 13
Cherchell 19 P 11
Chetaibi 20 P 13
Chlef 19 P 11
Chréa 19 P 12
Collo 19 P 13
Constantine 20 P 13
Damous 19 P 11
Dellys 19 P 12
Dréan 20 P 14
El Kala 20 P 14
El Abadia 19 P 11
El Affroun 19 P 12
El Aouinet 20 P 14
El Djezâ'ir (Alger) 19 P 12
El Hadjar 20 P 14
El Kseur 19 P 12
El Marsa 19 P 11
El-Arrouch 20 P 13
El-Harrach 19 P 12
El-Khroub 20 P 13
El-Milia 19 P 13
Foum-Toub 20 P 13
Gouraya 19 P 11
Guelma 20 P 13
Hadjout 19 P 11
Hamma Bouziane 20 P 13
Hammamet 20 P 14
Jijel 19 P 13
Khemis Miliana 19 P 11
Khenchela 20 P 13
Kherba 19 P 11
Lakhdaria 19 P 12
Larba 19 P 12
Mechroha 20 P 14
Médéa 19 P 12
Meskiana 20 P 14
Mila 20 P 13
Miliana 19 P 11
Mostaganem 19 P 11
M'Daourouch 20 P 14
Oued Athmenia 20 P 13
Oued El Kheir 19 P 11
Ouenza 20 P 14
Ouled-Farés 19 P 11
Oum-El-Bouaghi 20 P 13
Qued Zenati 20 P 13
Sedrata 20 P 14
Sendjas 19 P 11
Sidi Lakhdar 19 P 11
Sigus 20 P 13
Skikda 19 P 13
Souk Ahras 20 P 14
Tablat 19 P 12
Tamalous 19 P 13
Tamlouka 20 P 13
Taougrite 19 P 11
Taoura 20 P 14
Ténès 19 P 11
Thenia 19 P 12
Tigzirt 19 P 12
Tipaza 19 P 11
Tizi-Ouzou 19 P 12
Zéralda 19 P 12

## E

504 645 km² · +34
Madrid · 46 647 000

A Baiuca 18 M 7
A Coruña 18 M 7
A Estrada 18 M 7
A Garda 18 N 7
A Gudiña 18 N 8
A Serra de Outes 18 M 7
Abla 18 P 9
Adanero 18 N 9
Adra 18 P 9
Aguilar de Campóo 18 M 9
Águilas 18 P 10
Ainsa 19 N 11
Alaéjos 18 N 8
Alagón 19 N 10
Alanis 18 O 8
Alaraz 18 N 8
Alatoz 18 O 10
Albacete 18 O 10
Albarracin 19 N 10
Albentosa 19 N 10
Alberique 19 O 10
Albocácer 19 N 10
Albox 18 P 10
Alburquerque 18 O 8
Alcalá de Guadaira 18 P 8
Alcalá de Henares 18 N 9
Alcalá de los Gazules 18 P 8
Alcalá de Xivert 19 N 11
Alcalá la Real 18 P 9
Alcanar 19 N 11
Alcántara 18 O 8
Alcañiz 19 N 10
Alcaracejos 18 O 9
Alcaraz 18 O 10
Alcaudete 18 O 9
Alcázar de San Juan 18 O 9
Alcoi 19 O 10
Alcorisa 19 N 10
Alcúdia 19 O 12
Alcuéscar 18 O 8
Alfaro 19 N 10
Alfarrás 19 N 11
Algar 18 P 8
Algeciras 18 P 8
Algora 18 N 9
Algorta 12 M 9
Alhama 18 O 10
Alhama de Aragón 18 N 10
Alhama de Granada 18 P 9
Alhaurin el Grande 18 P 9
Alicante 19 O 10
Almadén 18 O 9
Álmagro 18 O 9
Almansa 18 O 10
Almarza 18 N 9
Almenar de Soria 18 N 10
Almendralejo 18 O 8
Almeria 18 P 10
Almódovar del Pinar 18 O 10
Almonte 18 P 8
Almoradí 18 O 10
Almudévar 19 N 10
Almuñécar 18 P 9
Almuradiel 18 O 9
Alora 18 P 9
Altsasu 12 M 10
Alzira 19 O 10
Allariz 18 N 7
Allepúz 19 N 10
Amurrio 12 M 9
Andratx 19 O 11
Andujar 18 O 9
Angüés 19 N 10
Anguiano 18 N 9
Anquela del Ducado 18 N 10
Antequera 18 P 9
Aranda de Duero 18 N 9
Aranjuez 18 N 9
Arcos de la Frontera 18 P 8
Archidona 18 P 9
Arenas de San Pedro 18 N 8
Arganda 18 N 9
Arnedo 19 N 10
Arquillos 18 O 9
Arta 19 O 12
Artesa de Segre 19 N 11
Arzúa 18 M 7
Astorga 18 N 8
Atienza 18 N 9
Ávila 18 N 9
Avilés 18 M 8
Ayamonte 18 P 8
Ayerbe 19 N 10
Ayllón 18 N 9
Ayora 18 O 10
Azuaga 18 O 8
Baamonde 18 M 7
Badajoz 18 O 8
Badalona 19 N 11
Baena 18 O 9
Baeza 18 O 9
Bailén 18 O 9
Baiona 18 N 7
Balaguer 19 N 11
Balazote 18 O 10
Balmaseda 12 M 9
Bande 18 N 7
Baracaldo 12 M 9
Barbastro 19 N 11
Barbate de Franco 18 P 8
Barcelona 19 N 11
Barreiros 18 M 8
Baza 18 P 9
Becerreá 18 M 8
Becilla de Valderaduey 18 N 8
Béjar 18 N 8
Belchite 19 N 10
Bembibre 18 M 8
Benabarre 19 N 11
Benasque 19 M 11
Benavente 18 N 8
Benicarió 19 N 11
Berdún 19 M 10
Berga 19 N 11
Bergara 12 M 10
Berja 18 P 9
Bermeo 12 M 9
Betanzos 18 M 7
Beteta 18 N 10
Béznar 18 P 9
Bilbo/Bilbao 12 M 9
Binéfar 19 N 11
Blacos 18 N 9
Boceguillas 18 N 9
Bonete 18 O 10
Borja 19 N 10
Broto 19 M 10
Bueu 18 N 7
Bujaraloz 19 N 10
Burgos 18 N 9
Cabeza del Buey 18 O 8
Cabezuela del Valle 18 N 8
Cabra 18 P 9
Cabreiros 18 M 7
Cáceres 18 O 8
Cádabo 18 M 8
Cádiz 18 P 8
Cala Ratjada 19 O 12
Calahorra 19 N 10
Calañas 18 O 8
Calatayud 19 N 10
Calpe 19 O 11
Calzada de Calatrava 18 O 9
Camariñas 18 M 7
Caminreal 19 N 10
Campillos 18 P 9
Campo de Criptana 18 O 9
Camprodón 19 N 11
Canfranc-Estación 19 M 10
Cangas de Onis 18 M 8
Cangas del Narcea 18 M 8
Cantalejo 18 N 9
Cañaveral 18 O 8
Cañaveras 18 N 10
Cañete 18 N 10
Cañizal 18 N 8
Caravaca de la Cruz 18 O 10
Carballo 18 M 7
Carboneras 18 P 10
Carboneras de Guadazaón 18 O 10
Cardeña 18 O 9
Cariñena 19 N 10
Carmona 18 P 8
Carrascosa del Campo 18 N 9
Cartagena 18 O 10
Caspe 19 N 10
Castellón de la Plana 19 O 10
Castilblanco 18 O 8
Castro del Rio 18 O 9
Castro Urdiales 12 M 9
Castuera 18 O 8
Cazalla 18 O 8
Cazorla 18 O 9
Ceclavin 18 O 8
Cedeira 18 M 7
Cehegin 18 O 10
Cerezo de Abajo 18 N 9
Cervera 19 N 11
Cervo 18 M 8
Ceuta 18 P 8
Cieza 18 O 10
Cillas 18 N 10
Cintruénigo 19 N 10
Ciria 18 N 10
Cistierna 18 M 8
Ciudad Real 18 O 9
Ciudad Rodrigo 18 N 8
Ciutadella de Menorca 19 O 12
Coca 18 N 9
Cofrentes 19 O 10
Coin 18 P 9
Colmenar 18 P 9
Colmenar Viejo 18 N 9
Constantina 18 O 8
Consuegra 18 O 9
Corconte 18 M 9
Corcubión 18 M 7
Córdoba 18 O 9
Coria/Salamanca 18 O 8
Coria/Sevilla 18 P 8
Crevillente 19 O 10

Cudillero 18 M 8
Cuéllar 18 N 9
Cuenca 18 N 10
Cuevas de Vinromá 19 N 11
Cúllar de Baza 18 O 9
Chantada 18 M 7
Chelva 19 O 10
Chiclana de la Frontera 18 P 8
Chiva 19 O 10
Daimiel 18 O 9
Daroca 19 N 10
Denia 19 O 11
Don Benito 18 O 8
Donostia/San Sebastian 12 M 10
Dueñas 18 N 9
Écija 18 O 8
El Arahal 18 P 8
El Escorial 18 N 8
El Garrobo 18 O 8
El Molar 18 N 9
El Provencio 18 O 9
Eibar 12 M 10
Eivissa 19 O 11
Ejea de los Caballeros 19 N 10
El Barco de Ávila 18 N 8
El Burgo de Osma 18 N 9
El Cubo 18 N 8
el Pinós 18 O 10
el Vendrell 19 N 11
Elche 19 O 10
Elche de la Sierra 18 O 10
Elda 19 O 10
Épinal 13 K 13
Escalada 18 M 9
Espiel 18 O 8
Estella 12 M 10
Estepa 18 P 9
Estepona 18 P 8
Fábricas de Riópar 18 O 10
Falset 19 N 11
Fermoselle 18 N 8
Fernán Núñez 18 O 9
Ferrol 18 M 7
Figueres 19 N 12
Fisterra 18 M 7
Fornells 19 N 12
Fraga 19 N 11
Fregenal de la Sierra 18 O 8
Frómista 18 N 9
Fuente Alamo 18 O 10
Fuente de Cantos 18 O 8
Fuente el Fresno 18 O 9
Fuente Obejuna 18 O 8
Fuentes de Andalucía 18 P 8
Gálvez 18 O 9
Gandesa 19 N 11
Gandia 19 O 10
Gérgal 18 P 9
Getafe 18 N 9
Gibraleón 18 P 8
Gijon 18 M 8
Girona 19 N 12
Golpejas 18 N 8
Grado 18 M 8
Granada 18 P 9
Grandas de Salime 18 M 8
Granollers 19 N 11
Graus 19 N 11
Guadalajara 18 N 9
Guadalupe 18 O 8
Guadix 18 P 9
Guardo 18 M 9
Guijuelo 18 N 8
Guitiriz 18 M 7
Guntin 18 M 7
Haro 12 M 9
Hellín 18 O 10
Herrera de Pisuerga 18 M 9
Herreruela 18 O 8
Hervás 18 N 8
Higuera 18 O 8
Hijar 19 N 10
Honrubia 18 O 10
Huelma 18 O 9
Huelva 18 P 8
Huércal Overa 18 P 10
Huesca 19 N 10
Huescar 18 O 9
Huete 18 N 9
Igualada 19 N 11
Illescas 18 N 9
Illora 18 P 9
Inca 19 O 12
Infiesto 18 M 8
Irún 12 M 10
Irurzun 12 M 10
Isla Cristina 18 P 8
Iznalloz 18 P 9
Jabugo 18 O 8
Jaca 19 M 10
Jaèn 18 O 9
Jaraicejo 18 O 8
Jarandilla 18 N 8
Jerez de la Frontera 18 P 8
Jerez de los Caballeros 18 O 8
Jimena de la Frontera 18 P 8
Jódar 18 O 9
Jumilla 18 O 10
L`Escala 19 N 12
La Alberca 18 N 8
La Albuera 18 O 8
La Almarcha 18 O 10
La Almunia de Doña Godina 19 N 10
La Bañeza 18 N 8
la Boule 18 O 9
La Carolina 18 O 9
La Fuente de San Esteban 18 N 8
La Gineta 18 O 10
la Granadella 19 N 11
La Linea 18 P 8
La Magdalena 18 M 8
La Manga del Mar Menor 18 O 10
La Muela 19 N 10
La Paca 18 O 10
La Palma 18 P 8
La Robla 18 M 8
La Roca de la Sierra 18 O 8
La Roda 18 O 10
la Seu d'Urgell 19 N 11
La Solana 18 O 9
La Torre 18 N 9
La Unión 18 O 10
Lalin 18 M 7
Langreo 18 M 8
Laredo 12 M 9
Lebrija 18 P 8
Lekeitio 12 M 9
Leòn 18 M 8
Lepe 18 P 8
Lerma 18 N 9
Lés 19 M 11
les Borges Blanques 19 N 11
Linares 18 O 9
Logroño 18 N 10
Loja 18 P 9
Lora del Rio 18 O 8
Lorca 18 O 10
Loriol 18 O 9
Los Arcos 12 M 10
Los Navalmorales 18 O 9
Los Palacios y Villafranca 18 P 8
Lozoyuela 18 N 9
Luanco 18 M 8
Luarca 18 M 8
Lucena 18 P 9
Lucena del Cid 19 N 10
Luciana 18 O 9
Lugo 18 M 7
Lumbier 19 M 10
Lumbrales 18 N 8
Lumbreras 18 N 9
l'Hospitalet 19 N 11
l'Hospitalet de l'Infant 19 N 11
Llanes 18 M 9
Llavorsi 19 N 11
Lleida 19 N 11
Llerena 18 O 8
Lliria 19 O 10
Llucmajor 19 O 12
Madrid 18 N 9
Madridejos 18 O 9
Madrigal de las Altas Torres 18 N 9
Maella 19 N 11
Magaz 18 N 9
Mahora 18 O 10
Málaga 18 P 9
Malagón 18 O 9
Malgrat de Mar 19 N 12
Malpica 18 M 7
Mallén 19 N 10
Manacor 19 O 12
Manresa 19 N 11
Mansilla de las Mulas 18 N 8
Manzanares 18 O 9
Maó 19 O 12
Maqueda 18 N 9
Maranchón 18 N 10
Marbella 18 P 9
Marchena 18 P 8
Martos 18 O 9
Matabuena 18 N 9
Mataró 19 N 11
Mazagón 18 P 8
Medina de Rioseco 18 N 8
Medina del Campo 18 N 9
Medina Sidonia 18 P 8
Medinaceli 18 N 10
Meira 18 M 8
Melide 18 M 7
Melilla 18 P 9
Mengibar 18 O 9
Mérida 18 O 8
Miajadas 18 O 8
Mieres 18 M 8
Minglanilla 18 O 10
Miranda de Ebro 12 M 9
Molina de Aragón 18 N 10
Molina de Segura 18 O 10
Mombuey 18 N 8
Monasterio de Rodilla 18 N 9
Mondoñedo 18 M 8
Monforte de Lemos 18 M 8
Monreal del Campo 19 N 10
Monroyo 19 N 10
Montalbán del Campo 19 N 10
Montalbo 18 O 9
Montamarta 18 N 8
Montefrio 18 P 9
Montijo 18 O 8
Montilla 18 O 9
Montoro 18 O 9
Monzón 19 N 11
Mora 18 O 9
Moratalla 18 O 10
Moreda 18 P 9
Morella 19 N 10
Moron de la Frontera 18 P 8
Mota del Cuervo 18 O 9
Motilla del Palancar 18 O 10
Motril 18 P 9
Muelas 18 N 8
Mula 18 O 10
Munera 18 O 10
Murcia 18 O 10
Muros 18 M 7
Nájera 18 N 9
Navalcarnero 18 N 9
Navalmoral de la Mata 18 O 8
Navalvillar de Pela 18 O 8
Navia 18 M 8
Nerva 18 O 8
Nijar 18 P 10
Noia 18 M 7
Novelda 19 O 10
O Barco de Valdeorras 18 N 8
O Castro de Caldelas 18 N 8
Ocaña 18 O 9
Oliana 19 N 11
Oliva 19 O 10
Olmedo 18 N 9
Olot 19 N 11
Olvera 18 P 8
Onda 19 O 10
Ontinyent 19 O 10
Oquillas 18 N 9
Orcera 18 O 9
Ordenes 18 M 7
Orgaz 18 O 9
Orihuela 18 O 10
Orihuela del Tremedal 18 N 10
Oronoz Mugairi 12 M 10
Oropesa/Benicarló 19 N 11
Oropesa/Madrid 18 O 8
Ortigueira 18 M 7
Osera 19 N 10
Osorno 18 N 9
Osuna 18 P 8
Ourense 18 N 7
Oviedo 18 M 8
Padrón 18 M 7
Palafrugell 19 N 12
Palencia 18 N 9
Palma 19 O 12
Palma del Rio 18 O 8
Pamplona Iruña 12 M 10
Pancorbo 12 M 9
Paymogo 18 O 8
Pedrosa del Rey 18 M 8
Pego 19 O 10
Peñafiel 18 N 9
Peñaranda de Bracamonte 18 N 8
Peñarroya-Pueblonuevo 18 O 8
Perales de Alfambra 19 N 10
Piedrahita 18 N 8
Piñor de Cea 18 N 7
Plasencia 18 N 8
Pola de Lena 18 M 8
Pola de Siero 18 M 8
Ponferrada 18 M 8
Pont de Suert 19 N 11
Ponteareas 18 N 7
Pontedéume 18 M 7
Pontevedra 18 N 7
Ponts 19 N 11
Porcuna 18 O 9
Port de Pollença 19 O 12
Portbou 19 N 12
Porzuna 18 O 9
Potes 18 M 9
Pozo Alcón 18 O 9
Pozoblanco 18 O 9
Pozocañada 18 O 10
Pozuelo 18 N 8
Priego de Córdoba 18 P 9
Puebla de Alcocer 18 O 8
Puebla de Don Fabrique 18 O 10
Puebla de Don Rodrigo 18 O 9
Puebla de Sanabria 18 N 8
Puente de Montañana 19 N 11
Puente Genil 18 P 9
Puente la Reina 12 M 10
Puerto de Mazarrón 18 O 10
Puerto de San Vicente 18 O 8
Puerto de Santa Maria 18 P 8
Puerto Lápice 18 O 9
Puerto Lumbreras 18 O 10
Puertollano 18 O 9
Quesada 18 O 9
Quintana de Puente 18 N 9
Quintanar de la Orden 18 O 9
Quintanilla-Sobresierra 18 M 9
Quinto 19 N 10
Quiroga 18 M 8
Redondela 18 N 7
Reinosilla 18 M 9
Requena 19 O 10
Reus 19 N 11
Ribadavia 18 N 7
Ribadesella 18 M 8
Ribes de Freser 19 N 11
Roa 18 N 9
Robleda 18 N 8
Roncesvalles 12 M 10
Ronda 18 P 8
Roquetas de Mar 18 P 9
Rosal de la Frontera 18 O 8
Roses 19 N 12
Ruidera 18 O 9
Rute 18 P 9
Sabadell 19 N 11
Sabiñánigo 19 M 10
Sacedón 18 N 9
Sádaba 19 N 10
Sagunto 19 O 10
Sahagún 18 N 8
Salamanca 18 N 8
Salas de los Infantes 18 N 9
Saldaña 18 M 9
Salou 19 N 11
Sallent de Gallego 19 M 10
San Esteban de Gormaz 18 N 9
San Fernando 18 P 8
San José 18 P 10
San Leonardo 18 N 9
San Martin de Valdeiglesias 18 N 9
San Pedro 18 O 8
Sanlúcar de Barrameda 18 P 8
Sant Antonio de Portmany 19 O 11
Sant Carles de la Rápita 19 N 11
Sant Feliu de Guíxols 19 N 12
Sant Francesc de Formantera 19 O 11
Sant Joan de Labritja 19 O 11
Santa Comba 18 M 7
Santa Eulalia 19 N 10
Santa Eulària des Riu 19 O 11
Santa Maria de Huerta 18 N 10
Santa Marta 18 O 8
Santa Olalla 18 O 8
Santa Pola 19 O 10
Santa Uxia de Ribeira 18 M 7
Santander 18 M 9
Santanyí 19 O 12
Santiago de Compostela 18 M 7
Santisteban del Puerto 18 O 9
Santo Domingo de Silos 18 N 9
Sanxenxo 18 N 7
Sariñena 19 N 10
Sarriá 18 M 8
Segorbe 19 O 10
Segovia 18 N 9
Serón 18 P 10
Sevilla 18 P 8
Sigüenza 18 N 9
Sisante 18 O 10
Sitges 19 N 11
Solares 18 M 9
Solsona 19 N 11
Sóller 19 O 12
Sorbas 18 P 10
Soria 18 N 10
Soutelo 18 M 7
Sueca 19 O 10
Tábara 18 N 8
Tabernas 18 P 10
Tafalla 19 M 10
Talavera 18 O 9
Talayuelas 19 O 10
Tamames 18 N 8
Tarancon 18 O 9
Tarazona 19 N 10
Tarifa 18 P 8
Tarragona 19 N 11
Tárrega 19 N 11
Tauste 19 N 10
Tembleque 18 O 9
Terminón 18 M 9
Terrassa 19 N 11
Teruel 19 N 10
Tineo 18 M 8
Tobarra 18 O 10
Toledo 18 O 9
Tolosa 12 M 10
Tomelloso 18 O 9
Tordesillas 18 N 9
Torelló 19 N 11
Torija 18 N 9
Toro 18 N 8
Torre de la Higuera 18 P 8
Torre del Mar 18 P 9
Torre Pacheco 18 O 10
Torrebaja 19 N 10
Torrejón el Rubio 18 O 8
Torrelavega 18 M 9
Torremolinos 18 P 9
Torrent 19 O 10
Torrevieja 19 O 10
Torrijos 18 O 9
Tortosa 19 N 11
Tossa 19 N 12
Totana 18 O 10
Trabazos 18 N 8
Tremp 19 N 11
Triste 19 N 10
Trujillo 18 O 8
Tudela 19 N 10
Túy 18 N 7
Úbeda 18 O 9
Ugijar 18 P 9
Uña 18 N 10
Usagre 18 O 8
Utiel 19 O 10
Utrera 18 P 8
Valdecilla 18 M 9
Valdepeñas 18 O 9
Valencia 19 O 10
Valencia de Alcantara 18 O 8
Valencia de las Torres 18 O 8
Valverde de Camino 18 O 8
Valverde del Freno 18 N 8
Vall de Uxo 19 O 10
Valladolid 18 N 9
Valls 19 N 11
Vegadeo 18 M 8
Vejer 18 P 8
Vélez Málaga 18 P 9
Vélez Rubio 18 O 10
Vera 18 P 10
Verin 18 N 8
Vic 19 N 11
Vielha 19 M 11
Vigo 18 N 7
Vilafranca del Penedès 19 N 11
Vilagarciade 18 M 7
Vilanova i la Geltrú 19 N 11
Villablino 18 M 8
Villacañas 18 O 9
Villacarrillo 18 O 9
Villacastin 18 N 9
Villadefrades 18 N 8
Villadiego 18 N 9
Villafranca 18 M 8
Villafranca de los Barros 18 O 8
Villafranca del Cid 19 N 10
Villahermosa 18 O 9
Villajoyosa 19 O 10
Villalba 18 M 7
Villalón de Campos 18 N 8
Villalpando 18 N 8
Villamañán 18 N 8
Villamartin 18 P 8
Villanueva de Alcorón 18 N 10
Villanueva de Córdoba 18 O 9
Villanueva de la Serena 18 O 8
Villanueva de los Castillejos 18 O 8
Villanueva de los Infantes 18 O 9
Villanueva del Arzobispo 18 O 9
Villanueva del Rio y Minas 18 O 8
Villapalacios 18 O 9
Villarcayo 18 M 9
Villarejo de Salvanés 18 N 9
Villarreal 19 O 10
Villarrobledo 18 O 9
Villasandino 18 N 9
Villatobas 18 O 9
Villatoya 18 O 10
Villaviciosa 18 M 8
Villena 19 O 10
Vinaros 19 N 11
Virgen de la Cabeza 18 O 9
Vitigudino 18 N 8
Vitoria-Gasteiz 12 M 9
Viveiro 18 M 7
Vivel del Río Martín 19 N 10
Xátiva 19 O 10
Xinzo de Limia 18 N 7
Yecla 18 O 10
Zafra 18 O 8
Zahara de los Atunes 18 P 8
Zalamea la Real 18 O 8
Zamora 18 N 8
Zaragoza 19 N 10
Zorita 18 O 8
Zuera 19 N 10

## EST

□ 45 227 km² + 372
Tallinn 1 325 000

Ahtme 10 F 21
Antsla 10 F 21
Elva 10 F 21
Haapsalu 5 F 20
Heltermaa 5 F 20
Häädemeeste 5 F 20
Ihamaru 10 F 21
Jõgeva 10 F 21
Jõhvi 10 F 21
Kalana 5 F 19
Kallaste 10 F 21
Karksi-Nuia 5 F 21
Keila 5 F 20
Kihelkonna 5 F 19
Kilingi Nõmme 5 F 20
Kiviõli 10 F 21
Kohila 5 F 20
Kohtla Järve 10 F 21
Kose 5 F 21
Kuivastu 5 F 20
Kunda 10 F 21
Kuressaare 5 F 19
Kuusalu 5 F 21
Kärdla 5 F 20
Leisi 5 F 20
Lelle 5 F 20
Lihula 5 F 20
Loksas 5 F 21
Mehikoorma 10 F 21
Misso 10 F 21
Mustla 5 F 21
Mustvee 10 F 21
Märjamma 5 F 20
Narva 10 F 22
Nõva 5 F 20
Orissaare 5 F 20
Otepää 10 F 21
Paide 5 F 21
Paldiski 5 F 20
Põltsamaa 5 F 21
Pärnu 5 F 20
Pärnu-Jaagupi 5 F 20
Rakvere 5 F 21
Rannapungerja 10 F 21
Risti 5 F 20
Sindi 5 F 20
Suure-Jaani 5 F 21
Sõru 5 F 20
Sääre 5 F 19
Tallinn 5 F 20
Tapa 5 F 21
Tartu 10 F 21
Tõrva 5 F 21
Türi 5 F 21
Valga 10 F 21
Vasknarva 10 F 22
Viljandi 5 F 21
Virtsu 5 F 20
Võru 10 F 21
Väike Maarja 5 F 21
Vändra 5 F 20

## F

□ 543 965 km² + 33
Paris 66 025 000

Abbeville 12 J 11
Agde 19 M 12
Agen 12 M 11
Agon-Coutances 12 K 10
Aigre 12 L 11
Aiguillon 12 M 11
Aigurande 12 L 11
Aire-sur-l'Adour 12 M 10

F

Aix-en-Provence 19 M 13
Aix-les-Bains 13 L 13
Ajaccio 20 N 14
Albert 12 K 12
Albertville 13 L 13
Albi 12 M 11
Alençon 12 K 11
Alés 12 M 12
Almuñécar 12 M 11
Ambert 12 L 12
Amboise 12 L 11
Amélie-les-Bains-Palalda 19 N 12
Amiens 12 K 11
Ancenis 12 L 10
Angers 12 L 10
Angerville 12 K 11
Angoulême 12 L 11
Annecy 13 L 13
Annemasse 13 L 13
Annonay 12 L 12
Antibes 20 M 13
Apt 12 M 13
Arcachon 12 M 10
Arcis-sur-Aube 12 K 12
Arès 12 M 10
Argelès-Gazost 12 M 10
Argentan 12 K 11
Argentat 12 L 11
Argenton-sur-Creuse 12 L 11
Arles 12 M 12
Armentières 12 J 12
Arnay-le-Duc 12 L 12
Arras 12 J 12
Arreau 19 M 11
Aspres-sur-Buëch 13 M 13
Aubagne 19 M 13
Aubenas 12 M 12
Aubigny-s-Nère 12 K 11
Aubusson 12 L 11
Auch 12 M 11
Auray 12 K 9
Aurillac 12 M 11
Auterive 12 M 11
Autun 12 L 12
Auxerre 12 K 12
Avallon 12 L 12
Avignon 12 M 12
Avranches 12 K 10
Ax-les-Thermes 19 M 11
Bagnères-de Bigorre 12 M 11
Bagnères-de-Luchon 19 M 11
Bagnols-sur-Cèze 12 M 12
Baigneux 12 K 12
Bain-de-Bretagne 12 K 10
Bains-les-Bains 13 K 13
Bais 12 K 10
Bar-le-Duc 13 K 13
Bar-sur-Aube 12 K 12
Bar-sur-Seine 12 K 12
Barbezieux-St.Hilaire 12 L 10
Barcelonnette 13 M 13
Barfleur 12 K 10
Barjols 20 M 13
Barrême 13 M 13
Bastia 20 M 14
Baugé 12 K 10
Bayeux 12 K 10
Bayonne 12 M 10
Bazas 12 M 10
Beaucaire 12 M 12
Beaugency 12 K 11
Beaune 12 L 12
Beauvais 12 K 11
Bédarieux 12 M 12
Belfort 13 K 13
Belin-Béliet 12 M 10
Bellac 12 L 11
Bellegarde 13 L 13
Bellême 12 K 11
Belley 13 L 13
Benfeld 13 K 14
Berck 12 J 11
Bergerac 12 M 11
Bernay 12 K 11
Besançon 13 L 13
Béthune 12 J 12
Béziers 19 M 12
Biarritz 12 M 10
Biscarrosse 12 M 10
Bitche 13 K 13
Blaye 12 L 10
Bléré 12 L 11
Blois 12 K 11
Bocognano 20 N 14
Bolbec 12 K 11
Bonifacio 20 N 14
Bordeaux 12 M 10
Bort-les-Orgues 12 L 12
Boulogne-s-M. 12 J 11
Bourbon-Lancy 12 L 12
Bourbonne-les-Bains 13 K 13
Bourg-en-Bresse 13 L 13
Bourg-Lastic 12 L 12
Bourg-Madame 19 N 11
Bourganeuf 12 L 11
Bourges 12 L 11
Bourgoin-Jallieu 12 L 13
Boussens 12 M 11
Brantôme 12 L 11
Breil 13 M 14
Bressuire 12 L 10
Brest 12 K 9
Breteuil 12 K 11
Briançon 13 M 13
Briare 12 K 12
Brienne-le-Château 12 K 12
Brionne 12 K 11
Brioude 12 L 12
Brive-la-Gaillarde 12 L 11
Brou 12 K 11
Caen 12 K 10
Cahors 12 M 11
Calais 12 J 11
Calvi 20 M 14
Cambrai 12 J 12
Candé 12 K 10
Cannes 20 M 13
Cap Ferret 12 M 10
Carcassonne 19 M 11
Carentan 12 K 10
Cargèse 20 N 14
Carhaix-Plouguer 12 K 9
Carmaux 12 M 11
Carpentras 12 M 13
Casamozza 20 M 14
Casteljaloux 12 M 11
Castellane 13 M 13
Castelnau-Magnoac 12 M 11
Castelnau-Médoc 12 L 10
Castelsarrasin 12 M 11
Castillonnès 12 M 11
Castres 12 M 11
Cateraggio 20 N 14
Caudry 12 J 12
Caussade 12 M 11
Cauterets 19 M 10
Cavaillon 12 M 13
Cérilly 12 L 12
Cervione 20 N 14
Chagny 12 L 12
Chalais 12 L 11
Challans 12 L 10
Chalon-sur-Saône 12 L 12
Châlons-en-Champagne 12 K 12
Châlus 12 L 11
Chambéry 13 L 13
Chamonix 13 L 13
Champagnole 13 L 13
Chantonnay 12 L 10
Charleville-Mézières 13 K 12
Charmes 13 K 13
Charolles 12 L 12
Chartres 12 K 11
Chasseneuil 12 L 11
Château Arnoux 13 M 13
Château Chinon 12 L 12
Château Renault 12 K 11
Château Salins 13 K 13
Château Thierry 12 K 12
Château-du-Loir 12 K 11
Château-la-Vallière 12 K 11
Châteaubriant 12 K 10
Châteaudun 12 K 11
Châteaulin 12 K 9
Châteauneuf-en-Thymerais 12 K 11
Châteauneuf-sur-Loire 12 K 11
Châteauroux 12 L 11
Châtelguyon 12 L 12
Châtellerault 12 L 11
Châtillon-s.-I. 12 L 11
Châtillon-sur-Seine 12 K 12
Chauffailles 12 L 12
Chaumont 13 K 13
Chauny 12 K 12
Cherbourg-Octeville 12 K 10
Chinon 12 L 11
Cholet 12 L 10
Clamecy 12 L 12
Clelles 13 M 13
Clermont-Ferrand 12 L 12
Clisson 12 L 10
Cognac 12 L 10
Colmar 13 K 13
Colombey-les-Belles 13 K 13
Combeaufontaine 13 K 13
Commercy 13 K 13
Compiègne 12 K 12
Concarneau 12 K 9
Condom 12 M 11
Confolens 12 L 11
Connerré 12 K 11
Corbeil-Essonnes 12 K 11
Corbeny 12 K 12
Corbigny 12 L 12
Corlay 12 K 9
Corte 20 N 14
Cosne-Cours-s-Loire 12 L 12
Coulommiers 12 K 12
Creil 12 K 12
Cressensac 12 M 11
Crest 12 M 13
Culan 12 L 11
Dax 12 M 10
Deauville 12 K 11
Decazeville 12 M 11
Decize 12 L 12
Die 12 M 13
Dieppe 12 K 11
Digne-les-Bains 13 M 13
Digoin 12 L 12
Dijon 13 L 13
Dinan 12 K 10
Dinard 12 K 10
Diou 12 L 12
Dole 13 L 13
Domfront 12 K 10
Douai 12 J 12
Douarnenez 12 K 9
Doullens 12 J 11
Draguignan 20 M 13
Dreux 12 K 11
Dunkerque 12 J 11
Durtal 12 K 10
Ecouis 12 K 11
Elbeuf 12 K 11
Embrun 13 M 13
Epernay 12 K 12
Equisay 12 K 11
Ernée 12 K 10
Espalion 12 M 12
Estagel 19 M 12
Etampes 12 K 11
Eu 12 J 11
Evreux 12 K 11
Facture 12 M 10
Falaise 12 K 10
Fécamp 12 K 11
Feurs 12 L 12
Figeac 12 M 11
Firminy 12 L 12
Flers 12 K 10
Fleurance 12 M 11
Florac 12 M 12
Foix 19 M 11
Fontenay le-Compte 12 L 10
Fougères 12 K 10
Fourmies 12 J 12
Fréjus 20 M 13
Fumay 13 K 12
Fumel 12 M 11
Gaillac 12 M 11
Ganges 12 M 12
Gannat 12 L 12
Gap 13 M 13
Gérardmer 13 K 13
Gex 13 L 13
Gien 12 K 12
Gisors 12 K 11
Givors 12 L 12
Gourdon 12 M 11
Gournay-en-Bray 12 K 11
Gouzon 12 L 11
Gramat 12 M 11
Granville 12 K 10
Grasse 20 M 13
Gray 13 L 13
Grenoble 13 L 13
Grisolles 12 M 11
Gruissan 19 M 12
Guebwiller 13 K 13
Guéret 12 L 11
Guignes 12 K 12
Guillaumes 13 M 13
Guillestre 13 M 13
Guingamp 12 K 9
Guise 12 K 12
Gurs 12 M 10
Haguenau 13 K 14
Hédé 12 K 10
Hennebont 12 K 9
Hesdin 12 J 11
Hossegor 12 M 10
Houeillès 12 M 11
Hourtin 12 L 10
Hyères 20 M 13
l` Isle-Jourdain 12 M 11
l`Aigle 12 K 11
Issoire 12 L 12
Issoudun 12 L 11
Janzé 12 K 10
Joigny 12 K 12
Joinville 13 K 13
Jonzac 12 L 10
L'île Rousse 20 M 14
la Baule 12 L 10
la Boule 12 L 12
la Canourgue 12 M 12
la Chaise Dieu 12 L 12
la Charité 12 L 12
la Châtre 12 L 11
la Ciotat 19 M 13
la Croisière 12 L 11
la Fléche 12 K 10
la Guerche-sur-l'Aubois 12 L 12
la Haye-du-Puits 12 K 10
la Hutte 12 K 11
la Mure 13 M 13
la Réole 12 M 10
la Revaudière 12 L 11
la Roche-sur-Yon 12 L 10
la Rochebeaucourt 12 L 11
la Rochelle 12 L 10
la Seyne 19 M 13
la Tranche-sur-Mer 12 L 10
la Trimouille 12 L 11
Labouheyre 12 M 10
Lacanau-Océan 12 M 10
Lacaune 12 M 12
Lacelle 12 L 11
Lagny-le-Sec 12 K 12
Laharie 12 M 10
Lamballe 12 K 10
Lammotte-Beuvron 12 K 11
Landerneau 12 K 9
Langon 12 M 10
Langres 13 K 13
Lannemezan 12 M 11
Lannion 12 K 9
Lanslebourg 13 L 13
Laon 12 K 12
Lapalisse 12 L 12
Larche 13 M 13
Laruns 12 M 10
Lauzerte 12 M 11
Laval 12 K 10
Lavaur 12 M 11
le Blanc 12 L 11
le Bourg-d'Oisans 13 L 13
le Cateau 12 J 12
le Conquet 12 K 9
le Creusot 12 L 12
le Croisic 12 L 10
le Faouët 12 K 9
le Havre 12 K 11
le Mans 12 K 11
le Mont-Dore 12 L 12
le Mont-Saint Michel 12 K 10
le Perthus 19 N 12
le Puy-en-Velay 12 L 12
le Thillot 13 K 13
le Touquet-Paris-Plage 12 J 11
le Verdon-sur-Mer 12 L 10
le Vigan 12 M 12
Legé 12 L 10
Lempdes 12 L 12
Lens 12 J 12
Léon/Bayonne 12 M 10
les Echelles 13 L 13
les Hayons 12 K 11
les Maisons Blanches 12 L 11
les Sables duOlonne 12 L 10
les Saintes Maries 19 M 12
Lesparre-Médoc 12 L 10
Levet 12 L 11
Lézignan-Corbières 19 M 12
Libourne 12 M 10
Lille 12 J 12
Lillers 12 J 12
Limoges 12 L 11
Limogne 12 M 11
Limoux 19 M 11
Lisieux 12 K 11
Loches 12 L 11
Locminé 12 K 9
Lodève 12 M 12
Longuyon 13 K 13
Longwy 13 K 13
Lons-le-Saunier 13 L 13
Lorient 12 K 9
Loriol 12 M 12
Loudéac 12 K 9
Loudun 12 L 11
Louhans 13 L 13
Lourdes 12 M 10
Louviers 12 K 11
Luçon 12 L 10
Lunel 12 M 12
Lunéville 13 K 13
Lure 13 K 13
Lussac-les-Châteaux 12 L 11
Luxeuil-les-Bains 13 K 13
Luzy 12 L 12
Lyon 12 L 12
Mâcon 12 L 12
Magny-en-Vexin 12 K 11
Manciet 12 M 11
Mansle 12 L 11
Mantes 12 K 11
Marans 12 L 10
Marennes 12 L 10
Marmanda 12 M 11
Marquise 12 J 11
Mars-la-Tour 13 K 13
Marseille 19 M 13
Martignè - 12 K 10
Martigues 19 M 13
Marvejols 12 M 12
Massat 19 M 11
Matha 12 L 10
Maubeuge 12 J 12
Mauburguet 12 M 11
Mauriac 12 L 11
Mauvezin 12 M 11
Mayenne 12 K 10
Megève 13 L 13
Melle 12 L 10
Melun 12 K 12
Mende 12 M 12
Menton 20 M 13
Metz 13 K 13
Meximieux 12 L 13
Millau 12 M 12
Mimizan-Plage 12 M 10
Mirambeau 12 L 10
Mirande 12 M 11
Mirebeau 12 L 11
Mirepoix 19 M 11
Moissac 12 M 11
Mon Idée 12 K 12
Monosque 13 M 13
Mont-de-Marsan 12 M 10
Montaigu 12 L 10
Montargis 12 K 12
Montauban 12 M 11
Montbard 12 K 12
Montbéliard 13 K 13
Montbrison 12 L 12
Montceau-les-Mines 12 L 12
Montcornet 12 K 12
Montdidier 12 K 12
Montélimar 12 M 12
Montereau 12 K 12
Montesquieu-Volvestre 12 M 11
Montigny-le-Roi 13 K 13
Montlieu-la-Garde 12 L 10
Montluçon 12 L 12
Montmarault 12 L 12
Montmirail 12 K 12
Montpellier 12 M 12
Montreuil 12 J 11
Montsalvy 12 M 12
Morez 13 L 13
Morgat 12 K 9
Morlaix 12 K 9
Mortagne 12 K 11
Mortagne-sur-Sèvre 12 L 10
Morteau 13 L 13
Mouchard 13 L 13
Moulins 12 L 12
Moûtiers 13 L 13
Mulhouse 13 K 13
Murat 12 L 12
Muret 12 M 11
Mussidan 12 M 11
Nancy 13 K 13
Nantes 12 L 10
Nantua 13 L 13
Narbonne 19 M 12
Nemours 12 K 12
Nérac 12 M 11
Neufchâteau 13 K 13
Neufchâtel-en-Bray 12 K 11
Nevers 12 L 12
Nice 20 M 13
Nîmes 12 M 12
Niort 12 L 10
Nogent-le-Rotrou 12 K 11
Nogent-sur-Seine 12 K 12
Noirétable 12 L 11
Noirmoutier-en-l'Île 12 L 10
Nonant-le-Pin 12 K 11
Nort 12 L 10
Nozay 12 K 10
Nyons 12 M 13
Orange 12 M 12
Orléans 12 K 11
Orthez 12 M 10
Oullins 12 L 12
Oyonnax 13 L 13
Paimpol 12 K 9
Pamiers 19 M 11
Paris 12 K 11
Parthenay 12 L 10
Pau 12 M 10
Périgueux 12 L 11
Péronne 12 K 12
Perpignan 19 M 12
Perros-Guirec 12 K 9
Peyrehorade 12 M 10
Peyrolles 19 M 13
Pézenas 19 M 12
Pierre-Buffière 12 L 11
Pino 20 M 14
Pithiviers 12 K 11
Ploërmel 12 K 10
Poitiers 12 L 11
Poix 12 K 11
Poligny 13 L 13
Pons 12 L 10
Pont Audemer 12 K 11
Pont-a-Mousson 13 K 13
Pont-Saint Esprit 12 M 12
Pontarlier 13 L 13
Pontaumur 12 L 12
Pontchâteau 12 L 10
Ponte Leccia 20 N 14
Pontivy 12 K 9
Pontoise 12 K 11
Pontorson 12 K 10
Pornic 12 L 10
Port Navalo 12 K 9
Port Saint Louis 19 M 12
Port Vendres 19 N 12
Porto 20 N 14
Porto - Vecchio 20 N 14
Pradelles 12 M 12
Prades 19 M 11
Pré-en-Pail 12 K 10
Précy-sous-Til 12 L 12
Privas 12 M 12
Propriano 20 N 14
Provins 12 K 12
Puget-Théniers 13 M 13
Puigcerda 19 N 11
Pácy 12 K 11
Quiberon 12 L 9
Quillan 19 M 11
Quimper 12 K 9
Quimperlé 12 K 9
Rambouillet 12 K 11
Recey 13 K 12
Redon 12 K 10
Reims 12 K 12
Remiremont 13 K 13
Remoulins 12 M 12
Rennes 12 K 10
Rethel 12 K 12
Rezé 12 L 10
Ribérac 12 L 11
Riez 13 M 13
Riom 12 L 12
Riom-ès-Montagnes 12 L 12
Roanne 12 L 12
Rochefort 12 L 10
Rodez 12 M 12
Romans-s-Isère 12 L 13
Romilly-sur-Seine 12 K 12
Romorantin-Lanthenay 12 L 11
Roquefort 12 M 10
Roscoff 12 K 9
Rosporden 12 K 9
Roubaix 12 J 12
Rouen 12 K 11
Royan 12 L 10
Roye 12 K 12
Sablé-sur-Sarthe 12 K 10
Sabres 12 M 10
Saint Affrique 12 M 12
Saint Agrève 12 M 12
Saint Amand 12 J 12
Saint Amand-Montrond 12 L 12
Saint André-de-Cubzac 12 M 10
Saint Armour 13 L 13
Saint Avold 13 K 13
Saint Brévin 12 L 10
Saint Brieuc 12 K 9
Saint Chély-d'Apcher 12 M 12
Saint Claude 13 L 13
Saint Denis 12 K 11
Saint Denis-d'Oleron 12 L 10
Saint Dié-des-Vosges 13 K 13
Saint Dizier 13 K 12
Saint Etienne 12 L 12
Saint Florent 20 M 14
Saint Florentin 12 K 12
Saint Flour 12 L 12
Saint Gaudens 12 M 11
Saint Georges-sur-Loire 12 L 10
Saint Germain 12 K 11
Saint Gilles-Croix-de-Vie 12 L 10
Saint Girons 19 M 11
Saint Guénolé 12 K 9
Saint Hilaire-du-Harcouët 12 K 10
Saint Jean-de-Maurienne 13 L 13
Saint Jean-d'Angély 12 L 10
Saint Jean-Pied-de-Port 12 M 10
Saint Jouan-de-l'Isle 12 K 10
Saint Julien 13 L 13

Saint Junien 12 L 11
Saint Lô 12 K 10
Saint Maixent-l'Ecole 12 L 10
Saint Malo 12 K 10
Saint Marcellin 12 L 13
Saint Martin-de-Ré 12 L 10
Saint Mathieu 12 L 11
Saint Nazaire 12 L 10
Saint Omer 12 J 11
Saint Palais 12 M 10
Saint Pierre-le-Moûtier 12 L 12
Saint Pol-de-Léon 12 K 9
Saint Pons-de-Thomières 12 M 12
Saint Quay-Portrieux 12 K 9
Saint Quentin 12 K 12
Saint Raphaël 20 M 13
Saint Seine 12 L 12
Saint Sernin-sur-Rance 12 M 12
Saint Sever 12 M 10
Saint Tropez 20 M 13
Saint Yrieix 12 L 11
Saint-Valéry-en-Caux 12 K 11
Sainte Foy-la-Grande 12 M 11
Sainte Hermine 12 L 10
Sainte Maure-de-Touraine 12 L 11
Sainte Menéhould 13 K 12
Saintes 12 L 10
Salbris 12 L 11
Salon-de-Provence 19 M 13
Samatan 12 M 11
Sarlat-la-Canéda 12 M 11
Sarre Union 13 K 13
Sarrebourg 13 K 13
Sarreguemines 13 K 13
Sartene 20 N 14
Saugues 12 M 12
Saulieu 12 L 12
Sault 12 M 13
Saumur 12 L 10
Sauvas 12 M 12
Saverne 13 K 13
Schirmeck 13 K 13
Secondigny 12 L 10
Sedan 13 K 12
Sées 12 K 11
Seiches 12 K 10
Sélestat 13 K 13
Selles 12 L 11
Senlis 12 K 12
Sens 12 K 12
Serres 13 M 13
Sète 19 M 12
Seurre 13 L 13
Seyne 13 M 13
Sézanne 12 K 12
Sigean 19 M 12
Sisteron 13 M 13
Soissons 12 K 12
Solenzara 20 N 14
Sombernon 12 L 12
Sommesous 12 K 12
Soual 12 M 11
Souillac 12 M 11
Soulac-sur-Mer 12 L 10
Stenay 13 K 13
Strasbourg 13 K 14
Surgères 12 L 10
Tarare 12 L 12
Tarascon 19 M 11
Tarbes 12 M 11
Tartas 12 M 10
Tende 13 M 14
Thenon 12 L 11
Thiers 12 L 12
Thionville 13 K 13
Thiviers 12 L 11
Thouars 12 L 10
Til-Châtel 13 K 13
Tonnerre 12 K 12
Tôtes 12 K 11
Toucy 12 K 12
Toul 13 K 13
Toulon/Autun 12 L 12
Toulon/Marseille 20 M 13
Toulouse 12 M 11
Tournon 12 L 12
Tournus 12 L 12
Tours 12 L 11
Tourves 20 M 13
Toury 12 K 11
Troyes 12 K 12
Tulle 12 L 11
Urdos 12 M 10
Ussel 12 L 11
Uzerche 12 L 11
Valençay 12 L 11
Valence 12 M 12
Valenciennes 12 J 12
Valognes 12 K 10
Valras Plage 19 M 12
Vannes 12 K 9
Varzy 12 L 12
Vatan 12 L 11
Vendôme 12 K 11
Verdun 13 K 13
Verneuil 12 K 11
Vernon 12 K 11
Versailles 12 K 11
Vervins 12 K 12
Vesoul 13 K 13
Vichy 12 L 12
Vienne 12 L 12
Vierzon 12 L 11
Vihiers 12 L 10
Villars-les-Dombes 12 L 13
Villefort 12 M 12
Villefranche 12 M 11
Villefranche-de-Lauragais 12 M 11
Villefranche-s-Saône 12 L 12
Villeneuve-Saint-Georges 12 K 11
Villeneuve-sur-Lot 12 M 11
Villers-Bocage 12 K 10
Vire 12 K 10
Vitré 12 K 10
Vitry-le-François 12 K 12
Vittel 13 K 13
Vivonne 12 L 11
Voiron 13 L 13
Vouziers 13 K 12
Wissembourg 13 K 14
Yssingeaux 12 L 12
Zicavo 20 N 14

## FIN

338 144 km² · +358
Helsinki · 5 439 000

Ahola 3 C 22
Alahärma 5 D 20
Alajärvi 5 D 20
Alavus 5 D 20
Anttola 5 E 21
Askola 5 E 21
Autti 3 C 21
Bromarv 5 F 20
Dragsfjärd 5 E 20
Ekenäs 5 F 20
Elimäki 5 E 21
Eno 5 D 23
Enontekiö 3 B 20
Espoo 5 E 20
Eura 5 E 19
Eurajoki 5 E 19
Evijärvi 5 D 20
Forssa 5 E 20
Geta 5 E 18
Haapajärvi 5 D 21
Hailuotu 3 D 20
Hamina 5 E 21
Hammaslahti 5 E 22
Hanko 5 F 20
Harjavalta 5 E 19
Hartola 5 E 21
Haukivuori 5 E 21
Hautajärvi 3 C 22
Heinola 5 E 21
Heinävesi 5 E 22
Helsingfors=Helsinki 5 E 20
Helsinki=Helsingfors 5 E 20
Honkajoki 5 E 19
Hossa 3 C 22
Huittinen 5 E 20
Hukkajärvi 3 D 23
Humppila 5 E 20
Hyrynsalmi 3 D 22
Hyvinkää 5 E 20
Häijää 5 E 20
Hämeenkyrö 5 E 20
Hämeenlinna 5 E 20
Iisalmi 5 D 21
Iittala 5 E 20
Ikaalinen 5 E 20
Ilomantsi 5 D 23
Imatra 5 E 22
Inari/Lieksa 5 D 23
Inari/Virtaniemi 3 B 21
Isojoki 5 E 19
Ivalo 3 B 22
Jaala 5 E 21
Jakobstad=Pietersaari 5 D 20
Jalasjärvi 5 E 20
Joensuu 5 D 22
Joutsa 5 E 21
Joutseno 5 E 22
Joutsijärvi 3 C 22
Juntusranta 3 C 22
Juuka 5 D 22
Juva 5 E 22
Jyrkänkoski 3 C 22
Jyväskylä 5 E 21
Jämsä 5 E 21
Järvenpää 5 E 21
Kaamanen 3 B 21
Kaaresuvanto 3 B 20
Kajaani 3 D 22
Kalajoki 3 D 20
Kangasniemi 5 E 21
Kankaanpäa 5 E 19
Kannus 5 D 20
Karigasniemi 3 B 21
Karis 5 E 20
Karkkila 5 E 20
Karleby=Kokkola 5 D 20
Karstula 5 D 20
Kartulla 5 D 21
Karvia 5 E 20
Kaskinen 5 E 19
Kauhajoki 5 E 19
Kauhava 5 D 20
Kaukonen 3 C 20
Kaustinen 5 D 20
Kelloselkä 3 C 22
Kemi 3 C 20
Kemijärvi 3 C 21
Kerava 5 E 21
Kestilä 3 D 21
Kesälahti 5 E 22
Keuruu 5 E 20
Kilpisjärvi 3 B 19
Kimito 5 E 20
Kinnula 5 D 21
Kisko 5 E 20
Kitee 5 E 23
Kittilä 3 B 20
Kiuruvesi 5 D 21
Kokkola=Karleby 5 D 20
Kolari 3 C 20
Kontiomäki 3 D 22
Korpilahti 5 E 21
Korpo 5 E 19
Korsnäs 5 D 19
Koskenkylä 5 E 21
Koski 5 E 20
Kotka 10 E 21
Kouvola 5 E 21
Kristinestad 5 E 19
Kuhmalahti 5 E 20
Kuhmo 3 D 22
Kuhmoinen 5 E 21
Kuivaniemi 3 C 21
Kullaa 5 E 19
Kumila 5 E 20
Kuopio 5 D 22
Kuortti 5 E 21
Kurhila 5 E 21
Kurikka 5 D 19
Kuru 5 E 20
Kuusamo 3 C 22
Kuusankoski 5 E 21
Kyyjärvi 5 D 20
Kärsämäki 5 D 21
Kökar 5 F 19
Lahti 5 E 21
Laihia 5 D 19
Laitila 5 E 19
Lammi 5 E 21
Lappeenranta 5 E 22
Lappfjärd 5 E 19
Lapua 5 D 20
Lavia 5 E 20
Lempäälä 5 E 20
Leppäjärvi 3 B 20
Lestijärvi 5 D 20
Lieksa 5 D 22
Liminka 3 D 21
Liperi 5 D 22
Lohiniva 3 C 21
Lohja 5 E 20
Loimaa 5 E 20
Lokka 3 B 22
Loppi 5 E 20
Loviisa 5 E 21
Lumparland 5 E 19
Lusi 5 E 21
Luumäki 5 E 21
Luvia 5 E 19
Maaninkavaara 3 C 22
Maarianhamina 5 E 18
Martti 3 C 22
Mellakoski 3 C 20
Meltaus 3 C 21
Menesjärvi 3 B 21
Merikarvia 5 E 19
Mikkeli 5 E 21
Muhos 3 D 21
Multia 5 E 20
Muonio 3 B 20
Mynämäki 5 E 19
Mäntsäla 5 E 21
Mänttä 5 E 20
Mäntyharju 5 E 21
Mäntyluoto 5 E 19
Naantali 5 E 19
Nagu 5 E 19
Nivala 5 D 20
Nokia 5 E 20
Noormarkku 5 E 19
Nummi 5 E 20
Nurmes 5 D 22
Nuupas 3 C 21
Nykarleby=Uusikaarlepyy 5 D 20
Näljänkä 3 C 22
Orimattila 5 E 21
Orivesi 5 E 20
Oulu 3 C 21
Outukumpu 5 D 22
Padasjoki 5 E 21
Palojoensuu 3 B 20
Pargas 5 E 19
Parkano 5 E 20
Pelkosenniemi 3 C 22
Pello 3 C 20
Perniö 5 E 20
Pieksämäki 5 E 21
Pielavesi 5 D 21
Pietersaari=Jakobstad 5 D 20
Pihtipudas 5 D 21
Pirttikylä=Pörtom 5 D 19
Pokka 3 B 21
Polmak 3 A 22
Pomarkku 5 E 19
Pori 5 E 19
Porkkala 5 F 20
Porvoo 5 E 21
Posio 3 C 22
Prastö 5 E 19
Pudasjärvi 3 C 21
Pulkkila 3 D 21
Punkaharju 5 E 22
Puolanka 3 D 22
Puumula 5 E 22
Pyhäjoki 3 D 20
Pyhältö 5 E 21
Pyhäntä 3 D 21
Pyhäsalmi 5 D 21
Pälkäne 5 E 20
Pörtom=Pirttikylä 5 D 19
Raahe 3 D 20
Raanujärvi 3 C 20
Raippaluoto=Replot 5 D 19
Raja-Jooseppi 3 B 22
Ranua 3 C 21
Rauma 5 E 19
Rautajärvi 5 D 22
Rautalampi 5 D 21
Rautjärven 5 E 22
Replot=Raippaluoto 5 D 19
Riihimäki 5 E 20
Ristiina 5 E 21
Rovaniemi 3 C 21
Ruovesi 5 E 20
Rymättylä 5 E 19
Rytinki 3 C 21
Saarijärvi 5 D 21
Saarivaara 3 D 22
Salla 3 C 22
Salò 5 E 20
Savitaipale 5 E 21
Savonlinna 5 E 22
Savonranta 5 E 22
Savukoski 3 C 22
Seinäjoki 5 D 20
Siikainen 5 E 19
Siilinjärvi 5 D 22
Simpele 5 E 22
Sinettä 3 C 21
Sirkka 3 B 20
Sodankylä 3 C 21
Somero 5 E 20
Sonkajärvi 5 D 21
Sotkamo 3 D 22
Sottunga 5 E 19
Storby 5 E 18
Sulkava 5 E 22
Suolahti 5 D 21
Suomenniemi 5 E 21
Suomussalmi 3 D 22
Suonenjoki 5 D 21
Suonsalmi 5 E 21
Svettijärvi 3 B 22
Sysmä 5 E 21
Särkilahti 5 E 22
Särkisalmi 5 E 22
Taivalkoski 3 C 22
Taivassalo 5 E 19
Tampere 5 E 20
Tannila 3 C 21
Tepasto 3 B 20
Tervola 3 C 20
Tohmajärvi 5 E 23
Toijala 5 E 20
Tornio 3 C 20
Tulppio 3 B 22
Tuohikotti 5 E 21
Turku 5 E 19
Tuulos 5 E 20
Unari 3 C 21
Urjala 5 E 20
Utajärvi 3 D 21
Utsjoki 3 B 21
Uukuniemi 5 E 22
Uusikaarlepyy=Nykarleby 5 D 20
Uusikaupunki 5 E 19
Vaala 3 D 21
Vaalajärvi 3 C 21
Vaasa 5 D 19
Valkeakoski 5 E 20
Vammala 5 E 20
Vampula 5 E 20
Varkaus 5 E 21
Vartius 3 D 23
Vehmasmäki 5 D 22
Vesanto 5 D 21
Vihanti 3 D 21
Viisarimäki 5 E 21
Viitasaari 5 D 21
Vikajärvi 3 C 21
Vimpeli 5 D 20
Virolahti 5 E 22
Virrat 5 E 20
Virtaniemi 3 B 22
Vuotso 3 B 21
Yli-Näljänkä 3 C 22
Ylikiiminki 3 C 21
Ylitornio 3 C 20
Ylivieska 5 D 20
Ylämaa 5 E 22
Yläne 5 E 19
Äänekoski 5 D 21
Äkäslompolo 3 B 20
Ämmänsaari 3 D 22
Ömossa 5 E 19

## FL

160 km² · +423
Vaduz · 37 000

Vaduz 13 L 14

## FO

1 396 km² · +298
Tórshavn · 50 000

Fuglafjørðhur 2 A 1
Klaksvik 2 A 1
Tórshavn 2 A 1
Tvorøyri 2 A 1
Vestmanna 2 A 1

## GB

242 910 km² · +44
London · 64 097 000

Aberdaron 6 H 9
Aberdeen 7 G 10
Aberraeron 6 J 9
Aberystwyth 6 J 9
Abington 6 G 9
Aboyne 6 G 9
Achnasheen 6 F 8
Aldershot 6 J 10
Alnwick 6 G 10
Alston 6 H 10
Altnaharra 6 F 9
Amlwch 6 H 9
Annan 6 H 9
Appleby 6 H 10
Arbroath 6 G 9
Ardrossan 6 G 9
Arinagour 6 G 8
Arrochar 6 G 9
Ashbourne 6 H 10
Aughnacloy 6 H 8
Aylesbury 6 J 10
Ayr 6 G 9
Bagh 6 G 8
Ballycastle 6 G 8
Ballymena 6 H 8
Balmoral 6 G 9
Banbridge 6 H 8
Banbury 6 J 10
Banff 7 F 9
Bangor/Belfast 6 H 8
Bangor/Birkenhead 6 H 9
Barnard Castle 6 H 10
Barnsley 6 H 10
Barnstaple 6 J 9
Barrow in Furness 6 H 9
Basingstoke/Reading 6 J 10
Basingstoke/Southampton 6 J 10
Bath 6 J 10
Bedford 6 J 10
Belfast 6 H 8
Belford 6 G 10
Berwick-upon-Tweed 6 G 10
Bicester 6 J 10
Birkenhead 6 H 9
Birmingham 6 J 10
Blackburn 6 H 10
Blackpool 6 H 9
Blair Atholl 6 G 9
Bletchley 6 J 10
Bodmin 6 J 9
Bolton 6 H 10
Bonar Bridge 6 F 9
Boston 7 H 11
Bournemouth 6 J 10
Bradford 6 H 10
Braintree 7 J 11
Brecon 6 J 9
Brentwood 7 J 11
Bridgwater 6 J 9
Bridlington 7 H 10
Brighton 6 J 10
Bristol 6 J 9
Brodick 6 G 8
Broughton in Furness 6 H 9
Bude 6 J 9
Builth Wells 6 J 9
Burton-upon-Trent 6 H 10
Bury Saint Edmund`s 7 J 11
Buxton 6 H 10
Caernarfon 6 H 9
Callander 6 G 9
Camborne 6 J 8
Cambridge 7 J 11
Camelford/Cardiff 6 J 9
Camelford/Plymouth 6 J 9
Campbeltown 6 G 8
Canterbury 7 J 11
Cardiff 6 J 9
Cardigan 6 J 9
Carlisle 6 H 9
Carmarthen 6 J 9
Carrbridge 6 G 9
Castle Douglas 6 H 9
Chelmsford 7 J 11
Cheltenham 6 J 10
Chepstow 6 J 9
Chester 6 H 9
Chesterfield 6 H 10
Chippenham 6 J 10
Church Stretton 6 H 9
Cirencester 6 J 10
Clydebank 6 G 9
Colchester 7 J 11
Coleraine 6 G 8
Colwyn Bay 6 H 9
Consett 6 H 10
Corbridge 6 H 10
Corwen 6 H 9
Coventry 6 J 10
Craighouse 6 G 8
Crail 6 G 9
Crawley 6 J 10
Crewe 6 H 10
Crianlarich 6 G 9
Cromer 7 H 11
Croydon 6 J 10
Cushendall 6 G 8
Darlington 6 H 10
Daventry 6 J 10
Derby 6 H 10
Dingwall 6 F 9
Dolgellau 6 H 9
Doncaster 6 H 10
Dorchester 6 J 10
Dover 7 J 11
Downpatrick 6 H 8
Driffield 7 H 10
Drummore 6 H 9
Dumfries 6 G 9
Dunbar 6 G 9
Dundee 6 G 9
Dunfermline 6 G 9
Dungannon 6 H 8
Dungiven 6 H 8
Dunkeld 6 G 9
Durham 6 H 10
Eastbourne 12 J 11
Edinburgh 6 G 9
Elgin 6 F 9
Ellon 7 G 10
Ely 7 J 11
Enniskillen 6 H 7
Evesham 6 J 10
Exeter 6 J 9

Fakenham 7 H 11
Falkirk 6 G 9
Falmouth 6 J 8
Felixstowe 7 J 11
Fionnphort 6 G 8
Fishguard 6 J 9
Folkestone 7 J 11
Forfar 6 G 9
Fort Augustus 6 G 9
Fort William 6 G 8
Fraserburgh 7 F 10
Gainsborough 7 H 10
Gairloch 6 F 8
Galashiels 6 G 9
Garve 6 F 9
Gibraltar 18 P 8
Girvan 6 G 9
Glasgow 6 G 9
Glenbarr 6 G 8
Glenfinnan 6 G 8
Gloucester 6 J 10
Golspie 6 F 9
Grantown-on-Spey 6 G 9
Great Yarmouth 7 H 11
Greenock 6 G 9
Grimsby 7 H 10
Guildford 6 J 10
Harlech 6 H 9
Harlow 7 J 11
Harrogate 6 H 10
Hartlepool 7 H 10
Harwich 7 J 11
Hastings 12 J 11
Havant 6 J 10
Hawes 6 H 10
Hawick 6 G 9
Helmsdale 6 F 9
Hendon 6 J 10
Hereford 6 J 9
Heysham 6 H 9
High Wycombe 6 J 10
Hinckley 6 H 10
Hitchin 6 J 10
Holyhead 6 H 9
Horsham 6 J 10
Huddersfield 6 H 10
Hunstanton 7 H 11
Ilfracombe 6 J 9
Inveraray 6 G 8
Inverness 6 G 9
Inverurie 7 G 10
Ipswich 7 J 11
John o` Groat`s 7 F 9
Keith 6 F 9
Kelso 6 G 10
Kendal 6 H 9
Keswick 6 H 9
Kettering 6 J 10
Kidderminster 6 J 10
Kilkeel 6 H 8
Kilmarnock 6 G 9
King`s Lynn 7 H 11
Kingsbridge 6 J 9
Kingston 7 H 10
Kirkcaldy 6 G 9
Kirkwall 7 F 9
Kyle of Lochalsh 6 G 8
Lanark 6 G 9
Lancaster 6 H 9
Langholm 6 G 9
Larne 6 H 8
Leeds 6 H 10
Leicester 6 H 10
Leominster 6 J 9
Leyburn 6 H 10
Lincoln 7 H 10
Liverpool 6 H 9
Lizard 6 K 8
Llandovery 6 J 9
Llanelli 6 J 9
Llangurig 6 J 9
Loch Baghasdail 6 G 8
Loch nam Madadh 6 F 8
Lochaline 6 G 8
Lochearnhead 6 G 9
Lochgilphead 6 G 8
Lochinver 6 F 8
London 7 J 10
Londonderry 6 H 8
Looe 6 J 9
Loughborough 6 H 10
Louth 7 H 10
Lowestoft 7 J 11
Luton 6 J 10
Lydd 12 J 11
Lyme Regis 6 J 9
Lymington 6 J 10
Lynmouth 6 J 9
Mablethorpe 7 H 11
Machynlleth 6 H 9
Maghera 6 H 8
Maidstone 7 J 11
Mallaig 6 G 8
Malton 7 H 10
Manchester 6 H 10
Mansfield 6 H 10
March 7 H 11
Marlborough 6 J 10
Maryport 6 H 9
Merthyr Tydfil 6 J 9
Middlesbrough 7 H 10
Milford Haven 6 J 8
Moffat 6 G 9
Monmouth 6 J 9
Montrose 6 G 10
Morpeth 6 G 10
Motherwell 6 G 9
Nairn 6 F 9
Newark-on-Trent 6 H 10
Newbury 6 J 10
Newcastle upon Tyne 6 H 10
Newhaven 12 J 11
Newmarket 7 J 11
Newport/Bristol 6 J 9
Newport/Portsmouth 6 J 10
Newquay 6 J 8
Newry 6 H 8
Newton Abbot 6 J 9
Newton Stewart 6 H 9
Newtonmore 6 G 9
Newtown 6 H 9
NORWICH 7 H 11
NOTTINGHAM 6 H 10
Northampton 6 J 10
Oban 6 G 8
Okehampton 6 J 9
Omagh 6 H 8
Oswestry 6 H 9
Oxford 6 J 10
Peebles 6 G 9
Pembroke 6 J 9
Penrith 6 H 9
Penzance 6 J 8
Perth 6 G 9
Peterborough 7 H 10
Peterhead 7 G 10
Petersfield 6 J 10
Plymouth 6 J 9
Pontypool 6 J 9
Poole 6 J 10
Port Askaig 6 G 8
Port Ellen 6 G 8
Port Nis 6 F 8
Port Talbot 6 J 9
Portadown 6 H 8
Portaferry 6 H 8
Portree 6 G 8
Portsmouth 6 J 10
Preston 6 H 9
Ramsgate 7 J 11
Randalstown 6 H 8
Reading 6 J 10
Ripon 6 H 10
Rochester 7 J 11
Ross-on-Wye 6 J 9
Rothesay 6 G 8
Royston 7 J 11
Saint Austell 6 J 9
Saint Clears 6 J 9
Saint Hélier 12 K 10
Saint Peter Port 12 K 9
Salen 6 G 8
Salisbury 6 J 10
Saxmundham 7 J 11
Scalasaig 6 G 8
Scarborough 7 H 10
Scarinish 6 G 8
Scole 7 J 11
Scourie 6 F 8
Scunthorpe 7 H 10
Settle 6 H 10
Shaftesbury 6 J 10
Sheffield 6 H 10
Shepton Mallet 6 J 10
Shrewsbury 6 H 9
Sidmouth 6 J 9
Silloth 6 H 9
Skegness 7 H 11
Skipton 6 H 10
Sleaford 7 H 10
Sligachan 6 G 8
Slough 6 J 10
Southampton 6 J 10
Southend on Sea 7 J 11
Southport 6 H 9
Spalding 7 H 10
Stafford 6 H 10
Stamford 7 H 10
Steornabhagh 6 F 8
Stirling 6 G 9
Stockport 6 H 10
Stoke 6 H 10
Stonehaven 7 G 10
Strabane 6 H 8
Stranraer 6 H 8
Stratford on Avon 6 J 10
Stromness 7 F 9
Stroud 6 J 10
Sunderland 7 H 10
Sutterton 7 H 10
Swaffham 7 H 11
Swansea 6 J 9
Swindon 6 J 10
Tain 6 F 9
Tairbeart 6 F 8
Tarbert 6 G 8
Taunton 6 J 9
Tavistock 6 J 9
Telford 6 H 10
Tenterden 7 J 11
Thetford 7 J 11
Thirsk 6 H 10
Thornhill 6 G 9
Thurso 6 F 9
Tiverton 6 J 9
Tobermory 6 G 8
Tonbridge 7 J 11
Tongue 6 F 9
Torquay 6 J 9
Troon 6 G 9
Trowbridge 6 J 10
Tynemouth 7 G 10
Uig 6 F 8
Ullapool 6 F 8
Upavon 6 J 10
Wallingford 6 J 10
Walsall 6 H 10
Warrington 6 H 9
Watford 6 J 10
Welshpool 6 H 9
Weston super Mare 6 J 9
Weymouth 6 J 10
Whitby 7 H 10
Whitchurch 6 H 9
Whitehaven 6 H 9
Whithorn 6 H 9
Wick 6 F 9
Winchester 6 J 10
Withernsea 7 H 11
Witney 6 J 10
Wolverhampton 6 H 10
Worcester 6 J 10
Workington 6 H 9
Worthing 6 J 10
Wrexham 6 H 9
Yeovil 6 J 9
York 6 H 10

## GE

69 700 km² | +995
Tbilisi | 4 512 000

Avadchara 17 M 27
Aqwa 17 M 27
Bzy'b 17 M 27
Bichvinta 17 M 27
Gagra 17 M 27
Gudauta 17 M 27
Dranda 17 M 27
Lata 17 M 27
Očamčire 17 M 27

## GR

131 957 km² | +30
Athína | 11 032 000

Agia 22 O 20
Agia Galini 22 P 20
Agia Marina/Kasos 22 P 21
Agia Marina/Leros 22 P 21
Agia Pelagia 22 P 20
Agia Triada 22 O 19
Agii Deka 22 P 20
Agios Kirikos 22 O 21
Agios Nikolaos/Kriti 22 P 21
Agios Nikolaos/Ioannina 22 N 20
Agnanda 22 O 19
Agrinio 22 O 19
Alexandria/Thessaloniki 22 N 19
Alexandroupoli 22 N 21
Almiros 22 O 20
Amaliada 22 O 19
Amfiklia 22 O 20
Amfilohia 22 O 19
Amfissa 22 O 19
Amorgos 22 P 21
Anatoliko Frangista 22 O 19
Andirrio 22 O 19
Andravida 22 O 19
Andritsena 22 P 19
Andros 22 O 20
Apollonia 22 P 20
Areopoli 22 P 19
Argos 22 O 20
Argostoli 21 O 19
Aridea 22 N 19
Arkasa 23 P 21
Arta 22 O 19
Artotina 22 O 19
Astakos 22 O 19
Astipalea 22 P 21
Astros 22 P 20
Atalandi 22 O 20
Athina 22 O 20
Delfi 22 O 20
Deskati 22 O 19
Diakofto 22 O 19
Didimotiho 22 N 21
Dimitsana 22 O 19
Drama 22 N 20
Edessa 22 N 19
Efzoni 22 N 20
Egina 22 O 20
Egio 22 O 19
Elassona 22 O 19
Elefsina 22 O 20
Eleftheroupoli 22 N 20
Epanomi 22 N 20
Eptahori 22 N 19
Eratini 22 O 19
Ermoupoli 22 P 20
Evdilos 22 O 21
Farsala 22 O 19
Feres 22 N 21
Filakio 22 N 21
Filippiada 21 O 19
Fira 22 P 21
Fiskardo 21 O 19
Florina 22 N 19
Galatas 22 P 20
Gargaliani 22 P 19
Gavrio 22 O 20
Gerolimenas 22 P 19
Geroplatanos 21 O 19
Giannitsa 22 N 19
Githio 22 P 20
Goumenissa 22 N 19
Grevena 22 N 19
Halkida 22 O 20
Hania 22 P 20
Hios 22 O 21
Hrisoupoli 22 N 20
Ierápetra 22 P 21
Igoumenitsa 21 O 19
Ioannina 21 O 19
Iraklio 22 P 21
Istiea 22 O 20
Ithaki 21 O 19
Kalamata 22 P 19
Kalambaka 22 O 19
Kalavarda 23 P 22
Kalavrita 22 O 19
Kamariotissa 22 N 21
Kardamila 22 O 21
Karditsa 22 O 19
Karies 22 N 20
Karistos 22 O 20
Karpathos 23 P 21
Karpenisi 22 O 19
Kastoria 22 N 19
Katerini 22 N 19
Kato Nevrokopi 22 N 20
Kattavia 23 P 22
Kavala 22 N 20
Kavos 21 O 19
Kea 22 O 20
Kefalos 22 P 21
Kerkira 21 O 18
Kilkis 22 N 20
Kimi 22 O 20
Kiparissia 22 P 19
Kissamos 22 P 20
Kithira 22 P 20
Kithnos 22 P 20
Knosos 22 P 21
Komotini 22 N 21
Konitsa 21 N 19
Korinthos 22 O 20
Koroni 22 P 19
Kos 23 P 21
Kozani 22 N 19
Kranidi 22 P 20
Krestena 22 O 19
Lagos/Komotini 22 N 21
Lahanas 22 N 20
Lamia 22 O 19
Langadas 22 N 20
Larisa 22 O 19
Lefkada 21 O 19
Lehonia 22 O 20
Leonidi 22 P 20
Lepoura 22 O 20
Limenaria 22 N 20
Limni 22 O 20
Lindos 23 P 22
Livadia 23 P 21
Livadia/Thiva 22 O 20
Loutra Smokovou 22 O 19
Ierissos 22 N 20
Ios 22 P 21
Mandoudi 22 O 20
Marathonas 22 O 20
Meg. Horio 23 P 21
Megalopoli 22 P 19
Megara 22 O 20
Mesolongi 22 O 19
Messini 22 P 19
Metsovo 22 O 19
Mikines 22 O 20
Mikonos 22 P 21
Milina 22 O 20
Milos 22 P 20
Mirina 22 O 21
Mitikas 22 O 19
Mitilini 22 O 21
Molai 22 P 20
Monemvasia 22 P 20
Monolithos 23 P 22
Moudros 22 O 21
Nafplio 22 O 20
Naousa 22 N 19
Naxos 22 P 21
Nea Epidavros 22 O 20
Nea Karlovasi 22 O 21
Nea Manolada 22 O 19
Nea Moudania 22 N 20
Nea Zihni 22 N 20
Neapoli/Kozani 22 N 19
Neapoli/Monemvasia 22 P 20
Nemea 22 O 20
Nenita 22 O 21
Nigrita 22 N 20
Olimbia 22 O 19
Orestiada 22 N 21
Orhomenos 22 O 20
Ormos Agiou Ioannou 22 O 20
Palamas 22 O 19
Paleohora 22 P 20
Paleokastritsa 21 O 18
Paramithia 21 O 19
Paros 22 P 21
Patmos 22 P 21
Patra 22 O 19
Pefkohori 22 O 20
Pertouli 22 O 19
Pessani 22 N 21
Petra 22 O 21
Pilos 22 P 19
Pireas 22 O 20
Pirgos 22 Q 21
Pirgos/Patra 22 O 19
Plomari 22 O 21
Poligiros 22 N 20
Preveza 21 O 19
Psahna 22 O 20
Ptolemaida 22 N 19
Rafina 22 O 20
Rendina 22 N 20
Rethimno 22 P 20
Rodopoli 22 N 20
Rodos 23 P 22
Sami 21 O 19
Samos 22 O 21
Sapes 22 N 21
Serifos 22 P 20
Serres/Kavalla 22 N 20
Servia 22 N 19
Sfakia 22 P 20
Sidirokastro 22 N 20
Sigri 22 O 21
Sikia 22 N 20
Sitia 22 P 21
Skala 22 P 20
Skiathos 22 O 20
Skiros 22 O 20
Skopelos 22 O 20
Sofades 22 O 19
Soufli 22 N 21
Sounio 22 O 20
Sparti 22 P 19
Stavroupoli 22 N 20
Stomio 22 O 20
Stratoni 22 N 20
Strofilia 22 O 20
Thasos 22 N 20
Thessaloniki 22 N 20
Thiva 22 O 20
Timbaki 22 P 20
Tinos 22 O 21
Tirnavos 22 O 19
Trikala 22 O 19
Tripoli 22 O 19
Vamos 22 P 20
Veria 22 N 19
Volimes 21 O 19
Volos 22 O 20
Xanthi 22 N 20
Zagora 22 O 20
Zakinthos 22 O 19

## H

93 030 km² | +36
Budapest | 9 897 000

Acsa 14 K 18
Ajka 14 L 18
Ártánd 15 L 19
Baja 14 L 18
Balassagyarmat 14 K 18
Balatonfüred 14 L 18
Balatonlelle 14 L 18
Balmazújváros 15 K 19
Barcs 14 L 17
Battonya 15 L 19
Békés 15 L 19
Békéscsaba 15 L 19
Beregsurány 15 K 19
Berettyóújfalu 15 L 19
Budapest 14 L 18
Cece 14 L 18
Cegléd 14 L 18
Csoma 14 K 17
Csongrád 14 L 19
Dabas 14 L 18
Debrecen 15 K 19
Dombóvár 14 L 18
Dunaföldvár 14 L 18
Dunaújváros 14 L 18
Eger 15 K 19
Érd 14 L 18
Esztergom 14 K 18
Gödöllő 14 K 18
Gyöngyös 14 K 18
Győr 14 K 18
Gyula 15 L 19
Hajdúszoboszló 15 L 19
Hajdúböszörmény 15 K 19
Harkány 14 L 18
Hatvan 14 K 18
Hercegszántó 14 L 18
Heves 15 K 19
Hidasnémeti 15 K 19
Hódmezővásárhely 15 L 19
Jánosháza 14 L 17
Jászberény 14 L 18
Jászladány 15 L 19
Kalocsa 14 L 18
Kaposvár 14 L 18
Kapuvár 14 K 17
Karcag 15 L 19
Kecel 14 L 18
Kecskemét 14 L 18
Keszthely 14 L 17
Kisbér 14 L 18
Kiskőrös 14 L 18
Kiskunfélegyháza 14 L 18
Kiskunhalas 14 L 18
Kiskunmajsa 14 L 18
Kisszállás 14 L 18
Kisújszállás 15 L 19
Kisvárda 15 K 19
Komló 14 L 18
Körmend 14 L 17
Kunmadaras 15 L 19
Kunszentmárton 15 L 19
Lajosmizse 14 L 18
Lepsény 14 L 18
Létavértes 15 L 19
Makó 15 L 19
Mátészalka 15 K 19
Mezőberény 15 L 19
Mezőkövesd 15 K 19
Mezőtúr 15 L 19
Miskolc 15 K 19
Mohács 14 L 18
Monor 14 L 18
Mór 14 L 18
Mosonmagyaróvár 14 K 17
Nagyatád 14 L 17
Nagybajom 14 L 18
Nagyecsed 15 K 20
Nagykanizsa 14 L 17
Nagykáta 14 L 18
Nagykőrös 14 L 18
Nyírábrány 15 K 19
Nyírbátor 15 K 19
Nyíregyháza 15 K 19
Orosháza 15 L 19
Ózd 15 K 19
Pápa 14 L 17
Pásztó 14 K 18
Pécs 14 L 18
Putnok 15 K 19
Rédics 14 L 17
Rétság 14 K 18
Sajószentpéter 15 K 19
Salgótarján 14 K 18
Sárospatak 15 K 19
Sárvár 14 L 17
Sátoraljaújhely 15 K 19
Siófok 14 L 18
Sopron 14 K 17

Sterencs 15 K 19
Szarvas 15 L 19
Szeged 15 L 19
Szeghalom 15 L 19
Székely 15 K 19
Székesfehérvár 14 L 18
Szekszárd 14 L 18
Szentendre 14 K 18
Szentes 15 L 19
Szigetvár 14 L 18
Szikszó 15 K 19
Szin 15 K 19
Szolnok 15 L 19
Szombathely 14 L 17
Tamási 14 L 18
Tapolca 14 L 17
Tass 14 L 18
Tatabánya 14 K 18
Tét 14 L 18
Tiszaföldvár 15 L 19
Tiszafüred 15 K 19
Tiszaújváros 15 K 19
Tiszavasvári 15 K 19
Tokaj 15 K 19
Tótkomlós 15 L 19
Törökszentmiklós 15 L 19
Újfehértó 15 K 19
Vác 14 K 18
Várpalota 14 L 18
Veszprém 14 L 18
Vésztő 15 L 19
Zalaegerszeg 14 L 17
Zirc 14 L 18

HR

☐ 56 542 km² +385
Zagreb 4 253 000

Beli Manastir 14 L 18
Biograd 21 M 17
Bjelovar 14 L 17
Buševec 14 L 17
Cres 14 M 16
Crikvenica 14 L 16
Čakovec 14 L 17
Daruvar 14 L 17
Delnice 14 L 16
Donji Lapac 14 M 17
Drniš 21 M 17
Đakovo 14 L 18
Đurđevac 14 L 17
Glina 14 L 17
Gospić 14 M 17
Gračac 21 M 17
Hrvatska Kostajnica 14 L 17
Hvar 21 M 17
Imotski 21 M 17
Ivanić Grad 14 L 17
Jablanac 14 M 16
Josipdol 14 L 17
Karlobag 14 M 17
Karlovac 14 L 17
Knin 21 M 17
Kneževci 14 L 17
Koprivnica 14 L 17
Korčula 21 M 17
Krapina 14 L 17
Krk 14 L 16
Kutina 14 L 17
Labin 14 L 16
Letenye 14 L 17
M. Lošinj 14 M 16
Makarska 21 M 17
Našice 14 L 18
Nova Gradiška 14 L 17
Novi Marof 14 L 17
Obrovac 21 M 17
Ogulin 14 L 17
Omiš 21 M 17
Omišalj 14 L 16
Opatija 14 L 16
Opuzen 21 M 18
Orebič 21 M 17
Osijek 14 L 18
Otočac 14 M 17
Pag 14 M 17
Pazin 14 L 16
Plitvica Selo 14 M 17
Ploče 21 M 17
Poreč 13 L 16
Porozina 14 L 16
Požega 14 L 18
Pula 14 M 16
Rab 14 M 16
Rijeka 14 L 16
Rogoznica 21 M 17
Rovinj 13 L 16
Rupa 14 L 16
Senj 14 L 16
Sinj 21 M 17
Sisak 14 L 17
Slatina 14 L 18
Slavonski Brod 14 L 18
Slunj 14 L 17
Split 21 M 17
Stari Grad 21 M 17
Sumartin 21 M 17
Supetar 21 M 17
Šibenik 21 M 17
Trogir 21 M 17
Tušilović 14 L 17
Udbina 14 M 17
Umag 13 L 16
Varaždin 14 L 17
Vela Luka 21 M 17
Vinkovci 14 L 18
Virovitica 14 L 17
Vis 21 M 17
Vrbovec 14 L 17
Vukovar 14 L 18
Zadar 21 M 17
Zagreb 14 L 17
Županja 14 L 18

I

☐ 301 336 km² +39
Roma 59 831 000

Abbasanta 20 N 14
Acerra 21 N 16
Acireale 21 O 17
Ácqui Terme 13 M 14
Adrano 21 O 16
Adria 13 L 15
Agnone 21 N 16
Agrigento 20 P 16
Agrópoli 21 N 17
Alagna-Valsésia 13 L 14
Alatri 20 N 16
Alba 13 M 14
Albano Laziale 20 N 16
Albenga 13 M 14
Álcamo 20 O 16
Alessándria 13 M 14
Alghero 20 N 14
Alife 21 N 16
Altamura 21 N 17
Amalfi 21 N 16
Amandola 20 M 16
Amantea 21 O 17
Amatrice 20 M 16
Ancona 20 M 16
Ándria 21 N 17
Antrodoco 20 N 16
Ánzio 20 N 16
Aosta 13 L 13
Arbatax 20 O 14
Arcidosso 20 M 15
Arezzo 20 M 15
Argenta 13 M 15
Argentera 13 M 13
Ariano Irpino 21 N 17
Arona 13 L 14
Ársoli 20 N 16
Áscoli Piceno 20 M 16
Asola 13 L 15
Asti 13 M 14
Atri 21 M 16
Augusta 21 P 17
Aulla 13 M 15
Auronzo 13 L 15
Avellino 21 N 16
Aversa 21 N 16
Avezzano 20 N 16
Avigliano 21 N 17
Badia 13 L 15
Bagni di Lucca 20 M 15
Bagno di Romagna 20 M 15
Barcellona-Pozzo di Gotto 21 O 17
Bari 21 N 17
Barletta 21 N 17
Bassano del Grappa 13 L 15
Battipáglia 21 N 16
Belluno 13 L 15
Belvedere Maríttimo 21 O 17
Benevento 21 N 16
Bérgamo 13 L 14
Bernalda 21 N 17
Bibbiena 20 M 15
Biella 13 L 14
Bitonto 21 N 17
Bivona 20 O 16
Bologna 13 M 15
Bolognetta 20 O 16
Bonelli 13 M 15
Bono 20 N 14
Borgo Val di Taro 13 M 14
Borgomanero 13 L 14
Borgosésia 13 L 14
Bórmio 13 L 15
Bosa 20 N 14
Bovalino 21 O 17
Bozen (Bolzano) 13 L 15
Bra 13 M 14
Bracciano 20 N 15
Brancaleone Marina 21 O 17
Breno 13 L 15
Brèscia 13 L 15
Bréscia 13 L 15
Breuil-Cervinia 13 L 14
Bríndisi 21 N 18
Brixen (Bressanone) 13 L 15
Buddosò 20 N 14
Busto-Arsizio 13 L 14
Cagli 20 M 16
Cágliari 20 O 14
Cala d'Oliva 20 N 14
Caltagirone 21 P 16
Caltanissetta 20 P 16
Camerino 20 M 16
Campobasso 21 N 16
Canicattì 20 P 16
Canosa 21 N 17
Cáorle 13 L 16
Capo d'Orlando 21 O 16
Capri 21 N 16
Carbónia 20 O 14
Cariati 21 O 17
Carloforte 20 O 14
Carmagnola 13 M 14
Carpi 13 M 15
Carrara 13 M 15
Casale Monferrato 13 L 14
Casalmaggiore 13 M 15
Cassino 20 N 16
Castèl di Sangro 21 N 16
Castèl Volturno 20 N 16
Castelfranco 13 L 15
Castellamare del Golfo 20 O 16
Castelnovo 13 M 15
Castelsardo 20 N 14
Casteltérmini 20 O 16
Castelvetrano 20 O 16
Castiglione della Pescáia 20 M 15
Castrovíllari 21 O 17
Catánia 21 P 17
Catanzaro 21 O 17
Catanzaro Marina 21 O 17
Cattólica 20 M 16
Cavalese 13 L 15
Cécina 20 M 15
Cefalù 20 O 16
Celano 20 N 16
Cento 13 M 15
Cerignola 21 N 17
Cervéteri 20 N 15
Cérvia 13 M 15
Cesena 20 M 15
Cesenático 20 M 15
Cetraro 21 O 17
Chiávari 13 M 14
Chiavenna 13 L 14
Chieti 21 N 16
Chióggia 13 L 15
Chiusi 20 M 15
Chivasso 13 L 14
Cirò 21 O 17
Città di Castello 20 M 15
Civita Castellana 20 N 15
Civitanova Marche 20 M 16
Civitavécchia 20 N 15
Cles 13 L 15
Clusone 13 L 14
Codigoro 13 M 15
Codogno 13 L 14
Cólico 13 L 14
Colle di Tora 20 N 16
Colle di Val d'Elsa 20 M 15
Comácchio 13 M 15
Como 13 L 14
Conegliano 13 L 15
Corigliano Cálabro 21 O 17
Corleone 20 O 16
Corleto 21 N 17
Cortina d'Ampezzo 13 L 15
Cortona 20 M 15
Cosenza 21 O 17
Courmayeur 13 L 13
Crema 13 L 14
Cremona 13 L 15
Crotone 21 O 17
Cúneo 13 M 14
Cuorgnè 13 L 14
Cutro 21 O 17
Desenzano 13 L 15
Dolianova 20 O 14
Domodóssola 13 L 14
Dorgali 20 N 14
Éboli 21 N 17
Édolo 13 L 15
Émpoli 20 M 15
Enna 21 O 16
Faenza 13 M 15
Fano 20 M 16
Fasano 21 N 17
Favignana 20 O 15
Feltre 13 L 15
Fermo 20 M 16
Ferrandina 21 N 17
Ferrara 13 M 15
Fidenza 13 M 15
Finale Lígure 13 M 14
Firenze 20 M 15
Fiumicino 20 N 15
Florinas 20 N 14
FORLì 20 M 15
Fóggia 21 N 17
Foligno 20 M 16
Follònica 20 M 15
Fondi 20 N 16
Fonni 20 N 14
Formazza 13 L 14
Fossacésia 21 N 16
Fossano 13 M 14
Fossombrone 20 M 16
Francavilla Fontana 21 N 18
Frosinone 20 N 16
Gaeta 20 N 16
Gallípoli 21 N 18
Garéssio 13 M 14
Gargnano 13 L 15
Gela 21 P 16
Gemona del Friuli 13 L 16
Génova 13 M 14
Giarre 21 O 17
Gióia del Colle 21 N 17
Gióia di Táuro 21 O 17
Giulianova 21 M 16
Golfo Aranci 20 N 14
Gorízia 13 L 16
Grado/Trieste 13 L 16
Gravina di Púglia 21 N 17
Grosseto 20 M 15
Gúbbio 20 M 16
Gúspini 20 O 14
Iesi 20 M 16
Iglésias 20 O 14
Ímola 13 M 15
Impéria 20 M 14
Irsina 21 N 17
Íschia 20 N 16
Iseo 13 L 15
Isérnia 21 N 16
Ivrea 13 L 14
La Spezia 13 M 14
Lanciano 21 N 16
Lanusei 20 O 14
Larino 21 N 16
Latina 20 N 16
Latrónico 21 N 17
Lauria 21 N 17
Lecce 21 N 18
Lecco 13 L 14
Legnago 13 L 15
Lentini 21 P 16
Lercara Friddi 20 O 16
Lérici 20 M 14
Lévico Terme 13 L 15
Licata 20 P 16
Lido degli Estensi 13 M 15
Lido di Jésolo 13 L 16
Lido di Metaponto 21 N 17
Lido di Óstia 20 N 15
Lignano Sabbiadoro 13 L 16
Lipari 21 O 16
Livorno 20 M 15
Lodi 13 L 14
Loiano 13 M 15
Longarone 13 L 15
Lucca 20 M 15
Lucera 21 N 17
L'Áquila 20 N 16
Macerata 20 M 16
Macomer 20 N 14
Magione 20 M 15
Máglie 21 N 18
Malcésine 13 L 15
Malfa 21 O 16
Manciano 20 M 15
Mandúria 21 N 18
Manfredónia 21 N 17
Mantova 13 L 15
Marcaria 13 L 15
Margherita di Savoia 21 N 17
Marina di Campo 20 M 15
Marina di Castagneto-Donoratico 20 M 15
Marina di Léuca 21 O 18
Marina di Pisa 20 M 15
Marradi 20 M 15
Marsala 20 O 15
Martina Franca 21 N 17
Massa 20 M 15
Massa Maríttima 20 M 15
Matera 21 N 17
Mazara del Vallo 20 O 16
Medicina 13 M 15
Melfi 21 N 17
Mélito 21 O 17
Meran (Merano) 13 L 15
Mesagne 21 N 18
Messina 21 O 17
Milano 13 L 14
Milazzo 21 O 17
Minervino 21 N 17
Mira/Mestre 13 L 15
Mirándola 13 M 15
Mistretta 21 O 16
Módena 13 M 15
Módica 21 P 16
Moena 13 L 15
Mola di Bari 21 N 17
Molfetta 21 N 17
Monasterace Marina 21 O 17
Monastir 20 O 14
Mondovi 13 M 14
Mondragone 20 N 16
Monfalcone 13 L 16
Monópoli 21 N 17
Monsèlice 13 L 15
Montalbano 21 N 17
Montalto di Castro 20 N 15
Monte Sant'Angelo 21 N 17
Montepulciano 20 M 15
Montesano 21 N 17
Montevarchi 20 M 15
Monti 20 N 14
Monza 13 L 14
Mortara 13 L 14
Muravera 20 O 14
Muro Lucano 21 N 17
Nápoli 21 N 16
Nardò 21 N 18
Narni 20 M 16
Navelli 20 N 16
Nicastro 21 O 17
Nicosia/Sicilia 21 O 16
Niscemi 21 P 16
Nogara 13 L 15
Nórcia 20 M 16
Noto 21 P 17
Novara 13 L 14
Novi Lígure 13 M 14
Núoro 20 N 14
Ólbia 20 N 14
Omegna 13 L 14
Opi 20 N 16
Orbetello 20 N 15
Oristano 20 O 14
Ortona 21 N 16
Orvieto 20 M 15
Ósimo 20 M 16
Ostiglia 13 L 15
Ostuni 21 N 18
Ótranto 21 N 18
Ovada 13 M 14
Ozieri 20 N 14
Pachino 21 P 17
Pádova 13 L 15
Palazzolo Acreide 21 P 16
Palermo 20 O 16
Palinuro 21 N 17
Pallanza 13 L 14
Palma di Montechiaro 20 P 16
Palmanova 13 L 16
Palmi 21 O 17
Páola 21 O 17
Parma 13 M 15
Partinico 20 O 16
Paternò 21 O 16
Patti 21 O 16
Pavia 13 L 14
Pavullo nell Frignano 13 M 15
Penne 21 N 16
Perúgia 20 M 15
Pésaro 20 M 16
Pescara 21 N 16
Petília Policastro 21 O 17
Piacenza 13 M 14
Piana Crixia 13 M 14
Piazza Armerina 21 P 16
Pieve di Cadore 13 L 15
Pievepelago 13 M 15
Pinerolo 13 M 13
Piombino 20 M 15
Pisa 20 M 15
Pisticci 21 N 17
Pistóia 20 M 15
Pizzo 21 O 17
Póllica 21 N 17
Pompei 21 N 16
Pontassieve 20 M 15
Pontebba 13 L 16
Pontedera 20 M 15
Pontrémoli 13 M 14
Pópoli 20 N 16
Pordenone 13 L 16
Porretta Terme 13 M 15
Porto Azzurro 20 M 15
Porto San Giórgio 20 M 16
Porto Tórres 20 M 14
Portoferráio 20 M 15
Portogruaro 13 L 16
Potenza 21 N 17
Pozzallo 21 P 16
Prato 20 M 15
Primolano 13 L 15
Pula/Cagliari 20 O 14
Quartu-Santa Elena 20 O 14
Ragusa 21 P 16
Randazzo 21 O 16
Rapallo 13 M 14
Ravenna 13 M 15
Réggio di Calábria 21 O 17
Réggio nell'Emília 13 M 15
Rho 13 L 14
Ribera 20 P 16
Riesi 20 P 16
Rieti 20 N 16
Rímini 20 M 16
Riva 13 L 15
Roccadáspide 21 N 17
Roccastrada 20 M 15
Rodi 21 N 17
Roma 20 N 15
Rosarno 21 O 17
Rosignano Maríttima 20 M 15
Rossano 21 O 17
Rovato 13 L 15
Rovereto 13 L 15
Rovigo 13 L 15
Ruvo di Púglia 21 N 17
Sala Consilina 21 N 17
Salemi 20 O 16
Salerno 21 N 16
Salo/Brescia 13 L 15
Salsomaggiore Terme 13 M 15
Saluzzo 13 M 14
Sampierdarena 13 M 14
Sampieri 21 P 16
San Bartolomeo in Galdo 21 N 16
San Benedetto del Tronto 20 M 16
San Bonifácio 13 L 15
San Doná di Piave 13 L 16
San Felice Circeo 20 N 16
San Fratello 21 O 16
San Giovanni in Fiore 21 O 17
San Giovanni Rotondo 21 N 17
San Martino di Castrozza 13 L 15
San Quírico 20 M 15
San Remo 20 M 14
San Severo 21 N 17
San Sosti 21 O 17
San Vito lo Capo 20 O 16
Sanluri 20 O 14
Sannicandro 21 N 17
Sansepolcro 20 M 15
Santa Teresa 20 N 14
Santa Teresa di Riva. 21 O 17
Santéramo 21 N 17
Sant' Ángelo dei Lombardi 21 N 17
Sant' Antíoco 20 O 14
Sapri 21 N 17
Sarzana 13 M 15
Sássari 20 N 14
Sassuolo 13 M 15
Savona 13 M 14
Scalea 21 O 17
Scanzano 21 N 17
Schio 13 L 15
Sciacca 20 O 16
Senigállia 20 M 16
Senise 21 N 17
Serra San Bruno 21 O 17
Serri 20 O 14
Sessa Aurunca 20 N 16
Sestri Levante 13 M 14
Sestriere 13 M 13
Siderno 21 O 17
Siena 20 M 15
Siliqua 20 O 14
Siniscola 20 N 14
Siracusa 21 P 17
Söndrio 13 L 14
Sora 20 N 16
Sórgono 20 N 14
Sorrento 21 N 16
Soverato 21 O 17
Soveria 21 O 17
Spilimbergo 13 L 16
Spinazzola 21 N 17
Spoleto 20 M 16
Spondinig (Spondigna) 13 L 15
Stigliano 21 N 17
Stintino 20 N 14
Stradella 13 L 14
Subiaco 20 N 16
Sulmona 21 N 16
Susa 13 L 13

Taormina 21 O 17
Táranto 21 N 17
Tarquínia 20 N 15
Tarvísio 13 L 16
Taurianova 21 O 17
Témpio 20 N 14
Téramo 20 M 16
Términi Imerese 20 O 16
Térmoli 21 N 16
Terni 20 M 16
Terracina 20 N 16
Terralba 20 O 14
Tertenia 20 O 14
Teulada 20 O 14
Tione di Trento 13 L 15
Tirano 13 L 15
Tívoli 20 N 16
Toblach (Dobbiaco) 13 L 15
Todi 20 M 15
Tolmezzo 13 L 16
Tor Vaiánica 20 N 15
Torino 13 L 14
Torre Mileto 21 N 17
Torriglia 13 M 14
Tortona 13 M 14
Trani 21 N 17
Trápani 20 O 16
Trebisacce 21 O 17
Trento 13 L 15
Treviso 13 L 15
Tricárico 21 N 17
Trieste 14 L 16
Trivento 21 N 16
Troia 21 N 17
Tropea 21 O 17
Údine 13 L 16
Urbino 20 M 16
Valentano 20 M 15
Vallo di Lucánia 21 N 17
Varese 13 L 14
Vasto 21 N 16
Velletri 20 N 16
Venézia 13 L 15
Venosa 21 N 17
Ventimiglia 20 M 14
Vercelli 13 L 14
Verona 13 L 15
Vetralla 20 N 15
Viareggio 20 M 15
Vibo Valéntia 21 O 17
Vicenza 13 L 15
Vieste 21 N 17
Vigévano 13 L 14
Villa San Giovanni 21 O 17
Villacidro 20 O 14
Villasimius 20 O 14
Viterbo 20 N 15
Vittória 21 P 16
Vittório Véneto 13 L 15
Vizzini 21 P 16
Voghera 13 M 14
Volterra 20 M 15

## IRL

70 273 km² · +353 · Dublin · 4 595 000

Arklow 6 H 8
Athlone 6 H 7
Athy 6 H 8
Ballina 6 H 7
Ballybofey 6 H 7
Ballyhaunis 6 H 7
Ballyshannon 6 H 7
Bantry 6 J 7
Belmullet 6 H 7
Bray 6 H 8
Cahersiveen 6 J 6
Carlow 6 H 8
Carrick on Shannon 6 H 7
Carrickmacross 6 H 8
Cashel 6 H 7
Castlebar 6 H 7
Castletown 6 J 7
Cavan 6 H 8
Charleville 6 J 7
Clifden 6 H 6
Clones 6 H 8
Clonmel 6 J 7
Cobh 6 J 7
Cork Corcaigh 6 J 7
Dingle 6 J 6
Donegal 6 H 7
Drogheda 6 H 8
Dublin Baile Atha Cliath 6 H 8
Dun Laoghaire 6 H 8
Dundalk 6 H 8
Durrow 6 H 8
Ennis 6 H 7
Enniscorthy 6 H 8
Ennistimon 6 H 7
Fermoy 6 J 7
Galway 6 H 7
Glenties 6 H 7
Gort 6 H 7
Gweedore 6 G 7
Kells 6 H 8
Kilkee 6 H 7
Kilkenny 6 H 8
Killarney 6 J 7
Kinnegad 6 H 8
Kinsale 6 J 7
Letterkenny 6 H 7
Limerick 6 H 7
Longford 6 H 7
Loughrea 6 H 7
Macroom 6 J 7
Mallow 6 J 7
Maynooth 6 H 8
Midleton 6 J 7
Monaghan 6 H 8
Mullingar 6 H 8
Naas 6 H 8
Nenagh 6 H 7
New Ross 6 J 8
Newcastle West 6 J 7
Port Laoise 6 H 8
Portumna 6 H 7
Rathmullan 6 G 7
Roscommon 6 H 7
Rosslare Harbour 6 J 8
Skibbereen 6 J 7
Sligo 6 H 7
Tarbert 6 H 7
Tipperary 6 J 7
Tobercurry 6 H 7
Tralee 6 J 7
Tuam 6 H 7
Tullamore 6 H 7
Waterford 6 J 8
Westport 6 H 7
Wexford 6 J 8
Wicklow 6 H 8
Youghal 6 J 7

## IS

103 000 km² · +354 · Reykjavík · 323 000

Aðalból 2 C 2
Akranes 2 D 2
Akureyri 2 C 3
Bakkafjörður 2 C 5
Bakkagerði 2 C 5
Bildudalur 2 C 1
Blönduós 2 C 2
Bogarnes 2 D 2
Bolungarvik 2 C 1
Borðeyri 2 C 2
Breiðdalsvík 2 D 5
Buðardalur 2 C 2
Búðir 2 D 1
Burfell 2 D 2
Dalsmynni 2 D 2
Dalvík 2 C 3
Djúpivogur 2 D 5
Drangsnes 2 C 2
Dúfenefsfell 2 D 3
Egilsstaðir 2 C 5
Eskifjörður 2 C 5
Eyjarfótur 2 C 3
Eyrarbakki 2 D 2
Fagurhólsmýri 2 D 4
Fáskrúðsfjörður 2 D 5
Flateyri 2 C1
Garður 2 D 1
Grenivík 2 C 3
Grindavík 2 D 2
Grundarfjörður 2 D 1
Hafnarfjörður 2 D 2
Hella 2 D 2
Höfn 2 D 4
Hofsós 2 C 3
Hólmavik 2 C 2
Husavík 2 C 4
Hveragerði 2 D 2
Hvolsvöllur 2 D 3
Isafjörður 2 C 1
Keflavík 2 D 1
Kirkjubæjarklaustur 2 D 3
Kolbeinsstadir 2 D 2
Kópasker 2 C 4
Kópavogur 2 D 2
Langholt 2 D 3
Laugarbakki 2 C 2
Laugarvatn 2 D 2
Mosfellsbær 2 D 2
Neskaupstaður 2 C 5
Norðurfjörður 2 C 2
Ólafsfjörður 2 C 3
Ólafsvík 2 D 1
Patreksfjörður 2 C 1
Raufarhöfn 2 C 4
Reyðarjförður 2 C 5
Reykjahlið 2 C 4
Reykjavík 2 D 2
Sandgerði 2 D 1
Sauðárkrókur 2 C 3
Selfoss 2 D 2
Seyðisfjörður 2 C 5
Siglufjörður 2 C 3
Skagaströnd 2 C 2
Stykkishólmur 2 C 1
Suðureyri 2 C 1
þingeyri 2 C 1
þingvellir 2 D 2
þorlákshöfn 2 D 2
þórshöfn 2 C 4
Varmahlið 2 C 3
Vestmannæyjar 2 D 2
Vik 2 D 3
Vopnafjörður 2 C 5

## L

2 586 km² · +352 · Luxemburg · 543 000

Clervaux 13 J 13
Esch-s.-Alzette 13 K 13
Ettelbrück 13 K 13
Luxembourg 13 K 13

## LT

65 301 km² · +370 · Vilnius · 2 956 000

Alytus 9 H 20
Anykščiai 9 G 21
Ariogala 9 G 20
Biržai 9 G 20
Druskininkai 9 H 20
Dūkštas 10 G 21
Dusetos 10 G 21
Garliava 9 H 20
Grinkiškis 9 G 20
Ignalina 10 G 21
Jieznas 9 H 20
Jonava 9 G 20
Joniškis 9 G 20
Jurbarkas 9 G 20
Kaišiadoris 9 H 20
Kalvarija 9 H 20
Kaunas 9 H 20
Kavarskas 9 G 20
Kelmė 9 G 20
Klaipeda 9 G 19
Kretinga 9 G 19
Kupiškis 9 G 21
Kuršėnai 9 G 20
Kėdainiai 9 G 20
Lazdijai 9 H 20
Linkuva 9 G 20
Marijampolė 9 H 20
Mažeikiai 9 G 19
Merkinė 9 H 20
Molėtai 9 G 21
Nemenčinė 10 H 21
Nida 9 G 19
Pabradė 10 H 21
Pakruojis 9 G 20
Palanga 9 G 19
Pandėlys 9 G 21
Panevežys 9 G 20
Pasvalys 9 G 20
Plungė 9 G 19
Priekulė 9 G 19
Prienai 9 H 20
Radviliškis 9 G 20
Ramygala 9 G 20
Raseiniai 9 G 20
Rietavas 9 G 19
Rokiškis 9 G 21
Rusnė 9 G 19
Salantai 9 G 19
Skaudvilė 9 G 20
Skuodas 9 G 19
Smalininkai 9 G 20
Svėdasai 9 G 21
Šakiai 9 H 20
Šeduva 9 G 20
Šiauliai 9 G 20
Šilalė 9 G 19
Šilutė 9 G 19
Širvintos 9 G 20
Švenčionys 10 G 21
Tauragė 9 G 19
Telšiai 9 G 19
Trakai 9 H 20
Ukmergė 9 G 20
Utena 9 G 21
Užventis 9 G 20
Vabalninkas 9 G 20
Varniai 9 G 19
Varėna 9 H 20
Vievis 9 H 20
Vilkaviškis 9 H 20
Vilkija 9 G 20
Vilnius 9 H 21
Zarasai 10 G 21
Žagarė 9 G 20

## LV

64 589 km² · +371 · Rīga · 2 013 000

Ādaži 5 G 20
Ainaži 5 F 20
Aizpute 9 G 19
Aloja 5 F 20
Alūksne 10 G 21
Ape 10 F 21
Auce 9 G 20
Balvi 10 G 21
Bārbele 9 G 20
Bauska 9 G 20
Beļauski 10 G 21
Cēsis 5 G 21
Dagda 10 G 22
Daugavpils 10 G 21
Dobele 9 G 20
Dundaga 5 F 19
Dunte 5 G 20
Eleja 9 G 20
Engure 5 G 20
Ērgli 5 G 21
Grobina 9 G 19
Gulbene 10 G 21
Iecava 9 G 20
Ilūkste 10 G 21
Jaunjelgava 9 G 21
Jaunpils 9 G 20
Jēkabpils 10 G 21
Jelgava 9 G 20
Jūrmala 5 G 20
Kalnciems 5 G 20
Kārsava 10 G 22
Kekava 5 G 20
Kisa 5 G 20
Kolka 5 F 20
Krāslava 10 G 21
Kuldiga 5 G 19
Lielvārde 5 G 20
Liepaja 9 G 19
Limbaži 5 G 20
Līvāni 10 G 21
Ludza 10 G 22
Madona 10 G 21
Malta 10 G 21
Nereta 9 G 21
Nica 9 G 19
Nītaure 5 G 21
Olaine 5 G 20
Oviši 5 F 19
Piltene 5 G 19
Pļaviņas 9 G 21
Preiļi 10 G 21
Priekule 9 G 19
Pāvilosta 5 G 19
Roja 5 G 20
Rūjiena 5 F 21
Rēzekne 10 G 21
RđgaĐ 5 G 20
Sabile 5 G 20
Salacgrīva 5 F 20
Salaspils 5 G 20
Saldus 9 G 19
Saulkrasti 5 G 20
Sigulda 5 G 20
Skrunda 9 G 19
Smiltene 5 G 21
Strenči 5 F 21
Subate 10 G 21
Suntaži 5 G 20
Sārnate 5 G 19
Špogi 10 G 21
Talsi 5 G 20
Tukums 5 G 20
Ugāle 5 G 19
Valdemārpils 5 G 20
Valka 5 F 21
Valmiera 5 F 21
Varaklāni 10 G 21
Vecpiebalga 5 G 21
Velēna 10 G 21
Ventspils 5 G 19
Viesīte 9 G 21
Viļaka 10 G 22
Viļāni 10 G 21
Vireši 10 G 21
Zilupe 10 G 22

## M

316 km² · +356 · Valletta · 423 000

Rabat 20 P 16
Valletta 21 P 16

## MA

458 730 km² · +212 · Rabat · 32 950 000

Aït-Youssef-ou-Ali 18 P 9
Al Hoceima 18 P 9
Allal-Tazi 18 Q 8
Annual 18 P 9
Ârbaoua 18 Q 8
Asilah 18 P 8
Bab-Taza 18 P 8
Beni-Hadifa 18 P 9
Brikcha 18 Q 8
Chefchaouen 18 P 8
Derdara 18 P 8
El Fendek 18 P 8
El Manzla 18 P 8
Et-Jebha 18 P 9
Ketama 18 Q 9
Ksar-el-Kebir 18 Q 8
Ksar-es-Seghir 18 P 8
Larache 18 P 8
Martil 18 P 8
Mdiq 18 P 8
Mechra-Bel-Ksiri 18 Q 8
Mechra-Ben-Ksiri 18 Q 8
Moulay-Bousselham 18 Q 8
Ouazzane 18 Q 8
Souk-el Arba-du-Rharb 18 Q 8
Souk-el-Arba-des-Beni-Hassan 18 P 8
Souk-el-Arba-du-Gharb 18 Q 8
Souk-Sebt-des-Beni-Gorfat 18 P 8
Souk-Tleta-du-Rharb 18 Q 8
Souk-Tleta-du-Rharb 18 Q 8
Tanger 18 P 8
Targa 18 P 8
Targuist 18 Q 9
Tetouan 18 P 8
Torres-de-Alealá 18 P 9
Zoumi 18 Q 8

## MC

2 km² · +377 · Monaco · 38 000

Monte Carlo 20 M 13

## MD

33 800 km² · +373 · Chişinău · 3 559 000

Basarabeasca 16 L 22
Bălti 16 K 22
Briceni 15 K 21
Cahul 16 L 22
Camenca 16 K 22
Călăraşi 16 L 22
Căuşany 16 L 22
Ceadâr-Lunga 16 L 22
Chiperceni 16 K 22
Chişinau 16 L 22
Cimişlia 16 L 22
Comrat 16 L 22
Congaz 16 L 22
Coteşti 16 K 21
Donduşeni 16 K 22
Drochia 16 K 22
Dubăsari 16 L 22
Edinet 16 K 21
Făleşti 16 K 22
Floreşti 16 K 22
Grigoripol 16 L 22
Hânceşti 16 L 22
Leova 16 L 22
Leuşeni 16 L 22
Orhei 16 L 22
Răzeni 16 L 22
Râbniţa 16 K 22
Râşcani 16 K 22
Rezina 16 K 22
Săngerei 16 K 22
Slobozia/Tiraspol' 16 L 22
Soroca 16 K 22
Străşeni 16 L 22
Taraclia 16 L 22
Tighina 16 L 22
Tiraspol 16 L 22
Ungheni 16 L 22
Vulcăneşti 16 L 22

## MK

25 713 km² · +389 · Skopje · 2 107 000

Berovo 22 N 20
Bitola 22 N 19
Brod 22 N 19
Debar 21 N 19
Delčevo 22 N 20
Demir Kapija 22 N 19
Dolenci 22 N 19
Gevgelija 22 N 20
Gostivar 21 N 19
Kavadarci 22 N 19
Kičevo 21 N 19
Kočani 22 N 19
Kriva Palanka 22 N 19
Kumanovo 22 N 19
Negotino 22 N 19
Ohrid 21 N 19
Prilep 22 N 19
Radoviš 22 N 19
Resen 22 N 19
Skopje 22 N 19
Štip 22 N 19
Stracin 22 N 19
Struga 21 N 19
Strumica 22 N 20
Tetovo 22 N 19
Veles 22 N 19

## MNE

13 812 km² · +382 · Podgorica · 621 000

Bar/Podgorica 21 N 18
Berane 21 M 18
Bijelo Polje 21 M 18
Budva 21 N 18
Cetinje 21 N 18
Danilovgrad 21 M 18
Herceg-Novi 21 N 18
Kolašin 21 M 18
Kotor 21 N 18
Mojkovac 21 M 18
Murino 21 M 18
Nikšić 21 M 18
Petrovac 21 N 18
Pljevlja 21 M 18
Podgorica 21 N 18
Risan 21 M 18
Rožaje 21 M 19
Šavnik 21 M 18
Ulcinj 21 N 18
Žabljak 21 M 18

## N

323 759 km² · +47 · Oslo · 5 084 000

Alta 3 B 20
Alvdal 4 E 15
Andselv 3 B 18
Arendal 4 F 14
Askvoll 4 E 13
Aurlandsvangen 4 E 13
Beiarn 2 C 16
Bekken 4 E 15
Bergen 7 E 13
Berkåk 4 D 15
Berlevåg 3 A 22
Bilto 3 B 19
Bismo 4 E 14
Bjelland 4 F 14
Bjerkreim 7 F 13

Bjerkvik 3 B 18
Bjørkelangen 4 F 15
Bjørkåsen 2 B 17
Bodø 2 C 16
Bognes 2 B 17
Bonjákas Tana 3 A 22
Brandal 4 E 13
Brandbu 4 E 15
Breivikbotn 3 A 19
Brekke 4 E 13
Brekken 4 D 15
Brekstad 4 D 14
Brimnes 4 E 13
Brostrud 4 E 14
Bryne 7 F 13
Brønnøysund 2 C 15
Bygdin 4 E 14
Byrkjelo 4 E 13
Båtsfjord 3 A 22
Dal 4 E 15
Dale 4 E 13
Dalseter 4 E 14
Dokka 4 E 15
Dombås 4 E 14
Drammen 4 F 15
Drangedal 4 F 14
Drøbak 4 F 15
Dyranut 4 E 14
Dyrnes (Vestsmøla) 4 D 14
Egersund 7 F 13
Eidfjord 4 E 13
Eidsdal 4 E 13
Eikelandsosen 7 E 13
Elverum 4 E 15
Enden 4 E 15
Enningdal 4 F 15
Ervik 4 E 13
Evje 4 F 14
Fagernes 4 E 14
Fagernes/Tromsö 3 B 18
Fauske 2 C 17
Femundsenden 4 E 15
Festøy 4 E 13
Fillan 4 D 14
Finnsnes 3 B 18
Fiskevollen 4 E 15
Flatebø 7 E 13
Flateland 4 F 14
Flekkefjord 7 F 13
Flesberg 4 F 14
Flisa 4 E 15
Florø 4 E 13
Foldereid 2 D 15
Folldal 4 E 14
Fossby 4 F 15
Fredrikstad 4 F 15
Fyresdal 4 F 14
Førde 4 E 13
Gamvik 3 A 22
Geilo 4 E 14
Gjøvik 4 E 15
Glomfjord 2 C 16
Gol 4 E 14
Gransherad 4 F 14
Grense Jakobselv 3 B 23
Grong 2 D 15
Grotli 4 E 14
Gryllefjord 3 B 17
Grøning 4 E 13
Gudvangen 4 E 13
Gullbrå 4 E 13
Gulsvik 4 E 14
Gvarv 4 F 14
Gåsbu 4 E 14
Hakadal 4 E 15
Halden 4 F 15
Halsvika 4 E 13
Hamar 4 E 15
Hamaröy Oppeid 2 B 17
Hammerfest 3 A 20
Hansnes 3 B 18
Harstad 2 B 17
Hasvik 3 A 19
Hattfjelldal 2 C 16
Hauge 7 F 13
Haugesund 7 F 13
Haukeligrend 4 F 14
Havrysund 3 A 20
Hella 4 E 13
Hellesylt 4 E 13
Hemsedal 4 E 14
Hjelmelandsvågen 7 F 13
Hjerkinn 4 E 14
Holmen 4 E 15
Holøydal 4 E 15
Honningsvåg 3 A 21
Horda 4 F 13
Horten 4 F 15
Hvittingfoss 4 F 15
Hyen 4 E 13
Hægeland 4 F 14
Hønefoss 4 E 15
Jektvika 2 C 16
Jordet 4 E 15
Jostedal 4 E 13
Junkerdal 2 C 17
Kaldfjord 3 B 18
Kalhovd 4 E 14
Kampeseter 4 E 14
Karasjok 3 B 21
Kaupanger 4 E 13
Kautokeino 3 B 20
Kinsarvik 4 E 13
Kirkenes 3 B 22
Kjøllefjord 3 A 21
Kolvereid 2 D 15
Kongsberg 4 F 14
Kongsvinger 4 E 15
Koparnes 4 E 13
Kopervik 7 F 13
Koppang 4 E 15
Kopperå 4 D 15
Korgen 2 C 16
Kragerø 4 F 14
Kristiansand 4 F 14
Kristiansund 4 D 14
Kroken 2 C 16
Kvalsund 3 A 20
Kvanndal 4 E 13
Kvinlog 7 F 13
Kyrksäterøra 4 D 14
Kåfjord 3 A 21
Lakselv 3 A 20
Langeid 4 F 14
Langevåg 7 F 13
Larvik 4 F 14
Leirmoen 2 C 16
Leirvik 7 F 13
Leknes 2 B 16
Leksvik 4 D 15
Lena 4 E 15
Lesjaskog 4 E 14
Levanger 4 D 15
Lillehammer 4 E 15
Lillesand 4 F 14
Lillestrøm 4 F 15
Lom 4 E 14
Lunde 4 F 14
Lutnes 4 E 16
Lyngdal 7 F 13
Lyngseidet 3 B 19
Lærdalsøyri 4 E 14
Løding 2 C 16
Lødingen 2 B 17
Løfallsstranda 7 F 13
Magnor 4 F 15
Malm 4 D 15
Mandal 4 F 14
Mehamn 3 A 22
Melbu 2 B 16
Mjølfjell 4 E 13
Mo i Rana 2 C 16
Moen 4 E 15
Moi 7 F 13
Molde 4 D 13
Mosjøen 2 C 16
Moss 4 F 15
Myre 2 B 17
Myre/Andöya 2 B 17
Mysen 4 F 15
Måløy 4 E 13
Namsos 2 D 15
Narvik 3 B 17
Nedstrand 7 F 13
Neiden 3 B 22
Nes 4 E 14
Nesbyen 4 E 14
Nesflaten 4 F 13
Nesna 2 C 16
Nordfjordeid 4 E 13
Nordfold 2 B 17
Nordkjosbotn 3 B 18
Norheimsund 7 E 13
Notodden 4 F 14
Nybergsund 4 E 15
Nyrüti 3 B 22
Nyseter 4 E 14
Nåra 4 E 12
Oanes 7 F 13
Odda 7 E 13
Olderdalen 3 B 19
Olderfjord 3 A 20
Oppdal 4 D 14
Oppsjøhytta 4 E 14
Orkanger 4 D 14
Oslo 4 F 15
Otta 4 E 14
Porsgrunn 4 F 14
Randsverk 4 E 14
Rena 4 E 15
Ringebu 4 E 15
Risør 4 F 14
Rjukan 4 F 14
Rognan 2 C 17
Rosendal 7 F 13
Rossnes 4 E 12
Rødberg 4 E 14
Røros 4 D 15
Rørvik 2 D 15
Røssvassbukta 2 C 16
Røyrvik 2 D 16
Sand/Kongsvinger 4 E 15
Sand/Ølen 7 F 13
Sande 4 F 15
Sandefjord 4 F 15
Sandnes 7 F 13
Sandnessjøen 2 C 16
Sandvika 2 D 16
Sarpsborg 4 F 15
Sauda 7 F 13
Selbu 4 D 15
Seljord 4 F 14
Setermoen 3 B 18
Sinnes 7 F 13
Skarnes 4 E 15
Skarsvåg 3 A 21
Ski 4 F 15
Skibotn 3 B 19
Skien 4 F 14
Skjervøy 3 A 19
Skjolden 4 E 14
Skogmo 2 D 15
Skorovatn 2 D 16
Skudeneshavn 7 F 13
Skånevik 7 F 13
Smedland 4 F 14
Snåsa 4 D 15
Solhom 7 F 13
Solvorn 4 E 13
Sortland 2 B 17
Stathelle 4 F 14
Stavanger 7 F 13
Steine 2 B 16
Steinkjer 4 D 15
Steinsland 2 B 17
Steinstø 4 E 13
Stjørdal 4 D 15
Stor Elvdal 4 E 15
Storforshei 2 C 16
Storslett 3 B 19
Storsteinnes 3 B 18
Stranda 4 E 13
Straumen 2 C 17
Stryn 4 E 13
Stuggudalen 4 D 15
Støren 4 D 15
Sulitjelma 2 C 17
Sund 7 E 13
Sunde 7 F 13
Sunndalsøra 4 D 14
Surnadalsøra 4 D 14
Svanvik 3 B 22
Svelgen 4 E 13
Svelvik 4 F 15
Svenes 4 F 14
Svolvær 2 B 16
Svullrya 4 E 15
Sykkylven 4 E 13
Sørli 4 D 16
Sørstraumen 3 B 19
Sørvågen 2 B 16
Talvik 3 A 20
Tana bru 3 A 22
Tau 7 F 13
Terråk 2 C 15
Tingvoll 4 D 14
Titran 4 D 14
Tonstad 7 F 13
Tresfjord 4 E 13
Tretten 4 E 15
Trofors 2 C 16
Tromsø 3 B 18
Trondheim 4 D 15
Tvedestrand 4 F 14
Tveitsund 4 F 14
Tyin 4 E 14
Tynset 4 E 15
Tømmerneset 2 B 17
Tønsberg 4 F 15
Ulsberg 4 D 14
Ulsvåg 2 B 17
Ulvik 4 E 13
Vadheim 4 E 13
Vadsø 3 A 22
Varangerbotn 3 A 22
Vardø 3 A 23
Varhaug 7 F 13
Veggli 4 E 14
Veidnes 3 A 21
Verdalsøra 4 D 15
Vestbygd 7 F 13
Vikanes 4 E 13
Vikersund 4 F 15
Vikøyri 4 E 13
Volda 4 E 13
Vormsund 4 E 15
Voss 4 E 13
Våge 7 E 13
Vågåmo 4 E 14
Øksfjord 3 A 19
Ølen 7 F 13
Ørje 4 F 15
Ørnes 2 C 16
Øverbygd 3 B 18
Øvre Rendal 4 E 15
Ådneram 4 F 13
Åfarnes 4 D 13
Åknes 4 F 14
Ålesund 4 E 13
Ålgård 7 F 13
Åmli 4 F 14
Åmot 4 F 14
Åndalsnes 4 D 14
Årdalstangen 4 E 14
Årnes 4 D 15
Åsly 4 D 14

## NL

□ 41 526 km² +31
Amsterdam 16 804 000

Alkmaar 7 H 12
Amersfoort 7 J 13
Amsterdam 7 J 12
Apeldoorn 7 J 13
Arnhem 7 J 13
Assen 7 H 13
Bergen 7 J 12
Boxmeer 7 J 13
Breda 7 J 12
Delfzijl 7 H 13
Deventer 7 J 13
Doetinchem 7 J 13
Dordrecht 7 J 12
Drachten 7 H 13
den Helder 7 H 12
Ede 7 J 13
Eindhoven 13 J 13
Emmen 7 H 13
Enkhuizen 7 H 13
Enschede 7 J 13
Gorinchen 7 J 13
Gouda 7 J 12
Groningen 7 H 13
Haarlem 7 J 12
Harderwijk 7 J 13
Harlingen 7 H 13
Heerenveen 7 H 13
Heerlen 13 J 13
Helmond 13 J 13
Hengelo 7 J 13
Hilversum 7 J 13
Hoek van Holland 7 J 12
Holwerd 7 H 13
Hoogeven 7 H 13
Hoogezand-Sappemeer 7 H 13
Kampen 7 J 13
Knokke 7 J 12
Leeuwarden 7 H 13
Leiden 7 J 12
Maastricht 13 J 13
Meppel 7 H 13
Middelburg 7 J 12
Nijmegen 7 J 13
Oostvoorne 7 J 12
Oss 7 J 13
Rotterdam 7 J 12
Sneek 7 H 13
Steenbergen 7 J 12
s-Gravenhage (den Haag) 7 J 12
s-Hertogenbosch 7 J 13
Terneuzen 12 J 12
Tilburg 7 J 13
Utrecht 7 J 13
Valkenswaard 13 J 13
Venlo 13 J 13
Weert 13 J 13
Winschoten 7 H 13
Winterswijk 7 J 13
Zaandam 7 J 12
Zierikzee 7 J 12
Zutphen 7 J 13
Zwolle 7 J 13

## P

□ 92 345 km² +351
Lisboa 10 460 000

Abrantes 18 O 7
Albergaria-a - Velha 18 N 7
Albufeira 18 P 7
Alcácer do Sal 18 O 7
Aljezur 18 P 7
Aljustrel 18 O 7
Almada 18 O 7
Almodôvar 18 O 7
Alpalhão 18 O 7
Alter do Chão 18 O 7
Amadora 18 O 7
Amarante 18 N 7
Arraiolos 18 O 7
Aveiro 18 N 7
Avis 18 O 7
Barca de Alva 18 N 8
Barranco Velho 18 P 7
Barrancos 18 O 8
Barreiro 18 O 7
Baúlhe 18 N 7
Beja 18 O 7
Braga 18 N 7
Bragança 18 N 8
Caldas da Rainha 18 O 7
Caminha 18 N 7
Carregado 18 O 7
Cascais 18 O 7
Castelo Branco 18 O 8
Castelo de Paiva 18 N 7
Castro Daire 18 N 7
Castro Verde 18 O 7
Celorico da Beira 18 N 8
Cercal 18 O 7
Chaves 18 N 8
Coimbra 18 N 7
Comporta 18 O 7
Condeixa 18 N 7
Coruche 18 O 7
Covilhã 18 N 8
Cruzamento Pegões 18 O 7
Elvas 18 O 8
Ericeira 18 O 7
Espinho 18 N 7
Esposende 18 N 7
Estoril 18 O 7
Estremoz 18 O 7
Évora 18 O 7
Faro 18 P 7
Fátima 18 O 7
Ferreira do Alentejo 18 O 7
Figueira da Foz 18 N 7
Galegos 18 O 8
Grândola 18 O 7
Guarda 18 N 8
Guimarães 18 N 7
Lagoaça 18 N 8
Lagos 18 P 7
Lamego 18 N 7
Lavre 18 O 7
Leiria 18 O 7
Lindoso 18 N 7
Lisboa 18 O 7
Loulé 18 P 7
Macedo de Cavaleiros 18 N 8
Mangualde 18 N 7
Marateca 18 O 7
Marinha Grande 18 O 7
Matosinhos 18 N 7
Mealhada 18 N 7
Melgaco 18 N 7
Mértola 18 O 7
Mira 18 N 7
Miranda do Douro 18 N 8
Mirandela 18 N 8
Mogadouro 18 N 8
Moncão 18 N 7
Monchique 18 P 7
Monforte 18 O 8
Monfortinho 18 O 8
Monsanto 18 N 8
Montemor o-Novo 18 O 7
Montijo\Lisboa 18 O 7
Mora 18 O 7
Moura 18 O 8
Mourão 18 O 8
Murça 18 N 8
Nazaré 18 O 7
Odemira 18 O 7
Ourique 18 O 7
Ovar 18 N 7
Pampilhosa da Serra 18 N 7
Penamacor 18 N 8
Peniche 18 O 7
Pinhel 18 N 8
Pombal 18 O 7
Pontão 18 O 7
Ponte de Barca 18 N 7
Ponte de Sor 18 O 7
Portalegre 18 O 8
Portel 18 O 7
Portimão 18 P 7
Pôrto 18 N 7
Póvoa de Varzim 18 N 7
Proença aNova 18 O 7
Rebordelo 18 N 8
Redondo 18 O 7
Reguengos-de-Monsaraz 18 O 7
Rio Maior 18 O 7
Sabóia 18 P 7
Sabugal 18 N 8
Sagres 18 P 7
Santa Comba Dão 18 N 7
Santa Luzia 18 O 7
Santarém 18 O 7
Santiago 18 N 7
Santiago do Cacém 18 O 7
Santo Tirso 18 N 7
São Bartolomeu de Messines 18 P 7
Sao João da Madeira 18 N 7
São Pedro 18 N 7
Segura 18 O 8
Sernancelhe 18 N 8
Serpa 18 O 7
Sertã 18 O 7
Sesimbra 18 O 7
Setúbal 18 O 7
Silvares 18 N 7
Sines 18 O 7
Sintra 18 O 7
Tavira 18 P 7
Tomar 18 O 7
Torrão 18 O 7
Torre de Moncervo 18 N 8
Torres Novas 18 O 7
Torres Vedras 18 O 7
Valença 18 N 7
Venda Nova 18 N 7
Viana de Castelo 18 N 7
Viana do Alentejo 18 O 7
Vieira 18 O 7
Vila Franca de Xira 18 O 7
Vila Nova de Gaia 18 N 7
Vila Pouca de Agiuar 18 N 7
Vila Real/Huelva 18 P 8
Vila Real/PÔRTO 18 N 7
Vila Velha de Ródão 18 O 7
Vila Verde de Ficalho 18 O 8
Vilar Formoso 18 N 8
Vinhais 18 N 8
Viseu 18 N 7

## PL

□ 312 685 km² +48
Warszawa 38 531 000

Annopol 15 J 19
Augustów 9 H 20
Barlinek 8 H 17
Bartoszyce 9 H 19
Barwinek 15 K 19
Bełchatów 14 J 18
Bełżyce 15 J 19
Biała Podlaska 9 J 20
Białobrzegi 15 J 19
Białogard 8 H 17
Białowieża 9 H 20
Biały Bór 8 H 17
Białystok 9 H 20
Bielsk Podl. 9 H 20
Bielsko-Biała 14 K 18
Biłgoraj 15 J 20
Biskupiec 9 H 19
Błaszki 14 J 18
Błonie 9 J 19
Bobolice 8 H 17
Bochnia 15 K 19
Bolesławiec 14 J 17
Braniewo 9 H 18
Brańsk 9 H 20
Brodnica 9 H 18
Brusy 9 H 18
Brzeg 14 J 17
Brzozów 15 K 19
Busko Zdrój 15 J 19
Bychawa 15 J 20
Bydgoszcz 9 H 18
Bytom 14 J 18
Bytów 9 H 18
Chełm 15 J 20
Chełmno 9 H 18
Chełmża 9 H 18
Chodzież 8 H 17
Chojna 8 H 16
Chojnice 9 H 18
Chojnów 14 J 17
Chorzele 9 H 19
Choszczno 8 H 17
Chrzanów 14 J 18
Ciechanów 9 H 19
Ciechocinek 9 H 18
Cieszyn 14 K 18
Cisna 15 K 19
Czaplinek 8 H 17
Czarnków 8 H 17
Czersk 9 H 18
Częstochowa 14 J 18
Człopa 8 H 17
Człuchów 9 H 17
Darłowo 8 H 17
Dąbrowa Białostocka 9 H 20
Dąbrowa Tarn. 15 J 19

N
P

Dębica 15 K 19
Dęblin 15 J 19
Dębno 8 H 16
Dobre Miasto 9 H 19
Drawsko Pomorskie 8 H 17
Drezdenko 8 H 17
Drobin 9 H 18
Dynów 15 K 19
Działdowo 9 H 19
Dzierzgoń 9 H 18
Dzierżoniów 14 J 17
Dziwnów 8 H 16
Elbląg 9 H 18
Ełk 9 H 19
Garwolin 15 J 19
Gdańsk 9 H 18
Gdynia 9 H 18
Giżycko 9 H 19
Glinojeck 9 H 19
Gliwice 14 J 18
Głogów 14 J 17
Głowno 14 J 18
Głubczyce 14 J 18
Głuchołazy 14 J 17
Gniezno 9 H 18
Goleniów 8 H 16
Golub - Dobrzyń 9 H 18
Gołdap 9 H 19
Gorlice 15 K 19
Gorzów Wlkp. 8 H 17
Gostynin 9 J 18
Gostyń 14 J 17
Górowo Iławeckie 9 H 19
Grajewo 9 H 19
Grodków 14 J 17
Grójec 15 J 19
Grudziądz 9 H 18
Gryfice 8 H 17
Gryfino 8 H 16
Gubin 14 J 16
Hajnówka 9 H 20
Hel 9 H 18
Hrubieszów 15 J 20
Iława 9 H 18
Iłża 15 J 19
Inowrocław 9 H 18
Izbica 9 J 18
Jałówka 9 H 20
Janów Lubelski 15 J 19
Jarocin 14 J 18
Jarosław 15 K 20
Jasło 15 K 19
Jastrowie 8 H 17
Jawor 14 J 17
Jelenia Góra 14 J 17
Jezewo 9 H 20
Jędrzejów 14 J 19
Kalisz 14 J 18
Kalisz Pomorski 8 H 17
Kamienna Góra 14 J 17
Kamieńsk 14 J 18
Kartuzy 9 H 18
Katowice 14 J 18
Kędzierzyn-Koźle 14 J 18
Kępno 14 J 18
Kętrzyn 9 H 19
Kętrzyn 9 H 19
Kęty 14 K 18
Kielce 15 J 19
Kluczbork 14 J 18
Kłobuck 14 J 18
Kłodzko 14 J 17
Kock 15 J 19
Kolbuszowa 15 J 19
Kolno 9 H 19
Kołbiel 9 J 19
Koło 9 J 18
Kołobrzeg 8 H 17
Komańcza 15 K 19
Koniecpol 14 J 18
Konin 9 J 18
Końskie 14 J 19
Koronowo 9 H 18
Korycin 9 H 20
Kostrzyń nad Odra 8 H 16
Koszalin 8 H 17
Kościan 8 J 17
Kościerzyna 9 H 18
Kozienice 15 J 19
Kraków 14 J 18
Krapkowice 14 J 18
Krasnystaw 15 J 20
Kraśnik 15 J 19
Krosno 15 K 19
Krosno Odrzańskie 8 J 17
Krośniewice 9 J 18
Krotoszyn 14 J 17
Krynica Zdrój 15 K 19
Krynki 9 H 20
Kurów 15 J 19
Kutno 9 J 18
Kwidzyn 9 H 18
Legionowo 9 J 19
Legnica 14 J 17
Leszno 14 J 17
Leżajsk 15 J 19
Lębork 9 H 18
Lidzbark Warmiński 9 H 19
Limanowa 15 K 19
Lipno 9 H 18
Lipsko 15 J 19
Lubaczów 15 J 20
Lubartów 15 J 20
Lubaví 14 J 17
Lubin 14 J 17
Lublin 15 J 20
Lubliniec 14 J 18
Lubsko 14 J 16
Lubycza Królowska 15 J 20
Łagów 15 J 19
Łańcut 15 J 19
Łapy 9 H 20
Łeba 9 H 18
Łęczyca 9 J 18
Łochów 9 J 19
Łomża 9 H 19
Łosice 9 J 20
Łowicz 9 J 18
Łódź 14 J 18
Łuków 15 J 19
Maków Maz. 9 H 19
Malbork 9 H 18
Miastko 8 H 17
Miechów 14 J 19
Mielec 15 J 19
Międzychód 8 H 17
Międzylesie 14 J 17
Międzyrzec Podl. 9 J 20
Międzyrzecz 8 J 17
Milicz 14 J 17
Miłówka 14 K 18
Mińsk Mazowiecki 9 J 19
Mława 9 H 19
Mogilno 9 H 18
Mońki 9 H 20
Morag 9 H 18
Mrągowo 9 H 19
Mszczonów 15 J 19
Myszyniec 9 H 19
Myślenice 14 K 18
Nakło 9 H 18
Namysłów 14 J 18
Nidzica 9 H 19
Nisko 15 J 19
Nowa Huta 14 J 19
Nowa Ruda 14 J 17
Nowa Sól 14 J 17
Nowe 9 H 18
Nowe Miasto 15 J 19
Nowe Miasto Lubaw. 9 H 18
Nowe Warpno 8 H 16
Nowogard 8 H 17
Nowy Dwór Gdański 9 H 18
Nowy Dwór Maz. 9 J 19
Nowy Korczyn 15 J 19
Nowy Sącz 15 K 19
Nowy Targ 14 K 19
Nowy Tomyśl 8 J 17
Nur 9 H 19
Nysa 14 J 17
Oborniki 8 H 17
Okopy 15 J 20
Olecko 9 H 19
Olesno 14 J 18
Oleśnica 14 J 17
Olkusz 14 J 18
Olsztyn 9 H 19
Olsztynek 9 H 19
Oława 14 J 17
Opatów 15 J 19
Opoczno 14 J 19
Opole 14 J 18
Opole Lubelskie 15 J 19
Orneta 9 H 19
Orzysz 9 H 19
Ostrołęka 9 H 19
Ostrowiec Świętokrzyski 15 J 19
Ostróda 9 H 18
Ostrów Maz. 9 H 19
Ostrów Wlkp. 14 J 18
Ostrzeszów 14 J 18
Pabianice 14 J 18
Pajęczno 14 J 18
Parczew 15 J 20
Pasłęk 9 H 18
Piaseczno 9 J 19
Piaski 15 J 20
Pilzno 15 K 19
Piła 8 H 17
Piotrków Tryb. 14 J 18
Pisz 9 H 19
Pleszew 14 J 18
Płock 9 H 18
Płońsk 9 H 19
Pniewy 8 H 17
Poddębice 14 J 18
Polanów 8 H 17
Police 8 H 16
Poznań 8 J 17
Proszowice 14 J 19
Prudnik 14 J 18
Pruszcz Gdański 9 H 18
Przasnysz 9 H 19
Przedbórz 14 J 18
Przemyśl 15 K 20
Przeworsk 15 J 20
Przysucha 15 J 19
Puck 9 H 18
Puławy 15 J 19
Pułtusk 9 H 19
Pyrzyce 8 H 16
Rabka Zdrój 14 K 18
Racibórz 14 J 18
Radom 15 J 19
Radomsko 14 J 18
Radziejów 9 H 18
Radzyń Podl 15 J 20
Rawa Mazowiecka 14 J 19
Rawicz 14 J 17
Rogoźno 8 H 17
Różan 9 H 19
Rybnik 14 J 18
Rychwał 9 J 18
Ryki 15 J 19
Rypin 9 H 18
Rzeszów 15 J 19
Sandomierz 15 J 19
Sanniki 9 J 18
Sanok 15 K 19
Sejny 9 H 20
Sępólno Kraj. 9 H 18
Siedlce 9 J 19
Siemiatycze 9 J 20
Sieradz 14 J 18
Sierpc 9 H 18
Skarżysko-Kamienna 15 J 19
Skierniewice 14 J 19
Sławno 8 H 17
Słubice 8 J 16
Słupca 9 J 18
Słupsk 9 H 17
Sochaczew 9 J 19
Sokołów Podlaski 9 J 19
Sokółka 9 H 20
Sopot 9 H 18
Sosnowiec 14 J 18
Stalowa Wola 15 J 19
Starachowice 15 J 19
Stargard Szczecinski 8 H 17
Starogard Gdański 9 H 18
Staszów 15 J 19
Stęszew 8 J 17
Stoczek 9 J 19
Strzegom 14 J 17
Strzelce Kraj. 8 H 17
Strzelce Opol. 14 J 18
Strzelin 14 J 17
Strzelno 9 H 18
Strzyżów 15 K 19
Sucha Beskidzka 14 K 18
Suchorze 9 H 17
Sulechów 8 J 17
Sulęcin 8 J 17
Suwałki 9 H 20
Syców 14 J 18
Szamotuły 8 H 17
Szczecin 8 H 16
Szczecinek 8 H 17
Szczekociny 14 J 18
Szczerców 14 J 18
Szczytno 9 H 19
Szprotawa 14 J 17
Szypliszki 9 H 20
Śrem 8 J 17
Środa Śląska 14 J 17
Środa Wielkopolska 9 J 17
Świdnica 14 J 17
Świdwin 8 H 17
Świebodzin 8 J 17
Świecie 9 H 18
Świnoujście 8 H 16
Tarnobrzeg 15 J 19
Tarnów 15 J 19
Tczew 9 H 18
Terespol 9 J 20
Tomaszów Lub. 15 J 20
Tomaszów Maz. 14 J 19
Toruń 9 H 18
Torzym 8 J 17
Trzcianka 8 H 17
Trzebiatów 8 H 17
Trzebnica 14 J 17
Tuchola 9 H 18
Turek 9 J 18
Tychy 14 J 18
Ustka 8 H 17
Ustrzyki Dolne 15 K 20
Ustrzyki Górne 15 K 20
Wadowice 14 K 18
Wałbrzych 14 J 17
Wałcz 8 H 17
Warszawa 9 J 19
Wąbrzezno 9 H 18
Wągrowiec 9 H 17
Wejherowo 9 H 18
Węgorzewo 9 H 19
Węgrów 9 J 19
Wieluń 14 J 18
Wieruszów 14 J 18
Wilga 15 J 19
Wisznice 15 J 20
Witków 15 J 20
Władysławowo 9 H 18
Włocławek 9 H 18
Włodawa 15 J 20
Włoszczowa 14 J 18
Wodzisław Śl. 14 K 18
Wolin 8 H 16
Wolsztyn 8 J 17
Wołów 14 J 17
Wrocław 14 J 17
Wronki 8 H 17
Września 9 J 18
Wschowa 14 J 17
Wyrzysk 9 H 17
Wyszków 9 H 19
Wyszogród 9 J 19
Zabrze 14 J 18
Zakopane 14 K 18
Zambrów 9 H 19
Zamość 15 J 20
Zawiercie 14 J 18
Ząbkowice Śląskie 14 J 17
Zblewo 9 H 18
Zduńska Wola 14 J 18
Zgierz 14 J 18
Zgorzelec 14 J 17
Zielona Góra 14 J 17
Ziębice 14 J 17
Złoczew 14 J 18
Złotoryja 14 J 17
Złotów 9 H 17
Zory 14 J 18
Zwoleń 15 J 19
Żagań 14 J 17
Żary 14 J 17
Żnin 9 H 18
Żuromin 9 H 18
Żyrardów 9 J 19
Żywiec 14 K 18

## RKS

10 887 km² · +381
Prishtinë/Priština · 1 824 000

Besianë 22 M 19
Ferizaj 22 N 19
Gjakovë 21 N 19
Gjilan 22 N 19
Kaçanik 22 N 19
Leposaviq 21 M 19
Mitrovicë 21 M 19
Pejë 21 M 19
Prishtinë 22 M 19
Prizren 21 N 19

## RO

238 391 km² · +40
Bucureşti · 18 964 000

Abrud 15 L 20
Adjud 16 L 21
Agnita 15 L 20
Aiud 15 L 20
Alba Iulia 15 L 20
Aleşd 15 L 19
Alexandria/Ruse 22 M 21
Anina 15 L 19
Arad 15 L 19
Avrig 15 L 20
Babadag 16 M 22
Bacău 16 L 21
Baia de Aramă 15 M 20
Baia Mare 15 K 20
Baia Sprie 15 K 20
Balaci 15 M 20
Balş 15 M 20
Băile Herculane 15 M 20
Băileşti 22 M 20
Bălăneşti 15 M 20
Bălăuseri 15 L 20
Bălteni 15 M 20
Bărăganul 16 M 22
Bârlad 16 L 22
Bechet 22 M 20
Beiuş 15 L 19
Beliş 15 L 20
Benesat 15 L 20
Bergeşti-Ciocadio 15 L 20
Bicaz 15 L 21
Biharia 15 L 19
Bistreţ 22 M 20
Bistriţa 15 L 20
Blaj 15 L 20
Bocşa 15 L 19
Borsec 15 L 21
Borşa 15 K 20
Botoşani 15 K 21
Brad 15 L 20
Braşov 15 L 21
Brăila 16 L 22
Breaza 15 L 21
Broşteni/Vatra Dornei 15 L 21
Broţteni/Drobeta-Turnu Severin 15 M 20
Bucureşti 15 M 21
Budeşti 16 M 21
Buhuşi 15 L 21
Bumbeşti-Jiu 15 L 20
Buru 15 L 20
Buşteni 15 L 21
Buteni 15 L 19
Buzău 16 L 21
Calafat 22 M 20
Caracal 15 M 20
Caransebeş 15 L 19
Carei 15 K 19
Călăraşi 16 M 21
Căpruţa 15 L 19
Câmpeni 15 L 20
Câmpina 15 L 21
Câmpul lui Neag 15 L 20
Câmpulung 15 L 21
Câmpulung Moldovenesc 15 K 21
Câmpuri 16 L 21
Cârlibaba 15 K 21
Ceica 15 L 19
Cernavoda 16 M 22
Chişineu Criş 15 L 19
Ciinen 15 L 20
Cleanov 15 M 20
Cluj Napoca 15 L 20
Cobadin 16 M 22
Cogealac 16 M 22
Comăneşti 15 L 21
Constanţa 16 M 22
Corabia 22 M 20
Corneşti 15 M 21
Covasna 15 L 21
Craiova 15 M 20
Crasna 16 L 22
Crevedia Mare 15 M 21
Cristuru Secuiesc 15 L 21
Curtea-de Argeş 15 L 20
Dej 15 L 20
Deta 15 L 19
Deva 15 L 20
Dobreşti 22 M 20
Dorohoi 15 K 21
Dragomireşti 16 L 21
Drăgaşani 15 M 20
Drăgăneşti Vlaşca 15 M 21
Drăguseni 16 L 22
Drobeta-Turnu Severin 15 M 20
Eforie Sud 16 M 22
Făgăraş 15 L 21
Făget 15 L 19
Fălciu 16 L 22
Fălticeni 15 L 21
Feteşti 16 M 22
Filiaşi 15 M 20
Focşani 16 L 21
Foeni 15 L 19
Galaţi 16 L 22
Găeşti 15 M 21
Gheorgheni 15 L 21
Gherla 15 L 20
Gilău 15 L 20
Giubega 22 M 20
Giurgeni 16 M 22
Giurgiu 22 M 21
Gura Humorului 15 K 21
Halmeu 15 K 20
Haţeg 15 L 20
Hârlău 15 L 21
Hârşova 16 M 22
Horezu 15 L 20
Huedin 15 L 20
Hunedoara 15 L 20
Hurezani 15 M 20
Huşi 16 L 22
Ianca 16 L 22
Iaşi 16 L 22
Ilia 15 L 20
Ineu 15 L 19
Ion Roată 16 M 21
Isaccea 16 L 22
Iveşti 16 L 22
Jebel 15 L 19
Jimbolia 15 L 19
Lăpuşna 15 L 21
Lipova 15 L 19
Luduş 15 L 20
Lugoj 15 L 19
Lunca de Sus 15 L 21
Lupşanu 16 M 21
Ion-Corvin 16 M 22
Ioneşti 15 M 20
Mamaia 16 M 22
Mangalia 16 M 22
Manoleasa 15 K 21
Marghita 15 L 19
Măcin 16 L 22
Măieruş 15 L 21
Mărăşeşti 16 L 21
Medgidia 16 M 22
Mediaş 15 L 20
Micfalău 15 L 21
Miercurea Ciuc 15 L 21
Miercurea Sibiului 15 L 20
Mihăeşti 15 L 21
Mihăileşti 15 M 21
Mizil 15 M 21
Moldova Nouă 15 M 19
Morăeşti 15 M 20
Mureşenii Bârgăului 15 L 20
Murighiol 16 M 22
Nădlac 15 L 19
Năneşti 16 L 22
Năsăud 15 L 20
Negreşti 16 L 21
Negreşti Oaş 15 K 20
Nehoiu 15 L 21
Oancea 16 L 22
Ocna-Mureş 15 L 20
Odorheiu Secuiesc 15 L 21
Olteniţa 16 M 21
Oneşti 16 L 21
Oradea 15 L 19
Oravita 15 L 19
Orăştie 15 L 20
Orşova 15 M 19
Ortişoara 15 L 19
Pascani 15 L 21
Petroşani 15 L 20
Piatra Neamţ 15 L 21
Piteşti 15 M 20
Ploieşti 15 M 21
Pogoanele 16 M 21
Poiana Langului 15 L 21
Puchenii Mari 15 M 21
Pucioasa 15 L 21
Puieşti 16 L 22
Raşeşti 16 L 22
Răcăciuni 16 L 21
Rădăuţi 15 K 21
Rădăuţi Prut 15 K 21
Răstoliţa 15 L 21
Râmnicu Sarat 16 L 21
Râmnicu-Vâlcea 15 L 20
Recea 15 M 20
Reghin 15 L 20
Reşiţa 15 L 19
Roman 16 L 21
Românaşi 15 L 20
Roşiori de Vede 15 M 21
Rupea 15 L 21
Salonta 15 L 19
Satu Mare 15 K 20
Săcueni 15 L 19
Sărmaşu 15 L 20
Sângeorz Băi 15 L 20
Sânnicolau Mare 15 L 19
Săvârşin 15 L 19
Sebeş 15 L 20
Seini 15 K 20
Sercaia 15 L 21
Sf. Gheorghe 15 L 21
Sfântu Gheorghe/Sulina 16 M 22
Sibiu 15 L 20
Sighetu/Marmaţiei 15 K 20
Sighişoara 15 L 20
Sinaia 15 L 21
Siret 15 K 21
Slatina 15 M 20
Slobozia/Bucureţti 16 M 21
Sovata 15 L 21
Strehaia 15 M 20
Stupina 16 M 22
Suceava 15 K 21
Sulina 16 L 22
Şimleu Silvaniei 15 L 20
Ştefăneşti 16 K 21
Ştei 15 L 19
Şugag 15 L 20
Târgovişte 15 M 21
Tărtăşeşti 15 M 21
Tăşnad 15 L 20
Târgu Frumos 16 L 21
Târgu Jiu 15 L 20
Târgu Lapuş 15 L 20
Târgu Mures 15 L 20

P
R

Târgu Neamţ 15 L 21
Târgu Ocna 15 L 21
Târgu Secuiesc 15 L 21
Târnăveni 15 L 20
Tecuci 16 L 21
Teregova 15 L 19
Timişoara 15 L 19
Tinca 15 L 19
Topliţa 15 L 21
Topolovăţu Mare 15 L 19
Topraisar 16 M 22
Trifeşti 16 K 21
Tulcea 16 L 22
Turda 15 L 20
Turnu Măgurele 22 M 20
Urziceni 16 M 21
Valea lui Mihai 15 K 19
Vaslui 16 L 22
Vatra Dornei 15 L 21
Vălenii de Munte 15 L 21
Vârfurile 15 L 20
Vicovu de Sus 15 K 21
Victoria 15 L 20
Vişeu de Sus 15 K 20
Voineasa 15 L 20
Zalău 15 L 20
Zărneşti 15 L 21
Zimnicea 22 M 21

## RSM

□ 61 km² +378
San Marino 31 000

San Marino 20 M 15

## RUS

□ 17 098 242 km² +7
Moskva 143 500 000

Abinsk 17 M 26
Abramovka 11 J 27
Adler 17 M 26
Ageevo 11 H 25
Ahmetovskaja 17 M 27
Ahtyrskij 17 M 26
Aksaj 17 L 26
Aksaj 17 K 28
Alakurtti 3 C 23
Aleksandro-Nevskij 11 H 27
Aleksandrov 11 G 26
Aleksandrovka 17 L 26
Alekseevka 11 J 26
Aleksin 11 H 25
Algasovo 11 H 27
Anapa 17 M 25
Andreapol' 10 G 23
Andrejevo 11 G 27
Androniki 11 F 27
Anna 11 J 27
Antropovo 11 F 28
Apatity 3 B 24
Aprelevka 11 G 25
Apšeronsk 17 M 26
Ardatov 11 G 28
Arefino 11 F 26
Arhangel'skaja 17 L 27
Arhangel'skoe 11 J 27
Arhipo-Osipovka 17 M 26
Arhipovka 10 H 23
Arhys 17 M 27
Arkadak 11 J 28
Armavir 17 M 27
Arsen'evo 11 H 25
Arzamas 11 G 28
Aševo 10 G 22
Atjur'evo 11 H 28
Avilo-Uspenka 17 K 26
Azov 17 L 26
Babaevo 11 F 25
Babynino 11 H 25
Bad 11 G 28
Badinsk 11 H 28
Bagrationovsk 9 H 19
Balahna 11 G 28
Balašov 11 J 28
Baltijsk 9 H 18
Basilevo 11 G 27
Bašmakovo 11 H 28
Batajsk 17 L 26
Bateckij 10 F 23
Baturino 10 G 24
Begunicy 10 F 22
Belaja Glina 17 L 27
Belaja Kalitva 17 K 27
Belebělka 10 F 23
Belev 11 H 25
Belgorod 11 J 25
Belinskij 11 H 28
Belorečensk 17 M 26
Belyj 10 G 24
Besedino 11 J 25
Beslenej 17 M 27
Betlica 11 H 24
Bežeck 11 F 25
Bibirevo 10 G 23
Bobrov 11 J 27
Bogorodsk 11 G 28
Bogučar 11 K 27
Bokovaja 11 G 29
Bokovskaja 17 K 27
Boksitogorsk 10 F 24
Bol. Ignatovo 11 H 29
Bol'šaja Arja 11 G 28
Bol'šaja Novinka 11 F 26
Bol'šoe Mares'evo 11 G 29
Bol'šoe Muraškino 11 G 28
Bolgatovo 10 G 22
Bolhov 11 H 25
Bologoe 10 F 24
Bologovo 10 G 23
Bol'šakovo 9 H 19
Bol'šaja Džalga 17 L 28
Bol'šaja Orlovka 17 L 27
Bol'šinka 17 K 27
Bol'šoe Alekseevskoe 11 G 26
Bol'šoe Medvedki 11 H 26
Bol'šoe Selo 11 F 26
Bol'šoe Soldatskoe 11 J 25
Bondari 11 H 27
Bor 11 G 28
Borinskoe 11 H 26
Borisoglebsk 11 J 27
Borisovka 11 J 25
Borjatino 11 H 26
Borodinskoe 5 E 22
Boroviči 10 F 24
Borovičič 10 F 22
Borovsk 11 G 25
Brejtovo 11 F 26
Brjansk 11 H 24
Brjuhoveckaja 17 L 26
Bronnicy 11 G 26
Budogošč' 10 F 23
Buj 11 F 27
Buturlino 11 G 28
Buturlinovka 11 J 27
Bytoš' 11 H 24
Caevo 11 F 25
Capel'ka 10 F 22
Čaplygin 11 H 27
Čehov 11 G 26
Čelbasskaja 17 L 26
Cerenskoe 11 F 25
Čerkessk 17 M 27
Černava 11 H 26
Cernjahovsk 9 H 19
Černjanka 11 J 26
Černuha 11 G 28
Čern' 11 H 25
Čerpovec 11 F 26
Cimljansk 17 K 27
Čkalovsk 11 G 28
Čudovo 10 F 23
Čupalejka 11 G 28
Čuvaševa Gora 10 F 25
Dahovskaja 17 M 27
Danilov 11 F 27
Dankov 11 H 26
Davydovo 11 G 26
Demidov 10 G 23
Demjansk 10 F 24
Detčino 11 H 25
Dinskaja 17 L 26
Diveevo 11 G 28
Djatkovo 11 H 24
Dmitriev-L'govskij 11 J 25
Dmitrievka 11 H 27
Dmitrov 11 G 26
Dmitrovsk-Orlovskij 11 H 25
Dneprovskoe 10 G 24
Dno 10 F 22
Dobrinka 11 J 27
Dobrjatino 11 G 27
Dobroe 11 H 26
Dobruči 10 F 22
Dolžanskaja 17 L 26
Dombaj 17 M 27
Domededovo 11 G 26
Doneck 17 K 27
Donskoe/Elec 11 H 26
Donskoe/Stavropol 17 L 27
Donskoj 11 H 26
Dorobino 11 H 26
Dorogobuž 10 H 24
Droskovo 11 H 25
Dubec 11 F 26
Dubna 11 G 25
Dubovka 17 K 28
Dubovskoe 17 L 28
Dubrovka 10 F 22
Dudorovskij 11 H 25
Duhovščina 10 G 24
Dulovka 10 G 22
Duminiči 11 H 25
Dvorki 11 G 26
Dzeržinsk 11 G 28
Džubga 17 M 26
Efremov 11 H 26
Egorlykskaja 17 L 27
Egor'e 11 G 24
Egor'evsk 11 G 26
Ejsk 17 L 26
Elan'-Kolennovskij 11 J 27
Elec 11 H 26
El'cy 10 G 24
El'niki 11 H 28
El'nja 10 H 24
Erahtur 11 H 27
Ermiš 11 H 27
Erši 11 H 24
Eršiči 10 H 24
Esenoviči 10 G 24
Estosadok 17 M 27
Evlanovo 11 J 26
Fatež 11 J 25
Fedorovka 17 L 26
Feofilova Pustyn' 10 F 22
Firovo 10 G 24
Fokino 11 H 24
Fominki 11 G 28
Fumanov 11 G 27
Gagarin 11 G 25
Gajutino 11 F 26
Galič 11 F 28
Gatčina 10 F 23
Gavrilov Posad 11 G 27
Gavrilov-Jam 11 G 27
Gdov 10 F 22
Gelendžik 17 M 26
Gigant 17 L 27
Glazunovka 11 H 25
Glebovskoe 11 G 26
Glubokij/Kamensk-Šahtinskij 17 K 27
Glubokij/Zimovniki 17 L 28
Gluškovo 11 J 24
Golicyno/Moskva 11 G 25
Golicyno/Nižnij Lomov 11 H 28
Golovinka 17 M 26
Gorbačevo 11 H 25
Goreloe 11 H 27
Goricy 11 G 25
Gorjačij Kljuc 17 M 26
Gorka-Voskresenskaja 10 F 24
Gorlovo 11 H 26
Gornjackij 17 K 27
Gorodec 11 G 28
Gorodišče/Staryj Oskol 11 J 26
Gorodnja 11 G 25
Gorodovikovsk 17 L 27
Gorohovec 11 G 28
Goršečnoe 11 J 26
Gračevka 17 L 27
Grajvoron 17 J 25
Grazi 11 H 27
Grebnevo 11 H 27
Gremjač'e 11 J 26
Gribanovskij 11 J 27
Grjady 10 F 23
Grjaznovo 11 H 25
Grjazovec 11 F 27
Gubkin 11 J 26
Gukovo 17 K 26
Gul'keviči 17 L 27
Gusev 9 H 19
Gus'-Hrustal'nyj 11 G 27
Gvardejsk 9 H 19
Hadyžensk 17 M 26
Hahaly 11 G 28
Hiitola 5 E 22
Himki 11 G 26
Hlevnoe 11 J 26
Holm 10 G 23
Holm-Žirkovskij 10 G 24
Homutovo 11 H 26
Hosta 17 M 26
Hot'kovo 11 G 26
Hvaščevka 11 G 25
Hvastoviči 11 H 25
Hvojnaja 10 F 24
Ibnja 11 J 25
Igodovo 11 F 28
Il'inskaja 17 L 27
Il'skij 17 M 26
Il'insko-Zaborskoe 11 G 28
Ilovlja 17 K 28
Il'ino 10 G 23
Il'inskoe 11 G 25
Il'inskoe-Hovanskoe 11 G 26
Inkulino 11 F 28
Insar 11 H 28
Ipatovo 17 L 28
Irklievskaja 17 L 26
Issa 11 H 28
Istobnoe 11 J 26
Ivajtenki 11 H 24
Ivangorod 10 F 22
Ivanovo 11 G 27
Ivanovskaja 17 L 26
Izborsk 10 F 22
Izmalkovo 11 H 26
Iznoski 11 H 25
Izobil'nyj 17 L 27
im. M. I. Kalinia 11 F 29
Jadrin 11 G 29
Jahroma 11 G 26
Jakovlevo 11 J 25
Janiskoskij 3 B 22
Jarcevo 10 G 24
Jaroslavl' 11 F 27
Jaroslavskaja 17 M 27
Jašalta 17 L 27
Jaščera 10 F 22
Jasenskaja 17 L 26
Jasnogorsk 11 H 26
Jaželbicy 10 F 24
Juhnov 11 H 25
Jur'evec 11 G 28
Jurino 11 G 29
Jur'ev Pol'skiy 11 G 26
Juža 11 G 27
Kadom 11 H 28
Kaduj 11 F 25
Kadyj 11 F 28
Kalač 11 J 27
Kalač-na-Donu 17 K 28
Kalevala 3 C 23
Kaliningrad 9 H 19
Kaliningrad/Moskva 11 G 26
Kalinovka 11 J 24
Kaljazin 11 G 26
Kaluga 11 H 25
Kamenka 5 E 22
Kamenka/Kaluga 11 H 25
Kamenka/Ostrogožsk 11 J 26
Kamenka/Penza 11 H 28
Kamenka/Smolensk 10 G 23
Kamennogorsk 5 E 22
Kamensk-Šahtinskij 17 K 27
Kameškovo 11 G 27
Kamyševatskaja 17 L 26
Kandalakša 3 C 24
Kanevskaja 17 L 26
Kantemirovka 17 K 26
Karačaevsk 17 M 27
Karačev 11 H 25
Karginskaja 17 K 27
Karmanovo 11 G 25
Kašary 17 K 27
Kasimov 11 H 27
Kašin 11 G 26
Kašira 11 H 26
Kastornoe 11 J 26
Kastornoe 11 J 26
Kavkaz 17 L 25
Kazanskaja 11 K 27
Kernovo 10 F 22
Kesova Gora 11 F 25
Kesten'ga 3 C 23
KesGma 11 F 25
Klimovo 10 J 23
Kikvidze 11 J 28
Kilemary 11 G 29
Kil'dinsroj 3 B 24
Kimovsk 11 H 26
Kimry 11 G 26
Kinešma 11 G 27
Kingisepp 10 F 22
Kiriši 10 F 23
Kirov 11 H 24
Kirovsk/St. Petersburg 10 F 23
Kirsanov 11 H 28
Kiržač 11 G 26
Kletnja 11 H 24
Kletskij 17 K 28
Klimovsk 11 G 26
Klin 11 G 25
Klincy 10 H 23
Knjaginino 11 G 29
Kobona 10 F 23
Kočubeevskoe 17 M 27
Kohma 11 G 27
Kola 3 B 24
Koljubeevo 11 G 25
Kolomna 11 G 26
Kolpino 10 F 23
Kolpny 11 J 25
Kolp' 11 G 27
Kolvica 3 C 24
Kol'čugino 11 G 26
Komariči 11 J 24
Komsomol'sk 11 G 27
Konakovo 11 G 25
Končansko-Suvorovskoe 10 F 24
Kondrat'evo 5 E 22
Kondrovo 11 H 25
Konstantinovsk 17 K 27
Konyševka 11 J 25
Korablino 11 H 27
Korekozevo 11 H 25
Korenovsk 17 L 26
Koroča 11 J 25
Koronevo 11 J 24
Korotin 11 G 29
Kosaja Gora 11 H 26
Kosk 11 H 24
Koski/Roslavl' 10 H 24
Kosorža 11 J 25
Kostomukša 3 D 23
Kostroma 11 F 27
Kotel'nikovo 17 K 28
Kotly 10 F 22
Kotovras 11 J 28
Kotovsk 11 H 27
Kovdor 3 B 23
Kovernino 11 G 28
Kovrov 11 G 27
Kovylka 11 H 28
Kovylkino 11 H 28
Koz'modem'jansk 11 G 29
Kozel'sk 11 H 25
Kr. Karačay 17 M 27
Kr. Rog 11 H 24
Kr. Selo 10 F 23
Krasivka 11 J 28
Krasnaja Gora 10 H 23
Krasnji Baki 11 G 29
Krasnoarmejsk 11 G 26
Krasnoarmejskaja 17 L 26
Krasnoarmejskij 17 L 27
Krasnodar 17 L 26
Krasnoe/Elec 11 H 26
Krasnogorodsk 10 G 22
Krasnogvardejskoe 17 L 27
Krasnolesnyj 11 J 26
Krasnolobodsk 11 H 28
Krasnoslobodsk 17 K 28
Krasnozavodsk 11 G 26
Krasnoznamensk 9 H 19
Krasnyj 10 H 23
Krasnyj Holm 11 F 25
Krasnyj Majak 11 G 27
Krasnyj Tkači 11 G 26
Krasuha 11 F 25
Krestcy 10 F 24
Kresty 11 G 25
Kresty/Tovarkovskij 11 H 26
Kriuša/Pervomajsk 11 H 28
Kriuša/Rjazan 11 H 27
Krivandino 11 G 26
Krivorož'e 17 K 27
Kromy 11 H 25
Kronštadt 10 F 22
Kropotkin 17 L 27
Krupec 11 J 24
Krusanovo 11 F 28
Krylovo 9 H 19
Krylovskaja 17 L 26
Krymsk 17 M 26
Kšenskij 11 J 26
Kstovo 11 G 28
Kudever' 10 G 22
Kugul'ta 17 L 27
Kujbyševo 17 K 26
Kukoboj 11 F 27
Kulebaki 11 G 28
Kulevatovo 11 H 27
Kun'ja 10 G 23
Kuolajarvi 3 C 22
Kupreevo 11 G 27
Kurdžinovo 17 M 27
Kurganinsk 17 M 27
Kurgannyj 17 L 28
Kurgolovo 10 F 22
Kurkino 11 H 26
Kurlovo 11 G 27
Kurovskoe 11 G 26
Kursk 11 J 25
Kušalino 11 G 25
Kuščevskaja 17 L 26
Kuševanda 3 C 23
Kuvšinovo 10 G 24
Kuženkino 10 F 24
Kuzovka 11 H 26
Kuz'miniči 11 H 24
Labinsk 17 M 27
Ladožskaja 17 L 26
Lahdenpoh'ja 5 E 22
Lakaš 11 H 27
Lakedemonovka 17 L 26
Lakinsk 11 G 27
Lazarevskoe 17 M 26
Lebedjan 11 H 26
Leningradskaja 17 L 26
Leont'evo 11 F 25
Lesnoe 11 F 25
Ležnevo 11 G 27
Lihoslavl' 11 G 25
Lihovskoj 17 K 27
Liinahamari 3 B 23
Linda 11 G 28
Linec 11 J 25
Lipeck 11 H 26
Lipicy 11 H 25
Lipki 11 H 26
Lipovka 11 J 27
Liski 11 J 26
Livny 11 J 26
Ljady 10 F 22
Ljahi 11 G 27
Ljuban' 10 F 23
Ljubaž 11 J 25
Ljubercy 11 G 26
Ljubim 11 F 27
Ljubytino 10 F 24
Ljudinovo 11 H 24
Ljudkovo 11 H 24
Loknja 10 G 23
Lokot 11 H 24
Lomonosov 10 F 22
Lotošino 11 G 25
Loznicy 10 F 23
Luga 10 F 22
Luh 11 G 27
Luhovicy 11 H 26
Lukaševka 11 J 25
Lukino 11 H 26
Lukojanov 11 G 28
Lukovnikovo 10 G 24
Luvozero 3 D 23
Lyčkovo 10 F 23
Lykošino 10 F 24
Lyskovo 11 G 29
L'gov 11 J 25
L'va Tolstogo 11 H 25
Istra 11 G 25
Majkop 17 M 27
Makarév 11 F 28
Maksatiha 11 F 25
Mal. Privalovka 11 J 26
Mal. Višera 10 F 23
Malino 11 G 26
Maloarhangel'sk 11 J 25
Malojaroslavec 11 G 25
Malye Ramozero 3 B 24
Malye Soli 11 F 27
Malyševo 11 G 27
Mal'čevskaja 17 K 27
Mamonovo 9 H 19
Man'kovo-Berezovskaja 17 K 27
Marevo 10 G 23
Margaritovka 17 L 26
Marino 11 G 29
Mart'janovo 10 G 23
Matveev-Kurgan 17 K 26
Mcensk 11 H 25
Mednoe 11 G 25
Medvenka 11 J 25
Medyn' 11 H 25
Meglecy 10 F 24
Melenki 11 G 27
Meščovsk 11 H 25
Meškovskaja 11 K 27
Mglin 10 H 24
Mičurinsk 11 H 27
Mihajlov 11 H 26
Mihajlovsk 17 L 27
Mihnevo 11 G 26
Mikulino 11 G 25
Miljušino 11 F 26
Millerovo 17 K 27
Mitrofanovka 11 K 26
Mjaksa 11 F 26
Mokšan 11 H 28
Molokovo 11 F 25
Monastyrščina 11 K 27
Monastyrščina/Smolensk 10 H 23
Mončegorsk 3 B 24
Morkiny Gory 11 F 25
Morozovsk 17 K 27
Moršansk 11 H 27
MorGe 10 E 23
Mosal'sk 11 H 25
Mošenskoe 10 F 24
Moskva Odincovo 11 G 26
Mostovskoj 17 M 27
Možajsk 11 G 25
Možajskoe 11 J 26
Msta 10 F 24
Muhtolovo 11 G 28
Murmansk 3 B 24
Murmaši 3 B 24
Murom 11 G 27
Myshako 17 M 26
Myškin 11 F 26
Myt 11 G 28
Mytišči 11 G 26
M'akiševo 10 G 22
Nagor'e 11 G 26
Naro-Fominsk 11 G 25
Naruksovo 11 H 28
Naryškino 11 H 25

R

Našci 10 F 23
Navašino 11 G 27
Navlja 11 H 24
Navoloki 11 G 27
Nebolči 10 F 24
Nehaevskij 11 J 27
Neja 11 F 28
Nelidovo 10 G 24
Neman 9 G 19
Nerehta 11 G 27
Nerl' 11 G 27
Nerl' 11 G 26
Nesterov 9 H 20
Nesterovo 11 F 26
Nestery 11 H 24
Nevel' 10 G 22
Nevinnomyssk 17 M 27
Neznanovo 11 H 27
Nikel' 3 B 23
Nikitovka 11 J 26
Nikolaevskaja 17 K 27
Nikologory 11 G 27
Nižnedevick 11 J 26
Nižnij Čir 17 K 28
Nižnij Lomov 11 H 28
Nižnij Novgorod 11 G 28
Noginsk 11 G 26
Nosovo 10 G 22
Novaja Kalitva 11 J 27
Novgorod 10 F 23
Novgorodka 10 G 22
Novij Byselki 11 H 28
Novije Čigla 11 J 27
Novoaleksandrovsk 17 L 27
Novoanninskij 11 J 28
Novobokino 11 H 27
Novočerkassk 17 L 27
Novodugino 11 G 24
Novohoperskij 11 J 27
Novokubansk 17 L 27
Novoleuškovskaja 17 L 27
Novomakarovo 11 J 27
Novominskaja 17 L 26
Novominskaja 17 L 26
Novomoskovsk/Tula 11 H 26
Novopetrovskoe 11 G 25
Novopokrovskaja 17 L 27
Novorossijsk 17 M 26
Novoržev 10 G 22
Novošahtinsk 17 K 26
Novoselki 11 G 28
Novosil' 11 H 25
Novosokol'niki 10 G 23
Novotroickoe 17 L 27
Novozybkov 10 H 23
Novyj Oskol 11 J 26
Oblivskaja 17 K 27
Obninsk 11 G 25
Obojan' 11 J 25
Obžeriha 11 G 28
Odoev 11 H 25
Ogibnoe 11 G 29
Ogorel'e 10 F 23
Ol'ginka 17 M 26
Oktjabrs'kaja 17 L 26
Oktjabrs'kij 17 K 28
Oktjabrs'koe 11 J 26
Okulovka 10 F 24
Olenegorsk 3 B 24
Olenino 10 G 24
OlĢhovatka 11 J 26
Opočka 10 G 22
Oredež 10 F 23
Orehovo 11 F 27
Orehovo-Zuevo 11 G 26
Orel 11 H 25
Orlovskij 17 L 27
Ostaškov 10 G 24
Ostrogožsk 11 J 26
Ostrov 10 G 22
Ostrovskoe 11 F 28
Os'mino 10 F 22
Otradnaja 17 M 27
Ovsišce 10 F 22
Ovsiše 11 F 25
Ozernyj 10 G 24
Ozersk 9 H 19
Paleh 11 G 27
Palkino 10 F 22
Pan`kovo 11 F 28
Panino 11 J 27
Parahino-Poddub`e 10 F 24
Pavlovo 11 G 28
Pavlovsk 11 J 27
Pavlovskaja 17 L 26
Paškovskij 17 L 26
Pečenga 3 B 23
Pečory 10 F 22
Penkino 11 G 27
Peno 10 G 24
Pep'evka 11 J 26
Perelazovskij 17 K 28
Pereslavl'-Zalesskij 11 G 26
Pervomajsk 11 H 28
Pervomajsk/Saransk 11 H 29
Pervomajskij 11 H 27
Pervomajskoe 5 E 22
Pesočnja 11 H 24
Pestjaki 11 G 28
Pestovo 11 F 25
Petrodvorec 10 F 22
Petropavlovka 11 J 27
Petropavlovka 11 J 27
Petrovskaja 17 L 26
Petrovskoe 11 G 26
Petuški 11 G 26
Pikalevo 10 F 24
Piscovo 11 G 27
Pitelino 11 H 27
Plavsk 11 H 25
Ples 11 G 27
Pljussa 10 F 22
Ploskoš' 10 G 23
Pnevo 10 F 22
Počep 11 H 24
Počinok 10 H 24
Podberez'e 10 G 23
Podol'sk 11 G 26
Pogar 11 H 24
Pogoreloe-Gorodišče 11 G 25
Poim 11 H 28
Pokrov 11 G 26
Pokrovskoe 11 H 25
Pola 10 F 23
Polessk 9 H 19
Poljarnye Zori 3 C 24
Poljarnyj 3 B 24
Polna 10 F 22
Poltavčenskoe 17 L 26
Poreč'e 11 G 25
Porhov 10 F 22
Pošehon`e-Volodarsk 11 F 26
Povorino 11 J 27
Pravdinsk 9 H 19
Prečistoe 11 F 27
Prečistoe/Jarcevo 10 G 23
Pregradnoe 17 L 27
Priazovskaja 17 L 26
Primorsk/Kaliningrad 9 H 19
Primorsk/St. Petersburg 10 E 22
Primorsko-Ahtarsk 17 L 26
Priozersk 5 E 22
Prirečnyj 3 B 23
Privolžsk 11 G 27
Privol'naja 17 L 26
Prohorovka 11 J 25
Proletarij 10 F 23
Proletarsk 17 L 27
Pronsk 11 H 26
Prževal'skoe 10 G 23
Psebaj 17 M 27
Pskov 10 F 22
Pučež 11 G 28
Puhnovo 10 G 23
Pulozero 3 B 24
Pureh 11 G 28
Puškin 10 F 23
Pustoška 10 G 22
Putjanino 11 H 27
Rabotki 11 G 28
Račevo 11 F 26
Rajda 11 F 25
Rakitnoe 11 J 25
Ramenskoe 11 G 26
Rameški 11 G 25
Rasskazovo 11 H 27
Reboly 3 D 23
Rečane 10 G 23
Rešma 11 G 28
Rjažsk 11 H 27
Rjázan' 11 H 26
Rodničok 11 J 28
Rodniki 11 G 27
Rogačevka 11 J 26
Rogačevo 11 G 25
Rognedino 11 H 24
Romanovka 11 J 28
Romodanovo 11 H 29
Rošal' 11 G 27
Roslavl' 10 H 24
RossošĢ 11 J 26
Rostoši 11 J 27
Rostov 11 G 26
Rostov-na-Donu 17 L 26
Roven'ki 17 K 26
Roždestveno 11 G 25
Rtiščevo 11 J 28
Rudnja 10 H 23
Ruguj 10 F 24
Ruskeala 5 E 23
Rustaj 11 G 28
Ruza 11 G 25
Ruzaevka 11 H 28
Rybinsk 11 F 26
Ryl'sk 11 J 24
Ržaksa 11 J 27
Ržev 11 G 24
Šablykino 11 H 25
Šack 11 H 27
Safonovo 10 G 24
Šahovskaja 11 G 25
Šahty 17 K 27
Šahun'ja 11 G 29
Šajgino 11 F 29
Sakony 11 G 28
Salgana 11 G 29
Saltykovo 11 H 28
Sal'sk 17 L 27
Samarskoe 17 L 26
Sambek 17 L 26
Samet` 11 F 27
Samofalovka 17 K 28
Sampur 11 J 27
Sandogora 11 F 27
Sandovo 11 F 25
Sankt Peterburg 10 F 23
Šapkino 11 J 28
Sapožok 11 H 27
Sarai 11 H 27
Saransk 11 H 29
Sarapovo 11 G 29
Sarov 11 H 28
Sasovo 11 H 27
Šatalorka 11 J 26
Šatki 11 G 28
Šatura 11 G 26
Sazonovo 10 F 25
Ščigry 11 J 25
Ščol'kovo 11 G 26
Šebekino 11 J 25
Sebež 10 G 22
Šehman 11 H 27
Šekino 11 H 26
Šeksna 11 F 26
Seližarovo 10 G 24
Sely 10 G 24
Sel'co 11 H 24
Semeno-Aleksandrovka 11 J 27
Semenov 11 G 28
Semenovo 11 G 29
Semenovskoe 11 G 25
Semikarakorsk 17 K 27
Semiluki 11 J 26
Semlevo 11 G 24
Serafimovič 17 K 28
Serebrjanye-Prudy 11 H 26
Sereda 11 F 27
Seredka 10 F 22
Serednjakovo 11 G 26
Sergač 11 G 29
Sergiev Posad 11 G 26
Serpuhov 11 H 26
Sestoreck 10 E 22
Setraki 17 K 27
Severomorsk 3 B 24
Severomorsk III 3 B 24
Severskaja 17 M 26
Sevsk 11 J 24
Šilovo/Dankov 11 H 26
Šilovo/Putjanino 11 H 27
Sima 11 G 26
Simoncevo 11 G 27
Šimsk 10 F 23
Sinegorskij 17 K 27
Sinie Lipjagu 11 J 26
Siverskij 10 F 23
Sknjatino 11 G 26
Skopin 11 H 26
Skorodnoe 11 J 25
Slancy 10 F 22
Slaščevskaja 11 K 27
Slavjansk-na-Kubani 17 L 26
Slavkoviči 10 F 22
Smirnovo 11 G 28
Smolensk 10 H 23
Sobinka 11 G 27
Soči 17 M 26
Sokolovo 11 H 28
Sokolskoe 11 G 28
Solncevo 11 J 25
Solnečnogorsk 11 G 25
Sol'cy 10 F 23
Somino 10 F 25
Sonkovo 11 F 25
Sorokino 10 G 22
Sortavala 5 E 23
Sosnovka/Pervomajskij 11 H 27
Sosnovka/Rtiščevo 11 J 28
Sosnovo 5 E 23
Sosnovskoe 11 G 28
Sosnovyj 3 C 23
Sovetsk 9 G 19
Sovetskaja 17 K 27
Sovetskaja/Armavir 17 M 27
Sovetskoe 11 J 26
Spas-Demensk 11 H 24
Spas-Klepiki 11 G 27
Spasskoe 11 G 29
Špikulovo 11 J 27
Spokojnaja 17 M 27
Srednegor'e 5 E 22
Srednij Egorlyk 17 L 27
Srednij Ikorec 11 J 26
Staraja Kriuša 11 J 27
Staraja Rudka 11 G 29
Staraja Russa 10 F 23
Starica 11 G 25
Starodub 10 H 24
Staroe Istomino 10 G 24
Staroe Šajgovo 11 H 28
Starojur'evo 11 H 27
Starominskaja 17 L 26
Staroščerbinovskaja 17 L 26
Starotitarovskaja 17 L 25
Staryj Oskol 11 J 26
Stavropol` 17 L 27
Stegalovka 11 J 26
Stepancevo 11 G 25
Stodolišče 10 H 24
Stolpino 11 G 28
Strugi 10 F 24
Strugi Krasnye 10 F 22
Stupino 11 H 26
Sudbišči 11 H 26
Sudimir 11 H 24
Sudislavl` 11 F 27
Sudogda 11 G 27
Sudža 11 J 25
Suhiniči 11 H 25
Suhobezvodnoe 11 G 28
Suhodol'skij 11 H 26
Šuja 11 G 27
Šul'gino 11 J 27
Šumilinskaja 11 K 27
Šumilinskaja 11 K 27
Šumjani 10 H 24
Suraž/Uneča 10 H 23
Surovatiha 11 G 28
Surovikino 17 K 28
Susanino 11 F 27
Suvorov 11 H 25
Suzdal' 11 G 27
Suzemka 11 J 24
Sverero 17 K 27
Svetlogorsk 9 H 19
Svetogorsk 5 E 22
Sviščevka 11 H 28
Svjatoslavka 11 J 28
Syrnevo 11 F 27
Syt'kovo 10 G 24
Tacinskij 17 K 27
Taganrog 17 L 26
Tahta 17 L 27
Taldom 11 G 26
Talickij Camlyk 11 J 27
Talovaja 11 J 27
Talpaki 9 H 19
Taman' 17 L 25
Tambov 11 H 27
Tarusa 11 H 25
Tatarovo 11 G 27
Tbilisskaja 17 L 27
Teberda 17 M 27
Tejkovo 11 G 27
Temirgoevskaja 17 L 27
Temkino 11 G 25
Temnikov 11 H 28
Temrjuk 17 L 25
Ten'guševo 11 H 28
Teploe 11 H 26
Ternovka 11 J 27
Tihoreck 17 L 27
Tihvin 10 F 24
Tim 11 J 25
Timaševsk 17 L 26
Tokarevka 11 J 27
Tomorovka 11 J 25
Tonkino 11 G 29
Tonšaevo 11 F 30
Torčino 11 G 27
Tormosin 17 K 28
Toropec 10 G 23
Toržok 11 G 25
Tosno 10 F 23
Tovarkovskij 11 H 26
Tregubovo 10 F 23
Troekurovo 11 H 26
Troickoe 11 H 27
Trosna 11 J 25
Trubčevsk 11 H 24
Tuapse 17 M 26
Tufanovo 11 F 27
Tula 11 H 26
Tuma 11 G 27
Tungozero 3 C 23
Tupicyno 10 F 22
Turandino 10 F 24
Turgenevo 11 G 27
Turginovo 11 G 25
Turki 11 J 28
Turki-Perevoz 10 G 22
Tutaev 11 F 26
Tver' 11 G 25
Udomlja 11 F 25
Uglič 11 F 26
Uholovo 11 H 27
Uneča 10 H 24
Upornaja 17 M 27
Ura Guba 3 B 24
Urazovo 17 J 26
Uren` 11 G 29
Urjupinsk 11 J 27
Uruč'e 11 H 24
Usman 17 L 27
Usman' 11 J 26
Ust`-Džeguta 17 M 27
Ustjužna 11 F 25
Ust' Buzulukskaja 11 J 27
Ust' Labinsk 17 L 26
Usvjaty 10 G 23
Utorgoš 10 F 23
Uvarovo 11 J 27
Uzlovaja 11 H 26
Užovka 11 H 28
Valdaj 10 F 24
Valdimirovka 5 E 23
Valjuki 11 J 26
Varenikovskaja 17 L 26
Varnavino 11 G 29
Vejdelevka 11 J 26
Vekšino 10 F 23
Velikie Luki 10 G 23
Velikij Novgorod 10 F 23
Velikovečnoe 17 M 26
Veliž 10 G 23
Venev 11 H 26
Vereja 11 G 25
Verhnetulomskij 3 B 23
Verhnij Mamon 11 J 27
Verhovina 10 F 24
Vernadovka 11 H 28
Veselyj 17 L 27
Vešenskaja 11 K 27
VesĢegonsk 11 F 25
Vetluga 11 F 29
Vicuga 11 G 27
Virga 11 H 28
Viteml' 11 J 24
Vizimjary 11 G 29
Vjartsilja 5 E 23
Vjazniki 11 G 27
Vjaz'ma 11 G 24
Vladimir 11 G 27
Vladyšnoe 11 F 26
Vohtoga 11 F 27
Vojnica 3 C 23
Voknovolok 3 D 23
Volčki 11 H 27
Volga 11 F 26
Volgodonsk 17 K 27
Volgograd 17 K 28
Volhov 10 F 23
Volodarsk 11 G 28
Volokolamsk 11 G 25
Volokonovka 11 J 26
Vološino 17 K 26
Volosovo 10 F 22
Volot 10 F 23
Volovo 11 J 26
Voltutino 10 H 24
Vorob'evka 11 J 27
Vorob'evo 11 G 25
Voron`e 11 F 27
Voroncovka 11 J 27
Voronež 11 J 26
Voronok 10 J 24
Vorotynec 11 G 29
Vorsma 11 G 28
Voshod 17 L 27
Voskresensk 11 G 26
Voskresenskoe 11 F 26
Voskresenskoe 11 G 29
Vozdviženskoe 11 G 29
Vozkresenskoe 11 G 27
Voznesenskoe 11 H 28
Vsevoložsk 10 E 23
Vshody 11 H 24
Vtorye Terbuny 11 J 26
Vuorijarvi 3 C 23
Vuva 3 B 23
Vybor 10 G 22
Vyborg 5 E 22
Vydropužsk 11 G 25
Vygoniči 11 H 24
Vyksa 11 G 27
Vyrica 10 F 23
Vyselki 17 L 26
Vyšgorodok 10 G 22
Vyšnij Voloček 10 F 24
Vysock 5 E 22
Vysokoe 10 E 22
Vysokoe/Toržok 11 G 25
Vysokovsk 11 G 25
Zadonsk 11 J 26
Zagolodno 10 F 24
Zaharovo 11 H 26
Zajcevo 10 F 23
Zales`e 11 F 25
Zapadnaja Dvina 10 G 23
Zapal'e 10 F 22
Zapoljarnyj 3 B 23
Zaporožskoe 5 E 23
Zarajsk 11 H 26
Zarečensk 3 C 23
Zarečje 11 H 27
Zarevo 17 L 27
Zavolž'e 11 G 28
Zavolžsk 11 G 27
Ždanovo 10 G 24
Žegalovo 11 H 28
Zelenčukskaja 17 M 27
Zelenoborskij 3 C 23
Zelenogorsk 10 E 22
Zelenograd 11 G 25
Zelenogradsk 9 H 19
Železnogorsk 11 J 25
Zemetčino 11 H 28
Zemljansk 11 J 26
Žerdevka 11 J 27
Zernograd 17 L 27
Žiloj Bor 10 F 24
Zimovniki 17 L 27
Žirjatino 11 H 24
Zlynka 10 J 23
Zmievka 11 H 25
Znamenka 11 H 24
Znamenka 17 K 27
Znamenskoe 11 H 25
Zolino 11 G 28
Zubcov 11 G 24
Žukovka 11 H 24
Élektrostal' 11 G 26
Érivanskaja 17 M 26

## S

449 964 km² · +46
Stockholm · 9 593 000

Adolfsström 2 C 17
Alberga 4 F 17
Alingsås 4 F 16
Alunda 5 E 18
Alvesta 4 G 16
Ammarnäs 2 C 17
Ammer 4 D 17
Arboga 4 F 17
Arbrå 4 E 17
Areavaara 3 C 20
Arjeplog 3 C 18
Arkösund 4 F 17
Arvidsjaur 3 C 18
Arvika 4 F 16
Asen 4 E 16
Askersund 4 F 16
Avesta 4 E 17
Axmar bruk 5 E 17
Ballasviken 2 C 17
Bastuträsk 3 D 18
Bengtsfors 4 F 15
Bispgården 4 D 17
Bjästa 5 D 18
Björbo 4 E 16
Björkliden 3 B 18
Björna 5 D 18
Blackstad 4 F 17
Blankaholm 4 F 17
Boden 3 C 19
Boliden 3 D 19
Bollnäs 4 E 17
Borgholm 8 G 17
Borlänge 4 E 17
Borås 4 F 16
Botsmark 5 D 19
Bredbyn 5 D 18
Brokind 4 F 17
Bräcke 4 D 17
Brännholmen 3 C 18
Brännås 4 E 17
Brösarp 8 G 16
Burea 3 D 19
Burgsvik 5 G 18
Burträsk 3 D 19
Byske 3 D 19
Byxelkrok 4 G 17
Båstad 8 G 16
Bäckefors 4 F 15
Dalarö 5 F 18
Dannemora 5 E 18
Deje 4 F 16
Dikanäs 2 C 17
Djuramåla 8 G 17
Dorotea 4 D 17
Ed 4 F 15
Edsbyn 4 E 17
Ekenäs 4 F 16
Eksjö 4 F 16
Emmaboda 8 G 17

R

S

Enköping 5 F 17
Eskilstuna 4 F 17
Eslöv 8 G 16
Fagersta 4 F 17
Falkenberg 4 G 15
Falköping 4 F 16
Falsterbo 8 G 16
Falun 4 E 17
Filipstad 4 F 16
Finspång 4 F 17
Fjällbacka 4 F 15
Flen 4 F 17
Fredrika 5 D 18
Friggesund 4 E 17
Frövi 4 F 17
Fulunäs 4 E 16
Furudal 4 E 17
Fårösund 5 F 18
Färila 4 E 17
Färjestaden 8 G 17
Gamleby 4 F 17
Gislaved 4 G 16
Glommersträsk 3 C 18
Gnarp 5 E 17
Granö 5 D 18
Grimslöv 8 G 16
Gripsholm 5 F 17
Grisslehamn 5 E 18
Grums 4 F 16
Gränna 4 F 16
Gräsmark 4 F 16
Gullspång 4 F 16
Gysinge 4 E 17
Gäddede 2 D 16
Gällivare 3 C 19
Gävle 5 E 17
Göteborg 4 F 15
Götene 4 F 16
Hablingbo 5 G 18
Hagestad 8 G 16
Hagfors 4 E 16
Hakkas 3 C 19
Hallstahammar 4 F 17
Halmstad 8 G 16
Hammerdal 4 D 17
Handen 5 F 18
Haparanda 3 C 20
Harads 3 C 19
Harg 5 E 18
Haverdal 8 G 16
Hede 4 E 16
Hedemora 4 E 17
Helsingborg 8 G 16
Hennan 4 E 17
Hestra 4 G 16
Hindås 4 F 15
Hjo 4 F 16
Hjältevad 4 F 17
Hofors 4 E 17
Holkekärr 4 F 15
Holmsund/Robertfors 5 D 19
Holmsund/Vännäs 5 D 19
Hotagen 4 D 16
Hudiksvall 5 E 17
Hultsfred 4 F 17
Hällnäs 5 E 18
Hälla 5 D 17
Hällefors 4 F 16
Härnösand 5 D 18
Hässleholm 8 G 16
Höganäs 8 G 16
Högsby 4 G 17
Höljes 4 E 16
Hörby 8 G 16
Hörken 4 F 16
Hörviken 8 G 16
Idre 4 E 16
Ishult 4 F 17
Johannisholm 4 E 16
Jokkmokk 3 C 18
Junosuando 3 C 20
Junsele 4 D 17
Järpen 4 D 16
Järvsö 4 E 17
Jönköping 4 F 16
Jönåker 4 F 17
Jörn 3 C 18
Kalix 3 C 20
Kallsedet 4 D 16
Kalmar 8 G 17
Kapellskär 5 F 18
Karesuando 3 B 20
Karlsborg 4 F 16
Karlshamn 8 G 16
Karlskoga 4 F 16
Karlskrona 8 G 17
Karlstad 4 F 16
Karungi 3 C 20
Katrineholm 4 F 17
Kattisavan 3 D 18
Kinna 4 F 16
Kiruna 3 B 19
Kisa 4 F 17
Klimpfjäll 2 C 16
Klintehamn 5 G 18
Klippan 8 G 16
Kopparberg 4 F 16
Korpilombolo 3 C 20
Kramfors 5 D 18
Kristianstad 8 G 16
Kristinehamn 4 F 16
Krokom 4 D 16
Kumla 4 F 17
Kungsbacka 4 G 15
Kungshamn 4 F 15
Kungälv 4 F 15
Kuollejaure 3 C 18
Kvikjokk 3 C 18
Kåbdalis 3 C 18
Kårböle 4 E 17
Kättilsbyn 4 F 16
Köping 4 F 17
Laholm 8 G 16
Lammhult 4 G 16
Landskrona 8 G 16
Lansjärv 3 C 19
Lappträsk 3 C 20
Laxå 4 F 16
Leipojärvi 3 C 19
Lenhovda 4 G 17
Lerum 4 F 15
Lessebo 8 G 17
Lickershamn 5 F 18
Liden 4 D 17
Lidhult 8 G 16
Lidköping 4 F 16
Lidsjöberg 4 D 17
Lilla Edet 4 F 15
Lillholmsjö 4 D 16
Lillhärdal 4 E 16
Lima 4 E 16
Lindefallet 4 E 17
Lindesberg 4 F 17
Linköping 4 F 17
Linsell 4 E 16
Ljugarn 5 G 18
Ljungby 8 G 16
Ljungdalen 4 D 16
Ljusdal 4 E 17
Loftahammar 4 F 17
Los 4 E 17
Ludvika 4 E 17
Luleå 3 C 19
Lund 8 G 16
Luovos 3 C 18
Lycksele 3 D 18
Lysekil 4 F 15
Långbo 4 E 17
Långträsk 3 C 19
Läckö 4 F 16
Läppe 4 F 17
Lövberga 4 D 17
Lövnäs 3 C 18
Malmberget 3 C 19
Malmö 8 G 16
Malung 4 E 16
Malå 3 C 18
Mariestad 4 F 16
Markaryd 8 G 16
Marsta 5 F 18
Mellerud 4 F 15
Meselefors 2 D 17
Mjöbäck 4 G 16
Mjölby 4 F 17
Mlrdudden 3 C 19
Molkom 4 F 16
Mora 4 E 16
Morjärv 3 C 20
Moskosel 3 C 18
Motala 4 F 17
Mullsjö 4 F 16
Munkedal 4 F 15
Muodoslompolo 3 B 20
Mölle 8 G 16
Mörlanda 4 F 16
Nacka 5 F 18
Naggen 4 E 17
Nattavaara 3 C 19
Nikkaluokta 3 B 18
Njurunda 5 E 17
Nordmaling 5 D 18
Norra Unnaryd 4 F 16
Norrbäck 3 D 18
Norrköping 4 F 17
Norrtälje 5 F 18
Norsjö 3 D 18
Nybro 8 G 17
Nyköping 5 F 17
Nynäshamn 5 F 18
Näsby 8 G 17
Nässjö 4 F 16
Näsåker 4 D 17
Ockelbo 4 E 17
Olofström 8 G 16
Orsa 4 E 16
Osby 8 G 16
Oskarshamn 4 G 17
Oxelösund 5 F 17
Pajala 3 C 20
Pello 3 C 20
Piteå 3 C 19
Porjus 3 C 18
Ramnäs 4 F 17
Ramsele 4 D 17
Robertfors 5 D 19
Roma 5 F 18
Ronneby 8 G 17
Ruskträsk 3 D 18
Råneå 3 C 19
Rätan 4 E 16
Rättvik 4 E 17
Rönnskär 3 D 19
Rönnöfors 4 D 16
Sala 4 F 17
Sandsele 3 C 18
Sandvik 4 G 17
Sandviken 4 E 17
Saxnäs 2 D 17
Simonstorp 4 F 17
Simpnäs 5 F 18
Simrishamn 8 G 16
Sjöbo 8 G 16
Sjötorp 4 F 16
Skara 4 F 16
Skellefteå 3 D 19
Skinnskatteberg 4 F 17
Skog 4 E 17
Skövde 4 F 16
Slite 5 F 18
Slussfors 2 C 17
Smygehamn 8 G 16
Smålandsstenar 4 G 16
Snösvallen 4 E 16
Sollefteå 5 D 17
Sollentuna 5 F 18
Sorsele 3 C 17
Stenungsund 4 F 15
Stocka 5 E 17
Stockholm 5 F 18
Stora Blåsjön 2 D 16
Storfors 4 F 16
Storlien 4 D 15
Storsätern 4 E 15
Storuman 2 C 17
Strängnäs 4 F 17
Strömnäs 2 D 17
Strömstad 4 F 15
Strömsund 4 D 17
Stöde 4 E 17
Stöllet 4 E 16
Sund 4 F 15
Sundbyberg 5 F 18
Sundsbruk 5 E 17
Sundsvall 5 E 17
Sunne 4 F 16
Suorva 3 B 18
Svappavaara 3 B 19
Svartå 4 F 16
Sveg 4 E 16
Svenljunga 4 G 16
Sysslebäck 4 E 16
Säffle 4 F 16
Sälen 4 E 16
Särna 4 E 16
Sävsjö 4 G 16
Söderfors 5 E 17
Söderhamn 5 E 17
Söderköping 4 F 17
Södertälje 5 F 18
Söderåkra 8 G 17
Södra Finnskoga 4 E 15
Sölvesborg 8 G 16
Sörvattnet 4 E 16
Tanumshede 4 F 15
Tierp 5 E 18
Timrå 5 D 17
Tingsryd 8 G 17
Tomelilla 8 G 16
Torekov 8 G 16
Torhamn 8 G 17
Torsby 4 E 16
Torup 4 G 16
Tranås 4 F 16
Traryd 8 G 16
Trelleborg 8 G 16
Trollhättan 4 F 15
Trosa 5 F 18
Tyfors 4 E 16
Tännäs 4 E 16
Tärnaby 2 C 17
Töre 3 C 20
Töreboda 4 F 16
Uddevalla 4 F 15
Ullared 4 G 16
Ulricehamn 4 F 16
Ulvsjön 4 E 16
Umeå 5 D 19
Umfors 2 C 16
Uppsala 5 F 18
Utansjö 5 D 18
Vadstena 4 F 16
Vaggeryd 4 G 16
Valdemarsvik 4 F 17
Vansbro 4 E 16
Vara 4 F 16
Varberg 4 G 15
Vastbacka 4 E 16
Venjan 4 E 16
Vetlanda 4 G 17
Vidsel 3 C 19
Vilhelmina 2 D 17
Vimmerby 4 F 17
Vindeln 5 D 18
Virserum 4 G 17
Visby 5 F 18
Vittangi 3 B 19
Vittjärn 4 E 16
Voxna 4 E 17
Vrena 4 F 17
Vuollerim 3 C 19
Vålådalen 4 D 16
Vårgårda 4 F 16
Vänersborg 4 F 15
Vännäs 5 D 18
Värnamo 4 G 16
Värö 4 G 15
Västermyrriset 3 D 18
Västervik 4 F 17
Västerås 4 F 17
Växjö 4 G 16
Ystad 8 G 16
Ytterhogdal 4 E 16
Åhus 8 G 16
Ålem 4 G 17
Ålshult 8 G 16
Åmadalen 4 E 16
Åmål 4 F 16
Ånge 4 E 17
Ånimskog 4 F 16
Åre 4 D 16
Årjäng 4 F 15
Åsarne 4 D 16
Åseda 4 G 17
Åsele 5 D 17
Åtvidaberg 4 F 17
Älmhult 8 G 16
Älvdalen 4 E 16
Älvkarleby 5 E 17
Älvsbyn 3 C 19
Ängelholm 8 G 16
Ödeshög 4 F 16
Örebro 4 F 17
Öregrund 5 E 18
Örkelljunga 8 G 16
Örnsköldsvik 5 D 18
Örsundsbro 5 F 17
Östavall 4 E 17
Österbymo 4 F 17
Östersund 4 D 16
Överkalix 3 C 20
Övertorneå 3 C 20
Övre Soppero 3 B 19

## SK

□ 49 034 km² +421
Bratislava 5 414 000

Bánovce n. Bebravou 14 K 18
Banská Bystrica 14 K 18
Bardejov 15 K 19
Bratislava 14 K 17
Brezno 14 K 18
Čadca 14 K 18
Červená Skala 14 K 19
Dolný Kubín 14 K 18
Dunajská Streda 14 K 18
Galanta 14 K 18
Handlová 14 K 18
Hanušovce 15 K 19
Hlohovec 14 K 18
Hriňová 14 K 18
Humenné 15 K 19
Ilava 14 K 18
Kežmarok 15 K 19
Kl'ačno 14 K 18
Kolárovo 14 K 18
Komárno 14 K 18
Košice 15 K 19
Král'ovský Chlmec 15 K 19
Kremnica 14 K 18
Krupina 14 K 18
Kúty 14 K 17
Levice 14 K 18
Licince 14 K 19
Liptovský Mikuláš 14 K 18
Lučenec 14 K 18
Makov 14 K 18
Malacky 14 K 17
Martin 14 K 18
Michalovce 15 K 19
Mníšek nad Hnilcom 15 K 19
Nitra 14 K 18
Nova Bystrica 14 K 18
Nové Mesto n. Váhom 14 K 18
Nové Zámky 14 K 18
Pezinok 14 K 17
Piešt'any 14 K 18
Poprad 14 K 19
Považska Bystrica 14 K 18
Prešov 15 K 19
Prievidza 14 K 18
Rimavská Sobota 14 K 19
Rožňava 15 K 19
Ružomberok 14 K 18
Salka 14 K 18
Sečovce 15 K 19
Senec 14 K 17
Senica 14 K 17
Sered' 14 K 18
Snina 15 K 19
Spišská Nová Ves 15 K 19
Spišské Podhradie 15 K 19
Stará Ľubovňa 15 K 19
Svidník 15 K 19
Šurany 14 K 18
Tisovec 14 K 18
Topol'čany 14 K 18
Tornal'a 15 K 19
Trenčín 14 K 18
Trnava 14 K 18
Trstená 14 K 18
Turňa nad Bodvou 15 K 19
Vernár 14 K 19
Zlaté Moravce 14 K 18
Zvolen 14 K 18
Žarnovica 14 K 18
Ždiar 14 K 19
Žilina 14 K 18

## SLO

□ 20 253 km² +386
Ljubljana 2 060 000

Ajdovščina 14 L 16
Bohinjska Bistrica 14 L 16
Celje 14 L 17
Dravograd 14 L 17
Idrija 14 L 16
Jesenice 14 L 16
Kobarid 13 L 16
Kočevje 14 L 16
Koper 13 L 16
Kozina 14 L 16
Kranj 14 L 16
Krško 14 L 17
Litija 14 L 16
Ljubljana 14 L 16
Ljutomer 14 L 17
Lož 14 L 16
Maribor 14 L 17
Metlika 14 L 17
Murska Sobota 14 L 17
Novo mesto 14 L 17
Postojna 14 L 16
Ptuj 14 L 17
Radmirje 14 L 16
Slovenska Bistrica 14 L 17
Trojane 14 L 16
Velenje 14 L 17
Vrhnika 14 L 16
Zidani Most 14 L 17

## SRB

□ 77 474 km² +381
Beograd 7 164 000

Ada 15 L 19
Aleksinac 22 M 19
Bačka Palanka 14 L 18
Bačka Topola 14 L 18
Bajmok 14 L 18
Banatsko Novo Selo 15 M 19
Bečej 14 L 19
Bela Crkva 15 M 19
Bela Palanka 22 M 19
Beograd 15 M 19
Boljevac 22 M 19
Bor 22 M 19
Brza Palanka 15 M 20
Bujanovac 22 N 19
Čačak 21 M 19
Despotovac 22 M 19
Dimitrovgrad/Sofija 22 M 20
Donji Milanovac 15 M 19
Džep 22 M 19
Golubac 15 M 19
Gornji Milanovac 21 M 19
Grocka 15 M 19
Ivanjica 21 M 19
Jagodina 22 M 19
Kanjiža 14 L 19
Kikinda 15 L 19
Kladovo 15 M 20
Klokočevac 15 M 19
Knjaževac 22 M 19
Koceljevo 14 M 18
Kosjerić 21 M 18
Kragujevac 21 M 19
Kraljevo 21 M 19
Kruševac 22 M 19
Kučevo 15 M 19
Kula/Sombor 14 L 18
Kupinovo 15 M 19
Kuršumlija 22 M 19
Kuzmin 14 L 18
Lazarevac 15 M 19
Leskovac 22 M 19
Loznica/Šabac 14 M 18
Ljubovija 21 M 18
Majdanpek 15 M 19
Medveđa 22 M 19
Melenci 15 L 19
Mladenovac 15 M 19
Negotin 15 M 20
Niš 22 M 19
Nova Crnja 15 L 19
Nova Varoš 21 M 18
Novi Pazar/Titova Mitrovica 21 M 19
Novi Sad 14 L 18
Obrenovac 15 M 19
Odžaci 14 L 18
Osečina 14 M 18
Pančevo 15 M 19
Paraćin 22 M 19
Perlez 15 L 19
Petrovac/Požarevac 15 M 19
Pirot 22 M 20
Požarevac 15 M 19
Priboj 21 M 18
Raška 21 M 19
Rogačica 21 M 18
Ruma 14 M 18
Senta 14 L 19
Sjenica 21 M 19
Smederevo 15 M 19
Sombor 14 L 18
Srbobran 14 L 18
Sremska Mitrovica 14 M 18
Stara Pazova 15 M 19
Stepojevac 15 M 19
Subotica 14 L 18
Šabac 14 M 18
Topola 21 M 19
Trstenik 21 M 19
Tutin 21 M 19
Ušće 21 M 19
Užice 21 M 18
Valjevo 21 M 18
Vasina Okruglica 22 M 19
Velika Plana 15 M 19
Vranje 22 M 19
Vršac 15 L 19
Zaječar 22 M 19
Zemun 15 M 19
Zrenjanin 15 L 19
Žagubica 22 M 19

## TN

□ 163 610 km² +216
Tunis 10 887 000

Babouch 20 P 14
Béchateur 20 P 14
Béja 20 P 14
Binzerte 20 P 14
Bou Salem 20 P 14
Carthage 20 P 15
Dhraa Ben Jouder 20 P 14
El Haouaria 20 P 15
El Marsa 20 P 15
El Oued 20 P 15
El Fahs 20 P 14
El Kebira 20 P 15
El Kef 20 P 14
El Ksour 20 P 14
Enfidha 20 P 15
Gaâfour 20 P 14
Ghar el Melh 20 P 15
Ghardimaou 20 P 14
Grombalia 20 P 15
Haffouz 20 P 14
Hammam Lif 20 P 15
Hammamet 20 P 15
Hergla 20 P 15
Jendouba 20 P 14
Kairouan 20 P 15

Kalla El Khasba/Thala 20 P 14
Kelibia 20 P 15
Korba 20 P 15
Le Krib 20 P 14
Le Sers 20 P 14
M`Saken 20 P 15
Makthar 20 P 14
Mateur 20 P 14
Mejez El-Bab 20 P 14
Menzel Bourgiba 20 P 14
Monastir 20 P 15
Nabeul 20 P 15
Nefza 20 P 14
Pantelleria 20 P 15
Rohia 20 P 14
Sakiet Sidi Youssef 20 P 14
Sbikha 20 P 14
Sidi Bou Ali 20 P 15
Siliana 20 P 14
Sousse 20 P 15
Tabarka 20 P 14
Tajerouine 20 P 14
Tazougrane 20 P 15
Téboursouk 20 P 14
Testour 20 P 14
Thala 20 P 14
Tunis 20 P 15
Zaghouan 20 P 15

## TR

779 452 km² +90
Ankara 74 933 000

Abana 23 N 24
Abide 23 O 22
Acıpayam 23 P 22
Adana 23 P 25
Afyonkarahisar 23 O 23
Akçakoca 23 N 23
Akhisar 23 O 22
Akköy 22 P 21
Akören 23 P 23
Aksaray 23 O 24
Akseki 23 P 23
Akşehir 23 O 23
Alaca 23 N 24
Alaçam 23 N 25
Alanya 23 P 23
Alaşehir 23 O 22
Altınekin 23 O 24
Amasya 23 N 25
ANKARA 23 O 24
ANTALYA 23 P 23
Anamur 23 P 24
Antalya 23 P 23
Araç 23 N 24
Araklı 17 N 26
Armutlu 23 N 22
Arslanköy 23 P 24
Artova 23 N 25
Ayancik 23 N 24
Ayaş 23 N 23
Aydın 23 O 22
Aydıncık 23 P 24
Aydınkent 23 P 23
Ayrancı 23 P 24
Ayvacık 22 O 21
Ayvacik 23 N 25
Ayvalık 22 O 21
Azdavay 23 N 24
Babaeski 22 N 21
Babakale 22 O 21
Bafra 23 N 25
Bakirköy 23 N 22
Balıkesir 23 O 22
Balya 22 O 22
Balâ 23 O 24
Banaz 23 O 22
Bandırma 23 N 22
Bartın 23 N 23
Bayat 23 O 23
Bayat 23 N 24
Bayındır 23 O 22
Bayramiç 22 O 21
Behram 22 O 21
Belcik 23 O 25
Bergama 22 O 21
Beşkonak 23 P 23
Beykoz 23 N 22
Beypazari 23 N 23
Beyşehir 23 O 23
Biga 22 N 21
Bigadiç 23 O 22
Bilecik 23 N 23
Bodrum 23 P 21
Bogaz 23 N 23
Boğaz 23 N 22
Boğazlıyan 23 O 25
Bolu 23 N 23
Bolvadin 23 O 23
Bor 23 O 24
Borlu 23 O 22
Bostan 23 N 24
Boyabat 23 N 24
Bozburun 23 P 22
Bozkır 23 P 23
Bozüyük 23 O 23
Bozyak— 23 P 24
Bucak 23 P 23
Bucakkışla 23 P 24
Buldan 23 O 22
Burdur 23 O 23
Burhaniye 22 O 21
Bursa 23 N 22
Bünyan 23 O 25
Camardi 23 O 25
Cerkezköy 22 N 22
Cevizli 23 P 23
Cide 23 N 24
Cihanbeyli 23 O 24
Çalatlı 23 O 24
Çalköy 23 O 23
Çameli 23 P 22
Çamkonak 23 N 23
Çamlıbel 23 N 25
Çamlıdere 23 N 24
Çamlıyayla 23 P 24
Çan 22 N 21
Çanakkale 22 N 21
Çandır 23 N 24
Çankırı 23 N 24
Çarşamba 23 N 25
Çavdarhisar 23 O 22
Çay 23 O 23
Çaycuma 23 N 23
Çayeli 17 N 27
Çayıralan 23 O 25
Çaykara 17 N 27
Çekerek 23 N 25
Çeltik 23 O 23
Çeltikçi 23 O 23
Çerkeş 23 N 24
Çesme 22 O 21
Çınarcık 23 N 22
Çifteler 23 O 23
Çiftlik 23 N 24
Çine 23 O 22
Çivril 23 O 22
Çorlu 22 N 22
Çorum 23 N 25
Çubuk 23 N 24
Çumra 23 O 24
Dalaman 23 P 22
Dalyan 22 O 21
Datça 23 P 22
Dazkırı 23 O 22
Demir-~cidere 23 O 22
Demirci 23 O 22
Demirtaş 23 P 23
Demre 23 P 23
Denizli 23 O 22
Dereköy 22 N 21
Derinkuyu 23 O 24
Develi 23 O 25
Devrek 23 N 23
Didim 22 P 21
Dinar 23 O 23
Dinek 23 P 24
Doğanyurt 23 N 24
Dokurcun 23 N 23
Domaniç 23 O 22
Durak 23 P 23
Dursunbey 23 O 22
Düvertepe 23 O 22
Düzce 23 N 23
Eceabat 22 N 21
Edremit 22 O 21
Edírne 22 N 21
Eflani 23 N 24
Eğirdir 23 O 23
Elmalı 23 P 22
Emet 23 O 22
Enez 22 N 21
Erbaa 23 N 25
Erdek 22 N 22
Erdemli 23 P 24
Ereğli 23 P 24
Ereğli 23 N 23
Ermenek 23 P 24
Esenler 23 N 22
Eskipazar 23 N 24
Eskíºehír 23 O 23
Espiye 17 N 26
Eşme 23 O 22
Ezine 22 O 21
Ezinepazari 23 N 25
Fatsa 17 N 26
Felahiye 23 O 25
Fethiye 23 P 22
Fındıkpınar 23 P 24
Finike 23 P 23
Foça 22 O 21
Gazipaşa 23 P 23
Gebze 23 N 22
Gediz 23 O 22
Gelibolu 22 N 21
Gemerek 23 O 25
Gemlik 23 N 22
Gerede 23 N 23
Germece 23 N 24
Gerze 23 N 25
Geyve 23 N 23
Giresun 17 N 26
Gölcük 23 N 22
Gölcük 23 O 24
Gölhisar 23 P 22
Gölmarmara 23 O 22
Gölören 23 O 24
Gölpazarı 23 N 23
Gömeç 23 O 25
Gönen 22 N 22
Gördes 23 O 22
Görele 17 N 26
Göynük 23 N 23
Güdül 23 N 23
Güllük 23 P 22
Gülnar 23 P 24
Gülşehir 23 O 24
Gümüsgün 23 O 23
Gümüşhacıköy 23 N 25
Güney 23 O 22
Güneysinir 23 P 24
Güre 23 O 22
Hacılar 23 O 23
Hadim 23 P 24
Hamdi 23 N 24
Hamdi 23 N 24
Hamidiye 23 O 23
Hamidiye 22 N 21
Harmancik 23 O 22
Hatip 23 O 23
Havsa 22 N 21
Havza 23 N 25
Haymana 23 O 24
Hayrabolu 22 N 21
Hierapolis 23 O 22
Himmitdede 23 O 25
Hirfanlar 23 O 24
Ilgaz 23 N 24
Ilgın 23 O 23
Ilıca 23 O 22
Ilica 17 N 27
Inecik 22 N 21
Isparta 23 O 23
İgneada 22 N 22
Iğdir 23 N 24
İncesu 23 O 25
İSTANBUL 23 N 22
İskilip 23 N 24
İzmir 22 O 21
Kadınhanı 23 O 23
Kadışehri 23 O 25
Kaklik 23 O 22
Kale 23 P 22
Kalecik 23 N 24
Kaleköy 22 N 21
Kalkan 23 P 22
Kalkım 22 O 21
Kaman 23 O 24
Kandıra 23 N 23
Karabiga 22 N 21
Karabük 23 N 24
Karacabey 23 N 22
Karacaköy 23 N 22
Karacasu 23 O 22
Karahamzalı 23 O 24
Karaisalı 23 P 25
Karaman 23 P 24
Karapınar 23 O 24
Karasu 23 N 23
Kargı 23 N 24
Karsantı 23 O 25
Karşıyaka 22 O 21
Kartal 23 N 22
Kastamonu 23 N 24
Kaş 23 P 22
Kaşınhanı 23 O 24
Kavak 22 N 21
Kayac—k 23 P 22
Kayakent 23 O 23
Kaymaz 23 O 23
Kayserí 23 O 25
Kelekçi 23 P 22
Keles 23 O 22
Kemer 23 P 22
Kemer 23 P 23
Kemer/Nazilli 23 O 22
Keskin 23 O 24
Keşan 22 N 21
Kıbrıscık 23 N 23
Kınık 22 O 21
Kırbaşı 23 N 23
Kırka 23 O 23
Kırşehir 23 O 24
Kışlacık 23 N 24
Kızılcahamam 23 N 24
Kızılırmak 23 N 24
Kızılören 23 O 23
Kiraz 23 O 22
Kirikkale 23 O 24
Kirklareli 22 N 21
Kiyiköy 23 N 22
Kocaeli 23 N 22
Konya 23 O 24
Korkuteli 23 P 23
Korucu 22 O 21
Kozaklı 23 O 24
Kösefakılı 23 O 24
Kula/Salihli 23 O 22
Kulu 23 O 24
Kumluca 23 P 23
Kurucaşile 23 N 24
Kuşadası 22 O 21
Küçükbahçe 22 O 21
Küplü 22 N 21
Kürtün 17 N 26
Kütahya 23 O 22
Ladik 23 N 25
Lalapaşa 22 N 21
Lapseki 22 N 21
Lüleburgaz 22 N 21
M.Kemalpaşa 23 N 22
Malkara 22 N 21
Manavgat 23 P 23
Manisa 22 O 21
Marmara 22 N 22
Marmaris 23 P 22
MERSIN 23 P 24
Mecitözü 23 N 25
Menemen 22 O 21
Mengen 23 N 23
Merzifon 23 N 25
Mezrea 23 N 25
Mihalıççık 23 O 23
Milas 23 P 22
Mucur 23 O 24
Mudanya 23 N 22
Mudurnu 23 N 23
Muğla 23 P 22
Mut 23 P 24
Nallıhan 23 N 23
Nazilli 23 O 22
Nevşehir 23 O 24
Niğde 23 O 24
Obruk 23 O 24
Of 17 N 27
Ordu 17 N 26
Orhaneli 23 O 22
Ormanlı 23 N 23
Orta 23 N 24
Ortaca 23 P 22
Ortaklar 23 O 21
Ortaköy 23 O 24
Ortaköy 23 N 25
Osmancik 23 N 24
Osmaneli 23 N 23
Ovacık 23 P 24
Ovacık 23 O 24
Ovacık 23 N 24
Ovacuma 23 N 24
Ödemiş 23 O 22
Ören 23 P 22
Perge 23 P 23
Perşembe 17 N 26
Pinarhisar 22 N 22
Polatlı 23 O 23
Pozantı 23 P 24
Rize 17 N 27
Safranbolu 23 N 24
Sakarya 23 N 23
Salihli 23 O 22
Samsun 23 N 25
Sandıklı 23 O 23
Saratlı 23 O 24
Saray 23 N 24
Saray 22 N 22
Sarayköy 23 O 22
Sarayönü 23 O 24
Sarıcakaya 23 N 23
Sarıgöl 23 O 22
Sarıkaya 23 O 25
Sarıyar 23 N 23
Sariyer 23 N 22
Savaştepe 23 O 22
Seben 23 N 23
Seddülbahir 22 N 21
Seferihisar 22 O 21
Sekili 23 O 24
Selçuk 22 O 21
Selendi 23 O 22
Selimiye 23 P 22
Senirkent 23 O 23
Serik 23 P 23
Seydiler 23 N 24
Seydişehir 23 P 23
Seyitgazi 23 O 23
Sındıran 23 O 24
Sile 23 N 23
Silifke 23 P 24
Silivri 23 N 22
Simav 23 O 22
Sinop 23 N 25
Sivaslı 23 O 22
Sivrihisar 23 O 23
Soma 22 O 22
Sorgun 23 O 25
Söke 23 O 21
Sulakyurt 23 N 24
Sultanhanı 23 O 24
Sungurlu 23 N 24
Susurluk 23 O 22
Sülüklü 23 O 23
Sütçüler 23 O 23
Sütlegen 23 P 22
Şabanözü 23 N 24
Şarköy 22 N 21
Şefaatli 23 O 24
Şereflikoçhisar 23 O 24
Şuhut 23 O 23
Taraklı 23 N 23
Tarsus 23 P 24
Taşcı 23 O 25
Taşköprü 23 N 24
Taşlica 17 N 26
Taşova 23 N 25
Taşpınar 23 O 24
Taşpınar 23 O 24
Taşucu 23 P 24
Tavas 23 O 22
Tavşanlı 23 O 22
Tayfur 22 N 21
Tefenni 23 P 22
Teke 23 N 22
Tekirdağ 22 N 21
Temelli 23 O 23
Terme 17 N 25
Tire 23 O 22
Tokat 23 N 25
Tomarza 23 O 25
Tonya 17 N 26
Topaklı 23 O 24
Torbalı 22 O 21
Tosya 23 N 24
Trabzon 17 N 26
Truva 22 O 21
Turgut 23 O 23
Turgutlu 23 O 22
Turgutreis 23 P 21
Turhal 23 N 25
Tuzla 23 P 25
Ulubey 23 O 22
Ulukışla 23 O 24
Ulus 23 N 24
Urla 22 O 21
Uşak 23 O 22
Uzunköprü 22 N 21
Uğurlu 22 N 21
Ünye 17 N 25
Ürgüp 23 O 24
Vakfıkebir 17 N 26
Vezirköprü 23 N 25
Yahyalı 23 O 25
Yalova 23 N 22
Yalvaç 23 O 23
Yapraklı 23 N 24
Yarma 23 O 24
Yatağan 23 P 22
Yemişendere 23 P 22
Yenipazar 23 O 25
Yenişehir 23 N 22
Yerköy 23 O 24
Yeşildere 23 P 24
Yeşilhisar 23 O 25
Yeşilova 23 O 22
Yeşilova 23 O 24
Yeşilyazi 23 N 25
Yozgat 23 O 24
Yukarıbey 22 O 21
Yunak 23 O 23
Zile 23 N 25
Zonguldak 23 N 23
İnebolu 23 N 24
İnegöl 23 N 22
İznik 23 N 22

## UA

603 700 km² +380
Kyjiv 45 490 000

Alčevs'k 17 K 26
Alupka 17 M 24
Alušta 17 M 24
Amrosijivka 17 K 26
Anan'jiv 16 K 23
Andrijivka 17 K 25
Antoniny 15 K 21
Antracyt 17 K 26
Apostolove 17 K 24
Arcyz 16 L 22
Armjansk 17 L 24
Artemivs'k 17 K 26
Avdijivka 11 J 24
Avdijivka/Donéc'k 17 K 26
Bachmač 11 J 24
Bahčisaraj 17 M 24
Balaklija 17 K 25
Balta 16 K 22
Bar/Vinnica 16 K 22
Baranivka 16 J 22
Baštanka 16 L 23
Baturyn 11 J 24
Bazalija 15 K 21
Belogorsk 17 L 24
Berdjans`k 17 L 25
Berdyčiv 16 K 22
Berehove 15 K 20
Berestečko 15 J 21
Berestove 17 L 25
Berezan` 16 J 23
Berežany 15 K 20
Berezivka 16 L 23
Berezna 10 J 23
Beršad' 16 K 22
Beryslav 17 L 24
Bibrka 15 K 20
Bila Cerkva 16 K 23
Bilhorod-Dnistrovs'kyj 16 L 23
Biljajivka 16 L 23
Bilohir`ja 15 J 21
Bilokorovyči 16 J 22
Bilokurakine 17 K 26
Biluc'k 17 K 26
Bilopillja 11 J 24
Bilovods'k 17 K 26
Blahodatne 16 K 23
Bobrovycja 16 J 23
Bobrynec' 16 K 23
Bohoduhiv 17 J 25
Bohuslav 16 K 23
Bojarka 16 J 23
Bole'chiv 15 K 20
Bolhrad 16 L 22
Borodjanka 16 J 22
Boromlja 17 J 25
Borova 17 K 26
Borščiv 15 K 21
Boryslav 15 K 20
BoryspilG 16 J 23
Borzna 10 J 23
Brats'ke 16 K 23
Brody 15 J 21
Brovary 16 J 23
Bucyn 15 J 20
Buky 16 K 23
BurynG 11 J 24
Bus'k 15 K 20
Butenky 16 K 24
Čaplynka 17 L 24
Caryčanka 17 K 24
Čerkasy 16 K 23
Černihiv 10 J 23
Černihivka 17 L 25
Černjachiv 16 J 22
Černomorskoe 16 L 24
Červonohrad 15 J 20
Charcyz`k 17 K 26
Charkiv 17 J 25
Cherson 16 L 24
Chmeliv 11 J 24
Chmel'nyc'kyj 15 K 21
Chmil'nik 16 K 22
Chorol 16 K 24
Chotin` 11 J 24
Chotyn 15 K 21
Chrestyšče 17 K 25
Chust 15 K 20
Chyriv 15 K 20
Cjurupyns'k 16 L 24
Čop 15 K 19
ČornobylG 16 J 23
Čornuchy 16 J 24
Čortkiv 15 K 21
Čudniv 16 J 22
Čuhujiv 17 K 25
Čumaky 17 K 24
Čutove 17 K 25
Čyhyryn 16 K 24
Černivci 15 K 21
Dašiv 16 K 22
Davydiv Brid 16 L 24
Davydky 16 J 22
Debal'ceve 17 K 26
Derhači 17 J 25
Dmytrivka 11 J 24
Dnipro 17 K 25
Dniprodzeržins'k 17 K 24
Dniprorudne 17 L 25
Dobropilja 17 K 25
Dobrovelyčkivka 16 K 23
Dokučajevs`k 17 K 26
Dolyna 15 K 20
Dolyns'ka 16 K 24
Domanivka 16 K 23
Donec'k 17 K 26
Dovhe 15 K 20
Drabiv 16 K 23

Drohobyč 15 K 20
Dubno 15 J 21
Dubove 15 K 20
Dubrovycja 15 J 21
Dudčany 17 L 24
Dunajivci 15 K 21
Dvorična 17 K 26
Dykan'ka 17 K 24
Dymer 16 J 23
Džankoj 17 L 24
Dzeržyns'k 17 K 26
Džuryn 16 K 22
Evpatorija 17 L 24
Fastiv 16 J 22
Feodosija 17 L 25
Frunzivka 16 L 22
Gresovskij 17 L 24
Hadjač 16 J 24
Hajsyn 16 K 22
Hajvoron 16 K 22
Halyč 15 K 20
Hel'mjaziv 16 K 23
Heničes'k 17 L 24
Hirs'ke 17 K 26
Hlobyne 16 K 24
Hluchiv 11 J 24
Hlyns'k 16 K 24
Hola Prystan' 16 L 24
Holoby 15 J 21
Holovanivs'k 16 K 23
Holubivka 17 K 25
Horlivka 17 K 26
Horochiv 15 J 20
Horodec' 15 J 21
Horodenka 15 K 21
Horodnja 10 J 23
Horodnycja 15 J 21
Horodok/Hmél'nyc'kyj 15 K 21
Horodok/L'viv 15 K 20
Horodyšče 17 K 26
Horodyšče/Čerkasy 16 K 23
Hošča 15 J 21
Hradyz'k 16 K 24
Hrakove 17 K 25
Hrebinka 16 J 23
Hrušuvacha 17 K 25
Huljajpole 17 K 25
Hurivka 16 K 24
Hurzuf 17 M 24
Ičnja 16 J 23
Illicivs'k 16 L 23
Ilovajs'k 17 K 26
Inhulec' 16 K 24
Irpin 16 J 23
Ivanhorod 16 K 22
Ivano-Frankivs'k 15 K 20
Izjaslav 15 J 21
Izjum 17 K 25
Izmajil 16 L 22
Jahotyn 16 J 23
Jalta/Krim 17 M 24
Jalta/Mariupol 17 L 25
Jasinja 15 K 20
Javoriv 15 K 20
Jelanec' 16 K 23
Jenakijeve 17 K 26
Jevsuh 17 K 26
Jur'jivka 17 K 25
Južne 16 L 23
Kača 17 M 24
Kachovka 17 L 24
Kaharlyk 16 K 23
Kalančak 17 L 24
Kaluha 16 L 24
Kaluš 15 K 20
Kalynivka 16 K 22
Kam`janka 16 L 23
KaminĢ-KašyrsĢkyj 15 J 21
Kam'janka 16 K 23
Kam'janka- Buz'ka // Bъz''ka 15 J 20
Kam'janéc'-Podil's'kyj 15 K 21
Kam''janka Dniprovs'ka 17 K 24
Kaniv 16 K 23
Kardamyčeve 16 L 22
Karlivka 17 K 25
Kazanka 16 K 24
Kehyčivka 17 K 25
Kerč` 17 L 25
Kicman` 15 K 21
Kilija 16 L 22
Kipti 16 J 23
Kirovohrad 16 K 23
Kirovs'ke 17 L 25
Kiverci 15 J 21
Kivšarivka 17 K 26
Kobeljaki 17 K 24
Kočeriv 16 J 22
Kolarivka 17 L 25
Kolky 15 J 21
Kolomyja 15 K 21
Komar 17 K 25
Kominternivs'ke 16 L 23
Kompanijivka 16 K 23
Komsomols'ke 16 K 22
Komsomol's'ke 17 K 26
Komyši 17 J 24
Komyšnja 16 J 24
Konotop 11 J 24
Kon'kove 17 L 26
Kopyčynci 15 K 21
Kopyšče 10 J 22
Korec` 15 J 21
Korjukivka 10 J 23
Korop 11 J 24
Korosten 16 J 22
Korostyšiv 16 J 22
Korsun'-Ševčenkivs'kyj 16 K 23
Kosiv 15 K 21
Kostjantynivka 17 K 26
Kostopil` 15 J 21
Kotel`va 17 J 24
Kotovka 17 K 24
Kotovs'k 16 K 22
Kovel` 15 J 20
Kozača LopanĢ 17 J 25
Kozelec` 16 J 23
Kozjatyn 16 K 22
Kramators`k 17 K 26
Krasne 10 J 23
Krasni Okny 16 K 22
Krasnoarmijs'k 17 K 25
Krasnodon 17 K 26
Krasnogvardejskoe 17 L 24
Krasnohorivka 16 K 24
Krasnohrad 17 K 25
Krasnojil`s`k 15 K 21
KrasnokutsĢk 17 J 25
Krasnoperekopsk 17 L 24
Krasnopillja 11 J 25
Krasnyj Luč 17 K 26
Krasnyj Lyman 17 K 26
Krasyliv 15 K 21
Kremenez 15 J 21
Kreminna 17 K 26
Krolevec' 11 J 24
Krymne 15 J 20
Kryve Ozero 16 K 23
Kryvyj Rih 16 K 24
Kréménčuk 16 K 24
Kujbyševe 17 L 25
Kun'e 17 K 25
Kup'jansk 17 K 26
Kurachove 17 K 25
Kurne 16 J 22
Kuzemivka 17 K 26
Kyjiv 16 J 23
Kyrnyčky 16 L 22
Ladyžyn 16 K 22
Lazurné 16 L 24
Lebedyn 16 J 24
Lenino 17 L 25
Lenkivci 15 J 21
Letyčiv 16 K 22
Lisné 16 L 22
Lityn 16 K 22
Ljubar 16 K 22
Ljubeč 10 J 23
Ljubešiv 10 J 21
LjubomlĢ 15 J 20
Ljubotyn 17 K 25
Ljubymivka 17 K 24
Lochvycja 16 J 24
Loškarivka 17 K 24
Lozova 17 K 25
Lubny 16 J 24
Lucgk 15 J 21
Luhans`k 17 K 26
Lypova-Dolyna 16 J 24
Lypovec' 16 K 22
Lysyčans'k 17 K 26
L'viv 15 K 20
Majaky 16 L 23
Makijivka 17 K 26
Mala Bilozerka 17 L 24
Mala Vyska 16 K 23
Malyn 16 J 22
Manevyči 15 J 21
Marhanec' 17 K 24
Mariupol' 17 L 26
Markivka 17 K 26
Mašivka 17 K 24
Medvyn 16 K 23
Melitopol' 17 L 25
Mena 10 J 23
Merefa 17 K 25
Mežvodnoe 16 L 24
Milove 17 K 27
Mistky 17 K 26
Mižhir''ja/Chust 15 K 20
Mlynok 15 J 21
Mohyliv-Podil'skyj 16 K 22
Moločansk 17 L 25
Monastyrs'ka 15 K 21
Moročne 10 J 21
Mošny 16 K 23
Mostys'ka 15 K 20
Motožyn 16 J 22
Mukačeve 15 K 20
Murovani-Kurylivci 16 K 22
Mychajlivka 17 L 25
Mykolajiv/Herson 16 L 23
Mykolajiv/L'viv 15 K 20
Mykolajivka/Pavlohrad 17 K 25
Myrhorod 16 K 24
Myronivka 16 K 23
Myšuryn Rih 16 K 24
Nadvirna 15 K 20
Narodyči 16 J 22
Nečajane 16 L 23
Nechvorošča 17 K 24
Nedryhajliv 11 J 24
Nemyriv 16 K 22
Nikolaevka 17 M 24
Nikopol' 17 K 24
Nižnegorskij 17 L 24
Nižyn 16 J 23
Nosivka 16 J 23
Nov. BasanĢ 16 J 23
Nova Borova 16 J 22
Nova Majačka 16 L 24
Nova Odesa 16 L 23
Nova Praha 16 K 24
Nova Ušycja 15 K 21
Nova Vodolaha 17 K 25
Novhorod-Sivers`kyj // Sivиrs`kyj 11 J 24
Novhorodka 16 K 24
Novi Jarylovyci 10 J 23
Novi Sanžary 17 K 24
Novoajdar 17 K 26
Novoarchanhel's'k 16 K 23
Novoazovs'k 17 L 26
Novobohdanivka 17 L 25
Novohrad-Volyns'kyj 15 J 22
Novomoskovs'k 17 K 25
Novomykolajivka 17 K 25
Novomyrhorod 16 K 23
Novooleksijivka 17 L 24
Novopskov 17 K 26
Novoselycja 15 K 21
Novotrojic'ke 17 L 24
Novoukrajinka 16 K 23
NovovolynsĢk 15 J 20
Novovoroncovka 17 K 24
Novyj Buh 16 K 24
Nyžnyj Torhaji 17 L 24
Obolon' 16 K 24
Obuchiv 16 J 23
Očakiv 16 L 23
Odesa 16 L 23
Ohtyrka 17 J 24
Oktjabrs'koe 17 L 24
Oleksandrija 16 K 24
Olevs`k 15 J 22
Oléksandrivka/Kirovohrad 16 K 23
Oléksandrivka/Slov''jans'k 17 K 25
Opišnja 17 J 24
Ordžonikidze 17 K 24
Orihiv 17 K 25
Orlyne 17 M 24
Oržycja 16 K 24
Osmoloda 15 K 20
Oster 16 J 23
Ostroh 15 J 21
Osypenko 17 L 25
Otynija 15 K 20
Ovruč 16 J 22
Pavlohrad 17 K 25
Pečenihy 17 K 25
Perečyn 15 K 19
Perehins'ke 15 K 20
Perejaslav-Chmeľnyc'kyj 16 J 23
Peremyšljany 15 K 20
Pereščepyne 17 K 25
Perha 16 J 22
Pervomajs'k 17 K 26
Pervomajs'k/Novoukrajinka 16 K 23
Pervomajs'kyj 17 K 25
Petrivka/Geničensk 17 L 24
Petrivka/Odesa 16 L 23
Petrykivka 17 K 24
Pidhajci 15 K 21
Pidhorodne 17 K 25
Pidvoločys'k 15 K 21
Piščana 16 K 22
Piščanka 16 K 22
Pohrebyšče 16 K 22
Pokrovs'ke 17 K 25
Polohy 17 K 25
Polonne 15 J 22
Poltava 17 K 24
Pomična 16 K 23
Popil'nja 16 K 22
Portove 17 L 24
Posad-Pokrovs'ke 16 L 23
Pryazovs'ke 17 L 25
Prykolotne 17 J 25
Pryluky 16 J 23
Prymors'k 17 L 25
Pryvitne 17 M 24
Puškari 11 J 24
PutivlĢ 11 J 24
Putivl' 11 J 24
Pyrjatyn 16 J 24
Péréjaslav-Hmeľnic'kyj 16 J 23
P'jatychatky 16 K 24
Rachiv 15 K 20
Radča 16 J 22
Radechiv 15 J 20
RadomyšlĢ 16 J 22
Radyvyliv 15 J 21
Ratne 15 J 20
Rava-RusĢka 15 J 20
Reni 16 L 22
Rešetylivka 16 K 24
Ripky 10 J 23
Rivne 16 K 23
Rivne 15 J 21
Rohatyn 15 K 20
Rokitne 15 J 21
Romny 16 J 24
Roven'ky 17 K 26
Rozivka 17 L 25
Rubižne 17 K 26
Rudky 15 K 20
Ružyn 16 K 22
Ržyščiv 16 J 23
Šachnovščyna 17 K 25
Saky 17 L 24
Sambir 15 K 20
Sarata 16 L 22
Sarny 15 J 21
Ščastja 17 K 26
Ščors 10 J 23
Seljatyn 15 K 21
Selydove 17 K 25
Semenivka 10 J 24
Šepetivka 15 J 21
Seredyna-Buda 11 J 24
Sevastopol` 17 M 24
Ševčenkove 17 K 25
Simakivka 16 J 22
Simferopol' 17 M 24
Sivers'k 17 K 26
Sjeverodonec`k 17 K 26
Skadovs'k 16 L 24
Skalat 15 K 21
Skole 15 K 20
Skvyra 16 K 22
Slavuta 15 J 21
Slov'janka 17 K 25
Slov'jans'k 17 K 26
Smila 16 K 23
Smotryč 15 K 21
Snihurivka 16 L 24
Sokal' 15 J 20
Sokyrjany 16 K 21
Sosnove 15 J 21
Šostka 11 J 24
Spasove 16 K 24
Špola 16 K 23
Špykiv 16 K 22
Sribne 16 J 24
Stachanov 17 K 26
Stara Ušycja 15 K 21
Starobils'k 17 K 26
Starokostjantyniv 15 K 21
Starokozače 16 L 23
Staromlynivka 17 K 25
Staryj Krym 17 L 25
Staryj Saltiv 17 J 25
Staryj Sambir 15 K 20
Stavyšče 16 K 23
Štepivka 11 J 24
Storožynec' 15 K 21
Stryj 15 K 20
Sudak 17 M 24
Šul'hynka 17 K 26
Sumy 11 J 24
Svaljava 15 K 20
Svatove 17 K 26
Sverdlovsk 17 K 26
Svitlovods`k 16 K 24
Synel'nykove 17 K 25
Šyšaky 16 K 24
Séménivka/Kréménčuk 16 K 24
Tal'ne 16 K 23
Taranivka 17 K 25
Tarašča 16 K 23
Tarutyne 16 L 22
Tatarbunary 16 L 22
Terebovlja 15 K 21
Termahivka 16 J 22
Ternopil' 15 K 21
Terny 16 K 24
Terny 11 J 24
Tetijiv 16 K 22
Tjačiv 15 K 20
Tjahynka 16 L 24
Tokmak 17 L 25
Tomakivka 17 K 24
Tomašpil' 16 K 22
Torez 17 K 26
Trojic`ke 16 K 23
Trojic'ke 17 K 26
Trostjanec` 17 J 25
Tuhol'ka 15 K 20
Tul'cyn 16 K 22
TurijsĢk 15 J 20
Turka 15 K 20
Tuzly 16 L 23
Uljanovka 16 K 23
Uman' 16 K 23
Uspenivka 17 K 25
Uspenka 17 K 26
Ustyluh 15 J 20
Ust' Čorna 15 K 20
Užhorod 15 K 19
Uzyn 16 K 23
Valky 17 K 25
Varvarivka 17 K 25
Vasylivka 17 L 25
VasylĢkiv 16 J 23
Vatutine 16 K 23
Vel. Bereznyj 15 K 19
Velika Bilozerka 17 L 24
Velika Lepetycha 17 L 24
Velika Novosilka 17 K 25
Velikaja Pysarivka 17 J 25
Velyki Mosty 15 J 20
Verchnij Rohačyk 17 L 24
Verchn'odnipros'k 17 K 24
Verchovyna 15 K 20
Vertijivka 10 J 23
Vesele 17 L 24
Veselynove 16 L 23
VilĢšany 17 J 25
Vil'nohirs'k 17 K 24
Vinnicja 16 K 22
Vojkove 17 L 24
Volnovacha 17 K 26
Volochiv Jar 17 K 25
Volodars'ke 17 L 25
Volodimir-Volyns´kyj 15 J 20
Volovec' 15 K 20
Volycja 16 J 22
Vorožba 11 J 24
VovčansĢk 17 J 25
Vovčans'ke 17 L 25
Voznesens'k 16 K 23
Vozsijats'ke 16 K 23
Vradijivka 16 K 23
Vylkove 16 L 22
Vynohradiv 15 K 20
Vystupovyči 10 J 22
Vyžnycja 15 K 21
Začepylivka 17 K 25
Zahryzove 17 K 26
Zališči 15 K 21
Žaliznyj Port 16 L 23
Zalyščyky 15 K 21
Zaporižžja 17 K 25
Žaškiv 16 K 23
Zaturci 15 J 20
Zbaraž 15 K 21
Zboriv 15 K 21
Zdolbuniv 15 J 21
Zhurivka 16 J 23
ZinĢkiv 16 J 24
Zlazne 15 J 21
Žmerynka 16 K 22
Zmijiv 17 K 25
Znam'janka 16 K 24
Zoločiv/Harkiv 17 J 25
Zoločiv/L'viv 15 K 20
Zolotonoša 16 K 23
Žovka 15 J 20
Žovten 16 L 23
Žovti Vody 16 K 24
Zuja 17 L 24
Zvenyhorodka 16 K 23
Žydačiv 15 K 20
Žytomyr 16 J 22

U

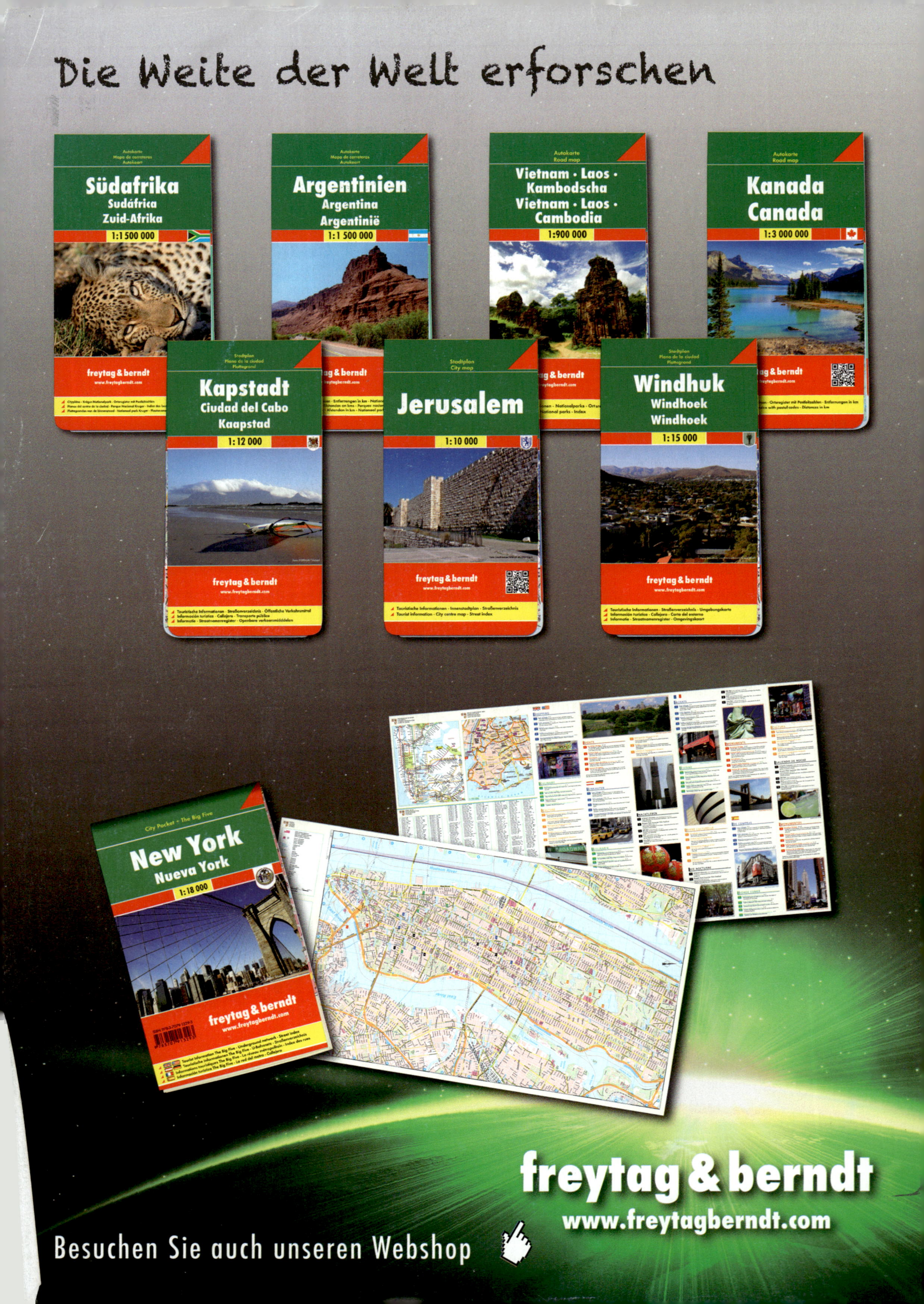
Die Weite der Welt erforschen
Autokarte
Mapa de carreteras
Autokaart
Südafrika
Sudáfrica
Zuid-Afrika
1:1 500 000
Argentinien
Argentina
Argentinië
1:1 500 000
Autokarte
Road map
Vietnam · Laos · Kambodscha
Vietnam · Laos · Cambodia
1:900 000
Kanada
Canada
1:3 000 000
Stadtplan
Plano de la ciudad
Plattegrond
Kapstadt
Ciudad del Cabo
Kaapstad
1:12 000
Stadtplan
City map
Jerusalem
1:10 000
Windhuk
Windhoek
Windhoek
1:15 000
freytag & berndt
City Pocket + The Big Five
New York
Nueva York
1:18 000
freytag & berndt
www.freytagberndt.com
freytag & berndt
www.freytagberndt.com
Besuchen Sie auch unseren Webshop